Daniel van Soest, Charly Kühnast

Ubuntu Server 16.04 LTS
Das umfassende Handbuch

Rheinwerk
Computing

Liebe Leserin, lieber Leser

die Serveradministration ist ein spannendes, aber durchaus anspruchsvolles Metier. Vermutlich können Sie dem zustimmen: Einen Mailserver bereitzustellen, ohne dass er mit Viren und Spam überschüttet wird, ist nicht einfach nebenbei gemacht. Das Backup von umfangreichen Datenbeständen zu erstellen oder einen Webserver für den alltäglichen Einsatz unter schwierigen Bedingungen zu optimieren – trivial ist anders. Ohne die notwendige Erfahrung führen solche Projekte unter Umständen zu Situationen, die viel Zeit und Nerven kosten.

An dieser Stelle helfen Ihnen Daniel van Soest und Charly Kühnast mit diesem umfassenden Begleiter zur aktuellen LTS-Version 16.04 von Ubuntu Server. Sie gehen auf die Planung der Infrastruktur ein, zeigen Ihnen Fallstricke und potenzielle Probleme auf und erläutern Ihnen anhand von umfassend kommentierten Codebeispielen die Installation und Konfiguration der benötigten Dienste. Sie haben alle vorgestellten Skripte und eine Musterumgebung für Sie vorbereitet, sodass Sie komfortabel die dargestellten Arbeitsschritte nachvollziehen können.

Beide Autoren kennen den Administratoren-Alltag in einem großen Rechenzentrum und verfügen über langjährige Erfahrung im Umgang mit Linux-Servern. Aus ihrem Praxiswissen sind Anleitungen entstanden, die sich sowohl zum selektiven Lesen auf Projektbasis als auch als umfassendes Nachschlagewerk eignen. Ganz gleich, ob Sie detaillierte Schritt-für-Schritt-Leitfäden oder einen grundlegenden Überblick suchen: Hier finden Sie, was Sie brauchen, um effizient mit Ubuntu Server zu arbeiten.

Abschließend ein Hinweis in eigener Sache: Das Buch wurde mit großer Sorgfalt geschrieben, lektoriert und produziert. Sollte dennoch etwas nicht so funktionieren, wie Sie es erwarten, dann setzen Sie sich bitte direkt mit mir in Verbindung. Ihre Anregungen und Fragen sind jederzeit willkommen.

Ihr Christoph Meister
Lektorat Rheinwerk Computing

christoph.meister@rheinwerk-verlag.de
www.rheinwerk-verlag.de
Rheinwerk Verlag · Rheinwerkallee 4 · 53227 Bonn

Auf einen Blick

Wir hoffen, dass Sie Freude an diesem Buch haben und sich Ihre Erwartungen erfüllen. Bitte teilen Sie uns doch Ihre Meinung mit. Eine E-Mail mit Ihrem Lob oder Tadel senden Sie direkt an den Lektor des Buches: *sebastian.kestel@rheinwerk-verlag.de*. Im Falle einer Reklamation steht Ihnen gerne unser Leserservice zur Verfügung: *service@rheinwerk-verlag.de*. Informationen über Rezensions- und Schulungsexemplare erhalten Sie von: *sebastian.mack@rheinwerk-verlag.de*.

Informationen zum Verlag und weitere Kontaktmöglichkeiten finden Sie auf unserer Verlagswebsite *www.rheinwerk-verlag.de*. Dort können Sie sich auch umfassend und aus erster Hand über unser aktuelles Verlagsprogramm informieren und alle unsere Bücher versandkostenfrei bestellen.

An diesem Buch haben viele mitgewirkt, insbesondere:

Lektorat Sebastian Kestel, Christoph Meister
Korrektorat Friederike Daenecke, Zülpich
Herstellung Norbert Englert
Layout Vera Brauner
Einbandgestaltung Julia Schuster
Coverbild iStockphoto: 5213567 © Beholding Eye
Satz Daniel van Soest
Druck und Bindung C.H. Beck, Nördlingen

Dieses Buch wurde gesetzt aus der TheAntiquaB (9,35 pt/13,7 pt) mit LATEX.
Gedruckt wurde es auf ungestrichenem Offsetpapier (90 g/m^2).

Bibliografische Information der Deutschen Nationalbibliothek:
Die Deutsche Nationalbibliothek verzeichnet diese Publikation in der Deutschen Nationalbibliografie; detaillierte bibliografische Daten sind im Internet über *http://dnb.d-nb.de* abrufbar.

ISBN 978-3-8362-4260-8
© Rheinwerk Verlag GmbH, Bonn 2016
1. Auflage 2016

Inhalt

TEIL I   Grundlagen

1   Der Administrator   49

2   Wichtige Grundlagen vorab   55

3   Planung   69

4   Ubuntu-Typen   75

TEIL II Installation

5 Die Installation

6 Partitionen: Festplatten richtig aufteilen

7   Netzwerkkonfiguration   135

8 Erste Schritte

TEIL III   Dienste, Anwendungen und Sicherheit

11 Netzwerkdateisysteme

12 Webserver: »Apache« und »Nginx«

13 Datenbanken: SQLite, MySQL, MariaDB und PostgreSQL

17 Jeder nur eine: »DHCP«

18   Lastverteilung (Loadbalancing)   407

19   OpenLDAP   429

20   Web-Proxy mit »squid«

21   Webseiten schneller ausliefern: »varnish«

22   Syslog

23   Sicherheit

24   Virtuelles privates Netzwerk mit »OpenVPN«

25   Monitoring – Was ist los?   633

26 Systemüberwachung: »Icinga« 643

27 Dateiübertragung: FTP, FTPS, SFTP und TFTP 675

28 XMPP-Server mit Ejabberd

29 CUPS – einfach drucken

30 DNS mit »bind9«

31   Ubuntu-Mirror: Pakete nur einmal laden   773

32   Web-Proxy für Zuhause   787

33 Ubuntu als Medienserver für Musik, Bilder und Videos

34 ownCloud – die Dropbox für den eigenen Server

35   Backup heterogener Umgebungen mit »Bareos«   831

36   Mehr Strom, Igor! Verbrauchsmessung mit Ubuntu   911

TEIL IV   Werkzeugkiste

37   Zuhause: »bash«   919

39   Netzwerkdiagnose

40   Versionskontrolle mit »git«

Vorwort

Willkommen bei »Ubuntu Server 16.04 LTS – Das umfassende Handbuch«! Mit ihm wollen wir Ihnen ein Nachschlagewerk an die Hand geben, das Ihnen nicht nur zeigt, wie Sie einen Ubuntu-Server in Ihrer Umgebung einsetzen können. Wir möchten Ihnen vor allem auch die Vorzüge des Betriebssystems Linux – insbesondere seiner Variante Ubuntu – und der Server-Dienste darauf näherbringen.

Warum gerade Ubuntu?

Mit Linux-Distributionen verhält es sich wie mit Autoherstellern: Die einen mag man einfach lieber, andere haben bessere Technik, und im Großen und Ganzen entscheidet doch das Bauchgefühl. Alle Distributionen haben durchaus ihre Daseinsberechtigung, da sie alle hier und dort etwas Entscheidendes anders machen. Für uns als Administratoren zählt nur eins:

> *Das richtige Werkzeug für den richtigen Job!*

Sie fahren ja auch nicht mit einem Motorrad zum Baumarkt, um Zementsäcke zu kaufen. Während unserer langjährigen Berufserfahrung haben wir mehrere Distributionen kennengelernt, und alle haben ihre Vor- und Nachteile. Als Ubuntu aufkam, waren wir zunächst skeptisch, was das für eine Distribution sein würde.

Im Nachhinein muss festgehalten werden, dass Ubuntu es geschafft hat, auch solche Benutzer von den Vorzügen von Linux zu überzeugen, die sich zuvor nicht an dieses Betriebssystem gewagt haben. Auch Administratoren haben Ubuntu schätzen gelernt, unter anderem, da es ein reibungsloses Upgrade auf neuere Versionen ermöglicht.

Ubuntu basiert auf Debian, setzt dabei jedoch auf neuere Pakete und Kernel als Debian, da bei Ubuntu die Releasezyklen kürzer sind.

Für wen haben wir das Buch geschrieben?

Sie haben bereits erste Erfahrungen mit Betriebssystemen gesammelt, vielleicht sogar mit Ubuntu? Sie würden gerne Server-Dienste wie zum Beispiel Mail, FTP, VPN oder Webserver unter Linux betreiben? Dann haben wir dieses Buch genau für Sie geschrieben.

Wie können Sie mit diesem Buch arbeiten?

Wir haben dieses Buch so strukturiert, dass Sie jedes Kapitel als Anleitung für einen bestimmten Zweck verwenden können. Selbstverständlich bauen wir auch an der ein oder anderen Stelle auf vorher erworbenes Wissen auf. Falls Sie an einer Stelle nicht mitkommen, folgen

Sie einfach den Verweisen, die wir für Sie im Buch hinterlegt haben, um Ihren Kenntnisstand auf das Niveau des Kapitels zu heben.

Was dieses Buch nicht ist

Dieses Buch ist kein Lehrbuch, um den Umgang mit Linux von Grund auf zu verstehen. Es gibt Ihnen Lösungsansätze, um bestimmte Probleme zu lösen oder Dienste genau auf Ihre Bedürfnisse abgestimmt konfigurieren zu können. Natürlich werden wir an der ein oder anderen Stelle einen Exkurs wagen, um Ihnen ein Gesamtbild vorzustellen. Erwarten Sie aber nicht, das Betriebssystem Linux mit diesem Buch bis in seine tiefsten, dunkelsten und geheimnisumwobenen Ecken kennenzulernen.

Vorwort von Charly Kühnast

An diesem Buch mitzuarbeiten hat mir eine Menge Freude gemacht, weil es mir erlaubte, drei meiner Lieblingstätigkeiten miteinander zu verbinden.

Erstens stecke ich meine Finger gern in die Innereien eines Linux-Systems. Es gibt kein anderes weltweit verbreitetes Betriebssystem, dem man so problemlos unter die Motorhaube schauen kann und das sich so konsequent auf eine bestimmte Aufgabe zuschneiden lässt. Seit dem ersten Kontakt im Winter 1992/93 auf einer Veranstaltung des Chaos Computer Clubs, dem ich seit vielen Jahren angehöre, beschäftige ich mich mit Linux. Seit 1996 ist die Linux-Systemadministration der Kern meiner beruflichen Tätigkeit im Kommunalen Rechenzentrum Niederrhein (KRZN).

Zweitens gebe ich mein Wissen gern weiter: in Kursen, Vorträgen, Workshops und als Lehrbeauftragter zweier niederrheinischer Hochschulen. Und drittens schreibe ich gern und viel; seit meinem 14. Lebensjahr veröffentliche ich regelmäßig Fachartikel und Kolumnen.

Dieses Buch ist eines, das ich mir selbst oft gewünscht habe, wenn ich mich in die Administration eines neuen Linux-Dienstes einarbeiten musste. Niemand beherrscht alle Facetten eines Betriebssystems, und niemand beherrscht alle möglichen darauf aufsetzenden Serverdienste. Ein Sysadmin, der dringend ein Problem lösen muss, hat nicht die Zeit, knietief durch 60 Seiten theoretischer Grundlagen zu waten. Er braucht eine praxisnahe Anleitung und will auf die Fallgruben hingewiesen werden, in die andere bereits gestürzt sind. Ich glaube, das vorliegende Buch wird diesem Anspruch gerecht.

Danksagung

Während der Arbeit an einem Buch nimmt das Chaos in meinem Arbeitszimmer Ausmaße an, die seinen Einsatz als Entropiequelle in kryptografischen Verfahren rechtfertigt. Besonderer Dank geht daher an Stefanie, die all das nicht nur klaglos erträgt, sondern mir auch noch stets den Rücken frei und die Türen aufhält, wenn ich wieder Clusterknoten durchs Haus schleppe.

Ein herzlicher Dank geht auch an meinen Freund und Kollegen Daniel, der ein steter Quell spannender Ideen und stromgitarrenbasierender Musik ist.

Dem Team vom Rheinwerk Verlag, besonders Sebastian Kestel und Norbert Englert, gilt mein großer Dank für die stets kompetente Betreuung.

Vorwort von Daniel van Soest

Was, zwei Jahre sind schon wieder um? Unglaublich. Mittlerweile steckt mehr als ein Jahr Arbeit in diesem Buch, aber ich glaube, die Arbeit hat sich gelohnt. Ich hoffe, Ihnen mit diesem Buch nicht nur ein paar gute Anleitungen für diesen und jenen Serverdienst zu liefern, sondern auch viele nützliche Tipps und Tricks aus der Praxis vermitteln zu können.

Der Praxisbezug war mir sehr wichtig, ebenso wie das Aufbauen von Hintergrundwissen. In meiner nun fast 15-jährigen Berufserfahrung als Systemtechniker durfte ich viele Hürden überwinden, aber noch mehr Erfolge feiern. Ich habe in diesem Buch stets versucht, nicht nur die Technik zu erläutern, sondern auch einen Großteil meiner Erfahrung mit einfließen zu lassen.

Bei der Arbeit an diesem Buch war einer meiner Leitsätze: »Man kann nur Technik beherrschen, die man versteht.« (Er wird Ihnen im Buch sicherlich begegnen.) Ich hoffe, diesem Motto gerecht geworden zu sein und mit diesem Buch nicht nur eine Anleitung geschaffen zu haben, sondern Sie darin unterstützen zu können, die Technik zu verstehen, selbst kreative Ideen zu entwickeln und nicht nur stumpf nach Plan zu arbeiten.

Trotz alledem steht der Praxisbezug im Vordergrund, schnell etwas einzurichten, aufzusetzen oder umzusetzen: Das können Sie mit diesem Buch. An den Stellen, an denen eine Planung wichtig für den Erfolg des Projekts ist, nehmen wir uns aber auch die Zeit, Sie darauf hinzuweisen. Auch haben wir viele Fehlerquellen deutlich herausgestellt, sodass Sie schnell an Ihr Ziel gelangen, ohne zu stolpern.

Abschließend bleibt mir nur noch eins: Ihnen viel Spaß mit diesem Buch zu wünschen.

Danksagung

Vorab möchte ich mich bei meinem Co-Autor bedanken. Die Zusammenarbeit war sowohl kreativ als auch produktiv – Charly, es war mir mal wieder eine Freude. Ebenso möchte ich mich bei Sebastian Kestel und Christoph Meister bedanken – ohne euer Lektorat wären wir jetzt nicht da, wo wir sind. Nicht vergessen werden dürfen auch die Menschen im Hintergrund. Mein Dank geht an Norbert Englert für die schönen Bilder und noch viel mehr für die Latex-Unterstützung. Ebenso möchte ich mich bei Frau Daenecke bedanken, nicht nur für die hervorragende Korrektur, sondern (und vor allem) für den Humor.

Ebenso geht mein Dank an meine Band (4Dirty5): Danke, dass ihr mir den Ausgleich gebt, den ich zum Alltag brauche, und dass ihr auch mal habt fünfe gerade sein lassen, wenn ich wieder kopfüber in Kapiteln vergraben war und nicht anwesend sein konnte.

Zu guter Letzt geht mein Dank eine die wichtigste Person in meinem Leben: Nicole. Hab vielen Dank für deine nahezu unendliche Geduld, meine Abwesenheit ohne Klage ertragen zu haben, für den Zuspruch und die Erinnerungen (auch mal was zu essen). Ich freue mich auf unseren weiteren Weg.

Über dieses Buch

In diesem Abschnitt erfahren Sie, wie dieses Buch aufgebaut ist und was die verschiedenen Formatierungen bedeuten. Außerdem erläutern wir Ihnen die im Buch verwendeten Icons.

Einteilung

Ubuntu Server 16.04 LTS – Das umfassende Handbuch wurde von uns so konzipiert, dass Sie es nicht von Anfang bis Ende lesen müssen. Sie können direkt in die Kapitel springen, die Sie interessieren. Falls wir auf vorhergehende Abschnitte aufbauen, weisen wir Sie entsprechend darauf hin. Selbstverständlich können Sie das Buch aber auch von Anfang bis Ende durcharbeiten.

Dieses Buch ist in vier Teile gegliedert:

1. Grundlagen
2. Installation
3. Dienste, Anwendungen und Sicherheit
4. Werkzeugkiste

Formales

In diesem Buch begegnen Ihnen unterschiedliche Formatierungen. Wir haben uns Gedanken gemacht, wie wir Begriffe kenntlich machen, Kommandos und Befehle am besten darstellen und Sie auf wichtige, gefährliche oder ungewöhnliche Dinge aufmerksam machen können. In diesem Abschnitt wollen wir Ihnen die Logik dahinter etwas näherbringen, damit Sie auf Anhieb erkennen, was wir gemeint haben.

Kommandozeile

Gleich zu Beginn ein Hinweis an den GUI- und Maus-verwöhnten Windows-Nutzer oder -Umsteiger: Wir werden im Rahmen dieses Buchs hauptsächlich von der Kommandozeile Gebrauch machen, da wir uns mit Ubuntu Server beschäftigen und eine GUI nur unnötig viele Ressourcen verschwendet, aber kaum Nutzen bringt.

Das soll allerdings nicht heißen, dass wir gänzlich auf den Komfort einer grafischen Umgebung verzichten. Denn wie bei vielen Dingen im Leben gilt auch hier: Die Mischung macht's. Für viele Bereiche gibt es heute grafische Werkzeuge, gerade webbasierte, die Ihnen als Administrator das Leben leichter machen können. Auch wir nutzen diese Werkzeuge und werden an den entsprechenden Stellen auf sie eingehen oder zumindest auf sie verweisen.

Begriffe hervorheben

Einzelne *Begriffe* oder *Eigennamen* werden von uns durch kursive Schrift hervorgehoben, sodass Sie diese auf einen Blick erkennen können.

Befehle eingeben

Kommandozeilenbefehle werden im Text durch die Verwendung von `Nicht-Proportional-schrift` gekennzeichnet. Viele der Beispiele zu den Kommandos werden aber auch in Listings dargestellt. Alle Listings werden ebenfalls in `Nicht-Proportionalschrift` dargestellt. In den Listings werden Sie von der Befehlszeile bis zum Ergebnis alles nachvollziehen können, wie Sie hier im Beispiel sehen:

```
daniel@ubuntu~$ ps
  PID TTY          TIME CMD
 4008 pts/2    00:00:00 bash
 4025 pts/2    00:00:00 ps
```

Listing 1 Beispiel für ein Listing

Falls die Ausgabe eines Befehls unnötig lang ist, haben wir die Ausgabe gekürzt dargestellt. Um zu verdeutlichen, dass etwas ausgelassen wurde, verwenden wir den Ausdruck […]. Um Ihre Eingaben deutlich hervorzuheben, haben wir (teilweise) die entsprechenden Passagen in **Fettschrift** dargestellt. Zusätzlich verwenden wir an einigen Stellen Platzhalter, die stets von spitzen Klammern umschlossen dargestellt werden, zum Beispiel <USER> für einen Benutzernamen. In Listing 2 sehen Sie ein entsprechendes Beispiel:

```
daniel@ubuntu~$ sudo passwd max
Geben Sie ein neues UNIX-Passwort ein: <PASSWORD>
Geben Sie das neue UNIX-Passwort erneut ein: <PASSWORD>
```

Listing 2 Beispiel für ein Listing mit Platzhaltern und Eingaben

Eingabe langer Befehle

Einige der vorgestellten Kommandozeilenbefehle oder Ausgaben von Ergebnissen erstrecken sich über mehrere Buchzeilen. Im Buch kennzeichnet am Ende der entsprechenden Zeilen ein »\« (*backslash*[1]), dass der Befehl oder die Ausgabe in der nächsten Zeile fortgesetzt wird.

Fußnoten

Manche Begriffe erläutern wir in Fußnoten. Diese werden durch eine hochgestellte Ziffer direkt am Wortende dargestellt – wie im vorherigen Abschnitt beim Begriff *backslash*.

---

1 *backslash*, engl. für *Rückstrich* oder *rückwärtiger Schrägstrich*

Grafiken und Screenshots

Ein Bild sagt mehr als tausend Worte. Wann immer es sinnvoll erscheint, soll daher ein Screenshot zur Erhellung des Sachverhalts beitragen oder eine Grafik den Aufbau oder die Struktur näher erläutern.

Internetverweise

Da wir in diesem Buch sehr viele verschiedene Dienste ansprechen, ist es nicht möglich, alle Funktionen und Fähigkeiten eines Dienstes bis ins kleinste Detail zu beschreiben. Aus diesem Grund verweisen wir an geeigneten Stellen auf Internetadressen, unter denen Sie weitere Informationen, nähere Erläuterungen oder einfach die Homepage des Projekts finden. Verweise auf Internetadressen werden *kursiv* ausgezeichnet: *www.ubuntu.com*.

Tastenkombinationen

An bestimmten Punkten ist es notwendig, dass Sie Tastenkombinationen verwenden. Diese werden von uns über typisierte Symbole dargestellt, wie zum Beispiel hier der bekannte Windows-Affengriff: Strg + Alt + Entf .

Menüs

Menüs und Ihr Weg durch sie werden durch KAPITÄLCHEN und mit Blickfangpunkten hervorgehoben. Die Proxy-Server-Konfiguration eines Firefox-Browsers sieht dann so aus: BEARBEITEN • EINSTELLUNGEN • ERWEITERT • NETZWERK • EINSTELLUNGEN...

Icons

Sie werden in den Kapiteln am Rand oft Icons finden, die Sie auf bestimmte Zusammenhänge oder Besonderheiten hinweisen sollen. Die Icons haben die folgenden Bedeutungen:

[!]

Hier wird es immer sehr wichtig
Wenn Sie das nebenstehende Symbol sehen, ist Vorsicht angeraten: Hier weisen wir auf besonders kritische Einstellungen hin oder auf Fehler, die dazu führen können, dass das System nicht mehr stabil läuft. Damit sich die Warnungen mehr vom Text abheben, haben wir diese Textbereiche zusätzlich mit einem grauen Kasten hinterlegt.

Beispiele haben wir mit diesem Symbol gekennzeichnet. Wir haben an vielen Stellen Beispiele eingefügt, die es Ihnen leichter machen, eine entsprechende Aufgabe umzusetzen, oder um Ihnen eine bestimmte Funktion realitätsnah zu erläutern. [«]

Hinweise machen wir mit einem Plus-Zeichen kenntlich. Alle Textstellen, die wir mit diesem Icon versehen haben, sollten Sie unbedingt lesen! [+]

Es gibt keine fehlerfreie Software! Große und kleine Fehler, die bei den einzelnen Diensten bekannt sind, werden durch diesen kleinen »Bug« gekennzeichnet. Die nachweislich erste Erwähnung des Wortes »Bug« stammt übrigens von Grace Hopper, einer Computerpionierin aus den USA: *http://de.wikipedia.org/wiki/Grace_Hopper*.

 Bei diesem Symbol finden Sie nützliche Tipps und Tricks zu bestimmten Aufgaben. Wir erläutern dort, wie Aufgaben einfacher umgesetzt werden können oder wie Sie schneller ans Ziel gelangen.

Zusammenfassung

Am Ende von wichtigen Abschnitten fügen wir stets eine Zusammenfassung ein. Diese stellt nochmals die einzelnen Punkte in Kürze zusammen. Lesen Sie sie aufmerksam, damit Sie sicher sein können, alle Aspekte eines Abschnitts auch umgesetzt, verstanden und abgearbeitet zu haben.

Zusatzmaterialien zum Buch

Zum Buch haben wir für Sie unter der URL *www.rheinwerk-verlag.de/4197* zusätzliches Material bereitgestellt. Dort finden Sie eine Skriptsammlung, mit der Sie Basiskonfigurationen zu den meisten im Buch behandelten Serverdiensten auf Ihrem System installieren können. Ebenfalls ist eine ausführliche Installationsanleitung beigelegt, damit Sie direkt in Ihr Abenteuer starten können.

Leider können nicht alle Serverdienste, die wir vorstellen, über ein Skript installiert und konfiguriert werden. Für alle diejenigen, bei denen es möglich war, haben wir entsprechende Skripte erstellt. Wir hoffen, Ihnen dadurch den Einstieg leichter gestalten zu können.

Jetzt bleibt uns nur noch, Ihnen viel Spaß mit diesem Buch zu wünschen und zu hoffen, dass Ihnen unser Buch bei Ihrer täglichen Arbeit eine Hilfe sein wird und Sie neues Wissen aus ihm schöpfen können.

Was hat sich getan: »changelog«

An dieser Stelle geben wir Ihnen einen kleinen Überblick über die Veränderungen in Ubuntu 16.04 LTS. Neben den üblichen Änderungen (wie Programm- oder Kernelversionen) wollen wir Ihnen hier die großen Veränderungen vor Augen führen. Falls Sie bereits Erfahrung mit Ubuntu 14.04 LTS oder früheren Versionen haben, finden Sie hier gebündelt die Neuerungen.

Neue Standards

In Ubuntu 16.04 LTS haben sich einige Standards verändert. Dazu zählen:

- Init-System: *systemd* (früher *Upstart*)
- ethtool: früher mii-tool
- ntpdate: ist nicht mehr in der Standardinstallation enthalten
- MySQL: jetzt in Version 5.7 mit strengerem *sql_mode*
- PHP: jetzt in Version 7.0
- Änderung der Installationsempfehlung auf apt (früher apt-get)

Wie Sie in Listing 1 sehen, empfiehlt Ihnen Ubuntu, sobald es ein Programm nicht finden kann, die Installation mit apt und nicht mehr wie bisher mittels apt-get.

```
daniel@ubuntu:~$ ipcalc
Die Anwendung »ipcalc« ist momentan nicht installiert. Sie können sie durch folgende
Eingabe installieren:
sudo apt install ipcalc
```

Listing 1 Als Installationsempfehlung wird nunr »apt« empfohlen.

Das Programm apt stellt eine Benutzerschnittstelle (als eine Art Wrapper) der Programme apt-get, apt-cache und weiterer dar. Darüber hinaus können Sie damit weitere hilfreiche Informationen abfragen. In Tabelle 1 sehen Sie die neuen Aufrufe im Vergleich mit den gewohnten.

Aktion	Neu	Bisher
Paketquellen aktualisieren	apt update	apt-get update
Paketquellen durchsuchen	apt search <PAKET>	apt-cache search <PAKET>
Pakete installieren	apt install <PAKET>	apt-get install <PAKET>

Tabelle 1 Unterschiede in der Paketverwaltung

Aktion	Neu	Bisher
Pakete deinstallieren	`apt remove <PAKET>`	`apt-get remove <PAKET>`
Pakete vollständig entfernen	`apt purge <PAKET>`	`apt-get purge <PAKET>`
System aktualisieren	`apt upgrade`	`apt-get upgrade`
System aktualisieren und neue Abhängigkeiten auflösen	`apt full-upgrade`	`apt-get dist-upgrade`
Nicht mehr benötigte Pakete entfernen	`apt autoremove`	`apt-get autoremove`
Details zu einem Paket ansehen	`apt show <PAKET>`	`apt-cache show <PAKET>`
Alle Pakete aus den Paketquellen anzeigen	`apt list`	`apt-cache search .`
Paketquellen bearbeiten	`apt edit-sources`	`vim /etc/apt/sources.list`

Tabelle 1 Unterschiede in der Paketverwaltung (Forts.)

Alles neu: »systemd«

Die wohl größte Neuerung besteht im Wechsel des Init-Systems von *Upstart* zu *systemd*. Beim Systemstart arbeitet *systemd* parallel und nicht wie bisher sequenziell. Dies verändert aber nicht nur den Startvorgang des Systems, was von einem Init-System zu erwarten ist, sondern noch viel mehr. Entgegen der Unix-Philosophie *DOTADIW*

Do One Thing And Do It Well, (zu Deutsch: »Mach eine Sache, und mache sie gut«)

übernimmt *systemd* nicht nur den Startvorgang und das Starten und Stoppen von Diensten, sondern auch das Starten von Diensten *on-demand* (engl. für »auf Abruf«), die Überwachung von Prozessen, das Einbinden (*Mounten*) von Geräten sowie die Protokollierung (*Logging*). Außerdem enthält es Werkzeuge zur Verwaltung der Basissystemkonfiguration wie des Systemnamens, von Datum und Uhrzeit und der angemeldeten Benutzer.

Darüber hinaus stellt es noch weitere Daemons zur Verfügung, wie die Daemons zur Netzwerkkonfiguration, Netzwerkzeit, Protokollweiterleitung, zur zeitgesteuerten und datei- und pfadgesteuerten Verarbeitung und zur Namensauflösung.

Trotz seines fortschrittlichen Ansatzes und seiner vielen Verbesserungen ist *systemd* daher sehr stark und kontrovers diskutiert worden. Ab Ubuntu 15.04 ist *systemd* Standard in Ubuntu. In diesem Abschnitt wollen wir Ihnen die damit einhergehenden Neuerungen näherbringen und Ihnen aufzeigen, wie Sie trotz dieser Veränderungen an Ihr Ziel gelangen.

Sprachgebrauch

Durch die Änderungen, die *systemd* mit sich bringt, hat sich auch der Sprachgebrauch verändert. Wurde früher von *Runlevels* gesprochen, kommt jetzt der Begriff *Targets* ins Spiel.

Elementar ist die Einteilung in *Units*. Bei *systemd* spezifiziert eine *Unit* eine Ressource, damit das Betriebssystem weiß, wie es damit verfahren soll. Die *units* werden in Konfigurationsdateien verwaltet aus denen hervorgeht, wie das System mit den Ressourcen umzugehen und diese zu verwalten hat. Vereinfacht ausgedrückt: »Alles ist eine Unit«, von einem Dienst über ein Gerät bis hin zur zeitgesteuerten Verarbeitung.

Hier folgt ein Auszug der zur Verfügung stehenden *Units*:

▸ service bezeichnet einen *Unit*-Typ, der einen Dienst steuert.

▸ target stellt einen *Unit*-Typ dar, der zu Synchronisierung zwischen *Units* verwendet wird – entweder beim Startvorgang oder wenn der Zustand verändert wird. Darüber kann das System auch in einen neuen Zustand versetzt werden (in etwa zu vergleichen mit den früheren *Runlevels*). Andere *Units* werden mittels Beziehungen zu *Targets* verbunden, um sich an deren Aktionen zu orientieren.

▸ mount stellt einen *Unit*-Typ dar, mit dem Mountpunkte des Systems von *systemd* verwaltet werden.

▸ timer: Über diesen *Unit*-Typ werden zeitgesteuerte Aktivitäten von *systemd*, analog zu *cron*, definiert. Die konfigurierten *units* werden gestartet, wenn der *Timer* erreicht ist.

▸ wants: *Unit*-Typ, über den Abhängigkeiten definiert werden.

Wie Sie sehen, existieren viele *Unit*-Typen. Viele dieser *Units* arbeiten zusammen, um Funktionalitäten bereitstellen zu können.

Das Arbeiten mit *systemd* ist relativ einfach, wenn Sie das Konzept der *Units* und der *Unit Files* verstanden haben. Im Gegensatz zu den alten Init-Systemen müssen Sie hierfür keine Programmiersprache beherrschen, da die Konfigurationsdateien eine einfache Deklarationssprache verwenden, die gut zu verstehen und nachzuvollziehen ist.

Die Aufteilung der Funktionen in unterschiedliche *Units* erlaubt es nicht nur *systemd*, einen parallelisierten Startvorgang zu ermöglichen, sondern hilft auch dabei die einzelnen Konfigurationen einfach zu halten und eigenständige Bereiche separat zu behandeln, ohne Abhängigkeiten zu verletzen. Wenn Sie diese Möglichkeiten ausreizen, werden Sie die Administration flexibler und mächtiger gestalten können.

»Upstart« vs. »systemd«

An dieser Stelle wollen wir Ihnen kurz die Logik, den Aufbau und das Arbeiten mit *systemd* näherbringen. Damit Sie einen besseren Eindruck von den einzelnen Änderungen bekommen, stellen wir zunächst in Tabelle 2 die vorher gültigen Upstart-Varianten den neuen *systemd*-Varianten gegenüber. Das Programm von *systemd* zum Steuern der Prozesse und Dienste heißt *systemctl*.

Beschreibung	Upstart	systemd
Statusabfrage	service <DIENST> status	systemctl status <DIENST>
Dienst starten	service <DIENST> start	systemctl start <DIENST>
Dienst stoppen	service <DIENST> stop	systemctl stop <DIENST>
Dienst neu starten	service <DIENST> restart	systemctl restart <DIENST>
Dienst neu laden	service <DIENST> reload	systemctl reload <DIENST>
Übersicht der Dienste	ls /etc/init.d	systemctl list-unit-files -type=service
Beim Boot starten	update-rc.d <DIENST> defaults	systemctl enable <DIENST>
Nicht beim Boot starten	update-rc.d <DIENST> remove	systemctl disable <DIENST>

Tabelle 2 Unterschiede zwischen »Upstart« und »systemd«

Kompatibilität

Aus Kompatibilitätsgründen wurden (bzw. werden) alle Arten, einen Dienst zu bearbeiten, an *systemd* weitergeleitet. So resultieren die Aufrufe in Listing 2 alle im selben Ergebnis:

```
daniel@ubuntu:~$ sudo /etc/init.d/ufw status     # SysVinit-Variante
[…]
daniel@ubuntu:~$ sudo service ufw status          # Upstart-Variante
[…]
daniel@ubuntu:~$ sudo systemctl status ufw        # systemd-Variante
• ufw.service - Uncomplicated firewall
   Loaded: loaded (/lib/systemd/system/ufw.service; enabled; vendor preset: enabled)
   Active: active (exited) since So 2016-01-24 08:48:18 CET; 1h 35min ago
 Main PID: 178 (code=exited, status=0/SUCCESS)
   CGroup: /system.slice/ufw.service
```

Listing 2 Unterschiedliche Statusabfragen von »ufw«

Das hilft nicht nur Ihnen als Administrator, um sich an die Umstellung zu gewöhnen, sondern sorgt vor allem auch dafür, dass die Kompatibilität von Programmen und Diensten gewährleistet ist. In diesem Buch haben wir selbstverständlich alle Befehle und Kommandos an den neuen Standard angepasst.

Authentifizierung

Da Sie mit *systemd* administrative Tätigkeiten ausführen, müssen diese mit Root-Rechten ausgeführt werden. Falls Sie einmal vergessen, das obligatorische sudo voranzustellen, gibt systemctl Ihnen die Möglichkeit, sich zu authentifizieren:

```
daniel@saturn:~$ systemctl daemon-reload
==== AUTHENTICATING FOR org.freedesktop.systemd1.reload-daemon ===
Legitimierung ist zum erneuten Laden des systemd-Zustands notwendig.
Authenticating as: Daniel van Soest,,, (daniel)
Password:
==== AUTHENTICATION COMPLETE ===
```

Listing 3 Authentifizierung für »systemctl«

Wie Sie in Listing 3 sehen, wurde nach der Authentifizierung des Benutzers daniel gefragt – da dieser der einzige Benutzer auf dem System ist, der Mitglied in der Gruppe sudo ist. Falls mehrere Benutzer Mitglied dieser Gruppe sind (also Befehele mit Root-Rechten ausführen dürfen), passt sich der Dialog entsprechend an und stellt Ihnen eine Auswahl zur Verfügung:

```
max@merkur:~$ systemctl restart ufw
==== AUTHENTICATING FOR org.freedesktop.systemd1.manage-units ===
Legitimierung ist zum Neustarten von »ufw.service« notwendig.
Multiple identities can be used for authentication:
 1.  Daniel van Soest,,, (daniel)
 2.  Max Mustermann,,, (max)
Choose identity to authenticate as (1-2): 2
Password:
==== AUTHENTICATION COMPLETE ===
```

Listing 4 Authentifizierung für »systemctl« mit mehreren Benutzern

Wie Sie in Listing 4 sehen, können Sie nun auswählen, mit welchem Benutzer Sie die Aktion autorisieren möchten – im Übrigen wird Benutzern, die nicht Mitglied der Gruppe sudo sind, ebenfalls dieser Dialog angezeigt.

Veränderungen neu laden

Wenn Sie zur Laufzeit des Systems Änderungen an *Units* vornehmen, müssen Sie dies *systemd* mitteilen. Führen Sie dafür den Befehl sudo systemctl daemon-reload aus. Sollten Sie dies einmal vergessen, weist *systemd* Sie dezent auf Ihren Fehler hin:

```
daniel@saturn:~$ sudo systemctl start pen.service
Warning: pen.service changed on disk. Run 'systemctl daemon-reload' to reload units.
[…]
```

Listing 5 Diesen Hinweis gibt »systemctl« bei Veränderungen aus

Logging mal anders: »journald«

Die Protokollierung wurde ebenfalls *systemd* übergeben. Dafür wird *journald* eingesetzt. Das Programm speichert, im Gegensatz zum klassischen *syslog*, die Protokolldaten in Binärform. Dies hat nicht nur Vorteile bei der Speichergröße, sondern dadurch können die Protokolle auch manipulationssicher gestaltet werden.

Damit Sie aber nicht auf den Komfort des klassischen *syslog* verzichten müssen und um für Kompatibilität zu sorgen, leitet *journald* alle Meldungen standardmäßig an *syslog* weiter. Zum Aufrufen der Protokolle verwenden Sie, analog zum *systemctl* von *systemd*, das Programm *journalctl*. Das Programm *journalctl* ermöglicht Ihnen viele nützliche Dinge, die wir in Tabelle 3 zusammengefasst haben.

Befehl	Beschreibung
journalctl	Zeigt alle Logmeldungen seit dem letzten Neustart an.
journalctl -e	Springt direkt ans Ende der Logmeldungen.
journalctl -f	Zeigt die letzten und alle folgenden Logmeldungen an (analog zu tail -f /var/log/<file>).
journalctl -u <DIENST>	Zeigt alle Logmeldungen des mit -u angegebenen Dienstes an.
journalctl -o verbose	Zeigt alle Logmeldungen mit allen Meta-Daten an (sehr umfangreiche Ausgabe).

Tabelle 3 Kurzübersicht über die Befehle von »journalctl«

Selbstverständlich können Sie alle Parameter miteinander kombinieren. So würde der Aufruf aus Listing 6 die letzten und alle folgenden Logmeldungen des Dienstes networking mit allen Metadaten ausgeben:

```
daniel@ubuntu:~$ journalctl -u networking -f -o verbose
```

Listing 6 Beispielaufruf von »journalctl«

Fazit

Der *systemd* stellt vieles auf den Kopf, beitet aber gleichzeitig auch viele Vorteile. Im Buch werden wir auf Abweichungen hinweisen und Ihnen je nach Fall den besten Weg ans Ziel schildern. Dies kann sowohl das althergebrachte Verfahren mit Upstart oder SysVinit oder aber der neue Weg mittels *systemd* und seiner Tools sein.

TEIL I

Grundlagen

Kapitel 1
Der Administrator

Ein kleiner Exkurs in die Aufgaben, die Pflichten und
das moralische Dilemma eines Administrators

Falls Sie sich die Frage stellen: »Ich wollte etwas über Ubuntu lernen, warum schreiben Sie jetzt über mich und meine Arbeit?« Nun, wir wollen dieses kurze Kapitel nutzen, um Ihnen etwas über die Rechte, Pflichten und Ethik eines Administrators zu vermitteln.

1.1 Ganz allgemein: Der Administrator

Als Administrator oder besser gesagt als Systemadministrator haben Sie nicht nur die Aufgabe, Ihre Server und deren Dienste am Laufen zu halten, diese zu warten, zu pflegen und auf dem neuesten Stand zu halten. Vielmehr haben Sie auch Zugriff auf alle Daten – ob Sie nun einen privaten Server für Ihre Familie oder aber einen Server in Ihrem Unternehmen betreiben. Dies ist eine große Verantwortung. Die sich Ihnen bietenden Möglichkeiten sollten Sie stets mit Bedacht einsetzen. Bedenken Sie, dass Ihnen vertraut wird.

Ob Sie also Ubuntu Server in der WG, in Ihrer Familie oder im Unternehmen einsetzen: In jedem Fall sind Sie Administrator. Die folgenden Abschnitte sind deshalb für all diese Einsatzszenarien wichtig.

1.1.1 Was ich tun kann!

Prinzipiell können Sie alles – aber das wollen Sie gar nicht! Sie könnten theoretisch in alle E-Mails schauen, alle Dokumente öffnen und sogar sehen, wer welche Internetseiten aufruft.

Die Logdateien sind unter Linux einer der größten Vorteile. Sie ermöglichen es Ihnen, beinahe alles zu protokollieren und entsprechend auch Daten daraus zu erheben. Das ist natürlich für die Administration ein Segen, da die Analysemöglichkeiten, um technische Probleme zu beheben, immens sind. Allerdings bringt es Sie in ein moralisches und gesetzliches Dilemma. Bedenken Sie stets: »Einmal verlorenes Vertrauen kann nur schwer wiedererlangt werden!«

Auch wenn Ihre Motive noch so nobel oder edelmütig gewesen seien können, hilft es Ihnen nicht, wenn »das Kind in den Brunnen gefallen ist«. Ein paar kleine Leitsätze helfen Ihnen dabei, die Balance zwischen guter vorausschauender Arbeit und Missbrauch zu wahren:

▶ **Handeln Sie nicht eigenmächtig!**
Wenn Sie nicht sicher sind, holen Sie sich Rückhalt – ob in einem Unternehmen beim Vorgesetzten, beim Beauftragten für Datenschutz oder indem Sie die betroffene(n) Person(en) direkt ansprechen. Innerhalb der Familie sollten Sie Letzteres stets vorziehen.

▶ **Verwenden Sie die Informationen nur, um technische Fehler zu lösen – nicht (zwischen)menschliche!**
Da Sie durchaus auch Einblick in sensible Daten erhalten können, ist es ratsam, diese nur zur Problemlösung einzusetzen und nicht, um Arbeitskollegen anzuschwärzen oder zu bespitzeln.

▶ **Denken Sie immer vorher daran: »Was würde ich denken, wenn mein Admin dies oder jenes tut?«**
Halten Sie kurz inne, und hinterfragen Sie sich selbst. Würde es Ihnen gefallen, wenn der Inhalt von E-Mails an Ihre Lebensgefährtin in der ganzen Firma bekannt ist? Dies hilft Ihnen, die Balance zu halten.

1.1.2   Was ich tun sollte!

Zu Ihren Pflichten als Systemadministrator gehören selbstverständlich die technischen Aufgaben, wie:

▶ Installation

▶ Konfiguration

▶ Wartung und Pflege

▶ Auswertung und Analysen

Darüber hinaus müssen Sie aber auch menschliche Aufgaben bewältigen. Da Sie oft in vorderster Front auftreten, bekommen Sie es oft nicht mit Technikern zu tun, sondern mit Vorgesetzten, denen es an technischem Verständnis mangelt, oder mit Anwendern, die Ihnen ihren Kummer und ihre Probleme mitteilen. Es ist eine Herausforderung, sich stets korrekt zu verhalten, vor allem, wenn man soeben noch mit dem 3rd-Level-Support eines Herstellers tiefe systeminterne Details besprochen hat und im nächsten Moment einem Anwender erklären muss, was ein Rechtsklick ist. Bedenken Sie stets, dass am anderen Ende der Leitung auch nur ein Mensch sitzt – ein Mensch, der eventuell verzweifelt oder frustriert ist.

Befolgen Sie die nachstehenden Grundsätze. Diese werden Ihnen nicht nur die Arbeit erleichtern und für eine größere Akzeptanz sorgen, sondern und vor allem Ihnen helfen, Ihre Arbeit schnell, effektiv, professionell und in hoher Qualität zu erledigen:

▶ **Jeden Nutzer gleich behandeln**
Wer zuerst kommt, mahlt zuerst. Vorgesetzte bekommen die gleiche Zeit und Geduld wie alle anderen Mitarbeiter.

▶ **Transparente Kommunikation**

Erläutern Sie Fehler und Probleme. Dies hilft den Kollegen nicht nur, nachzuvollziehen, wie es dazu kam, sondern auch, weshalb Sie dafür eine entsprechende Zeit benötigen.

▶ **Erwarten Sie nicht, dass alle über Ihr technisches Wissen verfügen**

Sachbearbeiter wissen in der Regel nicht, wie Ihr Netzwerk aufgebaut ist. Vorgesetzte wissen meist nicht, wie komplex Ihre E-Mail-Infrastruktur ist. Versuchen Sie, mit den Menschen in einer Sprache zu kommunizieren, die sie verstehen. Ziehen Sie Vergleiche aus dem alltäglichen Leben oder anderen Arbeitsabläufen Ihres Unternehmens heran. Stellen Sie sich individuell auf den Menschen ein.

▶ **Zeigen Sie Verständnis, und argumentieren Sie sachlich**

Denken Sie darüber nach, wie Sie in der geschilderten Situation reagieren würden. Oft werden Sie als Dampfablassventil oder als menschlicher Kummerkasten genutzt. Versuchen Sie, sich auf die Technik zu konzentrieren, und fühlen Sie sich nicht persönlich angegriffen, wenn Ihre Server kritisiert werden.

1.1.3   Was ich nicht tun sollte! (BOFH)

Falls Sie noch nicht von ihm gehört haben sollten: Der *BOFH*[1] ist ein fiktive Figur des neuseeländischen Autors *Simon Travaglia*. In der Serie werden satirische Erzählungen eines »allmächtigen« Systembetreuers gesammelt, der seinem Ärger über lästige und unwissende Benutzer Luft macht, die von ihm abhängig sind. Diese Geschichten beschreiben perfide, was Ihnen als Systemadministrator alles widerfahren kann – aber ebenso, was Sie alles falsch machen können. Unter *http://bofh.ntk.net/BOFH/index.php* finden Sie ein Archiv der Erzählungen rund um den BOFH.

Auch wenn die satirische Darstellung oft überspitzt wird, wohnt ihr sogleich ein großes Stück Wahrheit inne. Wir haben bereits verdeutlicht, wie Sie sich verhalten sollten, um eine größere Abgrenzung zu schaffen. Nun wollen wir Ihnen noch kurz skizzieren, wie Sie sich auf keinen Fall verhalten sollten:

▶ **Nicht von oben herab**

Behandeln Sie Ihre Benutzer so, wie auch Sie behandelt werden wollen:

Was du nicht willst, das man dir tu, das füg auch keinem andern zu.

▶ **Eigenmächtig Änderungen einführen**

Kommunizieren Sie technisch notwendige Änderungen, kündigen Sie Arbeiten vorher an, und lassen Sie Ihre Mitarbeiter nicht vor die Wand laufen.

▶ **Werden Sie nicht beleidigend oder persönlich**

Bleiben Sie sachlich, und reagieren Sie nur auf Fachliches.

---

1 *Bastard Operator From Hell*, engl. für *gehässiger Systembetreuer aus der Hölle*

▶ **Eigenmächtig gegen Fehlverhalten vorgehen**
Spielen Sie nicht »Sheriff« und vor allem nicht den »Lone Ranger«. Es ist nicht Ihre Aufgabe.

1.2 Was im Gesetz steht

Dieser Abschnitt soll keine Erörterung der juristischen Details darstellen oder Ihnen sogar als Maßgabe dienen. Sehen Sie ihn eher als Leitfaden für Fragen an, die Sie sich, Ihren Vorgesetzten und gegebenenfalls Ihrem Unternehmen stellen müssen, um professionell als Administrator arbeiten zu können.

[+]

Immer aktuell

In diesem Abschnitt zeigen wir Ihnen die wichtigsten Gesetzestexte auf, mit denen Sie sich als verantwortungsbewusster Administrator im täglichen Arbeitsumfeld auseinandersetzen müssen. Da Gesetze im stetigen Wandel sind, müssen Sie sich selbstverständlich auf dem Laufenden halten, um den aktuellen Anforderungen, Rechten und Pflichten gerecht werden zu können.

Neben dem Datenschutz regeln Gesetze unter anderem auch Aufbewahrungsfristen, den Einsatz von sogenannten *Hacker-Tools* und viele Dinge mehr, die uns in der täglichen Arbeitswelt als Systemadministrator begegnen. Mit folgenden Gesetzen sollten Sie sich auseinandersetzen:

▶ Bundesdatenschutzgesetz

▶ Landesdatenschutzgesetze

▶ Telemediengesetz

▶ Telekommunikationsgesetz

▶ Gesetz zur Vorratsdatenspeicherung

1.2.1 Datenschutz: »BDSG« und »LDSG«

In unserem digitalen Zeitalter mit sozialen Netzwerken, Smartphones und vielen weiteren Angriffsflächen bekommen die Privatsphäre und der Datenschutz eine immer größere Bedeutung, die aber in der Gesellschaft generell weniger Beachtung findet, als notwendig wäre.

In diesem Abschnitt wollen wir Ihnen den Datenschutz etwas näher bringen. Nicht nur, damit Sie sich selbst schützen können, sondern auch, damit Sie Ihre Anwender schützen können – oft sogar vor sich selbst.

Das *Bundesdatenschutzgesetz (BDSG)* regelt zusammen mit dem *Landesdatenschutzgesetz (LDSG)* Ihres Bundeslandes den Umgang mit personenbezogenen Daten.

Da Sie als Systemadministrator oft in sensiblen Bereichen tätig sind, müssen Sie sich zwangsläufig mit dem Thema Datenschutz beschäftigen. Daher haben wir Ihnen einen allgemeinen Auszug von wichtigen Punkten zusammengestellt:

▶ **Wann braucht man einen Beauftragten für Datenschutz (DSB)?**
Eine Firma sollte einen DSB haben, wenn mehr als vier Personen unmittelbar mit personenbezogenen Daten umgehen (oder 20 Leute mittelbar). Sprechen Sie, wenn vorhanden, Ihren Personal- oder Betriebsrat an, oder wenden Sie sich an Ihren Vorgesetzten. Alternativ wird die Aufgabe durch Gruppenleiter und Chefs, bis hoch zum Vorstand, direkt übernommen.

▶ **Welche Institutionen gibt es für Datenschutz?**
Es gibt zum einen den Bundesbeauftragten für Datenschutz und Informationsfreiheit als öffentliche Einrichtungen des Bundes. Darüber hinaus gibt es den Landesdatenschutzbeauftragten (LDS) als öffentliche Einrichtung des Landes. Darüber hinaus ist das Innenministerium (auch der Länder) zuständig. Nichtöffentliche Einrichtungen können diese Aufgabe auch dem LDS übertragen.

▶ **Was sind personenbezogene/schützenswerte Daten?** Daten sind personenbezogen, wenn sie persönliche oder sachliche Verhältnisse einer natürlichen Person beschreiben.

▶ **Welche Arten von personenbezogenen Daten gibt es?**
Einfache Daten, wie Name, Vorname, Geburtstag, Familienstand, aber auch Bankdaten. Darüber hinaus gibt es die Persönlichkeitsdaten, wie Einkommensverhältnisse, Familienverhältnisse, Lebensstil oder Einkaufsverhalten. Zusätzlich gibt es sensible Daten, wie Herkunft, politische Meinung, Religion oder medizinische Daten.

Sie bewegen sich als Systemadministrator oft im Grenzbereich zwischen ordnungsgemäßer Erfüllung Ihrer Pflichten und gesetzlichen Verstößen.

Oftmals erhalten Administratoren Arbeitsaufträge, die den Datenschutz betreffen, da an vielen Stellen personenbezogene Daten erhoben werden, die für sich keine Relevanz haben. Erst wenn diese Daten mit anderen korreliert werden, ergeben sich Grenzfälle oder Verstöße. Beispiele sind das Auswerten der Internetnutzung eines Mitarbeiters oder Auswertungen, wer wem wie viele E-Mails geschrieben hat.

Hinterfragen Sie solche Aufträge, und holen Sie gegebenenfalls auch das Einverständnis von Personal- oder Betriebsräten ein. In Deutschland gilt noch immer: »Unwissenheit schützt vor Strafe nicht!«

Zu Recht wurde einem Systemadministrator fristlos gekündigt, weil er unerlaubt anderer Leute E-Mails gelesen hat. Eine anonymisierte Auswertung der Web-Proxy-Protokolle hingegen ist in Ordnung.

1.2.2   Telemediengesetz

Das *Telemediengesetz* regelt die Rahmenbedingungen für Telemedien und stellt eine der zentralen Vorschriften des Internetrechts dar. In seiner jetzigen Fassung regelt es die nachstehenden Punkte:

▶ Impressumspflicht

▶ Haftung für fremde und eigene Inhalte

▶ Datenschutz bei Telemedien

▶ Spam

Unter dem Begriff *Telemedien* werden elektronische Informations- und Kommunikationsdienste verstanden. Darunter fallen nahezu alle Angebote im Internet, wie Webshops, Online-Auktionshäuser, Suchmaschinen, Mail-Dienste, Informationsdienste, Podcasts, Chatrooms und auch Foren und Blogs – also nahezu alle Formen von Internetpräsenzen.

1.2.3   Telekommunikationsgesetz

Das Telekommunikationsgesetz regelt die technischen Aspekte der Telekommunikation, unter anderem den Datenschutz bei Internet- und E-Mail-Nutzung und Telefonie.

Darin wird auch geregelt, wann welche Daten von Anbietern zum Beispiel an Strafverfolgungsbehörden herausgegeben werden müssen.

1.2.4   Gesetz zur Vorratsdatenspeicherung

Das Gesetz zur allgemeinen Vorratsdatenspeicherung aus dem Jahr 2010 wurde in Deutschland verhindert. Dennoch gibt es Gesetze, die eine Vorratsdatenspeicherung verlangen – zwar nicht im Kommunikationsbereich, aber unter anderem gibt es Vorschriften für Aufbewahrungsfristen, zum Beispiel für Korrespondenz in E-Mail-Form oder aber für steuerrelevante Daten.

Informieren Sie sich daher stets an den geeigneten Stellen, ob und wie lange Sie Daten aufbewahren müssen.

Generell gilt das Prinzip der »Datensparsamkeit« – nicht nur, um Ressourcen zu schonen, sondern auch, um nicht unnötig viele Daten zu sammeln. Hier gilt also: »Weniger ist mehr!«

Ein neues Gesetz zur Vorratsdatenspeicherung wurde in Deutschland im Oktober 2015 verabschiedet und ist am 18. Dezember 2015, trotz massiver Kritik und offensichtlicher Verstöße gegen das Grundgesetz und die EU-Gesetzgebung, in Kraft getreten. Die wieder eingeführten Speicherpflichten sind spätestens ab dem 1. Juli 2017 zu erfüllen – es ist allerdings davon auszugehen, dass vorher das Gesetz geändert wird, da bereits von verschiedenen Seiten Klagen gegen dieses Gesetz angekündigt wurden.

Kapitel 2
Wichtige Grundlagen vorab

In diesem Kapitel erhalten Sie eine Einführung in die magische Welt von Linux: in das Konzept, die Logik dahinter, und Sie erfahren, warum Linux so erfolgreich und effizient ist.

Wenn Sie einen Neuling (oder Kaufmann) fragen, weshalb Linux so erfolgreich ist, bekommen Sie meist die gleiche Antwort:

Na, weil es umsonst ist!

Das ist zum Teil auch korrekt, allerdings basiert die Erfolgsgeschichte von Linux nicht nur auf Gratissoftware. Vielmehr faszinieren an Linux die Architektur, die Community, die Unabhängigkeit und die unglaubliche Flexibilität. Sie haben ein konkretes Problem oder die Software XY kann eine bestimmte Aufgabe nicht erfüllen? Kein Problem, schreiben Sie die Lösung einfach selbst, und stellen Sie sie der Allgemeinheit zur Verfügung. Sie werden sehen, wie schnell gute Ideen oder Ansätze aufgenommen und noch weiter verbessert werden! Dieses einfache Grundprinzip half Linux, zu dem zu werden, was es heute ist: ein schnelles, aktuelles, flexibles und vielfach eingesetztes Betriebssystem, das an vielen Stellen die Entwicklung der Computer- und Softwarebranche stark beeinflusst hat.

Wenn das so einfach wäre, dann könnte ja jeder selbst Software entwickeln!

Das stimmt, jeder könnte. Von *einfach* hat aber keiner etwas gesagt! Verstehen Sie Linux eher als Sandkasten, in dem viele Leute ihre Förmchen haben liegen lassen. Mithilfe von etwas Wasser, Eimern und ein paar engagierten Menschen kann hier schnell etwas Großartiges entstehen.

2.1   Historie

Man nehme im Jahre 1991 einen unzufriedenen Studenten, jemand mit viel Software, aber keinem guten Kernel und eine offene Lizenzform. Alles gut vermengen, und fertig ist ein beeindruckendes Betriebssystem. Es ist natürlich die Rede von *Linus Torvalds*, *Richard Stallman* und der *GPL*[1].

---

1   *General Public License*, engl. für »Allgemeine öffentliche Lizenz«, ist eine freie Softwarelizenzform.

Als der Student *Linus Torvalds* mit dem vom *Andrew S. Tanenbaum* als Lehrsystem entwickelten Betriebssystem *MINIX* die neuen Prozessoren der *80386er*-Reihe ausprobieren wollte, fand er den ein oder anderen Punkt, den man verbessern konnte. Kurze Zeit später hatte Torvalds einen neuen, modular aufgebauten Kernel entwickelt, den er in der Usenet-Gruppe (einer frühen Form der Foren im Internet) *comp.os.minix* ankündigte. Torvalds wollte das System unter dem Namen *Freakx* oder *Buggix* veröffentlichen. Dem damaligen FTP-Server-Administrator *Ari Lemmke* gefiel aber keiner von Torvalds Vorschlägen, daher stellte er das System einfach unter dem Namen *Linux* ein. Torvalds gefiel dies zunächst nicht, aber später sah er ein, dass *Linux* einfach der bessere Name war.

Durch die Zusammenarbeit mit dem *GNU-Projekt*[2] hatte das System direkt eine große Palette von Software, die dank der GPL genau wie der Kernel selbst von jedem verwendet, weiterentwickelt und weitergegeben werden durfte.

Ein Stein kam ins Rollen. Immer mehr Entwickler nahmen sich des neuen Unix-ähnlichen und POSIX-kompatiblen Betriebssystems an.

Im Jahre 1996 rief Torvalds einen Wettbewerb zur Findung eines Maskottchens für das Betriebssystem aus. Aufgrund einer Australienreise wünschte sich Torvalds einen Pinguin als Wappentier – was selbstverständlich bei einigen auf Zweifel stieß, da sie der Ansicht waren, dass ein Pinguin nicht die Eleganz von Linux widerspiegele. Torvalds setzte sich durch, und es gewann die Einsendung von *Larry Ewing* (siehe Abbildung 2.1). Heute verbindet jeder Informatiker Linux mit dem Pinguin.

Abbildung 2.1 Das Linux-Maskottchen »Tux« (Originalversion von Larry Ewing)

---

2   *GNU's Not Unix*, engl. rekursives Akronym für »GNU ist nicht Unix«

Anekdote zu »Tux«

Die erste Version von *Tux* wurde von *Larry Ewing* mit der Open-Source-Software *GIMP* erstellt und unter folgender Bedingung freigegeben:

Permission to use and/or modify this image is granted provided you acknowledge me lewing@isc.tamu.edu and The GIMP if someone asks.

Dem kommen wir hiermit gerne nach.

2.2   Der Kernel

Der *Kernel*[3], auch *Betriebssystemkern* oder *Systemkern* genannt, ist der zentrale Bestandteil eines Betriebssystems. Der Kernel stellt die Spielregeln für die Prozess- oder Datenorganisation auf.

Des Weiteren stellt der Kernel die Verbindung zur Hardware dar und ist somit die unterste Softwareschicht eines Systems.

Folgende Funktionen werden durch den Kernel verwaltet:

▶ Hardware (Geräte, Speicher, Prozessoren etc.)

▶ Hauptspeicher (RAM)

▶ Prozesse (Zuteilung von Rechenzeit)

▶ Dateisysteme

Zusammengefasst kann festgehalten werden, dass der Kernel die Schnittstelle zwischen Software und Hardware ist.

Der Linux-Kernel ist hauptsächlich in der Programmiersprache *C* geschrieben. Ausnahmen bilden zum Beispiel die Komponenten für den Systemstart (Bootvorgang), die in *Assembler*[4] geschrieben wurden.

2.2.1   Entwicklung des Linux-Kernels

Die (Weiter-)Entwicklung des Linux-Kernels liegt nicht in der Hand von Einzelpersonen, eines Landes, Staates, Unternehmens, Konzerns oder einer sonstigen Gesellschaft, sondern wird von einer weltweiten Gemeinschaft vieler Programmierer betrieben, die sich hauptsächlich über das Internet austauschen.

---

3   *kernel*, engl. für *Kern*

4   *Assembler*, vom engl. *to assemble* für *montieren* – hardwarenahe Programmiersprache, die auch als *Maschinensprache* oder *-code* bezeichnet wird

Über Mailinglisten, Foren oder das Usenet ist es jedermann möglich, Diskussionen über den Kernel zu verfolgen, sich daran zu beteiligen oder aktiv an der Entwicklung mitzuwirken. Abschließend entscheidet aber Linus Torvalds mit einer Handvoll besonders verdienter Programmierer als letzte Instanz über die Aufnahme von Änderungen in den Kernel.

Einige Distributionen pflegen auch eigene Änderungen am Kernel, um ihren Benutzern Funktionen zur Verfügung zu stellen, die im offiziellen Kernel (noch) nicht enthalten sind.

2.2.2   Aufbau des Linux-Kernels

Die Besonderheit des Linux-Kernels besteht darin, dass er modular aufgebaut ist. Somit ist es nicht nur möglich, einzelne Komponenten während der Laufzeit zu laden oder zu entladen, sondern auch, einen Kernel nur mit den Modulen zu versehen, die wirklich gebraucht werden.

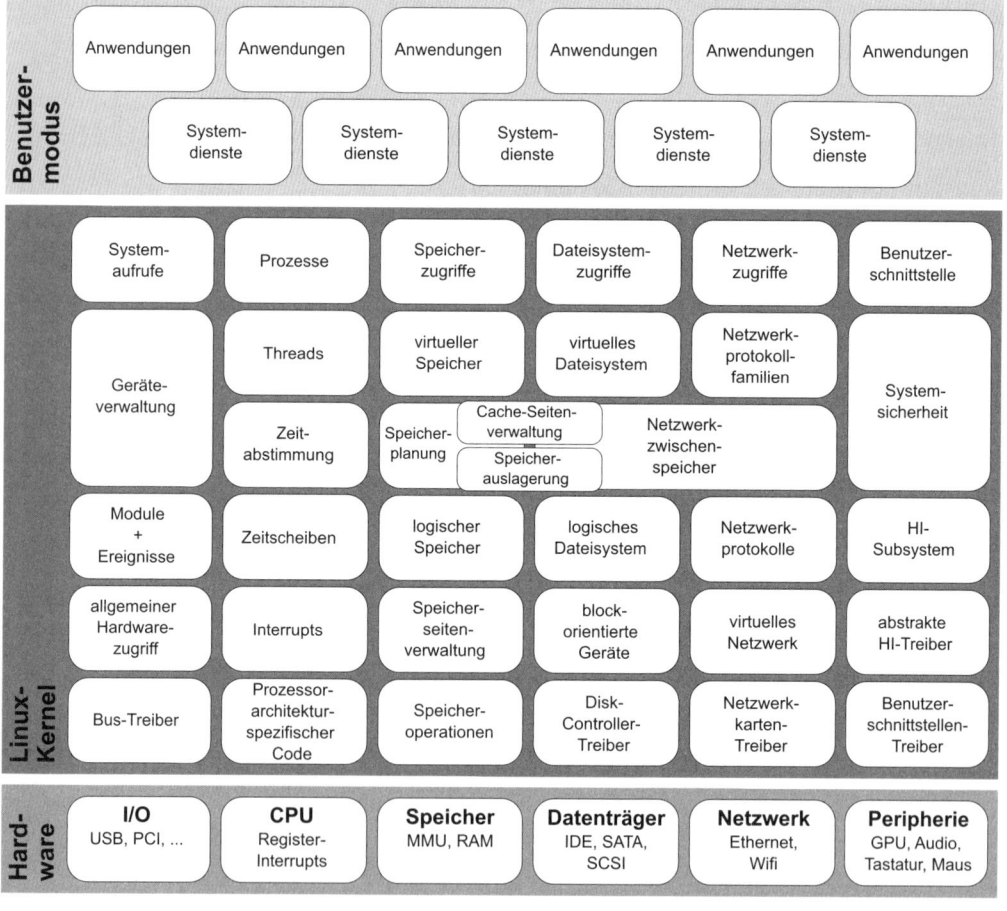

Abbildung 2.2 Aufbau des Linux-Kernels

In Abbildung 2.2 sehen Sie den strukturellen Aufbau eines Linux-Systems, das aus der Hardware-, der Kernel- und der Benutzer-Ebene besteht.

2.2.3   Verwandtschaft

Häufig taucht der Begriff *nix-artige Systeme auf. Dies bezieht sich auf die Herkunft eines Systems. Linux wurde auf den Grundprinzipien von *UNIX* entwickelt. Dieses Betriebssystem wurde 1969 in den *Bell Laboratories* (später *AT&T*) durch die maßgeblichen Entwickler *Ken Thompson* und *Dennis Ritchie* entwickelt. Zunächst wurde UNIX in Assembler und später in der von *Dennis Ritchie* entwickelten Sprache *C* geschrieben.

Der Begriff *UNIX* ist eine eingetragene Marke der *Open Group*, daher dürfen nur zertifizierte Systeme den Namen *UNIX* tragen. Deswegen hat man sich im allgemeinen Sprachgebrauch darauf verständigt, dass *UNIX* (in Großbuchstaben) zur Kennzeichnung von zertifizierten Systemen genutzt wird. Die Schreibweise in Kleinbuchstaben, also *Unix*, wird hingegen für Unix-artige Systeme verwendet. Die Abwandlung *nix-artig* wird weitläufig als Indiz für alle *Unix-artigen* Systeme verwendet.

Zu den *nix-artigen Systemen zählen zum Beispiel die *BSD*-Systeme, *HP-UX (Hewlett-Packard), DG/UX (Data General), AIX (IBM), IRIX (Silicon Graphics), UnixWare (SCO Group), Solaris (Oracle)* und *Mac OS X* von *Apple*.

Die wichtigsten Merkmale eines typischen Unix-Systems bestehen in hoher Stabilität, Multiuser-Fähigkeit, dem Multitasking (mittlerweile auch dem Multithreading), dem Speicherschutz und dem virtuellen Speicher, der IP-Netzwerkunterstützung, den hervorragenden Scriptingeigenschaften, einer voll ausgebauten Shell und in einer Vielzahl von Werkzeugen (den Unix-Kommandos) und Diensten.

Wenn Sie sich auf einem Linux-System zurechtfinden, können Sie – zumindest rudimentär – auch mit anderen Unix-artigen Systemen umgehen. Alle verwenden die gleiche Struktur, die wir Ihnen im folgenden Abschnitt näherbringen möchten.

2.3   Die Struktur von Linux

Da jeder Hersteller ständig die Unix-artigen Systeme geändert und erweitert hat, definierte um 1985 das *IEEE*[5] einen Standard für Anwendungsprogramme (*IEEE 1003*). Dieser Standard wurde auf Anregung von *Richard Stallman* als *POSIX*[6] bezeichnet.

---

5 *Institute of Electrical and Electronics Engineers*, weltweiter Berufsverband von Ingenieuren der Elektro- und Informationstechnik
6 *Portable Operating System Interface*, engl. für *übertragbare Betriebssystemschnittstellen* – Standardisierung der Schnittstellen zwischen Anwendungsprogrammen und Betriebssystem

2.3.1 Konformität zu »POSIX«

Anhand von zwei Kategorien wird definiert, wie weit ein Betriebssystem POSIX-konform ist:

▶ **vollständig POSIX-konform**
Hierbei sind die Vorgaben des POSIX-Standards zu 100 % umgesetzt und wurden entsprechend zertifiziert. Beispielsweise sind die Betriebssysteme *AIX*, *BSD/OS*, *HP-UX*, *IRIX*, *MINIX* und *Solaris* vollständig POSIX-konform.

▶ **weitgehend POSIX-konform**
Diese Betriebssysteme wurden nicht nach POSIX zertifiziert, halten sich aber in großen Teilen an die Standards und Vorgaben. Dazu zählen unter anderem *Linux*, *FreeBSD*, *NetBSD* und *OpenBSD*.

2.3.2 Alles ist eine Datei

Eines der Grundprinzipien stellt das Datei-Konzept dar, das zur Entstehungszeit von UNIX eine vollkommene Neuerung war. Dabei wird alles – wirklich alles – als Datei im Betriebssystem zur Verfügung gestellt. Dazu zählen Dokumente, Verzeichnisse, Festplatten, Modems, Tastaturen, Drucker und sogar Interprozess- und Netzwerkverbindungen, die als einfache Byteströme über das Dateisystem verfügbar sind. So werden zum Beispiel Laufwerke nicht wie bei Windows mit einem Laufwerksbuchstaben in das System eingehängt, sondern können an einer beliebigen Stelle eingehängt werden.

Der Vorteil liegt darin, dass für alle Zugriffe dieselben Werkzeuge und Programmierschnittstellen genutzt werden können.

Beim Öffnen einer Datei erhält das Programm vom Kernel einen Dateideskriptor. Alle nachfolgenden Operationen können über diesen Dateideskriptor erfolgen. Daher wird das Prinzip auch oft als »*Alles ist ein Dateideskriptor*« bezeichnet oder nach Linux Torvalds als »*Alles ist ein Bytestrom*«.

2.3.3 Verzeichnisstruktur

In (fast) allen Unix-artigen Systemen finden Sie die gleiche Verzeichnisstruktur. Die gängigsten Verzeichnisse und ihre Funktion haben wir Ihnen hier zusammengefasst:

▶ **/bin**
Hier befinden sich die Binärdateien der grundlegenden Systembefehle (Programme), die von allen Benutzern ausgeführt werden können.

▶ **/boot**
Dateien des Bootloaders, die beim Systemstart (der auch als *Bootvorgang* bezeichnet wird) benötigt werden.

▶ **/dev**
Hier werden alle Gerätedateien (engl. *devices*) hinterlegt.

▶ **/etc**
Der zentrale Ort für alle Konfigurationsdateien

▶ **/home**
Ablageort der Benutzerverzeichnisse (persönliche Daten, Dokumente etc.)

▶ **/lib**
Ein Speicherort für Kernel-Module und dynamische Bibliotheken, die von mehreren Programmen genutzt werden

▶ **/mnt**
Temporärer Einhängepunkt für Dateisysteme, wie CD-ROM-Laufwerke, USB-Sticks, Netzwerkfreigaben oder Ähnliches

▶ **/opt**
Speicherort für zusätzliche (optionale) Softwarepakete

▶ **/proc**
Virtuelles Dateisystem, das zur Ausgabe und Änderung von System- und Prozessinformationen genutzt wird

▶ **/root**
Benutzerverzeichnis des Systemadministrators *root*

▶ **/sbin**
Binärdateien der wichtigen Systembefehle, die nur mit root-Rechten ausgeführt werden dürfen

▶ **/tmp**
Ablageort für temporäre Dateien. Bei einem Neustart des Systems wird dieses Verzeichnis vollständig gelöscht.

▶ **/usr**
Steht für *unix system resources* (engl. für *Unix-Systemressourcen*) und stellt eine zweite Verzeichnisebene dar. Dieser Bereich kann von mehreren Rechnern gemeinsam genutzt werden (*shareable*) und enthält entsprechend keine vom lokalen Rechner abhängige oder variablen Inhalte. Darunter finden Sie folgende Verzeichnisse:

– **/usr/bin**
Benutzerbefehle

– **/usr/include**
Header-Dateien

– **/usr/lib**
Programmbibliotheken

- **/usr/local**
  Lokale Hierarchie (zum Beispiel für Programme, die vom Systemadministrator außerhalb der Distribution installiert werden)
- **/usr/sbin**
  Systembefehle, die nicht zwingend erforderlich sind
- **/usr/share**
  Von der Architektur unabhängige Dateien – oft auch Beispielkonfigurationen oder Erläuterungen zu Programmen

▶ **/var**
Dieses Verzeichnis enthält variable Daten, die bei der Verarbeitung entstehen. Darunter finden Sie ähnlich wie bei */usr* weitere Verzeichnisse:

- **/var/cache**
  Zwischenspeicher
- **/var/lib**
  Variable Statusinformationen
- **/var/local**
  Variable Daten im Zusammenspiel mit */usr/local*
- **/var/lock**
  Lock-Dateien für die Prozesssynchronisation (Zugriffssperrungen)
- **/var/log**
  Zentraler Ablageort für Logdateien
- **/var/opt**
  Variable Daten im Zusammenspiel mit */opt*
- **/var/run**
  Daten der laufenden Prozesse (zum Beispiel *PID*[7]-Dateien)
- **/var/spool**
  Abzuarbeitende Dateien (zum Beispiel Druckaufträge oder E-Mail-Versandaufträge)
- **/var/tmp**
  Temporäre Dateien, die einen Neustart überdauern

2.4   Unterschiede

Sie haben bereits einige Unterschiede von Linux zu anderen Betriebssystemen kennengelernt. Darüber hinaus gibt es aber noch viele weitere, die wir nun näher betrachten wollen.

---

7 *process identifier*, engl. für *Prozessidentifikationsnummer*

2.4.1   Paketverwaltung

Über die Paketverwaltung wird pro Distribution Software vorgehalten. Programme, Dienste und Werkzeuge werden bei Linux in einem zentralen Lager gesammelt: den *Repositorys*. Darüber können Sie leicht Software installieren. Linux ist in Sachen Paketverwaltung aber in zwei große Lager gespalten: Man unterscheidet die RedHat-basierten (*rpm*[8]) und die Debian-basierten (*deb*[9]) Paketverwaltungen.

2.4.2   Updates und Upgrades

Mithilfe der Paketverwaltung können Sie nicht nur einfach Software finden und installieren. Die Paketverwaltung bietet gleichzeitig auch zentrale Updates an. Dies hat den entscheidenden Vorteil, dass Sie nicht jede Software für sich prüfen müssen, sondern dass dies zentral und global erfolgen kann. Darüber hinaus wird die Software auch direkt an die distributionsspezifische Umgebung angepasst ausgeliefert.

2.4.3   Umgang mit Paketen

Bei Ubuntu werden Programme in Paketen verwaltet, die in Repositorys vorgehalten werden. Dank der Paketverwaltung weiß das System immer, welche Abhängigkeiten existieren, und hilft dabei, diese aufzulösen. Da Ubuntu *deb*-basiert ist, wird die Programmfamilie *apt* eingesetzt. In Ubuntu 16.04 gibt es eine neue Benutzerschnittstelle `apt`, die viele Aufgaben vereinfacht. Einen Überblick finden Sie in Tabelle 1 zu Beginn dieses Buches. Nachstehend haben wir Ihnen die gängigsten Kommandos und deren Funktionen aufgelistet:

▶ `apt-get install <PAKET>` / `apt install <PAKET>`
  Damit installieren Sie das angegebene Paket auf Ihrem System.

▶ `apt-cache search <SUCHWORT>` / `apt search <SUCHWORT>`
  Hiermit können Sie die Repositorys nach dem angegebenen Schlagwort durchsuchen.

▶ `apt-cache showpkg <PAKET>` / `apt show <PAKET>`
  Hierüber können Sie Informationen aus den Repositorys zu einem Paket abfragen. Sie erhalten eine detaillierte Übersicht zu dem angegebenen Paket, mit dem Inhalt, der Größe, den Abhängigkeiten und vielem mehr.

▶ `apt-get update` / `apt update`
  Damit werden die Aktualisierungen der Repositorys abgeglichen.

▶ `apt-get upgrade` / `apt upgrade`
  Damit werden die Aktualisierungen auf Ihrem System installiert.

---

8 *RedHat Package Management*
9 *Debian-Package*

- apt-get dist-upgrade / apt full-upgrade
  Führt ebenfalls eine Aktualisierung durch, allerdings werden dabei die eventuell vorhandenen Konflikte zugunsten neuerer Pakete gelöst. Dies ist von Zeit zu Zeit notwendig, um größere Aktualisierungen installieren zu können.

- apt-get autoclean / (nicht vorhanden)
  Damit können Sie die Paketverwaltung auf Ihrem System aufräumen lassen. Nicht mehr benötigte Abhängigkeiten oder veraltete Kernel-Versionen werden damit von Ihrem System entfernt.

- apt-get remove <PAKET> / apt remove <PAKET>
  Darüber können Sie Pakete deinstallieren – also von Ihrem System entfernen. Abhängigkeiten werden ebenfalls aufgelöst.

- apt-get purge <PAKET> / apt purge <PAKET>
  So können Sie Pakete rückstandslos von Ihrem System entfernen. Auch Konfigurationsdateien werden mitsamt der angelegten Verzeichnisse wieder entfernt.

Einige Programme von *apt* können auch mit Schaltern umgehen. So ist es zum Beispiel möglich, ein System mit nur einer Zeile und ohne weitere Angaben zu aktualisieren:

```
# Herkömmlich:
daniel@saturn:~$ sudo apt-get update && sudo apt-get upgrade -y
# Oder mit apt:
daniel@saturn:~$ sudo apt update && sudo apt upgrade -y
```

Listing 2.1 Aktualisierungen mit nur einer Kommandozeile

Der Schalter -y bedeutet dabei, dass eventuelle Rückfragen (zum Beispiel, ob alle Abhängigkeiten mitinstalliert werden sollen) automatisch mit »Ja« beantwortet werden.

2.4.4 Benutzer- und Rechteverwaltung

Die Vergabe von Rechten erfolgt auf Dateisystemebene. Dabei werden die Eigentumsverhältnisse und die jeweiligen Rechte geklärt. Jede Datei unter Linux verfügt über Eigentümer, die in vier Kategorien unterteilt sind:

- **Sonderrechte**
  Spezielle Rechte

- **Eigentümer**
  Besitzer der Datei

- **Gruppe**
  Gruppenzugehörigkeit

- **Sonstige**
  Jeder andere, der nicht Eigentümer oder Mitglied der Gruppe ist

Sonderrechte werden selten verwendet, daher beschränkt sich die Vergabe der Rechte meist auf die Kategorien *Eigentümer*, *Gruppe* und *Sonstige*. Diese Kategorien können unterschiedliche Rechte an einer Datei besitzen. Dabei unterscheidet Linux drei Zugriffsformen:

► **read** (Lesen)
  Benutzer mit diesem Recht dürfen die Datei lesen oder, wenn es sich um ein Verzeichnis handelt, dessen Inhalt auslesen. Dieses Recht wird durch den Buchstaben *r* (vom englischen *read*) gekennzeichnet und daher auch als *R-Bit* bezeichnet.

► **write** (Schreiben)
  Benutzer mit diesem Recht dürfen die Datei verändern, umbenennen oder löschen. Wenn es sich um ein Verzeichnis handelt, darf der Benutzer ebenfalls Dateien in diesem Verzeichnis erstellen. Dieses Recht wird durch den Buchstaben *w* (vom englischen *write*) gekennzeichnet und daher auch als *W-Bit* bezeichnet.

► **execute** (Ausführen)
  Benutzer mit diesem Recht dürfen die Datei ausführen oder, wenn es sich um ein Verzeichnis handelt, in dieses hinein wechseln. Dieses Recht wird durch den Buchstaben *x* (vom englischen *execute*) gekennzeichnet und daher auch als *x-Bit* bezeichnet.

Die Notation der Zugriffsformen kann auf zwei Arten erfolgen: oktal oder symbolisch. Jedem Recht ist sowohl ein Wert als auch ein Buchstabe zugeteilt (siehe Tabelle 2.1).

Funktion	Wert	Buchstabe
Lesen	4	r
Schreiben	2	w
Ausführen	1	r

Tabelle 2.1 Werte und Buchstaben des Rechtesystems

Daraus ergeben sich die Dateirechte als dreistellige Oktalwerte (zum Beispiel *750*, wobei jede Zahl die Zugriffsrechte einer Kategorie abdeckt) oder symbolisch als eine Buchstabenfolge pro Kategorie zum Beispiel *rwx*. Daraus ergeben Sich die Möglichkeiten aus Tabelle 2.2:

Kategorie	Eigentümer			Gruppe			Sonstige		
Funktion	read	write	exec	read	write	exec	read	write	exec
Buchstabe	r	w	x	r	w	x	r	w	x
Wert	4	2	1	4	2	1	4	2	1

Tabelle 2.2 Gesamtaufbau des Rechtesystems

Was sind Oktalwerte?

Das Oktalsystem arbeitet mit der Basis 8 (daher auch *Achtersystem* genannt). Es kennt acht Ziffern zur Darstellung einer Zahl (von 0–7). Jede Ziffer einer Oktalzahl kann durch drei Bit dargestellt werden, daher findet es oft in der Computertechnik Anwendung. Nachstehend sehen Sie eine Gegenüberstellung vom Dezimal- und Oktalsystem:

dezimal	0	1	2	3	4	5	6	7	8	9	10	...	15	...	20
oktal	0	1	2	3	4	5	6	7	10	11	12	...	17	...	24

2.4.5 Ausführung

Wie bereits im vorigen Abschnitt erläutert wurde, unterscheidet Linux, was genau ein Ausführungsrecht bedeutet. Bei Verzeichnissen bedeutet es, in diese wechseln zu können, und bei Dateien, diese ausführen zu dürfen. Daraus ergibt sich, dass ein Programm nicht nur ausführbar sein muss, sondern dass auch der Benutzer das Recht besitzen muss, dieses Programm auszuführen. Die zweite Besonderheit besteht darin, dass Programme unter Linux nicht über eine eindeutige Dateiendung verfügen müssen, wie zum Beispiel bei Windows die *.exe*-Dateiendung.

2.4.6 Lizenzarten

Lizenzen und vor allem deren Einhaltung sind in den vergangenen Jahren immer mehr in den Vordergrund gerückt. Große, aber auch kleine Unternehmen erzielen einen Teil ihrer Einnahmen mittlerweile mit erfolgreich geführten Prozessen gegen Lizenzverstöße. Ein Grund mehr, sich mit dem Thema noch mal genauer auseinanderzusetzen.

Bei kommerzieller Software ist der Quellcode kompiliert – liegt also nur in binärer Form vor. Daher können Sie ihn nicht verändern, und die Weitergabe ist nicht erlaubt. Diese Regelung wird oft als *Copyright* bezeichnet. Open-Source-Software wird im Allgemeinen als »freie Software« bezeichnet. Darunter versteht man, dass der Quellcode der Software frei zugänglich ist und diese von jedem verändert und weitergegeben werden darf. Diese Rechte werden durch Lizenzen definiert, die in vielen unterschiedlichen Formen existieren. Damit ursprünglich freie Software auch frei bleibt, wurde das *Copyleft* entwickelt. Dieses verhindert, dass freie Software durch das Hinzufügen von proprietärem Quelltext nicht mehr frei verbreitet werden darf. So gut der Grundgedanke des Copyleft auch war, so schwierig ist dessen Umsetzung. Je nach Lizenzform muss nicht nur die Software, auf die das Copyleft angewandt wird, sondern auch jegliche andere Software die gleiche Lizenzform halten. Das führt sehr schnell zu Inkompatibilitäten, wodurch einst freie Software gar nicht mehr so frei eingesetzt werden kann. Daher wird zwischen starkem, schwachem und keinem Copyleft unterschieden. Damit Sie sich nicht durch den Dschungel an Lizenzen kämpfen müssen, haben wir die gängigsten Open-Source-Lizenzen für Sie in Tabelle 2.3 zusammengefasst und die unterschiedlichen Copylefts herausgestellt.

Art des Copyleft	Starkes Copyleft	Schwaches Copyleft	Kein Copyleft
Kombinationsmöglichkeit mit proprietärer Software	keine Einbindung möglich	statisches und dynamisches Linken von Code (meist bei Bibliotheken) mit proprietärer Software möglich. Eigenentwicklungen dürfen als proprietäre Software weitergegeben werden.	Keine Vorgaben
Beispiel-Lizenz	GPL	LGPL, MPL	BSD, Apache

Tabelle 2.3 Lizenzarten bei Open-Source-Software

Solange Sie keine Programme, Module oder Ähnliches verändern und diese anschließend kommerziell nutzen wollen, werden Sie nicht in die Bredouille kommen, sich mit dem Lizenzrecht weiter auseinandersetzen zu müssen. Anderenfalls kommen Sie leider nicht darum herum.

2.4.7   Support und kommerzielle Software

Eine der größten Hürden für den Einsatz von Linux in Unternehmen war stets der Punkt Support. Manager scheuten sich oft, Linux einzusetzen, da der Support aus ihrer Sicht nicht gewährleistet werden konnte.

Heutzutage ist dies kein Hindernis mehr. Viele Distributionen bieten kommerzielle Lösungen an, zu denen – wie bei anderen Betriebssystemen auch – selbstverständlich ein Support gehört.

Mittlerweile ist es auch gang und gäbe, dass Software, wie zum Beispiel Viren-Scanner oder Datenbanken, auch für Linux-Distributionen angeboten wird. Selbstverständlich geben die Hersteller die Rahmenbedingungen vor, damit sie nicht in Supportanfragen versinken. Daher wird kommerzielle Software meist nur für zertifizierte Betriebssysteme wie *SLES (SuSE Linux Enterprise Server)* oder *RHEL (Red Hat Enterprise Linux)* zur Verfügung gestellt. Wenn Sie die Software auf anderen Systemen einsetzen, geschieht dies meist auf eigene Gefahr und geht mit dem Verlust des Supports einher. Achten Sie also darauf, ob die Software, die Sie einsetzen wollen, auch für Ubuntu zertifiziert ist.

Kapitel 3
Planung

In diesem Kapitel kümmern wir uns um die wichtigen Dinge, die Sie vor der Installation beachten sollten – von A wie »Aufbau« bis Z wie »Zusatz«.

Häufig begegnen einem Einsteiger Sätze wie:

Mit Linux ist alles einfacher, schneller, besser und günstiger!

Aber ist das wirklich so? In der Tat gibt es viele Arbeitsabläufe, die mit Linux schneller bewältigt werden können. Ebenso gibt es sehr viel freie Software, die Sie ohne weitere Kosten installieren und betreiben können. Aber das ist nur die halbe Wahrheit.

Linux ist vor allem eins: ein hoch komplexes modernes Betriebssystem. Dementsprechend vielfältig sind die Möglichkeiten – leider auch die Möglichkeiten, Fehler zu machen.

Aber lassen Sie sich von der Komplexität oder der Vielfalt nicht abschrecken. Wie bei vielen Dingen im Leben gilt ein einfacher Grundsatz:

Man kann nur die Technik beherrschen, die man versteht.

Nehmen Sie sich also die Zeit, Linux und einzelne Dienste von Grund auf zu lernen, und stürzen Sie sich nicht direkt in ein Mammutprojekt. Planen Sie Ihr System mit Bedacht.

3.1   Einteilung: »Meilensteine«

Ein Projekt in Meilensteine zu unterteilen hat mehrere Vorteile, im privaten wie im professionellen Bereich.

Zum einen können Sie große Aufgaben oder Arbeiten über einen längeren Zeitraum planen und kommen doch schnell zu Erfolgen, da Sie Ihre Liste kontinuierlich abarbeiten können. Zusätzlich generieren Sie direkt eine Art Kontrollliste, wodurch sich die Übersicht verbessert. Gerade bei großen Vorhaben ist dies ein unverzichtbares Mittel zu Selbstkontrolle.

Selbstverständlich ist Ihre Liste mit Meilensteinen nicht in Stein gemeißelt. Ergänzen Sie Aufgaben oder streichen Sie überflüssige, auch wenn ein Projekt bereits angelaufen ist. Es ist immer besser, eine genaue Übersicht über den Stand der Dinge zu haben als eine unrealistische Aneinanderreihung von Aufgaben. Der exakte Tatsachenbericht kann Ihnen auch bei Folgeprojekten helfen, Aufwand und Aufgaben besser einzuschätzen und zu bewerten.

[»] Zur Verdeutlichung haben wir Ihnen die Meilensteine eines fiktiven Projekts aufgelistet. Nehmen wir an, Sie wollen (oder sollen) einen Ubuntu-Server aufsetzen, der sowohl als Mailserver wie auch als Web-Proxy dient. Hierfür könnten Sie folgende Arbeitsschritte in Meilensteine zusammenfassen:

- **1. Meilenstein:** Betriebssystem (4 Stunden)
  - Installation und Konfiguration
  - Einbindung in das Netzwerk
  - ...

- **2. Meilenstein:** Mailserver (7 Stunden)
  - Softwareinstallation
  - Grundkonfiguration
  - Benutzer und Konten anlegen
  - Weiterleitungen einrichten
  - Funktionstest und Prüfung
  - ...

- **3. Meilenstein:** Web-Proxy (5 Stunden)
  - Softwareinstallation
  - Grundkonfiguration
  - Freigabelisten einbinden
  - ...

- [OPTIONAL] **4. Meilenstein:** Web-Proxy-Erweiterungen (6 Stunden)
  - Anbindung an die Windows-Domäne
  - Benutzerauthentifizierung
  - Gruppenzugehörigkeitsprüfung
  - ...

Für eine bessere Kontrolle sollten Sie hinter die Auflistung eine Aufwandsschätzung schreiben. Notieren Sie sich nach den einzelnen Punkten, wie viel Zeit Sie tatsächlich für die jeweilige Aufgabe benötigt haben.

3.1.1   Zeitaufwand

Noch einmal müssen wir das Thema Zeit ansprechen. Unterschätzen Sie nicht die Zeit, die Sie benötigen, um das Betriebssystem zu installieren und zu konfigurieren. Hinzu kommt die Zeit, die Sie benötigen, um Dienste zu installieren. Noch viel mehr Zeit brauchen Sie, um diese Dienste nicht nur zu konfigurieren, sondern auch an Ihre Anforderungen anzupassen.

Und noch viel mehr Zeit werden Sie aufwenden müssen, um Fehler zu finden und zu korrigieren.

Aussagen wie »Das ist doch schnell gemacht!« oder »Können Sie nicht mal eben ...« werden Ihnen immer wieder begegnen. Scheuen Sie sich nicht, mit »Gute Arbeit braucht Zeit!« zu kontern. Ihre Vorgesetzten oder auch Ihre Familie werden es Ihnen danken, wenn Ihre Systeme zuverlässig arbeiten. Planen Sie großzügig, um nicht in Verzug zu geraten. Keine Installation, Konfiguration oder Inbetriebnahme läuft reibungslos.

3.1.2   Ein Server(-dienst) bleibt selten allein

Bedenken Sie, dass sich oft weitere Einsatzmöglichkeiten ergeben, wenn der Server bereits in Betrieb ist. Unterschätzen Sie nie die Kreativität Ihrer Mitarbeiter, Kollegen, Vorgesetzten oder Ihrer Familie.

Schnell wird aus einer kleinen, oft mit dem Beisatz »mal eben« garnierten Installation ein großes Monster. Scheuen Sie sich also nicht davor, die Anforderungen ruhig etwas nach oben zu korrigieren.

3.2   Unterstützung

Die Hardwareunterstützung von Linux ist in den vergangenen Jahren kontinuierlich besser geworden. Ubuntu wird offiziell auf *x86-*, *AMD64-* und *ARM*-Architekturen unterstützt.

Inoffiziell können Sie Ubuntu auch auf den Architekturen *PowerPC (ppc)*, *Sun SPARC (sparc64)* und *PA-RISC* betreiben. Aber neben der unterstützten CPU-Architektur kommt es auch auf die Peripherie an.

3.2.1   Systemvoraussetzungen

Die in Tabelle 3.1 dargestellten Werte sind die offiziellen Voraussetzungen für den Betrieb eines Ubuntu-16.04-Systems.

Hardware	Desktop	Server (Standard)	Server (Minimal)
Prozessor	1 GHz	1 GHz	300 MHz
Hauptspeicher	1,5 GB	512 MB	192 MB
Datenspeicher	10 GB	4 GB	1 GB

Tabelle 3.1 Systemvoraussetzungen für »Ubuntu 16.04«

Bedenken Sie, dass dies die minimalen Anforderungen sind. Je nachdem, welche Programme und Dienste Sie betreiben wollen, steigen auch die Anforderungen. Da die Kosten für Hardware – gerade für Festplatten und Hauptspeicher – stark gefallen sind, sollten Sie nicht am falschen Ende sparen.

3.2.2 Peripherie

Allgemein gebräuchliche Hardware können Sie direkt unter Linux betreiben. Darunter fallen Dinge wie Eingabegeräte (Tastaturen und Mäuse), Netzwerkkarten, Festplatten, USB-Sticks oder USB-Festplatten, Monitore etc. Anders als bei Microsoft Windows wird die Hardwarekonfiguration nicht auf der Festplatte gespeichert, sondern immer beim Startvorgang erzeugt. Das hat den Vorteil, dass die meisten Geräte direkt nach dem Einbau funktionstüchtig sind.

Exotischere Hardware wird zum Teil auch unterstützt. Allerdings sollten Sie sich vorab informieren, ob für das Objekt Ihrer Begierde tatsächlich Linux-Treiber angeboten werden. Ob diese Treiber nun vom Hersteller zur Verfügung gestellt werden oder von der Community erstellt wurden, ist prinzipiell egal, solange der benötigte Funktionsumfang enthalten ist.

3.3 Dimensionierung

Nachdem wir Ihnen die minimalen Anforderungen aufgezeigt haben, werden wir nun an die eigentliche Planung gehen. Nachstehende Punkte sollten Sie vorab berücksichtigen, bevor Sie Ihren Server aufsetzen. Eine richtige Einschätzung wird Ihnen den Betrieb deutlich erleichtern. Auf vollgelaufene Festplatten, zu wenig RAM oder zu schwache Hauptprozessoren hat niemand Lust, weder Ihre Anwender noch Sie als Administrator. Im Allgemeinen richtet sich die Dimensionierung nach drei Kernpunkten:

▶ Einsatzzweck

▶ Software

▶ Hardware

Diese Punkte werden wir nun etwas genauer beleuchten.

3.3.1 Einsatzzweck

Die Kernfrage ist zunächst:

Wofür wird Ihr Server eingesetzt?

Diese Frage lässt sich noch unterteilen und deutlich verfeinern. Nehmen Sie sich die Zeit, die nachstehenden Fragen zu beantworten, um einen besseren Überblick zu bekommen:

▶ **Handelt es sich um ein kleines System für zu Hause oder eher um einen Server fürs Büro?**
Danach richtet sich, ob Sie eine alte Hardware »auftragen« oder aber eher in neue Server-Hardware investieren (= Langlebigkeit).

▶ **Wollen Sie das System später eventuell um mehr Dienste erweitern, oder ist bereits definiert, welche Aufgaben von dem System erfüllt werden?**
Falls das System später weitere Aufgaben übernehmen soll, darf es bei der Hardware ruhig etwas mehr sein. Freie 500 GB Festplattenkapazität können später wertvoll werden, da neue Dienste einfach eingebunden werden können und kein Ausfall für den Einbau neuer Festplatten notwendig wird.

▶ **Wie wichtig ist die Verfügbarkeit?**
Hiernach richtet sich ebenfalls die Beschaffung der Hardware (alt oder neu). Zusätzlich kann die Verfügbarkeit aber auch darüber entscheiden, ob Sie Ihren Server HA[1]-fähig aufsetzen müssen oder ob ein zweites Netzteil oder ein Festplatten-RAID beschafft werden muss.

▶ **Muss das System skalierbar sein?**
Erwarten Sie personellen Zuwachs in Ihrem Unternehmen, dann sollten Sie das System eher größer dimensionieren. Beim Heimserver gilt dies analog – falls Sie z.B. Nachwuchs erwarten, sollten Sie das System ebenfalls größer ansetzen. Schließlich sollen die wertvollen Fotos auch gespeichert werden können.

3.3.2   Software: »Was?«, »Wie viel?« und »Wie lange?«

An zweiter Stelle steht die Softwareplanung. Nachdem Sie den Einsatzzweck definiert haben, müssen Sie zunächst die Anforderungen der Software prüfen.

Da auf einem Server mehrere Dienste parallel arbeiten können, müssen Sie vorab eine Liste erstellen. Beantworten Sie nachstehende Fragen, und notieren Sie sich die Ergebnisse:

▶ **Welche Software soll betrieben werden?**
Notieren Sie sich alle Dienste, die Sie betreiben wollen.

▶ **Wie viele Benutzer werden mit dem Server arbeiten?**
Kalkulieren Sie Ihre Benutzerzahl, und beachten Sie auch mögliche Erweiterungen (Vergrößerungen oder Firmenzusammenschlüsse).

▶ **Welche Anforderungen hat die Software?**
Nehmen Sie sich die Zeit, um im Internet zu recherchieren, welche Hardwareanforderungen die Software stellt und ob die Anforderungen eventuell durch eine höhere Benutzerzahl steigen.

---

1   *High Availability*, engl. für *Hochverfügbarkeit*

▶ **Ist die Software untereinander kompatibel?**
Führen Sie hierzu ebenfalls eine Internetrecherche durch. Es ist kein Problem, einen Mail-, Web- und Fileserver auf einem System zu betreiben. Im privaten Bereich können Sie bedenkenlos mehrere Dienste auf einem System laufen lassen, im Business-Umfeld stehen gegebenenfalls Aspekte des Datenschutzes oder der Datensicherheit im Wege. Generell gilt für den professionellen Bereich: »Vermeiden Sie die eierlegende Wollmilchsau!«

3.3.3   Hardware: »CPU«, »RAM« und »HDD«

Nachdem Sie bisher den Einsatzzweck und die Softwareanforderungen definiert haben, können Sie nun relativ präzise die Hardwareanforderungen definieren. Maßgeblich wird der Einsatzzweck Ihre Hardware definieren, da ein Firewall-System zum Beispiel mehr als eine Netzwerkkarte benötigen wird. Ein Web-Proxy braucht viel Hauptspeicher und auch eine (oder besser zwei) starke CPUs, wenn er auch noch Antiviren-Scans durchführen soll. Ebenso spielt die Verfügbarkeitsanforderung eine große Rolle. Selbstverständlich verrichtet ein hochgezüchtetes System auch in kleinen Umgebungen seinen Dienst, aber weshalb soll man die Anforderungen um 1000 % übertreffen, wenn die teure Hardware im Betrieb nur minimal ausgelastet wird? Planen Sie aber dennoch zukunftssicher.

[+] Wie immer ist der gesunde Menschenverstand der beste Helfer. Ein Privathaushalt benötigt keine lastverteilte Server-Farm mit sechs Systemen für ein wenig E-Mail und Internetzugriff. Ebenso ist in einem Unternehmen mit 50 Mitarbeitern ein Single-Server, der alle Server-Dienste zur Verfügung stellt, definitiv zu klein geplant.

3.3.4   Weniger ist mehr

Mit dieser Devise ist nicht die Hardware gemeint, sondern die Dienste auf einem System. Moderne Server-Systeme sind so leistungsstark, dass ohne Einschränkungen mehrere Dienste parallel auf ihnen betrieben werden können. Aber das ist nicht immer sinnvoll. Betrachten wir die Ausfallsicherheit, die zumindest im Business-Bereich eine immer größere Rolle spielt. Betreiben Sie nur ein System mit allen Diensten, kann bei einem Hardwaredefekt oder einer Fehlkonfiguration unter Umständen nichts mehr erreicht werden. Wenn Ihre Kunden Ihren Webserver nicht mehr erreichen, weil Sie den Mailserver falsch konfiguriert haben, wird das Verständnis Ihres Vorgesetzten voraussichtlich gegen null gehen. Verteilen Sie Dienste auf mehrere Systeme. Betreiben Sie lieber einen kleinen (überschaubaren) Hardware-Zoo, als die eine eierlegende Wollmilchsau zu pflegen. Übertreiben Sie es aber nicht: Sie müssen nicht für jeden Dienst einen eigenen Server betreiben. Verteilen Sie die Dienste nach Aufgaben und Erreichbarkeit.

[»] Richten Sie zum Beispiel einen Server für Internetdienste (Mail-, Proxy- und DNS-Server) und einen weiteren Server für interne Dienste (Fileserver, Backup-Server und Zeit-Server) ein.

Kapitel 4

Ubuntu-Typen

In diesem Kapitel wollen wir die Geschichte, die Hintergründe und den Aufbau von Ubuntu näher betrachten. Nur das richtige Werkzeug führt zu einem guten Arbeitsergebnis. Das gilt auch für die Betriebssystemauswahl.

In diesem Buch beschäftigen wir uns mit *Ubuntu*, einer freien und kostenlosen Linux-Distribution, die auf Debian basiert. Der Name *Ubuntu* bedeutet auf Zulu etwa *Menschlichkeit* und bezeichnet nicht nur Humanität, sondern steht auch für eine afrikanische Philosophie. *Ubuntu* wurde mit dem Ziel gegründet, ein einfach zu installierendes und leicht zu bedienendes Betriebssystem mit aufeinander abgestimmter Software zu schaffen. Dies soll unter anderem dadurch erreicht werden, dass für jede Aufgabe genau ein Programm zur Verfügung gestellt wird. Das Projekt wird von *Canonical Ltd.* gesponsert, das von dem südafrikanischen Unternehmer *Mark Shuttleworth* gegründet wurde.

4.1   Hintergründe

Ubuntu erblickte 2004 das Licht der Welt und hat sich seitdem zu einer der bekanntesten und am häufigsten eingesetzten Linux-Distributionen entwickelt.

Die Wahl des Namens steht stellvertretend für den Grundgedanken der Distribution. Er spiegelt das Ziel wider, einen gesellschaftlichen Beitrag zur Überwindung der »digitalen Kluft« zu leisten. Dabei soll die Software allen Menschen möglichst ohne Einschränkungen und kostenlos zur Verfügung stehen.

Abbildung 4.1 Ubuntu-Logo: »Circle of Friends«

Auch das kreisförmige Logo von *Ubuntu*, wie in Abbildung 4.1 dargestellt, spiegelt den Gemeinsinn des Projektes wider. Es wird oft durch mehrere Menschen aus unterschiedlichen Kulturkreisen gebildet. Dieser *circle of friends* symbolisiert den Slogan von Ubuntu:

Linux for human beings

4.1.1   Die Prinzipien: »Code of Conduct«

Jeder beteiligte Entwickler muss den sogenannten *Code of Conduct* unterzeichnen. In ihm verpflichten Sie sich, den Grundsatz der *Menschlichkeit* – dort als Freundlichkeit, Respekt voreinander, Rücksicht, Teamarbeit und Ähnliches definiert – sowohl bei der Entwicklung und der Kommunikation untereinander als auch bei dem Umgang mit den Benutzern einzuhalten. Deshalb werden in Foren und Mailinglisten von Ubuntu auch typische Anfängerfragen in der Regel geduldig und freundlich beantwortet.

Dies ist einer der Punkte, weshalb es Ubuntu gelungen ist, so schnell so bekannt zu werden. Der sonst im Linux-Umfeld vorherrschende eher raue, sarkastische und oft auch beleidigende Ton gegenüber Unwissenden wurde bei Ubuntu stets vermieden.

4.1.2   Pragmatismus

Das oberste Ziel von Ubuntu, *einfache Software* anzubieten, steht über allem. Ubuntu basiert auf der stark konservativ eingestellten Debian-Distribution. Anders als bei Debian wird der Einsatz von *unfreier Software* aber nicht kategorisch ausgeschlossen. Sie kommt überall dort zum Einsatz, wo freie Software noch nicht den vollen Funktionsumfang gewährleisten kann (beispielsweise bei Gerätetreibern).

Aufgrund dieses Pragmatismus wird Ubuntu von vielen Verfechtern der freien Software stark kritisiert – die Benutzer hingegen sehen genau darin einen der größten Vorteile von Ubuntu gegenüber anderen Distributionen.

Für Anwender und vor allem für Systemadministratoren gilt oft die Grundregel:

Use the best tool for the job.

Anwender und Administratoren wollen ein stabiles, leistungsfähiges und umfangreiches Betriebssystem, das funktioniert – und keine Dauerbaustelle.

4.1.3   Entstehung

Das Projekt Ubuntu wurde vom südafrikanischen Multimillionär Mark Shuttleworth ins Leben gerufen. Er finanziert einen Großteil des Projekts und stellt damit dem Projekt mehr Geld zur Verfügung, als so manch andere Distribution hat. Dafür wurde die Gesellschaft *Canonical Ltd.* gegründet. Darüber hinaus beteiligt sich Mark Shuttleworth selbst als Entwickler. Das Ziel von Canonical Ltd. ist es, das Projekt durch den kommerziellen Zweig selbstständig zu finanzieren.

Am 01. Juli 2005 haben Shuttleworth und Canonical zusätzlich die *Ubuntu Foundation* gegründet, die sich hauptsächlich um die Pflege der älteren Versionen und um die Weiterentwicklung kümmert.

4.1.4   Entwicklungsgeschichte

Jede Ubuntu-Version trägt einen eigenen Codenamen und eine Versionsnummer. Die Versionsnummer bezeichnet dabei stets das Jahr und den Monat der Veröffentlichung. Daher hat die erste Version von Ubuntu auch die Versionsnummer *4.10*, denn sie wurde im Oktober des Jahres 2004 veröffentlicht. Die Codenamen sind Tiernamen mit vorangestelltem Adjektiv, die eine Alliteration ergeben, wie zum Beispiel *Warty Warthog*, *Hardy Heron* oder *Raring Ringtail*. Seit der Version *6.06 Dapper Drake* wird der Codename zusätzlich alphabetisch fortgeführt.

Das Ziel des Projekts besteht darin, alle sechs Monate eine neue Version zu veröffentlichen. Dabei wird jede Version mindestens neun Monate lang mit Sicherheitsupdates versorgt. Zusätzlich wird alle zwei Jahre eine Version mit dem Zusatz *LTS* veröffentlicht. Dabei handelt es sich um den *Long Term Support*, also um Langzeitunterstützung. Diese Versionen werden fünf Jahre lang mit Updates versorgt.

4.1.5   Vorteile

Die offensichtlichen Vorteile von Ubuntu sind schnell aufgezählt: Stabilität, Aktualität und benutzerfreundliche Ausrichtung.

Die tiefgreifenden Vorteile offenbaren sich erst bei der längeren Nutzung. Zum Beispiel liefert Ubuntu einen einzigartigen Update-Mechanismus, sodass Anwender nicht jede neue Version vollständig installieren müssen, sondern einfach ihr laufendes System ohne Probleme auf die nächste Version bringen können.

Darüber hinaus sticht die große, freundliche Community hervor, die einen wirklich tollen Job macht. Auf Webseiten wie *www.ubuntuusers.de* erhalten Sie nicht nur einen großen Fundus an Wissen zu Programmen, Diensten und Funktionen, sondern auch noch direkt ein Forum mit vielen nützlichen Tipps und Tricks, in dem Ihre Fragen in der Regel schnell und umfangreich beantwortet werden.

Für uns verkörpert Ubuntu alles, was wir von einer Distribution verlangen – einfach ausgedrückt:

The best tool for the job.

4.1.6   Lizenzen

Da Ubuntu auch für Freiheit einsteht, können Sie es ähnlich wie Debian auch nur mit Open-Source-Software verwenden, wenn Sie das möchten.

Dafür haben die Entwickler die Paketquellen entsprechend eingeteilt. Bei der Einteilung wird darauf geachtet, ob die Software frei ist oder nicht und ob sie zur Grundausstattung gehört oder optional ist.

Folgende Paketquellen werden daher angeboten:

▶ **main**

In die Paketquelle *main* werden alle Pakete aufgenommen, die den Ubuntu-Lizenzanforderungen entsprechen, die auf den *Debian Free Software Guidelines* beruhen. Die Unterstützung erfolgt direkt über das Ubuntu-Team, das auch Updates zur Verfügung stellt. Die Pakete sind aufeinander abgestimmt, da sie Bestandteil der Standardinstallation sind.

▶ **restricted**

In diesem Bereich wird Software vorgehalten, die wegen ihrer Wichtigkeit unterstützt wird, aber aufgrund fehlender geeigneter Lizenzen nicht in den *main*-Zweig eingebunden werden kann. Insbesondere Pakete in Binärform sind hier zu finden (wie zum Beispiel Grafiktreiber). Daher fällt die Unterstützung auch geringer aus, da die Entwickler über keinen Zugriff auf den Quellcode verfügen.

▶ **universe**

Hier wird freie Software vorgehalten, die nicht direkt durch das Ubuntu-Team unterstützt wird. Die meisten Pakete stammen aus dem *debian-unstable*-Zweig, werden aber nicht bei jedem Update portiert. Daher werden für diesen Zweig auch keine Sicherheitsupdates garantiert.

▶ **multiverse**

Die optionale Software wird hier vorgehalten. Dabei ist hier vermehrt Software zu finden, die nicht frei ist oder aber aufgrund von Softwarepatenten nicht frei verteilt werden darf. Die Pflege kann oftmals, ähnlich wie bei dem *restricted*-Zweig, durch das Ubuntu-Team nicht gewährleistet werden, da der Zugriff auf den Quellcode fehlt.

▶ **commercial**

Hier wird von Canonical zertifizierte kommerzielle Software bereitgestellt. Software-Hersteller können ihre Programme zertifizieren lassen, wenn diese mit Ubuntu kompatibel sind und sich vollständig entfernen lassen. Eine Lizenzierung kann sowohl für freie als auch für nicht freie Software erfolgen.

▶ **medibuntu**

Software, die aufgrund von Patent- und Urheberrechten nicht in allen Ländern frei vertrieben werden kann, wird hier bereitgestellt. Darunter fallen Multimediaprogramme und Codecs.

4.2 Unterteilung

Ubuntu wird in unterschiedlichen Versionen angeboten. Damit ist nicht die Versionsnummer gemeint (also die Aktualität), sondern die Ausrichtung der Distribution und die unterschiedlichen Varianten (Derivate).

4.2.1 Die Typen: »Desktop«, »Server«, »GNOME« und »Netboot«

Die Installationsmedien werden in unterschiedlichen Auslegungen angeboten, die wir Ihnen in diesem Abschnitt etwas näherbringen möchten:

▶ **Gemeinsamkeit aller Versionen**
Alle Ubuntu-Versionen verwenden die gleichen Paketquellen, sodass Sie problemlos Software der anderen Ausrichtungen installieren können. Sie können also zum Beispiel einen Mailserver auf einem Desktop installieren oder eine grafische Benutzeroberfläche auf einem Server. Darüber hinaus können bei allen Versionen die Benutzerverzeichnisse verschlüsselt werden.

▶ **Desktop**
Die Desktop-Version verfügt über eine grafische Installationsroutine (*Ubuquity*). Zusätzlich kann von dieser Version aus ein Live-System gestartet werden. Von ihm aus kann das Ubuntu-Basis-System mit dem Paket *ubuntu-desktop* installiert werden. Zusätzliche Software (zum Beispiel Firefox) kann ebenfalls direkt mitinstalliert werden.

▶ **Server**
Hier wird eine textbasierte Installationsroutine eingesetzt (*debian-installer*). Diese Version enthält das Ubuntu-Basis-System und beinhaltet Serverdienste, die optional installiert werden können. Es wird keine grafische Benutzeroberfläche angeboten, also keine Pakete aus dem *ubuntu-desktop*-Bereich. Die Installationsroutine ist auf Systemadministratoren abgestimmt, sodass tiefergehende Konfigurations- und Installationsmöglichkeiten angeboten werden.

▶ **Core**
Diese Version stellt eine minimalistische Servervariante (früher *JeOS (Just Enough Operating System)*) dar. Sie ist für den Einsatz in virtuellen Umgebungen optimiert und enthält die neue Paketverwaltung *Snappy*, die sowohl transaktionale Updates als auch ein Rollback unterstützt.

▶ **Netboot**
Bei dieser Version ist lediglich ein Minimalsystem und die Installationsroutine enthalten. Alle Pakete werden während der Installation aus dem Internet geladen und sind so stets aktuell. Diese Version ist als ISO-Datei lediglich zwischen 31 und 37 MB groß. Sie wird vor allem bei der Serverinstallation verwendet, da mit ihr sichergestellt werden kann,

dass nur die Pakete sich auf dem System befinden, die für den Betrieb wirklich gebraucht werden – ein Ansatz, der zur Sicherheit des Servers beitragen kann.

4.2.2 Varianten von »Kubuntu« über »Lubuntu« und Co.

Das Konzept von Ubuntu sieht vor, möglichst wenig redundante Software zu enthalten. Daher basieren Ubuntu-Varianten auf dem gleichen Basis-System und Installationsprogrammen und Paketquellen. Die Varianten unterscheiden sich ausschließlich in der Auswahl der Software der Standardinstallation. Daher kann jede Variante durch Nachinstallation von Software quasi umgewandelt werden, sodass sie auch über den Funktionsumfang einer anderen Variante verfügt. Aufgrund ihrer unterschiedlichen Installationen weichen die Varianten zum Teil in Optik und Bedienung stark voneinander ab.

Offizielle Ubuntu-Derivate

Die Entwickler von Ubuntu stellen selbst Derivate zur Verfügung. Die nachstehende Auflistung zeigt Ihnen die Unterschiede auf:

▶ **Edubuntu**

Der Name *Edubuntu* setzt sich aus *education* (engl. für *Bildung*) und *ubuntu* zusammen. Dieses Derivat ist auf den Einsatz in Bildungsstätten ausgerichtet.

▶ **Kubuntu**

Dieses Derivat setzt auf die grafische Benutzeroberfläche *KDE*. Das vorangestellte »K« ist die Abkürzung von *KDE*.

▶ **Xubuntu**

Unter *Xubuntu* kommt der *Xfce* als Desktopumgebung zum Einsatz. Analog zu *kubuntu* wurde das vorangestellte »X« als Hinweis auf den *Xfce* gewählt. Der *Xfce* zeichnet sich durch seine Ressourcensparsamkeit aus. Daher kommt dieses Derivat oft auf nicht so leistungsstarken Systemen zum Einsatz. Als Hardwareanforderungen werden lediglich 128 MB Hauptspeicher (besser 256 MB) und 1,5 GB Festplattenplatz genannt.

▶ **Lubuntu**

Noch ressourcensparender ist das Derivat *Lubuntu*. Es setzt auf die *LXDE*-Desktopumgebung auf – woher auch die Namensableitung stammt. Als Anforderung für Hauptspeicherbedarf wird die Hälfte von *Xubuntu* genannt. Auf älteren oder schwachen Systemen kann dieses Derivat immer noch adäquat schnell arbeiten.

▶ **Ubuntu Studio**

Ubuntu Studio ist ein speziell auf die Anforderungen von Grafik-, Audio- und Videobearbeitung ausgerichtetes Derivat. Daher wurde *Ubuntu Studio* um einen Echtzeitkernel erweitert, der auf jegliche Energiesparfunktionen verzichtet.

▶ **Mythbuntu**

Mythbuntu ist auf den Einsatz als Media-PC ausgerichtet und auf den Betrieb am TV-Gerät spezialisiert. Die Hardwareanforderungen sind immens höher als bei allen anderen Ubuntu-Derivaten und Ubuntu selbst. Es wird mindestens ein 1-GHz-Prozessor (besser 2 bis 3 GHz) gefordert.

▶ **Ubuntu GNOME**

Unter *Ubuntu GNOME* (früher *Ubuntu Gnome Remix*) kommen *Gnome* als Desktopumgebung und weitere *Gnome*-spezifische Applikationen zum Einsatz, was dem ehemaligen Standard entspricht (bis Ubuntu 10.10).

▶ **Ubuntu Kylin**

Ubuntu Kylin ist eine speziell für den chinesischen Raum angepasste Variante. Dabei handelt es sich nicht nur um eine reine Sprachanpassung, sondern diese Version wurde mit der Regierung abgestimmt und enthält für die Bürger relevante spezielle Programme.

▶ **Ubuntu MATE**

Unter *Ubuntu MATE* kommen die Desktopumgebung *MATE* und deren größtenteils von *Gnome* abgeleiteten spezifischen Applikationen zum Einsatz.

Weil die Derivatunterschiede in Paketen zusammengefasst sind, ist es möglich, alle Versionen um den Funktionsumfang der jeweils anderen zu erweitern.

Ein *Kubuntu* vollständig zu einem *Xubuntu* umzubauen ist allerdings nicht ohne Weiteres möglich. Installieren Sie daher benötigte Software nach; und falls dies nicht genügt, installieren Sie das gewünschte Derivat lieber von Grund auf neu, um alle Funktionen voll und updatesicher nutzen zu können.

Inoffizielle Ubuntu-Derivate

Der Vollständigkeit halber wollen wir Ihnen eine Liste der inoffiziellen Ubuntu-Derivate nicht vorenthalten. Folgende Derivate setzen auf Ubuntu auf:

▶ Bodhi Linux

▶ Joli OS

▶ LiMux

▶ Mint

▶ Ubuntu Privacy Remix

▶ Zentyal

Abschlussbemerkung

Welche Variante oder welches Derivat Sie einsetzen, bleibt Ihnen überlassen. In diesem Buch werden wir uns mit der Ubuntu-Server-Variante befassen.

Eine grafische Benutzeroberfläche verschwendet nur unnötig Ressourcen und bringt im täglichen Arbeitseinsatz kaum Vorteile. Installieren Sie daher auf Ihrem Server die dafür speziell angepassten Derivate, und nutzen Sie zur Administration eine Desktop-Version. So können Sie alle Vorteile voll und ganz nutzen.

4.3   Kritik

Trotz aller Vorteile von Ubuntu gibt es selbstverständlich auch kritische Stimmen zu dieser Linux-Distribution.

4.3.1   »Canonical« und »Mark Shuttleworth«

An vielen Stellen werden die hinter Ubuntu stehende Firma Canonical und deren Gründer und Inhaber Mark Shuttleworth kritisiert. Der Grund für die Kritik ist meist die Angst vor Kommerzialisierung und vor dem Export von freier Software in Firmeneigentum.

4.3.2   Freie und nicht freie Software

Viele Kritiker bemängeln den Einsatz von proprietärer Software unter Ubuntu. Sie verlangen, dass Ubuntu sich in Gänze für freie Software einsetzen solle und diesen Anspruch auch umsetzen solle.

4.3.3   Vermeintliche »Paywall«

Ebenso stark wurde die vermeintliche *Paywall*[1] kritisiert, die dem interessierten Nutzer beim Download von *www.ubuntu.com/download* präsentiert wird (siehe Abbildung 4.2).

Als *Paywall* wird ein Mechanismus bezeichnet, mit dem bestimmte Inhalte nur nach Bezahlung einer Gebühr oder nach Abschluss eines Abos verfügbar sind. Canonical hat eine Bitte um Spenden vor dem eigentlichen Download platziert, wie in Abbildung 4.2 zu sehen ist.

Dabei handelt es sich zwar nicht um eine *Paywall* im entgeltlichen Sinne, da über einen Klick auf *»Not now, take me to the download«* der Download ohne Bezahlung erfolgen kann. Aber der durchaus direkte Aufruf zum Spenden ist an vielen Stellen auf harsche Kritik gestoßen. Derzeit ist die *Paywall* nur noch vor dem Download der Desktop-Variante geschaltet.

---

1   *Paywall*, engl. für *Bezahlschranke*

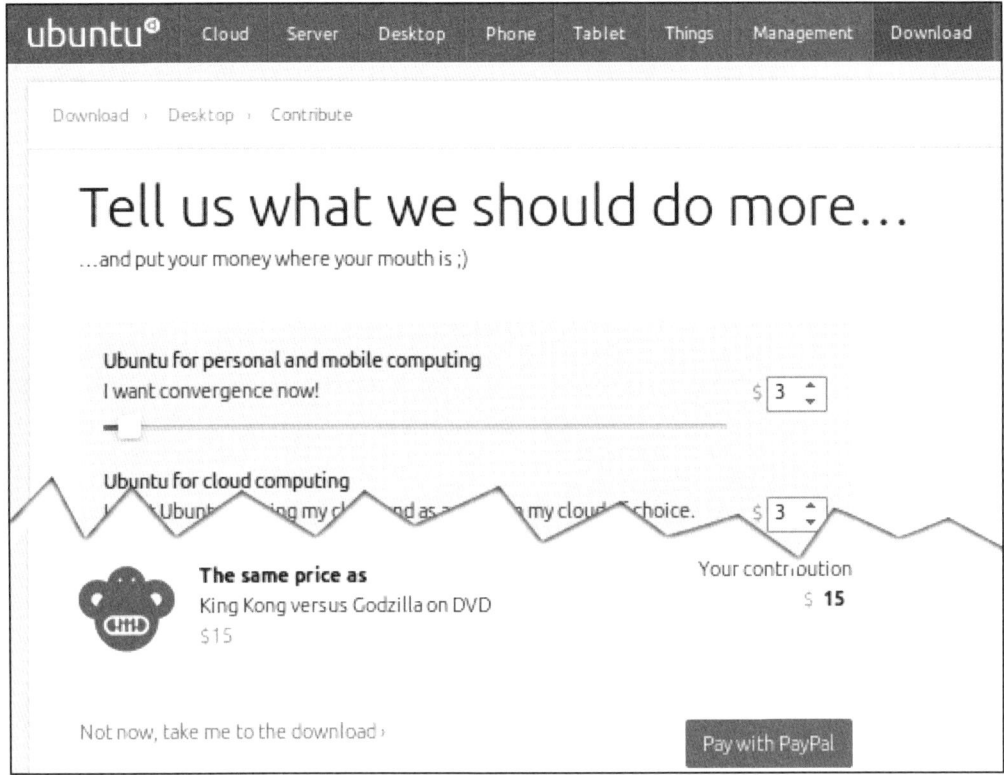

Abbildung 4.2 Die vermeintliche »Paywall«

4.3.4   Spyware

Einer der größten Kritikpunkte stammt aus dem Jahre 2012, als Ubuntu Amazon-Suchergebnisse in die Suchfunktion von Unity integrierte. Die Suchanfragen werden auf Servern von Canonical aufgezeichnet und anonymisiert an Amazon weitergeleitet. Diese Funktion lässt sich aber sowohl deaktivieren als auch deinstallieren.

4.3.5   Statement der Autoren

Die Linux-Welt ist bereits stark gespalten. Viele verschiedene Distributionen, Philosophien und Auslegungen führten dazu, dass es viele Lager gibt. Wir betrachten eine Distribution aus Systemadministratorensicht. Unsere Anforderungen an eine moderne Distribution werden von Ubuntu in Gänze erfüllt, daher betreiben wir Ubuntu auf jedem System. Natürlich kennen wir auch die Vorzüge anderer Distributionen. Im Gesamtpaket hat uns Ubuntu bisher aber am meisten überzeugt. Für uns gilt der Grundsatz: »Das beste Werkzeug für den Job!« Und das ist für uns Ubuntu.

TEIL II
Installation

Kapitel 5
Die Installation

Dieses Kapitel befasst sich mit der Basisinstallation. Sie erfahren alles zum Installationsprozess und dazu, wie Sie Ihren Server optimal aufsetzen und installieren.

Die Installation bildet die Grundlage Ihres Systems. Selbstverständlich können Sie viele (fast alle) Dinge im Nachhinein ändern, aber weshalb viel Zeit in die Nachbereitung stecken, wenn man es von Anfang an richtig machen kann?

5.1   Die Qual der Wahl

Bevor Sie mit der eigentlichen Installation beginnen, sollten Sie stets die aktuelle Version Ihrer Wahl von Ubuntu herunterladen. Dies erspart Ihnen lange Wartezeiten beim späteren Download von Updates. Darüber hinaus müssen Sie wissen, welche Version von Ubuntu Sie einsetzen wollen. In diesem Buch verwenden wir die Version 16.04 LTS.

5.1.1   Woher bekomme ich Ubuntu?

Der einfachste Weg ist der Download einer Image-Datei von Ubuntu auf der Projektseite, die Sie unter *www.ubuntu.com/download* erreichen. Dort werden Ihnen alle Versionen von Ubuntu sowohl in einer 32-Bit- als auch in einer 64-Bit-Version zum Download angeboten. Sie erhalten nach dem Download ein ISO-Image, das Sie anschließend auf einen entsprechenden Datenträger (CD oder DVD) brennen können. Falls Ihnen Hardware lieber ist, können Sie auch CDs oder DVDs direkt über Canoncial beziehen.

5.1.2   Welche Variante soll ich verwenden?

Als Systemadministrator benötigen Sie keine grafische Benutzeroberfläche – Ihre Dienste laufen auch ohne GUI. Daher sollten Sie sich nach der Versionsnummer richten.

LTS oder nicht LTS, das ist hier die Frage.

Da die LTS-Versionen über eine Update-Garantie von fünf Jahren verfügen, ist diese Version bei Servern meist die richtige Entscheidung.

Aber Vorsicht, es gibt auch Anwendungsfälle, in denen lange getestete, gut »abgehangene« Software nicht von Vorteil ist. Spamfilter zum Beispiel sollten stets aktuell gehalten werden. Dort sollten Sie immer am Puls der Zeit bleiben, damit Ihren Usern nicht aufgrund fehlender Funktionalitäten die Postfächer verglühen.

5.1.3   Medium: »CD«, »DVD« oder »USB«

Sie können mit den Ubuntu-Image-Dateien ein beliebiges Startmedium erstellen. Am gängigsten ist wohl das Brennen einer CD oder DVD. Falls Sie bereits über ein Ubuntu in der Desktop-Version verfügen, können Sie damit auch ein beliebiges Startmedium aus einem ISO-Image erzeugen. Führen Sie hierfür *Startmedium erstellen* aus. Dahinter verbirgt sich das Programm *usb-creator-gtk*. Nach dem Start des Programms können Sie beliebige ISO-Image-Dateien hinzufügen und auf angeschlossene Geräte überspielen. In unserem Beispiel aus Abbildung 5.1 würden wir eine Ubuntu-16.04-LTS-Version auf einem 16-GB-USB-Stick (*/dev/sdb*) installieren.

Abbildung 5.1 Startmedium auf einem USB-Stick erstellen

5.2   Die Installation

Nachdem Sie die Version Ihrer Wahl heruntergeladen und auf ein Medium Ihrer Wahl gebannt haben (CD, DVD oder USB-Stick), kann die eigentliche Installation beginnen.

In den folgenden Screenshots haben wir für Sie die Installation eines *Ubuntu 16.04 LTS* in der Server-Version dokumentiert.

5.2.1   Steuerung in den Menüs

Vor der eigentlichen Installation möchten wir Ihnen noch kurz skizzieren, wie Sie in den Installationsmenüs navigieren, Auswahlen treffen und vor- und zurückgehen können.

- **Navigation**: ⎰↓⎱, ⎰↑⎱, ⎰←⎱, ⎰→⎱ und ⎰⇥⎱
  Die Navigation erfolgt über die Pfeiltasten. Zwischen Feldern können Sie mit der Tabulatur-Taste springen. Ihre Auswahl wird stets durch eine geänderte Hintergrundfarbe hervorgehoben.

- **Einfach- und Mehrfachauswahlen**: [ ]
  Sie werden oft auch als *Checkboxen* bezeichnet und sind durch eckige Klammern gekennzeichnet. Um eine Auswahl vorzunehmen, navigieren Sie auf den jeweiligen Punkt und betätigen die Leertaste (sie wird auch oft als *Space*-Taste bezeichnet).

- **Schaltflächen/Sondertasten**: <...>
  Werden von spitzen Klammern umschlossen dargestellt.

- **Bestätigen**: ⎰Enter⎱
  Um eine Auswahl direkt zu bestätigen, navigieren Sie auf die jeweilige Schaltfläche und drücken die ⎰Enter⎱- oder ⎰↵⎱-Taste.

Am unteren Bildschirmrand werden Ihnen oft Hinweise eingeblendet, welche Taste welche Funktion übernimmt. Der Standardtext zeigt die bereits von uns dargestellten Funktionen: »<Tab> Nächste Option <Leertaste> Auswählen <Enter> Knöpfe aktivieren«.

5.2.2   Beginn der Reise

Nach dem Systemstart mit eingelegtem Medium meldet sich Ubuntu zunächst mit der Sprachauswahl aus Abbildung 5.2.

Wählen Sie die Sprache Ihrer Wahl. In der Vergangenheit wurde oft empfohlen, Englisch als Server-Sprache zu wählen, wollte man nicht Fehlermeldungen wie *»Es ist kein Weltraum links auf dem Gerät«* bekommen – was im Übrigen eine schlechte maschinelle Übersetzung von *»no space left on device«*, also *»kein (Platten-)Platz mehr auf dem Gerät«*, darstellt.

Die Anpassung der Fehlermeldungen oder Anleitungen (Manpages) ist heutzutage aber viel weiter vorangeschritten, beziehungsweise wird mittlerweile darauf verzichtet, die Fehlermeldungen »einzudeutschen«. Wir haben daher *Deutsch* gewählt. Selbstverständlich können Sie andere Sprachpakete auch im Nachhinein installieren. Diese an allen Stellen im System bekannt zu machen, ist aber eine sehr umfangreiche Aufgabe.

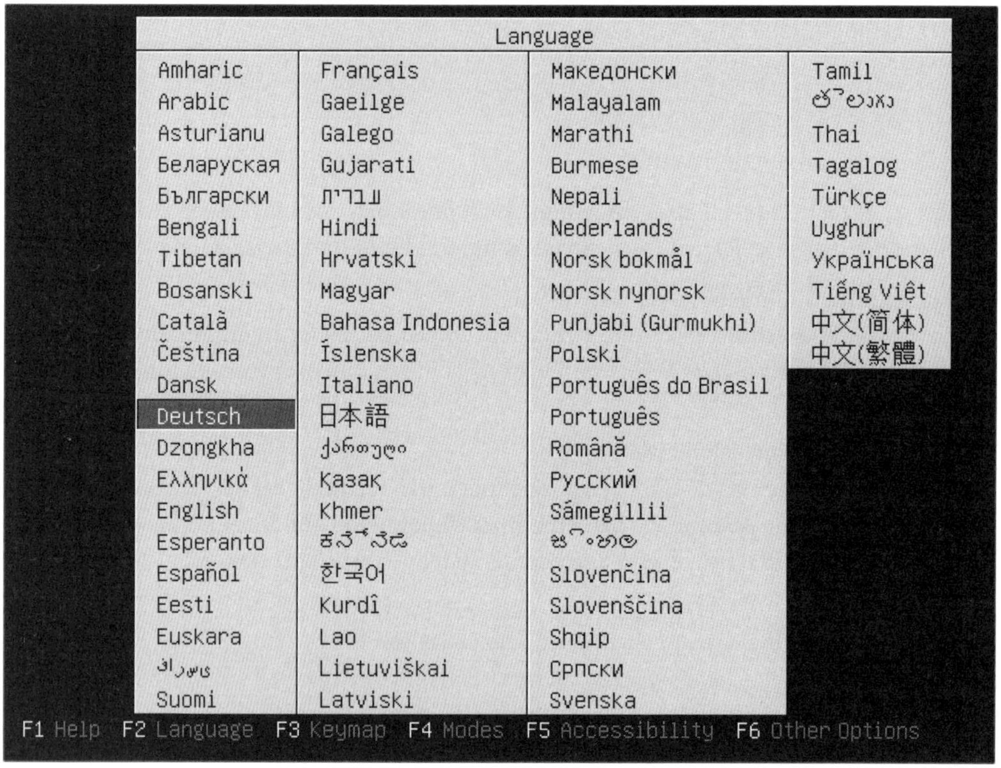

```
                              Language
   Amharic        Français         Македонски       Tamil
   Arabic         Gaeilge          Malayalam        ఓ఼లుఖౖ
   Asturianu      Galego           Marathi          Thai
   Беларуская     Gujarati         Burmese          Tagalog
   Български      עברית            Nepali           Türkçe
   Bengali        Hindi            Nederlands       Uyghur
   Tibetan        Hrvatski         Norsk bokmål     Українська
   Bosanski       Magyar           Norsk nynorsk    Tiếng Việt
   Català         Bahasa Indonesia Punjabi (Gurmukhi) 中文(简体)
   Čeština        Íslenska         Polski           中文(繁體)
   Dansk          Italiano         Português do Brasil
   Deutsch        日本語            Português
   Dzongkha       ཇོང་ཁ            Română
   Ελληνικά       Қазақ            Русский
   English        Khmer            Sámegillii
   Esperanto      ಕನ್ನಡ           ಹ್'ಿಂಬ
   Español        한국어           Slovenčina
   Eesti          Kurdî            Slovenščina
   Euskara        Lao              Shqip
   فارسی          Lietuviškai      Српски
   Suomi          Latviski         Svenska

 F1 Help  F2 Language  F3 Keymap  F4 Modes  F5 Accessibility  F6 Other Options
```

Abbildung 5.2 Begrüßungsbildschirm – Sprachauswahl

Wählen Sie im nächsten Menü (siehe Abbildung 5.3) *Ubuntu Server installieren* aus, um mit der Installation zu beginnen.

Alternativ können Sie nachstehende Aktionen anstoßen:

▸ **Install MAAS Region Controller / Rack Controller**
Über das sogenannte *MAAS (Metal as a Service)* können Sie wie in einer virtualisierten Cloud Server für Ihre Dienste dynamisch installieren lassen.

▸ **CD/DVD auf Fehler prüfen**
Führt eine Prüfung des Installationsmediums durch, damit Sie prüfen können, ob eine Installation aufgrund eines defekten Mediums fehlschlägt oder nicht.

▸ **Arbeitsspeicher testen**
Darüber können Sie *memtest+* starten. Das Programm prüft Ihren Arbeitsspeicher auf

Herz und Nieren. Dies kann viel Zeit in Anspruch nehmen, da das Diagnoseprogramm sehr genau arbeitet.

▶ **Von der ersten Festplatte starten**

Mit dieser Option verlassen Sie die Installation von Ubuntu und starten das gegebenenfalls bereits auf der Festplatte installierte System.

▶ **Ein beschädigtes System reparieren**

Falls Sie Ihrer Kreativität mal zu viel Lauf gelassen haben und Ihr System nicht mehr startfähig ist, können Sie mit dieser Option eine Linux-Umgebung starten, in der Sie Ihr System reparieren können.

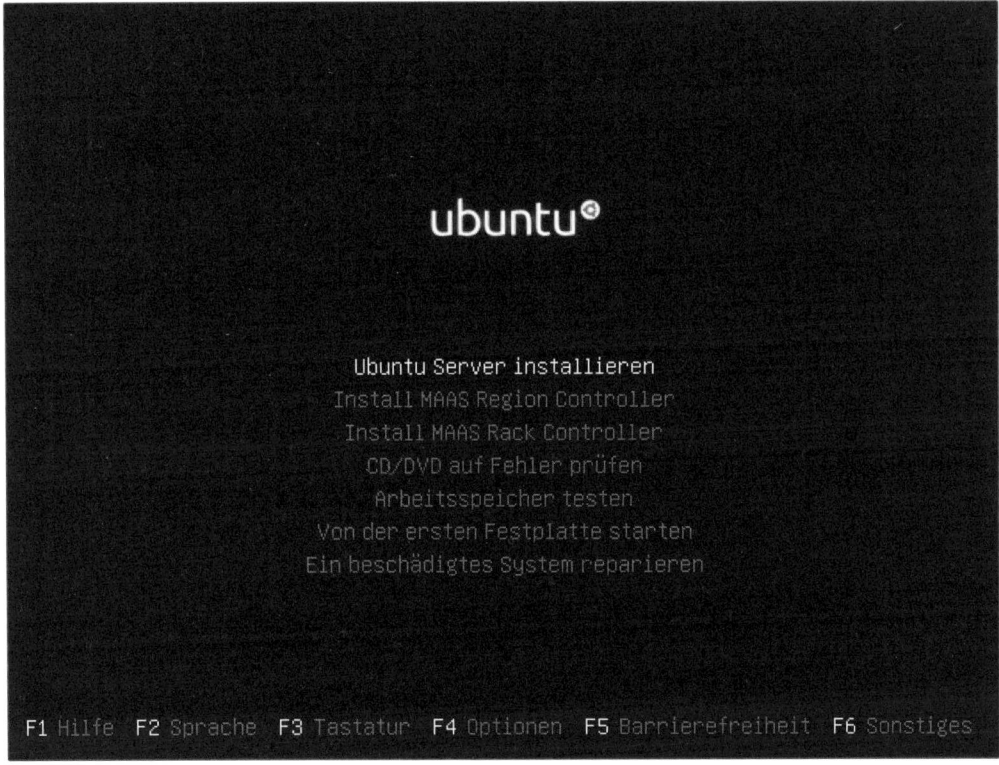

Abbildung 5.3 Ubuntu Server installieren

5.2.3   Standort und Tastatur

Falls Sie im ersten Schritt (siehe Abbildung 5.2) als Sprache *Deutsch* gewählt haben, bekommen Sie zunächst einen Hinweis, dass die Übersetzung der gewählten Sprache nicht vollständig ist (siehe Abbildung 5.4). Bestätigen Sie dies mit <Ja>.

Damit bestätigen Sie, dass es für Sie in Ordnung ist, dass einige Menüs und Fragen in Englisch dargestellt werden.

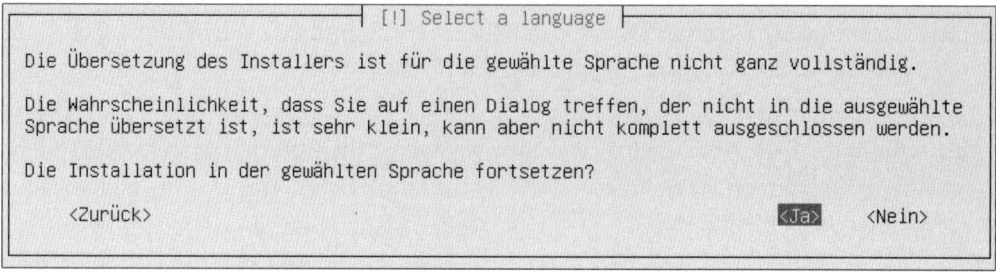

Abbildung 5.4 Hinweis »Gewählte Sprache nicht ganz vollständig«

Auch wenn Sie Deutsch als Sprache gewählt haben, werden Ihnen auf Ihrem System Anleitungen, Fehlermeldungen oder Nachrichten in englischer Sprache begegnen. Dies ist auch gut so, da Englisch die gängige Sprache der Informatik ist und viele Meldungen auf Deutsch einfach falsch klingen oder unnötig lang wären.

Im folgenden Dialog werden Sie nach Ihrem Standort gefragt (siehe Abbildung 5.5), damit das System die Tastaturbelegung, Sprachumgebung und Zeitzone korrekt setzen kann.

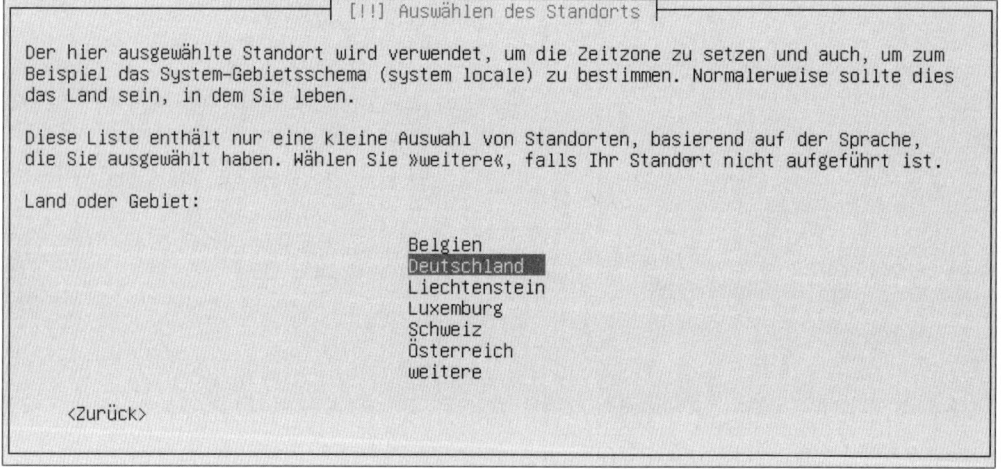

Abbildung 5.5 Standort

Anschließend werden Sie nach Ihrem Tastaturmodell gefragt (siehe Abbildung 5.6). Bei Standardtastaturen können Sie <Nein> wählen und in den folgenden Dialogen die Vorauswahl beibehalten und weiter fortfahren. Bis auf wenige Ausnahmen arbeitet die automatische Erkennung aber auch sehr gut.

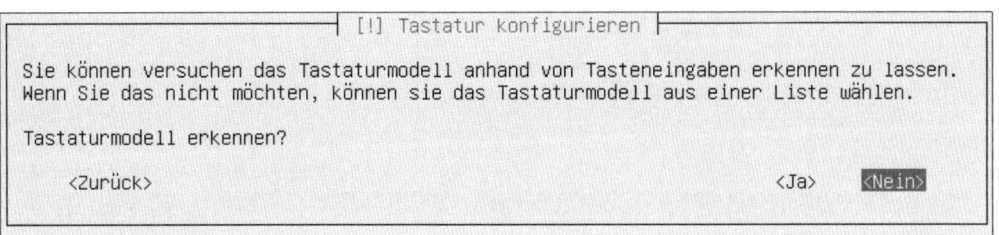

Abbildung 5.6 Tastatur

5.2.4 Rechnername, Benutzername und Benutzerkonto

Nach der erfolgreichen Erkennung oder der Auswahl Ihrer Tastatur werden Sie nach dem Rechnernamen gefragt. Vergeben Sie einen beliebigen – dieser Name wird nur auf dem System verwendet. Daher dürfen Austauschsysteme auch direkt den gleichen Namen wie das Ursprungssystem verwenden. Wie in Abbildung 5.7 dargestellt, werden Sie anschließend nach Ihrem vollständigen Namen gefragt (im Beispiel *Michael Mustermann*) – dem Benutzernamen.

Dieser Wert wird unter anderem dazu verwendet, Ihre Mail-Adresse auf dem System mit Ihrem ganzen Namen auszufüllen. Die Daten werden in der lokalen Datei */etc/passwd* hinterlegt.

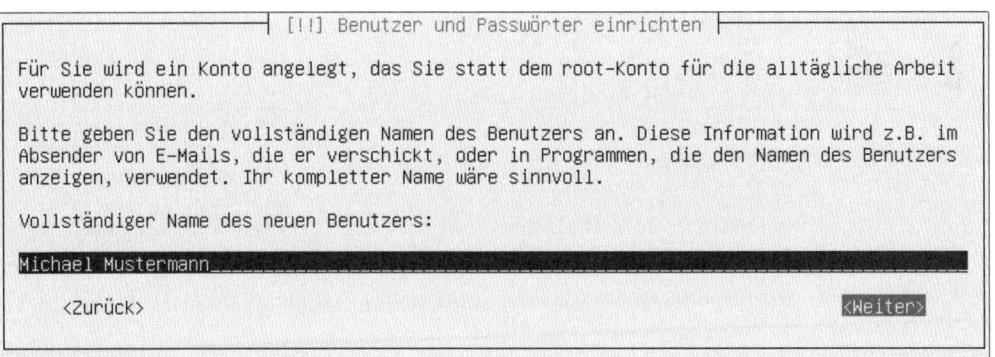

Abbildung 5.7 Benutzername

Anschließend werden Sie nach dem Namen Ihres Benutzerkontos gefragt (siehe Abbildung 5.8). Dieser Name kann beliebig vergeben werden. Falls Sie ein Namensschema verwenden, kann dies ebenso eingetragen werden wie eine anonymisierte Kennung (im Beispiel *michael*).

In der Linux-Welt hat es sich eingebürgert, den Vornamen in Kleinbuchstaben einzugeben, wenn kein Namensschema verwendet wird.

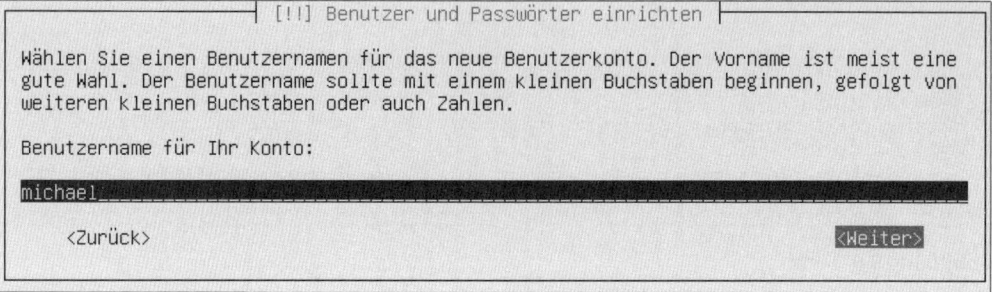

Abbildung 5.8 Benutzerkonto

Abschließend werden Sie zur Eingabe eines Passwortes aufgefordert, wie in Abbildung 5.9 dargestellt. Sie werden direkt darauf hingewiesen, dass gute Passwörter aus einer Mischung von Buchstaben, Zahlen und Sonderzeichen bestehen und dass Ihr Passwort in regelmäßigen Abständen geändert werden sollte.

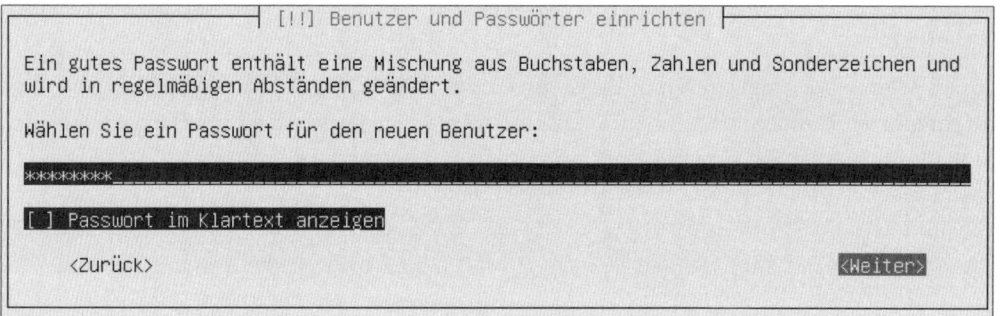

Abbildung 5.9 Passwort-Eingabe

Damit niemand Ihr Passwort vom Bildschirm ablesen kann, werden Ihre Eingaben lediglich durch jeweils einen Stern pro Tastenanschlag dargestellt. Nach Eingabe des Passwortes werden Sie zur Kontrolle gebeten, Ihr Passwort nochmals einzugeben (siehe Abbildung 5.10).

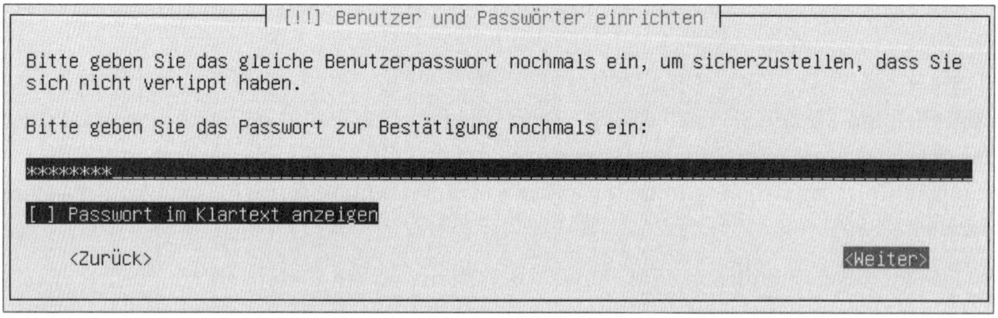

Abbildung 5.10 Passwort-Wiederholung

5.2.5   Verschlüsselung von »/home«

An diesem Punkt werden Sie gefragt, ob Ihr persönlicher Ordner (*/home*) verschlüsselt auf der Festplatte abgelegt werden soll (siehe Abbildung 5.11). Auf einem Serversystem ist dies meist nicht notwendig, da dort keine Benutzerdaten abgelegt werden.

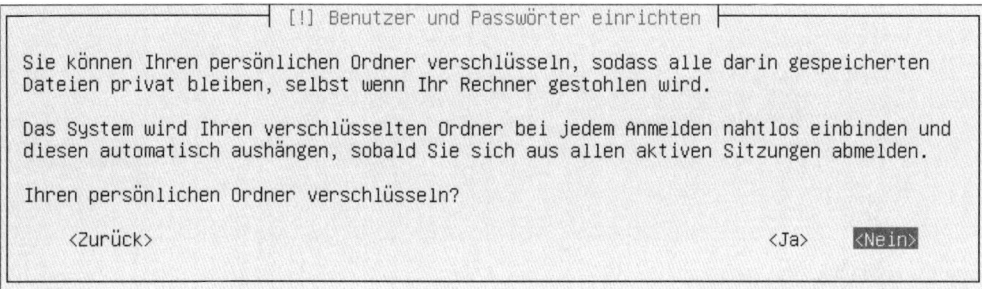

Abbildung 5.11 Verschlüsselung von »/home«

5.2.6   Zeitzone

Anschließend werden Sie gefragt, ob die anhand Ihrer bisherigen Eingaben getroffene Wahl der Zeitzone korrekt ist (siehe Abbildung 5.12).

Treffen die automatisch gewählten Werte zu, können Sie über ‹Ja› fortfahren. Anderenfalls können Sie mittels ‹Nein› die Auswahl manuell korrigieren.

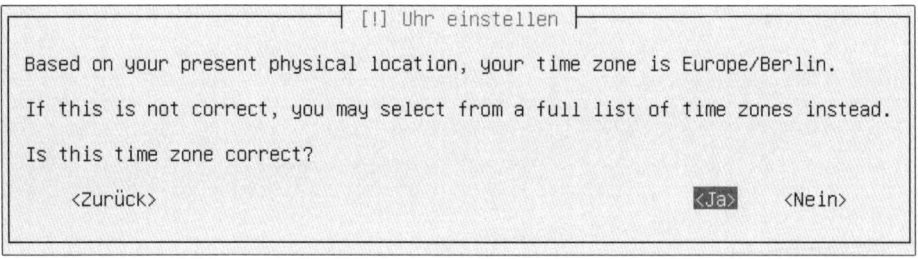

Abbildung 5.12 Zeitzone

Dies ist einer der wenigen Dialoge, die (seit Jahren) nicht ins Deutsche übersetzt wurden – weshalb ist uns leider nicht bekannt.

5.2.7   Partitionierung: »LVM« und Co.

Anschließend werden Sie nach der Partitionierung Ihrer Festplatte gefragt. Es werden Ihnen unterschiedliche Methoden zur Auswahl gestellt (siehe Abbildung 5.13).

```
┌────────────────────┤ [!!] Festplatten partitionieren ├────────────────────┐
│                                                                            │
│ Der Installer kann Sie durch die Partitionierung einer Festplatte (mit     │
│ verschiedenen Standardschemata) führen. Wenn Sie möchten, können Sie dies  │
│ auch von Hand tun. Bei Auswahl der geführten Partitionierung können Sie die │
│ Einteilung später noch einsehen und anpassen.                              │
│                                                                            │
│ Falls Sie eine geführte Partitionierung für eine vollständige Platte       │
│ wählen, werden Sie gleich danach gefragt, welche Platte verwendet werden   │
│ soll.                                                                      │
│                                                                            │
│ Partitionierungsmethode:                                                   │
│                                                                            │
│           Geführt - vollständige Festplatte verwenden                      │
│           Geführt - gesamte Platte verwenden und LVM einrichten            │
│           Geführt - gesamte Platte mit verschlüsseltem LVM                 │
│           Manuell                                                          │
│                                                                            │
│     <Zurück>                                                               │
│                                                                            │
└────────────────────────────────────────────────────────────────────────────┘
```

Abbildung 5.13 Partitionierung

Die Vorauswahl steht auf Geführt - gesamte Platte verwenden und LVM einrichten, was eine gute Wahl ist. Da das Thema Partitionierung nicht nur ein sehr wichtiges ist, sondern auch dauerhaft Ihre Installation beeinflusst, haben wir alles dazu in Kapitel 6, »Partitionen: Festplatten richtig aufteilen«, zusammengetragen. Im Beispiel folgen wir der Vorauswahl und übernehmen die vollständige Partitionierung der Festplatte mit LVM (siehe Abbildung 5.14).

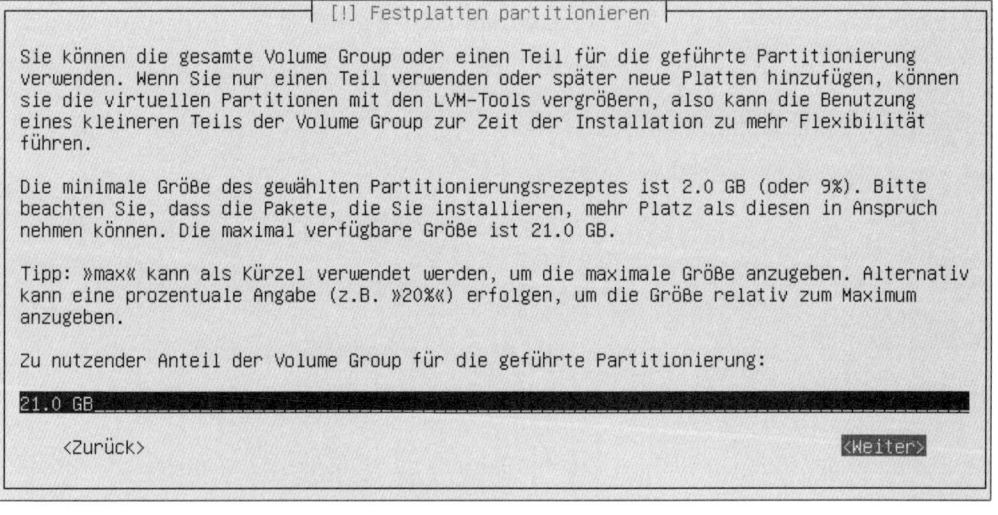

```
┌────────────────────┤ [!] Festplatten partitionieren ├─────────────────────┐
│                                                                            │
│ Sie können die gesamte Volume Group oder einen Teil für die geführte       │
│ Partitionierung verwenden. Wenn Sie nur einen Teil verwenden oder später   │
│ neue Platten hinzufügen, können sie die virtuellen Partitionen mit den     │
│ LVM-Tools vergrößern, also kann die Benutzung eines kleineren Teils der     │
│ Volume Group zur Zeit der Installation zu mehr Flexibilität führen.        │
│                                                                            │
│ Die minimale Größe des gewählten Partitionierungsrezeptes ist 2.0 GB (oder │
│ 9%). Bitte beachten Sie, dass die Pakete, die Sie installieren, mehr Platz │
│ als diesen in Anspruch nehmen können. Die maximal verfügbare Größe ist     │
│ 21.0 GB.                                                                   │
│                                                                            │
│ Tipp: »max« kann als Kürzel verwendet werden, um die maximale Größe        │
│ anzugeben. Alternativ kann eine prozentuale Angabe (z.B. »20%«) erfolgen,   │
│ um die Größe relativ zum Maximum anzugeben.                                │
│                                                                            │
│ Zu nutzender Anteil der Volume Group für die geführte Partitionierung:     │
│                                                                            │
│ 21.0 GB_____ │
│                                                                            │
│    <Zurück>                                                    <Weiter>     │
│                                                                            │
└────────────────────────────────────────────────────────────────────────────┘
```

Abbildung 5.14 Größe der »Volume Group«

Abschließend erhalten Sie nochmals eine Übersicht zur Kontrolle (siehe Abbildung 5.15). Bis jetzt wurden noch keine Daten auf die Festplatte geschrieben und sie wurde auch noch nicht partitioniert. Falls Sie sich nicht sicher sind, ob Sie die richtigen Einstellungen vorgenommen haben, können Sie daher an dieser Stelle den Installationsprozess noch abbrechen.

```
┌──────────────────┤ [!!] Festplatten partitionieren ├──────────────────┐
│                                                                        │
│ Wenn Sie fortfahren, werden alle unten aufgeführten Änderungen auf die Festplatte(n) │
│ geschrieben. Andernfalls können Sie weitere Änderungen manuell durchführen. │
│                                                                        │
│ Die Partitionstabellen folgender Geräte wurden geändert:               │
│    LVM VG ubuntu-vg, LV root                                           │
│    LVM VG ubuntu-vg, LV swap_1                                         │
│    SCSI3 (0,0,0) (sda)                                                 │
│                                                                        │
│ Die folgenden Partitionen werden formatiert:                          │
│    LVM VG ubuntu-vg, LV root als ext4                                 │
│    LVM VG ubuntu-vg, LV swap_1 als Swap                               │
│    Partition 1 auf SCSI3 (0,0,0) (sda) als ext2                       │
│                                                                        │
│ Änderungen auf die Festplatten schreiben?                             │
│                                                                        │
│   <Ja>                                                      <Nein>     │
│                                                                        │
└────────────────────────────────────────────────────────────────────────┘
```

Abbildung 5.15 Übersicht »LVM«

Erst nach der Bestätigung mit <Ja> beginnt der eigentliche Installationsprozess. Über die Statusanzeige erhalten Sie einen Einblick, wie weit die Installation schon fortgeschritten ist (siehe Abbildung 5.16). Die jeweiligen Schritte werden zusätzlich noch als Text unter der Statusanzeige eingeblendet.

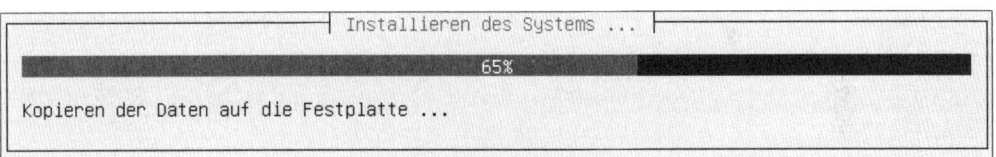

Abbildung 5.16 Fortschritt des Installationsprozesses

An dieser Stelle werden Ihre bisherigen Konfigurationsangaben umgesetzt. Die Partitionierung wird vorgenommen, und die Basisdaten werden zur Installation auf die Festplatte

5.2.8   Einstellungen des Systems

Nach dem Kopierprozess des Basissystems werden Ihnen noch einige Fragen gestellt, die den Betrieb des Systems betreffen. Darunter fällt die Proxy-Konfiguration (für Updates), das Verhalten für automatische Updates, die Paketauswahl und die Boot-Loader Konfiguration.

Proxy-Server

Zunächst wird Ihnen die Möglichkeit gegeben, einen Web-Proxy-Server anzugeben, wie in Abbildung 5.17 dargestellt. Wenn Ihr System nicht direkt mit dem Internet via Web (HTTP,

HTTPS und/oder FTP) kommunizieren darf, müssen Sie hier einen Web-Proxy angeben, damit das System Updates laden und installieren kann.

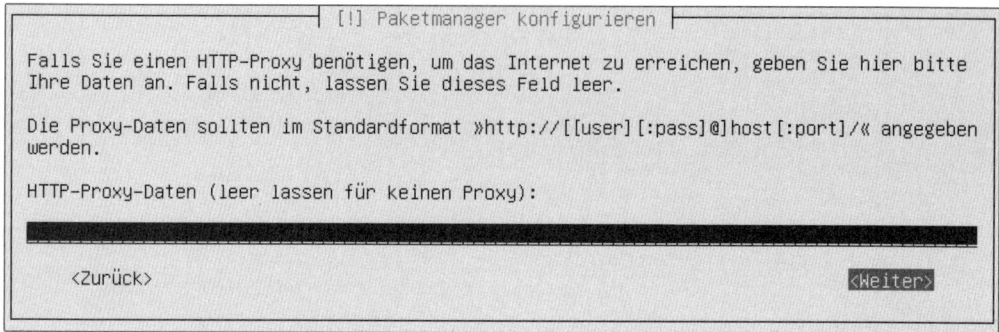

Abbildung 5.17 Abfrage zum Proxy-Server

Die Syntax folgt dabei dem im Erklärungstext geschilderten Schema. Betreiben Sie zum Beispiel einen Proxy-Server mit der IP-Adresse 192.168.0.1, der auf dem TCP-Port 3128 lauscht, müsste die Eingabe so wie in Listing 5.1 dargestellt eingetragen werden.

```
http://192.168.0.1:3128
```

Listing 5.1 Beispielangabe eines Web-Proxy: »192.168.0.1«

Anschließend wird die eigentliche Installation durchgeführt. Dabei werden stets, falls vorhanden, die aktualisierten Pakete aus dem Internet abgerufen und nicht die gegebenenfalls veralteten Pakete von Ihrem Installationsmedium verwendet.

Automatische Updates

Anschließend können Sie wählen, ob Ihr System automatisch Updates installieren soll (siehe Abbildung 5.18).

Dabei werden Ihnen drei Punkte zur Auswahl gestellt:

▶ **Keine automatischen Aktualisierungen**
Bei Auswahl dieser Option müssen alle Aktualisierungen manuell von Ihnen selbst vorgenommen werden.

▶ **Sicherheitsaktualisierungen automatisch installieren**
Dieser Punkt ist die Vorauswahl und entspricht unserer Empfehlung. Sicherheitsrelevante Aktualisierungen werden vom System selbst installiert.

▶ **System mit Landscape verwalten**
Mittels *Landscape* können Sie Updates und Patches zentral verwalten und somit Ihre gesamte Infrastruktur zentral managen. Dies ist ein kostenpflichtiger Dienst von Canoncial.

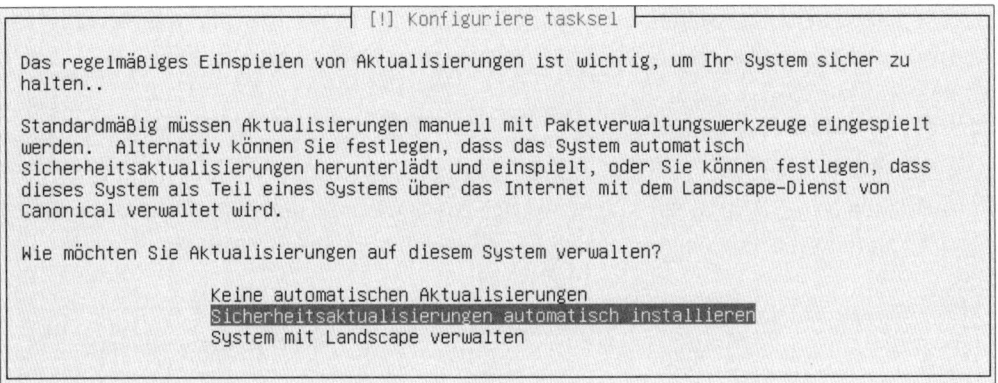

Abbildung 5.18 Abfrage zu automatischen Updates

Wir empfehlen Ihnen, die Vorauswahl beizubehalten, damit Sicherheitslücken in Ihrer Abwesenheit direkt behoben werden und Ihr System nicht unnötig lange ungeschützt bleibt.

Paketauswahl

Im nächsten Dialog bietet die Installationsroutine Ihnen eine an Server-Aufgaben angepasste Vorauswahl an Software an (siehe Abbildung 5.19).

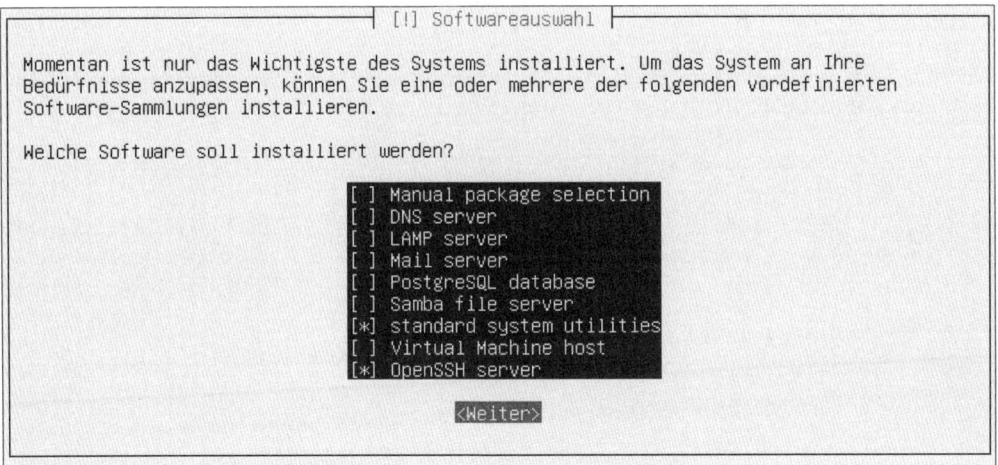

Abbildung 5.19 Paketauswahl

Im Standard ist stets standard system utilities angewählt – wir empfehlen Ihnen, diese Auswahl beibehalten, da mit ihr viele Standardprogramme (die wir im weiteren Verlauf ständig benutzen werden) direkt zur Installation mitinstalliert werden. Zusätzlich haben wir den OpenSSH server ausgewählt, damit Sie sich nach der Installation direkt mittels *ssh* am System anmelden können. Über den ersten Punkt Manual package selection können Sie alle Pakete aus den Paketquellen auswählen – hierfür wird aber eine Internetverbindung benötigt, da Sie ansonsten nur die Pakete von Ihrem Installationsmedium auswählen können.

Bootloader: »GRUB«

Zum Abschluss wird Ihnen die Installation des Bootloaders angeboten (siehe Abbildung 5.20). Ohne Bootloader weiß Ihr System nicht, wo sich das Betriebssystem befindet und wie dieses gestartet werden soll. Installieren Sie den Bootloader, indem Sie <Ja> wählen.

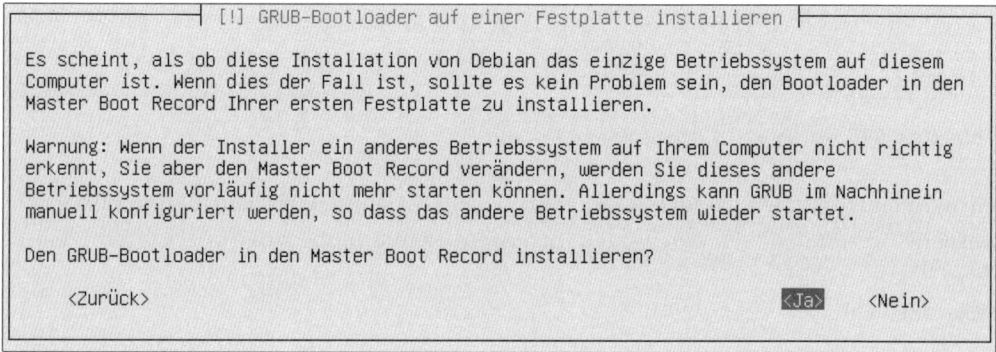

Abbildung 5.20 Der Bootloader: »GRUB«

Abschlussmeldung

Nach der erfolgreichen Installation des Bootloaders werden Sie mit einer Meldung auf den Abschluss der Installation hingewiesen (siehe Abbildung 5.21).

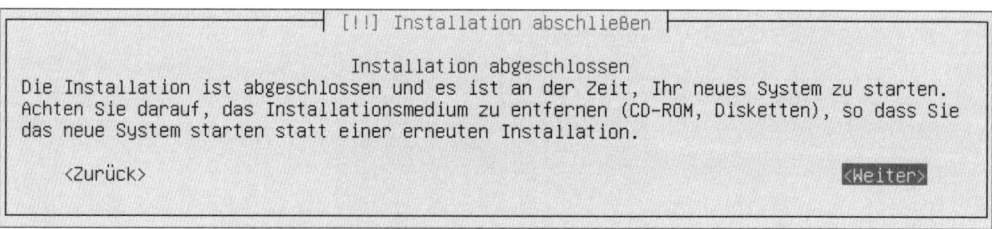

Abbildung 5.21 Die Abschlussmeldung

Entfernen Sie wie gefordert das Installationsmedium, und schließen Sie den Installationsvorgang ab, indem Sie <Weiter> wählen. Anschließend wird Ihr Server neu starten und Ihr frisch installiertes Ubuntu-Server-System hochfahren.

Kapitel 6

Partitionen: Festplatten richtig aufteilen

Eine richtige Aufstellung entscheidet nicht nur im Fußball über Sieg oder Nie-
derlage – auch auf Ihrem Server kann die richtige Aufstellung des zur Verfügung
stehenden Festplattenplatzes entscheidend sein. In diesem Abschnitt lernen Sie
alles rund ums Thema Partitionierung, logische Partitionen mit »LVM« und dessen
Snapshots.

Bei der Installation werden Sie gefragt, wie Ihr System partitioniert werden soll. Damit legen Sie fest, wie die Festplatten in Ihrem System aufgeteilt werden sollen. Zur Laufzeit begrenzt diese Einteilung, wie viel Platz Ihnen zur Verfügung steht. Läuft eine Partition voll, kann Ihr System stehen bleiben oder ein äußerst befremdliches Verhalten an den Tag legen. Um dies zu vermeiden, sollten Sie mit Bedacht an die Partitionierung herangehen. Auch wenn sich diese im Nachhinein anpassen lässt, können Sie sich die zusätzliche Arbeit mit etwas Vorplanung sparen. In diesem Abschnitt zeigen wir Ihnen, wie Sie Festplatten partitionieren, mit dem *Logical Volume Manager* umgehen, um noch mehr Flexibilität zu erlangen, und wie Sie statische Partitionen erweitern können. Auf ins Abenteuer: Es gibt viel zu teilen.

6.1   Allgemeines

Heutzutage ist Plattenplatz eine reichlich vorhandene Ressource, die dazu noch einfach und günstig zu beschaffen ist. Dies war aber nicht immer so. Früher wurden Partitionen primär dafür genutzt, um Bereiche voneinander abzugrenzen – dies hatte den Vorteil, dass die auf dem Server angebotenen Dienste oder das Betriebssystem selbst nicht gleich stehen bleiben, wenn Benutzer Ihr Verzeichnise überfüllen. Eine Partition[1] bezeichnet einen zusammen-hängenden Teil eines Speicherplatzes eines physischen oder logischen Datenträgers. Par-titionen sind weitestgehend voneinander unabhängig und werden von Betriebssystemen daher wie getrennte Laufwerke behandelt. Unter Windows wird dies durch eigene Laufwerks-buchstaben wie *C:* oder *D:* deutlich. Auf Linux-Systemen ist dies auf den ersten Blick nicht ersichtlich, da jedes Verzeichnis ein eigenes Laufwerk seien kann. Partitionen werden auch als logische Laufwerke bezeichnet. Der Zugriff auf Daten erfolgt durch das Betriebssystem. Dies geschieht in der Regel über Dateisysteme. Die meisten Betriebssysteme weisen jedem

---

1 von lateinischen *partitio*, dt. *Einteilung*

logischen Laufwerk (also einer Partition) genau ein Dateisystem zu und die meisten Dateisysteme erwarten dies genau so, also ein logisches Laufwerk nur für sich selbst.

Zusammengefasst heißt dies: Partitionen werden verwendet, um eine Unterteilung vorzunehmen und Dateisysteme voneinander abzugrenzen. Dies ist darauf zurückzuführen, da einzelne Bereiche nur eine bestimmte Größe benötigen oder aber die Ressourcen zur Nutzung optimal verteilt werden sollen. Im Übrigen können Partitionen auf allen *Block-Devices* (Geräten, auf die blockweise zugegriffen wird) eingerichtet werden, also auf Festplatten, USB-Sticks, SD-Karten oder *LUNs*, die von einem *Storage Area Network (SAN)* zur Verfügung gestellt werden. Im weiteren Verlauf des Abschnitts beschränken wir uns auf die klassischen Festplatten – die Methoden und Lösungen sind aber auf alle Geräte anwendbar.

6.1.1   Begrifflichkeiten

Im Folgenden wollen wir Ihnen die wichtigsten Begriffe näher erläutern.

▶ **Partition**
Eine Partition ist eine logische Einteilung eines zusammenhängenden Speicherplatzes. Es werden dabei folgende Arten unterschieden:
- primäre Partition
- erweiterte Partition (enthält Logische Partitionen)
- logische Partition
- Systempartition (ab EFI/UEFI)
- reservierte Partition (ab EFI/UEFI)

▶ **Partitionstabelle**
In der Partitionstabelle werden die einzelnen Partitionen mit ihrer Position und Größe aufgeführt und festgehalten.

▶ **Flags**
Über Flags wird die Funktion einer Partition vorab definiert. Möchten Sie von dieser Partition ein Betriebssystem starten können, muss z.B. das *boot-Flag* gesetzt sein.

▶ **Boot-Sektor**
Der Boot-Sektor legt den Teil einer Partition fest, der Informationen zum Systemstart enthält. Er kann nur geladen werden, wenn die Partition mit dem *Boot-Flag* versehen ist.

▶ **Boot-Manager / Boot-Loader**
Der *Boot-Loader* wird als Erstes nach dem *BIOS* gestartet und enthält in der Regel ein Menü zu Auswahl, das *Boot-Manager* genannt wird. Im Boot-Manager werden die Rahmenparameter des zu startenden Betriebssystems festgelegt – z.B. auf welcher Partition sich das Betriebssystem befindet und mit welchen Kernel-Parametern es gestartet werden soll. Ubuntu verwendet dafür standardmäßig den *grub*.

▶ **Dual-Boot**

Wenn auf einem System mehrere Betriebssysteme nebeneinander installiert sind, z. B. Windows und Linux, nennt man dies ein *Dual-Boot-System*.

▶ **MBR (Master Boot Record)**

Der *Master Boot Record* ist ein *Boot-Sektor* am Anfang einer Partition. Er enthält Informationen darüber, wie die Partitionen auf dem System organisiert sind (z. B. die Partitionstabelle). Der *MBR* wurde im Jahre 1983 veröffentlicht und ist auf einen maximalen Adressbereich von 32 Bits des *LBA (Logical Block Address)* limitiert, was Festplatten auf eine Größe von 2 Terabyte beschränkt. Alle 32-Bit-Betriebssysteme verwenden den MBR. Abbildung 6.1 zeigt eine typische Festplattenstruktur mit MBR unter Windows und Linux.

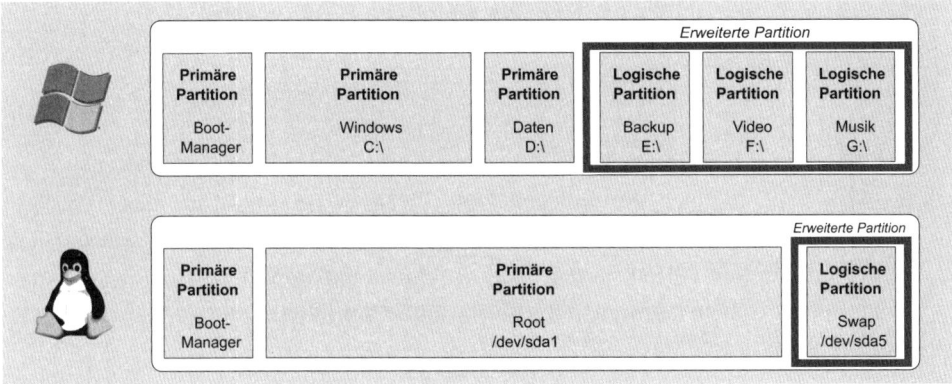

Abbildung 6.1 Festplattenstruktur mit »MBR«

▶ **MBR-Partition-ID**

Jede Partition verfügt über eine ID, die ihren Zweck und gegebenenfalls das Dateisystem beschreibt, auf dem sie beheimatet ist. In Tabelle 6.1 haben wir Ihnen die gängigsten IDs von Systemen aufgelistet, die einen MBR einsetzen.

System/Dateisystem	Partition-ID
FAT32	0B
Erweiterte Partition LBA	0F
Versteckte FAT32-Partition	1B
FAT16	6
NTFS	7

Tabelle 6.1 Gängige MBR-Partition-IDs

System/Dateisystem	Partition-ID
FAT32 LBA	0C
Reservierte Partition	21
Partition Magic Recovery Partition	3c
Boot-US-Bootmanager	45
Linux-Swap-Partition	82
Linux-Datenpartition	83
Ruhezustand-Partition	84

Tabelle 6.1 Gängige MBR-Partition-IDs (Forts.)

► **BIOS**
Das *Basic Input/Output System (BIOS)* stellt die Firmware eines Computer dar. Es sorgt für die Einbindung der Hardware vor dem Systemstart und regelt, in welcher Reihenfolge Geräte für den Betriebssystemstart durchprobiert werden (z. B. CD-ROM, Netzwerk, Festplatte(n)). Ebenso lädt es den Boot-Sektor und somit den Boot-Loader/Manager.

► **EFI/UEFI-BIOS**
Das *(Unified) Extensible Firmware Interface* ist eine Weiterentwicklung des BIOS. Aufgrund der Weiterentwicklung der Hardware konnten viele Anforderungen nicht mehr über das klassische BIOS abgewickelt werden bzw. nur als »Flickschusterei« durch ein BIOS angeboten werden. EFI legt seinen Fokus auf 64-Bit-Systeme und kann einen maximalen Adressbereich von 8.192 Exabyte (also 8 Milliarden Festplatten mit 1 TB Kapazität) verwalten. Aufgrund der Neuerungen wird von EFI kein MBR, sondern die neu geschaffene *GPT (GUID Partiton Table)* verwendet.

► **LVM (Logical Volume Manager)**
LVM ist ein Verfahren zur dynamischen Verwaltung von Speicherplatz auf einer oder mehreren Festplatten. Mit LVM können mehrere Partitionen, die als *Physical Volumes* bezeichnet werden, logisch zusammengefasst werden. Dies wird dann als *Volume Group* bezeichnet. In diesem logischen Verbund können dann logische Partitionen, die sogenannten *Logical Volumes*, angelegt werden. Einer *Volume Group* können dynamisch weitere Geräte hinzugefügt werden, wodurch der Speicherplatz erhöht wird. Dieser Speicherplatz kann zu *Logical Volumes* hinzugefügt werden, sodass die Kapazität einer (logischen) Partition dynamisch erhöht wird. Damit erhalten Sie ein Höchstmaß an Flexibilität und können ad hoc auf erhöhte Speicherplatzanforderungen reagieren, ohne das System aufwändig umgestalten zu müssen. Darüber hinaus können Sie mit LVM *Snapshots* Abbil-

dungen des Ist-Zustandes erzeugen und somit Ihr Backup-Konzept stark vereinfachen. Erreicht werden diese Vorteile durch eine Virtualisierungsschicht, die LVM bereitstellt.

▶ **GPT**

Die *GUID Partiton Table (GPT)* ist der Nachfolger des MBR. Mit ihr können Festplatten mit bis zu 18 Exabyte verwaltet werden. Abbildung 6.2 zeigt den typischen Aufbau einer mit GPT verwalteten Festplatte unter Windows und Linux.

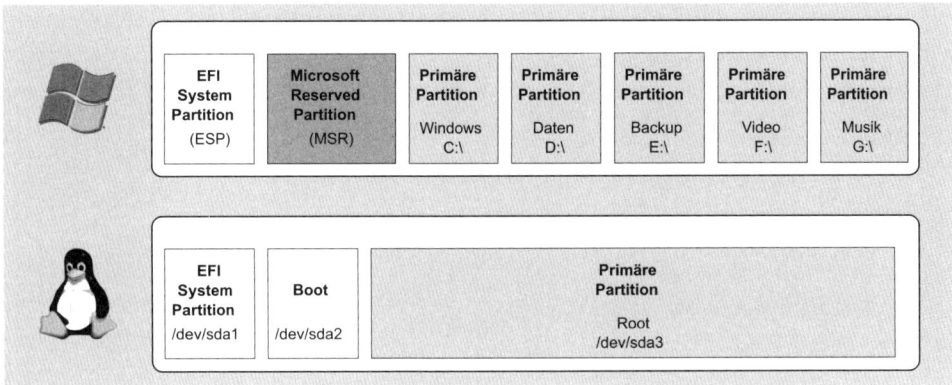

Abbildung 6.2 Festplattenstruktur mit »GPT«

▶ **GPT-Partition-ID**

Analog zum MBR verfügen GPT-Partitionen, über IDs, die ihre Funktion festlegen. In Tabelle 6.2 haben wir Ihnen die geläufigsten IDs aufgelistet.

System/Dateisystem	GPT-Partition-ID
EFI System Partition (ESP)	C12A7328-F81F-11D2-BA4B-00A0C93EC93B
Microsoft Reserved Partition (MSR)	E3C9E316-0B5C-4DB8-817D-F92DF00215AE
Linux-Datenpartition	0FC63DAF-8483-4772-8E79-3D69D8477DE4
Linux-RAID-Partition	A19D880F-05FC-4D3B-A006-743F0F84911E
Linux-Swap-Partition	0657FD6D-A4AB-43C4-84E5-0933C84B4F4F
Linux-reserviert	8DA63339-0007-60C0-C436-083AC8230908

Tabelle 6.2 Wichtige GPT-Partition-IDs

▶ **GPT-Schutzpartition**

Die GPT bringt eine Besonderheit mit: die Schutzpartition. Aufgrund des anderen Aufbaus würden Festplatten, die mit GPT versehen sind, in einem System, das einen MBR erwartet, als leer aufgeführt werden. Damit nicht versehentlich Daten gelöscht werden, gaukelt der MBR dem Betriebssystem eine volle Festplatte vor. Tools, die nicht mit GPT umgehen können, werden so daran gehindert, Festplatten oder Partitionen zu löschen.

6.1.2   Eine Übersicht: »Was liegt wo?«

Wenn Sie unserer Installationsanleitung aus Kapitel 5, »Die Installation«, gefolgt sind, verfügen Sie über ein System mit *LVM*. Um sich die aktuelle Partitionierung Ihres Systems anzeigen zu lassen, können Sie das Programm *fdisk* verwenden. In Listing 6.1 sehen Sie die Ausgabe des Befehls auf einem System mit *MBR*:

```
daniel@merkur:~$ sudo fdisk -l /dev/sda
Medium /dev/sda: 20 GiB, 21474836480 Bytes, 41943040 Sektoren
Einheiten: sectors von 1 * 512 = 512 Bytes
Sektorengröße (logisch/physisch): 512 Bytes / 512 Bytes
I/O Größe (minimal/optimal): 512 Bytes / 512 Bytes
Typ der Medienbezeichnung: dos
Medienkennung: 0xecee7955


Gerät      Boot  Start      Ende Sektoren Größe Id Typ
/dev/sda1  *      2048    499711   497664  243M 83 Linux
/dev/sda2        501758 41940991 41439234 19,8G  5 Erweiterte
/dev/sda5        501760 41940991 41439232 19,8G 8e Linux LVM
```

Listing 6.1 Übersicht der Partitionen eines Systems mit »MBR« und »LVM«

Dem Befehl fdisk wurde mit dem Parameter -l das Gerät /dev/sda übergeben – dadurch wird die Ausgabe auf dieses Gerät beschränkt. Im Standard ist dies stets die erste verbaute Festplatte. Wie Sie in Listing 6.1 sehen, verfügt das System über drei Partitionen: sda1 mit 243 MB, sda2 mit 19,8 GB und sda5 mit ebenfalls 19,8 GB. Dem aufmerksamen Leser wird sicherlich schon aufgefallen sein, dass die verbaute Festplatte eine Größe von 20 GB aufweist – wie können also zwei Partitionen mit je 19,8 GB darauf Platz finden?

Dies ist darauf zurückzuführen, dass die Partition sda2 eine erweiterte Partition ist, die weitere logische Partitionen aufnehmen kann (diese ergeben in Summe dann die Größe der erweiterten Partition). Im Beispiel existiert lediglich eine logische Partition mit der vollen Größe der erweiterten Partition.

Auf der ersten Partition sda1, die im Übrigen das *Boot-Flag* gesetzt hat (das erkennen Sie am Sternchen in der Spalte Boot), befindet sich der Boot-Loader. Auf der Partition sda5 befindet sich LVM, das alle weiteren Partitionen virtuell zur Verfügung stellt. In der Regel sollte auf jedem Linux-System mindestens eine Swap-Partition vorhanden sein, damit das System Platz für Auslagerungsdateien vorfindet. Da auf diesem System LVM im Einsatz ist, sehen Sie die

Swap-Partition nicht physisch mittels fdisk, sondern nur virtuell im LVM. Auf einem System ganz ohne LVM sieht die Ausgabe im Übrigen so aus wie in Listing 6.2:

```
daniel@saturn:~$ sudo fdisk -l /dev/sda
Medium /dev/sda: 20 GiB, 21474836480 Bytes, 41943040 Sektoren
Einheiten: sectors von 1 * 512 = 512 Bytes
Sektorengröße (logisch/physisch): 512 Bytes / 512 Bytes
I/O Größe (minimal/optimal): 512 Bytes / 512 Bytes
Typ der Medienbezeichnung: dos
Medienkennung: 0xaadee6e2


Gerät      Boot    Start     Ende Sektoren Größe Id Typ
/dev/sda1  *        2048 37748735 37746688  18G 83 Linux
/dev/sda2       37750782 41940991  4190210   2G  5 Erweiterte
/dev/sda5       37750784 41940991  4190208   2G 82 Linux Swap / Solaris
```

Listing 6.2 Übersicht der Partitionen eines Systems mit »MBR« und ohne »LVM«

Wie Sie in Listing 6.2 sehen, existiert eine Hauptpartition (sda1) und eine erweiterte Partition (sda2). In der erweiterten Partition existiert nur die Swap-Partition sda5. Da das Boot-Flag auf der Partition sda1 gesetzt ist, befindet sich darin auch der Boot-Loader – im Gegensatz zu einer Partitionierung mit LVM existiert dafür keine gesonderte Partition.

Auf einem System mit *EFI* sieht die Ausgabe ganz ähnlich aus. In Listing 6.3 haben wir die entsprechende Ausgabe abgedruckt:

```
daniel@pluto:~$ sudo fdisk -l /dev/sda
Medium /dev/sda: 20 GiB, 21474836480 Bytes, 41943040 Sektoren
Einheiten: sectors von 1 * 512 = 512 Bytes
Sektorengröße (logisch/physisch): 512 Bytes / 512 Bytes
I/O Größe (minimal/optimal): 512 Bytes / 512 Bytes
Typ der Medienbezeichnung: gpt
Medienkennung: E76B1D67-F384-49F6-AD54-0E47880DFA5F


Gerät       Start     Ende Sektoren Größe Typ
/dev/sda1    2048  1050623  1048576  512M EFI System
/dev/sda2 1050624  2050047   999424  488M Linux filesystem
/dev/sda3 2050048 41940991 39890944   19G Linux LVM
```

Listing 6.3 Übersicht der Partitionen eines Systems mit »GPT«

Wie Sie der Ausgabe in Listing 6.3 entnehmen können, verfügt das System ebenfalls über LVM. Eine Besonderheit besteht darin, dass keine Spalte für das Boot-Flag vorhanden ist. Dies ist ab EFI nicht mehr notwendig, da EFI selbst über einen Boot-Loader verfügt und dieser daher nicht mehr in die Partitionen selbst geschrieben werden muss – in der Regel starten Systeme aber trotzdem über ihren eigenen Boot-Manager.

Das Programm fdisk hilft Ihnen dabei, physische Geräte und Partitionen zu identifizieren. Eine einfachere Übersicht können Sie auch mit dem Programm blkid erzeugen. In Listing 6.4 haben wir Ihnen die Ausgabe des Programms auf einem System mit MBR und ohne LVM, auf einem System und MBR und LVM und auf einem System mit GPT und LVM dargestellt:

```
### MBR (ohne LVM)
daniel@saturn:~$ sudo blkid -o list
device      fs_type    label    mount point    UUID
----------------------------------------------------------------------
/dev/sda1   ext4                /              f5f5566a-[...]-a43614e100a6
/dev/sda5   swap                [SWAP]         da6c615e-[...]-f27e2efd160b


### MBR (mit LVM)
daniel@merkur:~$ sudo blkid -o list
device              fs_type      label    mount point    UUID
--------------------------------------------------------------------------------
/dev/sda1           ext2                  /boot          bc37eb65-[...]-949a7f8cde1d
/dev/sda5           LVM2_member           (in use)       KzEgBj-UE[...]CoO-kQZX-7WYOuD
/.../merkur--vg-root   ext4               /              d193af98-[...]-46a626ddd671
/.../merkur--vg-swap_1 swap              [SWAP]          e754e292-[...]-e04b6f1d5040


### GPT (mit LVM)
daniel@pluto:~$ sudo blkid -o list
device              fs_type      label    mount point    UUID
--------------------------------------------------------------------------------
/dev/sda1           vfat                  /boot/efi      D0C9-542F
/dev/sda2           ext2                  /boot          4491701c-[...]-1f22d5aefacf
/dev/sda3           LVM2_member           (in use)       VlYAHM-20[...]7ea-su1o-GzcgIF
/.../pluto--vg-root    ext4               /              d78bd568-[...]-11e22e521d04
/.../pluto--vg-swap_1  swap              [SWAP]          fa562fa0-[...]-83ca6e257031
```

Listing 6.4 Übersicht der Partitionen mit »blkid«

In der Ausgabe von blkid finden Sie nicht nur wirklich alle Partitionen Ihres System (ob virtuell oder nicht), sondern Sie sehen auch, wo diese Partitionen eingehängt sind (Spalte mount point). Darüber hinaus werden Ihnen die UUIDs angezeigt, die zur eindeutigen Identifizierung der Geräte im System verwendet werden. Ohne den Parameter -o list erhalten Sie die Informationen ohne Aufbereitung. Dann wird pro Zeile ein Gerät mit all seinen Werten angezeigt, was für die Verarbeitung in Skripten durchaus hilfreich ist, aber auf Menschen eher unleserlich wirkt.

6.2   Partitionierung einer Festplatte

Während der Installation übernimmt Ubuntu für Sie die Partitionierung anhand Ihrer Vorgaben. Wenn Sie nachträglich eine Festplatte Ihrem System hinzufügen oder eine vorhandene Festplatte neu aufteilen möchten, müssen Sie dies von Hand vornehmen. Folgende Schritte werden dabei durchlaufen:

▸ [optional] Datensicherung (bei vorhandenen Festplatten)

▸ Partitionierung anlegen oder ändern (z. B. verkleinern oder vergrößern)

▸ Aufgaben der Partition definieren (*Flags*)

▸ Partitionsänderungen durchführen

▸ Dateisystem einrichten oder anpassen

▸ Betriebssystemanpassungen vornehmen (z. B. automatisiertes Einhängen der Partition)

Wie Sie eine Datensicherung vornehmen, haben wir Ihnen zum einen in Kapitel 14, »Archivierung und Datensicherung«, und in Kapitel 35, »Backup heterogener Umgebungen mit ›bareos‹«, ausführlich erläutert.

6.2.1   Neue Festplatte identifizieren

Wenn Sie Ihrem System eine zusätzliche Festplatte gegönnt haben, wird diese vom System beim Boot-Vorgang erkannt und ins System eingebunden. Da sie aber leer ist, kann das System nichts mit ihr anfangen. In Listing 6.5 haben wir die gekürzte Ausgabe des Befehls fdisk aufgeführt. Darin sehen Sie die neue (leere) Festplatte als Gerät sdb.

```
daniel@saturn:~$ sudo fdisk -l
[…]
Medium /dev/sda: 20 GiB, 21474836480 Bytes, 41943040 Sektoren
Einheiten: sectors von 1 * 512 = 512 Bytes
Sektorengröße (logisch/physisch): 512 Bytes / 512 Bytes
I/O Größe (minimal/optimal): 512 Bytes / 512 Bytes
Typ der Medienbezeichnung: dos
Medienkennung: 0xaadee6e2

Gerät      Boot    Start     Ende Sektoren Größe Id Typ
/dev/sda1   *       2048 37748735 37746688   18G 83 Linux
/dev/sda2        37750782 41940991  4190210    2G  5 Erweiterte
/dev/sda5        37750784 41940991  4190208    2G 82 Linux Swap / Solaris
Medium /dev/sdb: 20 GiB, 21474836480 Bytes, 41943040 Sektoren
Einheiten: sectors von 1 * 512 = 512 Bytes
Sektorengröße (logisch/physisch): 512 Bytes / 512 Bytes
I/O Größe (minimal/optimal): 512 Bytes / 512 Bytes
```

```
daniel@saturn:~$
daniel@saturn:~$ sudo blkid -o list -w /dev/null
device          fs_type   label    mount point    UUID
---------------------------------------------------------------------------
/dev/sda1       ext4               /              f5f5566a-ae43-49b6-9740-a43614e100a6
/dev/sda5       swap               [SWAP]         da6c615e-c9bb-403d-9b6e-f27e2efd160b
```

Listing 6.5 Übersicht aller Partitionen des Systems mit »fdisk«

Da keine Partitionstabelle vorhanden ist, wird lediglich das Gerät mit dem Befehl fdisk angezeigt. Der Befehl blkid zeigt die neue Festplatte nicht an, da keine Partitionen darauf vorhanden sind – dies wollen wir nun ändern.

6.2.2   Neue Festplatte partitionieren

Zur Partitionierung können Sie das Programm parted verwenden. Vielleicht ist Ihnen das grafische Pendant *GParted* bekannt.

Zunächst kontrollieren wir nochmals die Geräte mittels parted -l:

```
daniel@saturn:~$ sudo parted -l
Modell: ATA VBOX HARDDISK (scsi)
Festplatte  /dev/sda:  21,5GB
Sektorgröße (logisch/physisch): 512B/512B
Partitionstabelle: msdos
Disk-Flags:

Nummer  Anfang  Ende    Größe   Typ       Dateisystem    Flags
1       1049kB  19,3GB  19,3GB  primary   ext4           boot
2       19,3GB  21,5GB  2145MB  extended
5       19,3GB  21,5GB  2145MB  logical   linux-swap(v1)


Fehler: /dev/sdb: unbekannte Partitionstabelle
Modell: ATA VBOX HARDDISK (scsi)
Festplatte  /dev/sdb:  21,5GB
Sektorgröße (logisch/physisch): 512B/512B
Partitionstabelle: unknown
Disk-Flags:
```

Listing 6.6 Anzeigen der Geräte und Partitionen mit »parted«

Wie erwartet listet parted die Partitionen des Geräts sda auf. Zusätzlich wird das leere Gerät sdb angezeigt. Das Programm parted stellt einen interaktiven Modus zur Verfügung. Starten Sie ihn so wie in Listing 6.7 dargestellt:

```
daniel@saturn:~$ sudo parted /dev/sdb
GNU Parted 3.2
/dev/sdb wird verwendet
Willkommen zu GNU Parted! Rufen Sie »help« auf, um eine Liste der verfügbaren
Befehle zu erhalten.
(parted)
```

Listing 6.7 Starten des interaktiven Modus zur Partitionierung von »sdb«

Wie Sie sehen, startet parted in eine Shell. Mit dem Befehl help können Sie Informationen zu den möglichen Befehlen erhalten. Mit print erhalten Sie die Ausgabe der Partitionstabelle des aktuell verwendeten Geräts.

Um eine neue primäre Partition zu erstellen, müssen wir zuerst die Art der Partitionstabelle festlegen: msdos für MBR-Partitionstabellen oder gpt für GPT-Partitionstabellen. Setzen Sie daher den Befehl aus Listing 6.8 ab, wenn Sie eine MBR-Partitionstabelle erstellen wollen (Festplatten bis 2 TB Größe).

```
(parted) mklabel msdos
Warnung: Die bestehende Partitionstabelle und alle Daten auf /dev/sdb werden gelöscht.
Wollen Sie fortfahren?
Ja/Yes/Nein/No? Ja
```

Listing 6.8 Art der Partitionstabelle festlegen

Letzte Chance!

[!]

Wenn Sie die Rückfrage mit Ja bestätigen, werden alle Daten auf dem Gerät unlesbar! Achten Sie also penibel darauf, das richtige Gerät zu verwenden!

Anschließend können Sie die Partition erzeugen. Im Beispiel aus Listing 6.9 wird mit dem Befehl mkpart eine primäre Partition für das Dateisystem ext4 erzeugt, die den gesamten Speicherplatz erhält (beginnend ab 1 bis zum Ende -1).

```
(parted) mkpart primary ext4 1 -1
```

Listing 6.9 Partition erstellen

Es folgt keine gesonderte Ausgabe. Falls Fehler auftreten, werden Sie aber selbstverständlich darauf hingewiesen. Nun können Sie parted mit dem Befehl quit verlassen. Dabei werden Sie darauf hingewiesen, dass eventuell Anpassungen an der Datei /etc/fstab notwendig sind – darauf gehen wir später ein.

All diese Befehle können Sie auch ohne die interaktive Shell direkt in einem Befehl absetzen. In Listing 6.10 haben wir Ihnen alle Aktionen in einem Befehl dargestellt. Wenn Sie diesen Befehl ausführen, gelangen Sie zum gleichen Ergebnis.

```
sudo parted -s -a optimal /dev/sdb mklabel msdos -- mkpart primary ext4 1 -1
```
Listing 6.10 In einem Rutsch: »parted«

Falls Sie im Übrigen eine Festplatte auf einem EFI-System mit GPT einrichten wollen, müssen Sie als Label lediglich msdos durch gpt ersetzen.

Nun finden Sie die Partition /dev/sdb1 in Ihrem System. In Listing 6.11 haben wir dies mit ls kontrolliert. Anschließend haben wir das Verzeichnis /data angelegt, die neue Partition mit mount ins System eingebunden und uns die Übersicht der Partitionen im System mit blkid erneut ausgeben lassen:

```
daniel@saturn:~$ ls -l /dev/sdb*
brw-rw---- 1 root disk 8, 16 Mär 21 12:18 /dev/sdb
brw-rw---- 1 root disk 8, 17 Mär 21 12:18 /dev/sdb1
daniel@saturn:~$
daniel@saturn:~$ sudo mkdir /data
daniel@saturn:~$
daniel@saturn:~$ sudo mount /dev/sdb1 /data
daniel@saturn:~$
daniel@saturn:~$ sudo blkid -o list
device         fs_type   label   mount point    UUID
-----------------------------------------------------------------------------
/dev/sda1      ext4              /              f5f5566a-ae43-49b6-9740-a43614e100a6
/dev/sda5      swap              [SWAP]         da6c615e-c9bb-403d-9b6e-f27e2efd160b
/dev/sdb1      ext4              /data          66944e08-f8f6-4bb9-96ea-5185230ccbd2

daniel@saturn:~$
```
Listing 6.11 Überprüfung und Einbinden der neuen Partition »/dev/sdb1«

Da die neue Partition von Hand ins System eingebunden wurde, ist sie nach einem Neustart nicht mehr vorhanden. Hier kommt die bereits erwähnte *fstab* ins Spiel. Sie wird zum Systemstart ausgelesen, und alle dort aufgeführten Geräte werden ins System eingebunden. Damit die neue Partition so eingebunden wird, müssen Sie die Zeilen aus Listing 6.12 der Datei */etc/fstab* hinzufügen:

```
# Neue Festplatte: /dev/sdb1
UUID=66944e08-f8f6-4bb9-96ea-5185230ccbd2 /data      ext4    errors=remount-ro   0  1
```
Listing 6.12 Anpassungen der Datei »/etc/fstab«

Achten Sie darauf, dass die UUID entsprechend der Ausgabe von blkid an Ihre Umgebung angepasst werden muss.

6.3   Einfach logisch: »Logical Volume Manager«

Die bisher gezeigte Partitionierung ist statisch. Auf Veränderungen kann nicht oder nur sehr eingeschränkt reagiert werden. Um das starre Korsett flexibler zu gestalten, wurde der *Logical Volume Manager (LVM)* entwickelt. Dieser stellt eine Art Virtualisierungsschicht dar, die zwischen die Physik (also die Geräte) und die Dateisysteme geschoben wird. Durch diese Virtualisierung ist es möglich, geräteübergreifend Speicherplatz zu einem Dateisystem zusammenzufassen. Damit kann äußert flexibel auf Speicherplatzanforderungen reagiert werden. Abbildung 6.3 zeigt den Aufbau einer Partitionierung von zwei Festplatten mit LVM.

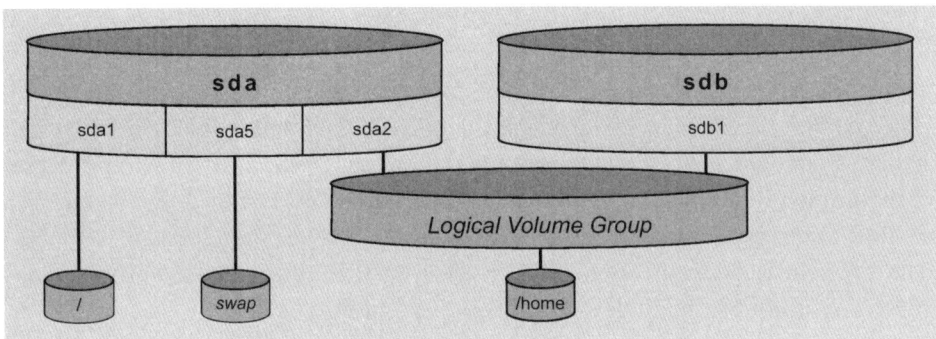

Abbildung 6.3 Vereinfachte Darstellung des »Logical Volume Manager«

Dabei dient die Partition *sda1* als Root-Verzeichnis und die Partition *sda5* als Zwischenspeicher (englisch *swap*). Die Partitionen *sda2* und *sdb1* werden mit LVM zusammengefasst und im System als */home* eingebunden. Verbrauchen die Benutzer in diesem System mehr Speicherplatz, als ihnen ursprünglich zugeteilt wurde, kann die Größe einfach dadurch erweitert werden, dass Sie eine weitere Festplatte einbauen und sie zu LVM hinzufügen. Bei der statischen Partitionierung ohne LVM wäre dies nicht möglich.

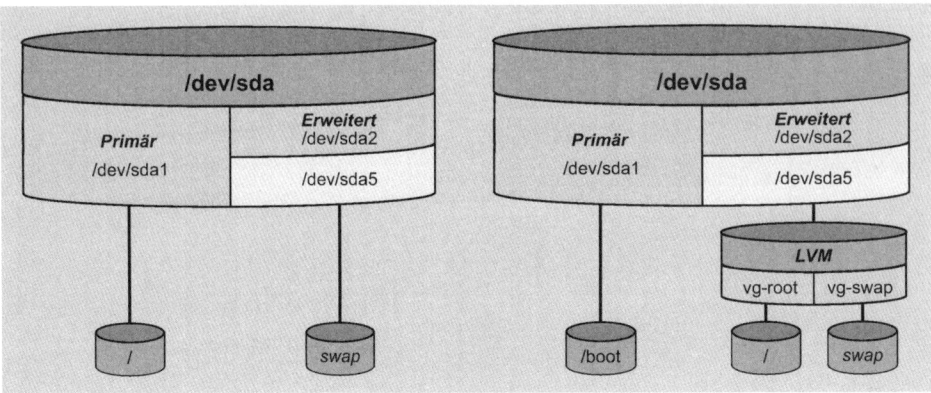

Abbildung 6.4 Partitionierung mit und ohne LVM nach der Installation

In Abbildung 6.4 sehen Sie die Partitionierung nach der Installation: links ohne LVM (Auswahl GEFÜHRT - VOLLSTÄNDIGE FESTPLATTE VERWENDEN während der Installation) und rechts mit LVM (Auswahl GEFÜHRT - GESAMTE PLATTE VERWENDEN UND LVM EINRICHTEN).

Ohne LVM (links)

Wie Sie in Abbildung 6.4 sehen, wurde das Gerät *sda* verwendet. Auf ihm wurde eine primäre Partition *sda1* angelegt, die für das Root-Verzeichnis verwendet wird, und eine erweiterte Partition *sda2*. In der erweiterten Partition befindet sich die logische Partition *sda5*, die für den Swap-Bereich verwendet wird.

Mit LVM (rechts)

Auch hier wurde das Gerät *sda* verwendet. Ebenfalls wurden eine primäre Partition (*sda1*) und eine erweiterte Partition (*sda2*) angelegt. Die primäre Partition enthält allerdings den Boot-Loader (*/boot*). Dies hat den Hintergrund, dass mittels LVM auch eine Verschlüsselung vorgenommen werden kann, und diese benötigt einen unverschlüsselten Bereich auf der Festplatte. In der erweiterten Partition wurde die logische Partition *sda5* angelegt. Diese enthält nun kein Verzeichnis, sondern LVM. Darin wurden die Gruppen *vg-root* für das Root-Verzeichnis und *vg-swap* für den Swap-Bereich definiert.

6.3.1 Begrifflichkeiten

Da LVM sehr umfangreich ist, werden viele Begriffe für diesen Kontext verwendet. Diese Begriffe wollen wir Ihnen nun näher vorstellen. Abbildung 6.5 zeigt alle Elemente, die in LVM vorkommen, deren Bezeichnung und Befehle.

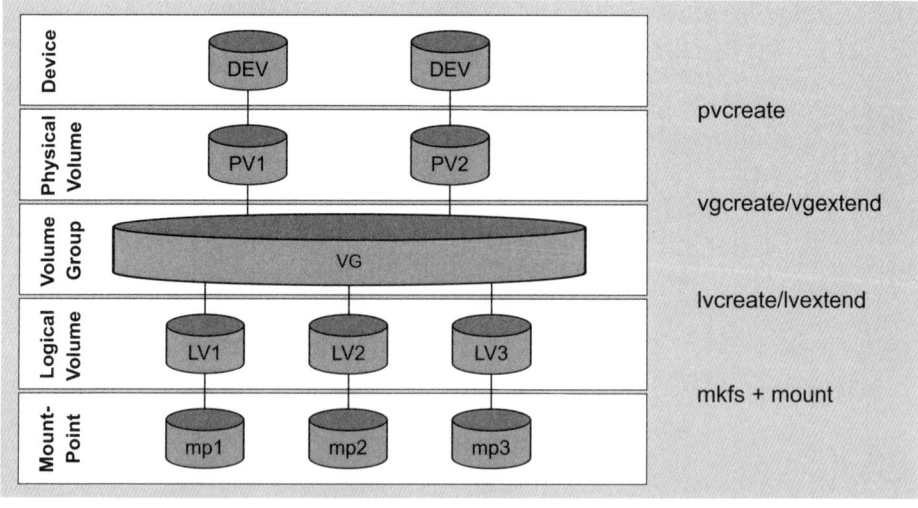

Abbildung 6.5 Begrifflichkeiten von »LVM«

LVM setzt auf die Physik auf, daher stehen an oberster Stelle die *Devices* (zu Deutsch *Geräte*, wie Festplatten), gefolgt von den Partitionen, die als *Physical Volumes (PV)* bezeichnet werden. Anschließend folgen die logischen Gruppen, die *(Logical) Volume Groups (VG)* genannt werden. Diese enthalten mindestens eine logische Einheit bzw. *Logical Volume (LV)* (im Beispiel sind es drei). In einem *LV* sind wiederum die eigentlich Mount-Punkte enthalten, die als *Mount-Points (MP)* bezeichnet werden und das Dateisystem enthalten.

Auf der rechten Seite in Abbildung 6.5 haben wir die Befehle abgedruckt, die Sie brauchen, um *PVs* zu erzeugen, *VGs* zu erzeugen oder zu verändern, *LVs* zu erzeugen oder zu verändern und um Dateisysteme zu erstellen und diese einzubinden.

Dank der Virtualisierung können alle Elemente, wie *PV*, *VG* oder *LV*, im laufenden Betrieb verändert werden. Doch das ist nur die halbe Miete – auch das darin liegende Dateisystem muss verändert werden können, um es tatsächlich an die neue Größe anpassen zu können. Nicht jedes Dateisystem beherrscht dies, daher haben wir Ihnen eine Übersicht erstellt. Sie finden sie in Abschnitt 6.4.1, »Eine Übersicht gängiger Dateisysteme«.

6.3.2   Arbeiten mit »LVM«

Die Syntax aller LVM-Befehle ist gleich aufgebaut. Die Befehle beginnen stets mit dem Typ, gefolgt von der Aktion: <TYP><AKTION>. Wollen Sie zum Beispiel einen Überblick der *Physical Volumes* erhalten, können Sie die Befehle pvs (was für *Physical Volumes Show* steht) für eine Übersicht einsetzen oder für alle Details pvdisplay. Listing 6.13 zeigt die Ausgabe des Befehls auf einem frisch mit LVM installierten Ubuntu-System:

```
daniel@merkur:~$ sudo pvs
  PV         VG        Fmt  Attr PSize  PFree
  /dev/sda5  merkur-vg lvm2 a--  19,76g 20,00m
daniel@merkur:~$
daniel@merkur:~$ sudo pvdisplay
  --- Physical volume ---
  PV Name               /dev/sda5
  VG Name               merkur-vg
  PV Size               19,76 GiB / not usable 2,00 MiB
  Allocatable           yes
  PE Size               4,00 MiB
  Total PE              5058
  Free PE               5
  Allocated PE          5053
  PV UUID               KzEgBj-UEBI-P98D-JS9j-UCoO-kQZX-7WYOuD
```

Listing 6.13 Anzeigen der »Physical Volumes«

Wie Sie sehen, erhalten Sie mit pvs eine tabellarische Übersicht, die kompakt alle wichtigen Informationen enthält. Der Befehl pvdisplay hingegen gibt alle Informationen zeilenweise aus.

Analog dazu können Sie den Befehl vgs verwenden, um sich einen Überblick über die *Volume Groups* zu verschaffen. Ebenso kann mit vgdisplay eine Detailansicht ausgegeben werden. Listing 6.14 zeigt die Ausgabe der Befehle:

```
daniel@merkur:~$ sudo vgs
  VG        #PV #LV #SN Attr   VSize  VFree
  merkur-vg   1   2   0 wz--n- 19,76g 20,00m
daniel@merkur:~$
daniel@merkur:~$ sudo vgdisplay
  --- Volume group ---
  VG Name               merkur-vg
  System ID
  Format                lvm2
  Metadata Areas        1
  Metadata Sequence No  3
  VG Access             read/write
  VG Status             resizable
  MAX LV                0
  Cur LV                2
  Open LV               2
  Max PV                0
  Cur PV                1
  Act PV                1
  VG Size               19,76 GiB
  PE Size               4,00 MiB
  Total PE              5058
  Alloc PE / Size       5053 / 19,74 GiB
  Free  PE / Size       5 / 20,00 MiB
  VG UUID               Xscm6o-0V9j-bCk2-AMfc-UJqi-0xhY-0Q8VUw
```

Listing 6.14 Ausgabe der »Logical Volume Groups« mit »vgdisplay«

Wie Sie sich vielleicht schon gedacht haben, heißen die Befehle zur Ausgabe der Informationen zu *Logical Volumes* entsprechend lvs und lvdisplay. In Listing 6.15 haben wir auch deren Ausgabe dargestellt:

```
daniel@merkur:~$ sudo lvs
LV     VG        Attr       LSize     Pool Origin Data% Meta% Move Log Cpy%Sync Conv
root   merkur-vg -wi-ao----   18,74g
swap_1 merkur-vg -wi-ao---- 1020,00m
daniel@merkur:~$
```

```
daniel@merkur:~$ sudo lvdisplay
  --- Logical volume ---
  LV Path                /dev/merkur-vg/root
  LV Name                root
  VG Name                merkur-vg
  LV UUID                ntdLq5-onP2-y5vf-wUKB-CWiq-dMOW-KkYDM3
  LV Write Access        read/write
  LV Creation host, time merkur, 2016-01-20 19:27:17 +0100
  LV Status              available
  # open                 1
  LV Size                18,74 GiB
  Current LE             4798
  Segments               1
  Allocation             inherit
  Read ahead sectors     auto
  - currently set to     256
  Block device           252:0

  --- Logical volume ---
  LV Path                /dev/merkur-vg/swap_1
  LV Name                swap_1
  VG Name                merkur-vg
  LV UUID                THEDfc-aHi6-NlIh-Op2Q-8pS9-380d-8HpHVy
  LV Write Access        read/write
  LV Creation host, time merkur, 2016-01-20 19:27:17 +0100
  LV Status              available
  # open                 2
  LV Size                1020,00 MiB
  Current LE             255
  Segments               1
  Allocation             inherit
  Read ahead sectors     auto
  - currently set to     256
  Block device           252:1
```

Listing 6.15 Ausgabe der »Logical Volumes«

Wie Sie in Listing 6.13 bis 6.15 sehen, ist auf dem System merkur ein PV /dev/sda5 mit der VG merkur-vg und zwei LVs root und swap_1 vorhanden. Die Namensgebung folgt dabei ebenfalls einem Schema. Bei der Installation werden diese Namen anhand des angegebenen System-namens (Hostname) und des Verzeichnisnamens gesetzt.

Im Übrigen werden die Dateisysteme nicht direkt über die Gerätedateien in das System ein-gebunden, sondern über den sogenannten *mapper* vorverarbeitet. Dies dient z. B. dazu, ver-

6

schlüsselte Laufwerke zu entschlüsseln, bevor sie ins System eingebunden werden. Daher finden Sie unterhalb von */dev* auch mehrere Dateien, die entsprechend verlinkt sind:

```
daniel@merkur:~$ ls -l /dev/merkur-vg/
insgesamt 0
lrwxrwxrwx 1 root root 7 Mär 24 10:12 root -> ../dm-0
lrwxrwxrwx 1 root root 7 Mär 24 10:12 swap_1 -> ../dm-1
daniel@merkur:~$
daniel@merkur:~$ ls -l /dev/mapper/
insgesamt 0
crw------- 1 root root 10, 236 Mär 24 10:12 control
lrwxrwxrwx 1 root root         7 Mär 24 10:12 merkur--vg-root -> ../dm-0
lrwxrwxrwx 1 root root         7 Mär 24 10:12 merkur--vg-swap_1 -> ../dm-1
```

Listing 6.16 Übersicht der Geräte des »LVM«

Wie Sie in Listing 6.16 sehen, zeigen die Geräte unterhalb von /dev/merkur-vg auf Geräte, die mit dm- beginnen. Ebenso zeigen die Geräte unterhalb von /dev/mapper/ auf diese Geräte. Dabei handelt sich um die durch den Mapper verarbeiteten Geräte. Um die Dateisysteme ins Betriebssystem einzubinden, wird im Übrigen auf die Dateien unterhalb von */dev/mapper* verwiesen, weil dort z. B. bei einer Verschlüsselung die entschlüsselten Geräte liegen würden. In Listing 6.17 sehen Sie einen Auszug aus der */etc/fstab* des Systems *merkur*:

```
# <file system>                   <mount point>  <type>  <options>       <dump> <pass>
UUID=bc37eb65-[...]9a7f8cde1d /boot              ext2    defaults         0
/dev/mapper/merkur--vg-root   /                  ext4    errors=remount-ro 0      1
/dev/mapper/merkur--vg-swap_1 none               swap    sw               0      0
```

Listing 6.17 Auszug aus der »/etc/fstab«

6.3.3   Eine Partition erweitern

Wie Sie Partitionen erweitern, wollen wir Ihnen anhand eines Beispiels erläutern. Folgende Ausgangssituation ist gegeben: Das System *merkur* wurde mit einer viel zu kleinen Festplatte von 20 GB installiert. Diese ist randvoll, wie die Ausgabe von *df* aus Listing 6.18 zeigt:

```
daniel@merkur:~$ df -h
Dateisystem                  Größe Benutzt Verf. Verw% Eingehängt auf
[…]
/dev/mapper/merkur--vg-root   19G   18,2G  0,2G   96% /
[…]
```

Listing 6.18 Festplattenauslastung von »merkur«

Daher wurde eine zusätzliche Festplatte mit 32 GB Größe beschafft. Da *merkur* lediglich einen Mount-Punkt (das Root-Verzeichnis) besitzt, soll die neue Festplatte diesen einfach erweitern. Dankenswerterweise wurde *merkur* mit LVM installiert, sodass dies ohne viel Aufwand umgesetzt werden kann.

Folgende Arbeiten sind dafür notwendig:

▶ Einbau der Festplatte

▶ kontrollieren, ob das Gerät erkannt wurde

▶ Partitionierung der neuen Festplatte

▶ Erstellen des *Physical Volume*

▶ Erweiterung der *Volume Group*

▶ Erweiterung des *Logical Volume*

▶ Vergrößerung des Dateisystems

Diese Punkte gehen wir nun Schritt für Schritt mit Ihnen durch.

Einbau der Festplatte

Fahren Sie das System herunter, und bauen Sie die neue Festplatte ein. Nach dem Neustart erkennt der Kernel das neue Gerät und bindet es direkt ins System ein. Dies kontrollieren Sie im nächsten Schritt.

Kontrolle des Gerätes mit »fdisk«

Um zu prüfen, welcher Gerätedatei die neue Festplatte vom System zugewiesen wurde, verwenden Sie das Programm fdisk. In Listing 6.19 haben wir Ihnen die gekürzte Ausgabe des Befehls abgedruckt:

```
daniel@merkur:~$ sudo fdisk -l
[…]
Medium /dev/sda: 20 GiB, 21474836480 Bytes, 41943040 Sektoren
Einheiten: sectors von 1 * 512 = 512 Bytes
Sektorengröße (logisch/physisch): 512 Bytes / 512 Bytes
I/O Größe (minimal/optimal): 512 Bytes / 512 Bytes
Typ der Medienbezeichnung: dos
Medienkennung: 0xecee7955

Gerät      Boot  Start     Ende Sektoren Größe Id Typ
/dev/sda1  *      2048   499711   497664  243M 83 Linux
/dev/sda2        501758 41940991 41439234 19,8G  5 Erweiterte
/dev/sda5        501760 41940991 41439232 19,8G 8e Linux LVM


Medium /dev/sdb: 32 GiB, 34359738368 Bytes, 67108864 Sektoren
Einheiten: sectors von 1 * 512 = 512 Bytes
```

```
Sektorengröße (logisch/physisch): 512 Bytes / 512 Bytes
I/O Größe (minimal/optimal): 512 Bytes / 512 Bytes
[...]
```

Listing 6.19 Übersicht über die Festplatten mit »fdisk -l«

Wie Sie sehen, läuft das System derzeit auf dem Gerät sda und seinen Partitionen. Die neu verbaute Festplatte wurde vom System erkannt und als sdb eingebunden. Da sich auf ihr keine Partitionen befinden, zeigt fdisk keine weiteren Informationen an.

Partitionierung mit »parted«

Damit die Festplatte verwendet werden kann, muss sie zunächst partitioniert werden. Dafür verwenden wir erneut den Befehl parted. In Listing 6.20 haben wir Ihnen den entsprechenden Befehl dargestellt:

```
daniel@merkur:~$ sudo parted -s -a optimal /dev/sdb mklabel msdos -- mkpart \
primary ext4 1 -1
```

Listing 6.20 Partitionierung der neuen Festplatte mit »parted«

Damit wird auf dem Gerät sdb eine MBR-Partition mit dem Dateisystem ext4 erstellt, die den gesamten Speicherplatz nutzt – exakt so, wie wir es für die weiteren Schritte benötigen. Beachten Sie, dass der Befehl aus Listing 6.20 in einer Zeile geschrieben werden muss.

Erstellen des »Physical Volume« mit »pvcreate«

Damit LVM die neue Partition verarbeiten kann, müssen wir zunächst das *Physical Volume* erstellen. Hierfür verwenden wir den Befehl pvcreate, nach dem wir die Partition angeben, die wir einrichten wollen (im Beispiel also sdb1).

In Listing 6.21 sehen Sie den Aufruf und die Kontrolle mit pvs:

```
daniel@merkur:~$ sudo pvcreate /dev/sdb1
  Physical volume "/dev/sdb1" successfully created
daniel@merkur:~$
daniel@merkur:~$ sudo pvs
  PV         VG        Fmt  Attr PSize  PFree
  /dev/sda5  merkur-vg lvm2 a--  19,76g 20,00m
  /dev/sdb1            lvm2 ---  32,00g 32,00g
```

Listing 6.21 Erstellen als »PV«

Wie Sie sehen, hat die Verarbeitung von pvcreate funktioniert. Daher wird die neue Partition beim Aufruf vom pvs angezeigt – allerdings noch ohne Zuordnung zu einer *Volume Group*, was wir nun ändern werden.

Erweiterung der »Volume Group«

Da LVM die neue Partition nun kennt, können wir diese der vorhandenen VG zuordnen. Dafür verwenden wir den Befehl vgextend, gefolgt von der zu erweiternden VG (im Beispiel merkur-vg) und der Partition (im Beispiel sdb1). Vor und nach der Erweiterung lassen wir uns mit vgs die aktuelle Konfiguration ausgeben, um die Verarbeitung zu kontrollieren:

```
daniel@merkur:~$ sudo vgs
  VG        #PV #LV #SN Attr   VSize  VFree
  merkur-vg   1   2   0 wz--n- 19,76g 20,00m
daniel@merkur:~$ sudo vgextend merkur-vg /dev/sdb1
  Volume group "merkur-vg" successfully extended
daniel@merkur:~$ sudo vgs
  VG        #PV #LV #SN Attr   VSize  VFree
  merkur-vg   2   2   0 wz--n- 51,75g 32,02g
```

Listing 6.22 Erweitern der »VG«

Wie Sie sehen, hat die Erweiterung funktioniert. Nach der Verarbeitung werden bei der VG merkur-vg zwei PVs angezeigt. Zusätzlich wurde die virtuelle Größe (VSize) um die Größe der Partition (32 GB) erweitert. Parallel dazu wurde der freie Speicherplatz von ursprünglich 20 MB (also 0,02 GB) auf 32,02 GB angehoben. Dadurch stehen der VG nun weitere 32 GB zur Verfügung, die auf neue LVs verteilt werden können oder, wie beabsichtigt, bestehende LVs vergrößern können.

Erweiterung des »Logical Volume«

Bevor wir uns um die Erweiterung des LV kümmern, lassen wir uns zunächst mit lvs die aktuelle Konfiguration ausgeben, um diese später vergleichen zu können:

```
daniel@merkur:~$ sudo lvs
  LV     VG        Attr       LSize    Pool Origin Data% Meta% Move Log Cpy%Sync Conv
  root   merkur-vg -wi-ao----   18,74g
  swap_1 merkur-vg -wi-ao---- 1020,00m
```

Listing 6.23 Ausgabe der aktuellen »LV«-Konfiguration mit »lvs«

Zur Erweiterung des LV wird der Befehl lvextend verwendet. Er erwartet mindestens zwei Parameter. Zuerst geben Sie mit -l die aktuelle Größe des LV an sowie die Größe, die Sie durch die Erweiterung erreichen wollen. Als zweiten Parameter geben Sie das LV an, das Sie anpassen wollen – aber nicht mit seinem Namen, sondern mit einem Pfad. Der Pfad ist immer /dev/mapper, und das LV wird von Ubuntu standardmäßig mit der Syntax <HOSTNAME>--vg-<MOUNT-POINT> bezeichnet. In unserem Beispiel heißt es also merkur--vg-root. Falls Sie sich nicht sicher sind, wie Ihr LV benannt wurde, führen Sie einfach ein ls /dev/mapper/ aus, um die aktuelle Konfiguration einzusehen.

In Listing 6.24 sehen Sie den Befehl, mit dem Sie ein LV auf 100 Prozent des zur Verfügung stehenden Plattenplatzes vergrößern:

```
daniel@merkur:~$ sudo lvextend -l +100%FREE /dev/mapper/merkur--vg-root
  Size of logical volume merkur-vg/root changed from 18,74 GiB (4798 extents) to
  50,76 GiB (12994 extents).
  Logical volume root successfully resized.
daniel@merkur:~$ sudo lvs
  LV      VG        Attr       LSize     Pool Origin Data% Meta% Move Log Cpy%Sync Conv
  root    merkur-vg -wi-ao----   50,76g
  swap_1  merkur-vg -wi-ao---- 1020,00m
```

Listing 6.24 Erweitern des »LV« mit »lvextend«

Wie Sie in Listing 6.24 sehen, wurde nach der Vergrößerung das Ergebnis mit lvs kontrolliert. Wie erwartet ist die logische Größe (Lsize) um 32 GB erhöht worden – von 18,74 auf 50,76.

[!]
> **Aufpassen bei der Größenangabe!**
>
> Wenn Sie die Größe des LV mit dem Parameter -l angeben, erwartet lvextend die Angabe der vollständigen Größe – es sei denn, Sie geben ein Pluszeichen mit an, was eine Erweiterung darstellt. Im Beispiel hätten wir den Befehl also für die Erweiterung der bestehenden 20 GB um 32 GB so absetzen müssen:
>
> ```
> # Um 32 GB erweitern
> sudo lvextend -l +32G
>
>
> # Auf 50 GB setzen (Gesamtgröße)
> sudo lvextend -l 50G
> ```
>
> Beachten Sie dies, falls Sie nicht mit prozentualen Werten arbeiten möchten!

Dateisystem vergrößern

Damit wir den neu gewonnenen Plattenplatz auch nutzen können, müssen wir auch das Dateisystem erweitern. Dafür verwenden wir den Befehl resize2fs. Dieser kann für die Dateisysteme *ext2*, *ext3* und *ext4* eine Vergrößerung und Verkleinerung zur Laufzeit durchführen. In Listing 6.25 haben wir mit df den Plattenplatz nach der Verarbeitung kontrolliert:

```
daniel@merkur:~$ sudo resize2fs -p /dev/mapper/merkur--vg-root
resize2fs 1.42.13 (17-May-2015)
Dateisystem bei /dev/mapper/merkur--vg-root ist auf / eingehängt; Online-
Größenänderung ist erforderlich
old_desc_blocks = 2, new_desc_blocks = 4
Das Dateisystem auf /dev/mapper/merkur--vg-root is nun 13305856 (4k) Blöcke lang.
```

```
daniel@merkur:~$ df -h
Dateisystem                     Größe Benutzt Verf. Verw% Eingehängt auf
[…]
/dev/mapper/merkur--vg-root    50G    18,2G 31,8G   36% /
[…]
```

Listing 6.25 Erweitern des Dateisystems mit »resize2fs«

Wie Sie in Listing 6.25 sehen, war die Verarbeitung erfolgreich. Dem Root-Verzeichnis stehen nun weitere 32 GB zur Verfügung, was die angespannte Lage durch den Füllstand von 96 Prozent auf angenehme 36 Prozent reduziert.

6.3.4   Snapshots

Der LVM bietet Ihnen die Möglichkeit, Momentaufnahmen Ihrer LVs zu erstellen – sogenannte *Snapshots*. Diese erlauben es Ihnen, eine Sicherung eines laufenden Systems zu erstellen, ohne Dienste beenden zu müssen, die aktive Schreibvorgänge durchführen. Das Prinzip dabei ist simpel: Es wird eine Aufnahme des Ist-Zustandes gemacht und als eigenes LV zur Verfügung gestellt. Änderungen werden nur in dem echten LV vorgenommen – daher muss das LV des Snapshots auch nicht genauso viel Speicherplatz besitzen wie der Ursprung (da nur ein Abbild erstellt wird und nicht die echten Daten kopiert werden). Nun können Sie in Ruhe Ihre Datensicherung durchführen und anschließend den Snapshot wieder entfernen. Die einzige Voraussetzung dafür ist, dass in der betreffenden VG noch Speicherplatz für ein weiteres LV vorhanden ist.

Sehen wir uns dies an einem Beispiel an. Das System *venus* besitzt eine VG *data-vg*, in der das LV *data* enthalten ist. Dieses ist im System unter */data* eingebunden:

```
daniel@venus:~$ sudo vgs
  VG         #PV #LV #SN Attr   VSize  VFree
  data-vg     1   2    1 wz--n- 32,00g 11,00g
  venus-vg    1   2    0 wz--n- 19,76g 20,00m
daniel@venus:~$
daniel@venus:~$ sudo lvs
  LV     VG        Attr       LSize     Pool Origin Data% Meta% Move Log Cpy%Sync Conv
  data   data-vg   owi-aos---   20,00g
  root   venus-vg  -wi-ao----   18,74g
  swap_1 venus-vg  -wi-ao---- 1020,00m
```

Listing 6.26 Übersicht des Systems »venus«

Von dem LV *data* soll nun eine Sicherung erstellt werden, ohne den laufenden Betrieb zu beeinflussen. Da in der VG *data-vg* noch 11 GB freier Speicherplatz vorhanden sind, kann dies über einen Snapshot realisiert werden.

Daher erzeugen wir zunächst einen Snapshot mit dem Kommando `lvcreate`. Entscheidend ist hier, dass der Parameter `-s` angegeben wird. Listing 6.27 zeigt das ganze Kommando:

```
daniel@venus:~$ sudo lvcreate -L1G -s -n backup /dev/data-vg/data
```

Listing 6.27 Erzeugen des Snapshots »backup«

Dieser Befehl erzeugt ein Snapshot von /dev/data-vg/data mit dem Namen (Parameter `-n`) backup und einer Größe von 1 GB (Parameter `-L1G`).

Um diesen Snapshot nutzen zu können, muss er ins System eingebunden werden. Dies geschieht wie gewöhnlich mit dem Befehl `mount`, wie in Listing 6.28 dargestellt:

```
daniel@venus:~$ sudo mkdir /backup
daniel@venus:~$ sudo mount /dev/data-vg/backup /backup
```

Listing 6.28 Einbinden des Snapshots ins System

Anschließend finden Sie im Verzeichnis /backup eine Kopie der Daten aus /data. Führen Sie nun die Datensicherung durch.

Datensicherung von A bis Z

Falls Sie noch keine Datensicherungslösung für sich entdeckt haben: In Kapitel 14, »Archivierung und Datensicherung«, haben wir einige Alternativen zusammengetragen.

Ist die Datensicherung abgeschlossen, können Sie den Snapshot wieder entfernen. Dafür setzen Sie den Befehl aus Listing 6.29 ab:

```
daniel@venus:~$ sudo umount /backup
daniel@venus:~$ sudo lvremove /dev/data-vg/backup
Do you really want to remove and DISCARD active logical volume backup? [y/n]: y
  Logical volume "backup" successfully removed
```

Listing 6.29 Nicht mehr benötigtes Abbild entfernen

Nach dem Entfernen mit `umount` folgt das Löschen des LV mit `lvremove`. Wenn Sie die Rückfrage mit Ja (y) bestätigen, wird der Snapshot rückstandslos entfernt.

Die richtige Wahl der Größe

Im Beispiel haben wir einen Snapshot mit 1 GB Größe angelegt – was auf Systemen ohne hohe Datenfluktuation ausreichend ist. Wollen Sie aber ein Produktionssystem sichern, auf dem viele Daten kontinuierlich verändert werden, sollten Sie den Wert größer wählen. Dies ist extrem wichtig, da LVM die Eigenschaft hat, vollgelaufene Snapshots zu deaktivieren, wodurch diese unbrauchbar werden. Falls Sie also damit rechnen, dass im Zeitraum der Datensicherung mehr als 1 GB Daten verändert werden, müssen Sie das LV größer erstellen (und somit gleichzeitig mehr freien Plattenplatz für die Snapshots vorhalten). Überprüfen können Sie dies im Übrigen mit lvs. In der Spalte Data werden Ihnen die geänderten Daten in Prozent ausgegeben (siehe Listing 6.30):

```
daniel@venus:~$ lvs
  LV     VG        Attr       LSize    Pool Origin  Data% Meta% Move Log Cpy%Sync Conv
  backup data-vg   swi-aos---   1,00g        data   8,28
  data   data-vg   owi-aos---  20,00g
  root   venus-vg  -wi-ao----  18,74g
  swap_1 venus-vg  -wi-ao---- 1020,00m
```

Listing 6.30 Anzeigen des neuen LV

Wie Sie sehen, wurden hier lediglich 8,28 Prozent des Plattenplatzes verbraucht (also 8,28 Prozent von 1 GB = 84,78 MB). Dimensionieren Sie lieber großzügig, da eine Datensicherung nicht aufgrund zu knapp gewählter Größen scheitern sollte.

6.4 Dateisysteme

Das Dateisystem legt fest, wie Daten auf einem Speichermedium abgelegt werden. Es regelt aber nicht nur die reine Ablage, sondern verwaltet auch (zum Teil) die Rechtestruktur und prüft deren Einhaltung. Zusätzlich können Dateisysteme auch über ein Journal verfügen. Das versetzt Sie in die Lage, nach einem unerwarteten Neustart das Dateisystem wiederherzustellen und so den Datenverlust so gering wie möglich zu halten. Einige Dateisysteme bieten auch die Möglichkeit von Snapshots, können also Abbilder eines Zustands erzeugen, um so zu einem vorherigen Stand zurückzukehren falls etwas schiefläuft. In diesem Abschnitt wollen wir Ihnen kurz die gängigsten Dateisysteme vorstellen und Ihnen ihre Vor- und Nachteile präsentieren.

6.4.1 Eine Übersicht gängiger Dateisysteme

Beginnen wollen wir zunächst mit einer allgemeinen Übersicht. In Tabelle 6.3 haben wir Ihnen die (heutzutage) gängigsten Dateisysteme aufgelistet.

Dateisystem	Unterstütztes OS	Größe bis	Partition bis	Dateinamen (max)
FAT16	Lin, OS X, Win	2 GB	2 GB	8.3
FAT32	Lin, OS X, Win	4 GB	2 TB	256

Tabelle 6.3 Gängige Linux-Dateisysteme

Dateisystem	Unterstütztes OS	Größe bis	Partition bis	Dateinamen (max)
NTFS	Lin, OS X, Win	16 EB	16 EB	255
HFS+	Lin, OS X	8 EB	8 EB	255
ext2	Lin (eing. OS X, Win)	16 GB bis 2 TB	2 TB bis 32 TB	255
ext3	Lin (eing. OS X, Win)	16 GB bis 2 TB	2 TB bis 32 TB	255
ext4	Lin (eing. OS X, Win)	16 GB bis 16 TB	2 TB bis 32 TB	255
ReiserFS	Lin (eing. OS X, Win)	4-8 GB	16 TB	255
JFS	Lin	4 PB	32 TB	255
XFS	Lin	8 EB	16 EB	255
BtrFS	Lin	16 EB	16 EB	255

Tabelle 6.3 Gängige Linux Dateisysteme (Forts.)

Ubuntu verwendet standardmäßig seit jeher das *Ext*-Dateisystem, was im Übrigen für *extended filesystem* (zu Deutsch *erweitertes Dateisystem*) steht. Aktuell wird die neuste Version *ext4* verwendet. Oft kommt die Frage nach dem »richtigen Dateisystem« oder dem »besten Dateisystem« auf. Diese Frage ist einfach zu beantworten: Es gibt *nicht* das richtige oder das beste Dateisystem! Alle haben ihre Vor- und Nachteile und brillieren in dem einen Anwendungsfall und sorgen für Ärger in einem anderen. In der Regel fahren Sie mit dem von Ubuntu standardmäßig verwendeten Dateisystem *ext4* recht gut, da es einen guten Kompromiss zwischen Stabilität, Sicherheit und Geschwindigkeit bietet.

Dateisystem/Fähigkeit	ext3	ext4	JFS	XFS	BtrFS
Journal	ja	ja	ja	ja (Metadaten)	ja (Metadaten)
Online vergrößern	ja	ja	ja	ja	ja
Online verkleinern	nein	nein	nein	nein	Ja
Offline vergrößern	ja	ja	nein	nein	nein
Offline verkleinern	ja	ja	nein	nein	nein
Snapshots	nein	nein	ja	nein	ja

Tabelle 6.4 Linux-Dateisysteme und ihre Fähigkeiten

Wie Sie in Tabelle 6.4 sehen, gleichen sich die Dateisysteme in vielen Punkten und unterscheiden sich nur in Spezialoptionen. Wie bereits erwähnt, empfehlen wir für den Regelbetrieb *ext4*.

6.4.2   Fazit

Zusammengefasst lässt sich folgende Aussage festhalten: Das standardmäßig von Ubuntu verwendete Dateisystem *ext4* erfüllt in der Regel alle Anforderungen. In spezielleren Umgebungen, wie z. B. bei einem Cache für einen Proxy, der auf separaten Platten (gegebenenfalls sogar auf einem eigenen RAID-Verbund) betrieben wird, könnte sich der Einsatz von *JFS* oder *XFS* bezahlt machen.

Ein solche auf Leistung getrimmte Umgebung könnte von den schnelleren Zugriffsraten dieser Dateisysteme profitieren – im Regelfall werden Sie die Unterschiede aber kaum zu spüren bekommen. Die einzige Ausnahme ist das für die Zukunft wohl bedeutendste Dateisystem: *brtfs* (ausgesprochen »Butter FS«). Es hat viele neue Funktionen und glänzt mit Geschwindigkeit, Aufbau und Struktur. Allerdings ist es noch (relativ) jung, sodass abzuwarten bleibt, ob es sich durchsetzt.

6.5   Partitionen und Dateisystem verändern

Das Anpassen und Verändern von Partitionen und Dateisystemen erfolgt in der Regel offline (also ohne Betrieb auf dem System). Keine Sorge, Sie müssen dafür die Festplatten nicht aus dem System ausbauen und in ein anderes einschrauben.

Da das System eh nicht zur Verfügung steht, sind wir auch nicht an die Möglichkeiten des installierten Systems gebunden. Daher empfehlen wir Ihnen für diese Arbeiten den Einsatz von *GParted*, dem großen Bruder des von uns bereits erläuterten *parted*. Dieses Tool setzt eine grafische Benutzeroberfläche voraus, kann aber von einer Live-CD gestartet werden.

In diesem Abschnitt zeigen wir Ihnen, wie Sie die Partitionierung eines Systems anpassen, indem Sie es mit der Ubuntu-Live-CD starten. Im Beispiel werden wir eine vorhandene Partition verkleinern und eine zusätzliche hinzufügen.

6.5.1   Vorbereitungen

Damit keine Daten bei diesem Vorgang verloren gehen, empfiehlt es sich, zunächst eine Datensicherung durchzuführen. Außerdem sollten Sie kontrollieren, wie viel Plattenplatz vorhanden ist, und sich ausgiebig Gedanken über die zukünftige Verteilung machen. Schließlich wäre es äußerst ärgerlich, kurze Zeit nach getaner Arbeit festzustellen, dass das neue Konzept nicht aufgeht.

6.5.2   Start mit der »Ubuntu-Live-CD«

Um Ihr System mit der Live-CD zu starten, müssen Sie bei Ubuntu kein gesondertes Medium herunterladen. Die Installations-CD (oder USB-Stick) der Desktop-Variante genügt voll und ganz. Legen Sie diese also ein, beenden Sie alle laufenden Dienste, vergewissern Sie sich, dass alle Benutzer abgemeldet sind, und starten Sie das System neu. Normalerweise sollte Ihr System versuchen, von CD/DVD oder USB zu starten, bevor das installierte Betriebssystem von der Festplatte gestartet wird. Falls dies bei Ihnen nicht so ist, starten Sie erneut, wechseln ins BIOS/EFI und legen dort die Boot-Reihenfolge fest. Nach dem Startvorgang werden Sie von Ubuntu mit einem Willkommensbildschirm begrüßt. Wählen Sie die Sprache aus, und klicken Sie auf UBUNTU AUSPROBIEREN. Abbildung 6.6 zeigt den Begrüßungsbildschirm.

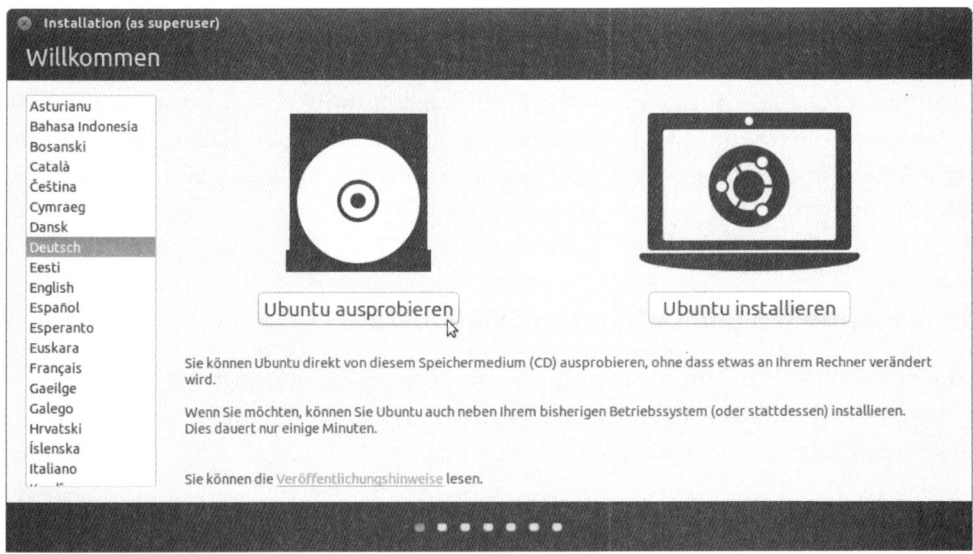

Abbildung 6.6 Willkommensbildschirm des Ubuntu-Desktop

Anschließend wird das Live-System gestartet und Sie finden sich auf dem Standard-Ubuntu-Desktop wieder. Klicken Sie auf das Symbol oben rechts, und geben Sie als Suchbegriff *gparted* ein, so wie in Abbildung 6.7 dargestellt.

Abbildung 6.7 Suchen nach »gparted«

Nach einem Klick auf das Symbol von *GParted* startet das Programm. Im Startbildschirm zeigt es Ihnen die derzeitige Konfiguration. Achten Sie darauf, dass Sie oben rechts im Fenster das Gerät auswählen können. Falls Sie z. B. die Partitionen einer zweiten Festplatte anpassen wollen, müssen Sie diese dort zunächst auswählen. In Abbildung 6.8 sehen Sie den Zustand des Beispielsystems.

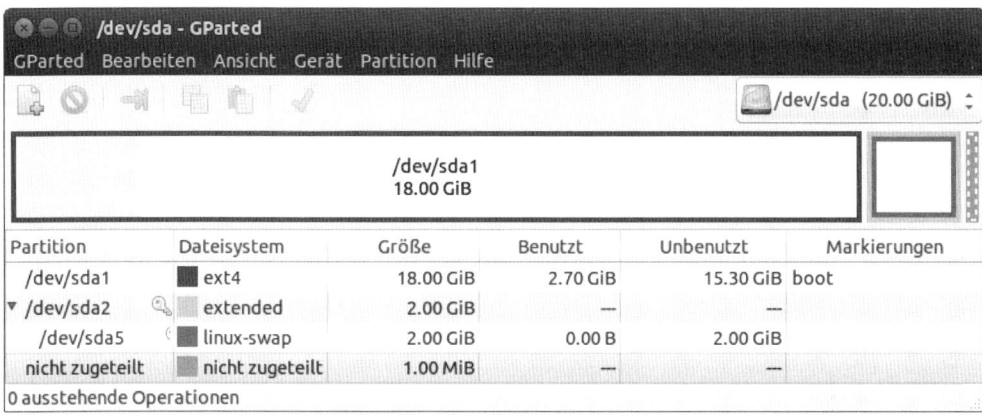

Abbildung 6.8 Startbildschirm von »GParted«

Wie Sie sehen, befinden sich auf dem Gerät sda nur eine primäre Partition sda1 und der Zwischenspeicher (Swap). Die primäre Partition müssen wir zunächst verkleinern. Mit einem Rechtsklick auf den Bereich öffnet sich das Kontextmenü. Wählen Sie dort den Punkt GRÖSSE ÄNDERN/VERSCHIEBEN aus, wie in Abbildung 6.9 dargestellt.

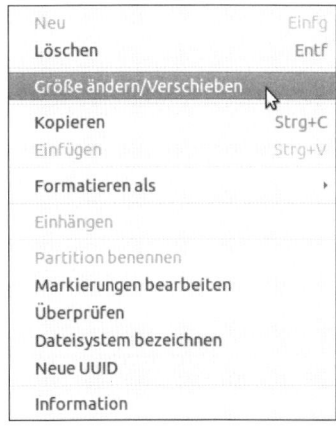

Abbildung 6.9 Das Kontextmenü von »sda1«

Anschließend öffnet sich ein neues Fenster. Dort können Sie die Größe mit den Schiebereglern links und rechts einstellen oder die Werte manuell in die dafür vorgesehenen Eingabefelder eintragen. Wie Sie in Abbildung 6.10 sehen, haben wir den rechten Bereich um 8 GB verkleinert. Die Richtung ist wichtig. Da wir `sda1` nach wie vor als Startpartition einsetzen wollen, sollte sie sich am Anfang der Festplatte befinden.

Größe ändern/Verschieben von /dev/sda1
Minimale Größe: 2760 MiB
Maximale Größe: 18431 MiB
Vorhergehender freier Speicherplatz (MiB):
0
Neue Größe (MiB):
10321
Anschließender freier Speicherplatz (MiB):
8192
Ausrichten an:
MiB
Abbrechen
Größe ändern/Verschieben

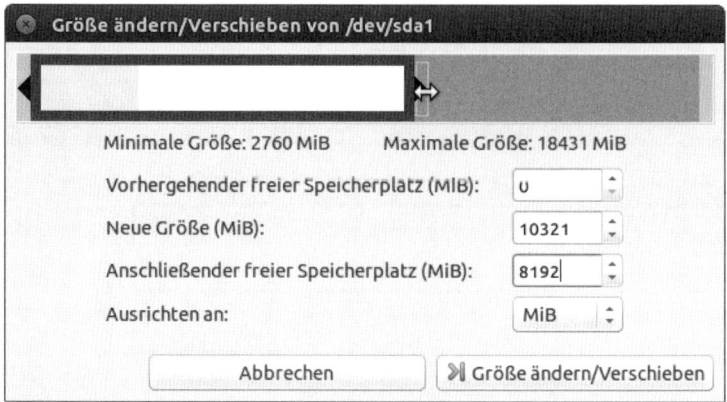

Abbildung 6.10 Reduzierung der Partition »sda1«

Wenn Sie mit der Einteilung fertig sind, können Sie den Dialog mit einem Klick auf GRÖSSE ÄNDERN/VERSCHIEBEN beenden. Keine Sorge, die Aktion wird nicht sofort durchgeführt. Das Programm GParted merkt sich die Operationen und zeigt diese entsprechend im unteren Teil des Hauptfensters an, wie in Abbildung 6.11 zu sehen ist.

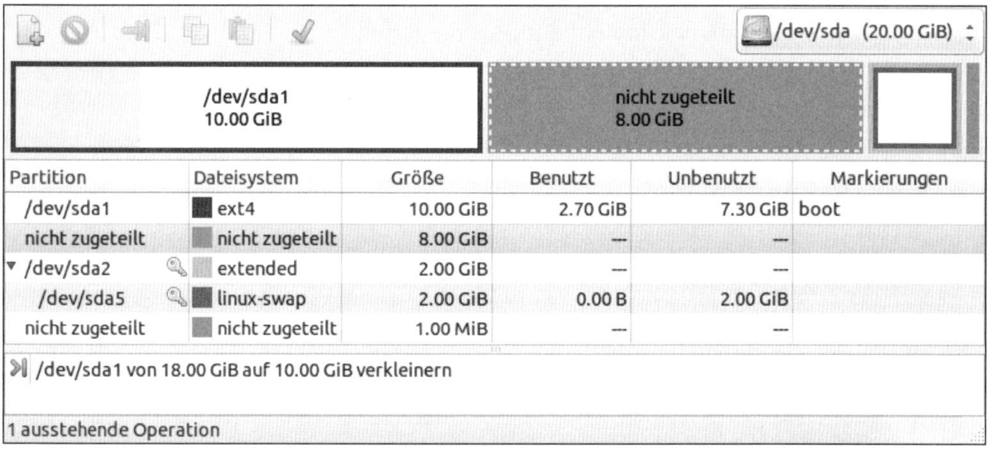

/dev/sda (20.00 GiB)
/dev/sda1
10.00 GiB
nicht zugeteilt
8.00 GiB
Partition | Dateisystem | Größe | Benutzt | Unbenutzt | Markierungen
/dev/sda1 | ext4 | 10.00 GiB | 2.70 GiB | 7.30 GiB | boot
nicht zugeteilt | nicht zugeteilt | 8.00 GiB | — | —
/dev/sda2 | extended | 2.00 GiB | — | —
/dev/sda5 | linux-swap | 2.00 GiB | 0.00 B | 2.00 GiB
nicht zugeteilt | nicht zugeteilt | 1.00 MiB | — | —
/dev/sda1 von 18.00 GiB auf 10.00 GiB verkleinern
1 ausstehende Operation

Abbildung 6.11 Übersicht nach der Verkleinerung

Ebenso sehen Sie in Abbildung 6.11, dass wir nun einen neu geschaffenen freien Speicherplatz angezeigt bekommen – dargestellt durch den grauen Hintergrund und bezeichnet mit `nicht zugeteilt`.

In diesem Bereich legen wir nun die neue Partition an. Klicken Sie dafür erneut mit der rechten Maustaste auf den Bereich, und wählen Sie im Kontextmenü den Punkt Neu aus. Anschließend öffnet sich der Dialog aus Abbildung 6.12.

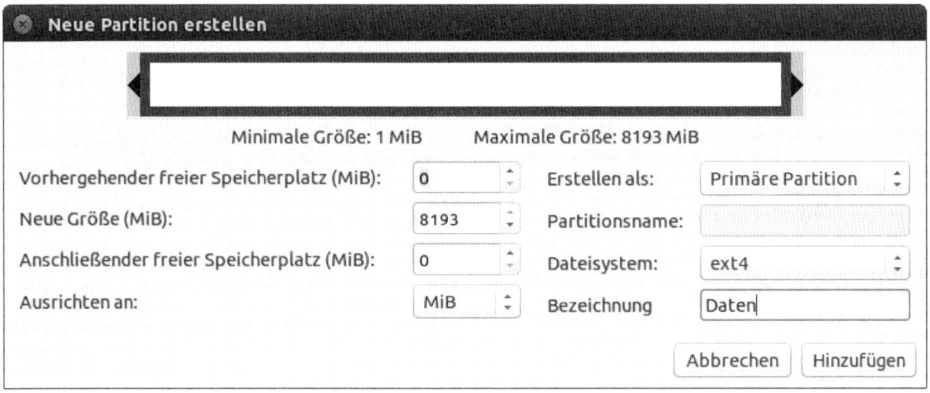

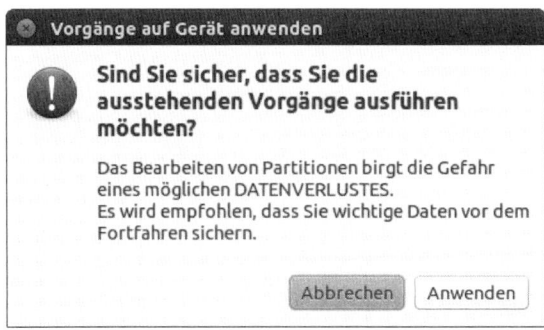

Abbildung 6.12 Neue Partition erstellen

Hier können Sie nicht nur die Größe der neuen Partition festlegen, sondern auch den Typ (primär oder erweitert), das Dateisystem und die Bezeichnung. Im Beispiel haben wir die volle Kapazität genutzt, als Dateisystem die Vorauswahl von ext4 verwendet und als Bezeichnung Daten angegeben. Nachdem Sie alle Werte eingestellt haben, können Sie den Dialog mit einem Klick auf HINZUFÜGEN beenden.

Im Hauptfenster sehen Sie nun im unteren Fensterbereich die neue Operation. Um diese auszuführen, können Sie im Hauptfenster auf den grünen Haken in der Menüleiste klicken oder unter dem Menü BEARBEITEN auf ALLE OPERATIONEN AUSFÜHREN. Anschließend präsentiert GParted Ihnen die Warnmeldung aus Abbildung 6.13.

Abbildung 6.13 Warnmeldung vor der Ausführung

Da wir im Vorfeld eine Datensicherung durchgeführt haben, können wir diese Warnung einfach mit einem Klick auf ANWENDEN schließen und GParted mit den Operationen beginnen lassen. Dies ist im Übrigen die letzte Chance, noch Korrekturen vorzunehmen, denn mit einem Klick auf ANWENDEN werden die geplanten Änderungen umgesetzt. Anschließend öffnet sich der Verarbeitungsdialog, in dem Sie den Fortschritt beobachten können.

Nachdem die Verarbeitung abgeschlossen ist, was je nach Art der Verarbeitung einige Zeit in Anspruch nehmen kann, können Sie im Verarbeitungsdialog (siehe Abbildung 6.14) mit einem Klick auf DETAILS nochmals alle Operationen und deren Meldungen einsehen.

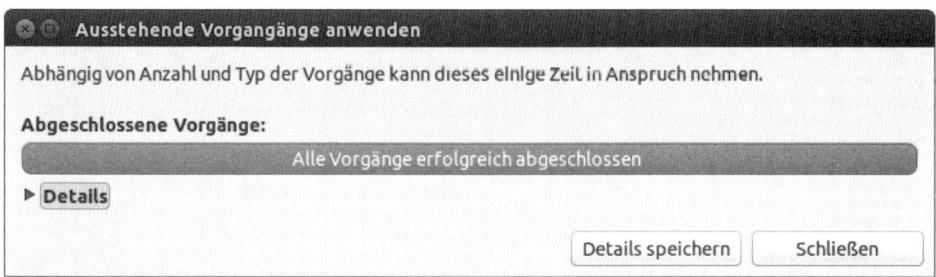

Abbildung 6.14 Abschlussmeldung von »GParted«

Mit einem Kick auf SCHLIESSEN beenden Sie diesen Dialog. Im Hauptfenster sehen Sie nun die aktuelle Partitionierung mit allen Änderungen, die Sie vorgenommen haben:

Partition	Dateisystem	Bezeichnung	Größe	Benutzt	Unbenutzt	Markierungen
/dev/sda1	ext4		10.00 GiB	2.56 GiB	7.44 GiB	boot
/dev/sda3	ext4	Daten	8.00 GiB	274.56 MiB	7.73 GiB	
▼ /dev/sda2	extended		2.00 GiB	—	—	
/dev/sda5	linux-swap		2.00 GiB	0.00 B	2.00 GiB	
nicht zugeteilt	nicht zugeteilt		1.00 MiB	—	—	

Abbildung 6.15 Übersicht nach der Verarbeitung

Die neue Partition wurde als sda3 dem System hinzugefügt. Beenden Sie nun GParted, und starten Sie das System neu. Vergessen Sie nicht, nach dem Herunterfahren das Startmedium zu entfernen, damit Ihr System beim nächsten Mal direkt gestartet wird.

Nach dem Startvorgang können Sie die neue Partition ins System einbinden. Listing 6.31 zeigt die Übersicht der Partition mit blkid:

```
daniel@saturn:~$ sudo blkid -o list
device       fs_type   label    mount point     UUID
---------------------------------------------------------------------------
/dev/sda1    ext4               /               f5f5566a-ae43-49b6-9740-a43614e100a6
/dev/sda3    ext4      Daten    (not mounted)   a2203306-f18c-4449-9548-1cb342621473
/dev/sda5    swap               [SWAP]          da6c615e-c9bb-403d-9b6e-f27e2efd160b
```

Listing 6.31 Anzeigen der neuen Partition

Wie Sie sehen, ist das neue Gerät sda3 vorhanden. Auch die angegebene Bezeichnung wird von blkid dargestellt. Da wir dem System noch nicht mitgeteilt haben, wo die Partition eingebunden werden soll, steht der Punkt mount point noch auf (not mounted). Wie Sie die Partition zur Laufzeit und dauerhaft ins System einbinden, haben wir bereits in Abschnitt 6.2.2, »Neue Festplatte partitionieren«, erläutert.

Kapitel 7

Netzwerkkonfiguration

Eine der grundlegendsten und gleichzeitig ersten Konfigurationen, die Sie während oder nach der Installation vornehmen, ist die Netzwerkkonfiguration. Ein Server ohne Netzwerk ist, wie ein Engländer sagen würde, »ein Hund ohne Schwanz«. In diesem Kapitel zeigen wir Ihnen alles zum Thema Netzwerkkonfiguration, unterschiedliche Methoden, Tools und Mechanismen.

Ihre Serverdienste basieren auf dem Netzwerk. Ohne Netzwerk können Sie keine Dienste anbieten. Obwohl für einen gestandenen Systemadministrator die Vergabe von IP-Adressen sicherlich keine große Hürde darstellt, haben wir für Einsteiger in diesem Kapitel noch mal die Möglichkeiten zusammengefasst.

Vielleicht finden Sie noch die eine oder andere interessante Neuigkeit zu den Themen Tools und was sie so können, flüchtige und permanente Konfigurationen, Bridging, VLAN-Konfigurationen oder zum Bündeln von Netzwerkschnittstellen.

7.1   Basiswissen

Anders als bei Desktopsystemen wird die IP-Konfiguration auf einem Server nicht über den *NetworkManager* umgesetzt. Obwohl das Paket für den GUI-losen Einsatz bereits mitinstalliert wurde, ist der *NetworkManager* zunächst abgeschaltet. Die Vorzüge des *NetworkManagers* bestehen vor allem darin, dass er die Netzwerkschnittstellen ständig überwacht und bei Veränderungen entsprechend reagiert. Veränderungen, wie zum Beispiel der Standortwechsel vom Büro ins heimische Arbeitszimmer, kommen bei einem Server recht selten vor. Daher werden wir uns in diesem Kapitel mit den Anforderungen an eine Serverumgebung beschäftigen und den *NetworkManager* unangetastet lassen.

Das Themengebiet Netzwerk ist äußerst komplex und bietet viele Ansatzpunkte. Dieses Kapitel beschreibt viele Methoden, Tools und fortgeschrittene Konfigurationen, die primär für Small-Business-Administratoren nützlich werden dürften. In der Regel hat der »Otto-Normal-Administrator« daheim schlichtweg nicht die notwendige Technik stehen (Router und Switches). Trotzdem ist dieses Kapitel auch für Heimanwender interessant, da viele Grundlagen erläutert werden, die Ihnen gegebenenfalls dabei helfen können, Fehler im Netzwerk besser aufspüren zu können. Mehr zur Diagnose von Fehlern im Netzwerk haben wir in Kapitel 39, »Netzwerkdiagnose«, aufgeführt.

Daher werden wir zunächst einen kleinen Exkurs in die Theorie wagen, um anschließend auf die Tools einzugehen. Abschließend werden wir dieses Kapitel mit den fortgeschrittenen Konfigurationen – die zu Hause wohl nur in Ausnahmefällen Anwendung finden werden.

7.1.1   Welches Vorwissen wird benötigt?

Folgende Kenntnisse sollten Sie für dieses Kapitel mitbringen:

▶ **Umgang mit der Bash** (siehe hierzu Abschnitt 8.1, »Hilfe, da blinkt was! Die Bash«)

▶ **Paket-Installation** (siehe hierzu Abschnitt 2.4.3, »Umgang mit Paketen«)

7.1.2   Theorie-Exkurs

Moderne Netzwerke werden über Router und Switches aufgebaut. Daheim leistet dies etwa der WLAN-Router Ihres Internetanbieters. Dieser stellt eine Mischform dar, da er sowohl einen Switch als auch einen Router bereitstellt, um mit dem Internet kommunizieren zu können. Aber bevor wir zu tief in die Thematik einsteigen, wollen wir uns zunächst die Grundlagen dahinter ansehen.

OSI-Referenzmodell

Die einzelnen Schichten im Netzwerk werden durch das *OSI*[1]-Referenzmodell beschrieben. Dazu definiert dieses Modell sieben aufeinander aufbauende Schichten (engl. *layers*), die je für eine eigene Aufgabe zuständig sind. Tabelle 7.1 zeigt ihre Reihenfolge, ihre Bezeichnung und ihre Funktion:

Layer	Bezeichnung (engl.)	Funktion
7	*Application Layer*	Anwendungsschicht (im Programm)
6	*Presentation Layer*	Darstellungsschicht
5	*Session Layer*	Sitzungsschicht
4	*Transport Layer*	Transportschicht

Tabelle 7.1 Layer des OSI-Referenzmodells

---

1 *Open System Interconnection*, engl. für *Kommunikation offener Systeme*

Layer	Bezeichnung (engl.)	Funktion
3	*Network Layer*	Vermittlungsschicht (auf dem Router)
2	*Data Link Layer*	Sicherungsschicht (auf dem Hub/Switch)
1	*Physical Layer*	Bitübertragungsschicht (auf dem Kabel)

Tabelle 7.1 Layer des OSI-Referenzmodells (Forts.)

Wenn Sie zum Beispiel zu Hause Daten von einem System auf ein anderes kopieren (im gleichen Netzwerk), wird die Kommunikation der Systeme über *Layer 2* stattfinden, da die Systeme über einen Switch oder Hub miteinander verbunden sind. Die Systeme können sich also direkt erreichen, ohne über einen Router gehen zu müssen. Laden Sie hingegen eine Webseite aus dem Internet, wird die Kommunikation über *Layer 3* stattfinden, da die Pakete ins Internet über einen Router laufen – also Ihr eigenes Netzwerk verlassen.

Wenn wir also von einer Layer-2-Kommunikation sprechen, ist die Kommunikation über Switches oder Hubs innerhalb eines Netzwerks gemeint. Bei einer Layer-3-Kommunikation hingegen verlassen die Pakete das lokale Netzwerk und werden geroutet. Zur Verdeutlichung haben wir Ihnen den Kommunikationsablauf in Abbildung 7.1 nochmals dargestellt.

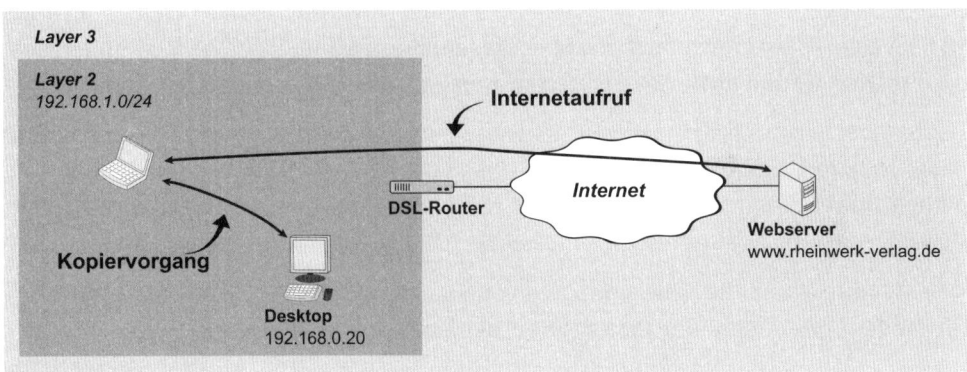

Abbildung 7.1 Übersicht der »Layer« bei unterschiedlichen Kommunikationen

Die Layer ab 3 und 4 werden von TCP/IP zur Verfügung gestellt. Sie stellen sicher, dass die Pakete von A nach B transportiert werden. Ab Layer 6 ist das Paket auf Programmebene, wird also vom Betriebssystem oder Programm verarbeitet.

IP-Adressen und Netzwerkmasken

Eine IP-Adresse besteht in der Version IPv4 aus 4 Oktetten (jeweils 8 Bits), die gemeinsam die IP-Adresse ergeben. Jedes Oktett kann dabei die Werte von 0 bis 255 zugewiesen bekommen.

In der Regel werden Ihre Systeme zu Hause mit IPv4 angebunden sein, da (fast) alle derzeitigen DSL- oder WLAN-Router dies als Standard definiert haben. Eine IPv4-Adresse sieht so aus wie in Listing 7.1:

```
192.168.0.1
```

Listing 7.1 Aufbau einer IPv4-Adresse

Dies stellt zwar eine IP-Adresse dar, allerdings wird dazu immer noch eine Netzwerkmaske benötigt. Um die Netzwerke in Bereiche zu gliedern, werden diese nämlich in Blöcke unterteilt: die sogenannten Subnetze. Dafür wird eine Netzwerkmaske verwendet, die angibt, welcher Teil der IP-Adresse zum Netzwerk und welcher zum Gerät gehört.

Im privaten Bereich wird meist die Netzwerkmaske aus Listing 7.2 verwendet:

```
255.255.255.0
```

Listing 7.2 Beispiel einer Netzwerkmaske

Diese gibt an, dass die ersten drei Oktette der IP-Adresse (im Beispiel aus Listing 7.1 also 192.168.0) zum Netzwerk gehören. Das letzte Oktett hingegen spezifiziert das System. Da die Wertigkeit der Oktette von 0 bis 255 reicht, könnte ein Netzwerk mit der Netzmaske aus Listing 7.2 also maximal 254 Systeme beherbergen. Falls Sie sich jetzt denken:

Moment mal, nach Adam Riese sind das doch 256!

dann haben Sie vollkommen recht. Da aber die jeweils erste und letzte Adresse eines Netzwerks reserviert ist und nicht von Geräten verwendet werden darf, ergibt sich daraus 254.

Die erste Adresse eines Netzwerks ist stets die sogenannte *Netzwerkadresse*. Diese identifiziert das Netzwerk und darf nicht an einen Client vergeben werden. Das gilt auch für die letzte IP-Adresse aus einem Netzwerk, die sogenannte *Broadcast*[2]-Adresse. Sendet ein Client ein Paket an die Broadcast-Adresse, wird das Paket an alle Systeme des Netzwerks gesandt.

Um die IP-Adresse und die Netzwerkmaske voneinander zu trennen, wird ein Schrägstrich (/) verwendet. Vollständig sollte die Angabe also immer so aussehen wie in Listing 7.3:

```
192.168.0.1/255.255.255.0
```

Listing 7.3 Beispiel für eine IPv4-Adresse mit Netzwerkmaske

Das Unterteilen der IP-Adressen in einen Netzwerkteil und einen Geräteteil wird auch als *Subnetting* bezeichnet. Die Angabe der Netzwerkmaske in Dezimalpunkt-Form ist zwar korrekt, wird heutzutage aber meist abgekürzt:

---

2   *Broadcast*, engl. für *Rundfunk*

`192.168.0.1/24`

Listing 7.4 Beispiel für eine IPv4-Adresse mit Bit-Netzwerkmaske

Diese Abkürzung ist Bestandteil von *CIDR*[3]. Dabei gibt die Zahl hinter dem Schrägstrich die Anzahl der Bits an, die die Netzwerkmaske darstellt.

Um dies zu verdeutlichen, haben wir die unterschiedlichen Schreibweisen in Listing 7.5 zusammengefasst:

```
192.168.0.1/11111111.11111111.11111111.00000000    # Bit
192.168.0.1/255.255.255.0                           # Dezimalpunkt-Format
192.168.0.1/24                                      # CIDR-Format
```

Listing 7.5 Schreibweisen von Netzwerkmasken

Die Bit-Schreibweise wird aber nur zur Berechnung von Netzmasken eingesetzt. Keine Panik, diesen Zahlenkoloss müssen Sie nicht tippen. Die höchste Netzwerkmaske lautet in CIDR-Schreibweise 32 und im Dezimalpunkt-Format *255.255.255.255*. Dabei werden alle Oktette einer Netzwerkmaske auf eins gesetzt. Diese Netzwerkmaske lässt keinen Raum für weitere Adressen und wird daher auch als *Host-Maske*, also als Netzwerkmaske für nur ein Gerät, bezeichnet.

Da es bei der korrekten Berechnung von Subnetzen immer wieder zu Fehlern kommt, möchten wir Ihnen noch einen Leitsatz an die Hand geben: »Eine Netzwerkmaske ist immer dann gültig, wenn sie in CIDR-Schreibweise eine Ganzzahl zwischen 0 und 32 darstellt.«

Routen auch mit Netzwerkmaske

Routen werden auch mit Netzwerkmasken angegeben. Eine der bekanntesten Routen ist die *Default*-Route. Diese wird verwendet, wenn keine andere Route greift. Daher hat sie auch als einzige eine Netzwerkmaske von 0 – also alle möglichen IP-Adressen.

[+]

Private und öffentliche IP-Adressen

Für den privaten Gebrauch werden IP-Adressen aus speziell dafür vorgesehenen Netzwerken verwendet. Diese Adressen werden im Internet nicht geroutet, daher müssen die DSL- oder WLAN-Router auch ein *NAT*[4] durchführen. Dabei wird die private IP-Adresse aus Ihrem LAN in die offizielle IP-Adresse Ihres DSL-Anbieters übersetzt, da diese im Internet geroutet werden kann. Tabelle 7.2 zeigt die für den privaten Gebrauch reservierten Adressräume:

---

[3] *CIDR (Classless Inter-Domain Routing)*, engl. für *klassenloses Routing zwischen Domänen*, beschreibt hier die Notation von Netzwerkmasken in Bit-Angaben und nicht oktal.

[4] *Network Address Translation*, engl. für *Netzwerkadressübersetzung*

Adresse	Netzmaske (dezimal)	Netzmaske (CIDR)	Adressraum
192.168.0.0	255.255.0.0	16	192.168.0.0-192.168.255.255
172.16.0.0	255.240.0.0	12	172.16.0.0-172.31.255.255
10.0.0.0	255.0.0.0	8	10.0.0.0-10.255.255.255

Tabelle 7.2 Adressräume für private (rein lokale) IPv4-Adressen

7.1.3   Ein Beispiel: Adressbereich richtig wählen (DSL-Router)

In diesem Abschnitt möchten wir Ihnen ein konkretes Beispiel für den vorangegangenen Theorie-Exkurs zeigen. Nehmen wir an, Sie verfügen über eine *Fritz!Box* – einen der häufigsten DSL-Router in Deutschland. Sie möchten zum einen IP-Adressen automatisch via DHCP vom Router verteilen lassen, damit Clients wie Laptops, Workstations, Smartphones oder Tablets ihre IP-Adresse samt Einstellungen automatisch beziehen. Zusätzlich wollen Sie aber einen Linux-Server aufsetzen, der Serverdienste in Ihrem heimischen Netz anbietet. Dieser soll über eine fest vergebene IP-Adresse verfügen. Im Folgenden zeigen wir Ihnen, wie Sie dies ohne Adresskonflikte bewerkstelligen können, damit Ihr Server immer unter der gleichen Adresse erreichbar ist und friedlich mit den übrigen Geräten im Netzwerk zusammenleben kann.

Dafür müssen Sie zunächst herausfinden, welchen DHCP-Bereich der DSL-Router verwendet, um Konflikte vermeiden zu können. Gehen Sie dazu auf die Weboberfläche des Routers. Bei einer *Fritz!Box* können Sie diese über den Aufruf von *http://192.168.178.1* oder *http://fritz.box* im Browser erreichen. Nach der Anmeldung öffnen Sie die DHCP-Konfiguration über HEIM-NETZ • NETZWERK • NETZWERKEINSTELLUNGEN • IPv4-ADRESSEN öffnen.

In der Regel sollten Sie dort den vorkonfigurierten Adressbereich *192.168.178.0/24* vorfinden. Wie Sie der Übersicht entnehmen können, vergibt die *Fritz!Box* Adressen ab *192.168.178.20* bis *192.168.178.200*. Daraus können Sie ableiten, dass mindestens folgende Adressen für Ihren Server tabu sind:

▶ 192.168.178.1 – Adresse der *Fritz!Box*

▶ 192.168.178.20 – Beginn des DHCP-Bereichs

▶ ...

▶ 192.168.178.200 – Ende des DHCP-Bereichs

Geben Sie Ihrem Server die IP-Adresse *192.168.178.10* mit der Netzwerkmaske *255.255.255.0*. Das Default-Gateway (über das Verbindungen zu anderen Netzwerken hergestellt werden) müssen Sie in diesem Fall auf die IP-Adresse *192.168.178.1*, also die IP-Adresse Ihrer *Fritz!Box*, setzen, da diese die Verbindung zum Internet aufbaut.

[+]

Keine »Fritz!Box«?

Falls Sie einen anderen DSL-Router (wie zum Beispiel einen *Speedport* der Telekom oder einen *D-Link*) einsetzen, müssen Sie die in diesem Abschnitt angegebenen Adressen natürlich an Ihre Umgebung anpassen. Falls Sie nicht wissen, wie Sie auf Ihren Router zugreifen können, hilft ein Blick in die Routing-Tabelle eines verbundenen Clients. Wie Sie diese aufrufen, erfahren Sie in Abschnitt 7.3.4, »Ablösung von ›route‹ durch ›ip route‹«.

7

7.1.4 Namenskonventionen – Änderungen seit »systemd«

Seit der Einführung von *systemd* (dem neuen Init-System) hat sich die standardmäßige Benennung der Netzwerkschnittstellen geändert. Früher wurde einfach jeder Ethernet-Netzwerkschnittstelle das Kürzel eth vorangestellt, und anschließend wurden die Schnittstellen durchnummeriert. Dies hat sich geändert.

Ab Ubuntu 15.10 werden die Schnittstellennamen von *systemd* verwaltet, genauer gesagt von *networkd*, was ein Bestandteil von *systemd* ist. Dabei wird seit der Version *v197* das sogenannte *Predictable Network Interface Names*-Verfahren eingesetzt.

Dies soll vor allem eine konsistente Namensgebung gewährleisten, was vorher nicht der Fall war. So konnte es vorkommen, dass beim Austausch einer defekten Netzwerkkarte alle Namen wild durcheinandergewürfelt wurden.

Der *networkd* setzt zur Namensfindung folgende Methoden ein:

1. Indexnummer (Firmware/BIOS) der On-Board-Netzwerkkarten (zum Beispiel *eno1*)
2. Indexnummer (Firmware/BIOS) der Hotplug-Slot-Nummer (zum Beispiel *ens1*)
3. Physischer Ort einer Netzwerkkarte (zum Beispiel *enp2s0*)
4. MAC-Adresse der Netzwerkkarte (zum Beispiel *enx78e7d1ea46da*)
5. Klassische Benennung (zum Beispiel *eth0*)

Gerade der vierte Punkt sorgt für wenig Begeisterung bei den Systemadministratoren. Daher wurde vereinbart, dass die Methoden zur Namensgebung wie folgt eingesetzt werden: Punkt 1–3, dann folgt Punkt 5 und erst, wenn alle Methoden versagt haben, wird Punkt 4 verwendet.

Netzwerkschnittstellen anpassen!

Aufgrund der neuen Namensgebung müssen Sie stets darauf achten, welche Netzwerkschnittstelle verwendet wird, beziehungsweise die angegebene Schnittstelle an Ihr System anpassen. Zur Vereinfachung haben wir an Stellen, an denen mehrere Schnittstellen verwendet werden, stets Grafiken eingebunden, damit Sie unseren Ausführungen folgen können.

7.2   Tools: »ifconfig«, »route«, »arp«, »ip«, »mii-tool« und »ethtool«

Bevor wir mit der Beschreibung der Möglichkeiten beginnen, beschäftigen wir uns mit den Tools, mit denen wir arbeiten werden.

Seit geraumer Zeit sind einige altbekannte Tools auf jeder Linux-Installation zu finden. Die Rede ist von *ifconfig* zur Manipulation von IP-Adressen und Netzwerkschnittstellen, von *route* zum Anzeigen und Verändern des Routings, von *arp* für die MAC-Adressauflösung sowie von *mii-tool* und *ethtool* zum Anzeigen und Manipulieren des Linkstatus (*speed* und *duplex*). All diesen Tools wurde ein neuer großer Bruder zur Seite gestellt: das Tool-Set aus dem Paket *iproute*, das über das Programm *ip* aufgerufen wird. Dieses Tool-Set wurde im Zuge des Netzwerk-Redesigns im Kernel 2.2 entwickelt (zur Drucklegung des Buches war unter Ubuntu der Kernel 4.2 aktuell). Das Tool-Set stellt aber nicht nur einen zusätzlichen Werkzeugkasten dar, sondern wurde eigentlich als Ablösung eingeführt, da erst durch *iproute* alle Netzwerkfähigkeiten von Linux ausgeschöpft werden können. Selbstverständlich ist auch in Ubuntu das Paket *iproute* enthalten und Bestandteil der Basisinstallation. Da viele Administratoren und Entwickler aber nach wie vor die »alten« Tools einsetzen, ist die Wachablösung noch immer nicht abgeschlossen. Wir empfehlen Ihnen, direkt in die neue Welt aufzubrechen.

[!]   Veränderungen, die diese Tools durchführen, geschehen stets nur zur Laufzeit. Wenn Sie also zum Beispiel die IP-Adresse Ihres Servers mittels *ip* verändern und Ihr System neu starten, dann sind Ihre Änderungen nicht mehr vorhanden.

In diesem Abschnitt wollen wir Ihnen den Umgang mit *ip* näherbringen. Wir zeigen Ihnen, wie Sie IP-Adressen, Links, Routen und MAC-Adressen anzeigen und verändern können. Darüber hinaus zeigen wir die Grenzen von *ip* auf und beschreiben, wie Sie trotzdem an Ihr Ziel gelangen.

7.2.1   Die Arbeitsweise von »ip«

Da *ip* alle bisherigen Tools ablöst, ist es um einiges komplexer. Es folgt aber stets der gleichen Logik, die wir Ihnen nun näherbringen möchten. Der Aufruf von *ip* erfolgt immer über die in Listing 7.6 dargestellte Syntax:

```
daniel@ubuntu:~$ ip <OBJECT> <COMMAND> [OPTIONSx]
```
Listing 7.6 Syntax von »ip«

Nach dem Programmnamen folgt das Objekt, auf das Sie zugreifen möchten, gefolgt von dem Befehl und gegebenenfalls notwendigen Optionen.

Objekte

In der nachstehende Auflistung haben wir Ihnen die gängigsten Objekte von *ip* und deren Funktion aufgelistet:

▶ link
  Linkstatus der Netzwerkschnittstellen

▶ address
  IP-Adressverwaltung der Netzwerkschnittstellen

▶ route
  Routing-Verwaltung

▶ neighbour
  MAC/ARP-Verwaltung

Das Programm *ip* verfügt über viele weitere Objekte. An dieser Stelle möchten wir auf die Manpage (Aufruf durch: man ip) verweisen. Dort finden Sie alle Objekte mit einer entsprechenden Erklärung.

Kommandos

Die folgende Liste zeigt die gängigsten Kommandos von *ip*, die auf Objekte angewandt werden können:

▶ show
  Zeigt die gegenwärtige Konfiguration an.

▶ add
  Fügt ein neues Objekt hinzu.

▶ delete
  Löscht das angegebene Objekt.

Als Benutzer können Sie stets das show-Kommando ausführen. Für Manipulationen müssen Sie aber mit root-Rechten arbeiten. Verwenden Sie also für das Hinzufügen (add) oder Löschen (delete) sudo oder werden Sie mittels su zum *Superuser*.

Intelligenz

Zusätzlich ist *ip* äußerst intelligent. Beim Aufruf müssen Sie nicht alle Bezeichnungen von Objekten, Kommandos oder Optionen ausschreiben. *ip* erkennt automatisch, was Sie tun möchten – und falls es einmal nicht genau erkennen kann, was Sie tun möchten, weist es Sie auch darauf hin. Alle nachstehenden Kommandos führen zum gleichen Ergebnis:

▶ ip address show

▶ ip add sh

▶ ip a s

▶ ip a

Wird nur das Objekt angegeben, also ohne Kommando, führt *ip* das show-Kommando aus. Das Programm *ip* verwendet für Netzwerkmasken die *CIDR*-Schreibweise.

7.3   Ablösung von »ifconfig« durch »ip address«

Das klassische *ifconfig* zeigt Ihnen beim Aufruf ohne Parameter eine Übersicht der derzeitigen Netzwerkschnittstellenkonfiguration, wie in Listing 7.7 dargestellt:

```
daniel@ubuntu:~$ ifconfig
enp0s3     Link encap:Ethernet  Hardware Adresse 08:00:27:22:4e:00
           inet Adresse:192.168.0.148  Bcast:192.168.0.255  Maske:255.255.255.0
           inet6-Adresse: fe80::a00:27ff:fe22:4e00/64 Gültigkeitsbereich:Verbindung
           UP BROADCAST RUNNING MULTICAST  MTU:1500  Metrik:1
           RX-Pakete:1438 Fehler:0 Verloren:0 Überläufe:0 Fenster:0
           TX-Pakete:412 Fehler:0 Verloren:0 Überläufe:0 Träger:0
           Kollisionen:0 Sendewarteschlangenlänge:1000
           RX-Bytes:126965 (126.9 KB)  TX-Bytes:54048 (54.0 KB)


lo         Link encap:Lokale Schleife
           inet Adresse:127.0.0.1  Maske:255.0.0.0
           inet6-Adresse: ::1/128 Gültigkeitsbereich:Maschine
           UP LOOPBACK RUNNING  MTU:65536  Metrik:1
           RX-Pakete:161 Fehler:0 Verloren:0 Überläufe:0 Fenster:0
           TX-Pakete:161 Fehler:0 Verloren:0 Überläufe:0 Träger:0
           Kollisionen:0 Sendewarteschlangenlänge:0
           RX-Bytes:11944 (11.9 KB)  TX-Bytes:11944 (11.9 KB)
```

Listing 7.7 Ausgabe von »ifconfig«

Im Gegenzug dazu bietet Ihnen *ip* das Objekt *address* an, das ebenfalls die IP-Adressen der angeschlossenen Netzwerkschnittstellen darstellt. In Listing 7.8 sehen Sie die analoge Ausgabe mit dem Programm *ip*:

```
daniel@ubuntu:~$ ip address show
1: lo: <LOOPBACK,UP,LOWER_UP> mtu 65536 qdisc noqueue state UNKNOWN group default
    link/loopback 00:00:00:00:00:00 brd 00:00:00:00:00:00
    inet 127.0.0.1/8 scope host lo
       valid_lft forever preferred_lft forever
    inet6 ::1/128 scope host
       valid_lft forever preferred_lft forever
2: enp0s3: <BROADCAST,MULTICAST,UP,LOWER_UP> mtu 1500 qdisc pfifo_fast state UP \
group default qlen 1000
    link/ether 08:00:27:22:4e:00 brd ff:ff:ff:ff:ff:ff
    inet 192.168.0.148/24 brd 192.168.0.255 scope global enp0s3
       valid_lft forever preferred_lft forever
    inet6 fe80::a00:27ff:fe22:4e00/64 scope link
       valid_lft forever preferred_lft forever
```

Listing 7.8 Ausgabe von »ip address show«

7.3.1   IP-Adressen verändern

Leider ist das Programm *ip* nicht in der Lage, IP-Adressen direkt zu manipulieren. Um IP-Adressen zu verändern, müssen Sie diese zunächst löschen und anschließend neu hinzufügen. In Listing 7.9 haben wir Ihnen dies zusammengefasst:

```
 1: daniel@ubuntu:~$ sudo ip address delete 10.0.2.15/24 dev enp0s3
 2: daniel@ubuntu:~$ ip address show enp0s3
 3: 2: enp0s3: <BROADCAST,MULTICAST,UP,LOWER_UP> mtu 1500 qdisc pfifo_fast state UP \
 4: group default qlen 1000
 5:     link/ether 08:00:27:a9:39:4f brd ff:ff:ff:ff:ff:ff
 6:     inet6 fe80::a00:27ff:fea9:394f/64 scope link
 7:       valid_lft forever preferred_lft forever
 8: daniel@ubuntu:~$
 9: daniel@ubuntu:~$ sudo ip address add 10.0.2.15/24 brd + dev enp0s3
10: daniel@ubuntu:~$ ip address show
11: 1: lo: <LOOPBACK,UP,LOWER_UP> mtu 16436 qdisc noqueue state UNKNOWN
12:     link/loopback 00:00:00:00:00:00 brd 00:00:00:00:00:00
13:     inet 127.0.0.1/8 scope host lo
14:       valid_lft forever preferred_lft forever
15:     inet6 ::1/128 scope host
16:       valid_lft forever preferred_lft forever
17: 2: enp0s3: <BROADCAST,MULTICAST,UP,LOWER_UP> mtu 1500 qdisc pfifo_fast state UP \
18: group default qlen 1000
19:     link/ether 08:00:27:a9:39:4f brd ff:ff:ff:ff:ff:ff
20:     inet 10.0.2.15/24 brd 10.0.2.255 scope global enp0s3
21:       valid_lft forever preferred_lft forever
22:     inet6 fe80::a00:27ff:fea9:394f/64 scope link
23:       valid_lft forever preferred_lft forever
24: daniel@ubuntu:~$
```

Listing 7.9 IP-Adresse mit »ip« verändern

In Zeile 1 haben wir die IP-Adresse mittels ip address delete vom Interface enp0s3 entfernt. Dies haben wir in Zeile 2 mit ip address show kontrolliert. Anschließend wurde die IP-Adresse in Zeile 8 wieder hinzugefügt.

Wie Sie Listing 7.9 entnehmen können, gibt es Besonderheiten beim Hinzufügen und Löschen von IP-Adressen mit *ip*. Diese wollen wir nun näher betrachten. Das Löschen von IP-Adressen erfolgt über das Kommando delete, gefolgt von der IP-Adresse unter Angabe der Netzwerkmaske. In der gleichen Zeile wird anschließend mit der Option dev das Interface angegeben, von dem die IP-Adresse gelöscht werden soll.

Beim Hinzufügen von IP-Adressen muss nicht nur das Kommando delete gegen add getauscht werden. Zusätzlich muss die Broadcast-Adresse angegeben werden. Über die Option brd + wird *ip* mitgeteilt, dass es selbstständig die höchste Adresse aus dem angegebenen Subnetz errechnen und diese als Broadcast-Adresse verwenden soll. Abschließend wird erneut das Interface mit dev angegeben.

7.3.2   IP-Adressen hinzufügen

Wollen Sie einem Interface zusätzliche IP-Adressen hinzufügen, können Sie dies mit der Option add erreichen.

Listing 7.10 zeigt, wie Sie einem Interface (im Beispiel enp0s3) weitere IP-Adressen, sogenannte *Alias*-Adressen, aus dem gleichen Subnetz hinzufügen können:

```
daniel@ubuntu:~$ sudo ip address add 10.0.2.101/24 dev enp0s3
daniel@ubuntu:~$ sudo ip address add 10.0.2.102/24 dev enp0s3
daniel@ubuntu:~$ sudo ip address add 10.0.2.103/24 dev enp0s3
daniel@ubuntu:~$
daniel@ubuntu:~$ ip address show
1: lo: <LOOPBACK,UP,LOWER_UP> mtu 16436 qdisc noqueue state UNKNOWN
    link/loopback 00:00:00:00:00:00 brd 00:00:00:00:00:00
    inet 127.0.0.1/8 scope host lo
       valid_lft forever preferred_lft forever
    inet6 ::1/128 scope host
       valid_lft forever preferred_lft forever
2: enp0s3: <BROADCAST,MULTICAST,UP,LOWER_UP> mtu 1500 qdisc pfifo_fast state UP \
group default qlen 1000
    link/ether 08:00:27:e9:eb:75 brd ff:ff:ff:ff:ff:ff
    inet 10.0.2.15/24 brd 10.0.2.255 scope global enp0s3
       valid_lft forever preferred_lft forever
    inet 10.0.2.101/24 scope global secondary enp0s3
       valid_lft forever preferred_lft forever
    inet 10.0.2.102/24 scope global secondary enp0s3
       valid_lft forever preferred_lft forever
    inet6 fe80::a00:27ff:fee9:eb75/64 scope link
       valid_lft forever preferred_lft forever
```

Listing 7.10 Alias-IP-Adressen hinzufügen mit »ip«

Wie Sie Listing 7.10 entnehmen können, hat *ip* die zusätzlichen IP-Adressen automatisch als secondary-Adressen erkannt und hinzugefügt.

Im Zuge des Netzwerk-Redesigns wurden Label (Bezeichnungen wie enp0s3:0) für zusätzliche IP-Adressen optional. Dies wurde aber in *ifconfig* nicht mehr implementiert. Daher können Sie sich auch nicht ausschließlich auf *ifconfig* verlassen.

7.3.3   Stolperfalle »Label«

In Listing 7.11 und Listing 7.12 demonstrieren wir Ihnen dieses Verhalten. Wir fügen eine zusätzliche (Alias-)IP-Adresse dem Interface enp0s3 hinzu – einmal mit Label und einmal ohne Label. Anschließend vergleichen wir die Ausgaben von *ifconfig* und *ip*.

```
 1: daniel@ubuntu:~$ sudo ifconfig enp0s3:0 10.0.2.100 netmask 255.255.255.0 up
 2: daniel@ubuntu:~$
 3: daniel@ubuntu:~$ ip address show dev enp0s3
 4: 2: enp0s3: <BROADCAST,MULTICAST,UP,LOWER_UP> mtu 1500 qdisc pfifo_fast state UP\
 5: group default qlen 1000
 6:     link/ether 08:00:27:9e:5f:12 brd ff:ff:ff:ff:ff:ff
 7:     inet 10.0.2.15/24 brd 10.0.2.255 scope global enp0s3
 8:        valid_lft forever preferred_lft forever
 9:     inet 10.0.2.100/24 brd 10.0.2.255 scope global secondary enp0s3:0
10:        valid_lft forever preferred_lft forever
11:     inet6 fe80::a00:27ff:fe9e:5f12/64 scope link
12:        valid_lft forever preferred_lft forever
13:
14: daniel@ubuntu:~$
15: daniel@ubuntu:~$ ifconfig
16: enp0s3    Link encap:Ethernet  Hardware Adresse 08:00:27:9e:5f:12
17:           inet Adresse:10.0.2.15  Bcast:10.0.2.255  Maske:255.255.255.0
18:           inet6-Adresse: fe80::a00:27ff:fe9e:5f12/64 Gültigkeitsbereich:Verbind.
19:           UP BROADCAST RUNNING MULTICAST  MTU:1500  Metrik:1
20:           RX-Pakete:0 Fehler:0 Verloren:0 Überläufe:0 Fenster:0
21:           TX-Pakete:8 Fehler:0 Verloren:0 Überläufe:0 Träger:0
22:           Kollisionen:0 Sendewarteschlangenlänge:1000
23:           RX-Bytes:0 (0.0 B)  TX-Bytes:648 (648.0 B)
24:
25: enp0s3:0  Link encap:Ethernet  Hardware Adresse 08:00:27:9e:5f:12
26:           inet Adresse:10.0.2.100  Bcast:10.0.2.255  Maske:255.255.255.0
27:           UP BROADCAST RUNNING MULTICAST  MTU:1500  Metrik:1
28:
29: lo        Link encap:Lokale Schleife
30:           inet Adresse:127.0.0.1  Maske:255.0.0.0
31:           inet6-Adresse: ::1/128 Gültigkeitsbereich:Maschine
32:           UP LOOPBACK RUNNING  MTU:16436  Metrik:1
33:           RX-Pakete:7926 Fehler:0 Verloren:0 Überläufe:0 Fenster:0
34:           […]
```

Listing 7.11 Vergleich von »ifconfig« und »ip« mit Label

In Listing 7.11 wird in Zeile 1 mit ifconfig dem Interface enp0s3 das zusätzliche Interface enp0s3:0 hinzugefügt – wobei enp0s3:0 gleichzeitig das Label darstellt.

Die Ausgabe verdeutlicht, dass *ip* die Zuweisung der zweiten IP-Adresse (im Beispiel 10.0.2.100) dem physischen Interface zuordnet (siehe Zeile 9). Hingegen kann *ifconfig* dies nicht: Es zeigt das zusätzliche Interface eigenständig als enp0s3:0 an (siehe Zeile 25).

```
 1: daniel@ubuntu:~$ sudo ip address add dev enp0s3 10.0.2.100/24
 2: daniel@ubuntu:~$
 3: daniel@ubuntu:~$ ip address show enp0s3
 4: 2: enp0s3: <BROADCAST,MULTICAST,UP,LOWER_UP> mtu 1500 qdisc pfifo_fast state \
 5:          UP group default qlen 1000
 6:     link/ether 08:00:27:9e:5f:12 brd ff:ff:ff:ff:ff:ff
 7:     inet 10.0.2.15/24 brd 10.0.2.255 scope global enp0s8
 8:        valid_lft forever preferred_lft forever
 9:     inet 10.0.2.100/24 scope global secondary enp0s8
10:        valid_lft forever preferred_lft forever
11:     inet6 fe80::a00:27ff:fe9e:5f12/64 scope link
12:        valid_lft forever preferred_lft forever
13: daniel@ubuntu:~$
14: daniel@ubuntu:~$ ifconfig
15: enp0s3    Link encap:Ethernet  Hardware Adresse 08:00:27:9e:5f:12
16:           inet Adresse:10.0.2.15  Bcast:10.0.2.255  Maske:255.255.255.0
17:           inet6-Adresse:  fe80::a00:27ff:fe9e:5f12/64 Gültigkeitsbereich:Verb.
18:           UP BROADCAST RUNNING MULTICAST  MTU:1500  Metrik:1
19:           RX-Pakete:0 Fehler:0 Verloren:0 Überläufe:0 Fenster:0
20:           TX-Pakete:8 Fehler:0 Verloren:0 Überläufe:0 Träger:0
21:           Kollisionen:0 Sendewarteschlangenlänge:1000
22:           RX-Bytes:0 (0.0 B)  TX-Bytes:648 (648.0 B)
23:
24: lo        Link encap:Lokale Schleife
25:           inet Adresse:127.0.0.1  Maske:255.0.0.0
26:           [...]
```

Listing 7.12 Vergleich von »ifconfig« und »ip« ohne Label

Im zweiten Beispiel (Listing 7.12) wird dem Interface *enp0s3* in Zeile 1 eine zusätzliche IP-Adresse mit ip ohne Label hinzugefügt. Wieder weist *ip* diese Adresse dem physischen Interface zu (siehe Zeile 9). Hingegen wird das neue Interface bei *ifconfig* nicht angezeigt, da es über kein Label verfügt.

[+] **IP-Adressen ohne Label können mit »ifconfig« nicht angezeigt werden**

Mit *ip* konfigurierte IP-Adressen benötigen kein Label – da diese optional sind. Das Programm *ifconfig* zeigt aber nur Interfaces mit gesetztem Label an. Das allein spricht schon für die Nutzung von *ip*.

7.3.4   Zusammenfassung

Wir haben zunächst erläutert, wie IP-Adressen mit `ip` angezeigt, verändert und hinzugefügt werden können. Dabei sind wir insbesondere auf die Eigenart eingegangen, dass die
Broadcast-Adresse extra angegeben werden muss. Anschließend haben wir an einem Beispiel erörtert, weshalb der Einsatz von *ifconfig* heutzutage nicht mehr zeitgemäß ist.

Abschließend nochmals ein Wort der Warnung: Vermeiden Sie unbedingt den Mischbetrieb
von *ifconfig* und *ip*. Dieser kann merkwürdige Phänomene nach sich ziehen und vereinfacht
die Fehlersuche auf keinen Fall!

7.4   Ablösung von »route« durch »ip route«

Der Befehl `ip route show` (oder dessen Kurzform `ip route` oder `ip r`) zeigt Ihnen die aktuelle
Routingtabelle Ihres Systems an. Listing 7.13 zeigt eine typische Routingtabelle:

```
daniel@ubuntu:~$ ip route show
default via 10.0.2.2 dev enp0s3
10.0.2.0/24 dev enp0s3  proto kernel  scope link  src 10.0.2.15
10.0.10.0/24 dev enps8  proto kernel  scope link  src 10.0.10.15
192.168.0.0/24 via 10.0.2.1 dev enp0s3
daniel@ubuntu:~$
```

Listing 7.13 Anzeige der Routingtabelle mit »ip route«

Die einzelnen Zeilen stehen für unterschiedliche Arten von Routen, die wir nun genauer
betrachten.

▶ `default via 10.0.2.2 dev enp0s3`
  Die erste Zeile der Ausgabe stellt die Default-Route dar. Alle Verbindungen, für die keine
  explizite Route vorhanden ist, werden über die Default-Route geleitet. Nach der Einleitung des Befehls mit `default` folgt die Option `via`, was impliziert, dass über die nachstehenden Optionen (IP-Adresse und Netzwerkschnittstelle) die Verbindungen geroutet
  werden. Im Einzelnen bedeuten die Angaben:

  – `default`
    Es handelt sich um die Default-Route (Netzwerkziel 0.0.0.0/0).

  – `via 10.0.2.2 dev enp0s3`
    Pakete, für die diese Route greift, werden über den Router `10.0.2.2` am Interface
    `enp0s3` geleitet.

▶ `10.0.2.0/24 dev enp0s3 proto kernel scope link src 10.0.2.15`
  Diese Zeile zeigt eine Route, die automatisch, also durch die Konfiguration der IP-Adresse des Interface, vom Kernel eingerichtet wurde. Alle Anfragen an das Ziel `10.0.2.0/24`

werden über die Netzwerkschnittstelle enp0s3 an das direkt anliegende Netzwerk geleitet. Im Einzelnen bedeuten die Angaben:

- 10.0.2.0/24
  Zielnetzwerk für diese Route

- dev enp0s3
  Das Netzwerk liegt am Interface enp0s3 an.

- proto kernel
  Die Route wurde durch den Kernel bereitgestellt. Sie wurde automatisiert beim Anlegen der IP-Adresse erzeugt.

- scope link
  Das Netzwerk befindet sich direkt am Interface – ist also lokal.

- src 10.0.2.15
  Pakete in dieses Netzwerk werden stets von der IP-Adresse 10.0.2.15 gesendet – also von der Interface-IP-Adresse.

▶ 192.168.0.0/24 via 10.0.2.1 dev enp0s3
  Diese Zeile zeigt eine statische Route, die manuell angelegt wurde. Alle Pakete an das Netzwerkziel 192.168.0.0/24 werden über den Router 10.0.2.1 am Interface enp0s3 geleitet.

7.4.1   Routen hinzufügen

Analog zur bisher vorgestellten Syntax von *ip* (siehe Listing 7.10) wird zum Hinzufügen von Routen das Kommando add verwendet.

In Listing 7.14 sehen Sie, wie Sie eine zusätzliche Route für das Netzwerk *192.168.2.0/24* über den Router *10.0.2.100* hinzufügen, der über das Interface *enp0s3* erreicht werden kann.

```
daniel@ubuntu:~$ sudo ip route add 192.168.2.0/24 via 10.0.2.100 dev enp0s3
```
Listing 7.14 Routen hinzufügen mit »ip route add«

Erneut werden die Optionen hintereinandergeschrieben. Die Parameter via und dev haben wir bereits beim Anzeigen von Routen näher betrachtet.

7.4.2   Routen entfernen

Bestehende Routen werden über das Kommando *delete* entfernt. In Listing 7.15 haben wir den entsprechenden Befehl zum Entfernen der soeben eingerichteten Route aufgelistet:

```
daniel@ubuntu:~$ sudo ip route delete 192.168.2.0/24
```
Listing 7.15 Routen entfernen mit »ip route delete«

Wie Sie sehen, ist die zusätzliche Angabe des Interface nicht notwendig. Das Programm *ip* erkennt automatisch, welche Route Sie entfernen wollen. Wenn Sie ein Interface angeben wollen, ist dies auch möglich. Es muss aber das richtige sein, da *ip* dies ansonsten mit einer Fehlermeldung quittiert:

```
daniel@ubuntu:~$ sudo ip route delete 192.168.2.0/24 dev enp0s8
RTNETLINK answers: No such process
```

Listing 7.16 Routen entfernen mit Angabe eines Interface

Die Fehlermeldungen von *ip* sind leider nicht immer sehr eindeutig. Lassen Sie sich also nicht in die Irre führen. Da die Möglichkeiten, weshalb ein Fehler auftritt, aber nicht sehr groß sind – meist handelt es sich um Tipp- oder Logikfehler –, können Sie den Fehler oft durch einen erneuten Blick auf Ihre Konfiguration entdecken.

7.4.3   Zusammenfassung

Zunächst haben wir uns die unterschiedlichen Darstellungsformen von Routen angesehen. Anschließend haben wir Routen hinzugefügt und entfernt. Abschließend haben wir die Fehlerausgabe von *ip* näher betrachtet.

7.5   Ablösung von »arp« durch »ip neighbour«

Innerhalb eines Layer-2-Segments (siehe das OSI-Referenzmodell in Abschnitt 7.1.2) werden die Systeme direkt über ihre Hardware-Adresse (MAC-Adresse) angesprochen. Dazu wird *ARP*[5] eingesetzt. Auch diese Netzwerkkonfiguration kann über *ip* erfolgen. Hierfür wird Ihnen das Kommando `ip neighbour` oder dessen Kurzformen `ip neigh` und `ip n` angeboten.

In der Regel sprechen die Systeme im Layer 2 direkt miteinander. In einigen Konfigurationen müssen Sie aber Ihre lokale ARP-Tabelle manipulieren oder diese auslesen, um Fehler zu analysieren. Daher stellen wir Ihnen in diesem Abschnitt den Umgang mit ARP-Einträgen mittels *ip* vor. In Listing 7.17 sehen Sie eine typische ARP-Tabelle eines Systems:

```
daniel@ubuntu:~$ ip neighbour show
10.0.2.18 dev enp0s3   INCOMPLETE
10.0.2.16 dev enp0s3   FAILED
10.0.2.2 dev enp0s3 lladdr 52:54:00:12:35:02 REACHABLE
```

Listing 7.17 ARP-Tabelle mit »ip neighbour show« anzeigen

Die im Listing dargestellten Einträge unterscheiden sich in ihrer Art voneinander. Lediglich die letzte Adresse ist erreichbar, was Sie am Eintrag REACHABLE erkennen.

---

5   *ARP (Address Resolution Protocol)*: Protokoll zur Auflösung von Hardware-Adressen zu IP-Adressen

Die IP-Adresse 10.0.2.18 befindet sich noch in der Verarbeitung: Das Schlagwort INCOMPLETE symbolisiert, dass eine ARP-Anfrage gesendet wurde, aber bisher noch keine Antwort angekommen ist. Hingegen ist die Auflösung für die IP-Adresse 10.0.2.16 bereits abgeschlossen. Da keine Rückmeldung erfolgt ist, wird diese als FAILED, also fehlgeschlagen, gekennzeichnet.

7.5.1   ARP-Eintrag hinzufügen

Um statische ARP-Einträge hinzuzufügen, stellt *ip* Ihnen wie gewohnt das add-Kommando zur Verfügung. In Listing 7.18 wird ein statischer (beziehungsweise permanenter) ARP-Eintrag für die IP-Adresse 10.0.2.100 mit der fiktiven MAC-Adresse 00:11:22:33:44:55 angelegt:

```
daniel@ubuntu:~$ sudo ip neigh add 10.0.2.100 dev enp0s3 lladdr 00:11:22:33:44:55
daniel@ubuntu:~$ ip neigh show
10.0.2.100 dev enp0s3 lladdr 00:11:22:33:44:55 PERMANENT
10.0.2.2 dev enp0s3 lladdr 52:54:00:12:35:02 REACHABLE
```

Listing 7.18 ARP-Eintrag statisch mit »ip neighbour add« hinzufügen

Wie in Listing 7.18 dargestellt, werden manuell hinzugefügte ARP-Einträge von *ip* mit dem Schlagwort PERMANENT gekennzeichnet.

Die Syntax folgt wieder dem üblichen Schema. Neben der Angabe der IP-Adresse und des entsprechenden Interface erwartet *ip* die Angabe der MAC-Adresse, die mit dem Schlagwort lladdr (für *link layer address*) eingeleitet wird.

7.5.2   ARP-Einträge entfernen

Ebenfalls analog zur bisherigen ip-Syntax wird über das Kommando delete das Entfernen eines ARP-Eintrags angestoßen. In Listing 7.19 sehen Sie, wie Sie ARP-Einträge wieder entfernen können:

```
daniel@ubuntu:~$ sudo ip neigh delete 10.0.2.100 dev enp0s3
daniel@ubuntu:~$ ip neigh show
10.0.2.2 dev enp0s3 lladdr 52:54:00:12:35:02 REACHABLE
```

Listing 7.19 ARP-Eintrag mit »ip neighbour delete« entfernen

Sie müssen dem Kommando delete die IP-Adresse und das entsprechende Interface mittels dev mitteilen.

7.5.3   ARP-Tabelle erneuern

Hat Ihr System einmal eine Auflösung durchgeführt, merkt es sich die Einträge bis zu 10 Minuten. Damit Sie nicht immer so lange warten oder jeden Eintrag einzeln bearbeiten müssen, können Sie auch die Einträge aus Ihrer ARP-Tabelle »wegspülen« (engl. *flush*). Hierfür bietet *ip* Ihnen das Kommando flush an. In Listing 7.20 sehen Sie, wie Sie Ihre ARP-Tabelle von Altlasten befreien können:

```
daniel@ubuntu:~$ sudo ip neigh flush all
```

Listing 7.20 ARP-Einträge mittels »ip neigh flush« erneuern

Durch die Option all wird *ip* angewiesen, alle Einträge aus Ihrer ARP-Tabelle zu erneuern. Wenn Sie den Befehl nur auf ein bestimmtes Interface anwenden wollen, können Sie dieses wie gewohnt mit dev angeben. Ersetzen Sie hierfür die Option all durch zum Beispiel dev enp0s3, um alle Einträge vom Interface *enp0s3* erneuern zu lassen.

7.5.4   Zusammenfassung

Wir haben zunächst veranschaulicht, wie Sie die ARP-Tabelle Ihres Systems anzeigen und wie Sie die unterschiedlichen Darstellungen interpretieren können. Anschließend haben wir einen permanenten ARP-Eintrag hinzugefügt und diesen wieder entfernt. Abschließend haben wir erläutert, wie Sie Ihr System anweisen können, die Einträge aus der ARP-Tabelle zu erneuern.

7.6   Linkstatus mit »ip link«

Generell unterscheidet *ip*, anders als *ifconfig*, zwischen IP-Adressen und Links. Daher können Sie den Linkstatus mit ip link auch separat anzeigen lassen:

```
daniel@ubuntu:~$ ip link show enp0s3
2: enp0s3: <BROADCAST,MULTICAST,UP,LOWER_UP> mtu 1500 qdisc pfifo_fast state UP \
mode DEFAULT group default qlen 1000
    link/ether 08:00:27:22:4e:00 brd ff:ff:ff:ff:ff:ff
```

Listing 7.21 Anzeige des Linkstatus mit »ip link«

In Listing 7.21 sehen Sie die typische Ausgabe des Linkstatus. In der ersten Zeile der Ausgabe steht die Nummer des Interface 2, gefolgt von dem eindeutigen Namen enp0s3. Danach folgen diverse Flags, die die Fähigkeiten und den Zustand der Schnittstelle beschreiben. Diese werden in spitzen Klammern und kommasepariert dargestellt. Die wichtigsten Flags sind:

▶ UP
Stellt den Status der Schnittstelle dar (UP = die Schnittstelle ist aktiviert).

▶ LOWER_UP und NO-CARRIER
Dieses Flag zeigt an, ob eine Verbindung auf Ethernet-Ebene besteht. Die Flags werden nur angezeigt, wenn das Interface auch aktiviert ist.

▶ BROADCAST und MULTICAST

Das Interface beherrscht Broad- und Multicasting.

▶ SLAVE

Die Schnittstelle gehört zu einem Bonding, also zu einer Bündelung mehrerer Links.

▶ POINTOPOINT

Es handelt sich um eine Punkt-zu-Punkt-Verbindung. Das Netzwerk besteht nur aus zwei Knoten. Jeder Verkehr landet automatisch bei der Gegenstelle.

Anschließend listet ip link die Attribute der Schnittstelle auf. Dazu zählt die *MTU*, die *Maximum Transmission Unit*. Sie gibt an, wie groß die maximale Paketgröße auf der Sicherungsschicht ist. Bei Ethernet sind das normalerweise 1500 Byte.

Das Loopback-Interface arbeitet hingegen mit 16.436 Byte, weil es als virtuelles Interface nicht den Beschränkungen von Ethernet unterliegt.

Danach folgt die Angabe der *Queuing Discipline*, des Algorithmus für das Handling der Pakete und der Queue-Länge. In der zweiten Zeile der Ausgabe stehen Informationen zum Linktyp und linkspezifische Informationen.

Bei Ethernet sind das die MAC-Adresse und die Ethernet-Broadcast-Adresse. Zusätzliche Paketstatistiken rund um die Verbindungen lassen sich mit der Option -statistics bzw. -s anzeigen. Die Option kann mehrfach angegeben werden, um den Detailgrad zu erhöhen, wie in Listing 7.22 zu sehen ist:

```
daniel@ubuntu:~$ ip -s -s link show enp0s3
2: enp0s3: <BROADCAST,MULTICAST,UP,LOWER_UP> mtu 1500 qdisc pfifo_fast state UP \
mode DEFAULT group default qlen 1000
    link/ether 08:00:27:22:4e:00 brd ff:ff:ff:ff:ff:ff
    RX: bytes  packets  errors  dropped overrun mcast
    307560     2836     0       0       0       443
    RX errors: length   crc     frame   fifo    missed
               0         0       0       0       0
    TX: bytes  packets  errors  dropped carrier collsns
    22424      161      0       0       0       0
    TX errors: aborted  fifo    window heartbeat transns
               0         0       0       0       2
daniel@ubuntu:~$
```

Listing 7.22 Paketstatistiken mit »ip -s -s«

Die Parameter von links werden mit ip link set DEVICE geändert. Sie können aber nicht nur die Schnittstellen aktivieren und deaktivieren, sondern auch Flags, MAC-Adressen oder sogar Device-Namen ändern.

7.6.1   Schnittstellen deaktivieren und aktivieren

Um Netzwerkkarten zu aktivieren oder zu deaktivieren, müssen Sie einen Parameter setzen. Mit up und down können Sie Netzwerkkarten ab- und anschalten:

```
daniel@ubuntu:~$ sudo ip link set enp0s8 down
daniel@ubuntu:~$ sudo ip link set enp0s8 up
```

Listing 7.23 Aktivieren und Deaktivieren einer Schnittstelle

Wenn Sie eine Schnittstelle deaktivieren, werden automatisch auch alle Routen zu dieser Schnittstelle aus Ihrem System entfernt! Beachten Sie dies, bevor Sie Schnittstellen deaktivieren. Darüber hinaus wird anders als mit den Tools *ifdown* und *ifup* nur der Interface-Status geändert und nicht die Skripte für das jeweilige Interface ausgeführt.

7.6.2   Neue MAC-Adresse setzen

Die MAC-Adressen einer Netzwerkkarte sind stets eindeutig, dafür sorgt das *IEEE*[6]. In einigen Konfigurationen müssen Sie aber die MAC-Adresse einer Netzwerkschnittstelle manuell anpassen, zum Beispiel bei Multicast-Diensten, virtuellen Schnittstellen oder zur Fehleranalyse. Hierfür können Sie ebenfalls *ip* einsetzen.

```
daniel@ubuntu:~$ sudo ip link set enp0s8 address 00:11:22:33:44:55
```

Listing 7.24 MAC-Adresse mit »ip link« verändern

Wie in Listing 7.24 dargestellt, können Sie über den set-Befehl, gefolgt von der Schnittstelle und dem Parameter address, eine eigene MAC-Adresse angeben. Im Beispiel verwenden wir die fiktive Adresse 00:11:22:33:44:55.

7.6.3   Den Device-Namen ändern

Die gewohnten Netzwerkschnittstellen wie *enp0s3* oder *ens1* können auch geändert werden. Das Ändern der Namen kann bei Konfigurationen mit vielen Netzwerkkarten durchaus Sinn machen, beispielsweise bei Firewalls, um genau zu zeigen, welche Schnittstelle wohin führt (intern, extern, DMZ1, management, heartbeat, vpn ...). Um Device-Namen zu ändern, sollten Sie stets das Interface vorher abschalten, wie in Listing 7.25 zu sehen ist:

```
daniel@ubuntu:~$ sudo ip link set enp0s8 down
daniel@ubuntu:~$
daniel@ubuntu:~$ sudo ip link set enp0s8 name DMZ1
daniel@ubuntu:~$ ip link show DMZ1
```

---

6 *IEEE*: Institute of Electrical and Electronics Engineers

```
3: DMZ1: <BROADCAST,MULTICAST> mtu 1500 qdisc pfifo_fast state DOWN mode \
   DEFAULT qlen 1000
     link/ether 08:00:27:9e:5f:12 brd ff:ff:ff:ff:ff:ff
daniel@ubuntu:~$
```

Listing 7.25 Ändern des Device-Namens

[!] **Deaktivieren Sie vor Änderungen das entsprechende Interface**

Sie dürfen den Namen von Schnittstellen nur dann ändern, wenn das Interface inaktiv ist. Ansonsten können Dienste durcheinanderkommen, die bereits auf das Interface gebunden sind. Neuere Implementierungen lassen glücklicherweise keine Änderung des Namens im laufenden Betrieb zu.

Wesentlich besser als das manuelle Umbenennen ist das Erstellen einer *udev*-Regel, sodass gleich bei jedem Booten des Systems die Schnittstellennamen gesetzt werden. Dies haben wir in Abschnitt 7.9.4, »Richtig zugeordnet mit ›udev‹«, näher beschrieben.

7.7   Geschwindigkeit mit »ethtool«

Das Programm *ip* kann viel, aber nur, wie der Name schon sagt, was das *Internet-Protokoll* angeht. Leider können Sie über ip nicht die *Speed*- und *Duplex*-Einstellungen Ihrer Netzwerkkarte verändern. Dafür setzen wir das Tool *ethtool* ein.

Ab Ubuntu 16.04 gehört das Tool zum Standard. In älteren Versionen liefert Ubuntu leider nur das veraltete *mii-tool* mit. Dieses Tool wurde zuletzt im Jahre 2004 aktualisiert, daher stößt es hier und da auch an seine Grenzen und sollte somit nicht mehr für alle Operationen eingesetzt werden.

7.7.1   Installation von »ethtool«

Praktischerweise ist *ethtool* in den Paketquellen von Ubuntu enthalten, sodass Sie es einfach mit apt-get installieren können (siehe Listing 7.26). Falls Sie also eine ältere Ubuntu-Version einsetzen, sollten Sie *ethtool* nachinstallieren.

```
daniel@ubuntu:~$ sudo apt-get install ethtool
Paketlisten werden gelesen... Fertig
Abhängigkeitsbaum wird aufgebaut.
Statusinformationen werden eingelesen.... Fertig
Die folgenden NEUEN Pakete werden installiert:
  ethtool
```

Listing 7.26 Installation von »ethtool«

7.7.2   Statusanzeige von »ethtool«

Das Programm *ethtool* ist parameterbasiert. Ein Aufruf ohne Parameter liefert Ihnen sofort eine entsprechende Fehlermeldung:

```
daniel@ubuntu:~$ ethtool
ethtool: bad command line argument(s)
For more information run ethtool -h
daniel@ubuntu:~$
```

Listing 7.27 Aufruf von »ethtool« ohne Parameter

ethtool benötigt zumindest die Angabe einer Netzwerkschnittstelle. In Listing 7.28 sehen Sie die typische Ausgabe von *ethtool*, wenn Sie es mit Benutzerrechten starten:

```
 1: daniel@ubuntu:~$ ethtool enp0s3
 2: Settings for enp0s3:
 3:         Supported ports: [ TP ]
 4:         Supported link modes:   10baseT/Half 10baseT/Full
 5:                                 100baseT/Half 100baseT/Full
 6:                                 1000baseT/Full
 7:         Supported pause frame use: No
 8:         Supports auto-negotiation: Yes
 9:         Advertised link modes:  10baseT/Half 10baseT/Full
10:                                 100baseT/Half 100baseT/Full
11:                                 1000baseT/Full
12:         Advertised pause frame use: No
13:         Advertised auto-negotiation: Yes
14:         Speed: 1000Mb/s                       .
15:         Duplex: Full
16:         Port: Twisted Pair
17:         PHYAD: 0
18:         Transceiver: internal
19:         Auto-negotiation: on
20:         MDI-X: off (auto)
21: Cannot get wake-on-lan settings: Operation not permitted
22:         Current message level: 0x00000007 (7)
23:                               drv probe link
24:         Link detected: yes
```

Listing 7.28 Aufruf von »ethtool« als Benutzer

Alle relevanten Ausgaben werden ausgelesen und angezeigt – bis auf Zeile 21, da zum Auslesen der *Wake-on-Lan*-Attribute Root-Rechte benötigt werden. Führen Sie das Kommando mit *sudo* aus, werden auch diese Attribute ausgelesen und angezeigt, wie in der verkürzt dargestellten Ausgabe in Listing 7.29:

```
daniel@ubuntu:~$ sudo ethtool enp0s3
Settings for enp0s3:
        […]
        Supports Wake-on: umbg
        Wake-on: d
        […]
```

Listing 7.29 Anzeige des Status mit »ethtool«

Sie erhalten eine Buchstabenreihe, die die *Wake-on-Lan*-Attribute Ihrer Netzwerkkarte beschreibt. Dabei stehen die Buchstaben für folgende Werte:

▶ p – PHY-Aktivierung

▶ u – Aktivierung über Unicast

▶ m – Aktivierung über Multicast

▶ b – Aktivierung über Broadcast

▶ a – Aktivierung über ARP

▶ g – Aktivierung über MagicPacket

▶ m – Aktivierung über SecureOn MagicPacket

▶ d – Deaktiviert (kein Wake-on-Lan)

Leider kann *ethtool* Ihnen nur die Informationen pro Netzwerkschnittstelle anzeigen. Auf älteren Versionen von Ubuntu bietet sich für eine kurze Übersicht daher das veraltete *mii-tool* an. Ohne Parameter aufgerufen, zeigt es Ihnen eine Übersicht über alle Netzwerkschnittstellen und deren *autonegotiation-*, *speed-*, *duplex-* und *link*-Einstellungen an:

```
daniel@ubuntu-14.04:~$ sudo mii-tool
eth0: no autonegotiation, 1000baseT-FD flow-control, link ok
eth1: no autonegotiation, 1000baseT-FD flow-control, link ok
eth2: no autonegotiation, 1000baseT-FD flow-control, link ok
```

Listing 7.30 Anzeige des Status mit »mii-tool« auf einem Ubuntu 14.04

Die Ausgabe sieht auf einem Ubuntu 16.04 aber leider so aus wie in Listing 7.31:

```
daniel@ubuntu:~$ sudo mii-tool
SIOCGMIIPHY on 'eth0' failed: Operation not permitted
SIOCGMIIPHY on 'eth1' failed: Operation not permitted
SIOCGMIIPHY on 'eth2' failed: Operation not permitted
SIOCGMIIPHY on 'eth3' failed: Operation not permitted
[…]
SIOCGMIIPHY on 'eth7' failed: Operation not permitted
no MII interfaces found
```

Listing 7.31 Anzeige des Status mit »mii-tool« auf einem Ubuntu 16.04

Dies ist darauf zurückzuführen, dass *mii-tool* lediglich nach Netzwerkschnittstellen Ausschau hält, die nach der alten Nomenklatur benannt sind.

Ab Ubuntu 16.04 können Sie für eine kurze Übersicht die folgende Befehlskette verwenden:

```
daniel@ubuntu:~$ for i in $(ls /sys/class/net);do echo -n $i; ethtool $i|egrep \
"(Link d|Spee|Dupl)"; done
enp0s3  Speed: 1000Mb/s
        Duplex: Full
        Link detected: yes
enp0s8  Speed: 1000Mb/s
        Duplex: Full
        Link detected: yes
lo      Link detected: yes
```

Listing 7.32 Anzeige des Status aller Schnittstellen mit »ethtool«

7.7.3 Einstellung von »speed« und »duplex«

In der Regel verwenden aktuelle Router, Switches und Netzwerkkarten *Autonegotiation*. Bei diesem Verfahren handeln die Kommunikationspartner beim Aktivieren selbstständig aus, welche maximalen *Speed*- und *Duplex*-Einstellungen verwendet werden können. In einigen Fällen schlägt der Automatismus aber fehl. Darüber hinaus gibt es auch Anwendungsfälle, in denen Sie die maximale Bandbreite eigenständig steuern wollen oder müssen.

Daher bietet *ethtool* Ihnen mit dem Parameter -s die Möglichkeit, die Einstellungen fest zu vergeben (siehe Listing 7.33). Dabei werden die Werte nicht fix eingetragen, sondern es werden lediglich die angebotenen Möglichkeiten beschränkt (Advertised link modes).

```
daniel@ubuntu:~$ sudo ethtool -s enp0s8 autoneg onspeed 100 duplex full
daniel@ubuntu:~$ ethtool enp0s8
Settings for enp0s8:
        Supported ports: [ TP ]
        Supported link modes:   10baseT/Half 10baseT/Full
                                100baseT/Half 100baseT/Full
                                1000baseT/Full
        Supported pause frame use: No
        Supports auto-negotiation: Yes
        Advertised link modes:  100baseT/Full
        Advertised pause frame use: No
        Advertised auto-negotiation: Yes
        Speed: 1000Mb/s
        Duplex: Full
        Port: Twisted Pair
        PHYAD: 0
```

```
        Transceiver: internal
        Auto-negotiation: on
        MDI-X: (auto)
Cannot get wake-on-lan settings: Operation not permitted
        Current message level: 0x00000007 (7)
                               drv probe link
        Link detected: no
```

Listing 7.33 Manipulation von »Speed« und »Duplex«

Auf den ersten Blick werden die Einstellungen von *ethtool* nicht angewandt, da der Speed nach wie vor auf 1000Mb/s steht. Das ist darauf zurückzuführen, dass der Parameter nicht die Werte direkt, sondern die empfohlenen Werte verändert. Es wurde also nur die Zeile Advertised link modes verändert, die nun nur noch 100baseT/Full anbietet.

[+]

Mit Vorsicht zu genießen: »Speed« und »Duplex«

Auch wenn es Gründe für die feste Vergabe dieser Einstellungen gibt, sollten Sie trotzdem gewarnt sein. Veränderungen können schnell zu Ausfällen führen – wenn das automatische Aushandeln doch mal nicht funktioniert, Switch und Netzwerkkarte sich nicht so gut verstehen oder aber das RFC (mal wieder) nicht gleich von allen Herstellern implementiert wurde.

Unterschiedliche *Duplex*- und *Speed*-Einstellungen können äußerst merkwürdige Phänomene nach sich ziehen. Seien Sie also auf der Hut, bevor Sie anfangen, diese Werte zu manipulieren.

7.7.4   Zusätzliche Informationen

Mit *ethtool* können Sie auch noch weitere Informationen von Ihren Netzwerkkarten bekommen. Verwenden Sie den Parameter -i, um sich die Treiberinformationen einer Netzwerkschnittstelle anzeigen zu lassen:

```
daniel@ubuntu:~$ ethtool -i enp0s3
driver: e1000
version: 7.3.21-k8-NAPI
firmware-version:
bus-info: 0000:00:03.0
supports-statistics: yes
supports-test: yes
supports-eeprom-access: yes
supports-register-dump: yes
supports-priv-flags: no
daniel@ubuntu:~$
```

Listing 7.34 Treiberinformationen mit »-i«

Wie Sie in Listing 7.34 sehen, erhalten Sie neben den Angaben zum Treiber und dessen Version auch Angaben zum Funktionsumfang.

7.7.5   Identifikation: »The who-is-who«

Eine der nützlichsten Funktionen von *ethtool* ist der Parameter -p. Damit lassen Sie die LEDs einer Schnittstelle blinken. Dabei blinken die LEDs rhythmisch und zeigen nicht die ein- und ausgehenden Pakete an.

Dies ist vor allem dann hilfreich, wenn mehrere Netzwerkkarten verbaut sind und Sie nicht sicher sind, wie die Nummerierung erfolgt.

```
daniel@ubuntu:~$ sudo ethtool -p enp0s3 10
```

Listing 7.35 Blinkende LEDs mit »-p«

Wie Sie in Listing 7.35 sehen, werden dem Parameter -p die Netzwerkkarte und eine Zahl als Werte übergeben. Im Beispiel würde *enp0s3* 10 Sekunden rhythmisch blinken. Ohne die Angabe der Sekunden am Ende blinken die LEDs, bis Sie den Befehl mit [Strg] + [C] abbrechen.

7.7.6   Zusammenfassung

Zunächst haben wir *ethtool* vorgestellt und die *Speed*- und *Duplex*-Einstellungen anzeigen lassen. Anschließend haben wir erläutert, wie Sie die Einstellungen mit dem Parameter -s fest angeben können. Abschließend haben wir gezeigt, wie Sie mit dem Parameter -i zusätzliche Treiberinformationen anzeigen lassen und wie Sie die Netzwerkkarten mithilfe von -p zum Blinken bringen und so identifizieren können.

7.8   Permanente IP-Adresskonfiguration

Nach der Installation sieht die Netzwerkkonfiguration Ihres Servers zunächst vor, dass der Server automatisch eine Adresse via DHCP bezieht. Im Regelfall sollten Server aber über eine statische Vergabe von IP-Adressen verfügen. Damit können Sie Ihren Server nicht nur vor Amok laufenden DHCP-Servern schützen, sondern auch Ihren Adressraum besser planen.

7.8.1   Statisch und DHCP

Sie sollten die Adressvergabe statisch vornehmen – nicht nur, um Ihren IP-Adressraum besser planen zu können, sondern vor allem, damit Ihr Server vor fehlkonfigurierten DHCP-Servern geschützt ist. Ebenso spielt es eine Rolle, dass ein Server-Umfeld nicht annähernd so flexibel sein muss wie Ihr Client-Netzwerk. In diesem Abschnitt zeigen wir Ihnen, wie Sie die IP-Adresse Ihres Servers dauerhaft verändern können.

7.8.2   Die Konfigurationsdatei »/etc/network/interfaces«

Die Netzwerkkonfiguration Ihres Servers ist in der Datei */etc/network/interfaces* zentral ge-speichert. Veränderungen an dieser Datei müssen dem System erst bekannt gemacht werden. Hierfür können Sie den Befehl `systemctl restart networking` verwenden.

Die Konfigurationsdatei *interfaces* sieht nach der Installation so aus wie in Listing 7.36:

```
daniel@ubuntu:~$ cat /etc/network/interfaces
# This file describes the network interfaces available on your system
# and how to activate them. For more information, see interfaces(5).

source /etc/network/interfaces.d/*

# The loopback network interface
auto lo
iface lo inet loopback

# The primary network interface
auto enp0s3
iface enp0s3 inet dhcp
```

Listing 7.36 Der Inhalt der Datei »/etc/network/interfaces« nach der Installation

Aufbau der Datei

Zunächst werden nach dem Hinweis im Kommentar alle Dateien aus dem Verzeichnis */etc/network/interfaces.d/* als Quelle für weitere Konfigurationen eingebunden. Anschlie-ßend werden zwei Netzwerkschnittstellen definiert: zum einen das *Loopback*-Interface und zum anderen das einzig aktive Interface *enp0s3*. Falls Ihr Server über weitere Netzwerkkar-ten verfügt, stehen diese nicht zwingend in dieser Datei. Dort finden Sie nur bereits von Ihnen bei der Installation konfigurierte Schnittstellen. Neben der reinen IP-Konfiguration werden hier ebenfalls die Duplex-Einstellungen der Netzwerkkarten konfiguriert. In moder-nen Netzwerken können Sie die Duplex-Einstellungen auf *Autonegotiation* stehen lassen. Damit veranlassen Sie Ihre Netzwerkkarte, eigenständig mit dem angeschlossenen Switch auszuhandeln, welche Einstellungen in Ihrem Netzwerk korrekt wären. In der Regel sollten diese heutzutage `1000Mbit full-duplex` lauten, also ein Gigabit-Netzwerk mit parallelem Datenaustausch vorsehen, was durch die Zeile `auto enp0s3` erfolgt.

Eine Netzwerkkartenkonfiguration besteht mindestens aus zwei Zeilen. Die erste Zeile (`auto enp0s3`) führt nicht nur dazu, dass diese Netzwerkkarte via Autonegotiation konfiguriert wird, sondern weist das System auch an, diese Karte direkt beim Starten zu aktivieren.

Die zweite Zeile stellt die Netzwerkkarte auf DHCP ein, also auf das automatische Beziehen einer IP-Adresse. Die Syntax lautet wie folgt:

```
iface <INTERFACE> <PROTOCOL> <METHOD>
```

Listing 7.37 Syntax der Konfigurationszeile

Nach dem Schlagwort `iface`, das die Konfiguration einleitet, folgt die Angabe der Netzwerkkarte, gefolgt vom entsprechenden Protokoll und der zu verwendenden Methode.

Folgende Protokolle sind dabei möglich:

▶ `inet`
IPv4-Netzwerk-Interface

▶ `inet6`
IPv6-Netzwerk-Interface

▶ `ipx`
IPS/SPX-Netzwerk-Interface

Die Methode kann vielfältig konfiguriert werden. Die gängigsten Methoden sind:

▶ `dhcp`
automatisches Beziehen einer Adresse via DHCP

▶ `static`
feste IP-Adressvergabe

▶ `manual`
manuelle Konfiguration – keine Standardkonfiguration. Diese wird zur Laufzeit manuell gesetzt.

Im Beispiel aus Listing 7.36 würde das Interface enp0s3 also als eine IPv4-Netzwerkschnittstelle eingerichtet, die selbstständig eine Adresse via DHCP beziehen soll.

Statische Adressvergabe

Um der Netzwerkschnittstelle enp0s3 eine statische IP-Adresse zuzuweisen, müssen Sie mindestens die in Listing 7.38 aufgeführte Konfiguration vornehmen:

```
auto enp0s3
iface enp0s3 inet static
    address 10.0.2.15
    netmask 255.255.255.0
    gateway 10.0.2.1
```

Listing 7.38 Statische Adressvergabe für »enp0s3«

Mit der Konfiguration aus Listing 7.38 legen Sie die IP-Adresse auf 10.0.2.15 mit einer 24-Bit-Netzwerkmaske und dem *Default-Gateway* 10.0.2.1 fest. Nach einem Neustart des Netzwerkdienstes würde der Netzwerkschnittstelle *enp0s3* nicht nur die IP-Adresse korrekt zugewiesen werden, sondern es würde auch direkt die Default-Route gesetzt werden.

Falls es sich um eine zusätzliche Netzwerkschnittstelle handelt, müssen Sie das *Default-Gateway* nicht mit angeben. Darüber hinaus können Sie in der Datei *interfaces* direkt die Nameserverkonfiguration vornehmen. Erweitern Sie dafür die Konfiguration so wie in Listing 7.39:

```
auto enp0s3
iface enp0s3 inet static
    address 10.0.2.15
    netmask 255.255.255.0
    gateway 10.0.2.1
    dns-nameservers 10.0.2.10 10.0.2.12
    dns-search example.com
```

Listing 7.39 Statische Adressvergabe mit Nameserverkonfiguration für »enp0s3«

Mit dem Schlagwort dns-nameservers werden, durch Leerzeichen getrennt, die DNS-Server angegeben. Diese werden direkt in die Datei */etc/resolv.conf* eingetragen. Ebenso wird die Suchdomäne, die über dns-search angegeben wird, übernommen.

```
daniel@ubuntu:~$ sudo systemctl restart networking
```

Listing 7.40 Änderungen von »/etc/network/interfaces« anwenden

Damit Ihre Änderungen wirksam werden, müssen Sie den Netzwerkdienst neu starten, so wie in Listing 7.40 dargestellt.

[+] Beachten Sie, dass beim Neustart des Netzwerkdienstes alle Netzwerkschnittstellen verarbeitet werden. Mit Fehlkonfigurationen können Sie daher leicht das gesamte System lahmlegen. Desweiteren bleiben IP-Konfigurationen bestehen. Wenn Sie zum Beispiel eine zuvor via DHCP konfigurierte Schnittstelle auf eine statische Konfiguration ändern, behält die Schnittstelle ihre via DHCP zugewiesene Adresse.

[!] **Einschränkungen von »ifdown« und »ifup«**
Auf aktuellen Ubuntu-Versionen geben die Tools Fehler aus. Prinzipiell verrichten sie zwar noch ihren Dienst, sind aber veraltet. Verzichten Sie daher lieber auf ihren Einsatz, um nicht unerwartete Phänomene zu produzieren.

7.8.3   Zusammenfassung

Zunächst haben wir den Aufbau der Datei */etc/network/interfaces* näher betrachtet. Anschließend haben wir die Konfiguration der IP-Adresse von DHCP auf statisch umgestellt. Abschließend wurden die Methoden zur Aktivierung der Änderungen vorgestellt.

7.9 Fortgeschrittene Konfiguration

Bisher haben wir Ihnen die Basiskonfiguration nähergebracht. Darüber hinaus können Sie aber viele weitere Konfigurationen vornehmen. In diesem Abschnitt zeigen wir Ihnen, wie Sie zwischen Netzsegmenten eine Brücke bauen (*Bridging*), wie Sie Ihren Netzwerkkarten den korrekten Umgang mit VLANs beibringen (*Trunking*), wie Sie Netzwerkkarten bündeln können (*Channeling*), um den Datendurchsatz oder die Ausfallsicherheit zu erhöhen, und wie Sie die Schnittstellenzuordnung mit *udev* steuern können.

Bitte beachten Sie, dass diese Netzwerkkonfigurationen immer nur lokal durchgeführt werden sollten und nicht über einen entfernten Zugriff (wie zum Beispiel eine SSH-Sitzung). Fehlerhafte Konfigurationen führen schnell zum Stillstand des Netzwerks auf Ihrem System.

Darüber hinaus können Sie mit den hier vorgestellten Konfigurationen auch Ihr gesamtes Netzwerk lahmlegen. Prüfen Sie daher jeden Schritt, bevor Sie die Befehle absetzen, und führen Sie diese Veränderungen nicht zur besten Sendezeit aus. Mit dem folgenden Kasten möchten wir Ihnen eine sprachliche Hilfestellung geben, da die Begriffe leider nicht eindeutig verwendet werden.

Begriffschaos

Beachten Sie, dass die Hersteller von Netzwerktechnik Begriffe teilweise unterschiedlich verwenden. Besonders *Cisco* weicht von der Norm ab. Die folgende Übersicht zeigt Ihnen, was wirklich gemeint ist, damit Sie mit dem Netzwerkmitarbeiter Ihres Vertrauens auch eine gemeinsame Sprache finden:

Hersteller	Trunking	Channeling
Cisco	Trunk	Etherchannel
HP	LACP/Link Aggregation	Trunk
Sun	VLANs	Trunk
Linux	802.1q	Bonding

Lassen Sie sich nicht irritieren. Wir verwenden stets alle Begriffe und beschreiben die Funktion dahinter in den jeweiligen Abschnitten, sodass Sie den für Ihr Umfeld korrekten Begriff wiederfinden.

7.9.1 Brückenbau (»Bridging«)

Eine Netzwerkbrücke kommt immer dann zum Einsatz, wenn über mehrere Schnittstellen hinweg das gleiche Netzwerk genutzt werden soll. Dabei werden, anders als bei einem Router, alle Pakete übertragen, also auch ARP- und Broadcast-Pakete. Dadurch können über ein so erweitertes Netzwerk alle Layer-2-Dienste durchgängig genutzt werden.

Ein häufiger Anwendungszweck ist die Erweiterung des kabelgebundenen Netzwerks durch ein Funknetzwerk, also die Erweiterung des LAN durch ein WLAN, oder um Ihren Server als Layer-2-Firewall zu nutzen.

[!] **»Bridge« ist nicht gleich »Router«**

Bitte beachten Sie, dass eine *Bridge* kein *Router* ist. Eine *Bridge* leitet sämtlichen Datenverkehr zur »anderen Seite« weiter – vergleichbar mit einem Switch oder Hub. Konfigurieren Sie daher die *Bridge* nicht als *Default-Gateway* auf den Systemen im Netzwerk, sondern stets das eigentliche *Gateway*, auch wenn sich dieses physikalisch hinter der *Bridge* befindet!

Installation

Installieren Sie zunächst das Paket *bridge-utils* aus den Paketquellen, wie in Listing 7.41 dargestellt:

```
daniel@ubuntu:~$ sudo apt-get install bridge-utils
[sudo] password for daniel:
Paketlisten werden gelesen... Fertig
Abhängigkeitsbaum wird aufgebaut.
Statusinformationen werden eingelesen.... Fertig
Die folgenden NEUEN Pakete werden installiert:
  bridge-utils
```

Listing 7.41 Installation der »bridge-utils«

Konfiguration

Die Konfiguration einer Bridge erfolgt über die zentrale Konfigurationsdatei */etc/network/interfaces*. Äquivalent zur Konfiguration einer Netzwerkkarte richten Sie dort ein eigenständiges Gerät ein, bei dem Sie über zusätzliche Parameter die physischen Schnittstellen angeben, über die die Brücke errichtet werden soll.

In Listing 7.42 richten wir eine Brücke zwischen den Netzwerkkarten enp0s3 und enp0s9 ein:

```
auto lo
iface lo inet loopback

iface enp0s3 inet manual

iface enp0s8 inet manual

iface enp0s9 inet manual
```

```
auto br0
iface br0 inet dhcp
  bridge_ports enp0s3 enp0s9
```

Listing 7.42 Konfiguration einer Brücke in »/etc/network/interfaces«

Mit dem zusätzlichen Parameter `bridge_ports` wird der neuen Schnittstelle `br0` mitgeteilt, über welche physischen Netzwerkkarten die Brücke erstellt werden soll.

Beachten Sie, dass die physischen Netzwerkkarten mit der Methode `manual` gesetzt wurden. Sobald Sie eine Brücke verwenden, können die physischen Netzwerkkarten keine eigenen Adressen mehr verwalten. Darüber hinaus wurde die `auto`-Zeile entfernt, damit das System die Netzwerkschnittstellen zwar initialisiert, aber nicht mit Konfigurationen blockiert.

Das Paket *bridge-utils* liefert Ihnen auch noch das Programm `brctl` mit. Mittels `brctl show` können Sie den Status Ihrer Brücke abrufen. Wenn Sie die Brücke aus Listing 7.42 aufgebaut haben, sieht die Rückgabe des Aufrufs so wie in Listing 7.43 aus:

```
daniel@ubuntu:~$ sudo brctl show
bridge name     bridge id              STP enabled      interfaces
br0             8000.0800277e6b6a      no               enp0s3
                                                        enp0s9

daniel@ubuntu:~$
```

Listing 7.43 Status der Brücke mit »brctl show« anzeigen

Abschließend möchten wir noch auf die Manpage (`man bridge-utils-interfaces`) verweisen. Dort sind alle Parameter näher erläutert und mit entsprechenden Warnungen versehen, falls die Parameter Ihr Netzwerk durcheinanderbringen können.

7.9.2   VLANs (»Trunking/Channeling«)

Um ein physisches Netzwerk in mehrere logische Netzwerke zu unterteilen, werden *VLANs (Virtual Local Area Networks)* verwendet. Der Standard hierfür ist *IEEE 802.1q*. Je nach Hersteller wird von der Konfiguration *.1q* (ausgesprochen: »Dot One Q«), *Trunking* oder *Channeling* gesprochen.

Die dahinter stehende Technik ist aber die gleiche. Den Ethernet-Paketen werden *VLAN-Tags* (oder kurz *Tags*) hinzugefügt. Nur Netzwerkports, die ebenfalls im gleichen VLAN sind oder das korrekte Tag verwenden, können miteinander kommunizieren.

Installation

Damit Ihr Server auf einer physischen Netzwerkschnittstelle mehrere VLANs verarbeiten kann, müssen Sie zunächst das Paket *vlan* installieren, wie in Listing 7.44 zu sehen ist:

```
daniel@ubuntu:~$ sudo apt-get install vlan
[sudo] password for daniel:
Paketlisten werden gelesen... Fertig
Abhängigkeitsbaum wird aufgebaut.
Statusinformationen werden eingelesen.... Fertig
Die folgenden NEUEN Pakete werden installiert:
  vlan
```

Listing 7.44 Installation von »vlan«

In dem Paket sind das Programm *vconfig* zur Konfiguration und ein Kernel-Modul enthalten, das Sie nach der Installation zunächst laden müssen (siehe Listing 7.45). Durch den Befehl `lsmod` wird geprüft, ob das Laden erfolgreich war. Da die Ausgabe das Modul aufführt, ist Ihr System nun in der Lage, VLANs zu verarbeiten.

```
daniel@ubuntu:~$ sudo modprobe 8021q
daniel@ubuntu:~$ sudo lsmod | grep 8021q
8021q                32768  0
garp                 16384  1 8021q
mrp                  20480  1 8021q
```

Listing 7.45 Laden des Kernel-Moduls »8021q«

Konfiguration

Erstellen Sie zunächst mit *vconfig* eine VLAN-Schnittstelle, und konfigurieren Sie anschließend die Schnittstelle so, wie in Listing 7.46 aufgeführt:

```
daniel@ubuntu:~$ sudo vconfig add enp0s8 10
Added VLAN with VID == 10 to IF -:enp0s8:-
daniel@ubuntu:~$
daniel@ubuntu:~$ sudo ip addr add 10.0.0.1/24 dev enp0s8.10
```

Listing 7.46 Erstellung und Konfiguration einer VLAN-Schnittstelle

Dem Programm `vconfig` wurde über die Option add mitgeteilt, dass eine neue VLAN-Schnittstelle erzeugt werden soll. Anschließend erwartet das Programm zwei Parameter: zuerst die Netzwerkschnittstelle (enp0s8) und dann die VLAN-ID (10). Anschließend wurde mit ip addr add der neuen Netzwerkschnittstelle eine IP-Adresse zugewiesen. Äquivalent dazu können Sie mit der Option rem eine VLAN-Schnittstelle entfernen. Die in Listing 7.46 dargestellte Konfiguration ist nur zur Laufzeit gültig.

[+] Wie Ihnen sicherlich in Listing 7.46 aufgefallen ist, wird die VLAN-Schnittstellen mit enp0s8.10 angesprochen. Als Trennzeichen zwischen der physischen Schnittstelle und der VLAN-ID wird der Dezimalpunkt verwendet und nicht der Doppelpunkt. Hieran können Sie VLAN-Schnittstellen und Alias-Schnittstellen unterscheiden.

Dauerhafte Konfiguration

Für eine permanente Konfiguration müssen Sie zunächst Ihrem System mitteilen, dass das neu installiere Kernel-Modul bei jedem Systemstart geladen werden soll. Führen Sie dazu am einfachsten den Befehl aus Listing 7.47 aus:

```
daniel@ubuntu:~$ sudo su -c 'echo "8021q" >> /etc/modules'
```

Listing 7.47 Kernel-Moduls »8021q« bei jedem Systemstart laden

Der Befehl aus Listing 7.47 setzt den Namen des zu ladenden Moduls ans Ende der Datei */etc/modules*, in der alle Module aufgeführt werden, die geladen werden sollen. Die Konfiguration der Netzwerkschnittstelle erfolgt erneut in der Datei */etc/network/ interfaces*. Hier wird der neuen Schnittstelle über den Parameter *vlan-raw-device* die physische Netzwerkschnittstelle mitgegeben, wie in Listing 7.48 zu sehen ist:

```
auto enp0s8.10
iface enp0s8.10 inet static
    address 10.0.0.1
    netmask 255.255.255.0
    vlan-raw-device enp0s8
```

Listing 7.48 VLAN-Schnittstellenkonfiguration in »/etc/network/interfaces«

Wie bei der flüchtigen Konfiguration auf der Konsole mithilfe von `ip addr add` wird die VLAN-ID mit einem Dezimalpunkt als Trennzeichen an den Schnittstellennamen angehängt.

»VLAN missmatch«   [!]

Beachten Sie, dass die Switch- und Serverkonfigurationen 1:1 übereinstimmen müssen. Bei Abweichungen wird der Switch die Verbindung abschalten, auch wenn nur die Anzahl nicht übereinstimmt.

7.9.3   Bonding (»Etherchannel/Trunking/Teaming«)

Beim *Bonding*, das auch *Channeling*, *Trunking* oder *Teaming* genannt wird, handelt es sich um eine Bündelung von Netzwerkschnittstellen. Dies kann zum einen zur Erhöhung des Datendurchsatzes führen oder dient dazu, die Ausfallsicherheit zu steigern.

Umgebung anpassen!   [!]

Beachten Sie, dass Sie bei einer Bonding-Konfiguration immer Ihre Umgebung (Switches) ebenfalls umkonfigurieren müssen! Die unterschiedlichen Modi verlangen eine unterschiedlich komplexe Konfiguration auf Switch-Seite.

Um Netzwerkschnittstellen zu bündeln, müssen Sie zunächst das Paket *ifenslave-2.6* installieren (siehe Listing 7.49):

```
daniel@ubuntu:~$ sudo apt-get install ifenslave-2.6
Paketlisten werden gelesen... Fertig
Abhängigkeitsbaum wird aufgebaut.
Statusinformationen werden eingelesen.... Fertig
Hinweis: »ifenslave-2.6« wird an Stelle von »ifenslave« gewählt.
Die folgenden NEUEN Pakete werden installiert:
  ifenslave-2.6
```

Listing 7.49 Das Paket »ifenslave-2.6« installieren

Anschließend müssen Sie sicherstellen, dass das Kernel-Modul *bonding* geladen ist. Dieses Modul ist nach der Installation bereits auf Ihrem System vorhanden. Listing 7.50 zeigt, wie Sie das Modul laden und den Vorgang überprüfen können:

```
daniel@ubuntu:~$ sudo su -c 'echo "bonding" >> /etc/modules'
daniel@ubuntu:~$ sudo modprobe bonding
daniel@ubuntu:~$ lsmod | grep bond
bonding                139264  0
daniel@ubuntu:~$
```

Listing 7.50 Das Kernel-Modul »bonding« dauerhaft einrichten und laden

In Listing 7.50 wurde zunächst das Modul bonding zu der Liste der beim Systemstart zu ladenden Module hinzugefügt. Sie finden diese Liste in der Datei */etc/modules*. Anschließend wurde das Modul mit modprobe zur Laufzeit geladen und mit lsmod überprüft. Nun ist Ihr System in der Lage, Netzwerkschnittstellen zu bündeln – und dies auch über einen Systemneustart hinaus.

Die Konfiguration der Bündelung erfolgt wie gewohnt in der Datei */etc/network/interfaces*.

Modi

Die Bündelung kann auf unterschiedliche Arten realisiert werden. Das Kernel-Modul *bonding* bietet Ihnen die hier aufgelisteten Möglichkeiten:

▶ **Modus 0: »balancer-rr« (Lastverteilung und Ausfallsicherheit)**
Das *rr* im Namen steht für *Round-Robin*. Hier werden die abgesandten Pakete auf die gebündelten Netzwerkschnittstellen verteilt. Eingehend kann nur eine Netzwerkschnittstelle genutzt werden. Dieser Modus führt also zu einer Erhöhung des möglichen Uploads und erhöht gleichzeitig die Ausfallsicherheit.

▶ **Modus 1: »active-backup« (Ausfallsicherheit)**
Hierbei ist nur eine Netzwerkschnittstelle aktiv. Die passive Schnittstelle wird nur aktiviert, wenn die vormals aktive ausfällt. Diese Methode wird zum *Failover* eingesetzt.

▶ **Modus 2: »balance-xor« (Lastverteilung und Ausfallsicherheit)**
Das *xor* im Namen steht für die Berechnungsmethode *XOR*. Hier wird jedem Ziel im Netzwerk eine Schnittstelle fest zugewiesen. Die Zuordnung erfolgt dabei über den Modulo der Division zwischen *Quell-MAC XOR Ziel-MAC* und der Anzahl der Slave-Schnittstellen.

▶ **Modus 3: »broadcast« (Lastverteilung und Ausfallsicherheit)**
Hier werden die Daten auf allen Netzwerkschnittstellen geflutet. Dies führt zu stark erhöhtem Netzwerkverkehr. Setzen Sie diese Methode nur ein, wenn es zwingend erforderlich ist.

▶ **Modus 4: »802.3ad/LACP« (Lastverteilung und Ausfallsicherheit)**
Der IEEE-Standard 802.3ad, der auch als *LACP*[7] oder einfach als *Link Aggregation* bezeichnet wird, ermöglicht es, die Netzwerkschnittstellen gemeinsam zu nutzen. Damit kann die maximal mögliche Bandbreite erhöht werden. Dabei gibt es Einschränkungen: Alle Schnittstellen müssen über dieselben *Speed*- und *Duplex*-Einstellungen verfügen und auf ein und demselben Switch angeschlossen sein.

▶ **Modus 5: »balance-tlb« (Lastverteilung)**
Das *tlb* im Namen steht für *transmit load balancing*. Hier wird, wie beim *balance-xor*, jedem Ziel im Netzwerk eine Schnittstelle fest zugewiesen. Die Zuordnung erfolgt dabei über eine deutlich komplexere und effizientere Berechnungsmethode.

▶ **Modus 6: »balance-alb« (Lastverteilung)**
Das *alb* im Namen steht für *adaptive load balancing*. Es handelt sich um eine Erweiterung des *balance-tlb*, wobei eingehende Verbindungen ebenfalls auf unterschiedliche Netzwerkschnittstellen verteilt werden.

Failover

Das Beispiel in Listing 7.51 zeigt, wie die Schnittstellen *enp0s8* und *enp0s9* zu einem Failover in der Netzwerkschnittstelle *bond0* zusammengeschlossen werden können. In der Windows-Welt wird das *Failover* als *Teaming* oder *Bündelung* bezeichnet.

```
# enp0s8
auto enp0s8
iface enp0s8 inet manual
bond-master bond0
bond-primary enp0s8

# enp0s9
auto enp0s9
iface enp0s9 inet manual
bond-master bond0
```

---

7 *Link Aggregation Control Protocol*, engl. für *Schnittstellenbündelungskontrollprotokoll*

```
# bond (Failover)
auto bond0
iface bond0 inet static
address 192.168.1.10
gateway 192.168.1.1
netmask 255.255.255.0
bond-mode active-backup
bond-miimon 100
bond-slaves none
```

Listing 7.51 Zusammenschluss »bond0« in der Datei »/etc/network/interfaces«

Wie Sie Listing 7.51 entnehmen können, wurden die Schnittstellen enp0s8 und enp0s9 zusammengeschlossen. Hierfür wurde die Konfiguration in den Modus manual gesetzt, und zusätzlich wurde der Parameter bond-master auf das bond0 gesetzt, damit die Schnittstellen wissen, zu welchem Zusammenschluss sie gehören.

Der Netzwerkschnittstelle enp0s8 wurde zusätzlich der Parameter bond-primary mitgegeben. Er bewirkt, dass die Schnittstelle enp0s8 immer genutzt wird, wenn sie verfügbar ist. Wenn diese Schnittstelle nach einem Ausfall wieder aktiv wird, würde durch diesen Parameter das Failover auf enp0s8 zurückschwenken. Wenn Sie den Parameter entfernen, bleibt der aktive Link bestehen und es findet kein Umschwenken statt.

Der virtuellen Schnittstelle bond0 wird über den Parameter bond-mode active-backup der Betriebsmodus mitgeteilt – hier könnten Sie auch die Zahl 1 einsetzen. Der Parameter bond-miimon weist Ihr System mit dem Wert 100 an, alle 100 ms den Link-Status zu prüfen. Über den Parameter bond-slaves werden eigentlich die Netzwerkschnittstellen angegeben, die zur virtuellen Schnittstelle gehören. Nur beim Modus *active-backup* wird dort der Wert none, also »keine Schnittstelle«, verwendet.

Bündelung mit LACP

Um den maximalen Datendurchsatz Ihres Systems zu erhöhen und die Ausfallsicherheit zu verbessern, sollten Sie – eine entsprechende Netzwerkinfrastruktur vorausgesetzt – den Standard IEEE 802.3ad einsetzen. Hierbei kommuniziert Ihr System mit dem angeschlossenen Switch und übernimmt die Auswahl der Netzwerkschnittstellen und die Verteilung der Netzwerklast automatisch. In Listing 7.52 ist die Konfiguration nach IEEE 802.3ad aufgeführt:

```
# enp0s8
auto enp0s8
iface enp0s8 inet manual

# enp0s9
auto enp0s9
iface enp0s9 inet manual
```

```
# bond (LACP)
auto bond1
iface bond1 inet static
address 192.168.1.20
gateway 192.168.1.1
netmask 255.255.255.0
bond-mode 802.3ad
bond-miimon 100
bond-lacp-rate 1
bond-slaves enp0s8 enp0s9
```

Listing 7.52 Zusammenschluss von »bond1« in der Datei »/etc/network/interfaces«

Anders als beim Failover aus Listing 7.51 verfügen die eingesetzten Netzwerkschnittstellen über keine gesonderte *Bonding*-Konfiguration. Lediglich die virtuelle Schnittstelle bond1 wird konfiguriert. Zunächst wird über den Parameter bond-mode 802.3ad der Modus gesetzt – hier könnten Sie auch den Wert 4 angeben.

Wie bereits bei der Failover-Konfiguration wird das System mit dem Parameter bond-miimon 100 angewiesen, die Schnittstellen alle 100 ms zu prüfen. Zusätzlich wird über den Parameter bond-lacp-rate 1 festgelegt, dass als LACP-Kommunikation *fast* eingesetzt werden soll – über den Wert 0 würde die LACP-Kommunikation auf *slow* eingestellt werden. Abschließend werden der virtuellen Schnittstelle über den Parameter bond-slaves die angebundenen physischen Netzwerkschnittstellen mitgeteilt.

Informationen zum »Bonding«

Wenn Sie eine virtuelle bond-Schnittstelle eingerichtet und über das obligatorische sudo systemctl restart networking aktiviert haben, wird Ihnen die neue Netzwerkschnittstelle bei den üblichen Tools zwar angezeigt (zum Beispiel bei ifconfig oder ip link), Sie erhalten aber keine Informationen zum Zustand der virtuellen Netzwerkschnittstelle.

Das Kernel-Modul *bonding* sorgt dafür, dass Sie trotzdem Informationen abfragen können. Hierfür gibt es die Datei */proc/net/bonding/bond0* (siehe Listing 7.53):

```
daniel@ubuntu:~$ cat /proc/net/bonding/bond0
Ethernet Channel Bonding Driver: v3.7.1 (April 27, 2011)

Bonding Mode: fault-tolerance (active-backup)
Primary Slave: enp0s8 (primary_reselect always)
Currently Active Slave: enp0s8
MII Status: up
MII Polling Interval (ms): 100
Up Delay (ms): 0
Down Delay (ms): 0
```

```
Slave Interface: enp0s8
MII Status: up
Speed: 1000 Mbps
Duplex: full
Link Failure Count: 0
Permanent HW addr: 08:00:27:ea:34:01
Slave queue ID: 0

Slave Interface: enp0s9
MII Status: up
Speed: 1000 Mbps
Duplex: full
Link Failure Count: 0
Permanent HW addr: 08:00:27:7e:6b:6a
Slave queue ID: 0
```

Listing 7.53 Informationen zum »bond« aus »proc«

In dem Verzeichnis *proc* wird pro virtueller Schnittstelle eine stets aktuelle Datei vorgehalten. Neben den reinen Informationen, die aus der Konfiguration hervorgehen, finden Sie dort auch den aktuellen Status.

Wie Sie Listing 7.53 entnehmen können, wurde mit active-backup ein Failover-Bonding über die Netzwerkschnittstellen enp0s8 und enp0s9 eingerichtet, wobei die Schnittstelle enp0s8 als primäre Netzwerkschnittstelle konfiguriert wurde. Derzeit verfügen beide Schnittstellen über einen aktiven Link, und das System hat das enp0s8, wie konfiguriert, zur aktiven Netzwerkschnittstelle ernannt.

7.9.4   Richtig zugeordnet mit »udev«

Die Zuordnung der Schnittstellennamen (also zum Beispiel von *enp0s3*, *enp0s8* oder *enp0s9*) zur Hardware erfolgt mit *systemd* immer konsistent. Auch wenn eine Netzwerkkarte getauscht wird, bleibt die Zuordnung des Namens bestehen. Wie wir bereits erörtert haben, sind diese Namen nicht nur gewöhnungsbedürftig, sondern auch nicht gerade sprechend. Daher zeigen wir Ihnen nun, wie Sie die Namen der Netzwerkschnittstellen verändern können – entweder um zu dem gewohnte Namensschema *eth** zurückzukehren oder um den Schnittstellen sprechende Namen zu geben, wie *DMZ*, *intern* oder *Internet*.

Die Benennung erfolgt mit *udev*[8]. Die Konfiguration erfolgt im Pfad */etc/udev/rules.d*. Seit dem Einsatz von *systemd* ist dieses Verzeichnis leer. Legen Sie daher die Datei *10-network.rules* mit dem Inhalt aus Listing 7.54 an.

---

8   *userspace device*, engl., steht für *durch Benutzer veränderbare Geräte*.

```
# enp0s3 --> eth0
SUBSYSTEM=="net", ACTION=="add", ATTR{address}=="08:00:27:22:4e:00",\
KERNEL=="enp0s3", NAME="eth0"

# enp0s8 --> eth1
SUBSYSTEM=="net", ACTION=="add", ATTR{address}=="08:00:27:3b:f8:c4",\
KERNEL=="enp0s8", NAME="eth1"
```

Listing 7.54 Der Inhalt von »/etc/udev/rules.d/10-network.rules«

Der Aufbau der Datei ist simpel. Pro Zeile (beachten Sie, dass »\« bedeutet, dass die Zeile fortgesetzt wird) wird eine Netzwerkschnittstelle konfiguriert. Die Identifikation erfolgt anhand der MAC-Adresse (ATTR{address}) und über den Namen, den *systemd* für die Schnittstelle gewählt hat (KERNEL). Über den Parameter NAME können Sie den Schnittstellennamen vergeben.

Nach einem Neustart des Systems werden die Namensänderungen angewandt, die in der Datei */etc/udev/rules.d/10-network.rules* angegeben sind.

Denken Sie daran, dass Sie die Namensänderungen auch in der Datei */etc/network/interfaces* eintragen müssen, da das System die dort konfigurierten Schnittstellen sonst nicht mehr finden wird.

Kapitel 8
Erste Schritte

In diesem Kapitel erkunden wir das frisch installierte System. Begeben Sie sich auf eine ungewisse Reise. Der Weg ist das Ziel, und das Ziel bestimmen Sie.

Das Betriebssystem ist installiert: Was nun? Oftmals kommt nach der Installation Ratlosigkeit auf. In diesem Kapitel wollen wir Sie in die wunderbare Welt von Linux entführen, Ihnen die Konsole etwas näherbringen und Ihnen zeigen, wie Sie alltägliche Arbeiten effizient verrichten können.

8.1   Hilfe, da blinkt was! Die Bash

Was dem Maurer die Kelle oder dem Zimmermann der Hammer, das ist dem Linux-Administrator die Bash: seine erste Anlaufstelle für viele Arbeiten, Hilfe in der Not und bester Freund nach langer Zeit.

Die Bash stellt den Mittelpunkt Ihrer Arbeit dar. In ihr können Sie alles steuern, Ausgaben generieren, Automatisierungen vornehmen und vieles mehr. Der richtige Umgang mit diesem mächtigen Werkzeug wird Ihnen nicht nur die Arbeit erleichtern, sondern viele Dinge auch erst möglich machen. Viele Umsteiger sind zunächst verschreckt oder fühlen sich 30 bis 40 Jahre in die Vergangenheit versetzt, als Datenverarbeitung stets auf einer Konsole ausgeführt wurde.

Wieso soll ich denn Befehle eintippen? Ich habe doch eine Maus!

In der Tat gibt es Arbeitsabläufe, die durch eine *GUI*[1] wesentlich effizienter gestaltet werden können. Aber für Server-Administratoren gibt es keinen schnelleren Weg als die Shell, um an Informationen zu kommen, Zustände abzufragen, Fehler zu finden oder Veränderungen vorzunehmen.

Bevor wir aber zu tief in die Wunderkiste greifen, müssen wir Sie zunächst mit der Logik dahinter vertraut machen. Verstehen Sie diesen Abschnitt als eine Art Kontrolle Ihres Wissens oder als generelle Zusammenfassung der Möglichkeiten. Wenn Sie alle hier vorgestellten Programme und Techniken bereits beherrschen, können Sie getrost zu den nächsten Kapiteln weiterziehen. Falls Ihnen die hier aufgeführten Dinge eher spanisch vorkommen, lesen

---

1   *GUI*, kurz für *Graphical User Interface* (zu Deutsch »Grafische Benutzeroberfläche«)

Sie dieses Kapitel aufmerksam. Im weiteren Verlauf dieses Buches werden wir die hier vorgestellten Grundlagen oftmals voraussetzen und Ihnen, zum Beispiel in Kapitel 37, »Zuhause: ›bash‹«, noch tiefgreifendere Kenntnisse vermitteln.

8.1.1   Grundlagen

Wie in jeder Konsole geben Sie auch in der Bash Befehle ein und bestätigen die Eingaben mit der ⎡Enter⎤-Taste. Anschließend wird Ihre Eingabe verarbeitet und das Ergebnis ausgegeben. Dies ist das Urprinzip der Informatik, das *EVA-Prinzip*:

   Eingabe – Verarbeitung – Ausgabe

Die Grundbefehle, wie ein Verzeichniswechsel oder das Kopieren oder Verschieben von Dateien, sind in Kurzform als Befehl implementiert, und vermutlich kennen Sie schon einige dieser Befehle. Trotzdem wollen wir Ihnen einen kurzen Überblick geben:

▶ cd

   Mit diesem Befehl können Sie das aktuelle Verzeichnis wechseln. Der Programmname cd steht für das englische *change directory*, zu Deutsch: *Verzeichniswechsel*.

▶ ls

   Mit ls lassen Sie Verzeichnisinhalte ausgeben. Der Programmname ls steht für das englische *list*, im Deutschen: *auflisten*.

▶ cp

   Mit diesem Befehl kopieren Sie Dateien oder ganze Verzeichnisse. Der Programmname cp steht für das englische *copy*.

▶ mv

   Um Dateien oder Verzeichnisse zu verschieben oder umzubenennen, verwenden Sie mv. Der Programmname mv steht für das englische *move*, zu Deutsch: *bewegen*.

▶ rm

   Der Befehl rm löscht Dateien oder Verzeichnisse. Der Programmname rm steht für das englische *remove*, zu Deutsch: *entfernen*.

Diese Standardbefehle werden Sie in dieser oder ähnlicher Form auf jedem Betriebssystem der Welt finden. Sie bilden das Grundgerüst der Datenverarbeitung. Jedes dieser Programme kann über die Angabe von Parametern und Werten weiter gesteuert werden.

8.1.2   Wenn man mal nicht weiterweiß: »man«

Um Hilfe, Erläuterungen oder Erklärungen zu Programmen zu bekommen, wurden die Manpages geschaffen. Der Befehl man, gefolgt von einem Programm- oder Befehlsnamen, öffnet die sogenannte Manpage.

Dort sind die Syntax des Programms, dessen Parameter und deren Funktion sowie Beispiel-
aufrufe erläutert. Selbstverständlich können Sie über den Aufruf von man man auch die Manpage von *man* selbst aufrufen. In Listing 8.1 sehen Sie einen Auszug aus der Manpage des
Befehls rm:

[+]

```
RM(1)                           User Commands                           RM(1)


NAME
       rm - remove files or directories

SYNOPSIS
       rm [OPTION]... FILE...

DESCRIPTION
       This  manual  page documents the GNU version of rm.  rm removes each specified
       file.  By default, it does not remove directories.

       If the -I or --interactive=once option is given, and there are more than three
       files or the -r, -R, or --recursive are given, then rm prompts the user for
       whether to proceed with the entire operation. If the response is not
       affirmative, the entire command is aborted.

       Otherwise, if a file is unwritable, standard input is a terminal, and the -f
       or --force  option  is not  given,  or  the  -i or --interactive=always option
       is given, rm prompts the user for whether to remove the file.  If the response
       is not affirmative, the file is skipped.

OPTIONS
       Remove (unlink) the FILE(s).

       -f, --force
              ignore nonexistent files, never prompt

       -i     prompt before every removal
[…]
```

Listing 8.1 Hilfeseite des Befehls »rm«

Wenn Sie sich nicht sicher sind, ob der Parameter groß- oder kleingeschrieben werden muss,
oder wenn Sie herausfinden wollen, ob ein Programm noch weitere Fähigkeiten besitzt, sollte Ihr erster Weg immer der Aufruf der Manpage sein. In der Regel verfügt (fast) jedes Programm über eine gut gepflegte und ausführliche Manpage. Wir verweisen an der einen oder
anderen Stelle in diesem Buch auf Manpages, da dieses Sammelsurium an Informationen
immer wieder eine willkommene Wissensquelle ist.

Alternativ bieten viele Programme die Ausgabe einer Kurzzusammenfassung der Manpage über den Parameter -h, --help oder wenn Sie einen ungültigen Parameter angeben. Dabei listet die Hilfe durch den Programmaufruf meist nur die Syntax und die gängigsten Kommandos und Parameter auf, wie in Listing 8.2 dargestellt:

```
daniel@ubuntu:~$ tcpdump -h
tcpdump version 4.7.4
libpcap version 1.7.4
OpenSSL 1.0.2e 3 Dec 2015
Usage: tcpdump [-aAbdDefhHIJKlLnNOpqRStuUvxX#] [ -B size ] [ -c count ]
               [ -C file_size ] [ -E algo:secret ] [ -F file ] [ -G seconds ]
               [ -i interface ] [ -j tstamptype ] [ -M secret ] [ --number ]
               [ -Q in|out|inout ]
               [ -r file ] [ -s snaplen ] [ --time-stamp-precision precision ]
               [ --immediate-mode ] [ -T type ] [ --version ] [ -V file ]
               [ -w file ] [ -W filecount ] [ -y datalinktype ] [ -z command ]
               [ -Z user ] [ expression ]
```

Listing 8.2 Kurzhilfe: »tcpdump«

8.2   Einzeiler – die Macht der Verkettung

Der sogenannte *Einzeiler* wird von vielen geliebt und gleichzeitig gehasst. Hierbei werden mehrere Befehle verkettet, um so mit möglichst wenigen Zeichen ein Ergebnis zu erzielen. Dies artet bisweilen zu einem fast unlesbaren Chaos aus. Einige Administratoren sehen dies aber sportlich – getreu dem Motto »Weniger ist mehr«. Auch wenn es bei Übertreibung schnell unübersichtlich wird, so stellt die Verkettung von Befehlen einen mächtigen Verbündeten für viele alltägliche Arbeiten dar.

8.2.1   Einfache Verkettung mit »;«

Die einfachste Form der Verkettung wird über das Semikolon (;) erreicht. Hiermit weisen Sie die Shell an, den Befehl vor dem Semikolon auszuführen (wie beim Drücken der [Enter]-Taste) und anschließend den nachfolgenden Befehl ebenfalls.

```
daniel@ubuntu:~$ mkdir Test ; cd Test ; pwd
/home/daniel/Test
daniel@ubuntu:~/Test$
```

Listing 8.3 Einfache Verkettung mit »;«

In Listing 8.3 wird mit solch einer Verkettung zunächst das Verzeichnis Test erstellt, anschließend in es hineingewechselt (cd) und mit dem Befehl pwd der aktuelle Standort ausgegeben.

8.2.2 Erfolgsorientierte Verkettung mit »&&«

Eine weitere Möglichkeit der Verkettung besteht in der erfolgsorientierten Verkettung. Hierbei wird der links vom Trennzeichen stehende Befehl ausgeführt und der rechts davon stehende nur, wenn der vorherige Befehl erfolgreich beendet wurde.

```
daniel@ubuntu:~$ mkdir Test2 && cd test2 && pwd
-bash: cd: test2: Datei oder Verzeichnis nicht gefunden
```

Listing 8.4 Erfolgsorientierte Verkettung mit »&&«

Wie Sie Listing 8.4 entnehmen können, wurde ein Verzeichnis Test2 erzeugt, dann aber versucht, in das nicht existierende Verzeichnis test2 zu wechseln. Dies führte zu einem Fehler, sodass der letzte Befehl pwd nicht mehr ausgeführt wurde.

Setzen Sie diese Verkettung ein, wenn Sie sichergehen wollen, dass die nachfolgenden Befehle nur ausgeführt werden, wenn der vorherige Befehl erfolgreich beendet wurde. Ein Klassiker in diesem Zusammenhang ist das System-Update, das oft mit sudo apt-get update && apt-get upgrade angegeben wird. Ebenfalls zu den Klassikern der erfolgsorientierten Verkettung zählt das Kompilieren mit ./configure && make && make install.

Mit diesem Hilfsmittel können Sie bereits viele Logiken realisieren, ohne Schleifen, Abfragen oder Ähnliches aufbauen zu müssen.

8.2.3 Umlenkung mit »Pipe«, »STDIN« und »STDOUT«

Das letzte Element der Verkettung wird durch die Umlenkung von Ein- und Ausgaben ermöglicht. Damit können Sie zum Beispiel die von einem Programm bearbeiteten Daten dem nächsten Programm zur Weiterverarbeitung übergeben, ohne diese Daten zwischenspeichern zu müssen.

Dabei wird zwischen der reinen Ausgabeübergabe mittels eines senkrechten Strichs, der sogenannten Pipe »|«, und der Umlenkung von Ein- und Ausgaben mittels »<« und »>« unterschieden:

```
daniel@ubuntu:~$ tail /var/log/syslog | grep ntpdate
Jan 9 13:16:42 ubuntu ntpdate[603]: step time server 5.100.133.221 \
                        offset 3.253710 sec
Jan 9 13:16:59 ubuntu ntpdate[761]: adjust time server 5.100.133.221 \
                        offset -0.000291 sec
daniel@ubuntu:~$
daniel@ubuntu:~$ tail /var/log/syslog | grep ntpdate | cut -d " " -f 11
3.253710 sec
-0.000291
```

Listing 8.5 Umlenkung der Ausgabe mit der Pipe »|«

In Listing 8.5 wurden zunächst mit `tail` die letzten Zeilen des Syslog ausgegeben. Diese Ausgabe wurde über die Pipe an das Programm `grep` weitergegeben, das in der Ausgabe auf das Schlagwort `ntpdate` filtert. Anschließend wurde die Befehlskette um eine Weiterleitung an das Programm `cut` erweitert, das die Ausgabe auf das elfte Feld beschränkt. Die Feldtrennung erfolgt dabei durch Leerzeichen (`-d " "`).

Über diese einfache Verkettung ist es uns gelungen, die vormals recht lange Ausgabe deutlich zu verkürzen und auf die Information zu beschränken, die benötigt wird – hier also auf das Offset der letzten Zeitaktualisierung.

Mit dem Größer-als-Zeichen (»>«) können Sie die Ausgabe umleiten. Anders als bei der Pipe erfolgt dies nicht über den Standardeingabe-Kanal (*STDIN*), sondern direkt auf Dateiebene. Auf diese Weise können Sie bequem veränderte Ausgaben in einer Datei ablegen. Möchten Sie zum Beispiel alle Abweichungen der Zeitaktualisierung aus dem Syslog in eine eigene Datei speichern, bietet sich der Einzeiler aus Listing 8.6 an:

```
daniel@ubuntu:~$ grep ntpdate /var/log/syslog > offset_ntpdate.log
daniel@ubuntu:~$
daniel@ubuntu:~$ cat offset_ntpdate.log
Jan 9 13:16:42 ubuntu ntpdate[598]: step time server 91.189.94.4 offset 3.2537 sec
Jan 9 13:24:04 ubuntu ntpdate[723]: adjust time server 91.189.94.4 offset -0.0002 sec
Jan 9 13:25:29 ubuntu ntpdate[906]: adjust time server 91.189.94.4 offset -0.0001 sec
Jan 9 13:28:17 ubuntu ntpdate[963]: adjust time server 91.189.94.4 offset -0.0002 sec
daniel@ubuntu:~$
```

Listing 8.6 Umlenkung in eine Datei mit »>«

Zunächst wurden in Listing 8.6 über das Programm `grep` die Zeilen mit dem Schlagwort `ntpdate` aus der Datei `/var/log/syslog` gefiltert. Anschließend wurde die Ausgabe mit der Umlenkung »>« in die Datei `offset_ntpdate.log` geleitet. Das Ergebnis wurde mit `cat` ausgegeben.

Der Unterschied zwischen der Umlenkung mit »>« und »>>« besteht darin, dass bei einem erneuten Aufruf des Befehls aus Listing 8.6 die Datei `offset_ntpdate.log` überschrieben werden würde. Beim Aufruf mit »>>« würde die Ausgabe an das Ende der Datei angehängt werden.

Abschließend sind wir Ihnen noch die Erläuterung zur Eingabeumlenkung mit »<« schuldig. Über das Kleiner-als-Zeichen leiten Sie die Eingabe um. So können Sie zum Beispiel den Inhalt einer Datei an das Tool *wc* übergeben (siehe Listing 8.7):

```
daniel@ubuntu:~$ wc -l < offset_ntpdate.log
4
daniel@ubuntu:~$
```

Listing 8.7 Umlenkung in eine Datei mit »<«

In Listing 8.7 wurde das Tool wc aufgerufen und mit dem Parameter -l angewiesen, die Anzahl der Zeilen auszugeben. Das Programm wartet nach dem Aufruf auf die Eingabe von Text und gibt nach dem Abschluss die Anzahl aus. Im Beispiel wurde über die Umlenkung der Eingabe der Inhalt der vorher erstellten Datei offset_ntpdate.log an das Programm wc übergeben. Entsprechend wurde die Anzahl der Zeilen, nämlich vier, ausgegeben.

8.3   Die Editoren »vim« und »nano«

Die nicht grafischen Editoren werden oft unterschätzt. Mit ihnen haben Sie die Möglichkeit, beliebige Dateien auf der Konsole zu erstellen und zu verändern. Wir wollen Ihnen hier die üblichen Verdächtigen vorstellen.

8.3.1   Der »vim«

Der Klassiker unter den Editoren ist der *vi*. Praktisch seit Anbeginn der Zeit ist dieser Editor auf Unix- und Linux-Systemen zu finden. Bereits 1976 wurde der ursprüngliche Code für diesen Editor von *Bill Joy* geschrieben. Heutzutage wird meist der *vim* eingesetzt. Dabei steht das zusätzliche »m« für *iMproved*, also *erweitert* oder *verbessert*. Der *vim* stellt eine deutliche Erweiterung des ursprünglichen *vi* dar und bietet unzählige Möglichkeiten. Nach dem Programmaufruf ohne Parameter öffnet sich ein karges Befehlsfenster (siehe Abbildung 8.1). Geben Sie dem *vim* als Parameter eine Datei an, öffnet er diese direkt.

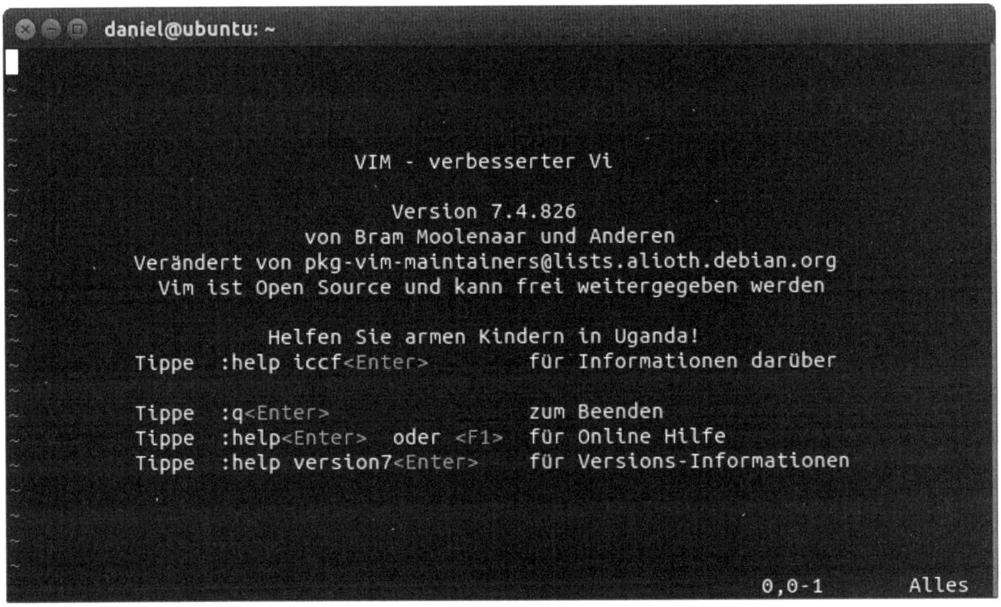

Abbildung 8.1 Startfenster des »vim«

Der *vim* ist spartanisch gestaltet und setzt auf das Wissen des Benutzers. Er gibt Ihnen so gut wie keine direkte Hilfestellung und ist dennoch – nach einer Eingewöhnungsphase – äußerst effektiv. Da Sie ihn auf fast jedem Linux-System finden, ist er ein treuer Begleiter.

Es empfiehlt sich, das Tutorial von *vim* durchzuarbeiten, das Sie von der Konsole aus starten können, indem Sie vimtutor aufrufen. Hier werden Ihnen alle Möglichkeiten des *vim* nähergebracht. Trotzdem wollen wir Ihnen einen kurzen Überblick nicht vorenthalten. Die Verarbeitung im *vim* findet in mehreren Modi statt. Die gängigsten vier Modi sind:

- **i** – input = Eingabe
- **r** – replace = Ersetzen
- **/** – search = Suchen
- **:** – command = Befehle

Um zwischen den Modi zu wechseln, verwenden Sie die ⌈Esc⌉-Taste. Über den Eingabe-Modus können Sie Eingaben vornehmen. Im Ersetzen-Modus überschreiben Sie mit Ihren Eingaben die vorhandenen. Um in größeren Texten zu suchen, können Sie den Suchen-Modus verwenden. Geben Sie dort einfach den zu suchenden Begriff ein, und bestätigen Sie Ihre Eingabe mit der ⌈Enter⌉-Taste. Der Cursor springt zum ersten Treffer. Wenn Sie weitersuchen möchten, können Sie dies über die Taste ⌈N⌉ veranlassen. Um rückwärts zu suchen, verwenden Sie die Tastenkombination ⌈⇧⌉ + ⌈N⌉.

Über den Command-Modus können Sie Befehle absetzen, wie Speichern und Schließen. Die gängigsten Befehle sind:

- **w** – write = Speichern
- **q** – quit = Beenden
- **wq** – write quit = Speichern und Beenden
- **x** – (verkürzte Form von **wq**)

Einige Kommandos müssen erzwungen werden. Fügen Sie dafür einfach ein Ausrufezeichen (!) an das Kommando an. Der *vim* ist in diesem Punkt so freundlich und weist Sie auf das notwendige Erzwingen hin.

8.3.2   Der »nano«

Der Editor *nano* wurde aufgrund von Lizenzproblemen mit dem Editor *pico*, dem Standardeditor der Software *pine*, entwickelt. Darauf basiert auch der ursprüngliche Name des Projekts, *TIP*, was ein Akronym für *TIP isn't Pico*, also *TIP ist nicht Pico*, ist. Der *nano* besticht durch seine einfache Bedienung und benutzerfreundliche Oberfläche. *Nano* stellt in den untersten Zeilen in einem Befehlsmenü die verfügbaren Kommands mit ihren entsprechenden Tastenkombination dar, wie Sie Abbildung 8.2 entnehmen können.

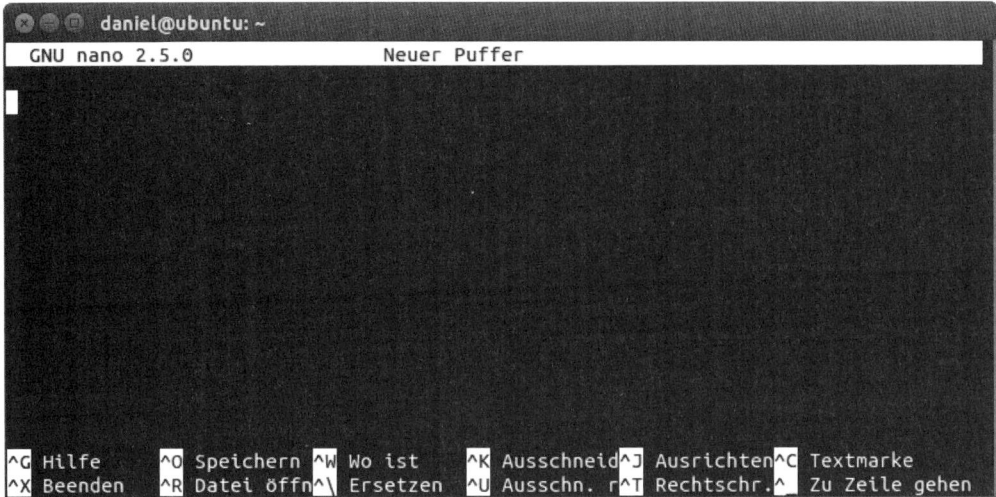

Abbildung 8.2 Startfenster des »nano«

Die möglichen Befehle werden durch ein vorangestelltes Zirkumflex (^) markiert. Dies bedeutet, dass es sich dabei um eine Tastenkombination handelt, die durch die [Strg]-Taste eingeleitet wird. Zum Speichern müssten Sie ^O ausführen, also [Strg] + [O] drücken.

Wie bereits gesagt wurde, passt *nano* das Befehlsmenü den jeweiligen Gegebenheiten an. Wenn Sie beispielsweise eine Datei zum ersten Mal speichern wollen, fordert *nano* Sie auf, einen Dateinamen einzugeben (siehe Abbildung 8.3).

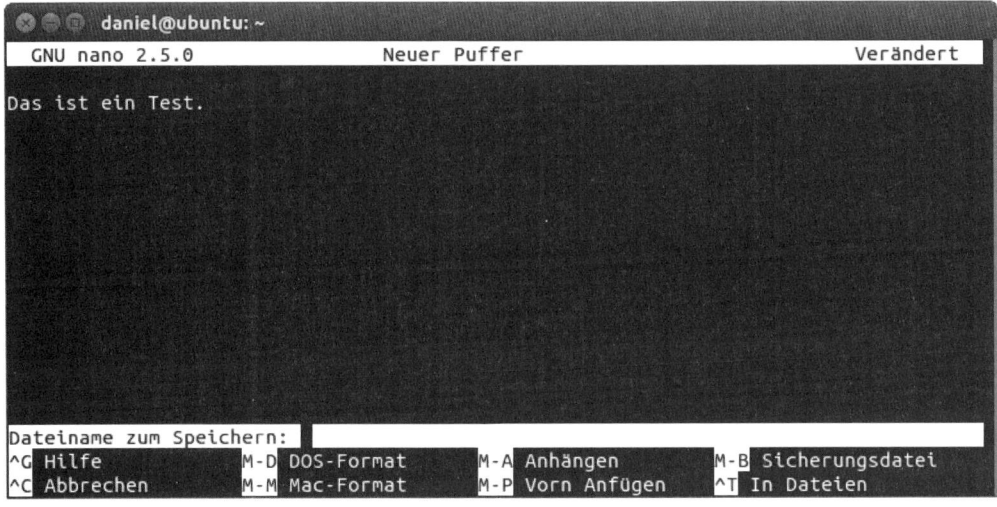

Abbildung 8.3 Eingabeaufforderung des Dateinamens im »nano«

Ähnlich weist *nano* Sie beim Verlassen auf ungespeicherte Dateien hin und gibt Ihnen eine entsprechende Auswahlmöglichkeit (siehe Abbildung 8.4).

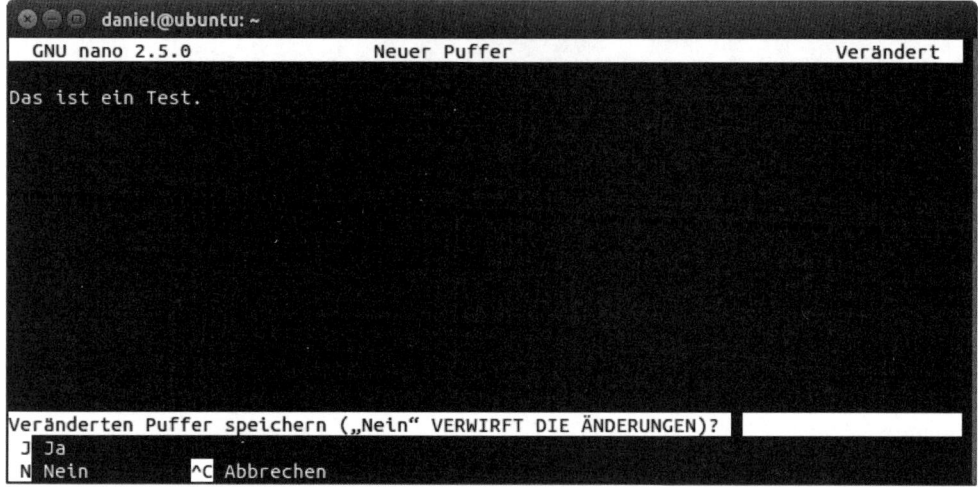

Abbildung 8.4 Rückfrage(n) im »nano«

8.3.3 Der Standardeditor

Wenn Sie sich für einen Editor entschieden haben, können Sie diesen auch zu Ihrem Standardeditor machen. Hierfür verwenden Sie den Befehl update-alternatives mit dem Parameter --config editor, wie in Listing 8.8 dargestellt:

```
daniel@ubuntu:~$ sudo update-alternatives --config editor
Es gibt 4 Auswahlmöglichkeiten für die Alternative editor (welche /usr/bin/editor
bereitstellen).

  Auswahl      Pfad                    Priorität Status
------------------------------------------------------------
* 0            /bin/nano                40        automatischer Modus
  1            /bin/ed                 -100       manueller Modus
  2            /bin/nano                40        manueller Modus
  3            /usr/bin/vim.basic       30        manueller Modus
  4            /usr/bin/vim.tiny        10        manueller Modus

Drücken Sie die Eingabetaste, um die aktuelle Wahl[*] beizubehalten,
oder geben Sie die Auswahlnummer ein: 4
update-alternatives: /usr/bin/vim.tiny wird verwendet, um /usr/bin/editor (editor)
im manuellen Modus bereitzustellen
```

Listing 8.8 Andern des Standardeditors auf der Konsole

Im Listing wurde der Standardeditor von nano, was dem Ubuntu-Standard entspricht, in vim.tiny geändert.

Über das Programm update-alternatives können viele Standardprogramme angepasst werden. Eine Liste aller veränderbaren Standards erhalten Sie über eine Verzeichnisauflistung von /etc/alternatives. Dort befinden sich die Referenzierungen der Standards in je einer eigenen Datei.

8.4   Where the magic happens: »Scripting«

Wie bereits in Abschnitt 8.1.2 erörtert wurde, kann mit nur einer Zeile viel erreicht werden. Oft genügt aber eine Zeile beim besten Willen nicht, um komplexe Aufgaben zu bewältigen.

Hier kommen die Shell-Skripte, oder kurz Skripte, ins Spiel. Sie ermöglichen es Ihnen, viele Befehle in einer Datei permanent abzulegen und somit ein und denselben Befehlssatz nicht ständig neu eingeben zu müssen. Häufig wiederkehrende Befehle werden von Systemadministratoren gern in Skripte ausgelagert. Wenn Sie die Skripte einmal erarbeitet und abgelegt haben, können Sie beliebig oft auf sie zurückgreifen.

In diesem Abschnitt wollen wir Ihnen einen kurzen Abriss zu den Möglichkeiten geben, die Sie mit Skripten haben. Falls Sie mehr zu dem Thema erfahren möchten, können wir Ihnen Kapitel 37, »Zuhause: ›bash‹«, ans Herz legen. Dort zeigen wir Ihnen viele Tipps und Tricks, um effektive Skripte zu erstellen.

8.4.1   Der Aufbau

Im Grunde sind Shell-Skripte nichts anderes als Textdateien, die anstelle von Inhalten Befehle enthalten. Öffnen Sie daher zum Erstellen eines Skripts den Editor Ihrer Wahl, und fügen Sie als Erstes die Zeile aus Listing 8.9 ein:

```
#!/bin/bash
```

Listing 8.9 Erste Zeile eines jeden Skripts: »Shebang«

Die Zeile aus Listing 8.9 wird als *Shebang* oder *Magic Line* bezeichnet. Die Zeichenkombination !# leitet das Skript ein. Dadurch weiß die Shell beim Aufruf, über welchen Interpreter das Skript verarbeitet werden soll. Im Beispiel soll mit dem Interpreter /bin/bash, also mit der Shell Bash gearbeitet werden.

8.4.2   Das erste Skript: »helloworld.sh«

Nachdem Sie gelernt haben, wie ein Skript eingeleitet wird, ist es nun an der Zeit, das erste eigene Skript zu erstellen. Wir haben uns für den Klassiker *helloworld* entschieden.

Speichern Sie den Inhalt aus Listing 8.10 in die Datei *helloworld.sh*.

```
#!/bin/bash

# Mein erstes Skript
echo "Hello World!"
```

Listing 8.10 Inhalt von »helloworld.sh«

Dieses Skript gibt nach dem Aufruf den Text `Hello World!` aus und beendet sich anschließend. Zeilen, die mit einem Doppelkreuz (#) beginnen, sind Kommentarzeilen und werden vom Interpreter ignoriert.

8.4.3   Ausführen

Um das soeben erstellte Skript zu starten, gibt es mehrere Möglichkeiten. Zum einen können Sie es mit dem Interpreter selbst aufrufen, wie in Listing 8.11 dargestellt:

```
daniel@ubuntu:~$ bash helloworld.sh
Hello World!
```

Listing 8.11 Starten des Skripts mit dem Interpreter »bash«

Damit Sie das Skript direkt von der Konsole starten können, müssen Sie der Datei das Ausführungsrecht geben (siehe Listing 8.12):

```
 1: daniel@ubuntu:~$ ./helloworld.sh
 2: -bash: ./helloworld.sh: Keine Berechtigung
 3: daniel@ubuntu:~$
 4: daniel@ubuntu:~$ sudo ./helloworld.sh
 5: [sudo] password for daniel:
 6: sudo: ./helloworld.sh: Befehl nicht gefunden
 7: daniel@ubuntu:~$
 8: daniel@ubuntu:~$ chmod +x ./helloworld.sh
 9: daniel@ubuntu:~$
10: daniel@ubuntu:~$ ./helloworld.sh
11: Hello World!
```

Listing 8.12 Starten des Skripts aus der Konsole

In Listing 8.12 wurde zunächst in Zeile 1 versucht, das Skript mit Benutzerrechten zu starten. Die Fehlerausgabe in Zeile 2 der Bash ist an dieser Stelle irreführend. Zwar ist die Ausgabe `Keine Berechtigung` korrekt, sie ist aber irreführend, da das Skript auch mit erhöhten Rechten nicht startet. Das haben wir in Zeile 4 versucht, und der Versuch wurde von der Bash korrekt in Zeile 6 mit `Befehl nicht gefunden` quittiert. Anschließend haben wir in Zeile 8 dem Skript Ausführungsrechte mit `chmod +x` verliehen. Abschließend konnte das Skript in der Zeile 10 ausgeführt werden. Entscheidend ist hier, dass der Aufruf mit ./ beginnt, da die Bash ansonsten nur Programme sucht und ausführt, die in den speziell dafür vorgesehenen Pfaden abgelegt sind.

Ein so verändertes Skript könnten Sie also zum Beispiel nach */usr/bin* kopieren. Anschließend können Sie das Programm wie die sonstigen Programme (ps, ls oder cp) aus jedem Verzeichnis aufrufen, ohne ein ./ oder den gesamten Pfad zum Skript voranstellen zu müssen – beachten Sie, dass Sie dafür Root-Rechte benötigen.

Der Interpreter Bash liefert viele Konstrukte bereits mit, sodass Sie neben den Standardprogrammen, wie ps, ls oder cp, auch auf ihn zurückgreifen können. Darunter fallen Wenn-dann-Anfragen, Schleifen oder Umgebungsvariablen.

8.4.4   Zeitgesteuert arbeiten: »Cron« – ein kleiner Exkurs

Wenn Sie nun ein Skript erstellt und es mit Ausführungsrechten versehen haben, können Sie die Ausführung auch vom System zeitgesteuert erledigen lassen.

Nehmen wir an, Sie haben ein Backup-Skript erstellt (*backup.sh*), das Ihnen ein Backup der wichtigsten Dateien Ihres Servers erstellt, und das Skript unter */usr/bin/* abgelegt. Wenn dieses Skript nun jeden Tag um 03:00 Uhr morgens ausgeführt werden soll, greifen Sie auf den *cron* zurück. Cron bietet Ihnen die Möglichkeit, beliebige Programme zeitgesteuert auszuführen. Der *cron*-Daemon läuft auf fast jedem Linux-System und ist das Programm der Wahl bei zeitgesteuerten Aufgaben.

Jeder Benutzer verfügt über eine eigene *crontab*-Datei. Systemaufgaben, die Root-Rechte benötigten, müssen in der *crontab* des Root-Benutzers eingetragen werden.

Damit Ihr Backup-Skript entsprechend ausgeführt wird, starten Sie den Bearbeitungsmodus der *crontab* mit sudo crontab -e. Nun öffnet sich Ihr Standardeditor und zeigt die bisherigen Einträge des Benutzers *root* an, wie Sie in Listing 8.13 sehen:

```
# Edit this file to introduce tasks to be run by cron.
#
# Each task to run has to be defined through a single line
# indicating with different fields when the task will be run
# and what command to run for the task
#
# To define the time you can provide concrete values for
# minute (m), hour (h), day of month (dom), month (mon),
# and day of week (dow) or use '*' in these fields (for 'any').#
# Notice that tasks will be started based on the cron's system
# daemon's notion of time and timezones.
#
# Output of the crontab jobs (including errors) is sent through
```

```
# email to the user the crontab file belongs to (unless redirected).
#
# For example, you can run a backup of all your user accounts
# at 5 a.m every week with:
# 0 5 * * 1 tar -zcf /var/backups/home.tgz /home/
#
# For more information see the manual pages of crontab(5) and cron(8)
#
# m h  dom mon dow   command
```

Listing 8.13 Übersicht der Standardeinträge der »crontab«

Wie Sie Listing 8.13 entnehmen können, enthält die Datei bisher nur Kommentare. Darin wird Ihnen der Umgang mit Cron näher erläutert. Die letzte Zeile stellt die Syntax bzw. den Aufbau von Einträgen nochmals dar.

Jedes hier aufgelistete Programm muss über fünf vorangestellte Werte verfügen. Diese Zahlenwerte spezifizieren, wann das Programm durch den *cron*-Daemon ausgeführt werden soll. Dabei gilt folgende Logik:

▶ m minute = Minute (0 bis 59)
   Gibt die Minute an, in der das Programm gestartet werden soll.

▶ h hour = Stunde (0 bis 23)
   Gibt die Stunde an, in der das Programm gestartet werden soll.

▶ dom day of month = Tag des Monats (1 bis 31)
   Gibt den Tag an, an dem das Programm gestartet werden soll.

▶ mon month = Monat (1 bis 12)
   Gibt den Monat an, in dem das Programm gestartet werden soll.

▶ dow day of week = Wochentag (0 = Sonntag bis 7 = Montag)
   Gibt den Wochentag an, an dem das Programm gestartet werden soll.

Für jeden Wert können kommasepariert mehrere Werte angegeben werden. Damit jeder mögliche Wert verwendet wird, geben Sie das Stern-Zeichen (*) ein.

Für unser Backup-Beispiel müsste die Zeile also so wie in Listing 8.14 aussehen:

```
# m h  dom mon dow   command
  0 3  *   *   *     /usr/bin/backup.sh
```

Listing 8.14 Backup jeden Tag um 03:00 Uhr

Von rechts nach links gelesen, entspricht die Zeile aus Listing 8.14 folgendem Befehl: »Führe das Skript /usr/bin/backup.sh an jedem Wochentag, in jedem Monat, an jedem Tag zur dritten Stunde und nullten Minute aus.«

8.5   Privilegierte Rechte

Für die Administration von Ubuntu-Systemen werden Sie immer root-Rechte benötigen, um die entsprechenden Konfigurationsdateien bearbeiten oder um Dienste starten oder stoppen zu können.

Ubuntu vertritt im Unterschied zu anderen Linux-Distributionen eine eigene Philosophie: Der Standardbenutzer aus der Installation kann jeden Administrationsbefehl durch Voranstellen des Befehls sudo ausführen. Anschließend muss dann das Passwort des Standardbenutzers eingegeben werden:

```
daniel@ubuntu~$ sudo systemctl restart networking
[sudo] Passwort für <user>: <Hier eigenes Passwort eingeben>
daniel@ubuntu~$
```

Listing 8.15 Arbeiten als root mit »sudo«

Freundlicherweise merkt sich Ubuntu für kurze Zeit, dass Sie sich als root-Benutzer authentifiziert haben, sodass Sie nicht bei jeder Verwendung eines root-Befehls Ihr Passwort eingeben müssen.

Sollte es aber notwendig sein, mehrere Befehle als Administrator einzugeben, so kann das Voranstellen von sudo auch lästig werden. In diesem Fall verschaffen Sie sich mit dem folgenden Befehl vorübergehend eine root-Shell:

```
daniel@ubuntu~$ sudo -i
[sudo] Passwort für <user>: <Hier eigenes Passwort eingeben>
root@ubuntu~#
```

Listing 8.16 Eine root-Shell unter Ubuntu öffnen

Im eigentlichen Sinne kann mit *sudo* ein Befehl unter einem anderen Benutzer ausgeführt werden. In der Regel wird *sudo* aber verwendet, um als Benutzer mit root-Rechten zu arbeiten. Im Gegensatz zum Programm su verlangt sudo das Passwort des ausführenden Benutzers und nicht das des root-Benutzers.

8.5.1   Wer darf was: »sudoers«

In der Datei */etc/sudoers* und in weiteren Konfigurationsdateien unterhalb des Verzeichnisses */etc/sudoers.d/* ist festgelegt, welcher Benutzer oder welche Benutzergruppe Programme mit sudo ausführen darf.

Die Bearbeitung der Datei erfolgt mit dem Programm visudo. Das Programm startet den *vim*, öffnet die Datei *sudoers* und lädt eine *sudo*-Umgebung in den *vim*. Dadurch wird eine Syntaxprüfung aktiviert.

> **[!]**   **Manuelle Bearbeitung von »/etc/sudoers« oder von Dateien in »/etc/sudoers.d«**
> Bearbeiten Sie diese Dateien nur mit dem dafür vorgesehenen Programm visudo und nicht von Hand! Die Folgen könnten verheerend sein.

Da es sich bei der Datei *sudoers* lediglich um eine Textdatei handelt, können Sie diese selbstverständlich auch mit einem beliebigen Editor direkt bearbeiten. Wir empfehlen aber dringend, die Bearbeitung nur mit visudo durchzuführen, da bereits der kleinste Tippfehler die Benutzer vollständig aus dem System aussperren kann.

Die Wiederherstellung kann anschließend nur über einen *Recovery-Modus* durchgeführt werden, da der root-Benutzer über kein eigenes Passwort verfügt und somit sudo zwingend erforderlich ist! Diese unnötige Extra-Arbeit kann durch den Einsatz von visudo leicht vermieden werden.

Nach der Installation finden Sie folgende Inhalte in der Datei */etc/sudoers*:

```
 1: #
 2: # This file MUST be edited with the 'visudo' command as root.
 3: #
 4: # Please consider adding local content in /etc/sudoers.d/ instead of
 5: # directly modifying this file.
 6: #
 7: # See the man page for details on how to write a sudoers file.
 8: #
 9: Defaults        env_reset
10: Defaults        mail_badpass
11: Defaults        secure_path="/usr/local/sbin:/usr/local/bin:/usr/sbin:/usr/bin:\
    /sbin:/bin"
12:
13: # Host alias specification
14:
15: # User alias specification
16:
17: # Cmnd alias specification
18:
19: # User privilege specification
20: root ALL=(ALL:ALL) ALL
21:
22: # Members of the admin group may gain root privileges
23: %admin ALL=(ALL) ALL
24:
25: # Allow members of group sudo to execute any command
```

```
26: %sudo ALL=(ALL:ALL) ALL
27:
28: # See sudoers(5) for more information on "#include" directives:
29:
30: #includedir /etc/sudoers.d
```
Listing 8.17 Inhalt nach der Installation von »/etc/sudoers«

Sehen wir uns den Aufbau der Datei im Detail an:

▶ **Zeile 1–8: Kommentare**
Die Kommentare weisen nochmals auf den Einsatz von visudo hin und verweisen auf die Manpage. Dort wird empfohlen, dass Änderungen besser in eigenen Dateien unterhalb von /etc/sudoers.d vorgenommen werden sollten, damit diese auch Updates überstehen.

▶ **Zeile 9–11: Defaults**
Hier werden Standards festgelegt.

▶ **Zeile 13–17: Alias**
Hier können Alias-Konfigurationen festgelegt werden. Im Standard sind keine definiert.

▶ **Zeile 20: Regel des Benutzers »root«**
Diese Zeile spezifiziert, dass der root-Benutzer auf jedem System, als jeder Benutzer und aus jeder Gruppe heraus alle Programme ausführen darf.

▶ **Zeile 26: Regel der Gruppe »admin«**
Durch das vorangestellte Prozentzeichen (%) wird eine Benutzergruppe angegeben – hier die Gruppe admin, die auf allen Systemen als jeder Benutzer alle Programme ausführen darf.

▶ **Zeile 30: Einschließen von »/etc/sudoers.d/«**
Diese Zeile ist auskommentiert. Falls Sie eigene Konfigurationsdateien aus /etc/sudoers.d/ laden lassen wollen, müssen Sie diese Zeile aktivieren.

8.5.2   Freigabe von Benutzern für »sudo«

Um einzelnen Benutzern oder Gruppen das Recht zu geben, mit sudo zu arbeiten, stehen Ihnen viele Möglichkeiten zur Verfügung. Die einfachste besteht darin, Benutzer in die Gruppe sudo mit aufzunehmen. Neu angelegte Benutzer sind nicht Mitglied dieser Gruppe. Daher bekommen sie beim Versuch, mit sudo zu arbeiten, eine Fehlermeldung wie die aus Listing 8.18 angezeigt:

```
max@ubuntu:~$ sudo cp config.file /etc/
[sudo] Passwort für max:
max ist nicht in der sudoers-Datei.  Dieser Vorfall wird gemeldet.
```
Listing 8.18 Benutzer ohne »sudo«-Rechte

Wie in der Fehlermeldung angedeutet, wird der Verstoß protokolliert. Dies erfolgt im Auth-log. Seit Systemd kann dies über `journalctl` und über die Datei */var/log/auth.log* ausgelesen werden. In Listing 8.19 sehen Sie das Protokoll zum vorherigen Regelverstoß, den wir über die Datei *aut.log* ausgelesen haben:

```
Jan 23 14:36:41 saturn sudo:      max : user NOT in sudoers ; TTY=pts/1 ; \
PWD=/home/max ; USER=root ; COMMAND=/bin/cp config.file /etc/
```

Listing 8.19 Protokoll des Regelverstoßes im »auth.log«

Fügen Sie den Benutzer max nun der Gruppe *sudo* hinzu:

```
daniel@ubuntu:~$ sudo usermod -a -G sudo max
[sudo] password for daniel:
daniel@ubuntu:~$
```

Listing 8.20 Benutzer »max« der Gruppe »sudo« hinzufügen

So kann der Benutzer auch mit `sudo` arbeiten:

```
max@ubuntu:~$ sudo cp config.file /etc/
[sudo] password for max:
max@ubuntu:~$
```

Listing 8.21 Benutzer mit »sudo«-Rechten

Alternativ können Sie eigene Konfigurationsdateien unterhalb von */etc/sudoers.d/* erstellen. Verwenden Sie dafür den Befehl `visudo -f /etc/sudoers.d/webmaster`.

[!] An dieser Stelle sei nochmals auf die Brisanz hingewiesen. Bei Fehlern können Sie sich administrativ vollständig aus dem System aussperren! Gehen Sie also mit Bedacht vor. Ziehen Sie sogar in Erwägung, das Sicherheitskonzept von *sudo* kurzweilig zu umgehen, indem Sie dem root-Benutzer ein Passwort mit `sudo passwd` einrichten und nach erfolgreicher Bearbeitung dieses Passwort mit `sudo passwd -l root` wieder entfernen!

TEIL III

Dienste, Anwendungen und Sicherheit

Kapitel 9

Fernwartung mit »OpenSSH«

Die Vernetzung von Computersystemen führte dazu, dass die Administration nicht mehr in Turnschuhmanier stattfindet (also indem man zu Fuß von System zu System geht), sondern aus der Ferne durchgeführt werden kann. In diesem Kapitel bringen wir Ihnen die Fernwartungsmöglichkeiten von Ubuntu näher.

In diesem Kapitel widmen wir uns der gebräuchlichsten Fernwartungsmöglichkeit unter Linux: dem Zugriff mit *OpenSSH*. Dabei werden wir die Möglichkeiten, Vor- und Nachteile und die unterschiedlichen Formen der Fernwartung näher beleuchten.

9.1 Grundlagen: »ssh«

Bei einer Fernwartung wird es dem Benutzer ermöglicht, sich von einem entfernten Rechner aus mit dem Linux-Server zu verbinden und so an ihm zu arbeiten, als wäre er direkt vor Ort.

Diese Anforderung wurde im Computerzeitalter relativ schnell gestellt. Stellen Sie sich nur einen Maschinensaal mit Hunderten von Servern oder eine Firma mit Außenstellen in unterschiedlichen Städten oder sogar Ländern vor. Eine Administration nur direkt am System wäre faktisch nicht zu leisten.

9.1.1 Die Anfänge: »telnet«

Bereits zu Prä-Internetzeiten wurde das *Telnet*[1]-Protokoll entwickelt und ab 1974 eingesetzt. Dieses Protokoll erlaubte es, sich von entfernten Systemen anzumelden und Befehle abzusetzen. Noch heute verfügen Computersysteme über eine Telnet-Implementation, da Telnet immer noch eingesetzt wird. Das Protokoll verfügt aber über einen entscheidenden Nachteil: Es arbeitet unverschlüsselt.

Da heutzutage über das Internet weltweit Verbindungen aufgebaut werden können, ist dies nicht mehr tragbar. Daher entwickelte Mitte der 90er-Jahre Tatu Ylönen *ssh*[2], das sich mittlerweile als Telnet-Nachfolger etabliert hat und heute als *ssh-1* bezeichnet wird.

---

1 *Telecommunication Network*, engl. für *Telekommunikationsnetzwerk*
2 *secure shell*, engl. für *Sichere Kommandozeile*

9.1.2   Weiterentwicklung: »OpenSSH«

Nach der Kommerzialisierung von *ssh* wurde 1999 die erste freie Implementierung unter dem Namen *OpenSSH* entwickelt. Diese wird seitdem stetig weiterentwickelt und bildet heute das Grundgerüst einer sicheren entfernten Administration.

Dabei besteht *OpenSSH* aus einem eigenen TCP-Protokoll (*SSH*) und aus einem Server- und Client-Programm (sshd und ssh). Über den TCP-Port *22* wird ein verschlüsselter Kanal aufgebaut, über den die Befehle und Antworten sicher übertragen werden.

Kommunikationsablauf

Bei SSH läuft die Kommunikation ähnlich wie beim bekannten SSL, also dem Abruf von verschlüsselten Webseiten (*HTTPS*), ab. Nach dem Verbindungsaufbau wird ein Verschlüsselungsverfahren ausgewählt, das für beide beteiligten Parteien geeignet ist. Anschließend prüft der Client die Integrität des Partners und nimmt einen Schlüsselaustausch vor. Abschließend steht die verschlüsselte Verbindung, und es wird die Anmeldung durchgeführt.

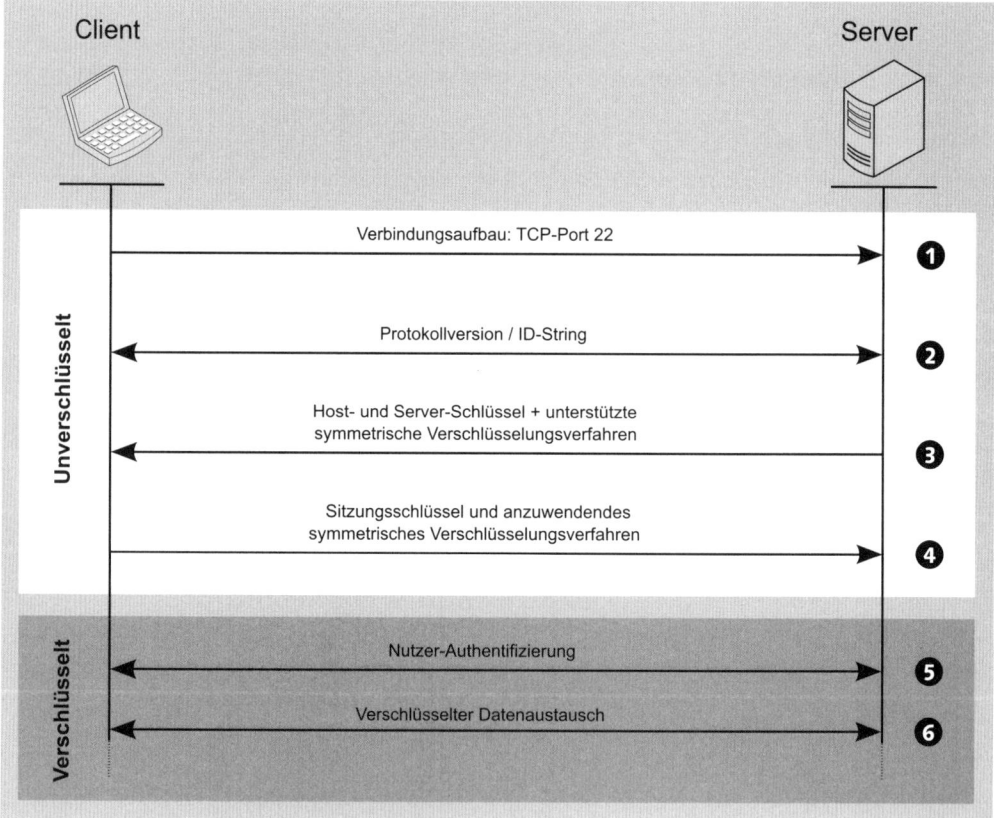

Abbildung 9.1 Kommunikationsablauf bei »SSH«

Schauen wir uns den in Abbildung 9.1 dargestellten Ablauf etwas genauer an:

1. **Verbindungsaufbau**
   Zunächst baut der Client auf Port 22 eine TCP-Verbindung mit dem Server auf.

2. **Protokollversion / ID-String**
   Anschließend tauschen die Kommunikationspartner Informationen zur Protokollversion und zur Identifikation anhand von *Fingerprints*[3] aus.

3. **Schlüsselaustausch und Verschlüsselungsverfahren**
   In diesem Schritt sendet der Server die ihm bekannten Verschlüsselungsverfahren sowie den Host- und den Server-Schlüssel.

4. **Sitzungsschlüssel und eingesetztes Verschlüsselungsverfahren**
   Zunächst prüft der Client die Schlüssel. Werden diese akzeptiert, wählt der Client aus der Auswahl des Servers das stärkste ihm bekannte Verschlüsselungsverfahren, generiert mit den Schlüsseln einen Sitzungsschlüssel und sendet diesen mit dem eingesetzen Verfahren zurück.

5. **Nutzer-Authentifizierung**
   Ab hier beginnt die verschlüsselte Übertragung. Zur Authentifizierung des Nutzers wird entweder ein vorhandener Schlüssel übertragen oder ein Passwort verwendet.

6. **Verschlüsselter Datenaustausch**
   Akzeptiert der Server die Authentifizierung des Nutzers, findet nun der verschlüsselte Datenaustausch statt, bis die Verbindung beendet wird.

Authentifizierung

Wie durch Abbildung 9.1 und die vorstehende Auflistung ersichtlich wird, nutzt SSH zur Absicherung der Kommunikation Schlüsselpaare, also ein asymmetrisches Verschlüsselungsverfahren, und zusätzlich die in Punkt 2 angesprochenen *Fingerprints*.

Der Server identifiziert sich durch seine Schlüssel und den dazugehörigen Fingerabdruck. Der Client kann sich wahlweise mit einem Schlüssel (*Public-Key-Authentifizierung*) oder einem Passwort authentifizieren.

Neugierig geworden?

Erfahren Sie mehr zum Thema Kryptografie, Verschlüsselungstechniken und Verschlüsselungsverfahren, zum Beispiel in Kapitel 12, »Webserver: ›Apache‹ und ›Nginx‹«, oder Kapitel 24, »Virtuelles privates Netzwerk mit ›OpenVPN‹«!

---

3   *Fingerprints*, engl. für *Fingerabdrücke*, werden zur eindeutigen Identifikation eingesetzt.

9.2   Der Client: »ssh«

Nahezu bei jeder Linux-Installation wird der SSH-Client mitgeliefert; das gilt auch für Ubuntu. In diesem Abschnitt zeigen wir Ihnen den Umgang mit dem Programm ssh im Detail. Sie lernen wie Sie Verbindungen aufbauen, Schlüsseln vertrauen, diese auslesen und entfernen können.

9.2.1   Die erste Anmeldung

Damit SSH die Integritätsprüfungen durchführen kann, müssen die Schlüsselpaare und Fingerabdrücke natürlich bekannt sein. In diesem Abschnitt schauen wir uns den SSH-Client näher an.

Verbinden Sie sich zum ersten Mal mit einem neuen System, werden Sie gefragt, ob das System zu den vertrauenswürdigen Systemen in Ihrer ssh-Konfiguration hinzugefügt werden soll (siehe Listing 9.1).

Im Beispiel verbinden wir uns von dem System *saturn.example.com* aus mit dem System *venus.example.com*:

```
daniel@saturn:~$ ssh venus.example.com
The authenticity of host 'venus.example.com (192.168.0.150)' can't be established.
ECDSA key fingerprint is SHA256:OU6kobA4ukW17KiFMEjEZGl4sOse7PshWAX8clHe5FM.
Are you sure you want to continue connecting (yes/no)? yes
```

Listing 9.1 Rückfragen bei der ersten Anmeldung

Wie erläutert, fragt ssh nach, ob der Server venus.example.com (192.168.0.150) mit dem angezeigten Fingerabdruck (bb:a3:ce:d8:f1:1e:23:ee:fa:ec:b8:4b:1b:9b:81:3b) vertrauenswürdig ist. Wenn Sie diese Rückfrage mit yes beantworten, erhalten Sie den Hinweis aus Listing 9.2:

```
Warning: Permanently added 'venus.example.com,192.168.0.150' (ECDSA) to the list \
of known hosts.
daniel@venus.example.com's password:
```

Listing 9.2 Hinweis bei der ersten Anmeldung

Der Hinweis besagt, dass das System venus.example.com der Liste der bekannten Systeme hinzugefügt wurde (Datei ~/.ssh/known_hosts). Anschließend wird das Kennwort des Benutzers daniel auf dem System venus.example.com abgefragt. Da in Listing 9.1 dem Programm ssh kein Benutzer angegeben wurde, wird der derzeit angemeldete Benutzer verwendet.

Sie können ssh mit dem Parameter -l <BENUTZERNAME> einen Benutzer angeben. Deutlich gebräuchlicher ist aber die Schreibweise mit *<BENUTZERNAME>@<SERVER>*. Hier trennt das

@-Zeichen die Angabe des Benutzers von der Angabe des Servers, mit dem eine Verbindung hergestellt werden soll. Die Befehle in Listing 9.3 führen somit alle zum gleichen Ergebnis.

```
daniel@saturn:~$ ssh venus.example.com
[…]
max@saturn:~$ ssh -l daniel venus.example.com
[…]
moritz@saturn:~$ ssh daniel@venus.example.com
```

Listing 9.3 Unterschiedliche Angabe des anzumeldenden Benutzers

Die Angabe des anzumeldenden Benutzernamens ist dann notwendig, falls der angemeldete Benutzer auf dem entfernten System nicht existiert oder Sie mit einem anderen Benutzer arbeiten möchten oder müssen.

9.2.2   Prüfung bekannter Systeme

Sobald ein System zur Datei ~/.ssh/known_hosts hinzugefügt wurde, prüft der SSH-Client, ob das System über den vormals bekannt gemachten SSH-Schlüssel verfügt. Jeder Benutzer verfügt über eine eigenständige SSH-Konfiguration, die jeweils in seinem Home-Verzeichnis unter .ssh abgelegt wird. Die SSH-Konfiguration des Benutzers *daniel* liegt somit unter /home/daniel/.ssh/, die des Benutzers *charly* unter /home/charly/.ssh/ und die des root-Benutzers unter /root/.ssh/.

Ändert sich ein SSH-Schlüssel, wird ein Verbindungsaufbau mit einer entsprechenden Fehlermeldung abgelehnt:

```
daniel@saturn:~$ ssh venus.example.com
@@@@@@@@@@@@@@@@@@@@@@@@@@@@@@@@@@@@@@@@@@@@@@@@@@@@@@@@@@@@@
@       WARNING: POSSIBLE DNS SPOOFING DETECTED!          @
@@@@@@@@@@@@@@@@@@@@@@@@@@@@@@@@@@@@@@@@@@@@@@@@@@@@@@@@@@@@@
The ECDSA host key for venus.example.com has changed,
and the key for the corresponding IP address 192.168.0.151
is unknown. This could either mean that
DNS SPOOFING is happening or the IP address for the host
and its host key have changed at the same time.
@@@@@@@@@@@@@@@@@@@@@@@@@@@@@@@@@@@@@@@@@@@@@@@@@@@@@@@@@@@@@
@    WARNING: REMOTE HOST IDENTIFICATION HAS CHANGED!     @
@@@@@@@@@@@@@@@@@@@@@@@@@@@@@@@@@@@@@@@@@@@@@@@@@@@@@@@@@@@@@
IT IS POSSIBLE THAT SOMEONE IS DOING SOMETHING NASTY!
Someone could be eavesdropping on you right now (man-in-the-middle attack)!
It is also possible that a host key has just been changed.
The fingerprint for the ECDSA key sent by the remote host is
SHA256:8iFQ1FhWzKuQfwyjZJqogvOMjK17zO7Q+BFsertaaog.
```

```
Please contact your system administrator.
Add correct host key in /home/moritz/.ssh/known_hosts to get rid of this message.
Offending ECDSA key in /home/moritz/.ssh/known_hosts:1
  remove with:
  ssh-keygen -f "/home/moritz/.ssh/known_hosts" -R venus.example.com
ECDSA host key for venus.example.com has changed and you have requested strict
checking. Host key verification failed.
```

Listing 9.4 Fehlerausgabe von »ssh«

Dieser Hinweis soll Sie davor schützen, sich mit kompromittierten Systemen zu verbinden. Diese Fehlermeldung wird aber auch ausgelöst, wenn Sie das betreffende System neu installiert und den vormals gültigen SSH-Schlüssel nicht übertragen haben.

Der SSH-Client speichert pro System den Namen und die dazugehörige IP-Adresse ab. Daher werden wir trotz erfolgreich hinzugefügtem SSH-Schlüssel für das System *venus.example.com* aufgefordert, das System erneut zu bestätigen, wenn wir uns mit dem Kurznamen des Systems verbinden wollen:

```
daniel@saturn:~$ ssh venus
The authenticity of host 'venus (192.168.0.150)' can't be established.
ECDSA key fingerprint is SHA256:OU6kobA4ukW17KiFMEjEZGl4sOse7PshWAX8clHe5FM.
Are you sure you want to continue connecting (yes/no)?
```

Listing 9.5 Rückfragen bei Kurznamen

Bestätigen Sie die Rückfrage mit yes, wird ein weiterer Eintrag explizit für den Kurznamen zur SSH-Konfiguration hinzugefügt.

9.2.3   SSH-Schlüssel entfernen

Damit Sie nicht von Hand in der Datei *~/.ssh/known_hosts* alte Schlüssel entfernen müssen, können Sie das Tool ssh-keygen mit dem Parameter -R einsetzen.

Die Funktion zum Entfernen von Schlüsseln erscheint auch als Hinweis, wenn Sie versuchen, sich mit einem geänderten Schlüssel am Server anzumelden (siehe Listing 9.4).

In Listing 9.6 entfernt der Benutzer max den Schlüssel des Systems venus.example.com mit dem Programm ssh-keygen aus seiner SSH-Konfiguration:

```
max@saturn:~$ ssh-keygen -R venus.example.com
# Host venus.example.com found: line 1
/home/moritz/.ssh/known_hosts updated.
Original contents retained as /home/moritz/.ssh/known_hosts.old
```

Listing 9.6 Einen SSH-Schlüssel mit »ssh-keygen -R« entfernen

[!]

Gefahr der Korrumpierung!

Achten Sie darauf, dass Sie nicht unbedacht neue Schlüssel akzeptieren. Diese Sicherheits-maßnahme wurde nicht ohne Grund implementiert. Verbinden Sie sich nicht mit einem Sys-tem, vor dem Sie gewarnt werden, solange Sie sich nicht ganz sicher sind, dass Sie oder einer Ihrer Kollegen den Schlüssel neu erstellt hat!

Der Aufruf entfernt aber nicht nur den veralteten Schlüssel, sondern speichert ebenfalls eine Kopie der bestehenden Datei unter dem Namen ~/.ssh/known_hosts.old ab. Falls Sie also aus Versehen einen Schlüssel gelöscht haben, können Sie diese Datei zurückkopieren, um den Schlüssel wiederherzustellen.

Immer nur eine Kopie der letzten Version!

Das Programm ssh-keygen erzeugt beim Entfernen mit dem Parameter -R stets nur eine Kopie der letzten Version. Wenn Sie also mehrere Schlüssel nacheinander entfernen, kann nur die letzte Änderung mit einem Zurückkopieren rückgängig gemacht werden!

9.2.4   Bekannte SSH-Schlüssel auslesen

Um zu prüfen, welcher Schlüssel für ein System hinterlegt ist, können Sie entweder die Datei ~/.ssh/known_hosts in einem Editor öffnen oder das Programm ssh-keygen mit dem Para-meter -F verwenden. Dieses listet Ihnen die hinterlegten Informationen deutlich übersicht-licher auf (siehe Listing 9.7):

```
max@saturn:~$ ssh-keygen -F venus.example.com
# Host venus.example.com found: line 1
|1|6stUKVPuI7T1XRY6oOHEf9pA8BM=|vqfKFdBUHnwhZd7gq7vd9CLLxDw= ecdsa-sha2-nistp256\
AAAAE2VjZHNhLXNoYTItbmlzdHAyNTYAAAAIbmlzdHAyNTYAAABBBN/HBy+kAosT2NgU43oOH4c9CARf\
N1OQJclQ2V5LRamfgCMlsI9IKHAbi54M7WFFFRJYwVHj2sVzQyLvKWdps6Q=
```

Listing 9.7 SSH-Schüssel mit »ssh-keygen -F <HOSTNAME>« anzeigen

9.2.5   Nicht nur verbinden, sondern auch ausführen

Nach der Anmeldung an einem entfernten System können Sie über den SSH-Client auch Befehle auf einem entfernten System absetzen und die Ausgabe auf Ihrem lokalen System weiterverarbeiten.

Um einen Befehl auf dem entfernten System ausführen zu lassen und die Verbindung an-schließend direkt wieder zu trennen, stellen Sie den Befehl einfach in Anführungszeichen hinter den ssh-Befehl:

```
daniel@saturn:~$ ssh venus.example.com "ls /home/"
daniel@venus.example.com's password:
daniel
max
daniel@saturn:~$
```
Listing 9.8 Einen Befehl über eine SSH-Verbindung absetzen

In Listing 9.8 verwendet der Benutzer daniel eine SSH-Verbindung vom System saturn zum System venus, um dort den Inhalt des Verzeichnisses *home/* auszulesen.

[+] Dies ist äußerst praktisch beim Einsatz von Skripten. Wenn Sie zum Beispiel geänderte Freigabelisten an mehrere Systeme verteilen, können Sie damit auf dem entfernten System den Neustart der Dienste anstoßen, wenn die Erstellung abgeschlossen ist.

9.2.6   Zusammenfassung

In diesem Abschnitt haben wir erst gezeigt, wie sich der SSH-Client bei der ersten Anmeldung an einem System verhält. Anschließend haben wir die unterschiedlichen Methoden vorgestellt, um einen Benutzer für die Anmeldung an einem entfernten System anzugeben. Des Weiteren haben wir den Prüfungsvorgang beim Verbindungsaufbau näher betrachtet und gezeigt, wie veraltete Schlüssel entfernt werden können. Anschließend haben wir aufgezeigt, wie vorhandene Schlüssel ausgelesen werden können. Abschließend haben wir erörtert, wie nicht nur Verbindungen aufgebaut, sondern auch einzelne Befehle über SSH auf einem entfernten System ausgeführt werden können.

9.3   Der Server: »sshd«

Nach der Installation ist auf Ihrem Server (wenn Sie die Standardeinstellungen beibehalten haben) lediglich die SSH-Client-Software installiert. Falls Sie unserer empfohlenen Paketauswahl aus Abschnitt 5.2, »Die Installation«, gefolgt sind, befindet sich der OpenSSH-Server bereits auf Ihrem System. Anderenfalls sollten Sie ihn mit sudo apt-get install openssh-server jetzt nachinstallieren, damit Sie aus der Ferne auf Ihren Server zugreifen können. Anschließend können Sie sich mit dem SSH-Client mit jedem gültigen Benutzer an diesem System anmelden. Der OpenSSH-Daemon wird automatisch in die Liste der Dienste eingetragen, die beim Systemstart ausgeführt werden.

9.3.1   Voraussetzungen für die entferne Anmeldung

Damit ein Benutzer sich via SSH mit dem System verbinden kann, müssen folgende Punkte erfüllt sein:

1. **Passwort**
   Der Benutzer muss über ein gesetztes Passwort verfügen. Nach der Installation ist zum Beispiel für den root-Benutzer noch kein Passwort gesetzt, sodass ein entfernter Login mit ihm nicht möglich ist.

2. **Shell**
   Der Benutzer muss über eine Shell verfügen. Die Shell wird in der Datei */etc/passwd* vergeben. Für Systembenutzer ist dort die Shell */bin/false* eingetragen, damit kein Login über diese Benutzer erfolgen kann.

9.3.2   Authentifizierung mit Schlüsseln

Eine weitere Möglichkeit, sich gegenüber einem Server zu authentifizieren, ist der Schlüsselaustausch. Darüber ist es auch möglich, einen passwortlosen SSH-Zugang einzurichten.

Dabei gehen Sie wir folgt vor:

▶ **Benutzer anlegen**
   Legen Sie gleichnamige Benutzer auf den beteiligten Systemen an.

▶ **SSH-Schlüssel erzeugen**
   Erzeugen Sie auf dem Ursprungssystem einen SSH-Schlüssel für den Benutzer.

▶ **Schlüssel übertragen**
   Übertragen Sie den SSH-Schlüssel sicher auf das Zielsystem.

In den Listings in diesem Abschnitt verwenden wir den Benutzer *max*. Dieser soll in die Lage versetzt werden, über Schlüssel eine passwortlose Anmeldung vom System *saturn.example.com* zum System *venus.example.com* aufbauen zu können.

Zunächst legen wir auf den Systemen *saturn.example.com* und *venus.example.com* den Benutzer *max* an und geben ihm ein Passwort (siehe Listing 9.9):

```
daniel@ubuntu:~$ ssh saturn.example.com
daniel@saturn.example.com's password:
Welcome to Ubuntu 16.04 LTS (GNU/Linux 4.4.0-21-generic x86_64)
[…]
Last login: Sat Jan 23 14:36:13 2016 from 192.168.0.149
daniel@saturn:~$ sudo useradd -m -c "Max Mustermann" -s /bin/bash max
[sudo] password for daniel:
daniel@saturn:~$ sudo passwd max
Geben Sie ein neues UNIX-Passwort ein:
Geben Sie das neue UNIX-Passwort erneut ein:
passwd: password updated successfully
daniel@saturn:~$ logout
Connection to saturn.example.com closed.
```

```
daniel@ubuntu:~$ ssh venus.example.com
daniel@venus.example.com's password:
Welcome to Ubuntu 16.04 LTS (GNU/Linux 4.4.0-21-generic x86_64)
[…]
Last login: Sat Jan 23 15:33:06 2016 from 192.168.0.148
daniel@venus:~$ sudo useradd -m -c "Max Mustermann" -s /bin/bash max -p GeHeIm
[sudo] password for daniel:
daniel@venus:~$
```

Listing 9.9 Den Benutzer »max« auf »saturn« und »venus« anlegen

In Listing 9.9 hat zunächst der Benutzer daniel eine SSH-Verbindung zum System saturn .example.com aufgebaut. Anschließend wurde über das Programm useradd der Benutzer max angelegt. Der Parameter -m weist das Programm *useradd* an, für den anzulegenden Benutzer ein Home-Verzeichnis einzurichten. Der Parameter -c "<WERT>" verlangt, den in Anführungszeichen angegebenen Wert als Kommentar für den Benutzer zu hinterlegen. Mit dem Parameter -s wird die Shell des Benutzers auf die Bash (/bin/bash) gesetzt. Anschließend wurde dem neu angelegten Benutzer *max* mit dem Befehl passwd ein Passwort zugewiesen.

[+]   **Standard-Shell festlegen**

Damit Sie nicht jedes Mal die Shell eines Benutzers mit dem Parameter -s angeben müssen, können Sie einen der beiden Punkte verwenden:

1.   Standard-Shell generell anpassen
     Dafür müssen Sie lediglich den Link von /bin/sh, der im Standard auf /bin/dash zeigt (also auf die Shell Dash), mit ln /bin/sh /bin/bash auf die Bash setzen.

2.   Standard-Shell von *useradd* festlegen
     Um die von useradd verwendete Standard-Shell anzupassen, müssen Sie lediglich in der Datei */etc/default/useradd* die Zeile SHELL=/bin/sh durch SHELL=/bin/bash ersetzen.

Beachten Sie, dass durch die erste Methode auch alle Programme des Systems im Standard die Bash verwenden und nicht mehr die Dash. Dies kann unter Umständen zu Problemen führen.

Anschließend wurde der Vorgang auf dem System venus.example.com wiederholt. Lediglich die Passwortvergabe wurde dort über das Programm useradd vorgenommen. Mit dem Parameter -p <PASSWORT> kann direkt ein Passwort für den neuen Benutzer angelegt werden.

[!]   Wenn Sie das Passwort für den Benutzer max mit useradd -P <PASSWORT> angeben, wird es in der Historie der Bash gespeichert! Verwenden Sie den Parameter also nur mit Bedacht, zum Beispiel dann, wenn der Benutzer sein Passwort umgehend selbst ändert.

> **Unterschiedliche Passwörter**
>
> Der Benutzer *max* darf über unterschiedliche Passwörter verfügen! Es ist **nicht** erforderlich, dass der Benutzer auf den Systemen das gleiche Passwort eingerichtet hat.

Damit der Schlüssel des Benutzers *max* ausgetauscht werden kann, muss *max* zunächst über einen Schlüssel verfügen. Um einen SSH-Schlüssel zu erstellen, wird das Programm ssh-keygen eingesetzt. In Listing 9.10 ist der Ablauf dargestellt:

```
max@saturn:~$ ssh-keygen
Generating public/private rsa key pair.
Enter file in which to save the key (/home/max/.ssh/id_rsa):
Enter passphrase (empty for no passphrase):
Enter same passphrase again:
Your identification has been saved in /home/max/.ssh/id_rsa.
Your public key has been saved in /home/max/.ssh/id_rsa.pub.
The key fingerprint is:
SHA256:axO/UB+EyOM7N1b8PExboQLZoQ7o36BidYkYPTh1mAQ max@saturn
The key's randomart image is:
+---[RSA 2048]----+
|  Eooo. .o.. .   |
|   +oo  .oo .. . |
|   + + . .o...o..|
|   = o +o +..ooo|
|  . + +S.B =  +o|
|   . + o= * o  .|
|  o . .=...  .   |
|  .. . o .   |
|         .   |
+----[SHA256]-----+
```

Listing 9.10 Einen SSH-Schlüssel mit »ssh-keygen« erstellen

Das Programm ssh-keygen wurde als Benutzer max auf dem System *saturn.example.com* gestartet. Es stößt die Schlüsselerstellung an und gibt den Speicherort (*/home/max/.ssh*) aus. Anschließend wird nach einem Kennwort für den Schlüssel gefragt. Geben Sie kein Kennwort an, kann ein passwortloser SSH-Zugang mit diesem Schlüssel erfolgen.

Geben Sie stattdessen ein Kennwort an, muss der Benutzer *max* bei jeder Verwendung des Schlüsselpaares dieses Kennwort angeben. Abschließend erfolgt die Generierung des Schlüssels. Dabei werden die benötigten Dateien erzeugt und abgelegt.

Da dem Programm ssh-keygen keine Parameter übergeben wurden, wurde die Standardmethode *RSA* verwendet. Mögliche Methoden wären *RSA1* (Protokollversion 1), *DSA*, *ECDSA*,

Ed25519 und der Standard *RSA* (Protokollversion 2). Die Methoden geben Sie über den Parameter -t an.

[!]

Auswahl des Verschlüsselungsverfahrens

Bitte verwenden Sie mindestens das *RSA*-Verfahren in der Protokollversion 2 und nicht das mittlerweile als unsicher geltende *RSA1*-Verfahren, da dieses leicht gebrochen werden kann!

Nun finden Sie im Home-Verzeichnis des Benutzers *max* das Verzeichnis *.ssh*. Darin werden die benötigten Dateien abgelegt, die folgende Bedeutung haben:

▶ **id_rsa**
Diese Datei beherbergt den privaten Schlüssel. Er ist äußerst schützenswert und sollte das System niemals verlassen.

▶ **id_rsa.pub**
Dies ist der öffentliche Schlüssel, der zur Authentifizierung übertragen wird.

▶ **known_hosts**
Hier werden, wie bereits erläutert, die bekannten Systeme abgelegt.

▶ **authorized_keys** (wird im weiteren Verlauf erzeugt)
Hier werden die gültigen Schlüssel abgelegt.

9.3.3 Schlüssel sicher übertragen

Damit Sie sich mit einem Schlüssel authentifizieren können, müssen Sie diesen auf das entfernte System überspielen. Dazu könnten Sie den Schlüssel manuell übertragen, ihn zum Beispiel ausdrucken und von Hand abtippen, auf ein transportables Medium kopieren oder am Telefon durchgeben. Ebenso können Sie ihn aber auch über eine SSH-Verbindung gesichert übertragen.

Hierfür bietet sich das Programm *ssh-copy-id* an, das die Schlüssel über einen sicheren SSH-Kanal überträgt. Dabei führt das Programm im Grunde die Arbeitsschritte aus, die Sie in Listing 9.11 sehen:

```
max@saturn:~$ cat ~/.ssh/id_rsa.pub | ssh max@venus.example.com \
'cat >> .ssh/authorized_keys'
```
Listing 9.11 SSH-Schlüssel manuell übertragen

Beim Befehl aus Listing 9.11 wird der Inhalt des öffentlichen Schlüssels mit einer Pipe an den SSH-Client weitergeleitet. Dieser wiederum baut eine Verbindung zu venus.example.com auf und fügt die Ausgabe an die Datei .ssh/authorized_keys an.

Die Datei authorized_keys wird vom SSH-Server ausgewertet, wenn eine Verbindung mit Schlüsselauthentifizierung aufgebaut wird. Ist der angebotene Schlüssel dort enthalten, wird die Verbindung zugelassen.

Deutlich einfacher wird der Vorgang durch das Programm ssh-copy-id, das einfach als Parameter den Benutzer- und Systemnamen erwartet, die durch ein @-Zeichen getrennt werden (siehe Listing 9.12).

```
max@saturn:~$ ssh-copy-id max@venus.example.com
/usr/bin/ssh-copy-id: INFO: attempting to log in with the new key(s), to filter out\
                            any that are already installed
/usr/bin/ssh-copy-id: INFO: 1 key(s) remain to be installed -- if you are prompted\
                            now it is to install the new keys
max@venus.example.com's password:

Number of key(s) added: 1

Now try logging into the machine, with:   "ssh 'max@venus.example.com'"
and check to make sure that only the key(s) you wanted were added.
```

Listing 9.12 SSH-Schlüssel mit »ssh-copy-id« übertragen

Ab jetzt kann der Benutzer *max* sich ohne Passworteingabe mit *venus* verbinden.

9.3.4   Zusammenfassung

In diesem Abschnitt haben wir als Erstes die Voraussetzungen für eine entfernte Anmeldung vorgestellt. Anschließend haben wir die Authentifizierung mit Schlüsseln genau betrachtet und Benutzer mit eigenem Schlüssel angelegt. Abschließend haben wir die Möglichkeiten zur sicheren Übertragung von SSH-Schlüsseln aufgezeigt.

9.4   SSH für Fortgeschrittene

In diesem Abschnitt zeigen wir Ihnen fortgeschrittene Möglichkeiten, die OpenSSH Ihnen bietet. Zum einen erfahren Sie, wie Sie vorhandene SSH-Schlüssel von einem System sichern und zum Beispiel bei einer Neuinstallation wiederherstellen. Zum anderen gehen wir genauer auf die Konfigurationsmöglichkeiten sowohl des SSH-Clients als auch des SSH-Servers ein.

9.4.1   Schlüssel sichern und wiederherstellen

Ein typischer Fall: Die Hardware ist veraltet und wird gegen ein neues Stück Blech ausgetauscht. Meist wird dafür das bestehende System 1:1 ersetzt. Denken Sie dann daran, die

SSH-Schlüssel zu sichern, bevor Sie Ihr altes System außer Betrieb nehmen. Damit sparen Sie sich die Arbeit, das neue System mit dem alten Namen wieder all Ihren übrigen Systemen bekannt machen zu müssen. Damit die transferierten Schlüssel auch funktionieren, müssen drei Voraussetzungen erfüllt werden:

▶ gleichbleibende IP-Adresse

▶ gleichbleibender Hostname

▶ Kopieren der Dateien aus:

  – */etc/ssh/ssh_host_*_key**

  – *~/.ssh/id_rsa*

  – *~/.ssh/id_rsa.pub*

  – *~/.ssh/authorized_keys*

  – *~/.ssh/config*

  – *~/.ssh/known_hosts*

[!] Beachten Sie, dass die Dateien auf dem neuen System sowohl über die gleichen Rechte als auch über die gleichen Eigentümer verfügen müssen! Ansonsten verweigert OpenSSH unter Umständen den Umgang mit diesen Dateien. Werden diese Voraussetzungen erfüllt, kann auf das neue System wieder so zugegriffen werden wie auf das alte.

9.4.2   SSH-Client-Konfiguration

Ein so komplexes Gebilde wie SSH verfügt selbstverständlich über eigene Konfigurationsdateien. Sowohl der Client als auch der Server können darüber separat eingestellt werden. Die Konfiguration des SSH-Clients erfolgt zweigeteilt: zum einen in einer systemweiten Konfigurationsdatei unter */etc/ssh/ssh_config*, zum anderen in einer benutzerindividuellen Datei unter *~/.ssh/config*.

Auf Ubuntu-Systemen wird bei der Standardinstallation nur die systemweite Konfigurationsdatei erstellt. Der Aufbau der Datei ist blockorientiert. Blöcke werden über den Schalter Host eingeleitet. Die nachfolgend eingerückten Zeilen gehören zu diesem Block. Nach der Installation umfasst die systemweite Konfigurationsdatei die in Listing 9.13 dargestellten Zeilen:

```
Host *
    SendEnv LANG LC_*
    HashKnownHosts yes
    GSSAPIAuthentication yes
    GSSAPIDelegateCredentials no
```

Listing 9.13 Standardmäßige systemweite SSH-Client-Konfiguration in »/etc/ssh/ssh_config«

Die einzelnen Zeilen aus der systemweiten Konfigurationsdatei haben folgende Bedeutung:

▶ `Host *`
Das Schlagwort `Host` leitet einen Konfigurationsblock ein. Über das folgende Sternchen (*) wird angegeben, dass diese Konfiguration für jedes beliebige Zielsystem gilt.

▶ `SendEnv LANG LC_*`
Mit dieser Zeile wird der SSH-Client angewiesen, die lokalen Umgebungsvariablen `LANG` und alle, die mit `LC_` beginnen, an das entfernte System weiterzuleiten. Darüber wird sichergestellt, dass Sie in Ihrer SSH-Sitzung die gleiche Sprache (und das gleiche Tastatur-layout) auf dem Zielsystem vorfinden, das Sie auch lokal verwenden.

▶ `HashKnownHosts yes`
Dieser Parameter veranlasst den SSH-Client, die bekannten Systeme in der Datei *known_hosts* über einen Hash abgesichert abzulegen. Setzen Sie diesen Wert auf `no`, werden die Schlüssel im Klartext abgelegt.

▶ `GSSAPIAuthentication yes`
Dieser Parameter erlaubt die Authentifizierung mittels Kerberos.

▶ `GSSAPIDelegateCredentials no`
Über diesen Parameter wird die Weitergabe der Anmeldeinformationen an den Server geregelt. Dies wird zum Beispiel für ein Single Sign-On benötigt.

Wie bereits erörtert wurde, gibt ein Sternchen (*) nach der Einleitung des Blocks (`Host *`) an, dass die hier gesetzte Konfiguration für alle Zielsysteme gilt. Möchten Sie zum Beispiel eine spezielle Konfiguration für nur ein Zielsystem angeben, können Sie einen eigenen Block nur für dieses Ziel einrichten.

Ein Beispiel: »Portangaben fest einstellen«

Auf dem Server *saturn.example.com* läuft der SSH-Daemon auf dem Port 2200. Durch diese Abweichung vom Standard müssen Verbindungen zum Server stets mit Portangaben erfolgen, wie in Listing 9.14 aufgeführt:

```
daniel@venus:~$ ssh -p 2200 saturn.example.com
daniel@saturn's password:
```

Listing 9.14 SSH-Verbindung auf Nicht-Standardports: »ssh -p«

Beim Aufruf von `ssh` muss also stets mit dem Parameter `-p` der korrekte Port angegeben werden. Das ist umständlich, und um dies zu umgehen, kann in der SSH-Konfiguration ein eigener Block für den Server *saturn.example.com* eingerichtet werden.

Da das System nur vom Benutzer *daniel* verwendet wird, richten wir die Konfiguration in der individuellen SSH-Konfigurationsdatei des Benutzers ein. Erstellen Sie dafür die Datei */home/daniel/.ssh/config* mit dem Inhalt aus Listing 9.15:

```
Host saturn saturn.example.com
        Port 2200
```

Listing 9.15 Benutzerbezogene SSH-Konfigurationsdatei »/home/daniel/.ssh/config«

Damit wird es dem Benutzer *daniel* ermöglicht, eine Verbindung zum Zielserver *saturn* und zum Server *saturn.example.com* ohne Angabe des Ports vorzunehmen. Beachten Sie dabei, dass mehrere Systeme durch ein Leerzeichen getrennt angegeben werden.

[+]

Kurzname und FQDN

Im Beispiel wurde das Zielsystem mit seinem Kurznamen und vollqualifiziert angegeben, da SSH in diesem Punkt sehr penibel ist. Wenn Sie nur eine von beiden Angaben machen, greift die Konfiguration auch nur auf diese und nicht für die andere Bezeichnung.

Falls Sie Konfigurationen für eine ganze Domäne vornehmen wollen, kann Ihnen das Sternchen (*) helfen. Möchten Sie diese Konfiguration auf die Domäne *example.com* ausweiten, müsste die Konfiguration so wie in Listing 9.16 aussehen:

```
Host *.example.com
        Port 2200
```

Listing 9.16 Benutzerbezogene SSH-Konfigurationsdatei »/home/daniel/.ssh/config«

Mit dieser Konfiguration würde der Aufruf von `ssh pluto.example.com`, der vom Benutzer *daniel* erfolgt, durch den SSH-Client in `ssh -p 2200 pluto.example.com` umgewandelt werden.

9.4.3   SSH-Client spezial: »escape_char«

Eine oft übersehene Funktion ist die *escape sequence*[4]. Mit ihr können Sie Befehle an die SSH-Sitzung absetzen. In Listing 9.17 wurde die Ausgabe der Hilfe aufgerufen. Dazu haben wir Enter gedrückt und dann das Escape-Zeichen eingegeben, das bei der Standardinstallation die Tilde (~) ist. Der Befehl endet mit dem Fragezeichen. In der Hilfe sind die gängigsten Sequenzen aufgeführt und erläutert.

```
daniel@venus:~$ ~?
Supported escape sequences:
  ~.  - terminate connection (and any multiplexed sessions)
  ~B  - send a BREAK to the remote system
  ~C  - open a command line
  ~R  - Request rekey (SSH protocol 2 only)
```

---

4   *escape sequence*, engl. für *Ausbruchssequenz*

```
~^Z - suspend ssh
~V/v - decrease/increase verbosity (LogLevel)
~#  - list forwarded connections
~&  - background ssh (when waiting for connections to terminate)
~?  - this message
~~  - send the escape character by typing it twice
(Note that escapes are only recognized immediately after newline.)
```

Listing 9.17 Übersicht der Befehle der Escape-Sequenzen

Beachten Sie, dass die Hilfe die Escape-Sequenzen nicht verlässt, sondern auf einen Befehl wartet, der mit [Enter] abgeschlossen werden muss.

Um die Hilfe aufzurufen, drücken Sie die Tastenkombination [Enter] + [~] + [?]. Dahinter verbergen sich die Tastaturanschläge [Enter], [AltGr] + [+] und [⇧] + [ß].

Die Eingabe muss direkt hintereinander erfolgen, da die Sequenz sonst nicht erkannt wird. Keine Sorge, Sie müssen die Eingabe nicht innerhalb von Millisekunden vornehmen, Sie dürfen lediglich keine falsche Eingabe vornehmen.

[+]

Das vorangestellte »Enter« ist kein Fehler!

Um die Sequenz einzuleiten, müssen Sie zuerst die [Enter]-Taste drücken! Anderenfalls wird die Sequenz nicht erkannt.

[!]

Falls Ihnen die Eingabe der Tilde als Escape-Sequenz zu kompliziert ist, können Sie dies auch in der SSH-Client-Konfiguration ändern. Theoretisch können Sie über den Parameter *Escape-Char* jedes beliebige Zeichen angeben. Bedenken Sie aber, dass gängige Tasten keine gute Wahl wären, da Sie ansonsten bei der Eingabe von Kommandos oder Text unter Umständen die SSH-Sitzung unfreiwillig beenden könnten.

9.4.4 SSH-Server-Konfiguration

Selbstverständlich können Sie nicht nur den SSH-Client, sondern auch den Server anpassen. Die Konfiguration erfolgt in der zentralen Datei */etc/ssh/sshd_config*. Nach der Installation finden Sie, ohne Kommentare, die in Listing 9.18 dargestellte Konfigurationsdatei vor:

```
Port 22
Protocol 2

HostKey /etc/ssh/ssh_host_rsa_key
HostKey /etc/ssh/ssh_host_dsa_key
HostKey /etc/ssh/ssh_host_ecdsa_key
```

```
HostKey /etc/ssh/ssh_host_ed25519_key
UsePrivilegeSeparation yes

KeyRegenerationInterval 3600
ServerKeyBits 1024

SyslogFacility AUTH
LogLevel INFO

LoginGraceTime 120
PermitRootLogin prohibit-password
StrictModes yes

RSAAuthentication yes
PubkeyAuthentication yes

IgnoreRhosts yes
RhostsRSAAuthentication no
HostbasedAuthentication no

PermitEmptyPasswords no

ChallengeResponseAuthentication no

X11Forwarding yes
X11DisplayOffset 10
PrintMotd no
PrintLastLog yes
TCPKeepAlive yes

AcceptEnv LANG LC_*

Subsystem sftp /usr/lib/openssh/sftp-server

UsePAM yes
```

Listing 9.18 SSH-Server-Konfiguration in »/etc/ssh/sshd_config«

[!] Veränderungen an dieser Datei können die Sicherheit Ihres Servers stark beeinflussen. Schalten Sie also nicht einfach wahllos Einstellungen ab, sondern wägen Sie stets das Risiko und den Nutzen gegeneinander ab!

In der Regel wird in der Konfigurationsdatei *etc/ssh/sshd_config* nur der TCP-Port angepasst, da die Standardeinstellungen bereits hohen Sicherheitsanforderungen entsprechen.

9.4.5   Wartezeiten bei DNS-Problemen: »UseDNS no«

Eine Ausnahme stellt der leider fast undokumentierte Parameter UseDNS dar. Dieser veranlasst den SSH-Server, bei einem Verbindungsversuch auf die Namensauflösung zu verzichten. Dies kann bei einer nicht verfügbaren Namensauflösung die Wartezeit bis zum Passwort-Prompt deutlich verringern. Um die Namensauflösung zu deaktivieren, fügen Sie die Zeile aus Listing 9.19 am Ende der Konfigurationsdatei hinzu.

```
UseDNS no
```

Listing 9.19 Namensauflösung in »/etc/ssh/sshd_config« abschalten

Nach einem Neustart des Dienstes über `sudo systemctl restart sshd` wird Ihr SSH-Server keine Namensauflösung mehr durchführen.

9.4.6   Absichern: alle außer »root«

Ein weiterer Punkt ist die Steigerung der Sicherheit durch das Aussperren von root. Hierzu müssen Sie in der Konfigurationsdatei */etc/ssh/sshd_config* den Parameter PermitRootLogin von prohibit-password in no ändern.

Damit können Sie sicherstellen, dass root sich nicht über SSH an dem System anmelden kann – auch dann nicht, wenn er über ein Passwort verfügt. Die Standardeinstellung prohibit-password erlaubt im Übrigen nur die Authentifizierung mit einem vorher ausgetauschten Schlüssel, den Sie aber nicht mit ssh-copy-id austauschen können, da ja keine Passwort-Authentifizierung erlaubt ist. Dafür müssen Sie den Schlüssel von Hand auf dem entfernten System in die Datei */root/.ssh/authorized_keys* eintragen.

9.5   Wenn's mal wieder länger dauert: »mosh«

Auch wenn SSH sehr robust ist, kann es bei Weitem nicht alles. An dieser Stelle setzt *mosh* (Mobile Shell) an. Die *mosh*-Entwickler wollen SSH ablösen und die kleinen Fehler ausmerzen, die in SSH enthalten sind.

Mosh setzt auf dem SSH-Protokoll auf und übernimmt nach der initialen Verbindung die Arbeit. Dabei zeichnet es sich durch folgende Eigenschaften aus:

▶ fließender Wechsel verschiedener Internetverbindungen (LTE, WLAN oder LAN), ohne die Verbindung zu verlieren (das sogenannte *handover*)

▶ unterbrechungsfreies Arbeiten, auch wenn ein System in den Ruhemodus versetzt wird

▶ lauffähig ohne Root-Rechte

▶ vollständig auf UTF-8 umgesetzt

▶ geringer Bandbreitenbedarf und geringe Latenz – Mosh läuft auch dann noch, wenn die Verbindung für SSH schon zu langsam ist.

▶ direkte Rückmeldung an den Benutzer (zum Beispiel bei einer abgerissenen Verbindung)

Die Installation erfolgt aus den Paketquellen (siehe Listing 9.20):

```
daniel@ubuntu:~$ sudo apt-get install mosh
[sudo] Passwort für daniel:
Paketlisten werden gelesen... Fertig
Abhängigkeitsbaum wird aufgebaut.
Statusinformationen werden eingelesen.... Fertig
Die folgenden zusätzlichen Pakete werden installiert:
  libprotobuf9v5
Die folgenden NEUEN Pakete werden installiert:
  libprotobuf9v5 mosh
0 aktualisiert, 2 neu installiert, 0 zu entfernen und 40 nicht aktualisiert.
Es müssen 529 kB an Archiven heruntergeladen werden.
Nach dieser Operation werden 2.026 kB Plattenplatz zusätzlich benutzt.
Möchten Sie fortfahren? [J/n]
```

Listing 9.20 Installation von »mosh«

Sobald Mosh auf den beteiligten Systemen installiert ist, können Sie eine Verbindung aufbauen. Dabei können Sie Mosh exakt so wie ssh verwenden:

```
daniel@ubuntu:~$ mosh venus
daniel@venus's password:

[mosh is exiting.]
daniel@ubuntu:~$
daniel@ubuntu:~$ mosh max@venus
```

Listing 9.21 Verbindungsaufbau mit »mosh«

Wenn Sie keine weiteren Angaben machen, verwendet Mosh (wie SSH auch) den zurzeit angemeldeten Benutzer. Um einen Benutzer explizit zu verwenden, benutzen Sie die Syntax <User>@<System>. Nach der erfolgreichen Authentifizierung startet Mosh eine exklusive Shell. Selbstverständlich verwendet Mosh auch vorab ausgetauschte Zertifikate – einer Passwortlosen Verbindung steht also auch mit Mosh nichts im Wege.

Falls Sie versuchen, mit Mosh auf ein System zuzugreifen, auf dem keine Installation vorhanden ist, wird dies so quittiert wie in Listing 9.22:

```
daniel@saturn:~$ mosh merkur
daniel@merkur's password:
bash: mosh-server: Befehl nicht gefunden
```

```
Connection to merkur closed.
/usr/bin/mosh: Did not find mosh server startup message.
```

Listing 9.22 Fehlerausgabe, wenn »mosh« auf der Gegenseite nicht installiert ist

Falls Mosh die Verbindung verliert, wird Ihnen dies als Statusleiste am oberen Bildschirmrand angezeigt (siehe Abbildung 9.2).

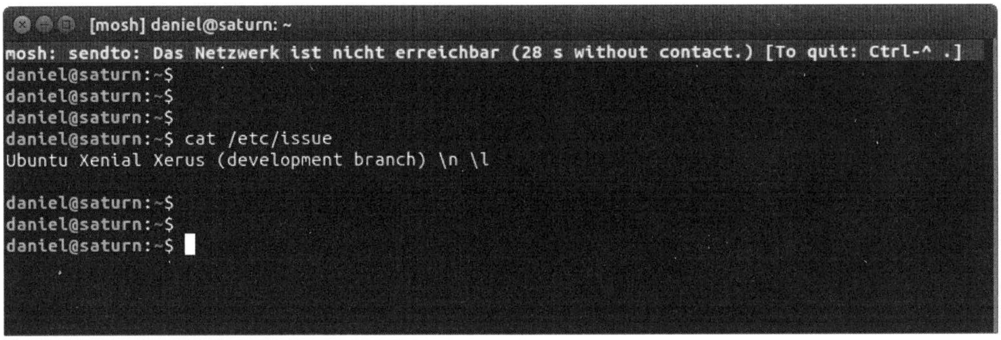

Abbildung 9.2 Statusleiste von »mosh« bei Verbindungsfehlern

Wenn Sie Eingaben machen, während das Netzwerk gerade nicht erreichbar ist, überträgt Mosh die Daten, sobald die Verbindung wieder steht, sodass nichts verloren geht.

Wenn Sie viel unterwegs sind oder ständig den Ort wechseln, sollten Sie Mosh ausprobieren. Sie werden begeistert sein.

Kapitel 10

Mailserver mit Postfix und Dovecot

Dieses Kapitel führt Sie in die grundlegende Konfiguration des SMTP-Servers Postfix sowie des IMAP-Servers Dovecot ein. Dabei lernen Sie auch, wie Sie sich vor unerwünschter E-Mail-Werbung (Spam) schützen können.

E-Mail ist einer der ältesten Dienste im Internet überhaupt – die Grundlagen gehen auf das Jahr 1969 zurück. Noch immer sind die elektronischen Postboten aus keinem Firmennetz wegzudenken. Die Aufgaben eines Mailservers sind allerdings vielfältiger geworden. Über den reinen Transport von E-Mails hinaus werden die Server heute auch als Teil der Sicherheitsinfrastruktur wahrgenommen. In den meisten Netzen werden Mailserver mit einer spezialisierten Konfiguration eingesetzt, die alle eingehenden Mails analysiert und zunächst die Spreu (Spam und Malware) vom Weizen trennt. Nicht selten beträgt der Anteil unerwünschter Mails am Gesamtaufkommen mehr als 80 oder gar 90%. Dieses Kapitel trägt dieser Entwicklung Rechnung und geht praxisnah auf die Konfiguration des beliebten Mailservers Postfix als Spam- und Virenfilter ein.

10.1   Die Basis mit »Postfix«

Ein Mailserver besteht grundlegend aus zwei Komponenten. Die eine ist der *Mail Transport Agent (MTA)*. Er nimmt Mails von anderen Mailservern entgegen und leitet Mails »seiner« Benutzer an andere Mailserver weiter. Die andere Komponente ist der *IMAP*-Server (*Internet Message Access Protocol*). Er verwaltet die Postfächer der lokalen Benutzer. Wenn ein Benutzer mit einer Client-Software wie Thunderbird oder Outlook nachschauen möchte, ob er neue Post erhalten hat, so spricht sein Client mit dem IMAP-Server. Für die grundlegende Installation des *Mail Transport Agents (MTA)* und des IMAP-Servers benötigen Sie nur drei Pakete. Installieren Sie sie als root mit diesem Kommando:

```
root@mail:~# apt-get -fym install postfix dovecot-common dovecot-imapd
```

Listing 10.1 Installation des MTA und des IMAP-Servers

Die Installationsroutine wird Ihnen zwei Rückfragen stellen. Die erste Frage gilt dem Typ des MTA. Sie könnten ihn ja nur benötigen, um Benachrichtigungen von Systemdiensten an den Administrator zur leiten. In unserem Fall wollen wir aber einen voll funktionstüchtigen Internet-Mailserver bauen. Wählen Sie in dem Dialog aus Abbildung 10.1 also Internet Site.

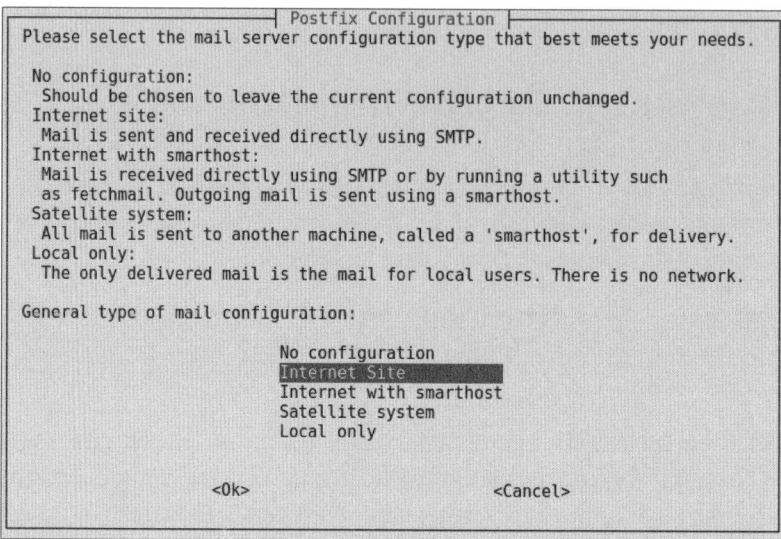

Abbildung 10.1 Auswahl der Mailserver-Konfiguration

Die zweite Frage gilt dem mail name. Hier möchte die Installationsroutine wissen, unter welchem Domain-Namen Sie E-Mails verschicken wollen. Zur Demonstrationszwecken benutzen wir in den folgenden Beispielen den Namen example.com (siehe Abbildung 10.2). Der Name Ihrer Wahl wird davon sicherlich abweichen, also ersetzen Sie example.com einfach durch den gewünschten Domain-Namen.

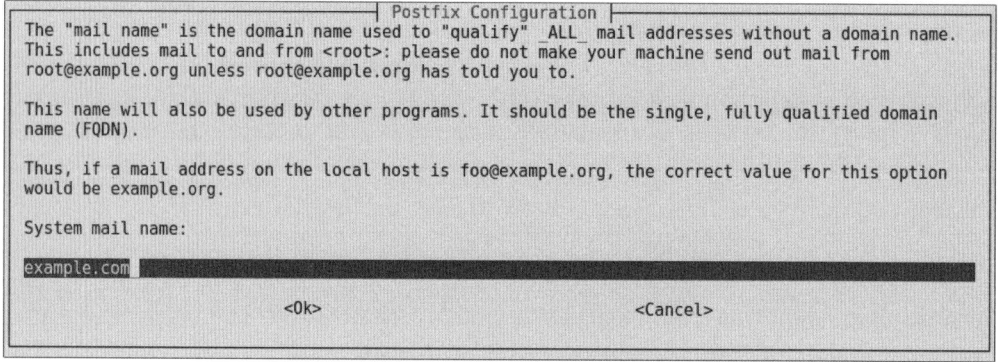

Abbildung 10.2 Angabe der Mail-Domäne

Bevor wir mit der Konfiguration der Mail-Dienste beginnen, sind ein paar vorbereitende Arbeiten notwendig. Zunächst ist es sinnvoll, Sicherheitskopien der noch unveränderten Konfigurationsdateien anzulegen. Inbesondere die Dateien *master.cf* und *main.cf* im Verzeichnis */etc/postfix* werden Sie im Verlauf der Konfiguration mehrfach editieren. Mit den Kommandos aus Listing 10.2 erstellen Sie die Sicherheitskopien:

```
root@mail:/etc/postfix# cp main.cf main.cf.orig
root@mail:/etc/postfix# cp master.cf master.cf.orig
```

Listing 10.2 Sicherheitskopie der Konfigurationsdateien erstellen

10.1.1 Zertifikate besorgen

Natürlich sollen unsere Mail-Dienste verschlüsselt kommunizieren können. Deshalb kümmern wir uns jetzt, bevor wir richtig in die Konfiguration einsteigen, bereits um die die Zertifikate. Dazu verwenden wir in unseren Beispielen Zertifikate des *Let's Encrypt*-Projekts. Zwar liefern sowohl Postfix als auch Dovecot Zertifikate mit, aber dabei handelt es sich um sogenannte Snakeoil-Zertifikate – in der Postfix-Konfiguration heißen sie sogar so:

```
smtpd_tls_cert_file=/etc/ssl/certs/ssl-cert-snakeoil.pem
smtpd_tls_key_file=/etc/ssl/private/ssl-cert-snakeoil.key
```

Listing 10.3 Zertifikate in der Postfix-Konfiguration

Snake oil (Schlangenöl) bezeichnet im amerikanischen Sprachgebrauch eine wirkungslose Medizin, die von Quacksalbern zusammengebraut und vertrieben wird. Mit den Snakeoil-Zertifikaten kann man jedoch durchaus arbeiten. Sie führen aber oft dazu, dass man von Clients mit Fehlermeldungen beworfen wird oder zumindest auf Rückfrage versichern muss, dass man diesen Zertifikaten vertraut. Für unsere Mail-Dienste benutzen wir also lieber Zertifikate, die ohne diese Nebenwirkungen auskommen.

Das *Let's Encrypt*-Projekt ist eine Gründung der Free Software Foundation, der Universität Michigan und der Mozilla-Stiftung, die hinter dem Webbrowser Firefox und dem Mailclient Thunderbird steht. Inzwischen unterstützen weitere, auch sehr große Firmen und Institutionen das Projekt, dessen Ziel es ist, verschlüsselte Kommunikation zum Standard zu machen. Dazu betreibt das Projekt eine Ausgabestelle für Zertifikate. Um es uns Administratoren möglichst leicht zu machen, bietet das Projekt einen Software-Client, der sich um das Erstellen, Signieren, Validieren und das rechtzeitige Erneuern der Zertifikate kümmert. Dieser Client ist in den Ubuntu-Paketquellen bereits enthalten. Sie installieren ihn mit sudo apt-get -fym install python-letsencrypt.

Jetzt steht Ihnen das Kommando letsencrypt zur Verfügung. Um ein Zertifikat für die Domain example.com zu erhalten, benutzen Sie dieses Kommando:

```
root@mail:~# letsencrypt certonly -m meine@email-adresse.org --agree-tos \
-d www.example.com -d smtp.example.com -d imap.example.com
```

Listing 10.4 Zertifikat für »example.com« erstellen

Die E-Mail-Adresse müssen Sie angeben, weil Sie darüber Informationen über den Status des Zertifikats bekommen. Der Parameter --agree-tos bedeutet, dass Sie den Geschäftsbedingungen (*Terms of Service, TOS*) zustimmen. Wenn Sie diese Parameter weglassen, erscheinen

Dialogboxen, die die Daten abfragen. `certonly` bedeutet, dass die Zertifikate nach dem Erzeugen nur im Filesystem abgelegt werden. Für bestimmte Dienste, etwa den Webserver Apache, kann `letsencrypt` Ihnen auch etwas Arbeit abnehmen und die Pfade zu den Zertifikaten in die Webserver-Konfiguration einbinden.

Wie Sie in Listing 10.4 sehen, kann man auch direkt mehrere Zertifikate erzeugen lassen, in diesem Fall gleich drei: `www.example.com` für den Webserver, denn wir wollen eventuell einen Webmail-Client benutzen, für Postfix (`smtp.example.com`) und für Dovecot (`imap.example.com`). Die Namen »smtp« und »imap« können Sie theoretisch auch ändern, aber sie haben sich so eingebürgert und erleichtern Mailclients die automatische Konfiguration.

Für jeden Namen wird im Verzeichnis *etc/letsencrype/archive* ein Unterverzeichnis angelegt. In dem Unterverzeichnis liegen wiederum die Zertifikatsdateien:

```
root@mail:~# ls /etc/letsencrypt/archive/example.com/
cert1.pem
chain1.pem
fullchain1.pem
privkey1.pem
```

Listing 10.5 Den Inhalt des Zertifikatsarchivs ausgeben lassen

Auf diese Dateien werden wir im Laufe der Konfiguration zurückkommen, um die Verschlüsselung der Verbindungen zum Mailserver zu aktivieren.

10.1.2   Benutzer anlegen

Wenn ein neuer Benutzer angelegt wird, wird der Inhalt des Verzeichnisses *etc/skel* in das neue Home-Verzeichnis kopiert, es ist also eine Art »Home-Verzeichnis-Vorlage«. Hier legen wir nun einige Verzeichnisse an, die später die E-Mails der Benutzer aufnehmen werden:

```
root@mail:~# maildirmake.dovecot /etc/skel/Maildir
root@mail:~# maildirmake.dovecot /etc/skel/Maildir/.Drafts
root@mail:~# maildirmake.dovecot /etc/skel/Maildir/.Sent
root@mail:~# maildirmake.dovecot /etc/skel/Maildir/.Spam
root@mail:~# maildirmake.dovecot /etc/skel/Maildir/.Trash
root@mail:~# maildirmake.dovecot /etc/skel/Maildir/.Templates
```

Listing 10.6 Verzeichnisse in »/home/skel« erstellen

Das wollen wir gleich ausprobieren. Legen Sie mit dem Kommando aus Listing 10.7 einen neuen Benutzer namens `testmail` an:

```
root@mail:~# adduser --group users --shell /bin/false testmail
```

Listing 10.7 Anlegen des Benutzers »testmail«

Sie werden nun gebeten, ein Passwort für den neuen Benutzer zu vergeben (sicherheitshalber zweimal) und einige optionale Informationen einzugeben. Danach bestätigen Sie die Daten mit »J«, und der neue Benutzer ist angelegt. Der Parameter --shell /bin/false bewirkt, dass sich der Benutzer nicht auf dem System anmelden und dort auf einer Konsole arbeiten kann. Das dient der Sicherheit des Systems. Sollte das Passwort eines Benutzers zu schwach sein oder aus anderen Gründen bekannt werden, so könnte ein potenzieller Angreifer zwar auf E-Mails dieses Benutzers zugreifen, aber keinen weiteren Schaden auf dem Mailserver anrichten. Hätte er dagegen einen Shell-Zugriff, könnte er möglicherweise durch das Ausnutzen anderer Sicherheitslücken erweiterte Rechte erhalten und das ganze System unter seine Kontrolle bringen (*privilege escalation*).

Mit ls -la /home/testmail können Sie kontrollieren, dass der Benutzer das Verzeichnis *Maildir* mit den entsprechenden Unterverzeichnissen erhalten hat, wie Sie es in */etc/skel* vorgesehen haben:

```
root@mail:/home# ls -la /home/testmail/
total 36
drwxr-xr-x  3 testmail users 4096 Mär 30 15:31 .
drwxr-xr-x  4 root     root  4096 Mär 30 15:31 ..
-rw-r--r--  1 testmail users  220 Mär 30 15:31 .bash_logout
-rw-r--r--  1 testmail users 3771 Mär 30 15:31 .bashrc
-rw-r--r--  1 testmail users 8980 Mär 30 15:31 examples.desktop
drwx------ 10 testmail users 4096 Mär 30 15:31 Maildir
-rw-r--r--  1 testmail users  675 Mär 30 15:31 .profile

root@mail:/home# ls -la /home/testmail/Maildir/
total 40
drwx------ 10 testmail users 4096 Mär 30 15:31 .
drwxr-xr-x  3 testmail users 4096 Mär 30 15:31 ..
drwx------  2 testmail users 4096 Mär 30 15:31 cur
drwx------  5 testmail users 4096 Mär 30 15:31 .Drafts
drwx------  2 testmail users 4096 Mär 30 15:31 new
drwx------  5 testmail users 4096 Mär 30 15:31 .Sent
drwx------  5 testmail users 4096 Mär 30 15:31 .Spam
drwx------  5 testmail users 4096 Mär 30 15:31 .Templates
drwx------  2 testmail users 4096 Mär 30 15:31 tmp
drwx------  5 testmail users 4096 Mär 30 15:31 .Trash
```

Listing 10.8 Kontrolle der Mail-Verzeichnisse des Benutzers »testmail«

10.1.3   SMTP-Grundlagen

SMTP (Simple Mail Transfer Protocol) ist ein Klartextprotokoll. Das heißt, es ist prinzipiell für Menschen lesbar. Client und Server führen einen Dialog. Das folgende Listing enthält einen solchen Dialog. Darin schreiben Sie als Benutzer »root«, der auf jedem System existiert, dem Benutzer »testmail« eine kurze E-Mail. Es geht los mit dem Kommando `telnet localhost 25`. Damit öffnet sich der Kommunikationskanal zum Mailserver, der Ihnen »zuhört«, sobald die Meldung `220 example.com ESMTP Postix (Ubuntu)` erscheint. Alle Zeilen, die von da an mit einer Zahl beginnen, sind Ausgaben des Mailservers, alles andere sind Ihre Eingaben:

```
root@mail:~# telnet localhost 25
Trying 127.0.0.1...
Connected to localhost.
Escape character is '^]'.
220 example.com ESMTP Postfix (Ubuntu)
helo localhost
250 mail
mail from: <root@localhost>
250 2.1.0 Ok
rcpt to: <testmail@example.com>
250 2.1.5 Ok
data
354 End data with <CR><LF>.<CR><LF>
Subject: Hello World

This is a test


.
250 2.0.0 Ok: queued as F3CA7200EE
```
Listing 10.9 SMTP-Dialog

Wie Sie in Listing 10.9 sehen, eröffnen Sie das Gespräch mit einem freundlichen Hallo: `helo localhost`. Dem englischen *hello* fehlt hier absichtlich ein »l«, weil alle SMTP-Kommandos nur aus vier Buchstaben bestehen – das SMTP-Protokoll ist älter als die meisten Leute, die es benutzen, und damals war jedes Byte kostbar.

Anschließend geben Sie an, von wem die Mail kommt (`mail from`) und an wen sie gerichtet ist (`rcpt to`). Aufgrund des vier-Zeichen-Limits ist das englische Wort für Empfänger, *recipient*, hier auf `rcpt` geschrumpft. Hat der Server in beiden Fällen mit `250 OK` geantwortet, so dürfen Sie nun mit dem Schlüsselwort `data` ankündigen, dass als Nächstes der Inhalt der E-Mail folgt. Vergessen Sie nicht, die E-Mail mit der Zeile `Subject: (irgendein Betreff)` zu beginnen. Sie können diese Zeile weglassen, aber dann wird die Mail ohne Betreffzeile versandt. Danach folgt, was immer Sie dem Empfänger mitteilen möchten. Wenn Sie fertig sind, geben Sie einen Punkt auf einer einzelnen Zeile ein. Dann weiß der Mailserver, dass die E-Mail fertig ist, und er wird sie dem Empfänger zustellen. Auf diese Weise testet man, ob der Mailserver richtig konfiguriert ist. Die Fehlersuche in einem Mail-System artet daher nicht selten in endlose Telnet-Orgien aus. Es gibt aber ein Werkzeug, dass Ihnen die lästige Tipparbeit abnimmt. Sein Name ist *Swaks*. Sie installieren es mit dem Kommando aus Listing 10.10:

```
root@mail:~# apt-get -fym install swaks
```

Listing 10.10 Installation von »swaks«

Sie übergeben Swaks als Parameter den Absender, die Empfängeradresse und den Server, den Sie zum Versand benutzen möchten, so wie in Listing 10.11 dargestellt:

```
root@mail:~# swaks --from root@localhost --to testmail@example.com --server localhost
```

Listing 10.11 Typischer Aufruf von »swaks«

Damit erledigt Swaks das Gleiche wie unsere telnet-Sitzung eben, nur haben Sie viel weniger zu tippen. Die Ausgabe sieht so aus wie in Listing 10.12:

```
root@mail:~# swaks --from root@localhost --to testmail@example.com \
--server localhost

=== Trying localhost:25...
=== Connected to localhost.
<-  220 mail ESMTP Postfix (Ubuntu)
 -> EHLO mail
<-  250-mail
<-  250-PIPELINING
<-  250-SIZE 10240000
<-  250-VRFY
<-  250-ETRN
<-  250-STARTTLS
<-  250-ENHANCEDSTATUSCODES
<-  250-8BITMIME
<-  250 DSN
 -> MAIL FROM:<root@localhost>
<-  250 2.1.0 Ok
 -> RCPT TO:<testmail@example.com>
<-  250 2.1.5 Ok
 -> DATA
<-  354 End data with <CR><LF>.<CR><LF>
 -> Date: Sat, 09 Apr 2016 13:31:56 +0200
 -> To: testmail@example.com
 -> From: root@localhost
 -> Subject: test Sat, 09 Apr 2016 13:31:56 +0200
 -> X-Mailer: swaks v20130209.0 jetmore.org/john/code/swaks/
 ->
 -> This is a test mailing
```

```
 ->
 -> .
<-  250 2.0.0 Ok: queued as 026DC2A20F
 -> QUIT
<-  221 2.0.0 Bye
=== Connection closed with remote host.
```

Listing 10.12 Ausgabe von »swaks«

An den Pfeilen vor jeder Zeile aus Listing 10.12 können Sie erkennen, welche Zeile Swaks »getippt« hat und welche die Antworten des Servers sind. Der Server ist hier etwas geschwätziger als im ersten Beispiel, weil wir bei der Telnet-Sitzung das klassische SMTP benutzt haben, während Swaks *ESMTP* nutzt. Das zusätzliche »E« steht für *Extended*. SMTP ist im Laufe seines langen Lebens mehrfach erweitert und ergänzt worden.

10.1.4   Postfix-Grundkonfiguration

Die zentrale Konfigurationsdatei von Postfix ist die Datei */etc/postfix/main.cf.* Erweitern Sie die Konfiguration nun, indem Sie die Zeilen aus Listing 10.13 an das Ende der Datei anhängen:

```
smtpd_recipient_restrictions =
        permit_sasl_authenticated,
        permit_mynetworks,
        reject_unauth_destination

smtpd_helo_required = yes
smtpd_helo_restrictions =
        permit_mynetworks,
        permit_sasl_authenticated,
        reject_invalid_helo_hostname,
        reject_non_fqdn_helo_hostname,
        reject_unknown_helo_hostname

home_mailbox = Maildir
mailbox_command = /usr/lib/dovecot/dovecot-lda -f "$SENDER" -a "$RECIPIENT"
```

Listing 10.13 Erweiterung der Konfigurationsdatei »main.cf«

Die Zeilen, die mit smtpd_ beginnen, bescheren Ihnen einige grundlegende Mittel gegen Missbrauch und Spam. Der erste Block ist sehr wichtig. Er verlangt, dass Nutzer dieses Mailservers ordnungsgemäß angemeldet sind (permit_sasl_authenticated) oder aus einem privilegierten Netz kommen (permit_mynetworks). Ist beides nicht der Fall, dürfen Sie über diesen Mailserver nichts versenden (reject_unauth_destination).

Außerdem wird verlangt, dass Clients immer das »HELO« benutzen, das Sie im SMTP-Grundlagen-Abschnitt kennengelernt haben. Nach dem HELO soll der Client seinen vollständigen Hostnamen angeben. Der letzte Block, `smtpd_helo_restrictions`, prüft die Angabe darauf, ob das HELO syntaktisch korrekt ist und der angegebene Name auch tatsächlich existiert. Das ist sinnvoll, weil Spammer nicht selten den im HELO angegebenen Hostnamen fälschen.

Zuletzt geben Sie an, wo Mails abgelegt werden sollen, nämlich im Verzeichnis Maildir des jeweiligen Users, das beim Anlegen des Benutzers automatisch aus der Vorlage */etc/skel* erzeugt wird. Die Zeile `mailbox_command = <...>` gibt an, dass das Programm `dovecot-lda` sich darum kümmern soll, E-Mails in das Postfach des Benutzers zuzustellen.

Damit die Änderungen wirksam werden, lassen Sie Postfix die Konfiguration mit `sudo systemctl reload postfix` neu laden. Damit verlassen wir Postfix kurz, um uns um die Konfiguration des IMAP-Servers zu kümmern. Wir kehren später zurück, um erweiterte Sicherheits- und Anti-Spam-Maßnahmen zu konfigurieren.

10.2   Dovecot

Der IMAP-Server *Dovecot* (zu Deutsch *Taubenschlag*) ist ausgesprochen flexibel und leistungsfähig. Er wird mit einer Reihe verschiedener Konfigurationsdateien konfiguriert, in denen Einstellungen thematisch zusammengefasst sind. Zentrale und grundlegende Einstellungen werden in der Datei */etc/dovecot/dovecot.conf* vorgenommen.

Dovecot bindet sich per Default (wie Postfix) mit allen verfügbaren Netzwerkschnittstellen. Wünschen Sie, dass Dovecot nur auf IPv4-Adressen arbeitet, so ändern Sie in der *dovecot.conf* die Zeile aus Listing 10.14 auf das zweite Beispiel:

```
# IPv4 und IPv6
listen = *, ::
# nur IPv4
listen = *
```

Listing 10.14 Dovecot-Konfiguration für IPv4 und IPv6

Alle weiteren Konfigurationsdateien befinden sich im Unterverzeichnis */etc/dovecot/conf.d*:

```
-rw-r--r-- 1 root root  5296 Mär 16 11:13 10-auth.conf
-rw-r--r-- 1 root root  1893 Mär 16 11:13 10-director.conf
-rw-r--r-- 1 root root  2805 Mär 16 11:13 10-logging.conf
-rw-r--r-- 1 root root 16186 Mär 21 20:53 10-mail.conf
-rw-r--r-- 1 root root  3383 Mär 16 11:13 10-master.conf
-rw-r--r-- 1 root root  2263 Mär 30 13:17 10-ssl.conf
-rw-r--r-- 1 root root   291 Mär 21 20:53 10-tcpwrapper.conf
-rw-r--r-- 1 root root  1668 Mär 16 11:13 15-lda.conf
```

10

```
-rw-r--r-- 1 root root   2808 Mär 16 11:13 15-mailboxes.conf
-rw-r--r-- 1 root root   3295 Mär 16 11:13 20-imap.conf
-rw-r--r-- 1 root root    676 Mär 16 11:13 90-acl.conf
-rw-r--r-- 1 root root    292 Mär 16 11:13 90-plugin.conf
-rw-r--r-- 1 root root   2502 Mär 16 11:13 90-quota.conf
-rw-r--r-- 1 root root    499 Mär 16 11:13 auth-checkpassword.conf.ext
-rw-r--r-- 1 root root    489 Mär 16 11:13 auth-deny.conf.ext
-rw-r--r-- 1 root root    343 Mär 16 11:13 auth-dict.conf.ext
-rw-r--r-- 1 root root    561 Mär 16 11:13 auth-master.conf.ext
-rw-r--r-- 1 root root    515 Mar 16 11:13 auth-passwdfile.conf.ext
-rw-r--r-- 1 root root    788 Mär 16 11:13 auth-sql.conf.ext
-rw-r--r-- 1 root root    611 Mär 16 11:13 auth-static.conf.ext
-rw-r--r-- 1 root root   2185 Mär 16 11:13 auth-system.conf.ext
-rw-r--r-- 1 root root    330 Mär 16 11:13 auth-vpopmail.conf.ext
```

Listing 10.15 Konfigurationsdatei unterhalb von »/etc/dovecot/conf.d«

Keine Angst, Sie müssen nicht alle Dateien editieren. Für unseren IMAP-Server genügen einige punktuelle Änderungen. Zunächst teilen wir Dovecot mit, wo die Postfächer der Benutzer beheimatet sind und wie sie heißen (die Postfächer, nicht die Benutzer).

Dazu editieren Sie die Datei */etc/dovecot/conf.d/10-mail.conf*. Suchen Sie die Zeile, die mit `mail_location` beginnt. Sie sieht standardmäßig so aus wie in Listing 10.16 dargestellt:

```
mail_location = mbox:~/mail:INBOX=/var/mail/%u
```

Listing 10.16 Standardpfad der Postfächer in »10-mail.conf«

Ändern Sie die Zeile so ab wie in Listing 10.17:

```
mail_location = maildir:~/Maildir
```

Listing 10.17 Korrektur des Pfades in »10-mail.conf«

Das kleingeschriebene `maildir` bezeichnet den Typ der Datenhaltung. Es gibt zum Beispiel auch noch den Typ `mbox`, der heute kaum noch gebräuchlich ist. `~/Maildir` bedeutet, dass es unterhalb des Benutzerordners (für ihn steht die Tilde) ein Verzeichnis namens `Maildir` gibt, in das die Mails einsortiert werden sollen. Achten Sie dabei genau auf die Schreibweise. Wenn Sie in der Postfix-Konfiguration bei `home_mailbox` etwa `Maildir` angegeben haben und im Dovecot dagegen `MailDir`, verbringen Sie eine Menge Zeit mit der Fehlersuche.

10.2.1   SASL in Postfix und Dovecot aktivieren

Sie haben in der Postfix-Grundkonfiguration schon erfahren, dass ausschließlich Benutzer, die sich mit ihrem Benutzernamen und Passwort angemeldet haben, Mails versenden dürfen. Das Verfahren, das dabei zum Einsatz kommt, heißt *SASL (Simple Authentication and*

Security Layer). Dovecot stellt das SASL-Verfahren zur Verfügung. Damit Postfix es nutzen kann, sind drei weitere Zeilen in der */etc/postfix/main.cf* notwendig. Hängen Sie einfach die Zeilen aus Listing 10.18 an das Ende der Datei an.

```
smtpd_sasl_type = dovecot
smtpd_sasl_path = private/auth
smtpd_sasl_auth_enable = yes
```

Listing 10.18 »SASL«-Konfiguration in »main.cf«

Jetzt aktivieren wir das SASL-Verfahren in Dovecot. Öffnen Sie die Datei */etc/dovecot/conf.d/ 10-master.conf*, und finden Sie den Block, der mit service auth beginnt. Entfernen Sie ihn oder kommentieren Sie ihn aus, und ersetzen Sie ihn durch die Zeilen aus Listing 10.19:

```
service auth {
        unix_listener /var/spool/postfix/private/auth {
                mode = 0660
                user = postfix
                group = postfix
        }
}
```

Listing 10.19 SASL-Erweiterung in »10-master.conf«

Zum Schluss editieren Sie die Datei */etc/dovecot/conf.d/10-auth.conf*. Sie enthält die auskommentierte Zeile aus Listing 10.20. Entfernen Sie das Kommentarzeichen, und ändern Sie yes in no. Die Zeile sollte dann so aussehen wie in Listing 10.20 dargestellt:

```
disable_plaintext_auth = no
```

Listing 10.20 Deaktivieren der Klartextauthentifizierung

Ist das nicht gefährlich, den *Plaintext*-Login einfach so zuzulassen? Eigentlich ist es das, aber wir werden später erzwingen, dass Logins nur über eine verschlüsselte Verbindung möglich sind – so kann niemand das Passwort mitlesen, selbst wenn es als Plaintext übertragen wird. Ändern Sie in der gleichen Datei die mit auth_mechanisms beginnende Zeile wie folgt:

```
auth_mechanisms = plain login
```

Listing 10.21 Anpassen der Authentifizierungsschemata

Das waren alle Schritte, die zur Aktivierung von SASL notwendig sind. Zum Schluss starten Sie sowohl Postfix als auch Dovecot einmal neu:

```
root@mail:~# systemctl restart service dovecot
root@mail:~# systemctl restart postfix
```

Listing 10.22 Neustarten der Dienste nach der Konfiguration

Jetzt benutzen wir wieder Swaks, um uns davon zu überzeugen, dass die Anmeldung funktioniert. Dazu lassen wir den Benutzer testmail eine E-Mail an sich selbst schicken und benutzen diesmal die zusätzlichen Parameter --auth-user und --auth-password, um die Anmeldedaten zu übergeben (siehe Listing 10.23):

```
root@mail:~# swaks --auth-user testmail --auth-password GeHeIm \
--to testmail@example.com --server localhost

=== Trying localhost:25...
=== Connected to localhost.
<-  220 mail ESMTP Postfix (Ubuntu)
 -> EHLO mail
<-  250-mail
<-  250-PIPELINING
<-  250-SIZE 10240000
<-  250-VRFY
<-  250-ETRN
<-  250-STARTTLS
<-  250-AUTH PLAIN LOGIN
<-  250-ENHANCEDSTATUSCODES
<-  250-8BITMIME
<-  250 DSN
 -> AUTH LOGIN
<-  334 VXNlcm5hbWU6
 -> dGVzdG1haWw=
<-  334 UGFzc3dvcmQ6
 -> bWVybGlu
<-  235 2.7.0 Authentication successful
 -> MAIL FROM:<root@mail>
<-  250 2.1.0 Ok
 -> RCPT TO:<testmail@example.com>
<-  250 2.1.5 Ok
 -> DATA
<-  354 End data with <CR><LF>.<CR><LF>
 -> Date: Sat, 09 Apr 2016 15:36:07 +0200
 -> To: testmail@example.com
 -> From: root@mail
 -> Subject: test Sat, 09 Apr 2016 15:36:07 +0200
 -> X-Mailer: swaks v20130209.0 jetmore.org/john/code/swaks/
 ->
 -> This is a test mailing
 ->
 -> .
```

```
<- 250 2.0.0 Ok: queued as 07708214FD
 -> QUIT
<- 221 2.0.0 Bye
=== Connection closed with remote host.
```
Listing 10.23 Prüfung der Konfiguration mit »swaks«

Vielleicht ist Ihnen in Listing 10.23 aufgefallen, dass in den ersten wenigen Zeilen der Swaks-Ausgabe nun die Zeile 250-AUTH PLAIN LOGIN zu finden ist, die vorher nicht da war. Die Zeile 235 2.7.0 Authentication successful zeigt uns, dass wir alles richtig gemacht haben.

10.2.2   Submission-Port 587

Jeder Mailserver nimmt Verbindungen auf Port 25 entgegen – auch unverschlüsselt, denn man weiß nicht, ob die Gegenstelle eine Verschlüsselung überhaupt unterstützt und wenn ja, welche Sorte. Um unsere eigenen Benutzer zu schützen, möchten wir aber verschlüsselte Verbindungen erzwingen. Dafür öffnen wir den sogenannten *Submission-Port* (TCP-Port 587). Er wird so konfiguriert, dass nur Mail eingeliefert werden kann, wenn TLS benutzt wird, ansonsten wird der Verbindungsaufbau abgelehnt.

Um den submission-Block in der Konfigurationsdatei *master.cf* von Postfix zu aktivieren, entfernen Sie einfach die Kommentarzeichen. Listing 10.24 zeigt die aktivierte Konfiguration.

```
submission inet n       -       -       -       -       smtpd
  -o syslog_name=postfix/submission
  -o smtpd_tls_security_level=encrypt
  -o smtpd_sasl_auth_enable=yes
  -o smtpd_reject_unlisted_recipient=no
  -o smtpd_client_restrictions=$mua_client_restrictions
  -o smtpd_helo_restrictions=$mua_helo_restrictions
  -o smtpd_sender_restrictions=$mua_sender_restrictions
  -o smtpd_recipient_restrictions=
  -o smtpd_relay_restrictions=permit_sasl_authenticated,reject
  -o milter_macro_daemon_name=ORIGINATING
```
Listing 10.24 Aktivieren von »submission« in Postfix (»master.cf«)

Auch das testen wir wieder mit Swaks:

```
root@mail:# swaks --port 587 --auth-user testmail --auth-password GeHeIm \
--to testmail@example.com --server localhost --tls
=== Trying localhost:587...
=== Connected to localhost.
<- 220 mail ESMTP Postfix (Ubuntu)
 -> EHLO mail
```

```
<-   250-mail
<-   250-PIPELINING
<-   250-SIZE 10240000
<-   250-VRFY
<-   250-ETRN
<-   250-STARTTLS
<-   250-ENHANCEDSTATUSCODES
<-   250-8BITMIME
<-   250 DSN
 -> STARTTLS
<-   220 2.0.0 Ready to start TLS
=== TLS started with cipher TLSv1.2:ECDHE-RSA-AES256-GCM-SHA384:256
=== TLS no local certificate set
=== TLS peer DN="/CN=ubuntu"
 ~> EHLO mail
<~   250-mail
<~   250-PIPELINING
<~   250-SIZE 10240000
<~   250-VRFY
<~   250-ETRN
<~   250-AUTH PLAIN LOGIN
<~   250-ENHANCEDSTATUSCODES
<~   250-8BITMIME
<~   250 DSN
 ~> AUTH LOGIN
<~   334 VXNlcm5hbWU6
 ~> dGVzdG1haWw=
<~   334 UGFzc3dvcmQ6
 ~> bWVybGlu
<~   235 2.7.0 Authentication successful
 ~> MAIL FROM:<root@mail>
<~   250 2.1.0 Ok
 ~> RCPT TO:<testmail@example.com>
<~   250 2.1.5 Ok
 ~> DATA
<~   354 End data with <CR><LF>.<CR><LF>
 ~> Date: Sun, 10 Apr 2016 13:03:22 +0200
 ~> To: testmail@example.com
 ~> From: root@mail
 ~> Subject: test Sun, 10 Apr 2016 13:03:22 +0200
 ~> X-Mailer: swaks v20130209.0 jetmore.org/john/code/swaks/
 ~>
 ~> This is a test mailing
```

```
 ~>
 ~> .
<~  250 2.0.0 Ok: queued as E76042A210
 ~> QUIT
<~  221 2.0.0 Bye
=== Connection closed with remote host.
```

Listing 10.25 Prüfung der Authentifizierung mit »swaks«

Das hat, wie Sie in Listing 10.25 sehen, funktioniert. Lässt man das --tls am Ende weg, wird die Verbindung mit der Fehlermeldung Host did not advertise authentication abgelehnt, wie Sie in Listing 10.26 sehen:

```
root@mail:# swaks --port 587 --auth-user testmail --auth-password GeHeIm \
--to testmail@example.com --server localhost

=== Trying localhost:587...
=== Connected to localhost.
<-  220 mail ESMTP Postfix (Ubuntu)
 -> EHLO mail
<-  250-mail
<-  250-PIPELINING
<-  250-SIZE 10240000
<-  250-VRFY
<-  250-ETRN
<-  250-STARTTLS
<-  250-ENHANCEDSTATUSCODES
<-  250-8BITMIME
<-  250 DSN
*** Host did not advertise authentication
 -> QUIT
<-  221 2.0.0 Bye
=== Connection closed with remote host.
```

Listing 10.26 Fehlermeldung ohne TLS

10.2.3   TLS in Dovecot aktivieren

Um die Transportverschlüsselung für Dovecot zu aktivieren, editieren Sie zunächst die Datei */etc/dovecot/conf.d/10-master.conf*. Finden Sie den Block, der mit service imap-login beginnt, und ändern Sie ihn so ab, dass er wie in Listing 10.27 aussieht:

```
service imap-login {
  inet_listener imap {
```

```
    port = 143
  }
  inet_listener imaps {
    port = 993
    ssl = yes
  }
}
```

Listing 10.27 Transportverschlüsselung in Dovecot aktivieren

Damit böte Dovecot Ihnen einen Zugang mit und einen Zugang ohne Verschlüsselung. Wollen Sie auf Nummer sicher gehen und keinen unverschlüsselten Zugang gewähren, genügt die kürzere Konfiguration aus Listing 10.28:

```
service imap-login {
  inet_listener imaps {
    port = 993
    ssl = yes
  }
}
```

Listing 10.28 Ausschließlich verschlüsselte Verbindungen zulassen

Wir raten Ihnen, es mit dieser Version zu versuchen. Mail-Clients, die keine Transportverschlüsselung unterstützen, sollten eigentlich ausgestorben sein. Aber auch bei der Verschlüsselungstechnik bleibt die Zeit nicht stehen, und die Protokolle SSLv2 und SSLv3 gelten als nicht mehr sicher. Deaktivieren Sie sie, indem Sie in der Datei */etc/dovecot/conf.d/10-ssl.conf* die Zeilen aus Listing 10.29 ändern und ergänzen:

```
ssl = yes
[…]
ssl_protocols = !SSLv2 !SSLv3
```

Listing 10.29 Deaktivieren von »SSLv2« und »SSLv3«

In der gleichen Datei ändern Sie nun die Pfade zum Zertifikat und zu der dazugehörigen Schlüsseldatei auf das letsencrypt-Verzeichnis:

```
ssl_cert = </etc/letsencrypt/live/example.com/cert.pem
ssl_key = </etc/letsencrypt/live/example.com/privkey.pem
```

Listing 10.30 Anpassung an »Letsencrypt«-Zertifikate

Starten Sie Dovecot nun einmal mit `sudo systemctl restart dovecot` neu. Wir testen nun den verschlüsselten Login auf den Dovecot-Server. Setzten Sie dafür den Befehl `openssl s_client -connect localhost:993 -quiet` ab. Der Server antwortet mit folgenden Zeilen:

```
depth=2 O = Digital Signature Trust Co., CN = DST Root CA X3
verify return:1
depth=1 C = US, O = Let's Encrypt, CN = Let's Encrypt Authority X1
verify return:1
depth=0 CN = example.com
verify return:1
* OK [CAPABILITY IMAP4rev1 LITERAL+ SASL-IR LOGIN-REFERRALS ID ENABLE IDLE
    AUTH=PLAIN AUTH=LOGIN] Dovecot ready.
```
Listing 10.31 Antwort des Dovecot-Servers

Sie können sich nun einloggen. Geben Sie dafür die Zeile aus Listing 10.32 ein, und bestätigen Sie die Eingabe mit [Enter].

```
a login "testmail" "GeHeIm"
```
Listing 10.32 Anmeldung am Server

Der Server antwortet, indem er sich mit einer Liste seiner Superkräfte brüstet:

```
a OK [CAPABILITY IMAP4rev1 LITERAL+ SASL-IR LOGIN-REFERRALS ID ENABLE IDLE SORT
SORT=DISPLAY THREAD=REFERENCES THREAD=REFS THREAD=ORDEREDSUBJECT MULTIAPPEND
URL-PARTIAL CATENATE UNSELECT CHILDREN NAMESPACE UIDPLUS LIST-EXTENDED I18NLEVEL=1
CONDSTORE QRESYNC ESEARCH ESORT SEARCHRES WITHIN CONTEXT=SEARCH LIST-STATUS BINARY
MOVE SPECIAL-USE] Logged in
```
Listing 10.33 Antwort auf die Anmeldung

Beeindruckend, nicht? Aber Hauptsache: `Logged in`. Das wollten wir hören. Sie können sich nun wieder ausloggen: `b logout`.

10.3   Roundcube installieren

Roundcube ist ein Webmail-Client, mit dem Ihre Benutzer ihren E-Mail-Verkehr erledigen können, ohne eigens einen E-Mail-Client wie *Outlook* oder *Thunderbird* zu installieren. Roundcube speichert die Benutzereinstellungen in einer MySQL-Datenbank, deshalb installieren wir diese zuerst mit `sudo apt-get install mysql-server -fym`.

Mehr zum Thema Datenbanken

Falls Sie mehr zum Thema MySQL und Datenbanken erfahren möchten – diese erläutern wir in diesem Buch ausführlich in Kapitel 13, »Datenbanken: ›SQLite, MySQL, MariaDB und PostgreSQL‹«.

Während der Installation werden Sie gebeten, ein Passwort für den Root-Benutzer einzugeben. Das ist nicht der »root« Ihres Ubuntu-Systems, sondern der Administrator des MySQL-Servers, der ebenfalls »root« genannt wird und ein eigenes Passwort erhält.

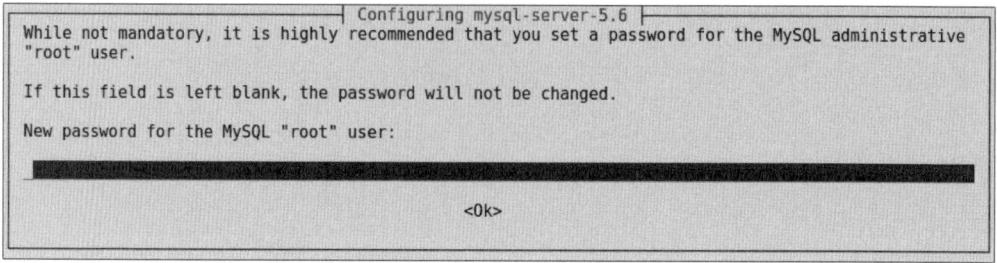

Abbildung 10.3 Abfrage des Passworts für den MySQL-Root-Benutzer

Erst danach installieren wir Roundcube aus den Paketquellen, und zwar mit `sudo apt-get install roundcube`. Die Installation ist recht umfangreich, denn Roundcube installiert zahlreiche abhängige Pakete, z.B. den Webserver Apache (wenn er nicht schon vorhanden ist), die Programmiersprache PHP und vieles mehr. Während der Installation werden Sie gefragt, ob die Konfiguration der Datenbank automatisch mithilfe von `dbconfig-common` vorgenommen werden soll. Antworten Sie mit Yes. In einer weiteren Dialogbox werden Sie aufgefordert, ein Passwort einzugeben, mit dem sich Roundcube am MySQL-Server anmelden soll. Wenn Sie kein Passwort vergeben, wird ein zufälliges generiert.

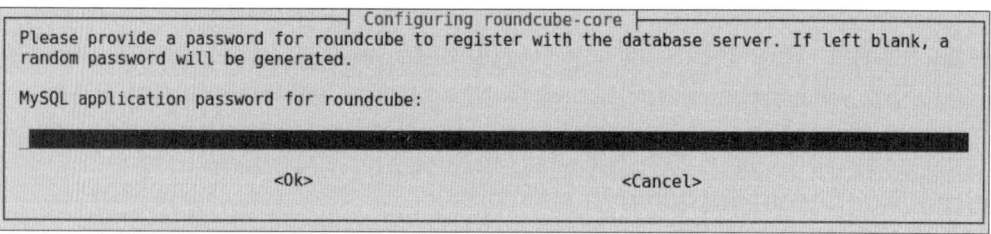

Abbildung 10.4 Abfrage des Passworts für den Roundcube-MySQL-Benutzer

Die Installationsroutine hat eine Konfigurationsdatei vorbereitet, mit der Roundcube in den Apache-Server integriert wird, nämlich die Datei */etc/apache2/conf-available/roundcube.conf*. Darin finden Sie die Zeile aus Listing 10.34:

```
# Alias /roundcube /var/lib/roundcube
```

Listing 10.34 Auszug aus der Apache-Konfigurationsdatei »roundcube.conf«

Entfernen Sie das Kommentarzeichen vor der Zeile. Diese Alias-Konstruktion erlaubt Ihnen, Roundcube unter der Adresse *http://example.com/roundcube* aufzurufen. Das funktioniert, sobald Sie den Webserver einmal neu gestartet haben: `sudo systemctl restart apache2`.

Öffnen Sie nun einen Browser, und surfen Sie zu *http://example.com/roundcube*. Ein Anmeldefenster erscheint. Hier können Sie sich mit den Daten des Testbenutzers testmail einloggen; als Server verwenden Sie 127.0.0.1, so wie in Abbildung 10.5 dargestellt.

Abbildung 10.5 Anmeldung an »Roundcube«

Nach dem Einloggen präsentiert Roundcube Ihnen die bisher eingegangenen Mails, also die Testmails aus unseren vorangegangenen Übungen mit Swaks (siehe Abbildung 10.6).

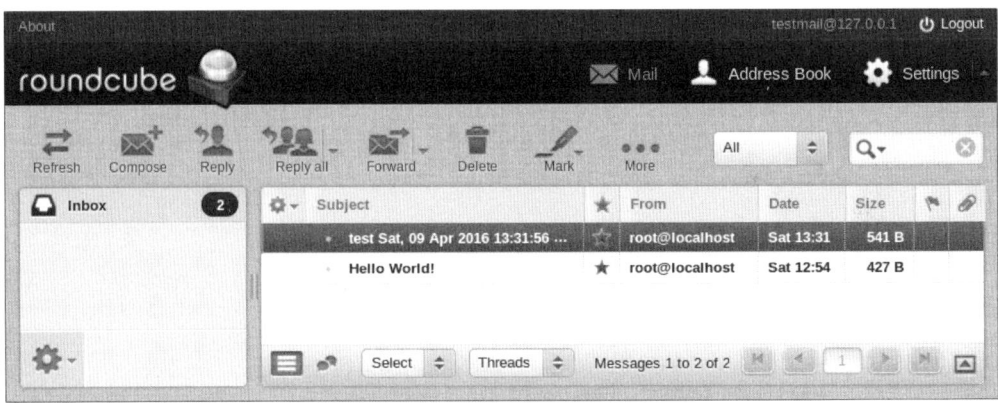

Abbildung 10.6 Übersicht der eingegangenen Mails in »Roundcube«

Wie Sie sehen, präsentiert sich die Oberfläche in englischer Sprache. Das können Sie ändern, indem Sie auf SETTINGS klicken (oben rechts) und dann unter SECTION das erste Element, USER INTERFACE, anklicken.

Im rechten Block können Sie nun unter MAIN OPTIONS Ihre Sprache auswählen. Nach einem Klick auf SAVE wird die Sprache sofort umgestellt (siehe Abbildung 10.7).

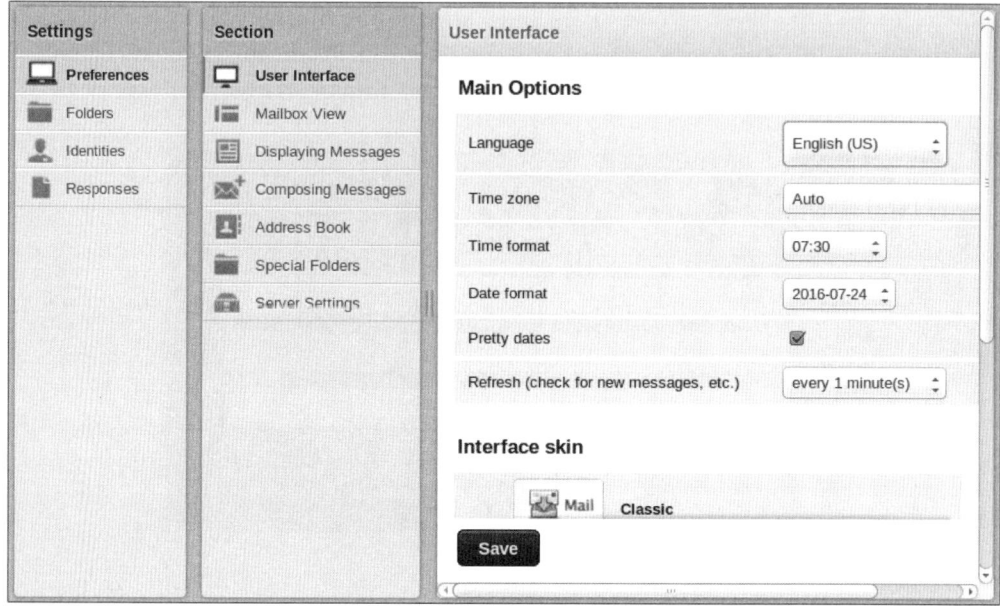

Abbildung 10.7 Anpassen der Sprache in »Roundcube«

Im gleichen Fenster können Sie auch die Einstellung für Datum, Uhrzeit und Zeitzone kontrollieren und anpassen. Noch eine weitere Einstellung ist wichtig: Ihre Identität. Klicken Sie dazu im linken Block auf IDENTITÄTEN und dann auf TESTMAIL@127.0.0.1. Im rechten Fenster können Sie dann die IP-Adresse 127.0.0.1 in example.com ändern und dem Benutzer einen Namen Ihrer Wahl geben (was für den Testbenutzer natürlich nicht wichtig ist, aber für »richtige« Benutzer ist das Vorgehen identisch).

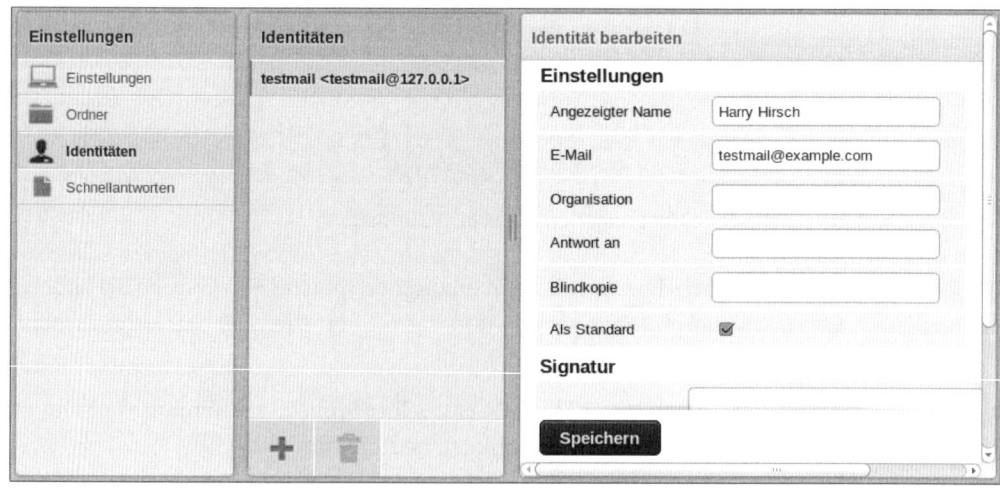

Abbildung 10.8 Anpassungen zur »Identität« in »Roundcube«

Alle weiteren Einstellungen sind optional und können nach Ihrem persönlichen Geschmack vorgenommen werden. Melden Sie sich aber zunächst von Roundcube ab (die Schaltfläche ABMELDEN ist ganz oben rechts), denn wir sind noch nicht ganz fertig.

Sie erinnern sich, dass Sie beim Einloggen in Roundcube den Server (127.0.0.1) angeben mussten. Das ist relativ lästig, sofern Sie sich nicht an verschiedenen Servern anmelden müssen. Für unser Beispiel, bei dem Roundcube immer auf den gleichen IMAP-Server zugreift, ist es überflüssig. Wir stellen deshalb die Server-IP 127.0.0.1 »hart« in der Konfiguration ein. Öffnen Sie dazu die Datei */var/lib/roundcube/config/config.inc.php*, und ändern Sie die folgende Zeile:

```
$rcmail_config['default_host'] = '127.0.0.1';
```

Listing 10.35 Den Standard-Anmeldeserver in »config.inc.php« definieren

Wenn Sie nun ein weiteres Mal die Seite *http://example.com/roundcube* aufrufen, sehen Sie nur noch die Eingabefelder für Benutzname und Passwort, das Server-Feld fehlt.

10.3.1   Filter für Roundcube installieren: »Sieve«

Sieve (zu Deutsch *Sieb*) erlaubt es Ihnen, Nachrichten auf beliebige Weise anhand ihrer Merkmale zu filtern. So können etwa in Roundcube einen Ordner »Arbeit« anlegen und automatisch alle E-Mails in ihn sortieren lassen, die von der Absenderadresse Ihres Chefs kommen.

Um Sieve zu benutzen, installieren Sie mit `sudo apt-get -yfm install dovecot-managesieved dovecot-sieve` die benötigen Pakete. Nun müssen Sie eine ganze Reihe von Konfigurationsdateien anpassen. Es geht los mit der *20-managesieve.conf*. Passen Sie den Konfigurationsblock `service managesieve-login {<…>}` so an, dass er so aussieht wie in Listing 10.36:

```
service managesieve-login {
  inet_listener sieve {
    port = 4190
  }
  [… Alles Weitere bleibt unverändert …]
```

Listing 10.36 Anpassungen in »20-managesieve.conf«

Jetzt editieren Sie die Datei *90-sieve.conf*. Im `plugin {`-Block ergänzen Sie die Pfadangaben, die Sieve benötigt (siehe Listing 10.37):

```
sieve = ~/.dovecot.sieve
sieve_global_path = /var/lib/dovecot/sieve/default.sieve
sieve_dir = ~/sieve
sieve_global_dir = /var/lib/dovecot/sieve/
```

Listing 10.37 Pfadanpassungen in »90-sieve.conf«

10

Die nächste Datei auf der Liste ist die *15-lda.conf*. Hier ergänzen Sie die Liste der Mail-Plug-ins um Sieve, so wie in Listing 10.38 dargestellt:

```
protocol lda {
  # Space separated list of plugins to load (default is global mail_plugins).
  mail_plugins = $mail_plugins sieve
}
```

Listing 10.38 Hinzufügen von »Sieve« in den Mail-Plug-ins

In der gleichen Datei finden Sie auch die Zeile #postmaster_adress - <...>. Geben Sie hier die Adresse des Mailserver-Administrators an. Üblicherweise ist der »Postmaster«: postmaster@example.com. In der Datei 20-managesieve.conf haben Sie nur wenig zu tun. Die Zeile, die Sie benötigen, existiert bereits. Entfernen Sie lediglich das Kommentarzeichen vor der Zeile aus Listing 10.39:

```
protocols = $protocols sieve
```

Listing 10.39 Protokollerweiterung um »Sieve«

Und zu guter Letzt fügen wir noch zwei Zeilen zur */etc/dovecot/dovecot.conf* hinzu. Sie können sie einfach ans Ende anhängen:

```
dovecot.conf:managesieve_notify_capability = mailto
dovecot.conf:managesieve_sieve_capability = fileinto reject envelope \
encoded-character vacation subaddress comparator-i;ascii-numeric relational regex \
imap4flags copy include variables body enotify environment mailbox date
```

Listing 10.40 Erweiterung der »dovecot.conf« für »Sieve«

Alle diese Änderungen aktivieren Sie nun, indem Sie Dovecot mit sudo systemctl restart dovecot einmal neu starten. Der letzte Schritt: Sie teilen Roundcube noch mit, dass es das neue managesieve-Plug-in aktivieren soll. Dazu editieren Sie die Datei */var/lib/roundcube/config/config.inc.php*. In ihr finden Sie einen Konfigurationsblock, der mit $config['plugins'] beginnt. Er kann bereits Einträge enthalten, falls noch weitere Plug-ins aktiviert sind (siehe Listing 10.41):

```
$config['plugins'] = array(
'archive',
'zipdownload'
);
```

Listing 10.41 Liste der aktiven Plug-ins von »Roundcube«

Fügen Sie einen Eintrag für managesieve hinzu (siehe Listing 10.42):

```
$config['plugins'] = array(
'archive',
```

```
'zipdownload',
'managesieve'
);
```

Listing 10.42 Aktivieren von »Sieve« als »Roundcube«-Plug-in

Wenn Sie sich nun wieder in Roundcube anmelden und auf EINSTELLUNGEN klicken, finden Sie im linken Block den zusätzlichen Punkt FILTER (siehe Abbildung 10.9).

Einstellungen	Filtersätze	Filter
Einstellungen	roundcube	
Ordner		
Identitäten		
Schnellantworten		
Filter		

Abbildung 10.9 Neuer Menüpunkt »Filter«

Mit dem Plus-Symbol können Sie einen neuen Filter erstellen. Zunächst wählen Sie die Bedingung, etwa: Von-Feld enthält chef@example.com. Danach wählen Sie aus, was mit Mails geschieht, auf die diese Bedingung zutrifft (verschieben, in einen anderen Ordner sortieren, als gelesen markieren, löschen ...).

Abbildung 10.10 Neuer Filter für Mails vom »Chef«

10.3.2   SSL in Apache aktivieren

Derzeit ist Roundcube nur über eine unverschlüsselte Verbindung zu erreichen. Das soll natürlich nicht so bleiben. Wir haben ja eingangs schon Zertifikate vorbereitet, die wir nur noch in den Apache-Webserver einbinden müssen. Die Konfiguration der *Default-SSL*-Seite finden

Sie in der Datei */etc/apache2/sites-available/default-ssl.conf*. In der dritten Zeile finden Sie den Platzhalter für die E-Mail-Adresse des Administrators: `ServerAdmin webmaster@localhost`. Hier sollten Sie eine funktionierende Adresse eintragen. Direkt darunter schreiben Sie den Namen des Servers: `ServerName example.com`. Einige Zeile tiefer finden Sie die Pfade zum Zertifikat. Hier sind aktuell Snakeoil-Zertifikate hinterlegt (siehe Listing 10.43):

```
SSLCertificateFile      /etc/ssl/certs/ssl-cert-snakeoil.pem
SSLCertificateKeyFile   /etc/ssl/private/ssl-cert-snakeoil.key
```

Listing 10.43 Default-SSL-Zertifikate in Apache

Ändern Sie diese beiden Zeilen so, dass dort der Pfad zu den Letsencrypt-Zertfikaten steht, so wie in Listing 10.44 dargestellt:

```
SSLCertificateFile      /etc/letsencrypt/live/example.com/fullchain.pem
SSLCertificateKeyFile   /etc/letsencrypt/live/example.com/privkey.pem
```

Listing 10.44 Anpassen der SSL-Zertifikate

Zum Schluss aktivieren Sie das SSL-Modul, schalten die verschlüsselte Seite frei und starten den Webserver einmal neu. Setzen Sie dafür die Befehle aus Listing 10.45 ab:

```
root@mail:~# a2enmod ssl
root@mail:~# a2ensite default-ssl.conf
root@mail:~# systemctl restart apache2
```

Listing 10.45 Aktivieren der geänderten SSL-Zertifikate

Mithilfe der Webseite *https://www.ssllabs.com/ssltest* können Sie herausfinden, ob Sie alles richtig gemacht haben. Geben Sie die SSL-Adresse Ihres Webservers in das Eingabefeld ein. Nach einiger Zeit erhalten Sie eine Bewertung wie die aus Abbildung 10.11.

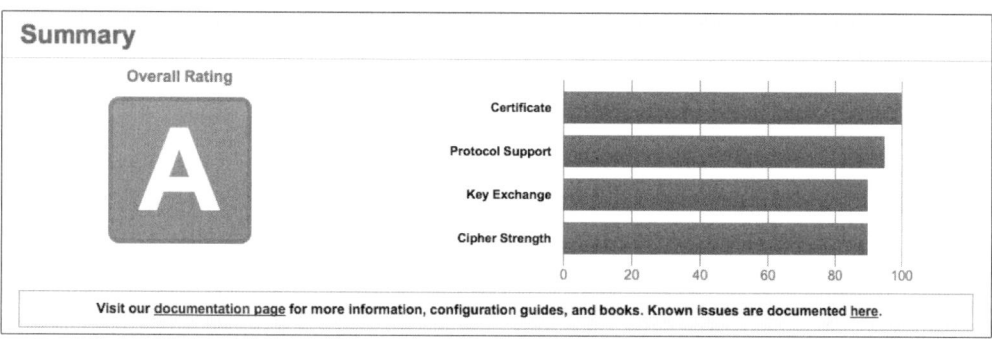

Abbildung 10.11 Bewertung der SSL-Konfiguration von »www.ssllabs.com«

Alles grün: Jetzt können Sie sich guten Gewissens unter *https://example.com/roundcube* mit Ihrem Roundcube-Webmailserver verbinden.

10.4   Antivirus- und Spamfilter: »Amavisd-new«, »ClamAV« und »SpamAssassin«

Amavisd-new ist die Schnittstelle zwischen Postfix und den Filtern, die Ihre Mails auf Verunreinigungen durch Viren oder Spam prüfen sollen. Unser Setup soll Folgendes leisten:

1. E-Mails, die die im vorhergehenden Abschnitten beschriebenen Header-Prüfungen überlebt haben, werden an Amavisd-new übergeben.

2. Amavisd-new reicht die Mails an ClamAV und SpamAssassin zur Analyse weiter.

3. Abhängig vom Analyseergebnis wird entschieden, wie die Mails weiterverarbeitet werden. Es gibt drei Möglichkeiten:

   – Die Mail ist unauffällig und wird zugestellt.

   – Die Mail ist wahrscheinlich Spam, wird als solcher markiert, aber dennoch zugestellt.

   – Die Mail ist eindeutig Spam und wird in ein Quarantäneverzeichnis verschoben.

10.4.1   Installation

Beginnen Sie mit der Installation der benötigten Softwarepakete. Hier finden Sie eine Liste der benötigten Pakete (wundern Sie sich nicht, wenn diese Pakete weitere abhängige Pakete hinter sich herziehen, das ist normal):

- `amavisd-new`
- `clamav-daemon` und `clamav-freshclam`
- `spamassassin`
- `razor` und `pyzor`

Die Razor- bzw. Pyzor-Pakete sind streng genommen nicht unbedingt notwendig, aber sehr zu empfehlen, denn diese Module erhöhen die Genauigkeit der Spam-Analyse. Um gepackte Dateien entpacken und untersuchen zu können, ist weitere Software erforderlich. Installieren Sie auch noch die Pakete `ripole`, `cabextract`, `unrar-free` und `zoo`. Damit kann der Virenscanner auch seltenere Komprimierungsverfahren benutzen. (Das Entpacken von ZIP-Dateien funktioniert serienmäßig.) Wenn alles installiert ist, geht es an die Konfiguration.

10.4.2   ClamAV konfigurieren

Hier ist Ihre Arbeit schon so gut wie getan, denn ClamAV kommt fix und fertig aus der Box. Damit ClamAV und Amavisd-new fehlerfrei zusammenarbeiten können, müssen Sie nur noch den User »clamav« mit dem folgenden Kommandozeilenbefehl zur Gruppe »amavis« hinzufügen: `adduser clamav amavis`. Um regelmäßige Aktualisierungen der Antivirus-Definitionen müssen Sie sich nicht kümmern, das übernimmt das zum ClamAV-Paket gehörende

Update-Programm `freshclam` für Sie. Weil Vertrauen gut, Kontrolle aber besser ist, können Sie gelegentlich einen Blick auf die Log-Einträge werfen, die Freshclam schreibt. Ein typischer Eintrag sieht so aus:

```
Received signal: wake up
ClamAV update process started at Fri Aug 27 12:26:17
main.cld is up to date (version: 52, sigs: 704727,
f-level: 44, builder: sven)
Trying host db.local.clamav.net (85.214.20.182)...
Downloading daily-11717.cdiff [100%]
Downloading daily-11718.cdiff [100%]
daily.cld updated (version: 11718, sigs: 116533,
f-level: 53, builder: arnaud)
```

Listing 10.46 Protokoll der Aktualisierung von »freshclam«

Wohin Freshclam diese Log-Einträge schreibt, können Sie in der Datei *freshclam.conf* konfigurieren. Sie finden sie in */etc/clamav/*. Sie können die Einträge ins systemweite Mail-Logfile schreiben lassen oder ein beliebiges anderes Logfile bestimmen. In Listing 10.47 zeigen wir Ihnen zwei Möglichkeiten:

```
# Möglichkeit 1:
# ins systemweite Mail-Log schreiben
LogSyslog yes

# Möglichkeit 2:
# ein separates Logfile für Freshclam nutzen
LogSyslog no
UpdateLogFile /var/log/clamav/freshclam.log
```

Listing 10.47 Zwei Arten, »freshclam« Protokoll führen zu lassen

Achten Sie auf die Dateirechte, wenn Sie Freshclam mit einem eigenen Logfile ausstatten. Der Benutzer `clamav` muss entweder Besitzer der Datei sein oder mindestens Schreibrechte darauf erhalten. Beides erledigen Sie (als root) auf der Kommandozeile, wie hier dargestellt:

```
root@mail:~# chown clamav /var/log/clamav/freshclam.log
root@mail:~# chmod 640 /var/log/clamav/freshclam.log
```

Listing 10.48 Berechtigung anpassen

Starten Sie zuletzt den ClamAV-Daemon einmal neu. Nun können Sie Freshclam bei der Arbeit über die Schulter schauen.

Sollten Sie ein paar aktuelle Viren, Würmer oder trojanische Pferde zur Hand haben und ClamAV damit füttern, erleben Sie sehr wahrscheinlich eine böse Überraschung: die Erkennungsrate ist unglaublich schlecht. Das liegt daran, dass die offiziellen Virensignaturen für ClamAV nur in erdgeschichtlich relevanten Zeitabständen aktualisiert werden. Bei Vergleichstests zwischen Antivirus-Lösungen verschiedener Hersteller landet ClamAV deshalb auch zuverlässig auf dem letzten Platz. Warum also verschwenden wir unsere Zeit damit?

Der Clou an ClamAV ist, dass jedermann Virensignaturen dafür erstellen und anderen zur Verfügung stellen kann. Mit solchen von der Community bereitgestellten Virensignaturen wird ClamAV schnell zu einem erstklassigen Antivirus-Werkzeug. Der nächste Abschnitt zeigt, wie es geht.

10.4.3   »Unofficial-Sigs« für ClamAV installieren

Das kleine Bash-Skript aus Listing 10.49 besorgt sich die notwendige Software von Github und sortiert sie in die korrekten Verzeichnisse ein.

10

```
#!/bin/bash
WDIR=/usr/local/

cd $WDIR
git clone https://github.com/extremeshok/clamav-unofficial-sigs
cd clamav-unofficial-sigs
cp clamav-unofficial-sigs.sh /usr/local/bin/
chmod 755 /usr/local/bin/clamav-unofficial-sigs.sh

cp clamav-unofficial-sigs.conf   /etc/
cp clamav-unofficial-sigs-cron   /etc/cron.d/
cp clamav-unofficial-sigs-logrotate   /etc/logrotate.d/
cp clamav-unofficial-sigs.8  /usr/share/man/man8/
```
Listing 10.49 Bash-Skript zum Herunterladen und Sortieren der Software

Die Datei */etc/clamav-unofficial-sigs.conf* steuert, welche Signaturen von welchem Anbieter benutzt werden sollen. (Für einige muss man sich vorher registrieren; die Kommentare in der Datei enthalten genaue Anleitungen dazu.) Die Standardwerte sind konservativ gesetzt, das heißt, es werden nur Signaturen verwendet, die eine sehr geringe Chance auf *false positives* (Fehlalarme) haben. Sie sind mit LOW gekennzeichnet. Wenn Sie sich etwas mutiger fühlen, können Sie auch die MED-Signaturen aktivieren.

Für das Aktualisieren der Signaturen ist das Skript */usr/local/bin/clamav-unofficial-sigs.sh* zuständig. Sie können es per Cron stündlich ausführen – sind keine neuen Signaturen vorhanden, dann tut das Skript auch nichts. Der Cron-Eintrag muss dafür so aussehen wie in Listing 10.50. Das sollte die Erkennungsrate von ClamAV deutlich in die Höhe treiben.

```
0 * * * * /usr/local/bin/clamav-unofficial-sigs.sh
```
Listing 10.50 Regelmäßig Updates der »unofficial-sigs« laden mit »cron«

10.4.4   Amavisd-new konfigurieren

Die Konfigurationsdateien von Amavisd-new sind keine reinen Textdateien, sondern ausführbare Perl-Skripte. Deshalb gelten für Änderungen an diesen Dateien besondere Spielregeln. Die folgenden Konfigurationsbeispiele berücksichtigen diese Regeln, aber wenn Sie demnächst tiefer in die Anpassung Ihres Amavisd-new einsteigen, werden Sie ausreichend Gelegenheit haben, sich in den Fuß zu schießen. Die meisten Fehler vermeiden Sie mit diesen einfachen Grundregeln:

▶ Variablen müssen mit einem Dollarzeichen beginnen.

▶ Jede Zeile muss mit einem Semikolon enden.

▶ Zeichenketten müssen in Anführungsstriche gesetzt werden.

Amavisd-new lässt Ihnen die Wahl, ob Sie den Antivirusfilter, den Spamfilter oder beide aktivieren möchten. Standardmäßig sind Antivirus- und Spamfilter nicht aktiviert. Öffnen Sie die Konfigurationsdatei */etc/amavis/conf.d/15-content_filter_mode*. Um beide Filter zu aktivieren, entfernen Sie die Kommentarzeichen vor den Zeilen, die mit @bypass_[…] beginnen, sowie vor der nachfolgenden Zeile. Die Datei sieht dann so aus wie in Listing 10.51:

```
use strict;
#[…]
# Default antivirus checking mode
# Uncomment the two lines below to enable it back
@bypass_virus_checks_maps = (
   %bypass_virus_checks, bypass_virus_checks_acl, $bypass_virus_checks_re);
# Default SPAM checking mode
# Uncomment the two lines below to enable it back
@bypass_spam_checks_maps = (
   %bypass_spam_checks, bypass_spam_checks_acl, $bypass_spam_checks_re);
1;  # insure a defined return
```

Listing 10.51 Inhalt der Datei »15-content_filter_mode«

Ihr Amavisd-new ist jetzt bereit, Spam und Viren auszusortieren. Insbesondere bei der Steuerung des SpamAssassin sollten Sie sich noch die Stellschrauben anschauen, mit denen Sie die Empfindlichkeit Ihres Spamfilters regulieren können. Die Default-Werte sind zwar nicht schlecht gewählt, aber früher oder später werden Sie feststellen, dass Ihr Spamfilter etwas zu aggressiv oder, im Gegenteil, etwas zu gnädig auf die tägliche Spamflut reagiert. Damit Sie verstehen, was die Werte bedeuten, die Sie dort verändern, machen wir einen Exkurs in die Innereien Ihres SpamAssassin. SpamAssassin analysiert jede Mail anhand eines umfangreichen Regelwerks. Header, Struktur und Inhalt der Mail werden überprüft. Eine (hier willkürlich aus dem Regelwerk ausgewählte) Regel prüft beispielsweise, ob in der E-Mail das Wort »Rolex« in verschleierter Form vorkommt:

```
body FUZZY_ROLEX /(?!rolex)<R><O><L><E><X>/i
describe FUZZY_ROLEX Attempt to obfuscate words in spam
score FUZZY_ROLEX 3.5
```

Listing 10.52 Amavisd-new bei der Verschleierungsprüfung: »Rolex«

In der letzten Zeile wird der Spam-Score definiert. Jede Mail hat ein Punktekonto, ähnlich wie ein Verkehrssünder in der Flensburger KBA-Datenbank. Findet SpamAssassin etwas, was wie ein Kriterium für Spam aussieht -– wie im Beispiel das verschleierte Wort `<R><O><L><E><X>` –-, so wird das Punktekonto um 3,5 Punkte erhöht. Das Regelwerk enthält auch Kriterien, die gegen Spam sprechen, es können also im Laufe der Analyse auch wieder Punkte abgezogen werden. Wenn die Mail das Regelwerk vollständig durchlaufen hat, steht der endgültige Punktestand, der Spam-Score, fest. Diesen wertet Amavisd-new nun aus, und damit kommen wir zu den versprochenen Feintuning-Parametern: `$sa_tag_level_deflt = -99;`.

Mit dieser Zeile legen Sie fest, dass SpamAssassins Auswertungsergebnisse jeder Mail in Form von Header-Zeilen hinzugefügt werden. Listing 10.53 zeigt ein Beispiel dafür, wie diese Header aussehen:

```
[...weitere Header...]
X-Spam-Status: Yes, score=5.06 tagged_above=-99 required=5.0
tests=[BAYES_99=3.5, \
HTML_MESSAGE=0.001, MIME_HTML_ONLY=0.001,
RCVD_IN_BL_SPAMCOP_NET=1.558]
X-Spam-Score: 5.06
X-Spam-Level: *****
X-Spam-Flag: YES
[...weitere Header...]
```

Listing 10.53 Beispiel-Header von Amavisd-new

So können Sie schnell erkennen, ob und warum eine Mail als Spam klassifiziert wurde. Tragen Sie hier nach dem Gleichheitszeichen den Spam-Score ein, ab dem die Header einer Mail hinzugefügt werden sollen. Im Beispiel steht der Wert auf -99, was effektiv bedeutet, dass jede Mail (ob Spam oder nicht) mit den zusätzlichen Headern versehen wird. Der Grund dafür ist einfach: Manchmal werden Sie auch sehen wollen, warum eine Mail gerade nicht als Spam eingestuft wurde. Die Einträge in den eckigen Klammern hinter `tests=<…>` sind die Elemente des Regelwerks, die den Spam-Score beeinflusst haben.

```
$sa_tag2_level_deflt = 5.0;
```

Listing 10.54 »tag2 level« in Amavisd-new

Wenn der Spam-Score den Wert überschreitet, der im Parameter aus Listing 10.54 eingetragen ist, wird die Mail in den Headern als Spam markiert. Das erlaubt es, in der weiteren Verarbeitung Entscheidungen zu treffen, wie mit der Mail weiter verfahren wird (zustellen, verwerfen, Quarantäne etc.). Ein typischer E-Mail-Benutzer hat aber nicht die Angewohnheit, Mail-Header nach Spammarkierungen zu durchforsten. Um den Benutzern zu zeigen, dass der Spamfilter von den lauteren Absichten des Absenders nicht überzeugt ist, gibt es den nächsten Konfigurationspunkt: `$sa_spam_subject_tag = '[Spam?]';`.

Wenn der Spam-Score-Wert aus `$sa_tag2_level_deflt` überschritten wird, ändert Amavisd-new die Betreffzeile der Mail, sodass ihr der String `[Spam?]` vorangestellt wird. So sieht auch ein unbedarfter Benutzer auf den ersten Blick, dass der Spamfilter diese Mail für verdächtig hält. Statt `[Spam?]` können Sie natürlich auch einen beliebigen anderen String benutzen. Achten Sie nur darauf, dass er nicht zu lang wird, denn die Betreffzeile sollte auf jeden Fall lesbar bleiben.

```
$sa_kill_level_deflt = 15.0;
```
Listing 10.55 »kill level« in Amavisd-new

Überschreitet der Spam-Score den eingestellten Wert aus Listing 10.55, so wird die Mail dem Empfänger nicht mehr zugestellt. Sie wandert stattdessen in ein Quarantäneverzeichnis. Wo sich dieses Verzeichnis befindet, bestimmen Sie mit dem nächsten Konfigurationspunkt aus Listing 10.56:

```
$QUARANTINEDIR = '/var/lib/amavis/virusmails';
```
Listing 10.56 Pfad des Quarantäneverzeichnisses für Amavisd-new

Der Pfad */var/lib/amavis/virusmails* ist der Standard. Lassen Sie sich nicht von der Bezeichnung `virusmails` irritieren. Dieses Verzeichnis nimmt nicht nur virenbehaftete Mails auf, es dient auch als Quarantänestation für Spammails, die den in `$sa_kill_level_deflt` festgelegten Score überschritten haben. Selbst bei einem gut eingestellten Spamfilter kann es gelegentlich vorkommen, dass eine erwünschte Mail in die Quarantäne gelangt. So gehen Sie vor, um die Mail aus der Quarantäne zu lösen und dem Empfänger zuzustellen:

1. Zunächst müssen Sie das Logfile nach der gewünschten Mail durchsuchen. In der Regel werden Sie mit `grep <RCPT-ADDR> /var/log/mail.log|grep quarantine` schnell Erfolg haben (wobei Sie den Platzhalter `<RCPT-ADDR>` durch die E-Mail-Adresse des Empfängers ersetzen müssen). Was Sie finden, wird etwa so aussehen:

```
Aug 27 18:58:27 mail amavis[6578]: (06578-02) Blocked SPAM,
[188.120.128.163] [188.120.128.163]
<sender@somewhere.com> -> <user@example.com>,
quarantine: spam-DhsB-OmN5rUd.gz,
Message-ID: <20150827165821.F08CA1152F5C@kuehnast.com>,
mail_id: DhsB-OmN5rUd,
Hits: 33.233,
size: 1226, 5068 ms
```
Listing 10.57 Log-Auszug einer blockierten Spam-Mail

2. Wechseln Sie in Ihr Quarantäneverzeichnis. Es wird dort eine Datei mit einem Namen geben, der dem eben gefundenen String entspricht:

```
root@mail:/var/lib/amavis/virusmails# ls -l *DhsB-OmN5rUd*
-rw-r----- 1 amavis amavis 1848 2015-08-27 18:58 spam-DhsB-OmN5rUd.gz
```

Listing 10.58 Suchen nach der Datei mit »ls«

3. Mit dem Befehl `amavisd-release` können Sie die Mail nun freigeben:

```
amavisd-release DhsB-OmN5rUd
```

Listing 10.59 Freigabe einer blockierten Mail

Beachten Sie, dass Sie hier nur die ID angeben (DhsB-OmN5rUd), nicht den vollständigen Dateinamen (spam-DhsB-OmN5rUd.gz). Die E-Mail wird nun an Postfix übergeben und dem Empfänger zugestellt.

Noch ein Tipp: Das Quarantäneverzeichnis wird nicht automatisch geleert, das heißt, Mails bleiben theoretisch ewig darin liegen. Ein Eintrag in der *crontab* des Users *amavis* sorgt für Ordnung.

Öffnen Sie mit `crontab -u amavis -e` den *crontab*-Editor, und fügen Sie die Zeile aus Listing 10.60 hinzu:

```
0 4 * * * /usr/bin/find /var/lib/amavis/virusmails/ -type f -mtime +7 \
        -exec rm -f {} \;
```

Listing 10.60 Periodisches Aufräumen des Quarantäneverzeichnisses

In Ihrer *crontab* gehört dieser Eintrag auf eine einzige Zeile. Er ist hier nur aufgrund der Seitenbreite umbrochen. Mit diesem Einzeiler werden nachts um 4:00 Uhr alle Mails aus dem Quarantäneverzeichnis gelöscht, die älter als sieben Tage sind.

Amavisd-new bietet Ihnen zudem die Möglichkeit, Mails mit einem bestimmten Spam-Score *bouncen* zu lassen. Das bedeutet, dass die Mail an den Absender zurückgeschickt wird. Da Bounces auf Spam generell keine gute Idee sind – hauptsächlich, weil fast alle Spammails mit gefälschtem Absender kommen –, können Sie hier einen Höchstwert für den Spam-Score einsetzen. Wird er überschritten, wird kein Bounce mehr gesendet (im Beispiel aus Listing 10.61 beträgt der Wert 5.0).

```
$sa_dsn_cutoff_level = 5.0
```

Listing 10.61 Oberes Ende für den Spam-Score ohne »Bounce«

Nachdem Sie nun alle wesentlichen Werte konfiguriert haben, bleibt Ihnen bei der Konfiguration von Amavisd-new nur noch eins zu tun: Sie müssen festlegen, was mit den Spam- und Virenmails passiert, die Amavis mit seinen Helfern ClamAV und SpamAssassin unweigerlich finden wird. Weil diese Einstellungen das endgültige »Schicksal« der untersuchten

Mails bestimmen, nennt man sie auch Destiny-Einträge. In Listing 10.62 haben wir Ihnen solche Einträge als Beispiel aufgelistet:

```
$final_virus_destiny = D_DISCARD;
$final_banned_destiny = D_DISCARD;
$final_spam_destiny = D_DISCARD;
$final_bad_header_destiny = D_PASS;
```

Listing 10.62 Beispiel »Destiny«-Einträge

Das bedeuten die Destiny-Einträge im Einzelnen:

▶ `$final_virus_destiny`

Hier legen Sie fest, was mit Mails passieren soll, in denen ein Virus gefunden wurde.

▶ `$final_banned_destiny`

Amavisd-new kann Mails aussortieren, die Anhänge von einem bestimmte Dateityp (etwa *.exe*, *.pdf* oder *.dll*) oder bestimmte MIME-Typen (zum Beispiel *application/x-msdos-program*) enthalten. In der Standardeinstellung sind diese Prüfungen deaktiviert, aber wenn Sie sie aktivieren, legen Sie in dieser Zeile fest, wie Amavisd-new mit solchen Mails verfährt.

▶ `$final_spam_destiny`

Hier bestimmen Sie, was mit Mails geschehen soll, die als Spam erkannt wurden und bei denen der zweite Schwellenwert (`$sa_kill_level_deflt`) überschritten wurde.

▶ `$final_bad_header_destiny`

Wie Postfix kann auch Amavisd-new verschiedene Header-Prüfungen vornehmen. Hier definieren Sie, was mit Mails passiert, die diese Prüfungen nicht bestehen.

Für jeden der Destiny-Einträge haben Sie die Wahl aus vier »Schicksalen«, die Ihre Mails ereilen können:

▶ `D_PASS`

Die Mail wird dem Empfänger zugestellt, unabhängig vom Ausgang der Überprüfungen.

▶ `D_BOUNCE`

Die Mail wird nicht zugestellt. Amavisd-new generiert einen Bounce, das heißt, die Mail geht zurück an den Absender.

▶ `D_REJECT`

Ähnlich wie `D_BOUNCE`, aber Amavisd-new generiert den Bounce nicht selbst, sondern gibt die Mail mit dem Fehlercode 550 (= permanenter Fehler) an Postfix zurück und überlässt diesem die Entscheidung, ob er einen Bounce generiert oder nicht.

▶ `D_DISCARD`

Die Mail wird nicht zugestellt, sondern in die Quarantäne verschoben. Der Absender wird nicht benachrichtigt.

Seien Sie sparsam mit Bounces! Ihnen ist sicher schon aufgefallen, dass in den Destiny-Einträgen, die hier bespielhaft benutzt wurden, »Schicksale« konfiguriert sind, die von den Default-Werten abweichen. Insbesondere wurde auf Bounces verzichtet und stattdessen reger Gebrauch von der Quarantänefunktion gemacht. Der Grund ist, dass Bounces fast immer kontraproduktiv sind, wenn Sie es mit Spam oder Viren zu tun haben. Die Absenderadressen von Spam sind entweder frei erfunden oder -– noch schlimmer -– gestohlen. Ihre Bounces würden also, wenn sie überhaupt irgendwo ankommen, einen völlig arglosen E-Mail-Nutzer erreichen, dessen Adresse von einem Spammer »ausgeliehen« wurde.

10.4.5   Postfix für die Verwendung mit Amavisd-new konfigurieren

Sie sind fast am Ziel: Jetzt müssen Sie nur noch Ihren Postfix-Server mit Amavisd-new verheiraten. Dazu müssen wir einige Änderungen in der */etc/postfix/master.cf* vornehmen. Dort finden Sie bisher eine Zeile, die dafür sorgt, dass Postfix auf Port 25 Mails annimmt (siehe Listing 10.63):

```
smtp       inet  n - y -  - smtpd
```

Listing 10.63 Standardkonfiguration zur Mail-Annahme in »master.cf«

Diesen Eintrag erweitern wir jetzt so, dass eingehende Mails direkt an Amavisd-new durchgereicht werden:

```
smtp inet n - y - - smtpd
   -o smtpd_proxy_filter=127.0.0.1:10024
```

Listing 10.64 Anpassung zur Mail-Weitergabe an Amavisd-new

Damit die von Amavisd-new verarbeiteten Mails auch wieder ihren Weg zum Postfix-Server finden, muss der Port 10025 so geöffnet werden wie in Listing 10.65 dargestellt:

```
amavis unix - - n - 6 smtp
   -o smtp_data_done_timeout=1800
   -o smtp_send_xforward_command=yes
   -o disable_mime_output_conversion=yes
   -o disable_dns_lookups=yes

127.0.0.1:10025 inet n - - - - smtpd
   -o content_filter=
   -o smtpd_proxy_filter=
   -o local_recipient_maps=
   -o smtpd_authorized_xforward_hosts=127.0.0.0/8
   -o relay_recipient_maps=
   -o smtpd_restriction_classes=
   -o smtpd_client_restrictions=
```

```
-o smtpd_helo_restrictions=
-o smtpd_sender_restrictions=
-o smtpd_data_restrictions=
-o smtpd_recipient_restrictions=permit_mynetworks,reject
-o mynetworks=127.0.0.0/8
-o strict_rfc821_envelopes=yes
-o receive_override_options=no_unknown_recipient_checks,no_header_body_checks
```

Listing 10.65 Rückweg der durch Amavisd-new verarbeiteten Mails an Postfix

Sobald Sie Postfix mit `sudo systemctl restart postfix` neu gestartet haben, ist Ihr Filter-Setup einsatzbereit.

10.5   Monitoring und Logfile-Auswertung

Die Auswahl an Werkzeugen für das Monitoring und die Logfile-Auswertung ist (glücklicherweise) enorm. Auf den folgenden Seiten finden Sie ein praktisches Beispiel für die Log-Auswertung mit *Lire*. Wie Sie die Mailserver-Tätigkeit mit *Munin* überwachen haben wir Ihnen in Abschnitt 25, »Monitoring – Was ist los?«, erläutert. *Lire* wurden ausgewählt, weil es sehr universell einsetzbar ist – Mailserver ist nur ein kleiner Teil dessen, womit es sich auskennt.

10.5.1   Logfile-Auswertung mit »Lire«

Bei der Auswertung von Logfiles ist *Lire* eine Art Schweizer Taschenmesser. Es versteht eine Vielzahl unterschiedlicher Logfile-Formate und generiert daraus übersichtliche Statistiken. Lire verarbeitet die Protokolldateien von Web-, FTP-, DNS-, Proxy-, Print- und Mailservern, darunter natürlich auch die von Postfix.

Die Bedienung von Lire ist recht einfach. Das Programm erwartet von Ihnen lediglich drei Informationen:

▸ In welchem Format, das heißt von welchem Daemon, wurde das Logfile geschrieben?

▸ Wo liegt es?

▸ In welchem Format möchten Sie das Ergebnis der Auswertung erhalten?

Mit dem folgenden Kommando lassen Sie ein Postfix-Logfile auswerten, das unter */var/log/mail.log* liegt, und bekommen das Ergebnis direkt auf die Konsole:

```
lr_log2report postfix /var/log/mail.log
```

Listing 10.66 Postfix-Logfile auswerten, Ergebnis auf der Konsole ausgeben

Die Angabe, in welchem Format das Ergebnis ausgegeben werden soll, wurde in diesem Beispiel weggelassen. Das veranlasst *Lire* dazu, einfachen Text auszugeben. Da die Ausgabe sehr ausführlich ist, leiten Sie sie am besten in eine Datei um. Setzen Sie dafür den Befehl aus Listing 10.67 ab:

```
lr_log2report postfix /var/log/mail.log > ergebnis.txt
```

Listing 10.67 Postfix-Logfile auswerten, Ergebnis als Textdatei

Listing 10.68 zeigt ein Beispiel dafür, wie eine Auswertung im Text-Format aussieht:

```
Email Summary

Status                                          Deliveries % Total
------------------------------------------------ ---------- -------
deferred                                                 2      0,7
deliverable                                             68     23,4
sent                                                   219     75,3
undeliverable                                            2      0,7
------------------------------------------------ ---------- -------
Total for 291 records                                  291    100,0



Summary of delivery for the most common domains.

Sender's Domain                         Deliveries % Total % Domain
    Status
------------------------------------------------ --- ------- --------
example.com                                     94    32,3     32,3
    deliverable                                 63    21,6     67,0
    sent                                        28     9,6     29,8
    undeliverable                                2     0,7      2,1
    deferred                                     1     0,3      1,1
[…]
Most Deliveries To User By Domain, Top 30, Top 5 Users

Recipient's Domain                      Deliveries % Total % Domain
    Recipient
------------------------------------------------ ---------- ------- --------
example.com                                    172    78,5     78,5
    charly@example.com                          33    15,1     19,2
    sk@example.com                              28    12,8     16,3
    fw@example.com                              27    12,3     15,7
    will@example.com                            16     7,3      9,3
    ck@example.com                              14     6,4      8,1
example.net                                     23    10,5     10,5
    george@example.net                          10     4,6     43,5
```

```
gordon@example.net                          9     4,1     39,1
alex@example.net                            4     1,8     17,4
```
[…]

Listing 10.68 Auszugsweises Ergebnis der Log-Auswertung mit »Lire« im Plaintext-Format

Komfortabler ist eine Auswertung im HTML-Format. Für eine HTML-Auswertung fügen Sie einfach den Parameter -o html /pfad/zum/Ausgabeverzeichnis/ hinzu (siehe Listing 10.69):

```
lr_log2report postfix /var/log/mail.log -o /var/www/auswertungen/mailserver/
```

Listing 10.69 Logfile auswerten, Ergebnis in HTML

Mit den erzeugten Links können Sie schnell zu den für Sie interessantesten Details der Auswertung springen. Ein weiterer Vorteil ist, dass Lire aus den ermittelten Daten übersichtliche Diagramme erstellt. In Abbildung 10.12 können Sie zum Beispiel sehen, zu welcher Tageszeit das Mail-Aufkommen am höchsten war.

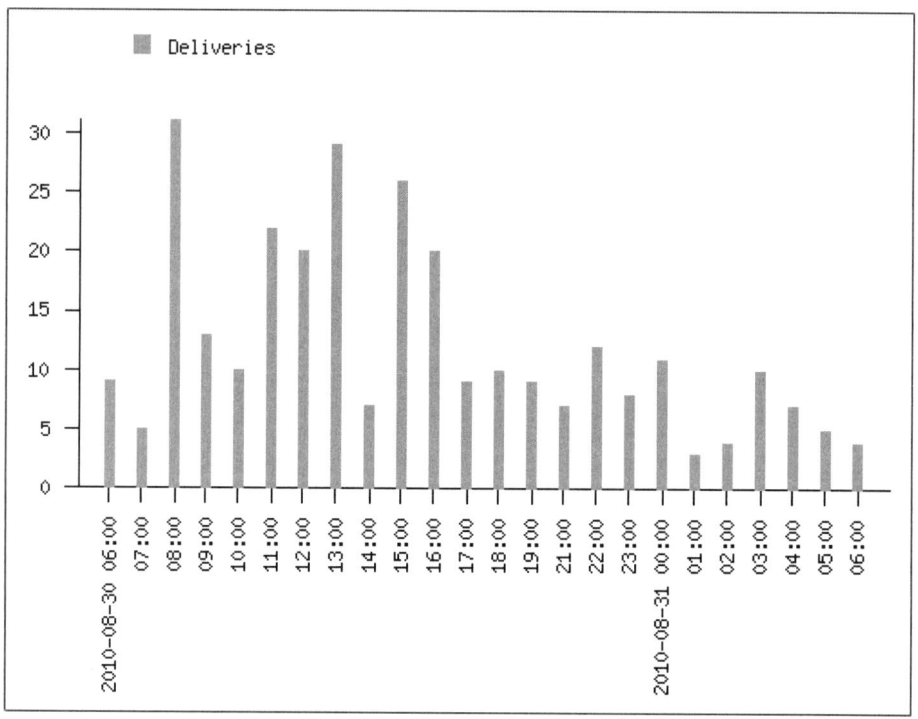

Abbildung 10.12 Auswertung im HTML-Format, Auszug

Kapitel 11
Netzwerkdateisysteme

In diesem Kapitel lernen Sie etwas über »Sharing«, also darüber, wie Sie anderen Benutzern Inhalte des Dateisystems Ihres Servers zugänglich machen können.

Server »servieren« Dienste und Dateien. In diesem Kapitel geht es um Letzteres. Egal, ob Sie in Ihrem Haushalt die MP3-Sammlungen allen Familienmitgliedern zugänglich machen wollen oder ob Sie im beruflichen Bereich eine Möglichkeit brauchen, Dokumente und andere Daten mit Ihren Kollegen zu teilen: Immer benötigen Sie einen Dienst, der bestimmte Bereiche des Dateisystems für andere bereitstellt. Diese Bereiche heißen *Shares* oder Freigaben. In diesem Kapitel lernen Sie drei Möglichkeiten kennen, Freigaben zu erstellen. Die erste Methode wird oft schlicht *Samba* genannt. Dahinter verbirgt sich ein CIFS-Server. CIFS steht für *Common Internet File System*. *Samba* ist beliebt, weil es den Austausch nicht nur zwischen Linux-Servern ermöglicht, sondern auch in heterogenen Netzen, in denen auch Windows und OS X vertreten sind.

Die zweite Methode, das *Network File System*, ist in heterogenen Umgebungen weniger verbreitet, überzeugt aber durch einfache Konfiguration und Geschwindigkeit.

Zu guter Letzt widmen wir uns noch einem eher exotischen Kandidaten, der aber gern verwendet wird, um »mal eben« ein Verzeichnis zwischen zwei Linux-Systemen zu teilen. Die Rede ist von: »SSHFS«.

Welches Vorwissen wird benötigt?

Für dieses Kapitel sollten Sie folgende Kenntnisse bereits erworben haben:

▶ **Die Bash** (siehe hierzu Abschnitt 8.1, »Hilfe, da blinkt was! Die Bash«)

▶ **Paket-Installation** (siehe hierzu Abschnitt 2.4.3, »Umgang mit Paketen«)

11.1   Samba

Samba stellt die Open-Source-Alternative zu Microsoft-Windows-Servern dar. Mit Samba können Sie nicht nur, wie hier vorgestellt, Dateidienste anbieten, sondern auch eine vollständige *Active-Directory*-Umgebung aufbauen.

11.1.1   Installation

In Listing 11.1 sehen Sie, wie Sie einen Samba-Server installieren:

```
daniel@venus:~$ sudo apt-get install samba
[…]
Die folgenden NEUEN Pakete werden installiert:
  attr libaio1 libavahi-client3 libavahi-common-data libavahi-common3 libcups2
  libfile-copy-recursive-perl libldb1 libpython-stdlib libtalloc2 libtdb1
  libtevent0 libwbclient0 python python-crypto python-dnspython python-ldb
  python-minimal python-samba python-talloc python-tdb python2.7
  python2.7-minimal samba samba-common samba-common-bin samba-dsdb-modules
  samba-libs samba-vfs-modules tdb-tools update-inetd
0 aktualisiert, 31 neu installiert, 0 zu entfernen und 0 nicht aktualisiert.
Es müssen 10,8 MB an Archiven heruntergeladen werden.
Nach dieser Operation werden 55,3 MB Plattenplatz zusätzlich benutzt.
Möchten Sie fortfahren? [J/n] J
```

Listing 11.1 Den Samba-Server installieren

Samba ist ein Meta-Paket. Es zieht als Abhängigkeit *tdb-tools* (Tools zur Administration der Samba-Userdatenbank) und viele weitere Pakete nach. Samba hat eine eigene Benutzerdatenbank. Dennoch muss es für jeden Samba-Nutzer auch einen Systemuser gleichen Namens geben. Die Benutzerverwaltung erfolgt mit dem Kommando smbpasswd:

```
daniel@venus:~$ sudo smbpasswd -a daniel
New SMB password: <PASSWORD>
Retype new SMB password: <PASSWORD>
```

Listing 11.2 Einen neuen Samba-Benutzer anlegen

Jetzt muss ein Passwort für den Samba-Benutzer eingegeben werden. Es kann, muss aber nicht mit dem Passwort des Systembenutzers identisch sein.

Tipp: Gleiche Passwörter auf Server und Client!
Wenn Sie auf dem Server den gleichen Benutzernamen und das gleiche Passwort vergeben wie auf Ihrem Windows-System, können Sie sich die Anmeldung sparen. Windows überträgt standardmäßig vorsorglich die Anmeldedaten des zurzeit angemeldeten Benutzers – passen also die Daten, ist kein Login notwendig.

Listing 11.3 zeigt weitere Funktionen von smbpasswd:

```
#Ein Benutzerkonto deaktivieren
sudo smbpasswd -d username
```

```
#Ein deaktiviertes Konto wieder reaktivieren:
sudo smbpasswd -e username

#Einen Benutzer entfernen:
sudo smbpasswd -x username
```

Listing 11.3 Benutzer deaktivieren, reaktivieren und entfernen

11.1.2   Freigaben

Es gibt mehrere Varianten von Freigaben (oft *Shares* genannt). Grob kann man sie in allgemeine und persönliche Freigaben unterteilen. Eine allgemeine Freigabe wird vom Administrator des Samba-Servers angelegt. Er entscheidet, ob nur Samba-Benutzer oder auch Gäste ohne besonderen Login die Freigabe nutzen dürfen, und er legt fest, ob nur lesender oder auch schreibender Zugriff gestattet ist.

Eine persönliche Freigabe kann – wenn die entsprechende Funktion im Server einmal aktiviert wurde – jeder Samba-Benutzer auch ohne den Administrator anlegen, um Daten aus seinem Home-Verzeichnis anderen zur Verfügung zu stellen.

In jedem Fall beginnen Sie damit, Ihren *Workgroup*-Namen in der zentralen Samba-Konfigurationsdatei */etc/samba/smb.conf* einzutragen. Unter diesem Namen werden Ihre Freigaben später im Netz sichtbar sein. Suchen Sie in der *smb.conf* nach dem Abschnitt, der mit [global] beginnt (siehe Listing 11.4), und tragen Sie den *Workgroup*-Namen dort ein. In unseren Beispielen werden wir dafür den Namen TESTLAN benutzen.

```
[global]
workgroup = TESTLAN
[…]
```

Listing 11.4 Den Workgroup-Namen festlegen

[!]

Abwärtskompatibilität

Aus Gründen der Abwärtskompatibilität sollten Sie einen Namen wählen, der nicht länger als 11 Zeichen ist und keine Umlaute oder Sonderzeichen enthält. Ansonsten kann es zu Anzeigefehlern kommen oder Ihnen wird der Zugang auf die Freigabe gleich ganz verwehrt.

11.1.3   Allgemeine Freigaben

Wir wollen drei Freigaben mit unterschiedlich hohem Sicherheitsniveau anlegen. Das erste Beispiel soll eine Freigabe sein, auf die jeder, auch nicht angemeldete Gäste, sowohl lesenden als auch schreibenden Zugriff hat. Im zweiten Beispiel erstellen Sie eine Freigabe, die nur

Samba-Benutzern zum Lesen und Schreiben zur Verfügung steht; die Benutzung durch Gäste ist hier nicht vorgesehen. Zuletzt stellen Sie Samba-Benutzern eine Freigabe im Nur-Lese-Modus zur Verfügung.

Freigabe für alle, lesend und schreibend

Der Name dieser Freigabe soll »datengrab« sein. Das entspricht am ehesten dem Sicherheitsniveau, das hier erreicht wird. Die Daten legen wir im Verzeichnis */srv/samba/datengrab* ab, das zunächst noch erstellt werden muss:

```
mkdir /srv/samba
mkdir /srv/samba/datengrab
chmod 777 /srv/samba/datengrab
```

Listing 11.5 Das Datenverzeichnis »datengrab« für die Freigabe erstellen

Mit `chmod 777` geben Sie den Schreibzugriff auf das Verzeichnis für jedermann frei. Das ist notwendig, weil Sie explizit auch nicht angemeldeten Benutzern den Schreibzugriff gestatten wollen. Den Abschnitt [global] in der *smb.conf* kennen Sie bereits aus Listing 11.4. Dort haben Sie schon den *Workgroup*-Namen festgelegt. Ergänzen Sie ihn in Listing 11.6 wie folgt:

```
[global]
workgroup = TESTLAN
security = user
map to guest = bad user
guest account = nobody
```

Listing 11.6 Den Abschnitt »global« in der »smb.conf« erweitern

In den letzten beiden Zeilen wird festgelegt, dass jeder, der nicht in der Samba-Benutzerdatenbank ist (»bad user«), als Gast gilt und mit den Rechten des Benutzers *nobody* arbeitet. Jetzt können Sie die eigentliche Freigabe definieren. Dafür legen Sie in der *smb.conf* einen neuen Abschnitt an, der mit dem Namen der Freigabe in eckigen Klammern beginnt:

```
[datengrab]
path = /srv/samba/datengrab
public = yes
guest ok = yes
writable = yes
comment = Datengrab fuer alles und jeden
```

Listing 11.7 Das Datenverzeichnis »datengrab« für die Freigabe erstellen

Zum Schluss aktivieren Sie die neue Freigabe, indem Sie den Samba-Server anweisen, seine Konfiguration neu einzulesen:

```
daniel@venus:~$ sudo systemctl restart smbd.service
```

Listing 11.8 Reload des Samba-Servers

Und schon ist Ihre Freigabe im Netzwerk verfügbar. Sie können sie wie üblich, zum Beispiel über die Eingabe von \\<SERVER NAME>\datengrab, in der Adresszeile des Windows Explorers öffnen.

[!]

Verwirrung: »samba.service«

Lassen Sie sich nicht von *systemd* verwirren. Es existiert auch ein Service namens *samba.service* – dieser zeigt aber auf */dev/null* und somit ins Leere!

11

Freigabe nur für Samba-Benutzer, lesend und schreibend

Sie möchten eine Freigabe erstellen, in der Mitarbeiter Betriebsdokumentationen ablegen können. Jeder soll die Dokumentationen aktualisieren dürfen, also werden Schreib- und Leserechte für alle benötigt. Gäste sollen allerdings keine Rechte an der Freigabe haben. Listing 11.9 zeigt, wie Sie das Problem lösen:

```
[doku]
path = /srv/samba/doku
public = no
guest ok = no
writable = yes
comment = Dokumentation
```

Listing 11.9 Das Datenverzeichnis »doku« für die Freigabe erstellen

Freigabe nur für Samba-Benutzer, nur lesend

In diesem Beispiel möchten Sie Daten in einer Freigabe zum Download anbieten. Es sollen aber nur Samba-Benutzer zugreifen dürfen, und diese auch nur lesend. Gäste gehen wieder leer aus (siehe Listing 11.10).

```
[downloads]
path = /srv/samba/downloads
public = no
guest ok = no
writable = no
comment = Downloads fuer Samba-User
```

Listing 11.10 Das Datenverzeichnis »downloads« für die Freigabe erstellen

Da sich diese Definition nicht sehr stark von der Freigabe doku unterscheidet, können wir auch die Abkürzung für Schreibfaule nehmen (siehe Listing 11.11):

```
[downloads]
copy = doku
path = /srv/samba/doku
writable = no
comment = Downloads fuer Samba-User
```

Listing 11.11 Eine vorhandene Freigabe per »copy« klonen

Mit copy = doku kopieren Sie alle Einstellungen der Freigabe doku und definieren danach nur noch die Einstellungen, die sich gegenüber der alten Fassung geändert haben.

11.1.4 Persönliche Freigaben

Auch gewöhnliche Samba-Benutzer ohne *root*-Rechte können Freigaben erstellen. Dabei gelten ein paar Spielregeln, die in der *smb.conf* definiert sind:

▶ usershare owner only = yes
  Der Benutzer darf nur Dateien und Verzeichnisse freigeben, die ihm gehören.

▶ usershare max shares = 100
  Jeder Benutzer darf nicht mehr als 100 Freigaben erstellen.

▶ usershare allow guests = yes
  Es ist erlaubt, die Freigabe auch anderen Benutzern zugänglich zu machen.

Diese Spielregeln dürfen natürlich nur vom Administrator geändert werden und müssen stets mit einem sudo systemctl restart smbd.service aktiviert werden.

11.2 Network File System (NFS) Version 4

Neben Samba gibt es ein weiteres, nicht ganz so weit verbreitetes Netzwerkdateisystem: *NFS*. Dieses wird häufig eingesetzt, wenn Dateisysteme zwischen Linux-Systemen geteilt werden sollen. Es besticht durch seine einfache Konfiguration und seine hohe Geschwindigkeit. In diesem Abschnitt stellen wir Ihnen die aktuelle Version 4 vor.

11.2.1 Der NFSv4-Server

Bevor Sie loslegen können, müssen Sie den NFS-Server natürlich erst einmal installieren:

```
daniel@merkur:~$ sudo apt-get install nfs-kernel-server
```

Listing 11.12 Der NFS-Server wird installiert.

Möglicherweise erhalten Sie nach der Installation eine Meldung, die besagt, dass der Server nicht gestartet wird, weil es noch keine exportierten Verzeichnisse gibt. Ignorieren Sie die

Meldung für den Moment, denn im nächsten Schritt werden Sie die Exporte konfigurieren, und danach müssen Sie den NFS-Server ohnehin neu starten.

Anders als bei älteren NFS-Varianten werden Verzeichnisse nicht mehr direkt exportiert. Stattdessen benutzt NFSv4 ein Pseudo-Filesystem. Dort werden die Verzeichnisse, die Sie exportieren möchten, zunächst »eingehängt« (man benutzt dazu tatsächlich das mount-Kommando) und von dort aus exportiert. Das klingt umständlicher, als es in Wirklichkeit ist. In einem Beispiel wollen wir das Verzeichnis */usr/local/files* exportieren.

Legen Sie zunächst das Wurzelverzeichnis des Pseudo-Filesystems an. Das können Sie theoretisch überall im Verzeichnisbaum machen, aber es hat sich eingebürgert, dafür */export* zu benutzen (siehe Listing 11.13):

```
daniel@merkur:~$ sudo mkdir /export
```

Listing 11.13 Die Wurzel des Pseudo-Verzeichnisses wird angelegt.

Unterhalb dieser Wurzel legen Sie ein oder mehrere Verzeichnisse an, die der NFS-Server exportieren soll (siehe Listing 11.14):

```
daniel@merkur:~$ sudo mkdir /export/files
```

Listing 11.14 Anlegen eines zu exportierenden Verzeichnisses

In Listing 11.15 binden wir das Verzeichnis */usr/local/files* in das Export-Verzeichnis ein:

```
daniel@merkur:~$ sudo mount --bind /usr/local/files /export/files
```

Listing 11.15 Das lokale Verzeichnis wird in das Export-Filesystem eingebunden.

In der Regel wollen Sie ein Verzeichnis nicht nur einmalig, sondern dauerhaft exportieren. Damit Sie nicht jedes Mal den mount-Befehl tippen müssen, tragen Sie die Zeile aus Listing 11.16 in die Datei */etc/fstab* ein:

```
/usr/local/files    /export/files    none    bind    0 0
```

Listing 11.16 Dieser Eintrag macht das »mount«-Kommando überflüssig.

Um das gewünschte Verzeichnis im Netzwerk freizugeben, müssen Sie die Datei */etc/exports* wie in Listing 11.17 anpassen:

```
/export            *(rw,sync,fsid=0,no_subtree_check)
/export/files      *(rw,sync,nohide,insecure,no_subtree_check)
```

Listing 11.17 Konfiguration der exportierten Verzeichnisse

Die Parameter der Einträge haben folgende Bedeutungen:

▶ /export
  Dabei handelt es sich um die Freigabe, die hier verwaltet wird.

261

▶ *

Alle Hosts haben Zugriff auf diese Freigaben.

▶ rw

Das Dateisystem wird read-write eingehängt. Diesen Parameter müssen Sie immer setzen, wenn auf die Freigabe schreibend zugegriffen werden soll, da die Standardeinstellung ro – nur lesend (*read-only*) – ist.

▶ sync

Der Parameter sync setzt das Verhalten des Servers beim Speichern von Daten auf die *Synchronisiert*-Methode. Dabei muss jeder Schreibzugriff erst durch alle Instanzen verarbeitet werden.

▶ fsid=0

Dieser Parameter wird nur für das Pseudodateisystem benötigt. Durch diesen Parameter weiß das System, dass es sich um das Pseudodateisystem des *NFSv4*-Servers handelt.

▶ subtree_check/no_subtree_check

Dieser Sicherheitsmechanismus prüft ob ein Verzeichnis sich auf einer Partition befindet. Diese Prüfung wird als subtree-checking bezeichnet. Die Standardeinstellung ist no_subtree_check.

▶ secure/insecure

Steuert, ob ein *NFS-Request* von einem TCP-Port kleiner 1024 stammen muss oder nicht. Die Voreinstellung ist secure. Um sie zu deaktivieren, wird insecure verwendet.

▶ hide/nohide

Steuert, ob weitere exportierte Verzeichnisse unterhalb eines Exports als eigene Partition angeboten werden oder als Unterverzeichnis. Standardmäßig müssen alle Exports separat eingebunden werden (hide). Wenn der Client direkt alle Verzeichnisse einbinden können soll, muss die Option nohide gesetzt werden – auf dem Server müssen die Verzeichnisse trotzdem separat exportiert werden!

Starten Sie den NFS-Server mit dem folgenden Kommando neu, damit die Exporte im Netz sichtbar sind (siehe Listing 11.18):

```
daniel@merkur:~$ sudo systemctl restart nfs-kernel-server.service
```

Listing 11.18 Neustart des NFS-Servers

11.2.2   Der NFSv4-Client

Um eine NFSv4-Freigabe einbinden zu können, muss auf dem Client-System das nfs-common Paket installiert sein. Das erreichen Sie mit dem Befehl aus Listing 11.19:

```
daniel@venus:~$ sudo apt-get install nfs-common
```

Listing 11.19 Das Paket »nfs-common« installieren

Um etwa das Verzeichnis *files* einzubinden, das Sie in unserem Beispiel auf dem Server (merkur) exportiert haben, genügt das folgende mount-Kommando. Der Server soll hier die IP-Adresse 192.168.0.151 haben (siehe Listing 11.20), was Sie natürlich an Ihre Gegebenheiten anpassen müssen.

```
daniel@venus:~$ sudo mount -t nfs4 -o proto=tcp 192.168.0.151:/files /mnt
```

Listing 11.20 Das Beispielverzeichnis »files« auf dem Client einbinden

Nach dem Absetzen dieses Befehls ist das Verzeichnis vom System merkur auf dem System venus (auf dem der Befehl abgesetzt wurde) unter /mnt verfügbar.

Sofern Ihrem Client die entsprechende Berechtigung in der */etc/exports* auf dem Server eingeräumt wurde, können Sie auch den vollständigen freigegebenen Verzeichnisbaum mit allen Unterverzeichnissen mounten, wie Sie in Listing 11.21 sehen:

```
mount -t nfs4 -o proto=tcp 192.168.0.151:/ /mnt
```

Listing 11.21 Den gesamten freigegebenen Verzeichnisbaum einbinden

Im Übrigen werden Berechtigungen übernommen. Da das Verzeichnis */files* mit root-Rechten erstellt wurde, darf auch nur der Benutzer root dort Dateien verändern.

11.3   Auf die Schnelle: »SSHFS«

Das *SSHFS* (**S**ecure **SH**ell **F**ile**S**ystem) ist ebenso ein Netzwerkdateisystem wie die bereits vorgestellten Vertreter. Mit ihm können Sie aber Dateien und Verzeichnisse auf einem entfernten Rechner in das lokale System einbinden ohne dass der entfernte Rechner dazu einen Netzwerkdateisystem-Dienst wie *CIFS* oder *NFS* bereitstellen muss. Auf dem Server muss dazu lediglich ein SSH-Server mit aktivierter SFTP-Funktion vorhanden sein, was bei Ubuntu der Standard ist. Daher entfällt diese Passage auch, und wir können sofort mit dem Client loslegen. Das SSH-Dateisystem beruht auf dem Kernel-Modul *FUSE (Filesystem in Userspace)*. Dieses ermöglicht es, Dateisystem-Treiber aus dem Kernel-Mode in den User-Mode zu verlagern, wodurch Dateisysteme ohne erhöhte Rechte (root) von Benutzern ins System eingebunden werden können.

11.3.1   Installation: »Client«

Die einzige Voraussetzung ist, dass auf dem Client das Paket *sshfs* vorhanden ist. Die Installation sehen Sie in Listing 11.22:

```
daniel@venus:~$ sudo apt-get install sshfs
```

Listing 11.22 Installation auf dem Client: »sshfs«

11.3.2   Einbinden von Verzeichnissen

Zunächst müssen Sie, wie bei allen Netzwerkdateisystemen, ein lokales Verzeichnis erstellen, in das das entfernte Dateisystem eingehängt wird:

```
max@venus:~$ mkdir export
```

Listing 11.23 Verzeichnis anlegen

Wie Sie sehen, haben wir in Listing 11.23 auf dem System venus als Benutzer max das Verzeichnis export im Home-Verzeichnis erstellt.

Anschließend kann der Benutzer mit sshfs das entfernte Dateisystem so einhängen, wie in Listing 11.24 gezeigt:

```
max@venus:~$ sshfs daniel@merkur.example.com:/home/daniel/mein_export export/
```

Listing 11.24 Einhängen mit »sshfs«

Wie Sie sehen, ähnelt der Aufruf so ziemlich dem eines klassischen scp. Der Befehl sshfs erwartet nur das entfernte System (und gegebenenfalls den Benutzer) und das Zielverzeichnis. Sie können also auch mit unterschiedlichen Benutzern auf Client und Server ohne Probleme arbeiten.

Wenn Sie als Benutzer max nun eine Datei auf dem Netzwerkdateisystem anlegen, erhält diese als Besitzer den Benutzernamen und die Gruppe des Erstellers (im Beispiel daniel):

```
max@merkur:~/export$ touch max.txt
max@merkur:~/export$ ls -lha
insgesamt 12K
drwxrwxr-x 1 daniel daniel 4,0K Apr 20 19:11 .
drwxr-xr-x 4 max    max    4,0K Apr 20 19:05 ..
-rw-rw-r-- 1 daniel daniel    0 Apr 20 19:11 max.txt
-rw-rw-r-- 1 daniel daniel   25 Apr 20 19:05 README.txt
```

Listing 11.25 Anlegen von Dateien als »max«

Wie Sie sehen, gehören die Dateien dem Benutzer daniel, obwohl der Benutzer max sie angelegt hat.

[!]   **Nicht immer mit Namen!**
Im Beispiel aus Listing 11.25 sehen Sie den korrekten Benutzernamen – dies ist aber nicht zwingend so, da sshfs hier nur die entfernte Benutzer- und Gruppen-ID (uid und gid) verwendet, die auf den Beispielsystem zufällig übereinstimmen. Für ein korrektes Mapping müssen Sie den Parameter -o idmap=user beim sshfs-Befehl setzen.

Mit dem Paramter -u für umount, also für »aushängen«, können Sie die Freigabe auch als Benutzer ohne erhöhte Rechte mit fusermount <DIR> wieder entfernen, so wie in Listing 11.26 gezeigt:

```
max@merkur:~$ fusermount -u export/
```

Listing 11.26 Aushängen des Dateisystems mit »fusermount«

11.3.3   Automount

Um dauerhaft ein SSHFS-Dateisystem einzubinden, müssen Sie auf dem Client den Inhalt aus Listing 11.27 als eine Zeile der Datei */etc/fstab* hinzufügen:

```
daniel@venus.example.com:/home/daniel/mein_export /home/daniel/export    fuse.sshfs \
noauto,x-systemd.automount,user,_netdev,idmap=user,allow_other,\
IdentityFile=/home/daniel/.ssh/id_rsa 0        0
```

Listing 11.27 Einhängen zum Systemstart in »/etc/fstab«

Wichtig ist hierbei, dass Sie im Vorfeld auf dem Client mit ssh-keygen einen SSH-Schlüssel erzeugen und ihn mit ssh-copy-id auf den Server übertragen. Anderenfalls kann während des Startvorgangs Ihres Systems das Netzwerkdateisystem nicht eingebunden werden und der Startvorgang wird erheblich verzögert.

11.3.4   Mögliche Fehler

Leider können auch beim einfachen Einsatz mit SSHFS Fehler auftreten. Die üblichen Verdächtigen wollen wir Ihnen hier kurz zusammenfassen. Es kann zum Beispiel beim Einhängen von Dateisystemen zu dem Fehler aus Listing 11.28 kommen:

```
max@merkur:~$ sshfs daniel@venus.example.com:/home/daniel/mein_export export/
fuse: bad mount point `export/': Transport endpoint is not connected
```

Listing 11.28 Fehler beim Einhängen mit »sshfs«

Oder das Verzeichnis kann nicht aufgerufen werden, beziehungsweise das Verzeichnis stellt sich so dar wie in 11.29:

```
max@merkur:~$ ls -lha
ls: Zugriff auf 'export' nicht möglich: Der Socket ist nicht verbunden
insgesamt 28K
drwxr-xr-x 4 max  max  4,0K Apr 20 19:05 .
drwxr-xr-x 4 root root 4,0K Apr 20 18:42 ..
[…]
d????????? ? ?    ?        ?            ? export
```

Listing 11.29 Anzeigen des Fehlers mit »ls«

Um dieses Problem zu lösen, hilft es eventuell, das Dateisystem einmal mit `sudo umount <DIR>` auszuhängen und den `sshfs`-Befehl erneut abzusetzen.

Falls Sie dauerhaft mit unterschiedlichen Benutzern arbeiten, kann es auch ratsam sein, die Zeile aus Listing 11.30 einzukommentieren:

```
# Allow non-root users to specify the allow_other or allow_root mount options.
user_allow_other
```

Listing 11.30 Anpassungen in der Datei »/etc/fuse.conf«

Ebenso kann es für einige Anforderungen hilfreich sein, den `sshfs`-Befehl mit dem zusätzlichen Parameter `-o idmap=user` abzusetzen. Damit gaukelt `sshfs` dem lokalen Dateisystem vor, dass der Eigentümer der entfernten Dateien der lokale Benutzer ist.

11.3.5   Fazit

SSHFS ist eine nette, kleine und schnell einzurichtende Alternative zu mächtigen und umfangreichen Netzwerkdateisystemen wie NFS und CIFS. Allerdings ist es auch nicht so flexibel und performant. Wie wir bereits in der Einleitung dieses Abschnitts gesagt haben, eignet es sich daher für den typischen »Mal eben«-Einsatz.

Kapitel 12
Webserver: »Apache« und »Nginx«

Ohne Webserver geht heutzutage fast nichts mehr. Wie Sie die zwei größten dieser Zunft, »Apache« und »Nginx«, installieren, konfigurieren und in Betrieb nehmen, zeigen wir Ihnen von A–Z in diesem Kapitel.

Im Jahr 1989 schlug der CERN-Miarbeiter *Tim Berners-Lee* ein Projekt zum Informationsaustausch vor. Dabei sollten die Informationen in einem »Web« ausgetauscht werden und nicht mit festgelegten Hierarchien. Außerdem sollte die Anzeigesoftware (das, was wir später als *Browser* kennenlernen sollten) getrennt von der Speichersoftware (dem Webserver) sein. Das Projekt wurde bewilligt, und so entstanden der erste Webserver *httpd* und der ersten Webbrowser *WorldWideWeb* unter dem Betriebssystem *NeXTStep*. Das Ganze lief dann als erster Webserver der Welt auf dem System, das Sie in Abbildung 12.1 sehen.

Abbildung 12.1 Die Hardware des ersten Webservers von Tim Berners-Lee am CERN (Quelle: »https://commons.wikimedia.org/wiki/File:First_Web_Server.jpg«, CC BY-SA 3.0, attributed to Coolcaesar at the English language Wikipedia)

1994 gründete Tim Berners-Lee das *World Wide Web Consortium*, dessen Vorsitz er bis heute innehat. Das Konsortium reguliert die weitere Entwicklung der verwendeten Technologien (wie Protokolle, Darstellungssprachen, Unicode und vieles mehr).

12.1   Apache

Der Webserver Apache existiert seit einer gefühlten EDV-Ewigkeit. Er ging 1996 aus einer Erweiterung des NCSA-HTTP-Servers hervor und ist spätestens seit der Version 1.3 aus dem Jahr 1998 der Universal-Webserver für Linux schlechthin. Er ist so beliebt, weil zumindest die grundlegenden Funktionen sehr einfach und schnell zu konfigurieren sind, wie Sie in den nächsten Abschnitten sehen werden. Für komplexere Aufgabenstellungen stehen Module bereit, die bei Bedarf hinzugeladen werden können. Wir schauen uns in den folgenden Abschnitten die Funktionen an, die in der Praxis am häufigsten benötigt werden: das Einbinden der Programmiersprache PHP, das Einrichten von virtuellen Hosts und das Absichern der Verbindungen zu den Clients mit SSL.

12.1.1   Grundinstallation

Wenn Sie lediglich einfache Webseiten ohne dynamisch erzeugten Inhalt anzeigen möchten, reicht ein Apache ohne weitere Zusatzmodule. Sie installieren ihn mit dem Kommando sudo apt-get install apache2. Der Webserver startet nach der Installation sofort. Wenn Sie ihn ansurfen, zeigt er eine Testseite wie die aus Abbildung 12.2.

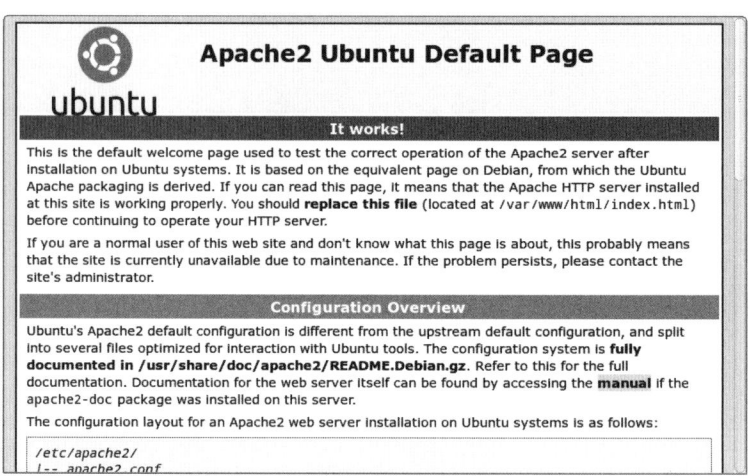

Abbildung 12.2 Apache-Testseite

Den Quellcode dieser Testseite finden Sie unter */var/www/html/*. Die Datei heißt *index.html*. Webseiten, die Sie in diesem Verzeichnis ablegen, werden vom Apache sofort angezeigt.

12.1.2   Ein vollständiger »LAMP-Server«

Eine geradezu unüberschaubare Anzahl von Linux-Servern arbeitet als *LAMP-Server*. Die ersten drei Buchstaben der Abkürzung stehen für das Betriebssystem *Linux*, den Webserver *Apache* und das Datenbanksystem *MySQL* – ein seit vielen Jahren eingespieltes Dream-Team. Das »P« steht für die Programmiersprache, die Ihnen das Erstellen dynamischer Web-Inhalte ermöglicht. Zunächst war zu diesem Zweck *Perl* weit verbreitet, heute beherrscht *PHP* das Feld.

Einen LAMP-Server zu bauen war vor Jahren eine regelrechte Installationsorgie, aber diese Zeiten sind vorbei. Ubuntu macht Ihnen die Grundinstallation so einfach, dass Sie nur ein einziges Kommando benötigen. Es heißt *tasksel*. Falls Sie die Server-Edition von Ubuntu benutzen, ist Tasksel bereits installiert; bei der Desktop-Version fehlt es zunächst. Sie können es mit dem folgenden Kommando nachinstallieren:

```
charly@ubuntu:~$ sudo apt-get install tasksel
```

Listing 12.1 Installation von »tasksel«

Tasksel kennt viele verschiedene Aufgaben (*tasks*, daher der Name – »sel« ist *select* für Schreibfaule), die ein Server erfüllen kann. Für jede dieser Aufgaben kennt Tasksel alle notwendigen Pakete und nimmt Ihnen die Arbeit ab, alles einzeln installieren zu müssen.

Um das LAMP-Softwarebündel zu installieren, genügt folgendes Kommando:

```
charly@ubuntu:~$ sudo tasksel install lamp-server
```

Listing 12.2 Installation des LAMP-Servers mit »tasksel«

Während der Installation werden Sie gebeten, ein Administrator-Passwort für MySQL einzugeben. Dieses Passwort wird als *MySQL-Root-Passwort* bezeichnet. Lassen Sie sich davon nicht in die Irre führen. Trotz der sprachlichen Ähnlichkeit hat es nichts mit dem Root-Passwort Ihres Systems zu tun, und die beiden sollten aus Gründen der Sicherheit auch nicht identisch sein.

Wählen Sie ein möglichst starkes Passwort, denn LAMP-Server sind per Definition exponierte Systeme. Wenn die Installation abgeschlossen ist, werden MySQL und der Webserver Apache automatisch gestartet.

12.1.3   Virtuelle Hosts

In der Standardkonfiguration, so wie sie unmittelbar nach der Installation des LAMP-Servers vorliegt, ist Ihr Apache bereits ein voll funktionsfähiger Webserver. Inhalte, die Sie unter */var/www/* ablegen, können Sie sofort mit Ihrem Browser aufrufen. Oft möchte man aber mehr als eine Webseite auf dem gleichen Server betreiben. Diese Möglichkeit, *Virtual Hosting* genannt, können Sie mit wenigen Handgriffen konfigurieren.

Die Inhalte Ihrer Webseite müssen irgendwo abgelegt werden. Dieses Verzeichnis können Sie (fast) überall anlegen, es empfiehlt sich aber aus Gründen der Übersicht und Kompatibilität, ein Verzeichnis unterhalb von */var/www/* anzulegen, das den Namen des virtuellen Servers trägt. In unserem Beispiel wäre das */var/www/www.example.com/*:

```
charly@ubuntu:~$ sudo mkdir -o /var/www/www.example.com
```

Listing 12.3 Anlegen eines Verzeichnisses für die Webseite »www.example.com«

Zum Testen verfassen Sie schnell eine kleine *index.html* in diesem Verzeichnis. Sie dient nur zur Funktionskontrolle und sieht so aus:

```
<html>
Hallo, das ist example.com.
</html>
```

Listing 12.4 Inhalt der Datei »index.html«

Legen Sie eine Konfigurationsdatei für den virtuellen Host an. Für unsere Beispieldomain *example.com* ist das die Datei */etc/apache2/sites-available/example.com.conf* mit folgendem Inhalt:

```
<VirtualHost *:80>
        ServerName www.example.com
        ServerAlias example.com www.example.com
        ServerAdmin webmaster@example.com
        DocumentRoot /var/www/www.example.com/
        DirectoryIndex index.html index.php

        ErrorLog /var/log/apache2/error.log
        CustomLog /var/log/apache2/access.log combined

        <Directory /var/www/www.example.com/>
                Options +Indexes -FollowSymLinks
                AllowOverride None
        </Directory>
</VirtualHost>
```

Listing 12.5 Inhalt der Datei »example.com.conf«

Das genügt bereits für einen funktionierenden virtuellen Server. Schauen wir uns an, was wir da genau konfiguriert haben:

▶ ServerName
Auf diesen Namen »hört« Ihr virtueller Server. Anhand dieses Namens erkennt Apache, welcher virtuelle Host angesprochen werden soll.

▶ ServerAlias
Soll Ihr Server auf mehrere Namen reagieren, so tragen Sie diese hier, mit einem Leerzeichen voneinander getrennt, ein. Bei Webservern ist es üblich, dass man sie mit und ohne das führende *www* ansprechen kann.

▶ ServerAdmin
Hier steht die E-Mail-Adresse eines Administrators, der im Fehlerfall kontaktiert werden kann. Dieser Eintrag ist nicht zwingend erforderlich, aber sinnvoll.

▶ DocumentRoot
Hier tragen Sie das Verzeichnis ein, das Sie in Listing 12.4 angelegt haben und in dem sich die Inhalte Ihrer Webseite befinden werden, wenn der Server in Betrieb geht.

▶ DirectoryIndex
Hier legen Sie die Startseite fest, die Apache an den Client ausliefert, wenn nur der Servername aufgerufen wird. Sie können hier mehrere Dateinamen angeben. Apache probiert sie der Reihe nach durch und liefert dem Client die erste Datei aus der Liste, die er findet.

▶ ErrorLog
Wenn im Betrieb ein Fehler auftritt, wird er in dieser Datei protokolliert. Während der Server noch in der Aufbau- und Testphase ist, sollten Sie dieses Logfile stets im Auge behalten, etwa indem Sie es in einer separaten Konsole mit dem Kommando tail -f /var/log/apache2/error.log mitlaufen lassen.

▶ CustomLog
Hier werden alle Zugriffe auf Ihren virtuellen Server protokolliert.

Auf diese Einstellungen folgt ein Konfigurationsblock für die Directory-Direktive. Was hier konfiguriert wird, wirkt ausschließlich auf das Verzeichnis das Sie nach dem Schlüsselwort Directory angeben:

▶ Options
Hier werden verzeichnisspezifische Einstellungen konfiguriert: Indexes berechtigt den Server, ein Listing des gesamten Verzeichnisses anzuzeigen, wenn keine der in Directory-Index benannten Dateien existiert. Ist das nicht gewünscht, so stellen Sie dem Schlüsselwort einfach ein Minuszeichen voran: -Indexes. Die Darstellung des Verzeichnisinhalts wird dadurch unterdrückt.

▶ AllowOverride None
Sie können in Ihren Web-Verzeichnissen Dateien mit dem Namen *.htaccess* anlegen, in denen weitere Konfigurationselemente enthalten sein können. Diese überschreiben (»override«) die Konfiguration aus Ihrer allgemeinen Konfigurationsdatei *www.example.com.conf*. Das kann bisweilen nützlich sein, macht die Sache aber nicht übersichtlicher. Deshalb deaktiviert das Schlüsselwort None diesen Mechanismus.

Nun müssen Sie die fertige Konfiguration nur noch aktivieren. Das passiert mit dem Kommando a2ensite, das Sie in Listing 12.6 sehen:

```
charly@ubuntu:~$ sudo a2ensite www.example.com.conf
Enabling site www.example.com.
To activate the new configuration, you need to run:
  service apache2 reload
```

Listing 12.6 Aktivieren der Konfigurationsdatei

Das Kommando bewirkt, dass in dem Verzeichnis */etc/apache2/sites-enabled* ein symbolischer Link auf die Konfigurationsdatei */etc/apache2/sites-available/www.example.com.conf* erstellt wird. Analog dazu können Sie mit dem Kommando a2dissite einen virtuellen Server wieder deaktivieren. In jedem Fall müssen Sie den Apache-Server anschließend neu starten, worauf Sie in der Ausgabe von a2ensite oder a2dissite auch hingewiesen werden. Nutzen Sie dafür wie üblich systemctl:

```
charly@ubuntu:~$ sudo systemctl restart apache2
```

Listing 12.7 Neustarten des Webservers mit »systemctl«

Ihr virtueller Host ist nun betriebsbereit. Abbildung 12.3 zeigt den Beweis.

Abbildung 12.3 Der virtuelle Host funktioniert.

12.1.4   Transportverschlüsselung mit SSL/TLS

Wenn Sie den Besuchern Ihrer Webseite den Zugang auch per HTTPS ermöglichen möchten, benötigen Sie zunächst ein SSL-Zertifikat. Mit einem solchen Zertifikat weist der Server nach, dass er tatsächlich derjenige ist, für den er sich ausgibt. Gleichzeitig gibt es dem Client die Möglichkeit, eine verschlüsselte Verbindung aufzubauen.

Das Zertifikat können Sie selbst erstellen, aber das selbst erstellte Zertifikat hat den Nachteil, dass beim ersten Aufruf der Webseite eine Warnmeldung erscheint. In der Meldung wird darauf hingewiesen, dass das Zertifikat nicht von einer vertrauenswürdigen Stelle signiert worden ist (siehe Abbildung 12.4). Hat der Benutzer einmal bestätigt, dass er die Warnung zur Kenntnis genommen hat und das Zertifikat akzeptiert, erscheint die Warnung beim nächsten Aufruf nicht mehr.

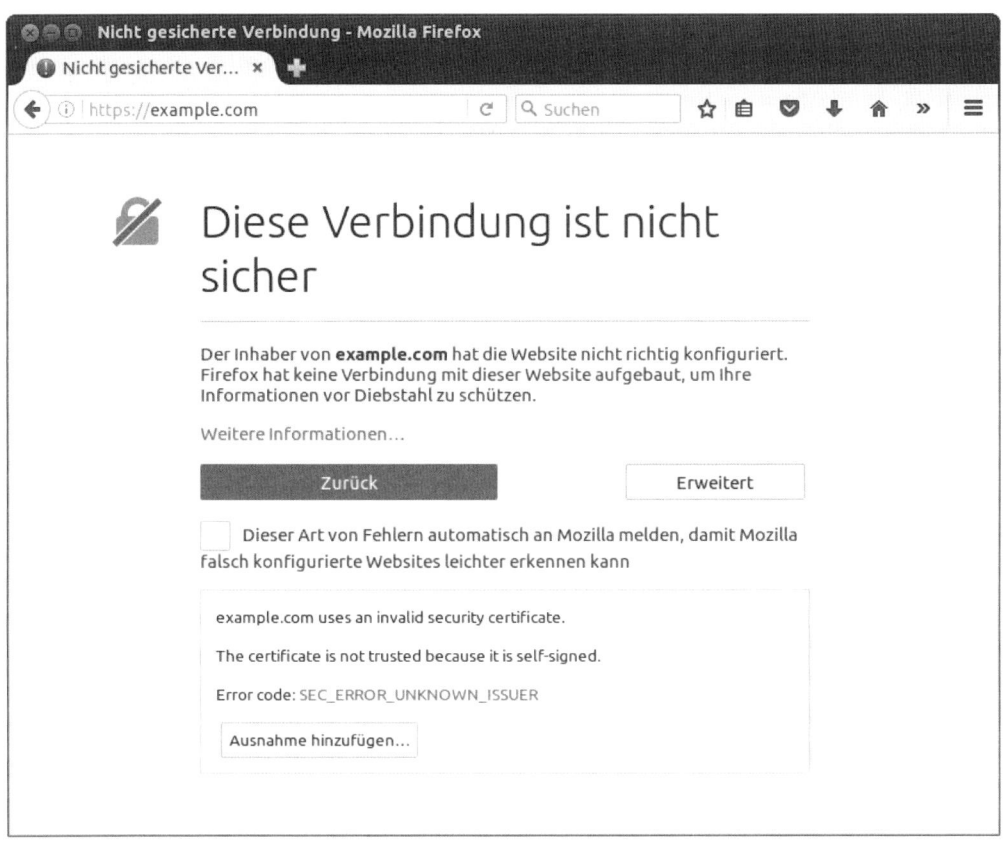

Abbildung 12.4 Warnung bei einem selbst erstellten Zertifikat

Wenn Sie Besuchern Ihrer Webseite solche Meldungen ersparen möchten, können Sie Zertifikate bei darauf spezialisierten Firmen erwerben, oder Sie beziehen sie vom *Let's-Encrypt*-Projekt. Wie das genau funktioniert, haben wir in Kapitel 10, »Mailserver mit Postfix und Dovecot«, im Detail beschrieben. Die Vorgehensweise ist für Webserver identisch. Wenn Ihre Webseite jedoch nur einem Hobbyprojekt dient, können Sie sicherlich auch mit selbst erstellten Zertifikaten leben.

Damit Sie ein SSL-Zertifikat selbst erstellen können, muss auf Ihrem Server das OpenSSL-Programmpaket installiert sein. Ob das der Fall ist, können Sie mit dem Kommando which openssl kontrollieren. Die Bash wird mit /usr/bin/openssl antworten, wenn alles in Ordnung ist. Wenn nicht, müssen Sie das Paket mit sudo apt-get install openssl nachinstallieren. Zum Erstellen Ihres Zertifikats genügt dann ein einziges Kommando:

```
charly@ubuntu:~$ openssl req -new -x509 -keyout example.com.pem \
-out example.com.pem -days 365 -nodes
```

Listing 12.8 Erstellen eines selbst signierten Zertifikats

OpenSSL wird Ihnen nun eine Reihe von Fragen stellen (Land, Ort, Organisation ...). Für ein selbst erstelltes Zertifikat sind fast alle dieser Angaben nicht relevant, Sie können sie frei lassen oder sogar Blödsinn hineinschreiben – mit einer wichtigen Ausnahme: Wenn Sie nach dem Common Name gefragt werden, müssen Sie den Namen Ihres virtuellen Servers angeben, in unserem Beispiel example.com.

Wenn das Zertifikat erstellt wurde, kopieren Sie es in das Verzeichnis */etc/ssl/certs/*. Alternativ funktioniert natürlich auch jeder andere Pfad, auf dem der Apache-Prozess Leserechte hat.

Kopieren Sie nun die Konfigurationsdatei *www.example.com.conf* Ihres virtuellen Servers aus dem Verzeichnis */etc/apache2/sites-available/* in eine neue Datei im gleichen Verzeichnis. Geben Sie der Datei einen Namen, aus dem hervorgeht, dass es sich um die SSL-Version eines bereits vorhandenen virtuellen Servers handelt, zum Beispiel *example.com.ssl.conf*.

Mit wenigen Handgriffen können Sie die Datei nun so ändern, dass der virtuelle Server per HTTPS ansprechbar ist:

```
<VirtualHost *:443>
        ServerName example.com
        ServerAlias example.com www.example.com
        ServerAdmin webmaster@example.com
        DocumentRoot /var/www/www.example.com/
        DirectoryIndex +index.html index.php

        SSLEngine On
        SSLCertificateFile /etc/ssl/certs/example.com.pem

        ErrorLog /var/log/apache2/error.log
        CustomLog /var/log/apache2/access.log combined
        <Directory /var/www/www.example.com/>
                Options Indexes
                AllowOverride None
        </Directory>
</VirtualHost>
```

Listing 12.9 Erstellen der Konfigurationsdatei für HTTPS: »www.example.com.ssl.conf«

Schauen wir uns an, was genau diese Konfigurationsdatei von der ursprünglichen Fassung ohne SSL unterscheidet. Es sind nur drei Zeilen, die angepasst oder hinzugefügt wurden:

▶ In der ersten Zeile der Datei wurde Port 80, der Standard-Port für HTTP, durch die Portnummer 443 für HTTPS ersetzt.

▶ Die Zeile SSLEngine On weist Apache an, das SSL-Modul aufzuwecken.

▶ Mit SSLCertificateFile /etc/ssl/certs/example.com.pem teilen Sie Apache mit, wo er das benötigte Zertifikat findet und wie es heißt.

Zum Schluss weisen Sie den Apache-Server noch an, das SSL-Modul zu aktivieren. Außerdem wird der neue virtuelle Webserver mit dem Kommando a2ensite aktiviert – dieses Vorgehen kennen Sie schon. Zum Schluss wird der Apache-Server einmal neu gestartet, und schon steht Ihnen der neue SSL-fähige virtuelle Server zur Verfügung.

```
charly@ubuntu:~$ sudo a2enmod ssl
charly@ubuntu:~$ sudo a2ensite www.example.com.ssl.conf
charly@ubuntu:~$ sudo systemctl restart apache2
```

Listing 12.10 Aktivieren von SSL, der neuen Seite und das Neuladen des Dienstes

12.2 Nginx

Nginx (gesprochen wie das englische *Engine X*) ist mehr als ein klassischer Webserver, obwohl er meist als solcher zum Einsatz kommt. Im Webserver-Einsatz ist er durch seinen schlanken, modularen Aufbau und seine hohe Geschwindigkeit beliebt. Darüber hinaus wird er als Reverse-Proxy für mehrere Protokolle eingesetzt.

12.2.1 Installation

Für die grundlegende Installation reicht folgendes Kommando:

```
charly@ubuntu:~$ sudo apt-get install nginx
```

Listing 12.11 Installation des »nginx«

Nginx startet nach der Installation sofort. Genau wie Apache legt er unter */var/www/html* eine Standardseite an, mit deren Aufruf Sie prüfen können, ob die Installation funktioniert hat.

Abbildung 12.5 Die Begrüßungsseite des Nginx

Alle Konfigurationsdateien liegen unter */etc/nginx*. Genau wie bei Apache gibt es die Verzeichnisse *sites-available* mit Server-Definitionen, die durch einen Symlink in *sites-enabled* aktivierbar sind.

12.2.2   Virtuelle Hosts mit Nginx: »Server Blocks«

Virtuelle Hosts heißen im Nginx-Sprachgebrauch *Server Blocks*. Um einen neuen Server Block anzulegen, erzeugen Sie zuerst das Verzeichnis, das die Webseiten aufnehmen soll:

```
charly@ubuntu:~$ sudo mkdir -p /var/www/example.com/
```
Listing 12.12 Anlegen eines Verzeichnisses für die Webseite »example.com«

Danach erzeugen Sie im Verzeichnis */etc/nginx/sites-available* eine neue Server-Definition. Das folgende Beispiel enthält alle nötigen Angaben für IPv4 und IPv6:

```
server {
        listen 80;
        listen [::]:80;

        root /var/www/example.com;
        index index.html index.htm;

        server_name example.com www.example.com;

        location / {
                try_files $uri $uri/ =404;
        }
}
```
Listing 12.13 Inhalt der Datei »example.com«

Um die neue Konfiguration zu aktivieren, erstellen Sie im Verzeichnis */etc/nginx/sites-enabled* einen symbolischen Link auf die Konfigurationsdatei und starten Nginx neu.

Das geschieht mit diesen beiden Kommandos:

```
charly@ubuntu:~$ sudo ln -s /etc/nginx/sites-available/example.com /etc/nginx\
/sites-enabled/
charly@ubuntu:~$ sudo systemctl restart nginx
```
Listing 12.14 Aktivieren der Konfigurationsdatei »example.com«

Direkt danach ist der neue Server Block verfügbar und kann in einem Browser Ihrer Wahl geöffnet werden.

12.2.3   SSL konfigurieren

In diesem Abschnitt erfahren Sie, wie Sie Ihren Server mit SSL-Zertifikaten zur Transportverschlüsselung absichern. Wir arbeiten in diesem Beispiel mit den sogenannten *Snakeoil*-Zertifikaten, die mit dem OpenSSL-Paket installiert werden. Sie etablieren eine hinreichend starke Verschlüsselung, werden von Browsern aber nicht als vertrauenswürdig angesehen. Um die entsprechenden Warnmeldungen zu verhindern, können Sie ein Zertifikat von einer Zertifizierungsstelle kaufen oder ein Zertifikat des *Let's-Encrypt-Projekt* nutzen. Wie Sie diese Zertifikate erhalten, ist in Kapitel 10, »Mailserver mit Postfix und Dovecot«, ausführlich beschrieben. Die Zertifikate werden auf die gleiche Weise in Nginx eingebunden, wie es hier für die Snakeoil-Zertifikate beschrieben ist.

Erstellen Sie zunächst die Datei */etc/nginx/snippets/self-signed.conf* mit dem folgenden Inhalt:

```
ssl_certificate /etc/ssl/certs/ssl-cert-snakeoil.pem;
ssl_certificate_key /etc/ssl/private/ssl-cert-snakeoil.key;
```

Listing 12.15 Inhalt der Datei »self-signed.conf«

Auf diese Weise teilen Sie Nginx mit, wo die Zertifikate liegen. Im nächsten Schritt definieren wir einige Parameter, die Nginx vorgeben, welche Verschlüsselungsverfahren akzeptabel sind. Diese Einstellungen schreiben wir in die Datei */etc/nginx/snippets/ssl-params.conf*. So sieht sie aus:

```
ssl_protocols TLSv1 TLSv1.1 TLSv1.2;
ssl_prefer_server_ciphers on;
ssl_ciphers "EECDH+AESGCM:EDH+AESGCM:AES256+EECDH:AES256+EDH";
ssl_ecdh_curve secp384r1;
ssl_session_cache shared:SSL:10m;
```

Listing 12.16 Inhalt der Datei »ssl-params.conf«

Auf diese Weise verhindern Sie, dass veraltete Verfahren wie *SSLv2* oder *SSLv3* genutzt werden. Am besten wäre es natürlich, wenn Sie das derzeit aktuellste Verfahren, TLSv1.2, erzwingen könnten. Sie würden dadurch aber Nutzer älterer Software, die TLSv1.2 noch nicht beherrscht, aussperren.

In der Server-(Block-)Konfigurationsdatei ergänzen wir die Zeilen, die den HTTPS-Port 443 öffnen, sowie die Einträge für die Pfad- und Parameter-Dateien:

```
server {
    listen 80 default_server;
    listen [::]:80 default_server;
    listen 443 ssl default_server;
    listen [::]:443 ssl default_server;
```

```
    server_name example.com www.example.com;
    include snippets/self-signed.conf;
    include snippets/ssl-params.conf;

    [… weitere Einstellungen unverändert …]
}
```

Listing 12.17 Anpassungen in der Server-Konfigurationsdatei »example.com«

Das reicht bereits für eine vollständige HTTPS-Konfiguration. Zum Schluss muss Nginx nur noch einmal neu gestartet werden:

```
charly@ubuntu:~$ sudo systemctl restart nginx
```

Listing 12.18 Neustarten des Nginx

12.2.4   Zu einem vollständigen LEMP-Server aufrüsten

Für größere Projekte werden Sie wahrscheinlich die Unterstützung der Programmiersprache PHP und ein Datenbanksystem brauchen. Wenn ein Apache als Webserver zum Einsatz kommt, nennt man diese Kombination aus Diensten einen *LAMP-Server* oder *LAMP-Stack*, nach den Anfangsbuchstaben von *Linux*, *Apache*, *MySQL* und *PHP*. Benutzen Sie Nginx, so haben Sie einen *LEMP-Stack*. Das »E« steht für *Engine X*, dessen verkürzte Schreibweise Nginx ist. Die drei anderen Komponenten sind identisch.

Nginx haben wir bereits konfiguriert, aber wir müssen noch das Datenbanksystem installieren und PHP einbinden. Installieren wir also zuerst die benötigten Pakete:

```
charly@ubuntu:~$ sudo apt-get install mysql-server php7.0-fpm php7.0-mysql
```

Listing 12.19 Installation von MySQL und PHP

MySQL fragt während der Installation ein Passwort ab, das künftig zur Administration des Datenbanksystems dient. Wählen Sie hier kein zu leicht erratbares Passwort, und benutzen Sie nicht das gleiche Passwort wie für den Root-Account des Systems.

Editieren Sie nun die Konfigurationsdatei Ihres Servers oder Server Blocks, etwa */etc/nginx/ sites-avaliable/example.com*, und ergänzen Sie die folgenden Zeilen:

```
location ~ \.php$ {
    include snippets/fastcgi-php.conf;
    fastcgi_pass unix:/run/php/php7.0-fpm.sock;
}
```

Listing 12.20 Anpassungen in der Serverkonfiguration für PHP

Serverseitig sind Sie nach einem Neustart des Nginx mit `systemctl nginx restart` an dieser Stelle schon fertig. Aber sicher wollen Sie ausprobieren, ob PHP-Code jetzt auch wirklich läuft.

Erstellen Sie dazu eine minimale PHP-Datei mit dem Namen *info.php* in Ihrem Web-Pfad, etwa */var/www/example.com/* mit diesem Inhalt:

```
<?php
phpinfo();
?>
```

Listing 12.21 Der Inhalt der Datei »info.php«

Wenn Sie diese Datei nun mit einem Browser aufrufen, sehen Sie eine Fülle von Informationen über das PHP-Subsystem:

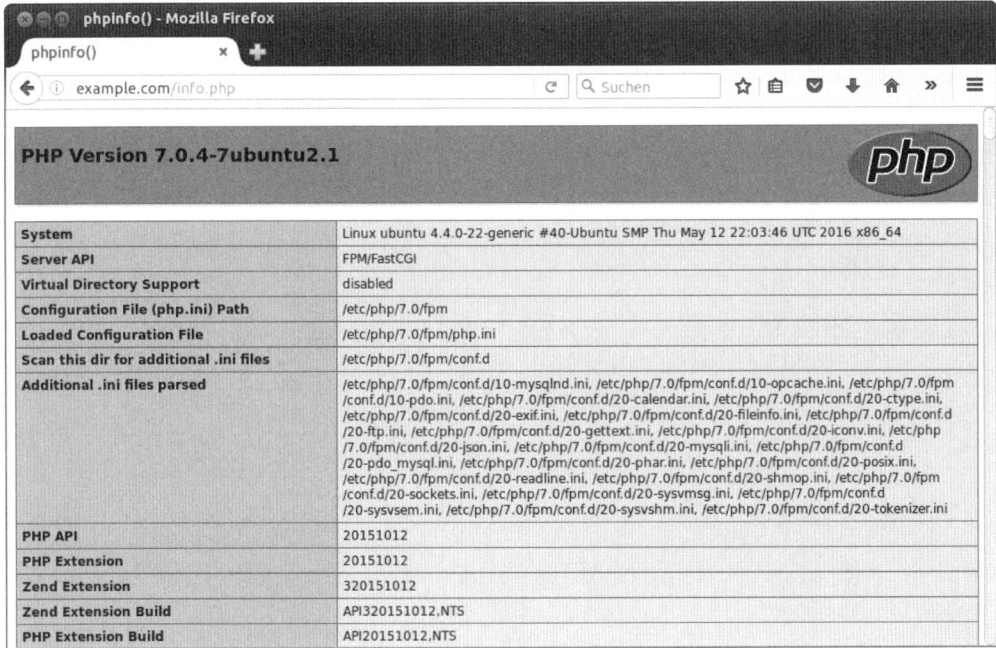

Abbildung 12.6 Die PHP-Info-Seite

Damit ist Ihr LEMP-Server einsatzbereit.

12.2.5 Das Protokoll »HTTP/2« aktivieren

HTTP/1.1 stammt aus dem Jahr 1999, als Webseiten meist aus einer einzigen Datei mit eingebettetem *CSS* (wenn überhaupt) und vielleicht einigen Bildern bestanden. Große Webseiten bestehen heute aber aus mehreren Dutzend Komponenten, die alle einzeln geladen werden müssen. Mit *HTTP/1.1* geschieht das immer seriell, das heißt eine Komponente wird brav nach der anderen geladen. Da es dabei Abhängigkeiten gibt, wirkt der Aufbau einer großen

Webseite oft ruckelig und träge. Deshalb wurde das Protokoll überarbeitet. *HTTP/2* hat im Kern folgende Vorteile:

▶ Alle Komponenten einer Webseite werden nicht mehr nacheinander, sondern gleichzeitig geladen.

▶ Die HTTP-Header sind komprimiert, und die Webseite wird binär und nicht als Textfile übertragen, was effizienter ist.

▶ Server können Daten zum Client »pushen«, ohne dass dieser sie explizit angefordert hat.

Obwohl HTTP/2 in der Theorie sowohl über HTTP als auch verschlüsselt über HTTPS übertragen werden könnte, gibt es in der Praxis nur den verschlüsselten Transport, denn die führenden Browserhersteller unterstützen HTTP/2 nur auf HTTPS-Verbindungen.

Nginx unterstützt unter Ubuntu 16.04 HTTP/2. Um es zu aktivieren, editieren Sie in Ihrer Server-(Block-)Konfigurationsdatei die `listen`-Zeilen für den verschlüsselten Transport. Hier fügen Sie lediglich das Schlüsselwort `http2` hinzu:

```
server {

    [… unverändert …]

    listen 443 ssl http2 default_server;
    listen [::]:443 http2 ssl default_server;

    [… unverändert …]
}
```
Listing 12.22 Aktivieren von »HTTP/2« in »example.com«

Nach einem Neustart des Nginx funktioniert der Transport über HTTP/2, einen aktuellen Browser vorausgesetzt.

Kapitel 13

Datenbanken: SQLite, MySQL, MariaDB und PostgreSQL

Daten strukturiert ablegen und effizient verarbeiten – das erreichen Sie mit einer Datenbank. Wie Sie das Datenchaos bändigen und Ordnung schaffen zeigen wir Ihnen in diesem Kapitel.

Als Datenbank wird ein System zur Datenverwaltung bezeichnet, das große Datenmengen strukturiert, effizient und dauerhaft speichert. Man spricht auch von einem *Datenbanksystem (DBS)*. Ein DBS besteht dabei generell aus zwei Elementen: zum einen aus der Verwaltung, die als *Datenbankmanagementsystem (DBMS)* bezeichnet wird, und zum anderen aus den eigentlichen abgelegten und verwalteten Daten, der Datenbank (DB), die auch oft als Datenbasis bezeichnet wird. Das DBMS übernimmt dabei sowohl das Organisieren und Speichern der Daten als auch die Kontrolle der Lese- und Schreibzugriffe.

Wie die Speicherung und Verwaltung der Daten erfolgt, wird durch das sogenannte *Datenbankmodell* festgelegt. Es gibt verschiedene Arten von Datenbanksystemen, beispielsweise *hierarchische*, *netzwerkartige*, *objektorientierte*, *dokumentenorientierte* oder *relationale*. Letztere haben die größte Verbreitung und werden am häufigsten eingesetzt, wobei auch Mischformen durchaus üblich sind. Wie Daten abgefragt und verwaltet werden, wird durch die *Datenbanksprache* definiert. Die wohl bekannteste Datenbanksprache ist die *Structured Query Language (SQL)* für relationale Datenbanken.

Im allgemeinen Sprachgebrauch hat sich der Fehler eingeschlichen, jedwede Art von strukturiert abgelegten Daten als *Datenbank* zu bezeichnen, als Synonym für *Datenbestand* oder allgemein *Daten* – korrekt werden nur über ein *Datenbanksystem* verwaltete Daten als Datenbank bezeichnet. In diesem Kapitel wollen wir Ihnen die gängigsten Vertreter näher vorstellen: das kleine, aber praktische *SQLite*, den großen Bruder *MySQL*, den Open-Source-Fork *MariaDB* und *PostgreSQL* als Alternative.

13.1   Allgemeines

In diesem Abschnitt werden wir uns überwiegend mit den relationalen Datenbanken beschäftigen – mit Ausnahme von *PostgreSQL*, da dies ein objektrelationales Datenbankmanagementsystem darstellt, also eine Mischformen zwischen objektorientierten und relationalen DBMS. Relationale Datenbanken beruhen auf einem tabellarisierten relationalen Datenbankmodell. Das von *Edgar F. Codd* 1970 vorgeschlagene Modell ist bis heute, trotz einiger Kritikpunkte, einer der Standards für Datenbanken. Das entsprechende DBMS wird als *Relational Database Management System (RDBMS)* bezeichnet. Zur Abfrage und zum Hinzufügen, Verändern und Löschen von Daten kommt die Sprache SQL zum Einsatz.

13.1.1   Begrifflichkeiten

In Abbildung 13.1 sehen Sie den Aufbau und die entsprechenden Bezeichnungen für ein relationales Datenbanksystem.

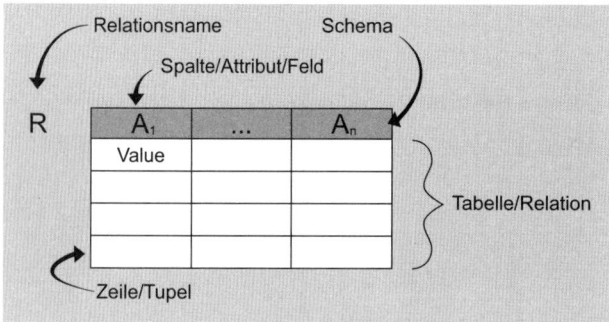

Abbildung 13.1 Begriffe in relationalen Datenbanken

Nun wollen wir Ihnen einen Überblick der gängigsten Begriffe geben, damit Sie nicht den Durchblick verlieren:

▶ **Row / Spalte / Feld**
Bezeichnet eine Spalte (englisch *row*) einer Tabelle.

▶ **Column / Zeile / Tupel**
Bezeichnet eine Zeile (englisch *column*) einer Tabelle. Die Zeile besteht aus je einem Wert pro Spalte. Wird auch oft als Datensatz bezeichnet.

▶ **Schema / Datenbankschema**
Als Schema wird die Definition aller Spalten bezeichnet. In der Definition wird nicht nur die Bezeichnung der Spalten festgelegt, sondern auch, welchen Datentyp sie enthalten.

▶ **SQL-Statement / Statement / Query / Abfrage / Ausdruck**
Bei einem Ausdruck in SQL-Syntax kann es sich um Befehle oder Abfragen handeln. Die gängigsten Statements sind:

  – SELECT
    zur Abfrage von Daten (englisch für *auswählen*)

  – UPDATE
    zum Aktualisieren von Daten (englisch für *aktualisieren*)

- DROP

  zum Löschen von Elementen wie Tabellen, Datenbanken oder Benutzern (englisch für *fallen lassen* oder *verwerfen*)

- VIEW

  zum Erstellen einer Ansicht – stellt quasi eine gespeicherte *SELECT*-Abfrage dar (englisch für *Ansicht* oder *Ausblick*)

- JOIN

  zum Zusammenführen mehrerer Tabellen oder Datenbanken – darüber können Relationen zwischen Daten hergestellt werden (englisch für *zusammenführen*)

- LIMIT

  zur Begrenzung der Ausgabe (englisch für *Einschränkung* oder *Begrenzung*)

- ORDER BY

  zum Sortieren anhand eines Feldes (englisch für *sortieren nach*). Mögliche Attribute sind ASC für »aufsteigend« und DESC für »absteigend«

13

13.1.2 Vergleich

Wie so oft kann die Frage nach »dem richtigen« oder »dem besten« Datenbanksystem nicht pauschal beantwortet werden. Markante Unterschiede offenbaren sich erst in großen Installationen mit vielen Daten und fortgeschrittenen Anforderungen.

Für die strukturierte Datenablage einer CD-Sammlung sind alle DBMS geeignet, auch wenn die »großen« ihr Potenzial dort noch nicht wirklich entfalten können. In Tabelle 13.1 haben wir Ihnen ein paar der zentralen Eigenschaften aufgelistet.

Wert/DB	SQLite	MySQL	PostgreSQL
Entwickler	D. R. Hipp	Oracle	PostgreSQL Global Development Group
SQL-Standard	teilweise	ja, mit proprietären Erweiterungen	ja, mit Erweiterungen
Replikation	nein	ja	teilw. (nur Master-Slave)
In-Memory	ja	ja	nein
Berechtigungen	nein	ja (ohne Gruppen und Rollen)	ja (nach SQL-Standard)

Tabelle 13.1 Vergleich der Datenbanksysteme

283

13.1.3   Welches Vorwissen wird benötigt?

Für dieses Kapitel sollten Sie folgende Kenntnisse bereits erworben haben:

▶ **Die Bash** (siehe hierzu Abschnitt 8.1, »Hilfe, da blinkt was! Die Bash«)

▶ **Paket-Installation** (siehe hierzu Abschnitt 2.4.3, »Umgang mit Paketen«)

▶ **[optional] Skripte** (siehe hierzu Abschnitt 8.4, »Where the magic happens: ›Scripting‹«)

13.2   Einführung: SQL

Bevor wir uns die einzelnen Datenbanksysteme näher anschauen, wollen wir Ihnen einen Einblick in SQL geben, damit Sie ein Grundverständnis für die Sprache entwickeln können.

In diesem Abschnitt wollen wir Ihnen ein paar Grundkenntnisse im Umgang mit SQL vermitteln. Dabei verwenden wir eine MySQL-Datenbank. Nicht alle Statements lassen sich auf allen DBMS ausführen; dies haben wir entsprechend gekennzeichnet.

13.2.1   Wie Sie sich einen Überblick verschaffen

Um zu erfahren, welche Daten in Ihrer Datenbank vorhanden sind, können Sie das SQL-Statement SHOW verwenden.

Um zum Beispiel alle vorhandenen Datenbanken angezeigt zu bekommen, setzen Sie das Statement aus Listing 13.1:

```
mysql> SHOW databases;
+--------------------+
| Database           |
+--------------------+
| information_schema |
| mysql              |
| performance_schema |
+--------------------+
3 rows in set (0,00 sec)
```

Listing 13.1 Die Datenbanken auf dem Server anzeigen lassen

Wie Sie sehen, existieren bereits drei Datenbanken, obwohl Sie noch keine erstellt haben. Dabei handelt es sich um Standard-Datenbanken, die MySQL verwendet, um Informationen bereitzustellen und Konfigurationen zu speichern. Die DBMS-Konfiguration erfolgt nämlich bei MySQL im DBMS als Datenbank selbst (so wie zum Beispiel auch bei *OpenLDAP*) – darauf gehen wir später noch näher ein.

Funktioniert so in:

- ▶ **SQLite** (nicht vorhanden)
- ▶ **MariaDB** ✓
- ▶ **PostgreSQL** = \list

Wollen Sie eine Datenbank verwenden, müssen Sie den Befehl use <DATABASE> verwenden. Damit wechseln Sie in den Kontext dieser Datenbank, wodurch alle weiteren Statements in diesem Kontext ausgeführt werden.

Um alle Tabellen einer Datenbank anzeigen zu lassen, verwenden Sie SHOW TABLES:

```
mysql> SHOW TABLES;
+------------------+
| Tables_in_dists |
+------------------+
| ubuntu           |
| debian           |
| red_hat          |
+------------------+
3 row in set (0,00 sec)
```

Listing 13.2 Die Tabellen einer Datenbank anzeigen lassen

Funktioniert so in:

- ▶ **SQLite** = .tables
- ▶ **MariaDB** ✓
- ▶ **PostgreSQL** = \dt

Um nun wiederum alle Spalten einer Tabelle anzeigen zu lassen, können Sie den Befehl SHOW COLUMNS so verwenden, wie in Listing 13.3 dargestellt:

```
mysql> SHOW COLUMNS FROM ubuntu;
+--------------+-------------+------+-----+---------+----------------+
| Field        | Type        | Null | Key | Default | Extra          |
+--------------+-------------+------+-----+---------+----------------+
| id           | int(11)     | NO   | PRI | NULL    | auto_increment |
| version      | varchar(5)  | YES  |     | NULL    |                |
| lts          | tinyint(1)  | YES  |     | NULL    |                |
| codename     | varchar(20) | YES  | UNI | NULL    |                |
```

285

```
| release_date | date        | YES  |      | NULL    |                |
+--------------+-------------+------+------+---------+----------------+
5 rows in set (0,00 sec)
```

Listing 13.3 Spalten einer Tabelle anzeigen lassen

Wie Sie sehen, erhalten Sie dabei nicht nur die Auflistung aller Spalten, sondern noch weitere Werte, wie den Typ, eine Angabe, ob die Spalte den Wert NULL enthalten darf, ob es einen Schlüssel für diese Spalte gibt und wenn ja welchen, ob Standardwerte vorgegeben sind und ob weitere Extra-Optionen gesetzt wurden.

Funktioniert so in:

▸ **SQLite** = .schema <TABLENAME>

▸ **MariaDB** ✓

▸ **PostgreSQL** = \d <TABLENAME>

13.2.2   Eine Datenbank anlegen

Zum Anlegen einer Datenbank verwenden Sie das SQL-Statement CREATE DATABASE – es hat sich im Übrigen eingeschlichen, dass bei SQL-Statements die Befehle großgeschrieben werden und Bezeichnungen in Kleinbuchstaben angegeben werden. Dies ist aber nicht zwingend erforderlich, es dient nur der besseren Lesbarkeit.

In Listing 13.4 sehen Sie, wie die Datenbank *Distributionen* unter MySQL angelegt wird:

```
mysql> CREATE DATABASE Distributionen;
Query OK, 1 row affected (0,00 sec)
```

Listing 13.4 Die Datenbank »Distributionen« anlgene

Wie Sie sehen, quittiert MySQL die Aktion mit dem Hinweis Query OK. Auch wenn es sich bei dem Befehl nicht um eine Abfrage (englisch *query*) handelt, ist dies die Standardrückmeldung beim erfolgreichen Ausführen. Auch hier ist es wieder wichtig, jeden Befehl mit einem Semikolon abzuschließen (auch wenn der Befehl über mehrere Zeilen geht).

Funktioniert so in:

▸ **SQLite** (nicht notwendig)

▸ **MariaDB** ✓

▸ **PostgreSQL** ✓

13.2.3   Eine Tabelle anlegen

Damit wir in der Datenbank auch Daten ablegen können, müssen wir zunächst eine Tabelle in der Datenbank anlegen. Allerdings müssen wir MySQL zunächst mitteilen, dass die neu angelegte Datenbank auch verwendet wird. Dafür müssen Sie den Befehl use <DATABASE> so absetzen wie in Listing 13.5:

```
mysql> use Distributionen;
Database changed
mysql> CREATE TABLE dists (id integer, name varchar(20), producer varchar(30),
    -> country varchar(20));
Query OK, 0 rows affected (0,01 sec)
```

Listing 13.5 Die Tabelle »dists« anlegen

Der Wechsel der Datenbank wurde mit Database changed bestätigt. Ab diesem Zeitpunkt werden alle Befehle in diesem Kontext ausgeführt. Verwalten Sie mehrere Datenbanken auf einem SQL-Server, können Sie den Kontext entsprechend mit dem use-Befehl zur Laufzeit verändern. Sie müssen sich dafür also nicht ab- und wieder anmelden.

13

Funktioniert so in:

▶ **SQLite** (kann zur Laufzeit erfolgen – nicht empfohlen! Der Befehl use ist nicht vorhanden.)

▶ **MariaDB** ✓

▶ **PostgreSQL** ✓

13.2.4   Daten hinzufügen

Um Daten hinzuzufügen, verwenden Sie das SQL-Statement INSERT INTO. Mit den Befehlen aus Listing 13.6 werden die vier Linux-Distributionen der Tabelle dists hinzugefügt:

```
mysql> INSERT INTO dists VALUES (1, "Ubuntu", "Canonical Found.", "England");
Query OK, 1 row affected (0,00 sec)

mysql> INSERT INTO dists VALUES (2, "SuSE", "SUSE LLc", "USA");
Query OK, 1 row affected (0,01 sec)

mysql> INSERT INTO dists VALUES (3, "redhat", "Red Hat, inc.", "USA");
Query OK, 1 row affected (0,00 sec)

mysql> INSERT INTO dists VALUES (4, "knoppix", "Klaus Knopper", "Deutschland");
Query OK, 1 row affected (0,00 sec)
```

Listing 13.6 Daten der Tabelle »dists« hinzufügen

Funktioniert so in:

- ▶ SQLite ✓
- ▶ MariaDB ✓
- ▶ PostgreSQL = erwartet einfache Hochkommata (')

13.2.5   Daten verändern

Wie Ihnen vielleicht aufgefallen ist, hat sich der Fehlerteufel beim Hinzufügen der Daten eingeschlichen. Die Firma hinter der Distribution *SuSE* heißt *SUSE LLC*, diese wurde in Listing 13.6 versehentlich als *SUSE LLc* (mit einem kleingeschriebenen »c«) angegeben. Dies wollen wir nun korrigieren.

Da wir einen bestehenden Datensatz ändern wollen, verwenden wir das SQL-Statement UPDATE zum Aktualisieren des Datensatzes. Listing 13.7 zeigt den entsprechenden Befehl:

```
mysql> UPDATE dists SET producer = 'SUSE LLC' WHERE id = '2';
Query OK, 1 row affected (0,01 sec)
Rows matched: 1  Changed: 1  Warnings: 0
```

Listing 13.7 Ändern eines Datensatzes mit »UPDATE«

Mit dem Kommando aus der ersten Zeile wurde in der Tabelle dists der Wert der Spalte producer auf SUSE LLC aktualisiert bei dem die id gleich 2 war.

Funktioniert so in:

- ▶ SQLite ✓
- ▶ MariaDB ✓
- ▶ PostgreSQL ✓

13.2.6   Daten löschen

Um eine Distribution aus der Tabelle zu entfernen, verwenden Sie das Statement DELETE. Auch bei diesem Statement müssen Sie mit WHERE festlegen, welches Element entfernt werden soll. In Listing 13.8 wurde das Element mit der id=3 (also redhat) aus der Tabelle dists entfernt.

```
mysql> DELETE FROM dists WHERE id=3;
Query OK, 1 row affected (0,01 sec)
```

Listing 13.8 Löschen eines Datensatzes mit »DELETE«

Falls Sie ein unbekanntes Element angeben, werden Sie (leider) nicht darauf hingewiesen (siehe Listing 13.9):

```
mysql> DELETE FROM dists WHERE id=44;
Query OK, 0 rows affected (0,00 sec)
```

Listing 13.9 Keine Fehlermeldung beim Löschen nicht vorhandener Elemente

Dieses Verhalten ist auf eine verdrehte Logik zurückzuführen: Der Nutzer wollte einen Datensatz löschen, der nicht da ist. Also kann dieser Datensatz nicht gelöscht werden. Da er aber gelöscht werden sollte und nicht da ist, ist alles so, wie der Nutzer wollte, und somit *OK*.

Eine Fehlermeldung erhalten Sie nur, wenn Sie Elemente ansprechen, die es nicht gibt beziehungsweise die MySQL zur Verarbeitung benötigt:

```
mysql> DELETE FROM dists WHERE NichtVorhandeneSpalte=4;
ERROR 1054 (42S22): Unknown column 'NichtVorhandeneSpalte' in 'where clause'
```

Listing 13.10 Fehlermeldung zu Elementen, die zur Verarbeitung benötigt werden

Funktioniert so in:

- SQLite ✓
- MariaDB ✓
- PostgreSQL ✓ – Gibt korrekte Rückmeldungen bei Fehlern aus!

13.2.7 Eine Tabelle bzw. Datenbank löschen

Um eine Tabelle zu löschen, verwenden Sie das Statement DROP TABLE <TABLENAME> so, wie in Listing 13.11 dargestellt:

```
mysql> DROP TABLE dists;
Query OK, 0 rows affected (0,00 sec)
```

Listing 13.11 Löschen einer Tabelle mit »DROP TABLE«

Wie Sie sehen, führt MySQL den Befehl ohne Rückfragen aus – seien Sie also vorsichtig, damit Sie um nicht versehentlich ganze Datenbestände löschen!

Um ganze Datenbanken zu entfernen, verwenden Sie ebenfalls das DROP-Kommando – in diesem Fall mit dem Zusatz (wie erwartet) DATABASE:

```
mysql> DROP DATABASE Distributionen;
Query OK, 0 rows affected (0,00 sec)
```

Listing 13.12 Löschen einer Datenbank mit »DROP DATABASE«

Wie Sie in Listing 13.12 sehen, wird auch dieser Befehl umgehend und ohne Rückfrage ausgeführt – auch hier sollten Sie also Vorsicht walten lassen! Im Übrigen müssen Sie den Kontext für das Löschen der Datenbank nicht verlassen.

Funktioniert so in:

- ▶ **SQLite** (nicht notwendig)
- ▶ **MariaDB** ✓
- ▶ **PostgreSQL** ✓

13.2.8   Abfragen oder »Wie komme ich an meine Daten?«

Einer der mächtigsten Aspekte einer Datenbank sind die Abfragen. Diese können beliebig komplex gestaltet werden und können auch Daten bei der Verarbeitung bereits berechnen und aggregieren. Dies ist ein unglaublich mächtiges Werkzeug, durch das die Datenbank ihr wahres Potenzial erst richtig entfaltet.

In diesem Abschnitt wollen wir Ihnen einige Möglichkeiten aufzeigen, damit Sie auch immer die Daten erhalten, die Sie benötigen. Als Beispiel legen wir die Datenbank dists mit der Tabelle ubuntu an. Darin werden alle Ubuntu-Server-Versionen mit den Werten id (zur Identifikation), der Versionsnummer, einem Unterscheider, ob es sich um ein LTS-Release handelt, und dem Veröffentlichungsdatum angelegt.

In Listing 13.13 haben wir Ihnen die entsprechenden SQL-Statements zum Erstellen der Datenbank und der Tabelle abgedruckt:

```
CREATE DATABASE dists;
use dists;
CREATE TABLE ubuntu (
  id int NOT NULL AUTO_INCREMENT,
  version VARCHAR(5),
  lts BOOL,
  codename VARCHAR(20),
  release_date DATE,
  PRIMARY KEY (id)
);
```

Listing 13.13 Inhalt von »ubuntu-schema.sql«

Speichern Sie den Inhalt aus Listing 13.13 in die Datei *ubuntu-schema.sql*. Diese Datei werden wir anschließend verwenden, um die Datenbank und die Tabelle zu erzeugen.

Funktioniert so in:

▶ **SQLite**

CREATE DATABASE und use dists sind nicht notwendig. Funktion AUTO_INCREMENT ist nicht implementiert, daher muss der Inhalt aus Listing 13.13 wie folgt angepasst werden:

```
CREATE TABLE ubuntu (
  id int,
```

▶ **MariaDB** ✓

▶ **PostgreSQL**

CREATE DATABASE und use dists sind nicht notwendig. Funktion AUTO_INCREMENT ist nicht implementiert, daher muss der Inhalt aus Listing 13.13 wie folgt angepasst werden:

```
CREATE TABLE ubuntu (
  id int,
```

Wie Sie sehen, wurden für die Elemente der Tabelle ubuntu dieses Mal unterschiedliche Datentypen gewählt. Die Spalte id wird als Integer mit dem Zusatz NOT NULL AUTO_INCREMENT erzeugt. Dadurch weisen Sie MySQL an, den Wert selbstständig hochzuzählen und keine Werte gleich NULL zuzulassen.

Die Spalte version darf mit allen Zeichen gefüllt werden, allerdings auf fünf beschränkt. Die Spalte lts wird als boolescher Wert angelegt, wobei 1 als wahr gewertet wird und 0 als falsch. Die Spalte codename darf 20 beliebige Zeichen enthalten.

In Listing 13.14 sehen Sie den Inhalt der Datei *ubuntu-data.sql*. Mit deren Hilfe werden wir die angelegte Datenbank befüllen.

```
INSERT INTO ubuntu VALUES (null, "4.10", 0, "Warty Warthog", "2004-10-20");
INSERT INTO ubuntu VALUES (null, "5.04", 0, "Hoary Hedgehog", "2005-04-08");
INSERT INTO ubuntu VALUES (null, "5.10", 0, "Breezy Badger", "2005-10-13");
INSERT INTO ubuntu VALUES (null, "6.06", 1, "Dapper Drake", "2006-06-01");
INSERT INTO ubuntu VALUES (null, "6.10", 0, "Edgy Eft", "2006-10-26");
INSERT INTO ubuntu VALUES (null, "7.04", 0, "Feisty Fawn", "2007-04-19");
INSERT INTO ubuntu VALUES (null, "7.10", 0, "Gutsy Gibbon", "2007-10-18");
INSERT INTO ubuntu VALUES (null, "8.04", 1, "Hardy Heron", "2008-04-24");
INSERT INTO ubuntu VALUES (null, "8.10", 0, "Intrepid Ibex", "2008-10-30");
INSERT INTO ubuntu VALUES (null, "9.04", 0, "Jaunty Jackalope", "2009-04-23");
INSERT INTO ubuntu VALUES (null, "9.10", 0, "Karmic Koala", "2009-10-29");
INSERT INTO ubuntu VALUES (null, "10.04", 1, "Lucid Lynx", "2010-04-29");
INSERT INTO ubuntu VALUES (null, "10.10", 0, "Maverick Meerkat", "2010-10-10");
INSERT INTO ubuntu VALUES (null, "11.04", 0, "Natty Narwhal", "2011-04-28");
INSERT INTO ubuntu VALUES (null, "11.10", 0, "Oneiric Ocelot", "2011-10-13");
INSERT INTO ubuntu VALUES (null, "12.04", 1, "Precise Pangolin", "2012-04-26");
```

```
INSERT INTO ubuntu VALUES (null, "12.10", 0, "Quantal Quetzal", "2012-10-18");
INSERT INTO ubuntu VALUES (null, "13.04", 0, "Raring Ringtail", "2013-04-25");
INSERT INTO ubuntu VALUES (null, "13.10", 0, "Saucy Salamander", "2013-10-17");
INSERT INTO ubuntu VALUES (null, "14.04", 1, "Trusty Tahr", "2014-04-17");
INSERT INTO ubuntu VALUES (null, "14.10", 0, "Utopic Unicorn", "2014-10-23");
INSERT INTO ubuntu VALUES (null, "15.04", 0, "Vivid Vervet", "2015-04-23");
INSERT INTO ubuntu VALUES (null, "15.10", 0, "Wily Werewolf", "2015-10-22");
INSERT INTO ubuntu VALUES (null, "16.04", 1, "Xenial Xerus", "2016-04-21");
```

Listing 13.14 Inhalt von »ubuntu-data.sql«

Funktioniert so in:

▶ **SQLite**
Aufgrund der fehlenden AUTO_INCREMENT-Funktion müssen die null-Werte durch Zahlen ersetzt werden.

▶ **MariaDB** ✓

▶ **PostgreSQL**
Aufgrund der fehlenden AUTO_INCREMENT-Funktion müssen die null-Werte durch Zahlen ersetzt werden und doppelte Hochkommata müssen durch einfache (') ersetzt werden. Strenge Typenorientierung: Boolesche Werte müssen als true und false angegeben werden (0 und 1 sind nicht zulässig).

Um eine Datenbank mit Inhalt zu erzeugen, setzen Sie die Befehle aus Listing 13.15 ab:

```
daniel@db:~$ mysql -u root -p < ubuntu-schema.sql
Enter password:
daniel@db:~$ mysql -u root -p dists < ubuntu-data.sql
Enter password:
```

Listing 13.15 Erstellen der Datenbank »dists«

Funktioniert so in:

▶ **SQLite**
Die Syntax der Befehle muss, ebenso wie die Dateien, angepasst werden:

```
daniel@db:~$ sqlite3 Distributionen.sqlite.db < ubuntu-schema.sqlite.sql
daniel@db:~$ sqlite3 Distributionen.sqlite.db < ubuntu-data.sqlite.sql
```

▶ **MariaDB** ✓

▶ **PostgreSQL**✓

Alle Elemente ausgeben

Um alle Elemente einer Tabelle zu erhalten, können Sie das Statement aus Listing 13.16 verwenden:

```
mysql> SELECT * FROM ubuntu;
[…]
```

Listing 13.16 Alle Elemente abfragen

Mit dem SELECT-Statement geben Sie an, dass es sich um eine Abfrage handelt. Das Sternchen dient als Wildcard für alle Elemente (in diesem Fall die Spalten). Nach dem Schlüsselwort FROM wird die Tabelle angegeben, auf die die Abfrage erfolgen soll (im Beispiel ubuntu).

Suchen mit »WHERE«

Um nach Elementen zu suchen, verwenden Sie das WHERE-Statement so, wie in Listing 13.17 dargestellt:

```
mysql> SELECT * FROM ubuntu WHERE version = '10.04';
+----+---------+------+------------+--------------+
| id | version | lts  | codename   | release_date |
+----+---------+------+------------+--------------+
| 12 | 10.04   |    1 | Lucid Lynx | 2010-04-29   |
+----+---------+------+------------+--------------+
1 row in set (0,00 sec)
```

Listing 13.17 Suchen nach Version »10.04«

Wie Sie sehen, wurde hier mit dem Vergleichsoperator = gearbeitet. Selbstverständlich können Sie auch weitere Operatoren verwenden:

- = (gleich)
- <, > (kleiner, größer)
- <=, >= (kleiner-gleich, größer-gleich)
- !=, <> (ungleich)
- …

Funktioniert so in:

- Sqlite ✓
- MariaDB ✓
- PostgreSQL ✓

293

Ungefähre Suche mit »LIKE«

Um eine ungefähre Suche durchzuführen, müssen Sie als Operator das Schlüsselwort LIKE und als Wildcard das Prozentzeichen verwenden. In Listing 13.18 wird nach allen Elementen gesucht, deren codenamen mit dem Buchstaben w beginnt:

```
mysql> SELECT * FROM ubuntu WHERE codename LIKE "w%";
+----+---------+------+----------------+--------------+
| id | version | lts  | codename       | release_date |
+----+---------+------+----------------+--------------+
|  1 | 4.10    |    0 | Warly Warthog  | 2004-10-20   |
| 23 | 15.10   |    0 | Wily Werewolf  | 2015-10-22   |
+----+---------+------+----------------+--------------+
2 rows in set (0,00 sec)
```

Listing 13.18 Suchen nach Codenamen, die mit »w« beginnen

Wie Sie sehen, arbeitet MySQL an dieser Stelle unabhängig von der Groß- und Kleinschreibung.

Funktioniert so in:

▶ **Sqlite** ✓

▶ **MariaDB** ✓

▶ **PostgreSQL** = Achtet auf Groß- und Kleinschreibung!

Neben dem Prozentzeichen als Wildcard für beliebig viele Zeichen können Sie einen Unterstrich für genau ein Zeichen verwenden. Um zum Beispiel alle Ubuntu-Versionen auszugeben, die einstellig sind und mit .04 enden, können Sie LIKE '_.04' verwenden:

```
mysql> SELECT * FROM ubuntu WHERE version LIKE '_.04';
+----+---------+------+------------------+--------------+
| id | version | lts  | codename         | release_date |
+----+---------+------+------------------+--------------+
|  2 | 5.04    |    0 | Hoary Hedgehog   | 2005-04-08   |
|  6 | 7.04    |    0 | Feisty Fawn      | 2007-04-19   |
|  8 | 8.04    |    1 | Hardy Heron      | 2008-04-24   |
| 10 | 9.04    |    0 | Jaunty Jackalope | 2009-04-23   |
+----+---------+------+------------------+--------------+
4 rows in set (0,00 sec)
```

Listing 13.19 Suchen nach »_.04«

Funktioniert so in:

▶ Sqlite ✓

▶ MariaDB ✓

▶ PostgreSQL ✓

Suche verknüpfen: »AND« und »OR«

Selbstverständlich können Sie auch mehrere Suchparameter definieren. Dafür können Sie diese einfach mit AND und OR Und- oder Oder-Verknüpfen. In Listing 13.20 werden wieder alle Elemente gesucht, deren Codenamen mit dem Buchstaben w beginnen und die nach dem *01.01.2015* veröffentlicht wurden:

```
mysql> SELECT * FROM ubuntu WHERE
    -> codename LIKE 'W%' AND
    -> release_date > '2015-01-01';
+----+---------+------+---------------+--------------+
| id | version | lts  | codename      | release_date |
+----+---------+------+---------------+--------------+
| 23 | 15.10   |    0 | Wily Werewolf | 2015-10-22   |
+----+---------+------+---------------+--------------+
1 row in set (0,00 sec)
```

Listing 13.20 Suchen mit »Und«-Verknüpfung

Sie können auch mehrer Verknüpfungen in einer Abfrage vornehmen und diese sogar verschachteln. In Listing 13.21 sehen Sie ein Beispiel:

```
mysql> SELECT * FROM ubuntu WHERE
    -> lts = true AND
    -> ( codename LIKE 'T%' OR codename LIKE 'W%' ) ;
+----+---------+------+-------------+--------------+
| id | version | lts  | codename    | release_date |
+----+---------+------+-------------+--------------+
| 20 | 14.04   |    1 | Trusty Tahr | 2014-04-17   |
+----+---------+------+-------------+--------------+
1 row in set (0,00 sec)
```

Listing 13.21 Suchen mit »Und«- und »Oder«-Verknüpfung

Mit dieser Abfrage werden alle Elemente gesucht, die eine LTS-Version sind (lts = true) und die entweder mit dem Buchstaben t oder w beginnen. Die Oder-Verknüpfung wurde mit Klammern gekapselt – ohne diese Kapselung würden als Ergebnis auch noch *Warty Warthog* und *Wily Werewolf* aufgeführt werden, da diese mit den gesuchten Buchstaben beginnen.

Funktioniert so in:

- **Sqlite** = true muss als 1 angegeben werden!
- **MariaDB** ✓
- **PostgreSQL** ✓

Ergebnis sortieren mit »ORDER BY«

Mit dem Befehl ORDER BY können Sie eine Spalte als Grundlage der Sortierung bestimmen. Standardmäßig erfolgt die Ausgabe immer der Reihe nach. Der Befehl erwartet entsprechend einen Tabellennamen. Ohne weiteren Parameter erfolgt die Ausgabe aufsteigend. Wollen Sie dies verändern, so können Sie mit den Befehlen DESC für »absteigend« und ASC auf »aufsteigend« die Reihenfolge beeinflussen. Listing 13.22 zeigt ein entsprechendes Beispiel.

```
mysql> SELECT * FROM ubuntu WHERE lts = 1 ORDER BY codename DESC;
+----+---------+------+------------------+--------------+
| id | version | lts  | codename         | release_date |
+----+---------+------+------------------+--------------+
| 24 | 16.04   |    1 | Xenial Xerus     | 2016-04-21   |
| 20 | 14.04   |    1 | Trusty Tahr      | 2014-04-17   |
| 16 | 12.04   |    1 | Precise Pangolin | 2012-04-26   |
| 12 | 10.04   |    1 | Lucid Lynx       | 2010-04-29   |
|  8 | 8.04    |    1 | Hardy Heron      | 2008-04-24   |
|  4 | 6.06    |    1 | Dapper Drake     | 2006-06-01   |
+----+---------+------+------------------+--------------+
6 rows in set (0,00 sec)
```

Listing 13.22 Ergebnis mit »ORDER BY« sortieren

Funktioniert so in:

- **Sqlite** ✓
- **MariaDB** ✓
- **PostgreSQL** = 1 muss als true angegeben werden!

Berechnungen mit SQL

Sie können mit SQL auch Berechnungen durchführen. Hierfür können Sie die Funktion SUM() verwenden. Um zum Beispiel die Anzahl der bisherigen Ubuntu-LTS-Versionen zu ermitteln, müssen Sie die Abfrage aus Listing 13.23 absetzen:

```
mysql> SELECT SUM(lts) FROM ubuntu ;
+----------+
| SUM(lts) |
+----------+
|        6 |
+----------+
1 row in set (0,00 sec)
```

Listing 13.23 Summe mit »SUM« berechnen

Funktioniert so in:

- **Sqlite** ✓
- **MariaDB** ✓
- **PostgreSQL** = Die Funktion ist vorhanden, kann aber nicht auf boolesche-Werte angewandt werden!

13

Ebenfalls können Sie dynamische Berechnungen zur Abfrage erstellen. Wenn Sie zum Beispiel alle Distributionen ermitteln wollen, die genau heute (im Beispiel ist dies der »31.03.2016«) vor zwei Jahren (also für das Beispiel am »31.03.2014«) bis jetzt erschienen sind, können Sie dafür die Funktion INTERVAL verwenden:

```
mysql> SELECT * FROM ubuntu WHERE release_date >= NOW() - INTERVAL '2 YEAR';
+----+---------+------+----------------+--------------+
| id | version | lts  | codename       | release_date |
+----+---------+------+----------------+--------------+
| 20 | 14.04   |    1 | Trusty Tahr    | 2014-04-17   |
| 21 | 14.10   |    0 | Utopic Unicorn | 2014-10-23   |
| 22 | 15.04   |    0 | Vivid Vervet   | 2015-04-23   |
| 23 | 15.10   |    0 | Wily Werewolf  | 2015-10-22   |
| 24 | 16.04   |    1 | Xenial Xerus   | 2016-04-21   |
+----+---------+------+----------------+--------------+
5 rows in set (0,00 sec)
```

Listing 13.24 Berechnung bei der Abfrage

Mit der Berechnung NOW() - INTERVAL '2 YEAR' aus Listing 13.24 werden vom heutigen Datum (im Beispiel der »31.03.2016«) zwei Jahre abgezogen. Durch die Abfrage aller Releases größer-gleich der Berechnung erhalten Sie das gesuchte Ergebnis.

Würden Sie den Befehl (bei gleichem Datenbestand) am 31.03.2017 ausführen, würde das Ergebnis nur noch drei Zeilen umfassen, da die Versionen 14.04 und 14.10 nicht mehr im Zeitfenster enthalten wären.

Daten aggregieren

Sie können auch Daten direkt bei einer Abfrage zusammenfassen lassen. Möchten Sie zum Beispiel eine Tabelle mit dem Aufbau "<CODENAME> <VERSION>" "<RELEASE_DATE>" erhalten, so können Sie die zusammengefassten Daten mit der Funktion CONCAT zusammenführen und mit AS bei einer Abfrage zu einer neuen Spalte formen. In Listing 13.25 haben wir Ihnen den entsprechenden Befehl abgedruckt:

```
mysql> SELECT CONCAT(codename, ' ', version) AS name, release_date FROM ubuntu
    -> WHERE lts = true ;
+-----------------------+--------------+
| name                  | release_date |
+-----------------------+--------------+
| Dapper Drake 6.06     | 2006-06-01   |
| Hardy Heron 8.04      | 2008-04-24   |
| Lucid Lynx 10.04      | 2010-04-29   |
| Precise Pangolin 12.04 | 2012-04-26  |
| Trusty Tahr 14.04     | 2014-04-17   |
| Xenial Xerus 16.04    | 2016-04-21   |
+-----------------------+--------------+
6 rows in set (0,00 sec)
```

Listing 13.25 Daten aggregieren mit »CONCAT« und »AS«

Mit der Funktion CONCAT können Sie beliebig viele Spalten miteinander verknüpfen. Dabei müssen Sie diese durch Kommata getrennt angeben. Wie im Beispiel aus Listing 13.25 gezeigt, können Sie mit CONCAT auch beliebige Strings hinzufügen, indem Sie sie der Aufzählung hinzufügen. Mit der Funktion AS wird das Ergebnis dann als eine neue Spalte erfasst.

Mit AS können Sie auch einfache Umbenennungen vornehmen. Falls Sie die Werte der Tabelle ubuntu in einer anderen Reihenfolge und mit anderen Bezeichnungen versehen wollen, geht dies so:

```
mysql> SELECT codename AS Name, release_date AS Date, lts AS LongTimeSupport FROM
    -> ubuntu WHERE lts = true ;
+------------------+------------+-----------------+
| Name             | Date       | LongTimeSupport |
+------------------+------------+-----------------+
| Dapper Drake     | 2006-06-01 |               1 |
| Hardy Heron      | 2008-04-24 |               1 |
| Lucid Lynx       | 2010-04-29 |               1 |
| Precise Pangolin | 2012-04-26 |               1 |
| Trusty Tahr      | 2014-04-17 |               1 |
| Xenial Xerus     | 2016-04-21 |               1 |
+------------------+------------+-----------------+
6 rows in set (0,00 sec)
```

Listing 13.26 Reihenfolge ändern und Spalten umbenennen mit »AS«

Funktioniert so in:

▸ **SQLite** = true muss als 1 angegeben werden!

▸ **MariaDB** ✓

▸ **PostgreSQL** ✓

Ergebnis limitieren: »LIMIT«

Bei großen Datenbeständen möchten Sie vielleicht nur die ersten oder letzten drei Einträge ermitteln. Dabei hilft Ihnen der Befehl LIMIT <NO>. Ersetzen Sie den Platzhalter <NO> durch die Anzahl der Einträge, die Sie erhalten möchten (siehe Listing 13.27):

```
mysql> SELECT * FROM ubuntu LIMIT 3;
+----+---------+------+----------------+--------------+
| id | version | lts  | codename       | release_date |
+----+---------+------+----------------+--------------+
|  1 | 4.10    |    0 | Warty Warthog  | 2004-10-20   |
|  2 | 5.04    |    0 | Hoary Hedgehog | 2005-04-08   |
|  3 | 5.10    |    0 | Breezy Badger  | 2005-10-13   |
+----+---------+------+----------------+--------------+
3 rows in set (0,00 sec)

mysql>
```

```
mysql> SELECT * FROM ubuntu ORDER BY id DESC LIMIT 3;
+----+---------+------+---------------+--------------+
| id | version | lts  | codename      | release_date |
+----+---------+------+---------------+--------------+
| 24 | 16.04   |    1 | Xenial Xerus  | 2016-04-21   |
| 23 | 15.10   |    0 | Wily Werewolf | 2015-10-22   |
| 22 | 15.04   |    0 | Vivid Vervet  | 2015-04-23   |
+----+---------+------+---------------+--------------+
3 rows in set (0,00 sec)
```

Listing 13.27 Ergebnis mit »LIMIT« einschränken

Wie Sie in Listing 13.27 sehen, haben wir für die Ausgabe der ersten drei Elemente lediglich die Funktion LIMIT mit dem Parameter 3 aufgerufen.

Für die letzten drei Elemente muss vorab eine Sortierreihenfolge festgelegt werden (ORDER BY id DESC), was zur Folge hat, dass die Elemente in der falschen Reihenfolge ausgegeben werden.

Funktioniert so in:

▶ Sqlite ✓

▶ MariaDB ✓

▶ PostgreSQL ✓

Falls Sie dies korrigieren wollen, müssen Sie ein Sub-Statement verwenden. In Listing 13.28 sehen Sie den entsprechenden Befehl:

```
mysql> (SELECT * FROM ubuntu ORDER BY id DESC LIMIT 3) ORDER BY id ASC;
+----+---------+------+---------------+--------------+
| id | version | lts  | codename      | release_date |
+----+---------+------+---------------+--------------+
| 22 | 15.04   |    0 | Vivid Vervet  | 2015-04-23   |
| 23 | 15.10   |    0 | Wily Werewolf | 2015-10-22   |
| 24 | 16.04   |    1 | Xenial Xerus  | 2016-04-21   |
+----+---------+------+---------------+--------------+
3 rows in set (0,00 sec)
```

Listing 13.28 Die letzten drei Elemente in der korrekten Reihenfolge

Durch die Klammerung des SELECT-Statements wird dieses zuerst ausgeführt und anschließend durch die ORDER BY-Funktion wieder umsortiert. Leider ist dieser umständliche Weg notwendig, da SQL kein separates Statement dafür parat hat.

Funktioniert so in:

- **Sqlite** = Eine Sub-Query ist möglich, aber nicht zu Beginn einer Abfrage!
- **MariaDB** ✓
- **PostgreSQL** = So nicht möglich!

13.2.9 Zwischenfazit

Die Sprache SQL ist unglaublich mächtig. Auch wenn wir Ihnen nur einen kleinen Einblick in die Materie geben konnten, sollten Sie ihren Umfang bereits abschätzen können. Bitte verstehen Sie diesen Abschnitt nicht als umfassendes Glossar. Es gibt, wie so oft, unzählige Wege, die ans Ziel führen, und leider haben wir nicht die Möglichkeit, Ihnen alle vorstellen zu können. Durch den Einsatz von Funktionen und Sub-Statements tun sich ungeahnte Möglichkeiten auf – nehmen Sie sich ruhig die Zeit, etwas zu stöbern: Es gibt noch viel zu entdecken.

13.3 Der Kleinste: »SQLite«

Eine einfache und schnelle SQL-Engine, das ist *SQLite*. Zur einfachen Verarbeitung von Daten gibt es keine schnellere Implementierung, da SQLite sich auf das Wesentliche beschränkt. Im Gegensatz zu vollständigen RDBMS besteht es nur aus einem Programm und stellt keine umfangreiche Programm-Suite dar. Daher ist es unfassbar klein und schlank und wird deswegen gern auf Embedded-Systemen und sonstigen kleinen Installationen eingesetzte. Aber lassen Sie sich nicht täuschen: SQLite kann bis zu 140 TB Datenbanken verwalten und wird auch auf kommerzieller Ebene eingesetzt (zum Beispiel auch auf Apples iPhone). SQLite arbeitet nicht als Dienst, sondern als Programm. Daher verbinden Sie sich nicht mit dem Dienst, sondern starten es einfach. Wie das genau vonstatten geht, zeigen wir Ihnen nun.

13.3.1 Installation

Die Installation ist schnell erledigt, da das Paket *sqlite* Bestandteil der Paketquellen ist. In Listing 13.29 sehen Sie die gewohnte Installation:

```
daniel@db:~$ sudo apt-get install sqlite
Paketlisten werden gelesen... Fertig
Abhängigkeitsbaum wird aufgebaut.
Statusinformationen werden eingelesen.... Fertig
The following additional packages will be installed:
  libsqlite0 sqlite3
```

```
Vorgeschlagene Pakete:
  sqlite-doc sqlite3-doc
Die folgenden NEUEN Pakete werden installiert:
  libsqlite0 sqlite sqlite3
0 aktualisiert, 3 neu installiert, 0 zu entfernen und 0 nicht aktualisiert.
Es müssen 669 kB an Archiven heruntergeladen werden.
Nach dieser Operation werden 2.532 kB Plattenplatz zusätzlich benutzt.
Möchten Sie fortfahren? [J/n]
```

Listing 13.29 »sqlite« aus den Paketquellen installieren

Die Installation bringt das Programm `sqlite3` für aktuelle Datenbanken und zur Abwärtskompatibilität das Programm `sqlite` mit. Im Beispiel arbeiten wir nur mit der aktuellen Version 3.

13.3.2   Eine Datenbank anlegen

Wenn Sie das Programm `sqlite3` ohne weitere Parameter starten, öffnet sich eine interaktive Shell. Dort können Sie beliebige SQL-Statements absetzen, die direkt von SQLite verarbeitet werden. Alternativ können Sie auch mehrere Statements in eine Datei schreiben und diese von SQLite ausführen lassen. Genau dies haben wir vor. Legen Sie daher die Datei *dists.sql* mit dem Inhalt aus Listing 13.30 an:

```
CREATE TABLE dists (id integer, name varchar(20), producer varchar(30),
country varchar(20));
INSERT INTO dists VALUES (1, "Ubuntu", "Canonical Found.", "England");
INSERT INTO dists VALUES (2, "SuSE", "SUSE LLC", "USA");
INSERT INTO dists VALUES (3, "redhat", "Red Hat, inc.", "USA");
INSERT INTO dists VALUES (4, "knoppix", "Klaus Knopper", "Deutschland");
```

Listing 13.30 Inhalt der Datei »dists.sql«

Mit der erste Zeile aus Listing 13.30 wird die Tabelle `dists` angelegt. Diese enthält pro Element vier Datensätze: eine ID (`id`), einen Namen (`name`), einen Hersteller (`producer`) und ein Land (`country`). In den folgenden vier Zeilen wird die Tabelle mit Werten gefüllt – im Beispiel mit Linux-Distributionen. Jede Zeile muss dabei mit einem Semikolon abgeschlossen werden. Wie Sie sehen, ist die erste Zeile umbrochen, was aber kein Problem darstellt, da bei SQL-Statements eine Zeile stets bis zum abschließenden Semikolon ausgewertet wird.

Um nun die Datenbank *dists.db* anzulegen, führen Sie einfach den Befehl aus Listing 13.31 aus:

```
daniel@db:~$ sqlite3 dists.db < dists.sql
```

Listing 13.31 Datenbank »dists.db« anlegen

Über die Umleitung mit < werden die vorher definierten Befehle an `sqlite3` übergeben. `sqlite3` führt diese Befehl nun aus und speichert die Eingaben in `dists.db`.

Um die interaktive Shell zu beenden, müssen Sie, anders als gewohnt, die Tastenkombination `Strg` + `D` drücken.

13.3.3   Mit einer Datenbank arbeiten

Zum Verarbeiten der Daten können Sie SQLite starten, ihm direkt die zu öffnende Datenbank als Parameter übergeben und beliebige SQL-Statements in der interaktiven Shell eingeben.

Allerdings können Sie auch, wie wir bereits bei der Erstellung der Datenbank *dists.db* gezeigt haben, mit Umleitungen auf der Bash arbeiten. Um zum Beispiel alle Elemente der Datenbank ausgeben zu lassen, können Sie den Befehl aus Listing 13.33 absetzen:

```
daniel@db:~/db$ echo 'SELECT * FROM dists;' | sqlite3 database.db
1|Ubuntu|Canonical Found.|England
2|SuSE|SUSE LLC|USA
3|redhat|Red Hat, inc.|USA
4|knoppix|Klaus Knopper|Deutschland
```

Listing 13.32 Abfrage aller Daten

Selbstverständlich können Sie die Ausgabe auch einschränken – zum Beispiel auf alle Distributionen, die aus den USA stammen:

```
echo 'SELECT * FROM dists WHERE country="USA";' | sqlite3 database.db
2|SuSE|SUSE LLc|USA
3|redhat|Red Hat, inc.|USA
```

Listing 13.33 Abfrage der Distributionen aus den »USA«

Wenn Sie mehrere SQL-Befehle absetzen wollen, können Sie diese in eine Datei speichern und – wie bei der Erstellung – eine Umleitung verwenden. Alternativ können Sie dies auch direkt auf der Shell umsetzen, so wie in Listing 13.34 dargestellt:

```
daniel@db:~/db$ sqlite3 test.db << EOF
.mode csv
select * from dists;
EOF
```

Listing 13.34 Alternative Befehlssammlung »EOF«

Bei diesem Konstrukt (mit doppeltem Kleinerzeichen) übergibt die Bash die Befehlszeilen erst, wenn der Begrenzer (im Beispiel `EOF`) eingegeben wird.

Des Weiteren können Sie für mehrere Befehlszeilen auch die erweiterte Ausgabe von echo verwenden – da pro Zeile eine Eingabetaste folgen muss, können Sie dies so wie in Listing 13.35 gezeigt umsetzen:

```
$ echo -e ".mode column \n select * from dists;" | sqlite3 test.db
```

Listing 13.35 Weitere alternative Befehlssammlung »echo -e«

Wie Ihnen vielleicht aufgefallen ist, haben wir in Listing 13.34 und 13.35 den Befehl .mode verwendet. Dabei handelt es sich um kein SQL-Statement, sondern um einen reinen SQLite-Befehl. SQLite bietet Ihnen die Möglichkeit, verschiedenste Befehle direkt abzusetzen. So können Sie zum Beispiel mit .open <DB> eine Datenbank zur Laufzeit öffnen:

```
daniel@db:~/db$ sqlite3
SQLite version 3.11.0 2016-02-15 17:29:24
Enter ".help" for usage hints.
Connected to a transient in-memory database.
Use ".open FILENAME" to reopen on a persistent database.
sqlite> .open user.db
```

Listing 13.36 Eine Datenbank mit ».open« öffnen

Ebenso ist es möglich, eine Kopie der geöffneten Datenbank mit dem Befehl .save <NEW NAME> zu speichern:

```
daniel@db:~/db$ sqlite3 database.db
SQLite version 3.11.0 2016-02-15 17:29:24
Enter ".help" for usage hints.
sqlite> .save test.db
```

Listing 13.37 Die Kopie einer Datenbank mit ».save« speichern

Viele nützliche Hinweise und weitere SQLite-Befehle erhalten Sie mit der Eingabe von .help. So beenden Sie das Programm zum Beispiel nicht nur mit mit ⌈Strg⌉ + ⌈D⌉, sondern auch mit der Eingabe von .quit oder .exit.

13.4   Der große Bruder: »MySQL«

Das am weitesten verbreitete relationale Datenbanksystem der Welt ist unumstritten *MySQL*. Das Open-Source-Projekt wurde ab 1994 vom schwedischen Unternehmen *MySQL AB* entwickelt. Ab 2008 wurde das Unternehmen von *Sun Microsystems* übernommen, das wiederum in 2010 von der Firma *Oracle* übernommen wurde. Der Name setzt sich im Übrigen aus dem Vornamen der Tochter des *MySQL AB*-Mitbegründers *Michael Widenius*, *My*, und der Sprache *SQL* zusammen. MySQL wird hauptsächlich im Bereich der Webdienste eingesetzt. Häufig finden sich daher Installationen mit dem Webserver *apache2*, mit *PHP* und eben *MySQL* auf

Linux-Servern – dafür wurde sogar ein eigenes Paket erstellt: *LAMP (Linux Apache MySQL PHP)*.

13.4.1   Installation

Da MySQL ebenfalls Bestandteil der Paketquellen ist, können Sie einfach das Meta-Paket *mysql-server* installieren. Dieses zieht alle benötigten Abhängigkeiten direkt hinterher. Ab Ubuntu 16.04 verbirgt sich in ihm der MySQL-Server in der Version 5.6, wie in Listing 13.38 dargestellt:

```
daniel@db:~$ sudo apt-get install mysql-server
[…]
Die folgenden NEUEN Pakete werden installiert:
  libaio1 libdbd-mysql-perl libdbi-perl libhtml-template-perl libmysqlclient18
  libterm-readkey-perl mysql-client-5.6 mysql-client-core-5.6 mysql-common
  mysql-server mysql-server-5.6 mysql-server-core-5.6
0 aktualisiert, 12 neu installiert, 0 zu entfernen und 0 nicht aktualisiert.
Es müssen 21,7 MB an Archiven heruntergeladen werden.
Nach dieser Operation werden 155 MB Plattenplatz zusätzlich benutzt.
Möchten Sie fortfahren? [J/n]
```

Listing 13.38 Installation von »MySQL«

Während der Installation werden Sie aufgefordert, das Kennwort für den Root-Benutzer der Datenbank zu vergeben (siehe Abbildung 13.2). Hier können Sie ein beliebiges Passwort nehmen – es muss nicht mit dem Root-Benutzer des Systems übereinstimmen (beziehungsweise sollte es dies auch nicht)!

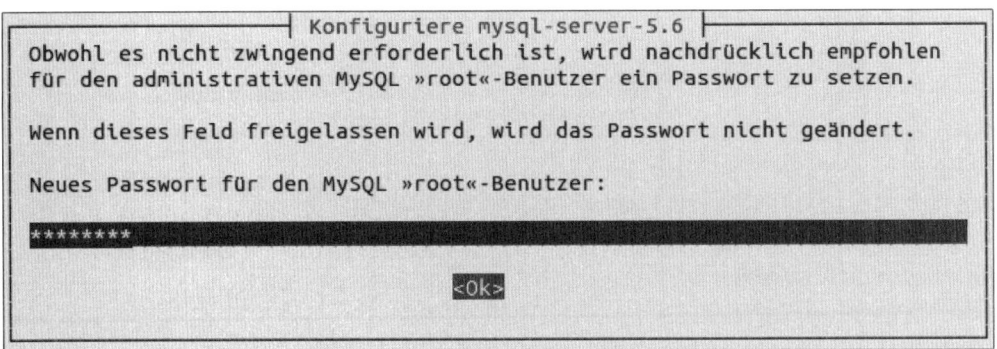

Abbildung 13.2 Abfrage des Kennworts für den »Root-Benutzer«

Direkt nach der Installation nimmt MySQL seinen Dienst auf und Sie können sich mit dem soeben eingerichteten Root-Benutzer am lokalen DBMS anmelden.

13.4.2   Grundkonfiguration

Die Konfiguration von MySQL erfolgt in der Datei */etc/mysql/my.cnf*. Nach der Installation finden Sie dort den Inhalt aus Listing 13.39 (hier gekürzt):

```
!includedir /etc/mysql/conf.d/
!includedir /etc/mysql/mysql.conf.d/
```

Listing 13.39 Inhalt der zentralen Konfigurationsdatei »/etc/mysql/my.cnf«

Dort werden nur die Verzeichnisse *conf.d* und *mysql.conf.d* inkludiert. Im Letzteren finden Sie dann auch die tatsächliche Konfigurationsdatei */etc/mysql/mysql.conf.d/mysqld.cnf*.

Standardmäßig läuft MySQL auf dem Port 3306 und ist nur an den Localhost (127.0.0.1) gebunden. Falls Sie sich von einem anderen System aus direkt mit Ihrem Datenbank-Server verbinden wollen, müssen Sie den Parameter bind-address in die IP-Adresse Ihres Servers ändern. Alle übrigen Parameter können Sie auf der Standardeinstellung belassen.

13.4.3   Anmeldung am DBMS

Ebenso wie bei SQLite empfiehlt es sich, zum Anlegen einer Datenbank eine Datei anzulegen. Auch mit MySQL können Sie die SQL-Statements über die Bash in das Client-Programm mysql umleiten, sodass die Statements der Reihe nach verarbeitet werden. Wir zeigen Ihnen hier aber die »klassische« Variante – direkt auf der interaktiven Shell.

Da MySQL eine Rechteverwaltung besitzt, müssen Sie sich stets anmelden. Dafür verwenden wir den Root-Benutzer, den wir zur Installation angelegt hatten. In Listing 13.40 sehen Sie den typischen Aufruf zur Anmeldung:

```
daniel@db:~$ mysql -u root -p
Enter password:
Welcome to the MySQL monitor.  Commands end with ; or \g.
Your MySQL connection id is 4
Server version: 5.6.28-1ubuntu3 (Ubuntu)

Copyright (c) 2000, 2015, Oracle and/or its affiliates. All rights reserved.

Oracle is a registered trademark of Oracle Corporation and/or its
affiliates. Other names may be trademarks of their respective
owners.

Type 'help;' or '\h' for help. Type '\c' to clear the current input statement.

mysql>
```

Listing 13.40 Am DBMS mit »mysql« anmelden

Nach dem Parameter -u erwartet mysql den Benutzernamen (im Beispiel root). Mit dem Parameter -p geben Sie an, dass nach dem Passwort gefragt werden soll. Nach der Eingabe des korrekten Passworts gelangen Sie auf die interaktive Shell, was am mysql> zu erkennen ist. Um die interaktive Shell zu beenden, können Sie den Befehle exit oder quit verwenden – ebenso können Sie die Verarbeitung mit dem Tastenkürzel ⌷Strg⌷ + ⌷C⌷ abbrechen.

[!]

Passwort-Übergabe beim Aufruf

Mit dem Parameter -p können Sie auch das Passwort direkt mit angeben. Dazu müssen Sie es ohne Leerzeichen hinter dem Parameter eingeben. Wenn das Passwort GeHeIm lautet, müsste der Aufruf also zum Beispiel mysql -u root -pGeHeIm lauten. Beachten Sie aber, dass dies ein Sicherheitsrisiko darstellt – vor allem, wenn Sie mit dem Root-Benutzer arbeiten!

Wenn Sie sich mit einem entfernten MySQL-Server verbinden wollen, können Sie dies mit den Parametern -h <SERVER> und, falls der Port vom Standard abweicht, -P <PORT> erreichen.

13

13.4.4   Benutzer anlegen und Rechte vergeben

Wie bereits erwähnt, verfügt MySQL über eine umfangreiche Rechteverwaltung. Darüber können Sie für Datenbanken oder sogar einzelne Tabellen Benutzer anlegen und berechtigen. Es empfiehlt sich für DBMS, ebenso wie für ein System selbst, für jeden Zweck einen eigenen Nutzer mit abgestimmten Rechten anzulegen – schließlich läuft der MySQL-Server auch nicht unter dem Benutzer *www-user*.

Um einen neuen Benutzer anzulegen, verwenden Sie den Befehl CREATE USER. Melden Sie sich als Root-Benutzer an der Datenbank an, und führen Sie den Befehl aus Listing 13.41 aus, um den Benutzer *daniel* anzulegen:

```
mysql> CREATE USER 'daniel'@'localhost' IDENTIFIED BY 'GeHeIm';
Query OK, 0 rows affected (0,00 sec)
```

Listing 13.41 Den neuen Benutzers »daniel« anlegen

Mit dem Befehl aus Listing 13.41 wird der Benutzer daniel auf dem lokalen System angelegt. Zusätzlich wird ihm das Passwort GeHeIm zugewiesen – mit diesem Passwort kann sich der Benutzer zukünftig an dem DBMS anmelden.

Ein Benutzer allein kann aber noch nicht viel, da ihm die Rechte fehlen. Um dies zu ändern, führen Sie den Befehl aus Listing 13.42 aus:

```
mysql> GRANT ALL PRIVILEGES ON *.* TO 'daniel'@'localhost';
Query OK, 0 rows affected (0,00 sec)
```

Listing 13.42 Rechte für den Benutzer »daniel« vergeben

Mit dem Befehl GRANT (zu Deutsch *gewähren*) erteilen Sie Berechtigungen. Mit ALL PRIVILEGES räumen Sie dem betreffenden Benutzer alle Rechte ein – wirklich alle, nicht nur das Anlegen, sondern auch das Löschen und wiederum die Rechtevergabe selbst. Nach dem Schlüsselwort ON erwartet der Befehl die Angabe von Datenbank und Tabelle, durch einen Punkt getrennt. Im Beispiel haben wir dem Benutzer Zugriffsrechte auf alle Datenbanken und alle Tabelle eingeräumt, was durch das Sternchen als Wildcard erfolgt ist. Nach dem Schlüsselwort TO wird festgelegt, für wen diese Freigaben eingerichtet werden. Auch dies wird wieder als Wertepaar angegeben: Auf den Benutzer folgt ein At-Zeichen und das System, von dem aus der Zugriff erfolgt. Dabei müssen sowohl der Benutzername als auch der Systemname mit einfachen Hochkommata umschlossen werden.

Damit die soeben eingeräumten Rechte auch vom MySQL-Server angewandt, werden müssen Sie ihm die Änderungen mitteilen. Dafür müssen Sie einmal den Befehl aus Listing 13.43 absetzen:

```
mysql> FLUSH PRIVILEGES;
Query OK, 0 rows affected (0,00 sec)
```

Listing 13.43 Rechte anwenden

Privilegien

Im Beispiel haben wir dem Benutzer *daniel* einfach volle Rechte eingeräumt – selbstverständlich können Sie (und sollten Sie) dies feiner granulieren. Nachstehend haben wir die gängigsten Privilegien aufgeführt, die Sie vergeben können:

▶ ALL PRIVILEGES
Damit gewähren Sie einem Benutzer volle Zugriffsrechte auf dem DBMS. Damit sollten Sie vorsichtig sein, da Sie so (fast) einen zweiten Root-Benutzer erstellen.

▶ CREATE
Erlaubt es dem Benutzer, neue Elemente anzulegen, wie Datenbanken, Tabellen oder Benutzer.

▶ DROP
Erlaubt es, Elemente zu löschen, wie Datenbanken, Tabellen oder Benutzer.

▶ DELETE
Erlaubt das Löschen von Objekten aus einer Tabelle.

▶ INSERT
Erlaubt das Hinzufügen von Objekten in eine Tabelle.

▶ SELECT
Erlaubt es, Abfragen zu stellen.

▶ UPDATE
Erlaubt das Aktualisieren von Elementen in einer Tabelle.

▶ GRANT OPTION

Erlaubt das Vergeben oder Entfernen von Rechten anderer Benutzer.

Wie Sie sehen, sind die Rechte, die Sie vergeben können, relativ sprechend und heißen in der Regel so wie die entsprechenden Funktionen, die Sie erlauben.

Zur Verdeutlichung der Syntax haben wir Ihnen diese nochmals in Listing 13.44 dargestellt:

```
GRANT <TYPE> ON <DATABASE>.<TABLE> TO '<USER>'@'localhost';
```

Listing 13.44 Syntax der Rechtevergabe mit »GRANT«

Wenn Sie mehrere Rechte auf einmal vergeben wollen, müssen Sie den Befehl aus Listing 13.44 nicht mehrfach pro Privileg ausführen. Sie können im Platzhalter <TYPE> auch einfach mehrere Werte angeben, die Sie durch Kommata trennen.

Rechte entziehen

Um einem Benutzer Rechte zu entziehen, verwenden Sie den Befehl REVOKE (zu Deutsch *entziehen*). Dieser Befehl folgt der gleichen Syntax wie der GRANT-Befehl. Sie sehen ihn in Listing 13.45:

```
REVOKE <TYPE> ON <DATABASE>.<TABLE> FROM '<USER>'@'localhost';
```

Listing 13.45 Syntax zum Entziehen von Rechten mit »revoke«

Um dem bereits angelegten Benutzer daniel das Recht zu entziehen, Datenbanken und Tabellen zu löschen (DROP), müssten Sie den Befehl aus Listing 13.46 absetzen:

```
mysql> REVOKE DROP ON *.* FROM 'daniel'@'localhost';
Query OK, 0 rows affected (0,00 sec)

mysql> FLUSH PRIVILEGES;
Query OK, 0 rows affected (0,00 sec)
```

Listing 13.46 Dem Benutzer »daniel« das Recht »DROP« entziehen

Wie Sie in Listing 13.46 sehen, wurde nach dem Entziehen der Rechte erneut der Befehl zur Aktualisierung der Rechte (FLUSH PRIVILEGES) abgesetzt, damit die Änderungen direkt umgesetzt werden.

Angemeldete Benutzer

Leider werden die vergebenen Rechte von MySQL nur zur Anmeldung geladen. Wirklich wirksam werden die Änderungen erst, wenn sich der betroffene Benutzer neu am DBMS anmeldet. Beachten Sie dies, um keine böse Überraschung zu erleben.

Versucht nun der Benutzer daniel, eine Datenbank zu entfernen, wird er dezent von MySQL auf die fehlenden Rechte hingewiesen:

```
mysql> DROP DATABASE dists;
ERROR 1044 (42000): Access denied for user 'daniel'@'localhost' to database 'dists'
```

Listing 13.47 Fehlermeldung bei fehlenden Rechten

Benutzer löschen

Um einen vorhandenen Benutzer wieder zu entfernen, verwenden Sie, wie Sie sich vielleicht bereits denken können, den Befehl DROP gefolgt vom Kontext USER. Die Syntax ist damit fast komplett, es fehlt lediglich die Angabe des Benutzer und des Systems. Das System wird von Hochkommata umschlossen und durch ein At-Zeichen getrennt angegeben:

```
DROP USER <USER>@'localhost';
```

Listing 13.48 Syntax zum Löschen eines Benutzers

Passwort ändern

Natürlich können Sie auch einmal vergebene Passwörter ändern. Dafür verwenden Sie den Befehl SET PASSWORD FOR, gefolgt vom Benutzer und System (wie gewohnt). Anschließend wird das Passwort mit der Funktion PASSWORD(<PW>) angegeben. Listing 13.49 zeigt, wie das Passwort für den Benutzer daniel auf dem lokalen System in GeHeImEr! geändert wird:

```
mysql> SET PASSWORD FOR 'daniel'@'localhost' = PASSWORD('GeHeImEr!');
Query OK, 0 rows affected (0,00 sec)

mysql> FLUSH PRIVILEGES;
Query OK, 0 rows affected (0,00 sec)
```

Listing 13.49 Passwort eines vorhandenen Benutzers ändern

Auch hier wurde nach dem Ändern des Passworts erneut der Befehl zum Neusetzen der Privilegien abgesetzt, damit die Änderungen auch wirksam werden.

Zugriff über das Netzwerk

Wie wir bereits erörtert haben, können Sie sich von entfernten Systemen direkt mit dem DBMS verbinden, wenn Sie in der Konfigurationsdatei */etc/mysql/mysql.conf.d/mysqld.cnf* den Parameter *bind-address* in die IP-Adresse des Systems geändert haben. Bisher haben wir den Benutzer daniel lediglich für den Zugriff von localhost aus eingerichtet. Daher kann sich dieser Benutzer nur vom lokalen System, auf dem das DBMS läuft, mit dem DBMS verbinden.

Versucht der Benutzer eine Verbindung von einem entfernten System, erhält er eine Abfuhr, wie in Listing 13.50 zu sehen ist:

```
daniel@ubuntu:~$ mysql -u daniel -pGeHeImEr! -h db.example.com
ERROR 1130 (HY000): Host '192.168.0.2' is not allowed to connect to this MySQL server
```

Listing 13.50 Kein Zugriff von außen

Wie Sie in Listing 13.50 sehen, versucht der Benutzer daniel von einem externen System aus auf das DBMS zuzugreifen. Entscheidend ist hier der Hinweis, dass die Verbindung von 192.168.0.2 (der IP-Adresse des Clients, von dem die Verbindung aufgebaut wurde) nicht erlaubt ist.

Um nun einen Zugriff vom externen System 192.168.0.2 zu ermöglichen, sind alle Befehle aus Listing 13.51 notwendig:

```
mysql> CREATE USER 'daniel'@'192.168.0.2' IDENTIFIED BY 'GeHeIm';
Query OK, 0 rows affected (0,00 sec)

mysql> GRANT select, insert, delete, update ON dists.* TO 'daniel'@'192.168.0.2';
Query OK, 0 rows affected (0,00 sec)

mysql> FLUSH PRIVILEGES;
Query OK, 0 rows affected (0,00 sec)
```

Listing 13.51 Benutzer für den Zugriff von außen anlegen

Wie Sie in Listing 13.51 sehen, wird ein **neuer** Benutzer angelegt – ja ganz recht, MySQL verwaltet pro Zugriffspunkt einen eigenen Benutzer. Daher können dem gleichen Benutzernamen auch unterschiedliche Passwörter zugeordnet sein, je nachdem, von welchem System aus sich der Benutzer verbindet.

Um dieses Hindernis zu umgehen, können Sie aber auch einen Benutzer für alle Systeme anlegen. Dafür verwenden Sie das Wildcard-Zeichen: %. Im Übrigen wurde der neue Benutzer mit eingeschränkten Rechten erstellt, und diese Rechte wurden nur auf Tabellen in der Datenbank dists gewährt.

In Listing 13.52 sehen Sie, wie Sie einen Benutzer für den Zugriff von allen möglichen Systemen aus erzeugen:

```
mysql> CREATE USER 'daniel'@'%' IDENTIFIED BY 'RiChTiG-GeHeIm';
Query OK, 0 rows affected (0,01 sec)

mysql> GRANT select, insert, delete, update ON dists.* TO 'daniel'@'%';
Query OK, 0 rows affected (0,00 sec)

mysql> FLUSH PRIVILEGES;
Query OK, 0 rows affected (0,00 sec)
```

Listing 13.52 Benutzer anlegen, der von diversen externen Systemen aus Datenbankzugriff erhält

> **[!]**
> **Doppelte Benutzer**
>
> Wenn Sie unserem Beispiel gefolgt sind, existieren auf dem DBMS nun mehrere Benutzer namens daniel mit unterschiedlichen Passwörtern: für localhost = GeHeIm, für 192.168.0.2 = GeHeImEr! und für % = RiChTiG-GeHeIm. Bei der Authentifizierung wendet MySQL stets den engsten Treffer an. Das heißt bei der Anmeldung vom lokalen System aus muss das Passwort GeHeIm verwendet werden! Beachten Sie dies, oder entfernen Sie die nicht benötigten Benutzer mit DROP USER.

Einen Überblick über die Benutzer erhalten

Wie bereits erwähnt, erfolgt die Konfiguration des DBMS als Datenbank selbst. Daher können wir auch über SELECT-Statements abfragen, welche Benutzer auf dem DBMS eingerichtet sind und über welche Rechte diese verfügen.

Im Beispiel aus Listing 13.53 sehen Sie die Abfrage der angelegten Benutzer (vor der Löschung der doppelten). Da es sich um eine gewöhnliche Abfrage handelt, können Sie diese auch (zur besseren Lesbarkeit) sortieren lassen.

```
mysql> SELECT user,host FROM mysql.user ORDER BY user;
+------------------+--------------+
| user             | host         |
+------------------+--------------+
| daniel           | localhost    |
| daniel           | 192.168.0.2  |
| daniel           | %            |
| debian-sys-maint | localhost    |
| root             | localhost    |
| root             | db           |
| root             | 127.0.0.1    |
| root             | ::1          |
+------------------+--------------+
8 rows in set (0,00 sec)
```

Listing 13.53 Benutzer abfragen

Um die jeweiligen Rechte angezeigt zu bekommen, müssen Sie den Befehl SHOW GRANTS verwenden. Wenn Sie ihn ohne weitere Parameter als Root-Benutzer absetzen, erhalten Sie die Ausgabe aus Listing 13.54:

```
mysql> SHOW GRANTS;
+-----------------------------------------------------------------------------+
| Grants for root@localhost                                                   |
+-----------------------------------------------------------------------------+
| GRANT ALL PRIVILEGES ON *.* TO 'root'@'localhost' IDENTIFIED BY PASSWORD \  |
```

```
|   '*BB87202BF08608C54F4A330FB2314FFE9E6A9450' WITH GRANT OPTION        |
| GRANT PROXY ON ''@'' TO 'root'@'localhost' WITH GRANT OPTION           |
+-----------------------------------------------------------------------+
2 rows in set (0,00 sec)
```

Listing 13.54 Die Rechte des angemeldeten Benutzers anzeigen

Ohne weiteren Parameter interpretiert der Befehl dies als Aufforderung, die Rechte des zur Zeit angemeldeten Benutzers auszugeben. Selbstverständlich können Sie auch Rechte aller weiteren Benutzer ausgeben lassen, wie in Listing 13.55 dargestellt:

```
mysql> SHOW GRANTS FOR 'daniel'@'%';
+----------------------------------------------------------------------------+
| Grants for daniel@192.168.0.2                                              |
+----------------------------------------------------------------------------+
| GRANT USAGE ON *.* TO 'daniel'@'%' IDENTIFIED BY PASSWORD '*77B5A9312DE4617[...]' |
| GRANT SELECT, INSERT, UPDATE, DELETE ON `dists`.* TO 'daniel'@'%'          |
+----------------------------------------------------------------------------+
2 rows in set (0,00 sec)
```

Listing 13.55 Die Rechte des Benutzers »daniel« anzeigen

Im Übrigen wird das Passwort als Hash ausgegeben (und auch gespeichert) und nicht im Klartext. Wenn ein Benutzer die Abfrage der Rechte absetzt, erhält er im Übrigen nicht die Ausgabe des Passwort-Hashs, sondern lediglich den Platzhalter <secret>:

```
mysql> SHOW GRANTS;
+------------------------------------------------------------------+
| Grants for daniel@%                                              |
+------------------------------------------------------------------+
| GRANT USAGE ON *.* TO 'daniel'@'%' IDENTIFIED BY PASSWORD <secret> |
| GRANT SELECT, INSERT, UPDATE, DELETE ON `dists`.* TO 'daniel'@'%'  |
+------------------------------------------------------------------+
2 rows in set (0.00 sec)
```

Listing 13.56 Die Rechte des Benutzers als Benutzer abfragen

13.4.5   Backup und Restore

Auch wenn Sie Ihre Daten zentral in einer Datenbank vorhalten, kommen Sie um eine Datensicherung nicht herum. Um eine Sicherung einer Datenbank zu erstellen, wird das Programm mysqldump verwendet. Dieses ist Bestandteil des Pakets *mysql-client* und durch die Installation des Servers bereits vorhanden.

Die Datensicherung einer Datenbank wird als *Dump* bezeichnet. Um einen Dump zu erstellen, müssen Sie lediglich den Befehl aus Listing 13.57 absetzen:

```
daniel@db:~$ mysqldump -u root -p dists > sicherung.sql
Enter password:
```

Listing 13.57 Sicherung der Datenbank »dists« erstellen

Mit dem Parameter -u übergeben Sie mysqldump den Benutzer, unter dem die Sicherung ausgeführt werden soll (im Beispiel root). Mit dem Parameter -p legen Sie fest, dass nach dem Passwort gefragt werden soll – analog zu mysql können Sie hier das Passwort auch ohne Leerzeichen direkt mit angeben, z. B. für eine Sicherung in einem Skript. Anschließend geben Sie die Datenbank an, die Sie sichern wollen (im Beispiel dists). Über die Konsolenumlenkung mit > wird die Ausgabe in die Datei *sicherung.sql* geschrieben.

Schauen wir uns die soeben erzeugte Sicherung etwas genauer an. Darin finden Sie viele Kommentare, die für einzelne Zeilen mit einem doppelten Minus (--) eingeleitet werden oder für Absätze mit einem /* eingeleitet und mit */ beendet werden. Eine gekürzte Fassung ohne Kommentare haben wir in Listing 13.58 abgedruckt:

```
DROP TABLE IF EXISTS `ubuntu`;
CREATE TABLE `ubuntu` (
  `id` int(11) NOT NULL AUTO_INCREMENT,
  `version` varchar(5) DEFAULT NULL,
  `lts` tinyint(1) DEFAULT NULL,
  `codename` varchar(20) DEFAULT NULL,
  `release_date` date DEFAULT NULL,
  PRIMARY KEY (`id`)
) ENGINE=InnoDB AUTO_INCREMENT=25 DEFAULT CHARSET=latin1;

LOCK TABLES `ubuntu` WRITE;
INSERT INTO `ubuntu` VALUES (1,'4.10',0,'Warty War[…]
UNLOCK TABLES;
```

Listing 13.58 Auszug aus dem Inhalt der Sicherung

Die Sicherung wird von mysqldump in SQL-Statements erstellt. Daher wird über die erste Zeile zunächst die Tabelle ubuntu gelöscht, falls diese existiert (DROP IF EXISTS). Anschließend wird sie neu angelegt – hier sind deutlich mehr Informationen zur Tabelle angegeben, als wir ursprünglich definiert haben, was den Detailgrad von mysqldump verdeutlicht. Falls sich Standards ändern oder Sie das Backup auf einem anderen System einspielen wollen, wird somit sichergestellt, dass die Daten lesbar bleiben. Vor dem eigentlichen Hinzufügen der Daten wird die Tabelle mit LOCK TABLES <TABLE> write für Schreibzugriffe gesperrt. Dies ist notwendig, um sicherzustellen, dass das Backup auch vollständig eingespielt wird und nicht bereits während der Verarbeitung verändert wird. Nun folgt ein äußert langes INSERT-Statement, mit dem die eigentlichen Daten wiederhergestellt werden. Zu guter Letzt wird die Sperrung mit UNLOCK TABLES wieder aufgehoben.

[+]

Sperrung der Datenbank

Um ein konsistentes Backup der Datenbank zu erzeugen, sperrt das Programm mysqldump die Datenbank. Während das Backup erzeugt wird, ist ein normaler Zugriff auf die Datenbank nicht möglich! Beachten Sie dies, bevor Sie größere Installationen mit mysqldump sichern.

Wiederherstellung eines Dumps

Um den erstellten Dump wiederherzustellen, verwenden wir einfach das bereits mehrfach eingesetzte mysql. In Listing 13.59 sehen Sie den entsprechenden Befehl:

```
daniel@db:~$ mysql -u root -p dists < sicherung.sql
Enter password:
```

Listing 13.59 Wiederherstellung des Dumps »sicherung.sql«

Wie gewohnt wird mysql mit -u der Benutzer, mit -p das Passwort (beziehungsweise die Tatsache, dass das Passwort abgefragt werden soll) und die zu bearbeitende Datenbank dists übergeben. Mit der Konsolenumlenkung < wird der Inhalt aus *sicherung.sql* an das Programm übergeben. Mit den Programmen mysqldump und mysql können Sie so sehr einfach Datensicherungen erstellen und diese wiederherstellen. Dies können Sie in einem Skript verpacken und zum Beispiel über Cron jede Nacht ausführen lassen.

Wiederherstellung bis zu einem Punkt: »Point-In-Time-Recovery«

In einigen Umgebungen ist ein nächtliches Backup ausreichend. Geht etwas schief, können Sie die Version vom Vortag einspielen und der Tag ist gerettet. Bei Umgebungen, in denen viele Daten – vielleicht sogar mehrfach pro Minute oder Sekunde – in einer Datenbank geändert werden, ist dies natürlich keine Option. Dafür wurde die *Point-In-Time-Recovery* geschaffen. Sie ermöglicht es Ihnen, Datenbanken bis zu einem bestimmten Punkt wiederherzustellen und nicht nur bis zum letzten Backup. Dafür sind aber ein paar weitere Konfigurationen erforderlich.

Damit die Daten bis zu einem bestimmten Punkt wiederhergestellt werden können, muss protokolliert werden, welche Änderungen vorgenommen wurden. Dies geschieht im sogenannten binary-log, was standardmäßig deaktiviert ist. Um es zu aktivieren, müssen Sie sicherstellen, dass die Zeilen aus Listing 13.60 in der Datei */etc/mysql/mysql.conf.d/mysqld.cnf* vorhanden und nicht auskommentiert sind. Nach einem Neustart des Dienstes mit sudo systemctl restart mysqld erzeugt MySQL die entsprechenden Logdateien.

```
log_bin           = /var/log/mysql/mysql-bin.log
expire_logs_days  = 10
max_binlog_size   = 100M
```

Listing 13.60 Aktivieren des »binary-log« in »mysqld.cnf«

13

Nach dem Neustart legt MySQL die Dateien *mysql-bin.index* und *mysql-bin.000001* im Verzeichnis */var/log/mysql/* an. Die Index-Datei enthält den Verweis auf das zurzeit verwendete Binary-Log. Das eigentliche Log wird in den Dateien *mysql-bin.<SUFFIX>* gespeichert. Um die Logdateien zu rotieren, müssen Sie beim Backup mit mysqldump die Schalter --flush-logs und --single-transaction so angeben, wie in Listing 13.61 dargestellt:

```
daniel@db:~$ mysqldump --flush-logs --single-transaction -u root -p dists > \
backup-20160403.sql
```

Listing 13.61 Erstellen eines Dumps und Zurücksetzen der Logs

In Listing 13.61 wurde die Sicherung der Datenbank dists in die Datei *backup-20160403.sql* geschrieben. Dank der Parameter zur Rotation finden Sie nun das neue gültige Binary-Log *mysql-bin.000002* im Verzeichnis */var/log/mysql/*. Dies ist notwendig, da die Binary-Logs standardmäßig nur 10 Tage lang vorgehalten werden.

Um den Inhalt der Binary-Logs anzuzeigen, können Sie das Programm mysqlbinlog so verwenden, wie in Listing 13.62 dargestellt:

```
daniel@db:~$ sudo mysqlbinlog --database=dists /var/log/mysql/mysql-bin.000002
```

Listing 13.62 Anzeigen des Binary-Logs mit »mysqlbinlog«

Mit dem Parameter --database=<DB> wird in Listing 13.62 die Datenbank angegeben, für die die Ausgabe erfolgen soll. Anschließend wird das Log angegeben. Beachten Sie, dass der Befehl mit Root-Rechten ausgeführt werden muss, da normale Benutzer keine Leserechte auf die Binary-Logfiles besitzen. Die Ausgabe haben wir Ihnen gekürzt in Listing 13.63 dargestellt:

```
# at 782
#160403 15:47:05 server id 1  end_log_pos 887 CRC32 0x183698c3  Query  thread_id=16 \
 exec_time=0      error_code=0
SET TIMESTAMP=1459691225/*!*/;
DELETE FROM ubuntu WHERE id=5
/*!*/;
```

Listing 13.63 Gekürzte Ausgabe des »mysqlbinlog«

Wie Sie sehen, ist die Ausgabe nicht gerade leserlich, aber die relevanten Informationen sind enthalten. Die erste Zeile gibt den Punkt an, an dem die folgende Aktion durchgeführt wurde (782). In der vorletzten Zeile sehen Sie das abgesetzte Statement, die Löschung der Zeile mit der id=5 aus der Tabelle ubuntu.

Wollen Sie nun die Zeile wiederherstellen, müssen Sie wie folgt vorgehen:

▶ Wiederherstellung des letzten Backups: backup-20160403.sql

▶ Wiederherstellung aller Änderungen bis zum Punkt 782

Die Wiederherstellung des letzten Backups erfolgt mit mysql so, wie in Listing 13.64 dargestellt:

```
daniel@db:~$ mysql -u root -p dists < backup-20160403.sql
Enter password:
```

Listing 13.64 Einspielen des letzten Dumps »mysql«

Nun können die Änderungen bis zur Position 782 eingespielt werden:

```
daniel@db:~$ sudo mysqlbinlog --database=dists /var/log/mysql/mysql-bin.000002 \
--stop-position=782 | mysql -u root -p
```

Listing 13.65 Einspielen der Änderungen bis Position »782«

Mit dem zusätzlichen Parameter --stop-position=<POSITION> wird angegeben, bis zu welcher Position die Wiederherstellung erfolgen soll. Durch eine Konsolenumlenkung mit der Pipe werden die Ausgaben direkt an mysql übergeben.

13.5   MySQL komfortabel: »phpMyAdmin«

Die Administration von Datenbanken – gerade wenn es mehr als eine Datenbank mit einer Tabelle ist – wird schnell zur Sisyphusaufgabe. Um Ihnen das Leben etwas zu erleichtern, wollen wir Ihnen nun einen mächtigen Helfer vorstellen: *phpMyAdmin*.

Dieses Webinterface bezeichnet sich selbst lapidar als *MySQL web administration tool*, was zwar korrekt ist, seinen umfangreichen Möglichkeiten aber bei Weitem nicht gerecht wird. In diesem Abschnitt wollen wir Ihnen das Tool etwas näher vorstellen.

13.5.1   Installation

phpMyAdmin ist in PHP geschrieben und ist daher eine Web-Applikation, wird aber als eigenes Paket in den Paketquellen angeboten. Dadurch erfolgt während der Installation auch direkt die Konfiguration, allerdings geschieht dies nur automatisiert für die Webserver *apache2* und *lighttpd*.

Wenn Sie bereits über eine Webserver-Installation verfügen, genügt es sudo apt-get install phpmyadmin auszuführen. Dabei werden (leider) nicht alle Abhängigkeiten aufgelöst – worauf wir aber entsprechend hinweisen.

In diesem Abschnitt betreiben wir *phpMyAdmin* auf einem *Apache2*-Webserver mit *PHP7*. Dafür wurden die Pakete wie folgt installiert: sudo apt-get install apache2 php7.0 php7.0-mysql php7.0-mbstring. Beachten Sie daher, dass eventuell einige Konfigurationen an Ihre Umgebung angepasst werden müssen, falls Sie keinen Apache2 einsetzen.

Während der Installation werden Sie gefragt, für welchen Webserver *phpMyAdmin* automatisch konfiguriert werden soll, (siehe Abbildung 13.3).

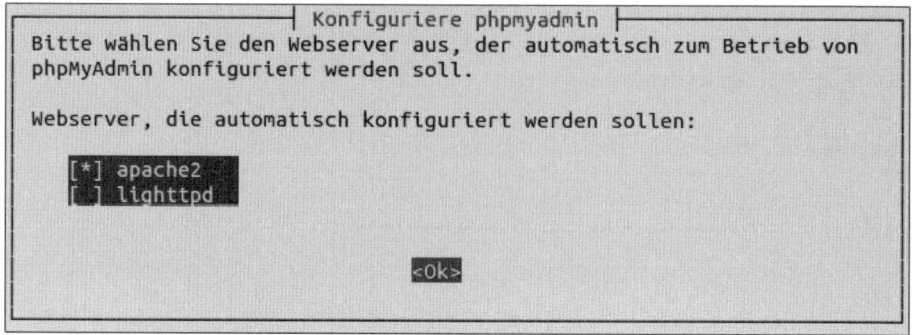

Abbildung 13.3 Auswahl des Webservers

Anschließend werden Sie gefragt, ob die Konfiguration der *phpMyAdmin*-Datenbank, die zum Betrieb benötigt wird, über dbconfig-common erfolgen soll. Da wir dies wollen, wählen Sie Ja (siehe Abbildung 13.4).

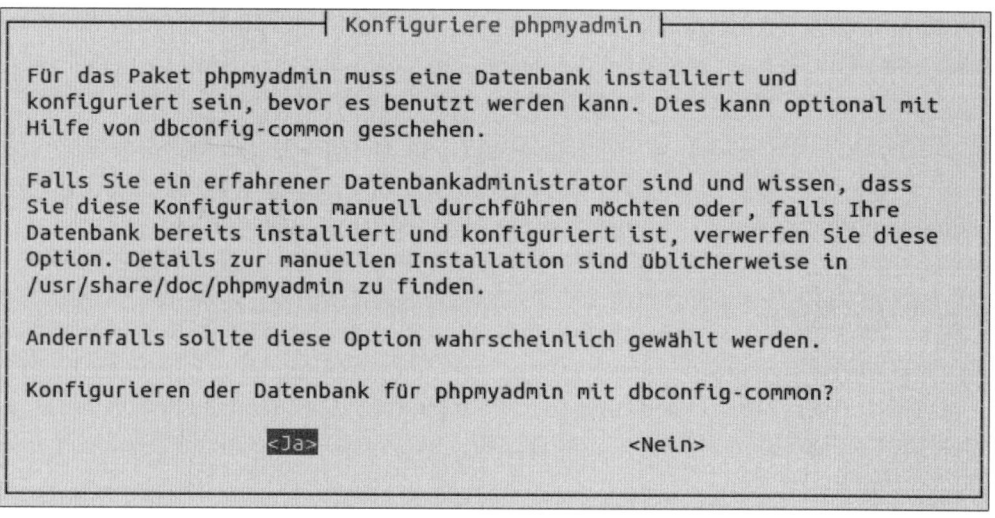

Abbildung 13.4 Abfrage zur Verwendung von »dbconfig-common«

Zu guter Letzt werden Sie aufgefordert, ein Passwort für den Datenbankbenutzer von *phpMyAdmin* zu vergeben. Entsprechend dem Hinweis, dass bei keiner Eingabe ein zufälliges Passwort gewählt wird, lassen wir im Beispiel das Feld einfach leer (siehe Abbildung 13.5). Damit erhöhen Sie die Sicherheit, da Sie sich (im Regelfall) nie mit dem Datenbankbenutzer von phpMyAdmin am DBMS anmelden müssen.

```
┤ Konfiguriere phpmyadmin ├
Bitte geben Sie ein Passwort ein, mit dem sich phpmyadmin beim
Datenbankserver anmelden kann. Falls Sie das Feld frei lassen, wird
automatisch ein zufälliges Passwort erzeugt.

MySQL-Anwendungspasswort für phpmyadmin:

████████████████████████████████████████████████████████

        <Ok>                        <Abbrechen>
```

Abbildung 13.5 Passwortvergabe für den »phpMyAdmin«-Datenbankbenutzer

Für die Vollständigkeit: Dieser Schritt legt auf Ihrem DBMS den Benutzer phpmyad-min@localhost an, vergibt das Passwort und richtet die Berechtigungen ein.

13.5.2   Das Webinterface

Nun können Sie *phpMyAdmin* direkt über die URL *http://<SERVER>/phpmyadmin* aufrufen. Wählen Sie die Sprache (per Default ist Englisch eingestellt), und geben Sie Ihre DBMS-Anmeldedaten so wie in Abbildung 13.6 ein.

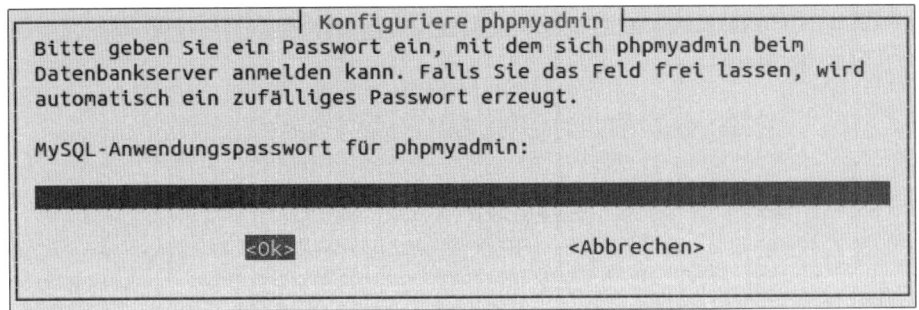

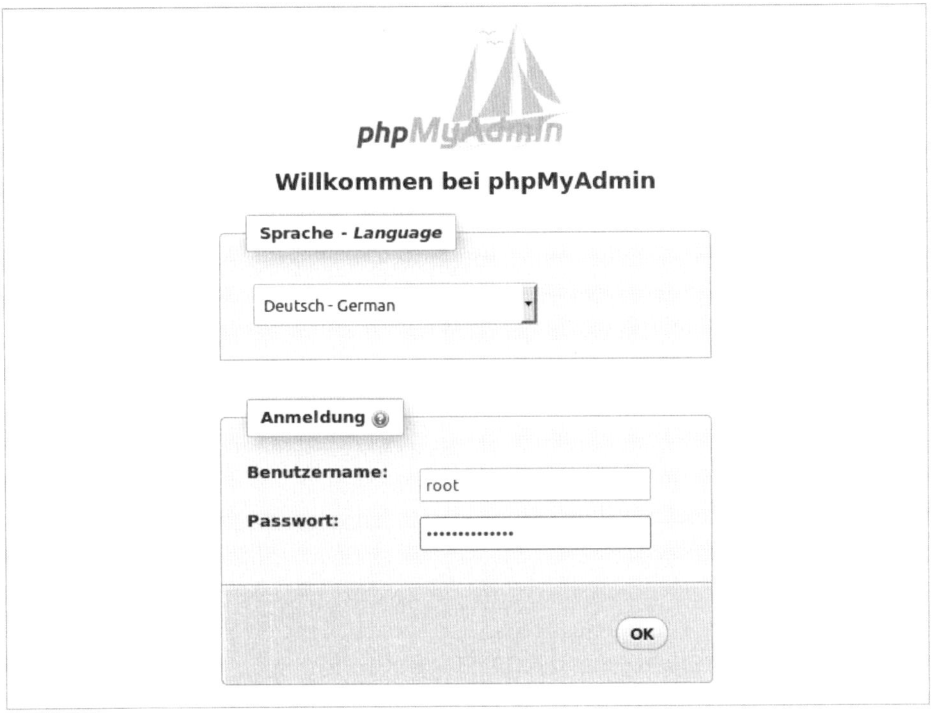

Willkommen bei phpMyAdmin

Sprache - *Language*

Deutsch - German

Anmeldung

Benutzername: root

Passwort: ....

OK

Abbildung 13.6 Anmeldung an »phpMyAdmin«

Nach der erfolgreichen Anmeldung an *phpMyAdmin* öffnet sich die Webanwendung, wie in Abbildung 13.7 dargestellt.

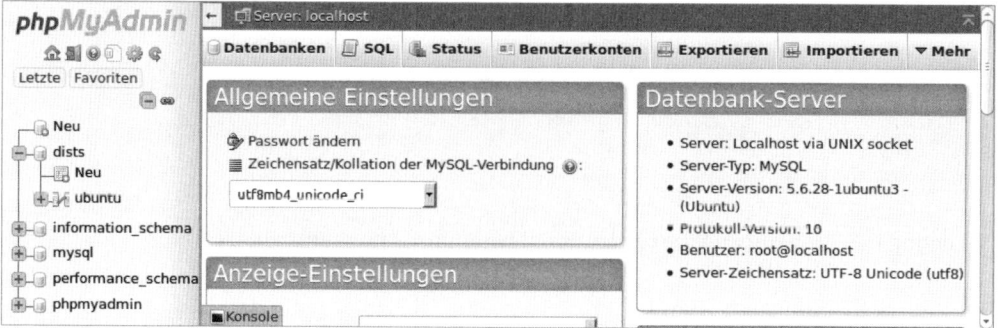

Abbildung 13.7 Startseite von »phpMyAdmin«

Das Fenster ist in mehrere Abschnitte unterteilt. Im linken Bereich finden Sie unterhalb des Logos sechs Symbole – eine Art Hauptmenü, über das Sie zurück zur Startseite gelangen, sich abmelden oder *phpMyAdmin* konfigurieren können. Darunter finden Sie eine Baumstruktur der verfügbaren Datenbanken – je nachdem, mit welchem Benutzer (im Beispiel Root) Sie sich angemeldet haben, ist die Liste länger oder kürzer. Über die Plus- und Minus-Symbole können Sie den Baum auf- oder einklappen und so tiefer in die Struktur springen.

Der rechte Teil des Fensters ändert sich je nach Aktion. Auf der Startseite finden Sie dort ganz oben den Hinweis, mit welchem System Sie verbunden sind (Server: localhost). Über den Pfeil nach links können Sie das rechte Fenster im Übrigen minimieren, um mehr Arbeitsfläche zu enthalten – der Pfeil wechselt dann die Richtung, damit Sie das Fenster wieder einblenden können.

Darunter befindet sich das Menü, das auf Registerkarten verteilt ist. Der letzte Menüpunkt (Mehr) klappt auf, wenn Sie mit der Maus darüber fahren. Dort finden Sie noch weitere Menüpunkte, die nicht so häufig benötigt werden. Der untere Teil dieses Fensters passt sich dem jeweils ausgewählten Element an.

Ganz unten finden Sie den Punkt Konsole. Wenn Sie ihn anklicken, fährt eine Konsole hoch. Dort werden die jeweils ausgeführten SQL-Statements aufgelistet – zusätzlich können Sie dort eigene Statements absetzen, aber dazu später mehr.

13.5.3   Daten anzeigen

Wählen Sie zum Beispiel aus dem Menü Datenbanken, anschließend die Datenbank dists und die Tabelle ubuntu aus, wird das Fenster aus Abbildung 13.8 angezeigt.

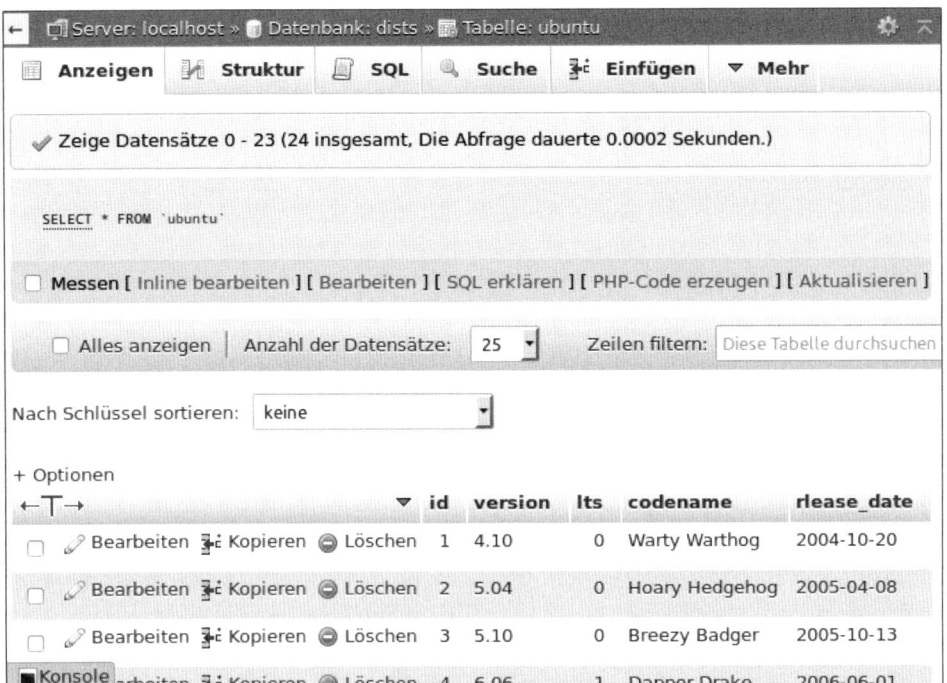

Abbildung 13.8 Ansicht der Tabelle »ubuntu«

Wie Sie sehen, haben sich die entsprechenden Elemente angepasst. So steht zum Beispiel im Menü nicht mehr DATENBANKEN, sondern ANZEIGEN. Nach dem Menü wird zunächst eine Übersicht darüber angezeigt wie viele Daten abgefragt wurden und wie lange die Abfrage gedauert hat. Anschließend ist die Abfrage selbst aufgeführt. Über die Links können Sie sie bearbeiten, sie sich erklären lassen (was an einigen Stellen äußerst hilfreich ist), diese Abfrage als PHP-Code ausgeben lassen (was bei der Entwicklung von PHP-Anwendungen sehr nützlich ist) und die Abfrage beziehungsweise das Ergebnis aktualisieren.

Im nächsten Block können Sie wählen, ob alle Daten angezeigt werden sollen, oder (wie per Default üblich) nur die ersten 25 Elemente. Zusätzlich können Sie hier auch noch Filter angeben – dabei handelt es sich nur um reine Anzeigefilter und nicht etwa um SQL-Abfragen.

In den folgenden Zeilen können Sie noch eine Sortierung festlegen, wobei Sie hier aus einer Vorauswahl der gesetzen Schlüssel wählen können (im Beispiel also nur id, da dies als Primärschlüssel festgelegt wurde). Über die Schaltfläche + OPTIONEN können Sie Optionen ein- und wieder ausblenden lassen.

Nun folgen die eigentlichen Daten. Diese werden als Tabelle dargestellt und können über die jeweiligen Schaltflächen bearbeitet, kopiert oder gelöscht werden. Am Ende der Tabelle können Sie auch eine Stapelverarbeitung auslösen – was bei vielen Änderungen sehr nützlich ist. Ebenso können Sie dort die ausgegebenen Elemente exportieren.

Im folgenden Block Operationen für das Abfrageergebnis können Sie einen Druck, Export, Diagramm oder *View* erzeugen.

Im letzten Block SQL-Abfrage speichern können Sie, falls Sie eine umfangreiche Abfrage erstellt haben, diese unter einem Titel abspeichern, sodass Sie die jeweiligen Ergebnisse leicht wieder abfragen können.

13.5.4   Abfrage bearbeiten

Ein weiterer großer Vorteil von *phpMyAdmin* besteht darin, dass es nicht nur ein einfaches Interface zur Verfügung stellt, sondern Ihnen auch Hilfestellungen leistet.

Bearbeiten Sie zum Beispiel die angezeigte Abfrage mit einem Klick auf Inline-Bearbeiten, so können Sie in dem Eingabefeld, das nun erscheint, direkt anfangen zu tippen. Kontextbezogen macht *phpMyAdmin* Ihnen dann Vorschläge. Dabei werden Ihnen nicht nur Funktionen und Befehle angeboten, sondern auch Bezeichnungen aus der Datenbank, so wie in Abbildung 13.9 dargestellt.

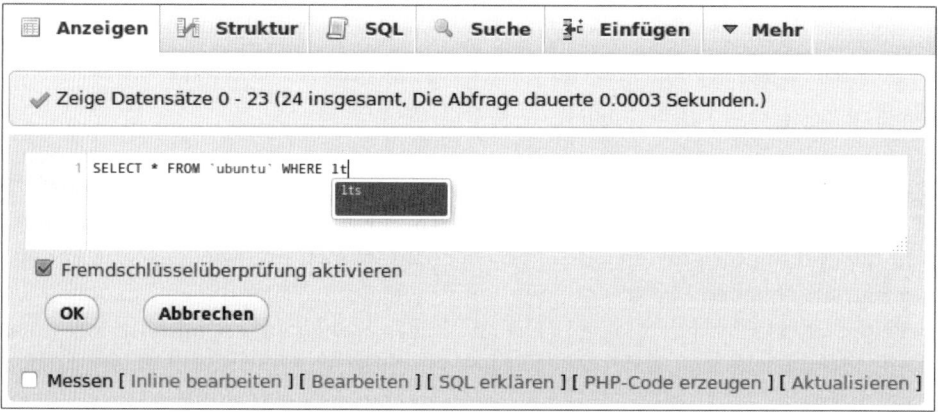

Abbildung 13.9 Hilfestellung bei der Eingabe durch »phpMyAdmin«

Wie Sie sehen, wird Ihnen hier als Spalte direkt `lts` angeboten.

13.5.5   Fazit

Leider können wir Ihnen nicht alle Vorzüge von *phpMyAdmin* vorstellen, da das Tool einfach zu umfangreich ist. Aber Sie haben sicherlich einen Eindruck von den Fähigkeiten bekommen. Gerade um »mal eben« einen Datensatz zu bearbeiten oder sogar um das Schema oder die Struktur einer Tabelle global zu ändern oder auch um komplexe Anfrage zu erstellen, ist dieses Tool die beste Wahl. Schauen Sie sich etwas darin um, und Sie werden überrascht sein, wie intuitiv und mächtig dieses Tool ist.

13.6   Wirklich Open-Source: »MariaDB«

MySQL wurde seit 1994 vom schwedischen Unternehmen *MySQL AB* entwickelt. Dieses Unternehmen wurde 2008 von *Sun Microsystems* übernommen, das wiederum in 2010 von *Oracle* gekauft wurde. Dies hatte zur Folge, dass das Hauptaugenmerk nun auf die Entwicklung der kommerziellen Enterprise-Version gelegt wurde und einige Funktionalitäten in der Open-Source-Variante nicht vorhanden sind.

Aber was hat dies mit *MariaDB* zu tun? Nun, MariaDB ist eine relationale Datenbank, die als Fork von MySQL entstanden ist. Das Projekt wurde vom früheren Hauptentwickler *Ulf Michael Widenius* initiiert, der im Übrigen auch die Storage-Engine *Aria* entwickelt hat. Da Oracle die Markenrechte an MySQL besitzt, mussten neue Namen für das DBMS und dessen Storage-Engines gefunden werden. Der Name MariaDB geht auf die jüngere Tochter von Widenius zurück.

Da MariaDB ein Fork von MySQL ist, sind beide fast identisch. Sie laufen auf dem gleichen Port (3306), unterstützen (fast) die gleichen Statements und Befehle – von außen betrachtet sind sie also identisch. Allerdings unterscheiden sie sich unter der Motorhaube deutlich. MariaDB ist performanter und flexibler als MySQL, zusätzlich werden Änderungen und Neuerungen schneller umgesetzt und weitergegeben. Daher ist es für ambitionierte Administratoren, die eine hohe Performance oder »echte« Open-Source-Software schätzen, eine optimale Wahl. Mittlerweile sind auch viele große Unternehmen von MySQL auf MariaDB umgestiegen, wie etwa *Google* oder *Wikipedia*.

In diesem Abschnitt wollen wir Ihnen MariaDB näherbringen und Ihnen zeigen, wie Sie es auf einem Ubuntu-Server 16.04 LTS betreiben können.

13.6.1   Installation

Selbstverständlich ist auch MariaDB in den Paketquellen enthalten. Analog zu MySQL können Sie einfach das Meta-Paket `mariadb-server` installieren, das stets die aktuelle Version (bei Ubuntu 16.04 LTS die Version 10.0) bereithält.

Im Gegensatz zu MySQL wird bei der Installation von MariaDB nicht direkt eine Konfiguration durchgeführt. Diese müssen Sie anschließend manuell durchführen.

Fehler zur Drucklegung

Eigentlich sollte bei MariaDB analog zu MySQL während der Installation das Passwort des Root-Benutzers abgefragt werden. Bis zur Drucklegung dieses Buches war dies unter Ubuntu 16.04 LTS nicht der Fall. Dies hat aber keine Nachteile, da zur Konfiguration weitere Schritte notwendig sind. Wir hoffen trotzdem, dass der Fehler bald behoben wird.

13.6.2   Konfiguration

Direkt nach der Installation müssen Sie die Grundkonfiguration durchführen. Beenden Sie dafür zunächst den bereits laufenden Dienst mit `sudo systemctl stop mysql` – ja ganz recht, der Daemon von MariaDB heißt *mysql*.

Anschließend führen Sie das Programm *mysql_install_db* mit Root-Rechten aus, um die MariaDB-Datenbanken zu installieren:

```
daniel@db:~$ sudo mysql_install_db
Installing MariaDB/MySQL system tables in '/var/lib/mysql' ...
160403 16:43:11 [Note] /usr/sbin/mysqld (mysqld 10.0.23-MariaDB-2) starting as
process 2714 ...
OK
Filling help tables...
160403 16:43:13 [Note] /usr/sbin/mysqld (mysqld 10.0.23-MariaDB-2) starting as
process 2742 ...
OK


To start mysqld at boot time you have to copy
support-files/mysql.server to the right place for your system

PLEASE REMEMBER TO SET A PASSWORD FOR THE MariaDB root USER !
To do so, start the server, then issue the following commands:

'/usr/bin/mysqladmin' -u root password 'new-password'
'/usr/bin/mysqladmin' -u root -h db password 'new-password'

Alternatively you can run:
'/usr/bin/mysql_secure_installation'

which will also give you the option of removing the test
databases and anonymous user created by default.  This is
strongly recommended for production servers.

[...]
```

Listing 13.66 Installieren von MariaDB-Datenbanken mit »mysql_install_db«

Wie Sie der gekürzten Ausgabe aus Listing 13.66 entnehmen können, sind jetzt noch weitere Schritte notwendig. Um die weitere Konfiguration durchzuführen, müssen Sie nun zunächst den Dienst wieder mit `sudo systemctl start mysql` starten.

Zur weiteren Konfiguration starten Sie nun das Programm `mysql_secure_installation`. Nach dem Start werden Sie durch die Konfiguration geführt (siehe Listing 13.67):

```
daniel@db:~$ sudo mysql_secure_installation

NOTE: RUNNING ALL PARTS OF THIS SCRIPT IS RECOMMENDED FOR ALL MariaDB
      SERVERS IN PRODUCTION USE!  PLEASE READ EACH STEP CAREFULLY!

In order to log into MariaDB to secure it, we'll need the current
password for the root user.  If you've just installed MariaDB, and
you haven't set the root password yet, the password will be blank,
so you should just press enter here.

Enter current password for root (enter for none):
```

Listing 13.67 Grundkonfiguration von MariaDB mit »mysql_secure_installation«

Wie Sie in Listing 13.67 sehen, weist das Programm Sie darauf hin, dass es notwendig ist, alle Schritte zu durchlaufen, um eine vollständig einsatzbereite Installation zu erhalten. Ebenso erhalten Sie den Hinweis, dass direkt nach der Installation das Passwort des Root-Benutzers nicht gesetzt ist und daher die erste Rückfrage einfach mit einem Druck auf ⎡Enter⎤ beendet werden kann.

Als Nächstes werden Sie gefragt, ob für den Root-Benutzer der MariaDB ein Passwort gesetzt werden soll. Dies bestätigen Sie selbstverständlich mit Ja (Y). Anschließend vergeben Sie das Root-Passwort und bestätigen es so, wie in Listing 13.68 dargestellt:

```
OK, successfully used password, moving on...

Setting the root password ensures that nobody can log into the MariaDB
root user without the proper authorisation.

Set root password? [Y/n] Y
New password:
Re-enter new password:
Password updated successfully!
Reloading privilege tables..
 ... Success!
```

Listing 13.68 Passwort für den Root-Benutzer setzen

Im nächsten Schritt werden Sie gefragt, ob der per Default vorhandene anonyme Benutzer von MariaDB entfernt werden soll. Auf Produktionssystemen sollten Sie diese Rückfrage immer mit Ja beantworten (Y) – so wie in Listing 13.69 dargestellt:

```
By default, a MariaDB installation has an anonymous user, allowing anyone
to log into MariaDB without having to have a user account created for
```

them. This is intended only for testing, and to make the installation
go a bit smoother. You should remove them before moving into a
production environment.

Remove anonymous users? [Y/n] Y
 ... Success!

Listing 13.69 Entfernen des anonymen Benutzers

Nun werden Sie aufgefordert, zu entscheiden, ob der externe Zugriff (nicht vom lokalen System aus) des Root-Benutzers erlaubt werden soll, oder nicht.

Im Regelfall ist dies nicht notwendig, weshalb wir die Rückfrage mit Ja (Y), d.h., den Zugriff nicht erlauben, beantworten:

Normally, root should only be allowed to connect from 'localhost'. This
ensures that someone cannot guess at the root password from the network.

Disallow root login remotely? [Y/n] Y
 ... Success!

Listing 13.70 Zugriff des Root-Benutzers von außen verbieten

Standardmäßig verfügt MariaDB über eine Test-Datenbank, die, wie der Name schon sagt, für Tests gedacht ist. Diese sollte auf Produktionssystemen ebenfalls entfernt werden, weshalb wir die Rückfrage aus Listing 13.71 mit Ja (Y) beantworten:

By default, MariaDB comes with a database named 'test' that anyone can
access. This is also intended only for testing, and should be removed
before moving into a production environment.

Remove test database and access to it? [Y/n] Y
 - Dropping test database...
 - Removing privileges on test database...
 ... Success!

Listing 13.71 Entfernen der Test-Datenbank »test«

Abschließend müssen Sie noch die Rückfrage mit Ja (Y) beantworten, um die Zugriffsrechte neu zu laden, damit alle Änderungen auch direkt wirksam werden.

Damit ist der Konfigurationsprozess abgeschlossen, was entsprechend quittiert wird (siehe Listing 13.72):

Reloading the privilege tables will ensure that all changes made so far
will take effect immediately.

```
Reload privilege tables now? [Y/n] Y
 ... Success!

Cleaning up...

All done!  If you've completed all of the above steps, your MariaDB
installation should now be secure.

Thanks for using MariaDB!
```
Listing 13.72 Zugriffsrechte neu laden

13.6.3   Dienstkonfiguration

Die Konfiguration von MariaDB selbst findet, wie bei MySQL auch, in einer Datenbank im DBMS selbst statt. Die Dienstkonfiguration wird analog zu MySQL über Konfigurationsdateien vorgenommen, die sich sogar in den gleichen Verzeichnissen befinden.

So finden Sie nach der Installation das Verzeichnis *etc/mysql* und darin ebenso die zentrale Konfigurationsdatei *mariadb.cnf*, die wiederum die Verzeichnisse */etc/mysql/conf.d/* und */etc/mysql/mariadb.conf.d/* inkludiert – genau wie bei MySQL. Allerdings sind die darin enthaltenen Konfigurationsdateien anders benannt:

```
daniel@db:/etc/mysql/mariadb.conf.d$ tree
.
── 50-client.cnf
── 50-mysql-clients.cnf
── 50-mysqld_safe.cnf
── 50-server.cnf

0 directories, 4 files
```
Listing 13.73 Die Konfigurationsdateien von »MariaDB«

Die Serverkonfiguration findet, wie Sie voraussichtlich schon korrekt vermuten, in der Datei *50-server.cnf* statt. Diese ähnelt der Konfigurationsdatei von MySQL sehr und wird auch genauso konfiguriert. Möchten Sie zum Beispiel den Server auf der IP-Adresse 192.168.0.151 laufen lassen, müssen Sie die Direktive bind-address so ändern, wie in Listing 13.74 dargestellt:

```
bind-address            = 192.168.0.151
```
Listing 13.74 MariaDB auf der IP-Adresse »192.168.0.151« arbeiten lassen

Genau wie bei MySQL müssen Sie, um Änderungen an der Konfiguration zu aktivieren, den Dienst mit sudo systemctl reload mysql neu laden oder mit restart neu starten.

13.6.4   Basis

Im Gegensatz zu MySQL identifiziert sich der Root-Benutzer nicht nur über ein Passwort, sondern über einen Unix-Socket. Dies hat zur Folge, dass Sie sich als Root-Benutzer auch nur von einer Root-Shell aus anmelden können.

Da das Arbeiten als Root-Benutzer prinzipiell eine eher schlechte Angewohnheit ist, richten wir zunächst einen Benutzer ein (siehe Listing 13.75):

```
daniel@db:~$ sudo mysql -p
Enter password:
Welcome to the MariaDB monitor.  Commands end with ; or \g.
Your MariaDB connection id is 40
Server version: 10.0.23-MariaDB-2 Ubuntu 16.04

Copyright (c) 2000, 2015, Oracle, MariaDB Corporation Ab and others.

Type 'help;' or '\h' for help. Type '\c' to clear the current input statement.

MariaDB [(none)]> CREATE USER 'daniel'@'%' IDENTIFIED BY 'GeHeIm';
Query OK, 0 rows affected (0.00 sec)

MariaDB [(none)]> GRANT ALL PRIVILEGES ON *.* TO 'daniel'@'%';
Query OK, 0 rows affected (0.00 sec)

MariaDB [(none)]> FLUSH PRIVILEGES;
Query OK, 0 rows affected (0.00 sec)
```

Listing 13.75 Benutzer »daniel« anlegen

Die interaktive Shell von MariaDB ist etwas moderner. So wird von eckigen Klammern umgeben, die Datenbank, auf der Sie gerade arbeiten, direkt in der Shell angezeigt. Im Beispiel wurde keine Datenbank mittels use gewählt, sodass dort der Platzhalter (none) von MariaDB verwendet wird.

Ebenso können Sie mit den Pfeiltasten abgesetzte Befehle wiederholen – allerdings ist MariaDB hier schlauer und fügt Statements, die über mehrere Zeilen eingegeben wurden (mit Zeilenumbrüchen), zusammen, sodass Sie diese direkt wieder absetzen können, ohne mühsam Zeile für Zeile kopieren zu müssen.

Nun können Sie sich auch als einfacher Benutzer am MariaDB-Server anmelden:

```
daniel@db:~$ mysql -u daniel -pGeHeIm
Welcome to the MariaDB monitor.  Commands end with ; or \g.
Your MariaDB connection id is 41
Server version: 10.0.23-MariaDB-2 Ubuntu 16.04
```

```
Copyright (c) 2000, 2015, Oracle, MariaDB Corporation Ab and others.

Type 'help;' or '\h' for help. Type '\c' to clear the current input statement.

MariaDB [(none)]>
```
Listing 13.76 Anmelden als Benutzer »daniel«

13.6.5   Backup und Restore

Das Backup und Restore verläuft exakt so wie bei MySQL mit den Programmen `mysqldump` und `mysql`. Auch die *Point-In-Time-Recovery* läuft nicht nur exakt gleich ab, sondern benötigt auch die exakt gleiche Anpassung der Konfiguration.

Daher verweisen wir an dieser Stelle auf die Abschnitt 13.4.5 »Backup und Restore«, aus dem MySQL-Teil dieses Kapitels.

13.6.6   MariaDB komfortabel: Ebenfalls mit »phpMyAdmin«

Auch MariaDB können Sie vollständig mit *phpMyAdmin* administrieren. Da sich MariaDB genauso verhält und die gleichen Programme benutzt wie MySQL, können Sie einfach unserer Anleitung aus Abschnitt 13.5, »MySQL komfortabel: ›phpMyAdmin‹«, folgen.

13.6.7   Fazit

MariaDB stellt eine Weiterentwicklung zu MySQL dar. Nicht umsonst wird an vielen Stellen der vormalige Standard durch MariaDB ersetzt. Das wahre Potenzial liegt aber definitiv unter der Motorhaube.

13.7   Ein anderer Ansatz: »PostgreSQL«

Das Datenbanksystem *PostgreSQL* (oft auch kurz als *Postgres* bezeichnet) ist ein objektrelationales Datenbankmanagementsystem (ORDBMS). Die Entwicklung begann bereits in den 1980er-Jahren und wird seit 1997 von einer Open-Source-Community betrieben. PostgreSQL ist weitgehend konform mit dem SQL-Standard.

Wie so oft liegen die Unterscheide eher unter der Motorhaube. In diesem Fall ist die Karosserie auch noch gleich (SQL), aber Motor und Fahrwerk gehen ganz anders zu Werke. In diesem Abschnitt wollen wir Ihnen zeigen, wie Sie einen PostgreSQL-Server installieren und betreiben können.

13.7.1 Installation

Auch PostgreSQL ist Bestandteil der Paketquellen und kann ebenso komfortabel installiert werden wie die anderen bisher vorgestellten Vertreter. Das benötigte Paket heißt postgresql und kann so wie in Listing 13.77 installiert werden:

```
daniel@db:~$ sudo apt-get install postgresql
Paketlisten werden gelesen... Fertig
Abhängigkeitsbaum wird aufgebaut.
Statusinformationen werden eingelesen.... Fertig
The following additional packages will be installed:
  libpq5 libsensors4 libxslt1.1 postgresql-9.5 postgresql-client-9.5
  postgresql-client-common postgresql-common postgresql-contrib-9.5 ssl-cert
  sysstat
Vorgeschlagene Pakete:
  lm-sensors postgresql-doc locales-all postgresql-doc-9.5 libdbd-pg-perl
  openssl-blacklist isag
Die folgenden NEUEN Pakete werden installiert:
  libpq5 libsensors4 libxslt1.1 postgresql postgresql-9.5
  postgresql-client-9.5 postgresql-client-common postgresql-common
  postgresql-contrib-9.5 ssl-cert sysstat
0 aktualisiert, 11 neu installiert, 0 zu entfernen und 0 nicht aktualisiert.
Es müssen 4.995 kB an Archiven heruntergeladen werden.
Nach dieser Operation werden 20,0 MB Plattenplatz zusätzlich benutzt.
Möchten Sie fortfahren? [J/n] J
```

Listing 13.77 Installation des »PostgreSQL«-Servers

Nach der Installation nimmt der DB-Server sofort seinen Dienst auf.

13.7.2 Dienstkonfiguration

Die Konfiguration des Dienstes findet im Verzeichnis */etc/postgresql* statt. Darin werden die Konfigurationsdateien in eigenen Unterverzeichnissen pro PostgreSQL-Version vorgehalten. In Ubuntu 16.04 LTS ist die Version 9.5 enthalten, daher finden Sie die Konfigurationsdateien in */etc/postgresql/9.5/main*.

Dort finden Sie nun die gut und umfangreich dokumentierte Konfigurationsdatei *postgresql.conf*. Sie ist 630 Zeilen lang. Ohne Kommentare und Leerzeilen befinden sich dort nur 22 Zeilen. Die gängigsten wollen wir Ihnen nun vorstellen:

▶ #listen_addresses
  definiert, auf welcher Netzwerkschnittstelle der Server laufen soll. Diese Zeile ist standardmäßig auskommentiert, was dem Standardparameter localhost entspricht.

▶ port
definiert den Port, auf dem der DB-Server läuft – standardmäßig 5432.

▶ max_connections
definiert, wie viele parallele Verbindungen der DB-Server maximal zulässt – standardmäßig 100.

▶ ssl
aktiviert die Verschlüsselung mittels SSL/TLS – standardmäßig aktiviert.

▶ ssl_cert_file = '/etc/ssl/certs/ssl-cert-snakeoil.pem'
gibt an, welches Zertifikat zur Verschlüsselung mit SSL/TLS verwendet werden soll – standardmäßig ein selbst generiertes *Snakeoil*-Zertifikat.

▶ ssl_key_file = '/etc/ssl/private/ssl-cert-snakeoil.key'
gibt an, wo der zum Zertifikat gehörige Schlüssel abgelegt ist.

13.7.3   Anmeldung am DBMS

Das Sicherheitskonzept von PostgreSQL ist – im Vergleich zu den bisher vorgestellten Varianten – viel strenger. Zusätzlich beherrscht PostgreSQL ein Rollen-Modell.

Um sich als Root-Benutzer *postgres* (was im Übrigen in PostgreSQL als *Super-User* bezeichnet wird) am lokalen DBMS anzumelden, gehen Sie so wie in Listing 13.78 vor:

```
daniel@db:~$ sudo -u postgres psql
psql (9.5.2)
Type "help" for help.

postgres=#
```

Listing 13.78 Anmeldung als »postgres« am lokalen DBMS

Wie Sie sehen, muss die lokale Anmeldung unter dem Benutzer postgres erfolgen (sudo -u). Unter diesem Benutzer wird dann das Client-Programm psql gestartet. Ohne Anmeldung gelangen Sie so auf die interaktive Shell (postgres=#).

Die Shell von PostgreSQL unterscheidet sich deutlich von den bisher vorgestellten Shells. Der Prompt zeigt Ihnen stets, wo Sie sich befinden – da zur Anmeldung in Listing 13.78 keine Datenbank als Parameter übergeben wurde, befinden Sie sich auf dem Root-Prompt *postgres*. Der Abschluss des Prompts =# zeigt an, dass Sie sich auf der ersten Prompt-Ebene befinden – analog zu SQLite, MySQL und MariaDB werden Statements über mehrere Zeilen mit einem anderen Prompt dargestellt: hier ist es -#.

Befehle werden stets mit einem führenden \ eingeleitet. Um alle Datenbanken anzuzeigen, verwenden Sie zum Beispiel \list, so wie in Listing 13.79 dargestellt:

```
postgres=# \list
                              List of databases
    Name    |   Owner   | Encoding |   Collate   |    Ctype    |   Access privileges
------------+-----------+----------+-------------+-------------+----------------------
 postgres   | postgres  | UTF8     | de_DE.UTF-8 | de_DE.UTF-8 |
 template0  | postgres  | UTF8     | de_DE.UTF-8 | de_DE.UTF-8 | =c/postgres          +
            |           |          |             |             | postgres=CTc/postgres
 template1  | postgres  | UTF8     | de_DE.UTF-8 | de_DE.UTF-8 | =c/postgres          +
            |           |          |             |             | postgres=CTc/postgres
(3 rows)
```

Listing 13.79 Alle Datenbanken mit »\list« oder »\l« anzeigen

In der Regel versteht psql auch die Kurzform eines Befehls. Der Aufruf von \l würde also die gleiche Ausgabe wie in Listing 13.79 produzieren.

Um sich mit einer Datenbank zu verbinden (bei MySQL und MariaDB verwenden Sie den Befehl use), müssen Sie \connect <DB> beziehungsweise die Kurzform \c <DB> verwenden:

```
postgres=# \c dists
You are now connected to database "dists" as user "postgres".
```

Listing 13.80 Aufbau einer Verbindung zur Datenbank mit »\connect« oder »\c«

Wie Sie in Listing 13.80 sehen, wurde die Kurzform \c verwendet, um eine Verbindung zur Datenbank dists herzustellen. Freundlicherweise gibt psql uns den Hinweis, dass wir nun mit der Datenbank dists als Benutzer postgres verbunden sind.

Um sich alle Tabellen einer Datenbank anzeigen zu lassen, verwenden Sie den Befehl \d (dieser Befehl hat keine Langform). Sie erhalten die Ausgabe aus Listing 13.81:

```
dists=# \d
          List of relations
 Schema |  Name  | Type  |  Owner
--------+--------+-------+----------
 public | ubuntu | table | postgres
(1 row)
```

Listing 13.81 Alle Tabellen einer Datenbank mit »\d« anzeigen lassen

Auch bei diesem Befehl werden weitere Informationen mit ausgegeben und nicht nur eine Liste aller Tabellen. Der gleiche Befehl wird auch verwendet, um alle Spalten einer Tabelle anzuzeigen. Dafür müssen Sie die betreffende Tabelle lediglich als Parameter übergeben (siehe Listing 13.82):

```
dists=# \d ubuntu
          Table "public.ubuntu"
```

```
   Column     |         Type         | Modifiers
--------------+----------------------+-----------
 id           | integer              | not null
 version      | character varying(5) |
 lts          | boolean              |
 codename     | character varying(20)|
 release_date | date                 |
Indexes:
    "ubuntu_pkey" PRIMARY KEY, btree (id)
```

Listing 13.82 Alle Spalten einer Tabelle mit »\d <TABLE>« anzeigen lassen

Um einen Befehl oder ein Statement abzubrechen, können Sie wie gewohnt die Tastenkombination [Strg] + [C] verwenden. Zum Beenden der interaktiven Shell verwenden Sie die Befehle
\quit oder die Kurzform \q.

SQL-Statements können Sie selbstverständlich auch auf dem Prompt absetzen. Das Verhalten von psql ist dem von mysql sehr ähnlich. So können Sie dabei auch mit einer Umleitung
der Shell arbeiten, wie in Listing 13.83 dargestellt:

```
daniel@db:~$ sudo -u postgres echo 'SELECT * FROM ubuntu LIMIT 3' | psql dists
 id | version | lts |     codename     | release_date
----+---------+-----+------------------+--------------
  1 | 15.10   | f   | Wily Werewolf    | 2015-10-22
  2 | 14.04   | t   | Trusty Tahr      | 2014-04-17
  3 | 12.04   | t   | Precise Pangolin | 2012-04-26
(3 rows)

daniel@db:~$
daniel@db:~$ echo 'SELECT * FROM ubuntu LIMIT 3' >> sel.sql
daniel@db:~$
daniel@db:~$ sudo -u postgres psql dists < sel.sql
 id | version | lts |     codename     | release_date
----+---------+-----+------------------+--------------
  1 | 15.10   | f   | Wily Werewolf    | 2015-10-22
  2 | 14.04   | t   | Trusty Tahr      | 2014-04-17
  3 | 12.04   | t   | Precise Pangolin | 2012-04-26
(3 rows)
```

Listing 13.83 Umleitung von SQL-Statements auf »psql«

Beim ersten Befehl aus Listing 13.83 wurde das Select-Statement mit der Pipe umgeleitet. Mit
dem echo-Befehl wurde das gleiche Statement anschließend in die Datei sel.sql gespeichert.
Diese Datei wurde wiederum im dritten Befehl mit < an psql übergeben.

13.7.4   Benutzer anlegen

Das Anlegen von Benutzern kann bei PostgreSQL zwar auch über SQL-Statements erfolgen, allerdings wird dafür auch ein separater Befehl angeboten: createuser. Dieser Befehl sollte natürlich im Kontext des postgres-Systembenutzers ausgeführt werden, so wie in Listing 13.84 dargestellt:

```
daniel@db:~$ sudo -u postgres createuser -P -d daniel
Enter password for new role:
Enter it again:
daniel@db:~$
```

Listing 13.84 Anlegen des Benutzers »daniel« mit »createuser«

Wie Sie in Listing 13.84 sehen, wurde dem Befehl createuser der Schalter -P übergeben. Dies ist notwendig, damit direkt beim Anlegen nach dem Passwort des Benutzers gefragt wird – wollen Sie dies zu einem späteren Zeitpunkt vergeben, so können Sie dies auf der interaktiven Shell mit \password <USER> tun. Der Schalter -d sorgt dafür, dass der Benutzer, den Sie anlegen, das Recht erhält, Datenbanken anzulegen. Starten Sie das Programm createuser im Übrigen ohne Parameter, werden Sie anhand von Rückfragen durch die Einrichtung des Benutzers geführt.

Verbinden Sie sich nun mit dem DBMS, und führen Sie zum Anzeigen der angelegten Benutzer den Befehl \du aus. Sie sollten die Ausgabe aus Listing 13.85 erhalten:

```
postgres=# \du
                                List of roles
 Role name |                     Attributes                      | Member of
-----------+-----------------------------------------------------+-----------
 daniel    | Create DB                                           | {}
 postgres  | Superuser, Create role, Create DB, Replication, Bypass RLS | {}
```

Listing 13.85 Anzeigen der Benutzer mit »\du«

Wie Sie sehen, wurde der Benutzer erfolgreich angelegt und hat das Recht Create DB erhalten. Bei diesem Recht handelt es sich übrigens um ein reines PostgreSQL-Recht. Die sonstigen Rechte an Datenbanken und Tabellen werden wie in SQL üblich mit dem Statement GRANT vergeben.

13.7.5   Rechte vergeben

Um dem neuen Benutzer daniel Rechte zu geben, verbinden Sie sich zunächst mit dem DBMS, wechseln in die Datenbank und führen die SQL-Statements aus Listing 13.86 aus:

```
daniel@db:~$ sudo -u postgres psql dists
psql (9.5.2)
Type "help" for help.

dists=# GRANT ALL PRIVILEGES ON DATABASE dists to daniel;
GRANT
dists=# GRANT ALL ON ubuntu TO daniel;
GRANT
dists=#
```

Listing 13.86 Rechte für den Benutzer »daniel« vergeben

Entscheidend ist hier, dass Sie in PostgreSQL die Rechte pro Datenbank vergeben. Daher müssen Sie zumindest das letzte SQL-Statement auch zwingend im entsprechenden Kontext ausführen (in unserem Beispiel ist das die Datenbank dists).

Um die Rechte anzeigen zu lassen, können Sie den Befehl \z absetzen. Die Ausgabe haben wir in Listing 13.87 dargestellt.

```
dists=# \z
                               Access privileges
 Schema |  Name  | Type  |     Access privileges     | Column privileges | Policies
--------+--------+-------+---------------------------+-------------------+----------
 public | ubuntu | table | postgres=arwdDxt/postgres+|                   |
        |        |       | daniel=arwdDxt/postgres   |                   |
(1 row)
```

Listing 13.87 Die vergebenen Rechte mit »\z« anzeigen

Wie Sie sehen, verfügen die Benutzer postgres (als Super-User) und daniel über Rechte an der Tabelle ubuntu. Der Umfang der Rechte wird durch die Buchstabenmatrix (ähnlich dem rwx auf Dateisystemebene) dargestellt.

Die einzelnen Buchstaben stehen dabei für:

▶ a = INSERT (einfügen)

▶ r = SELECT (abfragen)

▶ w = UPDATE (aktualisieren)

▶ d = DELETE (löschen)

▶ D = TRUNCATE (kürzen – das Löschen aller Spalten einer Tabelle)

▶ x = REFERENCES (referenzieren)

▶ t = TRIGGER (Auslöser)

13.7.6   Rechte entziehen

Um Benutzern Rechte zu entziehen, können Sie das SQL-Statement REVOKE so verwenden,
wie in Listing 13.88 dargestellt:

```
dists=# REVOKE DELETE ON ubuntu FROM daniel;
REVOKE
dists=# \z
                              Access privileges
  Schema |  Name  | Type  |      Access privileges     | Column privileges | Policies
 --------+--------+-------+----------------------------+-------------------+------
  public | ubuntu | table | postgres=arwdDxt/postgres+ |                   |
         |        |       | daniel=arwDxt/postgres     |                   |
(1 row)
```

Listing 13.88 Ein Recht mit »REVOKE« entziehen

Mit dem REVOKE-Statement wurde dem Benutzer daniel das Recht entzogen, Daten in der
Tabelle ubuntu zu löschen (DELETE). Anschließend wurde dies mit dem Befehl \z kontrolliert
– das Entfernen war erfolgreich, da bei den Rechten das kleingeschriebene d nicht mehr
vorhanden ist. Beachten Sie auch hierbei, dass der Befehl stets im richtigen Kontext (im
Beispiel in der Datenbank dists) ausgeführt werden muss.

13.7.7   Benutzer entfernen

Das Entfernen eines Benutzers ist in PostgreSQL etwas umständlicher, da Benutzer (wie alle
Elemente im DBMS) als Objekt betrachtet werden und entsprechende Abhängigkeiten exis-
tieren. Zum Löschen eines Benutzers steht das Programm dropuser zur Verfügung. Selbstverständlich können Sie aber auch SQL-Statements verwenden. In Listing 13.89 sehen Sie,
wie versucht wird, den Benutzer tom mit dropuser zu entfernen – was fehlschlägt, da noch
Abhängigkeiten bestehen. Die Abhängigkeiten bestehen im Übrigen immer, sobald Sie dem
Benutzer mit GRANT Rechte auf eine Datenbank gewährt haben. Anschließend werden die
Rechte mit DROP OWEND BY entfernt, und zum Schluss wird auch der Benutzer mit DROP USER
entfernt.

```
daniel@db:~$ sudo -u postgres dropuser tom
dropuser: removal of role "tom" failed: ERROR:  role "tom" cannot be dropped
because some objects depend on it
DETAIL:  privileges for database dists
1 object in database dists

daniel@db:~$ sudo -u postgres psql
psql (9.5.2)
Type "help" for help.
```

```
postgres=# \c dists
You are now connected to database "dists" as user "postgres".
dists=# DROP OWNED BY tom;
DROP OWNED
dists=# DROP USER tom;
DROP ROLE
```

Listing 13.89 Den Benutzer »tom« entfernen

Wie Sie in Listing 13.89 sehen, ist PostgreSQL auch hier sehr kommunikativ und weist Sie auf den genauen Fehler hin: `DETAIL: privileges for database` **dists**. Diese Eigenart haben wir sehr zu schätzen gelernt.

13.7.8   Logging

Standardmäßig legt PostgreSQL seine Logs im Verzeichnis */var/log/postgresql/* ab. Dort finden Sie die Logdatei *postgresql-9.5-main.log*. Wie Sie sehen, hält auch bei der Dateibenennung die gewohnte Genauigkeit Einzug: *postgres-<VERSION>-<LOG>.log*.

Dort finden Sie alle Fehler mit der (mittlerweile) gewohnten Genauigkeit und Ausführlichkeit. Wie Sie in Listing 13.90 sehen, wurde dort auch festgehalten, dass der Benutzer tom aufgrund bestehender Abhängigkeiten nicht entfernt werden konnte:

```
[...] postgres@postgres STATEMENT:  DROP ROLE tom;
[...] postgres@postgres ERROR:  role "tom" cannot be dropped because some objects
      depend on it
```

Listing 13.90 Auszug aus der Logdatei »postgresql-9.5-main.log«

Falls Sie einmal nicht weiterwissen, lohnt sich ein Blick in diese Datei, um Anhaltspunkte zu bekommen.

13.7.9   Zugriff von einem entfernten System

Falls Sie Ihren PostgreSQL-Server von Ihrer Workstation aus administrieren wollen, ist dies selbstverständlich auch möglich. Allerdings sind hierfür einige Konfiguration mehr notwendig, die wir Ihnen nun der Reihe nach erläutern werden.

Anpassen der Server-Konfiguration

Zunächst müssen Sie sicherstellen, dass Ihr PostgreSQL-Server auch auf der IP-Adresse des Systems lauscht und nicht nur (wie per Default) auf Localhost.

Fügen Sie daher die Zeile aus Listing 13.91 der Konfigurationsdatei */etc/postgresql/9.5/main/ postgresql.conf* hinzu:

```
listen_addresses = '*'
```
Listing 13.91 Konfiguration der IP-Adresse in »postgresql.conf«

Mit dem Sternchen als Wildcard stellen Sie sicher, dass der PostgreSQL-Server auf allen Netzwerkschnittstellen Ihres Systems Verbindungen annimmt. Wollen Sie nur eine spezielle IP-Adresse freigeben, können Sie diese einfach anstelle des Sternchens eingeben. Nach einem obligatorischen `sudo systemctl restart postgresql` wird die Änderung aktiv.

Anpassen der Client-Konfiguration auf dem Server

Zusätzlich müssen Sie den Zugriff auf Ihren Server erlauben. Dies geschieht in der Konfigurationsdatei *pg_hba.conf*, die Sie im gleichen Verzeichnis wie die Serverkonfiguration finden. Auch diese Datei ist umfangreich und umfassend kommentiert.

Um den Zugriff aus Ihrem lokalen Netzwerk heraus zu erlauben (im Beispiel 192.168.0.0/24), müssen Sie die Zeile aus Listing 13.92 der Datei hinzufügen:

```
# TYPE  DATABASE        USER            ADDRESS                 METHOD
host    all             all             192.168.0.0/24          md5
```
Listing 13.92 Freigabe von Zugriffen aus dem lokalen Netzwerk in »gp_hba.conf«

Zum besseren Verständnis haben wir Ihnen in Listing 13.92 die auskommentierte Überschrift eingefügt. Wie Sie sehen, können Sie auch hier sehr fein granulierte Freigaben vornehmen.

[!]

Nie die erste Freigabe entfernen!
Wie wir bereits erwähnt haben, erfolgt der administrative Zugriff über einen Unix-Socket. Dies wird durch die erste Freigabe in der Konfigurationsdatei ermöglicht. Wird sie entfernt, können Sie nicht mehr mit dem Super-User `postgres` auf Ihren Server zugreifen!

Damit die Änderungen wirksam werden, müssen Sie den Dienst neu starten. Anschließend können Sie sich von einem entfernten System aus mit `psql` auf Ihren Server verbinden (siehe Listing 13.93):

```
daniel@ubuntu:~$ psql -h db.exmaple.com -U daniel -d dists
Password for user daniel:
psql (9.5.2)
SSL connection (protocol: TLSv1.2, cipher: ECDHE-RSA-AES256-GCM-SHA384, bits: 256,
compression: off)
Type "help" for help.

dists=>
```
Listing 13.93 Eine Verbindung von einem entfernten System aus aufbauen

Wie Sie sehen, hat in Listing 13.93 der Benutzer daniel eine Verbindung zum Datenbank-server db.example.com aufgebaut. Dafür wurde psql mit den Parametern -h <SERVER>, -U <USER> und -d <DATABASE> gestartet. Wie Ihnen vielleicht aufgefallen ist, hat sich der Prompt verändert: dists=>. Die spitze schließende Klammer verdeutlicht, dass die Verbindung über das Netzwerk aufgebaut wurde. Ebenso ist die Zeile SSL connection (...) hinzugekommen – wie Sie sich bereits denken können, werden bei PostgreSQL die Verbindungen standardmä-ßig verschlüsselt aufgebaut.

13.7.10 Backup und Restore

Auch auf PostgreSQL-Datenbanken kommen Sie um eine Datensicherung nicht herum. Da-her wollen wir Ihnen nun zeigen, wie Sie die Sicherung auf einem PostgreSQL-Server reali-sieren können.

Analog zu MySQL und MariaDB bringt auch PostgreSQL Programme zur Datensicherung mit: pg_dump und pg_restore. Dabei handelt es sich um Perl-Skripte. Die Programmierbegeister-ten unter Ihnen dürfen daher gern mal einen Blick in die Dateien werfen. Die Programme erzeugen – analog zu MySQL und MariaDB – ebenfalls Dumps von Datenbanken. Um einen Dump einer Datenbank zu erstellen, können Sie den Befehl aus Listing 13.94 verwenden:

```
daniel@db:/tmp$ sudo -u postgres pg_dump --format=custom --dbname=dists \
--file=backup-20160404.dump
```

Listing 13.94 Erstellen eines Dumps der Datenbank »dists«

Beachten Sie, dass der Befehl erneut als Benutzer postgres ausgeführt wurde. Darüber hinaus wurde der Befehl im Ordner /tmp/ ausgeführt, da der Benutzer postgres sonst keine Schreib-rechte im System besitzt. Mit dem Parameter --format=custom wird, wer hätte es gedacht, das Format des Dumps definiert.

Dies ist äußerst wichtig, da standardmäßig das plain-Format verwendet wird, das wie bei mysqldump einfach die SQL-Statements ausgibt. Da PostgreSQL-Datenbanken aber mehr ent-halten als reines SQL und das Programm zum Wiederherstellen (pg_restore) nur das Format custom unterstützt, müssen Sie dies angeben. Des Weiteren wurden die zu sichernde Daten-bank mittels --dbname=<DB> übergeben. Mit --file=<FILENAME> legen Sie fest, in welche Datei der Dump gespeichert werden soll.

Falls Sie diesen Dump nun nach einem sudo -u postgres dropdb dists wieder einspielen möchten, müssen Sie die Befehle aus Listing 13.95 absetzen:

```
daniel@db:~$ sudo -u postgres createdb dists
daniel@db:~$ sudo -u postgres pg_restore -d dists /tmp/backup-20160404.dump
```

Listing 13.95 Wiederherstellen eines Dumps

In Listing 13.95 haben wir zunächst mit createdb <DB> die zuvor gesicherte Datenbank dists erstellt. Anschließend wurde mit dem Programm gp_restore der Dump wiederhergestellt. Auch hier kommt wieder der Punkt zum Tragen, dass bei PostgreSQL Datenbanken mehr sind als eine Sammlung von SQL-Statements.

Ein Blick in die Manpage

Bei PostgreSQL sind die Programme sehr gut dokumentiert. Werfen Sie ruhig einen Blick in die Manpages. Dort werden Sie viele weitere nützliche Parameter und Funktionen finden. Und wenn Sie schon dabei sind, sollten Sie einen Abstecher zum Programm pg_dumpall wagen – damit sichern Sie ganze Datenbanken im SQL-Format.

13.7.11   PostgreSQL komfortabel: »phpPgAdmin«

Auch für PostgreSQL existiert ein Webinterface: *phpPgAdmin*. Dieses Tool basiert auf *php-MyAdmin*, das wir Ihnen im MySQL-Teil dieses Kapitels bereits vorgestellt haben.

Es ist ebenfalls in PHP realisiert und an die Erfordernisse und Bedürfnisse von PostgreSQL angepasst. Es benötigt einen Webserver und eine PHP-Umgebung, um lauffähig zu sein.

Installation

Auch *phpPgAdmin* wird als Paket in den Paketquellen angeboten. Falls Sie noch über keine Webserver-Installation auf Ihrem Server verfügen, zieht die Installation des Pakets phppg-admin alle benötigten Abhängigkeiten nach sich, wie in Listing 13.96 zu sehen ist.

```
daniel@db:~$ sudo apt-get install phppgadmin
[…]
Die folgenden NEUEN Pakete werden installiert:
  apache2 apache2-bin apache2-data apache2-utils javascript-common libapache2-mod-php
  libapache2-mod-php7.0 libapr1 libaprutil1 libaprutil1-dbd-sqlite3 libaprutil1-ldap
  libjs-jquery liblua5.1-0 libphp-adodb php-common php-pgsql php7.0-cli php7.0-common
  php7.0-json php7.0-opcache php7.0-pgsql php7.0-readline phppgadmin postgresql-doc
  postgresql-doc-9.5
[…]
```

Listing 13.96 Installation von »phppgadmin« (gekürzt)

Konfiguration

Nach der Installation ist *phpPgAdmin* fast direkt einsatzbereit. Damit Sie sich von allen Systemen in Ihrem Netzwerk aus verbinden können, müssen Sie in der Datei */etc/apache2/conf-enabled/phppgadmin.conf* die Zeile aus Listing 13.97 anpassen:

```
# Only allow connections from localhost:
Require 192.168.0.0/24
```

Listing 13.97 Konfigurationsanpassung für »phpPgAdmin« (gekürzt)

Standardmäßig steht der Wert auf `localhost`, was dazu führt, dass nur Verbindungen vom Server selbst zugelassen werden. Nach einem `sudo systemctl reload apache2` können Sie sich von allen Systemen aus dem Netzwerk 192.168.0.0/24 verbinden.

Anmeldung

Öffnen Sie nun den Browser Ihrer Wahl (wir verwenden den Firefox), und rufen Sie die URL *http://<SERVER>/phppgadmin* auf. Anschließend erhalten Sie den Willkommensbildschirm aus Abbildung 13.10.

Abbildung 13.10 Willkommensbildschirm von »phpPgAdmin«

Auf dieser Einführungsseite können Sie sowohl die Sprache auswählen als auch ein anderes Farbschema einstellen (im Beispiel wählen wir die Sprache `Deutsch` und behalten das Standard-Farbschema bei).

Wie Ihnen vielleicht aufgefallen ist (falls Sie bereits mit *phpMyAdmin* gearbeitet haben), besteht zurzeit keine Datenbankverbindung, was durch das rote X vor `PostgreSQL` deutlich wird. Dies werden wir im nächsten Schritt ändern. Klicken Sie dafür auf `Servers`. Die Ansicht wechselt zum Bildschirm aus Abbildung 13.11.

Abbildung 13.11 Serverübersicht von »phpPgAdmin«

Wie aus der Übersicht hervorgeht, kennt *phpPgAdmin* einen Server mit dem Namen Post greSQL, der lokal auf Port 5432 läuft. Klicken Sie auf den Namen, um weiter fortzufahren. Sie erhalten die Ansicht aus Abbildung 13.12.

Abbildung 13.12 Anmeldung am DBMS in »phpPgAdmin«

Anders als bei MySQL und MariaDB können Sie sich bei PostgreSQL nicht mit dem Root-Benutzer (Super-User) über *phpPgAdmin* am DBMS anmelden. Nach der Anmeldung als Benutzer öffnet sich das eigentliche Hauptfenster von *phpPgAdmin* (siehe Abbildung 13.13):

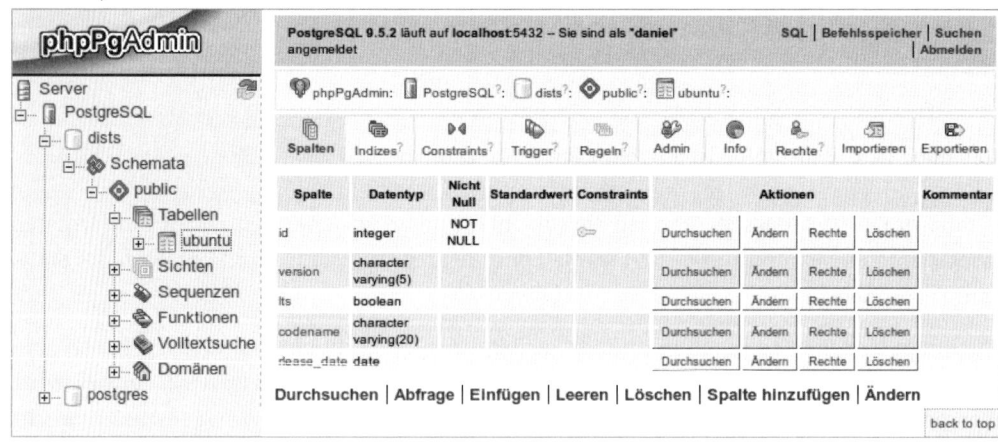

Abbildung 13.13 Ansicht der Tabelle »ubuntu« in »phpPgAdmin«

Analog zu *phpMyAdmin* ist die Arbeitsfläche in mehrere Bereiche aufgeteilt. Links sehen Sie das Navigationsmenü (im Beispiel sind wir bereits in die Datenbank `dists` und deren Tabelle `ubuntu` eingestiegen) und rechts das Hauptfenster. Das Hauptfenster besteht wiederum aus mehreren Teilen. Ganz oben finden Sie Informationen zur aktuellen Verbindung. Darunter sehen Sie den aktuellen Standardort (quasi eine horizontale Darstellung des Navigationsmenüs mit dem aktuellen Standardort) und wiederum darunter das Hauptmenü. Anschließend folgen die eigentlichen Daten und abschließend das Menü, über das Sie Aktionen auswählen beziehungsweise anstoßen können. Die Bedienung ist relativ intuitiv.

Fazit

Auch wenn *phpPgAdmin* von seiner Gestaltung und seinem Umfang her nicht ganz so modern ist wie *phpMyAdmin* ist es dennoch ein äußerst nützliches Tool. Probieren Sie es aus, und Sie werden deutlich seltener auf die gute alte Konsole zurückgreifen.

13

Kapitel 14
Archivierung und Datensicherung

Niemand will Backup, jeder will Restore. Sichern Sie Ihre Arbeitsergebnisse oft, und kontrollieren Sie Ihre Backups. Es kommt der Tag, an dem Sie dankbar sind, welche zu haben.

In diesem Kapitel stellen wir Ihnen Programme vor, mit denen Sie schnell und komfortabel Ihre Daten archivieren und sichern können. Selbstverständlich können Sie auch ein Shell-Skript entwickeln, das Ihre Daten von A nach B kopiert – aber weshalb wollen Sie das Rad neu erfinden, wenn es schon ein Mofa gibt? In diesem Kapitel zeigen wir Ihnen nützliche kleine Helfer, mit denen Sie Daten archivieren und sichern können. Falls Sie eher an einer größeren Lösung interessiert sind, z. B. für vollständige Systemsicherungen, haben wir auch was für Sie; in Kapitel 35, »Backup heterogener Umgebungen mit ›Bareos‹«, stellen wir Ihnen die Programmsuite *Bareos* vor.

14.1   Archivierung mit »tar«

Beginnen wollen wir mit der Archivierung, also mit dem Zusammenfassen von unterschiedlichen Dateien zu einer Datei. Dafür gibt es seit Anbeginn der (Unix-)Zeit das Programm tar. Das Programm gehört zum absoluten Einmaleins jedes Administrators und ist selbstverständlich auch auf Ubuntu bereits installiert.

tar steht für *Tape Archiver*, da es aus der Zeit stammt, als Magnetbänder noch das einzige sinnvolle Backup-Medium waren. Es archiviert eine bestimmte Menge von Dateien und/oder Verzeichnissen in einer einzigen Datei, die »Archiv« genannt wird. Wollen Sie zum Beispiel alle Dateien im aktuellen Verzeichnis sichern, so genügt dieses Kommando:

```
tar -cvf meinarchiv.tar .
```

Listing 14.1 Ein neues Archiv erstellen

Der Punkt (».«) am Ende des Kommandos ist dabei ein Platzhalter für das aktuelle Verzeichnis. Der Parameter -c steht für *create* und weist *tar* an, ein neues Archiv anzulegen. Das v bedeutet *verbose* und sorgt für eine ausführlichere Ausgabe der Aktionen, die *tar* gerade ausführt. Nach dem f (für *file*) folgt schließlich der Dateiname, den das Archiv erhalten soll.

Mit dem Kommando `tar -tf <DATEI>` können Sie sich den Inhalt eines Archivs anzeigen lassen:

```
daniel@venus:~$ tar -tf meinarchiv.tar
./
./.bash_logout
./.bash_history
./.profile
./beispiel.bin
./.viminfo
./.cache/
./.cache/motd.legal-displayed
./.bashrc
```

Listing 14.2 Den Inhalt eines Archivs anzeigen

[+]

Unterschiede bei Wildcards: ».« und »*«

Wie Ihnen vielleicht aufgefallen ist, hat *tar* eine Reihe von versteckten Dateien gesichert, was daran erkennbar ist, dass sie mit einem Punkt beginnen. Hier lauert eine Stolperfalle: Hätten Sie beim Archivieren der Dateien das Zeichen »*« benutzt (etwa so: `tar -cvf backup.tar *`), so wären die versteckten Dateien nicht mitgesichert worden. Achten Sie also darauf, welches Zeichen Sie als Wildcard verwenden!

Zum Entpacken des Archivs benutzen Sie das Kommando `tar -xvf <DATEI>`. Das Archiv wird damit in das aktuelle Verzeichnis entpackt, denn *tar* speichert relative Pfadangaben, keine absoluten. Sie können *tar* jedoch durch den zusätzlichen Parameter `-P` zwingen, absolute Pfade zu verwenden.

Die von *tar* angelegten Archive sind nicht komprimiert, aber Sie können *tar* anweisen, die Komprimierungsprogramme `gzip` und `bzip2` direkt anzusprechen. Dazu dienen die zusätzlichen Parameter `-z` und `-j` (siehe Listing 14.3):

```
# Archiv erstellen und mit gzip komprimieren:
tar -czvf meinarchiv.tar.gz .

# Archiv erstellen und mit bzip2 komprimieren:
tar -cjvf meinarchiv.tar.bz2 .
```

Listing 14.3 Komprimierte Archive erstellen

Entsprechend funktioniert das Entpacken der komprimierten Archive mit dem Parameter `-x`: also zum Beispiel mit `tar -xzvf meinarchiv.tar.gz` oder mit `tar -xjvf meinarchiv.tar.bz2`.

☑

Was ist was?

Wie Sie in Listing 14.3 sehen, wurde den unterschiedlich gepackten Archiven eine andere Dateiendung gegeben: `.gz` für gzip-Archive und `.bz2` für bz2-Archive. Dies ist aber nicht zwingend so. Falls Sie mal nicht wissen, welcher Typ verwendet wurde, hilft Ihnen das Tool `file` aus der Patsche:

```
daniel@venus:~$ file meinarchiv.tar.gz
meinarchiv.tar.gz: gzip compressed data, last modified: […]
daniel@venus:~$ file meinarchiv2.tar.gz
meinarchiv2.tar.gz: bzip2 compressed data, block size = 900k
```

Wie Sie sehen, gibt `file` genau aus, um welche Art von Archiv es sich handelt.

14.2   Archivierung mit »rsync«

Mit `rsync` können Sie Dateien, Verzeichnisse und ganze Verzeichnisbäume an einen anderen Speicherort synchronisieren. Dieser Speicherort kann sich im lokalen Dateisystem befinden oder über das Netz erreichbar sein. Mit Prüfsummen stellt `rsync` fest, welche Dateien sich geändert haben, und überträgt beim wiederholten Synchronisieren nur diese Dateien. Auch `rsync` ist direkt nach der Installation verfügbar und muss nicht nachinstalliert werden.

14

14.2.1   Synchronisierung im lokalen Dateisystem

In diesem Beispiel synchronisieren wir das Verzeichnis */etc* in das lokale Verzeichnis */backup*, wobei »lokal« hier bedeutet, dass wir nicht explizit ein Netzwerkprotokoll bemühen müssen, um das Verzeichnis zu erreichen – wir können einfach in es hineinschreiben. Dabei ist es sehr wohl möglich, dass sich das Verzeichnis auf einer externen Festplatte befindet oder gar per NFS oder SMB von einem entfernten Backup-Server (oder einem NAS) gemountet worden ist.

Dies ist das empfohlene Verfahren in der Praxis, da das Synchronisieren in ein Verzeichnis auf dem gleichen Dateisystem die Daten natürlich nicht vor einem Festplattenschaden schützt.

[+]

Listing 14.4 zeigt die Ausgabe des Kommandos `rsync -av /etc /backup`. Der Parameter `-a` aktiviert alle Optionen, die für das vollständige Spiegeln eines Verzeichnisses inklusive aller Unterverzeichnisse sinnvoll sind. Der Parameter `-v` ist optional und sorgt für eine ausführlichere Ausgabe, damit Sie sehen können, womit `rsync` gerade beschäftigt ist.

```
root@venus:~$ rsync -av /etc /backup
sending incremental file list
[…]
```

```
sent 7,273,116 bytes  received 34,774 bytes  14,615,780.00 bytes/sec
total size is 7,133,678  speedup is 1.00
root@venus:~$
```

Listing 14.4 Ein Verzeichnis mit »rsync« synchronisieren

Schauen wir uns an, was passiert, wenn wir das gleiche Verzeichnis nach einer kleinen Änderung erneut synchronisieren. (Die Änderung besteht darin, dass ein einziges Leerzeichen in die Datei */etc/network/interfaces* eingefügt wurde.)

```
root@venus:~# rsync -av /etc /backup
sending incremental file list
etc/network/
etc/network/interfaces

sent 97,908 bytes  received 354 bytes  196,524.00 bytes/sec
total size is 7,133,679  speedup is 72.60
```

Listing 14.5 Das gleiche Verzeichnis erneut synchronisieren

rsync hat anhand des Prüfsummenvergleichs festgestellt, dass nur eine einzige Datei geändert wurde. Daher wird entsprechend auch nur diese Datei in das Zielverzeichnis /backup übertragen. In der letzten Zeile von Listing 14.5 lesen Sie speedup is 72.60.

Das bedeutet, das erneute Übertragen aller Daten, ob geändert oder nicht, wäre um den Faktor 72,6 langsamer gewesen. Dank des Prüfsummenvergleichs konnte diese Zeit gespart werden.

14.2.2 rsync über SSH: Synchronisierung auf einen entfernten Server

Mit rsync können Sie Dateien von und zu jedem Server synchronisieren, auf den Sie sich per SSH einloggen können. Neben der Flexibilität, die rsync Ihnen ohnehin bietet, genießen Sie außerdem den Vorteil der verschlüsselten Übertragung Ihrer Backup-Daten.

Die Syntax des Kommandos ändert sich nur minimal. Im Zielpfad geben Sie zusätzlich den Namen des Backup-Servers, gefolgt von einem Doppelpunkt, an. Im Beispiel aus Listing 14.6 lautet der Name des Servers saturn.example.com:

```
root@venus:~# rsync -av /etc saturn.example.com:/backup
sending incremental file list
[…]

sent 7,273,116 bytes  received 34,774 bytes  14,615,780.00 bytes/sec
total size is 7,133,678  speedup is 1.00
```

Listing 14.6 Mit »rsync« über SSH auf einen entfernten Server zugreiffen

14.2.3   Für Fortgeschrittene: »rsync-Daemon«

Falls Sie oft viele Dateien von einem Linux-System auf einem anderes sichern wollen, bietet sich der Einsatz des *rsync*-Daemons an. Dieser ist ebenfalls bereits auf Ihrem System vorhanden, da er ein Bestandteil der Grundinstallation ist.

Mit dem *rsyncd* können Sie quasi eine Pfad-Freigabe auf Ihrem Server einrichten. Mit dieser können sich dann beliebige Clients aus Ihrem Netz verbinden und in rasender Geschwindigkeit Dateien kopieren. Dies ist in der Tat schneller als z. B. das Kopieren der Daten über eine SMB- oder NFS-Freigabe. Es hat jedoch den Nachteil, dass keine Anmeldung vorausgesetzt wird.

Um eine Freigabe einzurichten, müssen Sie zunächst die Variable RSYNC_ENABLE=true in der Datei */etc/default/rsync* setzen. Standardmäßig steht diese auf false. Damit der Daemon auch weiß, wie er sich zu verhalten hat, müssen Sie die Datei */etc/rsyncd.conf* mit dem Inhalt aus Listing 14.7 anlegen:

```
use chroot = true
hosts allow = 192.168.0.0/24
transfer logging = true
log file = /var/log/rsyncd.log
log format = %h %o %f %l %b

[Backup]
comment = Backup Verzeichnis
path = /backup
read only = no
list = yes
uid = nobody
gid = nogroup
```

Listing 14.7 Konfiguration des »rsyncd«

Die Beispielkonfiguration aus Listing 14.7 erlaubt im ersten Block den Zugriff auf Ihren Server aus dem Netz 192.168.0.0/24 (passen Sie dies an Ihre Umgebung an!) und legt ein Protokoll unter */var/log/rsyncd.log* an. Falls Sie die Protokollierung im Syslog vornehmen lassen wollen, müssen Sie lediglich die drei Zeilen nach der Direktive hosts allow entfernen.

Im zweiten Block wird eine Freigabe eingeleitet, was an den eckigen Klammern erkennbar ist (im Beispiel [Backup]). Über diese wird später der Kopiervorgang angestoßen. Die weiteren Direktiven sorgen dafür, dass die Daten dieser Freigabe in den Pfad /backup gelegt werden und dass mit den Rechten nobody:nogroup gearbeitet wird. Daher müssen Sie dafür sorgen, dass auf Ihrem System ein entsprechendes Verzeichnis mit den entsprechenden Rechten vorhanden ist. Die benötigten Befehle haben wir in Listing 14.8 dargestellt:

```
daniel@saturn:~$ sudo mkdir /backup
daniel@saturn:~$ sudo chown root:nogroup /backup/ -R
daniel@saturn:~$ sudo chmod 775 /backup/
```

Listing 14.8 Verzeichnis für »rsyncd« anlegen

Anschließend können Sie den Dienst wie gewohnt mit `sudo systemctl start rsync` starten. Damit der Dienst auch nach einem Neustart aufgerufen wird, müssen Sie zusätzlich den Befehl `sudo systemctl enable rsync` absetzen.

Auf den Clients in Ihrem Netz können Sie nun die *rsync*-Freigabe verwenden. Dafür müssen Sie aber eine besondere Notation beachten, die Sie in Listing 14.9 sehen:

```
daniel@venus:~$ rsync beispiel.dat saturn.example.com::Backup
```

Listing 14.9 Sicherung auf eine »rsyncd«-Freigabe

In Listing 14.9 wird von dem System venus die Datei beispiel.dat auf das System saturn.example.com und dessen Freigabe Backup kopiert. Beachten Sie dabei, dass die Trennung zwischen Server und Freigabe mit zwei Doppelpunkten erfolgt.

Läuft alles glatt, sehen Sie auf dem Server in der Logdatei */var/log/rsyncd.log* die Meldungen aus Listing 14.10:

```
2016/02/29 18:24:57 [1622] rsyncd version 3.1.1 starting, listening on port 873
2016/02/29 18:25:14 [1631] connect from venus.example.com (192.168.0.150)
2016/02/29 18:31:44 [1691] connect from venus.example.com (192.168.0.150)
2016/02/29 18:31:44 [1691] rsync to Backup/ from venus.example.com (192.168.0.150)
2016/02/29 18:31:44 [1691] receiving file list
2016/02/29 18:31:45 [1691] venus.example.com recv beispiel.dat 10485760 10487076
2016/02/29 18:31:45 [1691] sent 40 bytes  received 10488418 bytes  total size 10485760
```

Listing 14.10 Inhalt der Logdatei »/var/log/rsyncd.log«

Selbstverständlich können Sie auch mehrere Freigaben einrichten. Erstellen Sie dafür einfach einen weiteren Freigaben-Block in der Konfigurationsdatei des Servers, und starten Sie diesen anschließend neu.

Log-Rotation

Falls Sie sich dafür entschieden haben, vom *rsyncd* ein eigenes Log anlegen zu lassen, müssen Sie darauf achten, dass dieses Log Ihnen nicht die Platte zumüllt. Da Sie die Datei manuell erstellt haben, wird sie nicht vom System rotiert. Wie Sie Logs rotieren und somit einen Überlauf des System verhindern können, haben wir in Abschnitt 22.4, »Aufräumen mit ›logrotate‹«, beschrieben.

14.3   Verzeichnisse mit »unison« synchronisieren

Während rsync eine Einbahnstraße ist – es kopiert immer nur in eine Richtung –, arbeitet unison bidirektional. Der primäre Anwendungszweck von unison ist auch nicht das Backup. Vielmehr ist es ideal dafür, Verzeichnisse auf zwei unterschiedlichen Maschinen immer auf dem gleichen Stand zu halten, auch wenn auf einer beliebigen Maschine etwas verändert wurde. Wer z. b. sein Home-Verzeichnis auf zwei Rechnern, etwa einem Desktop und einem Notebook, immer synchron halten möchte, der profitiert sehr von unison.

Dieses Programm müssen Sie aus den Paketquellen nachinstallieren, da es nicht wie die bisher vorgestellten Programm, zum Standard gehört. Führen Sie dazu wie gewohnt den Befehl sudo apt-get install unison aus.

Die Kommunikation zwischen zwei entfernten Rechnern läuft wie bei rsync verschlüsselt über das SSH-Protokoll. Für den schnellen Abgleich zwischendurch genügt schon das Kommando aus Listing 14.11:

```
daniel@venus:~$ unison -ui text /home/daniel ssh://192.168.0.150//home/daniel
```

Listing 14.11 Ein Home-Verzeichnis mit »unison« abgleichen

Im Home-Verzeichnis kann in dem versteckten Unterverzeichnis *.unison* eine Datei mit Voreinstellungen abgelegt werden. Sie kann beispielsweise *homeverzeichnis.prf* heißen und folgenden Inhalt haben:

```
root = /home/daniel
root = ssh://192.168.0.150//home/daniel
ignore = Path .unison
ignore = Path Desktop
```

Listing 14.12 Voreinstellungen für »unison«

Die beiden root-Zeilen definieren den lokalen und den entfernten Synchronisationspunkt; die Pfade in den ignore-Zeilen werden beim Synchronisieren übersprungen. So gerüstet genügt der Aufruf von unison homeverzeichnis, wobei homeverzeichnis ohne die Endung prf angegeben werden muss.

Es ist empfehlenswert, mit dem Parameter -batch den Batch-Modus zu aktivieren:

```
daniel@venus:~$ unison homeverzeichnis -batch
```

Listing 14.13 Batch-Verarbeitung mit »unison«

Der Batch-Modus unterdrückt ansonsten auftauchende Nachfragen in einfachen Fällen, die unison nun allein auflöst. Lediglich bei komplizierteren Konflikten – etwa wenn die gleiche Datei auf beiden Seiten geändert wurde – ist noch ein manueller Eingriff notwendig.

14

14.4   Datensicherung mit »backup2l«

Bisher haben wir lediglich Archive erstellt oder Dateien kopiert. Dies hilft zwar auch, Datenverluste zu vermeiden, ist aber kein richtiges Backup. Dies möchten wir nun ändern. backup2l erstellt ein inkrementelles Backup. Es werden also neben einem vollständigen Backup nach einem festgelegten Schema »Generationen« von Änderungen gesichert, die aufeinander aufbauen. backup2l wird von Cron regelmäßig aufgerufen und arbeitet selbstständig im Hintergrund. Nach der Installation aus den Paketquellen mit sudo apt-get install backup2l können Sie fast sofort loslegen.

Zuvor müssen Sie lediglich noch die zentrale Konfigurationsdatei */etc/backup2l.conf* an die eigenen Bedürfnisse anpassen. Die Datei ist recht lang und ausführlich kommentiert, aber gerade zum Einstieg werden bei Weitem nicht alle Parameter und Optionen benötigt. Diejenigen, die Sie tatsächlich anpassen sollten, schauen wir uns jetzt der Reihe nach an. Zuerst teilen Sie backup2l mit, welche Verzeichnisse es sichern soll. Diese Verzeichnisse schreiben Sie, jeweils durch ein Leerzeichen getrennt, in die SRCLIST-Variable:

```
SRCLIST=(/etc /root /home /var/ /usr/local)
```

Listing 14.14 »backup2l.conf«: Liste der zu sichernden Verzeichnisse definieren

Natürlich können Sie (Unter-)Verzeichnisse und einzelne Dateien von der Sicherung ausnehmen. Diese Ausnahmen definieren Sie in der SKIPCOND-Zeile. Verzeichnisnamen wird dabei -path vorangestellt, Dateinamen -name:

```
SKIPCOND=(-path "*.nobackup*" -o -name "*.o")
```

Listing 14.15 »backup2l.conf«: Liste der Ausnahmen

Im nächsten Schritt konfigurieren Sie das Ziel der Sicherung, in diesem Beispiel das Verzeichnis */mnt/backup*:

```
BACKUP_DIR="/mnt/backup"
```

Listing 14.16 »backup2l.conf«: Zielpfad der Sicherung

Das */mnt* im Dateipfad deutet bereits darauf hin, dass es sich nicht um eine lokale Partition handelt. In der Tat kann backup2l entfernte Laufwerke selbstständig ein- und aushängen. Dafür sind die Blöcke PRE_BACKUP und POST_BACKUP zuständig (siehe Listing 14.17). Sie nehmen Shell-Befehle auf, die vor bzw. nach dem Backup ausgeführt werden. Neben dem Mounten von externen Datenträgern eignen sie sich auch zum Stoppen und späteren Neustarten von Diensten, die während des Backups nicht laufen sollen.

```
PRE_BACKUP ()
{
    mount nas:/volume1/backup-linux /mnt
}
```

```
# This user-defined bash function is executed after a backup is made
POST_BACKUP ()
{
    umount /mnt
}
```
Listing 14.17 »backup2l.conf«: Vor- und Nacharbeiten

backup2l arbeitet mit mehrstufigen inkrementellen Backups. Die einzelnen Stufen heißen *Level*, wobei Level 1 der höchste und Level 3 der niedrigste Level ist. Im Beispiel aus Listing 14.18 erstellt backup2l stündlich inkrementelle Sicherungen des niedrigsten Levels, also von Level 3. Sind insgesamt acht dieser Sicherungen beisammen (MAX_PER_LEVEL), erstellt backup2l eine Sicherung von Level 2, die alle bisherigen Sicherungen der Stufe 3 zusammenfasst. Die Level-3-Sicherungen werden gelöscht, und das Spiel beginnt erneut. Nachdem auch von den Sicherungen der Stufe 2 acht Backups erstellt worden sind, wird ein Level-1-Backup angefertigt. Dies sind keine inkrementellen Sicherungen, sondern vollständige Backups. Wie viele vollständige Backups gleichzeitig existieren dürfen, ist in MAX_FULL festgelegt.

```
# Backup parameters

# Number of levels of differential backups (1..9)
MAX_LEVEL=3

# Maximum number of differential backups per level (1..9)
MAX_PER_LEVEL=8

# Maximum number of full backups (1..8)
MAX_FULL=2

# For differential backups: number of generations to keep per level;
# old backups are removed such that at least GENERATIONS * MAX_PER_LEVEL
# recent versions are still available for the respective level
GENERATIONS=1
```
Listing 14.18 »backup2l.conf«: Festlegen der Backup-Inkremente

Um backup2l wie angesprochen autonom über den Cron arbeiten zu lassen, müssen Sie die Variable AUTORUN=1 setzen. Standardmäig ist sie auf 0 eingestellt:

```
AUTORUN=1
```
Listing 14.19 »backup2l.conf«: Autonomie aktivieren

Damit ist die grundlegende Konfiguration von backup2l fertig. Das müssen Sie backup2l aber noch mitteilen, indem Sie die Variable UNCONFIGURED von 1 auf 0 ändern:

```
UNCONFIGURED=0
```

Listing 14.20 »backup2l.conf«: Konfiguration bestätigen

Zu guter Letzt benötigt Ihr System noch den Cron-Job, damit das Backup auch gestartet wird. Führen Sie dafür einfach den Befehl aus Listing 14.21 aus:

```
daniel@venus:~$ sudo sh -c "ln -s $(which backup2l) /etc/cron.hourly/zz-backup2l"
```

Listing 14.21 »backup2l« stündlich sichern lassen

Über den Befehl aus Listing 14.21 wird ein Link auf backup2l im Verzeichnis */etc/cron.hourly* erstellt. Falls Sie ein tägliches Backup bevorzugen, legen Sie den Link einfach im Verzeichnis */etc/cron.daily* an. Beim nächsten cron-Durchlauf wird backup2l mit der Sicherung Ihrer Daten beginnen.

Kapitel 15

Es ist an der Zeit: »ntp«

Eine korrekte Systemzeit hilft Ihnen nicht nur dabei, Logdateien unterschiedlicher Server korrekt auszuwerten, sondern ist für einige Dienste auch zwingend erforderlich. In diesem Kapitel lernen Sie alles zum Thema Zeit: wie Sie die Zeitzonen, das Datum und die Uhrzeit auf Ihrem Server einstellen, wie Sie die korrekten Zeitinformationen über das Internet abrufen und wie Sie sogar selbst einen eigenen Zeitserver betreiben können.

Korrekte Zeitinformationen machen Ihnen als Systemadministrator an vielen Stellen das Leben leichter. Wenn es darum geht, Logdateien auszuwerten, die auf unterschiedlichen Systemen erzeugt wurden, ist eine korrekte Zeit auf den beteiligten Systemen Gold wert. Zusätzlich gibt es auch Dienste, die eine korrekte Zeit zwingend erforderlich machen. Kerberos ist ein Beispiel für so einen Dienst: Weicht die Zeit eines der Systeme (Client oder Server) um mehr als 60 Sekunden von dem Kommunikationspartner ab, verweigert der Dienst die Arbeit. Auch bei zeitgesteuerten Freigaben (wie zum Beispiel bei der Freigabe des Internetzugriffs in der Mittagspause) ist die richtige Systemzeit extrem wichtig, sofern Sie nicht den Zorn Ihrer Kollegen auf sich ziehen wollen.

15.1 Basiswissen

Generell wird auf Computern zwischen zwei Zeiten unterschieden: der Software-Uhr und der Hardware-Uhr. Die Hardware-Uhr, die auch als Echtzeituhr, RTC (Real Time Clock), BIOS- oder CMOS-Uhr bezeichnet wird, läuft unabhängig batteriebetrieben auf der Hardware selbst – auch dann, wenn das System abgeschaltet ist. Diese Uhrzeit wird beim Systemstart mit der Software-Uhr abgeglichen.

Die Software-Uhr, die auch oft als System- oder Betriebssystem-Uhr bezeichnet wird, stellt die Zeit des Kernels dar. Jegliche Software auf dem System, also alle Programme und das Betriebssystem selbst, nutzt diese Zeit. Neben der Uhrzeit gehören auch noch das Datum und die Zeitzone zu den Zeitinformationen.

15.1.1 Welches Vorwissen wird benötigt?

Für dieses Kapitel sollten Sie folgende Kenntnisse bereits erworben haben:

▶ **Die Bash** (siehe hierzu Abschnitt 8.1, »Hilfe, da blinkt was! Die Bash«)

▶ **Paket-Installation** (siehe hierzu Abschnitt 2.4.3, »Umgang mit Paketen«)

15.2   Zeit manuell einstellen

Bereits bei der Installation werden Sie nach dem Datum, der Uhrzeit und der Zeitzone gefragt. Selbstverständlich müssen Sie Ihren Server nicht neu installieren, wenn die Zeit nicht mehr stimmt. Sie können alle Angaben während des Betriebs anpassen.

[!]

Stolperfalle: Zeitreisen

Achten Sie darauf, dass Zeitsprünge nicht zu groß sind oder Ihr System in der Zeit zurückreist. Einige Dienste vertragen dies nicht – einige Programme warnen Sie auch vor zu großen Änderungen. Daher sollten Sie Änderungen auf Produktionssystemen eher vorsichtig angehen.

15.2.1   Hardware-Uhr einstellen

Um die Hardware-Uhr umzustellen, müssen Sie das System nicht neu starten und über eine Tastenkombination das BIOS aufrufen. Sie können die Änderung auch im laufenden Betrieb vornehmen. Dafür nutzen Sie das Programm hwclock, das in jeder Installation vorhanden ist. Listing 15.1 zeigt, wie Sie die aktuelle Hardware-Uhrzeit abfragen können.

```
daniel@saturn:~$ sudo hwclock --show
So 24 Jan 2016 13:25:42 CET  .019504 seconds
```

Listing 15.1 Hardware-Uhrzeit mit »hwclock« anzeigen

Die Ausgabe von hwclock zeigt Ihnen nicht nur das Datum und die Uhrzeit an, sondern auch die Zeitzone und die Differenz zur Software-Uhr. Wenn Sie den Befehl mehrfach ausführen, werden Sie feststellen, dass die Abweichung zur Software-Uhr variiert. Keine Sorge, das ist völlig normal, solange sich die Abweichungen im Bereich einer Sekunde abspielen. Der Befehl hwclock verfügt über viele Parameter. In Tabelle 15.1 finden Sie die gängigsten Parameter aufgelistet.

Parameter	Beschreibung
--show	Ausgabe der aktuellen Hardware-Uhr
--set --date="24/01/16 13:30:05"	Stellt die Hardware-Uhr auf den 24. Januar 2016, 13:30:05 ein.

Tabelle 15.1 Gängige Parameter von »hwclock«

Parameter	Beschreibung
--hctosys	Setzt die Systemzeit auf die aktuelle Hardware-Uhr.
--systohc	Setzt die Hardware-Uhr auf die aktuelle Systemzeit.

Tabelle 15.1 Gängige Parameter von »hwclock« (Forts.)

15.2.2   Software-Uhr einstellen

Die Systemzeit können Sie unter anderem über das Programm date abrufen. Die Ausgabe sieht so wie in Listing 15.2 aus:

```
daniel@saturn:~$ date
So 24. Jan 13:28:19 CET 2016
```

Listing 15.2 Software-Uhrzeit mit »date« anzeigen

Die Ausgabe umfasst den Wochentag, den Tag, den Monat, die Uhrzeit, die Zeitzone und das Jahr. Mit date können Sie auch die Software-Uhr einstellen. Dies geschieht über den Parameter -s (siehe Listing 15.3):

```
daniel@saturn:~$ sudo date -s "2013-06-16 14:52:05"
So 16. Jun 14:52:05 CEST 2013
```

Listing 15.3 Software-Uhrzeit verändern mit »date -s«

Nach dem Parameter -s wird die Zeit im Format *YYYY-MM-DD hh:mm:ss* angegeben. Die Buchstaben haben dabei die in Tabelle 15.2 beschriebene Syntax. Im Beispiel aus aus Listing 15.3 wird die Zeit also auf den 16.06.2013 14:52:05 Uhr gestellt. Die Änderung wird sofort wirksam.

Syntax	Beschreibung
YYYY	Angabe des Jahres – vierstellig, zum Beispiel 2013
MM	Angabe des Monats – zweistellig, zum Beispiel 06
DD	Angabe des Tages – zweistellig, zum Beispiel 16
hh	Angabe der Stunde – zweistellig, zum Beispiel 14
mm	Angabe der Minute – zweistellig, zum Beispiel 52
ss	Angabe der Sekunde – zweistellig, zum Beispiel 05

Tabelle 15.2 Syntax des Datumsformats

357

Das Programm date ist unglaublich mächtig. Es kann nicht nur die aktuelle Zeit ausgeben oder verändern. Sie können damit auch Zeitinformationen umrechnen oder berechnen, was gerade bei der Programmierung sehr hilfreich sein kann.

[✓]   Daher beschreiben wir dieses Programm auch noch mal genauer in Kapitel 37, »Zuhause: ›bash‹« (unter »Datumsmagie«).

Seit der Einführung von *systemd* wird standardmäßig der Dienst *systemd-timesyncd* mitgestartet. Dieser überwacht die Änderungen der Systemzeit und gleicht diese mit der Netzwerkzeit ab. Daher sind die Änderungen von hwclock und date -s nicht von Dauer, sondern werden von *systemd-timesyncd* wieder auf eine korrekte Zeit zurückgesetzt.

Auf einem Standard-Ubuntu 16.04 LTS ist der Dienst per se gestartet, wie Sie in Listing 15.4 sehen:

```
daniel@saturn:~$ systemctl status systemd-timesyncd
• systemd-timesyncd.service - Network Time Synchronization
   Loaded: loaded (/lib/systemd/system/systemd-timesyncd.service; enabled; vendor
               preset: enabled)
  Drop-In: /lib/systemd/system/systemd-timesyncd.service.d
             └disable-with-time-daemon.conf
   Active: active (running) since So 2016-01-24 08:57:06 CET; 4h 39min ago
     Docs: man:systemd-timesyncd.service(8)
 Main PID: 13282 (systemd-timesyn)
   Status: "Synchronized to time server 91.189.89.199:123 (ntp.ubuntu.com)."
   CGroup: /system.slice/systemd-timesyncd.service
             └13282 /lib/systemd/systemd-timesyncd

Jan 24 08:57:06 saturn systemd[1]: Starting Network Time Synchronization...
Jan 24 08:57:06 saturn systemd[1]: Started Network Time Synchronization.
Jan 24 08:57:06 saturn systemd-timesyncd[13282]: Synchronized to time server \
91.189.89.199:123 (ntp.ubuntu.com).
```
Listing 15.4 Status des »systemd-timesyncd«

In der Standardkonfiguration ist die Zeitsynchronisierung mit dem *Network Time Protocol (NTP)* aktiviert, und als Zeitserver ist ntp.ubuntu.com hinterlegt.

Zur Bearbeitung der Zeit liefert *systemd* das Programm timedatectl mit, das nicht nur (beim Aufruf ohne Parameter) die aktuellen Zeitangaben und die Konfiguration ausgibt, sondern auch Anpassungen entgegennimmt. In Listing 15.5 sehen Sie die Ausgabe des Programms beim Aufruf ohne weitere Parameter:

```
daniel@saturn:~$ timedatectl status
       Local time: So 2016-01-24 13:43:10 CET
   Universal time: So 2016-01-24 12:43:10 UTC
```

```
       RTC time: So 2016-01-24 12:43:08
      Time zone: Europe/Berlin (CET, +0100)
Network time on: yes
NTP synchronized: yes
 RTC in local TZ: no
```

Listing 15.5 Statusausgabe mit »timedatectl«

Neben der aktuellen Zeit wird ebenso die Zeitzone und die Konfiguration des *systemd-time-syncd* ausgegeben.

Um die Zeit auf Ihrem System manuell zu verändern, müssen Sie mehrere Schritte vollziehen, die Sie in Listing 15.6 sehen:

```
daniel@saturn:~$ sudo timedatectl set-time "2016-01-24 15:00:05"
Failed to set time: Automatic time synchronization is enabled
daniel@saturn:~$
daniel@saturn:~$ sudo timedatectl set-ntp false
daniel@saturn:~$ sudo timedatectl set-time "2016-01-24 15:00:05"
daniel@saturn:~$ date
So 24. Jan 15:00:07 CET 2016
```

Listing 15.6 Manuelle Zuweisung der Zeit

Wie Sie Listing 15.6 entnehmen können, haben wir zunächst versucht, die Zeit manuell mit timedatectl set-time zu ändern. Das Programm erwartet dabei die gleiche Syntax wie date, die wir in Tabelle 15.2 bereits dargestellt haben. Da der automatische Abgleich über NTP noch aktiviert war, wurde dies untersagt. Anschließend haben wir den Abgleich mit timedatectl set-ntp false deaktiviert, die Zeit manuell mit timedatectl set-time neu gesetzt und die Änderung mit date kontrolliert.

Die Änderung bleibt nun bestehen, so dass Sie nun auch die Zeit mittels hwclock und date verändern können. Der deaktivierte Zeitabgleich bleibt aber nur bis zum nächsten Neustart inaktiv. Für eine dauerhafte Deaktivierung müssen Sie den Befehl aus Listing 15.7 absetzen:

```
daniel@saturn:~$ sudo systemctl disable systemd-timesyncd
```

Listing 15.7 Zeitabgleich dauerhaft deaktivieren

15.2.3   Zeitzone ändern

Um die Zeitzone zu ändern, stand Ihnen bei älteren Ubuntu-Versionen kein eigenes Programm zur Verfügung, aber Sie konnten das Paket tzdata mit dpkg-reconfigure neu konfigurieren, wie in Listing 15.8 zu sehen ist. Dabei werden Sie durch einen Dialog geführt (ähnlich wie bei der Installation), in dem Ihnen die Werte zur Auswahl gestellt werden.

```
daniel@saturn:~$ sudo dpkg-reconfigure tzdata
```
Listing 15.8 Zeitzone mit »tzdata« verändern

Zunächst werden Sie nach dem geografischen Gebiet gefragt (siehe Abbildung 15.1).

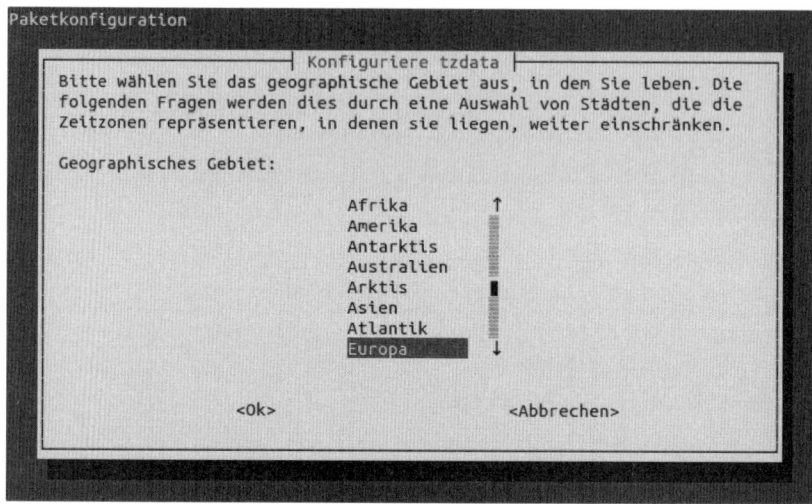

Abbildung 15.1 Zeitzone ändern: geografisches Gebiet

Über die Pfeiltasten hoch [↑] und runter [↓] navigieren Sie durch die Liste. Mit der
[⇆]-Taste wechseln Sie zwischen den Schaltflächen. Nach der Bestätigung über die Schaltfläche <OK> werden Sie nach der Zeitzone gefragt, wie in Abbildung 15.2 zu sehen ist.

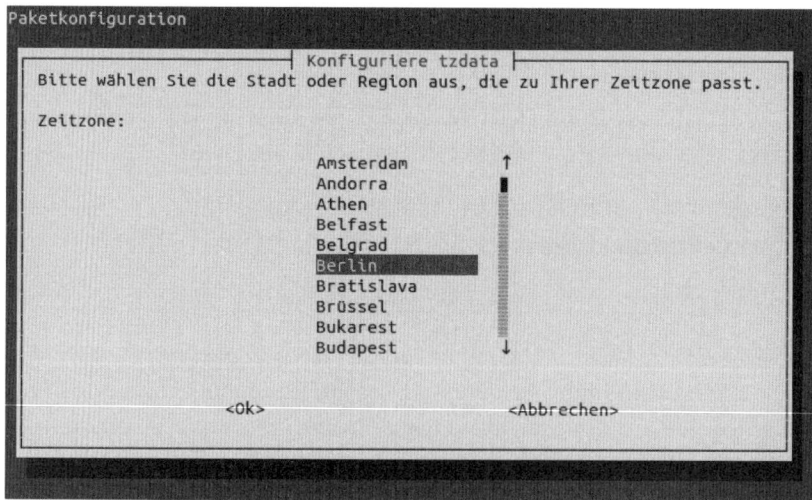

Abbildung 15.2 Zeitzone ändern: Standort

Anschließend gibt `dpkg-reconfigure` Ihnen die Veränderungen aus, wie Sie in Listing 15.9 sehen können:

```
daniel@saturn:~$ sudo dpkg-reconfigure tzdata

Current default time zone: 'Europe/Berlin'
Local time is now:      Sun Jan 24 14:27:39 CET 2016.
Universal Time is now:  Sun Jan 24 13:27:39 UTC 2016.

daniel@saturn:~$
```

Listing 15.9 Zeitzone anzeigen

Dieses Vorgehen ist nach wie vor zielführend, solange der Dienst *systemd-timesyncd* läuft, da die Veränderung über diesen Dienst geleitet wird. *systemd* bietet aber einen einfacheren Weg an. Die Zeitzone kann mit `timedatectl` gesetzt werden, wie in Listing 15.10 dargestellt:

```
daniel@saturn:~$ sudo timedatectl set-timezone Europe/Berlin
daniel@saturn:~$ timedatectl
        Local time: So 2016-01-24 14:32:21 CET
   Universal time: So 2016-01-24 13:32:21 UTC
          RTC time: So 2016-01-24 13:32:20
        Time zone: Europe/Berlin (CET, +0100)
 Network time on: yes
NTP synchronized: yes
 RTC in local TZ: no
```

Listing 15.10 Zeitzone mit »timedatectl« verändern

Die Verarbeitung in Listing 15.10 funktioniert immer, auch wenn *systemd-timesyncd* deaktiviert wurde. Bei der Angabe der Zeitzone müssen Sie auf die Groß- und Kleinschreibung achten. Der Wert `Europe/berlin` würde zu einem Fehler führen, da die korrekte Schreibweise `Europe/Berlin` lautet.

15.2.4   Zusammenfassung

Wir unterscheiden zwischen der Hardware-Uhr und der Software-Uhr. Die Hardware-Uhr läuft auch bei abgeschaltetem System und dient als Initiator der Software-Uhr. Die Hardware-Uhr wird mit `hw-clock` ausgegeben oder manipuliert.

Die Software-Uhr kann mit `date` ausgegeben und verändert werden, wenn der Dienst *systemd-timesyncd* deaktiviert ist. Veränderungen können immer mit `timedatectl` vorgenommen werden. Die Zeitzone kann über das Neukonfigurieren des Pakets `tzdata` verändert werden, wenn der Dienst *systemd-timesyncd* läuft. Die Zeitzone kann immer mit `timedatectl` verändert werden.

15

Besser mit »timedatectl«

Wir empfehlen Ihnen, das *systemd*-Tool timedatectl zu verwenden und nicht weiter die gewohnten Abläufe zu nutzen, da timedatectl das Tool der Zukunft ist und die alten Methoden nach und nach abgeschafft werden.

15.3   Zeit automatisch einstellen: Network Time Protocol (NTP)

Neben der Möglichkeit, die Zeitinformation auf Ihrem System manuell zu ändern, können Sie die Anpassungen auch automatisiert durchführen lassen. Dies erspart Ihnen nicht nur wiederkehrende Arbeit, sondern hilft Ihnen auch dabei, Änderungen, wie zum Beispiel den Wechsel von der Winter- zur Sommerzeit, nicht zu verschlafen.

Wie wir bereits erörtert haben, ist seit dem Einsatz von *systemd* NTP als Client standardmäßig aktiv – was so nicht ganz korrekt ist. Streng genommen ist in *systemd* nur ein *SNTP (Simple Network Time Protocol)* implementiert – und dies auch nur in der Client-Variante. Diese vereinfachte Form von NTP enthält nicht alle Funktionen und bietet vor allem keinen Serverdienst an.

15.3.1   Warum »NTP« wichtig ist

Das *Network Time Protocol*[1] wurde bereits 1985 von David L. Mills an der Universität von Delaware entwickelt und veröffentlicht. Die Besonderheit dieses Protokolls besteht darin, dass es eine zuverlässige Zeitangabe über Netzwerke mit variabler Paketlaufzeit ermöglicht.

Wie bereits erwähnt wurde, ist eine korrekte Zeit auf Serversystemen oft unerlässlich – zum einen, weil einige Dienste dies zwingend voraussetzen, und zum anderen, weil wir als Systemadministratoren oftmals darauf angewiesen sind (zur Auswertung von Logs, für zeitgesteuerte Verarbeitungen etc.).

15.3.2   Arbeitsweise von »NTP«

Das Protokoll NTP, derzeit aktuell in Version 4, arbeitet server-client-basiert. Das heißt, dass ein Server den Takt vorgibt und die Clients diesen übernehmen. Dabei sind die Server hierarchisch aufgebaut, ähnlich einer Pyramide, wie in Abbildung 15.3 dargestellt.

Der Begriff *Stratum* bezeichnet die Entfernung eines Zeitservers zur Zeitquelle (Atom- oder Funkuhr). Dadurch, dass ab der dritten Ebene (Stratum 2) die Zeitserver dieser Ebene auch

---

1   *Network Time Protocol*, engl. für *Netzwerkzeitprotokoll*

untereinander Zeitinformationen austauschen, wird sichergestellt, dass keine zu großen Abweichungen auftreten. Die Übertragung im Netzwerk erfolgt über den UDP-Port 123.

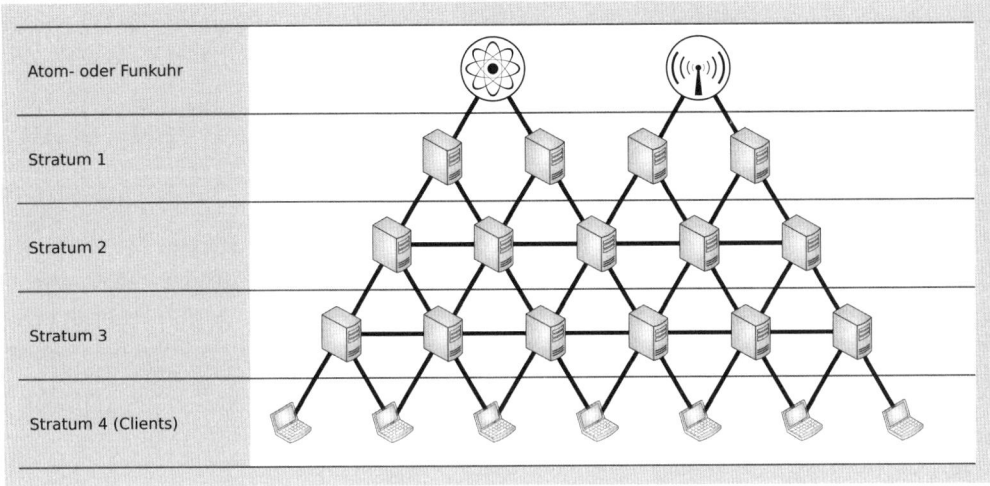

Abbildung 15.3 Server-Aufbau von »NTP«

15.3.3 Zeit abfragen und setzen: »ntpdate«

In früheren Ubuntu-Versionen war stets das Programm ntpdate installiert. Da dessen Grundfunktion nun von *systemd* übernommen wurde, ist es standardmäßig nicht mehr enthalten.

Zur Administration eines NTP-Servers ist es aber hilfreich, weshalb Sie es über die Paketquellen nach wie vor beziehen können und sollten.

Nach der Installation können Sie mit ntpdate Zeitinformationen von entfernten Systemen abfragen. Listing 15.11 zeigt, wie Sie mit dem Parameter -q den aktuellen Unterschied Ihrer Zeit zu der Zeit von einem anderen Server anzeigen lassen können:

```
daniel@saturn:~$ ntpdate -q ntp.ubuntu.com
server 91.189.89.199, stratum 2, offset -0.002115, delay 0.05414
server 91.189.94.4, stratum 2, offset -0.003549, delay 0.05321
24 Jan 14:49:37 ntpdate[964]: adjust time server 91.189.94.4 offset -0.003549 sec
```

Listing 15.11 Zeitunterschiede mit »ntpdate -q« anzeigen lassen

Die Ausgabe zeigt Ihnen, welche Server verwendet wurden (91.189.89.199 und 91.189.94.4), welcher Ebene diese angehörten (stratum 2), welche Abweichung zur Systemzeit besteht (offset -0.002115 und offset -0.003549) und welche Verzögerung beim Abrufen entstanden ist (delay 0.05414 und delay 0.05321). Abschließend wird dies noch mal zusammengefasst (dritte Zeile der Ausgabe).

Die Zusammenfassung ist relevant, wenn Sie die Zeitinformationen über einen Pool abrufen, also über mehrere Server gleichzeitig. Wenn Sie den Parameter -q weglassen, wird die Zeit nicht nur verglichen, sondern auch gesetzt. Beachten Sie, dass Sie den Befehl ntpdate dann mit sudo ausführen müssen und dass die NTP-Funktionalität des Dienstes *systemd-timesyncd* abgeschaltet sein muss.

15.3.4   Zeitserver-Pools

Im Beispiel wurde der Ubuntu-Zeitserver ntp.ubuntu.com verwendet, der nur zwei Zeitserver umfasst. Sie können auch einen beliebigen anderen verwenden. Oft werden Zeitserver als Pool verwendet. Dabei werden über einen DNS-Namen mehrere IP-Adressen zurückgegeben, sodass die Zeit von mehreren Systemen abgeholt und verglichen wird. Das Programm ntpdate gibt entsprechend mehr Zeilen aus (siehe Listing 15.12):

```
daniel@server:~$ ntpdate -q 0.de.pool.ntp.org
server 131.188.3.221, stratum 1, offset 0.002320, delay 0.04158
server 78.46.53.8, stratum 2, offset -0.000616, delay 0.04976
server 193.175.73.151, stratum 1, offset 0.001746, delay 0.05022
server 144.76.38.73, stratum 2, offset -0.001029, delay 0.05115
24 Jan 14:56:20 ntpdate[1006]: adjust time server 131.188.3.221 offset 0.002320 sec
```

Listing 15.12 Zeitunterschiede zum Pool anzeigen lassen

Durch die Verwendung mehrerer Zeitserver wird Ihre Zeit genauer, da ein Mittelwert des *Offsets* unter Berücksichtigung der Verzögerung (*Delay*) berechnet wird.

Der im Beispiel verwendete Pool 0.de.pool.ntp.org stammt vom *NTP Pool Project*, das von Ask Bjorn Hansen und seinen Helfern betrieben wird. Eine Übersicht der Pools können Sie auf der Projektseite unter *www.pool.ntp.org/zone/de* abrufen. Das Projekt stellt Pools über Millionen von Systemen auf der ganzen Welt zur Verfügung. Falls Sie Ihren eigenen Zeitserver aufsetzen und ihn dem Pool zur Verfügung stellen möchten, können Sie dies über die Internetseite des Projekts beantragen.

15.3.5   Lokaler Zeitabgleich: »systemd-timesyncd«

Um den standardmäßig enthaltenen *systemd-timesyncd* konfigurieren zu können, müssen Sie lediglich die Datei */etc/systemd/timesyncd.conf* anpassen.

Standardmäßig enthält diese Datei nur die in Listing 15.13 aufgeführte Konfiguration:

```
[Time]
#NTP=
#FallbackNTP=ntp.ubuntu.com
```

Listing 15.13 Standardkonfiguration des »timesyncd«

Ändern Sie für Server in Deutschland die Konfigurationsdatei daher so ab, wie in Listing 15.14 dargestellt:

```
[Time]
NTP=0.de.pool.ntp.org 1.de.pool.ntp.org 2.de.pool.ntp.org
FallbackNTP=ntp.ubuntu.com
```

Listing 15.14 Angepasste Konfiguration des »timesyncd«

Damit veranlassen Sie, dass nach einem Neustart (des Servers oder des Dienstes) die angegebenen NTP-Server verwendet werden. Beachten Sie, dass mehrere Server durch Leerzeichen getrennt angegeben werden können. Über den Parameter FallbackNTP können Sie NTP-Server angeben, die erst verwendet werden, wenn von den unter NTP angegebenen Servern keiner erreichbar ist.

Falls Sie in Ihrem Netzwerk selbst einen NTP-Server betreiben, können Sie diesen selbstverständlich dort auch hinterlegen – was sogar empfehlenswert ist.

15.3.6   Für alle: »ntpd«

Wie Sie selbst einen NTP-Server betreiben können, wollen wir Ihnen in diesem Abschnitt zeigen. Installieren Sie dafür das Paket *ntp*, das den *ntpd* bereitstellt (siehe Listing 15.15).

```
daniel@server:~$ sudo apt-get install ntp
```

Listing 15.15 Installation von »ntpd«

Herzlichen Glückwunsch: Die Konfiguration ist (fast) abgeschlossen. Ab jetzt korrigiert Ihr System seine Zeit selbst. Direkt nach der Installation wird der *ntp*-Daemon gestartet und nimmt sofort die Arbeit auf. Im Gegensatz zur manuellen Anpassung der Zeit benutzt der Daemon eine *drift*-Datei.

Bei größeren Zeitsprüngen wird Ihrem System die Änderung in verdaulichen Portionen mitgeteilt – es wird ein weicher Übergang vorgenommen.

In der Konfigurationsdatei */etc/ntp.conf* werden unter anderem die Zeitserver angegeben. Wie Sie in Listing 15.16 sehen, werden in der Standardkonfiguration direkt mehrere Server und Pools angegeben.

```
# Use servers from the NTP Pool Project. Approved by Ubuntu Technical Board
# on 2011-02-08 (LP: #104525). See http://www.pool.ntp.org/join.html for
# more information.
server 0.ubuntu.pool.ntp.org
server 1.ubuntu.pool.ntp.org
server 2.ubuntu.pool.ntp.org
server 3.ubuntu.pool.ntp.org
```

```
# Use Ubuntu's ntp server as a fallback.
server ntp.ubuntu.com
```
Listing 15.16 Standardkonfiguration der Zeitserver in der »ntp.conf«

Prinzipiell können Sie diese Server ohne Bedenken verwenden. Falls Sie die Zeitsynchronisierung aber lieber lokalisieren möchten, um zum Beispiel geringe Latenzen beim Abruf zu gewährleisten und akkuratere Ergebnisse zu bekommen, können Sie selbstverständlich einen anderen Server hinterlegen. In der Regel ist dies aber nicht notwendig.

Damit sich der neue ntp-Daemon und der von *systemd* bereitgestellte *systemd-timesyncd* nicht ins Gehege kommen, sollten Sie *systemd-timesyncd* deaktivieren. Verwenden Sie dafür systemctl, wie in Listing 15.17 dargestellt:

```
daniel@saturn:~$ sudo systemctl stop systemd-timesyncd
daniel@saturn:~$ sudo systemctl disable systemd-timesyncd
Removed symlink /etc/systemd/system/sysinit.target.wants/systemd-timesyncd.service.
```
Listing 15.17 Zeitabgleich dauerhaft deaktivieren

Zusätzliches Tool: »ntpq«

Bei der Installation von *ntp* wird auch das Programm ntpq mit installiert. Darüber können Sie die aktuellen Informationen des Deamons abrufen. Wie Sie in Listing 15.18 sehen, können Sie über den Parameter -q, der äquivalent zum ntpdate -q ist, die aktuelle Abweichung Ihrer System- zeit zu den Zeitservern darstellen lassen.

```
daniel@server:~$ ntpq -p
     remote           refid      st t when poll reach   delay   offset  jitter
==============================================================================
+bwntp2.bluewin. 195.186.11.242   2 u    4   64  377   20.244   -4.336   2.507
-s1.vlns.de      225.34.194.233   3 u    7   64  377   17.697   -3.844   5.325
+gollum.webershe 192.53.103.104   2 u    2   64  377   18.107   -6.207   2.041
*stratum2-1.NTP. 129.70.130.71    2 u    4   64  377   15.036   -7.431   3.843
+juniperberry.ca 131.188.3.220    2 u    6   64  377   24.314   -6.992   2.892
```
Listing 15.18 Zeitunterschiede zum Pool anzeigen lassen

Doppelt gemoppelt: »ntpdate« und »ntp«

Sobald der *ntp*-Daemon auf Ihrem System läuft, können Sie die Zeit nicht mehr über ntpdate korrigieren. Das Programm quittiert den Aufruf direkt mit einem Fehler:

```
daniel@server:~$ sudo ntpdate ntp.ubuntu.com
24 Jan 15:42:14 ntpdate[821]: the NTP socket is in use, exiting
```
Listing 15.19 Fehlerausgabe von »ntpdate«

Bei einer hohen Abweichung, die Sie schnell korrigieren müssen und bei der Sie nicht auf den weichen Übergang warten können, hilft nur ein Stoppen des Daemons mit anschließendem Abgleich mittels `ntpdate` und ein erneutes Starten. Dies können Sie so durchführen, wie in Listing 15.20 dargestellt:

```
daniel@saturn:~$ sudo systemctl stop ntp
daniel@server:~$ sudo ntpdate ntp.ubuntu.com
24 Jan 15:43:20 ntpdate[849]: adjust time server 91.189.94.4 offset -120.009521 sec
daniel@saturn:~$ sudo systemctl start ntp
```

Listing 15.20 Große Zeitunterschiede schnell korrigieren

15.3.7   Zusammenfassung

In diesem Abschnitt haben Sie zunächst gelernt, wie das *Network Time Protocol* funktioniert. Anschließend haben wir mithilfe von `ntpdate` mit dem Parameter `-q` die Zeit des Zeitservers mit der Zeit auf unserem System verglichen. Zur Automation haben wir das Paket *ntp* installiert und den Standard-Dienst *systemd-timesyncd* beendet und deaktiviert.

15.4   Zeit nicht für alle bereitstellen

Damit Ihr Server für Ihr Netzwerk die Zeit zur Verfügung stellen kann, muss der *ntpd* laufen. Über die Konfigurationsdatei */etc/ntp.conf* können Sie nun festlegen, welche Systeme Ihren Server abfragen dürfen.

In der Standardkonfiguration ist die Abfrage jedem erlaubt (siehe Listing 15.21):

```
# By default, exchange time with everybody, but don't allow configuration.
restrict -4 default kod notrap nomodify nopeer noquery
restrict -6 default kod notrap nomodify nopeer noquery


# Local users may interrogate the ntp server more closely.
restrict 127.0.0.1
restrict ::1
```

Listing 15.21 Ausschnitt aus der Zugriffssteuerung der »ntp.conf«

Damit nur die Systeme in Ihrem Netzwerk die Zeit via NTP abfragen dürfen, müssen Sie eine entsprechende `restrict`-Zeile ergänzen und die vorhandene generelle Freigabe entfernen, wie Sie in Listing 15.22 sehen:

```
# By default, exchange time with everybody, but don't allow configuration.
#restrict -4 default kod notrap nomodify nopeer noquery
#restrict -6 default kod notrap nomodify nopeer noquery
```

```
# Local users may interrogate the ntp server more closely.
restrict 127.0.0.1
restrict ::1

# my Network
restrict 192.168.1.0 mask 255.255.255.0 nomodify notrap
```

Listing 15.22 Freigabe des eigenen LAN in der »ntp.conf«

In Listing 15.22 haben wir zunächst die generelle Freigabe auskommentiert und die Freigaben für den Zugriff über *localhost* bestehen lassen. Die letzte Zeile gibt an, dass Zugriffe aus dem Netzwerk 192.168.1.0/24 die Zeit abfragen, aber nicht verändern (nomodify) dürfen und dass keine Kontrollpakete von den Clients zugelassen sind (notrap).

Nach einem Neustart des Daemons mit systemctl restart ntp können nur noch die Clients aus dem Netzwerk 192.168.1.0/24 die Zeit mit Ihrem Server abgleichen.

Kapitel 16
Webmin

Server-Konfiguration und -Administration einmal anders: Web sei dank.

In diesem Kapitel verlassen wir die gewohnte Konsole und werden uns der Administration mittels *Webmin* widmen. Damit können Sie browsergestützt das System nahezu vollständig administrieren, Dienste konfigurieren und als Bonus sogar Cluster aufsetzen, bei denen Sie Änderungen nur einmal vornehmen, die dann automatisch an die Cluster-Member verteilt werden.

16.1 Die Web-GUI: »Webmin«

Die Bearbeitung von sich wiederholenden Aufgaben, die sich nicht über Skripte abbilden lassen (wie zum Beispiel das Anpassen von DNS-Einträgen oder die Pflege von Freigabelisten), kann auch den ambitioniertesten Administrator nicht reizen. Diese lästigen, aber notwendigen Pflichten müssen jedoch bewältigt werden.

An dieser Stelle springt *Webmin*[1] in die Bresche. Es ermöglicht dem Administrator, die Aufgaben über eine Weboberfläche einfach und bequem zu lösen. Durch den modularisierten Aufbau und ein geschicktes Rechtesystem ist es sogar möglich, mehreren Administratoren nur einzelne Module freizugeben, sodass zum Beispiel der Kollege Max nur DNS-Einträge verändern kann und der Kollege Moritz hingegen die Freigabelisten für den Webzugriff.

Damit ist aber noch nicht Schluss – die Macher von Webmin legen noch eine Cluster-Funktionalität oben drauf. Darüber können Sie mehrere Systeme miteinander verbinden, sodass Änderungen nur einmal vorgenommen werden müssen und von Webmin automatisiert verteilt werden. Darüber hinaus ist es möglich, einen zentralen Webmin-Server aufzusetzen, der weitere Instanzen auf anderen Systemen administriert. So können Sie leicht ein zentrales Administrationssystem aufsetzen. Viele große Hoster setzen auf solche Lösungen, um ihren Kunden einen einfachen administrativen Zugang zu ihren Servern zu ermöglichen. Ein sehr bekannter Vertreter dieser Zunft ist zum Beispiel *cpanel*, der einen ähnlichen Leistungsumfang bietet wie Webmin. Wenn Sie schon mal einen Root-Server über *cpanel* administriert haben, werden Sie sich mit Webmin schnell anfreunden.

---

1 *Webmin*, kurz für **Web**-Ad**min**istration – Administration von Systemen über eine Weboberfläche

16.1.1   Aufklärung

In vielen Foren oder anderen Nischen des Internets ist die Meinung verbreitet, dass das Webmin-Projekt nicht mehr in Debian – und somit auch nicht mehr in Ubuntu – vorhanden sei, da das Projekt nicht korrekt arbeitete und das System beschädigen könne. Darüber hinaus wird oft auch darauf hingewiesen, dass das Projekt die zentralen Konfigurationsdateien nicht Debian/Ubuntu-konform bearbeitete und daher nicht mehr Teil der Distribution ist. Dies wird sogar im deutschen Ubuntuuser-Wiki (*http://wiki.ubuntuusers.de/Archiv/Webmin*) und auch in der offiziellen Ubuntu-Hilfe (*https://help.ubuntu.com/community/WebMin*) behauptet.

Dies ist so **nicht** korrekt. Webmin wurde seinerzeit nur deswegen aus den Paketquellen entfernt, weil der Maintainer des Pakets nicht mehr die benötigte Zeit aufbringen konnte und die veraltete, von ihm gepflegte Version fehlerbehaftet war.

Die Version des Projekts selbst hingegen war stets *state of the art* und vollständig an die Distributionen angepasst. Dementsprechend findet sich in der offiziellen Ubuntu-Hilfe auch ein Verweis auf das Projekt mit einer Installationsanleitung.

In diesem Zusammenhang wird oft als Alternative auf *ebox/Zentyal* verwiesen. Dieses Projekt hat aber eine grundlegend andere Ausrichtung und ist mit Webmin kaum zu vergleichen. Weder der Umfang noch der Aufbau noch die Möglichkeiten reichen auch nur im Geringsten an Webmin heran.

16.1.2   Aufbau und Arbeitsweise

Das Herausragende an Webmin ist die umgesetzte Struktur. Das Projekt setzt auf Module, sodass je nach System unterschiedliche Module installiert und konfiguriert werden können. Damit ist es Ihnen überlassen, ob und wie weit Sie Webmin zur Administration einsetzen.

Darüber hinaus kann über Webmin eine eigene Rechtevergabe erfolgen. Sie können einzelnen Systembenutzern unterschiedliche Rechte an Modulen zuweisen. Somit können Sie unabhängig vom Systemstatus eines Benutzers diesem das Recht geben, Dienste administrativ zu betreuen.

Zusätzlich bietet Webmin die Möglichkeit, Cluster-Funktionalitäten einzusetzen. Darüber wird es Ihnen ermöglicht, mehrere Systeme gleichzeitig zu administrieren. Änderungen müssen nur einmal vorgenommen werden, und sogar Konfigurationen von Server-Diensten werden an das jeweilige System angepasst verteilt – eine hervorragende Möglichkeit, um einen Fuhrpark an Systemen einfach und trotzdem individuell korrekt zu administrieren.

Die GUI folgt dabei der immer gleichen Logik: Der Bildschirm ist in zwei Bereiche unterteilt. Auf der linken Seite finden Sie das Menü, das zu jeder Zeit präsent angezeigt wird. Wählen Sie dort ein Modul aus, wird dieses im rechten Bereich angezeigt. Die Module selbst verfügen ebenfalls über eine gleichbleibende Logik. So finden Sie zunächst die Hauptseite eines Moduls, auf der die unterschiedlichen Kategorien als Symbole dargestellt werden, und zusätzlich Buttons, die direkte Befehle ausführen. Am oberen Ende dieses Bereichs werden stets die passenden Links angezeigt. Auf der Hauptseite zur Administration des Moduls und wenn Sie über ein Symbol eine Unterkategorie öffnen, sehen Sie einen Link, um auf die Hauptseite zurückzukehren, und einen Link, um die Änderungen anzuwenden.

16.1.3   Welches Vorwissen wird benötigt?

Für dieses Kapitel sollten Sie folgende Kenntnisse bereits erworben haben:

▸ **Die Bash** (siehe hierzu Abschnitt 8.1, »Hilfe, da blinkt was! Die Bash«)

▸ **Paket-Installation** (siehe hierzu Abschnitt 2.4.3, »Umgang mit Paketen«)

16.2   Vorbereitungen: Von der Installation zum lauffähigen »Webmin«

In diesem Abschnitt zeigen wir Ihnen, wie Sie den Webmin auf Ihrem System installieren und wie der erste Aufruf und die Anmeldung ablaufen.

16.2.1   Herunterladen

Zur Installation müssen Sie zunächst die aktuelle Version des Webmin von der Projekt-Seite *www.webmin.com/download.html* herunterladen. Dort wird Webmin als dpkg-Paket angeboten. Auf der Konsole setzen wir dafür das Programm wget ein, wie in Listing 16.1 zu sehen ist:

```
daniel@saturn:~$ cd /opt/
daniel@saturn:/opt$ sudo wget http://prdownloads.sourceforge.net/webadmin/ \
webmin_1.780_all.deb
[…]
```

Listing 16.1 Herunterladen der aktuellen Webmin-Version

Das Programm wget lädt das Paket herunter und speichert die Datei im aktuellen Pfad ab. In Listing 16.1 haben wir das Installationspaket (webmin_1.780_all.deb) im Verzeichnis */opt/* abgelegt.

URL in einer Zeile

Beachten Sie, dass die URL in Listing 16.1 mit einem Backslash (\) getrennt wurde und eigentlich zusammenhängt: Das Programm wget erwartet die Angabe der URL in einer Zeile.

[!]

16.2.2 Installation mit »dpkg«

Anschließend installieren wir das Paket mit dpkg -i. Die Installation bricht mit dem in Listing 16.2 gezeigten Fehler ab.

```
daniel@saturn:/opt$ sudo dpkg -i webmin_1.780_all.deb
[sudo] password for daniel:
Vormals nicht ausgewähltes Paket webmin wird gewählt.
(Lese Datenbank ... 59558 Dateien und Verzeichnisse sind derzeit installiert.)
Vorbereitung zum Entpacken von webmin_1.780_all.deb ...
Entpacken von webmin (1.780) ...
dpkg: Abhängigkeitsprobleme verhindern Konfiguration von webmin:
 webmin hängt ab von libnet-ssleay-perl; aber:
  Paket libnet-ssleay-perl ist nicht installiert.
 webmin hängt ab von libauthen-pam-perl; aber:
  Paket libauthen-pam-perl ist nicht installiert.
 webmin hängt ab von libio-pty-perl; aber:
  Paket libio-pty-perl ist nicht installiert.
 webmin hängt ab von apt-show-versions; aber:
  Paket apt-show-versions ist nicht installiert.
 webmin hängt ab von python; aber:
  Paket python ist nicht installiert.

dpkg: Fehler beim Bearbeiten des Paketes webmin (--install):
 Abhängigkeitsprobleme - verbleibt unkonfiguriert
Trigger für systemd (228-4ubuntu1) werden verarbeitet ...
Trigger für ureadahead (0.100.0-19) werden verarbeitet ...
Fehler traten auf beim Bearbeiten von:
 webmin
```

Listing 16.2 Fehler beim Installieren mit »dpkg -i«

Aufgrund von fehlenden Abhängigkeiten wird die Installation abgebrochen. Wir müssen also noch einen Zwischenschritt einfügen.

16.2.3 Abhängigkeiten bequem nachinstallieren

Zur einfachen Installation der Abhängigkeiten können Sie dem Befehl sudo apt-get install den Schalter -f anhängen. Mit ihm weisen Sie den Befehl an, fehlende Abhängigkeiten aufzulösen und die benötigten Pakete zu installieren:

```
daniel@saturn:/opt$ sudo apt-get install -f
Paketlisten werden gelesen... Fertig
Abhängigkeitsbaum wird aufgebaut.
Statusinformationen werden eingelesen.... Fertig
```

```
Abhängigkeiten werden korrigiert ... Fertig
Die folgenden zusätzlichen Pakete werden installiert:
  apt-show-versions libapt-inst2.0 libapt-pkg-perl libapt-pkg5.0 libauthen-pam-perl
  libio-pty-perl libnet-ssleay-perl libperl5.22 libpython-stdlib perl-modules-5.22
  python python-minimal python2.7 python2.7-minimal
[…]
0 aktualisiert, 14 neu installiert, 0 zu entfernen und 0 nicht aktualisiert.
1 nicht vollständig installiert oder entfernt.
Es müssen 12,1 MB an Archiven heruntergeladen werden.
Nach dieser Operation werden 16,4 MB Plattenplatz zusätzlich benutzt.
Möchten Sie fortfahren? [J/n] J
[…]
webmin (1.780) wird eingerichtet ...
Webmin install complete. You can now login to https://saturn:10000/
as root with your root password, or as any user who can use sudo
to run commands as root.
Trigger für libc-bin (2.21-0ubuntu5) werden verarbeitet ...
Trigger für systemd (228-4ubuntu1) werden verarbeitet ...
Trigger für ureadahead (0.100.0-19) werden verarbeitet ...
```

Listing 16.3 Einfach: Nachinstallation fehlender Pakete

Wie Sie Listing 16.3 entnehmen können, wird nach der Installation der fehlenden Abhängigkeiten anschließend sogar das Paket *webmin* zu Ende installiert. Sie erhalten den Hinweis, dass die Installation von Webmin erfolgreich war und dass Sie den Dienst nun über einen Browser öffnen können. Rufen Sie dazu einfach die angegebene URL auf (https://<SERVERNAME>:10000).

16.2.4   Die erste Anmeldung

Beim ersten Aufruf Ihrer frischen Installation erhalten Sie eine Zertifikatswarnung, da Webmin ein selbst signiertes Zertifikat verwendet. Importieren Sie dieses Zertifikat daher zunächst in den Browser Ihrer Wahl. Nachdem Sie die Zertifikatswarnung überwunden haben, werden Sie auf eine Login-Seite geleitet (siehe Abbildung 16.1).

Verwenden Sie zum Login den Benutzer, den Sie bei der Installation von Ubuntu angelegt haben, da dieser über die benötigten Rechte verfügt.

Aufruf mit »https« und Port »10000«

Beachten Sie, dass der Aufruf mit *https* und der Angabe des Ports 10.000 ausgeführt werden muss. Alternativ können Sie statt des Namens auch die IP-Adresse des Servers verwenden.

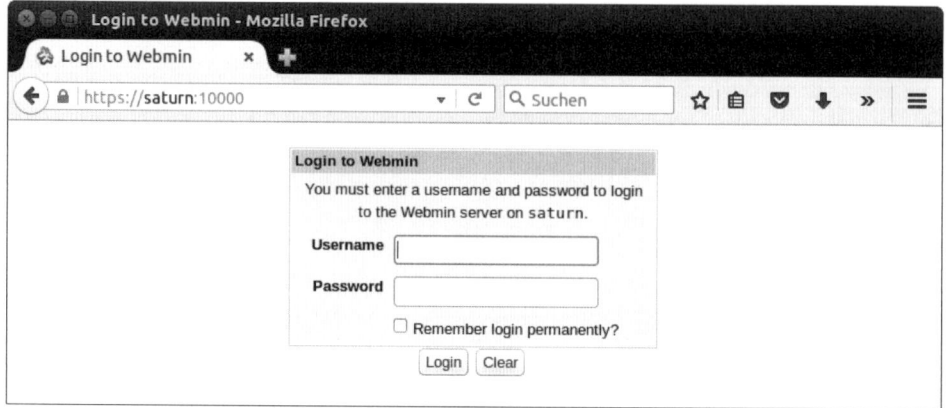

Abbildung 16.1 Login bei »Webmin«

Anschließend begrüßt Webmin Sie mit dem Statusbildschirm, auf dem Sie die wichtigsten Informationen zu Ihrem Server zusammengefasst bekommen. Abbildung 16.2 zeigt den typischen Startbildschirm nach der Anmeldung.

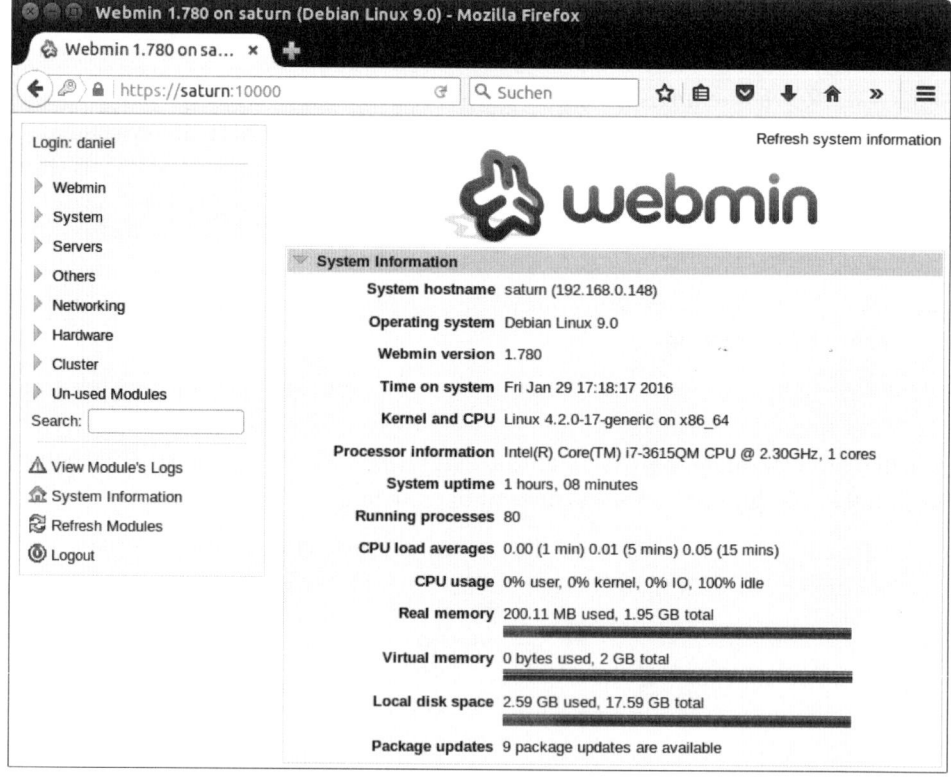

Abbildung 16.2 Startbildschirm von »Webmin«

Auf der linken Seite finden Sie ein Menü, in dem Sie nicht nur den Webmin oder das System konfigurieren können, sondern auch die laufenden Serverdienste.

Je nachdem, welche Serverdienste auf Ihrem System bereits vorhanden waren, hat Webmin die passenden Module bereits mitinstalliert, sodass Sie direkt mit der Arbeit beginnen können, ohne vorher umständlich Module auswählen zu müssen.

Die übrigen Module wurden automatisch deaktiviert und sind unter Un-used Modules einsortiert.

16.2.5 Zusammenfassung

Zunächst haben wir auf der Konsole mit `wget` die aktuelle Version des Webmin von der Projektseite *www.webmin.com/download.html* heruntergeladen. Anschließend wurde das *deb*-Paket mittels `dpkg` installiert. Die benötigten Abhängigkeiten haben wir mit `apt-get install -f` nachinstalliert. Abschließend haben wir die erste Anmeldung auf der Weboberfläche (*https://<SERVERNAME>:10000*) näher betrachtet.

16.3 Benutzer und Module

Wie bereits erörtert wurde, können Sie über die Weboberfläche nicht nur das System und den Webmin selbst, sondern auch (fast alle) Serverdienste administrieren. In diesem Abschnitt zeigen wir Ihnen, wie Sie neue Benutzer im Webmin anlegen und diesen Rechte zuweisen und wie die Administration eines Dienstes im Webmin abläuft (wir verwenden als Beispiel den Web-Proxy *squid3*).

16.3.1 Benutzer

Da der Webmin unabhängig ist, wird generell zwischen System- und Webmin-Benutzern unterschieden. In diesem Abschnitt legen wir lediglich reine Webmin-Benutzer an.

Wie Sie Systembenutzer in Webmin-Benutzer konvertieren können, zeigen wir Ihnen in Abschnitt 16.6.3, »Systembenutzer zu Webmin-Benutzern machen«.

Benutzer anlegen

Öffnen Sie hierfür Webmin • Webmin Users, wie in Abbildung 16.3 dargestellt.

Lassen Sie sich nicht verwirren. Da Webmin einen root-Benutzer benötigt, dieser auf Ubuntu aber nicht vorhanden ist, wird kurzerhand der Benutzer, der zur Installation eingesetzt wurde, zum root-Benutzer ernannt. Dies ist so leider nicht ersichtlich. Noch komplizierter wird es, da der Benutzer von Webmin auch als root bezeichnet wird und nicht mit seinem Systemnamen.

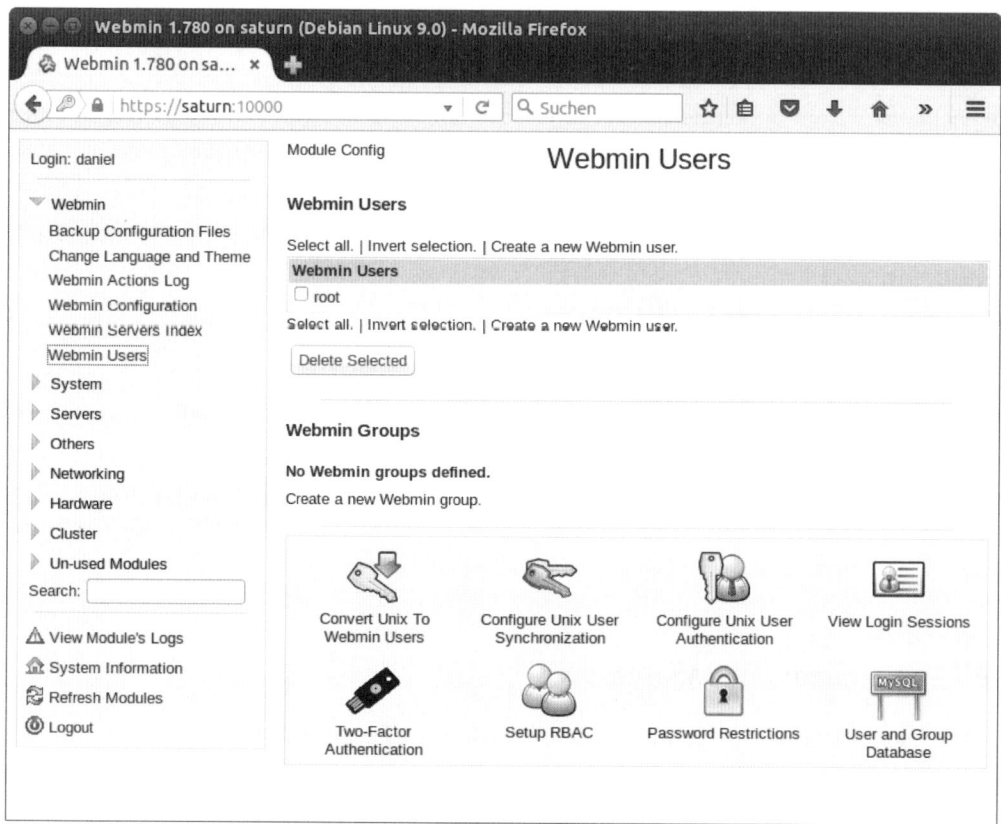

Abbildung 16.3 Benutzerübersicht: »Webmin • Webmin Users«

Um einen neuen Webmin-Benutzer anlegen zu können, verwenden Sie den Link CREATE A NEW WEBMIN USER. Im folgenden Fenster werden die benötigten Informationen abgefragt, wie Benutzername, Passwort oder vollständiger Benutzername. Abbildung 16.4 zeigt das Konfigurationsfenster.

Neben den reinen Benutzerinformationen werden auch die Rechte des Benutzers abgefragt. Im Beispiel wurde dem Benutzer *max* das Recht zugeteilt, zeitgesteuerte Webmin-Aufgaben (*Webmin Actions Log*) und Webmin-Benutzer (*Webmin Users*) administrieren zu dürfen. Hierüber können Sie angepasste Freigaben einrichten, und selbstverständlich können Sie dem Benutzer auch volle Administrationsrechte geben.

Damit Sie nicht jedes Modul einzeln anwählen müssen, können Sie einfach den Link SELECT ALL anwählen.

[+]   Die Passwortvergabe wurde auf SET TO .. gesetzt. Damit wird ein reiner Webmin-Benutzer angelegt. Die Auswahlbox FORCE CHANGE AT NEXT LOGIN legt fest, dass der Benutzer nach der ersten Anmeldung sein Passwort ändern muss.

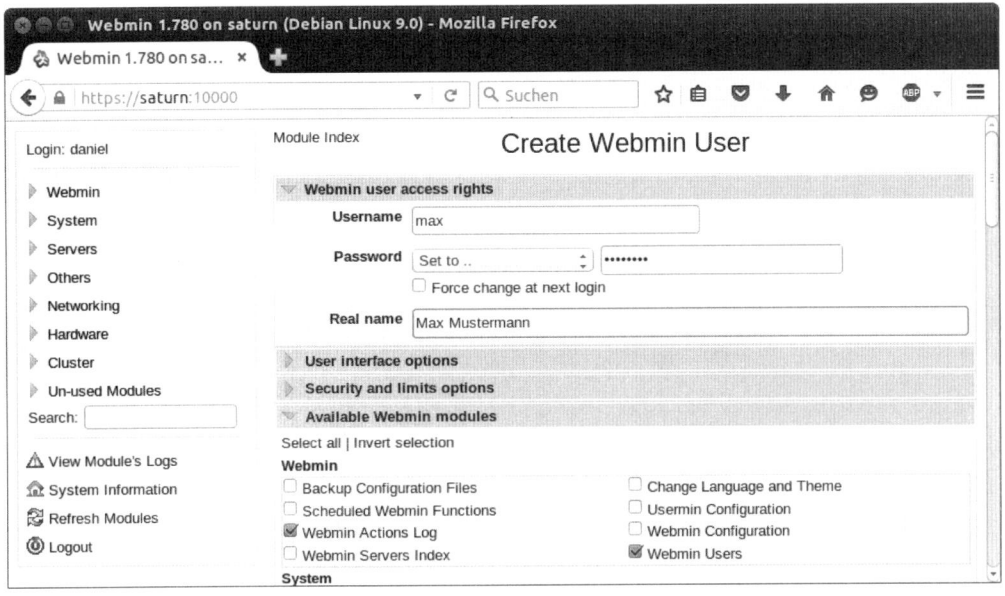

Abbildung 16.4 Neuen Benutzer anlegen: »Create a new Webmin user.«

Über den Tab SECURITY AND LIMITS OPTIONS können Sie Sicherheitseinstellungen vornehmen. Dort kann angegeben werden, an welchen Tagen sich dieser Benutzer anmelden darf oder von welchen IP-Adressen aus eine Anmeldung mit diesem Benutzer möglich sein darf.

Am Ende der Seite finden Sie den Button CREATE. Darüber legen Sie den Benutzer mit den gewählten Angaben an. Die Vielfalt an Möglichkeiten, die Webmin Ihnen bietet, wird bereits hier deutlich.

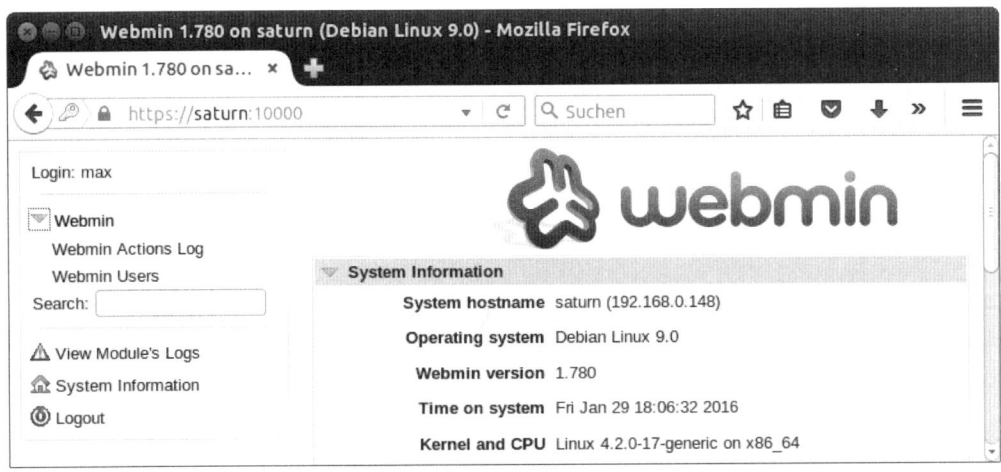

Abbildung 16.5 Menü des Benutzers »max«

Abbildung 16.5 zeigt das verkürzte Menü des Benutzers *max*, dem lediglich das Recht an zwei Modulen gewährt wurde.

Benutzer bearbeiten und löschen

Aufgrund des modularen Aufbaus passen sich die Module an ihre jeweilige Aufgabe an. So öffnet sich beim Bearbeiten eines Benutzers das gleiche Modul wie beim Anlegen, allerdings werden für die neue Aufgabe (das Bearbeiten) angepasste Aktionen eingeblendet.

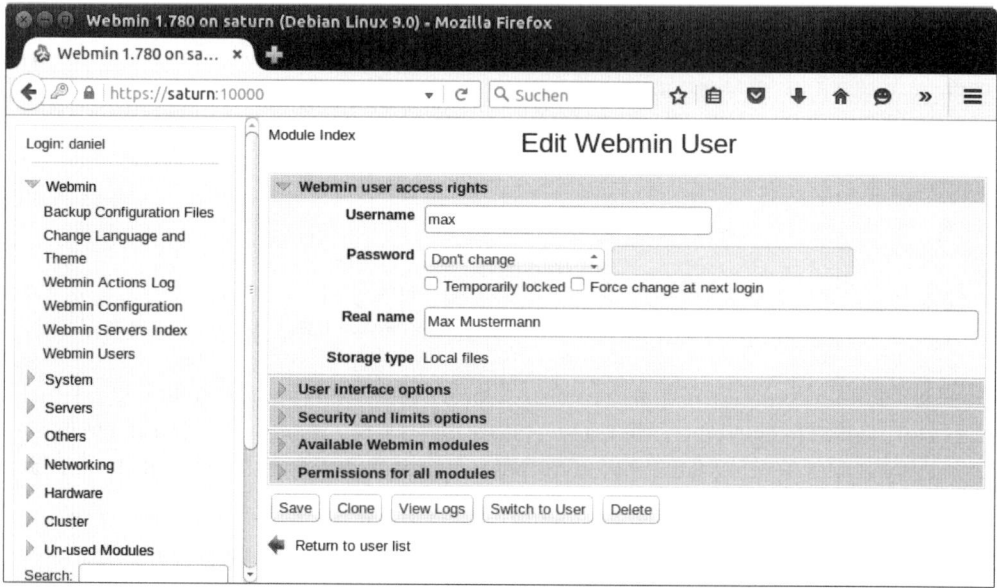

Abbildung 16.6 Menü beim Bearbeiten des Benutzers »max«

Wie Sie Abbildung 16.6 entnehmen können, sind die Buttons CLONE zum Duplizieren eines Benutzers, VIEW LOGS (um die Logs des Benutzers anzeigen zu lassen), SWITCH TO USER (um zu diesem Benutzer zu wechseln) und DELETE zum Löschen hinzugekommen. Darüber hinaus kann nun bei der Passwortwahl auch DON'T CHANGE gewählt werden, falls nur die Rechte angepasst werden sollen. Zusätzlich können Sie den Benutzer auch für den Zugriff auf Webmin über die Auswahlbox TEMPORARILY LOCKED sperren.

16.3.2   Beispiel-Modul: »Squid Proxy Server«

Damit Sie das Modul nutzen können, muss auf dem System eine Version des *squid* installiert sein. Falls dies noch nicht der Fall ist, installieren Sie die benötigten Pakete mit `apt-get install squid3`. Anschließend müssen Sie den Webmin aktualisieren. Dies können Sie über den Menüpunkt REFRESH direkt auf der Hauptseite von Webmin anstoßen.

Modulübersicht

Anschließend finden Sie unter dem Menüpunkt SERVERS den soeben installierten Web-Proxy-Server *squid3* unter dem Punkt SQUID PROXY SERVER. Dieses Modul bietet Ihnen alle Möglichkeiten, den Proxy-Server zu konfigurieren, zu administrieren und zu betreiben.

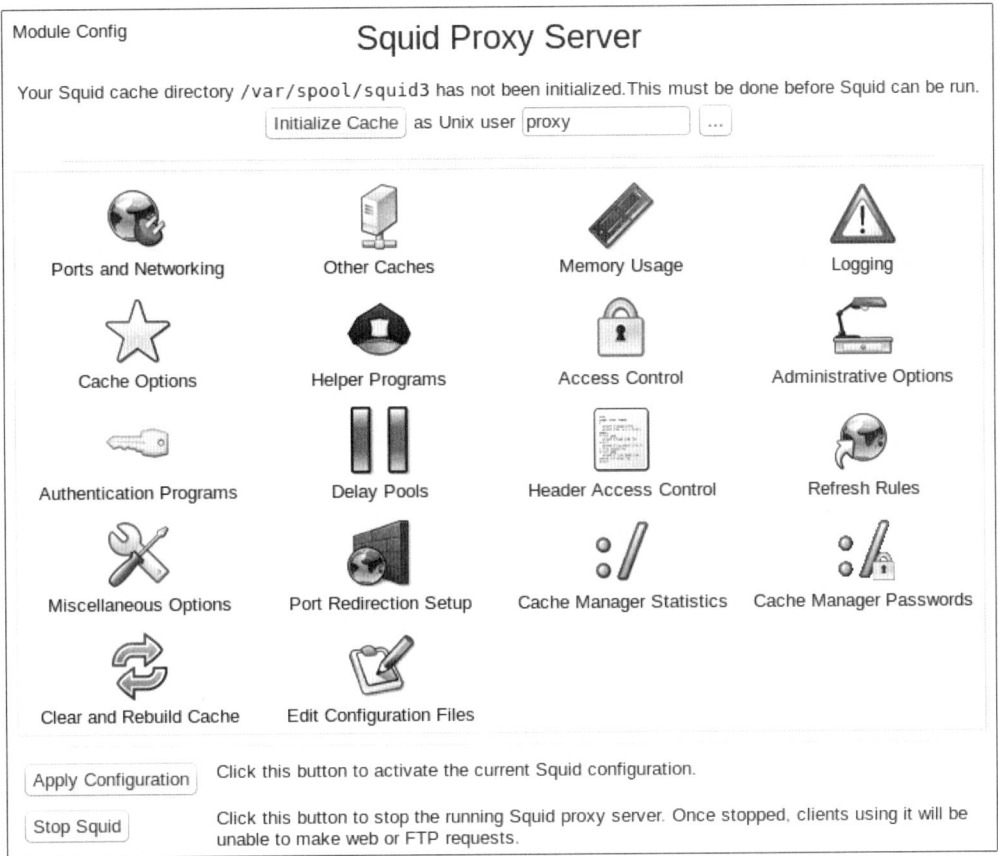

Abbildung 16.7 Das Modul »Squid Proxy Server«

Aus Abbildung 16.7 geht hervor, dass die einzelnen Kategorien der eigentlichen Squid-Konfiguration aus der Datei */etc/squid3/squid.conf* in ihre Aufgaben unterteilt dargestellt werden. In den jeweiligen Kategorien finden Sie dafür angepasste Menüs, mit denen Sie die Konfiguration des Squid-Proxy an Ihre Bedürfnisse anpassen können, ohne die sonst üblichen Parameter und Optionen in der umfangreichen Konfigurationsdatei suchen und finden zu müssen.

Zusätzlich wird eine Plausibilitätsüberprüfung durchgeführt, sodass der Webmin Sie vor falschen Konfigurationen warnt.

Beim ersten Aufruf bekommen Sie vom Webmin den Hinweis, dass das aus der Installation stammende Standard-Cache-Verzeichnis nicht initialisiert wurde und dass dies vor dem Start von Squid erfolgen muss. Dies ist nur eine der Plausibilitätsprüfungen, die vom Webmin für Sie durchgeführt werden.

Konfiguration von »Ports and Networking«

Wenn Sie den Punkt PORTS AND NETWORKING öffnen, zeigt der Webmin Ihnen die für diesen Bereich zurzeit gesetzten Konfigurationen an. Abbildung 16.8 zeigt die Standardwerte direkt nach der Installation.

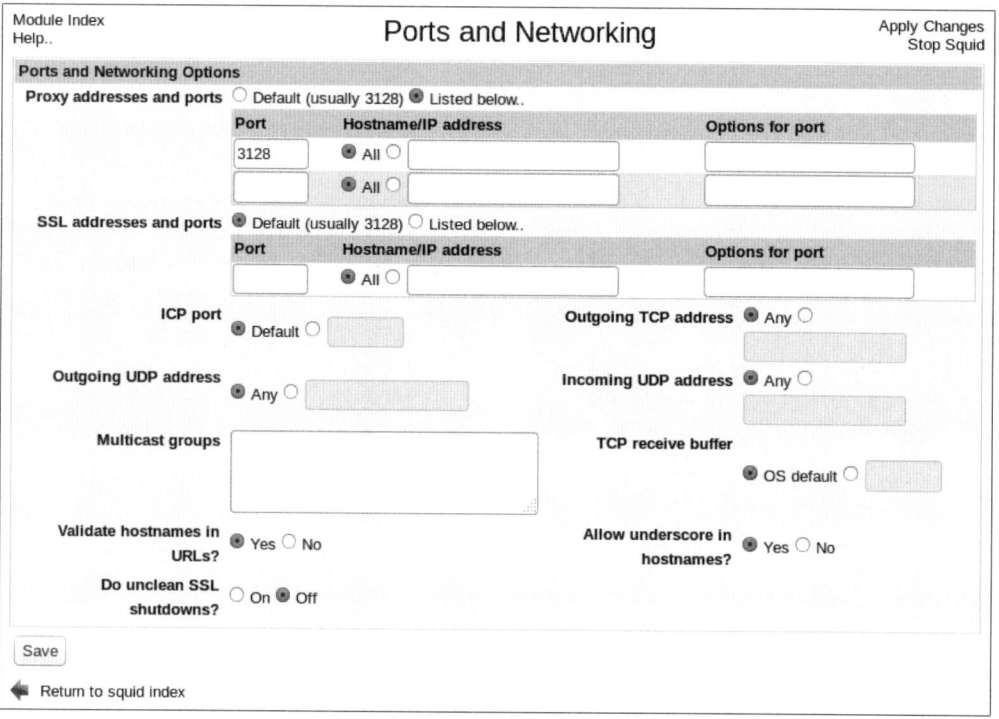

Abbildung 16.8 Squid Proxy Server: »Ports and Networking«

Wie Sie Abbildung 16.8 entnehmen können, ist die Konfiguration entsprechend der Dienststruktur aufbereitet worden. So können Sie Optionen, die an- und ausschaltbar sind, über Auswahlboxen konfigurieren (wie zum Beispiel VALIDATE HOSTNAMES IN URLS?).

Über den Link APPLY CHANGES im oberen Bereich rechts können Sie Ihre Änderungen umgehend aktivieren. Im unteren Bereich können Sie über den Link SAVE Ihre Änderungen speichern oder über RETURN TO SQUID INDEX zur generellen Modulübersicht zurückkehren.

Dieser Aufbau ist konsequent in allen Webmin-Modulen umgesetzt, sodass Sie sich stets auf die gleiche Art und Weise zurechtfinden können.

16.3.3 Zusammenfassung

Zunächst haben wir uns das Modul zur Administration der Webmin-Benutzer angesehen (WEBMIN • WEBMIN USERS). Anschließend haben wir einen neuen Webmin-Benutzer (*max*) angelegt. Danach haben wir an der Bearbeitung dieses Benutzers verdeutlicht, dass Webmin-Module ihre Funktionen jeweils an die gestellte Aufgabe anpassen. Abschließend haben wir uns das Modul *Squid Proxy Server* näher angesehen und daran den generellen Aufbau von Modulen und deren Interaktionsmöglichkeiten erörtert.

16.4 Cluster: »Kurz und gut«

In diesem Abschnitt bringen wir Ihnen eine der herausragendsten Funktionen des Webmin näher, die Cluster-Funktionalität. Mit ihr ist es nicht nur möglich, Systeme konfigurationstechnisch gleich zu halten, sondern ebenso über eine Webmin-Instanz mehrere Systeme gleichzeitig zu administrieren.

16.4.1 Partner finden

Damit Webmin seine Cluster-Funktionen ausspielen kann, muss es auf den beteiligten Systemen installiert sein. Anschließend können Sie über den Webmin selbst Ihr lokales Netzwerk auf Webmin-Installationen scannen lassen. Öffnen Sie hierfür das Menü WEBMIN • WEBMIN SERVERS INDEX.

Wir empfehlen Ihnen, den Scan über den Button SCAN SERVERS mit ausgefülltem DEFAULT LOGIN FOR SERVERS und DEFAULT PASSWORD vorzunehmen. Verwenden Sie als Anmeldedaten am besten einen globalen (also auf allen Webmin-Instanzen verfügbaren) Benutzer, der über volle Rechte verfügt. Dies hat den charmanten Vorteil, dass der Cluster sofort nach dem Scan einsatzbereit ist, wie Sie in Abbildung 16.9 sehen.

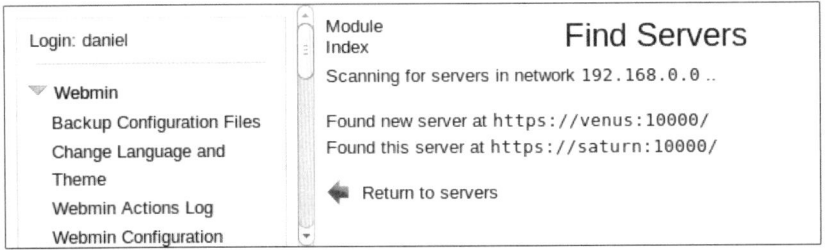

Abbildung 16.9 Cluster-Suche: »Webmin Servers Index«

In unserem Beispiel wurden zwei Webmin-Instanzen gefunden: zum einen die auf dem Server venus, zum anderen die lokale auf saturn.

Wir werden im weiteren Verlauf das Modul CLUSTER SHELL COMMANDS verwenden. Dieses Modul enthält zurzeit aber leider einen Bug (beziehungsweise einen Schönheitsfehler): Befehle werden nicht auf der lokalen Instanz ausgeführt, auch wenn Sie <All hosts> auswählen. Daher haben wir im Beispiel die lokale Instanz auch als Cluster-Mitglied hinzugefügt, was für den Regelbetrieb (aller anderen Module) eigentlich nicht notwendig ist.

16.4.2   Befehle auf allen Cluster-Mitgliedern ausführen

Wollen Sie schnell herausfinden, ob auf allen Cluster-Mitgliedern die gleiche Kernel-Version installiert ist oder wie viele Benutzer eingerichtet oder angemeldet sind?

Dies ist dank Webmin mit seiner Cluster-Funktion kein Problem mehr. Sie müssen sich nicht mühsam mit allen Servern verbinden und die notwendigen Befehle einzeln absetzen. Öffnen Sie einfach das Modul CLUSTER SHELL COMMANDS, und setzen Sie den Befehl auf eine Auswahl von Mitgliedern oder einfach auf alle gleichzeitig ab. Wie Sie in Abbildung 16.10 sehen, stellt der Webmin die Ausgabe übersichtlich dar.

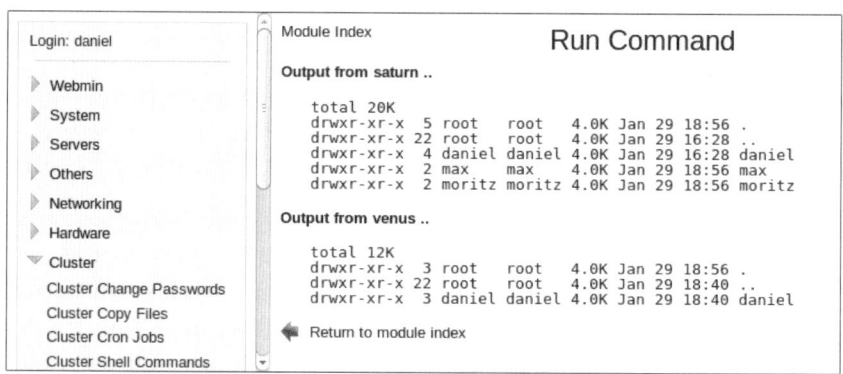

Abbildung 16.10 Befehl zentral absetzen: »Cluster Shell Commands«

16.4.3   Zusammenfassung

Zunächst haben wir weitere Webmin-Instanzen in unserem Netzwerk gesucht und bekannt gemacht. Anschließend haben wir gezeigt, wie Befehle aus der Weboberfläche auf allen Cluster-Mitglieder gleichzeitig ausgeführt werden können.

16.5   Fazit bis hierher

Der Webmin stellt ein mächtiges Werkzeug zum Erledigen von Alltagsaufgaben dar. Allerdings befreit er Sie nicht davon, Ihre Dienste zu kennen. Schließlich gilt nach wie vor der Grundsatz: »Sie können nur Technik beherrschen, die Sie verstehen!«

Daher möchten wir Ihnen den Webmin als Hilfsmittel empfehlen. Selbstverständlich können Sie auch ein Umfeld damit aufbauen, in dem Sie über eine zentrale Instanz ein ganzes Rechenzentrum administrieren. Wie immer gilt aber: Stecken Sie Ihre Ziele nicht zu hoch. Schauen Sie sich den Webmin erst einmal in einem kleineren Umfeld an. Wir haben gute Erfahrungen mit ihm gemacht.

Leider sprengt der Webmin mit seinem Umfang und seiner Vielfältigkeit den Rahmen dieses Buches. Wir hoffen Ihnen aber trotzdem eine Übersicht an die Hand gegeben zu haben, mit der Sie die Expedition Webmin eigenständig angehen können. Wir schließen dieses Kapitel jetzt noch nicht ab, verlassen nun aber die einfachen Konfigurationen und wenden uns Techniken für Fortgeschrittene zu.

16.6   Für Fortgeschrittene

In diesem Abschnitt wollen wir den Webmin weiter ausreizen. Wenn Sie bereits über Erfahrungen mit dem Webmin verfügen und im Umgang mit Modulen geübt sind, dann ist dieser Abschnitt für Sie.

Hier erfahren Sie, wie Sie Module aus dem Internet nachladen, wie Sie Module klonen und so mehrere Instanzen eines Serverdienstes auf einem System administrieren, und wie Sie die Anmeldung auf Systembenutzer umstellen.

16.6.1   Module nachinstallieren

Der Webmin bringt bereits einen großen Fundus an Modulen mit. Die gängigsten Serverdienste sind bereits als Modul enthalten. Falls eine von Ihnen eingesetzte Software dort nicht zu finden ist, lohnt sich ein Blick auf die Projektseite unter *www.webmin.com*. Dort können Sie nicht nur Hilfe zu den Standardmodulen finden, sondern auch von der Community entwickelte Module herunterladen. Unter *www.webmin.com/third.html* finden Sie Module aus der Community. Stöbern Sie ruhig durch das reichhaltige Angebot. Vielleicht finden Sie eine Lösung für ein Problem, das Ihnen bisher gar nicht bewusst war. Die Installation erfolgt wie gewohnt über den Webmin selbst. Öffnen Sie das Menü WEBMIN • WEBMIN CONFIGURATION • WEBMIN MODULES. Dort können Sie Module installieren, die Sie lokal gespeichert haben, eine URL zum Download angeben oder Third-Party-Module direkt angeben, sodass diese direkt von der Projektseite geladen werden.

16.6.2   Module klonen

Gehen wir davon aus, dass auf einem System zwei DNS-Server betrieben werden. Die Serverdienste laufen auf eigenen IP-Adressen. Selbstverständlich können Sie beide Instanzen mit Webmin administrieren. Dafür müssen Sie lediglich das Modul klonen.

Zunächst eine Übersicht der Gegebenheiten:

Parameter	DNS-Server 1	DNS-Server 2
IP-Adresse	192.168.0.167	192.168.0.168
Konfigurationspfad	/etc/bind/named.conf	/etc/bind2/named.conf
Master-Zonen	/etc/bind/master	/etc/bind2/master
Slave-Zonen	/etc/bind/slave	/etc/blnd2/slave

Tabelle 16.1 Übersicht über den DNS-Server auf »saturn«

Wie Sie Tabelle 16.1 entnehmen können, verfügen die beiden Instanzen über eigenständige Konfigurationspfade und laufen unter eigenen IP-Adressen. Damit der Webmin die beiden unterscheiden kann, müssen Sie das vorhandene Modul klonen. Das vorhandene Modul passt schon auf den DNS-Server 1 und muss somit nicht angepasst werden.

Zum Klonen öffnen Sie das Menü WEBMIN • WEBMIN CONFIGURATION • WEBMIN MODULES und wechseln auf den Tab CLONE. Wählen Sie nun als MODULE TO CLONE das Modul BIND DNS SERVER aus. Vergeben Sie anschließend einen Namen für das neue Modul – zum Beispiel *BIND DNS Server 2* oder *BIND DNS Server (intern)*. Über den Button CLONE MODULE wird der Klon erzeugt. Dieser taucht umgehend im Menü unter dem angegebenen Namen auf. Öffnen Sie nun den Klon, und wählen Sie auf der Hauptseite oben links den Link MODULE CONFIG. Dort können Sie nun die neuen Pfade, die IP-Adresse usw. verändern. Diese Änderungen gelten aber nur für den Klon, das Ursprungsmodul bleibt unangetastet. Dank dieser Methode ist es sehr einfach, ein Modul an mehrere Instanzen individuell anzupassen.

 Ebenso können Sie über die MODULE CONFIG auch die Standardwerte verändern oder anpassen, unabhängig davon, ob Sie das Modul klonen möchten oder nicht.

16.6.3   Systembenutzer zu Webmin-Benutzern machen

Auch für diese Tätigkeit steht Ihnen wieder ein eigenes Webmin-Modul zur Verfügung. Öffnen Sie das Menü WEBMIN • WEBMIN USERS. Sie können die Systembenutzer auf zwei Arten in Webmin-Benutzer überführen: Entweder können Sie diese einfach konvertieren oder alternativ die Konfiguration der Systembenutzer mit den Webmin-Benutzern synchronisieren.

Webmin-Gruppe anlegen

Für beide Verfahren muss aber zunächst eine Webmin-Benutzergruppe erstellt werden. Öffnen Sie dafür den Link CREATE A NEW WEBMIN GROUP, und legen Sie eine neue Gruppe an.

Neben dem Gruppennamen und einer Beschreibung können Sie direkt festlegen, welche Module für Mitglieder dieser Gruppe verfügbar seien sollen.

Systembenutzer konvertieren

Zum Konvertieren öffnen Sie den Menüpunkt CONVERT UNIX TO WEBMIN USERS. Im anschließenden Menü können Sie die Benutzer auswählen und der soeben angelegten Gruppe zuweisen. Zusätzlich können Sie wählen, ob die Passwörter der Benutzer einmalig importiert oder permanent mit den Systembenutzerkonten synchronisiert werden sollen.

Über den Button CONVERT NOW stoßen Sie den Konvertierungsvorgang an. Anschließend können Sie den neu angelegten Benutzern, genau wie reinen Webmin-Benutzern, Rechte zuweisen.

Systembenutzer synchronisieren

Im Gegensatz zur Konvertierung können Sie über den Menüpunkt CONFIGURE UNIX USER SYNCHRONIZATION eine dauerhafte Synchronisation der Systembenutzer mit Webmin-Benutzern einrichten.

Wie Sie in Abbildung 16.11 sehen, können Sie wählen, welche Aktionen auf Systemebene von Webmin übernommen werden sollen. In der Regel sollten Sie alle drei Auswahlboxen aktivieren.

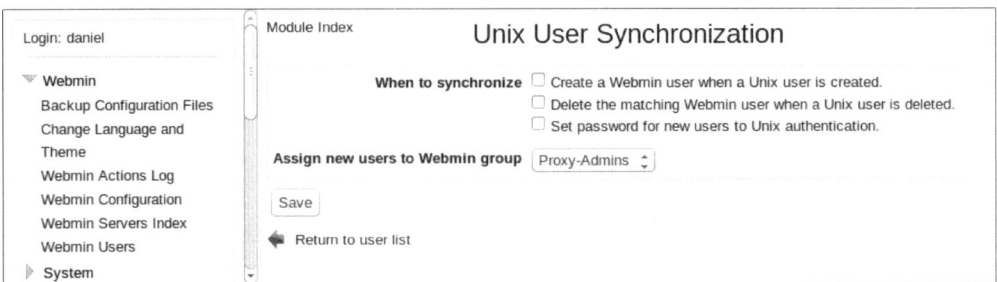

Abbildung 16.11 Mit Webmin Systembenutzer synchronisieren

Zusätzlich können Sie die Standardgruppe setzen, zu der neue Systembenutzer hinzugefügt werden sollen.

16.7   Ausblicke

Wie in diesem Kapitel mehrfach angesprochen wurde, bietet der Webmin viele Möglichkeiten. Ein paar fortgeschrittene Szenarien, die wir bisher nicht besprochen haben, möchten wir Ihnen in diesem Abschnitt skizzieren.

16.7.1   Benutzer- und Gruppenmanagement

Über den Webmin ist es nicht nur möglich, eine rollenbasierte Administration abzubilden, sondern Sie können auch Konfigurationen für Benutzer zugänglich machen.

An einigen Stellen in diesem Kapitel haben wir bereits erwähnt, dass es möglich ist, durch Gruppen und eine entsprechende Rechtevergabe Rollen abzubilden. Bisher haben wir Ihnen aber das Unterprojekt *Usermin* vorenthalten. Dieses ermöglicht es Ihnen, speziell für Benutzer zugeschnittene Module zu betreiben. Über eine eigene Weboberfläche können Benutzer so zum Beispiel ihr Passwort zurücksetzen oder Standardwerte individuell anpassen. Falls Ihnen bei Ihrer Arbeit solche Anforderungen begegnen, lohnt sich ein Blick auf das Projekt unter *www.webmin.com/usermin.html* allemal.

Zusätzlich wurden noch die Unterprojekte *Virtualmin* zur Administration von virtuellen Systemen (analog zu *Plesk* oder *Cpanel*) und *Cloudmin* zur Administration von Cloud-Diensten entwickelt. Schauen Sie sich um; Sie werden über die vielfältigen Möglichkeiten erstaunt sein.

16.7.2   Zentralisiertes Scheduling

Eine weitere Aufgabe, bei der Webmin Ihnen enorm weiterhelfen kann, ist das zentralisierte Scheduling. Dabei können Sie über eine Instanz zeitgesteuerte Aufgaben auf vielen Systemen konfigurieren.

Dies führt zu einer deutlichen Zeitersparnis, wenn Sie bedenken, dass Sie ansonsten das Scheduling von Hand auf allen System durchführen müssten.

16.7.3   DNS-Cluster mit »bind9«

Erneut müssen wir die herausragendste Funktion des Webmin ansprechen, die Cluster-Funktion. Mit ihr können Sie auch ganze Dienste administrieren. Wir betreiben selbst einen DNS-Cluster mit voller Master- und Slave-Replikation über den Webmin. Lesen Sie auf der Projektseite nach, wie viele Möglichkeiten es zu diesem Thema gibt und wie effektiv Sie dank des Webmin arbeiten können.

16.8   Abschließendes Fazit

Zu guter Letzt wollen wir das erworbene Wissen noch einmal zusammenfassen. Mit dem Webmin ist es möglich, ein Serversystem vollständig zu administrieren, Logs einzusehen, Cluster aufzubauen und ganze Serverfarmen zentral zu administrieren. Dank des modularen Aufbaus sind Ihrer Kreativität kaum Grenzen gesetzt.

Dennoch möchten wir nochmals darauf hinweisen, dass der Webmin als Erleichterung für sich wiederholende Aufgaben oder zur zentralisierten Administration eingesetzt wird und uns Administratoren nicht von der Pflicht befreit, unsere Dienste in- und auswendig zu kennen. Sie lernen über den Webmin nicht, wie ein DNS- oder Webserver funktioniert.

16

Kapitel 17

Jeder nur eine: »DHCP«

*Auch wenn es bei Servern noch Usus ist, eine statische IP-Adressvergabe vorzu-
nehmen, hört der Spaß bei Clients auf. In diesem Kapitel zeigen wir Ihnen, wie Sie
Ihren eigenen DHCP-Server betreiben können, um den Systemen in Ihrem Netzwerk
automatisch stets die gleiche IP-Adresse zuzuweisen, ohne diese von Hand auf
jedem System einrichten zu müssen.*

17.1   Wozu das Ganze?

In der Regel wird im Heimbereich der DHCP-Server vom Internet/WLAN-Router zur Verfügung gestellt. Weshalb dann einen eigenen DHCP-Server betreiben? Nun, wie so oft sind
die Möglichkeiten des vom Provider gestellten Routers begrenzt. Mit einem eigenen DHCP-
Server haben Sie alle Freiheiten. Im Business-Umfeld wird die Aufgabe seit jeher von eigenen Servern übernommen. Im klassischen Windows-Umfeld wird diese Funktionalität direkt vom Domänen-Controller angeboten. Auch hier gibt es Limitierungen, die mit einem
»losgelösten« DHCP-Server so nicht existieren.

In diesem Kapitel wollen wir Ihnen zwei Lösungen vorstellen, mit denen Sie im Heim- und
Business-Umfeld Ihren eigenen DHCP-Server betreiben können: den Alleskönner für Zuhause *dnsmasq* und den reinen Server *ISC-DHCPD*.

17.1.1   Welches Vorwissen wird benötigt?

Für diese Abschnitte sollten Sie folgende Kenntnisse bereits erworben haben:

▶ **Die Bash** (siehe hierzu Abschnitt 8.1, »Hilfe, da blinkt was! Die Bash«)

▶ **Paket-Installation** (siehe hierzu Abschnitt 2.4.3, »Umgang mit Paketen«)

▶ **Netzwerkkonfiguration** (siehe hierzu Kapitel 7, »Netzwerkkonfiguration«)

17.2   Theorie: »Dynamic Host Configuration Protocol (DHCP)«

Das *Dynamic Host Configuration Protocol*, kurz *DHCP*, erlaubt es Systemen, sich ohne manuelle Konfiguration in ein Netzwerk zu integrieren.

Dabei nimmt DHCP nicht nur die IP-Adressvergabe vor, sondern legt auch die Netzwerkmaske, das Default-Gateway und den oder die Nameserver (DNS) fest. Darüber hinaus können mit DHCP auch weitere Informationen verteilt werden, wie zum Beispiel ein Zeitserver (NTP) oder die Info, wie ein Startvorgang über das Netzwerk erfolgen kann (BOOTP oder auch als PXE-Boot bekannt). Durch DHCP können unter anderem folgende Vorteile erzielt werden:

▶ einfache Netzwerkkonfiguration (ohne manuellen Eingriff)

▶ Weitergabe der Rahmenparameter in einem Netzwerk

▶ zentrale Konfiguration der Adressvergabe

▶ statische und dynamische Adressvergabe

Gerade für mobile Endgeräte (Laptops, Notebooks, Smartphones und Tablets) ist DHCP das Standardverfahren um ortsungebunden schnell eine Netzwerkanbindung zu bekommen.

17.2.1   Ablauf einer DHCP-Anfrage

Damit ein Client eine Adresse (und weitere Informationen) zu einem Netzwerk erhält, schickt er über die Broadcast-Adresse eine Anfrage ins Netzwerk (*DHCPDISCOVER*). Darauf reagieren die DHCP-Server im Netzwerk und bieten eine Konfiguration an (*DHCPOFFER*). Der Client wählt eine aus und bestätigt dann dem Server (*DHCPREQUEST*), dass er die angebotene Konfiguration verwenden möchte – diese Kommunikation findet dann direkt zwischen dem Client und dem Server auf dem UDP-Port 67 statt. Abschließend bestätigt der Server die Annahme und vergibt die Adresse (*DHCPACK*). Zur Verdeutlichung haben wir den Ablauf grafisch in Abbildung 17.1 dargestellt.

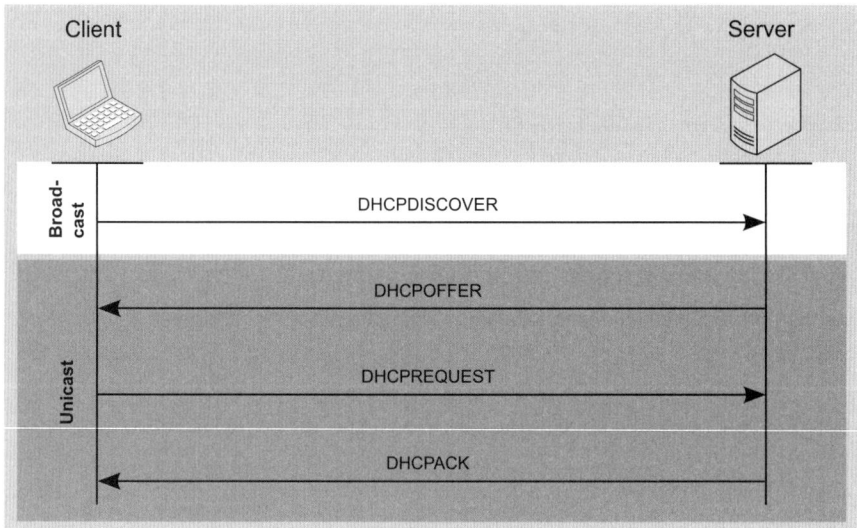

Abbildung 17.1 Ablauf einer DHCP-Anfrage

17.2.2   IPv6

Ab IPv6 wird streng genommen kein DHCP mehr benötigt, da das Protokoll selbst eine Adressbeziehung, die sogenannte Autokonfiguration, bereitstellt. Darüber kann ein Client ebenfalls eine Adresse, das Gateway und sogar eine DNS-Konfiguration beziehen. Da in modernen Netzwerken aber auch noch weitere Dienste relevant sind, wurde *DHCPv6* geschaffen.

DHCPv6 ermöglicht die gleiche Funktionalität wie DHCP (das heutzutage oft als DHCPv4 bezeichnet wird). Darüber hinaus wurden Sicherheitsfunktionen implementiert, um nur autorisierten Clients den Zugang zu ermöglichen. Im Gegensatz zu DHCPv4 läuft bei DHCPv6 die Kommunikation auf den UDP-Ports 546 (Client) und 547 (Server).

17.2.3   Vokabular

Im DHCP-Bereich gibt es eine Reihe von Begriffen, die wir Ihnen vorstellen möchten:

▶ **lease**
bezeichnet den Gültigkeitszeitraum einer Adresszuweisung.

▶ **BOOTP / PXE**
beschreibt einen Netzwerkstartvorgang. Dabei steht *BOOTP* für *Bootstrap Protocol* und *PXE* für *Preboot Execution Environment*.

▶ **DHCPDISCOVER**
Adressanfrage durch den Client

▶ **DHCPOFFER**
Angebot durch den DHCP-Server

▶ **DHCPREQUEST**
Anforderung der angebotenen Adresse durch den Client und weiterer Daten. Wird auch zur Verlängerung des Gültigkeitszeitraums (*lease*) verwendet.

▶ **DHCPACK**
Bestätigung des DHCP-Servers, dass die durch den *DHCPREQUEST* angeforderte Adresse verwendet werden kann. Wird auch zur Bestätigung von angeforderten Informationen (*DHCPINFORM*) verwendet.

▶ **DHCPNAK**
Abweisung einer Anforderung durch den DHCP-Server

▶ **DHCPDECLINE**
Ablehnung der Adresse durch den Client

▶ **DHCPRELEASE**
Freigabe der Konfiguration durch den Client, da die Konfiguration durch den Client nicht weiter verwendet wird

▶ **DHCPINFORM**
Clientanfrage nach weiteren Konfigurationsparametern

▶ **statisches DHCP / reservieren**
Bezeichnung von festen Zuweisungen von Adressen zu Clients. Wird über die *MAC*[1]-Adresse des Clients definiert.

▶ **dynamisches DHCP**
beschreibt die Adresszuweisung ohne feste Zuordnung. Dabei wird nicht sichergestellt, dass ein Client immer die gleiche Zuweisung erhält.

17.3   Der Klassiker: »dnsmasq«

dnsmasq ist nicht irgendein DHCP-Server, sondern **der** DHCP-Server für den Hausgebrauch. Seit seinem Erscheinen im Jahre 2001 hat sich das von *Simon Kelly* geschriebene Programm zum De-facto-Standard für kleine Netzwerke mit IPv4 entwickelt.

Die Erfolgsgeschichte von *dnsmasq* beruht vor allem darauf, dass er nicht nur ein DHCP-Server ist, sondern auch direkt einen DNS-Forwarder mitbringt – quasi alles aus einer Hand.

17.3.1   Installation

Das Programm ist Bestandteil der Paketquellen und kann daher so installieren werden wie in Listing 17.1:.

```
daniel@saturn:~$ sudo apt-get install dnsmasq
Paketlisten werden gelesen... Fertig
Abhängigkeitsbaum wird aufgebaut.
Statusinformationen werden eingelesen.... Fertig
The following additional packages will be installed:
  dns-root-data dnsmasq-base libmnl0 libnetfilter-conntrack3
Die folgenden NEUEN Pakete werden installiert:
  dns-root-data dnsmasq dnsmasq-base libmnl0 libnetfilter-conntrack3
0 aktualisiert, 5 neu installiert, 0 zu entfernen und 0 nicht aktualisiert.
Es müssen 374 kB an Archiven heruntergeladen werden.
Nach dieser Operation werden 1.075 kB Plattenplatz zusätzlich benutzt.
Möchten Sie fortfahren? [J/n] J
[…]
```

Listing 17.1 Installation des »dnsmasq«

---

1   *Media Access Control Address*: die einmalige und eindeutige Hardware-Adresse einer Netzwerkschnittstelle (Sie ist 48 Bit lang und wird hexadezimal durch Doppelpunkte getrennt dargestellt.)

Nach der Installation finden Sie die zentrale Konfigurationsdatei unter */etc/dnsmasq.conf*. Sie ist umfangreich kommentiert und mit vielen Beispielen gefüllt – wir empfehlen Ihnen, von der Konfigurationsdatei nach der Installation ein Backup anzulegen oder die eigene Konfiguration unterhalb der Kommentare einzufügen, sodass Sie ein Nachschlagewerk immer zur Hand haben.

Als erste Amtshandlung setzt sich *dnsmasq* zunächst selbst (`localhost`) als Nameserver in die lokale */etc/resolv.conf*. Dies ist notwendig, da der *dnsmasq* selbst DNS-Forwarder spielt. Die bestehende Nameserver-Konfiguration speichert er im Übrigen unter */var/run/dnsmasq/resolv.conf*. Wie Sie ihm dieses Verhalten abgewöhnen, zeigen wir Ihnen im weiteren Verlauf des Kapitels. Vorerst gehen wir aber davon aus, dass Sie genau das möchten – der *dnsmasq* hält nämlich noch ein, zwei nützliche Tricks auf Lager.

17.3.2   Konfiguration: »quick & dirty«

Der *dnsmasq* ist nicht nur schlank, sondern benötigt auch nicht viele Konfigurationsparameter, um seiner Arbeit nachzugehen. In Listing 17.2 haben wir Ihnen eine absolute Minimalkonfiguration aufgeführt:

```
# quick & dirty
interface=enp0s8
listen-address=127.0.0.1
listen-address=192.168.0.10
dhcp-range=192.168.0.100,192.168.0.200,12h
```

Listing 17.2 Minimalkonfiguration in »/etc/dnsmasq.conf«

Über die Direktive `interface` geben Sie an, auf welcher Netzwerkschnittstelle *dnsmasq* arbeiten soll. Mit den beiden `listen-address`-Direktiven wird angegeben, das der Dienst sowohl auf dem Localhost als auch auf der Adresse `192.168.0.10` lauschen soll. Zu guter Letzt wird der zu vergebende Adressbereich mit `dhcp-range` angegeben. Die Start- und die Endadresse werden durch ein Komma getrennt angegeben. Der letzte Wert, `12h`, gibt die *Lease*[2]-Zeit der vergebenen Adresse an (im Beispiel zwölf Stunden). Gültige Werte für die Vorhaltezeit sind zum Beispiel Minuten mit `m`, Stunden mit `h`, Tage mit `d`, Wochen mit `w` oder unendlich mit `infinite`.

Damit die neue Konfiguration geladen und aktiviert wird, führen Sie das Kommando `sudo systemctl reload dnsmasq` aus. Fragt anschließend ein Client im Netzwerk nach einer Adresse, wird diese prompt ausgestellt, was im Syslog des Servers entsprechend protokolliert wird (siehe Listing 17.3):

---

2 *lease*, engl. für *Miete*, bezeichnet beim DHCP, wie lange eine Adresse vom Server für einen Client festgehalten wird.

```
Mar  2 19:11:26 saturn [...]: DHCPDISCOVER(enp0s8) 192.168.0.10 08:00:27:9e:5f:12
Mar  2 19:11:26 saturn [...]: DHCPOFFER(enp0s8) 192.168.0.100 08:00:27:9e:5f:12
Mar  2 19:11:26 saturn [...]: DHCPREQUEST(enp0s8) 192.168.0.100 08:00:27:9e:5f:12
Mar  2 19:11:26 saturn [...]: DHCPACK(enp0s8) 192.168.0.100 08:00:27:9e:5f:12 venus
```

Listing 17.3 Protokoll der DHCP-Vergabe in »/var/log/syslog«

In dieser Konfiguration wird dem Client nicht nur die IP-Adresse zugewiesen, sondern ebenfalls das Default-Gateway und der DNS-Server auf die IP-Adresse des *dnsmasq*-Servers gesetzt. Im Beispiel hat der Client *venus* über den DHCP-Server *saturn* die Informationen bezogen. Die Kontrolle haben wir Listing 17.4 dargestellt:

```
daniel@venus:~$ ip addr show enp0s8
3: enp0s8: [...]
    inet 192.168.0.155/24 brd 192.168.0.255 scope global enp0s8
    [...]
daniel@venus:~$
daniel@venus:~$ ip route show
default via 192.168.0.10 dev enp0s8
192.168.0.0/24 dev enp0s8  proto kernel  scope link  src 192.168.0.155
daniel@venus:~$
daniel@venus:~$ cat /etc/resolv.conf
# Dynamic resolv.conf(5) file for glibc resolver(3) generated by resolvconf(8)
#     DO NOT EDIT THIS FILE BY HAND -- YOUR CHANGES WILL BE OVERWRITTEN

nameserver 192.168.0.10
```

Listing 17.4 Kontrolle der zugewiesenen Daten auf dem Client »venus«

Wenn Sie keine weiteren Anforderungen haben, war es das schon. Aber wie wir bereits erwähnt haben, kann der *dnsmasq* noch eine Menge mehr!

Routing

Standardmäßig setzt der *dnsmasq* sich selbst als Default-Gateway ein, damit Ihr DHCP-Server die Pakete auch weiterleitet und gegebenenfalls hinter seiner eigenen Adresse versteckt. Falls Sie Ihre Internetanbindung auf einem anderen Netzwerkschnittstelle als das LAN betreiben, müssen Sie folgende Befehle absetzen:

```
daniel@saturn:~$ sudo sysctl -w net.ipv4.ip_forward=1
daniel@saturn:~$ sudo iptables -t nat -A POSTROUTING -o enp0s3 -j MASQUERADE
```

Beachten Sie, dass die Netzwerkschnittstelle enp0s3 an Ihre Umgebung angepasst werden muss (auf das ausgehende Interface) und dass diese Konfiguration nur flüchtig ist! Sie sollten besser den folgenden Abschnitt durcharbeiten, um ein asynchrones Routing zu vermeiden.

17.3.3   Konfiguration: Routing-Anpassung

In der Regel wird die Internetverbindung im Heimbereich über einen WLAN/DSL-Router zur Verfügung gestellt. Damit die DHCP-Clients diesen Router korrekt zugewiesen bekommen, müssen Sie nur die nachstehende Konfigurationszeile der */etc/dnsmasq.conf* hinzufügen:

```
dhcp-option=3,<DEFAULT GATEWAY>
```

Listing 17.5 Weitergabe des Default-Gateway aktivieren

Die Direktive `dhcp-option` erwartet zwei Parameter: zum einen die Nummer der DHCP-Option, die gesetzt werden soll – im Beispiel 3 für das Default-Gateway –, und zum anderen die entsprechende IP-Adresse. Ersetzen Sie den Platzhalter `<DEFAULT GATEWAY>` durch das Gateway in Ihrem Netzwerk (z. B. bei vielen Heimroutern `192.168.0.1`).

Nach einem Neuladen der Konfiguration mittels `sudo systemctl reload dnsmasq` und dem Neustart der Netzwerkverbindung der Clients wird das hinterlegte Default-Gateway verteilt.

17.3.4   Konfiguration: Reservierung

Durch die Lease-Zeit ist vorgegeben, wie lange eine Zuweisung für einen Client festgehalten wird. Dabei wird die Zeit immer aktualisiert, wenn der Client eine Anfrage stellt.

Einige Clients sollen aber immer die gleiche Adresse zugewiesen bekommen, auch wenn sie längere Zeit nicht aktiv waren. Dafür gibt es die sogenannten DHCP-Reservierungen. Für sie benötigen Sie die MAC-Adresse des Clients, die Sie auf Ubuntu-Systemen zum Beispiel mit dem Aufruf von `ip a s` angezeigt bekommen.

Um im *dnsmasq* eine Reservierung zu hinterlegen, müssen Sie pro Client eine zusätzliche Zeile in die Konfigurationsdatei einfügen. Ein Beispiel haben wir Ihnen in Listing 17.6 dargestellt:

```
dhcp-host=11:22:33:44:55:66,192.168.0.60
```

Listing 17.6 Reservierung in »/etc/dnsmasq.conf«

Im Beispiel wird der fiktiven MAC-Adresse `11:22:33:44:55:66` die IP-Adresse `192.168.0.60` fest zugeordnet.

Einfach finden

Falls Sie Ihre Benutzer nicht damit überfordern wollen, dass sie ihre eigene MAC-Adresse ermitteln müssen, können Sie sie einfach bitten, das Netzwerkkabel kurz zu ziehen. Wenn Sie das Log im Auge behalten (*/var/log/syslog*), sehen Sie nach dem Wiedereinstecken des Kabels die erneute Anfrage des Clients – selbstverständlich mit der MAC-Adresse.

Die Reservierungen (ob dynamisch oder statisch) werden vom *dnsmasq* übrigens in der Datei */var/lib/misc/dnsmasq.leases* festgehalten. Sehen wir uns diese etwas genauer an:

```
1456993180 08:00:27:27:f6:88 192.168.0.102 merkur *
1456990850 08:00:27:9e:5f:12 192.168.0.155 venus *
```

Listing 17.7 Inhalt der Datei »/var/lib/misc/dnsmasq.leases«

Pro Zeile ist darin eine Adressvergabe festgehalten. Eine Zeile besteht aus dem Zeitstempel, wann die Vergabe abläuft (wird bei jeder Aktualisierung neu gesetzt), der MAC-Adresse des Clients, der zugewiesenen IP-Adresse, dem Namen und der optionalen Client-ID (wenn diese nicht gesetzt ist, wird ein Sternchen als Platzhalter verwendet). Diese Angaben sind jeweils durch ein Leerzeichen voneinander getrennt.

Nehmen Sie an dieser Datei keine Veränderungen vor, da diese durch die Konfiguration überschrieben werden würden.

17.3.5 Konfiguration: DNS

Dass *dnsmasq* als DNS-Forwarder fungiert, haben wir bereits erörtert. Er kann aber noch mehr. Ebenso können Sie mit ihm einen internen Nameserver aufbauen. Beim Start durchsucht er die lokale Hosts-Datei und wendet diese bei DNS-Anfragen an.

Wenn Sie die Datei */etc/hosts* so erweitern wie im Beispiel aus Listing 17.8, können die Clients ihre Namen gegenseitig auflösen.

```
## Lokales Netzwerk
# IP            FQDN              Client
192.168.0.10    saturn.example.net    saturn      # DHCP-Server
192.168.0.100   venus.example.net     venus       # Client1
192.168.0.101   merkur.example.net    merkur      # Client2
```

Listing 17.8 Anpassung der lokalen Namensauflösung in »/etc/hosts«

Der Aufbau ist selbsterklärend, allerdings müssen wir noch auf eine Besonderheit hinweisen: Dort hinterlegte IP-Adressen werden vom *dnsmasq* nicht vergeben! Da der Adressbereich von 100 bis 200 definiert wurde, wird dem nächsten dynamisch anfragenden Client als niedrigste die Adresse 102 zugewiesen.

Synchron halten

Der *dnsmasq* glaubt Ihrer Konfiguration, auch wenn diese asynchron ist. Wenn zum Beispiel dem Client venus mit dhcp-host die Adresse 192.168.0.118 zugeordnet ist, wird sie ihm auch zugewiesen – auch wenn die Namensauflösung eigentlich die Adresse 192.168.0.100 vorsieht. Achten Sie also penibel darauf, die Angaben identisch zu halten!

17.3.6   Konfiguration: DNS, interne Domäne

Damit sind die DNS-Möglichkeiten aber noch nicht erschöpft. Der *dnsmasq* bietet Ihnen auch die Möglichkeit, die Namenszuweisung aus der Datei */etc/hosts* den Clients zuzuweisen. Mit der Konfiguration aus Listing 17.9 können Sie dies erreichen.

```
domain=<MY DOMAIN>
expand-hosts
local=/<MY DOMAIN>/
```

Listing 17.9 Domänen- und Namenszuweisung der Clients

Beachten Sie, dass der Platzhalter `<MY DOMAIN>` selbstverständlich an Ihre Umgebung angepasst werden muss.

> **Keine existierende Domain verwenden**
>
> Verwenden Sie für Ihre interne Domäne keinen Domänennamen, den es auch im Internet gibt (auch nicht *example.com*, *example.net* oder *xyz.local*) – die Domänen wäre dann nicht mehr erreichbar. Falls Sie über eine Domäne verfügen, bietet es sich an, für den internen Bereich eine Sub-Domäne zu verwenden, zum Beispiel `intern.<MY DOMAIN>`.de.

[!]

17

17.3.7   Konfiguration: DNS, anderen ausliefern

Selbstverständlich können Sie auch einen anderen DNS-Server bei DHCP-Anfragen ausliefern lassen – so selbstverliebt ist der *dnsmasq* nun auch wieder nicht. Dafür verwenden Sie die Direktive `dhcp-option` wie in Listing 17.10:

```
dhcp-option=3,<IP des DNS>
```

Listing 17.10 Anderen Nameserver zuweisen

Ersetzen Sie den Platzhalter `<IP des DNS>` durch die IP-Adresse des DNS-Servers. Achten Sie darauf, dass die DHCP-Option Nummer drei verwendet wird: Diese ist zur Übermittlung des DNS-Servers vorgesehen.

17.3.8   Fazit

Der *dnsmasq* alles zur Verfügung, was Sie für den Heimberich brauchen. Dieses unglaublich mächtige Tool ist nicht »nur« ein DHCP-Server zur IP-Adressvergabe. Es bietet noch viele weitere Optionen, die wir leider nicht alle vorstellen können. Aber mit der gezeigten Basis haben Sie bereits viele Möglichkeiten. Falls Sie also noch mehr aus dem DHCP herausholen möchten, sollten Sie einen Blick in die Konfigurationsdatei werfen und entdecken, was *dnsmasq* noch alles in petto hat!

17.4 Der reine Server: »ISC-DHCPD«

Der *ISC-DHCPD* ist der DHCP-Daemon des *Internet Systems Consortium*, das übrigens auch den Nameserver *bind* entwickelt. Auf Ubuntu-Systemen ist die Clientvariante bereits installiert, der *isc-dhcp-client*, der für die Adressbeziehung des Systems sorgt.

Der Daemon stellt seinen großen Bruder dar. Im Vergleich zum *dnsmasq* ist er »nur« ein DHCP-Server. Mit ihm können Sie ebenso umfangreiche Konfigurationen vornehmen, nur halt auf das Wesentliche beschränkt. Zusätzlich – und das ist es, was ihn für den Business-Umfeld interessant macht – stellt er auch *DDNS (dynamisches DNS)* zu entfernten Nameservern zur Verfügung. Damit können Clients Ihren Hostnamen beim lokalen DNS hinterlegen, sodass die Namen Ihrer Systeme (auch bei einer dynamischen Adressvergabe) immer aufgelöst werden können.

17.4.1 Installation

Selbstverständlich gehört der *isc-dhcp-server* zum Standard und kann über die Paketquellen installiert werden, wie in Listing 17.11 dargestellt:

```
daniel@saturn:~$ sudo apt-get install isc-dhcp-server
Paketlisten werden gelesen... Fertig
Abhängigkeitsbaum wird aufgebaut.
Statusinformationen werden eingelesen.... Fertig
The following additional packages will be installed:
  libirs141
Vorgeschlagene Pakete:
  isc-dhcp-server-ldap policycoreutils
Die folgenden NEUEN Pakete werden installiert:
  isc-dhcp-server libirs141
0 aktualisiert, 2 neu installiert, 0 zu entfernen und 0 nicht aktualisiert.
Es müssen 440 kB an Archiven heruntergeladen werden.
Nach dieser Operation werden 1.458 kB Plattenplatz zusätzlich benutzt.
```

Listing 17.11 Installation des »isc-dhcp-server«

Im Gegensatz zum *dnsmasq* nimmt der *isc-dhcp-server* bei der Installation keine Veränderungen am System vor. Nach der Installation finden Sie die zentrale Konfigurationsdatei unter */etc/dhcp/dhcpd.conf*.

17.4.2 Konfiguration: IPv4 (minimal)

Die Konfigurationsdatei ist deutlich kürzer im Vergleich zum *dnsmasq*, bringt aber dafür eine Standardkonfiguration mit. Der Aufbau der Datei ist relativ simpel. Sie enthält pro Zeile eine Direktive, die, durch ein Leerzeichen getrennt, einen oder mehrere Parameter erwartet. Abgeschlossen werden die Zeilen jeweils mit einem Semikolon. Blöcke werden mit geschweiften Klammern erzeugt.

Die (sehr übersichtliche) Standardkonfiguration nach der Installation sieht so aus wie in Listing 17.12:

```
ddns-update-style none;
option domain-name "example.org";
option domain-name-servers ns1.example.org, ns2.example.org;
default-lease-time 600;
max-lease-time 7200;
log-facility local7;
```

Listing 17.12 Standardkonfiguration ohne Kommentare in »/etc/dhcp/dhcpd.conf«

Sie ist so noch nicht lauffähig – daher läuft der Dienst nach der Installation auch noch nicht. Um dies zu ändern, müssen Sie ein Subnetz deklarieren. Der *isc-dhcp-server* arbeitet mit Subnetzen und erwartet mindestens ein konfiguriertes Subnetz. Wie das geht, zeigen wir Ihnen gleich. Zunächst schauen wir uns aber die Direktiven und deren Funktionen an. Mit der Direktive ddns-update werden dynamische DNS-Updates der Clients deaktiviert (Wert none). Über die option-Direktiven werden DHCP-Optionen definiert, im Beispiel die Domäne example.org und die entsprechenden Nameserver. Mit der Direktive default-lease-time wird der Gültigkeitszeitraum in Sekunden für vergebene Adressen definiert, standardmäßig 600 (also 10 Minuten) und ohne Angabe 43200 (also 720 Minuten – 12 Stunden). Der maximale Gültigkeitszeitraum wird mit der Direktive max-lease-time auf 7200 (also 120 Minuten – 2 Stunden) gesetzt, ohne diese wird der Wert auf 86400 (also 14400 Minuten – 24 Stunden) gesetzt. Über die letzte Direktive log-facility wird festgelegt, dass der Server seine Protokolle ins lokale Syslog schreiben soll. Wie Sie einen Syslog-Server aufsetzen und betreiben, haben wir Ihnen bereits in Abschnitt 22, »Syslog«, gezeigt.

Ergänzen Sie schließlich die Konfiguration um die Zeilen aus Listing 17.13, um das Netzwerk 192.168.0.0/24 mit Adressen aus dem Bereich 100 bis 200 und dem Default-Gateway 192.168.0.1 zu versorgen:

```
# MY SUBNET
subnet 192.168.0.0 netmask 255.255.255.0 {
  range 192.168.0.100 192.168.0.200;
  option routers 192.168.0.1;
}
```

Listing 17.13 Ein Subnetz in »/etc/dhcp/dhcpd.conf« hinzufügen

Zusätzlich müssen Sie die Direktiven option domain-name und option domain-name-servers an Ihre Umgebung anpassen – wir gehen weder davon aus, dass Sie die Domäne example.org besitzen, noch dass Sie die Nameserver ns1.exmaple.org und ns02.exmaple.org in Ihrem Netzwerk betreiben. Für die Nameserver-Konfiguration genügt auch ein Parameter.

[✓]   **Vererbung**

Die Konfiguration des *isc-dhcp-server* arbeitet mit Vererbungen. So können Sie zum Beispiel für ein Subnetz den maximale Gültigkeitszeitraum beschränken, indem Sie die Direktive default-lease-time innerhalb des Subnet-Blocks definieren. Weitere Subnetze »erben« die globale Konfiguration und erhalten damit ihre eigene maximale Gültigkeit.

Nach dem obligatorischen sudo systemctl restart isc-dhcp-server ist Ihr DHCP-Server einsatzbereit und verteilt auf Anfrage Adressen und Informationen.

17.4.3   Konfiguration: Reservierungen

Natürlich können Sie mit dem *isc-dhcp-server* auch statische DHCP-Einträge vornehmen. Reservierungen werden über Host-Blöcke in der Konfiguration vorgenommen. In älteren Versionen fand dies innerhalb eines Subnetz-Blocks statt, dies führt aber jetzt zu Fehlern! Listing 17.14 zeigt die benötigten Zeilen:

```
host venus {
        hardware ethernet 08:00:27:9e:5f:12;
        fixed-address 192.168.0.109;
        option host-name "venus";
}
```

Listing 17.14 Reservierungen in Subnetzen

Im Beispiel aus Listing 17.14 werden dem Host venus mit der MAC-Adresse 08:00:27:9e:5f:12 die IP-Adresse 192.168.0.109 und der Hostname venus fest zugewiesen (dies ist im Übrigen optional). Achten Sie darauf, dass zu Beginn des Blocks immer ein Hostname vergeben werden muss! Dieser ist aber frei wählbar.

Der *isc-dhcp-server* ist sehr gesprächig. Daher finden Sie (nachdem der Client venus eine Adresse bezogen hat) auch die Zeilen aus Listing 17.15 im Log:

```
Mar  3 21:17:13 […]: DHCPDISCOVER from 08:00:27:9e:5f:12 via enp0s8
Mar  3 21:17:13 […]: DHCPOFFER on 192.168.0.109 to 08:00:27:9e:5f:12 via enp0s8
Mar  3 21:17:13 […]: DHCPREQUEST for 192.168.0.109 (192.168.0.10) from \
                     08:00:27:9e:5f:12 via enp0s8
Mar  3 21:17:13 […]: DHCPACK on 192.168.0.109 to 08:00:27:9e:5f:12 via enp0s8
```

Listing 17.15 Protokoll der statischen Adressvergabe

Wie beim *dnsmasq* werden die vergebenen Adressen in einer Datei gespeichert: */var/lib/dhcp/dhcpd.leases*. Diese ist allerdings etwas umfangreicher und speichert nur die dynamisch vergebenen Adressen (siehe Listing 17.16):

```
lease 192.168.0.156 {
  starts 4 2016/03/03 20:37:19;
  ends 4 2016/03/03 20:38:13;
  tstp 4 2016/03/03 20:38:13;
  cltt 4 2016/03/03 20:37:19;
  binding state free;
  hardware ethernet 08:00:27:27:f6:88;
}
```

Listing 17.16 Auszug der »/var/lib/dhcp/dhcpd.leases«

Wie Sie sehen, werden durch den *isc-dhcp-server* deutlich mehr Informationen zu einer vergebenen Adresse gespeichert – was aus seinen erweiterten Möglichkeiten resultiert.

17.4.4   Konfiguration: DDNS

Damit Sie immer wissen, welche Clients durch Ihr Netz geistern, gibt es eine charmante Lösung: dynamisches DNS (DDNS). Dabei registrieren Clients sich nicht nur in Ihrem DNS-Server, sondern teilen auch Aktualisierungen mit. Das ist extrem praktisch, wenn sich mal der Name eines Systems ändert. Wie Sie dies mit dem *isc-dhcp-server* und dem *bind* erreichen, zeigen wir Ihnen in diesem Abschnitt. Wie Sie einen Nameserver aufsetzen, haben wir Ihnen in Kapitel 30, »DNS mit ›bind9‹«, ausführlich erläutert.

Nameserver: »bind«

Damit die dynamischen Updates auch verarbeitet werden können, müssen Sie zunächst Ihren DNS-Server dafür vorbereiten. Im Wesentlichen bestehen die Arbeiten aus den folgenden Schritten:

1. Key erzeugen (zur Authentifizierung des DHCP-Servers gegenüber dem Nameserver)
2. den Key einbinden
3. die Zonen anpassen, damit diese dynamisch aktualisiert werden können
4. Rechte anpassen

Beginnen wir mit dem Erzeugen des Keys. Dafür wird vom *bind* das Tool `rndc-confgen` bereit gestellt. Mit dem Befehl aus Listing 17.17 erzeugen Sie die benötigte Key-Datei:

```
daniel@ns:~$ rndc-confgen -a -k dhcp -c /etc/bind/dhcp.key
wrote key file "dhcp.key"
daniel@ns:~$ sudo cat /etc/bind/dhcp.key
```

```
key "dhcp" {
        algorithm hmac-md5;
        secret "1aP9D4OPIuZJQfkA2gU+Nw==";
};
```

Listing 17.17 Key-Datei für den DHCP-Server erzeugen

Mit dem Parameter -a weisen wir das Tool an, die Arbeit vollständig für uns zu übernehmen. Über den Parameter -k dhcp wird der Name des Keys gesetzt. Mit -c wird der Dateiname mit Pfad angegeben, in dem die Konfiguration gespeichert werden soll.

Praktischerweise wird die Datei direkt mit korrekten Rechten erstellt (nur für *root* lesbar), daher musste sie in Listing 17.17 mit sudo cat ausgegeben werden. Das secret beziehungsweise den Teil zwischen den Anführungszeichen sollten Sie schon mal in die Zwischenablage kopieren – wir setzen es später auf dem DHCP-Server ein, um die Authentifizierung durchführen zu können.

Damit der *bind* auch Kenntnis von der neuen Key-Datei nimmt, müssen wir ihm diese bekannt machen. Ergänzen Sie daher die zentrale Konfigurationsdatei */etc/bind/named.conf* um die Zeile aus Listing 17.18:

```
include "/etc/bind/dhcp.key";
```

Listing 17.18 Key-Datei der Konfiguration hinzufügen: »/etc/bind/named.conf«

Das war aber nur die halbe Miete. Zusätzlich müssen Sie dem DHCP-Server auch das Recht einräumen, die Zonen-Dateien, die vom ihm geändert werden sollen, auch bearbeiten zu dürfen. Dafür müssen Sie die Zonen um die Direktive allow-update erweitern:

```
zone "int.example.net" {
        type master;
        file "/etc/bind/master/int.example.net";
        allow-update { key dhcp; };
};

zone "253.31.172.in-addr.arpa" {
        type master;
        file "/etc/bind/master/253.31.172.in-addr.arpa";
        allow-update { key dhcp; };
};
```

Listing 17.19 Anpassungen der Zonen-Deklaration in »/etc/bind/named.conf.zones«

Die Direktive erwartet nach dem Schlüsselwort key den Namen des Schlüssels. Dieser wurde, so wie erzeugt, auf dhcp gesetzt. Achten Sie darauf, dass dieser Wert mit dem Wert aus Listing 17.17 übereinstimmt und dass an dieser Stelle die Groß- und Kleinschreibung korrekt ist.

Jetzt ist die Nameserver-Konfiguration fast fertig. Dynamische Änderungen werden von *bind* zur Laufzeit in Journal-Dateien festgehalten. Diese heißen stets so wie die Zonen-Datei, die verändert wurde, und werden mit der Dateinamenserweiterung *.jnl* angelegt. Im Beispiel aus Listing 17.19 befinden sich die Zonen-Dateien im Ordner /etc/bind/master/. Da dieser Pfad nicht zum *bind*-Standard gehört, darf *bind* dort nicht hineinschreiben. Dies ändern wir nun. Führen Sie die Befehle aus Listing 17.20 aus, um dem *bind* die benötigten Schreibrechte zu geben.

```
daniel@ns:~$ sudo chown bind:bind /etc/bind/master/
daniel@ns:~$ sudo chmod 775 /etc/bind/master/
```

Listing 17.20 Rechte für »bind« anpassen: »/etc/bind/master«

Leider genügt dies noch nicht ganz, da für den *bind*, respektive den *named* (den Name des Prozesses), ein Apparmor-Profil existiert. Dieses wird bei der Installation direkt aktiviert, daher passt Apparmor auf den Nameserver auf wie ein Schießhund. In Listing 17.21 haben wir Ihnen eine entsprechende Meldung des Syslog abgedruckt:

```
Mar 4 16:36:42 ns kernel: [17261.355869] audit: type=1400 audit(1457105802.056:61):\
apparmor="DENIED" operation="mknod" profile="/usr/sbin/named" \
name="/etc/bind/master/int.example.net.jnl" pid=3698 comm="named" \
requested_mask="c" denied_mask="c" fsuid=109 ouid=109
```

Listing 17.21 Apparmor-Fehler bei dynamischen Updates

Wie Sie in Listing 17.21 sehen, wird der Zugriff durch Apparmor unterbunden. Da er aber für die dynamische Aktualisierung notwendig ist, müssen Sie den Pfad /etc/bind/master/ dem Apparmor-Profil hinzufügen. Ergänzen Sie das bestehende Profil um die Zeile aus Listing 17.22. Achten Sie darauf, dass diese innerhalb der geschweiften Klammern hinzugefügt werden muss.

```
/etc/bind/master/** rw,
```

Listing 17.22 Apparmor-Anpassung in »/etc/apparmor/usr.sbin.named«

Nach einem `sudo systemctl apparmor reload` lässt Apparmor den Nameserver auch in das Verzeichnis schreiben. Damit wäre die Nameserver-Konfiguration abgeschlossen – selbstverständlich müssen Sie auch den *bind* einmal mit `sudo systemctl reload bind` neu laden, damit die Änderungen wirksam werden. Auf zum DHCP-Server!

DHCP-Server: »isc-dhcp-server«

Damit der DHCP-Server die Aktualisierung vornehmen kann, müssen wir ihm mitteilen, was er zu tun hat. Dies erfolgt primär in der Subnetz-Konfiguration. Zusätzlich muss eine globale Konfiguration angepasst werden. Ergänzen Sie die bestehende Konfiguration um die Zeilen aus Listing 17.23:

```
#ddns-update-style none;
ddns-update-style interim;
[…]
subnet 192.168.0.0 netmask 255.255.255.0 {
  range 192.168.0.100 192.168.0.200;
  option routers 192.168.0.1;

  ddns-domainname "int.example.net.";
  ddns-rev-domainname "in-addr.arpa.";

  key "dhcp" {
    algorithm hmac-md5;
    secret "<DHCP KEY>";
  };

  zone int.example.net. {
    primary 192.168.0.10;
    key dhcp;
  }

  zone 0.168.192.in-addr.arpa. {
    primary 192.168.0.10;
    key dhcp;
  }
}
```

Listing 17.23 Das Subnetz in »/etc/dhcp/dhcpd.conf« um DDNS erweitern

Global wurde die Direktive ddns-update-style auf interim gesetzt, damit Aktualisierungen zugelassen werden (im Standard none). Mit den beiden Direktiven ddns-domainname und ddns-rev-domainname werden die Forward- und Reverse-Zonen angegeben. Im Block key wird der zu verwendende Schlüssel spezifiziert. Fügen Sie darin in der Direktive secret den erstellten Schlüssel ein. In den zone-Blöcken werden die Details zu den Zonen definiert. Diese bestehen zum einen aus dem primären Nameserver, der mit der Direktive primary festgelegt wird, und dem zu verwendenden Schlüssel, der über die Direktive key angegeben wird.

[!]   **Achtung bei den Optionen »ddns-*«**

Diese Optionen müssen in DNS-Notation gesetzt werden (also mit abschließendem Punkt). Des weiteren darf die Reverse-Zone nur im Stamm angegeben werden (in-addr.apra.). Achten Sie darauf, da ansonsten der DHCP-Server versucht, die IP-Adresse an die vollständige Zone anzuhängen: 109.0.168.192.0.168.192.in-addr.arpa – was zu Fehlern führt.

Nachdem Sie das Kommando `sudo systemctl restart isc-dhcp-server` abgesetzt haben, werden von Ihrem DHCP-Server dynamische Aktualisierungen an den *bind* geliefert.

Dies wird selbstverständlich auch protokolliert. In Listing 17.24 sehen Sie ein typisches Protokoll:

```
[...] DHCPRELEASE of 192.168.0.100 from 08:00:27:27:f6:88 (merkur) via enp0s8 (found)
[...] Removed forward map from merkur.int.example.net. to 192.168.0.100
[...] Removed reverse map on 100.253.31.172.253.31.172.in-addr.arpa.
[...] DHCPDISCOVER from 08:00:27:27:f6:88 via enp0s8
[...] DHCPOFFER on 192.168.0.100 to 08:00:27:27:f6:88 (merkur) via enp0s8
[...] DHCPREQUEST for 192.168.0.100 (192.168.0.10) from 08:00:27:27:f6:88 \
      (merkur) via enp0s8
[...] DHCPACK on 192.168.0.100 to 08:00:27:27:f6:88 (merkur) via enp0s8
[...] Added new forward map from merkur.int.example.net. to 192.168.0.100
[...] Added reverse map from 100.253.31.172.in-addr.arpa. to merkur.int.example.net.
```

Listing 17.24 Log-Auszug des DDNS auf dem DHCP-Server

[+]

17

Stolperfalle: vorhandene Records im Nameserver

Der DNS-Server lässt keine Aktualisierungen manuell eingetragener Records zu! Dies hat den Hintergrund, dass dies ein Angriffsszenario darstellt. Angenommen, Ihr Mailserver heißt *mail.int.example.net*. Ein Angreifer erlangt Zugriff auf Ihr Netzwerk und meldet sich selbst als *mail.int.example.net* – ohne die Überprüfung des *bind* würde der Angreifer den Namen zugewiesen bekommen, und alle Ihre E-Mails würden über ihn geleitet werden.

17.4.5   Fazit

Der *isc-dhcp-server* ist im Vergleich zum *dnsmasq* etwas umgänglicher – nicht nur in seiner Konfiguration, sondern auch in den Daten, die er sammelt und protokolliert. Darüber hinaus bietet er einige Möglichkeiten, wie das DDNS, die im Business-Umfeld durchaus interessant sind. Welchen DHCP-Server Sie einsetzen, hängt also zum einen von den Anforderungen und zum anderen vom persönlichen Geschmack ab.

Kapitel 18

Lastverteilung (Loadbalancing)

Lastverteilung ist die Kunst, mehrere Server so zu betreiben, dass sie sich
für den Benutzer wie ein einziger Server darstellen.

Lastverteilung hat natürlich zunächst den Vorteil, dass eine gegebene Aufgabe auf mehrere Schultern (Server) verteilt wird. Ebenso kann darüber nicht nur eine Erhöhung des Durchsatzes erreicht werden, sondern auch die Ausfallsicherheit (englisch *High Availability (HA)*) erhöt werden. Darüber hinaus macht das Loadbalancing Ihnen als Admin aber auch das Leben leichter, denn in einem solchen Umfeld ist es einfach, einen Server zu Wartungszwecken zu deaktivieren und später wieder in die Lastverteilung einzugliedern. In diesem Kapitel stellen wir Ihnen die Grundbegriffe vor und zeigen Ihnen mehrere Methoden der Lastverteilung in aufsteigender Leistungsfähigkeit.

18.1 Allgemeines

Wird im Bereich von Servern und Diensten von Lastverteilung gesprochen, ist in der Regel das sogenannte *Server Load Balancing (SLB)* gemeint. Hierfür können viele verschiedene Techniken eingesetzt werden – von der einfachen Verteilung auf Netzwerkebene (*Layer 1–3*) über die Verteilung mit geringer Intelligenz (*Layer 4*) bis zur ressourcenintensiveren Verteilung auf Anwendungsebene (*Layer 7*). Welches die »beste« Technik ist, entscheidet wie so oft der Anwendungsfall.

Eine Lastverteilung kann auf viele Dienste angewandt werden. Am häufigsten kommt sie wohl auf Webservern zum Einsatz. Daher werden wir in diesem Abschnitt auch überwiegend diese Anwendungsfall erläutern. Das erworbene Wissen kann aber prinzipiell auf alle weiteren Dienste angewandt werden. Viele Dienste bringen bereits eigene Fähigkeiten zur Lastverteilung mit. In diesem Abschnitt zeigen wir Ihnen zusätzliche Lösungen, die explizit zur Lastverteilung da sind. Diese werden vorgeschaltet und können so auch eine Verteilung auf Diensten ermöglichen, die dieses Verfahren nicht von Haus aus beherrschen.

18.1.1 Unterschied: »Loadbalancing vs. Reverse-Proxy«

Diese beiden Funktionen werden oft verwechselt, und zwar aus guten Grund. Beide meinem das Gleiche – aber nicht immer. Ein Loadbalancing meint eine spezifische Sache: das Verteilen von eingehenden Anfragen auf Servern oder Geräten zur Lastverteilung, auf beliebige Ports. Eine Reverse-Proxy hingegen wird nur zur Auslieferung von Webinhalten verwendet und hat dafür deutlich mehr Funktionen:

- **Loadbalancing**
  Lastverteilung auf mehrere Webserver

- **Annahme der Verbindungen**
  Ein Loadbalancer nimmt die Verbindung nicht selbst an, sondern leitet diese weiter. Ein Reverse-Proxy hingegen nimmt die Verbindung an und kann die Daten, die ausgeliefert werden, auch mischen – z. B. aus seinem Cache und Inhalten, die er von Webservern abruft.

- **Caching**
  Ein Reverse-Proxy kann Antworten, die er von den Backends bekommt, auch in einen Cache ablegen. Dadurch wird die Last auf den eigentlichen Webservern reduziert.

- **Sicherheit**
  Der direkte Zugriff auf die Webserver beziehungsweise auf einzelne Verzeichnisse kann vom Reverse-Proxy unterbunden werden. Außerdem können Komponenten, die die Anfrage auf Schadcode untersuchen, eingerichtet werden.

- **SSL-Beschleunigung**
  Verschlüsselte Verbindungen (HTTPS) können auf dem Reverse-Proxy terminiert werden, sodass diese Arbeit nicht mehr von den Webservern selbst übernommen werden muss.

In diesem Abschnitt widmen wir uns »nur« dem Loadbalancing – auch wenn einige der eingesetzten Lösungen teilweise Reverse-Proxy-Funktionalitäten mitbringen. Falls Sie mehr zu Thema Reverse-Proxy erfahren wollen: In Kapitel 21, »Reverse-Proxy«, haben wir Ihnen das Thema von A bis Z erläutert.

18.1.2   Welches Vorwissen wird benötigt?

Für diese Abschnitte sollten Sie folgende Kenntnisse bereits erworben haben:

- **Die Bash** (siehe hierzu Abschnitt 8.1, »Hilfe, da blinkt was! Die Bash«)
- **Paket-Installation** (siehe hierzu Abschnitt 2.4.3, »Umgang mit Paketen«)
- **Netzwerkkonfiguration** (siehe hierzu Kapitel 7, »Netzwerkkonfiguration«)
- **[Optional] Netzwerkdiagnose** (siehe hierzu Kapitel 39, »Netzwerkdiagnose«)

18.1.3   Begrifflichkeiten

Bevor wir uns den einzelnen Lösungen widmen, möchten wir Ihnen einige Begriffe erläutern, die im Kontext der Lastverteilung anzutreffen sind.

▶ **SLB (Server Loadbalancing)**
die Lastverteilung von Diensten (Serverdiensten)

▶ **Backend-Server / Real-Server**
die Server, auf die die Last verteilt wird

▶ **Backend-IP / Real-IP**
die IP-Adresse der Server, auf die die Last verteilt wird

▶ **VIP (Virtuelle IP)**
die IP-Adresse zur Verteilung von Anfragen. Damit Anfragen verteilt werden können, müssen sie an diese Adresse gestellt werden. Achten Sie darauf, dass für Webseiten der A-Record im DNS nach der erfolgreichen Konfiguration angepasst werden muss.

▶ **Health-Check / Server-Check**
Prüfungen, um festzustellen, ob ein Backend-Server antwortet. Das können einfache TCP-Verbindungsprüfungen sein oder komplexere, in denen die Antwort ausgewertet wird, um sicherzustellen, dass der Client auch eine valide Antwort erhält und nicht etwa eine Fehlermeldung.

▶ **SSL-Offloading / SSL-Terminierung**
das zentrale Entschlüsseln von HTTPS-Verbindungen auf einem Gerät. Die Backend-Server müssen anschließend nicht mehr verschlüsselt angesprochen werden – beachten Sie, dass gegebenenfalls die dahinter liegenden Applikationen dies unterstützen müssen.

▶ **VRRP (Virtual Router Redundancy Protocol)**
Protokoll zur Steigerung der Redundanz – nicht zur Lastverteilung! Zwei (oder mehr) Systeme teilen sich eine virtuelle IP-Adresse. Das jeweils aktive (beziehungsweise das höher priorisierte) Gerät hält die IP-Adresse, bis es zu einem Ausfall kommt und der Partner mit der nächsthohen Priorisierung übernimmt. VRRP wurde von *Ascend Communications*, *DEC*, *IBM*, *Microsoft* und *Nokia* entwickelt. Es wird in vielen Router/Firewall-Systemen verwendet.

▶ **CARP (Common Address Redundancy Protocol)**
Open-Source-Alternative zu VRRP, die die gleichen Funktionalitäten bereitstellt.

▶ **Round-Robin**
Methode zur Lastverteilung, bei der jede Anfrage der Reihe nach verteilt wird

▶ **Least-Connections**
Methode zur Lastverteilung, bei der der Teilnehmer mit den wenigsten Verbindungen die nächste Anfrage bekommt

▶ **Source / SRC-Hash**
Lastverteilungsmethode, bei der anhand der IP-Adresse des anfragenden Clients ein Hash ermittelt wird. Verändert sich die IP-Adresse nicht, erhält stets der gleiche Backend-Server die Anfragen von diesem Client. Wird oft eingesetzt, um sicherzustellen, dass Anmeldungen und dynamische Inhalte immer vom gleichen Server an den Client geliefert werden.

18

18.1.4   Testumfeld

Alle Konfigurationen, die wir in diesem Abschnitt beschreiben, beziehen sich auf das Testumfeld aus Abbildung 18.1.

 Falls Sie einmal den Beschreibungen nicht folgen können oder den Überblick verlieren, können Sie zu dieser Abbildung zurückkehren, um sich die Topologie erneut ins Gedächtnis zu rufen.

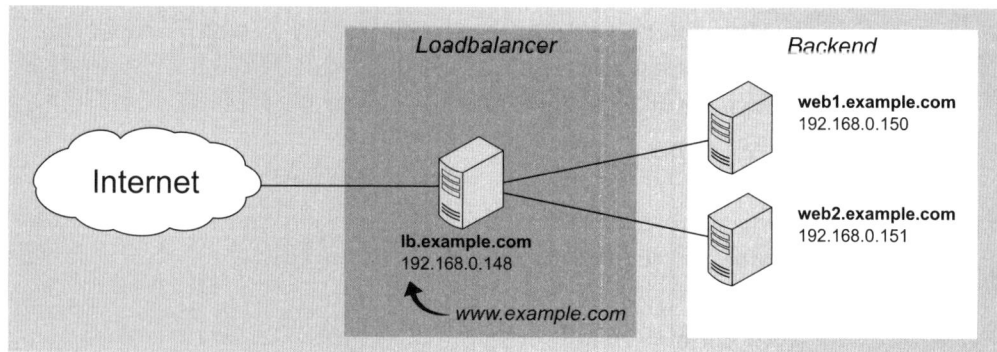

Abbildung 18.1 Topologie des Testumfeldes »Server-Loadbalancing«

Der Server *lb.example.com* erhält die Anfragen für *www.example.com* und verteilt diese auf die Server *web1* und *web2*.

18.2   Loadbalancing für Arme: »DNS-Round-Robin«

Die simpelste Möglichkeit, Last auf mehrere Server zu verteilen, ist das Round-Robin-Verfahren per DNS. Dabei werden für einen Namen im DNS mehrere IP-Adressen hinterlegt.

 DNS-Server

Wie Sie Ihren eigenen DNS-Server aufsetzen und betreiben, haben wir Ihnen in aller Ausführlichkeit in Kapitel 30, »DNS mit ›bind9‹«, gezeigt.

18.2.1   DNS-Round-Robin für Webserver

Wenn Sie zum Beispiel einen Webserver betreiben, der unter dem Namen *www.example.com* erreichbar sein soll, dann würden Sie dem Hostnamen *www* in der DNS-Zone *example.com* nur die IP-Adresse Ihres Servers zuweisen. In Listing 18.1 sehen Sie die korrekte Konfiguration der DNS-Zone für einen Webserver:

```
[...]
www      IN      A       192.168.0.150
[...]
```

Listing 18.1 DNS-Eintrag für einen einzelnen Webserver

Da Sie aber die Last auf mehrere Server verteilen möchten, haben Sie zunächst alle Server – in unserem Beispiel sind es drei Stück – identisch konfiguriert. Die Server unterscheiden sich lediglich in ihrer IP-Adresse. Nun können Sie in Ihrem DNS allen drei Servern den gleichen Namen zuweisen:

```
[...]
www      IN      A       192.168.0.150
www      IN      A       192.168.0.151
www      IN      A       192.168.0.152
[...]
```

Listing 18.2 Mehrere Einträge für den gleichen Namen in der DNS-Zone

Ruft nun ein Nutzer mit seinem Browser die Adresse *www.example.com* auf, fragt der Browser zunächst den DNS nach der IP-Adresse. Der DNS-Server gibt ihm eine der drei konfigurierten IP-Adressen – welche genau, darauf hat der Client keinen Einfluss. Das DNS-Round-Robin-Verfahren hat den Vorteil, dass es sehr einfach und schnell konfiguriert ist.

Leider gibt es auch einen großen Nachteil: Fällt einer der Server aus, ist das dem DNS-Server herzlich egal, er wird die IP-Adresse des defekten Servers munter weiter an anfragende Clients verteilen.

18.2.2   Eine Besonderheit des DNS-Round-Robin: »MX«

Eine Besonderheit des DNS-Round-Robin möchten wir Ihnen nicht vorenthalten. Im DNS ist nämlich die Lastverteilung für Mailserver bereits integraler Bestandteil. Bei den Records des Typs *MX*, wodurch der Mailserver einer Domäne ermittelt wird, wird neben der Angabe des Namens des Mailservers zusätzlich ein Zahlwert (0 bis 65535) übermittelt. Dieser wird dazu eingesetzt, um eine Gewichtung vorzunehmen, wenn mehr als ein Mailserver angegeben wird. Dabei wird der Mailserver mit der kleinsten Zahl bevorzugt verwendet. Die Verteilung erfolgt aber auf Clientseite und kann nicht von Ihnen gesteuert werden.

18.3   Pen

Pen ist eine schlanke Loadbalancing-Software für einfache TCP-Protokolle wie HTTP oder SMTP. Im Gegensatz zur DNS-Lösung erkennt Pen selbstständig, wenn ein Server nicht erreichbar ist, und weist dieser Maschine dann keine weiteren Verbindungen zu.

Für unsere Beispielkonfiguration wählen wir ein einfaches Szenario mit drei Servern: dem Loadbalancer selbst und zwei Webservern. Für diese Maschinen sind im DNS oder in der */etc/hosts* die Namen *lb.example.com*, *web1.example.com* und *web2.example.com* konfiguriert. Sie können die Konfiguration natürlich auch mit den IP-Adressen der Server vornehmen; die Namen erhöhen nur die Übersichtlichkeit. Im einfachsten Fall sieht die Konfiguration wie folgt aus:

```
daniel@lb:~$ sudo pen -f lb.example.com:80 web1.example.com:80 web2.example.com:80
2016-03-25 14:53:38: Before: conns = (nil), connections_max = 0, clients = (nil), \
                     clients_max = 0
2016-03-25 14:53:38: After: conns = 0x1792e90, connections_max = 500, \
                     clients = 0x7f475f03b010, clients_max = 2048
```

Listing 18.3 Pen verteilt die Last auf zwei Webserver.

Der Parameter -f bewirkt, dass Pen im Vordergrund läuft. Das ist beim Testen nützlich, weil Sie eventuelle Fehlermeldungen direkt auf die Kommandozeile bekommen. Wenn Sie später mit Ihrer Konfiguration zufrieden sind, lassen Sie -f einfach weg, damit Pen fortan im Hintergrund läuft. Wie Sie Pen dauerhaft auf Ihrem System aktivieren, also auch über ein Neustart hinweg, zeigen wir Ihnen im Abschnitt 18.3.2, »Pen als Systemdienst«.

18.3.1   Weitere Einstellungen mit »penctl«

Pen bietet eine interaktive Konfigurationsmöglichkeit über einen frei wählbaren Port. Im Beispiel aus Listing 18.4 ist das Port 8001:

```
daniel@lb:~$ sudo pen -f -C 127.0.0.1:8001 -u nobody lb:80 web1:80 web2:80 web3:80
2016-03-25 15:23:05: Won't open control port running as root; use -u to run as \
                     different user
[...]
```

Listing 18.4 Pen mit »penctl«-Port 8001

Wie Sie in Listing 18.4 sehen, wurde zusätzlich zum Port der Parameter -u nobody übergeben. Dies ist notwendig, da Pen ansonsten den Start mit der Meldung Won't open control port running as root; use -u to run as different user verweigert. Daher sind wir diesem Hinweis gefolgt.

Korrekterweise gibt Pen an, dass das Starten des Dienstes als Root-Benutzer eine Gefahrenquelle birgt und der Dienst besser unter einem nichtprivilegierten Benutzer ausgeführt werden sollte. Im Beispiel verwenden wir dafür den Benutzer nobody, der standardmäßig vorhanden ist und (fast) keine Rechte besitzt.

Wenn Sie Pen auf diese Weise starten, können Sie mit dem Kommando penctl <host:port> Abfragen und Kommandos an Pen schicken.

Ein Beispiel: Pen soll Ihnen anzeigen, welche Clients in den letzten 60 Sekunden zugegriffen haben. Dafür übergeben Sie einfach den Parameter recent 60, wie in Listing 18.5 dargestellt:

```
daniel@lb:~$ penctl 127.0.0.1:8001 recent 60
192.168.0.20 connects 15 sx 26708 rx 5299
```

Listing 18.5 Anzeige der Zugriffe in den letzten 60 Sekunden

Es gab hier also 15 Verbindungen vom Client 192.168.0.20. Dabei wurden 26,7 Kilobyte an den Client gesendet und 5,3 Kilobyte empfangen.

Mit penctl können Sie auch die Konfiguration im laufenden Betrieb ändern. Serienmäßig ist Pen zum Beispiel nicht besonders geschwätzig, aber Sie können den Debug-Level leicht erhöhen:

```
daniel@lb:~$ penctl 127.0.0.1:8001 debug 2
```

Listing 18.6 Debug-Level auf 2 erhöhen

Änderungen, die Sie per penctl vornehmen, sind nach einem Neustart verschwunden. Das ist lästig, lässt sich aber leicht verhindern.

Mit einem weiteren penctl-Kommando können Sie jederzeit die aktuelle Konfiguration in eine Datei schreiben lassen. Dafür ist der Parameter write <FILENAME> vorgesehen. Ersetzen Sie den Platzhalter <FILENAME> einfach durch einen Dateinamen Ihrer Wahl, und penctl schreibt Ihnen die aktuelle Konfiguration in diese Datei.

Da wir Pen mit eingeschränkten Rechten gestartet haben, erzeugen wir die Datei unterhalb von */tmp*, da dort jeder Benutzer über Schreibrechte verfügt.

```
daniel@lb:~$ sudo penctl 127.0.0.1:8001 write /tmp/pen.conf
```

Listing 18.7 Die aktuelle Pen-Konfiguration in eine Datei ablegen

Um diese Datei zukünftig weiterverwenden zu können, kopieren Sie sie nach */etc* und passen die Zugriffsrechte so an, wie in Listing 18.8 dargestellt:

```
daniel@lb:~$ sudo cp /tmp/pen.conf /etc/
daniel@lb:~$ sudo chown nobody:root /etc/pen.conf
```

Listing 18.8 Angelegte Konfiguration dauerhaft speichern

Wenn Sie Pen beim nächsten Mal mit der gleichen Konfiguration wieder starten wollen, teilen Sie ihm einfach den Pfad zur Konfigurationsdatei mit. Pen liest die Datei ein und stellt die Konfiguration wieder her:

```
daniel@lb:~$ pen -F /etc/pen.conf -C 127.0.0.1:8001 -u nobody lb:80
```

Listing 18.9 Pen mit einer gespeicherten Konfiguration starten

18

Wie Sie sehen, geben Sie lediglich Folgendes an: wo sich die Konfigurationsdatei befindet, die Konsole (-C 127.0.0.1:8001), unter welchem Benutzer Pen starten soll (-u nobody) und auf welcher IP-Adresse und welchem Port eingehende Verbindungen angenommen werden sollen. Alle anderen Parameter liest Pen nun aus der Datei ein und startet dann.

18.3.2   Pen als Systemdienst

Da Pen von Haus aus nicht dafür eingerichtet ist, um als permanenter Dienst gestartet zu werden, müssen wir leider selbst Hand anlegen. Dies ist aber schnell erledigt.

Zunächst legen wir einen Systembenutzer an, damit Pen nicht mehr als nobody gestartet wird, sondern seinen eigenen Benutzer pen verwenden kann (siehe Listing 18.10).

```
daniel@lb:~$ sudo useradd -M -N -r -s /bin/false -c "pen user (load balancing)" pen
```
Listing 18.10 Systembenutzer anlegen: »pen«

Damit Pen auch seine PID-Datei anlegen kann, was er als einfacher Systembenutzer nicht darf, müssen Sie die Datei */etc/tmpfiles.d/pen.conf* mit dem Inhalt aus Listing 18.11 anlegen:

```
d /var/run/pen 0755 pen root -
```
Listing 18.11 Den Inhalt der Datei »/etc/tmpfiles.d/pen.conf«

Der Inhalt des Verzeichnisses wird von Systemd während des Systemstarts verarbeitet. Damit dies sofort geschieht, müssen Sie den Befehl aus Listing 18.12 absetzen:

```
sudo systemd-tmpfiles --create
```
Listing 18.12 Temp-Dateien sofort erzeugen

Anschließend legen wir den benötigten Systemd-Service an. Erstellen Sie dafür die Datei */lib/systemd/system/pen-80.service* mit Root-Rechten, und füllen Sie diese mit dem Inhalt aus Listing 18.13:

```
[Unit]
Description=Pen load balancer (www-80)

[Service]
Type=forking
PIDFile=/var/run/pen/pen-80.pid
ExecStart=/usr/bin/pen -u pen -C 127.0.0.1:8001 -F /etc/pen/pen-80.cfg \
-p /var/run/pen/pen-80.pid 80

[Install]
WantedBy=multi-user.target
```
Listing 18.13 Der Inhalt der Datei »/lib/systemd/system/pen-80.service«

Wie Sie sehen, wurde hier bewusst an einigen Stellen die Ergänzung -80 eingefügt. Da Pen mehrere Dienste verteilen kann und wir im Beispiel nur Port 80 verwenden, können Sie durch ein einfaches Kopieren und Anpassen des Wertes weitere Service-Dateien erstellen.

Nun müssen wir Systemd den neuen Service noch bekannt machen. Dafür müssen Sie den Befehl sudo systemctl daemon-reload ausführen.

Da wir in der Service-Datei angegeben haben, dass sich die Konfiguration unter /etc/pen befindet, müssen wir dieses Verzeichnis auch noch anlegen. Dafür müssen Sie das Kommando sudo mkdir /etc/pen/ absetzen.

Jetzt fehlt noch die eigentliche Konfigurationsdatei. Diese können Sie entweder manuell anlegen oder wie bereits erörtert von einer laufenden Pen-Instanz erzeugen lassen. In Listing 18.14 haben wir Ihnen die Minimalkonfiguration abgedruckt:

```
server 0 acl 0 address 192.168.0.150 port 80 max 0 hard 0
server 1 acl 0 address 192.168.0.151 port 80 max 0 hard 0
server 2 acl 0 address 192.168.0.152 port 80 max 0 hard 0
```

Listing 18.14 Der Inhalt von »/etc/pen/pen-80.cfg«

Damit Pen die Datei auch lesen kann, müssen wir die Rechte anpassen. Dies ist schnell mit dem Befehl sudo chown pen:root -R /etc/pen erledigt. Da Pen zum Systemstart aktiv werden soll, müssen wie den erstellten Service noch aktivieren und den Dienst selbstverständlich noch starten. Setzen Sie dafür die Befehle aus Listing 18.15 ab.

```
daniel@lb:~$ sudo systemctl enable pen-80.service
daniel@lb:~$ sudo systemctl start pen-80.service
```

Listing 18.15 Den neuen Dienst aktivieren und starten

18.3.3   Fazit

Pen ist ein kleiner, feiner Dienst, mit dem schnell eine Lastverteilung für kleinere Umgebungen eingerichtet werden kann. Allerdings muss für den produktiven Betrieb noch etwas Hand angelegt werden. Pen ist sehr flexibel, lässt aber einige Funktionen vermissen. So prüft er zwar, ob die angegebenen Backend-Server verfügbar sind, allerdings prüft er nicht, welche Qualität die von ihnen zurückgegebenen Daten haben.

18.4   Pound

Ein weiterer kleiner Vertreter der Gattung Loadbalancer ist *Pound*. Mit Pound können Sie ebenfalls eine einfache Lastverteilung erreichen, allerdings bietet Pound Ihnen weitergehende Konfigurationsmöglichkeiten als Pen. Er bezeichnet sich selbst als Reverse-Proxy, als Lastverteiler und als HTTPS-Wrapper – was seine Möglichkeiten so ziemlich auflistet.

Auch Pound ist in den Paketquellen vorhanden, sodass Sie ihn einfach mit `sudo apt-get install pound` installieren können.

18.4.1   Eine grundlegende Konfiguration

Die Konfigurationsdatei von Pound ist leicht verständlich. Einfache Parameter werden direkt hineingeschrieben. Blöcke werden eingeleitet und müssen mit `End` beendet werden – zur besseren Lesbarkeit werden diese eingerückt. In Listing 18.16 haben wir die Minimalkonfiguration abgedruckt, die Sie brauchen um Last auf zwei Webserver durch Pound verteilen zu lassen:

```
User            "www-data"
Group           "www-data"
Control         "/var/run/pound/poundctl.socket"

ListenHTTP
        Address 192.168.0.148
        Port 80
        Service
                BackEnd
                        Address web1
                        Port 80
                End
                BackEnd
                        Address web2
                        Port 80
                End
        End
End
```

Listing 18.16 Minimalkonfiguration von »Pound«

Die ersten drei Zeilen aus Listing 18.16 sind global. Anschließend folgt die Konfiguration zur Lastverteilung. Im Beispiel lauscht Pound auf der IP-Adresse `192.168.0.148` und dem Port `80` und leitet Anfragen an die Backend-Server `web1` und `web2`. (Hier hätten Sie auch die IP-Adressen der Webserver angeben können.)

Damit Pound seinen Dienst aufnehmen kann, müssen Sie noch eine Kleinigkeit beachten. Direkt nach der Installation sieht die Default-Konfiguration aus dem Verzeichnis */etc/default/pound* noch so aus, wie in Listing 18.17 dargestellt:

```
# Defaults for pound initscript
# sourced by /etc/init.d/pound
# installed at /etc/default/pound by the maintainer scripts
```

```
# prevent startup with default configuration
# set the below varible to 1 in order to allow pound to start
startup=0
```

Listing 18.17 Default-Konfiguration von »Pound«

Wie im Text beschrieben ist, soll dies den Start von Pound im unkonfigurierten Zustand verhindern. Setzen Sie daher die Variable `startup` auf 1, da wir ja die Konfiguration vorgenommen haben. Nach einem obligatorischen `sudo systemctl restart pound` nimmt dieser nun auch seinen Dienst auf.

18.4.2   Einmal mit Verschlüsselung, bitte

Pound ist auch in der Lage, ein SSL-Offloading vorzunehmen. Dafür müssen Sie ihm nur mitteilen, wo das Zertifikat liegt und dass er auch auf dem Port 443 arbeiten soll.

Bevor wir dies angehen, zeigen wir Ihnen noch schnell, wie Sie zum Testen ein selbst signiertes SSL-Zertifikat erstellen können:

```
daniel@lb:~$ openssl req -new -newkey rsa:2048 -sha256 -days 365 -nodes -x509 \
-keyout example.com.key -out example.com.crt
[…]
Common Name (e.g. server FQDN or YOUR name) []:www.example.com
[…]
daniel@lb:~$ sudo bash -c "cat example.com.{crt,key} >> \
/etc/ssl/private/example.com.pem"
daniel@lb:~$ rm example.com.{crt,key}
daniel@lb:~$ sudo chown root:www-data /etc/ssl/private/example.com.pem
daniel@lb:~$ sudo chmod 640 /etc/ssl/private/example.com.pem
```

Listing 18.18 SSL-Zertifikat erstellen

Zurück bei Pound, ergänzen Sie die Konfiguration aus Listing 18.19 einfach, damit Pound auch SSL-Anfragen verarbeiten kann:

```
ListenHTTPS
        Address 192.168.0.148
        Port 443
        Cert "/etc/ssl/private/example.com.pem"
        HeadRemove "X-Forwarded-Proto"
        AddHeader "X-Forwarded-Proto: https"
        Service
                BackEnd
                        Address web1
                        Port 80
```

18

```
                      End
                      BackEnd
                               Address web2
                               Port 80
                      End
            End
End
```

Listing 18.19 SSL-Konfiguration in »/etc/pound/pound.cfg«

Über die Direktive ListenHTTPS (wichtig: mit »S« am Ende!) wird die HTTPS-Konfiguration eingeleitet. Mit Port 443 wurde der Port definiert, und über die Direktive Cert wurde der Pfad zum Zertifikat (mit Schlüssel) angegeben. Über die Direktiven HeadRemove und AddHeader wird sichergestellt, dass die Backend-Server mitgeteilt bekommen, dass der Client verschlüsselt angefragt hat.

Falls es sich bei den HTTPS-Backend-Servern um die gleichen wie bei HTTP handelt und diese auch via HTTP (Port 80) angesprochen werden sollen, können Sie die Struktur auch verändern, um sich unnötige Tipparbeit zu sparen. Ihre Konfiguration könnte dann so aussehen wie die schematische Darstellung aus Listing 18.20:

```
ListenHTTP
        [...]
End

ListenHTTPS
        [...]
End

Service
        BackEnd
                   [...]
        End
        BackEnd
        [...]
End
```

Listing 18.20 Anpassung der Struktur in »/etc/pound/pound.cfg«

18.4.3   Mehrere Webseiten

Es ist ebenfalls möglich, über eine Pound-Installation mehrere Webseiten zu verteilen. Dazu richten Sie einfach mehrere Service-Sektionen ein und beschränken diese auf die jeweilige Webseite.

In Listing 18.21 sehen Sie die notwendige Konfiguration für die Webseiten www.example.com und downloads.example.com:

```
# www.example.com
Service
        HeadRequire "Host:.*www.example.com.*"
        BackEnd
                Address web1
                Port 80
        End
        BackEnd
                Address web2
                Port 80
        End
End

# downloads.example.com
Service
        HeadRequire "Host:.*downloads.example.com.*"
        BackEnd
                Address web3
                Port 80
        End
End
```

Listing 18.21 Mehrere Webseiten auf einem Pound

Wie Sie sehen, wurde für jede Webseite eine eigene Service-Sektion angelegt. Für welche Webseite diese Sektion zuständig ist, wird über die Direktive HeadRequire festgelegt.

Platzhalter ».*«

Beachten Sie, dass wir mit den Platzhaltern .* gearbeitet haben, um gegebenenfalls auch Subdomänen mit einzufangen. Wenn Sie die Konfiguration für genau eine Domäne vornehmen wollen, müssen Sie die Platzhalter einfach weglassen.

Wie Ihnen vielleicht aufgefallen ist, wurde für die Webseite *downloads.example.com* nur ein Backend-Server angegeben. Dies ist für Pound kein Problem, er verteilt einfach auf nur einen Server. Im Übrigen können Sie so auch ein »Catch All« erreichen. Legen Sie einfach zusätzlich einen Service ohne HeadRequire an. Dieser wird dann von Pound ausgeliefert, wenn eine unbekannte Seite abgefragt wird.

18.5   Das volle Programm: »HAProxy«

HAProxy ist eine Entwicklung von Willy Tarreau, der als erfahrener Entwickler und *Maintainer* für den Linux-Kernel 2.4 zuständig war. Große Websites wie *Tumblr* und *Twitter* gehören zu den Nutzern. HAProxy ist wesentlich leistungsfähiger und flexibler als etwa Pen, dafür ist allerdings auch die Konfigurationsdatei etwas umfangreicher. In diesem Abschnitt bringen wir Ihnen das Biest etwas näher.

18.5.1   Installation

Sie finden die benötigte Software *haproxy* in den Paketquellen. Dadurch geht die Installation wie gewohnt schnell, einfach und komfortable vonstatten, wie in Listing 18.22 dargestellt:

```
daniel@lb:~$ sudo apt-get install haproxy
```

Listing 18.22 Installation des »haproxy«

18.5.2   Grundlegende Konfiguration

Schauen wir uns in Listing 18.23 zunächst wieder ein einfaches Beispiel an, bei dem der HTTP-Verkehr auf zwei Webserver verteilt wird:

```
global
    log 127.0.0.1    local0
    log 192.168.0.121  local1 notice
    maxconn 16000
    user haproxy
    group haproxy
    daemon

defaults
    mode http
    timeout connect 5000ms
    timeout client 50000ms
    timeout server 50000ms

frontend http-in
    bind *:80
    default_backend www.example.com

backend www.example.com
    server s1 web1:80
    server s2 web2:80
```

```
listen admin
    bind *:8080
    stats enable
```

Listing 18.23 Eine grundlegende Konfiguration für zwei Webserver

Sie erkennen an den Einrückungen, dass die Konfiguration in Abschnitte unterteilt ist. Diese wollen wir nun näher betrachten:

▸ global

In diesem Abschnitt finden Sie zunächst die Logging-Einstellungen, die immer nach dem Schema log <IP-Adresse> <Log-Facility> <Level> aufgebaut sind. In der ersten log-Zeile unseres Beispiels fehlt die *Level*-Definition. Sie wird deshalb von HAProxy auf den Defaultwert *debug* gesetzt. Da *debug* der höchste Log-Level ist, bedeutet diese Zeile, dass alle Meldungen auf *localhost* geloggt werden. In der zweiten log-Zeile wird ein externer Logserver mit der IP-Adresse 192.168.0.121 angesprochen. Er erhält aber nicht alle Meldungen, sondern nur die mit dem Log-Level *notice* oder höher.

Mit dem maxconn-Parameter limitieren Sie die Anzahl gleichzeitiger TCP-Sessions, um das System vor Überlast zu schützen. Welcher Wert hier für Sie der richtige ist, hängt von der Hardware ab, die Sie einsetzen. Starten Sie konservativ, und arbeiten Sie sich hoch.

HAProxy wird in der Regel mit Root-Rechten gestartet, fällt dann aber auf niedrigere Privilegien zurück, die Sie mit user und group definieren. Das Schlüsselwort daemon bedeutet, dass HAProxy nach dem Start als Hintergrundprozess ausgeführt wird.

▸ defaults

Die Einstellung mode http aktiviert einige Optimierungen für die Behandlung von Webservern. Für alle anderen TCP-basierten Protokolle geben Sie an dieser Stelle mode tcp an. Die Voreinstellungen für timeout sollten Sie nur dann ändern, wenn Sie wegen zu vieler gleichzeitiger Sessions ein Kapazitätsproblem bekommen.

▸ frontend

Das frontend ist die Adresse des Loadbalancers selbst. Die Einstellung bind *:80 bedeutet, dass der Balancer auf allen IP-Adressen Verbindungen für den Port 80 annimmt. Wollen Sie eingehende Verbindungen auf eine einzige IP-Adresse beschränken, geben Sie diese anstelle des Sternchens an. Mit der Direktive default_backend wird angegeben, von wo HAProxy die Inhalte abrufen soll. Im Beispiel haben wir dort www.example.com angegeben – dies ist nicht der Name der Webseite, die ausgeliefert werden soll, sondern gibt den gleichnamigen Backend-Bereich an, den wir noch anschließend konfiguriert haben! Es hat sich eingebürgert, den Namen zu verwenden, um in der Konfigurationsdatei nicht den Überblick zu verlieren und die Webseitenkonfiguration leicht zu identifizieren.

▸ backend

Nach dem Schlüsselwort server definieren Sie eine frei wählbare Bezeichnung (hier s1) und danach den Namen oder die IP-Adresse samt Portnummer.

18

▶ `listen admin`

Mit diesem Abschnitt weisen Sie HAProxy an, Ihnen eine Reihe von Statistiken über die Arbeit Ihres Loadbalancers zu generieren. Sie können diese Daten einfach mit einem Browser abrufen (siehe Abbildung 18.2):

http-in

	Queue			Session rate			Sessions					Bytes		Denied		Errors			Warnings		Status	L
	Cur	Max	Limit	Cur	Max	Limit	Cur	Max	Limit	Total	LbTot	In	Out	Req	Resp	Req	Conn	Resp	Retr	Redis	Status	L
Frontend				0	2	-	0	2	2 000	2		733	1 166	0	0	1					OPEN	

webserver

	Queue			Session rate			Sessions					Bytes		Denied		Errors			Warnings		Status	
	Cur	Max	Limit	Cur	Max	Limit	Cur	Max	Limit	Total	LbTot	In	Out	Req	Resp	Req	Conn	Resp	Retr	Redis	Status	
s1	0	0	-	0	1		0	1	32	1	1	733	979		0		0	0	0	0		
s2	0	0	-	0	0		0	0	32	0	0	0	0		0		0	0	0	0		
Backend	0	0		0	1		0	1	0	1	1	733	979	0	0		0	0	0	0	4m23s UP	

admin

	Queue			Session rate			Sessions					Bytes		Denied		Errors			Warnings		Status	
	Cur	Max	Limit	Cur	Max	Limit	Cur	Max	Limit	Total	LbTot	In	Out	Req	Resp	Req	Conn	Resp	Retr	Redis	Status	
Frontend				1	2	-	2	2	2 000	4		653	424	0	0	0					OPEN	
Backend	0	0		0	1		0	1	2 000	2	0	653	424	0	0		2	0	0	0	4m23s UP	

Abbildung 18.2 Auszug aus den Lastdaten per Weboberfläche

18.5.3   Konfiguration für Fortgeschrittene

Nachdem wir Ihnen nun die Basisfunktionalität des HAProxy vorgestellt haben, wollen wir etwas tiefer in die Materie einsteigen. HAProxy bietet eine Unzahl an Möglichkeiten – wir haben ihn nicht zu Unrecht als Biest bezeichnet. In diesem Abschnitt wollen wir uns einige der häufigsten Anforderungen näher anschauen:

▶ Weitergabe der IP-Adressen anfragenden Clients

▶ Verschlüsselung mit SSL

▶ Health-Checks

▶ Lastverteilungsalgorithmen

Damit der Webserver Bescheid weiß: »X-Forwarded«

In der bisher geschilderten Konfiguration sehen die Webserver die Anfragen lediglich vom Loadbalancer und nicht von den Clients selbst. Dies stört im Regelbetrieb nicht, erschwert aber das Debugging auf den Webservern und kommt Ihnen vor allem bei Log-Auswertungen auf den Webservern in die Quere. Um dies zu umgehen, wurden im HTTP(S) die sogenannten X-Forwarded-Header geschaffen. Das Vorgehen ist simpel: Der Reverse-Proxy (oder Loadbalancer) ergänzt bei Anfragen die Header und füllt diese mit den IP-Adressen, Ports oder Ähnlichem, damit der Webserver dies Informationen auswerten kann.

Im HAProxy können Sie dies für alle Bereiche in der default-Sektion erreichen, indem Sie den Parameter aus Listing 18.24 hinzufügen:

```
default
    [...]
    option forwardfor
```

Listing 18.24 Aktivieren der Option »X-Forwarded-For«

Damit die Webserver in Ihren Logdateien dies auch umsetzen, müssen Sie ihnen die Änderung mitteilen. Bei einem Apache 2.4 zum Beispiel müssten Sie in der Konfigurationsdatei */etc/apache2/apache2.conf* das Log-Format so anpassen wie in Listing 18.25:

```
### Vorher:
#LogFormat "%h %l %u %t %r¨ %>s %O \"%{Referer}i\" \"%{User-Agent}i\"" combined
### Nachher:
LogFormat "%{X-Forwarded-For}i %l %u %t \"%r\" %>s %O \"%{Referer}i\" \
\"%{User-Agent}i\"" combined
```

Listing 18.25 Anpassungen der Apache2-Konfigurationsdatei: »/etc/apache2/apache2.conf«

Indem Sie statt des Platzhalters %h die Anweisung %{X-Forwarded-For}i eintragen, veranlassen Sie den Apache, das Log mit der Client-Adresse auf dem Header zu füllen.

Einfaches SSL

Selbstverständlich kann der HAProxy auch HTTPS-Verbindungen entgegennehmen und diese sogar terminieren. Dafür müssen Sie lediglich die Konfiguration im Bereich frontend so anpassen, wie in Listing 18.26 dargestellt:

```
frontend www
    bind *:80
    bind *:443 ssl crt /etc/ssl/private/www.example.com.pem
    default_backend www.example.com
```

Listing 18.26 Eine grundlegende SSL-Konfiguration

Über die zusätzliche bind-Direktive wird der HAProxy angewiesen, auch auf dem Port 443, also HTTPS, zu lauschen und Verbindungen dort mit dem angegebenen Zertifikat www.example.com.pem zu verarbeiten. Selbstredend muss dieses Zertifikat auch vorhanden sein. Für einen Test können Sie sich es selbst mit den Befehlen aus Listing 18.27 erzeugen:

```
daniel@lb:~$ openssl req -new -newkey rsa:2048 -sha256 -days 365 -nodes -x509 \
-keyout example.com.key -out example.com.crt
[…]
Common Name (e.g. server FQDN or YOUR name) []:www.example.com
[…]
```

```
daniel@lb:~$ sudo bash -c "cat example.com.{crt,key} >> \
/etc/ssl/private/example.com.pem"
daniel@lb:~$ rm example.com.{crt,key}
daniel@lb:~$ sudo chown root:haproxy /etc/ssl/private/example.com.pem
daniel@lb:~$ sudo chmod 640 /etc/ssl/private/example.com.pem
```

Listing 18.27 SSL-Zertifikat erstellen

☑ **Weiteres zu SSL-Zertifikaten**

Weitere Informationen zu SSL-Zertifikaten finden Sie im Kapitel 12, »Webserver: ›Apache‹ und ›Nginx‹«.

Einfaches SSL erzwingen

Häufig soll auch der Einsatz von HTTPS erzwungen werden. Dies wird auch als *HTTPS-everywhere* oder *SSL-anywhere* bezeichnet. Im HAProxy ist dies mit der Direktive *redirect* leicht gelöst. Ergänzen Sie einfach die entsprechende Zeile aus Listing 18.28:

```
frontend www
    bind *:80
    bind *:443 ssl crt /etc/ssl/private/example.com.pem
    redirect scheme https if !{ ssl_fc }
    default_backend www.example.com
```

Listing 18.28 Zugriffe über SSL erzwingen

Mit dieser Direktive werden alle Anfragen, die kein HTTPS verwenden, auf die verschlüsselte Seite weitergeleitet.

Fortgeschrittenes SSL

Durch das SSL-Offloading auf dem HAProxy entlasten Sie nicht nur die Webserver. Sie können damit auch die SSL-Parameter an einer Stelle zentral definieren. In Listing 18.29 haben wir Ihnen die gekürzte Konfiguration dargestellt:

```
global
    [...]
    # DH
    tune.ssl.default-dh-param 2048

    # SSL-Default bind
    ssl-default-bind-options no-sslv3
    ssl-default-bind-ciphers ECDH+AESGCM:DH+AESGCM:ECDH+AES256:DH+AES256:ECDH+\
    AES128:DH+AES:ECDH+3DES:DH+3DES:RSA+AESGCM:RSA+AES:RSA+3DES:!aNULL:!MD5:!DSS
```

```
# SSL-Default server
ssl-default-server-options no-sslv3
ssl-default-server-ciphers ECDH+AESGCM:DH+AESGCM:ECDH+AES256:DH+AES256:ECDH+\
AES128:DH+AES:ECDH+3DES:DH+3DES:RSA+AESGCM:RSA+AES:RSA+3DES:!aNULL:!MD5:!DSS
[...]

frontend www-http
   bind 192.168.0.148:80
   reqadd X-Forwarded-Proto:\ http
   default_backend www-backend

frontend www-https
   bind 192.168.0.148:443 ssl crt /etc/ssl/private/www.example.com.pem
   reqadd X-Forwarded-Proto:\ https
   default_backend www-backend

backend www-backend
   # [optional]
   # redirect scheme https if !{ ssl_fc }
   server web1 web1.example.com:80 check
   server web2 web2.example.com:80 check
```

Listing 18.29 Fortgeschrittene SSL-Konfiguration

In der Sektion global wurde die SSL-Konfiguration vorgenommen. Darüber wird festgelegt, welche Verschlüsselungsalgorithmen vom HAProxy angeboten werden – sowohl für Clients mit ssl-default-bind, als auch an die Backend-Server mit ssl-default-server. Wie die Entwickler des HAProxy auch verweisen wir an dieser Stelle auf die Sammlung der SSL-Ciphers von *Hynek Schlawack*, der freundlicher Weise einen Text zu den Best Practice zu diesem Thema geschrieben hat (siehe *https://hynek.me/articles/hardening-your-web-servers-ssl-ciphers*). Werfen Sie von Zeit zu Zeit einen Blick darauf, und kontrollieren Sie die SSL-Konfiguration.

Die Verarbeitung von HTTP und HTTPS wurde im Beispiel auf zwei Sektionen verteilt. Dies hat den Vorteil, dass Sie mit dem zusätzlichen Header X-Forwarded-Proto dem Webserver mitteilen können, ob die Anfrage vom Client verschlüsselt erfolgt ist oder nicht. Beide Sektionen zeigen auf das gleiche Backend www-backend. Hier könnten Sie die optionale Direktive zum Erzwingen von HTTPS aktivieren.

Health-Checks

Der HAProxy enthält eine Methode zur Prüfung, ob seine Backend-Server funktionstüchtig sind. Dabei versteht er sich auf viele verschiedene Tests. Wir wollen Ihnen für das Beispiel passend einen einfachen Test und einen HTTP-spezifischen Test vorstellen.

Der einfache TCP-Check kann über das Schlagwort check bei der Backend-Serverkonfiguration aktiviert werden – dies haben wir in Listing 18.29 bereits getan. Darüber weisen Sie den HAProxy an, zyklisch nach der Gesundheit der Backend-Server zu fragen. Bei diesem einfachen Test sendet der HAProxy einfach eine TCP-Anfrage an den konfigurierten Port. Antwortet der Backend-Server, verteilt der HAProxy an diesen weiterhin Verbindungen.

Etwas sinnvoller, aber auch ressourcenintensiver ist die Prüfung der Antwort des Backend-Servers. Dadurch kann nämlich sichergestellt werden, dass auch eine vernünftige Antwort an den Client zurückgesandt wird. Dafür müssen Sie die Sektion backend so anpassen wie in Listing 18.30:

```
backend www.example.com
    option httpchk HEAD / HTTP/1.0
    http-check expect status 200
    server s1 web1:80 check
    server s2 web2:80 check
```

Listing 18.30 Fortgeschrittener Health-Check

Mit der Direktive option httpchk wird der Test eingeleitet. Die nachfolgenden Parameter spezifizieren den Test – im Beispiel wird mit der HTTP-Methode HEAD das Root-Verzeichnis (/) mit der HTTP-Version 1.0 abgefragt. Über die Direktive http-check wird festgelegt, dass eine Antwort mit dem HTTP-Statuscode 200 erfolgen muss, um den Backend-Server aktiv zu setzen. Abschließend wird der HAProxy angewiesen, die einzelnen Backend-Server auch zu prüfen, was durch check erreicht wird.

Standardmäßig fragt der HAProxy nun alle zwei Sekunden die Backend-Server. Dieses Verhalten können Sie mit der Direktive default-server definieren. Darüber können Sie auch festlegen, ab wann ein Server als nicht mehr verfügbar markiert wird und wann er wieder als aktiv angesehen wird. In Listing 18.31 haben wir Ihnen eine mögliche Konfiguration dargestellt:

```
BackEnd
    [...]
    default-server inter 5s fall 3 rise 2
    [...]
```

Listing 18.31 Intervall festlegen für den fortgeschritten Health-Check

Über den Parameter inter 5s wird das Intervall zur Prüfung auf fünf Sekunden gesetzt. Mit fall 3 wird definiert, dass der HAProxy nach drei erfolglosen Versuchen den Server als nicht verfügbar ansehen soll. Mit dem Parameter rise 2 hingegen wird definiert, dass der Server nach nur zwei erfolgreichen Tests wieder als aktiv angesehen werden soll. Diese Konfiguration können Sie pro Backend definieren.

Verteilung

Standardmäßig verwendet HAProxy zur Lastverteilung das *Round-Robin*-Verfahren, wobei pro Anfrage immer der nächste Server verwendet wird – genau wie beim einfachen DNS-Loadbalancing. Auf einfachen Webseiten mit nur statischem Inhalt ist dies kein Problem. Wenn es aber um dynamische Inhalte geht oder eine Anmeldung realisiert werden soll, können Sie dieses Verfahren nicht mehr zur Lastverteilung einsetzen. Der HAProxy stellt viele Möglichkeiten zur Verteilung zur Verfügung. Die gängigsten stellen wir Ihnen nun vor.

Die Konfiguration der Verteilung wird über den Parameter balance vorgenommen, den Sie in die backend-Sektion schreiben müssen. Mögliche Konfigurationen sind:

▶ roundrobin (Standard, auch ohne Konfiguration)
 Anfragen werden der Reihe nach verteilt.

▶ static-rr (Static Round-Robin)
 Hierbei kann jedem Server eine Gewichtung gegeben werden. Die Verteilung erfolgt dann der Reihe nach, wobei die Gewichtung berücksichtigt wird. Dafür muss jede Backend-Server-Zeile um weight <ZAHL> ergänzt werden. Die Wertigkeit geht von 1 bis 256, wobei die Summe aller Gewichtungen 100 Prozent ergibt. Für eine Verteilung bei drei Systemen von 70-15-15 sollte die Gewichtung also genau so angegeben werden.

▶ leastconn (Least Connections)
 Dabei werden neue Verbindungen stets dem Server mit den wenigsten Verbindungen zugewiesen.

▶ source (Quelle)
 Die Verteilung erfolgt anhand der anfragenden IP-Adresse – bleibt diese gleich, erhält stets der gleiche Backend-Server die Verbindung. Dies ist die für dynamische Inhalte und Anmeldungen sinnvollste Einstellung.

Wir empfehlen Ihnen, die source-Methode zu verwenden.

18.5.4   Start im Debug-Modus

Solange Sie noch Anpassungen an der Konfiguration vornehmen, sollten Sie HAProxy stets im Debug-Modus von Hand starten. Das hat den Vorteil, dass der daemon-Parameter ignoriert wird und HAProxy im Vordergrund läuft. Außerdem erhalten Sie äußerst detaillierte Informationen darüber, was unter der Motorhaube des Loadbalancers vor sich geht. HTTP-Zugriffe auf die *Frontend*-Adresse erzeugt zum Beispiel diese Ausgabe:

```
daniel@lb:~$ sudo haproxy -d -f /etc/haproxy/haproxy.cfg
Available polling systems :
      epoll : pref=300,  test result OK
       poll : pref=200,  test result OK
```

```
        select : pref=150,   test result FAILED
Total: 3 (2 usable), will use epoll.
Using epoll() as the polling mechanism.
00000000:http-in.accept(0004)=0006 from [192.168.0.20:58077]
00000000:http-in.clireq[0006:ffffffff]: GET / HTTP/1.1
00000000:http-in.clihdr[0006:ffffffff]: Host: www.example.com
[...]
00000000:www.example.com.srvrep[0006:0007]: HTTP/1.1 503 Service Unavailable
00000000:www.example.com.srvhdr[0006:0007]: Date: Sat, 26 Mar 2016 10:09:34 GMT
UUUUUUUU:www.example.com.srvhdr[0006:0007]: Server: Apache/2.4.18 (Ubuntu)
00000000:www.example.com.srvhdr[0006:0007]: Content-Length: 380
00000000:www.example.com.srvhdr[0006:0007]: Connection: close
00000000:www.example.com.srvhdr[0006:0007]: Content-Type: text/html; charset=\
                                            iso-8859-1
00000001:http-in.clireq[0006:ffffffff]: GET / HTTP/1.1
00000001:http-in.clihdr[0006:ffffffff]: Host: www.example.com
[...]
00000001:www.example.com.srvrep[0006:0007]: HTTP/1.1 200 OK
00000001:www.example.com.srvhdr[0006:0007]: Date: Sat, 26 Mar 2016 10:09:38 GMT
00000001:www.example.com.srvhdr[0006:0007]: Server: Apache/2.4.18 (Ubuntu)
00000001:www.example.com.srvhdr[0006:0007]: Last-Modified: Fri, 25 Mar 2016 \
                                            13:55:38 GMT
00000001:www.example.com.srvhdr[0006:0007]: ETag: "a9-52edfeafc0215-gzip"
00000001:www.example.com.srvhdr[0006:0007]: Accept-Ranges: bytes
00000001:www.example.com.srvhdr[0006:0007]: Vary: Accept-Encoding
00000001:www.example.com.srvhdr[0006:0007]: Content-Encoding: gzip
00000001:www.example.com.srvhdr[0006:0007]: Content-Length: 136
00000001:www.example.com.srvhdr[0006:0007]: Content-Type: text/html
```

Listing 18.32 Debug-Ausgabe beim Zugriff auf den Balancer

Wie Sie in Listing 18.32 sehen können, antwortet einer der Backend-Server mit dem Status-code 503. Hier sollten Sie also Ihre Recherche auf dem Webserver fortsetzen.

18.5.5   Fazit

HAProxy ist äußerst umfangreich und kann beliebig komplex konfiguriert werden. Dabei ist er leistungsstark und stabil – er wird nicht ohne Grund von großen Internetdiensten verwendet! Wir können Ihnen leider nur einen Einstieg in die Materie vermitteln. Für (fast) alle Anforderungen hat HAProxy eine passende Konfiguration parat. Aber seien Sie gewarnt: Das Biest hat Krallen und weiß sie einzusetzen.

Kapitel 19

OpenLDAP

Ein Verzeichnisdienst bringt viele Vorteile, verursacht aber manchmal auch graue Haare. In diesem Kapitel zeigen wir Ihnen, wie Sie ihn unter Kontrolle bringen. Sie finden hier alles zum Thema LDAP, etwas Theorie und viel Praxis, damit Ihr Baum wachsen und gedeihen kann.

Daten strukturiert in einem Baum ablegen und schnell darauf zugreifen können, wie in einer Art von verschachtelter Datenbank – das ist im Endeffekt *LDAP*, das *Lightweight Directory Access Protocol*. Neben dem Dienst und der Datenstruktur wird darin auch ein Übertragungsprotokoll beschrieben. In diesem Kapitel zeigen wir Ihnen, wie Sie die Open-Source-Implementierung *OpenLDAP* auf Ihrem Ubuntu-Server installieren, konfigurieren und betreiben. Außer auf die graue Theorie, die leider unerlässlich ist, gehen wir auch auf spezielle Konfigurationen ein (wie auf die verschlüsselte Datenabfrage mittels TLS) und darauf, wie Sie einen OpenLDAP-Server replizieren können, um die Hochverfügbarkeit gewährleisten zu können, wie Sie die ACLs Ihren Datenschutzanforderungen anpassen oder wie Sie ein eigenes Schema erstellen, um Ihre Daten optimal in einem Verzeichnisbaum ablegen zu können.

19

19.1 Die Theorie: »Verzeichnisdienst«

Bevor wir uns ins Abenteuer stürzen, müssen Sie leider einen theoretischen Exkurs über sich ergehen lassen. Da LDAP äußerst komplex ist, reagieren Einsteiger oft verschreckt und sehen den Wald vor lauter Bäumen nicht. Wir nehmen uns die Zeit, Ihnen kurz einen Einblick in den Aufbau, die Logik und die Einsatzmöglichkeiten zu geben, damit Ihr Baum von Beginn an die richtige Wuchsrichtung bekommt.

19.1.1 Herkunft

LDAP basiert auf dem *Directory Access Protocol (DAP)* und wurde 1993 von der Universität Michigan erstmals als vereinfachte (Lightweight) Version umgesetzt. DAP wiederum ist ein Teil von *X.500*, das eine vollständige Implementierung des umfangreichen ISO/OSI-Stacks verlangt, was die Umsetzung schwierig machte. Hier beginnt die Erfolgsgeschichte von LDAP. Als abgespeckte Variante von DAP setzt es auf den TCP/IP-Stack auf und ließ sich dadurch auch auf Arbeitsplatzrechnern der frühen Neunzigerjahre betreiben.

19.1.2   Funktionsweise (X.500)

Die Datenstruktur von LDAP ist nach dem Vorbild eines Baums angelegt. Darin sind entsprechend Wurzeln, Zweige und Blätter enthalten. Zusammen wird dies auch als *Directory Information Tree* oder kurz *DIT* bezeichnet. Abbildung 19.1 zeigt einen typischen LDAP-Baum, bei dem von der Wurzel (*root*) aus die Datenstruktur über Zweige (*branches*) hin zu den Blättern (*leaves*) verläuft.

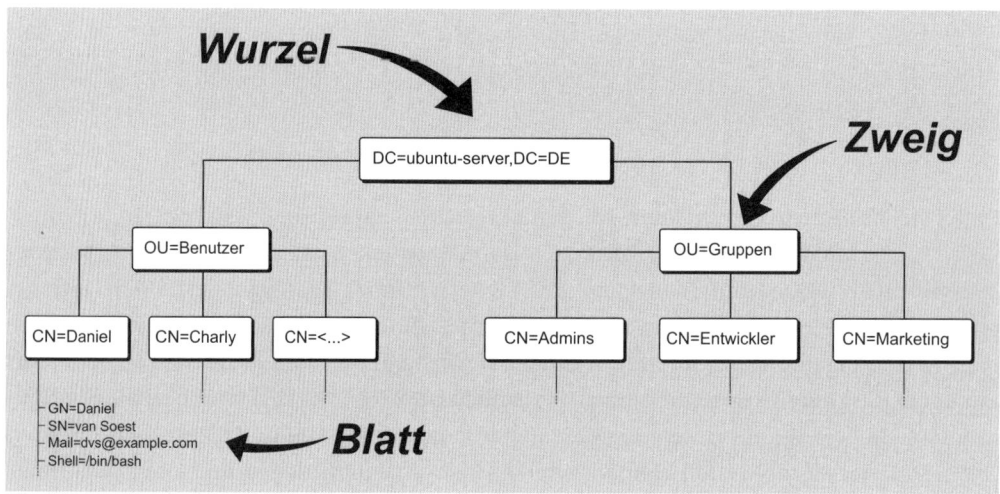

Abbildung 19.1 Ein typischer LDAP-Baum

Die Objekte in einem Baum können gezielt angesprochen werden. Ebenso können einzelne Zweige durchsucht werden. Dabei bestehen die Objekte immer aus zwei Werten: zum einen aus der Typbezeichnung und zum anderen aus dem Wert. So ist es möglich, mehrere Objekte gleichen Typs auseinanderzuhalten.

Um ein Objekt direkt anzusprechen, wird der *Distinguished Name (DN)* verwendet. Diese Schreibweise, die in Listing 19.1 dargestellt ist, wird Ihnen sicherlich bekannt vorkommen.

```
cn=Daniel,ou=Benutzer,o=Ubuntu-Server,dc=de
```

Listing 19.1 LDAP: Distinguished Name (DN)

Beim DN wird von der Wurzel bis zum Endpunkt, das heißt von rechts nach links, gelesen. Im Beispiel aus Listing 19.1 sprechen wir das Wurzel-Objekt de aus der Organisation Ubuntu-Server in der Organisationseinheit Benutzer mit dem Namen Daniel an. Dabei werden die einzelnen Punkte immer als Wertepaar angegeben, das aus dem Typ und dem Wert besteht. Daher bedeutet o Organisation, die gleich dem Wert Ubuntu-Server gesetzt wird.

Neben der Baum-Struktur zur Datenablage werden in LDAP Schemata eingesetzt, damit die Datenablage nicht willkürlich geschieht. Ein Schema stellt eine bestimmte, genormte und gegebenenfalls erweiterte Struktur dar. Es beschreibt, welche Art von Daten erfasst werden können, wie diese abgelegt werden und welche Werte zwingend vorhanden sein müssen bzw. welche optional sind. Es stellt also die Spielregeln auf.

In einem Schema werden Klassen erzeugt. Es gibt drei Arten von Klassen, die Ihre Vorgaben an die Objekte vererben. Zum einen existieren strukturelle Klassen, die die Spielregeln vorgeben. Daneben existieren Hilfsklassen, die dazu genutzt werden, verschiedenartigen Objekten gleiche Attribute zuzuweisen. Abschließend gibt es noch abstrakte Basisklassen, von denen keine Objekte, sondern nur untergeordnete Basisklassen erzeugt werden können.

19.1.3   Vorüberlegungen

Jetzt, da Sie wissen, wovon wir sprechen, kommt ein weiterer essenzieller Teil: die Vorüberlegung. Bei einem Verzeichnisdienst ist es besonders wichtig, dass der Grundstein korrekt gelegt wird. Wächst Ihr Baum erst einmal in die falsche Richtung, wird es sehr mühsam, dies zu korrigieren.

Nehmen Sie sich daher die Zeit, vorab genau zu überlegen, was Sie mit Ihrem Baum abbilden wollen oder welche Anforderungen in Zukunft eventuell auf Sie zukommen. Einige Aspekte können Sie zwar im Nachhinein noch einpflegen, aber strukturelle Fehler können Sie nicht mehr ausbügeln.

19.1.4   Einsatzgebiete

Ein LDAP-Baum hat viele Einsatzmöglichkeiten. Die wohl bekannteste ist die zentrale Ablage von Benutzerdaten. Hierzu zählen zum einen die Anmeldedaten (Benutzername und Passwort), aber auch Rechteinformationen, Gruppenzugehörigkeiten, Pfad-Angaben des Home-Verzeichnisses oder Adress-, Telefon- und E-Mail-Daten oder sogar ein Foto.

Windows Active Directory – ebenfalls eine »DAP«-Implementierung [+]
Eine der bekanntesten *DAP*-Implementierungen ist das von Windows eingesetzte *Active Directory*. Hier wird wie beim LDAP eine Baumstruktur mit Attributen und Klassen genutzt, um (in diesem Fall) Benutzerinformationen strukturiert abzulegen.

Zur Anmeldung bieten viele verschiedene Dienste LDAP-Schnittstellen an. Beispiele sind *PAM* zur Authentifizierung von Systembenutzern, *squid3* als Proxy-Server, *postfix* zur Authentifizierung von E-Mail-Konten, *apache2* als Webserver zur Anmeldung an geschützten Inhalten und viele weitere. Neben dem Vorteil der strukturierten Datenablage kommt hier der Vorteil zum Tragen, dass sich die Benutzer nur eine Kombination aus Benutzername und Passwort für viele unterschiedliche Dienste merken müssen.

Darüber hinaus können Sie in einem LDAP-Baum auch ein vollständiges Warenwirtschafts-system ablegen, einfach nur ein Adressbuch verwalten oder eine Rezeptdatenbank implementieren. Ihrer Fantasie sind hier keine Grenzen gesetzt.

19.1.5   Zusammenfassung

In einem LDAP-Baum werden Daten strukturiert abgelegt. Datenstrukturen werden als Objekte bezeichnet. Je nach ihrer Position im LDAP-Baum werden diese Objekte als *root* (Wurzel), *branch* (Zweig) oder *leaf* (Blatt) bezeichnet. Daten, die ein Objekt besitzt, werden als *Attribute* bezeichnet. Welche Attribute ein Objekt besitzt, wird durch die Klassen vorgegeben, die ihm zugeordnet sind. Diese Klassen wiederum stammen aus einem Schema, das die Inhalte der Klasse beschreibt. Alles zusammen wird als *DIT* bezeichnet.

Die Vorüberlegung ist extrem wichtig. Daher empfehlen wir Ihnen, den folgenden Abschnitt zunächst als Beispiel durchzuarbeiten und erst anschließend die Skizze Ihres eigenen LDAP-Baums zu entwerfen.

19.2   Installation und Konfiguration

Genug der grauen Theorie – ab ins Abenteuer. Die wohl bekannteste Open-Source-Implementierung von LDAP ist *OpenLDAP*. Das 1998 gestartete Projekt stellt eine strenge, nach Protokollkonformität ausgerichtete Implementierung dar.

19.2.1   Welches Vorwissen wird benötigt?

Für dieses Kapitel sollten Sie folgende Kenntnisse bereits erworben haben:

▶ **Die Bash** (siehe hierzu Abschnitt 8.1, »Hilfe, da blinkt was! Die Bash«)

▶ **Paket-Installation** (siehe hierzu Abschnitt 2.4.3, »Umgang mit Paketen«)

▶ **Skripte** (siehe hierzu Abschnitt 8.4, »Where the magic happens: ›Scripting‹«)

19.2.2   Programme installieren

Installieren Sie zunächst das Paket *slapd*, das den LDAP-Server enthält, und die benötigten Tools *ldap-utils* so, wie in Listing 19.2 dargestellt:

```
daniel@server:~$ sudo apt-get install slapd ldap-utils
```

Listing 19.2 Installation von »slapd« und »ldap-utils«

Während des Installationsprozesses werden Sie nach dem Passwort des *admin*-LDAP-Benutzers gefragt (siehe Abbildung 19.2).

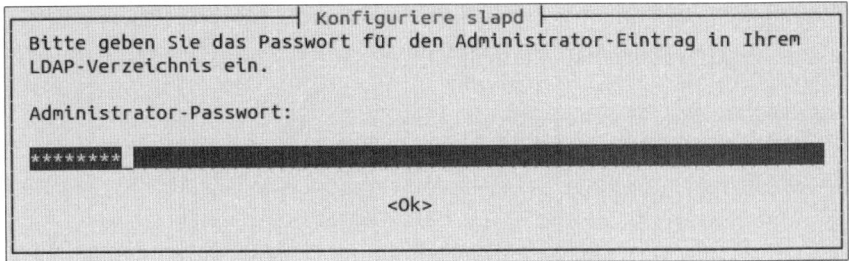

Abbildung 19.2 Abfrage des »admin«-Passworts

Anschließend werden Sie aufgefordert, das Passwort erneut einzugeben und zu bestätigen. Damit wäre die Installation bereits abgeschlossen. Ab jetzt finden Sie unter */etc/ldap* die relevanten Dateien.

19.2.3 Grundkonfiguration

Die Konfiguration von OpenLDAP erfolgt im Dienst selbst. Im Gegensatz zur sonst üblichen Konfigurationsdatei wird die Konfiguration über LDAP-Attribute vorgenommen. Daher erfolgt die Ablage der Daten zweigeteilt. Konfigurationsdaten werden in einem eigenen DIT (*cn=config*) abgelegt. Man spricht in diesem Zusammenhang auch vom *Backend*. Die Nutzdaten des Baumes, also die Daten, die von Benutzern oder Programmen abgefragt, verändert oder gelöscht werden, befinden sich im *Frontend*. Dementsprechend existiert sowohl ein Administrator für das Backend als auch für das Frontend. Während der Installation werden die Daten zum Frontend abgefragt. Die Basiskonfiguration wird mithilfe von *dpkg-reconfigure* vorgenommen. Das Programm fragt die elementaren Konfigurationspunkte des Frontends ab, setzt es zurück und richtet anhand Ihrer Angaben die Grundkonfiguration neu ein. Rufen Sie dazu das Programm so auf, wie in Listing 19.3 dargestellt:

```
daniel@server:~$ sudo dpkg-reconfigure slapd
```

Listing 19.3 Grundkonfiguration mit »dpkg-reconfigure«

Zunächst werden Sie gefragt, ob die Konfiguration durchgeführt werden soll:

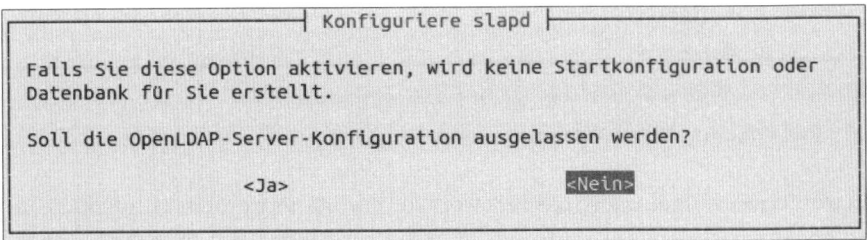

Abbildung 19.3 LDAP-Konfiguration: »Rückfrage«

Aufgrund der doppelten Verneinung müssen Sie hier <Nein> wählen. Anschließend wird der DNS-Domänenname abgefragt (siehe Abbildung 19.4).

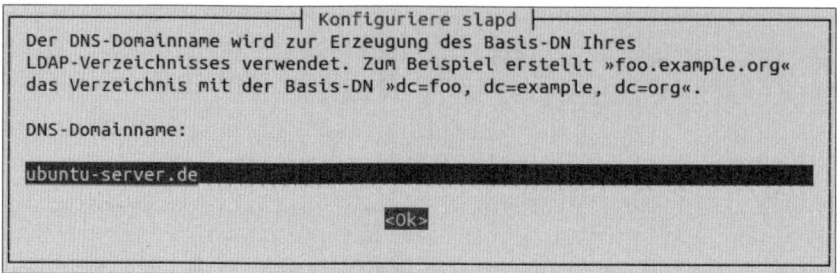

Abbildung 19.4 LDAP-Konfiguration: »DNS-Domäne«

Anschließend wird der LDAP-Organisationsname abgefragt (siehe Abbildung 19.5). Es hat sich bewährt, hier ebenfalls den DNS-Namen zu wählen, um eine Konsistenz zu erzeugen.

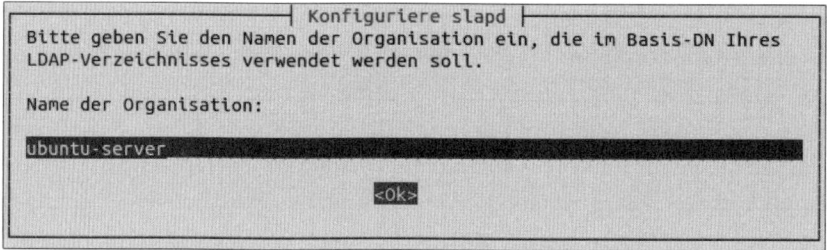

Abbildung 19.5 LDAP Konfiguration: »Organisation«

Nun wird erneut das Adminpasswort abgefragt (siehe Abbildung 19.6). Hier können Sie auch ein neues vergeben, da die Werte neu gesetzt werden.

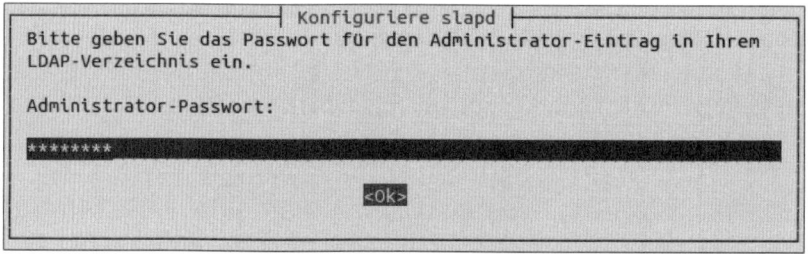

Abbildung 19.6 LDAP-Konfiguration: »Adminpasswort«

Anschließend werden Sie aufgefordert, das Passwort zur Bestätigung erneut einzugeben. Als Nächstes wird abgefragt, welches Datenbankformat Sie verwenden möchten (siehe Abbildung 19.7). Folgen Sie der Empfehlung, und wählen Sie MDB aus.

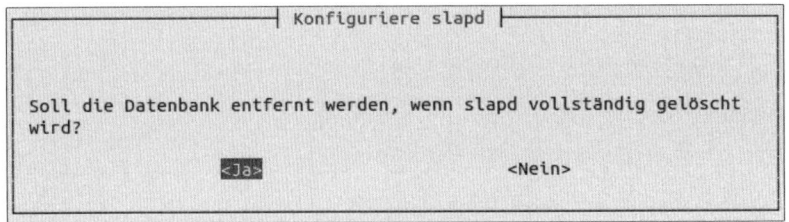

Abbildung 19.7 LDAP-Konfiguration: »Datenbanktyp«

Nun können Sie wählen, ob bei der Deinstallation von *slapd* auch die Datenbank entfernt werden soll (siehe Abbildung 19.8). Wir empfehlen Ihnen, <Ja> zu wählen, damit auf Ihrem System keine nicht mehr benötigten Restdaten zurückbleiben.

Abbildung 19.8 LDAP-Konfiguration: »Datenbank beim Löschen entfernen«

Da während der Installation bereits Daten erzeugt wurden, wird nun erfragt, ob diese verschoben werden sollen (siehe Abbildung 19.9). Antworten Sie mit <Ja>, damit keine Restdaten die neue Konfiguration stören.

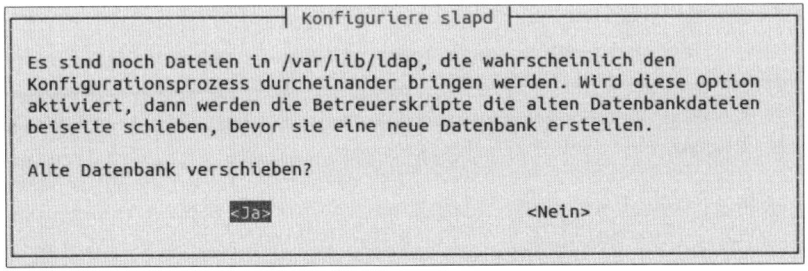

Abbildung 19.9 LDAP-Konfiguration: »Alte Daten verschieben«

435

Zuletzt wird erfragt, ob das veraltete *LDAPv2*-Protokoll aktiviert werden soll (siehe Abbildung 19.10). Falls Sie Software einsetzen, die noch nicht mit *LDAPv3* (der aktuellen Version) umgehen kann, wählen Sie hier <Nein> aus.

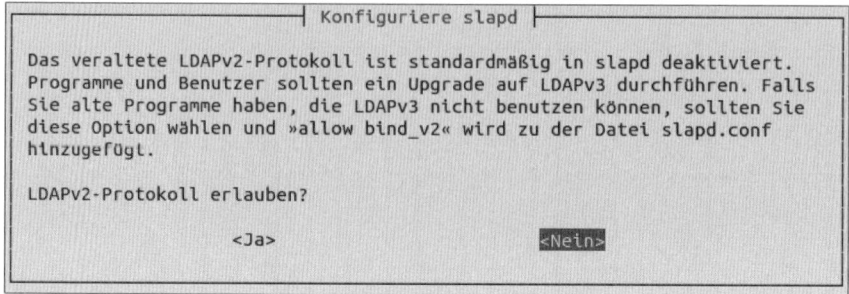

Abbildung 19.10 LDAP-Konfiguration: »LDAPv2«

Zur Vervollständigung des Backends müssen wir nun noch ein paar Konfigurationen vornehmen. Zunächst erzeugen wir ein Passwort für den Backend-Administrator. Starten Sie dafür einfach das Program slappasswd und geben Sie ein beliebiges Passwort an. Das Programm erstellt einen Key und gibt ihn aus, wie in Listing 19.4 dargestellt:

```
daniel@server:~$  slappasswd
New password:
Re-enter new password:
{SSHA}+cM6f8nY2Qh8xu2DNeuJHcwsroOanOQO
```

Listing 19.4 Ein Backend-Passwort mit »slappasswd« erzeugen

Kopieren Sie diesen Key in die Zwischenablage, und erstellen Sie die Datei */etc/ldap/db.ldif* mit dem Inhalt aus Listing 19.5. Ersetzen Sie dabei den Platzhalter <KEY> durch den Inhalt aus der Zwischenablage.

```
dn: olcDatabase={0}config,cn=config
changetype: modify
add: olcRootDN
olcRootDN: cn=admin,cn=config
-
add: olcRootPW
olcRootPW: <KEY>
```

Listing 19.5 Backend-Anpassungen in »db.ldif«

Die Anpassungen aus *db.ldif* erweitern die Standardkonfiguration um den Backend-Administrator (cn=admin,cn=config) mit dem Parameter olcRootDN und dessen Passwort mit dem Parameter olcRootPW.

Um die Konfiguration einzuspielen, setzen Sie den Befehl aus Listing 19.6 ab:

```
daniel@server:~$  sudo ldapadd -Y EXTERNAL -H ldapi:/// -f db.ldif
sudo ldapadd -Y EXTERNAL -H ldapi:/// -f db.ldif
SASL/EXTERNAL authentication started
SASL username: gidNumber=0+uidNumber=0,cn=peercred,cn=external,cn=auth
SASL SSF: 0
modifying entry "olcDatabase={0}config,cn=config"
[…]
```

Listing 19.6 Backend-Anpassungen einspielen

Sehen wir uns die bisherige Konfiguration Ihrer LDAP-Installation einmal genauer an. Die Daten werden unter */etc/ldap/slapd.d* aufbewahrt. In Listing 19.7 ist die bisherige Struktur aufgeführt:

```
/etc/ldap/slapd.d/
──cn=config
     ├── cn=module{0}.ldif
     ├── cn=schema
     │    ├── cn={0}core.ldif
     │    ├── cn={1}cosine.ldif
     │    ├── cn={2}nis.ldif
     │    └── cn={3}inetorgperson.ldif
     ├── cn=schema.ldif
     ├── olcBackend={0}mdb.ldif
     ├── olcDatabase={0}config.ldif
     ├── olcDatabase={-1}frontend.ldif
     └── olcDatabase={1}mdb.ldif
──cn=config.ldif
```

Listing 19.7 Struktur nach der Installation und Grundkonfiguration von »/etc/ldap/slapd.d«

Keine direkte Konfiguration

Diese Dateien spiegeln zwar die Konfiguration wider, dienen aber nicht zur Konfiguration selbst! Dafür müssen Sie die LDAP-Tools verwenden.

[!]

Entsprechend gibt eine Abfrage des Konfigurations-DIT (Backend) das gleiche Ergebnis wieder:

```
daniel@server:~$ sudo ldapsearch -Q -LLL -Y EXTERNAL -H ldapi:/// -b cn=config dn
dn: cn=config
dn: cn=module{0},cn=config
dn: cn=schema,cn=config
```

19

437

```
dn: cn={0}core,cn=schema,cn=config
dn: cn={1}cosine,cn=schema,cn=config
dn: cn={2}nis,cn=schema,cn=config
dn: cn={3}inetorgperson,cn=schema,cn=config
dn: olcBackend={0}mdb,cn=config
dn: olcDatabase={-1}frontend,cn=config
dn: olcDatabase={0}config,cn=config
dn: olcDatabase={1}mdb,cn=config
```

Listing 19.8 Abfrage des Backends mit »ldapsearch«

Dabei haben die Einträge folgende Bedeutung:

▶ cn=config
  globale Konfigurationsparameter

▶ cn=module{0},cn=config
  dynamisch geladene Module

▶ cn=schema,cn=config
  enthält die fest eingebundenen Schemata der Systemebene – darunter werden weitere
  Schemata geladen:

  – cn={0}core,cn=schema,cn=config
    lädt das core-Schema (ebenfalls fest eingebunden).

  – cn={1}cosine,cn=schema,cn=config
    lädt das cosine-Schema.

  – cn={2}nis,cn=schema,cn=config
    lädt das nis-Schema.

  – cn={3}inetorgperson,cn=schema,cn=config
    lädt das inetorgperson-Schema.

▶ olcBackend=0mdb,cn=config
  definiert als Datenbankformat *MDB*.

▶ olcDatabase={-1}frontend,cn=config
  standardkonfiguration für weitere (Nicht-Backend-)Datenbanken.

▶ olcDatabase={0}config,cn=config
  setzt die Konfigurationsdatenbank.

▶ olcDatabase={1}mdb,cn=config
  setzt das Frontend.

Unser Frontend sieht bisher so wie in Listing 19.9 aus: Es ist bisher noch spärlich gefüllt. Es
existieren nur der administrative Benutzer *admin* (cn=admin,dc=ubuntu-server, dc=de) und
der Stamm selbst (dc=ubuntu-server,dc=de).

```
daniel@server:~$ ldapsearch -x -LLL -H ldap:/// -b dc=ubuntu-server,dc=de dn
dn: dc=ubuntu-server,dc=de
dn: cn=admin,dc=ubuntu-server,dc=de
daniel@server:~$
```

Listing 19.9 Abfrage des Frontends mit »ldapsearch«

Herzlichen Glückwunsch: Die Grundkonfiguration ist abgeschlossen, und Sie können Ihren ersten eigenen LDAP-Baum mit Daten füllen.

19.2.4 Zusammenfassung

Zunächst haben wir die Pakete *slapd* und *ldap-utils* installiert. Währenddessen wurde das Administratorpasswort des Frontends abgefragt. Anschließend haben wir die Grundkonfiguration des Frontends mit dpkg-reconfigure durchlaufen. Hier wurden neben dem Adminpasswort die DNS-Domäne, die LDAP-Organisation, das Datenbankformat (*MDB*) und der Umgang mit den Altdaten abgefragt. Im Anschluss haben wir den Backend-Administrator eingerichtet. Abschließend haben wir uns die bisherigen Daten genauer angesehen.

19.3 Aufbau des Baums

Da nun der Grundstein oder besser gesagt der Samen – gelegt ist, können wir damit beginnen, unsere Struktur umzusetzen und erste Daten in den Baum aufzunehmen.

In unserem Beispiel werden wir die Organisationsstruktur der *Ubuntu-Server Ltd.* im LDAP abbilden, die Benutzer und Gruppen anlegen und die Zuteilung vornehmen.

19.3.1 Grundstruktur

Erstellen wir zunächst die Grundstruktur. Speichern Sie dazu den Inhalt aus Listing 19.10 in die Datei */etc/ldap/base.ldif* ab.

```
dn: ou=Benutzer,dc=ubuntu-server,dc=de
objectClass: organizationalUnit
ou: Benutzer

dn: ou=Gruppen,dc=ubuntu-server,dc=de
objectClass: organizationalUnit
ou: Gruppen

dn: cn=Administratoren,ou=Gruppen,dc=ubuntu-server,dc=de
objectClass: posixGroup
cn: Administratoren
```

```
gidNumber: 5000

dn: cn=Entwickler,ou=Gruppen,dc=ubuntu-server,dc=de
objectClass: posixGroup
cn: Entwickler
gidNumber: 5001

dn: cn=Marketing,ou=Gruppen,dc=ubuntu-server,dc=de
objectClass: posixGroup
cn: Marketing
gidNumber: 5002
```

Listing 19.10 Grundstruktur der »Ubuntu-Server Ltd.«

Damit Sie nicht jeden Befehl in einer Sitzung Zeile für Zeile eingeben müssen, bietet Ihnen OpenLDAP die Möglichkeit der Stapelverarbeitung. So können Sie mehrere Befehlssequenzen einfach in eine Datei speichern (wie in Listing 19.10) und diese gebündelt verarbeiten lassen. Der Aufbau der Datei ist dabei klar geregelt. Jedes Objekt beginnt mit der genauen Bezeichnung, also dem DN. Anschließend folgen die Klassen, die auf das Objekt angewandt werden sollen. Abschließend folgen die Attribute. Um ein neues Objekt zu beginnen, wird eine Leerzeile zur Trennung verwendet. Achten Sie darauf, dass Sie immer die Voraussetzungen erfüllen – wie bereits erwähnt wurde, sind einige Attribute zwingend erforderlich und andere optional.

Damit die in Listing 19.10 erstellte Struktur auch im LDAP-Baum verfügbar wird, müssen wir sie einbinden. Dazu verwenden wir das Programm *ldapadd*, das über den Parameter -f die in Listing 19.11 erstellte Datei übergeben bekommt:

```
daniel@server:~$ sudo ldapadd -x -D cn=admin,dc=ubuntu-server,dc=de -W -f base.ldif
adding new entry "ou=Benutzer,dc=ubuntu-server,dc=de"
adding new entry "ou=Gruppen,dc=ubuntu-server,dc=de"
adding new entry "cn=Administratoren,ou=Gruppen,dc=ubuntu-server,dc=de"
adding new entry "cn=Entwickler,ou=Gruppen,dc=ubuntu-server,dc=de"
adding new entry "cn=Marketing,ou=Gruppen,dc=ubuntu-server,dc=de"
```

Listing 19.11 Einspielen der Grundstruktur mit »ldapadd«

Wie Sie in Listing 19.11 sehen, wurde die Stapelverarbeitung erfolgreich durchgeführt, und alle Objekte wurden neu angelegt. Die Parameter von *ldapadd* hatten dabei nachstehende Bedeutung:

▶ -x

   einfache Authentifizierung (kein SASL)

▶ -D cn=admin,dc=ubuntu-server,dc=de

   Benutze den angegebenen Benutzer-DN zur Authentifizierung.

▶ -W

Frage interaktiv nach dem Passwort.

▶ -f base.ldif

Verarbeite die in der Datei *base.ldif* abgelegten Befehle, anstatt eine interaktive Shell zu öffnen.

19.3.2   Benutzer

Was nützt eine schöne Struktur ohne Inhalte? Erstellen Sie nun die Datei */etc/ldap/user.ldif* mit dem Inhalt aus Listing 19.12:

```
# Max Musterman (Administrator)
dn: uid=mmusterman,ou=Benutzer,dc=ubuntu-server,dc=de
objectClass: inetOrgPerson
objectClass: posixAccount
objectClass: shadowAccount
uid: mmusterman
sn: Musterman
givenName: Max
cn: Max Musterman
displayName: Max Musterman
uidNumber: 10000
gidNumber: 5000
userPassword: G3h3im
gecos: Max Musterman
loginShell: /bin/bash
homeDirectory: /home/mmusterman

# Michaela Musterfrau (Marketing)
dn: uid=mmusterfrau,ou=Benutzer,dc=ubuntu-server,dc=de
objectClass: inetOrgPerson
uid: mmusterfrau
sn: Musterfrau
givenName: Michaela
cn: Michaela Musterfrau
userPassword: G3h3im2

# Sabine Parade (Entwickler)
dn: uid=sparade,ou=Benutzer,dc=ubuntu-server,dc=de
objectClass: inetOrgPerson
objectClass: posixAccount
objectClass: shadowAccount
uid: sparade
```

19

```
sn: Parade
givenName: Sabine
cn: Sabine Parade
displayName: Sabrine Parade
uidNumber: 10003
gidNumber: 5001
userPassword: G3h3im3
gecos: Sabine Parade
loginShell: /bin/bash
homeDirectory: /home/sparade
```
Listing 19.12 Benutzer »Ubuntu-Server Ltd.«

Wie Sie in Listing 19.12 sehen, kann in den Stapelverarbeitungsdateien auch mit Kommentaren gearbeitet werden. Dies ist ein probates Mittel, damit Sie bei einer späteren Betrachtung Ihre Schritte noch nachvollziehen können.

Zusätzlich fällt in Listing 19.12 auf, dass die Benutzer mit unterschiedlichen Klassen eingerichtet wurden. Den Benutzern *Max Musterman* und *Sabine Parade* sind die Klassen *inetOrgPerson*, *posixAccount* und *shadowAccount* zugeordnet. Dementsprechend verfügen die Objekte auch über deutlich mehr Attribute. Der Benutzerin *Michaela Musterfrau* hingegen wurde nur die Klasse *inetOrgPerson* zugeordnet.

Damit die Benutzer in LDAP eingerichtet werden, müssen wir erneut mit ldapadd arbeiten, wie in Listing 19.13 dargestellt:

```
daniel@server:~$ sudo ldapadd -x -D cn=admin,dc=ubuntu-server,dc=de -W -f user.ldif
adding new entry "uid=mmusterman,ou=Benutzer,dc=ubuntu-server,dc=de"
adding new entry "uid=mmusterfrau,ou=Benutzer,dc=ubuntu-server,dc=de"
adding new entry "uid=sparade,ou=Benutzer,dc=ubuntu-server,dc=de"
```
Listing 19.13 Einspielen der Benutzerdaten mit »ldapadd«

19.3.3   Weitere Daten erfassen oder verändern

Bisher haben wir den Benutzern nur die für uns notwendigen Attribute zugeordnet. Nun wollen wir dies ändern und den Benutzer-Objekten auch noch die Telefonnummer und die E-Mail-Adresse zuordnen.

Hierfür können wir wieder die Stapelverarbeitung nutzen. Erstellen Sie dafür die Datei */etc/ldap/user-modify.ldif* mit dem Inhalt aus Listing 19.14:

```
# Max Musterman (Administrator)
dn: uid=mmusterman,ou=Benutzer,dc=ubuntu-server,dc=de
add: telephoneNumber
telephoneNumber: 555
```

```
-
add: mail
mail: mmusterman@ubuntu-server.de

# Michaela Musterfrau (Marketing)
dn: uid=mmusterfrau,ou=Benutzer,dc=ubuntu-server,dc=de
add: telephoneNumber
telephoneNumber: 665
-
add: mail
mail: mmusterfrau@ubuntu-server.de

# Sabine Parade (Entwickler)
dn: uid=sparade,ou=Benutzer,dc=ubuntu-server,dc=de
add: telephoneNumber
telephoneNumber: 556
-
add: mail
mail: sparade@ubuntu-server.de
-
replace: loginShell
loginShell: /bin/sh
```

Listing 19.14 Attribute hinzuzufügen und verändern in »user-modify.ldif«

Der Aufbau dieser Datei ähnelt dem Aufbau der vorherigen. Zusätzlich wurde aber das Minus-Zeichen (-) verwendet, um innerhalb eines DN mehrere Änderungen anzugeben. Über die Angabe der Methode add weisen wir OpenLDAP an, das angegebene Attribut hinzuzufügen. Wollen wir Attribute verändern, müssen wir die Methode replace verwenden. Nach den Methoden selbst folgt die eigentliche Zuweisung des Attributs, die nicht durch ein Gleichheitszeichen (=), sondern durch einen Doppelpunkt erfolgt.

Im Beispiel werden allen bisherigen Benutzern die Attribute *telephoneNumber* und *mail* hinzugefügt. Zusätzlich wird bei der Benutzerin *Sabine Parade* das Attribut *loginShell* auf /bin/sh gesetzt.

Da die Datei aus Listing 19.14 Veränderungen enthält, kommt hier das Programm *ldapmodify* zum Einsatz. Dabei verfügt das Programm über die gleiche Syntax wie *ldapadd*. Listing 19.15 zeigt den Aufruf und die Verarbeitung:

```
daniel@server:~$ sudo ldapmodify -x -D cn=admin,dc=ubuntu-server,dc=de -W \
-f user-modify.ldif

Enter LDAP Password:
modifying entry "uid=mmusterman,ou=Benutzer,dc=ubuntu-server,dc=de"
```

19

```
modifying entry "uid=mmusterfrau,ou=Benutzer,dc=ubuntu-server,dc=de"
modifying entry "uid=sparade,ou=Benutzer,dc=ubuntu-server,dc=de"
```
Listing 19.15 Ändern der Benutzerdaten mit »ldapmodify«

19.3.4   Daten aus dem Baum entfernen

Bisher haben wir nur Daten erfasst oder geändert. Nun wollen wir Daten aus dem Baum entfernen. Die Mitarbeiterin *Michaela Musterfrau* hat das Unternehmen *Ubuntu-Server Ltd.* verlassen. Daher sollen die sie betreffenden Datensätze aus dem LDAP entfernt werden. Da es sich nur um ein Entfernen handelt, können wir auf die Stapelverarbeitung verzichten und die Befehle direkt interaktiv eingeben. Folgen Sie dazu dem Verlauf aus Listing 19.16:

```
daniel@server:~$ sudo ldapdelete -x -D cn=admin,dc=ubuntu-server,dc=de -W
Enter LDAP Password:
uid=mmusterfrau,ou=Benutzer,dc=ubuntu-server,dc=de

^D
```
Listing 19.16 Daten mit »ldapdelete« löschen

[+] Um die Eingabe des Befehls zu beenden, müssen Sie dem Befehl mit ⎡Strg⎤ + ⎡D⎤ das *EOF*-Signal senden (dargestellt durch ^D).

Analog dazu hätten Sie den *DN*, der gelöscht werden soll, auch als Parameter hinter dem Befehl angeben können. Dies hätte dann wie folgt ausgesehen:

```
daniel@server:~$ sudo ldapdelete -x -D cn=admin,dc=ubuntu-server,dc=de \
-W "uid=mmusterfrau,ou=Benutzer,dc=ubuntu-server,dc=de"
```
Listing 19.17 Daten mit »ldapdelete« direkt löschen

Leider gibt das Programm ldapdelete kein visuelles Feedback, sondern nur eine Rückmeldung über den Returncode des Programms selbst. Um zu kontrollieren, ob das Entfernen funktioniert hat, können wir wieder das Programm ldapsearch verwenden. Setzen Sie dazu den Befehl aus Listing 19.18 ab:

```
daniel@server:~$ ldapsearch -x -LLL -H ldap:/// -b ou=benutzer,dc=ubuntu-server,\
dc=de dn
dn: ou=Benutzer,dc=ubuntu-server,dc=de
dn: uid=mmusterman,ou=Benutzer,dc=ubuntu-server,dc=de
dn: uid=sparade,ou=Benutzer,dc=ubuntu-server,dc=de
```
Listing 19.18 Kontrolle des Löschvorgangs mit »ldapsearch«

Wie Sie Listing 19.18 entnehmen können, ist das Objekt *uid=mmusterfrau* nicht mehr vorhanden. Der Löschvorgang war erfolgreich.

19.3.5 Zusammenfassung

Zunächst haben wir die Unternehmensstruktur im LDAP-Baum abgebildet und die benötigten Gruppen angelegt. Anschließend haben wir Benutzer in den Gruppen angelegt. Im nächsten Schritt haben wir gezeigt, wie Attribute hinzugefügt und geändert werden können. Abschließend haben wir ein Objekt aus dem LDAP-Baum entfernt. In diesem Abschnitt haben Sie die Tools *ldapsearch*, *ldapadd*, *ldapmodify* und *ldapdelete* kennengelernt.

19.4 Aufklärung: »Klassen« und »Vererbung«

Bisher haben wir Klassen einfach verwendet. In diesem Abschnitt wollen wir Ihnen den Aufbau näherbringen. Wir nehmen als Beispiel die viel genutzte Klasse *inetOrgPerson*.

Jede Klasse für sich hat dabei Attribute, die vorhanden sein müssen, und andere, die vorhanden sein können. Aufgeschlüsselt ergeben sich für die Klasse *inetOrgPerson* daraus folgende Attribute, die vorhanden sein *müssen*:

▸ **sn** (surname)

▸ **cn** (commonname)

Folgende Attribute *können* vorhanden sein:

▸ **inetOrgPerson**
audio, businessCategory, carLicense, departmentNumber, displayName, employeeNumber, employeeType, givenName, homePhone, homePostalAddress, initials, jpegPhoto, labeledURI, mail, manager, mobile, o, pager, photo, roomNumber, secretary, uid, userCertificate, x500- uniqueIdentifier, preferredLanguage, userSMIMECertificate, userPKCS12

▸ **organizationalPerson**
title, x121Address, registeredAddress, destinationIndicator, preferredDeliveryMethod, telexNumber, teletexTerminalIdentifier, telephoneNumber, internationaliSDNNumber, facsimile- TelephoneNumber, street, postOfficeBox, postalCode, postalAddress, physicalDeliveryOffice- Name, ou, st, l

▸ **person**
userPassword, telephoneNumber, seeAlso, description

Insgesamt gibt es also 49 Attribute, die vorhanden sein können. Die Spezifikation, welches Attribut welche Werte enthält, erfolgt in Schema-Dateien, die im Verzeichnis */etc/ldap/schema* abgelegt sind. Darin können Sie nachvollziehen, welche Attribute vorhanden sein müssen und welche vorhanden sein können.

Zusätzlich können Sie auch in den RFCs nachlesen (*https://tools.ietf.org/html/rfc4519*). Angenehmer, als in den RFCs oder der Schema-Datei selbst nachzuschauen, finden Sie dies aber über eines der unzähligen Webangebote zum Thema LDAP. Wir selbst schauen zum Beispiel

19

gern im *OpenSource Guide* von Zytrax nach (*www.zytrax.com/books/ldap*). Durchsuchen wir nun unseren LDAP-Baum, fällt das Ergebnis schon deutlich umfangreicher aus:

```
daniel@server:~$ ldapsearch -x -LLL -H ldap:/// -b dc=ubuntu-server,dc=de dn

dn: dc=ubuntu-server,dc=de
dn: cn=admin,dc=ubuntu-server,dc=de
dn: ou=Gruppen,dc=ubuntu-server,dc=de
dn: ou=Benutzer,dc=ubuntu-server,dc=de
dn: cn=Marketing,ou=Gruppen,dc=ubuntu-server,dc=de
dn: cn=Entwickler,ou=Gruppen,dc=ubuntu-server,dc=de
dn: cn=Administratoren,ou=Gruppen,dc=ubuntu-server,dc=de
dn: uid=sparade,ou=Benutzer,dc=ubuntu-server,dc=de
dn: uid=mmusterman,ou=Benutzer,dc=ubuntu-server,dc=de
```

Listing 19.19 LDAP-Baum mit eingerichteter Struktur

19.5   Das Kernstück – erfolgreich suchen

In diesem Abschnitt widmen wir uns ausschließlich der Suche. Hier zeigen wir Ihnen, wie Sie komplexe Suchanfragen erstellen können, um so die wahre Macht von LDAP zu nutzen: schnell an Informationen zu gelangen.

19.5.1   Generelles

Die Suche im LDAP-Baum wird auf der Kommandozeile mit dem Programm ldapsearch vorgenommen. In den vorherigen Abschnitten haben wir dieses Programm bereits mehrfach eingesetzt. Jetzt wollen wir es besser kennenlernen.

Das Programm ist parametergesteuert, wie Ihnen sicherlich schon aufgefallen ist. Die Syntax sieht daher so wie in Listing 19.20 aus:

```
ldapsearch [-<PARAMETER>] [-<PARAMETER> <WERT>] "(<FILTER>)" [<ATTRIBUT>]
```

Listing 19.20 Die Syntax von »ldapsearch«

Neben der Authentifizierung am Server ist ein Parameter besonders beachtenswert: die Angabe der Basis mit -b. Darüber können Sie den Einstiegspunkt für die Suche definieren. Zum einen kann damit gezielter gesucht werden, zum Beispiel nur innerhalb einer Abteilung. Zum anderen ist es auf diese Weise möglich, die Geschwindigkeit zu erhöhen, da nicht der gesamte Baum, sondern nur ein Teilbereich durchsucht wird.

Außerdem können Sie Filter definieren, was wir im weiteren Verlauf dieses Abschnitts ausgiebig tun werden, und die Ausgabe auf einzelne Attribute beschränken. Möchten Sie zum

Beispiel alle Mitarbeiter durchsuchen, aber nur deren Namen und Telefonnummer ausgegeben bekommen, könnte die Suche wie folgt aussehen:

```
daniel@server:~$ ldapsearch -x -LLL -H ldap:/// \
-b ou=Benutzer,dc=ubuntu-server,dc=de cn telephoneNumber

dn: ou=Benutzer,dc=ubuntu-server,dc=de

dn: uid=mmusterman,ou=Benutzer,dc=ubuntu-server,dc=de
cn: Max Musterman
telephoneNumber: 555

dn: uid=sparade,ou=Benutzer,dc=ubuntu-server,dc=de
cn: Sabine Parade
telephoneNumber: 556
```

Listing 19.21 Benutzer gezielt durchsuchen und die Telefonnummer ausgeben

Durch die Angabe von `-b ou=Benutzer,dc=ubuntu-server,dc=de` in Listing 19.21 wurde die Suche auf dem Zweig unterhalb von `ou=Benutzer` ausgeführt. Dadurch, dass wir die benötigten Attribute (durch Leerzeichen getrennt) hinter dem Befehl aufgelistet haben, wurde die Ausgabe entsprechend limitiert.

19.5.2   Die einfache Suche mit Filtern

Um einen LDAP-Baum noch gezielter durchsuchen zu können, wurde die Möglichkeit der Filter eingerichtet. Darüber können Sie punktgenau suchen. Wissen Sie zum Beispiel nicht, welche Benutzer-ID der Benutzer *Max Musterman* hat, können Sie danach wie folgt suchen:

```
daniel@server:~$ ldapsearch -x -LLL -H ldap:/// -b dc=ubuntu-server,dc=de \
"(cn=Max Musterman)" uid

dn: uid=mmusterman,ou=Benutzer,dc=ubuntu-server,dc=de
uid: mmusterman
```

Listing 19.22 Suche mit Filter

Einen Filter geben Sie in doppelten Anführungszeichen ein, im Beispiel als `"(cn=Max Musterman)"`. Die Angabe der Klammern ist hier eigentlich nicht notwendig, da sie aber für umfangreichere Filter zwingend erforderlich wird und *ldapsearch* dies auch nicht stört, können Sie sich die Syntax direkt korrekt einprägen.

Sie definieren den Filter mit Vergleichsoperatoren. Tabelle 19.1 enthält die möglichen Operatoren.

Operator	Funktion	Beispiel
=	Gleichheit	`"(cn=Max Musterman)"`
>=	Größer-gleich	`"(uidNumber>=10000)"`
<=	Kleiner-gleich	`"(gidNumber<=5005)"`
~=	Ungefähr	`"(sn~=Musteran)"`
&	Und-Verknüpfung	`"(&(sn=Musterman)(uidNumber>=10123)"`
|	Oder-Verknüpfung	`"(|(givenName=Max)(givenName=Moritz))"`
!	Negierung	`"(!(sn=Musterman))"`

Tabelle 19.1 Vergleichsoperatoren von »ldapsearch«

Beachten Sie, dass durch die Angabe des Attributs uid nach dem Filter die Ausgabe darauf eingeschränkt wurde. Ohne die Angabe hätte ldapsearch alle Attribute des Objekts ausgegeben.

19.5.3   Filter mit Wildcard

Zusätzlich können Sie bei der Verwendung von Filtern auch auf Wildcards zurückgreifen. Diese werden durch ein Sternchen (*) symbolisiert. Suchen Sie zum Beispiel alle Mitarbeiter, deren Nachname mit *Muster* beginnt, könnten Sie wie folgt nach ihnen suchen:

```
daniel@server:~$ ldapsearch -x -LLL -H ldap:/// -b dc=ubuntu-server,dc=de \
"(sn=Muster*)" sn givenName

dn: uid=mmusterman,ou=Benutzer,dc=ubuntu-server,dc=de
sn: Musterman
givenName: Max

dn: uid=mmusterfrau,ou=Benutzer,dc=ubuntu-server,dc=de
sn: Musterfrau
givenName: Michaela
```

Listing 19.23 Suche mit Wildcard-Filter

In Listing 19.23 wurde die Ausgabe erneut durch die Angabe der Attribute sn und givenName auf den Nach- und Vornamen eingeschränkt. Selbstverständlich können Sie das Wildcard-Zeichen auch an den Anfang stellen. Wenn Sie zum Beispiel alle E-Mail-Adressen suchen, die in der Domäne *ubuntu-server.de* vorhanden sind, führen Sie den Befehl aus Listing 19.24 aus:

```
daniel@server:~$ ldapsearch -x -LLL -H ldap:/// -b dc=ubuntu-server,dc=de \
"(mail=*ubuntu-server.de)" cn mail

dn: uid=mmusterman,ou=Benutzer,dc=ubuntu-server,dc=de
cn: Max Musterman
mail: mmusterman@ubuntu-server.de

dn: uid=sparade,ou=Benutzer,dc=ubuntu-server,dc=de
cn: Sabine Parade
mail: sparade@ubuntu-server.de

dn: uid=mmusterfrau,ou=Benutzer,dc=ubuntu-server,dc=de
cn: Michaela Musterfrau
mail: mmusterfrau@ubuntu-server.de
```

Listing 19.24 Suche mit Wildcards am Filterbeginn

19.5.4 Und-Verknüpfung

Damit sind die Möglichkeiten der Filter aber noch nicht erschöpft. Zusätzlich können Sie auch mehrere Filter angeben, die über eine Und-Verknüpfung zusammengefasst werden.

Im Beispiel aus Listing 19.25 werden alle Benutzer gesucht, deren Telefonnummer mit 5 und deren Nachname mit der Zeichenkette »Muster« beginnt:

```
daniel@server:~$ ldapsearch -x -LLL -H ldap:/// -b dc=ubuntu-server,dc=de \
"(&(telephoneNumber=5*)(sn=Muster*))" cn

dn: uid=mmusterman,ou=Benutzer,dc=ubuntu-server,dc=de
cn: Max Musterman
```

Listing 19.25 Suche mit Und-verknüpften Filtern

Die Und-Verkettung der Filter ist bei *ldapsearch* gewöhnungsbedürftig. Dazu muss die Verkettung mit einem Kaufmanns-Und (&) vorab eingeleitet werden. Die Kapselung erfolgt mit Klammern. Die Syntax entspricht daher: "(&(<FILTER 1>)(<FILTER 2>)(<FILTER X>))"

Durch die Angabe des Kaufmanns-Unds (&) wird die Und-Verknüpfung eingeleitet. Durch die äußeren Klammern wird die Kapselung vorgenommen. Alle Filter darin werden Und-verknüpft.

Damit können auch Filter erzeugt werden, die Bereiche absuchen. Zum Beispiel zeigt der Filter aus Listing 19.26 alle Benutzer, deren ID zwischen 10.000 und 10.012 liegt:

```
"(&(uidNumber>=10000)(uidNumber<=10012))"
```

Listing 19.26 Filter zur Bereichssuche in der Benutzer-ID

19

19.5.5   Oder-Verknüpfung

Neben der Und-Verknüpfung ist die Oder-Verknüpfung das wohl am häufigsten eingesetzte Vergleichsverfahren. Beim LDAP wird sie über eine Pipe (|) eingeleitet. Listing 19.27 zeigt einen entsprechenden Aufruf:

```
daniel@server:~$ ldapsearch -x -LLL -H ldap:/// -b dc=ubuntu-server,dc=de \
"(|(givenName=Max)(givenName=Sabine))"  cn

dn: uid=mmusterman,ou=Benutzer,dc=ubuntu-server,dc=de
cn: Max Musterman

dn: uid=sparade,ou=Benutzer,dc=ubuntu-server,dc=de
cn: Sabine Parade
```

Listing 19.27 Suche mit Oder-verknüpften Filtern

Der Filter in Listing 19.27 durchsucht den LDAP-Baum nach allen Objekten, die das Attribut givenName mit dem Wert Max oder Sabine besitzen.

19.5.6   Verschachtelte Filter

Damit ist noch nicht Schluss: Sie können Filter auch noch verschachteln. Hierfür ist die korrekte Kapselung der Filter durch Klammern essenziell. Der Filter aus Listing 19.28 sucht alle Benutzer, deren ID größer als 10.000 ist und deren Gruppen-ID nicht gleich 5.000 ist:

```
daniel@server:~$ ldapsearch -x -LLL -H ldap:/// -b dc=ubuntu-server,dc=de \
"(&(uidNumber>=10000)(!(gidNumber=5000)))" cn

dn: uid=sparade,ou=Benutzer,dc=ubuntu-server,dc=de
cn: Sabine Parade
```

Listing 19.28 Und-Verknüpfung mit Negation

Dabei können Filter beliebig komplex werden. Der Filter in Listing 19.29 findet alle Benutzer, deren ID zwischen 10.002 und 10.005 liegt oder deren Nachname mit »Muster« beginnt:

```
"(|(&(uidNumber>=10002)(uidNumber<=10005))(sn=Muster*))"
```

Listing 19.29 Und-Oder-Verknüpfung

Beachten Sie beim Filter aus Listing 19.29 die außen liegende Oder-Verknüpfung und die im ersten Oder-Filter enthaltene Und-Verknüpfung. Wie bereits erörtert wurde, ist hier die Klammersetzung extrem wichtig. Bei falsch gesetzten Klammern weist *ldapsearch* Sie freundlich mit den Worten Bad search filter darauf hin.

19.5.7   Zusammenfassung

Zunächst haben wir die Syntax von ldapsearch erläutert und sind auf die Möglichkeit der Ausgabeneinschränkung durch Angabe von Attributen eingegangen. Anschließend haben Sie Filter und die Vergleichsoperatoren kennengelernt. Danach haben wir Ihnen den Umgang mit Wildcards, dem Sternchen (*), gezeigt. Anschließend haben Sie die Möglichkeiten der Und-Verknüpfung mit dem Kaufmanns-Und (&), der Oder-Verknüpfung mit der Pipe (|) und die Verschachtelung von Filtern kennengelernt.

19.6   Backup and Restore

Ein gut gefüllter Baum will behütet werden. Damit nach einem Unfall nicht alles verloren ist, zeigen wir Ihnen in diesem Abschnitt, wie Sie Ihren Baum sichern und wiederherstellen können.

19.6.1   Backup mit »slapcat«

Das Programm slapcat ermöglicht es Ihnen, den Inhalt Ihrer LDAP-Datenbank zu extrahieren und im *LDAP Directory Interchange Format (LDIF)* zu speichern. Den Aufbau von LDIF-Dateien haben Sie bereits beim Anlegen des Baums kennengelernt. Dabei werden alle Inhalte Ihres LDAP-Baums in Klartextdateien gespeichert. Daher sollten Sie diese Daten sorgfältig aufbewahren. Ein großer Vorteil von *slapcat* ist, dass es in der Lage ist, die Datenbanken separat auszugeben. Hierfür kann das Programm mit der Option -n aufgerufen werden. Als Parameter müssen Sie dann die Datenbanknummer angeben, die *slapcat* ausgeben soll. Das Erstellen eines vollständigen LDAP-Backups mittels slapcat kann am einfachsten in einem Skript erfolgen. Erstellen Sie daher zunächst die Datei *ldapbackup.sh* mit dem Inhalt aus Listing 19.30:

```
#!/bin/bash
# VARIABLEN
BACKUP_PATH=/export/backup
SLAPCAT=/usr/sbin/slapcat
DATE_PREFIX=$(date +%Y-%m-%y)
STORAGE_TIME=30

# BACKUP
nice ${SLAPCAT} -n 0 > ${BACKUP_PATH}/${DATE_PREFIX}_config.ldif
nice ${SLAPCAT} -n 1 > ${BACKUP_PATH}/${DATE_PREFIX}_<LDAP BAUM>.ldif
# nice ${SLAPCAT} -n 2 > ${BACKUP_PATH}/${DATE_PREFIX}_access.ldif

# ZUGRIFFSRECHTE
chmod 640 ${BACKUP_PATH}/*.ldif
```

```
# AUFRAEUMEN
find ${BACKUP_PATH} -name "*.ldif" -mtime +${STORAGE_TIME} -delete
```

Listing 19.30 Das Backup-Script »ldapbackup.sh«

Das Bash-Skript aus Listing 19.30 setzt zuerst den Shebang auf die Bash, anschließend werden die Variablen definiert. Zum einen wird dort definiert, wo gespeichert werden soll (BACKUP_PATH), wo sich die ausführbare Datei von *slapcat* befindet (SLAPCAT), welches Präfix vor die zu erzeugenden Dateien gesetzt wird (DATE_PREFIX) und wie lange die Dateien aufbewahrt werden sollen (STORAGE_TIME). Anschließend wird das Backup durchgeführt. Hierbei wird der Befehl mit dem Programm nice gestartet. Das Programm sorgt dafür, dass unser Backup-Skript nicht die gesamte Leistung des Servers an sich zieht, sondern das Skript mit einer niedrigeren Priorität gestartet wird.

Dem Programm *slapcat* wird mit dem Parameter -n mitgeteilt, welche der Datenbanken gesichert werden soll. Über eine einfache Umlenkung der Ausgabe wird der Inhalt in unserem Backup-Verzeichnis mit vorangestellter Datumsangabe gesichert. Direkt im Anschluss werden die Dateirechte des Backups eingeschränkt – je nach Sicherheitsanforderung müssen Sie diese restriktiver einrichten. Zu guter Letzt wird mit find das Backup-Verzeichnis nach Dateien durchsucht, die älter als 30 Tage sind, um diese zu löschen.

[+]

Anzahl der Datenbanken anpassen

Wie Sie in Listing 19.30 sehen können, ist eine slapcat-Zeile auskommentiert (die Datenbank für die Zugriffsrechte). Wenn das Programm *slapcat* mit dem Parameter *-n* ausgeführt wird, muss die genaue Anzahl von Datenbanken bekannt sein. Um herauszufinden, wie viele Datenbanken in Ihrem Baum konfiguriert sind, können Sie slapcat -n <X> einfach auf der Konsole ausführen. Haben Sie eine Datenbanknummer angegeben, die *slapcat* nicht findet, wird Ihre Eingabe entsprechend quittiert:

```
daniel@server:~$ sudo slapcat -n 99
Database number selected via -n is out of range
Must be in the range 0 to 1 (the number of configured databases)
```

[!] Achten Sie darauf, dass Sie den Platzhalter <LDAP BAUM> durch einen gültigen Namen austauschen – am besten, wie der Name schon sagt, durch den Namen Ihres LDAP-Baums (in unseren Beispielen bisher lautet er ubuntu-server).

Geben Sie dem gerade erstellten Skript nun Ausführungsrechte mit chmod +x ldapbackup.sh. Da wir mit dem Skript nicht nur die Nutzdaten sichern, sondern auch die Konfigurationsdaten, müssen Sie es als *root* ausführen oder zumindest mit sudo. Denken Sie daran, den Pfad, der in BACKUP_PATH angegeben wird, auch anzulegen! Ansonsten schlägt Ihre Sicherung fehl!

Ein mit *slapcat* erstelltes Backup können Sie ohne Probleme in jeder Installation wieder einspielen, also auch auf einem frisch installierten System – zum Beispiel, um einen Test mit dem bestehenden LDAP-Baum durchführen zu können.

19.6.2   Restore mit »slapadd«

Um das mit *slapcat* erzeugte Backup wiederherzustellen, wird das Programm *slapadd* verwendet. Wie beim Befehl *slapcat* kann über den Parameter -n die Datenbanknummer angegeben werden. Zusätzlich ist es sinnvoll, mit dem Parameter -F das Konfigurationsverzeichnis anzugeben, damit die Dateien an der richtigen Stelle einsortiert werden. Zu guter Letzt benötigt das Programm auch noch die LDIF-Dateien, die über den Parameter -l angegeben werden. Damit *slapadd* das Backup einspielen kann, muss der LDAP-Dienst beendet sein. Für eine vollständige Wiederherstellung setzen Sie die Befehle aus Listing 19.31 ab.

Entscheidend ist, dass Sie nicht vergessen, die Berechtigungen mit chown anzupassen, da der LDAP-Dienst ansonsten den Start verweigert.

```
sudo systemctl stop slapd
sudo slapadd -F /etc/ldap/slapd.d -n 0 -l /export/backup/config.ldif
sudo slapadd -F /etc/ldap/slapd.d -n 1 -l /export/backup/ubuntu-server.ldif
sudo chown -R openldap:openldap /etc/ldap/slapd.d/
sudo chown -R openldap:openldap /var/lib/ldap/
sudo systemctl start slapd
```

Listing 19.31 Sicherung wiederherstellen

19.7   Tools

In diesem Abschnitt stellen wir Ihnen hilfreiche Tools vor, mit denen Sie den LDAP-Alltag besser, schneller und komfortabler bewältigen.

19.7.1   Darf es etwas mehr sein? »ldapscripts«

Die Pflege von LDAP-Benutzern und -Gruppen als Systembenutzer kann mit den LDAP-Tools der Programmsammlung *ldap-utils* beschwerlich sein. Daher wurde die Skript-Sammlung *ldap-scripts* erstellt. Sie ermöglicht es Ihnen, viele Daten vorzuerfassen, um so über stark vereinfachte Aufrufe schnell Benutzer und Gruppen anlegen und bearbeiten zu können.

Installation

Installieren Sie zunächst das Programm *ldapscripts* aus den Paketquellen, wie in Listing 19.32 dargestellt. Benötigte Abhängigkeiten werden direkt mitinstalliert.

```
daniel@server:~$ sudo apt-get install ldapscripts
Paketlisten werden gelesen... Fertig
Abhängigkeitsbaum wird aufgebaut.
Statusinformationen werden eingelesen.... Fertig
Die folgenden zusätzlichen Pakete werden installiert:
  pwgen sharutils
Vorgeschlagene Pakete:
  nslcd bsd-mailx mailx
Die folgenden NEUEN Pakete werden installiert:
  ldapscripts pwgen sharutils
0 aktualisiert, 3 neu installiert, 0 zu entfernen und 0 nicht aktualisiert.
Es müssen 204 kB an Archiven heruntergeladen werden.
Nach dieser Operation werden 878 kB Plattenplatz zusätzlich benutzt.
Möchten Sie fortfahren? [J/n] J
```

Listing 19.32 Installation von »ldapscripts«

[+]

Hinweis: »ldapscripts« nur für Systembenutzer

Beachten Sie, dass die Skripte zum Umgang mit LDAP-Systembenutzern entwickelt wurden. Wenn Sie LDAP lediglich zur Datenablage und nicht zur Authentifizierung an Ihren Systemen benutzen, können Sie nicht mit diesem Tool-Set arbeiten!

Näheres zur Einrichtung von LDAP-Benutzern als Systembenutzer erfahren Sie in Abschnitt 19.8.2, »Systemanmeldung mit LDAP«.

Damit Sie die Vorteile der *ldapscripts* nutzen können, müssen Sie nach der Installation die Konfigurationsdatei */etc/ldapscripts/ldapscripts.conf* an Ihre Umgebung anpassen:

```
SERVER=ldap://localhost
SUFFIX="dc=ubuntu-server,dc=de"
GSUFFIX="ou=Gruppen"
USUFFIX="ou=Benutzer"
BINDDN="cn=admin,dc=ubuntu-server,dc=de"
BINDPWDFILE="/etc/ldapscripts/ldapscripts.passwd"
GIDSTART=10000
UIDSTART=10000
```

Listing 19.33 Anpassungen der Konfigurationsdatei »ldapscripts.conf«

Listing 19.33 zeigt die Parameter, die Sie mindestens anpassen müssen. Darüber hinaus finden Sie in der gut dokumentierten Konfigurationsdatei viele weitere Parameter, die Sie Ihren Bedürfnissen gemäß anpassen können. Die gesetzten Parameter haben dabei folgende Bedeutung:

▶ SERVER

Hier können Sie den LDAP-Server angeben. Falls Sie die *ldapscripts* nicht auf dem gleichen Server betreiben wollen wie den Dienst selbst, müssen Sie diesen Parameter anpassen.

▶ SUFFIX

Angabe des LDAP-Stamms

▶ GSUFFIX

Objekt, unter dem Gruppen gefunden werden

▶ USUFFIX

Objekt, unter dem Benutzer gefunden werden

▶ BINDDN

der LDAP-Benutzer, mit dem die *ldapscripts* arbeiten sollen

▶ BINDPWDFILE

Angabe des Speicherorts der Passwortdatei

▶ GIDSTART

Diese ID wird aufsteigend neuen Gruppen zugewiesen.

▶ UIDSTART

Diese ID wird aufsteigend neuen Benutzern zugewiesen.

Damit die *ldapscripts* Veränderungen an Ihrem LDAP-Baum vornehmen können, müssen Sie das Passwort für den im Parameter BINDDN angegebenen Benutzer in der Datei ablegen, die im Parameter BINDPWDFILE angegeben ist. Führen Sie dafür den Befehl aus Listing 19.34 aus, und passen Sie das Passwort (<PASSWORT>) entsprechend an:

```
daniel@server:~$ sudo sh -c "echo -n '<PASSWORT>' > \
/etc/ldapscripts/ldapscripts.passwd"
daniel@server:~$ sudo chmod 400 /etc/ldapscripts/ldapscripts.passwd
```

Listing 19.34 Passwortdatei anlegen: »ldapscripts.passwd«

Da die Ablage des LDAP-Passworts im Klartext erfolgt, ist es entscheidend, dass Sie die Zugriffsrechte auf diese Datei mit chmod einschränken! Anschließend sind die *ldapscripts* einsatzbereit. Die folgende Liste zeigt die gängigsten Befehle, deren Syntax, deren Funktion und ein entsprechendes Beispiel:

▶ ldapadduser <USERNAME> <GROUP> [UID]

erstellt einen neuen LDAP-Benutzer mit dem angegebenen Namen und fügt ihn der angegebenen Gruppe hinzu. Zusätzlich kann optional eine Benutzer-ID fest angegeben werden. Beispiel: ldapadduser Jerry Entwickler

▶ ldapdeleteuser <USERNAME|UID>

entfernt den angegebenen Benutzer (Name oder ID) aus dem LDAP-Baum. Beispiel: ldapdeleteuser Tom

▶ `ldapaddgroup <GROUPNAME> [GID]`
erstellt eine neue LDAP-Gruppe (Posix) mit dem angegebenen Namen. Zusätzlich kann optional eine Gruppen-ID fest angegeben werden. Beispiel: `ldapaddgroup Betatester`

▶ `ldapdeletegroup <GROUPNAME|GID>`
entfernt die angegebene LDAP-Gruppe (Name oder Gruppen-ID) aus dem LDAP-Baum. Beispiel: `ldapdeletegroup Marketing`

▶ `ldapaddusertogroup <USERNAME|UID|DN> <GROUPNAME|GID>`
fügt den angegebenen Benutzer (Namen, Benutzer-ID oder DN) der Gruppe (Name oder Gruppen-ID) hinzu. Beispiel: `ldapaddusertogroup Tom Administratoren`

▶ `ldapmodifyuser <USERNAME|UID>`
startet eine interaktive Shell, um die Daten des angegebenen Benutzers (Name oder Benutzer-ID) zu verändern. Beachtenswert ist, dass vorab das Objekt ausgegeben wird und der DN bereits gesetzt ist. Beispiel: `ldapmodifyuser Jerry`

Gerade das Hinzufügen und Entfernen von Gruppenzugehörigkeiten ist dank der *ldapscripts* deutlich einfacher und schneller.

[+] Falls Sie sich wundern, weshalb für das Anlegen eines neuen Benutzers lediglich ein Name angegeben wird und nicht die sonst übliche Trennung von Vor-, Nachname und Anmeldename, dann dürfen wir Sie nun auf die Template-Funktion der *ldapscripts* aufmerksam machen.

Welche Daten in den LDAP-Baum geschrieben werden, wird zum einen durch die Parameter beim Programmaufruf und zum anderen durch die vorab definierten Parameter aus der Konfigurationsdatei bestimmt. Wohin die Daten geschrieben werden, wird wiederum durch eine Template-Datei spezifiziert, die Sie auch Ihren Anforderungen anpassen können. Möchten Sie zum Beispiel beim Anlegen neuer Benutzer auch direkt deren E-Mail-Adresse erfassen, können Sie dies über eine Template-Datei lösen. Kopieren Sie dafür zunächst das Benutzer-Template */usr/share/doc/ldapscripts/examples/* aus dem Beispielordner in den Konfigurationsordner der *ldapscripts*, wie in Listing 19.35 dargestellt:

```
sudo cp /usr/share/doc/ldapscripts/examples/ldapadduser.template.sample \
/etc/ldapscripts/ldapadduser.template
```

Listing 19.35 Template-Datei kopieren: »ldapadduser.template«

Passen Sie die kopierte Datei anschließend Ihren Bedürfnissen entsprechend an. Im Beispiel aus Listing 19.36 wurden die Parameter `sn` und `mail` auf den Wert `<ask>` gesetzt. Dies veranlasst die *ldapscripts* zukünftig, beim Anlegen neuer Benutzer diese Werte abzufragen.

```
dn: uid=<user>,<usuffix>,<suffix>
objectClass: inetOrgPerson
objectClass: posixAccount
cn: <user>
```

```
sn: <ask>
uid: <user>
uidNumber: <uid>
gidNumber: <gid>
homeDirectory: <home>
loginShell: <shell>
gecos: <user>
mail: <ask>
description: User account
```

Listing 19.36 Template-Datei anpassen: »ldapadduser.template«

Bei den *ldapscripts* handelt es sich, wie der Name schon sagt, um Skripte – konkret um Shell-Skripte. Diese können Sie selbstverständlich anpassen und erweitern. Möchten Sie zusätzlich Vor- und Nachnamen direkt beim Erstellen anlegen lassen, ist das kein Problem: Erweitern Sie das Skript einfach um einen Parameter dafür.

Damit das neu erstellte Template auch verwendet wird, müssen Sie es in der Konfigurationsdatei */etc/ldapscripts/ldapscripts.conf* bekannt machen. Stellen Sie dafür den Parameter UTEMPLATE auf die neu angelegte Datei.

Die Skriptsammlung enthält noch viele weitere nützliche Skripte. Eine Übersicht können Sie mit dem Befehl dpkg -L ldapscripts | grep bin ausgeben lassen.

Nutzen Sie die richtige Shell im System!

Beachten Sie, dass die Skripte teilweise die Bash voraussetzen. Da in der Shebang-Zeile der Skripte aber lediglich der Link */etc/sh* angegeben ist und dieser bei Ubuntu (leider) auf die *Dash* zeigt, können einige Skripte mit Fehlern abbrechen.

Korrigieren Sie daher entweder die Shebang-Zeile der Skript oder setzen Sie die Standard-Shell mit sudo dpkg-reconfigure dash auf die Bash! Wir empfehlen Ihnen das zweite Verfahren.

19.7.2   Umfangreich: »Apache Directory Studio«

Auch mithilfe der *ldapscripts* können viele Operationen an den Daten des LDAP-Baums ausarten. Noch komfortabler, dank GUI, können Sie die Administration mit dem *Apache Directory Studio* durchführen. Dieses mächtige und universale Tool erlaubt es Ihnen, mehrere LDAP-Server zu konfigurieren und alle Parameter darin zu bearbeiten. Neben der übersichtlichen Aufbereitung der Daten wird Ihnen auch gleich eine Syntax- und Plausibilitätsprüfung mit an die Hand gegeben. Ein weiterer Vorteil – Daten von einem Zweig in den anderen verschieben zu können – kann bei großen Bäumen ein wahrer Segen sein. Wir setzen dieses Tool häufig und gern ein.

19

Installation

Das Programm wird für viele Plattformen und Architekturen angeboten. Selbstverständlich setzen wir es auf einem Ubuntu-Desktop-System ein. Laden Sie zunächst den passenden Client für Ihr System unter *https://directory.apache.org/studio/downloads.html* herunter.

Wir empfehlen Ihnen, das Tool auf Ihrem Arbeitsplatzrechner einzusetzen und es **nicht** auf dem Server zu betreiben. Das Linux-Paket setzt eine Java-Installation voraus. Installieren Sie daher zunächst, wie in Listing 19.37 dargestellt, das Paket openjdk-7-jdk. Die zahlreichen Abhängigkeiten werden direkt mitinstalliert.

```
daniel@ubuntu:~$ sudo apt-get install openjdk-7-jdk
Paketlisten werden gelesen... Fertig
Abhängigkeitsbaum wird aufgebaut
Statusinformationen werden eingelesen.... Fertig
[…]
0 aktualisiert, 23 neu installiert, 0 zu entfernen und 0 nicht aktualisiert.
```

Listing 19.37 Installation von »openjdk«

Speichern Sie das heruntergeladene *tgz* unter */opt/*, entpacken Sie es, und verschieben Sie das Verzeichnis so, wie in Listing 19.38 dargestellt:

```
daniel@ubuntu:~$ sudo tar -xsvf \
ApacheDirectoryStudio-2.0.0.v20151221-M10-linux.gtk.x86_64.tar.gz
[…]
daniel@ubuntu:~$ sudo cp -r ApacheDirectoryStudio /opt/ApacheDirectoryStudio
```

Listing 19.38 Entpacken von »Apache Directory Studio«

Prinzipiell ist das *Apache Directory Studio* direkt nach dem Entpacken einsatzbereit. Allerdings werden Sie nicht es in der *Dash-Startseite* finden. Dies werden wir nun ändern. Erstellen Sie zunächst mit Root-Rechten die Datei *ApacheDirectoryStudio.desktop* im Verzeichnis */usr/share/applications/*. Den Inhalt der Datei sehen Sie in Listing 19.39:

```
[Desktop Entry]
Name=Apache Directory Studio
Comment=LDAP Browser
Exec=/opt/ApacheDirectoryStudio/ApacheDirectoryStudio
TryExec=/opt/ApacheDirectoryStudio/ApacheDirectoryStudio
Icon=/opt/ApacheDirectoryStudio/icon.xpm
StartupNotify=false
Terminal=false
Type=Application
Categories=Network;
```

Listing 19.39 Icon erstellen für »ApacheDirectoryStudio.desktop«

Damit Ihr System die Verknüpfung aus Listing 19.39 auch verwendet, müssen Sie diese installieren. Mit dem Programm xdg-desktop-menu können Sie die Verknüpfung im System
installieren. Setzen Sie den Befehl aus Listing 19.40 ab, um den Vorgang zu starten:

```
daniel@ubuntu:~$ xdg-desktop-menu install --novendor \
/usr/share/applications/ApacheDirectoryStudio.desktop
daniel@ubuntu:~$
```

Listing 19.40 Icon einrichten

Beachten Sie, dass das Kommando aus Listing 19.40 umbrochen wurde und eigentlich in
eine Zeile gehört.

Konfiguration

Nach dem Start des *Apache Directory Studio* erwartet Sie zunächst eine leere Arbeitsumge-
bung. Um Ihren OpenLDAP-Server administrieren zu können, müssen Sie eine neue Verbindung anlegen. Klicken Sie dafür auf das Symbol unten links in Abbildung 19.11. In dem
Fenster, das sich dann öffnet, müssen Sie nun die Verbindungsparameter angeben.

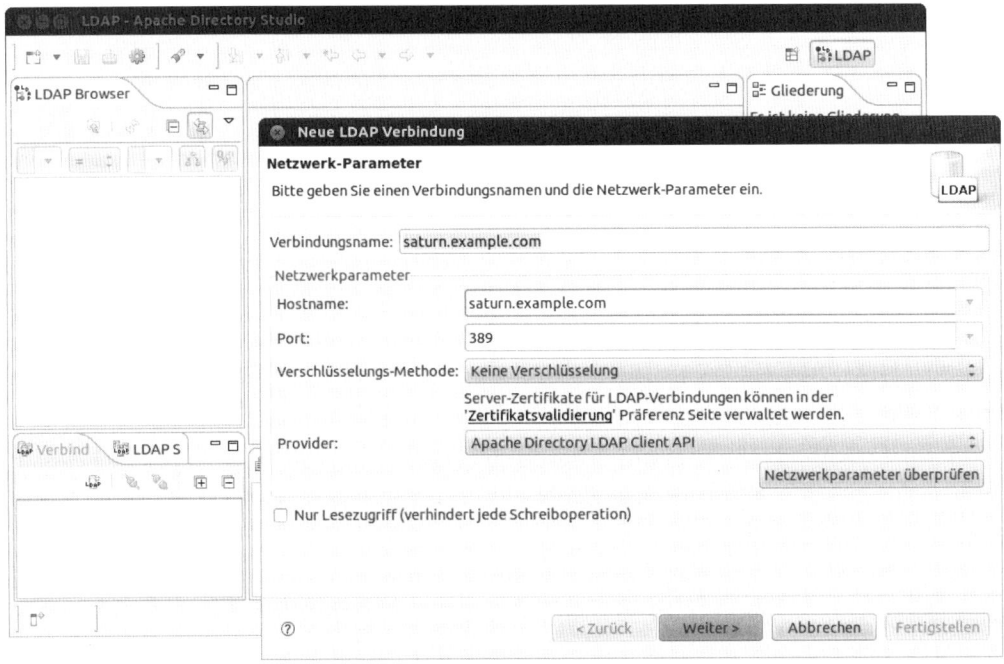

Abbildung 19.11 Einrichten einer neuen Verbindung im »Apache Directory Studio«

Nachdem Sie Ihre Angaben durch einen Klick auf WEITER > bestätigt haben, werden Sie aufgefordert, Anmeldedaten für den LDAP-Baum anzugeben.

Da wir das Tool zur vollständigen Administration einsetzen wollen, geben wir hier den Admin-Benutzer des LDAP-Baums an (siehe Abbildung 19.12).

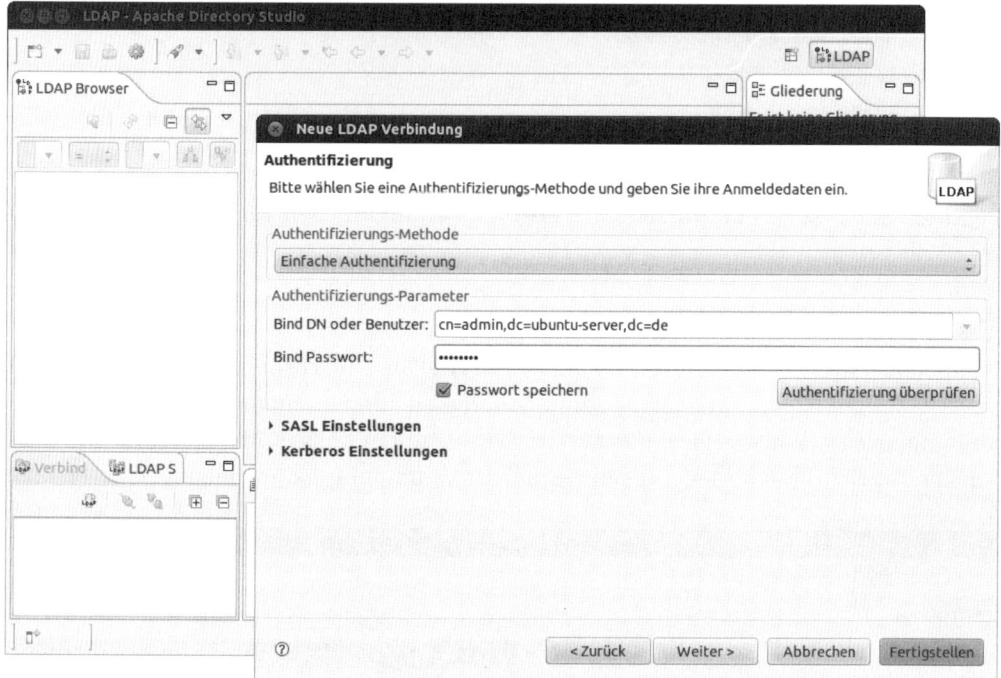

Abbildung 19.12 Angabe der Authentifizierung im »Apache Directory Studio«

Nachdem Sie Ihre Angaben durch einen Klick auf FERTIGSTELLEN bestätigt haben, wird die neue Verbindung angelegt und direkt geöffnet. Über den linken Bereich, den LDAP BROWSER, können Sie durch die Baumstruktur navigieren. Alle Elemente, vor denen ein Pfeil nach rechts steht, können durch einen Klick aufgeklappt werden. Die jeweiligen Attribute werden mittig dargestellt und können dort direkt manipuliert werden.

Im Beispiel aus Abbildung 19.13 wurde der Benutzer mmusterman geöffnet und dessen E-Mail-Adresse angepasst. Alle Änderungen werden sofort umgesetzt und im ÄNDERUNGS-LOG am unteren Bildrand protokolliert.

Die Bedienung ist überwiegend selbsterklärend und folgt den gängigen Standards einer GUI, wie Doppelklick zum Wechseln in den Editiermodus, rechte Maustaste für ein Kontextmenü oder Drag & Drop. Fehler werden hervorgehoben und erläutert, sodass Sie schnell und präzise mitgeteilt bekommen, wo es hakt.

Alle Funktionen zu erläutern würde jedoch den Rahmen dieses Buches sprengen. Sie werden schnell erkennen, dass das Programm ein mächtiges Werkzeug bei der täglichen Arbeit mit Ihrem LDAP-Baum darstellt.

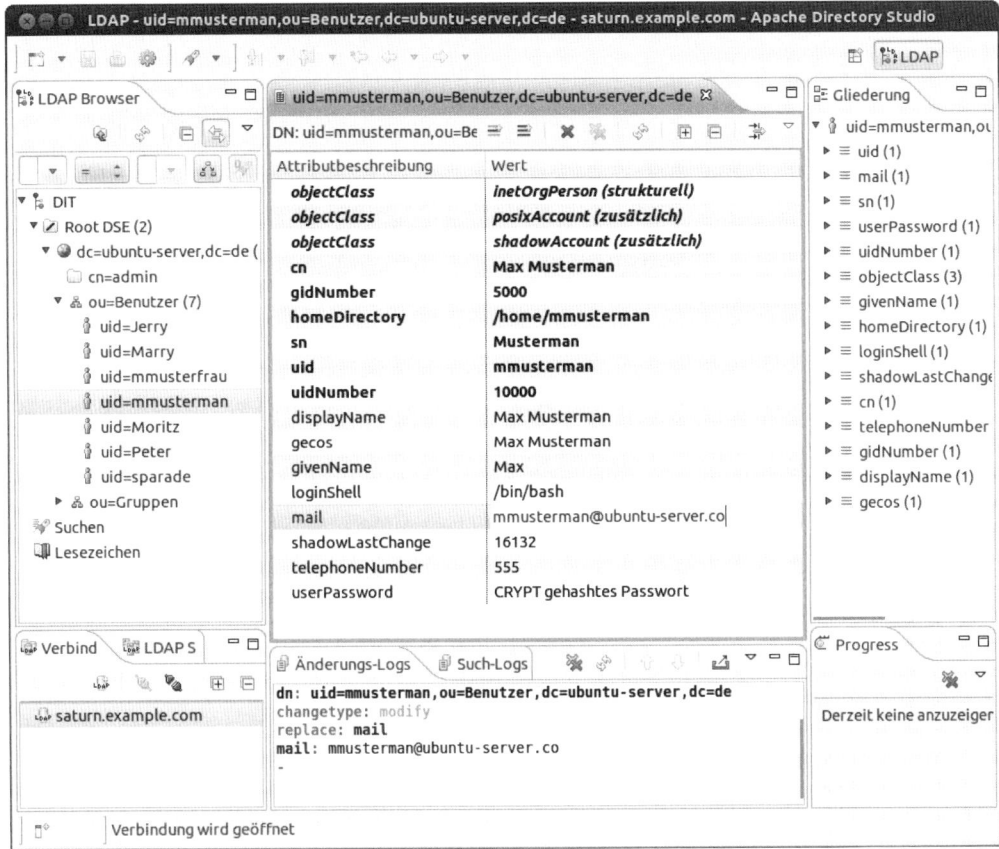

Abbildung 19.13 Anpassen der E-Mail-Adresse im »Apache Directory Studio«

19.8 Fortgeschrittene Konfigurationen

In diesem Abschnitt gehen wir auf weitere Konfigurationsmöglichkeiten ein, bei denen Sie bereits über ein Grundwissen über LDAP verfügen sollten. Aber auch als Neuling können Sie diesen Abschnitt erfolgreich durcharbeiten.

19.8.1 Absicherung der Kommunikation mit »TLS«

LDAP ist ein Klartextprotokoll. Damit sensible Daten wie Passwörter verschlüsselt übertragen werden können, wurde die Möglichkeit geschaffen, die Kommunikation mit TLS abzusichern. Dabei wird analog zur bekannten Webverschlüsselung die Kommunikation über Zertifikate verschlüsselt. Man spricht dann von *ldaps*, analog zu *https*. Damit Sie die sichere Kommunikation mit *ldaps* verwenden können, benötigen Sie zunächst Zertifikate. Entweder erwerben Sie diese bei einer der unzähligen öffentlichen Zertifizierungsstellen oder Sie generieren selbst welche.

[+]   **Neugierig geworden?**

Erfahren Sie mehr zum Thema Kryptografie, Verschlüsselungstechniken und Verschlüsselungsverfahren in Kapitel 12, »Webserver: ›Apache‹ und ›Nginx‹«, oder in Kapitel 24, »Virtuelles privates Netzwerk mit ›OpenVPN‹«!

Zertifikate bereitstellen

Installieren Sie zunächst die Zertifikate (egal ob selbst signiert oder erworben) im System. Wir verwenden dafür das Tool install, das Dateien direkt mit angepassten Rechten kopieren kann. Darüber hinaus müssen die Rechte des OpenLDAP-Benutzers erweitert werden:

```
daniel@server:~$ sudo install -D -o openldap -g openldap -m 400 ldap-key.pem \
/etc/ssl/private/ldap-key.pem
daniel@server:~$ sudo install -D -o openldap -g openldap -m 600 ldap-cert.pem \
/etc/ssl/certs/ldap-cert.pem
daniel@server:~$ sudo install -D -o openldap -g openldap -m 600 ca.pem \
/etc/ssl/certs/ca.pem
daniel@server:~$ sudo adduser openldap ssl-cert
daniel@server:~$ sudo chgrp ssl-cert /etc/ssl/private/ldap-key.pem
daniel@server:~$ sudo chmod g+r /etc/ssl/certs/ldap-cert.pem
daniel@server:~$ sudo chmod o-r /etc/ssl/certs/ldap-cert.pem
```

Listing 19.41 Zertifikate im System installieren

Damit der OpenLDAP-Dienst die Zertifikate auch lesen darf und damit Systeme, die mit *Apparmor* abgesichert sind, ebenfalls funktionieren, werden die Zertifikate in den Systemspeicherort */etc/ssl* kopiert und die Dateirechte angepasst. Anschließend wird der OpenLDAP-Benutzer der Gruppe ssl-cert zugewiesen, damit er über die benötigten Rechte verfügt. Zum Schluss werden die Rechte mit chgrp und chmod korrigiert.

Server-Konfiguration

Da die Zertifikate nun im System bekannt sind und von OpenLDAP gelesen werden dürfen, können wir den Dienst nun entsprechend konfigurieren. Erstellen Sie dafür die Datei */etc/ldap/tls.ldif* mit dem Inhalt aus Listing 19.42:

```
dn: cn=config
changetype: modify
add: olcTLSCACertificateFile
olcTLSCACertificateFile: /etc/ssl/certs/ca.pem
```

```
dn: cn=config
changetype: modify
add: olcTLSCertificateKeyFile
olcTLSCertificateKeyFile: /etc/ssl/private/ldap-key.pem

dn: cn=config
changetype: modify
add: olcTLSCertificateFile
olcTLSCertificateFile: /etc/ssl/certs/ldap-cert.pem
```

Listing 19.42 TLS-Konfiguration in »tls.ldif«

Um die Modifikationen zu installieren, die die Zertifikate im LDAP bekannt machen, setzen Sie den Befehl aus Listing 19.43 ab:

```
daniel@server:~$ sudo ldapadd -x -D cn=admin,cn=config -W -f /etc/ldap/tls.ldif
```

Listing 19.43 TLS-Konfiguration installieren

[!]

Verwenden Sie das richtiges Passwort!

Beachten Sie, dass hier das Backend-Passwort abgefragt wird, da Sie mit dem Benutzer cn=admin,cn=config arbeiten, und nicht das Frontend-Passwort.

19

Abschließend sollten Sie nun noch sicherstellen, dass Ihr Server auch auf verschlüsselte Verbindungen lauscht. Unverschlüsselte Verbindungen von LDAP werden über den Port 389 aufgebaut – wobei auch verschlüsselte Verbindungen über ihn laufen können. Für LDAPS hingegen ist der Port 636 vorgesehen. Standardmäßig lauscht Ihr Server nur auf Port 389, daher müssen Sie die Datei */etc/defaults/slapd* anpassen. Erweitern Sie den Parameter SLAPD_SERVICES um den Wert ldaps:///, wie in Listing 19.44 dargestellt:

```
SLAPD_SERVICES="ldapi:/// ldap:/// ldaps:///"
```

Listing 19.44 Aktivierung von »ldaps« in »/etc/defaults/slapd«

Damit die Änderungen wirksam werden, müssen Sie den Dienst einmal neu starten. Dies können Sie wie gewohnt mit sudo systemctl restart slapd erreichen.

[!]

Beachten Sie die Dateirechte!

Ohne korrekt gesetzte Dateirechte verweigert OpenLDAP den Start. Leider erhalten Sie keine aussagekräftige Fehlermeldung. Sie finden lediglich im *syslog* folgenden Hinweis:

```
Apr 12 15:21:40 server slapd[2809]: main: TLS init def ctx failed: -1
```

Falls Sie diese Fehlermeldung vorfinden, prüfen Sie nochmals die richtigen Gruppenzuge-hörigkeiten und Dateirechte an den Zertifikaten unter */etc/ssl*!

Client-Konfiguration

Damit die Clients nun auch die verschlüsselte Kommunikation verwenden, müssen Sie sie ebenfalls konfigurieren. Auf einem Linux-System müssen Sie dafür die Datei */etc/ldap/ldap.conf* so anpassen, wie in Listing 19.45 dargestellt:

```
HOST    ldap.example.com
BASE    dc=ubuntu-server,dc=de
URI     ldaps://ldap.example.com:636

TLS_REQCERT allow
TLS_CACERT /etc/ssl/certs/ca.pem
```

Listing 19.45 TLS-Client-Konfiguration in »/etc/ldap/ldap.conf«

Dank der Konfiguration aus Listing 19.45 werden viele Standardparameter direkt gesetzt. Wie Ihnen sicherlich aufgefallen ist, weist der Parameter TLS_CACERT auf das gleiche selbst signierte CA-Zertifikat, das bereits bei der Serverkonfiguration eingesetzt wurde.

☑ Dieser Parameter ist nur notwendig, wenn Sie selbst signierte Zertifikate einsetzen. Ansons-ten wird die Prüfung online durchgeführt und bedarf keiner Konfiguration.

Wie bereits erwähnt, werden viele Standardparameter durch diese Konfiguration gesetzt. Daher genügt der Aufruf aus Listing 19.46 auch ohne Angabe des Servers, des Protokolls oder des Base-Verzeichnisses:

```
daniel@client:~$ sudo ldapsearch -x -LLL -W -D cn=admin,dc=ubuntu-server,dc=de
```

Listing 19.46 TLS-Client mit Konfiguration: »ldapsearch«

Zusammenfassung

In diesem Abschnitt haben wir zunächst die Zertifikate in unser System eingebunden (*/etc/ssl/*) und die Rechte für OpenLDAP entsprechend angepasst. Anschließend haben wir diese dem OpenLDAP-Server über die Konfiguration des Backends beigebracht (*tls.ldif*) und den Dienst gestartet. Abschließend haben wir die Clientkonfiguration näher betrachtet.

19.8.2   Systemanmeldung mit LDAP

Selbstverständlich können Sie über LDAP auch die Anmeldung am System realisieren. So können Sie leicht den Verzeichnisdienst auf die nächste Stufe heben. Benutzer müssen sich nur ein Passwort merken und können nicht nur Ihre zentralen Dienste nutzen, sondern sich sogar auf Systemebene anmelden.

Voraussetzungen

Damit eine Anmeldung von Linux-Systemen über LDAP erfolgen kann, müssen einige Voraussetzungen erfüllt sein. Zum einen müssen die LDAP-Benutzer über gewisse Attribute verfügen und zum anderen muss das System die Authentifizierung mittels LDAP unterstützen.

Wenden wir uns zunächst den Voraussetzungen von LDAP zu. Sie müssen sicherstellen, dass die Benutzer die Klassen

▶ *posixAccount*

▶ *shadowAccount*

zugewiesen bekommen haben. Dadurch ergibt sich, dass die folgenden Attribute gefüllt sein *müssen*:
uidNumber, gidNumber, homeDirectory, userPassword, loginShell, gecos

Die folgenden Attribute *können* gefüllt sein:
shadowLastChange, shadowMin, shadowMax, shadowWarning, shadowInactive, shadowExpire, shadowFlag

Die optionalen Attribute werden, falls nicht angegeben, durch das System selbst gesetzt.

In unserem bisherigen Beispiel wurde die Benutzerin *Sabine Parade* mit den notwendigen Attributen ausgestattet. Alternativ können Sie auch einen neuen Benutzer anlegen. Listing 19.47 zeigt eine LDIF-Datei mit den notwendigen Attributen:

```
# Daniel van Soest
dn: uid=dvs,ou=Benutzer,dc=ubuntu-server,dc=de
objectClass: inetOrgPerson
objectClass: posixAccount
objectClass: shadowAccount
uid: dvs
sn: van Soest
givenName: Daniel
cn: Daniel van Soest
displayName: Daniel van Soest
uidNumber: 10009
gidNumber: 5001
userPassword: G3h3im3
gecos: Daniel van Soest
loginShell: /bin/bash
homeDirectory: /home/dvs
```

Listing 19.47 Systembenutzer im LDAP anlegen

465

Installation

Damit das System die Anmeldung via LDAP unterstützt, müssen wir zunächst das Paket *libnss-ldap* mit dem Kommando `sudo apt-get install libnss-ldap` installieren. Während der Installation wird das Paket *ldap-auth-config* konfiguriert. Dabei werden Sie zunächst nach dem LDAP-Server gefragt (siehe Abbildung 19.14).

```
┤ Konfiguriere ldap-auth-config ├
Please enter the URI of the LDAP server to use. This is a string in the
form of ldap://<hostname or IP>:<port>/. ldaps:// or ldapi:// can also
be used. The port number is optional.

Note: It is usually a good idea to use an IP address because it reduces
risks of failure in the event name service problems.

LDAP server Uniform Resource Identifier:

ldaps://ldap.ubuntu-server.de

                            <Ok>
```

Abbildung 19.14 LDAP-Authentifizierung: »LDAP-Server«

[!]   **Verwenden Sie die verschlüsselte Kommunikation mit »LDAPS«!**

Sensible Daten, wie Passwörter, sollten nie unverschlüsselt übertragen werden. Wenn Sie die LDAP-Authentifizierung nicht auf dem gleichen System ausführen, auf dem auch der LDAP-Server läuft, sollten Sie stets das verschlüsselte Protokoll *LDAPS* verwenden!

Leider sind die Dialoge nicht ins Deutsche übersetzt worden. Geben Sie hier, dem Anleitungstext entsprechend, Ihren LDAP-Server mit vorangestelltem Protokoll an. Nun werden Sie aufgefordert, das Stammverzeichnis anzugeben (siehe Abbildung 19.15).

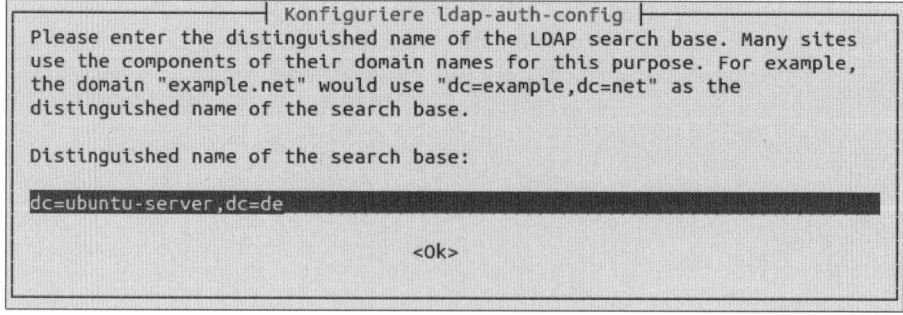

```
┤ Konfiguriere ldap-auth-config ├
Please enter the distinguished name of the LDAP search base. Many sites
use the components of their domain names for this purpose. For example,
the domain "example.net" would use "dc=example,dc=net" as the
distinguished name of the search base.

Distinguished name of the search base:

dc=ubuntu-server,dc=de

                            <Ok>
```

Abbildung 19.15 LDAP-Authentifizierung: »Stammverzeichnis«

Im nächsten Schritt können Sie die LDAP-Version bestimmen (siehe Abbildung 19.16). Wir empfehlen Ihnen, immer die Version 3 zu wählen.

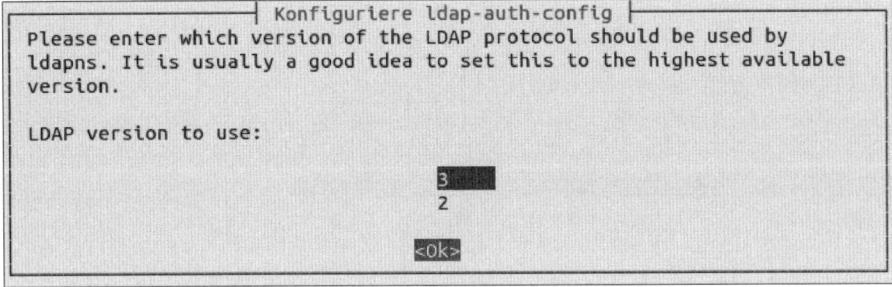

Abbildung 19.16 LDAP-Authentifizierung: »LDAP-Version«

Im nächsten Punkt können Sie wählen, ob die LDAP-Passwörter über die System-Tools änderbar gemacht werden sollen (siehe Abbildung 19.17).

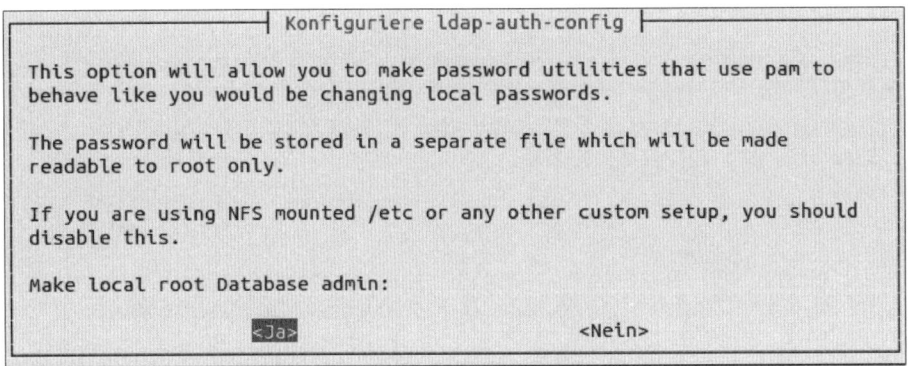

Abbildung 19.17 LDAP-Authentifizierung: »LDAP-Passwörter«

Anschließend wird abgefragt, ob zur Abfrage von Attributen bereits eine Anmeldung notwendig ist (siehe Abbildung 19.18). Dies nicht der Fall, daher wählen wir <Nein>.

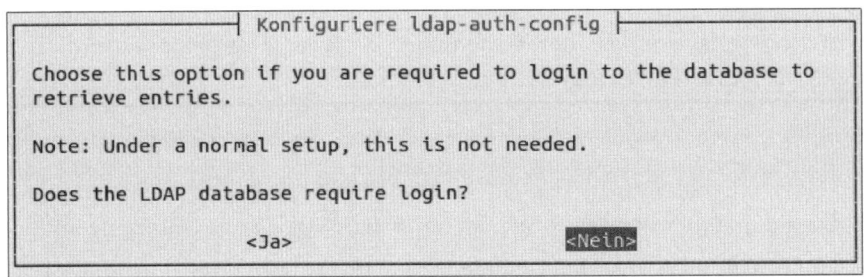

Abbildung 19.18 LDAP-Authentifizierung: »Vorauthentifizierung«

19

Nun werden Sie aufgefordert, einen LDAP-Benutzer anzugeben, der das Recht besitzt, Passwörter zu ändern (siehe Abbildung 19.19). Daher wird der Administrator angegeben.

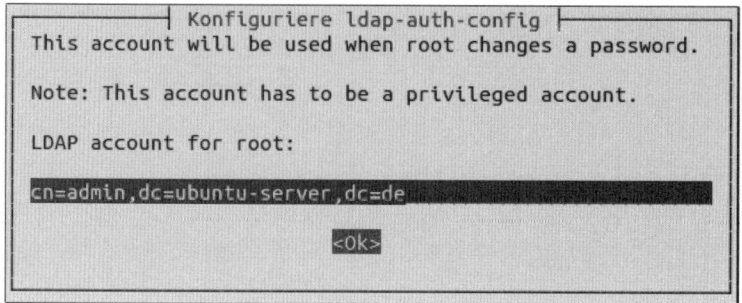

Abbildung 19.19 LDAP-Authentifizierung: »Administrator«

Abschließend wird das Passwort des angegebenen Benutzers erfragt, das in der lokalen Datei */etc/ldap.secret* mit stark eingeschränkten Rechten abgelegt wird (siehe Abbildung 19.20).

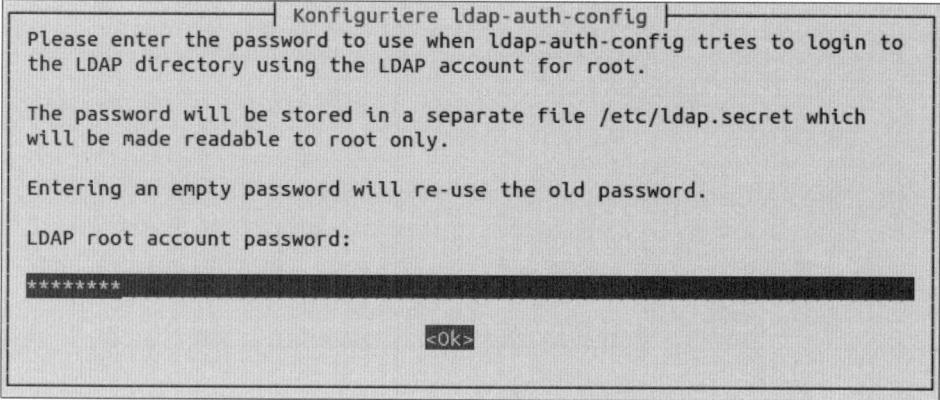

Abbildung 19.20 LDAP-Authentifizierung: »Administrator-Passwort«

[+] **Bei Fehleingaben einfach erneut ausführen**

Sollte Ihnen bei der Eingabe ein Fehler unterlaufen sein, so können Sie die Prozedur einfach erneut mit sudo dpkg-reconfigure ldap-auth-config anstoßen.

Konfiguration

Die Authentifizierung an einem Linux-System ist ein äußert komplexes Unterfangen. Damit LDAP-Benutzer sich anmelden können, müssen wir zunächst das Protokoll als erlaubte Authentifizierungsmethode einrichten. Setzen Sie dafür den Befehl aus Listing 19.48 ab:

```
daniel@server:~$ sudo auth-client-config -t nss -p lac_ldap
```

Listing 19.48 LDAP-Authentifizierung hinzufügen mit »auth-client-config«

Der Befehl auth-client-config erweitert die Werte in der Datei */etc/nsswitch.conf* um das Profil lac_ldap. Damit die Änderungen wirksam werden, müssen wir sie dem System mitteilen. Führen Sie dazu einfach den Befehl aus Listing 19.49 aus:

```
daniel@server:~$ sudo pam-auth-update
```

Listing 19.49 LDAP-Authentifizierung mit »pam-auth-update« aktivieren

Anschließend werden Sie nach der Konfiguration gefragt (siehe Abbildung 19.21).

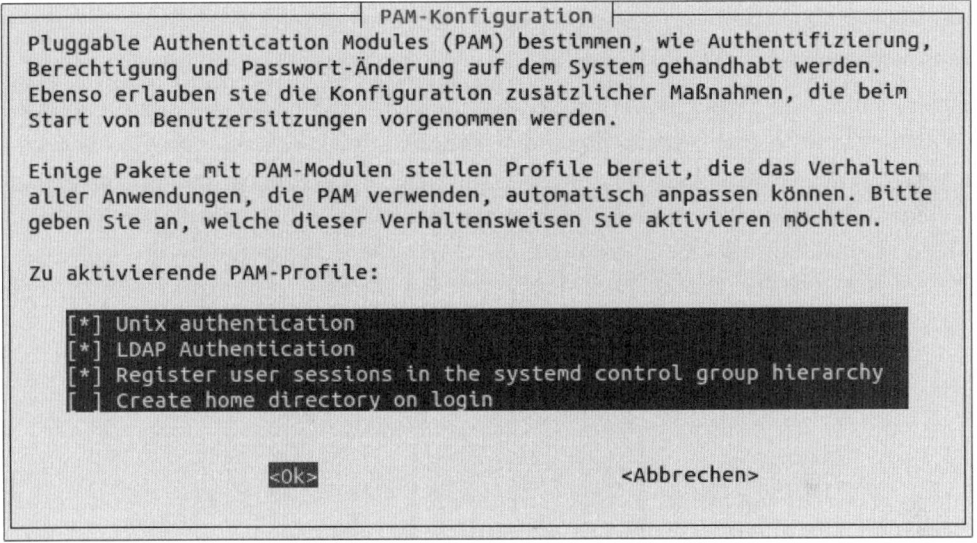

Abbildung 19.21 PAM-Konfiguration für LDAP

Wenn Sie hier den letzten Punkt Create home directory on login anwählen, entfallen die Arbeitsschritte aus dem folgenden Abschnitt »Heimatverzeichnis«.

Damit die Benutzer auch über das System ihr LDAP-Passwort ändern können, also zum Beispiel mit dem Programm passwd, müssen Sie die Datei */etc/pam.d/common-password* anpassen. Entfernen Sie die Option *use_authok*, ansonsten erhalten die Benutzer die Fehlermeldung aus Listing 19.50:

```
mmusterman@server:~$ passwd
Enter login(LDAP) password:
passwd: Authentifizierungsinformationen können nicht wiederhergestellt werden
passwd: password unchanged
```

Listing 19.50 LDAP-Fehler ohne angepasste »pam.d«

Heimatverzeichnis

Damit LDAP-Benutzern bei der Erstanmeldung direkt ein passendes *home*-Verzeichnis angelegt wird, können Sie einfach die Datei */etc/pam.d/common-session* um die Zeile aus Listing
19.51 erweitern:

```
session required     pam_mkhomedir.so skel=/etc/skel umask=0022
```

Listing 19.51 Automatisch LDAP-Benutzern ein Home-Verzeichnis anlegen

Damit wird allen LDAP-Benutzern ein *home*-Verzeichnis bei der Anmeldung angelegt, wenn
es nicht bereits verfügbar sein sollte. Der Inhalt wird dabei aus dem Standardverzeichnis
/etc/skel/ kopiert, sodass der LDAP-Benutzer über die gleiche Konfiguration verfügt wie ein
über das System angelegter Benutzer.

Zusammenfassung

Zunächst haben wir die Voraussetzungen erläutert, die erfüllt sein müssen, damit sich
LDAP-Benutzer an Ihrem System anmelden können (Objektklassen: *posixAccount* und
shadowAccount). Anschließend haben wir die benötigten Programme installiert (*libnss-ldap*
und *ldap-auth-config*) und konfiguriert. Im nächsten Schritt haben wir das System in
die Lage versetzt, zur Systemanmeldung eine LDAP-Abfrage zu starten (*auth-client-config*
und *pam-auth-update*). Abschließend haben wir den Automatismus zum Anlegen von
Heimatverzeichnissen eingerichtet (*pam_mkhomedir.so*).

Kapitel 20
Web-Proxy mit »squid«

Mithilfe eines Proxy können Sie vielen Rechnern einen zentralen Internetzugang ermöglichen, diesen überwachen und einschränken. Hier erfahren Sie alles, was Sie wissen müssen, um die Webzugriffe aus Ihrem Netz zu bündeln, zu schützen und zu kontrollieren – von der einfachen IP-basierten Zugriffssteuerung über die Benutzeranmeldung mittels Verzeichnisdiensten und Prüfung der Gruppenzugehörigkeit bis hin zum Antiviren-Scanning und zur Log-Auswertung.

Ein Proxy (von engl. *proxy representative*, dt. *Stellvertreter*) stellt im Wesentlichen nichts anderes dar als einen Stellvertreter für Dienste. Wenn von einem Proxy gesprochen wird, ist meist ein HTTP/HTTPS-Proxy-Server, auch Web-Proxy genannt, gemeint. Dies ist so nicht ganz korrekt, da durchaus auch andere Dienste proxy-fähig sind, zum Beispiel *FTP*, *NTP*, *NNTP* oder *SMTP*. In diesem Kapitel erfahren Sie alles zum Web-Caching-Proxy *Squid*, der den De-facto-Standard für Web-Proxys darstellt.

20.1 Der Stellvertreter und seine Vorzüge

Beim Einsatz eines Proxy-Servers werden im Gegensatz zum NAT, das beim heimischen DSL-Router eingesetzt wird, die Internetzugänge der Clients nicht 1:1 übersetzt. Dadurch erhalten Sie viele Vorteile und erhöhen Ihre Sicherheit, da nicht alle Clients direkt mit dem Internet kommunizieren.

Einer der Hauptgründe dafür, einen eigenen Proxy-Server zu betreiben, ist meist das Caching. Dabei werden bereits abgerufene Inhalte nicht erneut aus dem Internet geladen, sondern direkt vom Proxy lokal zugestellt. Dies schont nicht nur die Bandbreite, sondern erhöht auch die Geschwindigkeit. Außer dem Caching können auch viele Prüfungen durchgeführt werden. Darunter fallen zunächst die Ziel-Prüfungen, also welcher Inhalt abgerufen werden soll. Da über den Proxy-Server alle Webzugriffe laufen, können Sie dort zentral definieren, welche Webseiten erreicht werden können, welche Inhaltsarten abgerufen werden dürfen (zum Beispiel PDF-, exe- oder mp3-Dateien) und welche Übertragungsmethoden verwendet werden können.

Darüber hinaus können Sie auch Quellprüfungen durchführen, also prüfen, wer über Ihren Proxy zugreift. Dies kann über einfache IP-Adresslisten erfolgen, über eine lokale Anmeldung am Proxy oder sogar über Verzeichnisdienste wie LDAP oder das Active Directory einer Windows-Domäne. Zusätzlich können Sie auch noch Gruppen definieren, um so Ihre Zugriffsreglung noch feiner granulieren zu können.

Damit sind die Möglichkeiten aber keineswegs erschöpft. Da der Proxy-Server nicht nur (wie beim NAT) stumpf Inhalte 1:1 abruft, können Sie auch inhaltssensitive Prüfungen durchführen. Zum einen können Sie einen zentralen Antiviren-Scanner einsetzen. Zum anderen haben Sie auch die Möglichkeit, ein Content-Filtering zu betreiben. Dabei wird nicht nur auf Quell- und Zieladresse hin geprüft, sondern der aufgerufene Inhalt zum Beispiel auf Schlagworte hin gefiltert. Über unterschiedliche Prüfungen hinweg wird dabei dem Inhalt ein Wert zugewiesen. Wird ein definierter Schwellenwert überschritten, unterbindet der Proxy-Server den Aufruf.

Damit ist noch nicht Schluss. Zu guter Letzt bietet Ihnen der Proxy-Server auch noch die Möglichkeit, gezielt Auswertungen durchzuführen. Dabei können Sie zum Beispiel anonymisiert auswerten lassen, welche Top-100-Webseiten abgerufen wurden. Entsprechende organisatorische Regulierungen vorausgesetzt, können Sie auch eine vollständige Auswertung erstellen lassen, in der Sie exakt nachvollziehen können, wer welchen Inhalt abgerufen hat oder welcher Inhalt von wem abgerufen wurde.

Wenn Sie sich aufgrund der schieren Vielfalt an Möglichkeiten erschlagen fühlen, können wir Sie beruhigen. Die Komplexität Ihres Proxy-Servers können Sie Schritt für Schritt erweitern. Wir begleiten Sie von der einfachen Grundkonfiguration bis hin zum benutzer- und gruppenprüfenden Proxy-Server mit Antiviren-Prüfung und Content-Filtering. Dabei erläutern wir in jedem Abschnitt, welche Pakete benötigt werden und wie Sie die benötigte Konfiguration erstellen.

20.2 Die Basis

In diesem Abschnitt installieren wir zunächst die Hauptkomponente, den *squid*. Der Proxy-Server Squid stellt den De-facto-Standard im Bereich Web-Proxy dar. Es finden sich unzählige Installationen auf der ganzen Welt. Auf der Projektseite *www.squid-cache.org* finden Sie viele Hintergrundinformationen zum Squid. Darüber hinaus finden Sie dort auch ein Wiki, in dem die Entwickler viele nützliche Erläuterungen, Anleitungen und Beispiele dokumentiert haben.

Anschließend nehmen wir die Grundkonfiguration vor. Wir betrachten dabei die grundlegenden Parameter und ihre Funktionen.

20.2.1 Welches Vorwissen wird benötigt?

Für diesen Abschnitt sollten Sie folgende Kenntnisse bereits erworben haben:

- **Die Bash** (siehe hierzu Abschnitt 8.1, »Hilfe, da blinkt was! Die Bash«)
- **Paket-Installation** (siehe hierzu Abschnitt 2.4.3, »Umgang mit Paketen«)

Darüber hinaus müssen wir noch kurz einen Abstecher in die Theorie machen. Wie wir bereits erläutert haben, können über den Proxy-Server Regeln definiert werden, um Zugriffe zu reglementieren.

Dafür verwendet der Squid eine eigene Logik. Um Regeln zu erstellen, werden zunächst Objekte definiert. Mit diesen Objekten werden anschließend die Regeln erstellt. Dabei unterscheidet der Squid klassisch zwischen *allow* und *deny*, also erlauben und verweigern. Die Regelkunde ist damit leider noch nicht beendet. Der Squid ist nämlich auch in der Lage, mit Negationen zu arbeiten, sprich ein Objekt zu negieren, sodass nicht das Objekt selbst Anwendung findet, sondern das exakte Gegenteil. Die Regelwerkskonfiguration stellt einen großen Stolperstein für viele angehende Proxy-Administratoren dar, daher werden wir sie in allen Details in eigenen Abschnitten beschreiben.

20.2.2   Installation

Installieren Sie zunächst den Squid aus den Paketquellen, wie in Listing 20.1 dargestellt:

```
daniel@server:/# sudo apt-get install squid
```

Listing 20.1 Installation von »squid«

Die benötigten Abhängigkeiten werden automatisch mitinstalliert.

Der Squid wird in mehreren unterschiedlichen Versionen angeboten. Unter Ubuntu 14.04 LTS wird die Version 3.3 angeboten, ab Ubuntu 16.04 LTS die Version 3.5. Dies ist auf den Long-Time-Support zurückzuführen. Da beide Versionen aber noch von den Entwicklern gepflegt werden, können Sie auch die eigentlich ältere Version gefahrlos einsetzen.

20.2.3   Konfiguration

Nach der Installation finden Sie unter */etc/squid/* die sehr gut und umfangreich dokumentierte Konfigurationsdatei *squid.conf*. In ihr werden alle relevanten Konfigurationen durchgeführt. Diese erfolgen zeilenbasiert. Speichern Sie zunächst eine Kopie der Konfigurationsdatei unter einem anderen Namen ab (siehe Listing 20.2), damit Sie stets ein Nachschlagewerk zu den einzelnen Parametern griffbereit haben. Anschließend entfernen Sie mit sed die Leerzeilen und die Kommentare aus der Ursprungsdatei.

```
daniel@server:/etc/squid# sudo cp squid.conf squid.conf.BAK
daniel@server:/etc/squid# sudo sed '/^$/d;/^#/d' -i squid.conf
```

Listing 20.2 Sicherung der Datei »squid.conf«

20

Die deutlich verkürzte Konfigurationsdatei sehen wir uns nun etwas genauer an. Insgesamt sollten Sie eine Konfiguration wie in Listing 20.3 vorfinden:

```
 1: acl SSL_ports port 443
 2: acl Safe_ports port 80          # http
 3: acl Safe_ports port 21          # ftp
 4: acl Safe_ports port 443         # https
 5: acl Safe_ports port 70          # gopher
 6: acl Safe_ports port 210         # wais
 7: acl Safe_ports port 1025-65535  # unregistered ports
 8: acl Safe_ports port 280         # http-mgmt
 9: acl Safe_ports port 488         # gss-http
10: acl Safe_ports port 591         # filemaker
11: acl Safe_ports port 777         # multiling http
12: acl CONNECT method CONNECT
13: http_access deny !Safe_ports
14: http_access deny CONNECT !SSL_ports
15: http_access allow localhost manager
16: http_access deny manager
17: http_access allow localhost
18: http_access deny all
19: http_port 3128
20: coredump_dir /var/spool/squid
21: refresh_pattern ^ftp:           1440    20%     10080
22: refresh_pattern ^gopher:        1440    0%      1440
23: refresh_pattern -i (/cgi-bin/|\?) 0     0%      0
24: refresh_pattern (Release|Packages(.gz)*)$     0    20%    2880
25: refresh_pattern .               0       20%     4320
```

Listing 20.3 Basiskonfiguration: »squid.conf«

Die einzelnen Elemente haben dabei folgende Bedeutung:

▶ **Zeile 1–12: »acl«**
Über den Parameter acl werden Objektdefinitionen eingeleitet. Dabei kann es sich um Quell- und Zieladressen handeln, um Ports oder um Methoden.

▶ **Zeile 13–18: »http_access«**
leitet eine Regeldefinition ein.

▶ **Zeile 19: »http_port«**
definiert, auf welchem Netzwerkinterface und Port der Squid arbeitet.

▶ **Zeile 20: »coredump_dir«**
gibt das Verzeichnis an, in dem der Squid bei einem Crash wichtige Debug-Informationen speichert.

▶ **Zeile 21–25: »refresh_pattern«**
definiert, wir lange Inhalte im Cache vorgehalten werden.

Übersicht der Konfigurationsoptionen

Dies sind aber nicht alle Parameter. Die gängigsten Konfigurationsoptionen haben wir Ihnen zusammen mit ihren Standardwerten nachstehend aufgelistet:

▶ **http_port 3128**
Angabe der Netzwerkschnittstelle und des Ports, auf dem der Squid lauschen soll. Standardmäßig lauscht der Squid auf allen Netzwerkschnittstellen. Dies können Sie einschränken, indem Sie dem Port eine IP-Adresse voranstellen:
```
http_port 192.168.0.1:3128
```

▶ **error_directory /usr/share/squid-langpack/en**
gibt das Verzeichnis für die Fehlermeldungen an. Standardmäßig ist das Paket *squid-language* bereits mitinstalliert, sodass dort für viele Sprachen schon angepasste Fehlermeldungen vorinstalliert sind. Um die Ausgabe der Fehlerseiten auf Deutsch einzustellen, müsste die Zeile wie folgt lauten:
```
error_directory /usr/share/squid/langpack/German
```

▶ **acl <NAME> <TYPE> <VALUE1> | <VALUEx>**
Einleitung der Objektdefinition – zum Beispiel die Angabe des HTTPS-Ports:
```
acl SSL_ports port 443
```

▶ **http_access**
Einleitung einer Regel – zum Beispiel »den Zugriff vom `localhost` erlauben«:
```
http_access allow localhost
```

▶ **access_log**
Speicherort des Zugriffslogs des Squid – standardmäßig:
```
access_log /var/log/squid/access.log
```

▶ **cache_log**
Speicherort des Dienstlogs des Squid, nicht der Objekte im Cache – standardmäßig:
```
cache_log /var/log/squid/cache.log
```

▶ **cache_dir <TYPE> <DIRECTORY> <FS-DATA> [OPTIONS]**
Speicherort, -größe und -art des Festplattencaches – standardmäßig deaktiviert

▶ **cache_mem**
Speichergröße des Hauptspeichercaches – standardmäßig 256 MB:
```
cache_mem 256 MB
```

▶ **cache_peer <HOSTNAME> <TYPE> <HTTP-PORT> <ICP-PORT> [OPTIONS]**
Angabe eines übergeordneten oder Nachbar-Proxys – standardmäßig deaktiviert

20

- ▶ **url_rewrite_program**
  Helferprogramm (zum Beispiel »squidguard«) – standardmäßig deaktiviert

- ▶ **auth_param**
  Authentifizierungshelfer (zum Beispiel »LDAP«) – standardmäßig deaktiviert

- ▶ **external_acl_type**
  Angabe eines Helferprogramms zur Definition von Objekten (zum Beispiel Gruppenzugehörigkeit) – standardmäßig deaktiviert

Erste Konfiguration

In dieser Standardkonfiguration ist der Zugriff über den Proxy-Server nur von *localhost* gestattet, was durch die Zeile 17 erlaubt wird. Die folgende Zeile 18 wird auch als *Catch-all*-Regel bezeichnet. Sie schließt das Regelwerk ab und verbietet jeglichen Zugriff über den Proxy-Server.

Damit die Clients in Ihrem Netzwerk auch über den Proxy arbeiten können, müssen Sie eine entsprechende Freigabe einrichten. Fügen Sie nun unterhalb der Zeile 11 und oberhalb der Zeile 12 aus Listing 20.3 die nachstehende Zeile aus Listing 20.4 ein, um das Objekt *localnet* anzulegen:

```
acl localnet src <NETWORK>/<MASK>
```

Listing 20.4 Definition des Objekts »localnet«

Ersetzen Sie die Platzhalter `<NETWORK>` und `<MASK>` durch die Angaben Ihres Netzwerks. Anschließend müssen Sie die Regel definieren. Fügen Sie dafür unterhalb der Zeile 17 und oberhalb der Zeile 18 die in Listing 20.5 dargestellte Zeile ein:

```
http_access allow localnet
```

Listing 20.5 Definition der Regel für »localnet«

Herzlichen Glückwunsch, Sie haben soeben Ihre erste Squid-Regel erstellt. Damit der Squid diese Regel auch anwendet, müssen Sie den Dienst neu laden. Dies können Sie einfach über den Befehl `systemctl` durchführen, wie Sie in Listing 20.6 sehen:

```
daniel@server:/# sudo systemctl reload squid
```

Listing 20.6 Neuladen der Squid-Konfiguration

Ab jetzt können alle Ihre Clients über den Proxy-Server arbeiten.

20.2.4 Clientkonfiguration

Damit die Clients in Ihrem Netz den Proxy-Server auch benutzen, müssen Sie ihn konfigurieren. Öffnen Sie dazu den Browser Ihrer Wahl (wir verwenden den Firefox auf einem Ubuntu-

Desktop), und begeben Sie sich in die Netzwerkkonfiguration. Im Firefox müssten Sie hierfür über das Menü BEARBEITEN (bei Windows unter EXTRAS) den Punkt EINSTELLUNGEN öffnen, dort den Punkt ERWEITERT auswählen und in den Tab NETZWERK wechseln (BEARBEITEN • ERWEITERT • NETZWERK). Wechseln Sie anschließend in die Verbindungseinstellungen.

Im Firefox können Sie dies im Abschnitt VERBINDUNGEN über einen Klick auf den Button EINSTELLUNGEN... erreichen. Dort können Sie nun eine MANUELLE PROXY-KONFIGURATION angeben, wie in Abbildung 20.1 dargestellt.

Abbildung 20.1 Proxy-Konfiguration im Firefox (Ubuntu-Desktop)

Da wir bei der Squid-Konfiguration keine weiteren Angaben vorgenommen haben, läuft der Dienst auf allen Netzwerkschnittstellen auf dem Port 3128.

Proxy-Ausnahmen

Die Angabe von Proxy-Ausnahmen (im Firefox die Auflistung unter KEIN PROXY FÜR) veranlasst den Browser, Inhalte dieser URLs direkt abzurufen und nicht den Proxy-Server danach zu fragen. Beachten Sie diese Besonderheit, wenn es darum geht, Fehler zu finden.

20.2.5   Übersichtlichkeit

Zur besseren Übersicht unterteilen wir die Konfigurationsdatei in mehrere Abschnitte. Fügen Sie folgende Überschriften vor die jeweils erste Zeile der Punkte aus Listing 20.7 ein:

```
### Objekte
acl …
[…]

### Regeln
http_access …
[…]

### Netzwerk
http_port   …
[…]

### Cache
coredump_dir …
refresh_pattern …
[…]
```

Listing 20.7 Unterteilung der »squid.conf«

[+] **Reihenfolge innerhalb der »squid.conf«**

An welcher Stelle sich die Konfigurationen innerhalb der *squid.conf* befinden, ist dem Squid überwiegend egal. Einige Parameter bauen aber aufeinander auf und müssen im Block angegeben werden. Auf diese Besonderheit weisen wir entsprechend hin.

Wir verwenden in Listing 20.7 das Konzept, dass alle Blöcke mit drei Kommentarzeichen (*Hashtag*, *Raute* oder auch *Gatterkreuz* genannt) beginnen, auf die ein Leerzeichen folgt. Später fügen wir Unterblöcke hinzu, die mit nur einem Kommentarzeichen beginnen. Damit erhalten wir die Übersichtlichkeit.

Prinzipiell ist die *squid.conf* auch ganz ohne Kommentare und Leerzeilen funktionsbereit, aber bedenken Sie, dass Sie eventuell Wochen, Monate oder Jahre später die Datei erneut editieren müssen, und dann sind Kommentare im wahrsten Sinne des Wortes Gold wert.

20.2.6   Zusammenfassung

Zunächst haben wir den Squid aus den Paketquellen installiert. Anschließend haben wir die Kommentare und Leerzeilen aus der *squid.conf* entfernt, eine Freigabe des gesamten Netzes eingefügt und den Dienst neu gestartet. Des Weiteren haben wir die Client-Konfiguration vorgenommen. Abschließend haben wir zur Wahrung der Übersichtlichkeit die Konfiguration in Blöcke unterteilt.

20.3   Details zu Objekten – »acl«

Einer der großen Vorzüge des Squid besteht darin, dass er in der Lage ist, komplexe Regelwerke abzubilden. Damit haben Sie die Möglichkeit, jegliche Zugriffe exakt zu kontrollieren. Die meisten angehenden Proxy-Administratoren stolpern über die Regelwerkserstellung, da aufgrund ihrer Komplexität nicht nur viel abgebildet werden kann, sondern vor allem auch leicht Fehler eingebaut werden können. Damit Sie nicht ratlos über Ihrem Regelwerk brüten, werden wir die Erstellung von A bis Z beleuchten.

20.3.1   Definition: »acl«

Wie wir bereits bei der Basiskonfiguration geschildert haben, werden Objekte mit dem Schlagwort `acl` (*Access Control List*, engl. für *Zugangskontrollliste*) definiert. Dabei unterscheidet der Squid unterschiedliche Objektarten – unter anderem Hosts, Netze, Ports oder Protokolle. Jedes Objekt besteht aus mindestens einer *acl*-Zeile und enthält die in Tabelle 20.1 dargestellten Elemente.

Element	Bedeutung
acl	Einleitung der Objektdefinition
<NAME>	Name des Objekts, auf den innerhalb von Regeln verwiesen wird
<TYPE>	Typ des Objekts (*src, dst, port, proto, url_regex, dstdomain* etc.)
<DATA>	Daten des Typs (nativ in der Konfiguration oder durch Anführungszeichen ["..."] umschlossen in einer externen Datei)

Tabelle 20.1 Objektdetails

In der Standardkonfiguration nach der Installation sind bereits einige Objekte definiert. Zusätzlich haben wir bereits das Objekt `localnet` angelegt:

```
### Objekte
acl SSL_ports port 443
acl Safe_ports port 80            # http
acl Safe_ports port 21            # ftp
acl Safe_ports port 443           # https
acl Safe_ports port 70            # gopher
```

```
acl Safe_ports port 210            # wais
acl Safe_ports port 1025-65535     # unregistered ports
acl Safe_ports port 280            # http-mgmt
acl Safe_ports port 488            # gss-http
acl Safe_ports port 591            # filemaker
acl Safe_ports port 777            # multiling http
acl CONNECT method CONNECT
acl localnet src <NETWORK>/<MASK>
```

Listing 20.8 Objekte in der »squid.conf«

Um einem Objekt mehrere Werte zuzuweisen, wird das Objekt mehrfach deklariert, zum Beispiel in Listing 20.8 Safe_ports. Oder die Werte werden in einer Zeile angegeben. Auch eine Mischform ist möglich, der Squid setzt die Werte stets zu einer Liste zusammen.

In Objektdefinitionen werden keine *Wildcards* unterstützt. Der Squid bietet hierfür aber ein besonderes Domain-Handling an. Werden Domains mit einem führenden Punkt deklariert, dann sind in diesem Objekt auch alle Subdomains mit eingeschlossen. Bei der Angabe von *.example.net* sind die Domains *www.example.net* und *mail.example.net* enthalten. Zudem sind Objektnamen *case sensitive*, sodass das Objekt linuxdistributionen ungleich dem Objekt LinuxDistributionen ist.

[!] **Stolperstein »Namensgebung«**

Jedes Objekt muss über einen eindeutigen Namen verfügen, den Sie bei der *acl*-Zeile als zweiten Parameter angeben. Die Wahl des Namens ist Ihnen überlassen, wobei Sie sich an folgende Spielregeln halten müssen: Verwenden Sie nur Buchstaben, Zahlen, Binde- und Unterstriche. Leerzeichen, deutsche Umlaute oder Sonderzeichen sind nicht erlaubt und führen zu Fehlern!

20.3.2   Objekttypen

Wie bereits erörtert, unterscheidet der Squid Objekte nach Typen. Diese müssen Sie für jedes Objekt angeben, damit der Squid weiß, wie er das Objekt verarbeiten soll. Tabelle 20.2 gibt Ihnen eine Übersicht der gängigsten Objekttypen.

Typen	Beispiel	Bedeutung
src	192.168.0.0/24	Quell-IP-Adresse, -Range oder -Netz
dst	192.168.1.0/30	Ziel-IP-Adresse, -Range oder -Netz
srcdomain	.example.com	Quellname

Tabelle 20.2 Objekttypen

Typen	Beispiel	Bedeutung
dstdomain	www.example.com	Zielname
port	8443	TCP-Port
dstdom_regex	s[0-9]*\.example\.com	Regulärer Ausdruck auf Zieldomänen
proxy_auth	-	Authentifizierung

Tabelle 20.2 Objekttypen (Forts.)

20.3.3   Objektlisten in Dateien

Große Objektlisten innerhalb der Konfiguration zu pflegen ist nicht nur unübersichtlich, sondern stört zum Beispiel auch bei einer skriptgestützten Verarbeitung. Daher wurde die Möglichkeit geschaffen, Objektlisten in eine Datei auszulagern. Diese müssen nicht umständlich importiert werden. Hierfür genügt es, bei der Objektdefinition als Wert den Pfad zur Datei anzugeben und diesen mit doppelten Anführungszeichen (") zu umschließen.

Wollen Sie zum Beispiel eine Liste der Windows-Update-Server in eine Datei auslagern, legen Sie zunächst die Textdatei */etc/squid/windowsUpdate.txt* mit folgendem Inhalt an:

```
windowsupdate.microsoft.com
.update.microsoft.com
download.windowsupdate.com
.metaservices.microsoft.com
c.microsoft.com
www.download.windowsupdate.com
wustat.windows.com
crl.microsoft.com
sls.microsoft.com
productactivation.one.microsoft.com
```

Listing 20.9 Externe »dstdomain«-Datei »/etc/squid/windowsUpdate.txt«

Damit der Squid die soeben angelegte Datei auch verarbeiten kann, müssen Sie die Rechte anpassen. Dies können Sie über chown erreichen, wie Sie in Listing 20.10 sehen:

```
daniel@server:/etc/squid# sudo chwon proxy:proxy windowsUpdate.txt
```

Listing 20.10 Dateirechte für »windowsUpdate.txt« anpassen

Anschließend deklarieren wir das Objekt windowsUpdate in der *squid.conf* so, wie in Listing 20.11 dargestellt:

20

481

```
acl windowsUpdate dstdomain "/etc/squid/windowsUpdate.txt"
```

Listing 20.11 Objektdefinition der externen »dstdomain«-Datei »windowsUpdate«

Somit wird der Squid angewiesen, den Inhalt aus der Datei */etc/squid/windowsUpdate.txt* als Objekt des Typs dstdomain zu verarbeiten. Beachten Sie dabei, dass in der Datei pro Zeile nur ein Wert aufgeführt sein darf.

20.3.4   Zusammenfassung

Zunächst haben Sie gelernt, wie Objekte definiert werden (acl). Anschließend haben Sie die gängigsten Objekttypen kennengelernt. Anschließend haben Sie die Möglichkeit kennengelernt, Objektlisten in Dateien auszulagern, und wir haben Sie darauf hingewiesen, dass Sie solche Dateien mit (zumindest) Lese-Rechten für den Squid-Dienst versehen müssen.

Für Objekte gelten folgende Grundsätze:

▶ Objekte werden über acl definiert.

▶ Objektnamen sind *case sensitive* und dürfen nur aus Buchstaben, Zahlen, Binde- und Unterstrichen bestehen.

▶ Objekte können in externe Dateien ausgelagert werden.

▶ Objekte können sowohl in einer als auch in mehreren Zeilen angegeben werden.

20.4   Details zu Regeln – »http_access«

Mit Objekten werden Regeln definiert, die dann das Regelwerk bilden. Regeln erlauben oder verweigern aber nicht nur Zugriffe, sondern können diese auch einschränken.

20.4.1   Regeln: »http_access«

Wie bei den Objekten sind in der Standardkonfiguration bereits Regeln definiert und von uns für *localnet* erweitert worden:

```
### Regeln
http_access deny !Safe_ports
http_access deny CONNECT !SSL_ports
http_access allow localhost manager
http_access deny manager
http_access allow localhost
http_access allow localnet
http_access deny all
```

Listing 20.12 Standardregeln in »squid.conf«

Eine Regel liest sich von links nach rechts. In Pseudocode lautet die Regel http_access deny CONNECT !SSL_ports: »Verbiete Zugriff auf das Objekt CONNECT (Zugriffsmethode CONNECT) für Nicht-Inhalte des Objekts SSL_ports.« Das bedeutet so viel wie: »Verbiete alle Zugriffe auf Nicht-SSL-Ports.«

Im Detail enthält jede Regel die folgenden Elemente aus Tabelle 20.3:

Element	Bedeutung
http_access	Einleitung einer Regel
<AKTION>	Regelart: erlauben/verweigern (allow/deny)
<OBJEKT>	Objekt, auf das die Aktion angewendet wird
(optional) <OBJEKT X>	Objekt, das den Zugriff weiter einschränkt – dies kann mehrfach erfolgen.

Tabelle 20.3 Beschreibung von »http_access«

20.4.2   Regeltypen

Generell unterscheidet der Squid nur zwischen zwei Typen: *allow* und *deny*. Mit diesen beiden Zuständen wird das Regelwerk gebildet.

Regeln des Typs *allow* weisen den Squid an, den Zugriff auf die nachstehenden Objekte zuzulassen. Hingegen wird der Zugriff bei Regeln des Typs *deny* unterbunden.

20.4.3   Negierungen

Ein probates Mittel bei der Regelwerkserstellung ist die Negierung. Ein führendes Ausrufezeichen (!) negiert das Objekt. Damit wird der Squid angewiesen, nicht das Objekt selbst, sondern dessen Gegenteil zu verwenden. Hierbei gibt es aber Untiefen, die es zu umschiffen gilt. Betrachten wir die zwei Methoden in Tabelle 20.4, um eine Freigabe zu definieren.

Beispiel	Regelwerk
A	http_access allow myClients whitelist http_access deny all
B	http_access deny myClients !whitelist http_access deny all

Tabelle 20.4 Zwei Arten, Freigaben zu definieren

Auf den ersten Blick erreichen beide Varianten das gleiche Ziel: Alle Mitglieder des Objekts myClients dürfen nur auf den Inhalt des Objekts whitelist zugreifen, und alle anderen Zugriffe werden verboten. Die beiden Beispiele werden von Squid aber unterschiedlich verarbeitet. Das Beispiel A arbeitet so, wie man es auf den ersten Blick erwartet. Beim Beispiel B hingegen werden alle Zugriffe unterbunden. Dies ist darauf zurückzuführen, dass für das Objekt myClients lediglich deny-Regeln definiert sind und keine Regel, die einen Zugriff erlaubt.

20.4.4   Verarbeitung

Der Squid verarbeitet das Regelwerk sequenziell. Man spricht in diesem Zusammenhang auch von einer *Top-down*-Verarbeitung.

Dabei bricht der Squid die Verarbeitung bei der ersten zutreffenden Regel ab – dabei spricht man vom sogenannten *first match*. Somit ergibt sich, dass die Reihenfolge essenziell für das Regelwerk ist. Wir arbeiten nach dem Grundsatz: »Die Reihenfolge ergibt sich vom Objekt mit den meisten Rechten (oben) aus hin zu dem Objekt mit den geringsten Rechten (unten).« Darauf werden wir im weiteren Verlauf dieses Abschnitts mehrfach eingehen.

Regeln verfügen noch über ein paar Besonderheiten, die wir nun genauer betrachten. Da das Regelwerk sequenziell abgearbeitet wird, ist die Positionierung einer Regel von essenzieller Bedeutung. Da der Squid das Prinzip des first match anwendet (Abbruch der Verarbeitung beim ersten Zutreffen einer Regel), sollte am Ende des Regelwerks immer eine *Catch-all*-Regel stehen, die alle Anfragen abfängt, die nicht bereits durch eine deklarierte Regel verarbeitet wurden. In der Standardkonfiguration ist dies bereits enthalten, wie Sie in Listing 20.13 sehen:

```
# And finally deny all other access to this proxy
http_access deny all
```

Listing 20.13 Regel »Catch all«

[!]

> **Stolperstein »Catch all«**
> Falls keine Regel auf einen Zugriff zutrifft, wendet Squid das Gegenteil der letzten Regel in der Konfiguration an. Richten Sie daher stets eine *Catch-all*-Regel ein, damit immer diese Regel zutrifft und keine ungeplanten Phänomene auftreten.

Mit dem *First-match*-Prinzip lässt sich eine oft angewandte Funktion etablieren: das Überlagern von Objektdefinitionen mithilfe von first match. Dabei macht man sich die Tatsache zunutze, dass beim Zutreffen einer Regel die Verarbeitung abbricht, um zum Beispiel einer Schnittmenge Freigaben zuzuweisen. Dies werden wir im Praxis-Abschnitt näher erkunden. Generell sollten Sie beachten, dass komplexe Regelwerke durchaus die Geschwindigkeit stark beeinflussen können. Verfahren Sie daher nach dem Motto »Weniger ist mehr«.

20.4.5   Zusammenfassung

Zunächst haben Sie gelernt, wie Regeln definiert werden (`http_access`). Anschließend haben wir die unterschiedlichen Methoden betrachtet (*allow* und *deny*). Des Weiteren haben wir die Möglichkeit der Negierung erläutert. Abschließend haben Sie die Funktionsweise des Regelwerks (*top-down* und *first match*) kennengelernt. Für Regeln gelten folgende Grundsätze:

- Regeln werden über `http_access` definiert.

- Negierungen von Objekten in einer Regel werden mit einem führenden Ausrufezeichen (!) eingeleitet.

- Regeln werden sequenziell (*top-down*) nach dem Prinzip des *first match* verarbeitet.

- Regeln und Objekte können sich überlagern.

- Am Ende des Regelwerks sollte immer eine *Catch-all*-Regel stehen.

20.5   Praktisches Beispiel – Objekte und Regeln im Einsatz

In diesem Abschnitt werden wir ein vollständiges Regelwerk erzeugen. Wir werden sukzessive ein Regelwerk erarbeiten und dabei auf die jeweiligen Besonderheiten eingehen. Zunächst werden wir den Aufbau erläutern. Anschließend erstellen wir ein einfaches Regelwerk für Clients und Server und erweitern dieses um Einschränkungen für Server. Weiter werden wir die Komplexität erhöhen und mit Überlagerungen arbeiten. Abschließend richten wir noch eine Freigabe ein, wozu wir zeitgesteuerte Freigaben zur Hilfe nehmen.

20.5.1   Aufbau und Vorbereitungen

Damit Sie eine bessere Vorstellung von der Umgebung bekommen, haben wir diese in Abbildung 20.2 aufgezeichnet.

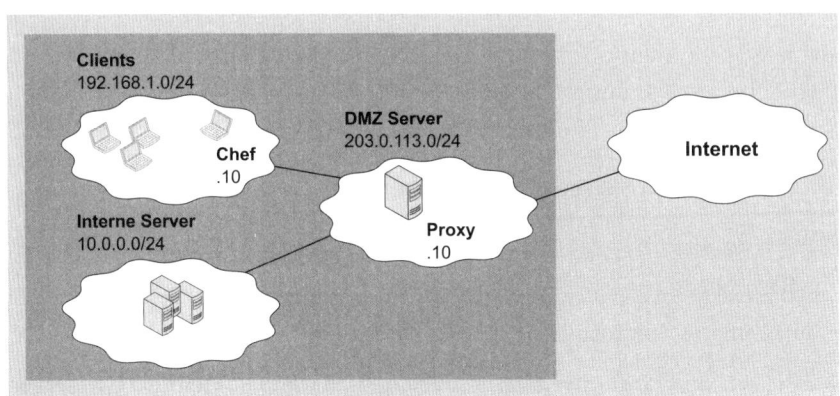

Abbildung 20.2 Netzaufbau der Beispielkonfiguration

Setzen Sie zunächst die Konfigurationsdatei auf den Standard zurück. Hierfür kopieren Sie die gesicherte Datei *squid.conf.BAK* zurück und entfernen die Kommentare und Leerzeichen, wie in Listing 20.14 dargestellt:

```
daniel@server:/etc/squid# sudo cp squid.conf.BAK squid.conf
daniel@server:/etc/squid# sudo sed '/^$/d;/^#/d' -i squid.conf
```

Listing 20.14 Zurückspielen der »squid.conf«

Fügen Sie gegebenenfalls noch (wie wir bei Listing 20.7 bereits erläutert haben) die Unterteilung der Konfigurationsdatei zur besseren Übersicht ein.

20.5.2   Einfaches Regelwerk

Für dieses Regelwerk gilt:

▶ Clients dürfen alles.

▶ Server dürfen alles.

Um den Clients und den Servern aus dem Szenario von Abbildung 20.2 Vollzugriff über den Proxy zu gewähren, müssen zuerst Objekte definiert werden:

```
acl myClients src 192.168.1.0/24
acl myServer src 10.0.0.0/24
```

Listing 20.15 Objektdefinition von »myClients«

Mit diesen Objekten wird nun eine Regel oberhalb der *Catch-all*-Regel erstellt.

```
http_access allow myClients
http_access allow myServer
http_access deny all
```

Listing 20.16 Die Regel »myClients«

Nach einem Neuladen der Konfiguration mit `sudo systemctl reload squid` können sowohl Clients als auch Server Inhalte aus dem Internet abrufen.

20.5.3   Erweitertes Regelwerk: »Server-Einschränkungen«

Für dieses Regelwerk gilt:

▶ Clients dürfen alles.

▶ Server dürfen nur Updates durchführen.

Wie bereits erwähnt wurde, kann der Zugriff auch eingeschränkt werden. Da Server im Normalfall lediglich Zugriff auf Updates benötigen, genügt es, zum Beispiel einem

Ubuntu-Server Zugriff auf die Seiten *de.archive.ubuntu.com* und *security.ubuntu.com* zu gewähren. Dafür deklarieren wir ein neues Objekt ubuntuUpdate für die URLs und ein Objekt myServer für das Servernetz 10.0.0.0/24:

```
acl ubuntuUpdate dstdomain de.archive.ubuntu.com
acl ubuntuUpdate dstdomain security.ubuntu.com
acl myServer src 10.0.0.0/24
```

Listing 20.17 Objektdefinition »ubuntuUpdate« und »myServer«

Da für Windows-Updates deutlich mehr URLs deklariert werden müssen, empfiehlt es sich, die Auflistung in einer externen Datei vorzunehmen. Dafür legen wir die Textdatei */etc/squid/windowsUpdate.txt* mit folgendem Inhalt an:

```
windowsupdate.microsoft.com
.update.microsoft.com
download.windowsupdate.com
.metaservices.microsoft.com
c.microsoft.com
www.download.windowsupdate.com
wustat.windows.com
crl.microsoft.com
sls.microsoft.com
productactivation.one.microsoft.com
```

Listing 20.18 Externe »dstdomain«-Datei »/etc/squid/windowsUpdate.txt«

Damit der Squid die soeben angelegte Datei auch verarbeiten kann, müssen Sie die Rechte anpassen. Dies können Sie über chown erreichen (siehe Listing 20.19):

```
daniel@server:/etc/squid# sudo chwon proxy:proxy windowsUpdate.txt
```

Listing 20.19 Dateirechte anpassen für »windowsUpdate.txt«

Anschließend deklarieren wir das Objekt windowsUpdate in der *squid.conf*:

```
acl windowsUpdate dstdomain "/etc/squid/windowsUpdate.txt"
```

Listing 20.20 Objektdefinition der externen »dstdomain«-Datei »windowsUpdate«

Damit unsere Server im 10.0.0.0/24-Netz ausschließlich diese URLs aufrufen dürfen, muss noch eine entsprechende Regel erstellt werden. Das komplette Regelwerk sieht dann wie folgt aus:

```
1: ### Regeln
2: http_access deny !Safe_ports
3: http_access deny CONNECT !SSL_ports
4: http_access allow localhost manager
```

```
 5: http_access deny manager
 6: http_access allow localhost
 7:
 8: http_access allow myClients
 9: http_access allow myServer ubuntuUpdate
10: http_access allow myServer windowsUpdate
11:
12: http_access deny all
```
Listing 20.21 Gesamtregelwerk

[+]   Wie Ihnen vielleicht aufgefallen ist, fehlt der Client-Freigabe aus Zeile 8 ein einschränkendes Objekt. Der Squid ergänzt diese Zeile automatisch mit dem Wert *any*, der die Wertigkeit *0.0.0.0/0* und somit alle möglichen IP-Adressen enthält. Somit wäre die Zeile 8 auch gültig, wenn wir dort http_access allow myClients any verwendet hätten.

20.5.4   Komplexes Regelwerk: »Client- und Server-Einschränkungen«

Für dieses Regelwerk gilt:

▶   Der Chef darf Boulevardzeitungen aufrufen.

▶   Clients dürfen keine Tageszeitungen aufrufen.

▶   Server dürfen nur Updates abrufen.

Den Mitarbeitern ist also der Zugriff auf Tageszeitungen untersagt, der Chef hingegen darf Boulevardzeitungen aufrufen. Dafür wurden folgende zusätzliche Objekte angelegt:

```
acl Chef src 192.168.0.10/32
acl myClients src 192.168.0.0/24

acl Tageszeitungen dstdomain .bild.de
acl Tageszeitungen dstdomain .express.de
acl Tageszeitungen dstdomain .faz.de
acl Tageszeitungen dstdomain .waz.de
acl Boulevard dstdomain .bild.de
acl Boulevard dstdomain .express.de
```
Listing 20.22 Beispiel für eine Überlagerung: Objekte

Wie Sie Listing 20.22 entnehmen können, überlagern sich die Objekte Tageszeitungen und Boulevard. Aber sehen wir uns die Objekte genauer an.

Das Objekt Chef hat die IP-Adresse *192.168.0.10*. Durch die Netzmaske wurde nur diese eine IP-Adresse dem Objekt zugewiesen. Das Objekt myClients bezieht sich wiederum durch die Class-C-Netzmaske auf das gesamte Netzwerk *192.168.0.0*. Das Objekt Tageszeitungen enthält die Zieldomänen, die gesperrt werden sollen. Das Objekt Boulevard hingegen enthält die Zieldomänen, die der Chef aufrufen darf.

Folgende Regeln müssten definiert werden, damit der Chef trotz der Überlagerung die Webseiten aufrufen darf:

```
http_access allow Chef Boulevard
http_access allow myClients !Tageszeitungen

http_access deny all
```

Listing 20.23 Beispiel für eine Überlagerung von Regeln

Somit darf der Chef alle im Objekt Boulevard deklarierten URLs aufrufen. Allerdings würde auch dem Chef der Zugriff auf *www.waz.de* oder *www.faz.de* untersagt werden, da er durch die Class-C-Netz-Definition des Objekts myClients ebenso Mitglied dieser Gruppe ist.

Zusätzlich für die Funktion entscheidend ist hier der Einsatz der Negierung des Objekts *Tageszeitungen*. Damit wird den Clients der Zugriff auf alles außer dem Objekt gewährt.

Insgesamt sieht das komplexe Regelwerk nun wie folgt aus:

```
### Regeln
http_access deny !Safe_ports
http_access deny CONNECT !SSL_ports
http_access allow localhost manager
http_access deny manager
http_access allow localhost

http_access allow Chef Boulevard
http_access allow myClients !Tageszeitungen
http_access allow myServer ubuntuUpdate
http_access allow myServer windowsUpdate

http_access deny all
```

Listing 20.24 Gesamtregelwerk: »Komplexes Regelwerk«

20.5.5   Erweitertes komplexes Regelwerk: »Überlagerung und Zeitsteuerung«

Für dieses Regelwerk gilt:

▸ Der Chef darf Boulevardzeitungen aufrufen.

▸ Clients dürfen keine Tageszeitungen aufrufen.

▸ Clients dürfen in der Pause Tageszeitungen aufrufen.

▸ Server dürfen nur Updates abrufen.

Den Mitarbeitern soll der Zugriff auf Tageszeitungen innerhalb der Mittagspause erlaubt werden. Dafür erstellen wir nun ein Zeitobjekt, wie in Listing 20.25 dargestellt:

```
acl Pause time 12:00-13:00
```
Listing 20.25 Beispiel für ein Zeitobjekt

Das Objekt des Typs `time` erwartet als Parameter eine Zeitangabe nach der Syntax `h1:m1-h2:m2`, wobei der zweite Wert (`h2:m2`) größer sein muss als der erste.

Entsprechend muss das Regelwerk angepasst werden:

```
http_access allow myClients Tageszeitungen Pause
http_access allow myClients !Tageszeitungen
```
Listing 20.26 Regeln: »Zeitobjekt«

Beachten Sie, dass die Freigabe der Tageszeitungen für die Pausenzeit zwingend vor der generellen Freigabe erfolgen muss, da ansonsten das *first-match* nicht greift.

Das gesamte Regelwerk sieht nun wie folgt aus:

```
### Regeln
http_access deny !Safe_ports
http_access deny CONNECT !SSL_ports
http_access allow localhost manager
http_access deny manager
http_access allow localhost

http_access allow Chef Boulevard
http_access allow myClients Tageszeitungen Pause
http_access allow myClients !Tageszeitungen
http_access allow myServer ubuntuUpdate
http_access allow myServer windowsUpdate

http_access deny all
```
Listing 20.27 Gesamtregelwerk: »Erweitertes komplexes Regelwerk«

Wie Sie an Listing 20.27 sehen, können Regelwerke schnell umfangreich werden. Daher nochmals der Hinweis: »Weniger ist mehr!«

20.5.6   Zusammenfassung

Zunächst haben wir ein einfaches Regelwerk erstellt, in dem sowohl die Clients als auch die Server Vollzugriff auf das Internet bekommen haben. Anschließend haben wir den Servern nur noch den Zugriff auf Updates erlaubt. Im nächsten Regelwerk wurde der Zugriff der Mitarbeiter eingeschränkt – mit der Ausnahme für den Chef. Abschließend haben wir auch den Mitarbeitern den Zugriff auf Tageszeitungen innerhalb der Mittagspause erlaubt.

20.6   Authentifizierung

Eine Authentifizierung, also der Nachweis einer behaupteten Eigenschaft, wird von Squid als Zuordnung zu einer Gruppe behandelt. Zum einen kann die Zugehörigkeit zu solch einer Gruppe eine generelle Voraussetzung dafür sein, überhaupt den Proxy-Server verwenden zu dürfen. Zum anderen können diesen Gruppen auch dedizierte Rechte zugewiesen werden, sodass die Zugriffssteuerung noch feiner reguliert werden kann.

Bei der einfachsten Form der Authentifizierung handelt es sich um die *IP-basierte Authentifizierung*, die wir bereits mehrfach in den Regelwerkserläuterungen angewandt haben. Hier werden die Gruppen durch Ihre IP-Adresse unterschieden. Das setzt natürlich eine feste Vergabe (oder DHCP-Reservierung) der IP-Adressen voraus.

Der Squid sieht die IP-basierte Authentifizierung allerdings nicht als solche an – da diese Methode ohne eigentliche HTTP-Proxy-Authentifizierung auskommt. Eine *Proxy-Authentifizierung* erfolgt über den HTTP-Statuscode *407 – Proxy Authentication Required*. Dieses Steuersignal weist den Browser an, die Authentifizierung durchzuführen, die dann meist ein Pop-up-Fenster im Browser auslöst, wie Sie es in Abbildung 20.3 sehen.

In diesem HTTP-Statuscode teilt der Proxy lediglich mit, welches Authentifizierungsschema verwendet wird. Der Proxy führt die Authentifizierung nicht selbst durch, sondern stellt dafür sogenannte *Helper* zur Verfügung.

20

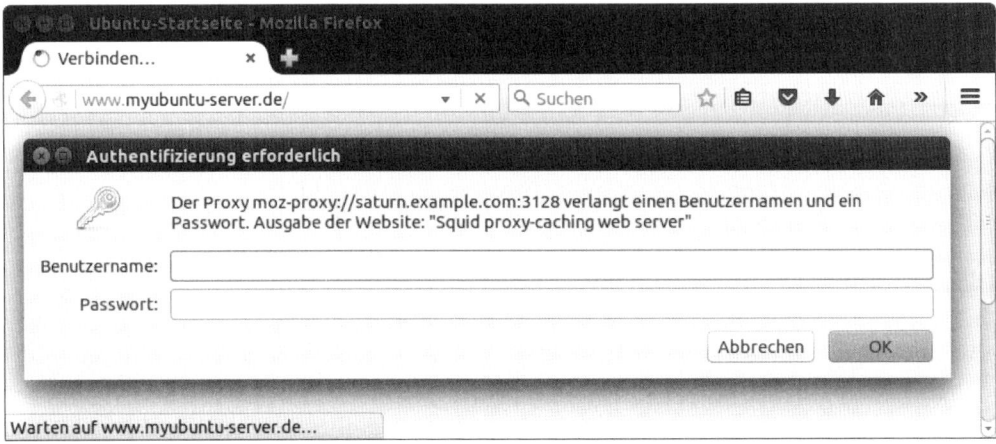

Abbildung 20.3 Proxy-Authentifizierung: Pop-up-Fenster

Folgende Helper werden von Squid angeboten:

- **LDAP**: LDAP-Verzeichnisdienst
- **NCSA**: Benutzer/Passwort-Datei im *htpasswd*-Format
- **MSNT**: Windows-NT-Authentifizierung
- **PAM**: Unix Pluggable Authentication Modules
- **SMB**: Windows NT oder Samba
- **getpwam**: alte UNIX-Passwortdatei
- **SASL**: Simple Authentication and Security Layer
- **mswin_sspi**: Windows Native Authenticator
- **YP**: NIS-Datenbank

Zusätzlich werden noch *NTLM*, *Negotiate* und *Digest* zur Verfügung gestellt, die im Gegensatz zu den gerade genannten Helpern die Passwörter verschlüsselt übertragen und somit eine höhere Sicherheit bieten.

Prüfen Sie, ob das von Ihnen favorisierte Authentifizierungsschema kompiliert wurde. Dies können Sie schnell über den Befehl `squid -v` herausfinden. Die Ausgabe des Befehls teilt Ihnen alle Kompilierungsoptionen mit.

 Die notwendigen Kompilierungsoptionen für die in diesem Kapitel vorgestellten Methoden werden jeweils zu Beginn aufgelistet.

Je nach verwendeter Methode werden die Daten an den Proxy übertragen. Authentifizierungsmethoden und deren Einstellungen werden in Squid mit dem Parameter *auth_param* beschrieben. Dieser Parameter wird mehrfach deklariert, um mehrere Einstellungen vorzunehmen. Jede Methode hat dabei unterschiedliche Einstellungsmöglichkeiten. Tabelle 20.5 bietet eine Übersicht über die allgemeinen Parameter, die für alle Methoden gültig sind.

Parameter	Bedeutung
program	Helper-Datei (z. B. */usr/lib/squid/basic_ncsa_auth*)
children	Anzahl der gestarteten Prozesse

Tabelle 20.5 Authentifizierung: allgemeine Parameter

Da (einige) Authentifizierungsmethoden jeweils nur eine Anfrage parallel bearbeiten können, müssen mehrere Prozesse gestartet werden, damit im Falle von mehreren gleichzeitigen Authentifizierungen auch alle Anfragen bedient werden können. Wählen Sie den Parameter `children` zu klein, so kommt es zu Verzögerungen, da der Squid auf die Abarbeitung warten muss.

Es können auch mehrere Authentifizierungsschemata in der Datei *squid.conf* konfiguriert werden. Der Proxy stellt diese dann der Reihe nach dem Browser zur Verfügung. Leider gibt es beim IE eine Besonderheit, die es zu beachten gilt. Eigentlich ist die Reihenfolge der Aufzählung irrelevant, da innerhalb der Verhandlung zur Wahl des verwendeten Schemas der Browser das stärkste Schema wählen soll, das ihm angeboten wird. Einige Versionen des IE hingegen verwenden das erste Schema, das ihnen angeboten wird.

Die eigentliche Anweisung, eine Authentifizierung vorzunehmen, wird über die Zeile acl <OBJECT> proxy_auth REQUIRED beschrieben. Alle Helper liefern Squid nur zwei definierte Zustände zurück: zum einen »OK« bei erfolgreicher Authentifizierung und zum anderen »ERR« bei einer gescheiterten Authentifizierung. Damit können Sie allerdings nicht feststellen, weshalb die Authentifizierung gescheitert ist (Rückgabewert ERR). Durch diese einfache Struktur ist es aber wiederum möglich, eigene *Helper* zu programmieren. Im Squid-Wiki unter *http://wiki.squid-cache.org* finden Sie bei Bedarf eine detaillierte Anleitung dazu.

20.6.1   Benutzerbasiert

Die Authentifizierung auf Benutzerebene hat natürlich große Vorteile gegenüber der IP-basierten. Zum einen können weniger privilegierte Nutzer nicht einfach über einen anderen Rechner (oder das Ändern ihrer eigenen IP-Adresse) an mehr Rechte gelangen, und zum anderen gelten die Freigaben von höher privilegierten Nutzern auch auf anderen Systemen als ihren eigenen.

In diesem Abschnitt widmen wir uns folgenden drei Szenarien:

- ▶ der lokalen Authentifizierung
- ▶ der Authentifizierung über Verzeichnisdienste
- ▶ der Erweiterung auf eine gruppenbasierte Authentifizierung

Wie bereits erläutert wurde, behandelt der Squid eine Authentifizierung als Zuordnung zu einer Gruppe. Dies können Sie sich zunutze machen, um eine Freigabe exakt an Ihre Bedürfnisse anzupassen.

20.6.2   Lokale Basic-Authentifizierung: »basic_ncsa_auth«

Die Authentifizierung gegen eine lokale Datei wird unter anderem über *basic_ncsa_auth* realisiert. Die Option --enable-auth=NCSA muss dafür beim Kompilieren des Squid gesetzt sein. Sie ist im Squid-Paket aus den Ubuntu-Paketquellen standardmäßig enthalten. Eine *htpasswd*-Datei dient als Container der Benutzernamen und Passwörter.

Damit die Benutzer des Testumfelds sich authentifizieren können, legen wir die Benutzer aus Tabelle 20.6 mithilfe von htpasswd an (siehe Listing 20.28).

20

Benutzer	Passwort
ben	blind
tom	deaf
jen	dumb

Tabelle 20.6 Testumfeld-Benutzer

```
root@server:~# htpasswd -c /etc/squid/users.passwd ben
New password:
Re-type new password:
Adding password for user ben
```

Listing 20.28 Anlegen einer »htpasswd«-Datei

Wiederholen Sie den Befehl zum Anlegen der weiteren Benutzer.

[+] Beachten Sie, dass der Schalter -c lediglich beim Anlegen verwendet wird. Da mit ihm eine neue Datei erstellt wird, würden Sie sonst die vorher angelegten Benutzer überschreiben.

Anschließend kann diese Datei in die *squid.conf* eingebunden werden. Damit sie eingebunden werden kann, muss das Authentifizierungsschema vorher deklariert werden. Bei Ubuntu liegen die Helper unter */usr/lib/squid/*. Nun kann dieses Schema deklariert und das Benutzerobjekt myUsers angelegt werden:

```
auth_param basic program /usr/lib/squid/basic_ncsa_auth /etc/squid/squid_passwd
acl myUsers proxy_auth REQUIRED
```

Listing 20.29 Authentifizierungsparameter »basic_ncsa_auth«

Anschließend entfernen wir die Freigabe für das Objekt myClients und fügen eine neue Freigabe unterhalb der Serverregeln für das neu angelegte Objekt myUsers ein. Komplett sieht die Regeldefinition nun wie folgt aus:

```
#Gesamtregelwerk
http_access allow myServer ubuntuUpdate
http_access allow myServer windowsUpdate
http_access allow myUsers

http_access allow manager localhost
http_access deny manager
http_access deny !Safe_ports
http_access deny CONNECT !SSL_ports

http_access allow localhost
```

```
http_access deny !myUsers
http_access deny all
```

Listing 20.30 Gesamtregelwerk

Die Reihenfolge ist wieder von essenzieller Wichtigkeit. Da Server Updates automatisiert abrufen, ist somit niemand vor Ort, der die Authentifizierung durchführen kann. Daher sollten die Server ohne vorherige Authentifizierung die benötigten Webseiten abrufen können. Bei der in Listing 20.30 aufgelisteten Reihenfolge wird dank des *first match* keine Authentifizierung von den Servern verlangt.

Die Clean-up-Rule wurde um den Eintrag `http_access deny !myUsers` erweitert. Damit wird festgelegt, dass lediglich authentifizierte Benutzer zugelassen werden.

20.6.3   Verzeichnisdienst

Durch die Anbindung an einen Verzeichnisdienst ersparen Sie es den Benutzern, sich diverse Anmeldeinformationen merken zu müssen, und uns Administratoren die doppelte Pflege. Am elegantesten lösen Sie dies durch die Benutzung eines *Single Sign-on*. Dabei werden die lokalen Anmeldedaten transparent an den Web-Proxy übertragen. Dies wird durch das NTLM- und Kerberos-Authentifizierungsschema ermöglicht.

Daher werden wir in diesem Abschnitt das Hauptaugenmerk auf diese Schemata legen. Zusätzlich werden wir die Authentifizierung mittels LDAP erläutern.

20.6.4   Windows-Domäne mit »NT Login Manager« abfragen: »ntlm_auth«

Da die Authentifizierung nicht von Squid selbst durchgeführt wird, sondern Helper eingesetzt werden, muss das System in die Lage versetzt werden, die Verzeichnisdienste, also die Windows-Domäne, mit NTLM abfragen zu können. Dies geschieht durch *Samba* und *Winbind*. Sorgen Sie dafür, indem Sie die entsprechenden Komponenten installieren und konfigurieren. Durch die Installation erhalten Sie einen weiteren Squid-Helper, der vom Samba-Team zur Verfügung gestellt wird. Diesen finden Sie unter */usr/bin/ntlm_auth*.

[!]

Unterschiede der Helper

Beachten Sie, dass die beiden Helper ntlm_auth vom Squid- und Samba-Team unterschiedlich arbeiten. Wir empfehlen Ihnen, den Helper vom Samba-Team zu benutzen, da hier die Informationen zur Windows-Domäne nicht hart konfiguriert werden, sondern dynamisch mittels Samba/Winbind zur Verfügung gestellt werden, wodurch Änderungen im Windows-Umfeld direkt übernommen werden.

Um diesen Helper verwenden zu können, müssen mindestens die Kompilierungsoptionen `--enable-auth-basic=SMB` und `--enable-external-acl-helpers=wbinfo_group` gesetzt sein (dies ist bei Ubuntu der Fall).

Sobald das System in der Lage ist, mit `wbinfo -u` die Benutzerinformationen des Verzeichnisdienstes auszulesen, kann mit `ntlm_auth` eine Authentifizierung vorgenommen werden.

Da NTLM deutlich umfangreicher ist als eine Plain-Text-Authentifizierung, kann der Helper dementsprechend mehr Parameter verarbeiten. So kann er zum einen die Authentifizierung via NTLM verschlüsselt übertragen und zum anderen die Anmeldeinformationen auch BASIC, also ohne eine Verschlüsselung, durchführen.

Dies machen wir uns zum Testen der Anbindung zunutze. Prüfen Sie mit dem Befehl aus Listing 20.31, ob die Authentifizierung funktioniert:

```
root@server:~# ntlm_auth --helper-protocol=squid-2.5-basic
benutzername passwort
OK
^C
root@server:~#
```

Listing 20.31 Beispiel BASIC-»ntml_auth«

Irritierende Versionsangaben

Lassen Sie sich nicht durch das Setzen von `squid-2.5-basic` oder `squid-2.5-ntlmssp` irritieren. Hier müssen Sie nicht einen Squid in Version 2.5 betreiben, um diesen Helper nutzen zu können. Die Bezeichnung ist lediglich historisch gewachsen und wurde aus Kompatibilitätsgründen nicht verändert.

Der verwendete Parameter `helper-protocol=squid-2.5-basic` leitet eine unverschlüsselte Übertragung ein. Diese Option für den Befehl `ntlm_auth` kann auch mit dem Parameter `squid-2.5-ntlmssp` ausgeführt werden. Damit wird die Übergabe des Benutzernamens und des Passworts verschlüsselt erwartet.

Falls ein Client, der nicht an der Windows-Domäne angemeldet ist, über den Proxy Inhalte abrufen will, erscheint selbstverständlich ein Browser-Pop-up für die Authentifizierung. Hier besteht aber eine Besonderheit, da die Winbind-Konfiguration unterschiedlich sein kann. Falls in der *smb.conf* der Parameter `winbind separator = +` gesetzt ist, müssen Sie die Anmeldeinformationen so eingeben wie Sie es in Abbildung 20.4 sehen.

Um Ihren Benutzern dies zu ersparen, setzen Sie den Parameter `winbind use default domain` in der *smb.conf* Ihres Samba-Servers auf `yes`. Damit ist zur Anmeldung die Angabe der Domäne nicht mehr erforderlich.

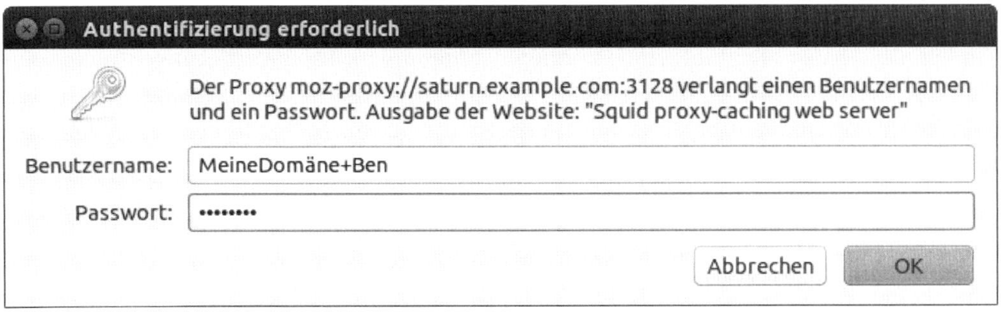

Abbildung 20.4 Proxy-Authentifizierung mit »winbind separator = +«

Konfigurieren Sie für Clients, die nicht in der Windows-Domäne angemeldet sind (zum Beispiel Linux-Desktops oder Gäste Ihres Hauses), ein *Fallback-Schema*, das dann zum Zuge kommt, wenn das erste Authentifizierungsschema gescheitert ist. Die Deklaration in der *squid.conf* könnte dann wie folgt aussehen:

```
auth_param ntlm program /usr/bin/ntlm_auth --helper-protocol=squid-2.5-ntlmssp
auth_param ntlm children 10
auth_param basic program /usr/bin/ntlm_auth --helper-protocol=squid-2.5-basic
auth_param basic children 10
auth_param basic realm Ubuntu Squid Web-Proxy
auth_param basic credentialsttl 2 hours
```

Listing 20.32 Beispiel für das Authentifizierungsschema NTLM: verschlüsselt und unverschlüsselt

Hier wird das Authentifizierungsschema NTLM zuerst in der verschlüsselten Variante angeboten und anschließend in der Klartextvariante. Zusätzlich wurde der Klartextvariante noch ein realm übergeben, der den angezeigten Text im Browser-Pop-up darstellt. Zusätzlich wurde die credentialsttl auf zwei Stunden gesetzt, was den Proxy veranlasst, die Prüfung auf Gültigkeit der übertragenen Anmeldeinformationen nur alle zwei Stunden vorzunehmen. Leider ist dies in der verschlüsselten Variante nicht möglich, sodass jeder Zugriff eines Benutzers auch geprüft wird.

20

Ablaufen des Benutzerpassworts

Sollten Sie in Ihrer Domäne ein Intervall zum Ablauf der Gültigkeit von Passwörtern gesetzt haben, sodass sich Ihre Benutzer nach einer bestimmten Zeit selbst neue Passwörter geben müssen, kann ein Sonderfall eintreten. Da die Gültigkeit der Anmeldung auf Windows-Seite nur bei der Anmeldung geprüft wird, kann es passieren, dass ein Benutzer sich morgens anmeldet und im Laufe des Arbeitstages die Gültigkeitsdauer überschritten wird. Geschieht dies, wird der Zugriff über den Proxy sofort unterbunden, da die Prüfung der Anmeldedaten pro Zugriff erfolgt.

[+]

Da der Proxy nun Winbind zur Authentifizierung benutzt, muss er in die Lage versetzt werden, den Dienst auch nutzen zu können. Während der Authentifizierung wird auf den Pfad */var/run/samba/winbindd_privileged* zugegriffen. Daher muss der Benutzer, unter dem Squid läuft, auch entsprechend Rechte auf die Datei besitzen. Fügen Sie daher den Benutzer in die dafür vorgesehene Gruppe `winbindd_priv` ein:

```
daniel@server:~$ sudo adduser proxy winbindd_priv
Füge Benutzer »proxy« der Gruppe »winbindd_priv« hinzu ...
Adding user proxy to group winbindd_priv
Fertig.
```

Listing 20.33 Rechtekorrektur »winbindd_privileged«

[!]

Rechtekorrektur

Verändern Sie nicht die Rechte des Verzeichnisses `winbindd_privileged`, da ansonsten die Verarbeitung von Winbind abgebrochen wird und sich der Dienst nicht mehr starten lässt!

20.6.5   Windows-Domäne mit Kerberos: »negotiate_kerb_auth«

Da das Authentifizierungsschema *NTLM* nach und nach aus dem Windows-Portfolio entfernt wird, sollten Sie in modernen Windows-Umgebungen besser auf die aktuellere Authentifizierungsmethode *Kerberos* setzen. Falls Sie einen eigenen Kerberos-Server betreiben, sollten Sie ebenfalls diese Authentifizierungsmethode verwenden, da die Übertragung der Daten mittels *negotiate* erfolgt und somit verschlüsselt ist.

Die Authentifizierung mittels Kerberos wird über den Helper *negotiate_kerb_auth* realisiert. Um diesen aber einsetzen zu können, müssen mindestens die Kompilierungsoptionen `--enable-auth-negotiate=kerberos,wrapper` gesetzt sein, was im Ubuntu-Paket des Squid bereits der Fall ist.

Damit Ihr Web-Proxy Benutzer mittels Kerberos authentifizieren kann, benötigt er ein Principal. Bei Kerberos werden Benutzer, Systeme und Dienste über symmetrische Schlüssel authentifiziert. Jedem dieser Schlüssel ist ein Name, das *Kerberos Principal* (oder kurz *Principal*), zugeordnet. Ein Client vertraut einem Server nur, wenn er sich mit einem gültigen Principal ausweisen kann und in der Domäne bekannt ist. Ein Principal ermöglicht es dem Squid also, eigenständig mit dem Kerberos-Server zu kommunizieren und somit die Anmeldedaten zu prüfen, und gleichzeitig ermöglicht er es den Clients, zu prüfen, ob der Server auch derjenige ist, der er vorgibt zu sein.

Für die Authentifizierung über eine Windows-Domäne müssen Sie das Principal entweder auf dem Domain-Controller vorab erzeugen (mit *ktpass.exe*) oder mit Samba direkt auf dem Proxy. Zum Anlegen wird ein Domänen-Administratorkonto benötigt.

Principals für Dienste werden auch *SPN (Service Principal Name)* genannt – vor allem in Windows-Umgebungen werden Sie diese Bezeichnung vorfinden.

[+]

[!]

Uhrzeit

Bedenken Sie, dass *Kerberos* zeitabhängig ist. Am besten verwenden Sie einen NTP-Server, um alle Zeitdaten gleich zu halten. Bei Abweichungen größer als 60 Sekunden kann keine Authentifizierung mittels Kerberos mehr durchgeführt werden.

Kerberos ist außer von der Zeit auch von DNS abhängig. Richten Sie für Ihren Web-Proxy neben dem *A Resource Record*[1] in der *Forward-Lookup*-Zone unbedingt auch einen *Pointer Resource Record*[2] in der *Reverse-Lookup*-Zone ein. Nach diesen Vorarbeiten können Sie mit der eigentlichen Konfiguration beginnen. Installieren Sie zunächst die Pakete *krb5-config*, *krb5-clients*, *krb5-user* und *samba-client*. Passen Sie die Konfigurationsdatei */etc/krb5.conf* Ihren Gegebenheiten an.

Die in Listing 20.34 gezeigte Mindestkonfiguration sollte enthalten sein:

```
[libdefaults]
    default_realm = EXAMPLE.NET
    kdc_timesync = 1
    ccache_type = 4
    forwardable = true
    proxiable = true
    fcc-mit-ticketflags = true
    default_keytab_name = FILE:/etc/krb5.keytab


[realms]
    example.net = {
        kdc = ad.example.net
        master_kdc = ad.example.net
        admin_server = ad.example.net
        default_domain = example.net
    }


[domain_realm]
    .example = EXAMPLE.NET
    example = EXAMPLE.NET
```

Listing 20.34 Mindestkonfiguration in der »/etc/krb5.conf«

20

---

1   *A Resource Record*, engl. für Adresseintrag = Zuordnung von Namen zu IP-Adressen
2   *Pointer Resource Record*, engl. für Adresszeiger = Zuordnung einer IPv4-Adresse zu einem Namen (*Reverse*)

Anschließend können Sie sich mit Kerberos direkt gegenüber der Windows-Domäne authentifizieren und gleichzeitig das System für die weitere Konfiguration in Kerberos initialisieren:

```
root@server:/# kinit Administrator
Password for Administrator@EXAMPLE.NET:
```

Listing 20.35 Kerberos-Initialisierung mit »kinit«

Dem Befehl *kinit* wird ein Domänen-Administrator übergeben. Nach erfolgreicher Authentifizierung wird Ihnen ein TGT zugewiesen. Dies können Sie mit *klist* überprüfen:

```
root@server:/# klist
Ticket cache: FILE:/tmp/krb5cc_0
Default principal: Administrator@EXAMPLE.NET

Valid starting        Expires              Service principal
30.01.2016 17:34:15   01.02.2016 03:34:14  krbtgt/EXAMPLE.NET@EXAMPLE.NET
        renew until 01.02.2016 17:34:15
```

Listing 20.36 TGT-Anzeige mit »klist«

Konfigurieren Sie nun den Samba-Server. Dabei ist ebenfalls nur eine Minimalkonfiguration, wie in Listing 20.37 aufgeführt, notwendig:

```
[global]
 netbios name = example
 realm = EXAMPLE.COM
 security = ADS
 encrypt passwords = yes
 password server = ad.example.com
```

Listing 20.37 Samba-Konfiguration »smb.conf«

Damit die Änderungen wirksam werden, müssen Sie den Samba-Dienst mit systemctl restart smbd neu starten. Anschließend können Sie Ihren Web-Proxy der Windows-Domäne hinzufügen:

```
root@server:/# net ads join -U Administrator
Enter Administrator's password:
Using short domain name -- EXAMPLE
Joined 'SERVER' to realm 'example.com'
```

Listing 20.38 Computerkonto für den Web-Proxy erstellen

Nun können Sie den eigentlichen Principal mit net erstellen:

```
root@server:/# export KRB5_KTNAME=FILE:/etc/squid/HTTP.keytab
root@server:/# net ads keytab add HTTP -U Administrator
```

```
Warning: "kerberos method" must be set to a keytab method to use keytab
        functions.
Processing principals to add...
Enter Administrator's password:
root@server:/#
```

Listing 20.39 »keytab« für den Web-Proxy erzeugen

Principals werden in *keytab*-Dateien gespeichert. Falls Sie mehrere Dienste über Kerberos absichern möchten, sollten Sie stets eigene *keytab*-Dateien für jeden Dienst verwenden. Den Speicherort gibt die Umgebungsvariable KRB5_KTNAME an.

Um zu prüfen, ob der Principal auch erstellt wurde, können Sie das Programm ktutil verwenden:

```
root@server:/# ktutil
ktutil:  rkt /etc/squid/HTTP.keytab
ktutil:  list
slot KVNO Principal
---- ---- -------------------------------------------------------------
   1    2 HTTP/server.example.net@EXAMPLE.NET
   2    2 HTTP/server.example.net@EXAMPLE.NET
   3    2 HTTP/server.example.net@EXAMPLE.NET
   4    2         HTTP/server@EXAMPLE.NET
   5    2         HTTP/server@EXAMPLE.NET
   6    2         HTTP/server@EXAMPLE.NET
ktutil:  quit
```

Listing 20.40 Inhalt der »HTTP.keytab« anzeigen

Stolperstein: »FQDN«

Achten Sie darauf, dass auch für den FQDN Ihres Web-Proxys ein Principal hinterlegt ist. Fehlt dieser, kann die Authentifizierung gestört sein! Prüfen Sie zunächst die Einträge in Ihrem DNS und die lokale *resolv.conf*.

Damit der Squid mit der *keytab*-Datei arbeiten kann, müssen Sie die Rechte anpassen:

```
root@server:/# chmod 740 /etc/squid/HTTP.keytab
root@server:/# chgrp proxy /etc/squid/HTTP.keytab
```

Listing 20.41 Rechtekorrektur der »HTTP.keytab«

Achten Sie darauf, dass Sie als Gruppenzugehörigkeit die in Ihrer *squid.conf* angegebene vergeben.

Damit der Squid nicht die Standard-*keytab*-Datei verwendet, sondern die extra für ihn angelegte *HTTP.keytab*, sollten Sie die Datei */etc/defaults/squid* um die Umgebungsvariable *KRB5_KTNAME* erweitern. Fügen Sie dafür einfach die folgende Zeilen hinzu:

```
# krb5:
KRB5_KTNAME=/etc/squid/HTTP.keytab
export KRB5_KTNAME
```

Listing 20.42 Anpassung von »/etc/defaults/squid«

[!] **Stolperstein: »Winbind«**

Achten Sie darauf, nur »Samba« zu installieren und nicht auch »Winbind«, da Winbind den Principal durch seinen Betrieb unbrauchbar machen würde.

Da Ihr Web-Proxy nun in der Lage ist, Benutzer über Kerberos zu authentifizieren, können Sie die Kerberos-Authentifizierung mit *auth_param* in Squid einbinden:

```
auth_param negotiate program /usr/lib/squid/negotiate_kerb_auth -d
auth_param negotiate children 10
auth_param negotiate keep_alive on
```

Listing 20.43 Kerberos in die »squid.conf« einbinden

Der Helper negotiate_kerb_auth wird mit dem Parameter -d in den Debug-Modus versetzt. Entsprechend länger sind die Ausgaben im *cache.log*. Nach einem erfolgreichen Test können Sie diesen Parameter wieder entfernen.

Ein *Fallback-Schema* gibt es bei Kerberos nicht, da Kerberos nur verschlüsselt stattfinden kann. Im Falle einer Windows-Domäne findet meist als *Fallback-Schema* LDAP Anwendung. Wie Sie dieses konfigurieren, erfahren Sie im folgenden Abschnitt.

[!] **Stolperstein: Client-Proxy-Konfiguration**

Achten Sie darauf, dass Ihr Web-Proxy bei den Clients mit seinem Namen im Browser eingetragen ist und nicht mit seiner IP-Adresse! Neben der Abhängigkeit von der korrekten Zeit ist Kerberos ebenfalls von DNS abhängig.

20.6.6   Verzeichnisdienst LDAP: »ldap_auth«

Falls Sie einen eigenen LDAP-Server betreiben (siehe Kapitel 19, »OpenLDAP«) oder in einem Windows-AD das LDAP aktiviert ist, können Sie selbstverständlich auch darüber authentifizieren. Dabei sind keine Vorarbeiten am System notwendig.

Sie müssen lediglich Ihre Daten für den LDAP-Helper *basic_ldap_auth* anpassen und direkt in der *squid.conf* einrichten:

```
auth_param basic program /usr/lib/squid/basic_ldap_auth \
 -v 3 \
 -b "dc=example,dc=net" \
 -D uid=squid-user,ou=Benutzer,dc=example,dc=net \
 -w password \
 -f sAMAccountName=%s \
 ldap.example.net
auth_param basic children 5
auth_param basic realm Web-Proxy
auth_param basic credentialsttl 30 minute
```

Listing 20.44 Beispiel für das Authentifizierungsschema »basic_ldap_auth«

Welche Bedeutung die Parameter dabei haben, sehen Sie in der folgenden Aufzählung:

▶ **-v 3**

gibt die verwendete LDAP-Version an.

▶ **-b**

spezifiziert das *BaseDirectory* (Wurzelverzeichnis).

▶ **-D**

Benutzer, mit dem der Squid sich gegenüber dem LDAP authentifiziert

▶ **-w**

Passwort des Benutzers

▶ **-f**

Filter (gibt an, gegen welches LDAP-Attribut authentifiziert werden soll)

▶ **[LDAP-SERVER]**

gibt den LDAP-Server an.

20

[!]

Sicherheitsrisiko

Für den LDAP-Benutzer genügt im AD ein Gastkonto. Verwenden Sie niemals ein Konto mit erhöhten Rechten oder den LDAP-root-Benutzer (oder im AD einen Domänen-Administrator), da das Kennwort des Benutzers in der *squid.conf* im Klartext gespeichert werden muss!

Verwenden Sie als Filter (-f) im AD-Betrieb das Attribut *sAMAccountName*. Dieses stellt den Anmeldenamen des AD-Benutzers dar. Falls Sie gegen einen eigenen LDAP-Server authentifizieren möchten, können Sie selbstverständlich auch das Attribut uid oder cn verwenden. Falls Sie nicht wissen, wie die LDAP-Struktur im AD aufgebaut ist, können Sie diese auch mit ldap_search herausfinden.

20.7   Gruppenprüfung

Die weitere Unterteilung der Benutzer in Gruppen wird mit einem *external_helper* realisiert. Je nach verwendeter Authentifizierungsmethode können Sie die dazugehörigen Helper nutzen. Einige Methoden besitzen aber gar kein Gruppen-Pendant, so wie Kerberos; dort kommt in den meisten Fällen LDAP zum Einsatz.

Die Einbindung in Squid erfolgt über den Parameter *external_acl_type*. Über diesen Parameter können verschiedenste Variablen einem externen Helper zur Verfügung gestellt werden (siehe Tabelle 20.7), der dann äquivalent zu auth_param das Ergebnis in den Zuständen *OK* und *ERR* zurückliefert.

Variable	Bedeutung
%LOGIN	Anmeldeinformationen
%SRC	Client-IP-Adresse
%DST	Ziel-IP-Adresse
%PROTO	Abgefragtes Protokoll
%PATH	Abgefragter URL-Pfad
%METHOD	Abgefragte Methode (GET, POST, CONNECT etc.)
%PORT	Abgefragter TCP-Port

Tabelle 20.7 Auszug aus Variablen für »external_acl_type«

Zusätzlich können Optionen gesetzt werden, um die Verarbeitung zu beeinflussen (siehe Tabelle 20.8):

Option	Bedeutung
children	Anzahl der zu startenden Child-Prozesse
ttl	Dauer der Gültigkeit nach einer erfolgreichen Überprüfung (Default: 1 Std.)
negative_ttl	Dauer der Gültigkeit nach einer gescheiterten Überprüfung (Default: 1 Std.)
cache	Größe des Ergebnis-Caches (Default: unbegrenzt)

Tabelle 20.8 Auszug aus Optionen »external_acl_type«

20.7.1 Windows-Domäne mit NTLM: »ext_wbinfo_group_acl«

Für NTLM mit Winbind ist das Gruppen-Pendant *ext_wbinfo_group_acl*, ein Skript, das von Squid zur Verfügung gestellt wird (früher *winbind_group.pl*). Dieses Perl-Skript arbeitet äquivalent zu *ntlm_auth*. Es prüft die durch ein Leerzeichen getrennten Benutzer- und Gruppennamen auf Gültigkeit. Dies kann ebenfalls wieder in der Konsole getestet werden (siehe Listing 20.45):

```
root@server:~# /usr/lib/squid/ext_wbinfo_group_acl
benutzername windows-ad-gruppe
OK
```

Listing 20.45 Prüfung der Gruppenzugehörigkeit mit »ext_wbinfo_group_acl«

Somit können Sie prüfen, ob ein Benutzer einer bestimmten Gruppe angehört.

Für die Authentifizierung einer Gruppe verwenden wir die Variable %LOGIN. Fügen Sie in der Squid-Konfigurationsdatei daher folgende Zeile hinzu:

```
external_acl_type AD_Gruppe ttl=3600 children=5 %LOGIN \
/usr/sbin/ext_wbinfo_group_acl
```

Listing 20.46 Squid: »ext_wbinfo_group_acl«

Die Zeile gibt an, dass die Anmeldedaten (%LOGIN) dem externen Helper ext_wbinfo_group_acl übergeben werden. Durch die Option children wird die Anzahl der zu startenden Prozesse angegeben (im Beispiel fünf Prozesse). Die ermittelten Ergebnisse haben eine Gültigkeit von 3.600 Sekunden und werden im Objekt AD_Gruppe abgelegt.

> **Sequenzielle Verarbeitung – zu wenige Helper-Prozesse**
>
> Hier gilt ebenfalls, dass der Squid sequenziell arbeitet – also nach dem Motto: »Einer nach dem anderen!« Dadurch kann es zu Verzögerungen kommen, wenn Sie die Anzahl der zu startenden Prozesse zu klein gewählt haben.

Zusätzlich müssen Sie Gruppen definieren, die Sie wie alle anderen Objekte mit acl anlegen (siehe Listing 20.47):

```
acl Abteilung2 external AD_Gruppe Abt2
acl Abteilung3 external AD_Gruppe Abt3
acl Admins external AD_Gruppe Domänen_Admins
```

Listing 20.47 Squid: AD-Gruppendefinition

Der bei der Definition hinzugefügte Parameter external gibt an, dass das nachstehende Objekt einer external_acl_type angehört.

Das vollständige Squid-Regelwerk sieht dann so aus wie in Listing 20.48:

```
external_acl_type AD_Gruppe ttl=3600 children=5 %LOGIN \
/usr/sbin/ext_wbinfo_group_acl

acl Whitelist dstdomain .example.net
acl Blacklist dstdomain .bild.de
acl Blacklist dstdomain .express.de
acl Blacklist dstdomain .faz.de
acl Blacklist dstdomain .waz.de

acl Abteilung2 external AD_Gruppe Abt2
acl Abteilung3 external AD_Gruppe Abt3
acl Admins external AD_Gruppe Domänen_Admins
acl myUsers proxy_auth REQUIRED

http_access allow Admins
http_access allow Abteilung2 !Blacklisten
http_access allow Abteilung3 Whitelist

http_access deny !myUsers
http_access deny all
```

Listing 20.48 Squid: Regelwerk zur Authentifizierung mit Gruppenprüfung

20.7.2   Verzeichnisdienst mit LDAP: »ext_ldap_group_acl«

Bei einer LDAP- oder Kerberos-Authentifizierung bietet sich die Gruppenauthentifizierung mit LDAP an. Dem entsprechenden Helper *ext_ldap_group_acl* muss das LDAP-Umfeld durch einen Parameter bekannt gemacht werden. Dies konfigurieren Sie, äquivalent zu *basic_ldap_auth*, direkt in der *squid.conf* (siehe Listing 20.49):

```
external_acl_type AD_Group  %LOGIN /usr/lib/squid/ext_ldap_group_acl -R \
-b "DC=example,DC=net" \
-h ldap.example.net -S \
-D "CN=<LDAP-USERNAME>,CN=Users,DC=example,DC=net" \
-w <PASSWORD> \
-f "(&(CN=%g)(member=%u)(objectClass=group))" \
-s sub -F "sAMAccountName=%s" -K
```

Listing 20.49 Konfiguration der LDAP-Gruppenprüfung in der »squid.conf«

Die Parameter haben dabei die gleiche Bedeutung wie bei *basic_ldap_auth* (siehe Abschnitt 20.6.6). Die zusätzlichen Parameter dienen dazu, den Abruf zu beschleunigen. Den Hauptfokus müssen Sie allerdings auf den Filter (-f) setzen. Dieser spezifiziert nämlich, wie die

Gruppen abgefragt werden. In Listing 20.49 wird eine durch UND verknüpfte Filterkette verwendet. Diese auf den ersten Blick verwirrenden Angaben lassen sich leicht entschlüsseln. Die einzelnen Glieder, die von Klammern umschlossen sind, filtern dabei folgende Attribute:

▶ (CN=%g)
der Gruppenname

▶ (member=%u)
Der Benutzer muss Mitglied der Gruppe sein.

▶ (objectClass=group)
Es muss sich um eine Gruppe handeln.

In Pseudocode ausgedrückt, würde die Filterkette Folgendes bedeuten: »Prüfe, ob der übergebene Gruppenname (%g) im LDAP existiert UND ob der Benutzer (%u) Mitglied dieser Gruppe ist, und das nur, wenn es sich beim LDAP-Element um eine Gruppe handelt.«

Die Variablen werden über das %LOGIN zur Verfügung gestellt und bestehen zum einen aus den Anmeldedaten des Benutzers und zum anderen aus den Gruppenangaben in den ACLs.

Je nachdem, wie Ihre LDAP-Struktur aufgebaut ist, müssen Sie den Filter anpassen, damit alle Ihre Benutzer auch authentifiziert werden können. Da es sich hierbei um einen Klartext-Helper handelt, können Sie die Funktion auch auf der Konsole prüfen. Wie Sie den Filter aufbauen, bleibt ganz Ihnen überlassen. Beachten Sie nur, dass der Web-Proxy in der Lage sein muss, alle Gruppen auch Benutzern zuzuweisen – falsche Filter können dazu führen, dass Ihr Web-Proxy keinen Zugriff erlaubt.

20.8   Cache-Konfiguration

Neben den Objekten und Regeln stellt die korrekte Cache-Konfiguration den ambitionierten Web-Proxy-Administrator vor eine große Herausforderung. Ein falsch dimensionierter Cache kann die Performance Ihres Web-Proxys sehr stark beeinflussen. In diesem Abschnitt wollen wir Ihnen ein paar Grundregeln an die Hand geben, sodass Sie der Herausforderung gelassen entgegentreten können.

20.8.1   Cache-Arten: »Hauptspeicher« und »Festplatten«

Der Squid unterscheidet zwei Arten von Caches: zum einen den Festplattencache, der durchaus einen Umfang von mehreren Gigabyte haben kann, und zum anderen den flüchtigen Cache im Hauptspeicher.

Generell arbeitet der Squid so, dass neue oder stark frequentierte Objekte im Hauptspeichercache vorgehalten werden, sodass eine schnelle Auslieferung garantiert ist – diese Cache-Objekte werden auch als *In-Transit* bezeichnet. Alle Objekte, die sich gerade nicht *In-Transit* befinden, werden in den Festplattencache ausgelagert. Die Bezeichnung *In-Transit* ist streng genommen inkorrekt, da im Hauptspeichercache sowohl *In-Transit*-Objekte (Objekte, die sich gerade in der Zustellung befinden) als auch *Hot Objects* (Objekte, die oft abgefragt werden) und *Negative-Cached Objects* (negative Cache-Objekte, zum Beispiel Fehlermeldungen) vorkommen. Letztere werden aber von *In-Transit*-Objekten verdrängt, falls dies notwendig wird.

Bei Zugriffen auf Webseiten wird jeweils geprüft, ob sich das abgefragte Objekt in einem der Caches befindet, und gegebenenfalls auch, ob dieses noch gültig ist. Anschließend wird das Objekt entweder direkt aus dem Cache ausgeliefert oder neu abgefragt und erneut im Cache abgelegt.

20.8.2   Hauptspeichercache

Die Größe des Hauptspeichercaches wird über den Parameter *cache_mem* definiert.

[!]

> **»cache_mem« =! Maximum**
>
> Die Programmierer des Squid stellen deutlich klar, dass der dort angegebene Wert **nicht** den maximal vom Squid genutzten Hauptspeicher darstellt: zum einen, da der Wert nur den Cache im Hauptspeicher angibt und der Prozess durchaus auch andere Daten im Hauptspeicher vorhalten muss, und zum anderen, da der angegebene Wert auch kurzzeitig überschritten werden kann.
>
> Planen Sie also einen entsprechenden Puffer ein, denn nichts verlangsamt Ihr System mehr als die Auslagerung des Hauptspeichers auf die Festplatte (*Swapping*).

Es hat sich die Faustregel etabliert, den *cache_mem* mit der Hälfte des Ihnen zur Verfügung stehenden Hauptspeichers zu belegen. Falls Sie feststellen, dass die übrigen Prozesse auf dem System weniger speicherhungrig sind, können Sie den Wert erhöhen.

Für einen Server mit 8 GB Hauptspeicher sollte der Parameter dann wie folgt gesetzt sein:

```
cache_mem 4096 MB
```

Listing 20.50 Konfiguration des Hauptspeichercaches

Dies ist aber nicht der Weisheit letzter Schluss. Wie bereits erörtert wurde, ist dies nur ein möglicher Startwert. Wenn Sie einen (oder mehrere) Festplattencaches einsetzen, richtet sich die maximale Größe des Hauptspeichercaches nach den eingerichteten Festplattencaches – im Abschnitt »Größenberechnung«, der Teil von Abschnitt 20.8.3 ist, gehen wir näher auf die korrekte Berechnung ein.

20.8.3   Festplattencache

Der Festplattencache stellt den Löwenanteil des Caches dar. In ihm werden alle Objekte abgelegt, die über einen entsprechend langen Gültigkeitszeitraum verfügen. Trotz der stetig steigenden Bandbreiten ist es sinnvoll, einen großen Web-Proxy-Cache vorzuhalten, da nichts schneller ist als die lokale Auslieferung.

Der Festplattencache wird über den Parameter *cache_dir* eingerichtet. Im Squid ist es möglich, mehr als einen Festplattencache anzulegen. So können Sie zum Beispiel auf einem System mit mehreren Festplatten pro Festplatte einen eigenen Cache anlegen. Die Syntax des Parameters *cache_dir* sieht wie folgt aus:

```
cache_dir <METHOD> <DIRECTORY> <SIZE> <L1> <L2>
```

Listing 20.51 Syntax: »cache_dir« für »aufs«

Dabei haben die einzelnen Platzhalter nachstehende Bedeutung:

▶ `<METHOD>`
Gibt die Speichermethode des Caches an. Der Squid versteht die Methoden:

– `ufs`

– `aufs`

– `diskd`

– `rock`

Je nach Verwendungszweck müssen Sie eine dieser Methoden wählen. Wir empfehlen den Einsatz von `aufs` für einen generellen Cache. Jede Methode hat ihre eigene Syntax. In Listing 20.51 wurde daher die Syntax für die Methode `aufs` dargestellt.

▶ `<DIRECTORY>`
Gibt das Verzeichnis an, in dem der Squid den Cache verwalten soll.

▶ `<SIZE>`
Gibt die Gesamtgröße des Caches an.

▶ `<L1>`
Anzahl der Verzeichnisse der ersten Ebene

▶ `<L2>`
Anzahl der Verzeichnisse der zweiten Ebene, d. h. die Anzahl von Verzeichnissen unterhalb von jedem L1-Verzeichnis

Es empfiehlt sich, für einen Festplattencache stets eine eigene Festplatte zu verwenden! Dies hat den großen Vorteil, dass sich die Zugriffszeit auf die Inhalte nicht durch das System oder andere Dienste verringert. Am besten ist selbstverständlich ein Cache auf einem Solid-State-Drive (SSD), das über ein Hardware-RAID auf mehrere Festplatten verteilt ist.

20

[!] **Besonderheiten der Formatierung: »Inodes«**
Bedenken Sie, dass in Ihren Festplattencache viele kleine Dateien geschrieben werden. Daher ist es notwendig, dass das Filesystem eine entsprechend große Anzahl von *Inodes* zur Verfügung stellt. Für einen Festplattencache auf dem Device sdb1 mit einem *EXT4*-Filesystem müsste die Formatierung dann wie folgt geschehen (mit dem Parameter -N wird die Anzahl der *Inodes* angegeben):

```
mkfs.ext4 -N 53772288 /dev/sdb1
```

Größenberechnung

Damit Ihr Cache Ihnen nicht die Festplatte zu 100 Prozent auslastet oder aufgrund des zu geringen Hauptspeichers mehr Verwaltungsaufwand als Nutzen bringt, muss er korrekt eingerichtet werden. Zusätzlich besteht die Gefahr, dass Ihr Web-Proxy über nicht genügend Hauptspeicher verfügt. Die korrekten Berechnungen des eingesetzten Hauptspeicher- und Festplattencaches bedingen sich gegenseitig. Beginnen wir mit der Berechnung des Festplattencaches.

Ein Festplattencache mit der Methode aufs erwartet als Optionen die Größe und die Anzahl der Verzeichnisse auf der ersten Ebene und die Anzahl der Verzeichnisse auf der zweiten Ebene. Um diese Werte korrekt zu bestimmen, gibt es eine Faustformel:

```
<Cache-Größe in KB> / ( <L1> x <L2> x <Durchschnittliche Objektgröße in KB> ) ≈ 200
```
Listing 20.52 Faustformel zur Berechnung des Festplattencaches

In Pseudocode bedeutet dies: »Die Größe des Caches in Kilobyte, geteilt durch das Produkt der Anzahl der Verzeichnisse der ersten Ebene, der Anzahl der Verzeichnisse der zweiten Ebene und der durchschnittlichen Objektgröße in Kilobyte, sollte in etwa 200 ergeben.«

Zugegeben, dies klingt komplex, ist aber in der Anwendung einfacher als gedacht. Der Hintergedanke dieser Formel besteht darin, dass pro Verzeichnis der zweiten Ebene nicht mehr als 200 Objekte gespeichert werden sollen, da dies sonst ineffektiv werden würde. Ohne vorherige Kenntnis über die durchschnittliche Objektgröße können wir den Wert 16 KB verwenden. Aufgrund der Formel aus Listing 20.52 kann die maximale Größe des Festplatten-Caches ermittelt werden.

Dabei ist aber darauf zu achten, dass Sie nicht einfach die maximale Größe Ihrer Festplatte verwenden können – auch wenn Sie eine 1-TB-Festplatte extra für den Cache abgestellt haben, ist es nicht automatisch sinnvoll, auch einen 1-TB-Cache anzulegen. Wie bereits angedeutet wurde, bedingen sich die Größe des Festplattencaches und die Größe des Hauptspeichers. Da ein Festplattencache auch verwaltet werden muss, gilt der Grundsatz »10 MB Hauptspeicher pro 1 GB an Festplattencache«. Zusätzlich benötigt der Squid noch eine Hauptspeicher-Reserve, damit der Prozess selbst auch noch Luft zum Atmen hat.

Bei einem Server mit 8 GB Hauptspeicher, von denen 4 GB dem Hauptspeichercache (*cache_mem*) zugewiesen wurden, stehen noch circa 4 GB zur Verfügung. Die Hälfte davon sollte für das Betriebssystem und andere Dienste frei gelassen werden. Daher stehen für den Festplattencache noch circa 2 GB zur Verfügung. Da pro Gigabyte an Festplattencache circa 10 MB an Hauptspeicher benötigt werden, ergibt sich daraus eine maximale Größe des Festplattencaches von 204,8 GB (2048 MB / 10 = Festplattencache in GB). Um also einen entsprechenden Puffer zu haben, sollten Sie den Festplattencache daher nicht größer als 200 GB gestalten.

In der *squid.conf* könnte diese Konfiguration dann so aussehen wie in Listing 20.53:

```
# Cache
cache_mem 4096 MB
cache_dir aufs /var/spool/squid 204800 64 1024
```

Listing 20.53 Cache-Konfiguration mit 8 GB Hauptspeicher

Die Werte für *L1* und *L2* ergeben sich dabei aus der Formel »204800×1024/(64×1024×16)«.

Anlegen

Damit der Squid den Festplattencache verwenden kann, muss der Cache zunächst angelegt werden. Dafür müssen Sie den Dienst stoppen und mit dem Befehl `squid -z` den Festplattencache vom Squid erzeugen lassen.

Achten Sie darauf, dass der Benutzer, unter dem der Squid läuft – im Ubuntu-Standard ist das *proxy* – auch das Recht besitzt, auf das Verzeichnis zuzugreifen, in dem sich der Cache befinden soll. Anschließend können Sie den Dienst neu starten. Der Cache wird dann sukzessive vom Squid gefüllt werden.

[!]

20

20.8.4 Tuning

Wie bereits erörtert wurde, ist nichts schneller als die lokale Zustellung. In der Standardeinstellung lässt der Squid keine Objekte im Hauptspeicher, die größer sind als 512 KB, und keine Objekte im Festplattencache, die größer sind als 4096 KB. Selbstverständlich können Sie diese Werte an Ihre Bedürfnisse anpassen.

Beachten Sie aber, dass dies Auswirkungen auf die mögliche Nutzung des Caches hat! Wenn Sie lieber viele kleine Dateien schnell ausliefern wollen und somit eine größere Trefferanzahl (auch *hit ratio* genannt) erlangen wollen, sollten Sie die Werte kleiner lassen. Möchten Sie hingegen Bandbreite sparen, können Sie diese Werte auch höher konfigurieren.

[+]

Die maximale Größe von Objekten im Hauptspeicher wird über den Parameter `maximum_object_size_in_memory` gesteuert. Die maximale Größe der Objekte im Festplattencache wird über den Parameter `maximum_object_size` definiert.

20.9   Verwandtschaft – »Sibling, Parent und Co.«

Wie so oft im Leben gilt auf für Web-Proxy-Server der Grundsatz »Besser mehr als weniger«. Der Squid bringt von Haus aus die Möglichkeit mit, Beziehungen zwischen mehreren Installationen herzustellen. Dabei können Sie zum Beispiel an einem Standort lokale Proxy-Server mit eigenen Regeln etablieren, die ihre Inhalte über einen oder mehrere zentrale Web-Proxys abrufen.

Ebenso ist es möglich, mehrere Web-Proxy-Server in Ihrer Zentrale aufzusetzen und diese so zu konfigurieren, dass Inhalte zuerst auf den anderen Installationen gesucht werden.

20.9.1   Grundlagen

Der Squid verwendet eigene Begriffe, um die Beziehungen von Proxys untereinander zu beschreiben. Anhand von Abbildung 20.5 können Sie die Beziehungen gut nachvollziehen.

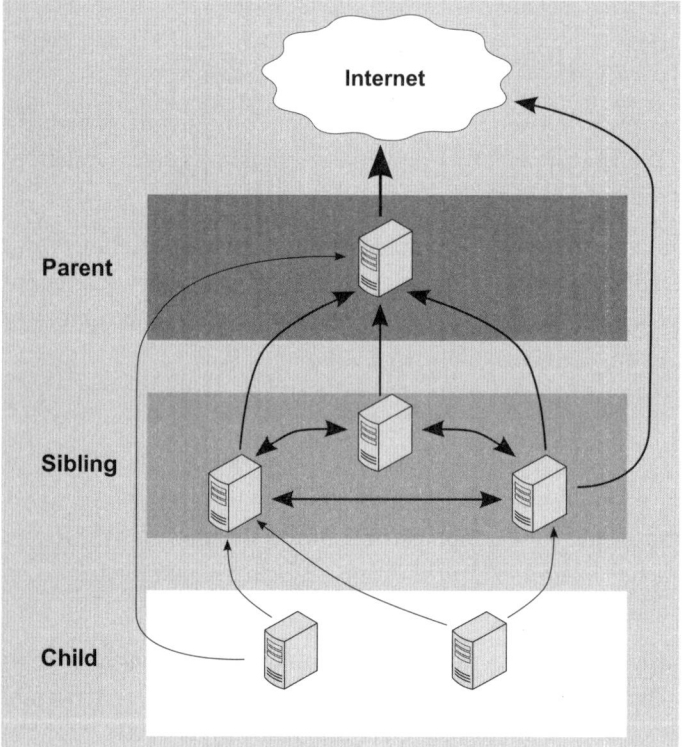

Abbildung 20.5 Squid-Beziehungen

Wie Sie Abbildung 20.5 entnehmen können, sind die Beziehungen nicht statisch. So kann ein Proxy unterster Ebene auch direkt mit einem Proxy auf oberster Ebene kommunizieren.

Zur Übertragung von Cache-Inhalten von anderen Proxy-Servern wird das *ICP*-Protokoll (*Internet Cache Protocol*) verwendet, das speziell zur Übertragung von Cache-Inhalten entwickelt wurde. Die Konfiguration erfolgt über den Parameter *cache_peer*. Der Parameter folgt dabei stets der gleichen Syntax:

```
cache_peer <HOSTNAME> <TYPE> <HTTP-PORT> <ICP-PORT> [OPTIONS]
```

Listing 20.54 Syntax: »cache_peer«

Die einzelnen Platzhalter haben dabei nachstehende Bedeutung:

▶ `<HOSTNAME>`
gibt den Hostnamen oder die IP-Adresse des Partners an.

▶ `<TYPE>`
Hier wir die Beziehungsart definiert. Der Squid unterscheidet dabei zwischen:

– `parent` = übergeordneter oder Eltern-Proxy

– `sibling` = gleichgestellter oder Geschwister-Proxy

– `multicast` = Rundruf-Proxy gleicher Ebene

▶ `<HTTP-Port>`
setzt den Port, auf dem HTTP-Anfragen gestellt werden.

▶ `<ICP-Port>`
setzt den Port, auf dem ICP-Anfragen gestellt werden.

▶ `[OPTIONS]`
Hier können je nach Beziehungstyp weitere Parameter konfiguriert werden.

20.9.2   Eltern definieren

Damit ein Proxy-Server Inhalte nicht direkt, sondern stets von einem übergeordneten Web-Proxy abruft, müssen Sie lediglich die in Listing 20.55 dargestellte Zeile in der *squid.conf* hinzufügen:

```
cache_peer <HOSTNAME> parent 3128 3130 default
```

Listing 20.55 Übergeordneten Proxy angeben

Nach einem Neustart des Dienstes wird dieser Proxy-Server alle Inhalte vom übergeordneten Proxy-Server abrufen.

20.9.3   Geschwister definieren

Wenn Sie in Ihrem Rechenzentrum mehrere Proxy-Server betreiben wollen, können Sie zwischen diesen eine Geschwisterbeziehung einrichten. Dafür sind die Zeilen aus Listing 20.56

20

notwendig – achten Sie darauf, dass diese Zeilen auf allen Proxy-Servern eingerichtet werden müssen und dort jeweils angepasst werden.

```
cache_peer proxy2.example.com sibling 3128 3130 proxy-only
cache_peer proxy3.example.com sibling 3128 3130 proxy-only
cache_peer proxy4.example.com sibling 3128 3130 proxy-only
```

Listing 20.56 Gleichgestellten Proxy-Server definieren auf »proxy1.example.com«

Listing 20.56 stellt eine Beispielkonfiguration des *proxy1.example.com* dar, da dort die Geschwisterbeziehung zu proxy2 bis proxy4 hergestellt wird.

[+]

Besonderheit: »proxy-only«

Beachten Sie, dass in Listing 20.56 als Option proxy-only angegeben wurde. Dies veranlasst den lokalen Squid, Inhalte, die von einem gleichgestellten Proxy-Server abgerufen werden, nicht in den lokalen Cache aufzunehmen. Dies ist extrem wichtig, damit nicht defekte Inhalte in Ihren Cache geraten oder Sie leicht Opfer von Spoofing werden. Darüber hinaus schützt es Sie vor Cache-Schleifen, in denen Inhalte immer wieder aus den Caches geladen werden und nie neu abgefragt werden!

20.9.4   Loadbalancing

Der Parameter cache_peer kann mehrfach verwendet werden. Dies kann dazu genutzt werden, ein Loadbalancing zu etablieren. Dies kann vor allem dann sinnvoll sein, wenn Sie mehrere Proxy-Server in Ihrer Zentrale vorhalten und in den dezentralen Proxy-Servern in Ihren Außenstellen eine Ausfallsicherheit generieren möchten.

Dabei ist der Squid so intelligent, dass er prüft, ob der übergeordnete Proxy-Server derzeit verfügbar ist, und diesen gegebenenfalls aus der Liste entfernt. Der Squid bietet Ihnen mehrere Mechanismen zum Loadbalancing an. Die gängigsten möchten wir Ihnen nun vorstellen:

▶ *default*
  Dies stellt die Standardkonfiguration dar – kein Loadbalancing.

▶ *round-robin*
  Bei dieser Form wird pro Zugriff ein anderer Proxy-Server verwendet – reihum.

▶ *userhash*
  Bei dieser Form wird die Auswahl des zu verwendenden Proxy-Servers über eine Hash-Wert-Bestimmung anhand des anfragenden Benutzers getroffen.

▶ *sourcehash*
  Bei dieser Form wird die Auswahl des zu verwendenden Proxy-Servers über eine Hash-Wert-Bestimmung anhand der IP-Adresse des anfragenden Clients getroffen.

Wir empfehlen Ihnen, *sourcehash* als Loadbalancing-Algorithmus einzusetzen. Dies hat den Vorteil, dass ein Client stets über den gleichen übergeordneten Proxy-Server geleitet wird – was vor allem bei der Fehleranalyse ein Segen ist. Der Algorithmus stellt zwar kein gutes Mittel zur Lastverteilung dar, erhöht aber die Administrationsfreundlichkeit deutlich.

20.9.5 Inhalte eigenständig abrufen: »always_direct«

Eine Besonderheit beim Einsatz von *cache_peer* sind wir Ihnen noch schuldig. Da durch die Konfiguration sämtliche Inhalte über den übergeordneten Proxy-Server geladen werden, ergibt sich teilweise ein unerfreulicher Nebeneffekt. Zum Beispiel würden somit auch lokale Webserver einer Außenstelle immer über den übergeordneten Proxy abgefragt werden.

Um dies zu verhindern, wurde die Direktive *always_direct* geschaffen. Die Syntax ist äquivalent zu *http_access*:

```
always_direct <TYPE> <ACL>
```

Listing 20.57 Syntax von »always_direct«

Als `<TYPE>` können `allow` oder `deny` verwendet werden. Über die Option `<ACL>` wird das Objekt angegeben, auf das diese Regel angewandt wird.

Möchten Sie also zum Beispiel verhindern, dass die internen Webserver der Standorts Duisburg (*duisburg.example.com*) über den übergeordneten Proxy-Server abgefragt werden, müsste das Regelwerk so wie in Listing 20.58 erweitert werden:

```
acl localServer dstdomain .duisburg.example.com
always_direct allow localServer
```

Listing 20.58 Erweiterte Syntax von »always_direct«

20.10 Kontrollen

In diesem Abschnitt wollen wir weitere Kontrollmechanismen vorstellen. Zum einen widmen wir uns großen Blacklists, die effektiv mit *squidGuard* eingesetzt werden können. Des Weiteren zeigen wir Ihnen, wie Sie eine zentrale Antivirenschutzlösung in Ihren Proxy-Server integrieren können. Dabei setzen wir *HAVP* ein, den wir als eigenen AV-Proxy vor unseren Squid schalten.

20.10.1 squidGuard

Der URL-Redirector *squidGuard* wurde ursprünglich im Jahre 1998 von *Pål Baltzersen* und Lars *Erik Håland* für *Tele Danmark InterNordia* entwickelt. Aufgrund seiner enormen Geschwindigkeit und der Veröffentlichung als Open-Source-Projekt fand er sehr schnell viel

Zuspruch. Ab Dezember 2006 wurde bekannt, dass Pål Baltzersen nach einem Entwickler für squidGuard suchte. Diese Lücke wurde durch die *Shalla Secure Services KG* gefüllt, die seither die Entwicklung übernimmt.

Der große Vorteil von squidGuard besteht in seiner Verarbeitungsgeschwindigkeit. Anders als Squid selbst führt squidGuard die Analyse der URLs auf Basis von Datenbanken aus. Auf der Projektseite *www.squidguard.org* finden Sie umfangreiche Konfigurationsbeispiele und weitere Hinweise zum Betrieb von squidGuard. Wenn Sie squidGuard aus den Paketquellen installieren, finden Sie anschließend unter */etc/squidguard* die Konfigurationsdatei *squidGuard.conf*. Neben der zentralen Konfigurationsdatei spielen die DBs, also die Datenbanken, in denen die Blacklists (Domänen-, URL oder Ausdrucksliste) enthalten sind, eine zentrale Rolle. Diese werden von squidGuard unter */var/lib/squidguard/db* erwartet. Nach der Installation ist dieses Verzeichnis noch leer.

> **[!]**
>
> ### Abweichungen der Definitionen
>
> Leider benutzt squidGuard ein eigenes Objektdefinitions- bzw. Regeldefinitionskonstrukt, auf das Sie bei der Erstellung achten müssen.

Unter *www.squidguard.org/blacklists.html* finden Sie eine Auswahl an Blacklist-Anbietern, deren Listen zum Teil frei verfügbar sind. Laden Sie die Blacklist Ihrer Wahl herunter, und entpacken Sie diese in das Verzeichnis. Achten Sie darauf, den Listen die korrekten Rechte zu geben, damit Squid diese auch verarbeiten kann. Damit die Listen auch von squidGuard genutzt werden können, müssen sie in der *squidGuard.conf* definiert werden. Die Konfigurationsdatei als solche ist in fünf Abschnitte unterteilt:

- **Allgemein**
  Pfade zu den Datenbanken und zum Log

- **Zeitangaben**
  Definition von Zeitbereichen

- **Quelladressen**
  Definition, für welche anfragenden IP-Adressen der Content-Filter greifen soll

- **Zieladressen**
  Definition der Blacklists

- **Regelwerk**
  Regelwerk von squidGuard

Eine einfache Konfiguration von squidGuard könnte wie folgt aussehen:

```
dbhome /var/lib/squidguard/db
logdir /var/log/squidguard
```

```
dest tageszeitungen {
        domainlist tageszeitungen/domains
        urllist tageszeitungen/urls
        }

acl {
        default {
                pass !tageszeitungen all
                redirect http://10.0.0.1/block.html
        }
 }
```

Listing 20.59 Einfache »squidGuard«-Konfiguration

Neben der Konfiguration der Pfadangaben (dbhome und logdir) wurde ein Objekt mit Zieladressen, dest tageszeitungen, definiert. Abschließend wird das Regelwerk definiert, das nur Zugriffe auf Seiten zulässt, die nicht im Objekt tageszeitungen definiert sind. Zugriffe auf die definierten Seiten werden auf eine Hinweisseite umgeleitet (redirect). Durch die Angaben domainlist und urllist erwartet squidGuard die Listen im Verzeichnis */var/lib/squidguard/db/tageszeitungen/*, und zwar in den Dateien *domains* und *urls*.

Damit der Squid die Anfragen an den *squidGuard* weiterleitet, muss ihm dies über den Parameter url_rewrite_program mitgeteilt werden. Ergänzen Sie daher die Konfiguration um die Zeile aus Listing 20.60:

```
url_rewrite_program /usr/bin/squidGuard
```

Listing 20.60 Einbindung von »squidGuard« in der »squid.conf«

20

Beim Starten prüft squidGuard, ob in den angegebenen Listenverzeichnissen *.db*-Dateien vorhanden sind (zum Beispiel *domains.db* oder *urls.db*). Falls dies zutrifft, werden diese geladen. Wandeln Sie daher alle Listen in *.db*-Dateien mit dem Befehl squidGuard -C all um, damit die Verarbeitungsgeschwindigkeit erhöht wird. Diesen Befehl müssen Sie bei jeder Änderung einer Listendatei erneut ausführen.

Automatische Aktualisierung

Da sich die Blacklists permanent verändern, sollten Sie sie regelmäßig aktualisieren – um nicht ungewollte Schlupflöcher zu öffnen. Wenn Sie zum Beispiel die für den privaten Gebrauch freie *Shalla*-Liste verwenden, werden Ihnen unter *www.shallalist.de/helpers.html* verschiedene Versionen von Update-Skripten zum Download angeboten. Nach der Anpassung der Skripte an Ihre Umgebung können Sie diese mit Cron oder einem *systemd timer* zyklisch ausführen lassen.

20.10.2   Antiviren-Check: ClamAV mit HAVP einbinden

Um den Internetverkehr Ihrer Anwender sicher zu gestalten, empfiehlt es sich, direkt einen Antiviren-Check auf Ihren Proxy-Servern zu vollziehen. Trotz dieser hinzugewonnenen Sicherheit sollten Sie niemals auf einen lokalen Antiviren-Client verzichten. Im besten Fall wählen Sie zwei unterschiedliche Produkte zur Absicherung im Datenstrom (auf dem Proxy-Server und auf dem Client-PC). Es gibt unterschiedliche Ansätze, dies durchzuführen:

▶ **ICAP (Internet Content Adaptation Protocol)**
ICAP ist das Protokoll, das den Datenstrom von Squid zugestellt bekommt.

▶ **url_rewrite_program**
Es wird ein AV-Scan direkt aus Squid heraus ausgeführt.

▶ **nachgeschalteter AV-Proxy**
Hierbei wird an Squid ein AV-Proxy angehängt, der explizit nur die AV-Scans übernimmt.

Alle Methoden haben Vor- und Nachteile. Die Implementierung von ICAP ist in der Vergangenheit sowohl durch Schwierigkeiten im Betrieb als auch durch Performance-Probleme negativ aufgefallen. Bei der Einbindung mit *url_rewrite_program* werden infizierte Dateien im Cache vorgehalten, und bereits infizierte Dateien, die nicht erkannt wurden, werden nicht erneut geprüft. Daher empfehlen wir Ihnen den Einsatz eines nachgeschalteten AV-Proxys, da dieser nicht nur durch hervorragende Performance besticht, sondern auch durch die Trennung von Cache und Scanner keine unnötige Verschwendung von Ressourcen auf dem System verursacht.

In diesem Abschnitt erfahren Sie alles zum *HAVP (HTTP Anti Virus Proxy)*, der von *Christian Hilgers* im Jahre 2005 ins Leben gerufen und eine Zeitlang weiterentwickelt wurde. Auf der Projektseite *www.server-side.de* finden Sie die aktuellen Neuigkeiten des Projekts. Auch wenn das Programm seit dem Jahre 2010 nicht mehr aktualisiert wurde, verrichtet es nach wie vor stabil seinen Dienst und ist immer noch fester Bestandteil der Ubuntu-Paketquellen.

Nach der Installation aus den Paketquellen finden Sie die zentrale Konfigurationsdatei des HAVP unter */etc/havp/havp.config*. Leider verfügt HAVP über keine eigenständige Dokumentation. Diese ist in die zentrale Konfigurationsdatei mit eingeflossen, sodass Sie dort alle Parameter und deren Funktion nachlesen können. Zu den wichtigsten Konfigurationspunkten zählen:

▶ **PORT 8080**
TCP-Port, auf dem der Dienst läuft

▶ **SERVERNUMBER**
Anzahl der vorab gestarteten Prozesse

▶ **MAXSERVERS**
Anzahl der maximal zu startenden Prozesse

▶ **LOG_OKS false**

verhindert, dass alle Anfragen ins Log geschrieben werden. Das ist sinnvoll, da Sie sich ja nur für potenziell gefährliche Dateien interessieren und Sie bereits über ein vollständiges Log vom Squid verfügen (*access.log*).

▶ **FORWARDED_IP true**

Die Client-IP-Adresse wird ins Log geschrieben und nicht die des Squid (*localhost*).

▶ **FAILSCANERROR false**

Falls ein Fehler während der Verarbeitung auftritt, wird er dem Benutzer nicht gemeldet, sondern die angefragte Datei wird ausgeliefert.

▶ **MAXSCANSIZE 2000000**

maximale Größe von Dateien, die geprüft werden sollen

▶ **TRICKLING 30**

Zustellung von *Keep-Alive-Bytes* nach 30 Sekunden während eines Downloads

▶ **TRICKLINGBYTES 1**

Anzahl der Bytes, die pro Intervall zugestellt werden

▶ **RANGE true**

erlaubt, *downloads in range* zu benutzen. Falls Sie dies deaktivieren, können abgebrochene Downloads nicht wieder aufgenommen werden.

▶ **ENABLECLAMLIB true**

Aktivierung der *clamlib* als AV-Scanner

▶ **CLAMMAXRECURSION 16**

Archive werden bis zu einer Tiefe von 16 ausgepackt.

Als Abhängigkeit zu HAVP wird *clamav* als Virenscanner mitinstalliert. Um den HAVP nutzen zu können, müssen Sie zunächst die aktuellen Virendefinitionen herunterladen. Dies erreichen Sie über den Befehl aus Listing 20.61:

```
root@server:~# freshclam
ClamAV update process started at Sat Jan 30 12:09:58 2016
WARNING: Your ClamAV installation is OUTDATED!
WARNING: Local version: 0.98.7 Recommended version: 0.99
DON'T PANIC! Read http://www.clamav.net/support/faq
Downloading main.cvd [100%]
main.cvd updated (version: 55, sigs: 2424225, f-level: 60, builder: neo)
Downloading daily.cvd [100%]
daily.cvd updated (version: 21324, sigs: 1823933, f-level: 63, builder: neo)
Downloading bytecode.cvd [100%]
bytecode.cvd updated (version: 271, sigs: 47, f-level: 63, builder: anvilleg)
Database updated (4248205 signatures) from db.local.clamav.net (IP: 144.76.28.11)
```

Listing 20.61 Aktuelle Virendefinitionen herunterladen mit »freshclam«

Damit Sie dies nicht ständig von Hand erledigen müssen, wurde ein entsprechender System-dienst direkt mitinstalliert. Starten Sie daher den Dienst wie in Listing 20.62 beschrieben:

```
root@server:~# systemctl restart clamav-freshclam
```

Listing 20.62 Aktualisierungsdienst »clamav-freshclam« neu starten

Nach den Anpassungen können Sie den HAVP mit *systemctl* starten:

```
root@server:~# systemctl restart havp
```

Listing 20.63 »HAVP« starten

Bei großen Umgebungen und dementsprechend hoch gesetzten Werten von SERVERNUMBER und MAXSERVERS erhalten Sie beim Starten des HAVP eine Warnung, dass diese Werte unna-türlich hoch sind (siehe Listing 20.64):

```
root@server:~# systemctl status havp
[…]
Jan 30 12:33:02 saturn havp[994]: Starting havp: Note: MAXSERVERS is unusually high!
You are sure you want this?
[…]
```

Listing 20.64 »HAVP«-Warnung

Diese Warnung können Sie aber getrost ignorieren. Nach dem Start finden Sie unter */var/log/havp/* die Logdateien des HAVP. Je nach Konfiguration werden hier alle Zugriffe protokolliert oder nur die Zugriffe, die als potenziell gefährlich deklariert sind.

Fehlerhaftes »systemd«-Skript

Zur Drucklegung des Buches war das von Ubuntu bereitgestellte systemd-Skript fehlerhaft – beim Verwenden mit restart wurde der HAVP zum Teil nicht korrekt beendet beziehungswei-se nicht korrekt neu gestartet. Als Workaround können Sie auf die *init.d*-Skripte zurückgreifen oder systemctl nur mit stop und start verwenden. Wir hoffen, dass der Fehler bald behoben wird.

Zu guter Letzt müssen Sie im Squid den neuen *parent proxy* konfigurieren:

```
cache_peer 127.0.0.1 parent 8080 0 no-query no-digest no-netdb-exchange default
```

Listing 20.65 Anpassung der »squid.conf« mit »parent proxy«

Nach einem obligatorischen Neustart von Squid werden nun alle Zugriffe über den HAVP mittels ClamAV geprüft. Kein Virenscanner ist unfehlbar, daher gibt Ihnen der HAVP über die Datei */etc/havp/whitelist* die Möglichkeit, Domänen oder URLs vom Scan auszuschließen.

20.11   Log-Auswertung: »Calamaris« und »Sarg«

Eine Log-Analyse kann bei größeren Umgebungen schnell in unüberschaubare Arbeit ausarten. Damit Sie trotzdem den Überblick behalten, gibt es viele Tools, die Ihnen die mühsame Kleinarbeit abnehmen und aktuelle Werte kompakt für Sie darstellen.

Beachten Sie aber, dass Auswertungen des Web-Proxys in Unternehmen gegebenenfalls zustimmungspflichtig sind: Ihr Beauftragter für Datenschutz oder IT-Sicherheit sowie der Betriebs-/Personalrat haben wenig Verständnis für Ihr technisches Interesse an solch einer Auswertung, da diese Daten durchaus auch gegen einen Arbeitnehmer verwendet werden können!

20.11.1   Calamaris

Zu den ältesten und am weitesten verbreiteten Tools zur Log-Auswertung zählt *Calamaris*, das von Cord Beermann geschrieben und unter der GPL veröffentlicht wurde. Das in Perl geschriebene Tool analysiert das Squid-*access.log* (oder auch jede Menge andere Log-Formate) und generiert einen umfangreichen Bericht.

Nach der Installation aus den Paketquellen steht Ihnen das Kommandozeilen-Tool direkt zur Verfügung. Die einfachste Möglichkeit, einen Calamaris-Report zu erzeugen, ist die folgende:

```
cat /var/log/squid/access.log | calamaris -a -F html > /var/www/calamaris/index.html
```

Listing 20.66 Einfacher Calamaris-Report

Ein wesentliches Merkmal von Calamaris besteht darin, dass Sie den Typ des Ausgabeformats definieren können. In Tabelle 20.9 sind die Ausgabeformate aufgelistet, die Calamaris anbietet.

Bezeichnung	Bedeutung
mail	Fügt dem Report eine Betreffzeile hinzu.
html	HTML-formatierter Report; kann mit *mail* kombiniert werden.
html-frame	HTML-Report mit Frames und Tabellen
html-embed	HTML-Report ohne Header, um diesen in bestehende Webseiten einzufügen
graph	Fügt dem HTML-Report Graphen hinzu.
unformatted	Zahlenwerte werden unkodiert und durch Leerzeichen getrennt ausgegeben. Das ist sinnvoll beim Gebrauch in Skripten.

Tabelle 20.9 Calamaris-Ausgabeformate

Selbstverständlich verfügt Calamaris über eine Vielzahl an Parametern, mit deren Hilfe Sie den Report Ihren Bedürfnissen anpassen können. Benötigen Sie zum Beispiel keine Namensauflösung für den Report, sondern nur die Top-100-URLs, die eingehenden TCP-Verbindungen, die Anfragen nur ab der 2nd Domain und die Größenangaben in Megabyte, dann könnte Ihr Calamaris-Aufruf so wie in Listing 20.67 aussehen:

```
root@server:~# cat /var/log/squid/access.log | calamaris -n -d 100 \
-S 5,8 -F html -U M > /var/www/calamaris/index.html
```

Listing 20.67 Eingeschränkter »Calamaris«-Report

Bei der Installation werden bereits Einträge für die tägliche Log-Auswertung angelegt. Falls Sie dies lieber selbst steuern wollen, entfernen Sie die Datei */etc/cron.daily/calamaris*.

20.11.2   Sarg

Sarg (Squid Analysis Report Generator) erstellt einen benutzerbezogenen HTML-Report. *Sarg* wurde 1998 als *sqmgrlog (Squid Manager Log)* von *Pedro Lineu Orso* ins Leben gerufen und 2001 in *Sarg* umbenannt. Nach seiner Veröffentlichung fand das Projekt viel Zuspruch und erhielt Anregungen aus der Benutzerschaft, was die weitere Entwicklung deutlich geprägt hat.

Nach der Installation aus den Paketquellen finden Sie unter */etc/sarg/* die zentrale Konfigurationsdatei *sarg.conf*. Hier sehen Sie eine Liste der Parameter und ihrer Bedeutung:

- `access_log /var/log/squid/access.log`
  Ort des Squid-*access.log*. Passen Sie den Pfad auf `squid` an!

- `title`
  Titel der HTML-Seite

- `output_dir /var/lib/sarg`
  Pfadangabe des Reports. Passen Sie diese an Ihre Gegebenheiten an (beispielsweise */var/www/sarg/*).

- `user_ip no`
  Wenn Sie diesen Schalter auf `yes` setzen, werden die IP-Adressen anstelle der Benutzernamen in den Report geschrieben.

- `date_format u`
  Setzen Sie diesen Schalter auf `e`, um ein europäisches Datumsformat zu erhalten.

- `topsites_num 100`
  Anzahl der Seiten in der Topsites-Übersicht

- `report_type`
  Entfernen Sie die Typen, die Sie nicht in Ihren Reports benötigen.

- `#dansguardian_conf none`
  Speicherort der *dansguardian.conf*, falls Sarg die Dansguardian-Logs mit auswerten soll
- `#squidguard_conf none`
  Speicherort der *squidGuard.conf*, falls Sarg die squidGuard-Logs mit auswerten soll

Wie auch bei Calamaris werden für Sarg bereits bei der Installation Einträge für die Log-Auswertung mittels Cron vorgenommen. Falls Sie dies selbst steuern wollen, entfernen Sie die Dateien */etc/cron.daily/sarg*, */etc/cron.weekly/sarg* und */etc/cron.monthly/sarg*.

20.12   Weiteres zu Squid

In diesem Abschnitt wollen wir Ihnen noch die eine oder andere Information zum Thema *squid* liefern, die nicht in die bisherigen Abschnitte gepasst hat.

20.12.1   Mehr Infos: »squid-cgi«

Der Squid stellt für fortgeschrittene Administratoren ein Füllhorn an Informationen zur Verfügung. Diese können Sie bequem und gebündelt über das *squid-cgi* mit einem Browser abrufen.

Alle Betriebsinformationen – von der Cache-Auslastung und -Verteilung, über die Anzahl der gestarteten Prozesse bis hin zur Auslastung der eingesetzten Helper – werden dort gebündelt und übersichtlich dargestellt:

Installation

Dankenswerterweise wird in Ubuntu das Paket *squid-cgi* angeboten. Das Paket setzt einen installierten Webserver – vorzugsweise *apache2* – voraus. Installieren Sie daher einfach das Paket aus den Paketquellen, wie in Listing 20.68 dargestellt:

```
daniel@server:~# sudo apt-get install squid-cgi
```

Listing 20.68 Installation von »squid-cgi«

Dabei wird das CGI-Skript in den Standardpfad */usr/lib/cgi-bin* installiert. In der Standardkonfiguration des Apache ist CGI nicht aktiv. Um dies zu ändern, müssen Sie das CGI-Modul aktivieren. Verwenden Sie dafür den Befehl aus Listing 20.69:

```
daniel@server:~# sudo a2enmod cgi
[…]
Enabling module cgid.
To activate the new configuration, you need to run:
  service apache2 restart
```

Listing 20.69 Installation von »squid-cgi«

Nach einem Neustart des Apache können Sie direkt auf die Informationen über die URL *http://<SERVER>/cgi-bin/cachemgr.cgi* zugreifen.

Aufruf

Beim Aufruf wird Ihnen zunächst eine Anmeldung wie in Abbildung 20.6 präsentiert:

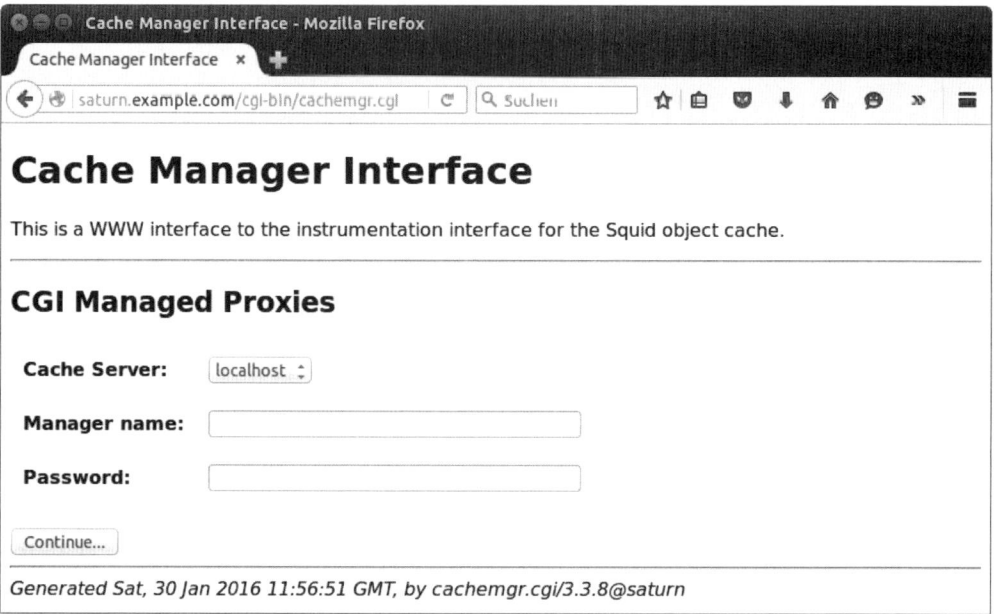

Abbildung 20.6 Anmeldung am Cache Manager

Diese ist aber nur pro forma, da die Anmeldung selbst nur für administrative Tätigkeiten benötigt wird. Auf die Informationen selbst können Sie auch ohne Anmeldung zugreifen. Daher können Sie einfach über einen Klick auf <Continue> auch ohne die Eingabe von Anmeldedaten zur Übersicht gelangen. Anschließend erhalten Sie das Menü des *Cache Managers*. Menüpunkte, die auf Ihrem Proxy-Server verfügbar sind, sind entsprechend als Link dargestellt. Nehmen Sie sich etwas Zeit, und gehen Sie auf Erkundungstour. Sie werden viele interessante Dinge finden.

Absichern

Da die (zum Teil) sensiblen Informationen des *cachemgr.cgi* nicht für jedermann einsehbar sein sollten, müssen Sie die Webserver-Konfiguration entsprechend anpassen.

Um den Zugriff auf nur eine IP-Adresse einzuschränken, müssen Sie die Default-Konfigurationsdatei *000-default* innerhalb des *VirtualHost*-Blocks um den Inhalt aus Listing 20.70 erweitern:

```
ScriptAlias /cgi-bin/ /usr/lib/cgi-bin/
<Directory "/usr/lib/cgi-bin">
        AllowOverride None
        Options +ExecCGI -MultiViews +SymLinksIfOwnerMatch
        Require all granted
        Order deny,allow
        Deny from all
        Allow from <IP-ADDRESS>
</Directory>
```

Listing 20.70 Zugriffsregulierung im Apache

Ersetzen Sie den Platzhalter `<IP-ADDRESS>` durch die IP-Adresse des Clients, der zugreifen darf. Dabei können Sie auch mehrere IP-Adressen kommagetrennt angeben oder ganze Subnetze freigeben, indem Sie das letzte Oktett nicht mit angeben (zum Beispiel: `Allow from 192.0.1`).

20.12.2   Seiten aus dem Cache löschen: »squidclient«

Das Konsolen-Tool `squidclient` bietet Ihnen eine komfortable Möglichkeit, um *Cache-Manager*-Inhalte auf der Konsole abzufragen. Darüber ist es zum Beispiel auch möglich, die Informationen des *cachemgr.cgi*-Skripts auf der Konsole ausgeben zu lassen oder Inhalte aus dem Cache zu löschen.

Installation

Für den Squidclient existiert ebenfalls ein Paket in den Paketquellen. Daher können Sie es wie gewohnt installieren (siehe Listing 20.71):

```
daniel@server:~# sudo apt-get install squidclient
```

Listing 20.71 Installation von »squidclient«

Infos abfragen

Um zum Beispiel die Inhalte des *cachemgr.cgi* abzurufen, führen Sie den Befehl aus Listing 20.72 aus:

```
daniel@server:~$ squidclient mgr:info
HTTP/1.1 200 OK
Server: squid/3.3.8
Mime-Version: 1.0
Date: Thu, 01 May 2016 14:00:01 GMT
Content-Type: text/plain
Expires: Thu, 01 May 2016 14:00:01 GMT
Last-Modified: Thu, 01 May 2016 14:00:01 GMT
X-Cache: MISS from server
```

20

```
X-Cache-Lookup: MISS from server:3128
Via: 1.1 server (squid/3.3.8)
Connection: close

Squid Object Cache: Version 3.3.8
Start Time:     Thu, 01 May 2016 12:04:28 GMT
Current Time:   Thu, 01 May 2016 14:00:01 GMT
Connection information for squid:
        Number of clients accessing cache: 2
        Number of HTTP requests received: 41
[...]
```

Listing 20.72 Informationen mit »mgr:info« abfragen

Der verkürzten Ausgabe aus Listing 20.72 können Sie entnehmen, dass der *squidclient* eine HTTP-Anfrage generiert und Ihnen die Ausgabe auf der Konsole liefert. Dies kann besonders dann nützlich sein, wenn Sie Werte über ein Skript beobachten und auswerten wollen.

Cache-Inhalte leeren

Wenn Sie einzelne Webseiten aus Ihrem Cache entfernen möchten, können Sie dafür den Befehl aus Listing 20.73 verwenden. Dabei wird dem Squidclient mit dem Schalter -m die Methode *PURGE* übergeben, die als Parameter die URL erwartet, die Sie entfernen wollen.

```
daniel@server:~# squidclient -m PURGE http://www.example.com
HTTP/1.1 403 Forbidden
Server: squid/3.3.8
Mime-Version: 1.0
Date: Thu, 01 May 2016 14:03:47 GMT
Content-Type: text/html
Content-Length: 3133
X-Squid-Error: ERR_ACCESS_DENIED 0
Vary: Accept-Language
Content-Language: en
X-Cache: MISS from server
X-Cache-Lookup: NONE from server:3128
Via: 1.1 server (squid/3.3.8)
Connection: close
[...]
```

Listing 20.73 Cache-Inhalte entfernen mit »squidclient«

Wie Sie Listing 20.73 entnehmen können, wurde die Anfrage abgewiesen (HTTP/1.1 403 Forbidden). Dies ist darauf zurückzuführen, dass in der *squid.conf* die Methode PURGE nicht zugelassen ist. Erweitern Sie daher Ihre *squid.conf* um die Objekte und Regeln aus Listing 20.74:

```
acl PURGE method PURGE
http_access allow localhost PURGE
```

Listing 20.74 Methode »PURGE« erlauben

In Listing 20.74 wird das Objekt PURGE erzeugt, das die Methode *PURGE* darstellt – analog zur Methode *CONNECT* (Aufruf von HTTPS-Webseiten). Der Zugriff auf die Methode wird nur vom localhost aus zugelassen.

Nach einem systemctl reload squid können Sie den Befehl zum Entfernen von Cache-Inhalten erneut ausführen:

```
daniel@server:~# squidclient -m PURGE http://www.example.com
HTTP/1.1 200 OK
Server: squid/3.3.8
Mime-Version: 1.0
Date: Thu, 01 May 2016 14:14:52 GMT
Content-Length: 0
X-Cache: MISS from server
X-Cache-Lookup: NONE from server:3128
Via: 1.1 server (squid/3.3.8)
Connection: close
daniel@server:~#
```

Listing 20.75 Cache-Inhalte entfernen mit »squidclient«

Nun wird als Rückgabewert HTTP/1.1 200 OK zurückgegeben – das Entfernen war erfolgreich.

Cache-Inhalte finden

Welche Inhalte in Ihrem Cache vorgehalten werden, können Sie zum Beispiel über das *cachemgr.cgi* und dort im Unterpunkt ALL CACHE OBJECTS oder mit dem *squidclient* über die Kommandozeile squidclient mgr:objects ermitteln.

20.12.3   Fehlermeldungen anpassen

Der Squid bringt bereits lokalisierte Fehlermeldungen mit. Diese können über den Parameter *error_directory* angepasst werden. Im Verzeichnis */usr/share/squid/errors/* sind die Meldungen in eigenen Unterverzeichnissen pro Sprache hinterlegt.

Dabei handelt es sich um HTML-Dateien, die über spezielle Variablen erweitert werden, die als Platzhalter dienen und mit den entsprechenden Werten des jeweiligen Aufrufs angepasst werden. Die Variablen werden durch ein Prozentzeichen dargestellt, auf das ein Buchstabe folgt. Tabelle 20.10 zeigt die zur Verfügung stehenden Variablen.

Variable	Bedeutung
%a	Benutzername (wenn verfügbar)
%B	FTP-Pfad
%e	Fehlernummer
%E	Fehlerbeschreibungen
%h	Hostname des Squid
%H	Domänenname der angefragten URL
%i	Client-IP-Adresse
%M	Methode der Anfrage (*GET, POST, CONNECT* etc.)
%o	Rückgabetext eines externen Helpers
%p	Portnummer der Anfrage
%R	Angefragter URL-Pfad
%T	Anfragezeitpunkt im Unix-Timestamp-Format
%U	Vollständige URL (HTTPS-eingeschränkt)
%u	Vollständige URL
%w	E-Mail des Cache-Managers
%x	Fehlername
%%	Prozentzeichen

Tabelle 20.10 Variablen für Squid-Fehlerseiten

Deutsche Fehlermeldungen

Um sich die Fehlermeldungen auf Deutsch ausgeben zu lassen, müssen Sie in Ihrer *squid.conf* lediglich den Parameter *error_directory* so setzen, wie Sie es Listing 20.76 sehen:

```
error_directory /usr/share/squid-langpack/German
```

Listing 20.76 Sprache der Fehlerausgaben auf Deutsch umstellen

Falls Ihnen die Fehlerbeschreibungen nicht zusagen, kopieren Sie einfach den Inhalt des Verzeichnisses, passen die HTML-Dateien an und setzen den Parameter *error_directory* entsprechend auf das neu erstellte Verzeichnis.

Fehlerseiten pro »http_access«

Damit ist aber noch nicht Schluss. Der Squid bietet Ihnen die Möglichkeit, pro Regel eine eigene angepasste Fehlermeldung einzurichten. Dies kann vor allem dann nützlich werden, wenn Sie *Compliance Rules* umsetzen müssen und Ihren Mitarbeitern über die Fehlermeldung direkt mitteilen wollen, weshalb der Zugriff unterbunden wurde oder wie sie zum Beispiel eine Freigabe beantragen können.

Um eine Fehlerseite für eine Regel einzurichten, empfiehlt es sich, die Ursprungsdatei, die eigentlich angezeigt werden würde, zu kopieren und anzupassen. Damit stellen Sie nicht nur sicher, dass die Fehlerseite gleich aufgebaut ist, sondern auch, dass die eingesetzen Variablen korrekt eingebunden werden.

20

Kapitel 21

Webseiten schneller ausliefern: »varnish«

Geschwindigkeit ist nirgends so wertvoll wie bei Webseiten – und nichts verschreckt Anwender so schnell wie lange Wartezeiten. Damit Ihre Webseiten immer schnell ausgeliefert werden, zeigen wir Ihnen den De-facto-Standard für Reverse-Proxys: »varnish«.

Zum schnellen Ausliefern von Webseiten, oder besser gesagt von ihren Inhalten, bietet es sich an, einen Reverse-Proxy einzusetzen. Im Gegensatz zum regulären Proxy nimmt ein Reverse-Proxy Verbindungen von externen Systemen an und gibt diese nach innen weiter. Als De-facto-Standard hat sich hierfür *Varnish* etabliert. Viele große Webseiten setzen ihn ein, um die Auslieferung von Inhalten zu beschleunigen.

21.1 Die Basis

Bevor wir uns ins Abenteuer stürzen, wollen wir Ihnen zunächst den Aufbau dieses Kapitels erläutern. In diesem Abschnitt zeigen wir Ihnen die »Quick & Dirty«-Lösung, mit der Sie schnell einen lauffähigen Varnish installieren und konfigurieren. Damit Sie nicht im Blindflug Ihren Reverse-Proxy aufsetzten müssen, haben wir Ihnen eine Beispiel-Webseite erstellt, mit der Sie die gesamte Konfiguration und auch etwaige Fehler nachvollziehen können.

Für die fortgeschrittenen Leser vertiefen wir das Wissen in den folgenden Abschnitten und gehen dort auf Spezialkonfigurationen und weitere Möglichkeiten der Arbeit mit Varnish detailliert ein.

21.1.1 Welches Vorwissen wird benötigt?

Für diese Abschnitte sollten Sie folgende Kenntnisse bereits erworben haben:

- **Die Bash** (siehe hierzu Abschnitt 8.1, »Hilfe, da blinkt was! Die Bash«)
- **Paket-Installation** (siehe hierzu Abschnitt 2.4.3, »Umgang mit Paketen«)
- **Webserver** (siehe hierzu Kapitel 12, »Webserver: ›Apache‹ und ›Nginx‹«)

21.1.2   Vor- und Nachteile

An dieser Stelle möchten wir dem typischen »Ja aber« Platz einräumen. Viele angehende Reverse-Proxy-Administratoren denken sich:

Schneller = besser. Also mach ich das mal!

Das Prinzip ist jedoch ein anderes. Sie sollten vorab überlegen, ob ein Reverse-Proxy für Ihren Einsatzzweck überhaupt sinnvoll ist. Zur Auslieferung von statischen Inhalten ist die Installation zweifellos empfehlenswert. Bei dynamischen Inhalten, wie zum Beispiel bei einem Blog oder einem *Content-Management-System (CMS)*, ist der Vorteil nicht sofort ersichtlich – beziehungsweise ergeben sich hier viel mehr notwendige Konfigurationen und dementsprechend auch Stolperfallen.

Im Gegensatz zur Lastverteilung, die wir Ihnen in Kapitel 18, »Lastverteilung (Loadbalancing)«, gezeigt haben, greift ein Reverse-Proxy aktiv in die Kommunikation ein und leitet Anfragen nicht nur »stumpf« weiter. Dadurch haben Sie zwar die Möglichkeit, Manipulationen vorzunehmen, aber leider auch die Gelegenheit, durch Fehlkonfigurationen Webseiten unbrauchbar zu machen.

In diesem Kapitel weisen wir Sie auf viele Stolperfallen hin. Wir wollen Ihnen damit auch ein Stück weit eine Entscheidungshilfe für die Frage geben: »Brauche ich einen Reverse-Proxy wirklich?«.

Vorteile

Zu den Vorteilen beim Einsatz eines Reverse-Proxy zählen:

▶ Beschleunigung bei der Auslieferung von Inhalten (Stichwort: »Cache«)

▶ Verteilung der Last auf mehrere Server

▶ Entlastung der Webserver

▶ Manipulationsmöglichkeiten, bevor eine Anfrage den Webserver erreicht

▶ Auslieferung von Inhalten, auch wenn der Webserver nicht verfügbar ist (Stichwort: »Grace«)

▶ Überwachung der Gesundheit der Webserver

Nachteile

Zu den ausgewiesenen Nachteilen beim Einsatz eines Reverse-Proxy zählen:

▶ Veraltete Inhalte können ausgeliefert werden (Stichwort: »Cache«).

▶ Fehlerquelle bei dynamischen Inhalten

▶ Schutzmechanismen können ausgehebelt werden (Stichwort: »Session/Cookies«)

▶ Sie haben eine Möglichkeit mehr, Fehler zu produzieren.

21.1.3   Ein Beispiel für Sie

Falls Sie gerade keine Webseite zur Hand haben, haben wir für Sie eine Beispielseite vorbereitet. Diese können Sie unter *www.rheinwerk-verlag.de/4197* herunterladen und zum Nachvollziehen der Konfigurationen in diesem Abschnitt verwenden. Wir haben die Webseite daher bewusst für diesen Zweck erstellt – um Ihnen Konfigurationen und deren Auswirkungen zu verdeutlichen. Laden Sie das Archiv herunter, und kopieren Sie es auf Ihren Server. Entpacken Sie das Archiv mit dem Befehl aus Listing 21.1:

```
user@server:~$ tar -xsvf Webseite_Ubuntu-Server-16.04-LTS.gz
```

Listing 21.1 Entpacken des Archives mit »tar«

Wechseln Sie in das neue Verzeichnis *reverse-proxy*, und führen Sie anschließend das Installationsskript so aus, wie in Listing 21.2 dargestellt:

```
user@server:~/Webseite_Ubuntu-Server-16.04-LTS$ sudo ./install.sh
```

Listing 21.2 Installation der Beispiel-Webseite mit »install.sh«

Das Skript kopiert die Webseite nach */var/www/html/example.com*, richtet den Apache2 ein und gibt Ihnen den Hinweis, dass Sie Ihre lokale *Hosts*-Datei anpassen müssen, wenn Sie die Webseite nicht direkt vom Server aus abfragen.

21.1.4   Installation des Reverse-Proxy

Die Installation erfolgt über die Paketquellen, so wie in Listing 21.3 dargestellt. Allerdings zieht Varnish viele Abhängigkeiten nach sich – zum Beispiel eine vollständige Build-Umgebung.

```
daniel@merkur:~$ sudo apt-get install varnish
[...]
Die folgenden NEUEN Pakete werden installiert:
  binutils cpp cpp-5 gcc gcc-5 libasan2 libatomic1 libc-dev-bin libc6-dev
  libcc1-0 libcilkrts5 libgcc-5-dev libgomp1 libisl15 libitm1 libjemalloc1
  liblsan0 libmpc3 libmpx0 libquadmath0 libtsan0 libubsan0 libvarnishapi1
  linux-libc-dev manpages-dev varnish
0 aktualisiert, 26 neu installiert, 0 zu entfernen und 0 nicht aktualisiert.
Es müssen 28,1 MB an Archiven heruntergeladen werden.
Nach dieser Operation werden 102 MB Plattenplatz zusätzlich benutzt.
Möchten Sie fortfahren? [J/n]
```

Listing 21.3 Installation von »varnish«

Nach der Installation nimmt Varnish sofort einen Dienst auf. Damit er einsatzfähig wird, müssen wir aber noch etwas Hand anlegen.

21.1.5   Grundlagen zur Konfiguration

Die Konfiguration des Dienstes selbst erfolgt in der Datei */etc/default/varnish*. Dort werden alle für den Server relevanten Konfigurationen vorgenommen. Für den ersten Schritt sind die Konfigurationen aus Listing 21.4 entscheidend:

```
## Alternative 2, Configuration with VCL
#
# Listen on port 6081, administration on localhost:6082, and forward to
# one content server selected by the vcl file, based on the request.
#
DAEMON_OPTS="-a :6081 \
             -T localhost:6082 \
             -f /etc/varnish/default.vcl \
             -S /etc/varnish/secret \
             -s malloc,256m"
```

Listing 21.4 Auszug der Dienstkonfiguration in »/etc/default/varnish«

In Listing 21.4 wird die Variable `DAEMON_OPTS` mit fünf Paaren von Parametern und Werten gesetzt. Die sehen wir uns etwas genauer an:

▶ `-a :6081`
definiert, auf welcher Netzwerkschnittstelle und welchem Port der Webdienst läuft (standardmäßig auf allen Netzwerkschnittstellen und auf dem Port 6081).

▶ `-T localhost:6082`
gibt an, auf welcher Schnittstelle und welchem Port der administrative Zugang läuft (standardmäßig auf `localhost` und dem Port 6082)

▶ `-f /etc/varnish/default.vcl`
gibt an, welche Konfigurationsdatei geladen werden soll (standardmäßig `default.vcl`).

▶ `-S /etc/varnish/secret`
Zur Administration wird ein Schlüssel benötigt. Mit diesem Parameter wird festgelegt, welcher Schlüssel geladen werden soll.

▶ `-s malloc,256m`
definiert die Cache-Methode und gibt an wie viel Speicher diese verwenden darf. Standardmäßig sind es 256 MB mit der Methode `malloc` (Hauptspeichercache).

Da wir eine eigene Konfigurationsdatei verwenden werden, müssen Sie den Wert des Parameters `-f` auf `/etc/varnish/user.vcl` ändern.

Die eigentliche Konfiguration findet in sogenannten *Varnish Configuration Language-(VCL)*-Dateien statt. Wie wir bereits erläutert haben, verwenden wir eine Kopie der *default.vcl* als Basis, um unsere Konfigurationen zu erarbeiten. Dies hat auch den Vorteil, dass etwaige Updates Ihre mühsam erarbeitete Konfiguration nicht überschreiben können.

Zum Erstellen der Kopie setzen Sie die Befehle aus Listing 21.5 ab:

```
daniel@merkur:~$ cd /etc/varnish/
daniel@merkur:/etc/varnish$ sudo cp default.vcl user.vcl
```

Listing 21.5 Backup der »vcl«

Beachten Sie, dass zum Kopieren der Datei Root-Rechte benötigt werden.

> **Anpassungen in »/etc/default/varnish« notwendig**
> Falls Sie dieser Empfehlung folgen, müssen Sie den neuen Dateinamen auch in der Datei
> */etc/default/varnish* beim Parameter -f hinterlegen!

Varnish-Fehler zur Zeit der Drucklegung!

Leider hat sich der Fehlerteufel in Varnish eingeschlichen. Auch Varnish wird von *systemd* gesteuert, und die entsprechende Service-Datei hat leider einen entscheidenden Fehler: Die Standardwerte aus */etc/default/varnish* sind dort fest hinterlegt, sodass Ihre Änderungen vom Dienst nicht angenommen werden.

Dies können wir aber einfach korrigieren. Öffnen Sie dafür mit Root-Rechten die Datei */lib/systemd/system/varnish.service*, und passen Sie die Zeilen so an, wie in Listing 21.6 dargestellt:

```
#ExecStart=/usr/sbin/varnishd -j unix,user=vcache -F -a :6081 -T localhost:6082 -f \
/etc/varnish/default.vcl -S /etc/varnish/secret -s malloc,256m
EnvironmentFile=/etc/default/varnish
ExecStart=/usr/sbin/varnishd -j unix,user=vcache -F $DAEMON_OPTS
```

Listing 21.6 Korrekturen in »varnish.service«

Wie Sie sehen, haben wir die ursprüngliche Zeile auskommentiert und anschließend zwei neue Zeilen hinzugefügt. Über EnvironmentFile wird der Inhalt aus /etc/default/varnish als Umgebungsvariable geladen. Daher können wir jetzt in der folgenden Zeile die Variable $DAEMON_OPTS verwenden, um den Daemon zu starten.

Damit die Änderungen wirksam werden und Varnish den Inhalt der Dienstkonfiguration verwendet, müssen Sie die Befehle aus Listing 21.7 absetzen:

```
daniel@merkur:~$ sudo systemctl daemon-reload
daniel@merkur:~$ sudo systemctl restart varnish
```

Listing 21.7 Aktualisierungen laden und »varnish« neu starten

Wie Sie sehen, wird auch Varnish über systemctl gesteuert. Mit dem Befehl restart starten Sie den Dienst komplett neu – da sich der Cache nur im Hauptspeicher befindet, wird er damit auch vollständig geleert. Bei einem `reload` hingegen werden nur Konfigurationsänderungen übernommen und der Cache bleibt erhalten.

> **[!]**
>
> ### Warum? Fixe Werte funktionieren doch auch!
>
> Bitte verwenden Sie nicht einfach fixe Werte in der Service-Datei von *systemd*, da das Programm zum neuladen des Dienstes (`reload-vcl`) wieder auf die Datei */etc/default/varnish* zurückgreift und es so zu Fehlern kommen würde!

21.1.6   Die Magie: »VCL«

Einer der Gründe, warum Varnish so mächtig ist, ist die VCL. In dieser Sprache können Sie äußerst komplexe Konfigurationen vornehmen, und dennoch ist die Verarbeitung durch Varnish pfeilschnell. Dies liegt daran, dass Varnish die Datei kompiliert, also in Binär-Code umschreibt – daher wurde bei der Installation auch die Build-Umgebung mitinstalliert.

Eine VCL-Datei besteht im Wesentlichen aus mindestens vier Blöcken:

▶ `backend default`
   legt fest, von welchem Server die Webinhalte abgerufen werden sollen. Der Name (standardmäßig `default`) ist dabei frei wählbar.

▶ `sub vcl_recv`
   wird ausgeführt, wenn eine Client-Anfrage eintrifft (recv, Kurzform vom englischen *receive*, zu Deutsch *empfangen*). Hier werden typischerweise Aufräumarbeiten vorgenommen: Gültigkeitsprüfung der Anfrage, Normalisieren der Anfragen, Entfernen von Cookies oder Headern sowie Umleitungen von Anfragen. Anschließend wird die Anfrage an den Webserver weitergegeben.

▶ `sub vcl_backend_response`
   wird ausgeführt, nachdem die Antwort vom Webserver eingegangen ist. Auch hier werden typischerweise Aufräumarbeiten durchgeführt: Entfernen von unnötigen Headern oder Cookies oder anderen Fehlern die vom Webserver zurückgeliefert werden. Ebenso wird hier festgelegt, ob die Antwort des Webservers in den Cache aufgenommen wird.

▶ `sub vcl_deliver`
   wird ausgeführt, bevor die Antwort an den Client zurückgesendet wird. Hier können abschließende Veränderungen vorgenommen werden.

Die Blöcke werden dabei mit geschweiften Klammern voneinander abgegrenzt. Jede Zeile muss mit einem Semikolon abgeschlossen werden. Kommandos des Varnish können innerhalb der Blöcke mit einem beginnenden Punkt abgekürzt werden – so lautet die Kurzform von `backend.port` entsprechend `.port`. Im Übrigen gibt es noch weitere Subroutinen (`sub <NAME>`), die wir Ihnen bei Bedarf vorstellen.

21.1.7   Ein einfaches Beispiel

Nun ist es an der Zeit, eine lauffähige Umgebung zu erstellen. Da der Varnish nur im Verbund mit einem Webserver arbeiten kann, zeigen wir Ihnen in diesem Abschnitt, wie Sie diese Zusammenarbeit auf einem Server erreichen können. Dafür ändern wir auf dem Webserver den Port auf 8080 und im Varnish den Port auf 80.

[+]

Beispiel

Falls Sie unsere Beispiel-Webseite verwenden, ist diese Konfiguration nicht notwendig. Das Installationsskript hat die hier vorgestellten Änderungen bereits durchgeführt.

Im Beispiel verwenden wir einen Apache2 als Webserver, selbstverständlich können Sie den Varnish auch vor einen beliebigen anderen Webserver schalten. Zunächst müssen Sie den Port anpassen, auf dem der Webserver läuft. Für den Apache müssen Sie die Datei */etc/apache2/ports.conf* so anpassen, wie in Listing 21.8 gezeigt:

```
Listen 8080
```

Listing 21.8 Anpassungen für Apache2 in »ports.conf«

Damit ändern Sie den Standardport 80 auf 8080.

Anschließend müssen Sie die Konfiguration der Seite entsprechend anpassen, sodass der virtuelle Host auch auf dem Port 8080 arbeitet:

```
<VirtualHost *:8080>
```

Listing 21.9 Anpassungen für Apache2 in »virtual-host«

Wie Sie in Listing 21.9 sehen, wurde der Port auf *:8080 gesetzt, wodurch der Apache2 auf allen Netzwerkschnittstellen des Servers läuft. Prinzipiell hätten Sie hier auch nur localhost angeben können, da die Anfragen vom Varnish ja von dort kommen. Für Funktionstests und zur Inbetriebnahme ist es aber sinnvoll, die Einstellung mit der Wildcard beizubehalten – so können Sie leicht prüfen, ob Ihr Webserver fehlkonfiguriert ist oder Varnish.

Damit Varnish Anfragen verarbeiten kann, ohne dass in der URL der Port explizit angegeben wird, müssen Sie den Port auf 80 ändern. In Listing 21.10 haben wir Ihnen den notwendigen Auszug aus der Datei */etc/default/varnish* abgedruckt:

```
DAEMON_OPTS="-a :80 \
```

Listing 21.10 Anpassungen in »/etc/default/varnish«

Abschließend müssten Sie jetzt noch in der VCL-Datei den Webserver konfigurieren. Da die Werte der Standardkonfiguration aber passen, wie in Listing 21.11 dargestellt, ist diese Änderung im Beispiel nicht notwendig.

```
backend default {
    .host = "127.0.0.1";
    .port = "8080";
}
```

Listing 21.11 Anpassungen des Backends in »user.vcl«

Nach einem obligatorischen Neuladen (siehe Listing 21.12) der Dienste werden Abfragen, die an Ihren Webserver gerichtet sind, nun von Varnish verarbeitet.

```
daniel@merkur:~$ sudo systemctl reload apache2
daniel@merkur:~$ sudo systemctl reload varnish
```

Listing 21.12 Aktivieren der Änderungen

21.1.8   Einfaches Beispiel mit Cache

Um die wahren Vorzüge des Varnish auszuspielen, müssen wir einen Cache einsetzen. Standardmäßig verhält sich Varnish wie ein RFC2616-Client. Daher wertet er den zurückgelieferten Header *Cache-Control* aus und übernimmt dessen Vorgaben. Zusätzlich werden keine Objekte in den Cache aufgenommen, bei denen Cookies gesetzt sind. Falls keine Vorgaben für Objekte vorhanden sind, die in den Cache aufgenommen werden können, wird der Standardwert (default_value) von 120 Sekunden verwendet. Um den Cache zu aktivieren, müssen Sie im Block vcl_backend_response den Parameter beresp.ttl so setzen, wie in Listing 21.13 gezeigt:

```
sub vcl_backend_response {
    set beresp.ttl = 5m;
}
```

Listing 21.13 Cache-Zeit definieren

Mit dem Befehl set leiten Sie das Setzen eines Parameters ein. Im Beispiel aus Listing 21.13 wird der Parameter beresp.ttl gesetzt, was im Übrigen die Kurzform für backend response . time to live (zu Deutsch in etwa »Vorhaltezeit für die Antwort des Backend-Servers«) ist. Der Wert wird mit 5m auf fünf Minuten gesetzt. Weitere gültige Zeitangaben wären:

▶ ms für Millisekunden

▶ s für Sekunden

▶ m für Minuten

▶ h für Stunden

▶ d für Tage

▶ w für Wochen

▶ y für Jahre

Zur besseren Kontrolle fügen wir noch den Header X-Cache hinzu. Dieser bekommt je nachdem, ob Varnish den Inhalt aus dem Cache zurückliefert, HIT (englisch für *Treffer*) oder MISS (englisch für *verfehlt*) als Wert. Um dies zu erreichen, müssen Sie den Block vcl_deliver der VCL-Datei so erweitern, wie in Listing 21.14 dargestellt:

```
sub vcl_deliver {
        if (obj.hits > 0) {
                set resp.http.X-Cache = "HIT";
        } else {
                set resp.http.X-Cache = "MISS";
        }
}
```

Listing 21.14 HTTP-Header hinzufügen

Wie lange ein Objekt bereits im Cache liegt, wird im Übrigen ohne weiteres Zutun im Header Age als Sekundenwert bei jeder Anfrage ausgeliefert.

Die Header können Sie auf unserer Beispiel-Webseite sehr gut mit dem Kommandozeilen-Tool curl nachvollziehen, so wie in Listing 21.15 gezeigt:

```
daniel@merkur:~$ curl -I http://www.example.com/index.html
[…]
daniel@merkur:~$ curl -I http://www.example.com/index.html
HTTP/1.1 200 OK
[…]
X-Varnish: 32779 32777
Age: 2
Via: 1.1 varnish-v4
ETag: W/"938-530385a62bce2-gzip"
X-Cache: HIT
[…]
```

Listing 21.15 Prüfen des Caches von »index.html« mit »curl«

Der Parameter -I veranlasst curl, nur die Header auszugeben und nicht den abgefragten Inhalt. Das reicht für unseren Test vollkommen aus. Wie Sie sehen, wurde in Listing 21.15 der Befehl zweimal aufgerufen. Dies ist notwendig, um sicherzustellen, dass Varnish das Objekt auch in seinen Cache ablegen kann. Da der Header X-Cache auf HIT steht, wurde beim zweiten Aufruf der Inhalt aus dem Cache ausgeliefert und nicht vom Webserver abgefragt – wenn Sie in einem zweiten Fenster das Log des Webservers öffnen, können Sie dies dort ebenfalls nachvollziehen.

Würden Sie, während das Objekt bereits vom Varnish in den Cache aufgenommen wurde, die Datei *index.html* verändern, dann würde der neue Inhalt erst nach Ablauf der vorher gesetzten fünf Minuten sichtbar werden.

In Listing 21.16 wurde mit `curl` die Seite `cache-control.html` abgerufen. Diese beinhaltet, wie der Name schon sagt, die Cache-Control-Header, sodass Varnish dieses Objekt nicht in den Cache aufnimmt.

```
daniel@merkur:~$ curl -I http://www.example.com/cache-control.html
HTTP/1.1 200 OK
[…]
Cache-Control: max-age=0, no-cache, no-store, must-revalidate
Pragma: no-cache
Expires: Sat, 01 Dec 1984 16:15:00 GMT
[…]
X-Varnish: 12
Age: 0
Via: 1.1 varnish-v4
X-Cache: MISS
[…]
```

Listing 21.16 Prüfen des Caches von »cache-control.html« mit »curl«

Wie Sie sehen, steht der Header `X-Cache` auf `MISS`. Der Inhalt wurde also nicht aus dem Cache ausgeliefert. Da das Objekt nicht in den Cache aufgenommen wird, ist im Übrigen der Wert für den Header `Age` stets `0`.

21.2   Der Cache von A–Z

Wie Sie einen einfachen Cache einrichten, haben wir bereits erläutert. In diesem Abschnitt geht es wesentlich tiefer in die Materie. Wir zeigen Ihnen, wie Sie dem Varnish beibringen, einzelne Objekte oder ganze Verzeichnisteile nicht in den Cache mit aufzunehmen und Cookies für einzelne Objekte zu ignorieren. Sie lernen auch, wie Sie das Ausliefern ohne funktionstüchtigen Webserver konfigurieren und wie Sie Objekte aus dem Cache gezielt entfernen können.

21.2.1   Ausnahmen: »Die guten ins Töpfchen, die schlechten ins Kröpfchen!«

Mit dem von uns konfigurierten Cache werden alle Objekte fünf Minuten vorgehalten, bevor der Webserver erneut nach ihnen abgefragt wird. Dies ist für einige Seiten aber inakzeptabel, zum Beispiel wenn Sie Neuigkeiten umgehend veröffentlichen müssen oder bei Downloads stets die aktuellste Version anbieten wollen. Damit der Varnish Objekte nicht in den Cache aufnimmt, können Sie in den Block `vcl_recv` eine Abfrage integrieren. In Listing 21.17 sehen Sie die notwendigen Zeilen, um das Verzeichnis `download` und alle darin befindlichen Dateien und Verzeichnisse vom Cache auszuschließen.

```
sub vcl_recv {
    if (req.url ~ "^/download") {
        return (pass);
    }
}
```

Listing 21.17 Cache für »/download« deaktivieren

Wie Sie sehen, wird hier mit einer klassischen Wenn-Abfrage gearbeitet. Die Prüfung ist von runden Klammern umschlossen, und das Kommando, das ausgeführt wird, wenn die Abfrage zutrifft, steht in geschweiften Klammern. Die Abfrage aus Listing 21.17 prüft, ob die Variable `req.url` (Kurzform für `requested url`, zu Deutsch *angefragte URL*) einem regulären Ausdruck entspricht. Dies ist daran ersichtlich, dass als Operand die Tilde (~) verwendet wurde. Der reguläre Ausdruck `^/download` trifft auf alle Anfragen zu, deren URL mit `/download` beginnt – hier kommen im Übrigen reguläre Ausdrücke nach dem POSIX-Standard zum Einsatz. Trifft die Prüfung zu, wird die Funktion `return (pass)` ausgeführt. Damit weisen Sie Varnish an, den Inhalt immer vom Webserver abzufragen und nicht aus dem Cache auszuliefern.

Reguläre Ausrücke [✓]

Das Thema »reguläre Ausdrücke« stellen wir in Abschnitt 37.2, »Reguläre Ausdrücke verstehen und anwenden«, ausgiebig vor.

Die Abfrage können Sie auch erweitern. Dafür verwenden Sie als Oder-Verknüpfung zwei Pipe-Zeichen (||), so wie in Listing 21.18 dargestellt:

```
sub vcl_recv {
    if (req.url ~ "^/download" ||
        req.url == "/status.php" ||
        req.url == "/bilder/status.gif") {
        return (pass);
    }
}
```

Listing 21.18 Weitere Cache-Ausnahmen definieren

Mit dieser Prüfung würden alle Objekte unterhalb von */download* und die Dateien */status.php* und */bilder/status.gif* vom Cache ausgeschlossen werden. Die Dateien wurden dabei mit einem doppelten Gleichheitszeichen geprüft (exakte Übereinstimmung).

Folgende Operatoren sind im Varnish gültig:

- ► = Zuweisung von Werten

- ► == Vergleich (exakt)

- ► ~ Vergleich mit regulären Ausdrücken

- ► ! Negierung

- ► && Logische Und-Verknüpfung

- ► || Logische Oder-Verknüpfung

Beispiel-Webseite

Das Verhalten können Sie mit unserer Beispiel-Webseite auf der Seite STATUS testen. Auf der Seite werden drei LEDs angezeigt – eine ohne Parameter, eine mit festem GET-Parameter und eine mit ständig wechselndem GET-Parameter. Bei jedem Neuladen der Seite wechseln die LEDs die Farbe: von Grün auf Gelb, von Gelb auf Rot, von Rot auf Grün und wieder von vorne.

Ohne die gezeigten Ausnahmen von */status.php* und */bilder/status.gif* wird keine LED die Farbe wechseln, da die PHP-Datei (über die der Wechsel gesteuert wird) bereits in den Cache aufgenommen wird. Mit den gezeigten Ausnahmen wechselt sowohl die erste als auch die dritte LED bei jedem Aufruf die Farbe. Im Erläuterungstext der Seite haben wir Ihnen noch weitere Erklärungen zu diesem und anderen Verhalten des Varnish aufgeführt.

21.2.2 Cookies missachten

Wie Sie Objekte vom Cache verwalten, haben wir Ihnen bereits erläutert. In einigen Szenarien kann es aber sinnvoll sein, Elemente explizit in den Cache mit aufnehmen zu wollen. Wenn Sie beispielsweise über eine Webseite mit Anmeldung verfügen, so wird in der Regel ein Cookie gesetzt, damit der Webserver prüfen kann, ob der Benutzer bereits authentifiziert ist. Dadurch würde der Varnish alle abgefragten Inhalte stets vom Webserver laden. Falls Ihre Webseite aber viele Bilder verwendet, die sowohl für angemeldete als auch für nicht angemeldete Benutzer angezeigt werden, ist es sinnvoll, diese nicht neu zu laden.

Um dies zu erreichen, können Sie den Cookie einfach bei der Anfrage für Bild-Objekte entfernen. Dadurch erreichen Sie, dass der Varnish die Objekte aus dem Cache ausliefert. Listing 21.19 zeigt Ihnen eine Beispielabfrage:

```
if (req.url ~ "\.(gif|jpg|jpeg|ico|png)(\?.*|)$") {
  unset req.http.cookie;
}
```

Listing 21.19 Cookies entfernen für Objekte

Die if-Abfrage prüft, ob das sich beim abgefragten Objekt um eine Bild-Datei handelt (entsprechende Dateiendung). Trifft dies zu, werden mit dem Befehl unset die Cookies aus der Anfrage entfernt (req.http.cookie).

> **Achtung: Nicht bei allen Objekten sinnvoll**
>
> Beachten Sie, dass die gezeigte Methode nicht auf alle Objekte übertragbar ist. Würden Sie zum Beispiel auch Cookies bei HTML- oder PHP-Dateien entfernen, wäre Ihre Anmeldung nicht mehr funktionstüchtig! Darüber hinaus kann mit solchen Methoden auch schnell das Session-Handling des Webservers zunichte gemacht werden, wodurch unter Umständen Benutzer Inhalte zu sehen bekommen, die nicht für sie bestimmt sind. Verwenden Sie diese Möglichkeit also mit Bedacht.

Das Verhalten des Varnish können Sie auf unserer Beispiel-Webseite über ANMELDUNG, COOKIES, AUTO-RELOAD und ABMELDEN testen. Über die Anmeldung werden Cookies gesetzt, die Sie über die Seite COOKIES anzeigen lassen können. Je nachdem, ob Cookies und etwaige Ausnahmen dafür gesetzt sind, verändert sich das Verhalten.

Die Seite AUTO-RELOAD lädt sich selbst alle fünf Sekunden neu und zeigt jeweils die aktuelle Uhrzeit an. Wird diese Datei in den Cache aufgenommen, so verändert sich die Uhrzeit so lange nicht, bis das Objekt aus dem Cache entfernt wird. Über die Seite ABMELDEN können Sie alle Cookies wieder entfernen.

21.2.3 Grace

Eine der beliebtesten Funktionen eines Reverse-Proxy ist das Ausliefern von Inhalten aus dem Cache auch dann, wenn der Webserver nicht erreichbar ist. Diese Methode wird *Grace* (englisch für *Gnade*) genannt – streng nach dem Motto: »Besser veraltete Inhalte ausliefern, als gar keine!«

Um Grace zu aktivieren, müssen Sie im Block `vcl_backend_response` den Parameter `beresp.grace` so setzen, wie in Listing 21.20 gezeigt:

```
sub vcl_backend_response {
    […]
    set beresp.grace = 6h;
}
```

Listing 21.20 Aktivieren der Methode »Grace«

Im Beispiel aus Listing 21.20 wurde die Zeit zur Auslieferung von Inhalten aus dem Cache auf sechs Stunden gesetzt.

Selbstverständlich kann auch der Varnish keine Wunder wirken. Bei dynamischen Inhalten nützt Ihnen die Methode *Grace* auch nicht viel – beim Aufruf solcher Inhalte würde Varnish eine Fehlermeldung ausgeben, dass der Webserver zurzeit nicht erreichbar ist (siehe Abbildung 21.1).

Abbildung 21.1 Fehlermeldung »Webserver nicht erreichbar«

21.2.4   Objekte aus dem Cache entfernen

Hat Ihr Cache erst einmal eine gewisse Größe erreicht, ist das vollständige Leeren durch einen Neustart des Dienstes keine Option mehr – schließlich wollen Sie Ihre Webserver ja nicht auf einen Schlag unter Volllast bringen.

Aber keine Sorge, Sie können auch einzelne Objekte aus dem Cache entfernen, ohne ihn vollständig zu verlieren. Dafür kennt Varnish zwei Methoden:

- **HTTP PURGE**
  - Verwendung einer eigenen Subroutine (`vcl_purge`)
  - Löscht Objekte über ihre Hash-Werte.
  - Zum Aufruf muss ein `return(purge)` innerhalb von `vcl_recv` erfolgen.
  - Entfernt alle Varianten von einem Objekt aus dem Cache und gibt den Speicher wieder frei.
  - Wird als HTTP-Methode ausgeführt.
- **Banning**
  - Verwendet die Funktion `ban(regex)`.
  - Entfernt Objekte aus dem Cache, die einem regulären Ausdruck entsprechen.
  - Gibt den Speicher nicht zwingend auf einmal wieder frei.
  - Kann auch über das Management-Interface ausgeführt werden.

Mit der althergebrachten HTTP-Methode können Sie über einen Webaufruf genau ein Objekt aus dem Cache werfen. Standardmäßig ist dies nicht erlaubt. Zunächst müssen wir dafür einige Vorbereitungen treffen. Fügen Sie der VCL-Datei den Inhalt aus Listing 21.21 hinzu. Es hat sich eingebürgert, diese Zeilen oberhalb der sub-Blöcke zu hinterlegen.

```
acl purge {
        "localhost";
        "192.168.0.151";
}
```

Listing 21.21 Definition der ACL »purge«

Mit den Zeilen aus Listing 21.21 erstellen Sie eine *Access Control List (ACL)* mit dem Namen purge. Der Inhalt der ACL sind die Systeme `localhost` und die IP-Adresse des Reverse-Proxy selbst (im Beispiel `192.168.0.151`). Hier können Sie beliebig weitere Adressen hinzufügen, zum Beispiel Ihren Desktop-Rechner, falls Sie auch von diesem aus die PURGE-Methode direkt verwenden wollen.

Damit Varnish PURGE-Anfragen auch verarbeitet, müssen Sie im Block `vcl_recv` die Zeilen aus Listing 21.22 hinzufügen:

```
sub vcl_recv {
    # allow PURGE:
    if (req.method == "PURGE") {
            if (!client.ip ~ purge) {
                    return(synth(405,"Not allowed."));
            }
            return (purge);
    }
    […]
}
```

Listing 21.22 »PURGE« erlauben

Mit diesen Zeilen wird zunächst geprüft, ob die Anfrage (`req.method`) der Methode PURGE entspricht. Anschließend wird geprüft, ob die Anfrage nicht von einem Client (`client.ip`) aus der zuvor angelegten ACL purge erfolgt – die Abfrage ist negiert (vorangestelltes Ausrufezeichen). Trifft dies zu, erfolgt die Anfrage also von einem Client, der nicht auf der Liste steht, dann wird die Fehlermeldung mit dem HTTP-Statuscode 405 und der Meldung Not allowed. zurückgegeben. Anderenfalls wird das Objekt entfernt und dies mit `return (purge)` bestätigt.

Nach einem `sudo systemctl reload varnish` werden die Änderungen aktiv und Sie können über einen Webaufruf Objekte aus dem Cache entfernen. Listing 21.23 zeigt den Aufruf mittels curl vom Server selbst:

```
daniel@merkur:~$ curl -X PURGE http://www.example.com/bilder/logo.png
<!DOCTYPE html>
<html>
  <head>
    <title>200 Purged</title>
  </head>
  <body>
```

```
      <h1>Error 200 Purged</h1>
      <p>Purged</p>
      <h3>Guru Meditation:</h3>
      <p>XID: 32770</p>
      <hr>
      <p>Varnish cache server</p>
    </body>
</html>
```

Listing 21.23 Objekt mit »curl« entfernen

Wie Sie sehen, wird curl mit dem Parameter -X die Methode PURGE übergeben. Anschließend ist das Objekt angegeben, das entfernt werden soll (im Beispiel *logo.png* mit vollständigem Pfad). Das Entfernen hat funktioniert, da der HTTP-Statuscode 200 zurückgegeben wurde.

Wenn Sie den Befehl von einem System ausführen, das nicht in der ACL vorhanden ist, so erhalten Sie die Ausgabe von Listing 21.24:

```
daniel@ubuntu:~$ curl -X PURGE http://www.example.com/bilder/logo.png
<!DOCTYPE html>
<html>
  <head>
    <title>405 Not allowed.</title>
  </head>
  <body>
    <h1>Error 405 Not allowed.</h1>
    <p>Not allowed.</p>
    <h3>Guru Meditation:</h3>
    <p>XID: 32778</p>
    <hr>
    <p>Varnish cache server</p>
  </body>
</html>
```

Listing 21.24 Fehler »405« beim Aufruf von anderen Systemen

Wie sie sehen, wurde der Zugriff mit der PURGE-Methode nicht erlaubt. Das Objekt bleibt also im Cache.

[!]   **Immer mit ACL arbeiten!**
Bitte geben Sie den Zugriff mit PURGE nicht aus Bequemlichkeit von allem Systemen frei. Dies ermöglicht es nicht nur wirklich jedem, Ihren Cache zu leeren, sondern stellt auch ein Sicherheitsrisiko dar!

Mit PURGE können immer nur einzelne Objekte aus dem Cache entfernt werden. Manchmal wird aber eine umfassendere Methode benötigt, zum Beispiel um einen Verzeichniszweig wie */download* vollständig aus dem Cache zu entfernen. Hierfür kommt das *Banning* zum Einsatz.

Der Varnish pflegt die sogenannte *ban*-Liste. Darin werden Objekte festgehalten sowie die Information, wann der Eintrag zur Liste hinzugefügt. Bei jeder Anfrage prüft Varnish, ob das Objekt auf der *ban*-Liste steht. Ist es dort aufgeführt und ist der Eintrag nicht älter als das Objekt aus dem Cache, wird dieses neu vom Webserver geladen. Dies stellt eine äußerst charmante Möglichkeit dar, um Objekte elegant aus dem Cache zu entfernen.

Um die Funktion nutzen zu können, sind keine weiteren Konfigurationen notwendig. Um ein Objekt beziehungsweise einen Ausdruck der *ban*-Liste hinzuzufügen, können Sie das Administrationstool varnishadm so verwenden, wie in Listing 21.25 gezeigt:

```
daniel@merkur:~$ sudo varnishadm ban 'req.http.url ~ "^/downloads"'
```

Listing 21.25 Mehrere Objekte auf einmal aus dem Cache entfernen

Mit dem Befehl aus Listing 21.25 führen Sie die Methode ban aus und übergeben ihr den folgenden Ausdruck (mit einfachen Hochkommata umgeben). Der reguläre Ausdruck prüft, ob eine Anfrage (req.http.url) mit /downloads beginnt.

Den Inhalt der *ban*-Liste können Sie im Übrigen mit dem Befehl sudo varnishadm ban.list abfragen:

```
daniel@merkur:~$ sudo varnishadm ban.list
Present bans:
1460405343.347819     1 -  req.http.url ~ ^/downloads
1460405287.007945    15 C
```

Listing 21.26 Auflistung der »ban«Liste

Der Aufbau der Ausgabe ist relativ simpel. Pro Zeile wird ein Eintrag dargestellt. Die Zeile besteht aus dem Unix-Timestamp, der angibt, wann der Eintrag erstellt wurde, gefolgt von der Anzahl der Objekte, auf die er bisher zugetroffen hat, vom Status des Eintrags und vom Eintrag selbst. Wie Sie sehen, existieren zwei Einträge auf der Liste, obwohl nur einer erzeugt wurde. Der untere Eintrag stellt den vollständigen Cache dar (im Beispiel enthält er 15 Objekte), was durch das C als Statusausgabe deutlich wird. Der obere Eintrag ist der soeben erstellte, der bisher auf eine Anfrage zutraf.

Nur einmal!

Beachten Sie, dass mit *ban*, genau wie bei *PURGE*, entfernte Inhalte nur einmal neu geladen werden – die Liste greift also nicht permanent, sodass Sie für dauerhafte Ausnahmen vom

> Cache die bereits geschilderten Methoden in der VCL-Datei einsetzen müssen! Auch wenn
> die Ausgabe von sudo varnishadm ban.list Einträge noch anzeigt, heißt dies nicht, dass alle
> zutreffenden Objekte neu geladen werden.

Ein Neustart des Dienstes leert auch die *ban*-Liste.

21.3   Multi-Server-Setup

Natürlich muss der Varnish nicht zwangsläufig auf dem Webserver selbst laufen. Sie können
ihn auch auslagern und ihn anweisen, die Webinhalte von einem oder mehreren Servern zu
holen. Letzteres Setup wollen wir nun im Detail vorstellen, da hierfür zusätzliche Konfigurationen notwendig sind.

Ebenso zeigen wir Ihnen, wie Sie mehrere Webseiten über einen Varnish gleichzeitig verarbeiten lassen können.

21.3.1   Willkommen in der Manege: »Director«

Damit Sie als Dompteur mehrere Server gebändigt bekommen, wurde der *Director* geschaffen. Darin vereinigen Sie mehrere Backend-Server um diese gezielt ansteuern zu können.

Im Beispiel aus Listing 21.27 werden zwei Backend-Server definiert: merkur (lokal) und venus
(extern).

```
import directors;

backend merkur {
    .host = "127.0.0.1";
    .port = "8080";
}

backend venus {
    .host = "192.168.0.150";
    .port = "8080";
}

sub vcl_init {
    new examplecom = directors.round_robin();
    examplecom.add_backend(merkur);
    examplecom.add_backend(venus);
}
```

```
sub vcl_recv {
    set req.backend_hint = examplecom.backend();
    […]
}
```

Listing 21.27 Konfiguration mit mehreren Backend-Servern

Wie Sie sehen, wurde in Listing 21.27 zunächst mit `import directors;` der Betrieb für mehrere Backend-Server aktiviert. Anschließend werden diese definiert – wie gewohnt jeweils mit `.host` und `.port`.

Bei der Namensgebung können Sie kreativ werden, allerdings sind Sonder- und Leerzeichen nicht erlaubt und auch auf Umlaute sollten Sie verzichten. Damit Varnish weiß, wie er die Backend-Server ansteuern soll, wird zusätzlich die Unterfunktion `vcl_init` angelegt. Darin wird mit dem Schlagwort `new`, gefolgt vom Namen `examplecom`, der neue Direktor instanziiert, indem diese gleich der Funktion `directors.round_robin()` gesetzt wird.

Dabei gibt `round_robin` auch die Verteilungsfunktion an. In der Funktion `vcl_recv` müssen Sie abschließend noch den Parameter `req.backend_hint` auf `examplecom.backend()` setzen, damit der Varnish Anfragen auch an den Direktor weitergibt. Als Verteilungsfunktionen stehen Ihnen im Übrigen folgende Funktionen zur Verfügung:

▶ `round_robin`: Verteilung der Reihe nach

▶ `random`: Verteilung anhand einer Gewichtung (englisch *weight*)

▶ `hash`: feste Zuordnung zu einem Backend-Server anhand der Client-IP-Adresse (oder Session-ID)

▶ `fallback`: probiert alle Backend-Server und verwendet den ersten »gesunden«.

Wir empfehlen Ihnen, als Algorithmus `hash` zu verwenden. Wenn Sie zum Beispiel eine Anmeldung oder einen Warenkorb auf Ihrer Webseite betreiben, ist dies unerlässlich.

Um den `hash`-Algorithmus zu verwenden, müssen Sie die Konfiguration leicht modifizieren (siehe Listing 21.28), da hierfür weitere Werte übergeben werden müssen.

```
sub vcl_init {
    new examplecom = directors.hash();
    examplecom.add_backend(merkur, 1.0);
    examplecom.add_backend(venus, 1.0);
}

sub vcl_recv {
    set req.backend_hint = examplecom.backend(client.identity);
    […]
}
```

Listing 21.28 Konfiguration mit mehreren Backend-Servern: »hash«

Wie Sie in Listing 21.28 sehen, wurde bei den Backend Definitionen in der Funktion vcl_init nach den Namen der Backend-Server ein Zahlenwert definiert (im Beispiel 1.0). Dieser Wert dient als Gewichtung – beim Algorithmus random müssten Sie diesen Wert ebenfalls angeben. Da wir keine gesonderte Gewichtung vornehmen wollen, setzen wir den Wert bei beiden Servern auf 1.0. In der Funktion vcl_recv wurde als Übergabewert client.identity festgelegt – diesen Wert verwendet Varnish nun, um den Hash-Wert zur Zuordnung zu berechnen.

21.3.2   Alle gesund? »Probes«

Die Gesundheit der Backend-Server kann und sollte von Varnish überwacht werden. Schließlich wäre es sehr ärgerlich, wenn der Anwender bei jedem zweiten Aufruf eine Fehlermeldung erhält.

Um die Gesundheit zu prüfen, verwenden Sie die Funktion .probe in der Backend-Definition. In Listing 21.29 sehen Sie eine typische Konfiguration:

```
backend venus {
    .host = "venus.example.com";
    .port = "8080";
    .probe = {
        .url = "/";
        .timeout = 1s;
        .interval = 5s;
        .window = 5;
        .threshold = 3;
    }
}
```

Listing 21.29 Die Gesundheit mit ».probe« prüfen

Wie Sie sehen, wurde hier für das System venus eine Gesundheitsprüfung definiert. Mit .url geben Sie an, welche URL von Varnish abgefragt werden soll. Mit .timeout legen Sie fest, wie lange Varnish auf eine Antwort warten soll (im Beispiel eine Sekunde). In welchen Abständen die Prüfung durchgeführt werden soll, wird mit .interval festgelegt (im Beispiel alle fünf Sekunden). Mit .window legen Sie fest, wie viele der letzten Prüfungen gewertet werden sollen (im Beispiel fünf Stück). Über .threshold definieren Sie, wie viele von den Prüfungen erfolgreich gewesen seien müssen, damit Varnish den Server als gesund ansieht.

[+]   Als Erfolg wertet Varnish im Übrigen nur eine Rückmeldung mit dem HTTP-Statuscode 200. Alle sonstigen Statuscodes, auch wenn diese einen Erfolg darstellen, gelten als Fehler.

Selbstverständlich können Sie die Werte beliebig anpassen. Zum Beispiel können Sie die URL /status/test.php abfragen und dort mit PHP weitergehendere Prüfungen als das »simple« Ausliefern einer Webseite einrichten (eventuell eine Datenbankanbindung oder Ähnliches).

Stressfaktor

Bitte beachten Sie, dass zu intensive oder häufige Prüfungen Ihren Server auch belasten können! Schließlich soll Varnish in erster Linie Ihren Webserver entlasten und nicht für zusätzlichen Stress sorgen.

21.3.3   Mehrere Webseiten

Mit Varnish können Sie auch mehrere Webseiten auf einmal verarbeiten. Hierfür kommt die bereits vorgestellte Funktion set req.backend_hint zum Einsatz. In Listing 21.30 sehen Sie eine einfache Konfiguration für zwei Webseiten mit jeweils einem Backend-Server:

```
backend merkur {
    .host = "127.0.0.1";
    .port = "8080";
}

backend venus {
    .host = "192.168.0.150";
    .port = "8080";
}

sub vcl_recv {
    # site: www.example.com
    if (req.http.host ~ "^(www.)?example.com$") {
        set req.backend_hint = venus;

    # site: mirror.example.com
    } elsif (req.http.host == "mirror.example.com") {
        set req.backend_hint = merkur;
    }
    […]
}
```

Listing 21.30 Mehrere Webseiten mit Varnish verarbeiten

In Listing 21.30 wurden die bereits bekannten Backend-Server merkur und venus definiert. Damit Varnish die Anfragen für die Webseiten www.example.com und mirror.example.com den Backends richtig zuweisen kann, wurde in der Funktion vcl_recv eine if-Abfrage hinzugefügt. Je nach dem Ergebnis der Abfrage wird der Wert von req.backend_hint dann auf den einen oder anderen Backend-Server gesetzt. Selbstverständlich könnten Sie auch hier mehrere Backend-Server zu einem Director zusammenfassen und die Webseiten dann auf den jeweiligen Director leiten lassen.

21.4   Abgesichert mit »SSL/TLS«

Varnish ist leider nicht in der Lage, selbstständig mit SSL/TLS umzugehen. Daher müssen wir Ihm eine Hilfe zur Seite stellen. In diesem Abschnitt zeigen wir Ihnen, wie Sie mit einem vorgeschalteten *Nginx* die SSL/TLS-Verbindungen terminieren können und im Hintergrund Varnish seine Wunder wirken lassen.

21.4.1   Den Helfer aufs Spielfeld bringen: »Nginx«

Zunächst müssen Sie Nginx installieren. Listing 21.31 zeigt die benötigten Befehle:

```
daniel@merkur:~$ sudo systemctl stop varnish
daniel@merkur:~$ sudo systemctl stop apache2
daniel@merkur:~$ sudo apt-get install nginx
[…]
Die folgenden NEUEN Pakete werden installiert:
  fontconfig-config fonts-dejavu-core libfontconfig1 libgd3 libjbig0 libjpeg-turbo8
  libjpeg8 libtiff5 libvpx3 libxpm4 libxslt1.1 nginx nginx-common nginx-core
0 aktualisiert, 14 neu installiert, 0 zu entfernen und 41 nicht aktualisiert.
Es müssen 2.993 kB an Archiven heruntergeladen werden.
Nach dieser Operation werden 9.781 kB Plattenplatz zusätzlich benutzt.
Möchten Sie fortfahren? [J/n] J
```

Listing 21.31 Installation von Nginx

Bevor Sie Nginx installieren, müssen Sie die Dienste varnish und apache2 beenden. Ansonsten kommt es bei der Skript-Verarbeitung nach der Installation zu Fehlern! Um sich die zusätzliche Arbeit zu ersparen, setzen Sie daher vorher die Befehle sudo systemctl stop varnish und sudo systemctl stop apache2 ab.

21.4.2   Zertifikate erstellen

Falls Sie gerade kein Zertifikat zur Hand haben, zeigen wir Ihnen in Listing 21.32, wie Sie schnell ein selbstsigniertes Zertifikat erstellen können:

```
daniel@merkur:/etc/nginx$ sudo mkdir ssl
daniel@merkur:/etc/nginx$ cd ssl
daniel@merkur:/etc/nginx/ssl$ sudo openssl req -new -x509 -keyout \
www.example.com.key -out www.example.com.crt -days 720 -nodes
```

Listing 21.32 Verzeichnis und Zertifikat erstellen

Anschließend werden Ihnen Fragen zum Inhalt des Zertifikats gestellt. In Listing 21.33 sehen Sie diese. Unsere Beispiel-Eingaben haben wir in Fettschrift dargestellt.

```
Generating a 2048 bit RSA private key
[…]
Country Name (2 letter code) [AU]:DE
State or Province Name (full name) [Some-State]:NRW
Locality Name (eg, city) []:Moers
Organization Name (eg, company) [Internet Widgits Pty Ltd]:Example Ltd
Organizational Unit Name (eg, section) []:
Common Name (e.g. server FQDN or YOUR name) []:www.example.com
Email Address []:webmaster@example.com
```

Listing 21.33 Abfragen bei der Zertifikatserstellung

21.4.3   Konfiguration: »nginx«

Die Konfiguration von Nginx findet im Verzeichnis */etc/nginx* statt. Wir konzentrieren uns aber nur auf die nach der Installation bereits vorhandene Datei */etc/nginx/sites-enabled/default*. Ersetzen Sie den Inhalt der Datei durch die Zeilen aus Listing 21.34:

```
server {
        listen 443 ssl;
        server_name www.example.com;
        ssl_certificate /etc/nginx/ssl/www.example.com.crt;
        ssl_certificate_key /etc/nginx/ssl/www.example.com.key;

        location / {
            proxy_pass http://127.0.0.1:80;
            proxy_set_header X-Real-IP  $remote_addr;
            proxy_set_header X-Forwarded-For $proxy_add_x_forwarded_for;
            proxy_set_header X-Forwarded-Proto https;
            proxy_set_header X-Forwarded-Port 443;
            proxy_set_header Host $host;
        }
}
```

Listing 21.34 Inhalt der Konfigurationsdatei »default«

Starten Sie nun Nginx mit `sudo systemctl restart nginx` neu, damit die Änderungen wirksam werden.

21.4.4   Erster Aufruf

Wenn Sie jetzt die URL *https://www.example.com* öffnen, werden Sie zunächst mit einer Zertifikatswarnung behelligt. Da wir das Zertifikat selbst erstellt haben, kann der Browser es nicht prüfen. Erlauben Sie das Zertifikat, erhalten Sie die Fehlermeldung aus Abbildung 21.2.

---

502 Bad Gateway

nginx/1.9.14 (Ubuntu)

Abbildung 21.2 Fehlermeldung von Nginx: »502«

Das ist durchaus logisch: Da wir zur Installation den Varnish gestoppt haben, kann der Nginx ihn nicht kontaktieren. Wiederholen Sie den Aufruf, nachdem Sie mit `sudo systemctl start varnish` den Varnish wieder gestartet haben. Anschließend erhalten Sie die Fehlermeldung aus Listing 21.3.

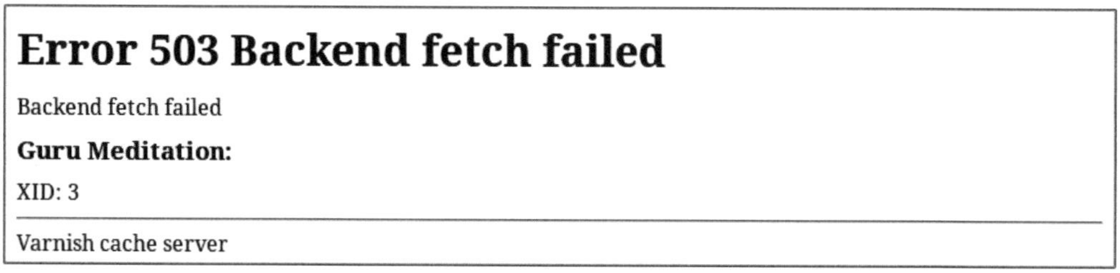

Error 503 Backend fetch failed

Backend fetch failed

Guru Meditation:

XID: 3

Varnish cache server

Abbildung 21.3 Fehlermeldung von Nginx: »503«

Dies ist ebenfalls logisch, da wir auch den Apache gestoppt haben. Führen Sie also zu guter Letzt den Befehl `sudo systemctl start apache2` aus, um auch den Webserver zu starten. Anschließend kann Ihre Webseite auch über HTTPS abgefragt werden. Abbildung 21.4 zeigt unsere Beispiel-Webseite.

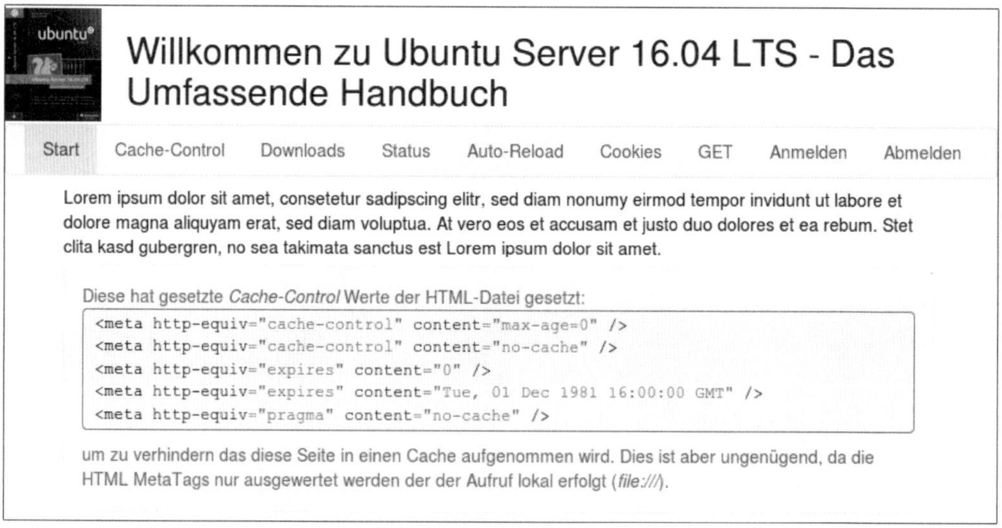

Willkommen zu Ubuntu Server 16.04 LTS - Das Umfassende Handbuch

| Start | Cache-Control | Downloads | Status | Auto-Reload | Cookies | GET | Anmelden | Abmelden |

Lorem ipsum dolor sit amet, consetetur sadipscing elitr, sed diam nonumy eirmod tempor invidunt ut labore et dolore magna aliquyam erat, sed diam voluptua. At vero eos et accusam et justo duo dolores et ea rebum. Stet clita kasd gubergren, no sea takimata sanctus est Lorem ipsum dolor sit amet.

Diese hat gesetzte *Cache-Control* Werte der HTML-Datei gesetzt:

```
<meta http-equiv="cache-control" content="max-age=0" />
<meta http-equiv="cache-control" content="no-cache" />
<meta http-equiv="expires" content="0" />
<meta http-equiv="expires" content="Tue, 01 Dec 1981 16:00:00 GMT" />
<meta http-equiv="pragma" content="no-cache" />
```

um zu verhindern das diese Seite in einen Cache aufgenommen wird. Dies ist aber ungenügend, da die HTML MetaTags nur ausgewertet werden der der Aufruf lokal erfolgt (*file:///*).

Abbildung 21.4 Aufruf mit HTTPS (Beispiel-Webseite)

21.5   Tools und mehr

Varnish bringt bereits eine Handvoll nützlicher Tools mit, die Ihnen nahezu Echtzeitwerte ermitteln und aufbereiten. In diesem Abschnitt wollen wir Ihnen einige davon vorstellen, damit Sie nicht nur die Funktion Ihres Reverse-Proxy überwachen können, sondern auch herausfinden können, wo noch weiteres Verbesserungspotenzial vorhanden ist.

21.5.1   Auslastung: »varnishtop«

Das Programm varnishtop liest die Logdateien, die übrigens im Speicher gehalten werden, und zeigt Ihnen einen Auszug oder eine fortlaufende Ausgabe an.

Ohne weitere Parameter werden die Daten fortlaufend ausgegeben und alle Informationen zur Anfrage dargestellt. Mit der Tastenkombination [Strg] + [C] beenden Sie das Programm. Da die Ausgabe ohne Parameter ziemlich schnell unübersichtlich wird, wollen wir Ihnen noch ein paar typische Aufrufe zeigen. Zur besseren Übersicht haben wir den Befehl mit dem Parameter -1 ausgeführt, da er nur eine einmalige Ausgabe veranlasst. Im Übrigen müssen Sie dieses Programme – und auch alle weiteren hier vorgestellten – mit Root-Rechten starten.

Der Aufruf mit dem Parameter -i ReqURL zeigt zum Beispiel, welche URLs gerade von Clients abgefragt werden (siehe Listing 21.35).

```
daniel@merkur:~$ sudo varnishtop -1 -i ReqURL
   195.00 ReqURL /bilder/logo.png
    64.00 ReqURL /
     6.00 ReqURL /status.php
     4.00 ReqURL /bilder/status.gif
```
Listing 21.35   Ausgabe auf »URL« beschränken

Aus dieser Ausgabe können Sie zum Beispiel ableiten, dass das Bild */bilder/logo.png* sehr häufig abgefragt wird und dass es sich daher rentieren würde, es länger im Cache zu behalten – vorausgesetzt, die Datei ändert sich nicht häufig (wovon aber auszugehen ist).

Wenn Sie den Parameter in -i BereqURL ändern, werden nur die Anfragen dargestellt, die an den Backend-Server weitergegeben werden:

```
daniel@merkur:~$ sudo varnishtop -1 -i BereqURL
    27.00 BereqURL /bilder/logo.png
     9.00 BereqURL /
```
Listing 21.36   Ausgabe auf die URLs beschränken, die vom Backend-Server geladen werden

Auch hier führt das Logo die Liste an, weshalb sich eine längere Cache-Zeit für dieses Objekt auszahlen würde.

Mit dem Parameter -I können auch reguläre Ausdrücke verarbeitet werden. So werden mit dem Aufruf aus Listing 21.37 zum Beispiel nur die abgefragten Webseiten ausgegeben (HTTP-Header Host).

```
daniel@merkur:~$ sudo varnishtop -1 -I ReqHeader:Host
   292.00 ReqHeader Host: www.example.com
   176.00 ReqHeader Host: mirror.example.com
daniel@merkur:~$ sudo varnishtop -1 -I ReqHeader:^A.*E
    18.00 ReqHeader Accept-Encoding: gzip, deflate
    14.00 ReqHeader Accept-Encoding: gzip
```

Listing 21.37 Ausgabe auf »Host« beschränken

21.5.2   Histogramm: »varnishhist«

Manchmal sagt ein Bild mehr als tausend Worte. Auch dies bietet Ihnen Varnish mit dem Programm varnishhist. Dieses erstellt Ihnen ein fortlaufendes Histogramm.

In der ersten Zeile werden die Rahmenparameter dargestellt: zum einen die Skalierung und zum anderen der Wert von n, der die Anzahl der Anfragen darstellt. Die horizontale Skalierung ist im Übrigen logarithmisch (was an den Werten der Achse zu erkennen ist). Inhalte, die aus dem Cache ausgeliefert werden, werden als Pipe (|) dargestellt, und Inhalte, die vom Backend-Server geholt werden, erscheinen als Gatterkreuz (#).

Listing 21.38 zeigt eine beispielhafte Ausgabe des Programms, das Sie ebenfalls mit Root-Rechten starten müssen.

```
1:2, n = 180


                  |
                  |
                  ||
                  ||
                  |||
                  ||||
                  ||||
                  ||||
                  ||||
                  ||||
                  |||||   |                    #
                  ||||||  ||                   ##
                  ||||||||||||  ###       ###
+--------+--------+--------+--------+--------+--------+--------+--------+--------
|1e-6    |1e-5    |1e-4    |1e-3    |1e-2    |1e-1    |1e0     |1e1     |1e2
```

Listing 21.38 Ausgabe des Histogramms mit »varnishhist«

21.5.3   Statistiken: »varnishstat«

Um einen Überblick zu bekommen, was gerade auf Ihrem Varnish so los ist, bietet sich das Programm varnishstat an. Dieses zeigt Ihnen eine an top erinnernde Übersicht über eine Unzahl an Informationen: misses und hits (aus dem Cache), Speicherinformationen, die Anzahl der Threads, gelöschte Informationen und vieles mehr. Einfach zu allem werden Informationen ausgegeben.

Dabei ist das Programm auch noch intelligent bei der Ausgabe. Je nachdem, wie groß Ihre Konsole ist, werden mehr oder weniger Informationen dargestellt. Abbildung 21.5 zeigt einen Teil der Ausgabe.

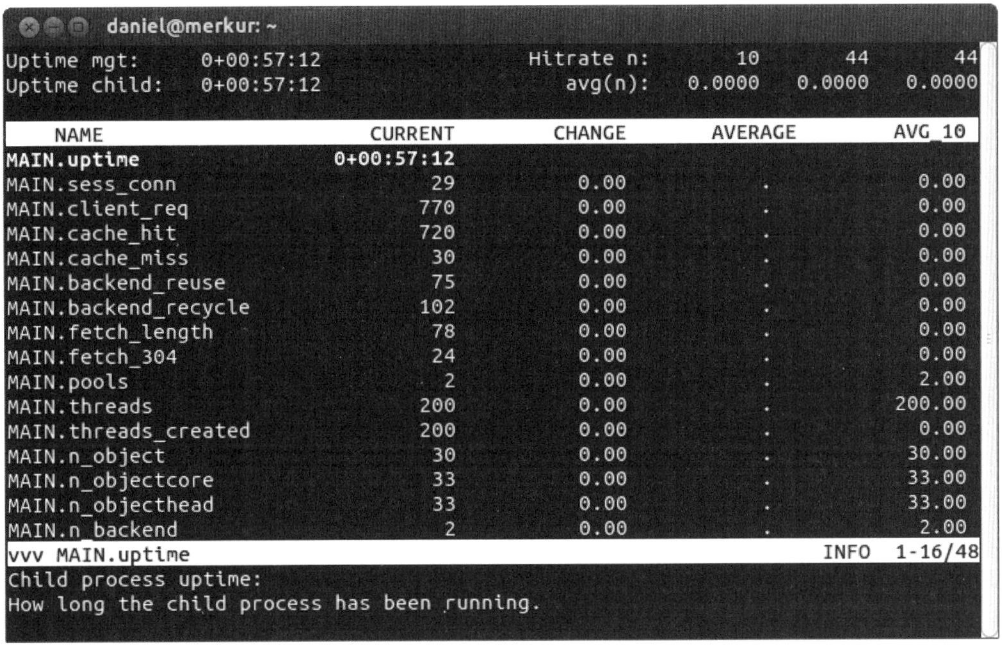

```
daniel@merkur: ~
Uptime mgt:      0+00:57:12              Hitrate n:       10       44       44
Uptime child:    0+00:57:12                 avg(n):   0.0000   0.0000   0.0000

        NAME                    CURRENT       CHANGE      AVERAGE        AVG_10
MAIN.uptime                 0+00:57:12
MAIN.sess_conn                     29         0.00            .          0.00
MAIN.client_req                   770         0.00            .          0.00
MAIN.cache_hit                    720         0.00            .          0.00
MAIN.cache_miss                    30         0.00            .          0.00
MAIN.backend_reuse                 75         0.00            .          0.00
MAIN.backend_recycle              102         0.00            .          0.00
MAIN.fetch_length                  78         0.00            .          0.00
MAIN.fetch_304                     24         0.00            .          0.00
MAIN.pools                          2         0.00            .          2.00
MAIN.threads                      200         0.00            .        200.00
MAIN.threads_created              200         0.00            .          0.00
MAIN.n_object                      30         0.00            .         30.00
MAIN.n_objectcore                  33         0.00            .         33.00
MAIN.n_objecthead                  33         0.00            .         33.00
MAIN.n_backend                      2         0.00            .          2.00
vvv MAIN.uptime                                         INFO    1-16/48
Child process uptime:
How long the child process has been running.
```

Abbildung 21.5 Ausgabe von »varnishstat«

Im Übrigen bringt Varnish auch ein Munin-Plugin-in mit, das die Werte zyklisch ausliest und damit sehr schöne Grafiken erstellt.

21.5.4   Tuning

Um das volle Potenzial Ihres Servers ausschöpfen zu können, müssen Sie Varnish entsprechend konfigurieren. Da die Konfiguration der Maximalwerte immer abhängig vom eingesetzten System und dessen Umgebung ist, wollen wir Ihnen an dieser Stelle nur eine Faustformel an die Hand geben.

In Listing 21.39 sehen Sie die notwendigen Anpassungen in der Datei */etc/default/varnish*. Werte, die Sie anpassen müssen, sind fett dargestellt.

```
DAEMON_OPTS="-a :80 \
            -T localhost:6082 \
            -f /etc/varnish/user.vcl \
            -S /etc/varnish/secret \
            -p thread_pool_add_delay=2 \
            -p thread_pools=<CPU-CORES> \
            -p thread_pool_min=<800 / CPU-CORES> \
            -p thread_pool_max=5000 \
            -s malloc,2G"
```

Listing 21.39 Tuning von Varnish in »/etc/default/varnish«

Im Gegensatz zur bisherigen Konfiguration des Dienstes wurden zusätzliche -p-Parameter hinzugefügt. Der Parameter `thread_pool_add_delay` sorgt dafür, dass Varnish beim Starten neuer Threads kurz wartet (standardmäßig und im Beispiel 2 Millisekunden).

Der Parameter `thread_pools` sollte immer auf die Anzahl der CPU-Cores gesetzt werden, damit die Threads sich nicht gegenseitig blockieren. Um zu ermitteln, über wie viele Cores Ihr System verfügt, können Sie den Befehl `lscpu` zur umfangreichen Ausgabe aller Informationen zu den CPUs verwenden oder `nproc`, das nur die Anzahl der CPUs ausgibt.

Der Parameter `thread_pool_min` sollte auf einen Wert aus `800 / Anzahl der CPU-Cores` gesetzt werden – bei einem System mit 4 Cores also: `800 / 4 = 200`.

Zu guter Letzt müssen Sie die Größe des Hauptspeicher-Caches festlegen. Der angegebene Wert stellt aber nicht das Maximum des von Varnish verwendeten Hauptspeichers dar, sondern nur das Maximum des Caches im Hauptspeicher. Zu diesem Wert wird also noch mindestens ein Kilobyte pro Objekt im Cache addiert – also für eine Million Objekte zum Beispiel 1 GB zusätzlicher Speicher. Je nach Größe und Umfang Ihrer Webseite kann der benötigte Speicher also dramatisch anwachsen. Wir empfehlen Ihnen daher, folgende Faustformel zu verwenden: `Freier Hauptspeicher in GB / 2` .

Wenn Sie feststellen, dass Ihr System trotz eines längeren Betriebs mit Varnish noch über freien Hauptspeicher verfügt, können Sie diesen Wert sukzessive erhöhen. Fangen Sie lieber klein an, und arbeiten Sie sich hoch!

21.5.5   Caching: 10 typische Fehler

Beim Einsatz von Varnish kommt es häufig zu Fehlern und Missverständnissen. Die Top 10 wollen wir Ihnen hier vorstellen und Ihnen Tipps geben, damit Sie die unruhigen Gewässer gekonnt umschiffen können.

1. GET-Anfragen im Cache

Varnish nimmt standardmäßig auch GET-Anfragen, die Parameter und Werte enthalten können, mit in den Cache auf. Sollten sich die Werte bei mehrfacher Abfrage nicht verändern (weil zum Beispiel bei einer Suche die Datenbasis stets die gleiche ist), ist dies auch vollkommen in Ordnung.

Verändern sich aber die Daten, müssen Sie daran denken, die betreffenden Webseiten vor dem Caching zu schützen. Entweder nehmen Sie die betreffenden Seiten in eine Abfrage auf, die mit return (pass) endet, oder Sie setzten eine globale Regel wie die in Listing 21.40:

```
sub vcl_recv {
    […]
    # disable cache for GET parameters:
    if (req.url ~ "\?.*$") {
      return (pass);
    }
    […]
}
```

Listing 21.40 GET-Anfragen global aus dem Cache fernhalten

Mit dieser Abfrage leiten Sie die Anfragen, die ein Fragezeichen enthalten (was die Parameterübergabe bei GET-Anfragen einleitet), direkt an den oder die Webserver weiter.

2. Cookies

Standardmäßig nimmt Varnish keine Inhalte in den Cache auf, bei denen in der Anfrage ein Cookie gesetzt ist. Falls Sie sich also wundern, weshalb Inhalte nie aus dem Cache ausgeliefert werden, sollten Sie kontrollieren, ob gegebenenfalls ein Cookie gesetzt ist (im Beispiel über die Seite COOKIES).

Diese Voreinstellung ist auch gut so, da das Speichern von Anfragen mit Cookies dazu führen **[!]** kann, dass Sessions übernommen werden können oder dass Anwender Inhalte zu sehen bekommen, die gar nicht für sie bestimmt waren.

Es ist also Aufmerksamkeit geboten, wenn Sie Objekte in den Cache aufnehmen, die mit einem Cookie versehen sind. Selbstverständlich ist dies bei einigen Objekten aber auch vollkommen in Ordnung, wie beim Ausliefern von statischen Grafiken. In Listing 21.41 sehen Sie eine typische Abfrage, mit der Sie Cookies von Grafiken entfernen können:

```
sub vcl_recv {
    […]
    # enable cache for:
    if (req.url ~ "(gif|jpg|jpeg|ico|png)$") {
      unset req.http.cookie;
```

```
  }
  [...]
}
```

Listing 21.41 Entfernen von Cookies bei Grafik-Dateien

3. Zu rigides bzw. zu viel Tuning

Einige Administratoren neigen dazu, ihre Umgebung zu leidenschaftlich schützen und optimieren zu wollen. Da Sie mit Varnish so ziemlich alles bei einer Anfrage manipulieren können, werden gern Elemente wie Header oder Cookies entfernt, die zur Verarbeitung benötigt werden. Die anschließende Recherche des Webentwicklers kann dann ganz schön ausufern. Auch bei Varnish gilt: »Sie können nur Technik beherschen, die Sie verstehen!«

4. Zu hohe Cache-Zeiten: »TTLs«

Höhere Cache-Zeiten garantieren, dass Inhalte schneller verfügbar sind und nicht so häufig vom Webserver geladen werden. Das spart nicht nur Rechenleistung, sondern auch Zeit. Zu hohe Cache-Zeiten können aber auch dazu führen, dass Ihr Reverse-Proxy nur noch veraltete oder nicht mehr konsistente Daten ausliefert.

Wie so oft ist die goldene Mitte gefragt: Richten Sie Cache-Zeiten ein, die lang genug sind, um den Webserver zu entlasten, aber nicht so hoch, dass Sie Gefahr laufen, »Müll« auszuliefern. Wir empfehlen Ihnen, eher verhalten zu beginnen und sich langsam hochzuarbeiten.

5. Nicht alles stimmt: »Online-Tipps & -Tricks«

Nicht alles, was im Internet steht, ist wahr. Diese Erkenntnis haben Sie sicherlich an der ein oder anderen Stelle bereits selbst gewonnen. Grade zu Varnish geistern unzählige How-Tos und Tipps & Tricks durchs Netz. Einige davon sind durchaus nützlich und hilfreich.

[!] Leider sind aber viele davon auch eher suboptimal oder, was noch schlimmer ist, veraltet. Glauben Sie also nicht alles, was Sie online finden. Testen Sie, wenn möglich, Konfigurationen vorab auf einem Testsystem, und wiederstehen Sie der Versuchung, auch noch das letzte Prozent drei Stellen hinter dem Komma aus Ihrem Setup herausholen zu wollen. Weniger ist und bleibt manchmal mehr.

6. Verschachtelte Caches: »Weniger ist mehr!«

Caching ist eine gute Sache und – richtig eingesetzt – ein Segen. Allerdings birgt es auch Gefahren in sich, zum Beispiel wenn Caches verschachtelt werden. Im schlimmsten Fall kann Ihre Webseite in folgenden Caches landen:

```
Browser-Cache - Webproxy-Cache - Varnish-Cache - Webserver-Cache - Backend-Cache
```

Listing 21.42 Verschachtelung von »Caches«

Hier die Fehlerquelle zu identifizieren oder herauszufinden, warum Benutzer A eine andere Ausgabe wie Benutzer B erhält, ist mit viel Schmerzen verbunden. Darüber hinaus können die verschiedenen Caches auch über unterschiedliche Standard-Vorhaltezeiten verfügen. Übertreiben Sie es daher mit dem Caching und den Cache-Zeiten nicht. Auch hier gilt: »Weniger ist manchmal mehr!«

7. Überladene VCL

Varnish bringt eine Unzahl an Möglichkeiten mit sich. Dabei gilt das gleiche Grundprinzip wie bei Meinungen: »Kann man haben, muss man aber nicht!«

Was nützt Ihnen ein Geschwindigkeitszuwachs durch einen Cache, wenn Sie diese Geschwindigkeit durch unzählige Abfragen, Auswertungen und Ähnliches direkt wieder verlieren? Betreiben Sie lieber einen auf das Wesentliche reduzierten Varnish, der seine Aufgabe dafür aber zu 100 Prozent erfüllt.

8. Falsche Tests

Bei der Entwicklung eines Reverse-Proxy, gerade in Zusammenarbeit mit Webentwicklern, kommt es häufig zu Missverständnissen. Sätze wie »Das ist der Reverse-Proxy!«, »Der tut nicht, was er soll!« oder »Der liefert immer nur alte Dateien aus!« sind leider keine Seltenheit. Gewöhnen Sie sich an, die Kollegen darauf hinzuweisen, dass es sehr sinnvoll ist, den Browser im »Privat-Modus« zu starten (den Firefox zum Beispiel mit der Tastenkombination Strg + ⇧ + P um sicherzustellen, dass Daten nicht bereits aus dem lokalen Cache stammen.

Ebenso ist es ratsam, mit gedrückter ⇧-Taste den Button *Neuladen/Reload* zu klicken, da dies den Browser anweist, mit der Anfrage die Information zu senden, dass die Inhalte bitte nicht aus dem Cache ausgeliefert werden sollen – was zumindest bei Webproxys (wie dem Squid) weiterhilft.

Ebenso können zusätzliche Plug-ins hilfreich sein, wie zum Beispiel *Firebug* beim Firefox. Damit ist es möglich, Abfragen vollständig angezeigt zu bekommen.

9. Hauptspeicherkonfiguration

Viel hilft viel, zu viel hilft wenig: So einfach kann die Hauptspeicherkonfiguration zusammengefasst werden. Geben Sie dem Varnish zu wenig Hauptspeicher, kann er nicht genügend Objekte im Cache ablegen, wodurch die Vorteile des Caches verpuffen. Geben Sie ihm andererseits zu viel Hauptspeicher, ist die Gefahr groß, dass das System auf seinen *Swap* (die Auslagerung des Hauptspeichers auf der Festplatte) zurückgreifen muss – was ebenso kontraproduktiv ist.

Zusätzlich müssen Sie beachten, dass Ihre Webseite unter Umständen auch wächst. Behalten Sie also die Hauptspeicherauslastung im Auge, und passen Sie die Werte gegebenenfalls kontinuierlich an.

10. Prozesse beobachten

Auch die Prozesse des Varnish sollten Sie im Auge behalten. Je nach Konfiguration finden Sie mindestens zwei: einen für das Management und einen für den Dienst selbst.

Gerade der Dienst selbst ist so programmiert, dass er sich bei einem Crash sofort selbst neu startet – was durchaus nur Millisekunden benötigt. Daher bekommen Sie dies nicht zwangsläufig mit, und Ihnen entgeht so vielleicht die eine oder andere Konfigurationsproblematik. Wir empfehlen Ihnen daher, von Zeit zu Zeit einen Blick ins Syslog zu werfen oder das Programm varnishstat zu verwenden. Dort wird sowohl die Uptime des Dienstes selbst als auch die Uptime für das Management (beginnend mit MGT.) dargestellt.

Kapitel 22

Syslog

Die Logfiles sind für Sie als Administrator die wichtigste Informationsquelle überhaupt. In diesem Kapitel lernen Sie, das Logging an Ihre Bedürfnisse anzupassen und effizient zu nutzen.

Einer der größten Vorteile von Linux ist seine Geschwätzigkeit. Was auch immer auf Ihrem System gerade passiert, die Wahrscheinlichkeit ist enorm hoch, dass Sie in einer der Log-Dateien unter */var/log* etwas dazu finden. Auch seit dem Einsatz von Systemd hat sich daran nichts geändert – in der Standardkonfiguration gibt Systemd nämlich alle Log-Meldungen an das Syslog weiter.

22.1   Die Basis: Syslog-Nachrichten

Zum Einsteig müssen Sie zunächst zwei englische Vokabeln lernen: *Facility* und *Severity*. Die *Facility* (Quelle, Herkunft) sagt Ihnen, aus welchem Systembereich eine Log-Meldung stammt, etwa vom Kernel oder vom Mail-Subsystem.

Anhand der *Severity* können Sie dann einschätzen, ob es sich nur um eine Statusnachricht handelt oder ob Ihr System kurz vor der Explosion steht. Salopp ausgedrückt, sagt Ihnen die *Facility*, wo der Schuh drückt, und die *Severity*, wie stark die Schmerzen sind. Die *Severity* wird oft auch als »Log-Level« bezeichnet. Sehen wir uns diese nun etwas genauer an.

22.1.1   »Facility« – Wo der Schuh drückt

Tabelle 22.1 zeigt die wichtigsten Syslog-Quellen und deren Bedeutung.

Facility	Bedeutung
LOG_KERN	Kernelmeldungen
LOG_USER	Meldungen von Userspace-Programmen
LOG_MAIL	Mail-Subsystem

Tabelle 22.1 Die wichtigsten Syslog-Quellen: »Facility«

Facility	Bedeutung
LOG_DAEMON	Serverdienste
LOG_SYSLOG	Syslog-interne Meldungen
LOG_LPR	Druckersubsystem
LOG_NEWS	Usenet-Server
LOG_UUCP	UUCP-Dienst
LOG_CRON	Meldungen des Cron-Daemons
LOG_AUTHPRIV	Login- und Autorisierungsmeldungen
LOG_LOCAL0 - LOG_LOCAL7	reserviert für lokale Nutzung

Tabelle 22.1 Die wichtigsten Syslog-Quellen: »Facility« (Forts.)

Wie sie sehen, gibt das Syslog bereits eine Vorabeinteilung vor. Diese ist nicht nur hilfreich, um den Überblick zu bewahren, sondern hilft auch Entwicklern dabei, immer gleiche Zustände vorzufinden.

22.1.2   »Severity« – Wie sehr es schmerzt

In Tabelle 22.2 finden Sie die acht Log-Level und was sich dahinter verbirgt.

Level	Bedeutung
LOG_EMERG	Das System ist unbenutzbar.
LOG_ALERT	Alarm, schnelles Handeln erforderlich
LOG_CRIT	kritischer Fehler
LOG_ERR	normaler Fehler
LOG_WARNING	Warnung
LOG_NOTICE	wichtige Benachrichtigung
LOG_INFO	Benachrichtigung
LOG_DEBUG	Informationen für Entwickler, Hilfe bei der Fehlersuche

Tabelle 22.2 Die Log-Level

Auch hier existiert wieder eine Vorabeinteilung zur Klassifizierung. Je nach Art der Meldung sollten Sie auf sie reagieren.

22.1.3   Konfiguration

In der Konfigurationsdatei */etc/rsyslog.d/50-default.conf* ist festgelegt, was mit welchen Nachrichten genau passiert. Listing 22.1 zeigt zwei typische Beispiele, die in jeder Standard-installation so vorzufinden sind:

```
[...]
kern.*          -/var/log/kern.log
mail.*          -/var/log/mail.log
[...]
```

Listing 22.1 Ausschnitt aus der »/etc/rsyslog.d/50-default.conf«

In der Konfigurationsdatei sind *Facility* und *Severity* durch einen Punkt miteinander verbunden. Dieses Pärchen nennt man den *Selektor*. Da für die *Severity* ein Sternchen (*) angegeben wurde, greift diese Konfiguration für alle Benachrichtigungen.

Wenn für den beschriebenen Selektor eine Nachricht eintrifft, wird die auf der rechten Seite aufgeführte *Action* ausgelöst. In diesen Fällen wird die Nachricht in das angegebene Log-file geschrieben. Das Minuszeichen vor dem Pfad bedeutet, dass der Syslog-Server mehrere Nachrichten puffern und dann gemeinsam auf die Platte schreiben darf.

Um genau die Meldungen im Log zu finden, die von Bedeutung sind, lassen sich *Facility* und *Severity* auf mehrere Arten filtern oder zusammenfassen. Nachstehend haben wir Ihnen einige Beispiele aufgelistet:

▶ `kern.warn -/var/log/kern.log`
Kernelmeldungen mit dem Log-Level `warn` oder höher werden in die Datei */var/log/kern.log* geschrieben.

▶ `news,kern.=warn -/var/log/warnings.log`
Kernelmeldungen mit genau dem Log-Level `warn` werden geschrieben.

▶ `news,kern.warn -/var/log/warnings.log`
Für die Facilitys `news` und `kern` werden alle Meldungen mit dem Log-Level `warn` oder höher geschrieben.

▶ `mail.warn;kern.=crit -/var/log/kaputt.log`
Für die Facility `mail` werden alle Nachrichten mit dem Log-Level `warn` oder höher geloggt, zusätzlich alle Meldungen der Kernel- Facility, die genau den Log-Level `crit` haben.

▶ `*.warn;news.none -/var/log/nonews.log`
Alle Nachrichten aller Facilitys außer `news` mit dem Log-Level `warn` oder höher werden geloggt.

▶ mail.=!debug -/var/log/mail.nodebug.log

Erfasst werden alle Nachrichten der Facility mail mit Ausnahme der Debug-Meldungen.

Das Schreiben in eine Datei ist natürlich nicht die einzige *Action*, die ausgelöst werden kann. Weitere Aktionen finden Sie in Tabelle 22.3.

Action	Bedeutung
/pfad/dateiname	Eintrag in Datei
-/pfad/dateiname	Eintrag in Datei mit Pufferung
@logs.example.com	Nachricht an Host weiterleiten (hier: logs.example.com)
|pipe	in die Pipe schreiben
username	auf Terminal des Users ausgeben
*	»Wall«: auf alle Terminals ausgeben

Tabelle 22.3 Aktionen

22.2   Loggen über das Netz

Wenn Sie mehrere Linux-Systeme betreuen, ist es sinnvoll, eines davon als Logserver einzurichten. Dieser Server wird in die Lage versetzt, Lognachrichten von anderen Systemen zu empfangen. Die anderen Systeme konfigurieren Sie dann so, dass sie entweder alle oder nur bestimmte Nachrichten an den Logserver weiterleiten.

22.2.1   Konfiguration des Servers

Die benötigten Konfigurationszeilen stehen schon fix und fertig in der Konfigurationsdatei und sind lediglich auskommentiert. Es gibt je einen Konfigurationsblock für den Nachrichtenempfang per UDP und TCP. Entfernen Sie einfach die Kommentarzeichen, sodass die Zeilen so aussehen wie in Listing 22.2:

```
# provides UDP syslog reception
module(load="imudp")
input(type="imudp" port="514")

# provides TCP syslog reception
module(load="imtcp")
input(type="imtcp" port="514")
```

Listing 22.2 »rsyslog« kann nun Nachrichten von anderen Systemen empfangen.

Nach dem Neustart des Dienstes mit `sudo systemctl restart rsyslog` ist Ihr System in der Lage, Syslog-Meldungen über das Netzwerk anzunehmen und zu verarbeiten.

[+]

Alte Herangehensweise

Ältere Versionen von `rsyslog` musste man nur mit dem Parameter `-r` starten, um `rsyslog` für den Nachrichtenempfang zu sensibilisieren. Das wird nicht mehr empfohlen, weil `rsyslog` diese Funktionalität inzwischen in Module ausgelagert hat, die in der Konfigurationsdatei */etc/rsyslog.conf* aktiviert werden.

22.2.2   Konfiguration des Clients

In der */etc/rsyslog.conf* definieren Sie, welche *Facility* mit welchem *Loglevel* an den Logserver weitergeleitet werden soll – wie bereits erläutert, geschieht dies über die *Action*. Wollen Sie ausnahmslos alle Meldungen an den Logserver geben, erfordert das nur eine einzige Zeile:

```
*.*    @logserver
```

Listing 22.3 Alle Nachrichten an den Logserver schicken

So werden die Meldungen via UDP an den Logserver geleitet. Soll der Transport per TCP erfolgen, muss ein weiteres »@«-Zeichen her:

```
*.*    @@hostname
```

Listing 22.4 Alle Nachrichten per TCP an den Logserver schicken

Wenn Sie das mit sehr vielen Systemen machen, erhöht sich natürlich die Schreiblast auf dem Logserver beträchtlich. Deshalb ist es sinnvoll, etwas genauer zu sortieren, was den Logserver erreicht und was nicht. Das Beispiel in Listing 22.5 zeigt, wie Sie nur die Nachrichten weiterleiten, die zur Facility `mail` gehören und mindestens den Loglevel `warn` haben.

```
mail.warn    @logserver
```

Listing 22.5 Nur bestimmte Nachrichten an den Logserver geben

Sie können beliebig viele dieser Weiterleitungsregeln in die Konfigurationsdatei schreiben.

[!]

Aufräumen nicht vergessen!
Obwohl detaillierte oder aufgeteilte Logfiles Ihnen bei der täglichen Arbeit durchaus helfen können, hat die Datensammlung auch eine Kehrseite. Damit Ihnen die Logfiles nicht die Platte vollschreiben, sollten Sie von Zeit zu Zeit aufräumen. Wie dies funktioniert, zeigen wir Ihnen im weiteren Verlauf dieses Kapitels.

22.3   Selbst ist der Admin – eigene Log-Einträge erzeugen

Da das Syslog eine hervorragende Standardisierung darstellt, bietet es sich an, dieses auch für eigene Logs zu verwenden und nicht selbst Dateien irgendwo im Dateisystem anzulegen. Wie Sie selbst Log-Einträge erzeugen, zeigen wir Ihnen in diesem Abschnitt.

22.3.1   »logger«

Haben Sie zum Beispiel ein komplexeres Skript erstellt und wollen dessen Meldungen protokollieren lassen, können Sie dafür das Programm `logger` verwenden.

Das Programm nimmt einen beliebigen String entgegen und reicht ihn an das Syslog weiter. In Listing 22.6 sehen Sie einen einfachen Aufruf und dessen Wirkung:

```
daniel@merkur:~$ logger "Dies ist meine Log-Meldung"
daniel@merkur:~$ tail -n 1 /var/log/syslog
Feb  8 18:35:47 merkur daniel: Dies ist meine Log-Meldung
```
Listing 22.6 Eigene Log-Meldungen erzeugen mit »logger«

Wie Sie sehen, wird der als Parameter übergebene String einfach an das Syslog gehängt. Wenn Sie den lokalen Syslog angewiesen haben, alle Meldungen an einen Server weiterzugeben, wie in 22.7 beschrieben, finden Sie die Meldung selbstverständlich auch dort wieder:

```
daniel@venus:~$ logger "Dies ist meine Log-Meldung"
--
daniel@saturn:~$ tail -n 1 /var/log/syslog
Feb  8 18:37:00 venus daniel: Test Log-Meldung
```
Listing 22.7 Eigene Log-Meldungen auf einem Logserver

Wie Sie in Listing 22.7 sehen, finden Sie den Log-Eintrag vom System venus auch auf dem System saturn wieder.

Sehen wir uns nun den erzeugten Eintrag etwas genauer an. Nach den obligatorischen Elementen zu Beginn (Datum und Uhrzeit) folgt zunächst das System, von dem die Meldung gesandt wurde. Anschließend folgen der Benutzer und von ihm durch einen Doppelpunkt getrennt die eigentliche Meldung.

Damit Sie Ihre Meldungen schneller finden können, bietet es sich an, diese mit einem *Tag*[1] zu versehen. Dieser ersetzt dann den Benutzernamen. Dafür geben Sie einfach den Parameter -t "<VALUE>" an, wobei der Wert als Etikett verwendet wird. Dabei dürfen Sie beliebige Zeichen verwenden, außer Leerzeichen – generell ist es aber ratsam, keine Sonderzeichen einzusetzen. Ein etikettierter Eintrag sieht dann so aus wie in Listing 22.8:

---

[1] *Tag*, engl. für Etikett

```
daniel@venus:~$ logger -t "meinLog" "Ein weiterer Eintrag"
daniel@venus:~$ tail -n 1 /var/log/syslog
Feb  8 18:50:41 venus meinLog: Ein weiterer Eintrag
```

Listing 22.8 Log-Meldungen mit Tag

Wie Sie sehen, wurde in Listing 22.8 wie erwartet der Benutzername durch das angegebene Etikett meinLog ersetzt.

Wollen Sie zusätzlich die Prozessnummer im Log-Eintrag vorfinden, so geben Sie den Parameter -i an. Anschließend sieht der Eintrag wie folgt aus:

```
Feb  8 18:53:23 venus meinLog[21009]: Noch ein weiterer Eintrag
```

Listing 22.9 Eigene Log-Meldungen mit PID

Das Programm logger kann aber noch mehr. Wollen Sie zum Beispiel Log-Meldungen direkt an einen entfernten Server weitergeben, können Sie diesen mit dem Parameter -n <SERVER> angeben. Falls Ihr Server, an den Sie mit logger Meldungen senden wollen, nicht auf dem Standard-Port 514 arbeitet, können Sie dies mit dem Parameter -p <PORT> ebenfalls angeben.

Besonderheit bei der Übertragung an einen Logserver!   [+]

Bei der Übertragung mit -n <SERVER> wird der Benutzername nicht mit übertragen – ein mit -t <TAG> hinzugefügtes Etikett aber schon. Zusätzlich fehlt die Trennung durch den Doppelpunkt. Auf dem Logserver sieht eine Log-Meldung mit Etikett und Prozessnummer dann wie folgt aus:

```
Feb  8 19:03:02 venus meinLog[21062] Noch ein weiterer Eintrag
```

Beachten Sie dies, falls Sie Ihre Meldungen auswerten wollen.

Wenn Sie Ihr Skript von Hand ausführen, wollen Sie selbstverständlich direkt über Fehler informiert werden und nicht erst umständlich im Syslog nachsehen. Damit Sie die Ausgabe nicht gesondert programmieren müssen, können Sie logger einfach mit dem Parameter -s aufrufen. Dadurch werden alle Meldungen zusätzlich auf dem *STDERR* ausgegeben. Listing 22.10 zeigt einen Aufruf und dessen Wirkung mit allen bisher vorgestellten Parameter:

```
daniel@merkur:~$ logger -t "meinLog" -i -s -n saturn.example.com "Der letzte Eintrag"
<13>1 2016-02-08T19:08:32.288388+01:00 merkur meinLog 5050 - [timeQuality \
tzKnown="1" isSynced="1" syncAccuracy="86000"] Der letzte Eintrag
--
daniel@saturn:~$ tail -n 1 /var/log/syslog
Feb  8 19:08:32 merkur meinLog[5050] Der letzte Eintrag
```

Listing 22.10 Eigene Log-Meldungen mit Tag, PID und lokaler Fehlerausgabe

Wie Sie Listing 22.10 entnehmen können, ist die lokale Ausgabe etwas gewöhnungsbedürftig, da hierbei auch zusätzliche Werte ausgegeben werden, die im Syslog verarbeitet werden und dort nicht angezeigt sind.

22.4   Aufräumen mit »logrotate«

Standardmäßig werden die Systemlogs von Ubuntu automatisiert durch *Logrotate* archiviert und nach Ablauf der Vorhaltezeit gelöscht. Die Konfiguration findet in mehreren Dateien unter */etc/logrotate.d* statt. Die Syntax ist sprechend und leicht verständlich. Für alle zusätzlichen Dienste, die ihre eigenen Logdateien erzeugen, wird in der Regel direkt bei der Installation eine passende Datei unterhalb von */etc/logrotate.d* erstellt. Falls Sie selbst Logdateien erzeugen, können Sie diese durch Logrotate verarbeiten lassen. Wie Sie dies bewerkstelligen, zeigen wir Ihnen in diesem Abschnitt.

22.4.1   Arbeitsablauf

Das Programm `logrotate` wird über den *cron* täglich gestartet. Dafür befindet sich im Verzeichnis */etc/cron.daily* die Datei *logrotate*. Dieses Shellskript prüft zunächst, ob das Programm nicht bereits läuft, und führt es entsprechend aus oder auch nicht.

22.4.2   Konfiguration

Der Daemon selbst wird über die Datei */etc/logrotate.conf* konfiguriert. Hier werden die Standardparameter gesetzt und abschließend alle Dateien aus dem Verzeichnis */etc/logrotate.d/* inkludiert. Bei der Verarbeitung können die Standardparameter durch eine erneute Angabe in den Dateien für die jeweiligen Logdateien unterhalb von */etc/logrotate.d/* überschrieben werden. Sehen wir uns als Beispiel die Datei */etc/logrotate.d/rsyslog* an, über die die Standard-Logdateien des Systems rotiert werden:

```
/var/log/syslog
{
        rotate 7
        daily
        missingok
        notifempty
        delaycompress
        compress
        postrotate
                invoke-rc.d rsyslog rotate > /dev/null
        endscript
}
```

```
/var/log/mail.info
/var/log/mail.warn
/var/log/mail.err
/var/log/mail.log
/var/log/daemon.log
/var/log/kern.log
/var/log/auth.log
/var/log/user.log
/var/log/lpr.log
/var/log/cron.log
/var/log/debug
/var/log/messages
{
        rotate 4
        weekly
        missingok
        notifempty
        compress
        delaycompress
        sharedscripts
        postrotate
                invoke-rc.d rsyslog rotate > /dev/null
        endscript
}
```

Listing 22.11 Inhalt der Datei »/etc/logrotate.d/rsyslog«

Die Konfigurationsdatei ist in Blöcke unterteilt, die mit geschweiften Klammern umgeben sind. Davor wird bzw. werden die Datei(-en) aufgeführt, für die diese Konfiguration gilt. Jede Zeile innerhalb der Klammern stellt eine Konfiguration dar. Das Programm logrotate versteht dabei viele Kommandos. Die gängigsten möchten wir Ihnen nun näher vorstellen:

▶ rotate <X>
  gibt die Anzahl der Logdateien an, die vorgehalten werden – ältere Versionen werden gelöscht.

▶ daily|weekly|monthly|yearly
  gibt an, ob die Logdateien täglich, wöchentlich, monatlich oder jährlich rotiert werden sollen.

▶ missingok
  Keinen Fehler ausgeben, falls beim Rotieren keine Logdatei gefunden wird.

▶ notifempty
  Wenn die Datei leer ist, wird keine Rotation durchgeführt.

► compress

Rotierte Dateien werden komprimiert (im Standard mit *gzip*).

► delaycompress

Dadurch wird die letzte Version der Datei nicht komprimiert – das ist hilfreich, um zum Beispiel Logdateien vom Vortag nicht entpacken zu müssen.

► prerotate

Hier kann ein Skript (oder können Kommandozeilen) angegeben werden, das (bzw. die) vor der Rotation ausgeführt werden soll(en) – muss mit endscript beendet werden!

► postrotate

Hier kann ein Skript (oder können Kommandozeilen) angegeben werden, das (bzw. die) nach der Rotation ausgeführt werden soll(en) – muss mit endscript beendet werden!

► dateext

fügt an das rotierte Log eine Dateiendung im Datumsformat -<YYYYMMDD> an.

► dateyesterday

fügt bei gesetztem dateext das Datum von gestern an das rotierte Log an.

Dank Logrotate sollten Ihnen die Platten, zumindestens durch Logs, nicht permanent verstopft werden. Beachten Sie, dass es zum Teil auch gesetzliche Vorschriften gibt, wie lange Logdateien aufbewahrt werden dürfen – und somit wie viele Rotationen. Einen ersten Einblick in die relevanten Gesetze haben wir Ihnen bereits in Abschnitt 1.2.2, »Telemediengesetz«, gegeben.

Kapitel 23

Sicherheit

In diesem Kapitel wollen wir Ihnen zeigen, wie Sie die Dienstsicherheit auf Ihrem Server erhöhen können – mit fail2ban, chroot von Diensten, jailkit und AppArmor.

In den Zeiten von Viren, Würmern, Trojanern und Datenpannen im großen Stil bekommt die Sicherheit von IT-Landschaften eine immer größere Bedeutung. In diesem Buch haben Sie bereits einige Aspekte der Sicherheit kennengelernt. So haben Sie zum Beispiel gelernt, wie Sie die Webzugriffe Ihrer Anwender über einen Proxy-Server mit Antiviren-Scanner absichern (siehe Abschnitt 20.10.2, »Antiviren-Check: ClamAV mit HAVP einbinden«). Trotzdem darf die oft zitierte Grundlage von Sicherheit in modernen Umgebungen nicht außer Acht gelassen werden:

*Sicherheit ist ein Konzept, das **vor** dem Bildschirm beginnt!*

[+]

Egal welche Anstrengungen Sie unternehmen – wenn Ihre Benutzer oder Mitarbeiter keinen verantwortungsvollen Umgang mit der Technik beherrschen, ist der GAU nicht weit entfernt. Das soll natürlich nicht heißen, dass Sie Ihre Umgebung ungeschützt lassen sollen. Ganz im Gegenteil: Mit ein paar kleinen Maßnahmen können Sie die Sicherheit deutlich verbessern und gegebenenfalls auch ungeübten Nutzern peinliche Fehler und Erklärungen ersparen.

Sicherheitstechnik in der EDV war, ist und bleibt ein Hase-und-Igel-Spiel. Dies liegt in der Natur der Sache, da immer zuerst das Virus, die Spam-Mail oder der Exploit analysiert werden muss, um geeignete Gegenmaßnahmen finden zu können. Immer? Nein, dies ist so nicht korrekt, da durch den Einsatz von IDS/IPS[1] auch Angriffe erkannt und unterbunden werden können, die noch nicht über die gängigen Methoden analysiert wurden.

Ursächlich für alle Gefahren sind drei Elemente, die sich gegenseitig bedingen oder voraussetzen. In Abbildung 23.1 wird dies verdeutlicht. Auch wenn Sie Ihre Benutzer und Anwender intensiv schulen, ist die Gefahr dennoch nicht gebannt. Andersherum können Sie mit unzähligen Firewall-Kaskaden ebenso wenig eine vollständige Sicherheit Ihres Umfelds generieren. Es kommt, wie so oft, auf das goldene Mittelmaß an und darauf, dass Sie die Ihnen zur Verfügung stehenden Mittel auch ausschöpfen. Denken Sie aber stets daran, alle Gefahrenfelder im Auge zu behalten, sodass kein Ungleichgewicht entsteht. Was nützen sechs kaskadierte

---

1 Intrusion Detection and Intrusion Prevention System

Firewalls und ein IDP/IPS-Cluster, wenn Ihre Anwender mit Administratorrechten arbeiten und sich Schadsoftware auf diese Weise leicht einnisten und verbreiten kann?

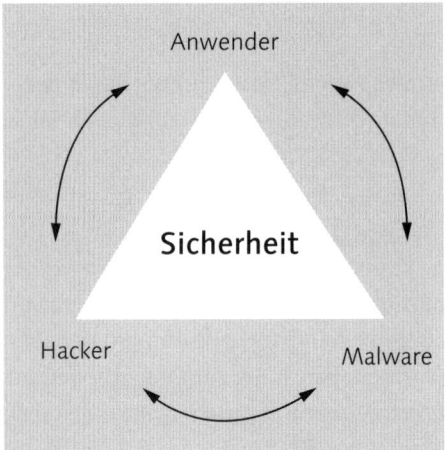

Abbildung 23.1 Die Dreifaltigkeit der Gefahren

23.1   Grundgerüst: »Dienstsicherheit«

Bei den unzähligen zentralen Mitteln zum Schutz Ihrer Umgebung wird die Dienstsicherheit oft vernachlässigt. Dabei ist diese sogar oft mit On-Board-Mitteln leicht zu erhöhen beziehungsweise herzustellen. In diesem Abschnitt wollen wir Ihnen ein paar Aspekte näherbringen, die Sie bereits bei der Planung berücksichtigen sollten.

23.1.1   Einer für alle – oder besser: »Einer für einen«

Generell gilt in der Informatik nach wie vor das goldene *KISS*-Prinzip, das im Laufe der Jahre viele Bedeutungen bekommen hat:

▸ *Keep it simple, stupid.* = »Halte es so einfach wie möglich.«

▸ *Keep it short and simple* = »Gestalte es kurz und einfach.«

▸ *Keep it simple and short* = »Mach es einfach und kurz.«

▸ *Keep it safe and sound* = »Mach es sicher und solide.«

▸ *Keep it small and simple* = »Gestalte es klein und einfach.«

▸ *Keep it safe and simple* = »Mache es sicher und einfach.«

▸ ...

Diesen Grundsatz – in welcher Form auch immer – sollten Sie sich nicht nur einprägen, sondern vor allem auch stets anwenden. Alle Funktionen, Mechanismen oder Erweiterungen, die Sie implementieren möchten, finden nicht nur deutlich mehr Zuspruch, sondern werden auch häufiger genutzt, wenn sie nach dem *KISS*-Prinzip erstellt wurden.

Aus systemtechnischer Sicht müssen wir an dieser Stelle nochmals darauf verweisen, dass es für die Sicherheit Ihrer Infrastruktur nichts Schlimmeres gibt als die sagenumwobene *eierlegende Wollmilchsau*. Ein System für alle Dienste ist ein gefundenes Fressen für *Hacker* und *Cracker*. Eine Komponente mit einer Sicherheitslücke oder eine Fehlkonfiguration genügt, um alle darauf laufenden Dienste zu kompromittieren.

Achten Sie daher darauf, stets so wenige Dienste wie nötig auf einem Server-System zu betreiben. Auch wenn es verführerisch ist, eine hochgezüchtete Hardware voll auszulasten, anstatt mehr als die Hälfte der Ressourcen ungenutzt lassen, wiegt dieser Nutzen keineswegs den Schaden auf, der durch einen Einbruch entstehen kann.

23.1.2   Online-Dienste nutzen

Im Internet finden Sie viele Online-Dienste, mit denen Sie schnell überprüfen können, ob Ihre Server-Dienste sicher sind. Nutzen Sie sie, um einen Überblick zu bekommen, an welchen Stellen Sie tätig werden müssen.

Nicht nur für die zuletzt aufgetretene *Heartbleed*-Schwachstelle finden sich zahlreiche Testsysteme im Netz, wie zum Beispiel unter *https://filippo.io/Heartbleed*. Auch einfache Tests, ob die SSL-Verschlüsselung Ihres Webservers richtig konfiguriert ist, können Sie leicht durchführen, zum Beispiel über die Seite *https://www.ssllabs.com/ssltest*.

Verwenden Sie ruhig etwas Zeit zur Recherche im Internet, um gegebenenfalls Testsuiten für die von Ihnen eingesetzten Dienste zu finden. Externe Tests genießen bei Chefs ein höheres Ansehen als selbst durchgeführte, und sie geben Ihnen einen objektiven Einblick. Spätestens wenn Sie auf diese Weise Schwachstellen oder eine Fehlkonfiguration finden, wird auch die Geschäftsführung die dafür verwendete Arbeitszeit gutheißen.

23.1.3   Welches Vorwissen wird benötigt?

In den folgenden Abschnitten wollen wir Ihnen einige Mittel vorstellen, mit denen Sie die Dienstsicherheit deutlich steigern können. Dazu zählen einfache Schutzmethoden gegen *Brute-Force*-Attacken wie *fail2ban*, der Schutz Ihrer Daten mit *chroot* und *jailkit* und die globale Absicherung von Zugriffen mit *AppArmor*. Für diese Abschnitte sollten Sie folgende Kenntnisse bereits erworben haben:

▸ **Die Bash** (siehe hierzu Abschnitt 8.1, »Hilfe, da blinkt was! Die Bash«)

▸ **Paket-Installation** (siehe hierzu Abschnitt 2.4.3, »Umgang mit Paketen«)

23.2   Du nicht: »fail2ban«

Ein äußerst hilfreiches Mittel, um sich im Stile eines Türstehers vor *Brute-Force*-Attacken zu schützen, bietet Ihnen das Programm *fail2ban*. So haben Sie die Möglichkeit, Logdateien zu überwachen und bei der Überschreitung von Schwellenwerten potenzielle Angreifer auszusperren.

Dabei geht *fail2ban* sehr einfach vor. Es überwacht die Logdateien des Systems, schlägt bei zu häufigen Fehlversuchen zu und sperrt den Angreifer mithilfe einer *iptables*-Regel aus. Erst nach Ablauf der konfigurierten Sperrzeit kann der potenzielle Angreifer erneut auf den Dienst zugreifen.

Seit Ubuntu 14.04 ist *fail2ban* noch präsenter, da ab dieser Version das Paket *denyhosts*, das sonst üblicherweise zum Schutz von SSH genutzt wurde, aufgrund von mangelnder Pflege nicht mehr enthalten ist.

23.2.1   Arbeitsweise

Das Programm *fail2ban* arbeitet zeit- und schwellenwertbasiert. Es überwacht ständig die Log-Dateien und prüft anhand von regulären Ausdrücken, ob ein Ereignis von Interesse ist. Wird innerhalb der angegebenen Zeit eine vorher definierte Anzahl von Ereignissen überschritten, wird der Verursacher für eine definierte Zeitspanne gesperrt.

Die Sperrung erfolgt durch *iptables*-Regeln. Somit wird der Verursacher bereits auf Netzwerkebene daran gehindert, auf einen Dienst zuzugreifen. Nach Ablauf der Sperrzeit wird die Regel wieder entfernt und der Verursacher kann erneut versuchen, auf den geschützten Dienst zuzugreifen.

Mit dieser einfachen Vorgehensweise können Sie Ihren Server nicht nur vor *DoS*-Attacken schützen, sondern ebenso die Laufzeit für eine *Brute-Force*-Attacke deutlich erhöhen, sodass der Versuch für einen Angreifer nicht mehr interessant oder lukrativ ist.

23.2.2   Installation

Das Paket *fail2ban* ist in den Quellen von Ubuntu bereits enthalten. Daher können Sie es wie gewohnt installieren – eventuell noch nicht installierte Abhängigkeiten werden direkt mitinstalliert:

```
daniel@server:~$ sudo apt-get install fail2ban
Paketlisten werden gelesen... Fertig
Abhängigkeitsbaum wird aufgebaut.
Statusinformationen werden eingelesen.... Fertig
Die folgenden zusätzlichen Pakete werden installiert:
  python-pyinotify whois
```

Vorgeschlagene Pakete:
```
  python-gamin mailx python-pyinotify-doc
```
Die folgenden NEUEN Pakete werden installiert:
```
  fail2ban python-pyinotify whois
```
0 aktualisiert, 3 neu installiert, 0 zu entfernen und 0 nicht aktualisiert.
Es müssen 184 kB an Archiven heruntergeladen werden.
Nach dieser Operation werden 927 kB Plattenplatz zusätzlich benutzt.
Möchten Sie fortfahren? [J/n] J

Listing 23.1 Installation von »fail2ban«

23.2.3 Status

Direkt nach der Installation nimmt *fail2ban* seinen Dienst auf. Neben dem reinen Daemon wird bei der Installation auch das Tool *fail2ban-client* installiert. Darüber können Sie zum Beispiel den Dienst-Status anzeigen lassen, wie in Listing 23.2 dargestellt:

```
daniel@server:~$ sudo fail2ban-client status
Status
|- Number of jail:      1
`- Jail list:           ssh
```

Listing 23.2 Den Status mit »fail2ban-client« ausgeben

Wie Sie Listing 23.2 entnehmen können, wird nach der Installation lediglich ein Dienst durch *fail2ban* geschützt: »ssh«. Über das Tool fail2ban-client können Sie auch Detailinformationen zu den geschützten Diensten abrufen. Fügen Sie dazu an den Befehl status einfach den Namen des Dienstes an:

```
daniel@server:~$ sudo fail2ban-client status ssh
Status for the jail: ssh
|- filter
|   |- File list:        /var/log/auth.log
|   |- Currently failed: 2
|   `- Total failed:     9
`- action
    |- Currently banned: 1
    |   `- IP list:       192.168.0.20
    `- Total banned:     1
```

Listing 23.3 Den SSH-Status mit »fail2ban-client« ausgeben

Die Statusausgabe enthält eine Übersicht der derzeit ermittelten Fehlversuche und der gebannten IP-Adressen. Im Beispiel aus Listing 23.3 wurde die IP-Adresse 192.168.0.20 aufgrund zu vieler Fehlversuche ausgesperrt.

23.2.4 Konfiguration

Die Konfiguration von *fail2ban* findet im Verzeichnis */etc/fail2ban* in mehreren Konfigurationsdateien statt. Die einzelnen Konfigurationsdateien enthalten viele Kommentare, um die einzelnen Funktionen oder die Funktionsweise zu erläutern. Die Dateien sind in Sektionen unterteilt und somit gut lesbar. Der Dienst selbst wird über die *fail2ban.conf* konfiguriert und enthält ohne Kommentare lediglich vier Zeilen (siehe Listing 23.4).

```
[Definition]
loglevel = 3
logtarget = /var/log/fail2ban.log
socket = /var/run/fail2ban/fail2ban.sock
pidfile = /var/run/fail2ban/fail2ban.pid
```

Listing 23.4 Dienst-Konfiguration in »fail2ban.conf«

Die entscheidenden Konfigurationen finden allerdings in der Datei *jail.conf* statt. Dort werden die zu überwachenden Dienste konfiguriert. Von Haus aus bringt *fail2ban* bereits viele vordefinierte Dienstgruppen mit den entsprechenden Diensten mit:

► **System**
ssh, pam, dropbear, xinetd

► **Web**
apache, php, lighttpd, nginx, roundcube, sogo

► **FTP**
vsftpd, proftpd, pure, wuftpd

► **Mail**
postfix, couriersmtp, courierauth, sasl, dovecot

► **Datenbank**
mysqld

► **DNS**
named

► **VoIP**
asterisk

Darüber befindet sich die [DEFAULT]-Konfiguration (siehe Listing 23.5):

```
[DEFAULT]
ignoreip = 127.0.0.1/8
bantime  = 600
findtime = 600
maxretry = 3
backend = auto
usedns = warn
```

```
destemail = root@localhost
sendername = Fail2Ban
banaction = iptables-multiport
mta = sendmail
protocol = tcp
chain = INPUT
[…]
```

Listing 23.5 Standard-Konfiguration der Jails in »jail.conf«

Dabei haben die einzelnen Parameter folgende Bedeutung:

▶ ignoreip = 127.0.0.1/8
Über diesen Parameter können Sie Ausnahmen definieren – per Default nur *localhost*.

▶ bantime = 600
gibt die Zeitspanne in Sekunden an, die ein potenzieller Angreifer gesperrt wird.

▶ findtime = 600
gibt die Zeitspanne für die Fehlversuche in Sekunden an.

▶ maxretry = 3
gibt die maximale Anzahl von Versuchen an, die innerhalb der findtime stattfinden müssen, um zu einer Sperrung zu führen.

▶ backend = auto
spezifiziert die Methode, die zur Durchsuchung der Logs verwendet wird – bei der Einstellung auto werden die Methoden *pyinotify*, *gamin* und *polling* nacheinander ausprobiert.

▶ usedns = warn
gibt an, ob Hostnamen aus Logdateien vertraut werden soll. Bei der Einstellung warn werden Hostnamen verwendet, es wird aber ein Log-Eintrag erzeugt.

▶ destemail = root@localhost
E-Mail-Adresse, an die Meldungen verschickt werden

▶ sendername = Fail2Ban
E-Mail-Absender bei Meldungen

▶ banaction = iptables-multiport
spezifiziert die Methode, mit der die Sperrungen durchgeführt werden sollen.

▶ mta = sendmail
gibt an, über welches Programm die Meldungen via E-Mail verschickt werden.

▶ protocol = tcp
gibt das Protokoll an, das gesperrt werden soll.

▶ chain = INPUT
gibt an, in welcher *iptables chain* die Sperrung eingerichtet wird.

Die in der Sektion DEFAULT gesetzten Parameter werden immer angewandt, wenn in den Dienst-Sektionen keine gesonderte Konfiguration vorgenommen wird. Per Default ist lediglich der Dienst *ssh* aktiv, den wir uns nun genauer ansehen werden:

```
[ssh]
enabled  = true
port     = ssh
filter   = sshd
logpath  = /var/log/auth.log
maxretry = 6
```

Listing 23.6 SSH-Konfiguration: »jail.conf«

Zunächst wird die Sektion [ssh] eingeleitet – durch eckige Klammern umschlossene Wörter initiieren eine Sektion. Anschließend wird diese mit dem Parameter enabled = true aktiviert. Mit dem Parameter port wird der Port definiert, auf dem der Dienst läuft. Falls Sie nicht den Standard-SSH-Port 22 verwenden, müssten Sie diesen hier einstellen. Über den Parameter filter wird definiert, welcher Filter für diese Sektion genutzt werden soll – die Filter werden unter */etc/fail2ban/filter.d* aufbewahrt. Durch die Angabe von logpath kann das Log angegeben werden, in dem der Dienst seine Protokolle ablegt. Hier gilt wieder: Bei Abweichungen vom Standard müssen Sie diesen Parameter anpassen. Zu guter Letzt wird über den Parameter maxretry angegeben, wie viele Fehlversuche erfolgen müssen, damit eine Aktion ausgeführt wird.

23.2.5   Weitere Dienste schützen: »apache«

Falls Sie *fail2ban* auf einem Server einsetzen, auf dem neben SSH auch ein Webserver mit geschützten Inhalten läuft, zum Beispiel ein *apache*, können Sie diesen ebenfalls mit *fail2ban* absichern.

Dafür müssen Sie lediglich das jeweilige Jail in der Datei *jail.conf* aktivieren. Dies wird über den Parameter enabled gesteuert. Setzen Sie den Wert auf true, wie in Listing 23.7 dargestellt, wird *fail2ban* auch die Authentifizierung am Apache-Webserver überwachen und schützen.

```
[apache]
enabled  = true
port     = http,https
filter   = apache-auth
logpath  = /var/log/apache*/*error.log
maxretry = 6
```

Listing 23.7 Den Apache-Filter in »jail.conf« aktivieren

Damit die Änderungen wirksam werden, müssen Sie den Dienst mit sudo systemctl reload fail2ban neu laden. Kontrollieren Sie dies durch den Aufruf aus Listing 23.8:

```
daniel@server:~$ sudo fail2ban-client status
Status
|- Number of jail:      2
`- Jail list:           apache, ssh
```
Listing 23.8 Kontrolle des aktivierten Filters

23.2.6   Filter im Detail: »apache«

Nun wollen wir uns das Kernstück des *fail2ban* genauer ansehen: die Filter. In ihnen werden die regulären Ausdrücke definiert, auf die das Programm reagiert. Wie in Listing 23.7 dargestellt, wird die Apache-Absicherung über den Filter apache-auth realisiert. Diesen Filter finden Sie unter */etc/fail2ban/filter.d/apache-auth.conf*. Einen Auszug des Filters haben wir in Listing 23.9 abgedruckt.

```
[INCLUDES]
before = apache-common.conf

[Definition]
failregex =
[…]
^%(_apache_error_client)s (AH01618: )?user .* not found(: )?\S*\s*$
[…]
ignoreregex =
```
Listing 23.9 Auszug des Filters in der »apache-auth.conf«

Weil reguläre Ausdrücke sehr lang sind, haben wir in Listing 23.9 nur einen Ausdruck angegeben. Die Filter bestehen wiederum aus Sektionen. Wie Sie Listing 23.9 entnehmen können, wird vor der eigentlichen Filterdefinition zunächst in der Sektion [INCLUDES] der Filter apache-common.conf durch den Parameter before geladen. Dieser stellt sicher, dass der Filter apache-common.conf vor der Initialisierung des eigentlichen Filters geladen wird. Sehen wir uns daher zunächst den Filter apache-common.conf genauer an:

```
[INCLUDES]
after = apache-common.local

[DEFAULT]
_apache_error_client = \
\[[^]]*\] \[(error|\S+:\S+)\]( \[pid \d+:\S+ \d+\])? \[client <HOST>(:\d{1,5})?\]
```
Listing 23.10 Filter in der »apache-common.conf«

Auch in diesem Filter wird zunächst über die Sektion [INCLUDES] ein weiterer Filter geladen. Dieser wird aufgrund des Parameters after dieses Mal nach dem Filter aus apache-common.conf geladen. Der dort angegebene Filter apache-common.local dient dazu, lokale Besonderheiten zu definieren, und ist standardmäßig nicht gesetzt.

Kommen wir nun zum eigentlichen Filter. In der Sektion [DEFAULT] wird die Variable _apache_error_client gleich einem regulären Ausdruck gesetzt. Dieser wiederum filtert die Inhalte des Apache-Logs quasi vor, sodass die darauf aufbauenden Filter effektiver und einfacher gestaltet werden können. Durch die Variable <HOST> wird definiert, in welchem Feld der Wert für die Client-IP-Adresse steht.

 Leider hat sich gerade bei diesem regulären Ausdruck ein Fehler eingeschlichen. Ersetzen Sie daher den Filter durch den Inhalt aus Listing 23.11:

```
\[[^]]*\] \[((\S+)?:\S+)\]( \[pid \d+(:\S+ \d+)?\])? \[client (:\d{1,5})?\]
```
Listing 23.11 Korrektur des regulären Ausdrucks in »apache-common.conf«

Da die regulären Ausdrücke aus *apache-auth.conf* auf der Variablen _apache_error_client aufbauen, können die Filter erst greifen, wenn Sie die oben beschriebene Korrektur durchgeführt haben. Sehen wir uns einen regulären Ausdruck aus dieser Datei genauer an:

```
^%(_apache_error_client)s (AH01618: )?user .* not found(: )?\S*\s*$
```
Listing 23.12 Regulärer Ausdruck aus »apache-auth.conf«

Dieser Ausdruck trifft nur noch zu, wenn die Log-Zeile mit dem Inhalt der vorab gesetzten Variablen _apache_error_client beginnt. Anschließend muss der Rest der Zeile mit dem eigentlichen Filter übereinstimmen. Ist der reguläre Ausdruck gültig, wird der Inhalt von <HOST> übergeben. In der Sektion [DEFAULT] können Sie über die Variable ignoreregex auch reguläre Ausdrücke definieren, die von der Behandlung durch *fail2ban* ausgeschlossen werden sollen.

23.2.7   Filter prüfen

Damit Sie nicht blind im Dunkeln tappen, haben die Entwickler die Möglichkeit geschaffen, Filter und somit deren reguläre Ausdrücke zu prüfen. Hierfür setzen Sie den Befehl *fail2ban-regex* ein. Dieser erwartet als Parameter zum einen eine Logdatei und zum anderen einen entsprechenden Filter. Listing 23.13 stellt eine typische Ausgabe dar:

```
daniel@server:~$  fail2ban-regex /var/log/apache2/error.log \
/etc/fail2ban/filter.d/apache-auth.conf

Running tests
=============

Use    failregex file : /etc/fail2ban/filter.d/apache-auth.conf
Use         log file : /var/log/apache2/error.log
```

```
Results
=======

Failregex: 41 total
|-  #) [# of hits] regular expression
|   1) [4] <…> \[client <HOST>(:\d1,5)?\] (AH01797: )?client denied by server \
           configuration: (uri )?\S*\s*$
|   2) [24] <…> \[client <HOST>(:\d1,5)?\] (AH01617: )?user .* authentication \
           failure for "\S*": Password Mismatch$
|   3) [13] <…> \[client <HOST>(:\d1,5)?\] (AH01618: )?user .* not found(: \
           )?\S*\s*$
`-


Ignoreregex: 0 total

Date template hits:
|- [# of hits] date format
|   [142] WEEKDAY MONTH Day Hour:Minute:Second[.subsecond] Year
`-


Lines: 146 lines, 0 ignored, 41 matched, 105 missed
Missed line(s):: too many to print.  Use --print-all-missed to print all 105 lines
```

Listing 23.13 Test von regulären Ausdrücken mit »fail2ban-regex«

Um einen regulären Ausdruck zu prüfen, müssen Sie also lediglich die zu schützenden Fehler generieren und mit fail2ban-regex prüfen, ob diese auch erkannt werden.

Im Beispiel aus Listing 23.13 wurden drei Fehlerfälle protokolliert: unter 1) der Zugriff von einem unerlaubten Client (client denied by server), unter 2) die Anmeldung mit einem ungültigen Passwort (user authentication failure) und unter 3) die Anmeldung mit einem unbekannten Benutzer (user not found).

23.2.8   Schlüsseldienst – Sperrung aufheben

Falls Sie sich beim Testen selbst ausgesperrt haben, müssen Sie nicht die Sperrzeit abwarten, um weitere Tests durchführen zu können. Selbstverständlich können Sie Sperrungen jederzeit widerrufen.

Am einfachsten tun Sie dies, indem Sie den Dienst neu starten. Dabei werden bestehende Sperrungen aufgehoben. Allerdings werden darüber auch alle potenziellen Angreifer wieder freigegeben!

[!]

Daher ist es sinnvoller, nur Ihre oder die entsprechende gesperrte IP-Adresse wieder freizugeben. Haben Sie sich zum Beispiel aus dem Webserver Apache ausgesperrt, können Sie den Befehl aus Listing 23.14 absetzen, um die Sperrung wieder aufzuheben:

```
daniel@server:~$ sudo fail2ban-client set apache unbanip 192.168.0.20
192.168.0.20
```

Listing 23.14 Sperrung aufheben: »unban«

fail2ban quittiert die Entsperrung mit der Ausgabe der übergebenen IP-Adresse. Die Syntax ist dabei relativ eingängig:

```
fail2ban-client set <JAIL> unbanip <IP>
```

Listing 23.15 Syntax von »unban«

Sie müssen dem Programm fail2ban-client lediglich das Gefängnis und die zu entsperrende IP-Adresse übergeben. Welches Jail betroffen ist, können Sie leicht mit fail2ban-client status [OPTION] in Erfahrung bringen.

23.2.9   Zusammenfassung

Das Programm *fail2ban* hilft Ihnen dabei, Ihre Dienste effektiv zu schützen und zu entlasten. Neben dem Dienst selbst wird das hilfreiche Tool *fail2ban-client* mitinstalliert. Über den Parameter status können Sie die aktuelle aktive Konfiguration und etwaige Sperrungen ausgeben lassen. Mit dem Parameter set können Befehle, wie zum Beispiel unban, übergeben werden. Die Konfiguration erfolgt in */etc/fail2ban*, wobei die Dienst- und Filterkonfiguration in eigenen getrennten Dateien umgesetzt wird. Die Filter arbeiten auf Basis von regulären Ausdrücken und können mit dem Tool *fail2ban-regex* geprüft werden.

23.3   Abkapselung: »chroot«

Eine einfache Methode, um die Sicherheit zu erhöhen, wird Ihnen in allen Linux-Distributionen bereits frei Haus geliefert – das *chroot*. Ein *chroot* stellt eine Verschiebung des Wurzelverzeichnisses für einen Dienst/Prozess dar. Wenn ein Dienst oder Prozess innerhalb eines *chroot* läuft, kann auf Dateien außerhalb des *chroot* nicht zugegriffen werden. Man spricht in diesem Zusammenhang auch von einer sogenannten *Sandbox*[2]. Mit *chroot* können folgende Szenarien erstellt werden:

▸ **Honeypot**
Vortäuschung eines echten Systems – Angreifer laufen ins Leere.

---

2 Eine *Sandbox* (engl. für *Sandkasten*) ist eine geschlossene Umgebung, die nicht verlassen werden kann.

▶ Jail

Benutzer oder Dienste werden in einen abgeschotteten Bereich geleitet, in dem sie nur stark eingeschränkte Möglichkeiten vorfinden.

▶ Reparatur

Mit einer Live-CD kann das bestehende System eingebunden und auf diesem gearbeitet werden.

Diskussionsstoff: »chroot«   [!]

Trotz dieser Möglichkeiten ist die Klassifizierung von *chroot* als Sicherheitsfeature umstritten. Diese Diskussion basiert unter anderem darauf, dass es trotz des Konzepts von *chroot* Möglichkeiten gibt, die Umgebung zu verlassen, die sogar in der Manpage dokumentiert sind (vgl. *chroot(2)*). Dies ist zwar nur als *root* möglich, stellt aber dennoch ein Risiko dar.

Trotz dieser Diskussion gibt Ihnen *chroot* eine einfache Möglichkeit an die Hand, die Sicherheit Ihrer Systeme zu erhöhen.

23.3.1   Dienst: »vsftpd«

Viele Dienste bieten von Haus aus die Möglichkeit, sie in einer *chroot*-Umgebung zu betreiben. Ein Paradebeispiel liefert uns der bekannte FTP-Dienst. In den meisten auf Sicherheit ausgelegten Variationen steht Ihnen die Möglichkeit offen, den FTP-Daemon im *chroot* zu betreiben, um zum einen den Dienst abzusichern und zum anderen die Benutzer in ihren Homeverzeichnissen einzusperren. Dies ist vor allem dann sinnvoll, wenn nicht alle Daten von allen Benutzern gelesen werden sollen.

Wir verwenden den *vsftpd* (*Very Secure FTP Daemon*). Wie der Name schon sagt, ist dieser FTP-Daemon auf Sicherheit ausgelegt.

23.3.2   Konfiguration

Nach der Installation über die Paketquellen finden wir unter */etc/* die Konfigurationsdatei *vfstpd.conf*, in der bereits einige Parameter gesetzt sind:

```
listen=YES
anonymous_enable=NO
local_enable=YES
dirmessage_enable=YES
use_localtime=YES
xferlog_enable=YES
```

```
connect_from_port_20=YES
secure_chroot_dir=/var/run/vsftpd/empty
pam_service_name=vsftpd
rsa_cert_file=/etc/ssl/certs/ssl-cert-snakeoil.pem
rsa_private_key_file=/etc/ssl/private/ssl-cert-snakeoil.key
```

Listing 23.16 »vsftpd«: Standardkonfiguration nach der Installation

In dieser Grundkonfiguration läuft der Dienst im *Standalone*[3]-Modus auf dem TCP-Port 20, erlaubt Zugriffe für anonyme Benutzer und wird in einer *chroot*-Umgebung gestartet. Passen Sie folgende Parameter an, um die Sicherheit zu erhöhen:

▶ `write_enable=YES`
  erlaubt das Hochladen von Dateien.

▶ `ftpd_banner=Willkommen auf meinem sicheren FTP-Server`
  gibt bei der Anmeldung den folgenden Text aus.

▶ `chroot_local_user=YES`
  sperrt die lokalen Benutzer in ihre Homeverzeichnisse ein.

Nach einem `sudo service vsftpd restart` können sich alle lokalen Benutzer an Ihrem FTP-Server anmelden.

Falls Sie Ihren FTP-Server auf einem Webserver betreiben und Ihren Anwendern/Kunden lediglich einen FTP-Zugriff gewähren wollen, passen Sie die lokale */etc/passwd* an, um weitere Einschränkungen vorzunehmen. Verlagern Sie das Homeverzeichnis der Benutzer auf das Verzeichnis des Webangebots, und unterbinden Sie zusätzlich den SSH-Zugang über eine Anpassung der */etc/passwd*.

Ein entsprechend angepasster *passwd*-Eintrag für den Benutzer `tom` sieht so aus, wie in Listing 23.17 dargestellt:

```
tom:x:1005:1005:,,,:/var/www/example.com:/bin/false
```

Listing 23.17 »passwd«: Einschränkung des Benutzers »tom«

[!]

Stolperfalle: »/etc/shells«

Durch die Verlinkung der Shell des Benutzers tom auf */bin/false* wird der SSH-Zugriff unterbunden. Der *vsftpd* lässt nur Benutzer mit einer gültigen Shell zu, */bin/false* ist aber bei Ubuntu keine gültige Shell! Kontrollieren Sie, ob */bin/false* unter */etc/shells* eingetragen ist, und ergänzen Sie diese gegebenenfalls.

---

3   *Standalone*: Der Start des Dienstes erfolgt über ein *init.d*-Skript und nicht über *inet.d*.

23.4   Einsame Insel: »jailkit«

Leider sind nicht alle Dienste proxy-fähig, und auch nicht alle bieten die Möglichkeit, von Haus aus in einem *chroot* betrieben zu werden. Diese Möglichkeit wird aber durch *jailkit* geboten. Dabei handelt es sich um eine Sammlung von Skripten, die es Ihnen ermöglicht, relativ einfach eine abgesicherte Umgebung zu erstellen. Die Skriptsammlung wurde von *Olivier Sessink* 2005 ins Leben gerufen und seither stets erweitert und verbessert. Auf der Projektseite *http://olivier.sessink.nl/jailkit/* finden Sie eine umfangreiche Dokumentation und viele How-Tos, die alle Möglichkeiten der Skriptsammlung aufzeigen.

jailkit erstellt eine abgesicherte Umgebung, die von den hinzugefügten Benutzern nicht verlassen werden kann. Da eine Sandbox erstellt wird, müssen alle Programme, die in ihr ausgeführt werden sollen, auch im Jail verfügbar sein. Es muss also eine (Teil-)Kopie des Echtsystems in der abgesicherten Umgebung erstellt werden. Hierfür gibt *jailkit* Ihnen aber allerhand Skripte an die Hand, mit denen die zum Teil unübersichtlichen Arbeitsschritte leicht umgesetzt werden können.

23.4.1   Installation

Das Programm *jailkit* ist leider nicht Bestandteil von Ubuntu. Laden Sie daher die aktuelle Version 2.17 über die Projektseite, und installieren Sie diese nach dem Auspacken so wie in der *INSTALL.txt* beschrieben (siehe Listing 23.18):

```
./configure
make
su root
make install
[...]
```
Listing 23.18 »jailkit«: Installation

Falls Sie *jailkit* als Daemon betreiben wollen, finden Sie die Erläuterung der notwendigen Schritte ebenfalls in dieser Datei. Nach der Installation stehen Ihnen alle Skripte direkt zur Verfügung.

23.4.2   Befehle

Zu den gängigsten Befehlen von *jailkit* gehören:

▶ `jk_init`
erstellt eine abgesicherte Umgebung. Der mehrfache Aufruf auf der gleichen Umgebung erweitertet die Umgebung entsprechend. Über die Datei */etc/jailkit/jk_init.ini* können vordefinierte Arbeitsschritte eingestellt werden.

- **jk_cp**
  kopiert Dateien in eine abgesicherte Umgebung und passt die Rechte entsprechend an. Bei Binärdateien werden die benötigen Libarys ebenfalls kopiert.

- **jk_chrootsh**
  startet das eigentliche Jail. Diese Shell erzeugt die Sandbox und riegelt den Benutzer entsprechend ab.

- **jk_lsh**
  stellt die zentrale Shell des Jails dar – ohne diese ist kein Login am Jail möglich.

- **jk_socketd**
  Log-Daemon, der eine abgesicherte Möglichkeit darstellt, das lokale Syslog aus dem Jail heraus anzusprechen. Er wird ebenfalls über eine *ini*-Datei (*/etc/jailkit/jk_socketd.ini*) konfiguriert.

- **jk_jailuser**
  fügt einen lokalen Benutzer einem Jail hinzu. Das Homeverzeichnis des Benutzers wird ins Jail verschoben, und alle Rechte werden entsprechend angepasst.

- **jk_check**
  prüft ein Jail auf Integrität und zeigt gegebenenfalls existierende Sicherheitslücken auf.

- **jk_list**
  zeigt eine Übersicht über alle abgesicherten Prozesse eines Systems (PID, UID und Verzeichnisse).

- **jk_update**
  aktualisiert ein Jail – macht Updates auf dem realen System im Jail verfügbar.

Viele Konfigurationen werden über Parameter der jeweiligen Skripte gesteuert. Ein Großteil wird aber über *ini*-Dateien vordefiniert. Die *ini*-Dateien finden Sie nach der Installation unter */etc/jailkit*. Auf die Besonderheiten der *ini*-Dateien werden wir im weiteren Verlauf des Abschnitts noch detaillierter eingehen.

23.4.3 Gefängnisbau

Nach der Installation von *jailkit* erstellen Sie zunächst ein Verzeichnis, in dem Sie die abgesicherte Umgebung betreiben wollen. Wir verwenden dafür das Verzeichnis */srv/secure*. Anschließend erstellen Sie die Umgebung mit dem Befehl jk_init, dem wir einige Parameter übergeben (siehe Listing 23.19):

```
daniel@server:~$ sudo jk_init -v -j /srv/secure jk_lsh basicshell
```

Listing 23.19 Ersteinrichtung des Jails mit »jk_init«

Der Parameter -v schaltet den Verbose-Modus ein, sodass alle Arbeitsschritte auf der Konsole protokolliert werden. Der Parameter -j gibt den Ort des Jails an. Die nachfolgenden

Optionen jk_lsh und basicshell weisen *jailkit* an, die zentrale Login-Shell sowie die in der */etc/jailkit/jk_init.ini* unter *basicshell* definierten Programme zu installieren (siehe Listing 23.20):

```
[…]
[basicshell]
comment = bash based shell with several basic utilities
paths = /bin/sh, /bin/bash, /bin/ls, /bin/cat, /bin/chmod, /bin/mkdir, \
/bin/cp, /bin/cpio, /bin/date, /bin/dd, /bin/echo, /bin/egrep, /bin/false, \
/bin/fgrep, /bin/grep, /bin/gunzip, /bin/gzip,  /bin/ln, /bin/ls, \
/bin/mkdir, /bin/mktemp, /bin/more, /bin/mv, /bin/pwd, /bin/rm, \
/bin/rmdir, /bin/sed, /bin/sh, /bin/sleep, /bin/sync, /bin/tar, \
/bin/touch, /bin/true, /bin/uncompress, /bin/zcat, /etc/motd, /etc/issue, \
/etc/bash.bashrc, /etc/bashrc, /etc/profile, /usr/lib/locale/en_US.utf8
users = root
groups = root
includesections = uidbasics
[…]
```

Listing 23.20 Auszug aus der »jk_init.ini«: »basicshell«

23.4.4   Benutzer einsperren: »Gehe nicht über Los!«

Fügen Sie dem Jail anschließend mit jk_jailuser Benutzer hinzu (siehe Listing 23.21):

```
daniel@server:~$ sudo jk_jailuser -m -j /srv/secure tom
daniel@server:~$ sudo jk_jailuser -m -j /srv/secure jerry
```

Listing 23.21 Benutzer einem Jail hinzufügen

Der Parameter -m weist *jailkit* an, das Homeverzeichnis des Benutzers mit zu verschieben, -j gibt wieder das Jail an, und zu guter Letzt wird der Benutzer übergeben. Nach der Verarbeitung sieht die lokale */etc/passwd* für die beiden Benutzer so aus wie in Listing 23.22:

```
tom:x:1005:1005:,,,:/srv/secure/./home/tom:/usr/sbin/jk_chrootsh
jerry:x:1006:1006:,,,:/srv/secure/./home/jerry:/usr/sbin/jk_chrootsh
```

Listing 23.22 Inhalt der Datei »/etc/passwd«

Hier wird deutlich, dass die Benutzer bei der Anmeldung direkt in die *chroot*-Umgebung umgeleitet werden. Die *passwd*-Datei innerhalb des Jails sieht natürlich entsprechend anders aus und muss je nach Verwendungszweck angepasst werden:

```
tom:x:1005:1005:,,,:/home/tom:/usr/sbin/jk_lsh
jerry:x:1006:1006:,,,:/home/jerry:/usr/sbin/jk_lsh
```

Listing 23.23 »passwd« des Jails: »/srv/secure/etc/passwd«

Noch können sich die Benutzer *tom* und *jerry* nicht via *ssh* am Jail anmelden, da die Shell der beiden auf jk_lsh gesetzt ist. Diese dient aber nur als Sprungbrett und zu Protokollzwecken. Wenn Sie sie auf /bin/bash ändern, ist ein Login möglich.

23.4.5   Gefängnisanbau: »Erweiterungen«

Durch den modularen Aufbau von *jailkit* ist es möglich, bestehende Jails zu erweitern. Prüfen Sie vor dem Hinzufügen von Programmen zum Jail, ob bereits eine Sektion dafür in der */ctc/jailkit/jk_init.ini* vorhanden ist. Die gängigsten Programme sind dort bereits hinterlegt. Für SFTP ist lediglich der Serverdienst vordefiniert. Fügen Sie die Sektion aus Listing 23.24 für einen SFTP-Client hinzu:

```
[sftp-client]
comment = sftp-client
paths = /usr/bin/sftp
includesections = netbasics, uidbasics
devices = /dev/urandom, /dev/null
```

Listing 23.24 Erweiterung für den SFTP-Client in der »jk_init.ini«

Ein erneutes Ausführen des Befehls mit dem entsprechenden Parameter fügt dem Jail den *sftp-client* hinzu (siehe Listing 23.25):

```
daniel@server:~$ sudo jk_init -j /srv/secure sftp-client
```

Listing 23.25 Ein vorhandenes Jail um SFTP erweitern

jailkit kopiert die notwendigen Dateien ins Jail und stellt somit das Programm zur Verfügung. Selbstverständlich können Sie dies auch erweitern oder an Ihre Bedürfnisse anpassen.

[»]   Falls Sie zum Beispiel den Benutzern im Jail immer einen gewissen Satz an Programmen zur Verfügung stellen wollen, können Sie eine eigene Sektion anlegen und dort die notwendigen Programme aufführen (siehe Listing 23.26):

```
[example-users]
comment = Basis-Programme für alle Benutzer
includesections = netbasics, uidbasics, basicshell, sftp-client
devices = /dev/urandom, /dev/null
```

Listing 23.26 Eine eigene Sektion erstellen

[+]   **Sektionen beachten!**

Die Punkte unter der Auflistung includesections setzen natürlich voraus, dass Sie die angegebenen Programme auch in einer Sektion innerhalb der *jk_init.ini* definiert haben. Existieren diese nicht, bricht *jailkit* mit einem entsprechenden Fehler die Verarbeitung ab.

23.5   Selbstabsicherung: »AppArmor«

Trotz aller Sicherheitsmaßnahmen bleiben Systeme angreifbar, vor allem bei den Diensten, die sie anbieten. Auch ein ALG[4] oder eine IPS können nicht alle Bereiche abdecken. Hier müssen Sie den Dienst direkt auf dem System schützen. Durch die *Linux Security Module*-Schnittstelle kann Software als Kernelmodul laufen und so direkt die Zugriffsrechte einzelner Prozesse auf höchster Systemebene einschränken. Dahinter steht das MAC[5]-Konzept. In diesem Abschnitt erfahren Sie alles über die Implementierung mit *AppArmor*.

Das Projekt *SubDomain* wurde von der Firma *Wirex Communications, Inc.*, später *Imunix*, gestartet. Im Jahr 2005 wurde es von *Novell* gekauft, in *AppArmor* umbenannt und bis 2007 weiterentwickelt. Da es aber den Sprung in den Linux-Kernel immer wieder verfehlte, sollte die Entwicklung eingestellt werden. Die Entwickler um Crispin Cowan wurden entlassen und wollten das Projekt in der neu zu gründenden Firma *Mercenary Linux* weiterführen. Seit 2009 bemühte sich *Canonical* darum, AppArmor in den Linux-Kernel zu bringen, was schließlich ab Kernel 2.6.36 gelang.

Das Tool AppArmor arbeitet als Kernelmodul und lädt spezifische Regeln, die sogenannten *Profiles*, nach. Neben vordefinierten Regeln können auch eigene hinzugefügt werden. Das Konzept von AppArmor sieht vor, den Betrieb von Software zu analysieren und dazu Regeln zu erstellen, die lediglich die als »normal« spezifizierten Aktionen erlauben. Wird die Software mit Schadcode infiziert, kann dieser die durch AppArmor geschaffene Umgebung nicht verlassen, sich also nicht weiterverbreiten oder unzulässige Aktionen ausführen (zum Beispiel Spam versenden). In Ubuntu gehört AppArmor zum Standard und wird stets mitinstalliert. Neben dem eigentlichen Dienst im Paket *apparmor* sollten Sie auch das Paket *apparmor-utils* installieren. AppArmor läuft, ohne dass Sie es merken, da die Profile Dienste im Hintergrund schützen. Unter */etc/apparmor.d/* finden Sie die Regelsätze. Die Benennung der Regelsätze enthält den vollständigen Pfad. Allerdings wird der Slash durch einen Punkt ersetzt. Somit heißt das Profil für *tcpdump* entsprechend *usr.sbin.tcpdump*.

23.5.1   Status und Betriebsarten

Rufen Sie den Status von AppArmor über den Standardbefehl `apparmor_status` ab:

```
daniel@server:~$ sudo apparmor_status
apparmor module is loaded.
4 profiles are loaded.
4 profiles are in enforce mode.
   /sbin/dhclient
```

---

4   *Application Layer Gateway*, eine intelligente Firewall, die den Datenverkehr bis hin zum OSI-Layer 7 verarbeitet

5   *Mandatory Access Control*, engl. für *zwingend erforderliche Zugangskontrolle*

```
    /usr/lib/NetworkManager/nm-dhcp-client.action
    /usr/lib/connman/scripts/dhclient-script
    /usr/sbin/tcpdump
0 profiles are in complain mode.
1 processes have profiles defined.
1 processes are in enforce mode.
    /sbin/dhclient (658)
0 processes are in complain mode.
0 processes are unconfined but have a profile defined.
```

Listing 23.27 AppArmor-Status: »apparmor_status«

Das Paket *apparmor-utils* stellt Ihnen auch die Möglichkeit zur Verfügung, den Status mit *aa-status* abzurufen. Wie Sie der Ausgabe in Listing 23.27 entnehmen können, sind auf einem aktuellen Ubuntu-16.04-System vier Profile enthalten und geladen. AppArmor unterscheidet zwei Betriebsarten:

▶ **enforce mode**
   Der »erzwungene Modus« setzt die geladenen Profile um.

▶ **complain mode**
   Der »Beschwerde-Modus« protokolliert lediglich die Verletzungen des Profils.

AppArmor protokolliert seine Meldungen sowohl in *syslog* als auch in *kern.log*. Hauptsächlich wird aber das *syslog* zur Auswertung benutzt. Über die Befehle aa-enforce PROFIL und aa-complain PROFIL bringen Sie das Profil eines Dienstes in den einen oder anderen Modus. Zum vollständigen Deaktivieren von AppArmor müssen Sie den Befehl sudo service apparmor teardown verwenden (dieser ist in systemctl leider nicht enthalten).

Im Paket *apparmor-profiles* sind viele weitere Profile erhalten. Dementsprechend umfangreicher erscheint dann auch die Ausgabe des AppArmor-Status nach der Installation (siehe Listing 23.28):

```
daniel@server:~$ sudo aa-status
apparmor module is loaded.
29 profiles are loaded.
7 profiles are in enforce mode.
    /sbin/dhclient
    /usr/lib/NetworkManager/nm-dhcp-client.action
    /usr/lib/chromium-browser/chromium-browser//browser_java
    /usr/lib/chromium-browser/chromium-browser//browser_openjdk
    /usr/lib/chromium-browser/chromium-browser//sanitized_helper
    /usr/lib/connman/scripts/dhclient-script
    /usr/sbin/tcpdump
22 profiles are in complain mode.
    /sbin/klogd
```

```
/sbin/syslog-ng
/sbin/syslogd
/usr/lib/chromium-browser/chromium-browser
/usr/lib/chromium-browser/chromium-browser//chromium_browser_sandbox
/usr/lib/chromium-browser/chromium-browser//lsb_release
/usr/lib/chromium-browser/chromium-browser//xdgsettings
/usr/lib/dovecot/deliver
/usr/lib/dovecot/dovecot-auth
/usr/lib/dovecot/imap
/usr/lib/dovecot/imap-login
/usr/lib/dovecot/managesieve-login
/usr/lib/dovecot/pop3
/usr/lib/dovecot/pop3-login
/usr/sbin/avahi-daemon
/usr/sbin/dnsmasq
/usr/sbin/dovecot
/usr/sbin/identd
/usr/sbin/mdnsd
/usr/sbin/nscd
/usr/{sbin/traceroute,bin/traceroute.db}
/{usr/,}bin/ping
1 processes have profiles defined.
1 processes are in enforce mode.
   /sbin/dhclient (658)
0 processes are in complain mode.
0 processes are unconfined but have a profile defined.
```

Listing 23.28 »aa-status« mit »apparmor-profiles«

Selbstverständlich ist es möglich, eigene Profile zu erstellen oder vorhandene zu erweitern. Eine Liste der noch nicht von AppArmor geschützten Programme/Dienste erhalten Sie mit dem Tool *aa-unconfined* (siehe Listing 23.29):

```
daniel@server:~$ sudo aa-unconfined
709 /sbin/dhclient confined by '/sbin/dhclient (enforce)'
727 /usr/sbin/sshd not confined
2212 /usr/sbin/vsftpd not confined
2521 /usr/sbin/atftpd not confined
```

Listing 23.29 Ungeschützte Dienste anzeigen

Das Tool ermittelt via *netstat* alle Dienste mit offenen TCP-Ports und prüft, ob für diese Dienste ein Profil existiert. Wie Sie Listing 23.29 entnehmen können, laufen auf dem System ein *sshd*, ein *vsftpd* und ein *atftpd*, die noch nicht von AppArmor geschützt werden, sowie ein *dhclient*, der geschützt ist.

> **[!]   Eigene Profile**
>
> Es sei eindringlich darauf hingewiesen, dass eigene AppArmor-Profile schnell zu fehlerhaftem Verhalten von Programmen führen können. Im schlimmsten Fall können Sie das Programm, das Sie schützen wollen, gar nicht mehr benutzen. Auf der anderen Seite ist es ebenso möglich, dass ein zu »großzügiges« Profil keinen Sicherheitsgewinn mit sich bringt.

23.5.2   Eigene Profile erstellen

Wir erstellen nun ein AppArmor-Profil für den *atftpd* – der uns einen *Trivial File Transfer Protocol*-Daemon zur Verfügung stellt. Listing 23.30 zeigt den notwendigen Aufruf mit dem Tool aa-genprof:

```
daniel@server:~$ sudo aa-genprof atftpd
Writing updated profile for /usr/sbin/atftpd.
Setting /usr/sbin/atftpd to complain mode.

Before you begin, you may wish to check if a
profile already exists for the application you
wish to confine. See the following wiki page for
more information:
http://wiki.apparmor.net/index.php/Profiles

Please start the application to be profiled in
another window and exercise its functionality now.

Once completed, select the "Scan" option below in
order to scan the system logs for AppArmor events.

For each AppArmor event, you will be given the
opportunity to choose whether the access should be
allowed or denied.

Profiling: /usr/sbin/atftpd

[(S)can system log for AppArmor events] / (F)inish
```

Listing 23.30 Eigenes Profil erstellen für den »atftpd«

Starten und stoppen Sie den Dienst, verbinden Sie sich von einem TFTP-Client mit dem Server, und führen Sie alle gängigen Aktionen aus – hier also lediglich das Verbinden, Herauf- und Herunterladen von Dateien. Anschließend lassen Sie *aa-genprof* einen Scan durchführen, indem Sie den Buchstaben S eingeben. Sie erhalten die Ausgabe aus Listing 23.31:

```
Reading log entries from /var/log/syslog.
Updating AppArmor profiles in /etc/apparmor.d.
Complain-mode changes:

Profile:        /usr/sbin/atftpd
Network Family: inet
Socket Type:    dgram

 [1 - #include <abstractions/lxc/container-base>]
  2 - #include <abstractions/lxc/start-container>
  3 - #include <abstractions/nameservice>
  4 - network inet dgram,
(A)llow / (D)eny / (I)gnore / Audi(t) / Abo(r)t / (F)inish
```
Listing 23.31 »aa-genprof«-Scan für den »atftpd«

Nun müssen Sie entscheiden, ob für den *atftpd* die angezeigten Profile inkludiert werden sollen oder ob nur der Aufruf von *network inet dgram* gültig ist. Über das in der letzten Zeile aufgeführte Menü können Sie den Zugriff erlauben, verweigern, beobachten, den Vorgang abbrechen oder beenden. Das Tool führt Sie nun Schritt für Schritt durch alle Bereiche, die die Anwendung berührt. Wenn Sie zu den Dateizugriffen gelangen, werden die Auswahlmöglichkeiten umfangreicher (siehe Listing 23.32):

```
Profile:  /usr/sbin/atftpd
Path:     /srv/tftp/download.me
Mode:     r
Severity: 4

  1 - #include <abstractions/totem>
  2 - #include <abstractions/ubuntu-browsers.d/chromium-browser>
  3 - #include <abstractions/ubuntu-browsers.d/user-files>
 [4 - /srv/tftp/download.me]
[(A)llow] / (D)eny / (G)lob / Glob w/(E)xt / (N)ew / Abo(r)t / (F)inish / (O)pts
```
Listing 23.32 »aa-genprof«-Scan: »atftpd«-Dateizugriffe

Mittels (G)lob wird ein Zugriff auf das gesamte Verzeichnis zugelassen oder aber lediglich ein Zugriff auf Dateien mit der gleichen Endung: Glob w/(E)xt. Bei der Eingabe von G wird Ihnen jeweils eine tiefere Verzeichnisebene angeboten.

Haben Sie die entsprechende Tiefe erreicht, können Sie den Zugriff erlauben, indem Sie den Buchstaben A eingeben. Listing 23.33 zeigt den Zugriff auf */srv/tftp/*. Die aktive Auswahl wird stets durch eckige Klammern symbolisiert.

```
Profile:   /usr/sbin/atftpd
Path:      /srv/tftp/upload.me
Old Mode: r
New Mode: rw       (owner permissions off)
Severity: 6


  1 - /srv/tftp/upload.me
 [2 - /srv/tftp/*]
[(A)llow] / (D)eny / (G)lob / Glob w/(E)xt / (N)ew / Abo(r)t / (F)inish / (O)pts
```

Listing 23.33 »aa-genprof«-Scan: »atftpd«-Verzeichniszugriffe

In Tabelle 23.1 finden Sie eine Übersicht über die Parameter, die AppArmor anwendet.

Parameter	Bedeutung
Profile	beschreibt das Profil, für das die Regel gilt
Execute	gibt an, welches Programm ausgeführt werden soll
Path	legt fest, auf welche Datei der Zugriff geschieht
Mode	Zugriffsart: r = lesen, w = schreiben, l = symbolischen Links folgen
Severity	Wert der Gefährdung: von 1 = bedenkenlos bis 10 = hohes Risiko
Inherit	Vererbung des Profils auf *child-processes*. Nur verwenden, wenn die gleichen Zugriffe vorgenommen werden!
Profil	Programmstart über das Profil. Ohne Profil wird der Start unterbunden.
Unconfined	Normaler Programmstart

Tabelle 23.1 Parameter für »aa-genprof«

Tabelle 23.2 zeigt die Auswahlmöglichkeiten, die zu den beschriebenen Parametern bestehen.

Option	Bedeutung
Allow	erlaubt den Zugriff
Deny	verbietet den Zugriff bzw. den Aufruf der Datei
Glob	erlaubt den Zugriff auf Verzeichnisebene (bei mehrfacher Ausführung)

Tabelle 23.2 Optionen für »aa-genprof«

Option	Bedeutung
Glob w/Ext	wie Glob; mit der Einschränkung auf gleiche Dateiendung
New	erstellt eine eigene Regel durch reguläre Ausdrücke
Abort	bricht den Vorgang des Profilerstellens ab
Finish	beendet den Vorgang und erstellt das Profil mit den bisher erfassten Regeln

Tabelle 23.2 »aa-genprof« – Optionen (Forts.)

Am Ende der Verarbeitung wird das erstellte Profil durch Eingabe von S gespeichert und anschließend mit F verlassen. Das soeben erstellte Profil finden Sie in der Datei *usr.sbin.atftpd* im Verzeichnis */etc/apparmor.d*. Das Profil wird von *aa-genprof* umgehend in den *enforce mode* gesetzt und in AppArmor geladen.

Wenn es im Regelbetrieb zu Fehlern des Programms kommt, können Sie das erstellte Profil nochmals überarbeiten. Hierfür verwenden Sie den Befehl aa-logprof, der eine erneute Prüfung der Logfiles bewirkt und Sie erneut mit der Frage konfrontiert, welche Zugriffe gültig sind.

Kapitel 24

Virtuelles privates Netzwerk mit »OpenVPN«

Sichere Kommunikation über ein unsicheres Netz – mal eben die neuesten Bilder aus dem Urlaub auf dem heimischen Server sichern, zwei Firmenstandorte sicher miteinander verbinden oder Außendienstmitarbeitern einen sicheren Weg ins eigene Netz ermöglichen (z. B. zum Abruf von E-Mails, Kalenderdaten oder Datenbeständen). In diesem Kapitel zeigen wir Ihnen alles zum Thema VPNs mit »OpenVPN«, d. h. die Server-Konfiguration für Roadwarrior- und Site-2-Site-VPNs.

Ein VPN (*Virtual Private Network*) stellt eine sichere Verbindung über ein öffentliches Medium her. Trotz verschiedener Umsetzungen ist das Grundkonzept stets dasselbe. Um sicher Daten austauschen zu können, wird ein Tunnel erzeugt, in dem die Daten verschlüsselt werden, sodass ein Mitlesender nur den verschlüsselten Datentransfer sieht.

Jede VPN-Implementierung steht vor drei großen Problemen:

▸ **Autorisierung** = Erlaubnis der Kommunikation

▸ **Authentifizierung** = Ausweisung eines Kommunikationspartners

▸ **Integrität** = Unversehrtheit der übertragenen Daten

Es gibt verschiedene Ansätze, diese Probleme zu lösen. Aufgrund des Umfangs und der Komplexität der mathematischen Grundlagen verzichten wir an dieser Stelle auf eine ausführliche Erläuterung.

Darüber hinaus gibt es zwei unterschiedliche Einsatzgebiete:

▸ **Roadwarrior**
Unter Roadwarriors versteht man Außendienstmitarbeiter, die sich mit einer zentralen Firmeninfrastruktur verbinden, um ihre Daten abzugleichen oder Dienste zu nutzen. Verallgemeinert gesagt, geht es um den Einsatz eines Laptops, um Daten aus dem Netzwerk sicher laden oder speichern zu können.

▸ **Site-to-Site**
In diesem Szenario geht es um eine feste Verbindung zweier Standorte, die jeweils mit dem gegenüberliegenden Netzwerk kommunizieren sollen, z. B. zwei Firmensitze (Büro und Lager).

24.1 Allgemeines

Die Notwendigkeit eines virtuellen privaten Netzwerks kann unterschiedlich motiviert sein, das Ergebnis ist aber das gleiche: ein abgesicherter Datenaustausch. Der Siegeszug von *OpenVPN* begann beim Konzept. Als erste VPN-Implementierung setzt es auf eine Trennung der Netzwerkebene und der Verschlüsselung. Dieses Konzept vereinfacht die Umsetzung auf verschiedenen Betriebssystemen und führt zugleich zu einer vereinfachten Konfiguration. Zusätzlich bietet OpenVPN mit *easy-rsa* eine Skriptsammlung, die es auch dem ungeübten Nutzer erlaubt, sehr einfach eine Zertifikatsinfrastruktur zu betreiben. All dies führte zur schnellen Akzeptanz und trug unweigerlich zur Beliebtheit von OpenVPN bei.

[+]

Veränderung: »Ubuntu 14.04«

Ab Ubuntu 14.04 wird die Skriptsammlung in einem eigenen Paket verwaltet (easy-rsa). Dadurch hat sich auch der Speicherort verändert:

▶ vor Ubuntu 14.04: */usr/share/doc/openvpn/examples/easy-rsa/2.0*

▶ ab Ubuntu 14.04: */usr/share/easy-rsa*

24.1.1 Der Unterschied zwischen »IPsec« und »OpenVPN«

Das erste standardisierte VPN-Konzept (*IPsec*[1]) setzte schon auf der Netzwerkebene an. Das IPSec-VPN ist eine Protokollsuite, bei der die Pakete bereits auf Netzwerkebene verschlüsselt und gekapselt werden. Dafür müssen die Betriebssysteme die Grundlagen liefern. Ist IPSec nicht im Kernel und den Netzwerktreibern eingebaut, kann keine Verbindung aufgebaut werden. Darüber hinaus implementieren die diversen Hersteller IPSec unterschiedlich, sodass sie zueinander inkompatibel sind. Auch wenn ein IPSec-VPN Performance-Vorteile bietet, da die Verschlüsselung und Enkapsulierung vom Betriebssystemkern vorgenommen wird, gestaltet sich die Einrichtung deutlich schwieriger. OpenVPN hingegen ist ein SSL-VPN. Dabei werden die Pakete ebenfalls getunnelt, allerdings erfolgt die Verschlüsselung via SSL, dem Standard für die Webverschlüsselung (HTTPS). Dies geschieht im Layer 7 – also auf der Anwendungsschicht. Dadurch ist die Implementierung auf unterschiedlichen Betriebssystemen einfacher, da OpenVPN nicht auf Betriebssystemebene, sondern auf der Anwendungsebene arbeitet. Derzeit werden OpenVPN-Clients für alle gängigen Betriebssysteme bereitgestellt (Linux, Mac OS X, Windows etc.). Selbstverständlich können von allen Betriebssystemen zu den jeweils anderen Verbindungen aufgebaut werden. Dabei ist es also egal, ob Ihr Server unter Linux, der Roadwarrior-Client unter Windows und der Server im Nachbargebäude unter Mac OS X läuft. Alle Clients und Servervarianten sind untereinander kompatibel.

---

[1] *IPsec*, Kurzform für *Internet Protocol Security*

24.1.2   Authentifizierung

Wie bereits in der Einleitung beschrieben wurde, ist das A und O eines VPN die Sicherheit. Damit Sie nicht jeden »dahergelaufenen« Client in Ihr Netzwerk lassen, müssen Sie eine Authentifizierung durchführen. OpenVPN stellt Ihnen dafür eine Vielzahl von Möglichkeiten zur Verfügung.

Die wohl einfachste Form der Authentifizierung ist die Passwortabfrage. Im VPN-Kontext wird sie auch oft als *PSK*[2] bezeichnet. Nur diejenigen Teilnehmer, die das korrekte Passwort kennen, können sich verbinden. Leider ist diese Art der Authentifizierung nicht sehr sicher, da sich viele Angriffsvektoren bieten:

▶ **Zettel-Wirtschaft – öffentlich einsehbar**
   Viele Anwender notieren sich Passwörter auf einem Zettel, der am Monitor klebt, in der Brieftasche steckt oder sonstwo.

▶ **zu einfache Passwörter – Rainbow-Lists**
   Anwender sind im Umgang mit Passwörtern meist nachlässig. Der Vorname der Frau oder der Kinder, Orte oder Geburtstage werden gern verwendet. Diese lassen sich leicht über Rainbow-Lists, also Listen von gängigen Passwörtern, herausfinden.

▶ **komplexere Passwörter – Brute-Force**
   Auch wenn Ihre Anwender komplizierte Passwörter verwenden, können diese mit modernen Rechnersystemen mit einfaches Durchprobieren relativ schnell herausgefunden werden.

Bei einem Netzzugang via VPN sollten Sie niemals ausschließlich auf Passwörter vertrauen. Diese zu überwinden ist zu einfach, und die Folgen wären verheerend.

[!]

Eine bessere Methode der Authentifizierung stellt die *PKI*[3] bereit. Bei diesem Verfahren stellt eine zentrale Kopfstelle Zertifikate für die Teilnehmer aus. Nur wer im Besitz eines gültigen Zertifikats ist, kann sich auch verbinden. Beim Verlust von Zertifikaten ist die Authentifizierung ebenfalls unwirksam. Selbstverständlich können Sie Zertifikate zurückrufen oder deaktivieren. Dennoch bleibt ein Restrisiko. Um den Schutz noch weiter zu verbessern, sollten Sie sowohl die Passwortabfrage als auch eine PKI einsetzen. Datenschützer sprechen gern von der »konzeptionellen Sicherheit durch Besitz und Wissen«. Damit sind der Besitz eines Zertifikats und das Wissen über das dazugehörige Passwort gemeint.

24.1.3   Betriebsart: »tun« oder »tap«

OpenVPN kann im *tun*- oder *tap*-Modus verwendet werden. Diese beiden Betriebsarten unterscheiden sich eklatant voneinander:

---

2 *PSK (Pre-Shared Key)*, engl. für *vorher ausgetauschter Schlüssel*
3 *PKI (Public Key Infrastucture)*, engl. für *öffentliche Schlüsselinfrastruktur*

▶ **tun – Routing**
Im *tun*-Modus werden Pakete zwischen den beiden (oder mehreren) Endpunkten geroutet. Es werden keine Layer-2-Pakete übertragen!

▶ **tap – Bridging**
Beim Bridging werden auch Layer-2-Pakete durch den Tunnel geschleust. Dies ist vor allem dann notwendig, wenn auch andere Protokolle als TCP/IP durch den Tunnel verfügbar sein sollen (zum Beispiel IPX).

[+]   Wenn es keine expliziten Gründe für den Einsatz des *tap*-Modus gibt, empfehlen wir Ihnen, den *tun*-Modus zu verwenden. Alle gängigen Dienste arbeiten heutzutage auf TCP/IP-Basis, sodass der Einsatz des *tap*-Modus unnötig ist.

24.1.4   Testumfeld

Zur besseren Orientierung haben wir für dieses Kapitel ein Testumfeld entworfen. Alle Konfigurationen beziehen sich auf den Aufbau, der in Abbildung 24.1 dargestellt ist.

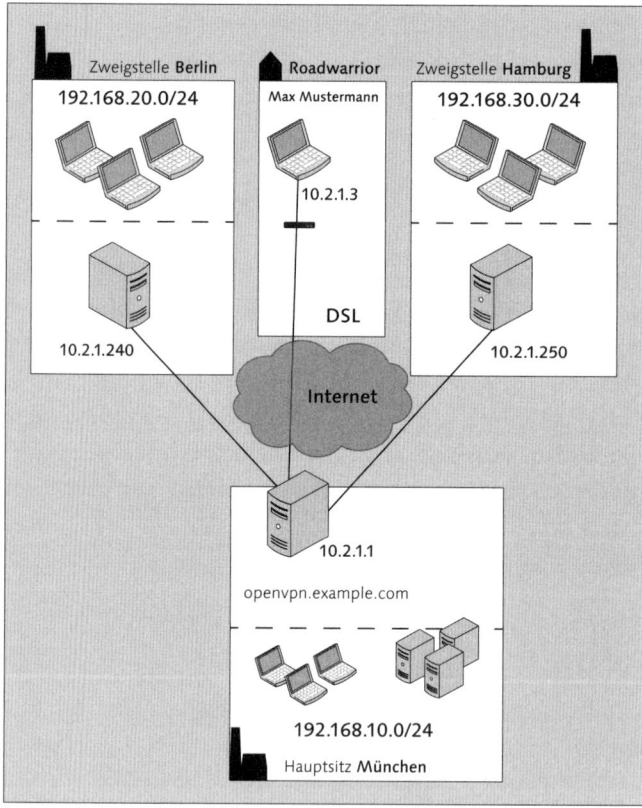

Abbildung 24.1 Netzwerkübersicht: OpenVPN-Testumfeld

Da wir im weiteren Verlauf des Kapitels viele IP-Adressen und Nutzer anlegen werden, sollten Sie sich von Zeit zu Zeit Abbildung 24.1 nochmals ansehen, um die Konfigurationen mit dem Netzwerkdiagramm abzugleichen. Im Testumfeld wird zur Einwahl das Transfernetz 10.2.1.0/24 verwendet. Der zentrale OpenVPN-Server erhält die erste IP-Adresse aus diesem Netz (.1).

Der Zweigstelle Berlin wird die IP-Adresse 10.2.1.240 zugewiesen und der Zweigstelle Hamburg die IP-Adresse 10.2.1.250.

Externe Mitarbeiter oder Fremdfirmen wählen sich im unteren Bereich des Class-C-Netzes ein. Dem Beispielclient »Max Mustermann« wird die IP-Adresse 10.2.1.3 zugewiesen.

24.1.5   Welches Vorwissen wird benötigt?

Für diese Abschnitte sollten Sie folgende Kenntnisse bereits erworben haben:

▶ **Die Bash** (siehe hierzu Abschnitt 8.1, »Hilfe, da blinkt was! Die Bash«)

▶ **Paket-Installation** (siehe hierzu Abschnitt 2.4.3, »Umgang mit Paketen«)

▶ **Netzwerkkonfiguration** (siehe hierzu Kapitel 7, »Netzwerkkonfiguration«)

24.1.6   Server-Installation

Für den weiteren Verlauf dieses Kapitels benötigen wir einen Server, den wir als zentralen OpenVPN-Server verwenden werden. Installieren Sie zunächst OpenVPN aus den Paketquellen, wie in Listing 24.1 dargestellt:

```
daniel@server:/# sudo apt-get install openvpn easy-rsa
```
Listing 24.1 Installation von »openvpn« (ab Ubuntu 14.04)

Während der Installation werden die folgenden Abhängigkeiten direkt mitinstalliert: *openssl* (Verschlüsselung) und *lzo* (Komprimierung). Doch bevor wir mit der eigentlichen Konfiguration anfangen, benötigen wir noch Zertifkate. In den folgenden Abschnitten zeigen wir Ihnen Schritt für Schritt, wie Sie einen sicheren OpenVPN-Server installieren, konfigurieren und betreiben können.

24.2   PKI erzeugen: »easy-rsa«

Die Erstellung und der Betrieb einer Kopfstelle (PKI) sind äußerst komplex. Daher wurde bei OpenVPN die Skriptsammlung *easy-rsa* hinzugefügt – ab Ubuntu 14.04 ist sie eigenständig. Nach der Installation finden Sie sie unter */usr/share/doc/openvpn/examples/easy-rsa/2.0* oder ab Ubuntu 14.04 unter */usr/share/easy-rsa*.

[+] Aus Kompatibilitätsgründen wurden bis Ubuntu 12.04 in dem *easy-rsa*-Verzeichnis auch die »älteren« Versionen der Skripte im Unterverzeichnis *1.0* angeboten. Wir empfehlen Ihnen aber, die aktuelle Version 2.0 zu verwenden.

Das Erzeugen einer PKI ist durch die *easy-rsa*-Skripte deutlich vereinfacht worden, aber dennoch umfangreich. Nachstehende Auflistung zeigt die Zertifikate, die Sie erstellen müssen:

▶ **vars**
  Einstellung der Default-Werte für Zertifkate

▶ **CA erstellen (build-ca)**
  Die eigentliche Kopfstelle erstellen

▶ **Server-Zertifkat erstellen (build-key-server)**
  Erstellung des Zertifikats für Ihren OpenVPN-Server

▶ **Diffie-Hellman-Schlüssel erstellen (build-dh)**
  Erstellen eines Schlüssels für den Zertifikatsaustausch

▶ **TSL-Auth-Schlüssel erstellen (openvpn)**
  HMAC[4] zur weiteren Absicherung der Kommunikation

24.2.1   Default-Werte festlegen: »vars«

Bevor Sie nun zur Erstellung der PKI und der Zertifikate schreiten, passen Sie die Datei *vars* an, die sich im *easy-rsa*-Verzeichnis befindet. In ihr können Sie Standardwerte hinterlegen, die Ihnen bei der Erstellung der Zertifikate als Default angeboten werden. Passen Sie folgende Werte in der Datei an:

```
# Increase this to 2048 if you
# are paranoid.  This will slow
# down TLS negotiation performance
# as well as the one-time DH parms
# generation process.
export KEY_SIZE=2048

# In how many days should the root CA key expire?
export CA_EXPIRE=3650

# In how many days should certificates expire?
export KEY_EXPIRE=730

# These are the default values for fields
# which will be placed in the certificate.
```

---

4   *Keyed-Hashing for Message Authentication*

```
# Don't leave any of these fields blank.
export KEY_COUNTRY="DE"
export KEY_PROVINCE="BY"
export KEY_CITY="München"
export KEY_ORG="Example Ltd."
export KEY_EMAIL="webmaster@example.com"
export KEY_OU="Hauptsitz"
```

Listing 24.2 Anpassung von »vars«

Der Parameter KEY_SIZE gibt die Schlüssellänge der zu erstellenden Zertifikate an. Es gilt: Je größer der Wert ist, desto sicherer ist der Schlüssel. Der Standardwert von 2048 verlangsamt zwar die TLS-Aushandlungszeit und die Generierung des DH-Schlüssels geringfügig, der Wert sollte aber dennoch so »hoch« angesetzt werden, damit Ihre Infrastruktur auch über einen längeren Zeitraum wachsenden Sicherheitsanforderungen genügt.

[!]

Schlüssellänge

Verwenden Sie keine Schlüssellänge unter 2048! Sie müssen zwar länger auf die Erstellung des Schlüssels warten, gewinnen aber immens an Sicherheit.

Die Parameter CA_EXPIRE und KEY_EXPIRE geben die Gültigkeitsdauer der CA und der durch sie erstellten Zertifikate an. In der freien Wirtschaft hat sich eine Gültigkeit zwischen zehn und zwölf Jahren für eine CA bewährt, für Client-Zertifikate hingegen eine Gültigkeitsdauer von zwei bis vier Jahren. Passen Sie diese Werte Ihren Sicherheitsanforderungen an.

[+]

Gültigkeitsdauer

Bedenken Sie aber, dass bei einer Gültigkeitsdauer für Client-Zertifikate von nur einem Jahr diese Zertifikate auch in jenem Turnus gewechselt werden müssen!

Die im letzten Block aufgeführten Parameter geben die Daten Ihrer PKI an. Passen Sie diese entsprechend der nachstehenden Auflistung an:

▶ KEY_COUNTRY = Land als Kürzel (DE für Deutschland)

▶ KEY_PROVINCE = Region als Kürzel (in Deutschland die Bundesländer NRW, BY etc.)

▶ KEY_CITY = Ort, ausgeschrieben

▶ KEY_ORG = Name des Unternehmens

▶ KEY_EMAIL = E-Mail-Adresse, die bei Problemen oder Fragen erreicht werden kann

▶ KEY_OU = Abteilungsnamen, ausgeschrieben

24.2.2   CA erstellen: »build-ca«

Nachdem Sie die Werte in der Datei *vars* angepasst haben, können Sie diese exportieren, eventuell vorhandene Rückstände früherer CAs entfernen und eine neue CA erstellen. Dies erreichen Sie über den Befehl aus Listing 24.3:

```
root@saturn:/usr/share/easy-rsa# . ./vars
NOTE: If you run ./clean-all, I will be doing a rm -rf on /usr/share/easy-rsa/keys
root@saturn:/usr/share/easy-rsa#
root@saturn:/usr/share/easy-rsa# ./clean-all
root@saturn:/usr/share/easy-rsa# ./build-ca
Generating a 2048 bit RSA private key
.....+++
.................................................+++
writing new private key to 'ca.key'
-----
You are about to be asked to enter information that will be incorporated
into your certificate request.
What you are about to enter is what is called a Distinguished Name or a DN.
There are quite a few fields but you can leave some blank
For some fields there will be a default value,
If you enter '.', the field will be left blank.
-----
Country Name (2 letter code) [DE]:
State or Province Name (full name) [BY]:
Locality Name (eg, city) [Muenchen]:
Organization Name (eg, company) [Example Ltd.]:
Organizational Unit Name (eg, section) [Hauptsitz]:
Common Name (eg, your name or your server's hostname) [Example Ltd. CA]:
Name [EasyRSA]:
Email Address [webmaster@example.com]:
```

Listing 24.3 Erstellen der CA

Während der Erstellung werden Ihnen Fragen gestellt. Die Default-Werte, die Ihnen zur Auswahl angeboten werden, werden aus der vorher editierten Datei *vars* gelesen. Zusätzlich wird der *Name* abgefragt, der für eine natürliche Person stehen sollte, die für die CA zuständig ist. Diese Werte sind für OpenVPN aber optional und können auch leer gelassen werden.

24.2.3   Server-Zertifikat erstellen: »build-key-server«

Erstellen Sie ein Server-Zertifikat über die soeben eingerichtete CA. Hierfür bietet *easy-rsa* das Skript *build-key-server*, das Sie gefolgt vom FQDN des Servers aufrufen, so wie in Listing 24.4 dargestellt:

```
root@saturn:/usr/share/easy-rsa# ./build-key-server openvpn.example.com
Generating a 2048 bit RSA private key
.......+++
.......+++
writing new private key to 'openvpn.example.com.key'
-----
You are about to be asked to enter information that will be incorporated
into your certificate request.
What you are about to enter is what is called a Distinguished Name or a DN.
There are quite a few fields but you can leave some blank
For some fields there will be a default value,
If you enter '.', the field will be left blank.
-----
Country Name (2 letter code) [DE]:
State or Province Name (full name) [BY]:
Locality Name (eg, city) [Muenchen]:
Organization Name (eg, company) [Example Ltd.]:
Organizational Unit Name (eg, section) [Hauptsitz]:
Common Name (eg, your name or your server's hostname) [openvpn.example.com]:
Name [EasyRSA]:
Email Address [webmaster@example.com]:
```

Listing 24.4 Generierung des Server-Zertifikats – Default-Werte

Während der Zertifikatserstellung werden Ihnen wieder die Werte aus der Datei *vars* als Default angeboten. Zusätzlich wird der *Common Name* abgefragt. Da es sich bei dem Zertifikat um ein Server-Zertifikat handelt, muss hier zwingend der FQDN des Servers angegeben werden. Damit ist die Erstellung aber noch nicht beendet. Anschließend werden optionale *extra attributes* abgefragt (siehe Listing 24.5):

```
Please enter the following 'extra' attributes
to be sent with your certificate request
A challenge password []:
An optional company name []:
```

Listing 24.5 Generierung des Server-Zertifikats – »extra attributes«

Da die Signierung des Zertifikats direkt im Anschluss geschieht, können Sie das abgefragte challenge password leer lassen und den optional company name ebenfalls. Anschließend wird die eigentliche Erstellung des Zertifikats vollzogen (siehe Listing 24.6):

```
Using configuration from /usr/share/easy-rsa/openssl-1.0.0.cnf
Check that the request matches the signature
Signature ok
```

```
The Subject's Distinguished Name is as follows
countryName            :PRINTABLE:'DE'
stateOrProvinceName    :PRINTABLE:'BY'
localityName           :PRINTABLE:'Muenchen'
organizationName       :PRINTABLE:'Example Ltd.'
organizationalUnitName:PRINTABLE:'Hauptsitz'
commonName             :PRINTABLE:'openvpn.example.com'
Name                   :PRINTABLE:'EasyRSA'
emailAddress           :IA5STRING:'webmaster@example.com'

Certificate is to be certified until Feb 14 16:28:40 2018 GMT (730 days)
Sign the certificate? [y/n]:y


1 out of 1 certificate requests certified, commit? [y/n]y
Write out database with 1 new entries
Data Base Updated
```

Listing 24.6 Generierung des Server-Zertifikats – eigentliche Erstellung

Anschließend erhalten Sie eine Übersicht über die angegebenen Werte. Beantworten Sie die zwei Fragen mit »y«, damit der *signing request* erstellt und die Signierung durchgeführt wird. Nun finden Sie im Unterverzeichnis *keys* drei Dateien für den Server:

- ▶ **openvpn.example.com.crt**
  das eigentliche Zertifikat

- ▶ **openvpn.example.com.csr**
  der für die Erstellung notwendige *signing request*

- ▶ **openvpn.example.com.key**
  der private Schlüssel

Für jedes von Ihrer CA erstellte Zertifikat finden Sie die drei Dateien *.crt, .csr* und *.key* im Verzeichnis *keys*. Die Dateien mit der Endung *.csr* können Sie ohne Bedenken entfernen, da sie nie mehr benötigt werden.

24.2.4   Diffie-Hellman-Schlüssel erstellen: »build-dh«

Bleiben wir beim Server. Erzeugen Sie für diesen einen DH-Schlüssel (Diffie-Hellman-Schlüssel), der für den gesicherten Schlüsselaustausch verwendet wird. Hierfür bietet *easy-rsa* das Skript *build-dh* (siehe Listing 24.7):

```
root@saturn:/usr/share/easy-rsa# ./build-dh
Generating DH parameters, 2048 bit long safe prime, generator 2
```

```
This is going to take a long time
..+..........................................................................
..............................+..............................................
[...]
```

Listing 24.7 Generierung des DH-Schlüssels

Die Erstellung kann, je nach System, einige Zeit in Anspruch nehmen. Anschließend finden Sie im Verzeichnis *keys* die Datei *dh2048.pem*.

24.2.5   TLS-Auth-Schlüssel erstellen: »openvpn«

Erstellen Sie darüber hinaus einen *tls-auth key*. Hierfür verwenden wir direkt OpenVPN, wie in Listing 24.8 dargestellt. Beim *tls-auth.key* handelt es sich um einen HMAC[5] zur weiteren Absicherung der Kommunikation.

```
root@saturn:/# openvpn --genkey --secret tls-auth.key
```

Listing 24.8 Generierung von »tls-auth.key«

Nun sind die Server-Zertifikate und Schlüssel erstellt, und Sie können eine beliebige Anzahl von Client-Zertifikaten erstellen. Hierfür bietet *easy-rsa* das Skript *build-key*, das Sie aufrufen, wobei Sie den Zertifikatsnamen nach dem Skriptnamen eingeben. Der Zertifikatsname wird Ihnen als *Common Name* per Default angeboten.

Prinzipiell können Sie einen beliebigen Namen für das Zertifikat vergeben. Aus Gründen der Übersichtlichkeit empfiehlt es sich aber, den Namen des Mitarbeiters oder des Systems zu verwenden. [+]

> **Denken Sie an das Exportieren der Default-Werte: »vars«** [!]
>
> Wenn Sie später weitere Zertifikate erstellen wollen oder bei den zuvor aufgeführten Beispielen nicht dieselbe Konsole verwenden, wird die Verarbeitung abgebrochen. Exportieren Sie daher die Datei *vars* mit dem Befehl . ./vars jedes Mal, wenn Sie Zertifikate erstellen!
>
> Das Skript clean-all entfernt Ihre CA rückstandslos. Wenn Sie diesen Befehl absetzen, können Sie für Ihre CA (ohne Backup) keine weiteren Zertifikate erstellen!

Die Verteilung der Zertifikate an die richtigen Orte stellt eine der größten Hürden bei der Implementierung von OpenVPN dar. Abbildung 24.2 und Tabelle 24.1 zeigen die richtige Verteilung der Zertifikate.

---

5   *Keyed-Hashing for Message Authentication,* eine schlüsselbasierte Hash-Funktion

Dateiname	Installationsort	Zweck
ca.crt	Server und alle Clients	Root-CA-Zertifikat
ca.key	nur Server (besser im Safe)	Root-CA-Schlüssel
dh2048.pem	nur Server	Diffie-Hellman-Schlüssel
tls-auth.key	Server und alle Clients	HMAC
openvpn.example.com.crt	nur Server	Server-Zertifikat
openvpn.example.com.key	nur Server	Server-Schlüssel
Max_Mustermann.crt	nur Client	Client-Zertifikat
Max_Mustermann.key	nur Client	Client-Schlüssel

Tabelle 24.1 Übersicht über die Zertifikate

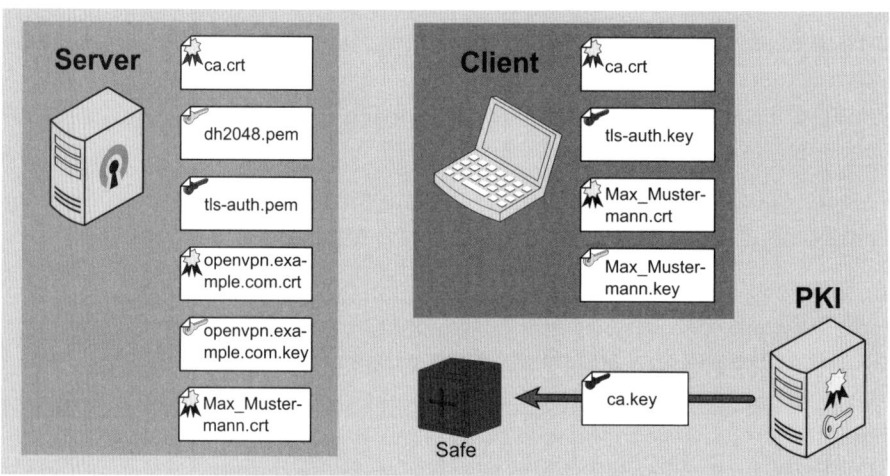

Abbildung 24.2 Zertifikatsverteilung für einen Roadwarrior

24.3   Roadwarrior

Nach der langwierigen Zertifikatserstellung geht es nun endlich an die eigentliche Konfiguration. Nach der Installation von OpenVPN auf dem Server finden Sie neben den *easy-rsa*-Skripten unter */etc/openvpn* ein Verzeichnis, das bis auf die Datei *update-resolver-conf* leer ist. Darauf werden wir später genauer eingehen.

24.3.1   Server-Konfiguration

Erstellen Sie zunächst das Verzeichnis */etc/openvpn/keys*. Dort platzieren Sie die notwendigen Zertifikate (entnehmen Sie diese bitte der Tabelle 24.1). Anschließend erstellen Sie eine Datei */etc/openvpn/server.conf* mit folgendem Inhalt:

```
port 443
dev tun
proto tcp
topology subnet
server 10.2.1.0 255.255.255.0

dh /etc/openvpn/keys/dh2048.pem
ca /etc/openvpn/keys/ca.crt
cert /etc/openvpn/keys/openvpn.example.com.crt
key /etc/openvpn/keys/openvpn.example.com.key
tls-auth /etc/openvpn/keys/tls-auth.key

keepalive 10 60
comp-lzo
persist-key
persist-tun
client-config-dir /etc/openvpn/ccd
ccd-exclusive

status /var/log/openvpn/status.log
log-append /var/log/openvpn/openvpn.log
verb 3
```

Listing 24.9 »/etc/openvpn/server.conf«

Im ersten Block werden die Netzwerkparameter des OpenVPN-Servers gesetzt. Der Server wird auf dem TCP-Port 443 laufen und das *tun*-Verfahren anwenden. Durch die Angaben von *topology subnet* und des nachstehenden Parameters *server 10.2.1.0 255.255.255.0* wird den Tunneln ein privates Class-C-Netz zugewiesen. Der Server erhält in dieser Betriebsart immer die erste Adresse aus dem angegebenen Netzwerk – hier also die IP-Adresse 10.2.1.1.

Der zweite Block gibt den Speicherort der Zertifikate an. Die Angaben im dritten Block dienen der Benutzersteuerung. So gibt der Parameter keepalive 10 60 an, dass alle zehn Sekunden ein Ping zur Gegenstelle abgesetzt wird. Antwortet die Gegenstelle 60 Sekunden lang nicht, wird der Tunnel zurückgesetzt, sodass eine Wiedereinwahl ermöglicht wird. Mit comp-lzo wird der Datentransfer im Tunnel komprimiert. Die Parameter persist-key und persist-tun weisen dem Benutzer immer den gleichen Tunnel zu.

Das *ccd (client-configdir)* stellt eine zentrale Konfiguration im professionellen Umfeld dar, da hierdurch eine 1:1-Zuordnung von Zertifikat zu IP-Adresse hergestellt werden kann. In großen Umgebungen wird ein OpenVPN-Server in der Regel in einer DMZ hinter zentralen Firewall-Systemen betrieben. Da somit der gesamte Verkehr über die Firewalls geleitet wird, müssen explizite Regeln für den Teilnehmer erstellt werden. Der Parameter client-config-dir gibt das Verzeichnis der einzelnen Konfigurationen an. Mit ccd-exclusive erlauben Sie nur solchen Benutzern (eigentlich Zertifikaten) den Zugriff, die auch über eine *ccd*-Konfiguration verfügen. Somit würden auch Benutzer mit gültigen Zertifikaten abgelehnt werden, wenn diese nicht über eine Konfiguration verfügen. Im letzten Block werden die Pfade der Logdateien und deren Ausführlichkeit (*verbosity*) angegeben.

[+] **Zeitsteuerung mit »ccd«**

Wenn Sie die Direktive ccd-exclusive aktiviert haben, können Sie die Einwahl eines Nutzers einfach über ein mv der Konfigurationsdatei aus dem *ccd*-Verzeichnis heraus steuern. Über einen *cronjob* können Sie dies automatisiert abwickeln lassen. Und schon können externe Mitarbeiter oder Dienstleister nur noch in dem von Ihnen bestimmten Zeitfenster eine Einwahl vornehmen. Achtung: Bestehende Tunnel sind von dieser Einschränkung nicht betroffen!

Die serverseitige Konfiguration für den Benutzer *Max Mustermann* würde in der Datei */etc/openvpn/ccd/Max_Mustermann.conf* liegen und könnte wie folgt aussehen:

```
ifconfig-push 10.2.1.3 255.255.255.0
push "topology subnet"
push "redirect-gateway"
push "dhcp-option DNS 192.168.10.1"
push "dhcp-option WINS 192.168.10.1"
push "dhcp-option DOMAIN example.com"
```

Listing 24.10 »/etc/openvpn/ccd/Max_Mustermann.conf«

OpenVPN bietet die sogenannte *push*-Funktionalität. Damit können Sie Konfigurationen serverseitig festlegen. Diese Konfigurationen werden dann bei der Einwahl eines Clients direkt zugewiesen.

Dies hat mehrere Vorteile: Zum einen werden fehlerhafte Konfigurationen durch den Anwender selbst unterbunden, und zum anderen kann ein Anwender durch das Ändern seiner lokalen Konfiguration nicht an mehr Rechte gelangen – zum Beispiel durch das Ändern seiner IP-Adresse.

Die beschriebenen Konfigurationen weisen dem Client eine feste IP-Adresse zu. Darüber hinaus wird der Client mit redirect-gateway angewiesen, seine gesamte Kommunikation über den VPN-Tunnel zu routen. Zusätzlich wird noch der DNS-, DHCP- und WINS-Server mitgeteilt. Diese Angaben verstehen leider nur Windows-Clients. Um den internen DNS auf einem Linux-Client einzustellen, wird das bereits angesprochene Skript *update-resolv-conf* zur Verfügung gestellt. Auf die Besonderheiten werden wir in Abschnitt 24.3.4, »Client-Konfiguration«, näher eingehen.

Richtige Benennung!

Achten Sie darauf, dass die CCD-Konfiguration immer exakt so heißen muss wie der *Common Name* des Zertifikats, auf das sie angewandt werden soll! Das ist ein Grund mehr dafür, sich bei der Zertifikatserstellung ein Namensschema zu überlegen.

Aktivieren Sie den Kernelparameter *ip_forward*, damit Ihr OpenVPN-Server Pakete weiterleiten kann, die nicht von ihm selbst stammen. Dies erreichen Sie für die aktuell laufende Sitzung mit folgendem Befehl:

```
root@example:/# sysctl -w net.ipv4.ip_forward=1
```

Listing 24.11 Aktivierung von »ip_forward« zur Laufzeit

Dauerhaft ändern Sie diesen Kernelparameter in der Konfigurationsdatei */etc/sysctl.conf*. Dies ist wichtig, da bei der zuvor beschriebenen Variante die Einstellung bei jedem Neustart des Systems zurückgesetzt wird. Öffnen Sie daher die Datei mit root-Rechten, suchen Sie nach *net.ipv4.ip_forward=1*, und entfernen Sie das Kommentarzeichen am Anfang der Zeile. Ändern Sie unbedingt die Konfigurationsdatei ab, um den Kernelparameter dauerhaft zu ändern. Ansonsten laufen Sie Gefahr, nach einem Neustart, der vielleicht erst viele Monate später stattfindet, eine mühsame Fehlersuche durchführen zu müssen.

Nun ist die Server-Konfiguration fast abgeschlossen. Damit OpenVPN, wie angewiesen, auch Logdateien erzeugt, müssen Sie das benötigte Verzeichnis noch anlegen. Erstellen Sie daher mit `sudo mkdir /var/log/openvpn` das benötigte Verzeichnis.

24.3.2   OpenVPN mit Systemd starten

Falls Sie versuchen, Ihren soeben konfigurierten OpenVPN-Server wie üblich mit `systemctl start openvpn` zu starten, werden Sie eine Überraschung erleben. Sie erhalten zwar die Anzeige, dass der Dienst läuft und alles in Ordnung ist, allerdings finden Sie keine Instanz. Stellt sich die Frage: »Was soll das ganze und wie starte ich den nun den Dienst?«

Dank Systemd ist OpenVPN schlauer geworden. In älteren Versionen hat der Dienst einfach nach allen Dateien mit der Endung *conf* im Verzeichnis */etc/openvpn* Ausschau gehalten und versucht, diese zu starten. Somit konnte immer nur der gesamte OpenVPN-Prozess bedient werden und nicht einzelne Instanzen (mit eigenen Konfigurationen). Dies ist nun anders, da Systemd standardmäßig eine Funktion zum Instanzieren mitliefert.

Im Verzeichnis */lib/systemd/system/* finden Sie das Instanz-Template *openvpn@.service*. Um nun die erstellte Konfiguration (*server.conf*) starten zu können, müssen Sie einfach einen passenden symbolischen Link anlegen:

```
root@example:/# cd /lib/systemd/system/
root@example:/lib/systemd/system/# ln openvpn@.service openvpn@server.service
```

Listing 24.12 OpenVPN-Systemd-Startskript erzeugen

Mit dem Kommando aus Listing 24.12 wird die Konfigurationsdatei *server.conf* zum Starten vorgesehen. Falls Sie einen anderen Namen verwendet haben, zum Beispiel *MeineOpenVPN-Serverkonfiguration.conf*, dann muss der Befehl entsprechend angepasst werden:

```
root@example:/# cd /lib/systemd/system/
root@example:/lib/systemd/system/# ln openvpn@.service \
openvpn@MeineOpenVPN-Serverkonfiguration.service
```

Listing 24.13 OpenVPN-Systemd-Startskript für eine weitere Konfiguration erzeugen

Nun ist die Serverkonfiguration abgeschlossen. Wenn Sie OpenVPN mit dem soeben erstellten Systemd-Startskript starten, wird der Dienst im Hintergrund ausgeführt. Gerade bei Fehlern oder seltsamen Verhalten empfiehlt es sich aber, OpenVPN in einer Konsole zu starten, sodass Sie (bei entsprechend hoch gesetzter *verbosity*) direkt eine umfangreiche Ausgabe erhalten. Setzen Sie hierfür den folgenden Befehl ab:

```
root@example:/# openvpn --config /etc/openvpn/server.conf
```

Listing 24.14 OpenVPN in einer Konsole

[+] **Im Vordergrund nur ohne konfigurierte Logdateien**

Beachten Sie dass die Ausgabe auf der Konsole nur erfolgt, wenn Sie nicht die Direktive log-append in der Konfigurationsdatei gesetzt haben. Anderenfalls startet OpenVPN auch auf der Konsole im Hintergrund.

24.3.3   Client-Installation unter Windows 7, 8.1 und 10

Laden Sie den OpenVPN-Windows-Client unter *http://openvpn.net* herunter. Dort werden Ihnen zwei Versionen angeboten: zum einen der *Community-Client*, der als Open-Source-Programm angeboten wird, und zum anderen der *openvpn.net*-Client, für den Sie auch Support erwerben können.

Der Client wird in verschiedenen Versionen (Windows XP/7 oder Windows Vista und höher) und Architekturen (32/64 Bit) zum Download angeboten; laden Sie die passende Version herunter.

Da sich die Installation für alle Betriebssysteme (fast) identisch darstellt, haben wir in den folgenden Screenshots lediglich die Windows-10-Variante dargestellt. Ab Windows 8 existieren ein paar Besonderheiten, auf die wir entsprechend hinweisen.

Bereits beim Download weist Windows 10 Sie darauf hin, dass die Signatur der Datei beschädigt oder ungültig ist (siehe Abbildung 24.3). Diese Warnung können Sie getrost ignorieren.

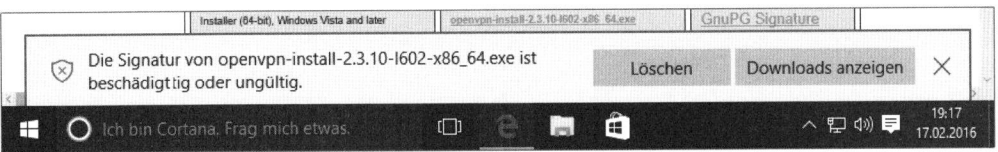

Abbildung 24.3 OpenVPN-Download-Warnung von Windows 10

Nach dem Starten der heruntergeladenen Installationsdatei werden Sie ab Windows 8 darauf hingewiesen, dass *Windows SmartScreen* den Start verhindert hat. Dies hängt erneut mit der fehlenden Signatur zusammen (siehe Abbildung 24.4).

Abbildung 24.4 Warnung beim Start der Installation unter Windows 10

Durch einen Klick auf Weitere Informationen und anschließend auf Trotzdem ausführen können Sie die Installation dennoch starten, wie in Abbildung 24.5 dargestellt.

Abbildung 24.5 Warnung von Windows 10 ignorieren

Noch nicht genug geschützt? Jetzt schlägt die ab Windows 7 eingeführte *UAC-Steuerung*[6] zu und warnt Sie, dass Änderungen an Ihrem System durchgeführt werden (siehe Abbildung 24.6). Durch einen Klick auf JA wird die eigentliche Installation nun endlich gestartet.

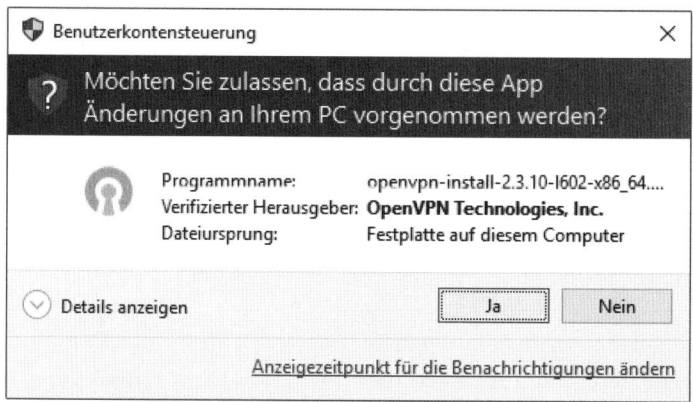

Abbildung 24.6 UAC-Warnung in Windows 10

Zunächst werden Sie gefragt, ob der Installations-Wizard weiter fortfahren soll. Bestätigen Sie dies mit einem Klick auf NEXT (siehe Abbildung 24.7).

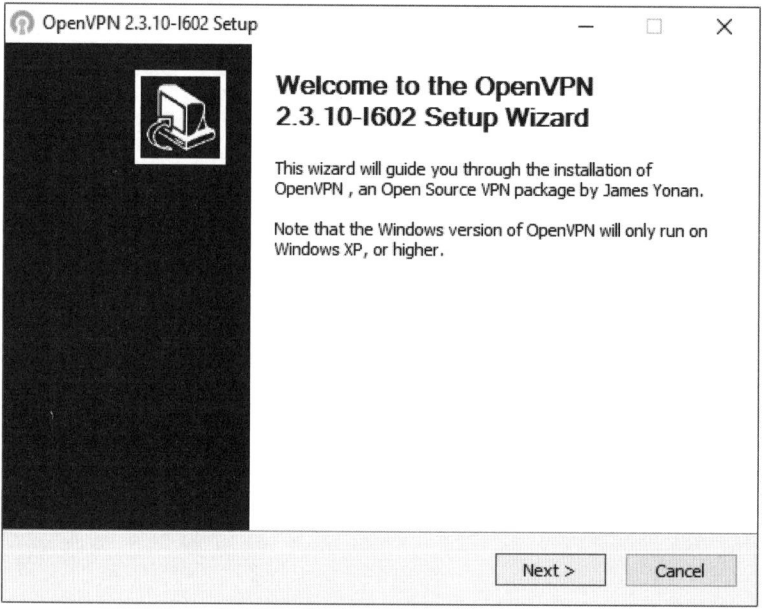

Abbildung 24.7 Beginn der eigentlichen Installation in Windows 10

---

6 *User Account Control*, engl. für *Benutzerkontensteuerung*

Anschließend müssen Sie die Lizenzbestimmungen von OpenVPN bestätigen, indem Sie auf I AGREE klicken (siehe Abbildung 24.8).

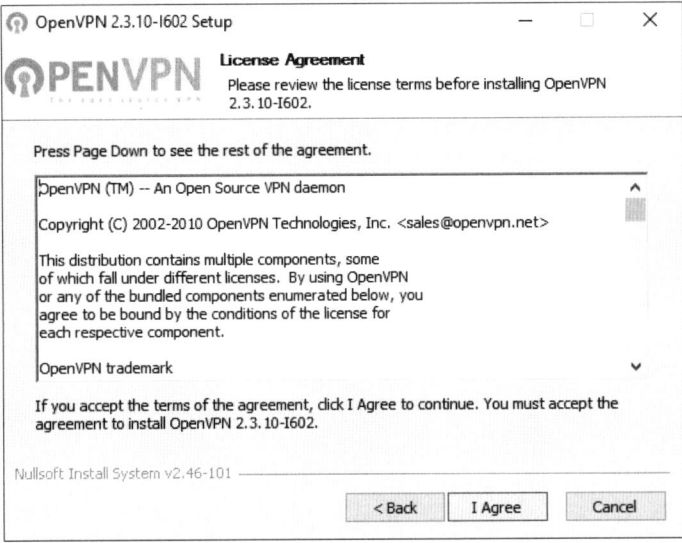

Abbildung 24.8 Lizenzbestimmungen unter Windows 10

Nun können Sie auswählen, welche Komponenten Sie installieren lassen möchten. Standardmäßig sind bereits alle Komponenten für einen Client ausgewählt (siehe Abbildung 24.9) – fahren Sie daher mit einem Klick auf NEXT fort.

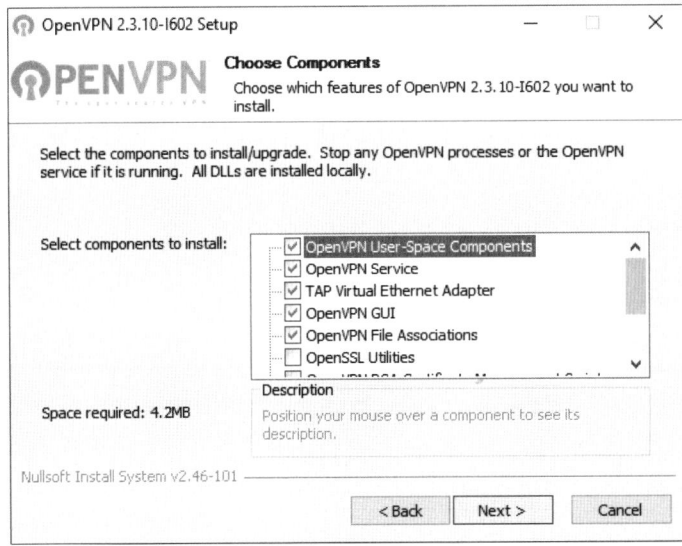

Abbildung 24.9 Auswahl der zu installierenden Komponenten unter Windows 10

Bevor die Installation beginnen kann, müssen Sie noch den Installationsort so auswählen, wie in Abbildung 24.10 dargestellt. Wir empfehlen Ihnen, die Standardeinstellung beizubehalten, wodurch die Installation in *C:\Programme\OpenVPN* erfolgt.

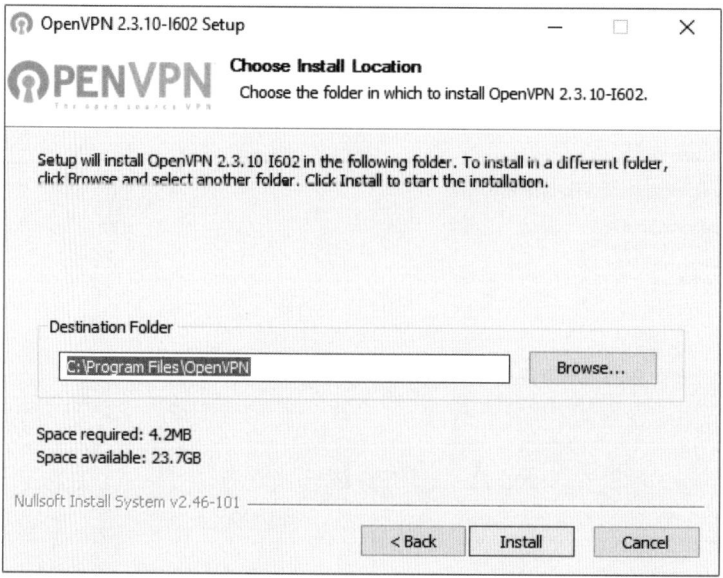

Abbildung 24.10 Auswahl des Installationspfades unter Windows 10

Nun startet (endlich) die Installation. Während die Komponenten installiert werden, müssen Sie noch eine Rückfrage beantworten, und zwar, ob der benötigte TAP-Treiber für die Netzwerkschnittstelle installiert werden darf (siehe Abbildung 24.11). Bestätigen Sie dies unbedingt mit einem Klick auf INSTALLIEREN, da ansonsten Ihr OpenVPN-Client nicht arbeitsfähig ist!

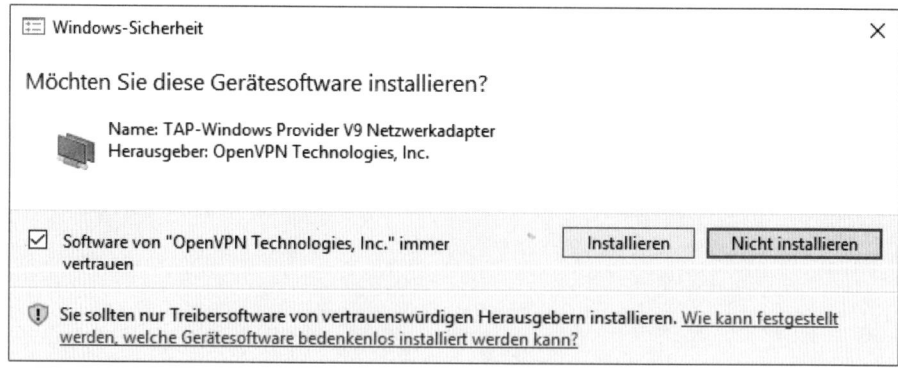

Abbildung 24.11 Installation des TAP-Treibers unter Windows 10

Herzlichen Glückwunsch, die Installationstortur ist überstanden (siehe Abbildung 24.12)! Nach einem Klick auf NEXT folgt nur noch ein Bildschirm, in dem Sie die OpenVPN-GUI direkt starten und sich die Readme-Dateien anzeigen lassen können.

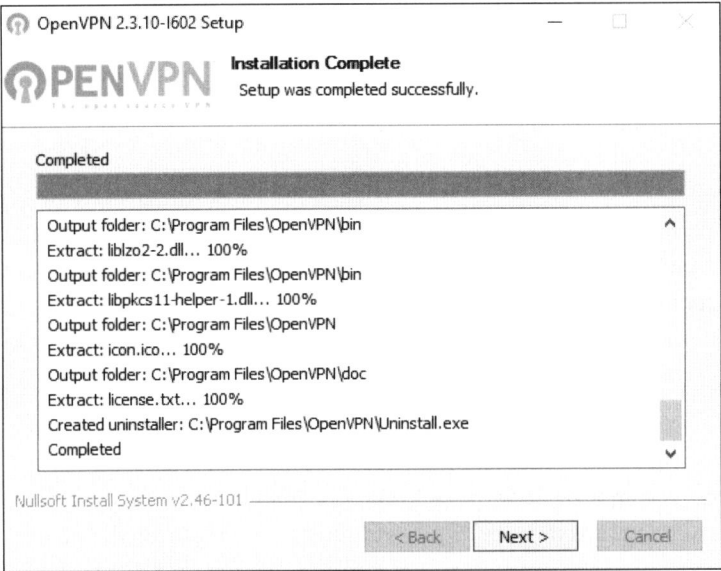

Abbildung 24.12 Abschluss der Installation unter Windows 10

24.3.4 Client-Konfiguration: »Windows«

Die Konfiguration von OpenVPN ist auf Windows- und Linux-Clients fast identisch. Lediglich einige kleine Punkte, wie die Pfadangaben oder die bereits beschriebene *push*-Direktive, verhalten sich unterschiedlich. Nach der Installation legen Sie unter *C:\Programme\OpenVPN* den Ordner *keys* an. Kopieren Sie die entsprechenden Zertifikate (siehe Tabelle 24.1) in den neu angelegten Ordner. Die Konfiguration unserer Beispielumgebung könnte auf einem Windows-Client so wie in Listing 24.15 aussehen:

```
remote openvpn.example.com 443
dev tun
proto tcp
client
tun-mtu 1500

ca "C:\\Programme\\OpenVPN\\keys\\ca.crt"
cert "C:\\Programme\\OpenVPN\\keys\\Max_Mustermann.crt"
key "C:\\Programme\\OpenVPN\\keys\\Max_Mustermann.key"
tls-auth "C:\\Programme\\OpenVPN\\keys\\tls-auth.key"
```

```
remote-cert-tls server
register-dns
# Windows 10
block-outside-dns

comp-lzo
verb 3
```

Listing 24.15 Windows 10: »client.ovpn«

Wie bereits bei der Server-Konfiguration ist die Datei *client.ovpn* in Blöcke unterteilt. Im ersten Block wird wieder die Netzwerkkonfiguration vorgenommen. Die Direktive *client* gibt hierbei an, dass es sich um einen Client handelt. Der zweite Block gibt die Speicherorte der Zertifikate an. Bei den doppelten zurückgelehnten Schrägstrichen (Backslashes) handelt es sich nicht um einen Druckfehler: Die OpenVPN-Syntax erwartet die Pfadangaben in diesem Format.

Im dritten Block wird durch die Direktive `remote-cert-tls server` der Client angewiesen, zu prüfen, ob das Server-Zertifikat korrekt erstellt wurde – ansonsten wäre es möglich, mit einem Client-Zertifikat eine Verbindung aufzubauen. Mit der Direktive `register-dns` wird das Windows-System zudem angewiesen, nach dem Verbindungsaufbau durch die Befehle `ipconfig /flusdns` und `ipconfig /registerdns` den DNS-Cache zu leeren und den DNS-Server neu zu registrieren. Dies ist notwendig, da ansonsten unter Umständen der vorherige DNS-Server weiterverwendet wird.

[+] Ab Windows 10 hat Microsoft eine Neuerung im Gepäck: Es verwendet jedweden erreichbaren DNS-Server – egal, ob Sie einen VPN-Tunnel aufgebaut haben oder nicht. Dies führt zum hitzig diskutierten *DNS Leak*, da durch diese Neuerung das Unterwandern eines Systems vereinfacht wird. Praktischerweise wurde der Workaround *openvpn-fix-dns-leak-plugin* von Entwickler *ValdikSS* in OpenVPN mit aufgenommen. Dieses Plug-in sorgt dafür, dass nach dem Tunnelaufbau mittels der Windows-Firewall der Zugriff auf DNS-Server außerhalb des Tunnels unterbunden wird. Dafür muss in der Client-Konfiguration lediglich die Direktive `block-outside-dns` gesetzt sein – für Windows 7 bis 8.1 müssen Sie diese Direktive auskommentieren.

Im letzten Block wird die Kompression aktiviert und das Log-Level auf die dritte Stufe gestellt.

[+] Da bei VPN-Verbindungen beide Kommunikationspartner nicht immer »alle Fehler« sehen, ist dies wichtig. Je nach Art der Fehlkonfiguration können Sie den Fehler entweder nur auf dem Client oder auf dem Server eindeutig benennen. Denken Sie also daran, sich bei der Fehleranalyse nicht nur auf das Log oder die Fehlerausgabe des Servers zu verlassen.

Beim Starten der *OpenVPN-GUI* erscheint stets die UAC-Steuerung und bittet um Bestätigung, dass das Programm mit erhöhten Rechten gestartet wird. Nun können Sie die *Open-*

VPN GUI starten und über einen Rechtsklick auf das OpenVPN-Symbol im Systemtray (siehe Abbildung 24.13) den Tunnel aufbauen.

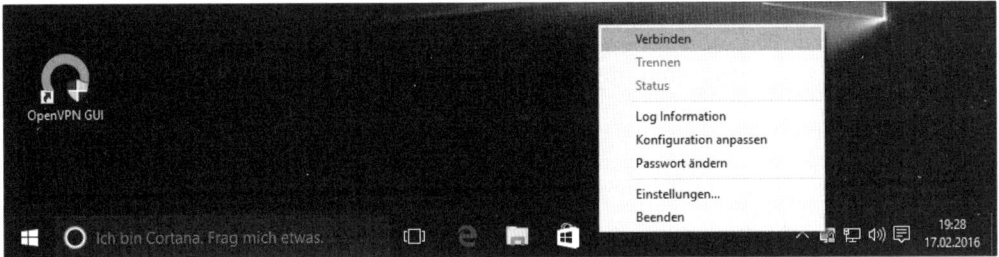

Abbildung 24.13 OpenVPN-Windows-Client verbinden

24.3.5   Client-Installation: »Ubuntu«

Auf Linux-Clients installieren Sie das Paket *openvpn* wie auf dem Server. Legen Sie das Verzeichnis */etc/openvpn/keys* an, und kopieren Sie die benötigten Zertifikate (siehe Tabelle 24.1) hinein. Herzlichen Glückwunsch, die Installation ist abgeschlossen – wie Sie sehen, ist dies nicht so umfangreich wie unter Windows.

24.3.6   Client-Konfiguration: »Ubuntu«

Anschließend legen Sie die Datei */etc/openvpn/client.conf* mit folgendem Inhalt an:

```
remote openvpn.example.com 443
dev tun
proto tcp
client
tun-mtu 1500

ca /etc/openvpn/keys/ca.crt
cert /etc/openvpn/keys/Max_Mustermann.crt
key /etc/openvpn/keys/Max_Mustermann.key
tls-auth /etc/openvpn/keys/tls-auth.key

up /etc/openvpn/update-resolv-conf
down /etc/openvpn/update-resolv-conf

remote-cert-tls server
comp-lzo
verb 3
```

Listing 24.16 Linux (Ubuntu): »client.conf«

Wie bereits erläutert wurde, verstehen Linux-Clients die über *ccd* mitgeteilten DHCP-Optionen nicht. Hierfür können Sie unter Debian-basierten Betriebssystemen das mitgelieferte *update-resolv-conf*-Skript verwenden. Dieses wird über die Direktiven *up* und *down* eingebunden.

Dabei handelt es sich um sogenannte *scripting hooks*[7], die Punkte darstellen, an denen OpenVPN es Ihnen ermöglicht, eigene Skripte zu hinterlegen und an bestimmten Stellen der Abarbeitung auszuführen. Das Skript wertet den *ccd*-Parameter `dhcp-option` aus und setzt die Datei */etc/resolv.conf* beim Tunnelauf- und -abbau entsprechend um. Dafür muss das Paket *resolvconf* installiert sein.

Selbstverständlich können Sie hier auch eigene Skripte hinterlegen, die Ihnen zum Beispiel Netzwerkfreigaben einbinden oder andere Systemparameter für den Tunnel anpassen.

Auf Linux-Clients können Sie den Tunnel über die mitgelieferten *systemd*-Skripte starten oder alternativ aus der Konsole mit dem Befehl aus Listing 24.17:

```
root@example:/# openvpn --config /etc/openvpn/client.conf
```
Listing 24.17 OpenVPN in einer Konsole

[+]
Mehrere Konfigurationen

Bedenken Sie, dass OpenVPN durch das Starten mit dem *system*-Skript versucht, alle Konfigurationsdateien mit der Endung *.conf* im Verzeichnis */etc/openvpn* zu starten. So können Sie mehrere Tunnel parallel betreiben, was im Regelfall aber für Verwirrung oder Störungen sorgen kann, wenn es sich beim System nicht um einem Server handelt.

24.4   Site-to-site

Die Anbindung einer oder mehrerer Außenstellen ist ebenfalls ein Schwerpunkt bei VPNs. Dies können Sie mit OpenVPN selbstverständlich auch konfigurieren. Als Beispiel erstellen wir das Netzwerk aus Abbildung 24.1, also einen Hauptsitz (München) mit zwei Zweigstellen (Berlin und Hamburg).

24.4.1   Zertifikate erstellen

Erstellen Sie zunächst für die Zweigstellen Berlin und Hamburg ein Client-Zertifikat über die PKI des Hauptsitzes – mit der wir bisher auch gearbeitet haben. Dies können Sie über das *easy-rsa*-Skript *build-key* erreichen (siehe Listing 24.18):

---

7   *scripting hooks*, engl. für *Skript-Haken*.

```
root@saturn:/usr/share/easy-rsa/# . ./vars
root@saturn:/usr/share/easy-rsa/# ./build-key berlin
[…]
root@saturn:/usr/share/easy-rsa/# ./build-key hamburg
[…]
```

Listing 24.18 Client-Zertifikate der Zweigstellen

Kopieren Sie anschließend die erstellten Zertifikate auf die jeweiligen Server, und legen Sie diese unter */etc/openvpn/keys/* ab. Prüfen Sie, dass neben dem Zertifikat (.crt) auch der Schlüssel (.key) kopiert wird.

[+]

Client-Zertifikate

Auch wenn es sich bei den OpenVPN-Servern der Zweigstellen um Server handelt, werden diese als »Clients« behandelt. Erstellen Sie daher unbedingt Client-Zertifikate über das *easy-rsa*-Skript *build-key*.

24.4.2   Konfigurationen

Da die Server-Anbindung der Zweigstellen in der Zentrale von OpenVPN als Client-Anbindung gehandhabt wird, müssen auch die entsprechenden Konfigurationen hinterlegt werden. Erstellen Sie daher für die Zweigstellen jeweils eine Konfigurationsdatei im *ccd* (siehe Listing 24.19):

```
ifconfig-push 10.2.1.240 255.255.255.0
push "topology subnet"
push "redirect-gateway"

# Angabe des hinter dem Client befindlichen Netzes:
iroute 192.168.20.0 255.255.255.0
```

Listing 24.19 »/etc/openvpn/ccd/Berlin«

Die Konfiguration entspricht der des bereits eingerichteten Roadwarriors *Max Mustermann*. Lediglich die Erweiterung um die *iroute*-Direktive wurde hinzugefügt. Diese Direktive weist OpenVPN an, das angegebene Netz als »hinter diesem Client befindlich« zu betrachten. Ebenso wird die *ccd*-Konfiguration für die Zweigstelle Hamburg auf dem zentralen Open-VPN-Server erstellt (siehe Listing 24.20):

```
ifconfig-push 10.2.1.250 255.255.255.0
push "topology subnet"
push "redirect-gateway"
```

```
# Angabe des hinter dem Client befindlichen Netzes:
iroute 192.168.30.0 255.255.255.0
```

Listing 24.20 »/etc/openvpn/ccd/Hamburg«

Zusätzlich muss die zentrale OpenVPN-Konfiguration angepasst werden. Ergänzen Sie daher die Zeilen aus Listing 24.21, um die Konfiguration des zentralen OpenVPN-Servers auch abzuschließen:

```
# Route auf dem openVPN-Server selbst:
route 192.168.20.0 255.255.255.0 10.2.1.240 0
route 192.168.30.0 255.255.255.0 10.2.1.250 0

# Kommunikation zwischen den Clients erlauben:
client-to-client

# Routen an die Clients weitergeben:
push "route 192.168.20.0 255.255.255.0"
push "route 192.168.30.0 255.255.255.0"
```

Listing 24.21 Zentrale: »/etc/openvpn/server.conf«

Durch die Direktive route wird dem OpenVPN-Server selbst mitgeteilt, dass nach der Einwahl der jeweiligen Clients die angegebenen Routen (lokal) hinzugefügt werden müssen. Der syntaktische Aufbau der Direktive ist dabei *route <NETWORK> <NETMASK> <METRIK>*.

Die Direktive client-to-client lässt die Kommunikation zwischen den Zweigstellen und dem Roadwarrior zu. Ohne sie könnten die Einwählenden sich untereinander nicht erreichen.

Die letzten beiden Konfigurationszeilen verteilen die Routing-Informationen an die Clients selbst. Dabei kommt der eigentliche Nutzen der in den *ccd*-Konfigurationen hinterlegten *iroute*-Direktive zum Tragen. Diese ist nämlich dafür verantwortlich, dass zum Beispiel dem Client der Zweigstelle Berlin nur die Route »192.168.30.0 via 10.2.1.1« nach der Einwahl zugewiesen wird. Anderenfalls würde dem OpenVPN-Server in der Zweigstelle nämlich auch die Route seines eigenen Netzes mitgeteilt und würde die Pakete in Richtung Zentrale routen, was eine Kommunikation unmöglich machen würde.

[+] Abschließend fehlt noch eine der wichtigsten und leider auch am häufigsten vergessenen Konfigurationen: Sie müssen das Routing auch aktivieren!

Wie bereits beim zentralen OpenVPN-Server müssen die Server der Zweigstellen in die Lage versetzt werden, Pakete zu routen, die nicht von ihnen stammen. Aktivieren Sie daher das Routing zur Laufzeit mit sysctl -w net.ipv4.ip_forward=1 und die Direktive net.ipv4.ip_forward=1 in der Datei */etc/sysctl.conf*, damit das Routing auch nach einem Neustart aktiviert bleibt.

24.5 Simple-HA

Ausfallsicherheit wird in der heutigen Zeit immer wichtiger, daher beherrschen viele Dienste von Haus aus Mechanismen, um für Hochverfügbarkeit (HA[8]) zu sorgen. Das gilt auch für OpenVPN, zumindest für reine Client-Umgebungen, hinter denen sich nicht weitere Netze verbergen (zum Beispiel Roadwarriors). Neben der reinen Konfiguration einer VPN-HA muss hierbei aber stets die Netzwerkkonfiguration angepasst werden: Planen Sie dies im Vorfeld mit ein.

Die Netzwerkkomponenten, die sich hinter Ihren VPN-Servern befinden, müssen wissen, zu welchem Endgerät die Netze geroutet werden müssen. Wenn Sie nun zwei VPN-Server betreiben, da Sie ja eine Hochverfügbarkeit erreichen wollen, müssen Sie den Systemen unterschiedliche Netze zuweisen und dementsprechend auch den Clients dahinter, damit die Netzwerkrouten konsistent bleiben können.

24.5.1 DNS-basierte HA

Falls Sie bereits eine funktionierende OpenVPN-Infrastruktur in Betrieb haben, diese aber um HA erweitern wollen, ohne Änderungen an den Clients vorzunehmen, bietet sich die DNS-basierte HA-Lösung an. Hierbei müssen Sie in Ihrem DNS lediglich den A-Record Ihres OpenVPN-Servers doppelt anlegen und auf die jeweiligen IP-Adressen auflösen lassen. Das DNS löst dann im Round-Robin-Verfahren entweder die eine oder die andere IP-Adresse auf. Dies geschieht für die Clients transparent, sodass Sie »nur« die Server-Infrastruktur anpassen müssen.

Kopieren Sie dafür einfach den gesamten Verzeichnisinhalt von *etc/openvpn* des ursprünglichen OpenVPN-Servers auf den neuen, und passen Sie die Netzwerkangaben an. Falls Sie *ccd* einsetzen, müssen Sie selbstverständlich in jeder Client-Konfiguration auch die neuen IP-Adressangaben ändern.

24.5.2 Konfigurierte HA

Falls Sie mehr Kontrolle darüber benötigen, mit welchen Servern sich die Clients verbinden, können Sie dies mit ein paar einfachen Mitteln direkt im OpenVPN konfigurieren. Klonen Sie zunächst, wie bei der DNS-basierten HA, die Server-Konfiguration. Geben Sie den Servern aber eigenständige Namen im DNS.

Anschließend können Sie auf der Client-Seite mehrere *remote*-Zeilen hinterlegen. Diese werden von OpenVPN in ihrer Reihenfolge abgearbeitet. Falls ein Server nicht erreicht werden kann, wird der nächste verwendet. Je nach Sortierung der Zeilen haben Sie hier die erste

---

8 *High Availability*, engl. für *Hochverfügbarkeit*

Möglichkeit, eine Verteilung vorzunehmen. Betreiben Sie zum Beispiel zwei OpenVPN-Server (*openvpn1.example.com* und *openvpn2.example.com*), die jeweils vorrangig für interne und externe Benutzer verwendet werden sollen, sich aber im Fehlerfall gegenseitig vertreten sollen, können Sie bei der Client-Konfiguration der internen Benutzer den ersten Server an erster Stelle setzen und bei der Konfiguration der externen Benutzer an zweiter Stelle.

Falls Sie eher eine Lastverteilung integrieren möchten, können Sie clientseitig auch den Parameter `remote-random` setzen. Dieser weist den Client an, einen beliebigen Server zu verwenden, der in einer der `remote`-Zeilen konfiguriert ist.

Hartnäckigkeit

OpenVPN ist von sich aus sehr hartnäckig. Das heißt, dass erst dann der nächste Server (*remote*-Zeile) verwendet wird, wenn der erste Server sehr oft nicht geantwortet bzw. reagiert hat. Um einen Serverwechsel zu beschleunigen, können Sie auf der Client-Seite den zusätzlichen Parameter `server-poll-timeout <N>` setzen. Dabei gibt <N> die Anzahl der Versuche an, bis der nächste Server verwendet wird.

24.6   Tipps und Tricks

Beim Betrieb einer OpenVPN-Umgebung werden Ihnen an der einen oder anderen Stelle Merkwürdigkeiten auffallen. Die Logs von OpenVPN sind dankenswerterweise sehr ausführlich, mitunter aber leider auch irreführend.

In diesem Abschnitt wollen wir Ihnen einige unserer Erfahrungen mit auf den Weg geben, damit Sie die eine oder andere Stolperfalle gekonnt umgehen können.

24.6.1   Rechteanpassungen auf Windows-Clients

Für den Betrieb von OpenVPN auf einem Windows-System, das in eine Domäne eingebunden ist, müssen erweiterte Benutzerrechte vergeben werden. Sowohl unter Windows XP als auch unter Windows 7, 8.1 und 10 müssen Sie die Domänenbenutzer in lokale Gruppen aufnehmen.

Melden Sie sich hierfür auf dem Client als lokaler Administrator an, und fügen Sie den Domänenbenutzer den lokalen Gruppen der *Hauptbenutzer* und der *Netzwerkkonfigurations-Operatoren* hinzu.

Ab Windows 7 wurde die *UAC-Steuerung* eingeführt. Daher müssen Sie dort zusätzlich die OpenVPN-GUI als Administrator ausführen, da ansonsten die DNS- und IP-Änderungen mit den Rechten des Benutzers nicht ausgeführt werden können.

Dazu führen Sie einen Rechtsklick auf das Symbol aus und öffnen die EIGENSCHAFTEN. Im Reiter VERKNÜPFUNG klicken Sie auf ERWEITERT und setzten im Dialog ERWEITERTE EIGEN-SCHAFTEN ein Häkchen bei ALS ADMINISTRATOR AUSFÜHREN (siehe Abbildung 24.14).

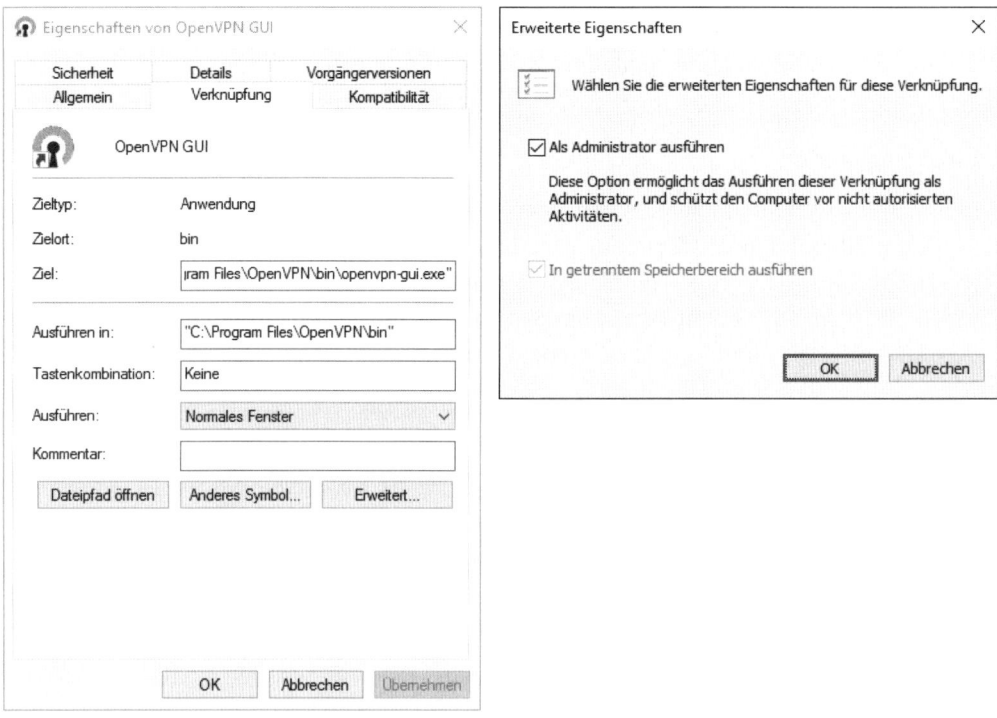

Abbildung 24.14 Windows-10-Domänenbenutzer: »Als Administrator ausführen«

Stolperfalle: »Kompatibilitätsmodus«

Achten Sie darauf, das Häkchen bei ALS ADMINISTRATOR AUSFÜHREN nicht unter dem Reiter KOMPATIBILITÄT zu setzen, da der Domänenbenutzer ansonsten ein Administratorpasswort benötigt, um OpenVPN starten zu können!

[!]

Zusätzlich sollten Sie dem Domänenbenutzer (oder der Gruppe der Benutzer) volle Rechte am Verzeichnis *C:\Programme\OpenVPN\log* geben, damit dort auch Logdateien erzeugt werden können.

24.6.2 Windows-Routing bzw. -Netzwerk

Windows bietet prinzipiell zwei Möglichkeiten an, wie die Netzwerksystemeinstellungen verändert werden können: zum einen über eine spezielle API und zum anderen über die

Programme, die Sie auch auf der Kommandozeile verwenden können. Bei Problemen mit dem Setzen von IP-Adressen oder Netzwerkrouten hilft es, OpenVPN anzuweisen, nicht die standardmäßig gesetzte Methode adaptive zu verwenden, sondern das Pendant über die Windows-Programme. Setzen Sie dafür auf der Client-Seite die Parameter ip-method netsh und route-method exe. Durch diese Methoden erhalten Sie unter Umständen aufgrund der erweiterten Fehlerausgabe eine genauere Vorstellung von dem Problem.

24.6.3   register-dns

Einige Windows-Clients setzen die von OpenVPN übergebenen DNS/DHCP-Optionen nicht korrekt um oder aktivieren diese nur zum Teil. Um dies zu umgehen, wurde der Parameter register-dns hinzugefügt. Wenn Sie diesen auf Windows-Clients setzen, wird nach dem Tunnelaufbau der DNS-Client-Dienst des Systems nochmals angewiesen, auch wirklich die neuen DNS/DHCP-Optionen zu aktivieren.

> **Standardinstallationspfad**
>
> Leider bleibt auch OpenVPN von Bugs nicht verschont. Falls Ihre Windows-Installation nicht im Standardpfad *C:\Windows* vorgenommen wurde, greift der Parameter register-dns leider zurzeit ins Leere. Der Pfad wurde nämlich hart einkodiert.

24.6.4   Auf Wiedersehen: »explicit-exit-notify«

In OpenVPN-Umgebungen, die auf UDP laufen (Serverparameter proto udp), bekommt es der Server nicht sofort mit, wenn sich ein Client abmeldet. Erst nach einer gewissen Zeit wird der belegte Slot wieder freigeräumt. Dadurch kann es unter Umständen zu Problemen bei der Wiedereinwahl kommen. Um dies zu unterbinden, wurde der Parameter explicit-exit-notify hinzugefügt. Dieser veranlasst den Client, beim Herunterfahren des Tunnels eine Meldung an den Server zu senden. Dies ist vor allem dann wichtig, wenn Sie über Script-Hooks eingebundene Auswertungsskripte betreiben möchten.

24.6.5   Der Windows-Installationspfad

Falls Sie nicht wie gewöhnlich Ihre Windows-Installation unter *C:\Windows* abgelegt haben, müssen Sie dies OpenVPN mitteilen. Anderenfalls kann OpenVPN die benötigten Programme nicht finden, was im Log entsprechend quittiert wird. Hierfür nutzen Sie einfach den Parameter win-sys N. Dabei spezifiziert N den Pfad zur Windows-Installation.

[!] Beachten Sie, dass die Pfadangabe wieder mit doppelten zurückgelehnten Schrägstrichen (Backslashes) vorgenommen wird.

24.6.6   Modemverbindungen (DSL-Modem/UMTS)

Bei Modemverbindungen werden die Routing-Informationen nicht auf ein Gateway, sondern auf eine Verbindung gesetzt. Dies ist zum Beispiel bei DSL-Modemverbindungen, die Sie mittels DFÜ-Einwahlverbindung eingerichtet haben, oder bei einigen UMTS-Verbindungen der Fall. In solch einer Umgebung kann die Default-Route durch OpenVPN nicht korrekt gesetzt werden, wenn Sie serverseitig den Parameter `redirect-gateway` gesetzt haben.

Dafür bietet Ihnen OpenVPN aber einen kleinen Trick an, indem die Default-Route mithilfe der Parametererweiterung `redirect-gateway def1` halbiert wird. Sie finden auf solchen Systemen dann sowohl eine vollständige Default-Route, die auf die Verbindung zeigt, als auch zwei halbe Routen für 0.0.0.0/1 und 128.0.0.0/1. Aufgrund des Routing-Konzepts, das immer enger gefasste Routen bevorzugt, wird der gesamte Verkehr über den Tunnel geleitet – bis auf die jeweiligen Netzwerk- und Broadcast-Routen, die an diesen Stellen aber keine Hürde darstellen.

Zusätzlich sollten Sie die Parameter `route-method exe` und `route-delay 2` in Verbindung mit `redirect-gateway def1` setzen. Diese Parameter helfen, da einige Windows-Versionen nicht in der Lage sind, halbe Routen korrekt über die API einzubinden. Das zusätzliche Verzögern beim Setzen der Routen kann aufgrund des anderen Übertragungsmediums notwendig sein.

24.6.7   Debugging

Um Fehlern schnell auf die Schliche zu kommen, hilft es, die Verbosity schrittweise zu erhöhen. Dies sollten Sie stets sowohl auf dem Server als auch auf dem Client tun, da Sie nur so die Gesamtheit überblicken können. Übertreiben Sie es allerdings nicht mit der Verbosity, da das Log ansonsten schnell sehr unübersichtlich wird.

Auf Windows-Clients sollten Sie auch in Betracht ziehen, die Methoden zur Einstellung von IP-Adressen und Netzwerkrouten umzustellen. Die Windows-eigenen Programme haben zum Teil eine andere oder eine ausführlichere Ausgabe, wodurch Sie gegebenenfalls schneller auf den Fehler stoßen.

Es gibt aber (leider) auch Fehler, die sich nicht direkt aus dem Log ableiten lassen. Damit Ihnen folgende Phänomene keine Kopfschmerzen bereiten, haben wir hier einige Lösungsansätze für Sie parat:

► **Falsch verbunden – Verbindung mit dem falschen Port**
Wenn Sie auf einem Server mehrere OpenVPN-Instanzen betreiben, laufen diese auf unterschiedlichen Ports. Wenn sich nun ein Client der ersten Instanz mit dem Port der zweiten verbindet, kommt zwar eine Verbindung zustande, Sie können das System allerdings nicht erreichen. Das ist auf die falschen Netzwerkrouten zurückzuführen. Achten Sie also penibel darauf, welcher Client welche Konfigurationsdatei bekommt!

▶ **Einige Anwendungen laufen im Tunnel, andere nicht – Tunnelabbrüche**
Falls Ihnen dieses Phänomen begegnet, verkleinern Sie erst mit dem Client-Parameter tun-mtu die MTU-Größe. Nicht alle Programme füllen die Netzwerkpakete zur Gänze. Daher kann es vorkommen, dass ein Programm läuft, ein anderes aber nicht.

▶ **OpenVPN meldet: »tun/tap-Device nicht gefunden«**
Obwohl Sie in der Netzwerkübersicht von Windows den TUN/TAP-Adapter sehen können, wird bei einem Tunnelaufbau dieser Fehler angezeigt. Dies kann darauf zurückzuführen sein, dass die interne Zuordnung von Windows nicht mehr korrekt ist – häufig ist das der Fall, wenn auf dem Client zusätzliche Virtualisierungssoftware installiert wurde. Um dies zu umgehen, können Sie den Adapter neu installieren, ohne die ganze Installation erneut durchführen zu müssen. Im Installationsverzeichnis von OpenVPN (Standard: *C:\Programme\TAP-Windows*) finden Sie im Ordner *bin* die Batch-Dateien *deltapall* und *addtap*, die dies für Sie übernehmen können.

▶ **Nach einem Tunnelabbruch kann keine erneute Verbindung aufgebaut werden**
Einige (DSL-)Router halten Verbindungen offen, obwohl diese beendet wurden. Lassen Sie daher den lokalen Router durchstarten. Falls das Phänomen öfter auftritt, sollten Sie ein Firmware-Upgrade durchführen lassen.

▶ **Tunnel funktioniert nur für ein paar Minuten**
Gerade auf Windows-Systemen mit installierten Netzwerkmanagern kann es vorkommen, dass die Routing-Informationen nach einer gewissen Zeit durch diese Programme geändert werden. Deinstallieren Sie diese nach Möglichkeit.

▶ **Der Tunnel steht, es werden aber keine Daten transferiert**
Prüfen Sie die lokalen Routen – unter Umständen wurde auf dem Client eine statische Route angelegt, die sich mit dem von Ihnen verwendeten Netzwerkbereich überschneidet. Dies kann durch die Installation einer Virtualisierungssoftware geschehen sein – ändern Sie gegebenenfalls den entsprechenden Bereich in der Virtualisierungssoftware.

Auf Windows-Systemen hilft es auch, die Verbindung nicht über die OpenVPN-GUI aufzubauen, sondern über eine Konsole, da hier schon mal wertvolle Ausgaben enthalten sind, die Sie sonst verpassen.

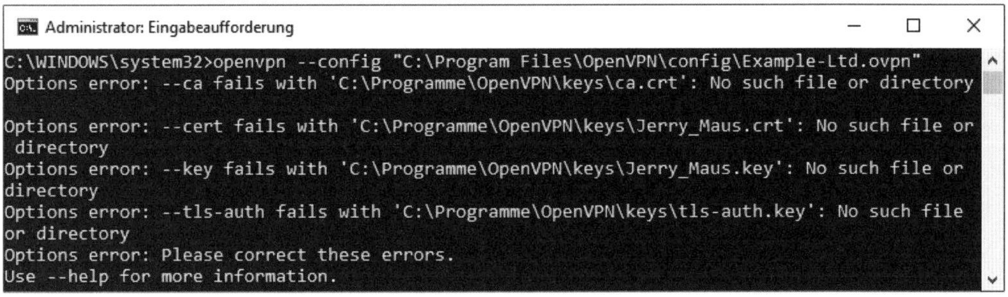

Abbildung 24.15 Windows-10-Debugging mit der »cmd«

Starten Sie dafür einfach das Programm `cmd.exe` als Administrator, und geben Sie `openvpn --config <KONFIGURATIONSDATEI>` ein, wie in Abbildung 24.15 dargestellt.

Wie Sie in Abbildung 24.15 sehen können, kann OpenVPN die in der Konfiguration angegebenen Zertifikate nicht finden und daher die Verbindung nicht aufbauen. Dieser Fehler würde in der regulären Logdatei nicht protokolliert werden. Im Übrigen können Sie Parameter, die in der Konfigurationsdatei gesetzt sind, über einen manuellen Aufruf auch überschreiben. Wenn Sie den Aufruf zum Beispiel um den Parameter `--verb 4` ergänzen, überschreibt dies den gesetzten Wert (im Beispiel `3`) und Sie erhalten eine umfangreichere Ausgabe in der Konsole.

Kapitel 25

Monitoring – Was ist los?

Server sind manchmal wie kleine Kinder – wenn man nicht hinschaut, benehmen sie sich daneben. In diesem Kapitel lernen Sie »Munin« kennen, das Ihnen das Hinschauen abnimmt.

Zum Hausstand Odins, des nordischen Götterkönigs, gehörten der Sage nach eine Reihe von Tieren, darunter zwei Raben. Sie hießen Hugin und Munin, und Odin entsandte sie jeden Morgen in die Welt der Menschen, damit sie ihm abends berichteten, was dort vor sich ging. Hugin stand sinnbildlich für Ideen und den flüchtigen Gedanken, Munin für das Gedächtnis und die langfristige Erinnerung. Munin ist deshalb ein passender Name für die Systemüberwachungssoftware, die wir uns in diesem Kapitel anschauen wollen.

25.1   Die Basis

Munin besteht aus zwei Komponenten:

▶ munin-node

▶ munin

25.1.1   Der Client: »munin-node«

Die eine Komponente, *munin-node*, wird auf den Systemen installiert, die überwacht werden sollen. (Deshalb heißen diese Maschinen im Munin-Sprachgebrauch auch *Nodes*, Knoten.) *munin-node* schaut sich bereits bei der Installation auf dem System um und registriert Hardwarekomponenten, wie beispielsweise Temperatursensoren, und Serverdienste. Es sammelt dann auf diesen Maschinen selbstständig alle möglichen Daten zum Systemzustand und zur Funktion der dort installierten Serverdienste.

25.1.2   Der Server: »munin«

In bestimmten Abständen klopft die zweite Komponente, der Munin-Server, bei den überwachten Systemen an, holt die gesammelten Daten ab und bereitet sie zu übersichtlichen Grafiken auf. Diese Server-Komponente heißt *munin* (ohne *node*).

Abbildung 25.1 zeigt als Beispiel eine der Übersichtsgrafiken, die Munin anfertigt. Hier wird die Länge der Mail-Warteschlange auf einem Mailserver angezeigt. Auf einen Blick ist zu erkennen, dass die Warteschlange sprunghaft auf etwa 30.000 Mails angewachsen ist.

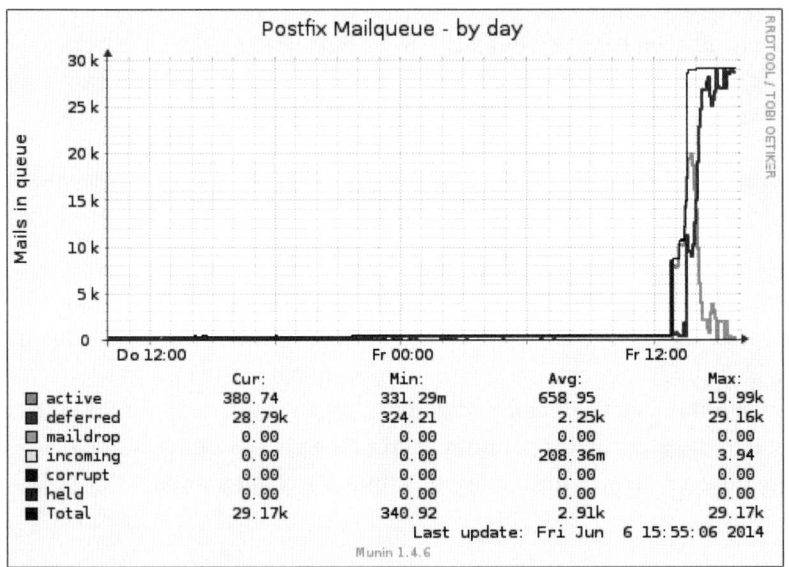

Abbildung 25.1 Länge der Mail-Warteschlange

25.1.3   Munin-Node installieren und konfigurieren

Auf dem System, das Sie überwachen wollen, installieren Sie *munin-node* aus den Paketquellen (siehe Listing 25.1).

```
daniel@venus:~$ sudo apt-get install munin-node
[…]
Die folgenden NEUEN Pakete werden installiert:
  libio-multiplex-perl libio-socket-inet6-perl libnet-cidr-perl libnet-server-perl
  libnet-snmp-perl libsocket6-perl munin-common munin-node munin-plugins-core
  munin-plugins-extra
0 aktualisiert, 10 neu installiert, 0 zu entfernen und 0 nicht aktualisiert.
Es müssen 650 kB an Archiven heruntergeladen werden.
Nach dieser Operation werden 3.000 kB Plattenplatz zusätzlich benutzt.
Möchten Sie fortfahren? [J/n] J
```

Listing 25.1 Installation des »munin-node«

Gesteuert wird *munin-node* über die Konfigurationsdatei */etc/munin/munin-node.conf*. In dieser Datei stehen sinnvolle Vorgaben, die Sie in der Regel nicht ändern müssen.

Eine Anpassung müssen Sie aber doch machen, denn auf die Daten, die *munin-node* sammelt, darf standardmäßig nur *localhost* zugreifen. Das regeln die mit `allow` beginnenden Zeilen, die direkt nach der Installation so aussehen wie in Listing 25.2:

```
[…]
# A list of addresses that are allowed to connect.  This must be a
# regular expression, since Net::Server does not understand CIDR-style
# network notation unless the perl module Net::CIDR is installed.  You
# may repeat the allow line as many times as you'd like

allow ^127\.0\.0\.1$
allow ^::1$
[…]
```

Listing 25.2 Zunächst darf nur »localhost« die Ergebnisse sehen.

Für unser Beispiel nehmen wir an, dass Ihr Munin-Server (der die Ergebnisse regelmäßig bei den Nodes abholen möchte) die IP-Adresse 192.168.0.151 hat. Fügen Sie für diesen eine weitere `allow`-Zeile zur Konfiguration hinzu, und vergessen Sie dabei die umschließenden Sonderzeichen nicht:

```
[…]
allow ^127\.0\.0\.1$
allow ^::1$

# Munin-Server
allow ^192.168.0.151$
[…]
```

Listing 25.3 Nun darf auch der Munin-Server zugreifen.

Sie können sogar einem ganzen Netz den Zugriff auf die Munin-Daten erlauben. Wenn Sie möchten, dass alle Adressen von 192.168.1.1 bis .254 zugreifen dürfen, lautet die `allow`-Zeile `cidr_allow 192.168.1.0/24`.

Sie müssen *munin-node* mit dem Kommando `sudo systemctl restart munin-node` jetzt einmal neu starten, damit die geänderte Konfiguration in Kraft tritt. Aber kommt Ihnen nicht etwas merkwürdig vor? Sie haben in der Konfigurationsdatei gar nicht festgelegt, was nun genau überwacht werden soll. Das liegt daran, dass Munin direkt nach der Installation einmal das Programm `munin-node-configure` ausführt. Dieses Programm grast Ihr System nach Komponenten und Diensten ab, die überwacht werden können.

Für alles, was Munin überwachen kann, gibt es eigens ein Modul, das diese Aufgabe übernimmt. Alle Module liegen unter */usr/share/munin/plugins*. Hat `munin-node-configure` etwas gefunden, das für die Überwachung infrage kommt, legt es unter */etc/munin/plugins* einen symbolischen Link auf das entsprechende Modul an. Wenn Sie sich das Verzeichnis einmal auflisten lassen (siehe Listing 25.4), sehen Sie alle derzeit aktivierten Plug-ins:

```
daniel@venus:~$ ls /etc/munin/plugins/
```

```
cpu             diskstats     fw_packets    if_err_enp0s3   load
open_files      proc_pri      uptime        df              entropy
http_loadtime   interrupts    memory        open_inodes     swap
users           df_inode      forks         if_enp0s3       irqstats
netstat         processes     threads       vmstat
```

Listing 25.4 Diese Komponenten und Dienste werden überwacht.

[+]   Wenn Sie zu einem späteren Zeitpunkt einen Dienst nachinstallieren – sagen wir, Sie installieren einen NTP-Server –, so bekommt *munin-node* das zunächst nicht mit. Sie müssen dann entweder manuell den symbolischen Link hinzufügen oder noch einmal munin-node-configure ausführen.

Hierbei kann es unter Umständen zu Fehlern kommen, sodass eigentlich vorhandene Software nicht erkannt wird. Um dies zu prüfen, können Sie den Befehl mit dem Parameter --suggest ausführen. In Listing 25.5 sehen Sie einen entsprechenden Fehler:

```
daniel@venus:~$ sudo munin-node-configure  --suggest
```

```
Plugin                  | Used | Suggestions
------                  | ---- | -----------
acpi                    | no   | no
amavis                  | no   | no
apache_accesses         | no   | no [LWP::UserAgent not found]
apache_processes        | no   | no [LWP::UserAgent not found]
apache_volume           | no   | no [LWP::UserAgent not found]
apc_envunit_            | no   | no [no units to monitor]
```

Listing 25.5 Fehler bei den Apache2-Modulen

Wie Sie sehen, versucht munin-node-configure nun zu prüfen, ob Software vorhanden ist oder nicht. Bei den Apache2-Modulen konnte die Prüfung nicht durchgeführt werden, da ein für den Test notwendiges Perl-Modul nicht vorhanden ist: LWP::UserAgent. Dieser Fehler lässt sich aber leicht korrigieren.

Dazu müssen Sie zunächst die Build-Umgebung mit dem Befehl sudo apt-get install build-essential installieren und anschließend mit sudo cpan -i LWP::UserAgent das fehlende Perl-Modul hinzufügen.

Wenn Sie nun den Befehl aus Listing 25.5 erneut ausführen, werden keine Fehler mehr angezeigt, wie Sie in Listing 25.6 sehen:

```
daniel@venus:~$ sudo munin-node-configure --suggest
Plugin                    | Used | Suggestions
------                    | ---- | -----------
acpi                      | no   | no
amavis                    | no   | no
apache_accesses           | no   | yes
apache_processes          | no   | yes
apache_volume             | no   | yes
apc_envunit_              | no   | no [no units to monitor]
[…]
```

Listing 25.6 Korrigierte Liste nach der Installation von »LWP::UserAgent«

Um diese Plug-ins zu aktivieren, müssen Sie nun nicht jedes einzeln mit einem Symlink anlegen – munin-node-configure kann Ihnen dabei unter die Arme greifen. Führen Sie den Befehl einfach mit dem Parameter --shell aus, um alle benötigten Befehle ausgegeben zu bekommen (siehe Listing 25.7):

```
daniel@venus:~$ sudo munin-node-configure --shell
ln -s '/usr/share/munin/plugins/apache_accesses' '/etc/munin/plugins/apache_accesses'
ln -s '/usr/share/munin/plugins/apache_processes' \
      '/etc/munin/plugins/apache_processes'
ln -s '/usr/share/munin/plugins/apache_volume' '/etc/munin/plugins/apache_volume'
```

Listing 25.7 Ausgabe der Befehle, die zum Aktivieren der Plug-ins benötigt werden

Diese Befehle können Sie nun (mit Root-Rechten) ausführen. Dannach starten noch einmal den Dienst mit sudo systemctl restart munin-node neu, und schon sind die Plug-ins aktiv.

25.2   Der Munin-Server

Nachdem wir den Node vorbereitet haben, widmen wir uns nun dem eigentlichen Herzstück: dem Server. Dafür sind ein paar Vorbereitungen notwendig, die wir Schritt für Schritt mit Ihnen durchgehen werden.

25.2.1   Webserver (falls nicht vorhanden) installieren

Munin braucht einen lauffähigen Webserver, um arbeiten zu können. Im Beispiel verwenden wir einen *Apache2* mit *PHP7* und *Fast-CGI*. Installieren Sie zunächst die benötigten Pakete, so wie in Listing 25.8 dargestellt.

```
daniel@merkur:~$ sudo apt-get install apache2 php libapache2-mod-fcgid
```

Listing 25.8 Installation: »Apache2«, »PHP7« und »Fast-CGI«

Anschließend müssen Sie PHP noch mit `a2enconf` aktivieren, so wie in Listing 25.9 gezeigt – ansonsten würde der Browser beim Aufruf einen Download anbieten und die Seite nicht korrekt verarbeiten.

```
daniel@merkur:~$ sudo a2enconf php7.0-fpm
Enabling conf php7.0-fpm.
To activate the new configuration, you need to run:
  service apache2 reload
```

Listing 25.9 Aktivieren von »PHP7« und Neustart des »Apache2«

Damit sind die Vorbereitungen fast abgeschlossen. Bevor Sie, wie von `a2enconf` vorgeschlagen, den Dienst neu starten, müssen Sie noch etwas Hand anlegen.

25.2.2   Munin installieren und konfigurieren

Das System, das die überwachten Server regelmäßig besucht und die Daten abholt, die *munin-node* zusammengetragen hat, heißt in der Munin-Sprache *Gatherer* (Sammler).

Die Installation erfolgt wie üblich aus den Paketquellen mit dem Kommando aus Listing 25.10 – alle Abhängigkeiten werden direkt mitinstalliert.

```
daniel@merkur:~$ sudo apt-get install munin
```

Listing 25.10 Installation von »munin«

Auch der *Gatherer* wird von einer zentralen Konfigurationsdatei gesteuert, und zwar von der */etc/munin/munin.conf*. Hier gibt es allerdings keinen Systemdienst, den Sie nach einer Änderung an der Konfigurationsdatei neu starten müssen. Der Sammler arbeitet Cron-gesteuert; nach einer Änderung müssen Sie nur eine Weile abwarten. Die Konfigurationsdatei wirkt länger, als sie ist, weil sie üppig kommentiert ist.

Ohne die Kommentarzeilen ist sie sehr kurz, Listing 25.11 zeigt ein Beispiel. In diesem Beispiel überwacht Munin nur einen einzigen Server, *venus.example.com*. Den Namen des Servers benutzt Munin nur als Beschriftung in den Graphen und HTML-Dateien, die Munin generiert. Um den Server tatsächlich anzusprechen, benutzt es die in der `address`-Zeile hinterlegte IP-Adresse. In den beiden folgenden Zeilen wird noch festgelegt, wie breit und hoch die von Munin erzeugten Verlaufsgraphen werden.

```
[Munin-Server]
    address 127.0.0.1
    use_node_name yes

[venus]
    address 192.168.0.150
    graph_width 400
```

```
  graph_height 200
[…]
```
Listing 25.11 Die Konfigurationsdatei »munin.conf« mit einem einzigen überwachten Server

Den Namen des ersten Systems (in Fettschrift) haben wir auf `Munin-Server` geändert – standardmäßig steht dort etwas nichtssagend `localhost.localdomain`. Nach dem Beispielmuster von *venus* können Sie weitere zu überwachende Server an die Liste anhängen.

Jetzt muss noch der Webzugriff erlaubt werden. Im Standard darf die Munin-Seite nur vom lokalen Server aus abgerufen werden, was in der Regel wenig sinnvoll ist.

Öffnen Sie dafür die Datei */etc/munin/apache24.conf* und passen Sie Zeilen mit `Required` Ihrem Netz an, im Beispiel `192.168.0.0/24`, so wie in Listing 25.12 dargestellt. Anschließend müssen Sie dem Webserver die Änderungen noch mitteilen und diesem mittels `sudo systemctl restart apache2` neustarten.

```
Alias /munin /var/cache/munin/www
<Directory /var/cache/munin/www>
        Require ip 192.168.0.0/24
[…]
<Location /munin-cgi/munin-cgi-graph>
        Require ip 192.168.0.0/24
[…]
```
Listing 25.12 Zugriff aus dem lokalen Netzwerk erlauben

25.2.3   Die Ergebnisse

Was Munin über den Systemzustand der überwachten Server herausgefunden hat, fasst es in HTML-Seiten zusammen. Wenn Ihr *Gatherer* wie in unserem Beispiel die IP-Adresse 192.168.0.151 hat, finden Sie die Ergebnisse unter der Adresse *http://192.168.0.151/munin*. Dort erscheint eine Übersichtsseite, die etwa wie in Abbildung 25.2 aussehen kann.

Sie sehen auf Anhieb, dass einige der überwachten Komponenten und Dienste farblich hervorgehoben sind. Gelbe Schrift bedeutet dabei, dass ein bedenklicher Zustand erreicht ist, den sich der Administrator einmal anschauen sollte. Rote Schrift bedeutet, dass ein kritischer Fehler vorliegt. Die Anzahl von Warnungen und kritischen Fehlern finden Sie auch noch einmal in der linken Seitenleiste unter PROBLEMS zusammengefasst. Klicken Sie einmal auf eine der Kategorien, etwa DISK, so erhalten Sie eine Seite mit einer Übersicht aller überwachten Werte rund um das Thema »Plattensubsystem«. Das kann eine ganze Reihe von Werten sein; bei Festplatten werden beispielsweise die Anzahl der Operationen pro Sekunde, der Datendurchsatz, der Füllstand des Dateisystems, Latenzen, die Anzahl der Inodes und mehr überwacht.

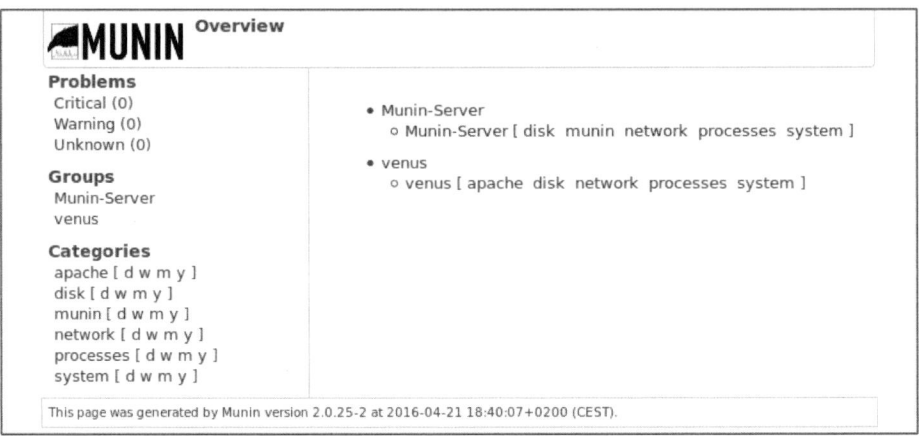

Abbildung 25.2 Die von Munin generierte Übersichtsseite

Klicken Sie auf eine der Grafiken, verzweigt Munin in eine weitere Ansicht, die den Verlauf dieses speziellen Wertes über die letzten 24 Stunden, die letzte Woche, den letzten Monat und die letzten 365 Tage anzeigt (siehe Abbildung 25.3).

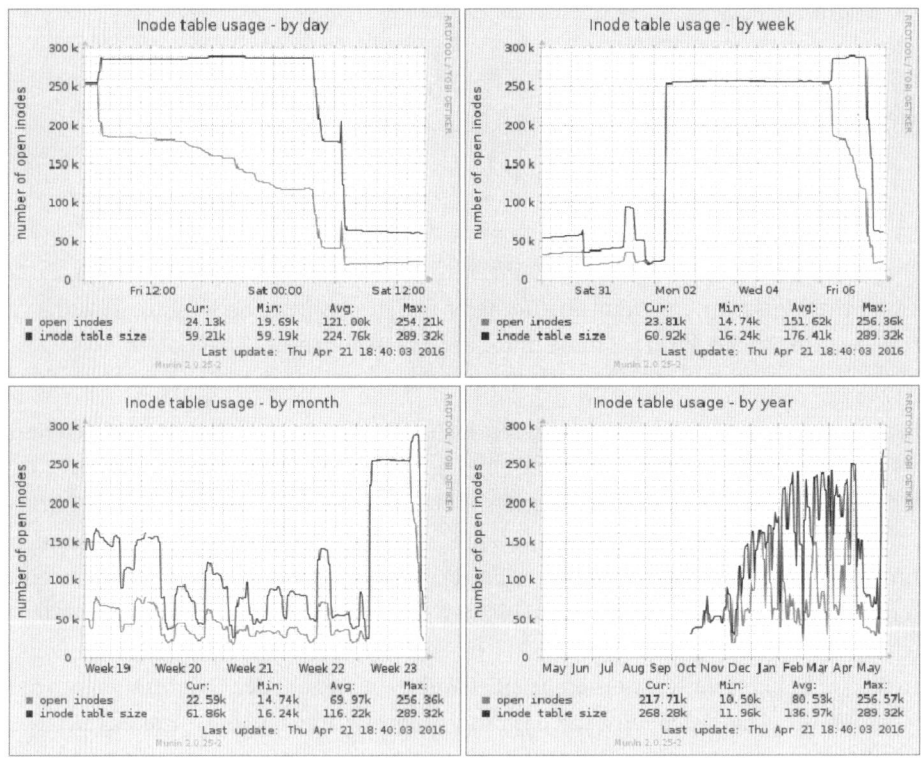

Abbildung 25.3 Ansicht eines überwachten Wertes in verschiedenen Zeitintervallen

Auf diese Weise hilft Munin Ihnen, im Fehlerfall ein Problem schnell und gezielt eingrenzen zu können. Munin kann übrigens auch über Systemgrenzen hinweg arbeiten, denn *munin-node* existiert nicht nur für Linux, sondern auch für Windows und Mac OS X.

Im Übrigen können Sie auch auf die Detailgraphen klicken. Damit öffnen Sie ein Zoom-Werkzeug, mit dem Sie auch die wirklich letzten Details zum Vorschein bringen können (siehe Abbildung 25.4).

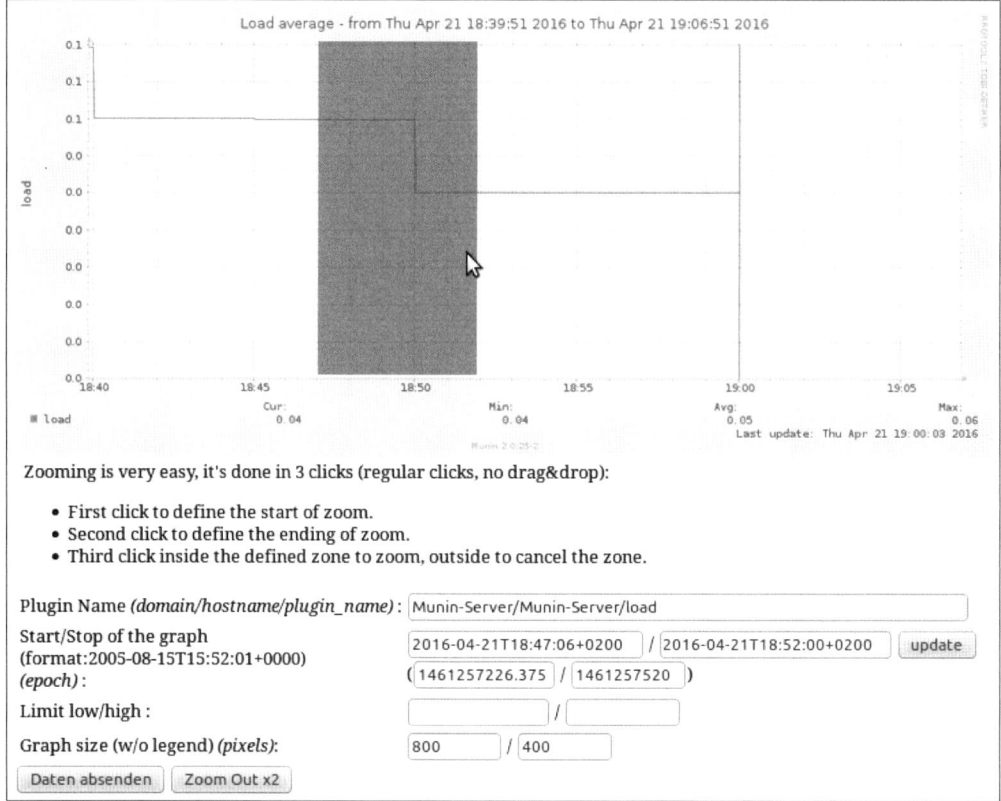

Abbildung 25.4 Alle Details im Blick mit der »Zoom«-Funktion

25.2.4   Fazit

Munin ist leicht, schnell und komfortabel. Ein weiterer Vorteil besteht darin, dass das Tool und seine Plug-ins vollständig in Perl geschrieben sind. Daher können Sie es leicht an Ihre eigenen Bedürfnisse anpassen oder eigene Plug-ins entwerfen. Für eine grobe Übersicht, die schnell und ohne viel Aufwand erzeugt werden soll, ist Munin die erste Wahl.

Kapitel 26

Systemüberwachung: »Icinga«

Überwachung von Systemen und Diensten, übersichtliche Darstellung in einer Weboberfläche und Alarmierung – wie Sie dies umsetzen, zeigen wir Ihnen in diesem Kapitel anhand von »Icinga«.

In diesem Kapitel lernen Sie *Icinga* kennen. Icinga wurde im Jahre 2009 von Nagios abgespalten, das bis dahin als De-facto-Standard für das Monitoring galt. Icinga hat sich zum Ziel gesetzt, den monolithischen Aufbau von Nagios zu ersetzen, die »veraltete« Codebasis des Kerns neu zu entwickeln, unterschiedliche Datenbank-Backends zu unterstützen und eine aktuelle Web-2.0-Schnittstelle bereitzustellen. All dies führte zu einem rasanten Aufstieg vom Icinga, das sich mittlerweile den Thron mit Nagios teilt.

In diesem Kapitel zeigen wir Ihnen das Konzept hinter Icinga, wie Sie einen Monitoring-Server aufsetzen, die Weboberfläche installieren und konfigurieren und wie Sie Ihre Systeme und Dienste überwachen und bei Problemen eine Benachrichtigung erhalten.

26.1   Das Konzept

Bevor wir mit der Arbeit loslegen, möchten wir Ihnen ein paar wichtige Grundinformationen geben. Mit Icinga lässt es sich nämlich leider nicht so intuitiv arbeiten, wie die eigentliche Aufgabe vermuten lässt. Zunächst einmal muss festgehalten werden, dass Icinga aus mehreren Komponenten besteht. Diese greifen ineinander und ermöglichen so eine flexible und umfangreiche Konfiguration. Einige Teile müssen wir uns gar nicht näher anschauen, da sie im Hintergrund laufen und einfach stillschweigend das tun, was sie tun sollen.

Icinga ist so aufgebaut, wie in Abbildung 26.1 dargestellt. Auf der linken Seite befinden sich Objekte – Icinga bezeichnet (fast) alles als Objekt, egal ob es sich um einen Server handelt, um einen Dienst oder, oder, oder. In der Mitte befindet sich Icinga selbst. Er besteht, wie bereits angedeutet, aus mehreren Komponenten. Die Zentrale ist der sogenannte core (englisch für *Kern*). Dieser steuert das eigentliche Monitoring, kümmert sich um das zeitgesteuerte Ausführen der Prüfungen und schreibt die Ergebnisse in eine Datenbank. Die Prüfungen selbst, die oft auch als *checks* oder *plug-ins* bezeichnet werden, sind davon losgelöst. Icinga bringt bereits einige Prüfungen (englisch *checks*) mit. Erweiterungen (englisch *plug-ins*) werden als eigene Programme oder Skripte separat angesteuert. Da Icinga ein Fork von Nagios ist, können Sie sich hier aus einem breiten Portfolio bedienen, da auch Nagios-Prüfungen in Icinga funktionieren. Die Benachrichtigungen werden wiederum separat ausgeführt, für eine E-Mail-Benachrichtigung zum Beispiel über ein Skript. Alle Daten werden von Icinga in einer Datenbank festgehalten, sodass von mehreren Stellen damit gearbeitet werden kann. Die wohl bekannteste Art, den aktuellen Status ausgeben zu lassen, ist die Weboberfläche: *icingaweb2*. Damit können Sie nicht nur den Zustand Ihrer Systeme und Dienste abfragen, sondern auch Kommandos absetzen – zum Beispiel können Sie eine Zeit angeben, in der keine Benachrichtigungen versandt werden sollen (*downtime*).

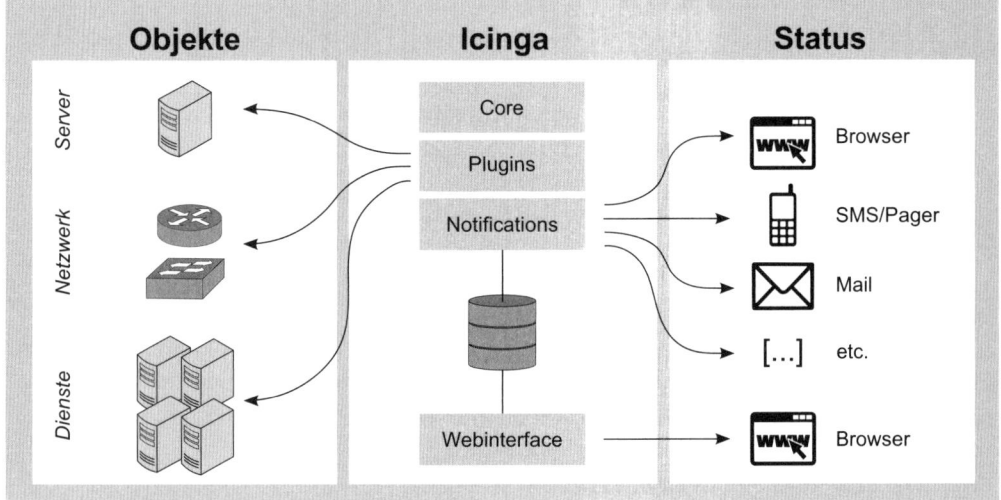

Abbildung 26.1 Vereinfachte Darstellung des Aufbaus von »Icinga«

Dabei ist Icinga vollständig modular aufgebaut und stellt eine umfangreiche API zur Verfügung. Diese ganze Flexibilität ist natürlich äußerst praktisch, führt aber leider auch dazu, dass die Konfiguration etwas unübersichtlich wird. Wir werden versuchen, diesen gordischen Knoten für Sie zu lösen, damit die Überwachung Ihrer Systeme auch gelingt.

26.2   Installation

Für die Installation sind mehrere Komponenten notwendig, die der Reihe nach installiert werden müssen:

1. *icinga2* – der Monitoring-Server
2. *mysql-server* – das Datenbank-Backend
3. *icinga2-ido-mysql* – die IDO-Schnittstelle zur Kommunikation von Backend und Web
4. *icingaweb2* – die Weboberfläche

26.2.1 Der Monitoring-Server: »icinga2«

Installieren Sie zunächst den Monitoring-Server selbst mit dem Befehl aus Listing 26.1:

```
daniel@venus:~$ sudo apt-get install icinga2
```

Listing 26.1 Installation von »icinga2«

Damit erhalten Sie nicht nur den Monitoring-Server, sondern auch direkt eine ganze Batterie von Plug-ins mit denen Sie Ihre Systeme prüfen können.

26

26.2.2 Das Datenbank-Backend: »MySQL«

Wie wir bereits erwähnt haben, werden alle Daten von Icinga in einer Datenbank gespeichert. Standardmäßig können Sie für das Datenbank-Backend zwischen MySQL und PostgreSQL wählen. Wie Sie einen MySQL-Server installieren und konfigurieren, haben wir Ihnen in Kapitel 13, »Datenbanken: ›SQLite, MySQL, MariaDB und PostgreSQL‹«, ausführlich erläutert. Wir verwenden im Beispiel eine MySQL-Datenbank. Zur Installation genügt das Kommando `sudo apt-get install mysql-server`.

26.2.3 Die IDO-Schnittstelle: »icinga2-ido-mysql«

Da wir vorhaben, die Weboberfläche *icingaweb2* einzusetzen, müssen wir, damit sie mit dem Icinga-Core kommunizieren kann, die *IDO*[1]-Schnittstelle installieren. Setzen Sie dafür den Befehl aus Listing 26.2 ab:

```
daniel@merkur:~$ sudo apt-get install icinga2-ido-mysql
```

Listing 26.2 Installation von »icinga2-ido-mysql«

Während der Installation werden Ihnen einige Fragen gestellt. In Abbildung 26.2 sehen Sie die erste. Beantworten Sie die Rückfrage mit <Ja>.

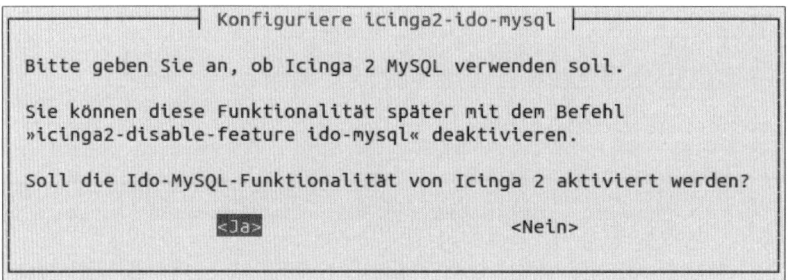

Abbildung 26.2 Aktivieren der »IDO-MySQL-Funktion«

---

1 *Icinga Data Output*, engl. für *Icinga-Datenausgabe* – die Datenbankschnittstelle von Icinga

Anschließend werden Sie gefragt (siehe Abbildung 26.3), ob die Konfiguration der Datenbank mit `dbconfig-common` erfolgen soll. Da uns damit Arbeit abgenommen wird, antworten wir selbstverständlich mit `Ja`.

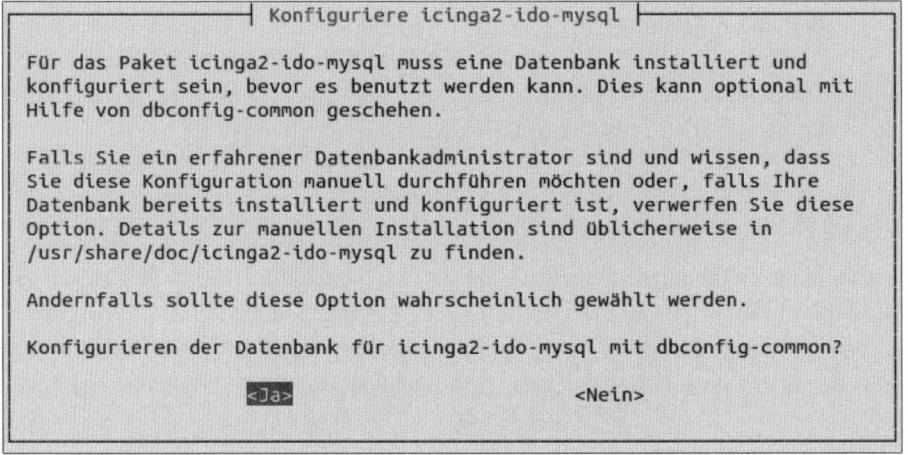

Abbildung 26.3 Konfiguration mit »dbconfig-common«

Zu guter Letzt werden Sie aufgefordert, ein Passwort für den Datenbankbenutzer von Icinga zu vergeben, wie in Listing 26.4 gezeigt. Da es sich bei diesem Datenbankbenutzer um einen reinen Systembenutzer handelt, können Sie der Empfehlung folgen und das Feld leer lassen, um ein zufälliges Passwort generieren zu lassen.

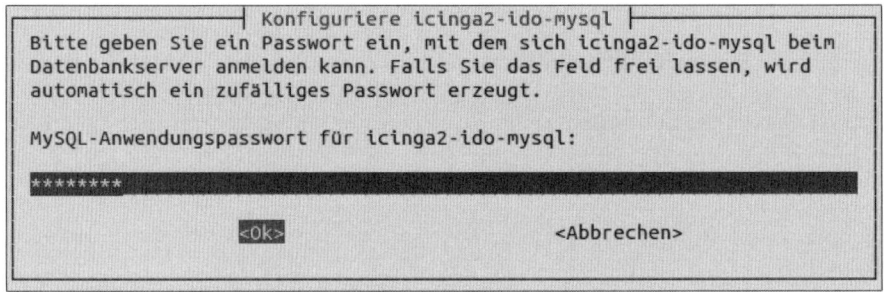

Abbildung 26.4 Passwort des Datenbankbenutzers

Damit wäre die Installation abgeschlossen, allerdings sind noch ein paar Arbeiten zu erledigen. Sie haben zwar jetzt die Voraussetzungen geschaffen, allerdings sind die neuen Funktionen für die Weboberfläche noch nicht aktiv. Dies ändern Sie mit den folgenden Befehlen:

```
daniel@merkur:~$ sudo icinga2 feature enable ido-mysql
Enabling feature ido-mysql. Make sure to restart Icinga 2 for these changes to
take effect.
```

```
daniel@merkur:~$ sudo icinga2 feature enable command
Enabling feature command. Make sure to restart Icinga 2 for these changes to
take effect.
daniel@merkur:~$ sudo icinga2 feature list
Disabled features: api compatlog debuglog gelf graphite icingastatus livestatus
                   opentsdb perfdata statusdata syslog
Enabled features: checker command ido-mysql mainlog notification
daniel@merkur:~$
daniel@merkur:~$ sudo systemctl restart icinga2
```

Listing 26.3 Aktivieren und Kontrollieren der Funktionen »ido-mysql« und »command«

Wie Sie in Listing 26.3 sehen, wurden mit dem Befehl `icinga2 feature enable` die Funktionen `ido-mysql` und `command` aktiviert. Diese sind dafür zuständig, dass die Weboberfläche über die Datenbank mit Icinga kommunizieren kann und Befehle an Icinga weitergeben darf.

Danach wurde mit `icinga2 feature list` kontrolliert, ob die Funktionen auch aktiviert wurden. Damit die Änderungen wirksam werden, wurde der Dienst, wie üblich, mit `systemctl` neu gestartet.

26.2.4   Weboberfläche: »icingaweb2«

Da wir nun alle Voraussetzungen für die Weboberfläche geschaffen haben, können wir diese installieren. Die Weboberfläche wird als Paket `icingaweb2` bereitgestellt und hängt von *apache2*, *php* und dem *Zend-Framework* ab.

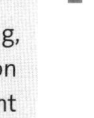

> **Fehler zurzeit der Drucklegung**
>
> Leider war die Installation über die Paketquellen zu der Zeit, als dieses Buch in Druck ging, fehlerhaft – auch die Alternative mittels *PPA*. Ubuntu bot zu diesem Zeitpunkt nur die Version *2.1.0* an. Diese ist noch nicht auf *PHP7.0* umgestellt, sodass es beim Betrieb zu Fehlern kommt (auch wenn die Installation reibungslos verläuft!). Aus diesem Grund zeigen wir Ihnen, wie Sie die Webkomponente manuell installieren können. Kontrollieren Sie vorher mit `sudo apt-cache showpkg icingaweb2`, ob gegebenenfalls bereits eine neuere Version in den Paketquellen vorhanden ist. Zur Installation genügt dann der folgende Befehl:
>
> ```
> daniel@merkur:~$ sudo apt-get install icingaweb2
> ```

Vorbereitung: »apache2« und »php«

Um die Weboberfläche betreiben zu können, müssen Sie zunächst einen Webserver mit PHP und einigen PHP-Modulen bereitstellen. Installieren Sie dafür zunächst den Webserver Apache mit PHP7, so wie in Listing 26.4 dargestellt:

```
daniel@merkur:~$ sudo apt-get install apache2 php libapache2-mod-php
```
Listing 26.4 Installation von »apache2«, »php« und Modulen

Anschließend müssen Sie noch weitere PHP-Module installieren. Setzen Sie dafür den Befehl aus Listing 26.5 ab:

```
$ sudo apt-get install php-xml php-gd php-intl php-imagick php7.0-mysql
```
Listing 26.5 Installation der benötigten PHP-Module

Damit haben wir bereits den Grundstein gelegt. Jetzt können wir uns dem *Zend-Framework* widmen.

Vorbereitung: »Zend-Framework«

Die Weboberfläche von Icinga setzt auf das *Zend-Framework* auf. Daher müssen Sie dieses zunächst installieren (siehe Listing 26.6):

```
$ sudo apt-get install zend-framework libzend-framework-php php-zend-db
```
Listing 26.6 Installation des »Zend-Framework«

Achten Sie darauf, nicht nur das Hauptpaket zend-framework zu installieren, sondern auch die weiteren Pakete aus Listing 26.6, da es sonst im weiteren Verlauf zu nur schwer verständlichen Fehlern kommt!

Um das Zend-Framework zu aktivieren, müssen Sie zunächst die PHP-Konfiguration in der Datei */etc/php/7.0/apache2/php.ini* anpassen. Suchen Sie nach den Zeilen aus Listing 26.7, und passen Sie diese so an wie dargestellt. Standardmäßig ist die Zeile include_path auskommentiert – zu erkennen an einem führenden Semikolon.

```
;;;;;;;;;;;;;;;;;;;;;;;;;
; Paths and Directories ;
;;;;;;;;;;;;;;;;;;;;;;;;;

; UNIX: "/path1:/path2"
include_path = ".:/usr/share/php"
```
Listing 26.7 »Zend-Framework«-Konfiguration in »php.ini«

Nun müssen Sie noch den Pfad zum Framework selbst korrigieren. Öffnen Sie dafür die Modul-Konfigurationsdatei */etc/php/7.0/mods-available/zend-framework.ini*, und passen Sie sie so an, wie in Listing 26.8 dargestellt:

```
[Zend]
include_path=${include_path} ":/usr/share/php/libzend-framework-php"
```
Listing 26.8 »Zend-Framework«-Konfiguration in »zend-framework.ini«

Um das PHP-Modul mittels phpenmod zu aktivieren, müssen Sie jetzt noch den Befehl aus Listing 26.9 absetzen:

```
daniel@venus:~$ sudo phpenmod zend-framework
```

Listing 26.9 Aktivieren der Konfiguration

Vorbereitung: »MySQL«

Damit die Weboberfläche ihre Datenbank anlegen kann und auf die Daten von Icinga zugreifen darf, müssen wir einen Datenbankbenutzer anlegen: icingaweb. Verbinden Sie sich dafür als Benutzer *root* mit der Datenbank, und legen Sie den Benutzer icingaweb an, so wie in Listing 26.10 gezeigt:

```
mysql> GRANT SELECT, INSERT, UPDATE, DELETE, DROP, CREATE VIEW, INDEX, EXECUTE ON
    -> icinga2.* TO 'icingaweb'@'localhost' IDENTIFIED BY 'GeHeIm';
Query OK, 0 rows affected, 1 warning (0,00 sec)

mysql> GRANT SELECT, INSERT, UPDATE, DELETE, DROP, CREATE VIEW, INDEX, EXECUTE ON
    -> icingaweb.* TO 'icingaweb'@'localhost' IDENTIFIED BY 'GeHeIm';
Query OK, 0 rows affected, 1 warning (0,00 sec)

mysql> FLUSH PRIVILEGES;
```

Listing 26.10 Anlegen des MySQL-Benutzers »icingaweb«

Mit den ersten zwei SQL-Statements aus Listing 26.10 erzeugen Sie den Datenbankbenutzer icingaweb in den Datenbanken icinga2 und icingaweb. In Fettschrift haben wir Ihnen das Passwort des Benutzers dargestellt – dieses sollten Sie selbstverständlich durch ein viel komplexeres und nur Ihnen bekanntes Passwort ersetzen. Das letzte Statement sorgt dafür, dass die geänderten Rechte von MySQL auch direkt übernommen und aktiviert werden.

Installation: »icingaweb2«

Nun sind (endlich) alle Vorbereitungen abgeschlossen, und wir können die Weboberfläche installieren. Laden Sie dafür zunächst die aktuellste Version von icingaweb2 mittels git herunter, so wie in Listing 26.11 gezeigt:

```
daniel@venus:~$ git clone git://git.icinga.org/icingaweb2.git
```

Listing 26.11 Herunterladen der Quellen von »icingaweb2«

Verschieben Sie anschließend die soeben heruntergeladenen Dateien an ihren Bestimmungsort. Setzen Sie dafür den Befehl aus Listing 26.12 ab:

```
daniel@venus:~$ sudo mv icingaweb2 /usr/share/icingaweb2
```

Listing 26.12 Dateien an ihren Bestimmungsort bringen

Freundlicherweise bringt *icingaweb2* ein Tool mit, das uns das Erstellen der Webserver-konfiguration abnimmt. Um eine für Ihr System passende Konfiguration zu erstellen und diese zu aktivieren, können Sie einfach die Befehle aus Listing 26.13 absetzen:

```
$ cd /usr/share/icingaweb2/bin
$ sudo bash -c "./icingacli setup config webserver apache --document-root \
/usr/share/icingaweb2/public > /etc/apache2/conf-available/icingaweb2.conf"
$ sudo a2enconf icingaweb2
Enabling conf icingaweb2.
To activate the new configuration, you need to run:
  service apache2 reload
```

Listing 26.13 Webserverkonfiguration mit »icingacli« erstellen

Wie Sie sehen, wird das Skript icingacli mit mehreren Parametern aufgerufen. Diese können Sie einfach 1:1 übernehmen, da die Pfade dem Standard entsprechen. An dieser Stelle müssen Sie dem Hinweis von a2enconf, den Webserver neu zu starten, noch nicht folgen, da noch ein paar Restarbeiten übrig sind.

Damit die Weboberfläche auch Dateien verändern kann, müssen Sie ihr eine Systemgruppe spendieren und der Gruppe den Benutzer www-data zuweisen. Setzen Sie dafür die Befehle aus Listing 26.14 ab:

```
daniel@venus:~$ sudo addgroup --system icingaweb2
[…]
daniel@venus:~$ sudo usermod -a -G icingaweb2 www-data
```

Listing 26.14 Gruppe anlegen und Benutzer »www-data« zuweisen

Zu guter Letzt müssen Sie jetzt noch die benötigten Apache-Module aktivieren und den Webserver neu starten:

```
daniel@venus:~$ sudo a2enmod rewrite
[…]
daniel@venus:~$ sudo systemctl restart apache2
```

Listing 26.15 Apache-Module »rewrite« aktivieren und Webserver neu starten

Damit sind wir auch schon fast am Ende angelangt. Nur noch zwei Schritte sind übrig. Die Weboberfläche speichert Ihre Konfiguration zentral unter */etc/icingaweb2*. Diese müssen wir aber nicht von Hand anlegen, sondern können erneut auf das Skript icingacli zurückgreifen, so wie in Listing 26.16 dargestellt:

```
daniel@venus:/usr/share/icingaweb2/bin$ sudo ./icingacli setup config directory
Successfully created configuration directory /etc/icingaweb2
```

Listing 26.16 Konfigurationsverzeichnis mit »icingacli« anlegen

Das Skript erzeugt die benötigten Verzeichnisse und Dateien. Die eigentliche Konfiguration der Weboberfläche findet im Browser statt. Dafür benötigen Sie aber zur Authentifizierung einen Token. Auch diesen können Sie mit dem bereits bekannten Skript `icingacli` erstellen (siehe Listing 26.17). Kopieren Sie den angezeigten Token (im Beispiel `79c9c8f527a7d76e`) in die Zwischenablage.

```
daniel@venus:/usr/share/icingaweb2/bin$ sudo ./icingacli setup token create
The newly generated setup token is: 79c9c8f527a7d76e
```

Listing 26.17 Token für die Installation mit »icingacli« erzeugen

> **Keine Panik!**
> Falls Ihnen der Token abhanden kommt, müssen Sie die Installation nicht von vorn beginnen. Mit dem Kommando `./icingacli setup token show` können Sie den erstellten Token erneut ausgeben lassen.

Konfiguration der Weboberfläche

Wir sind fast am Ziel angelangt. Jetzt folgt die eigentliche Konfiguration der Weboberfläche. Rufen Sie dafür die URL *http://<SERVER>/icingaweb2* auf. Icinga Web2 begrüßt Sie mit der Aufforderung, den Setup Token einzugeben (siehe Abbildung 26.5).

Abbildung 26.5 Begrüßung von »Icinga Web2«

Kopieren Sie den Token aus der Zwischenablage in das Eingabefeld, und fahren Sie mit einem Klick auf NEXT fort. Im nächsten Bildschirm werden Sie gefragt, welche Module verwendet werden sollen. Standardmäßig ist dort nur das Modul Monitoring angewählt, was vollkommen in Ordnung ist. Gehen Sie einfach zum nächsten Schritt weiter, indem Sie auf NEXT klicken. Dort wird nun geprüft, ob alle benötigten Voraussetzungen erfüllt sind.

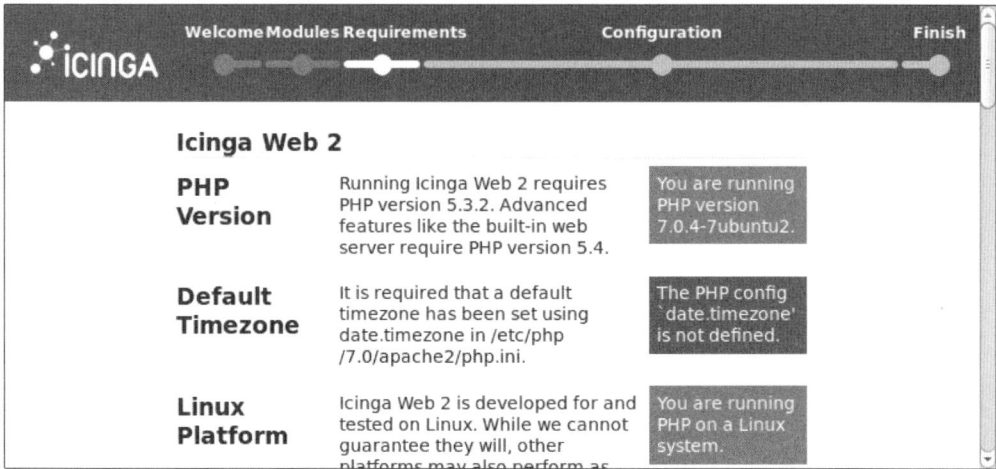

Abbildung 26.6 Prüfung der benötigten Module

Wie Sie in Abbildung 26.6 sehen, stößt Icinga Web2 sich daran, dass die Standard-Zeitzone nicht gesetzt ist. Standardmäßig ist die entsprechende Konfiguration auskommentiert, daher korrigieren wir dies schnell. Öffnen Sie die Datei */etc/php/7.0/apache2/php.ini*, und suchen Sie nach Date. Ergänzen Sie die Zeile aus Listing 26.18, um die Standard-Zeitzone auf Europe/Berlin zu setzen.

```
[Date]
; Defines the default timezone used by the date functions
; http://php.net/date.timezone
date.timezone = "Europe/Berlin"
```

Listing 26.18 Setzen der Standard-Zeitzone in »php.ini«

Damit die Änderungen wirksam werden, müssen Sie den Webserver einmal mit sudo systemctl restart apache2 neu starten – keine Sorge, der Konfigurationsprozess von Icinga Web2 wird dadurch nicht unterbrochen.

Laden Sie die Webseite einmal neu, oder klicken Sie auf REFRESH am Ende der Seite. Der vormals in Rot dargestellte Punkt Default Timezone sollte nun in Grün erscheinen. Nun können Sie mit einem Klick auf NEXT weiter im Dialog fortfahren.

Im nächsten Bildschirm werden Sie gebeten, den Authentifizierungstyp zu wählen. Belassen Sie die Standardeinstellung auf DATABASE (siehe Abbildung 26.7), und gehen Sie mit einem Klick auf NEXT zum nächsten Punkt.

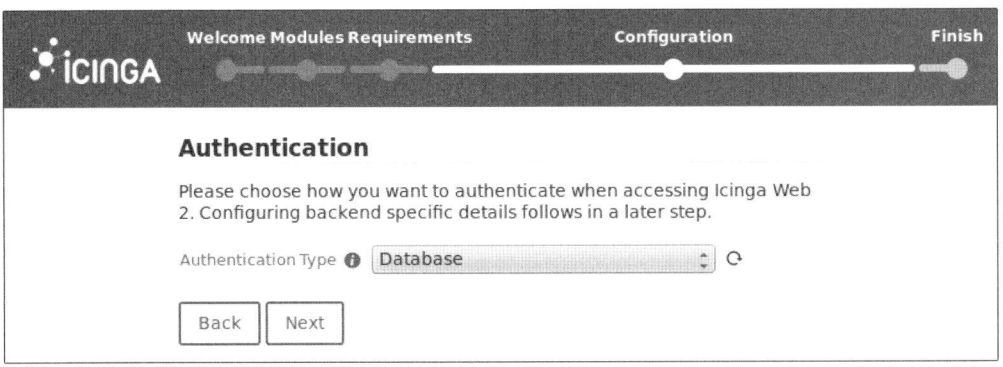

Abbildung 26.7 Konfiguration des Authentifizierungstyps

Im folgenden Bildschirm müssen Sie die Datenbankanbindung von Icinga Web2 definieren. Ergänzen Sie die abgefragten Punkte so, wie in Abbildung 26.8 dargestellt.

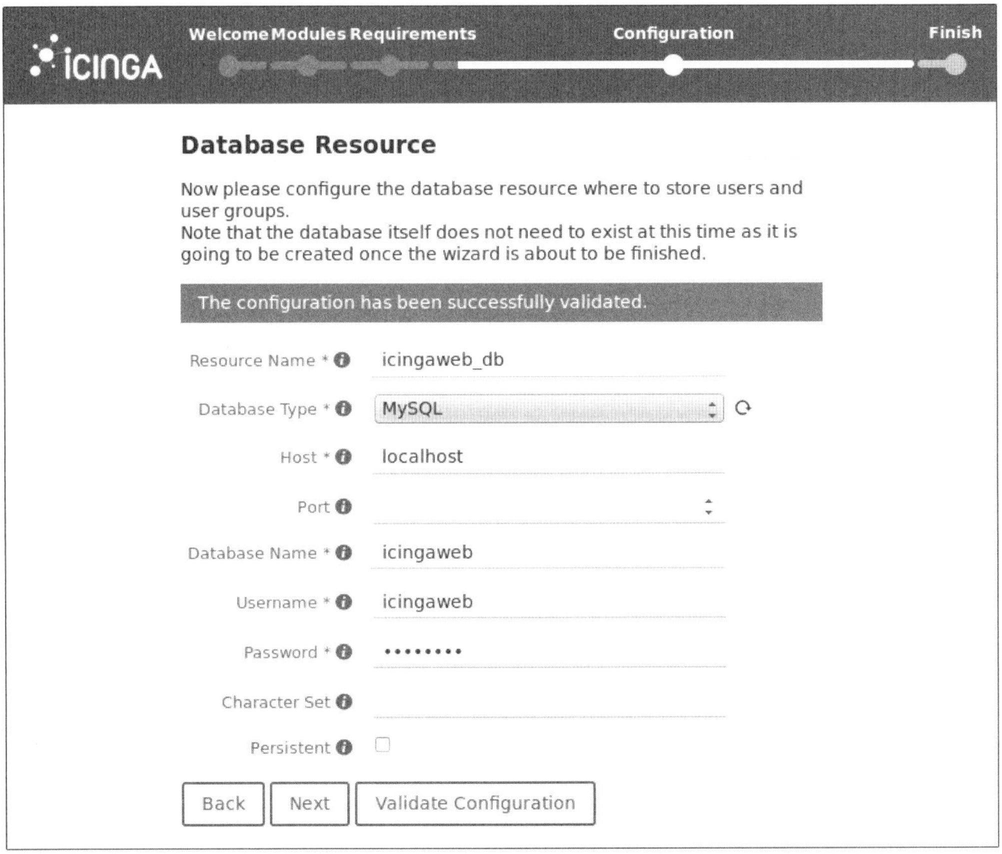

Database Resource

Now please configure the database resource where to store users and user groups.
Note that the database itself does not need to exist at this time as it is going to be created once the wizard is about to be finished.

The configuration has been successfully validated.

Resource Name * ❶   icingaweb_db

Database Type * ❶   MySQL

Host * ❶   localhost

Port ❶

Database Name * ❶   icingaweb

Username * ❶   icingaweb

Password * ❶   ••••••••

Character Set ❶

Persistent ❶   ☐

Back   Next   Validate Configuration

Abbildung 26.8 Datenbankkonfiguration

Beachten Sie, dass Sie hier den zuvor mit `mysql` angelegten Datenbank-Benutzer mit seinem Passwort angeben müssen. Fahren Sie anschließend mit einem Klick auf NEXT fort.

Nun stellt Icinga Web2 fest, dass seine Datenbank noch nicht vorhanden ist, und fordert Sie daher auf, Anmeldedaten für einen Datenbankbenutzer anzugeben, der über die entsprechenden Rechte zum Anlegen neuer Datenbanken verfügt (siehe Abbildung 26.9).

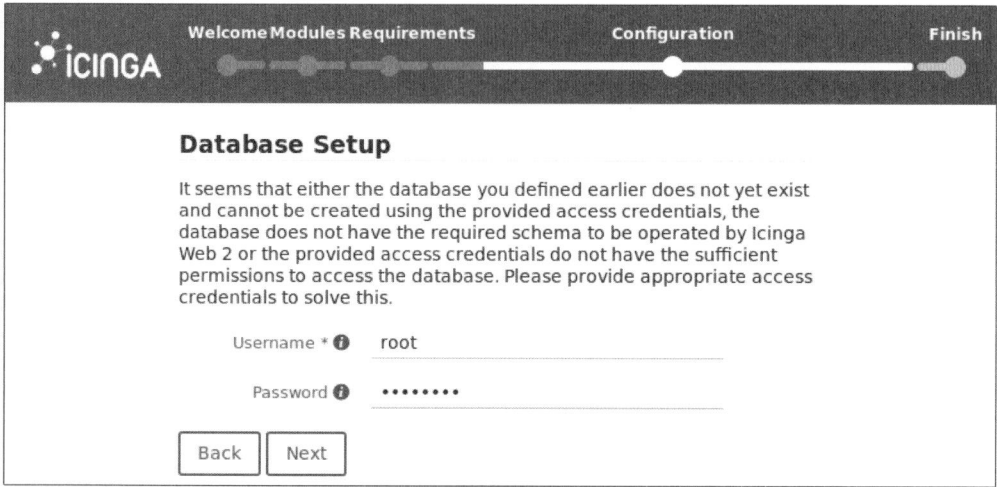

Abbildung 26.9 Anmeldedaten des Datenbankbenutzers »root« angeben

Geben Sie hier die Anmeldedaten des Datenbankbenutzers *root* an, und gehen Sie mit einem Klick auf NEXT zum nächsten Punkt.

Hier werden Sie aufgefordert, den Namen für das AUTHENTICATION BACKEND zu vergeben – dieser ist frei wählbar. Wir haben im Beispiel `icingaweb2` gewählt, wie Sie in Abbildung 26.10 sehen. Geben Sie einen Namen an, und klicken Sie wieder auf NEXT.

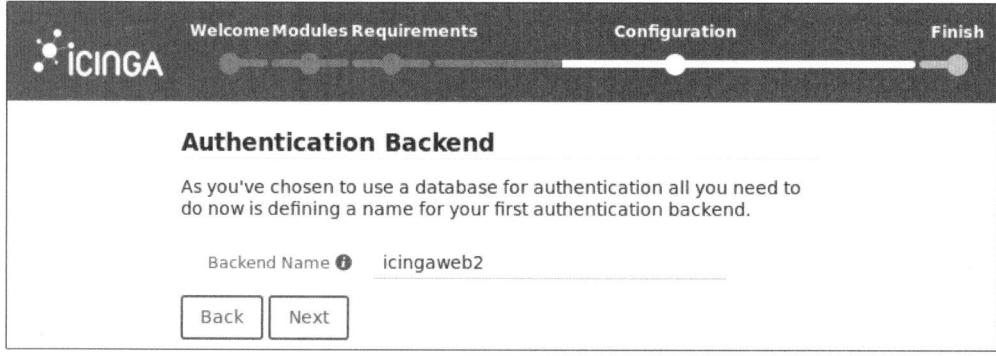

Abbildung 26.10 Namensvergabe für das »Authentication Backend«

Im folgenden Bildschirm werden Sie aufgefordert, Anmeldedaten für den ersten administrativen Benutzer einzugeben. Im Beispiel aus Abbildung 26.11 haben wir den Benutzer admin angelegt. Wie üblich gelangen Sie mit einem Klick auf NEXT zum nächsten Punkt.

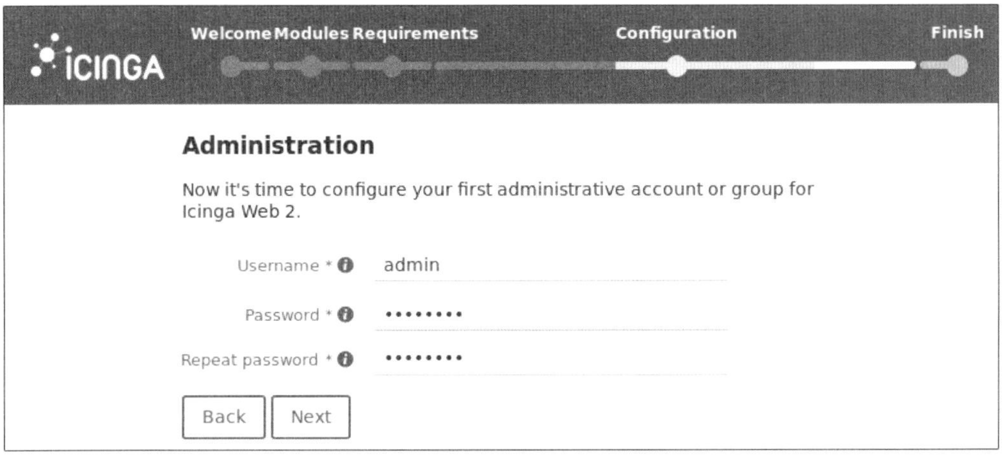

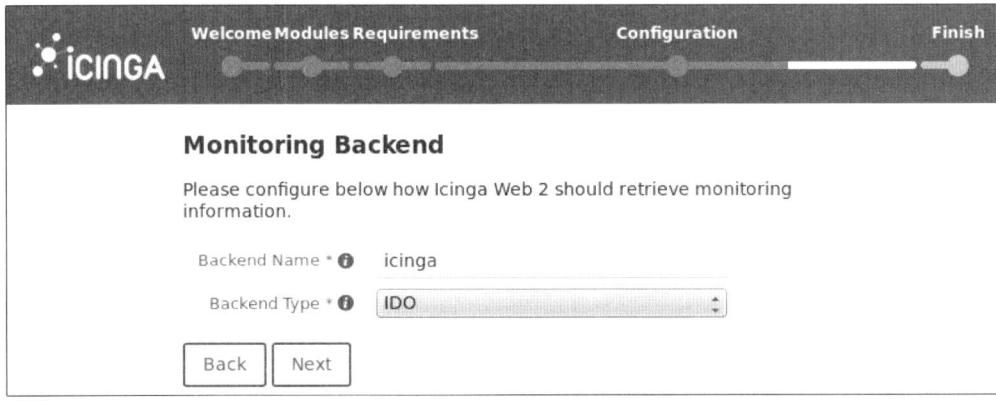

Abbildung 26.11 Erstellen des administrativen Benutzers

Im nächsten Bildschirm können Sie die Anwendungskonfiguration vornehmen. Da die Voreinstellungen bereits korrekt sind, können Sie einfach mit einem Klick auf NEXT zum nächsten Bildschirm weitergehen.

Dort werden Sie zur Konfiguration des Monitoring-Moduls begrüßt. Klicken Sie auf NEXT, um zur letzten Sequenz zu gelangen. Im folgenden Bildschirm werden Sie aufgefordert, die Konfiguration für das Monitoring-Backend vorzunehmen (siehe Abbildung 26.12). Wenn Sie bisher unserer Anleitung gefolgt sind, sollten die Standardwerte bereits korrekt sein und Sie können einfach mit einem Klick auf NEXT zum nächsten Punkt weitergehen.

Abbildung 26.12 Konfiguration des Monitoring-Backends

Nun wird die Konfiguration der IDO-Schnittstelle abgefragt. Ergänzen Sie hier die Felder um die Anmeldedaten aus Listing 26.10:

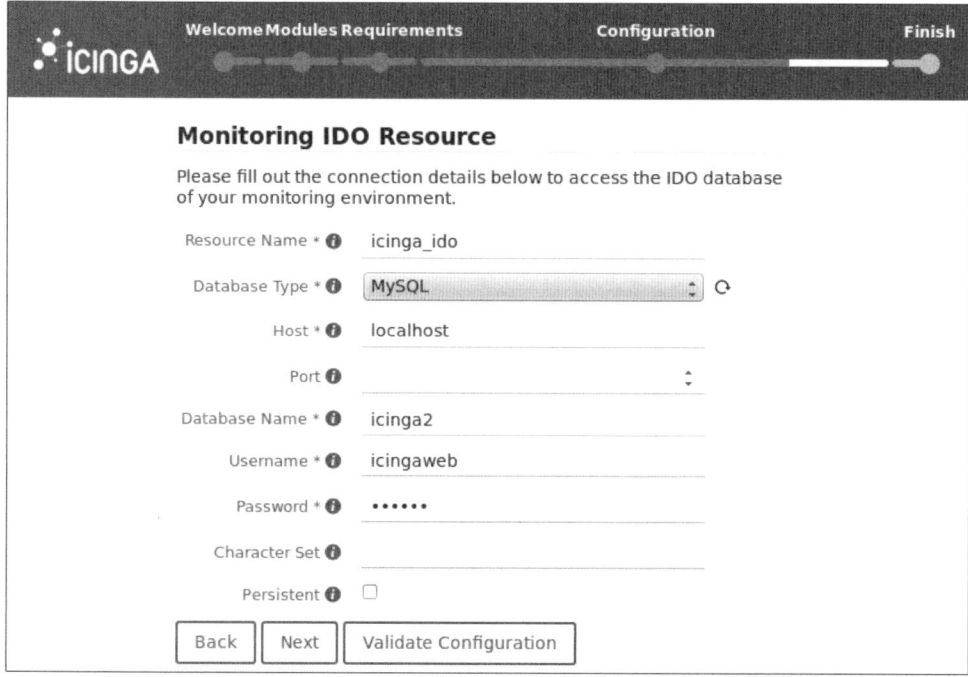

Abbildung 26.13 Konfiguration der IDO-Schnittstelle

Im folgenden Bildschirm können Sie die Befehlsweitergabe der Weboberfläche konfigurieren. Da wir bereits die entsprechenden Funktionen aktiviert haben, sind die Standardwerte bereits korrekt und Sie können mit einem Klick auf NEXT fortfahren.

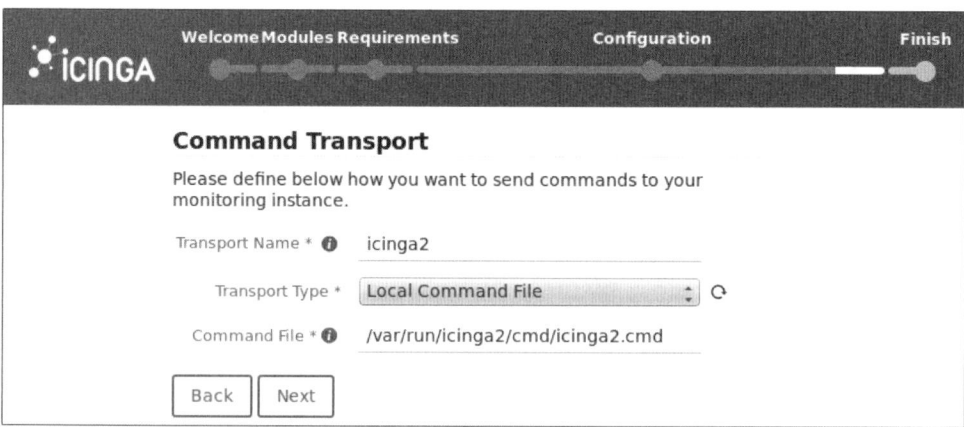

Abbildung 26.14 Konfiguration der Befehlsweitergabe

Nun können noch Sicherheitseinstellungen vorgenommen werden (siehe Abbildung 26.15). Auch hier sind die Standardwerte bereits korrekt, sodass Sie mit einem erneuten Klick auf NEXT auf den letzten Bildschirm wechseln können.

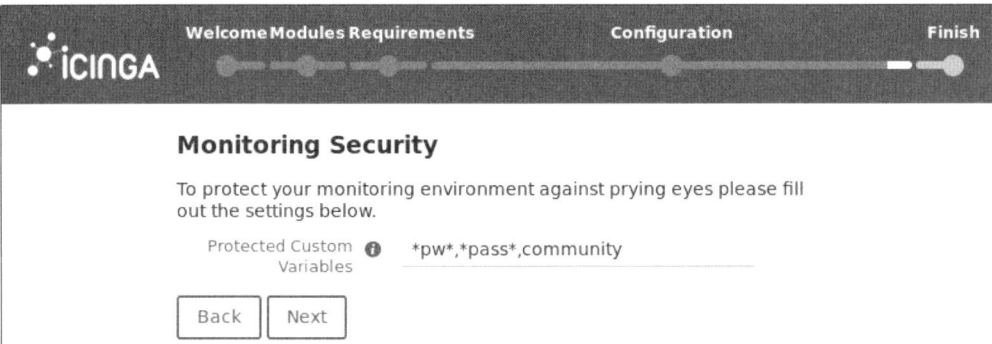

Abbildung 26.15 Sicherheitseinstellungen

Herzlichen Glückwunsch, Sie haben das Martyrium überstanden. Jetzt gratuliert Icinga Web2 Ihnen noch zur erfolgreichen Konfiguration und stellt Ihnen über die Schaltfläche LOGIN TO ICINGA WEB 2 direkt eine Anmeldemöglichkeit zur Verfügung (siehe Abbildung 26.16).

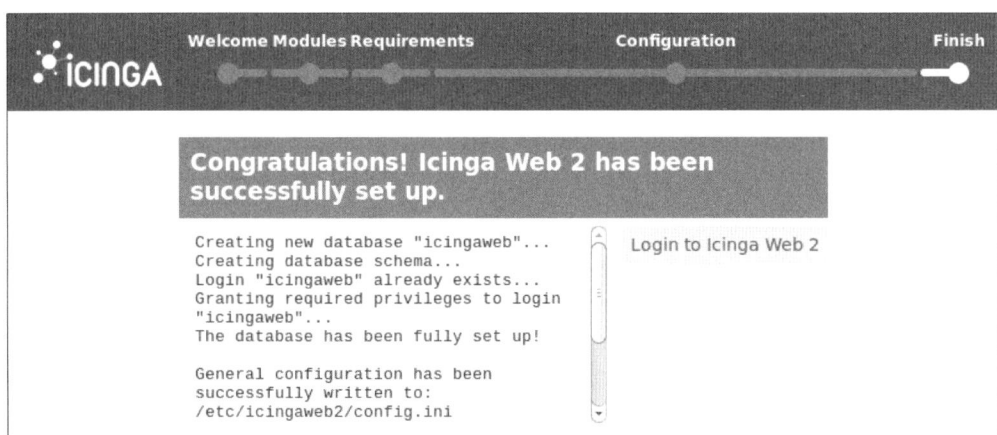

Abbildung 26.16 Abschlussmeldung der Konfiguration

26.3   Ein erster zaghafter Blick

Nach der Anmeldung begrüßt Icinga Web2 Sie mit dem *Dashboard*. Dies stellt eine Übersicht aller Systeme und Dienste dar, die geprüft werden. Wie Sie in Abbildung 26.17 sehen, ist bereits ein System vorhanden – Ihr Monitoring-Server selbst.

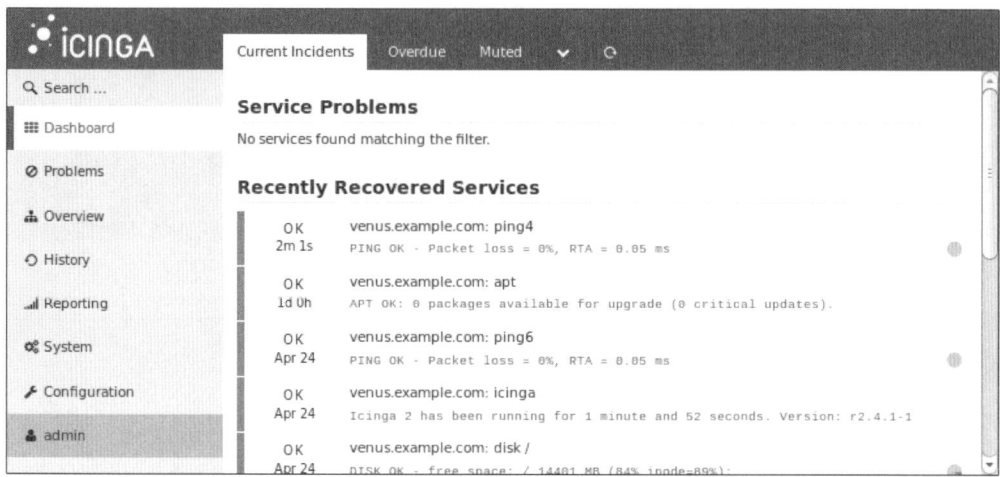

Abbildung 26.17 Startbildschirm von »Icinga Web2«

Im Übrigen errät Icinga Web2 die Sprache anhand der Kennung, die Ihr Browser mitsendet. Falls dies, wie im Beispiel, schiefläuft (der Browser behauptet, dass wir Englisch verwenden), können Sie die Sprache pro Benutzer auch fest einstellen. Wechseln Sie dazu in das Menü ADMIN • PREFERENCES, wählen Sie unter YOUR CURRENT LANGUAGE den Punkt de_DE aus, und speichern Sie die Einstellung dauerhaft mit einem Klick auf SAVE TO THE PREFERENCES.

Die Weboberfläche selbst ist relativ selbsterklärend. Auf der linken Seite finden Sie das Hauptmenü, wobei sich die einzelnen Punkte weiter aufgliedern können, wenn Sie sie anwählen. Oben finden Sie stets ein an die jeweilige Umgebung angepasstes Menü. Viele Elemente können angeklickt werden, wodurch Sie jeweils eine Ebene tiefer einsteigen können. Dadurch kann das Hauptfenster auch weiter unterteilt werden.

Wie Sie bereits in Abbildung 26.17 sehen, wird zu den einzelnen Prüfungen nicht nur der Status ausgegeben, sondern Sie erfahren seit wann er besteht und mit welcher Meldung die Prüfung abgeschlossen wurde. Das Farbschema ist dabei relativ einfach gehalten: grün = OK, gelb = Warnung, rot = kritisch und blau = ausstehend.

26.4   Kleiner Theorie-Exkurs

Der Aufbau und die Struktur der Konfiguration von Icinga sind (leider) relativ komplex und wirken daher, gerade für Anfänger, sehr sperrig und überladen.

Die Konfiguration findet im Verzeichnis */etc/icinga2/conf.d* statt. Darin finden Sie nach der Installation bereits viele Dateien (siehe Listing 26.19):

```
root@venus:/etc/icinga2/conf.d# tree
— app.conf
— apt.conf
— commands.conf
— downtimes.conf
— groups.conf
— hosts.conf
— notifications.conf
— satellite.conf
— services.conf
— templates.conf
— timeperiods.conf
— users.conf
```

Listing 26.19 Konfigurationsdateien nach der Installation in »/etc/icinga2/conf.d«

In diesen Dateien werden Funktionen, Objekte, Dienste, Zeitspannen, Vorlagen und vieles mehr vordefiniert. Sie müssen die vorhandene Struktur nicht beibehalten – der Dienst selbst wertet einfach alle Dateien unterhalb des Verzeichnisses mit der Dateiendung .conf aus (auch wenn sich diese in Unterverzeichnissen befinden). In den folgenden Beispielen werden wir einige von diesen Dateien erweitern und einige neu anlegen, um die Übersichtlichkeit zu wahren und nicht einzelne Dateien zu überfüllen. Bevor wir uns an die eigentliche Konfiguration wagen, wollen wir Ihnen noch die Besonderheiten dazu vorstellen, damit Sie die Stolperfallen geschickt umgehen können.

Theoretisch können Sie pro System alles separat und einzeln definieren. Dies können Sie in einer oder mehreren Dateien tun. Um die Konfiguration aber flexibler und vor allem schlanker zu halten, wurden mehrere Konzepte der Gruppierung integriert. So können Sie Systeme zu Gruppen zusammenfassen und Prüfungen auf die Gruppen anwenden – dadurch müssen Sie nicht jedes System einzeln mit Prüfungen versehen. Ebenso können Zuweisungen anhand von Parametern und Variablen erfolgen.

Generell unterschiedet Icinga beim Status einer Prüfung zwischen *soft* und *hard*. Bei den weichen Fehlern ist bereits eine Prüfung (oder mehrere) fehlgeschlagen, allerdings noch nicht genug, um eine verlässliche Aussage zu treffen. Erst wenn genügend weiche Fehler aufgetreten sind, wird der Status auf *hard* gewechselt, und auch erst dann werden weitere Aktionen ausgeführt – wie zum Beispiel das Versenden einer Benachrichtigung.

26.4.1   Aufbau der Konfigurationsdateien

Die Konfigurationsdateien sind in Blöcke unterteilt, die für sich stehen. Nachstehend haben wir Ihnen die gängigsten Blöcke und deren Funktion aufgelistet:

▶ apply

leitet eine Zuweisung ein. Dabei kann es sich zum Beispiel um eine Prüfung oder eine Benachrichtigung handeln. Mit diesem Mittel werden alle Zuweisungen vorgenommen.

▶ define

leitet eine Definition ein – vergleichbar mit Konstanten in der Programmierung. Anders als Objekte werden dort gesetzte Werte nicht mehr verändert.

▶ object

Icinga verarbeitet viele Elemente als Objekt, dazu zählen:

− Host / HostGroup = Server und Gruppen

− Service / ServiceGroup = Dienste und Gruppen

− User / UserGroup = Benutzer und Gruppen

− CheckCommand = Prüfungen

− NotificationCommand = Benachrichtigungen

− TimePeriod = Zeitangaben

In diesen Blöcken werden die Parameter zu dem jeweiligen Objekt festgelegt – bei einem Server zum Beispiel Name, IP-Adresse, Betriebssystem, etc..

▶ template

leitet die Definition einer Vorlage ein. Darüber können zum Beispiel Standardparameter oder Variablen vordefiniert werden, sodass Objekte, auf die die Vorlage angewendet wurde, nur noch partiell konfiguriert werden müssen.

Kommentare werden im C-Format angegeben; sie werden also mit der Sequenz /* geöffnet und mit */ geschlossen. So können Kommentare sich auch über mehrere Zeilen erstrecken.

26.4.2   Arten von Prüfungen

Icinga 2 unterscheidet zwischen zwei Arten von Prüfungen:

▶ **Agent-less**

Prüfungen ohne Agenten (die Software läuft auf dem zu prüfenden System). Wird eingesetzt bei Diensten, die über das Netzwerk erreicht werden können – diese werden vom Monitoring-Server selbst aus ausgeführt. Dazu zählen:

− *ping4, ping6, fping4, fping6, hostalive*

− *tcp, udp, ssl*

− *http, ftp*

− *smtp, ssmtp, imap, simap, pop, spop*

− *ntp_time*

- *ssh*

- *dns, dig, dhcp*

Sie können noch viele weitere Prüfungen herunterladen, zum Beispiel auf der Webseite *https://exchange.icinga.org* oder *https://exchange.nagios.org*.

▶ **Agent-based**
Wenn ein System nicht über das Netzwerk abgefragt werden kann, kann ein lokaler Agent auf dem System die Prüfung übernehmen. Folgende Agenten werden von Icinga2 unterstützt:

- Icinga 2 Client

- SSH

- SNMP

- NRPE

Viele Prüfungen können ohne Agenten ausgeführt werden oder über den Klassiker der Systemüberwachung – *SNMP*.

26.5   Alles, was man braucht: »Simple Network Management Protocol«

Eines der zentralen Mittel für eine Systemüberwachung ist nach wie vor das *Simple Network Management Protocol (SNMP)*. Mit ihm können Sie unzählige Werte von Systemen abfragen und sogar setzen. Zur Abfrage von Werten werden diese über sogenannte *OIDs (Object Identifier)* adressiert. OIDs stellen sich als durch Punkte voneinander getrennte Zahlenkolonnen dar, zum Beispiel als .1.3.6.1.2.1.1.3.0 – was im Übrigen die *Uptime* eines Linux-Systems darstellt. Da diese Form der Adressierung nur schwer lesbar ist, wurde die sogenannte *Management Information Base (MIB)* (engl. für *Verwaltungsinformationsbasis*) eingeführt.

Die MIB ersetzt Teile der Zahlenkolonnen durch Wörter, wodurch Sie sich besser zurecht finden. Die Uptime kann damit auch als system.sysUpTime adressiert werden. Standardmäßig sind auf einem Ubuntu-Server bereits einige wenige MIBs im Verzeichnis */usr/share/snmp/mibs* enthalten.

Das SNMP-Protokoll existiert in drei Versionen:

▶ **v1** – ohne Sicherheit

▶ **v2c** – leicht erhöhte Sicherheit durch *Community*

▶ **v3** – Authentifizierung (Benutzername und Passwort)

Am häufigsten wird die Version *v2c* eingesetzt, auch wenn sie nur eine geringe Sicherheit bietet. Die Kommunikation erfolgt unverschlüsselt, und zur Authentifizierung muss lediglich der sogenannte *Community-String* übergeben werden.

In diesem Abschnitt zeigen wir Ihnen, wie Sie die notwendigen Vorbereitungen auf Ihrem Monitoring-Server einrichten, Netzwerkkomponenten konfigurieren und SNMP auf den Ubuntu-Servern einrichten, die Sie überwachen wollen.

26.5.1   Auf dem Monitoring-Server

Auf dem Monitoring-Server selbst wird nur die Client-Komponente von SNMP benötigt. Zur Installation genügt der Befehl aus Listing 26.20:

```
daniel@venus:~$ sudo apt-get install snmp
```

Listing 26.20 Installation des SNMP-Clients

Für etwas mehr Komfort installieren wir zusätzlich MIBs um nicht immer mit den Zahlenkolonnen arbeiten zu müssen. Setzen Sie dafür den Befehl aus Listing 26.21 ab:

```
daniel@venus:~$ sudo apt-get install snmp-mibs-downloader
```

Listing 26.21 Installation der zusätzlichen MIBs

Direkt nach der Installation wird sofort das Programm zum Herunterladen der MIBs gestartet: download-mibs. Dieses speichert die zusätzlichen MIBs unter */var/lib/mibs/ietf*. Damit der SNMP-Client diese auch verwendet, müssen Sie die Konfigurationsdatei */etc/snmp/snmp.conf* mit Root-Rechten öffnen und so anpassen, wie in Listing 26.22 dargestellt:

```
# As the snmp packages come without MIB files due to license reasons, loading
# of MIBs is disabled by default. If you added the MIBs you can reenable
# loading them by commenting out the following line.
# mibs :
```

Listing 26.22 Anpassungen in »/etc/snmp/snmp.conf«

Die letzte Zeile aus Listing 26.22 ist standardmäßig nicht auskommentiert, was Sie entsprechend korrigieren müssen. Zusätzlich sollten Sie das Paket *nagios-snmp-plugins* installieren. Es stellt weitere nützliche, bereits angepasste Skripte zur Verfügung. Zur Installation genügt das Kommando aus Listing 26.23:

```
daniel@venus:~$ sudo apt-get install nagios-snmp-plugins
```

Listing 26.23 Installation der zusätzlichen SNMP-Prüfungen

26.5.2   Auf Netzwerkkomponenten

In der Regel bieten Hersteller von Netzwerkhardware auf ihrer Konfigurationsoberfläche ein Menü zur Konfiguration von SNMP an – oft im Bereich MANAGEMENT oder MONITORING. Zur Aktivierung des Dienstes in der Protokollversion 2c wird lediglich ein Community-String für den nur lesenden Bereich *readonly* (kurz *ro*) und einer für den schreibenden Bereich *readwrite* (kurz *rw*) benötigt.

26.5.3   Auf zu prüfenden Servern

Damit Ihre Server auf SNMP-Anfragen reagieren können, müssen Sie zunächst das Paket *snmpd* so installieren, wie in Listing 26.24 dargestellt:

```
daniel@venus:~$ sudo apt-get install snmpd
```

Listing 26.24 Installation des SNMP-Daemons

Standardmäßig läuft der Dienst nur auf Localhost, sodass Anfragen von externen Systemen nicht möglich sind. Dies korrigieren Sie in der gut und umfangreich kommentieren Konfigurationsdatei */etc/snmpd/snmpd.conf*. Öffnen Sie sie, und passen Sie den Absatz AGENT BEHAVIOUR so an wie in Listing 26.25:

```
#
#   AGENT BEHAVIOUR
#

#  Listen for connections from the local system only
# agentAddress   udp:127.0.0.1:161
#  Listen for connections on all interfaces (both IPv4 *and* IPv6)
agentAddress udp:161,udp6:[::1]:161
```

Listing 26.25 Den SNMP-Daemon auf allen Schnittstellen laufen lassen

Wie Sie in Listing 26.25 sehen, wurde die agentAddress-Zeile mit 127.0.0.1 auskommentiert und das Kommentarzeichen in der Zeile ohne Adresse (was allen Schnittstelle des Systems entspricht) entfernt.

Als Nächstes müssen Sie im Absatz ACCESS CONTROL den Umfang der Werte erweitern, die durch SNMP abgefragt werden können sollen. In der Voreinstellung sind nur die systemonly-Werte zugelassen – was uns nicht genügt. Die Einschränkungen werden über views gesteuert. Legen Sie daher einen weiteren view an, sodass Ihre Konfiguration so aussieht wie in Listing 26.26 dargestellt:

```
view    systemonly  included   .1.3.6.1.2.1.1
view    systemonly  included   .1.3.6.1.2.1.25.1
view    all         included   .1
```

Listing 26.26 Zusätzlichen »view« anlegen: »all«

Direkt darunter werden die Community-Strings konfiguriert. Dort müssen wir nun den soeben angelegten view so einrichten, wie in Listing 26.27 gezeigt:

```
# rocommunity public  default    -V systemonly
  rocommunity public  default    -V all
```

Listing 26.27 Den »view« der Community zuweisen

Wie Sie sehen, wurde die vorherige Konfiguration auskommentiert und durch eine neue ersetzt, die bis auf den View identisch ist. Um die Sicherheit zu erhöhen, sollten Sie als Community-String (im Standard `public`) einen individuellen String vergeben. Auch wenn dies die Sicherheit nicht signifikant erhöht, ist es dennoch ratsam.

☑ Falls Sie SNMP-Abfragen nur von einem eingeschränkten Kreis aus zulassen wollen, können Sie anstelle von `default` (was im Übrigen einfach »alle Systeme« bedeutet) ein Subnetz angeben, zum Beispiel `192.168.0.0/24`, um nur Systemen aus diesem Netzwerk den Zugriff zu erlauben.

Zu guter Letzt passen wir noch die Kontaktdaten in dem Absatz SYSTEM INFORMATION an, damit weitere Administratoren das System auch zweifelsfrei identifizieren können und gegebenenfalls einen Ansprechpartner vorfinden. Dafür müssen Sie die Parameter aus Listing 26.28 mit sinnvollen Werten setzen:

```
sysLocation    Maschinensaal II
sysContact     Daniel van Soest <daniel@example.com>
```

Listing 26.28 Setzen der Kontaktdaten

Nach einem obligatorischen `sudo systemctl restart snmpd.service` werden die vorgenommenen Änderungen aktiviert. Jetzt können Anfragen an Ihr System mit SNMP erfolgen.

26.6 Ran an die Arbeit: »Hosts«, »Services« und »Contacts«

Nachdem nun alle Vorarbeiten erledigt sind, können wir uns an die eigentliche Konfiguration in Icinga wagen.

26.6.1 Hinzufügen eines »Hosts«

Zur besseren Übersicht legen wir zunächst das Verzeichnis *hosts* unterhalb von */etc/icinga2/conf.d* an. Darin werden wir pro Server oder Systeme eigene Konfigurationsdateien anlegen.

In Listing 26.29 sehen Sie den Inhalt der Datei *pluto.example.com.conf*. Der Name der Datei beinhaltet den Hostnamen des Systems, das geprüft werden soll, und endet (damit die Konfiguration von Icinga beachtet wird) mit der Dateiendung *.conf*.

```
object Host "pluto.example.com" {
        import "generic-host"
        address = "192.168.0.159"
```

```
        check_command = "hostalive"
        vars.os = "Linux"
        vars.sla = "24x7"
}
```

Listing 26.29 Inhalt der Datei »pluto.example.com.conf«

In der ersten Zeile wird nach dem Schlagwort der Name des Systems in doppelten Anführungszeichen definiert (im Beispiel pluto.example.com). Über diesen Namen können Sie das Objekt später weiter referenzieren. Mit import wird die Konfiguration aus dem Template generic-host geladen. Mit address wird die IP-Adresse des Servers angegeben. In der Direktive check_command wird festgelegt, wie die Statusüberprüfung durchgeführt werden soll.

Zusätzlich werden die Variablen var.os für die Angabe des Betriebssystems und vars.sla für die Angabe der *Service Licence Agreements* gesetzt. Dadurch werden bereits weitere Konfigurationen und Prüfungen gesetzt, wie Sie in Abbildung 26.18 sehen können.

Abbildung 26.18 Dienstübersicht des neu hinzugefügten Hosts »pluto.example.com«

Wie Sie sehen, sind ohne weiteres Zutun bereits die Prüfungen ping4 (ICMP-Ping) und ssh des SSH-Dienstes aktiviert. Dies erfolgt, da die Prüfung für alle Systeme mit dem Betriebssystem Linux automatisch zugewiesen wird.

26.6.2   Hinzufügen einer Basis-SNMP-Prüfung

Wie wir bereits erörtert haben, ist SNMP der Standard zur Abfrage von Systemwerten. Wenn Sie unserem Beispiel bis hierhin gefolgt sind, ist auf Ihrem Monitoring-Server bereits das Paket nagios-snmp-plugins installiert. Um dieses Paket nutzen zu können, müssen Sie die Kommandos zunächst in Incinga2 konfigurieren.

Öffnen Sie dafür die Datei */etc/icinga2/conf.d/commands.conf* mit Root-Rechten, und fügen
Sie die Zeilen aus Listing 26.30 hinzu:

```
/* LOAD */
object CheckCommand "check_snmp_load" {
  import "plugin-check-command"
  command = [PluginDir + "/check_snmp_load.pl"]
  arguments = {
    "-H" = "$host$"          /* IP / Name        */
    "-C" = "$community$"      /* public           */
    "-T" = "$type$"          /* stand = Linux    */
    "-w" = "$warn$"          /* 90 = 90%         */
    "-c" = "$crit$"          /* 95 = 95%         */
  }
}
```

Listing 26.30 Das Kommando »check_snmp_load« in »commands.conf« konfigurieren

Schauen wir uns den Aufbau etwas genauer an: Die erste Zeile ist ein Kommentar. Es ist
sinnvoll, Konfigurationsblöcke zu kommentieren, da die Definitionsdateien sehr groß werden können und Sie sich mithilfe von Kommentaren dort leichter zurecht finden. Die zweite
Zeile leitet den Objekt-Block ein – hier wurde der Bezeichner check_snmp_load verwendet. Mit
ihm können Sie diese Prüfung referenzieren. In den folgenden Zeilen werden die Standards
für plugin-check-command geladen und wird der Pfad zum Skript (command) gesetzt.

Anschließend folgt mit dem Parameter arguments die Definition der Parameter und Variablen, die das Skript benötigt. Wie Sie sehen, werden einzelnen Parameter, zum Beispiel -H,
gleich einer Variablen (hier $host$) gesetzt. Diese Variable muss später in der Konfiguration
der Prüfung gesetzt werden. Im Übrigen haben wir am Ende der jeweiligen Erklärungen Kommentare hinzugefügt – auch dies kann Ihnen bei späteren Erweiterungen das Leben leichter
machen.

Damit sind die Voraussetzungen geschaffen, um diese Prüfung verwenden zu können. Um
die Prüfung nun auf dem System *pluto.example.com* durchführen zu lassen, müssen wir sie
in der Datei */etc/icinga2/conf.d/hosts/pluto.example.com.conf* konfigurieren. Erweitern Sie
dafür die Datei so, wie in Listing 26.31 dargestellt:

```
/* Check: LOAD */
object Service "load"{
        host_name = "pluto.example.com"
        check_command = "check_snmp_load"
        vars.host = "$address$"
        vars.community = "public"
        vars.type = "stand"
        vars.warn = "90"
```

```
        vars.crit = "95"
        vars.sla = "24x7"
}
```

Listing 26.31 Konfiguration der Prüfung in »pluto.example.com.conf«

Die erste Zeile enthält wieder einen Kommentar. Anschließend wird die Prüfung mit `object` `Service` eingeleitet. Hier wurde als Bezeichnung `load` verwendet, was im Übrigen auch als Bezeichnung von Icinga Web2 verwendet wird. Mit `host_name` wird festgelegt, auf welches Host-Objekt sich die Prüfung bezieht. Anschließend wird über `check_command` angegeben, dass das vorher definierte Kommando `check_snmp_load` verwendet werden soll. Nachfolgend werden die einzelnen Parameter gesetzt, die von der Prüfung benötigt werden. Entscheidend ist hier, dass diese Parameter mit dem Schlagwort `vars` beginnen – da sie die vorher definierten Variablen referenzieren. Erwähnenswert ist noch die erste Variable, da diese gleich der Variablen `$address$` gesetzt wird – dadurch erhält sie den Wert aus der Host-Definition.

Starten Sie nun Icinga2 mit `sudo systemctl icinga2 restart` einmal neu, damit die Änderungen wirksam werden. In der Weboberfläche sollten Sie nun die neu eingerichtete Prüfung für die Systemauslastung auf `pluto.example.com` sehen (vergleiche Abbildung 26.19).

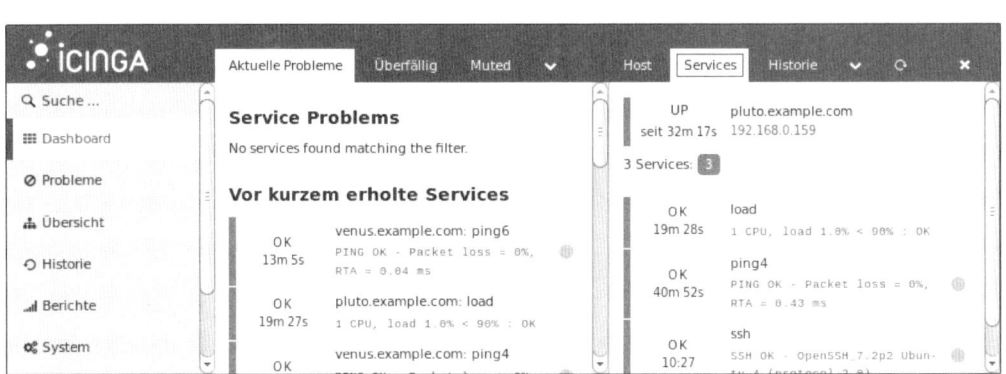

Abbildung 26.19 Dienstübersicht »pluto.example.com« mit »load«

Das hier gezeigte Vorgehen können Sie, bis auf die benötigten Parameter, im Übrigen 1:1 auf die anderen SNMP-Prüfungen anwenden. Zum Beispiel stehen noch weitere Klassiker wie `check_snmp_mem.pl` zur Überwachung des Hauptspeichers oder `check_snmp_storage.pl` zur Überwachung der Füllstände von Festplatten zur Verfügung.

26.6.3   Hinzufügen einer Dienst-Prüfung

Icinga bringt bereits einige Prüfungen mit. Auch diese müssen zunächst definiert werden. Im Beispiel aus Listing 26.32 sehen Sie die Definition des Kommandos `check_mysql`, mit dem

MySQL-Server geprüft werden können. Analog zu den SNMP-Prüfungen müssen auch bei diesem Kommando Argumente übergeben werden.

```
object CheckCommand "check_mysql" {
  import "plugin-check-command"
  command = [PluginDir + "/check_mysql" ]
  arguments = {
    "-H" = "$host$"
    "-u" = "$dbuser$"
    "-p" = "$dbpass$"
    "-d" = "$dbname$"
  }
}
```

Listing 26.32 Ein Kommando in »commands.conf« definieren

Nach der Konfiguration der Prüfung können wir diese auf ein System anwenden. In Listing 26.33 sehen Sie die Konfiguration für das System pluto:

```
object Service "MySQL" {
        host_name = "pluto.example.com"
        check_command = "check_mysql"
        vars.host = "$address$"
        vars.dbuser = "icinga"
        vars.dbpass = "GeHeIm"
        vars.dbname = "Distributionen"
        vars.sla = "24x7"
}
```

Listing 26.33 MySQL-Prüfung in »pluto.example.com.conf« hinzufügen

Wie Sie sehen, wurden hier ebenfalls die benötigen Variablen definiert. Bitte beachten Sie, dass das Passwort des Datenbankbenutzers hier im Klartext gespeichert wird. Auch wenn die Konfigurationsdateien von Icinga über stark eingeschränkte Zugriffsrechte verfügen, sollen Sie hier immer einen speziell für den Test angelegten Benutzer (im Beispiel icinga) verwenden und nicht den Root-Benutzer.

26.7   Benachrichtigungen einrichten

Auf der Weboberfläche erhalten Sie schnell und übersichtlich alle Informationen zu den Systemen und Diensten, die Sie mit Icinga überwachen lassen. Aber was geschieht, wenn Sie einmal nicht verliebt in den Monitor starren? Hierfür können Sie sich bei harten Fehlern benachrichtigen lassen.

Da Icinga modular aufgebaut ist, kann dies über viele verschiedene Wege erfolgen. In diesem Abschnitt zeigen wir Ihnen den wohl unumstrittensten Klassiker: E-Mail.

26.7.1 Vorbereitungen

Damit Icinga E-Mails versenden kann, verwendet es die Infrastruktur des Systems, auf dem es läuft. Zunächst müssen Sie sicherstellen, dass das Paket `mailutils` vorhanden ist, da E-Mails von Icinga über das Programm `mail` versandt werden.

26

Mailserver von A–Z [+]

Wie Sie einen Mailserver installieren und konfigurieren, haben wir Ihnen in Kapitel 10, »Mailserver mit Postfix und Dovecot«, ausführlich erläutert.

In diesem Beispiel zeigen wir Ihnen, wie Sie Ihren Monitor-Server so konfigurieren, dass er E-Mails über einen vorhandenen Mailserver verschickt (`mail.example.com`). Installieren Sie dafür zunächst das Paket `postfix` mit dem Kommando `sudo apt-get install postfix`. Während der Installation werden Ihnen einige Fragen gestellt und Hinweise gegeben, die wir der Reihe nach durchgehen.

Zunächst erhalten Sie den Hinweis, welche Konfigurationsarten Ihnen zur Verfügung stehen. Bestätigen Sie diesen Hinweis mit `<OK>`.

Wie wir bereits erläutert haben, wird unser Beispiel-Monitoring-Server E-Mails über einen vorhandenen Mailserver versenden. Daher wählen wir im Dialog aus Abbildung 26.20 entsprechend den Punkt `Internet mit Smarthost` aus.

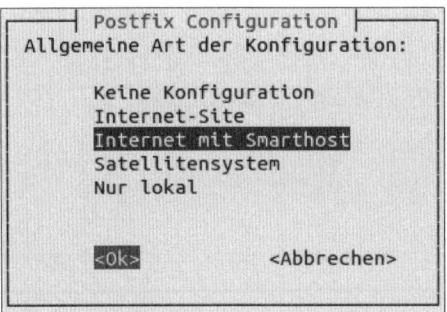

Abbildung 26.20 Postfix-Betriebsart festlegen: »Internet mit Smarthost«

Im nächsten Bildschirm werden Sie aufgefordert, eine Mail-Domäne anzugeben, unter der Postfix arbeiten soll – im Beispiel haben wir (das eigentlich nicht zulässige) `example.com` gewählt, wie in Abbildung 26.21 gezeigt.

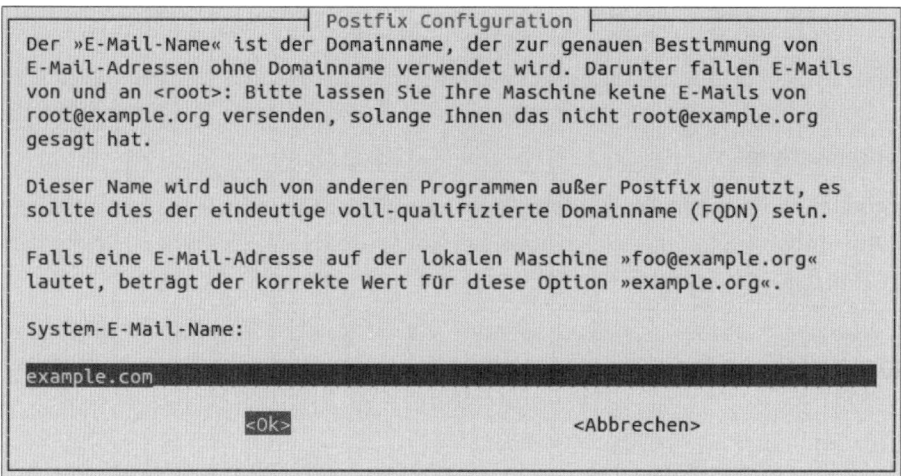

Abbildung 26.21 Postfix-Domäne angeben

Zu guter Letzt müssen Sie nun noch den Mailserver angeben, über den Ihr Monitoring-Server E-Mails versenden soll. In Abbildung 26.22 sehen Sie den entsprechenden Bildschirm.

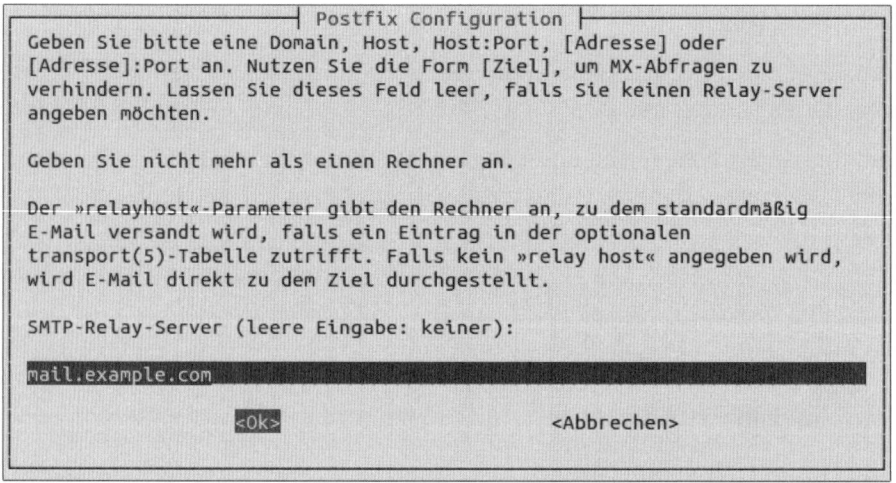

Abbildung 26.22 Postfix-Mailserver angeben

26.7.2 Benutzer anlegen

Wie Sie vielleicht schon vermutet haben, müssen wir nun einen Benutzerobjekt in Icinga anlegen, damit Icinga auch weiß, wer zu benachrichtigen ist.

Öffnen Sie dafür aus dem Verzeichnis *etc/icinga2/conf.d* die sprechend benannte Datei *user.conf*, und fügen Sie die Zeilen aus Listing 26.34 am Ende der Datei hinzu:

```
object User "daniel" {
 display_name = "Daniel van Soest"
 enable_notifications = true
 email = "daniel@example.com"
}
```
Listing 26.34 Benutzer in »users.conf« anlegen

Mit der ersten Zeile wird die Definition des Benutzers daniel eingeleitet. Mit dem Parameter display_name legen Sie fest, welcher Name in der Weboberfläche angezeigt werden soll – hier können Sie also einen beliebigen Namen vergeben, zum Beispiel »Leiter Produktion (Max Mustermann)«. In der nächsten Zeile werden Benachrichtigungen für diesen Benutzer aktiviert. Falls Sie mit mehreren Benutzern und vielleicht sogar Gruppen arbeiten, ist dies eine einfache Möglichkeit, einen Benutzer von der Benachrichtigung auszuschließen. Zu guter Letzt folgt die entscheidende Konfiguration: die Angabe der E-Mail-Adresse, an die Benachrichtigungen versandt werden sollen.

Icinga2-Benutzer ≠ Icinga Web2-Benutzer!

Bitte beachten Sie, dass Icinga Web2 seine eigene Benutzerkonfiguration verwendet und nicht die Kontakte von Icinga2 zur Anmeldung benutzt! In der Weboberfläche können Sie unter KONFIGURATION • AUTHENTIFIZIERUNG • BENUTZER Benutzer anlegen und verwalten.

Da wir nun über ein funktionsfähiges E-Mail Setup und einen Benutzer verfügen, müssen wir nur noch eine Benachrichtigung zuweisen. Öffnen Sie dafür die Datei *notifications.conf*, und fügen Sie am Ende der Datei die Zeilen aus Listing 26.35 hinzu:

```
apply Notification "Alarm-Test" to Service {
  import "generic-notification"
  users = ["daniel"]
  assign where service.host_name == "pluto.example.com"
}
```
Listing 26.35 Benachrichtigung in »notifications.conf« einrichten

In der ersten Zeile wird eine Zuweisung einer Benachrichtigung mit dem Namen Alarm-Test für Prüfungen (to Service) eingeleitet. Anschließend werden die Standardparameter aus generic-notification mit import importiert. Anschließend wird über users definiert, welche Benutzer eine Benachrichtigung erhalten sollen – beachten Sie, dass die Angabe in eckigen Klammern stehen muss! Zum Schluss wird die Zuweisung mit assign where vorgenommen. Im Beispiel aus Listing 26.35 wird ein Vergleich durchgeführt, sodass die Benachrichtigung nur auf Prüfungen angewandt, wird bei denen der Hostname pluto.example.com entspricht.

Dies ist natürlich nicht sehr flexibel. Wie Ihnen vielleicht aufgefallen ist, haben wir in der bisherigen Konfiguration der Prüfungen stets die Variable `sla` gleich 24x7 gesetzt. Diese Zeitangabe entspricht jedem Tag der Woche von jeweils 00:00 bis 24:00 Uhr. Wenn Sie eine Benachrichtigung für alle Dienste, die mit dieser Zeitperiode versehen sind, erhalten wollen, ersetzen Sie einfach die Zuweisung durch die Zeile aus Listing 26.36:

```
assign where service.vars.sla == "24x7"
```

Listing 26.36 Zuweisung an alle Dienste mit »sla=24x7«

Tritt nun, nachdem Neustart des Dienstes mit `sudo systemctl restart icinga2`, ein Fehler auf, wird eine entsprechende Benachrichtigung versandt. In Abbildung 26.23 sehen Sie zum Beispiel die Meldung, dass beim System `pluto.example.com` der HTTP-Dienst ausfällt.

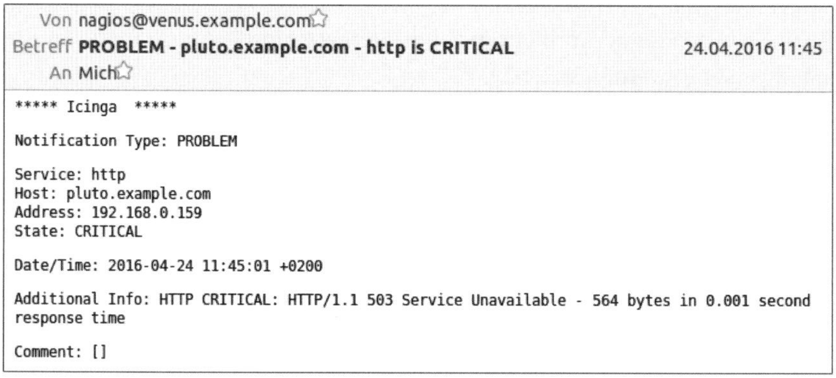

```
      Von nagios@venus.example.com☆
 Betreff PROBLEM - pluto.example.com - http is CRITICAL          24.04.2016 11:45
      An Mich☆

 ***** Icinga  *****

 Notification Type: PROBLEM

 Service: http
 Host: pluto.example.com
 Address: 192.168.0.159
 State: CRITICAL

 Date/Time: 2016-04-24 11:45:01 +0200

 Additional Info: HTTP CRITICAL: HTTP/1.1 503 Service Unavailable - 564 bytes in 0.001 second
 response time

 Comment: []
```

Abbildung 26.23 E-Mail-Benachrichtigung über einen Fehler

Es wird im Übrigen nicht nur bei Fehlern benachrichtigt, sondern auch, wenn sich Dienste erholen. In Abbildung 26.24 sehen Sie die Meldung, dass sich der Webserver von `pluto.example.com` wieder erholt hat.

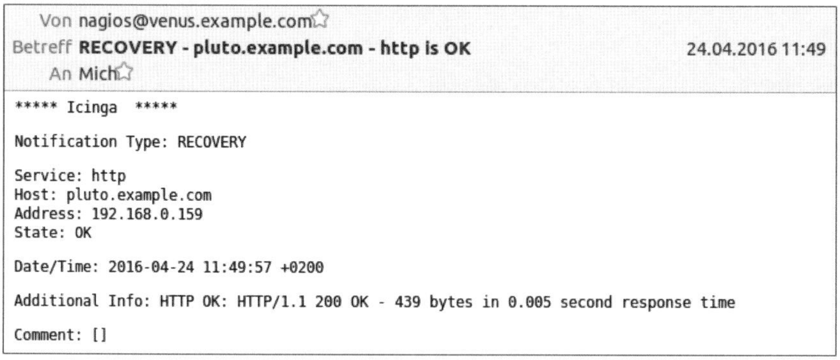

```
      Von nagios@venus.example.com☆
 Betreff RECOVERY - pluto.example.com - http is OK              24.04.2016 11:49
      An Mich☆

 ***** Icinga  *****

 Notification Type: RECOVERY

 Service: http
 Host: pluto.example.com
 Address: 192.168.0.159
 State: OK

 Date/Time: 2016-04-24 11:49:57 +0200

 Additional Info: HTTP OK: HTTP/1.1 200 OK - 439 bytes in 0.005 second response time

 Comment: []
```

Abbildung 26.24 E-Mail-Benachrichtigung über einen wiederhergestellten Dienst

26.8 Plug-ins

Im Meta-Paket *monitoring-plugins*, das wiederum das Paket *nagios-plugins* enthält, sind bereits viele nützliche Plug-ins enthalten. Einige liegen im Binärformat vor (also kompiliert) und andere als Shell- oder Perl-Skript. Icinga kann im Prinzip jede ausführbare Datei als Prüfung verarbeiten, solange die Antwort seiner Syntax entspricht.

Die Plug-ins werden im Verzeichnis */usr/lib/nagios/plugins* vorgehalten. Dort können sie auch direkt auf der Kommandozeile ausgeführt werden. Zum Beispiel dient `check_tcp` zur Überprüfung eines Mailservers, wie in Listing 26.37 dargestellt:

```
root@venus:/usr/lib/nagios/plugins# ./check_tcp -H mail.example.com -p 25 -e \
'220 mail.example.com'
TCP OK - 0,057 second response time on mail.example.com port 25 [220 \
mail.example.com ESMTP Postfix (Ubuntu)]|time=0,056866s;;;0,000000;10,000000

root@venus:/usr/lib/nagios/plugins# ./check_tcp -H mail.example.com -p 110 -e \
'+OK Dovecot ready.'
TCP OK - 0,029 second response time on mail.example.com port 110 \
[+OK Dovecot ready.]|time=0,028957s;;;0,000000;10,000000

root@venus:/usr/lib/nagios/plugins# ./check_tcp -H mail.example.com -p 143 -e \
'* OK '
TCP OK - 0,026 second response time on mail.example.com port 143 [* OK [CAPABILITY \
IMAP4rev1 LITERAL+ SASL-IR LOGIN-REFERRALS ID ENABLE IDLE AUTH=PLAIN] \
Dovecot ready.]|time=0,025570s;;;0,000000;10,000000
```

Listing 26.37 Manuelles Ausführen von »check_tcp«

Wie Sie in Listing 26.37 sehen, wurde das Skript `check_tcp` dreimal mit unterschiedlichen Parametern ausgeführt, um alle Dienste des Mailservers zu überprüfen: SMTP, POP3 und IMAP. Falls Ihnen die Syntax eines Plug-ins nicht bekannt ist, können Sie es stets mit dem Parameter `--help` starten. Damit erhalten Sie eine Übersicht der gültigen Parameter und was diese bewirken und welche Werte sie erwarten.

Mit dem so gewonnenen Wissen können Sie leicht in der Datei *command.conf* weitere Prüfungen konfigurieren.

26.8.1 Weitere Plug-ins

Falls Sie eine Prüfung vornehmen wollen, die mithilfe der vorhanden Plug-ins nicht möglich ist, müssen Sie nicht gleich mit der Entwicklung einer eigenen Prüfung beginnen. Schauen Sie zunächst mal auf *https://exchange.icinga.org* oder *https://exchange.nagios.org* vorbei. Dort finden Sie eine umfangreiche Sammlung von Plug-ins auch zu exotischeren Themen.

Auch wenn nicht alle Plug-ins, die Sie dort herunterladen können, funktionieren, können Sie diese zumindest als Basis für eine eigene Entwicklung verwenden.

26.9   Fazit

Icinga2 und Icinga Web2 stellen mächtige Verbündete bei der Überwachung Ihrer Systeme dar. Auch wenn der Einstieg aufgrund der Komplexität etwas mühsam ist, lohnt sich der Einsatz. Gerade bei großen Umgebungen oder der Herausforderung, eine Rufbereitschaft etablieren zu müssen, ist Icinga die erste Wahl. Leider können wir Ihnen nicht alle Facetten der Tools vorstellen, aber wir hoffen, Ihnen einen guten ersten Eindruck verschafft zu haben. Damit sollten Sie das Rüstzeug erworben haben, um größere und komplexere Konfigurationen einrichten zu können. Abschließend noch ein Tipp: Icinga wird äußerst umfangreich dokumentiert. Wenn Sie mal nicht weiterwissen, sollten Sie die Webseite *http://docs.icinga.org/* besuchen – dort finden Sie zu allen Themen umfangreichen Lesestoff, und auch die exotische Konfiguration wird haarklein erläutert.

## Kapitel 27

Dateiübertragung: FTP, FTPS, SFTP und TFTP

*Mit einem FTP-Server geben Sie bekannten und, wenn Sie wollen, auch unbe-
kannten Benutzern die Möglichkeit, Dateien auf Ihren Server herauf- und von
ihm herunterzuladen. In diesem Kapitel behandeln wir den FTP-Server »vsftpd«,
der als besonders sicher gilt, die Übertragung mit »SFTP« über SSH und für fortgeschrittene Netzwerkadministratoren auch TFTP, den kleinen Bruder von FTP.*

Das *File Transfer Protocol (FTP)* dient dazu, Dateien von einem Server zu einem Client oder umgekehrt zu übertragen. Das Protokoll ist nicht plattformabhängig, d.h., die Übertragung einer Datei von einem Windows- zu einem Linux-Rechner funktioniert genauso wie etwa zwischen FreeBSD und OS X.

Es gibt Dutzende von FTP-Servern für Linux, aber wir behandeln hier nur den *Very Secure FTP Daemon*, kurz *vsftpd*. Der Grund ist, dass nur dieser Server in Ubuntus *main*-Zweig aufgenommen wurde und daher garantiert gepflegt und zeitnah mit Updates versorgt wird.
Außerdem gilt *vsftpd* als besonders sicher, und er ist leicht zu konfigurieren. Darüber hinaus kann über den *vsftpd* auch FTPS eingerichtet werden.

Im weiteren Verlauf des Kapitels stellen wir Ihnen den sicheren Dateiaustausch mit SFTP vor, einem Modul des bekannten und beliebten SSH.

Zum Abschluss zeigen wir den Fortgeschrittenen, wie Sie Ihren eigenen TFTP-Server betrei-
ben können, um im lokalen Netzwerk schnell Dateien von Netzwerkkomponenten zu holen oder Dateien auf Netzwerkkomponenten zu bringen.

27.1   Basiswissen

Zunächst wollen wir etwas Licht ins Begriffsdunkel bringen. Viele Nutzer und auch Administratoren können die Begriffe und Funktionen nicht richtig zuzuordnen. Folgende Begriffe kommen häufig vor:

▶ **FTP**
Abkürzung für *File Transfer Protocol*, das eigentliche (unverschlüsselte) FTP

▶ **FTPS / FTP(S) / Explicit FTPS**

Abkürzung für *File Transfer Protocol over SSL*, die verschlüsselte Variante des FTP. Die unterschiedlichen Schreibweisen meinen alle das Gleiche. Hier kommen x.509-Zertifikate zum Einsatz, über die sowohl die Verschlüsselung als auch die Authentifizierung eines Servers möglich ist.

▶ **SFTP**

Abkürzung für *Secure FTP*. Beschreibt den verschlüsselten Dateiaustausch mit FTP über SSH. Hier kommen SSH-Schlüssel zum Einsatz.

▶ **TFTP**

Abkürzung für *Trivial FTP*. Beschreibt eine einfache authentifizierungslose Dateiübertragung. Viele Funktionen des FTP sind hierbei nicht implementiert. TFTP kommt häufig bei der fortgeschrittenen Konfiguration von Netzwerkhardware zum Einsatz, z. B. zum Download von Firmware oder zum Speichern von Konfigurationen.

27.1.1 Welches Vorwissen wird benötigt?

Für dieses Kapitel sollten Sie folgende Kenntnisse bereits erworben haben:

▶ **Die Bash** (siehe hierzu Abschnitt 8.1, »Hilfe, da blinkt was! Die Bash«)

▶ **Paket-Installation** (siehe hierzu Abschnitt 2.4.3, »Umgang mit Paketen«)

27.2 Das File Transfer Protocol – Client

In diesem Abschnitt lernen Sie FTP aus der Sicht des Benutzers kennen. Sie erfahren, wie Sie mithilfe gängiger Clients einen bereits vorhandenen FTP-Server benutzen. Wenn Sie darin schon erfahren sind und lernen möchten, wie Sie selbst einen FTP-Server betreiben, blättern Sie einfach weiter bis zu Abschnitt 27.3, »FTP-Server: ›vsftpd‹«.

Das *File Transfer Protocol* (FTP) wurde im Jahr 1980 erstmals spezifiziert und zählt damit zu den älteren Protokollen. 1997 erhielt es dringend benötigte sicherheitsspezifische Erweiterungen. Es handelt sich um eine klassische Client-Server-Architektur.

Client und Server kommunizieren auf zwei Kanälen miteinander: einem Steuerungskanal und einem Datenkanal. Der Steuerungskanal nutzt den TCP-Port 21 – über ihn werden der Verbindungsaufbau abgewickelt und Steuerkommandos ausgetauscht. Der Datenkanal dient ausschließlich zur Übertragung von Nutzdaten und benutzt den TCP-Port 20.

Zunächst wollen wir uns das Protokoll genauer ansehen. Zur Veranschaulichung bietet sich der Einsatz auf der Konsole an. Im weiteren Verlauf dieses Abschnitts stellen wir Ihnen auch eine grafische Oberfläche vor.

27.2.1 FTP mit der Kommandozeile

Für dieses und alle folgenden Beispiele steht uns ein FTP-Server mit der IP-Adresse 192.168.0.148 zur Verfügung. Dort ist ein Benutzerkonto mit dem Namen *daniel* eingerichtet. Diese Daten müssen Sie bei Versuchen mit Ihrem eigenen Server natürlich anpassen.

Zum Anmelden öffnen Sie ein Terminal auf Ihrem Desktop und setzen den Befehl ftp 192.168.0.148 ab. Zunächst antwortet der FTP-Server, stellt sich vor und fragt Sie dann nach Ihrem Benutzernamen:

```
daniel@ubuntu:~$ ftp 192.168.0.148
Connected to 192.168.0.148.
220 (vsFTPd 3.0.3)
Name (192.168.0.148:daniel):
```

Listing 27.1 Der FTP-Server fragt nach dem Benutzernamen.

Geben Sie den Benutzernamen ein (in unserem Beispiel ist es, wie erwähnt, *daniel*). Benutzen Sie dabei nur Kleinbuchstaben, der Server ist da penibel. Nach der Eingabe des Namens möchte der Server das Passwort wissen:

```
331 Please specify the password.
Password:
```

Listing 27.2 Der FTP-Server fragt nach dem Passwort.

Dies ist kein spezielles FTP-Passwort, sondern das Passwort, mit dem sich der Benutzer *daniel* auch an seinem Systemkonto anmeldet.

Nach der erfolgreichen Eingabe bestätigt der Server, dass Sie nun angemeldet sind:

```
230 Login successful.
Remote system type is UNIX.
Using binary mode to transfer files.
ftp>
```

Listing 27.3 Die Anmeldung war erfolgreich.

Der FTP-Server wartet nun auf weitere Kommandos von Ihnen. Geben Sie zum Ausprobieren einmal pwd ein (*print working directory*, aktuelles Arbeitsverzeichnis anzeigen):

```
ftp> pwd
257 "/home/daniel" is the current directory
ftp>
```

Listing 27.4 Das aktuelle Verzeichnis anzeigen lassen

Eine Übersicht über alle Kommandos, die der FTP-Server versteht, erhalten Sie durch die Eingabe von help.

Die Kommandos sind von Server zu Server unterschiedlich:

```
ftp> help
Commands may be abbreviated.   Commands are:
```

!	dir	mdelete	qc	site
$	disconnect	mdir	sendport	size
account	exit	mget	put	status
append	form	mkdir	pwd	struct
ascii	get	mls	quit	system
bell	glob	mode	quote	sunique
binary	hash	modtime	recv	tenex
bye	help	mput	reget	tick
case	idle	newer	rstatus	trace
cd	image	nmap	rhelp	type
cdup	ipany	nlist	rename	user
chmod	ipv4	ntrans	reset	umask
close	ipv6	open	restart	verbose
cr	lcd	prompt	rmdir	?
delete	ls	passive	runique	
debug	macdef	proxy	send	

Listing 27.5 »help« liefert eine Befehlsübersicht.

Eine Reihe dieser Kommandos kommt Ihnen sicher bekannt vor, insbesondere ls, cd, mkdir und chmod, die Sie aus der Arbeit und Navigation im Dateisystem kennen.

Die Eingabe von ls zeigt uns, wie zu erwarten war, den Inhalt des Verzeichnisses an. Im Beispiel liegt nur eine Datei namens *beispiel.bin* im Verzeichnis:

```
ftp> ls
200 PORT command successful.
150 Here comes the directory listing.
-rw-rw-r--   1 1000     1000      10485760 Feb 13 09:31 beispiel.bin
226 Directory send OK.
```

Listing 27.6 »ls« liefert ein Verzeichnislisting.

[+] Diese Datei wollen wir herunterladen. Dazu dient das Kommando get <FILE>. Beachten Sie auch hier, dass der Server Groß- und Kleinschreibung genau unterscheidet, wie generell unter Linux üblich.

```
ftp> get beispiel.bin
local: beispiel.bin remote: beispiel.bin
200 PORT command successful. Consider using PASV.
150 Opening BINARY mode data connection for beispiel.bin (10485760 bytes).
```

```
226 Transfer complete.
10485760 bytes received in 0.11 secs (91.1652 MB/s)
```

Listing 27.7 Eine Datei wird heruntergeladen.

Das Hochladen einer Datei auf den FTP-Server läuft – sofern Ihnen der Administrator die Berechtigung dazu eingerichtet hat – ganz ähnlich ab. Sie benutzen dazu nur das Kommando `put <Dateiname>` anstelle von `get <Dateiname>`.

Abmelden können Sie sich mit dem Kommando `quit`. Der Server verabschiedet sich höflich, und die Verbindung ist beendet:

```
ftp> quit
221 Goodbye.
```

Listing 27.8 Die FTP-Sitzung wird beendet.

27.2.2 FTP mit dem Browser

Zumindest für das Herunterladen von einzelnen Dateien eignet sich zur Not auch ein Browser. Geben Sie in der URL-Zeile des Browsers `ftp://`, gefolgt von der Adresse des FTP-Servers ein, also etwa `ftp://192.168.0.148`.

Falls der FTP-Server einen anonymen Login unterstützt, wird der Browser Sie selbstständig anmelden. Wenn nicht, wird er Sie auffordern, Ihren Benutzernamen und Ihr Passwort einzugeben.

Je nachdem, welchen Browser Sie verwenden, kann diese Aufforderung optisch ein wenig von Abbildung 27.1 abweichen.

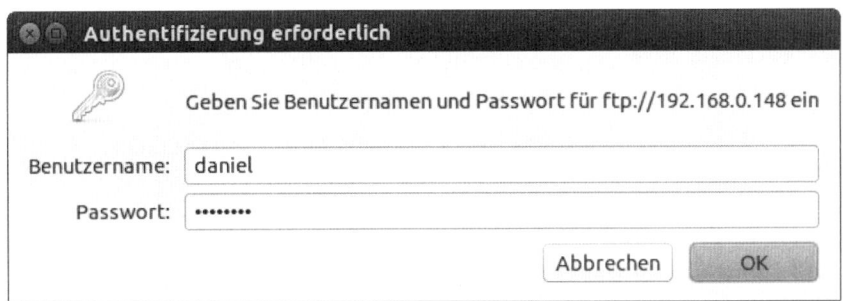

Abbildung 27.1 Der FTP-Server fragt nach dem Benutzernamen und dem Passwort.

Nach erfolgreicher Eingabe der Benutzerkennung präsentiert der Browser Ihnen die Verzeichnisdarstellung des FTP-Servers (siehe Abbildung 27.2). In unserem Beispiel enthält das Verzeichnis nur eine einzige Datei, *beispiel.bin*.

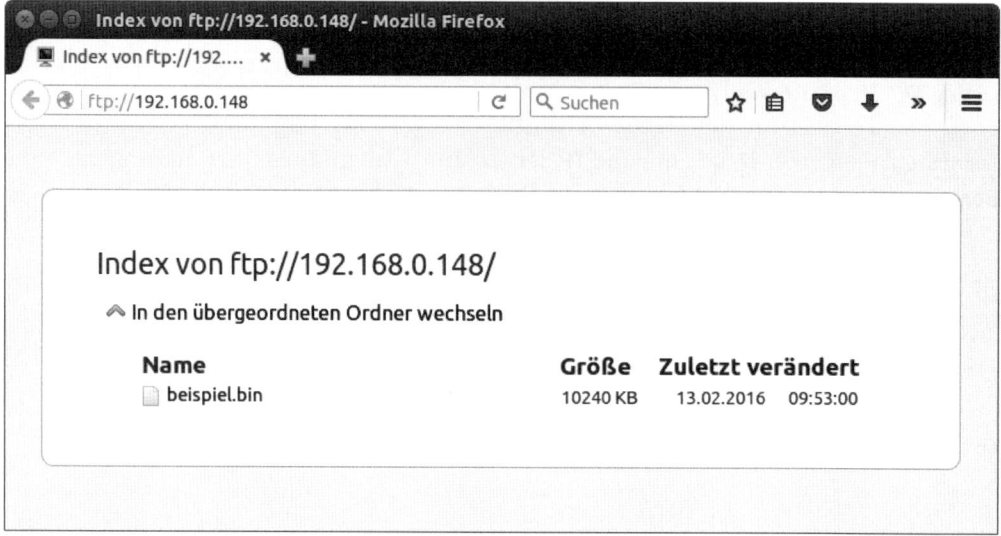

Abbildung 27.2 Der Inhalt des Verzeichnisses wird angezeigt.

Um sie herunterzuladen, klicken Sie entweder mit der rechten Maustaste auf den Datei-namen und wählen im Kontextmenü HERUNTERLADEN aus, oder Sie ziehen die Datei einfach mit der Maus in ein lokales Verzeichnis, wie in Abbildung 27.3 dargestellt.

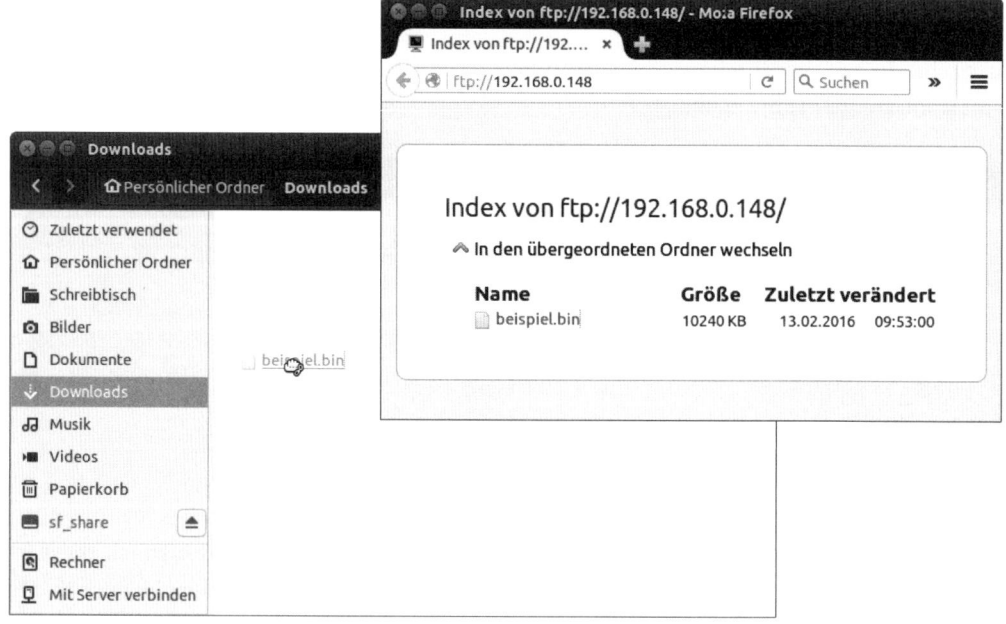

Abbildung 27.3 Herunterladen einer Datei

27.2.3   FTP mit einem grafischen FTP-Client

Ein grafischer FTP-Client ist bei Weitem die bequemste Art, als Benutzer mit einem FTP-Server zu interagieren. Ein typischer Vertreter dieser Softwaregattung ist *FileZilla* (siehe Abbildung 27.4), aber es gibt Dutzende weitere grafische FTP-Clients.

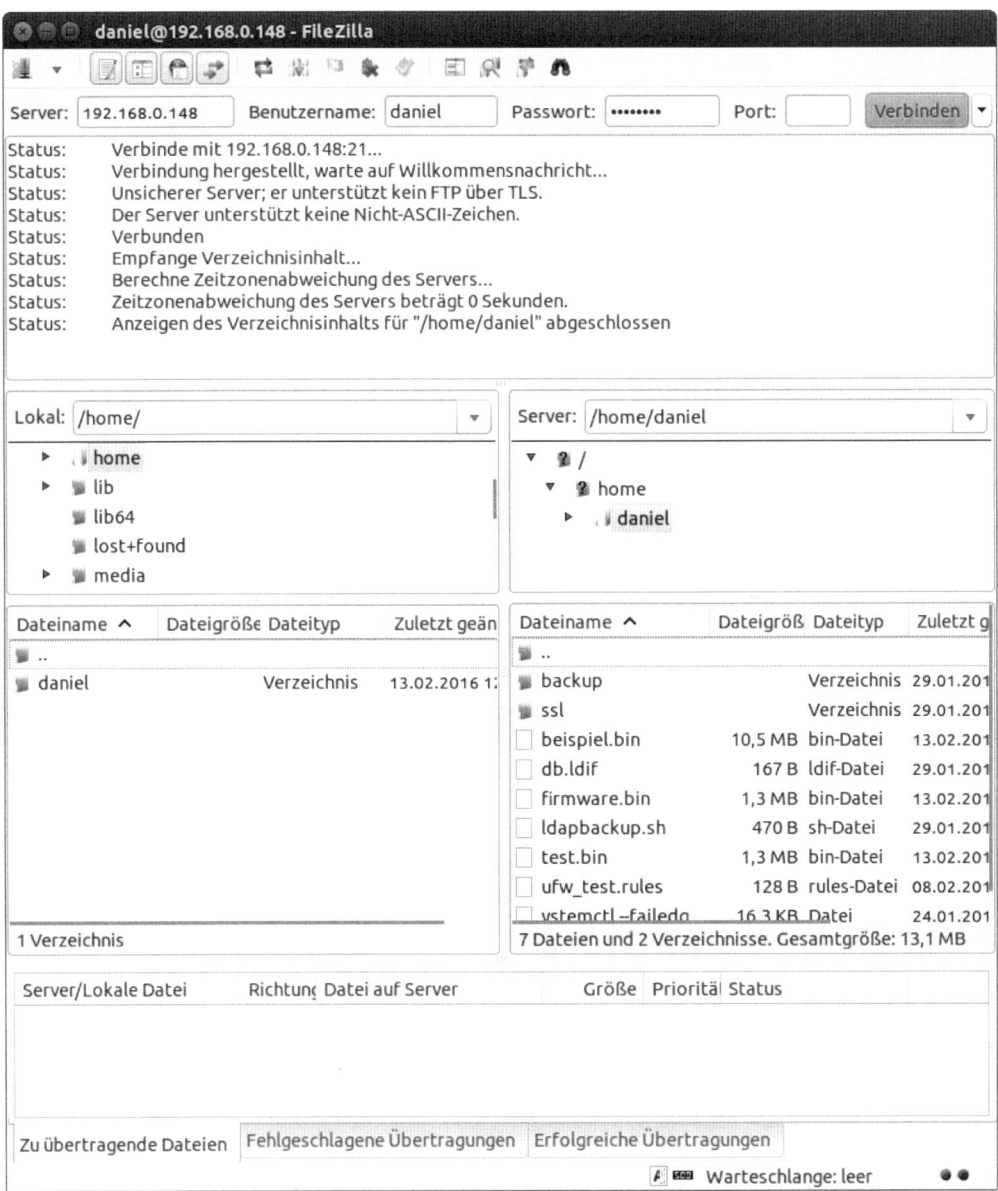

Abbildung 27.4 Login mit dem FTP-Client »FileZilla«

Zu den Vorteilen dieser Programme gehört es, dass sie sich die Login-Daten für mehrere FTP-Server merken können. *FileZilla* und seine Verwandtschaft stellen in aller Regel zwei Dateibäume dar: den lokalen auf dem Rechner des Benutzers und den entfernten auf dem FTP-Server. Auf diese Weise können Sie einfach per Drag & Drop Dateien und ganze Verzeichnisse hoch- und herunterladen.

27.3   FTP-Server: »vsftpd«

Sie installieren den *vsftpd* ganz einfach mit dem Kommando `sudo apt-get install vsftpd`. Er startet nach der Installation automatisch. Zur Konfiguration dient die Datei */etc/vsftpd.conf*, die wir uns in den folgenden Abschnitten im Detail anschauen werden.

vsftpd unterscheidet anonyme und lokale Benutzer. In der Standardkonfiguration des *vsftpd* dürfen sich anonyme User einloggen. Diese haben nur Lese-, aber keine Schreibrechte. Lokale Benutzer dürfen sich überhaupt nicht einloggen. Diese Möglichkeit muss bewusst in der Konfigurationsdatei freigeschaltet werden.

27.3.1   Serverkonfiguration für anonyme Benutzer

Anonyme Benutzer melden sich beim FTP-Server mit dem Benutzernamen »anonymous« an, als Passwort dient die eigene E-Mail-Adresse. Damit das funktioniert, suchen Sie in der Konfigurationsdatei */etc/vsftpf.conf* die Zeile `anonymous_enable=NO` und ändern die Option auf Yes. Danach starten Sie den FTP-Server mit `systemctl restart vsftpd` neu.

```
[...]
anonymous_enable=YES
[...]
```

Listing 27.9 Login für anonyme Benutzer aktivieren

Die vom Benutzer angegebene E-Mail-Adresse kann der Server nicht überprüfen. Also funktioniert in der Praxis jede beliebige E-Mail-Adresse. Wenn Sie sich als »anonymous« einloggen, landen Sie im Verzeichnis */srv/ftp*. Es ist zunächst leer, wie Listing 27.10 zeigt:

```
daniel@saturn:~$ ftp localhost
Connected to localhost.
220 (vsFTPd 3.0.3)
Name (localhost:daniel): anonymous
331 Please specify the password.
Password:
230 Login successful.
Remote system type is UNIX.
Using binary mode to transfer files.
```

```
ftp> ls -lha
200 EPRT command successful. Consider using EPSV.
150 Here comes the directory listing.
drwxr-xr-x    2 0          122         4096 Feb 13 09:16 .
drwxr-xr-x    2 0          122         4096 Feb 13 09:16 ..
226 Directory send OK.
ftp> quit
221 Goodbye.
```

Listing 27.10 Login als »anonymous«

Der »anonymous«-Zugang wird meist benutzt, wenn man unbekannten Benutzern Dateien zum Herunterladen anbieten möchte.

In Listing 27.11 sehen Sie, wie sich jemand als »anonymous« einloggt und mit dem get-Kommando die Datei *beispiel.bin* herunterlädt:

```
daniel@saturn:~$ ftp localhost
Connected to localhost.
220 (vsFTPd 3.0.3)
Name (localhost:daniel): anonymous
331 Please specify the password.
Password:
230 Login successful.
Remote system type is UNIX.
Using binary mode to transfer files.
ftp> ls
200 EPRT command successful. Consider using EPSV.
150 Here comes the directory listing.
-rw-r--r--    1 0          0        10485760 Feb 13 09:30 beispiel.bin
226 Directory send OK.
ftp> get beispiel.bin
local: beispiel.bin remote: beispiel.bin
200 EPRT command successful. Consider using EPSV.
150 Opening BINARY mode data connection for beispiel.bin (10485760 bytes).
226 Transfer complete.
10485760 bytes received in 0.01 secs (725.0054 MB/s)
ftp> quit
221 Goodbye.
```

Listing 27.11 Download als »anonymous«

Standardmäßig dürfen anonym angemeldete Benutzer Dateien herunter-, aber nicht hochladen. Es ist möglich, anonymen Benutzern auch die Schreibberechtigung einzuräumen. Bitte beachten Sie dazu unbedingt die folgende Warnung.

[!]   **Keine Schreibrechte für anonyme Benutzer**

Schreibrechte für anonyme Benutzer sind gefährlich, und es fällt schwer, sich einen sinnvollen Anwendungsfall dafür auszudenken. Benutzen Sie diese Option niemals auf einem Server, der aus dem Internet erreichbar ist, ansonsten ist er sehr bald ein Umschlagplatz für Raubkopien, Malware und Pornografie.

Falls Sie nach reiflicher Überlegung zu dem Schluss gekommen sind, dass Sie die Schreibrechte für anonyme Benutzer aktivieren möchten, fügen Sie diese drei Zeilen zur */etc/vsftpd.conf* hinzu:

```
[...]
write_enable=YES
anon_upload_enable=YES
anon_mkdir_write_enable=YES
[...]
```

Listing 27.12 Schreibrechte für anonyme Benutzer aktivieren

Starten Sie anschließend den FTP-Server mit `sudo systemctl restart vsftpd` neu, damit die Änderungen wirksam werden.

27.3.2   Serverkonfiguration für lokale Benutzer

Als Administrator können Sie es den Benutzern auf Ihrem System leicht ermöglichen, per FTP auf ihre Home-Verzeichnisse zuzugreifen. Dazu benötigen Sie nur die folgende Zeile in der */etc/vsftpd.conf*, die standardmäßig bereits aktiv ist:

```
[...]
local_enable=YES
[...]
```

Listing 27.13 Den Zugriff lokaler Benutzer zulassen

Nach dem Anmelden am FTP-Server landet der Benutzer nun in dem Verzeichnis, das in der */etc/passwd* als Home-Verzeichnis eingetragen ist. In der Regel ist das */home/<USERNAME>*.

Auch lokale Benutzer haben zunächst keine Schreib-, sondern nur Leseberechtigung. Wollen Sie die Schreibrechte erteilen, fügen Sie der Konfiguration noch die Zeile `write_enable=YES` hinzu:

```
[...]
write_enable=YES
[...]
```

Listing 27.14 Schreibzugriff für lokale Benutzer aktivieren

27.3.3   Directory Traversal verhindern

Wenn Sie sich als lokaler Benutzer anmelden und ein wenig experimentieren, stellen Sie schnell fest, dass Sie sich auch außerhalb Ihres Home-Verzeichnisses umschauen dürfen. In Abbildung 27.5 hat sich ein FTP-Benutzer zum Konfigurationsverzeichnis des Apache-Webservers durchgeklickt, in dem er sicherlich nichts zu suchen hat.

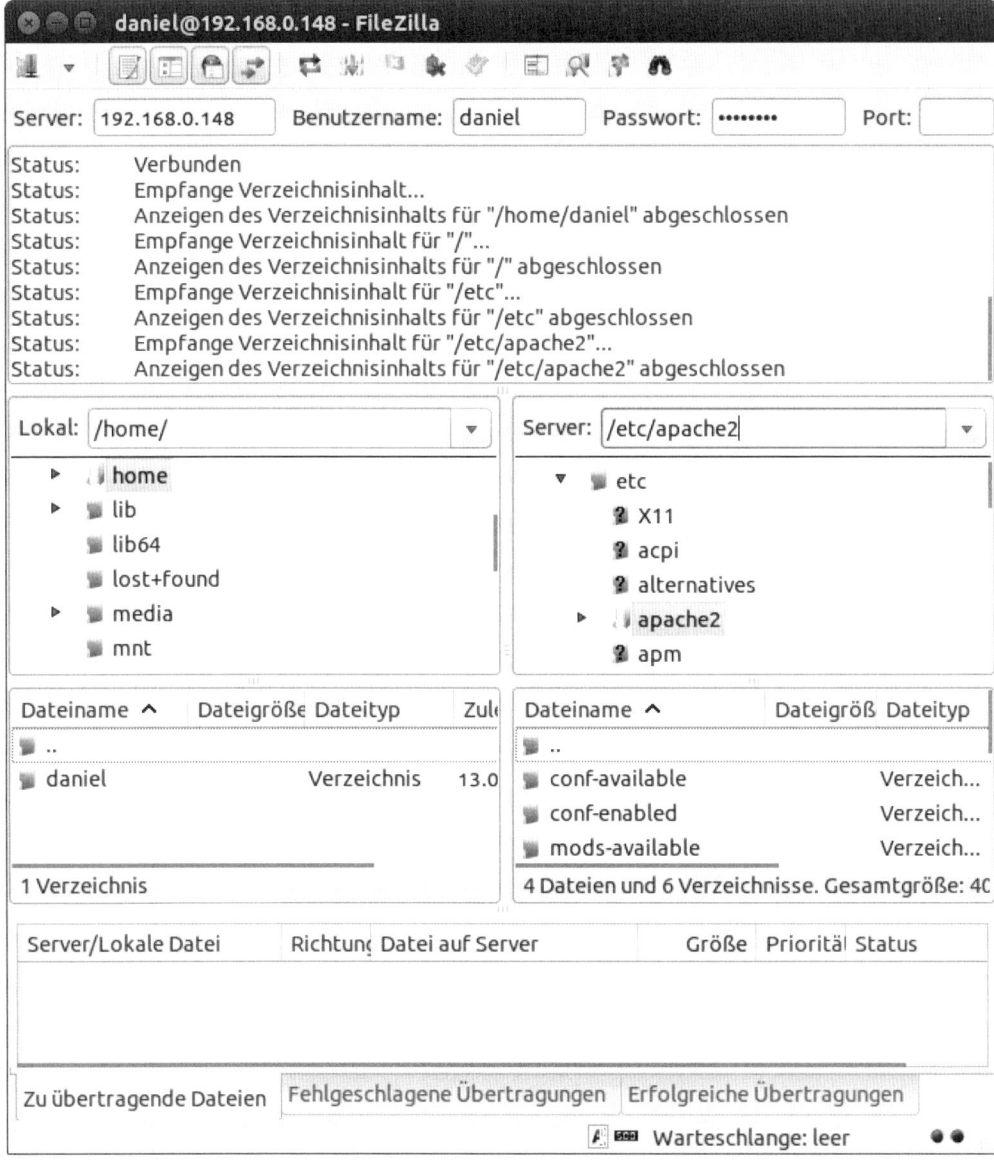

Abbildung 27.5 Der FTP-Benutzer schaut sich das Verzeichnis »/etc/apache2« an.

Wenn dieses Verhalten Sie stört, können Sie per *chroot* (*change root*, Änderung des Wurzelverzeichnisses) erzwingen, dass lokale Benutzer das Home-Verzeichnis nicht verlassen können:

```
[...]
chroot_local_user=YES
chroot_list_enable=NO
[...]
```

Listing 27.15 So verhindern Sie das »Ausbrechen« lokaler Benutzer aus dem Home-Verzeichnis.

Etwas mehr Aufwand müssen Sie treiben, wenn der *chroot*-Mechanismus nur für einige bestimmte User greifen soll, aber nicht für alle. In diesem Fall legen Sie eine Datei namens */etc/vsftpd.chroot_list* an. Dort hinein schreiben Sie eine Liste von Benutzernamen, jeweils einen pro Zeile.

In der */etc/vsftpd.conf* legen Sie danach fest, ob für diese Benutzer der *chroot*-Mechanismus gilt oder ob sie davon ausgenommen sind. Listing 27.16 zeigt die erforderliche Konfiguration, wenn *chroot* nur für die gelisteten Benutzer gelten soll.

```
[...]
chroot_local_user=NO
chroot_list_enable=YES
[...]
```

Listing 27.16 Für Benutzer in der Liste »/etc/vsftpd.chroot_list« greift der »chroot«-Mechanismus.

Listing 27.17 zeigt den umgekehrten Ansatz. Hier sind die Benutzer in der Liste vom *chroot* ausgenommen, er gilt nur für alle anderen.

```
[...]
chroot_local_user=YES
chroot_list_enable=YES
[...]
```

Listing 27.17 Für die Benutzer in der Liste »/etc/vsftpd.chroot_list« greift der »chroot«-Mechanismus nicht.

27.3.4 Verschlüsselte FTP-Verbindungen mit TLS

FTP gehört, wie eingangs erwähnt, zu einer Gruppe von recht alten Protokollen. Diese Protokolle – neben FTP sind das etwa SMTP, Telnet und POP3 – leiden oft an einem Mangel an Sicherheit.

Bei einer FTP-Anmeldung werden zum Beispiel alle Daten, auch Benutzername und Passwort, im Klartext übertragen. Zum Glück ist es sehr einfach, für mehr Sicherheit zu sorgen. Standardmäßig ist der *vsftpd* bereits für den Einsatz von SSL vorkonfiguriert, wie Sie in Listing 27.18 sehen.

```
[…]
# This option specifies the location of the RSA certificate to use for SSL
# encrypted connections.
rsa_cert_file=/etc/ssl/certs/ssl-cert-snakeoil.pem
rsa_private_key_file=/etc/ssl/private/ssl-cert-snakeoil.key
ssl_enable=NO
```

Listing 27.18 SSL Vorbereitungen in der »vsftpd«

Wenn Sie den Parameter `ssl_enable` auf `YES` setzen, erwartet der *vsftp* ein Zertifikat und Schlüssel in den Dateien, die in `rsa_cert_file` und `rsa_private_key_file` angegeben sind. Da es sich dabei um Standarddateien handelt, sind diese bereits vorhanden. Nach dem obligatorischen `sudo systemctl restart vsftp` ist Ihr FTP-Server in der Lage, verschlüsselt zu kommunizieren. Bei einer Verbindung mittels Filezilla wird nun (im Standard) die TLS-Verbindung aufgebaut – da das eingesetzte Zertifikat nicht vertrauenswürdig ist, erhalten Sie die Warnmeldung, die Sie in Abbildung 27.6 sehen.

Abbildung 27.6 Der FTP-Client warnt, weil er dem Zertifikat nicht vertraut.

Akzeptieren Sie das Zertifikat, wird die Verbindung verschlüsselt aufgebaut, wie aus Abbildung 27.7 hervorgeht.

| Server: | 192.168.0.148 | Benutzername: | daniel | Passwort: | •••••••• | Port: | | Verbinden ▾ |

```
Status:     Verbinde mit 192.168.0.148:21...
Status:     Verbindung hergestellt, warte auf Willkommensnachricht...
Status:     Initialisiere TLS...
Status:     Überprüfe Zertifikat...
Status:     TLS-Verbindung hergestellt.
Status:     Der Server unterstützt keine Nicht-ASCII-Zeichen.
Status:     Verbunden
Status:     Empfange Verzeichnisinhalt...
Status:     Anzeigen des Verzeichnisinhalts für "/home/daniel" abgeschlossen
```

Abbildung 27.7 FileZilla hat sich TLS-verschlüsselt angemeldet.

Über einen so konfigurierten FTP-Server können Sie sich nun via FTP und FTP(S) verbinden. Falls Sie nur noch über TLS gesicherte Verbindungen zulassen wollen, müssen Sie einfach die Zeilen aus Listing 27.19 am Ende der *vsftpd.conf* hinzufügen:

```
allow_anon_ssl=NO
force_local_data_ssl=YES
force_local_logins_ssl=YES
ssl_tlsv1=YES
```

Listing 27.19 Diese Zeilen erlauben nur noch TLS.

Nach einem Neustart des Dienstes erlaubt Ihr FTP-Server nur noch eine TLS-verschlüsselte Anmeldung. Auch der Datenverkehr muss verschlüsselt sein. Versuchen Sie sich jetzt über FTP an dem Server anzumelden, bekommen Sie eine entsprechende Fehlermeldung:

```
daniel@ubuntu:~$ ftp saturn.example.com
Connected to saturn.
220 (vsFTPd 3.0.3)
Name (saturn.example.com:daniel): daniel
530 Non-anonymous sessions must use encryption.
Login failed.
421 Service not available, remote server has closed connection
```

Listing 27.20 Fehlermeldung bei Anmeldung ohne TLS

Um auch über die Konsole FTPS einsetzen zu können, müssen Sie das Paket ftp-ssl installieren. Anschließend können Sie sich mit dem Aufruf von ftp-ssl <SERVER> auch mit TLS-verschlüsselten FTP-Servern verbinden, wie in Listing 27.21 dargestellt:

```
daniel@ubuntu:~$ ftp-ssl saturn.example.com
Connected to saturn.
220 (vsFTPd 3.0.3)
```

```
Name (saturn:daniel): daniel
234 Proceed with negotiation.
[SSL Cipher ECDHE-RSA-AES256-GCM-SHA384]
331 Please specify the password.
Password:
230 Login successful.
Remote system type is UNIX.
Using binary mode to transfer files.
```

Listing 27.21 FTPS über die Konsole mit »ftp-ssl«

27.3.5   Sicherheitsaspekte

Abschließend wollen wir Ihnen noch ein paar Informationen zum Thema »Sicherheit beim Betrieb eines FTP-Servers im Internet« mit an die Hand geben.

Zunächst ist es äußerst sinnvoll, stets das *chroot* der lokalen Benutzer zu aktivieren. Achten Sie also darauf, dass in Ihrer *vsftpd.conf* stets die Zeile chroot_local_user=YES enthalten ist.

Um nur reine FTP-Benutzer auf Ihrem System anzulegen, die sich nicht via SSH oder direkt am System anmelden können, müssen Sie lediglich die Shell des Benutzers auf /bin/false setzen. In Listing 27.22 sehen Sie einen Auszug einer *passwd*-Datei als Beispiel:

```
daniel:x:1000:1000:Daniel van Soest,,,:/home/daniel:/bin/bash
max:x:1001:1001:Max Mustermann:/home/max:/bin/bash
moritz:x:1002:1002:Moritz Beispiel:/home/moritz:/bin/false
```

Listing 27.22 Auszug aus der »/etc/passwd«

Wie Sie Listing 27.22 entnehmen können, sind die Benutzer daniel und max normale Benutzer, der Benutzer moritz hingegen hat die Shell /bin/false und ist somit ein reiner FTP-Benutzer. Damit der *vsftpd* die reinen FTP-Benutzer auch zulässt, müssen Sie die Datei */etc/shells* um den Eintrag /bin/false erweitern, da der *vsftpd* dort nachschaut, ob ein Benutzer über eine gültige Shell verfügt.

Ein weiterer wichtiger Punkt ist die Protokollierung. Der *vsftpd* selbst erstellt zwar ein Log unter */var/log/vsftpd.log*, in diesem wird aber standardmäßig nur der Verbindungsauf- und -abbau protokolliert. Wollen Sie hingegen ein Log über die Up- und Download-Aktivitäten Ihrer FTP-Benutzer erzeugen lassen, müssen Sie die Zeile dual_log_enable=YES zur Konfigurationsdatei hinzufügen. Nach einem Neustart werden nun auch die Transferaktivitäten in */var/log/vsftpd.log* festgehalten:

```
Sat Feb 13 12:22:33 2016 [pid 2422] CONNECT: Client "::ffff:192.168.0.155"
Sat Feb 13 12:22:38 2016 [pid 2421] [daniel] OK LOGIN: Client "::ffff:192.168.0.155"
Sat Feb 13 12:22:51 2016 [pid 2426] [daniel] OK DOWNLOAD: Client "::ffff:\
  192.168.0.155", "/home/daniel/beispiel.bin", 10485760 bytes, 102522.00Kbyte/sec
```

```
Sat Feb 13 12:22:58 2016 [pid 2426] [daniel] OK UPLOAD: Client "::ffff:\
 192.168.0.155", "/home/daniel/test.bin", 1289309 bytes, 36369.94Kbyte/sec
```

Listing 27.23 Log-Auszug »vsftpd.log« mit »dual_log_enable=YES«

Wie Sie dem Log-Auszug aus Listing 27.23 entnehmen können, hat der Benutzer daniel die Datei *beispiel.bin* heruntergeladen und die Datei *test.bin* hochgeladen.

Der *vsftpd* kann aber noch mehr Logs erzeugen. Fügen Sie die Option log_ftp_protocol=YES hinzu, werden alle Befehle und Kommandos protokolliert. Dabei wird das Log ganz schön unübersichtlich, wie Sie in der gekürzten Fassung (das Präfix aus Datum und Uhrzeit wurde weggelassen) aus Listing 27.24 sehen:

```
CONNECT: Client "::ffff:192.168.0.155"
FTP response: Client "::ffff:192.168.0.155", "220 (vsFTPd 3.0.3)"
FTP command: Client "::ffff:192.168.0.155", "AUTH SSL"
FTP response: Client "::ffff:192.168.0.155", "530 Please login with USER and PASS."
FTP command: Client "::ffff:192.168.0.155", "AUTH TLS"
FTP response: Client "::ffff:192.168.0.155", "530 Please login with USER and PASS."
FTP command: Client "::ffff:192.168.0.155", "USER daniel"
[daniel] FTP response: Client "::ffff:192.168.0.155", "331 Please specify the\
 password."
[daniel] FTP command: Client "::ffff:192.168.0.155", "PASS <password>"
[daniel] OK LOGIN: Client "::ffff:192.168.0.155"
[daniel] FTP response: Client "::ffff:192.168.0.155", "230 Login successful."
[daniel] FTP command: Client "::ffff:192.168.0.155", "SYST"
[daniel] FTP response: Client "::ffff:192.168.0.155", "215 UNIX Type: L8"
[daniel] FTP command: Client "::ffff:192.168.0.155", "PORT 192,168,0,155,213,101"
[daniel] FTP response: Client "::ffff:192.168.0.155", "200 PORT command \
 successful. Consider using PASV."
[daniel] FTP command: Client "::ffff:192.168.0.155", "LIST"
[daniel] FTP response: Client "::ffff:192.168.0.155", "150 Here comes the \
 directory listing."
[daniel] FTP response: Client "::ffff:192.168.0.155", "226 Directory send OK."
[daniel] FTP command: Client "::ffff:192.168.0.155", "CWD backup"
[daniel] FTP response: Client "::ffff:192.168.0.155", "250 Directory successfully \
 changed."
[daniel] FTP command: Client "::ffff:192.168.0.155", "PORT 192,168,0,155,228,108"
[daniel] FTP response: Client "::ffff:192.168.0.155", "200 PORT command \
 successful. Consider using PASV."
[daniel] FTP command: Client "::ffff:192.168.0.155", "LIST"
[daniel] FTP response: Client "::ffff:192.168.0.155", "150 Here comes the \
 directory listing."
[daniel] FTP response: Client "::ffff:192.168.0.155", "226 Directory send OK."
[daniel] FTP command: Client "::ffff:192.168.0.155", "TYPE I"
```

```
[daniel] FTP response: Client "::ffff:192.168.0.155", "200 Switching to Binary mode."
[daniel] FTP command: Client "::ffff:192.168.0.155", "PORT 192,168,0,155,158,86"
[daniel] FTP response: Client "::ffff:192.168.0.155", "200 PORT command \
 successful. Consider using PASV."
[daniel] FTP command: Client "::ffff:192.168.0.155", "RETR 2016-01-16_server.ldif"
[daniel] FTP response: Client "::ffff:192.168.0.155", "550 Failed to open file."
[daniel] FAIL DOWNLOAD: Client "::ffff:192.168.0.155", "/home/daniel/backup/\
 2016-01-16_server.ldif", 0.00Kbyte/sec
```

Listing 27.24 Vollständige Protokollierung mit »log_ftp_protocol=YES«

Diese Option sollten Sie bei einem gut frequentierten FTP-Server also nur zum Debugging aktivieren und nicht standardmäßig.

27.4   Sicherer mit »SFTP«

Noch einen Schritt weiter geht SFTP. Als Teil von SSH ist es per Default auf jedem Ubuntu-System aktiv. Dadurch können lokale Benutzer sich über sftp <USER>@<SERVER> mit Ihrem System verbinden und mit den FTP-Kommandos, die Sie bereits kennengelernt haben, Dateien transferieren. In diesem Abschnitt wollen wir Ihnen zeigen, wie Sie den Dateiaustausch noch weiter absichern können, indem Sie reine SFTP-Benutzer anlegen und diese, analog zum FTP, in ihre Home-Verzeichnisse einsperren.

27.4.1   Konfiguration

Die Konfiguration findet in der Datei */etc/ssh/sshd_config* statt. Standardmäßig ist dort die Zeile Subsystem sftp /usr/lib/openssh/sftp-server enthalten. Diese müssen Sie durch das Voranstellen einer Raute (#) auskommentieren. Fügen Sie anschließend die Zeilen aus Listing 27.25 am Ende der Datei hinzu:

```
Subsystem sftp internal-sftp
Match group ftpaccess
        Banner "/etc/ssh/sftp-banner"
        ChrootDirectory %h
        X11Forwarding no
        AllowTcpForwarding no
        ForceCommand internal-sftp
```

Listing 27.25 SFTP-Konfiguration in »/etc/ssh/sshd_config«

Bevor wir den Dienst *sshd* neu starten, müssen ein paar Vorbereitungen getroffen werden. Erstellen Sie zunächst die Datei */etc/ssh/sftp-banner* mit einem beliebigen Inhalt. Dieser wird den Benutzern vor der Anmeldung als Begrüßung angezeigt. Führen Sie anschließend die

Befehle aus Listing 27.26 aus, um das Verzeichnis, die Gruppe und einen Benutzer anzulegen und die Berechtigungen anzupassen.

```
daniel@venus:~$ sudo mkdir /srv/sftp
daniel@venus:~$ sudo groupadd ftpaccess
daniel@venus:~$ sudo useradd -mk /dev/null -d /srv/sftp/ben -G ftpaccess \
-c "SFTP-User Ben Schmark" -s /usr/sbin/nologin ben
daniel@venus:~$ sudo mkdir /srv/sftp/ben/upload
daniel@venus:~$ sudo chown root:root /srv/sftp/ben/
daniel@venus:~$ sudo chown ben:ben /srv/sftp/ben/upload
```

Listing 27.26 SFTP-Vorbereitungen und Benutzer »ben« anlegen

Um weitere Benutzer anzulegen, genügen die letzten vier Befehle aus Listing 27.26. Dabei wird der Benutzer im System mit useradd angelegt. Anschließend wird das Verzeichnis upload erstellt, und die Berechtigungen werden korrigiert. Die Parameter von useradd haben im Übrigen folgende Bedeutung:

▶ -mk /dev/null
Home-Verzeichnis anlegen und mit den als Parameter übergebenen Inhalten befüllen (im Beispiel also ohne, da /dev/null angegeben wurde)

▶ -d /srv/sftp/ben
Speicherort des Home-Verzeichnisses, muss für jeden Benutzer angepasst werden!

▶ -G ftpaccess
Das Konto wird Mitglied der Gruppe ftpaccess.

▶ -c <COMMENT>
Kommentar zum Benutzern. Hier dient er zur Kennzeichnung eines reinen SFTP-Benutzers mit dem Präfix SFTP-User, gefolgt vom vollständigen Benutzernamen.

▶ -s /usr/sbin/nologin
Die Shell wird auf nologin gesetzt. Das heißt, die Anmeldung über SSH wird unterbunden.

▶ ben
Kontoname des Benutzers, den wir anlegen wollen

[!]   **Berechtigungen**

Das Setzen der Berechtigungen ist essentziell, da die Verbindung sonst nicht aufgebaut werden kann! Achten Sie darauf, dass das Home-Verzeichnis des Benutzers nur root gehören darf!

Nun können Sie den Dienst mit sudo systemctl restart sshd neu starten und der angelegte Benutzer kann sich mit sftp ben@<SERVER> verbinden. Der Upload ist aufgrund der Berechtigungen nur im angelegten Verzeichnis upload möglich.

27.5   Für Fortgeschrittene: »TFTP«

Wie wir bereits in der Einleitung zu diesem Kapitel erwähnt haben, ist das *Trivial File Transfer Protocol* der kleine Bruder von FTP. Beim ihm findet die Übertragung mit UDP statt und der Server lauscht auf dem Port 69.

TFTP kommt häufig für das Laden von Betriebssystemen oder Konfigurationen über das Netzwerk zum Einsatz, z. B. von Netzwerkkomponenten wie Routern oder Switches oder auch beim Boot über das Netzwerk mit dem *Preboot Execution Environment (PXE)*. Da TFTP meist auf dem Endgerät angestoßen wird und somit Bestandteil einer Firmware oder eines kleinen Bootloaders sein muss, ist TFTP extrem klein gehalten. Es beherrscht nur die folgenden Funktionen:

▶ Übertragung mit UDP

▶ Lesen und Schreiben von Dateien

▶ **keine** Auflistung von Verzeichnisinhalten

▶ **keine** Authentifizierung, Kompression oder Verschlüsselung

▶ maximale Dateigröße: 32 MBytes

27.5.1   Der Server: »atftpd«

In den Paketquellen finden Sie den Standard-TFTP-Server *atftpd*. Bei der gewohnten Installation mittels `sudo apt-get install atftpd` wird der *Internet-Superserver (inetd)* mitinstalliert. Im Standard läuft der *atftpd* nämlich nicht als Dienst, sondern wird bei Bedarf vom *inetd* gestartet. Daher ist er auch direkt nach der Installation einsatzbereit.

Um dieses Verhalten zu ändern und den *atftpd* als eigenen Dienst laufen zu lassen, müssen Sie zunächst die *inetd*-Konfiguration für den *atftpd* deaktivieren. Kommentieren Sie dafür die Zeile aus der Datei */etc/inetd.conf* für den *atftpd* aus, wie in Listing 27.27 dargestellt:

```
# tftp            dgram   udp     wait    nobody /usr/sbin/tcpd /usr/sbin/in.tftpd \
 --tftpd-timeout 300 --retry-timeout 5 --mcast-port 1758 \
 --mcast-addr 239.239.239.0-255 --mcast-ttl 1 --maxthread 100 --verbose=5 /srv/tftp
```

Listing 27.27 Deaktivieren von »atftpd« in »/etc/inetd.conf«

Anschließend müssen Sie den Dienst mit `sudo systemctl restart inetd` neu starten. Falls Sie den *inetd* ansonsten nicht einsetzen, können Sie ihn auch einfach mit `sudo apt-get remove` entfernen.

Zu guter Letzt müssen Sie dem *atftpd* auch mitteilen, dass er zukünftig als Daemon arbeiten soll. Setzen Sie dafür die Option `USE_INETD=false` in der Datei */etc/default/atftpd*. Nun können Sie den eigentlichen Daemon mit `sudo systemctl start atftpd` starten und dauerhaft mit mit `sudo systemctl enable atftpd` aktivieren.

[!]   **Nur lokal – nicht im Internet!**

Ein TFTP-Server hat im Internet nichts zu suchen. Aufgrund der fehlenden Sicherheitsfunktionen sollten Sie ihn stets nur im lokalen Netzwerk betreiben und niemals im Internet zur Verfügung stellen!

27.5.2   Der Client: »atftp«

Damit Sie Ihren TFTP-Dienst auch testen können, sollten Sie den passenden Client installieren. Dies können Sie mit `sudo apt-get install atftp` erreichen.

Anschließend können Sie den Client auf der Konsole mit `atftp` direkt aufrufen. Leider ist er etwas wortkarg. Listing 27.28 zeigt einen typischen Aufruf:

```
daniel@saturn:~$ atftp merkur.example.com
tftp> get firmware.bin
tftp>
```

Listing 27.28 TFTP-Download mit »atftp«

In Listing 27.28 wurde eine TFTP-Verbindung zum Server merkur.example.com aufgebaut und anschließend die Datei firmware.bin heruntergeladen. Wie Sie sehen, bekommen Sie kein Feedback – lediglich wenn eine Operation scheitert, erbarmt sich das Programm und teilt es Ihnen schnörkellos mit.

Kapitel 28
XMPP-Server mit Ejabberd

In diesem Kapitel lernen Sie, wie Sie den Instant-Messaging-Server »Ejabberd«
installieren, administrieren und betreiben. Er erlaubt Ihnen, mit einem definierten
Personenkreis (Firmenangehörige, Familie, Freunde ...) Nachrichten über das weit
verbreitete XMPP-Protokoll auszutauschen.

Sehr viele Chat-Systeme und Instant Messenger benutzen XMPP (ehemals *Jabber*) als Transportprotokoll. XMPP steht für *Extensible Messaging and Presence Protocol* (etwa: erweiterbares Nachrichten- und Anwesenheitsprotokoll). Der XMPP-Server *Ejabberd* ist schnell und einfach installiert, wie Sie im Verlauf dieses Kapitels sehen werden.

28.1   Installation und grundlegende Konfiguration

Die Installation geht schnell vonstatten, denn Sie müssen hier nur ein einziges Paket angeben:

```
daniel@venus:~$ sudo apt-get install ejabberd
```

Listing 28.1 »Ejabberd« installieren

Die zentrale Konfigurationsdatei liegt unter */etc/ejabberd/* und heißt *ejabberd.yml*. Da sie das *YAML*[1]-Format verwendet (nähere Informationen dazu finden Sie zum Beispiel unter *de.wikipedia.org/wiki/YAML*), ist sie etwas zäh zu lesen.

Eventuell war dies einer der Gründe, weshalb die Basiskonfiguration auf `dpkg-reconfigure` umgestellt wurde. Setzen Sie zunächst den Befehl aus Listing 28.2 ab, um die Basiskonfiguration zu starten:

```
daniel@venus:~$ sudo dpkg-reconfigure ejabberd
```

Listing 28.2 Konfiguration des »ejabberd«

Anschließend werden Sie wie gewohnt durch ein ASCII-Menü geführt. Sie werden zunächst nach dem Namen des Servers gefragt, auf den der Jabber-Server arbeiten soll. Im Beispiel aus Abbildung 28.1 ist dies `venus.example.com`.

---

1 *YAML Ain't Markup Language*, engl. für *YAML ist keine Auszeichnungssprache*

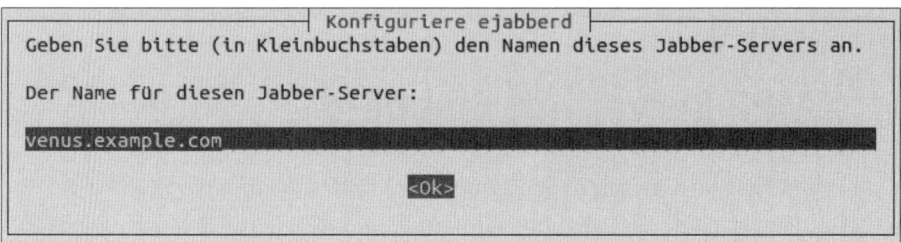

Abbildung 28.1 Konfiguration von »ejabberd« – Servername

Anschließend werden Sie aufgefordert, den Namen des administrativen Benutzers anzugeben. Wir haben uns im Beispiel für admin entschieden (siehe Abbildung 28.2).

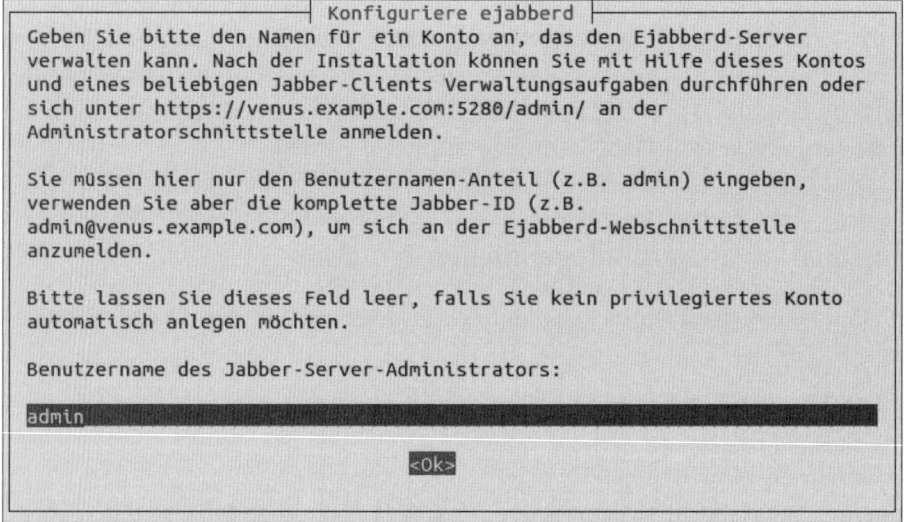

Abbildung 28.2 Konfiguration von »ejabberd« – Adminkonto

Abschließend werden Sie aufgefordert, ein Passwort für diesen Benutzer anzugeben und es zu bestätigen. Herzlichen Glückwunsch: Die Einrichtung ist bereits abgeschlossen. Die weitere Konfiguration findet nun im Browser statt.

Der Dienst hat ein eigenes Kontrollprogramm, ähnlich wie systemctl oder apachectl, das Sie mit ejabberdctl aufrufen können. Kontrollieren Sie nach der Installation und Konfiguration mit ejabberdctl status, ob der Dienst läuft. Falls Ihre Ausgabe nicht der aus Listing 28.3 entspricht, starten Sie den Dienst gegebenenfalls mit systemctl restart ejabberd neu.

```
daniel@venus:~$ sudo ejabberdctl status
The node ejabberd@venus is started with status: started
ejabberd 16.01 is running in that node
```

Listing 28.3 Konfiguration des »ejabberd«

28.2   Administration über das Webinterface

In unserem Beispiel läuft Ejabberd auf einem Server mit dem Namen *venus.example.com*. Diesen müssen Sie in Ihrer eigenen Umgebung natürlich durch den Namen Ihres Servers ersetzen. Die Weboberfläche erreichen Sie über den Port 5280, außerdem hängen Sie noch den Pfad */admin* an, sodass die vollständige URL *https://IP-oder-Name:5280/admin* lautet. Achten Sie darauf, das Sie das Protokoll HTTPS angeben, da der Server sonst die Verbindung verweigert. Sie werden beim Aufruf der URL im Browser nach einem Benutzernamen und Kennwort gefragt. Geben Sie hier den Benutzernamen, den Sie in Abbildung 28.2 vergeben haben, an und das entsprechende Passwort.

28

Benutzernamen vollständig angeben

Wenn Ihr System, von dem aus Sie die Webseite aufrufen, nicht in der gleichen DNS-Domäne ist, sollten Sie den Benutzernamen vollständig angeben. Dabei müssen Sie die Syntax `<benutzername>@<servername>` anwenden, in unserem Beispiel also `admin@venus.example.com`.

Nach der Anmeldung gelangen Sie auf die Verwaltungsoberfläche aus Abbildung 28.3:

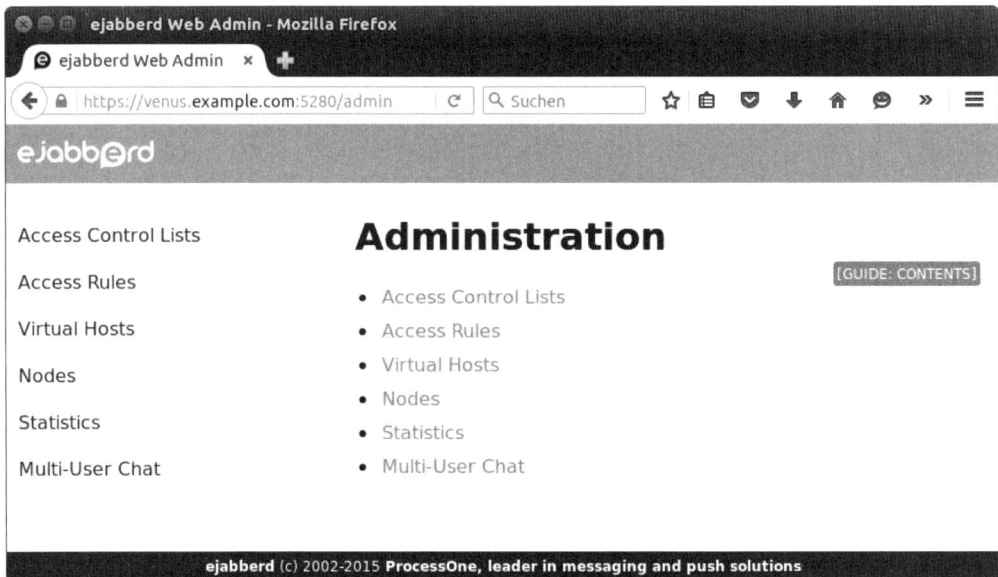

Abbildung 28.3 Die Verwaltungsoberfläche von »Ejabberd«

Klicken Sie auf VIRTUAL HOSTS. Sie gelangen in eine Übersicht, in der alle existierenden virtuellen XMPP-Server aufgelistet sind (siehe Abbildung 28.4). Es ist – wenig überraschend – genau derjenige Server, den Sie am Anfang bei der Konfiguration angelegt haben.

Es gibt derzeit nur einen einzigen Benutzer auf dem virtuellen Server localhost, nämlich admin. Damit man weiß, welcher Benutzer zu welchem virtuellen Server gehört, schreibt man beide durch ein »@« verbunden hintereinander: admin@localhost (genau wie bei der Anmeldung).

Abbildung 28.4 Übersicht über die virtuellen Hosts

Wir möchten nun einen neuen Benutzer zum virtuellen Server venus.example.com hinzufügen. Klicken Sie dazu zunächst auf VENUS.EXAMPLE.COM. Es öffnet sich ein Konfigurationsmenü wie in Abbildung 28.5.

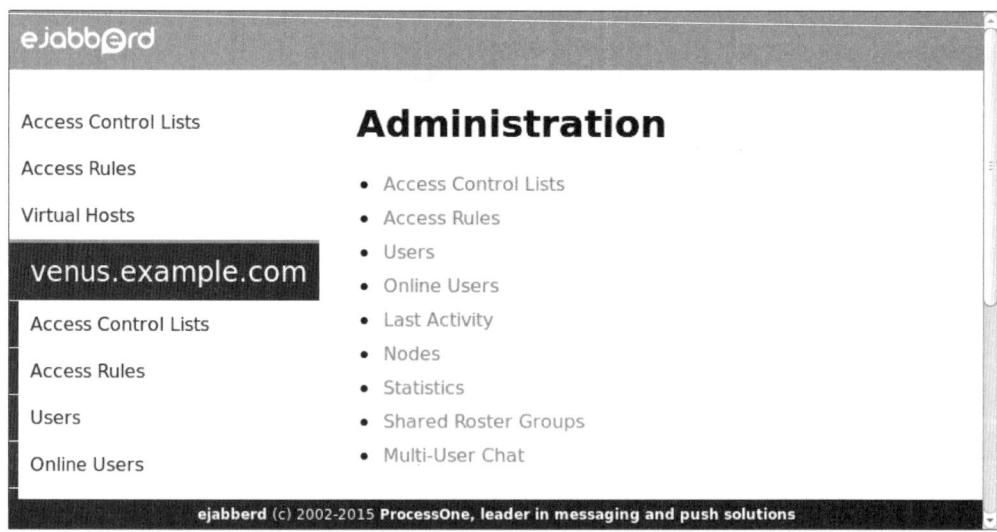

Abbildung 28.5 Das Konfigurationsmenü für einen der virtuellen Hosts

Klicken Sie auf USERS. Gäbe es für den virtuellen Server `venus.example.com` bereits mehrere Benutzer, wären sie hier aufgelistet. In die Eingabefelder (siehe Abbildung 28.6) geben Sie einen Benutzernamen und ein Passwort ein und klicken dann auf ADD USER.

Abbildung 28.6 Einen Benutzer hinzufügen

Mehr müssen Sie nicht tun, um ein neues Benutzerkonto hinzuzufügen. Wenn Sie mögen, können Sie hier auch gleich weitere Benutzer anlegen.

Was die Konfiguration des Servers angeht, sind Sie schon fertig. Im nächsten Abschnitt installieren und konfigurieren Sie einen XMPP-Client, mit dem Sie sich zu Ihrem Server verbinden und den XMPP-Dienst nutzen können.

28.3 Einrichten des XMPP-Clients

Es gibt Dutzende XMPP-Clients, die Sie unter einem Ubuntu-Desktop verwenden können, wie zum Beispiel *Kadu*, *Psi*, *qutIM* oder *Empathy*.

Für das folgende Beispiel verwenden wir *Pidgin*, weil dieser Client sehr flexibel ist. Neben XMPP beherrscht er noch eine große Zahl weiterer Protokolle, sodass Sie mit nur einem Programm (fast) allen Chats beitreten können.

Beginnen wir wie immer mit der Installation:

```
daniel@ubuntu:~$ sudo apt-get install pidgin
```

Listing 28.4 »Pidgin« installieren

Beim ersten Aufruf stellt Pidgin fest, dass noch keine Benutzerkonten eingerichtet sind (siehe Abbildung 28.7). Um das zu ändern, klicken Sie auf HINZUFÜGEN.

Abbildung 28.7 Willkommen bei »Pidgin«

Nun öffnet sich ein Dialogfenster, das grundlegende Informationen wie Benutzername, Passwort und Protokoll abfragt (siehe Abbildung 28.8). Hier ist es wichtig, dass Sie zunächst das XMPP-Protokoll auswählen. Klicken Sie dazu auf die Schaltfläche neben PROTOKOLL.

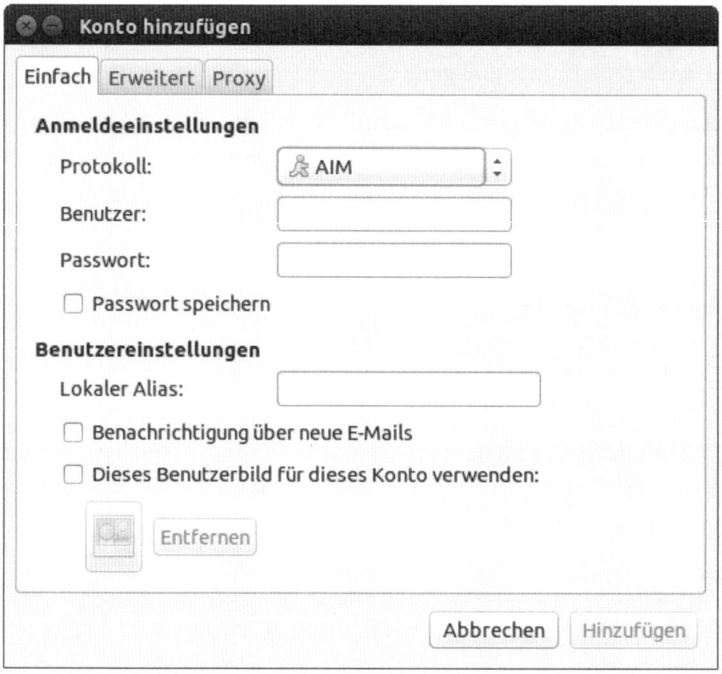

Abbildung 28.8 Das Protokoll auswählen

Sie erhalten eine längere Liste mit unterstützten Protokollen (siehe Abbildung 28.9). Wählen Sie XMPP aus.

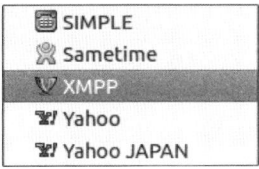

Abbildung 28.9 Auszug aus den Protokollen

Füllen Sie nun die Felder BENUTZER, DOMÄNE, RESSOURCE, PASSWORT und LOKALER ALIAS aus (siehe Abbildung 28.10), aber klicken Sie noch nicht auf HINZUFÜGEN, sondern auf den Reiter ERWEITERT.

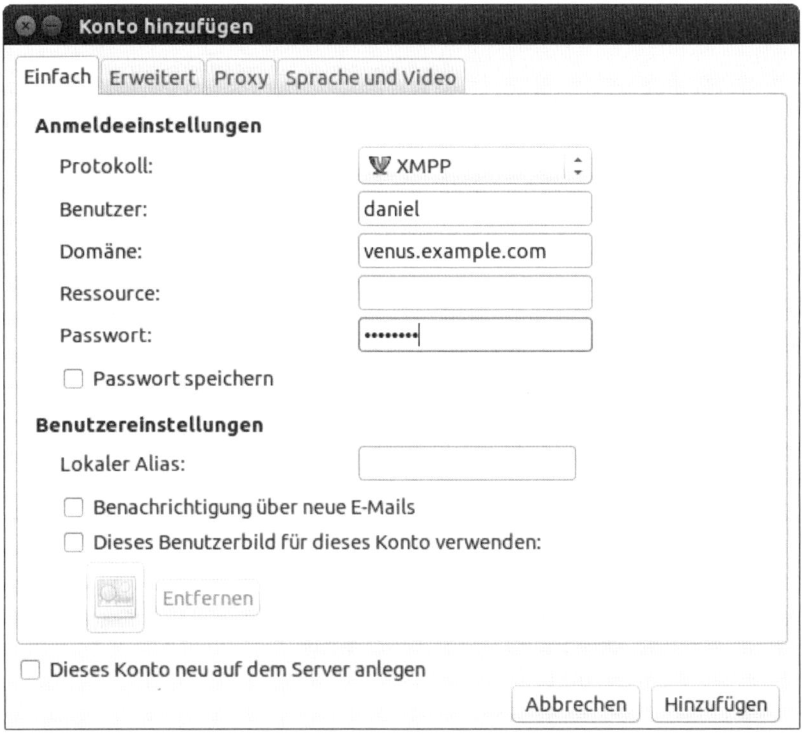

28

Abbildung 28.10 Hier geben Sie Ihre Benutzerkennung ein.

Wiederholung vermeiden

Wenn Sie den Haken bei PASSWORT SPEICHERN setzen, müssen Sie Ihr Passwort nicht bei jeder Anmeldung eingeben!

Auf der Registerkarte ERWEITERT tragen Sie die IP-Adresse oder den Namen Ihres Servers in das Feld neben VERBINDUNGS-SERVER ein (siehe Abbildung 28.11).

Diesen Schritt können Sie nur dann weglassen, wenn Ihr gewählter XMPP-Domainname (im Beispiel *venus.example.com*) per DNS auflösbar ist und auf Ihren XMPP-Server zeigt.

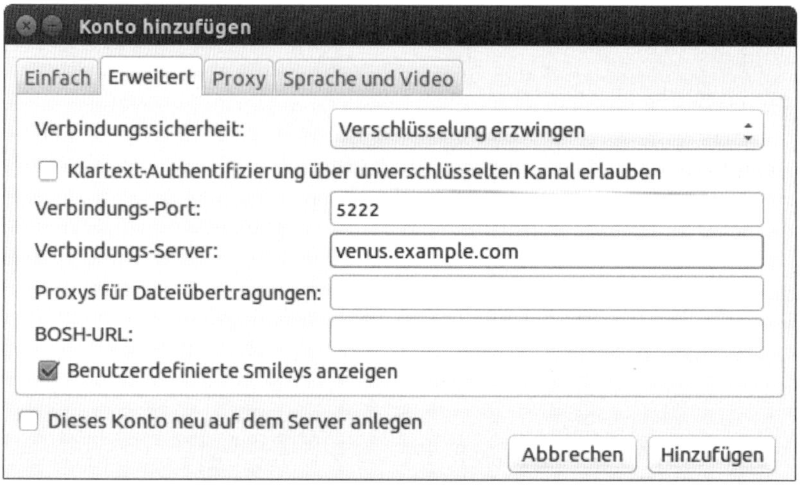

Abbildung 28.11 Teilen Sie Pidgin die IP-Adresse Ihres Servers mit.

Wenn Sie nun auf HINZUFÜGEN klicken, verbindet sich Pidgin mit dem XMPP-Server. Pidgin versucht dabei, eine per SSL gesicherte Verbindung aufzubauen, und präsentiert Ihnen eine Zertifikatsabfrage wie in Abbildung 28.12. Das SSL-Zertifikat liefert Ejabberd bei der Installation mit. Es liegt genau wie die Konfigurationsdatei unter */etc/ejabberd*.

Da es sich aber um ein generisches Zertifikat handelt, das nicht auf den Namen Ihres Servers lautet, fragt Pidgin nun nach, ob es dem Zertifikat vertrauen darf. Dieses Vorgehen ist für den privaten Bereich in Ordnung, für einen Firmenserver sollten Sie das Zertifikat aber gegen ein offizielles austauschen.

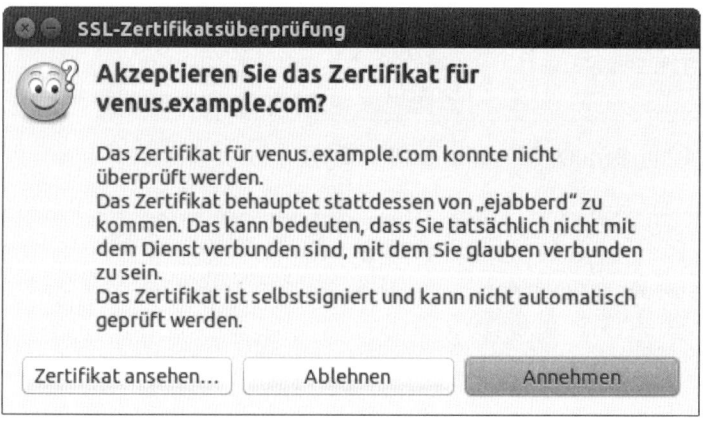

Abbildung 28.12 Pidgin überprüft das SSL-Zertifikat des Servers.

Nachdem Sie das SSL-Zertifikat bestätigt haben, sind Sie mit dem XMPP-Server verbunden, was Sie an dem farbigen Logo erkennen (siehe Abbildung 28.13).

28

Abbildung 28.13 Jetzt sind Sie am XMPP-Server angemeldet.

Dass die Anmeldung geklappt hat, können Sie auch in der Logdatei unter */var/log/ejabberd/ ejabberd.log* nachlesen:

```
2016-02-01 21:16:54.418 [info] <0.487.0>@ejabberd_c2s:wait_for_feature_request:740 \
 ({socket_state,p1_tls,{tlssock,#Port<0.7312>,#Port<0.7313>},<0.486.0>}) \
 Accepted authentication for daniel by ejabberd_auth_internal from ::FFFF:192.168.0.5
2016-02-01 21:16:54.569 [info] <0.487.0>@ejabberd_c2s:wait_for_session:1106 \
 ({socket_state,p1_tls,{tlssock,#Port<0.7312>,#Port<0.7313>},<0.486.0>}) \
 Opened session for daniel@venus.example.com/954802736001987218513497972563811144[…]
```

Listing 28.5 Logeintrag der Verbindung

Das hat zwar gut funktioniert, aber im Moment ist es auf dem XMPP-Server noch arg einsam. Rufen Sie noch einmal die Verwaltungsoberfläche von Ejabberd auf, und legen Sie nach dem bekannten Muster einen weiteren Benutzer an. In unserem Beispiel hat er den Benutzernamen *charly@venus.example.com*. Im XMPP-Jargon werden Kontakte meist als *Buddy* (etwa »Kumpel«) bezeichnet. Kehren Sie zu Pidgin zurück, und klicken Sie im Menü Kontakte auf Kontakt hinzufügen (siehe Abbildung 28.14), oder verwenden Sie die Tastenkombination Strg + B.

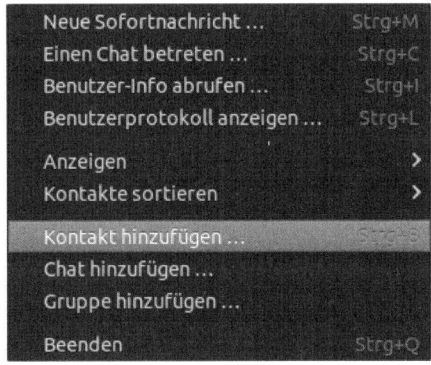

Abbildung 28.14 Klicken Sie auf »Kontakt hinzufügen«, um einen neuen Kontakt hinzuzufügen.

Danach tragen Sie den Benutzernamen Ihres neuen Kontakts ein. Außerdem können Sie ihm einen Alias geben. Das kann der vollständige Name oder ein beliebiger Spitzname sein (siehe Abbildung 28.15).

Wenn Sie nun auf HINZUFÜGEN klicken, wird Ihr neuer Kontakt aber nicht sofort in Ihrer Kontaktliste erscheinen. Das liegt daran, dass Sie damit zunächst nur eine Kontaktanfrage geschickt haben. Der Empfänger muss der Kontaktanfrage ausdrücklich zustimmen, bevor Sie mit ihm kommunizieren können.

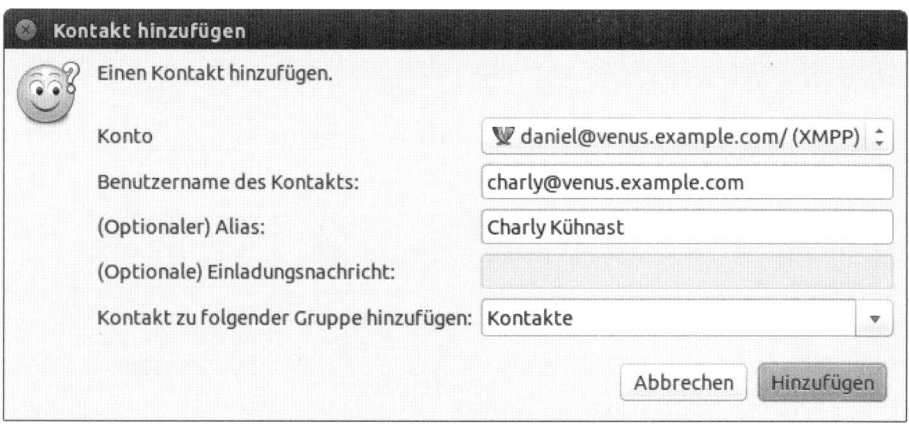

Abbildung 28.15 Hier geben Sie den Benutzernamen Ihres neuen Kontakts ein.

Umgekehrt ist es natürlich genauso. Wenn *charly@venus.example.com* Sie zu seiner Kontaktliste hinzufügt, erhalten Sie eine Anfrage (siehe Abbildung 28.16), die Sie bestätigen müssen.

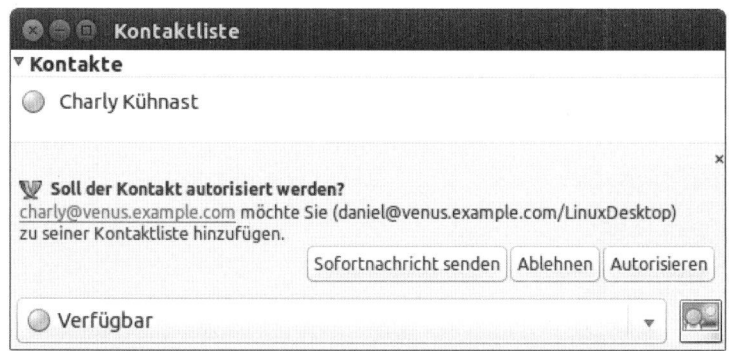

Abbildung 28.16 Jemand möchte Sie in seine Kontaktliste aufnehmen.

Wie Sie in Abbildung 28.16 sehen, hat der Benutzer charly@venus.example.com dem Benutzer daniel@venus.exmaple.com/LinuxDesktop eine Kontaktanfrage gestellt. Der Teil LinuxDesktop wird hinzugefügt, wenn Sie bei der Einrichtung eine Ressource angegeben haben. Haben Sie dies nicht getan, würde hier die ID des eigenen Benutzers angezeigt werden, was eine ziemlich lange Zeichenfolge ist (95480273600198721851349797256381144579214604579761060074832), die auch stets in den Logs vermerkt wird (siehe Listing 28.5). Geben Sie daher besser einen Wert für die Ressource an, damit Sie von den überlangen Ausgaben verschont bleiben.

Haben Sie den Kontakt bestätigt, können Sie von diesem Zeitpunkt an Nachrichten von Ihrem neuen Kontakt empfangen (siehe Abbildung 28.17):

Abbildung 28.17 Sie erhalten eine Nachricht.

28.4   Fazit

Der XMPP-Server Ejabberd ist äußerst mächtig. Die Administration findet nach der Installation und Basiskonfiguration ausschließlich über die Webschnittstelle statt. Schauen Sie sich auf dem administrativen Webinterface ruhig etwas um, dort gibt es einiges zu entdecken – sogar Updates können hier direkt vorgenommen werden und müssen nicht über die Konsole durchgeführt werden. Viel Spaß mit Ihrem eigenen Chat-Server!

Kapitel 29

CUPS – einfach drucken

Obwohl das Drucken eine der frühesten Errungenschaften der Computerbranche ist, führte die Konfiguration von Druckservern regelmäßig Administratoren an den Rand des Wahnsinns. Dank des modernen Druckservers CUPS ist dies Vergangenheit. In diesem Kapitel zeigen wir Ihnen, wie Sie einen Druckserver erfolgreich aufsetzen und betreiben können.

Das *Common Unix Printing System*, kurz *CUPS*, ist der De-facto-Standard auf Linux-Systemen. Es hat die altbekannten Größen wie *LPD* (von BSD-Systemen) oder *lprng* verdrängt. In diesem Kapitel zeigen wir Ihnen, wie Sie einen eigenen Druckserver aufsetzen und betreiben können. Sie werden erstaunt sein, zu was der *CUPS* alles in der Lage ist.

29.1   Einführung

Der *CUPS* wurde von *Michael Sweet* geschrieben, der im Jahr 2007 von Apple angestellt wurde. Damit gingen auch die Rechte an Apple über. Der *CUPS* wird aber nach wie vor unter der GPL/LGPL veröffentlicht und ist immer noch Bestandteil fast jedes Linux-Systems.

29.1.1   Arbeitsweise

Der *CUPS* ist als eine Client-Server-Struktur implementiert. Dabei sendet der Client einen Druckauftrag an den Druckserver, der dann den Auftrag entgegennimmt und verarbeitet (siehe Abbildung 29.1).

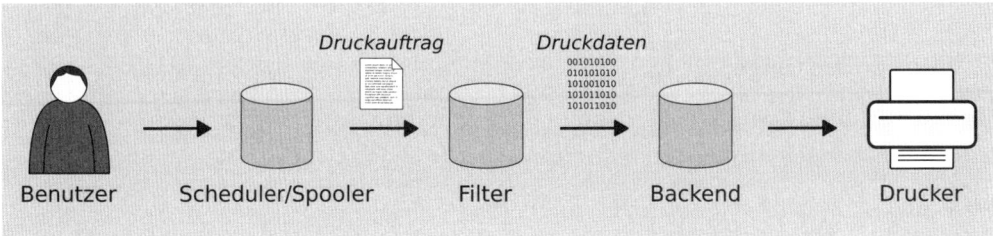

Abbildung 29.1 Architektur des »CUPS«

Einer der Hauptvorteile von CUPS gegenüber anderen Drucksystemen ist, dass es ein standardisiertes und modularisiertes System ist. Dieses System kann eine Vielzahl von unterschiedlichen Daten entgegennehmen und weiterverarbeiten (zum Beispiel PDF-Dateien, PNG-Bilder oder LaTeX-Texte).

Die Architektur umfasst dabei das Entgegennehmen von Druckaufträgen als *Scheduler* oder *Spooler*, die Konvertierung der Daten in druckbare Daten als *Filter* und die letztendliche Weitergabe über das *Backend* an die Hardware. Das Ablaufdiagramm aus Abbildung 29.1 verdeutlicht die Architektur.

29.2   Die Basis: Installation und Konfiguration

Auf Ubuntu-Server-Systemen ist der CUPS standardmäßig nicht installiert. Da er selbstverständlich Bestandteil der Paketquellen ist, können Sie ihn einfach nachinstallieren. Durch die Installation des Meta-Pakets *cups* werden alle Abhängigkeiten direkt mitinstalliert, wie Sie in der gekürzten Ausgabe von Listing 29.1 sehen:

```
daniel@print:~$ sudo apt-get install cups
Paketlisten werden gelesen... Fertig
Abhängigkeitsbaum wird aufgebaut.
Statusinformationen werden eingelesen.... Fertig
Die folgenden zusätzlichen Pakete werden installiert:
[...]
0 aktualisiert, 107 neu installiert, 0 zu entfernen und 0 nicht aktualisiert.
Es müssen 30,9 MB an Archiven heruntergeladen werden.
Nach dieser Operation werden 132 MB Plattenplatz zusätzlich benutzt.
Möchten Sie fortfahren? [J/n] J
```

Listing 29.1 Installation des CUPS

Wie Sie Listing 29.1 entnehmen können, werden neben dem CUPS-Daemon noch viele Abhängigkeiten (insgesamt 107 Pakete) installiert. Darunter sind auch unzählige Druckertreiber, die Sie daher nicht mehr von Hand nachinstallieren müssen.

29.2.1   Vorbereitungen

Da der CUPS über eine gut dokumentierte Konfigurationsdatei verfügt, legen wir zunächst eine Kopie als Referenzquelle an. Führen Sie dazu die Befehle aus Listing 29.2 aus:

```
daniel@print:~$ sudo cp /etc/cups/cupsd.conf /etc/cups/cupsd.conf.BAK
daniel@print:~$ sudo chmod a-w /etc/cups/cupsd.conf.BAK
```

Listing 29.2 Referenz der CUPS-Konfiguration erstellen

Zunächst wird die zentrale Konfigurationsdatei des CUPS-Daemons (*cupsd.conf*) in die Datei *cupsd.conf.BAK* kopiert. Damit nicht versehentlich die Referenz überschrieben wird, wird der Datei anschließend mit `chmod a-w` das Schreibrecht entzogen.

29.2.2 Grundkonfiguration

Die Konfiguration des CUPS ist analog zur Konfiguration des Apache Webservers aufgebaut. Falls Sie noch keine Kenntnisse über die Apache-Konfiguration besitzen, empfehlen wir Ihnen, Kapitel 12, »Webserver: ›Apache‹ und ›Nginx‹«, durchzuarbeiten.

Standardmäßig läuft der CUPS nur lokal. Damit Sie Ihren Druckserver auch aus dem Netzwerk erreichen können, müssen Sie zunächst eine zusätzliche *Listen*-Direktive einrichten. In Listing 29.3 haben wir die zusätzliche Zeile hinzugefügt:

```
# Only listen for connections from the local machine.
Listen localhost:631
Listen /var/run/cups/cups.sock
Listen <SERVERIP>:631
```

Listing 29.3 Erweiterung der Netzwerkkonfiguration in »cupsd.conf«

Ersetzen Sie den Platzhalter `<SERVERIP>` durch die IP-Adresse Ihres Systems. Damit die Änderungen wirksam werden, müssen Sie den Dienst die Konfigurationsdatei neu laden lassen. Hierfür verwenden Sie wie üblich den *systemctl*-Befehl. Nach dem Absetzen von `sudo systemctl restart cups.service` werden Ihre Änderungen aktiv.

Die Konfigurationsdatei direkt zu bearbeiten und den Dienst neu zu starten ist nur eine Methode, um die Konfiguration vorzunehmen. Analog zum Apache verfügt auch CUPS über ein eigenes Konfigurationsprogramm: *cupsctl*.

Damit Sie den CUPS auch über das Netzwerk administrieren können, müssen Sie es ebenfalls einrichten. Führen Sie dafür den Befehl aus Listing 29.4 aus:

```
daniel@print:~$ sudo cupsctl --remote-admin
```

Listing 29.4 Freigabe der Administration aus dem Netzwerk

Aktuelle Konfiguration anzeigen: »cupsctl«
Um einen schnellen Überblick über die derzeit aktive Konfiguration zu erhalten, können Sie *cupsctl* einfach ohne Parameter ausführen. Dies listet die zurzeit laufende Konfiguration auf.

Um die im CUPS eingerichteten Drucker im lokalen Netzwerk freizugeben, müssen Sie den Befehl aus Listing 29.5 absetzen:

```
daniel@print:~$ sudo cupsctl --share-printers
```

Listing 29.5 Erweiterung der Netzwerkkonfiguration

Damit die soeben freigegebenen Drucker anschließend auch von CUPS angeboten werden, muss der Befehl aus Listing 29.6 abgesetzt werden:

```
daniel@print:~$ sudo cupsctl --remote-any
```

Listing 29.6 Freigabe der Druckervermittlung

Durch die Verwendung von *cupsctl* wurde die Konfigurationsdatei entsprechend der angegebenen Parameter editiert. Dabei sind auch (fast) alle Kommentare aus der Datei entfernt worden. Zum Glück haben wir vorab eine Referenzkopie erstellt. Damit die soeben eingerichteten Änderungen wirksam werden, muss der Dienst neu gestartet werden. Führen Sie daher zum Abschluss noch den Befehl sudo systemctl restart cups aus.

[+]   **Lassen Sie sich nicht verwirren!**

Da CUPS durch die Konfiguration aus Listing 29.3 angewiesen wurde, auf alle Kommunikationsarten zu lauschen, hat das Programm *cupsctl* die Konfiguration zusammengefasst. In der neuen Konfigurationsdatei finden Sie daher keine *Listen*-Direktive mehr, sondern die globale Konfiguration mit *Port 631*.

29.3   Die Weboberfläche

Der CUPS wartet mit jeder Menge Überraschungen auf. Eine der größten ist der enthaltene Webserver. Über diesen können Sie nicht nur die vollständige Konfiguration des Dienstes vornehmen, sondern auch neue Drucker hinzufügen, den Status der bereits konfigurierten Drucker einsehen oder die Druckaufträge verwalten. Der Webserver stellt das zentrale Konfigurationstool für den CUPS dar. Durch die bisher getätigten Konfigurationen kann die Webseite aus dem gesamten lokalen Netzwerk aufgerufen werden. Der Webserver läuft auf dem TCP-Port 631.

Öffnen Sie daher in einem Browser Ihrer Wahl die URL *http://<SERVER>:631*, und ersetzen Sie dabei den Platzhalter *<SERVER>* durch die IP-Adresse oder den Namen Ihres CUPS-Servers.

29.3.1   Aufruf

Nach dem Aufruf erscheint zunächst der Startbildschirm aus Abbildung 29.2. Dort werden Ihnen über Links viele Informationen zur Verfügung gestellt. Im oberen Teil befindet sich das Menü. Dort können Sie alle Informationen und die Konfiguration von CUPS einsehen und vornehmen.

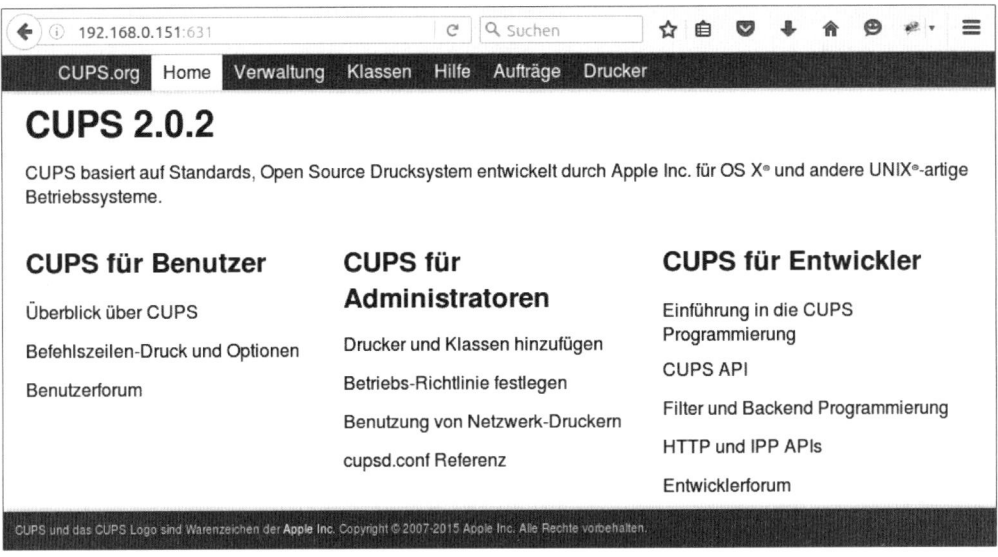

Abbildung 29.2 Startbildschirm von CUPS

Wenn Sie auf eine administrative Oberfläche zugreifen, werden Sie zunächst auf die HTTPS-Seite weitergeleitet. Da dort eine Anmeldung notwendig ist und da Passwörter nicht unverschlüsselt übertragen werden sollten, leitet CUPS Sie auf die geschützte Seite um. Daran anschließend werden Sie aufgefordert, sich anzumelden (siehe Abbildung 29.3).

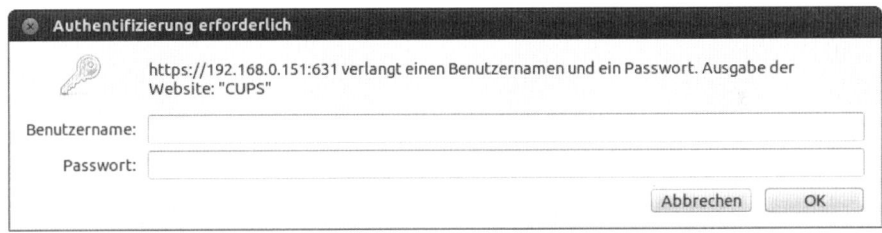

Abbildung 29.3 Authentifizierung für Administrationsaufgaben

Automatisches Beenden!

Da Ihr *cupsd* zurzeit noch keine Drucker verwaltet, beendet er sich automatisch nach einer gewissen Zeit. Daher kann es vorkommen, dass Sie anstelle der Weboberfläche einen Fehler erhalten. Starten Sie dann einfach den Dienst mit `sudo systemctl restart cups` neu. Während Sie auf der Weboberfläche arbeiten, beendet sich *cupsd* aber nicht selbstständig.

Zur Anmeldung an den administrativen Oberflächen müssen Sie sich mit einem Systembenutzer authentifizieren. Dieser muss Mitglied in der Systemgruppe *lpadmin* sein. In der

Regel ist der Installationsbenutzer, den Sie bei der Installation angelegt haben, Mitglied dieser Gruppe. Um auch weiteren Systembenutzern den administrativen Zugriff zu ermöglichen, müssen Sie diese einfach der Gruppe *lpadmin* hinzufügen.

Führen Sie dafür den Befehl aus Listing 29.7 aus. In diesem Beispiel wird der Benutzer `jerry` zur Administrationsgruppe `lpadmin` hinzugefügt.

```
daniel@print:~$ sudo usermod -a -G lpadmin jerry
```

Listing 29.7 Benutzer für die Administration freigeben

Damit Ihr Druckserver nun auch Drucker verwalten kann, müssen Sie ihm diese hinzufügen. Dank der Weboberfläche ist dies einfach. Das Einrichten eines neuen Druckers erfolgt dabei in fünf Schritten:

1. **Anschlussart**
   Hier müssen Sie zunächst wählen, wie Ihr Drucker an den CUPS angeschlossen wird. Dabei können Sie zwischen drei Punkten wählen:
   – LOKALE DRUCKER – am Server angeschlossene Drucker
   – ENTDECKTE NETZWERKDRUCKER – vom CUPS im Netzwerk erkannte Drucker
   – ANDERE NETZWERKDRUCKER – manuelle Einrichtung von Druckern

2. **Verbindung**
   Je nach vorheriger Auswahl wird Ihnen nun die Konfiguration des Druckers angeboten – moderne Drucker werden meist erkannt. Bei der manuellen Einrichtung werden Sie aufgefordert, eine entsprechende URL anzugeben. Dieser Schritt wird bei Druckern übersprungen, die CUPS bereits gefunden hat.

3. **Daten zum Drucker**
   Nun werden die Daten zum Drucker abgefragt:
   – *Name* = Gibt den Namen an, unter dem der Drucker gefunden wird. (Verwenden Sie keine Leer- oder Sonderzeichen!)
   – *Beschreibung* = eine für Menschen lesbare Beschreibung des Druckers (Hier sind sowohl Leer- als auch Sonderzeichen erlaubt.)
   – *Ort* = Standort des Druckers (Raum, Büro etc.)
   – *Verbindung* = Gibt die URL zum Drucker an.
   – *Freigabe* = Damit wird der Drucker direkt freigegeben.

4. **Marke, Modell und Treiber**
   Hier wählen Sie den Hersteller und das jeweilige Modell aus – dies beeinflusst die Auswahl des Treibers im nächsten Schritt. Bei automatisiert gefundenen Druckern wird dieser Schritt übersprungen.

5. **Treiber**

    Jetzt können Sie noch den korrekten Treiber auswählen. Falls Ihr Drucker nicht in den Auswahllisten zu finden ist, können Sie auch Treiber hochladen.

Nach dem Abarbeiten der fünf Schritte werden Sie umgehend auf die Konfigurationsseite des soeben hinzugefügten Druckers geleitet. Dort können Sie nun die Standardeinstellungen des Druckers festlegen. Durch einen Klick auf den Button STANDARDEINSTELLUNGEN FESTLEGEN ist die Druckerkonfiguration abgeschlossen. Der Drucker wird nun durch CUPS verwaltet, und Sie können Druckaufträge für den eingerichteten Drucker an Ihren Druckserver senden.

29.4   Client-Konfiguration

Damit die Clients in Ihrem Netzwerk nun auch Ihren Druckserver verwenden, müssen Sie ihnen die Drucker hinzufügen. Da der CUPS mehrere Protokolle unterstützt, können Sie die Drucker auch entsprechend vielfältig einrichten.

29.4.1   Einrichtung unter Linux

Auf Linux-Desktop-Systemen wird meist ein Drucker-Konfigurationstool mitinstalliert. Auf einem Ubuntu-Desktop-System können Sie dieses Tool einfach über die Startseite öffnen. Geben Sie dort als Suchbegriff *Drucker* ein, und starten Sie das Konfigurationstool.

Zunächst wird Ihnen eine Auswahl präsentiert, in der Sie die Art des Druckeranschlusses wählen können. Abbildung 29.4 zeigt den entsprechenden Dialog.

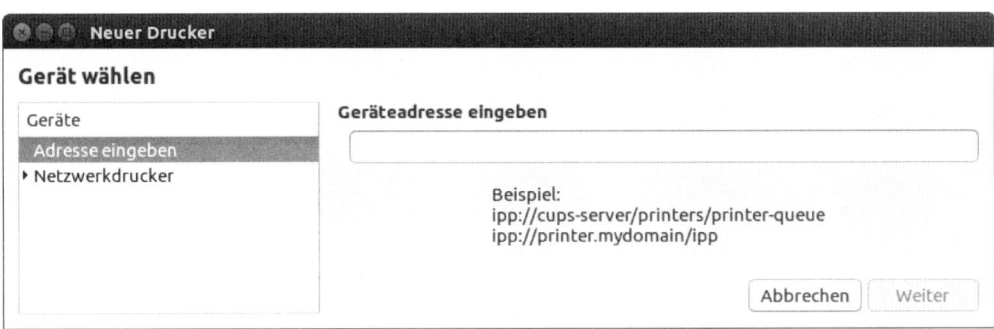

Abbildung 29.4 Druckerkonfiguration auf einem Ubuntu-Desktop

Da CUPS die angeschlossenen Drucker im Netzwerk anbietet, können Sie einfach den Auswahlpunkt NETZWERKDRUCKER • NETZWERKDRUCKER FINDEN anwählen. Im folgenden Dialog aus Abbildung 29.5 müssen Sie nun die IP-Adresse Ihres CUPS-Servers angeben und über den Button FINDEN die Suche starten.

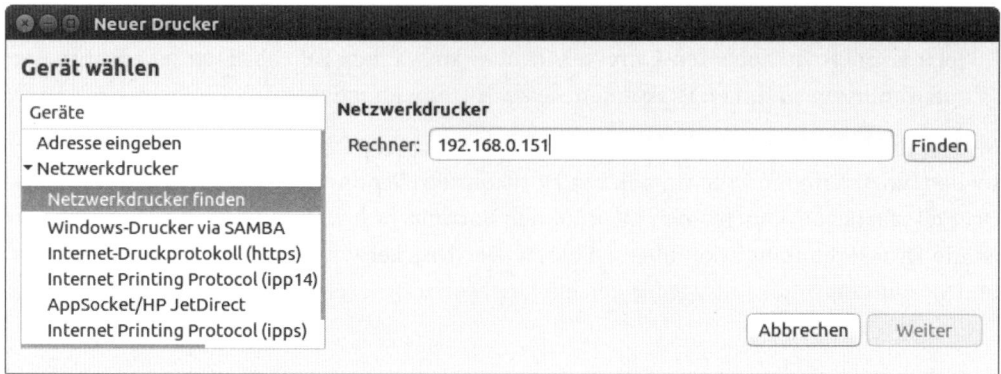

Abbildung 29.5 Suchen des CUPS-Servers

Da im Beispiel aus Abbildung 29.6 durch CUPS nur ein Drucker angeboten wird, wurde dieser direkt ausgewählt und zum Hinzufügen bereitgestellt.

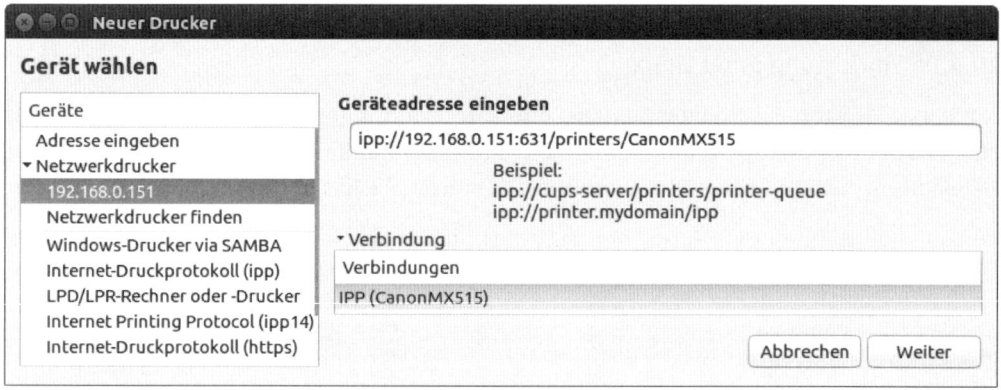

Abbildung 29.6 Gefundener Drucker am CUPS-Server

Wie Sie Abbildung 29.6 entnehmen können, hat der Dialog den Drucker hinter dem Druckserver erkannt. Das Drucken wird mit dem *IPP (Internet Printing Protocol)* über den Druckserver (192.168.0.105:631) erfolgen. Durch einen Klick auf den Button WEITER können Sie nun noch die Eckdaten (Name, Beschreibung und Ort) des Druckers anpassen und den Druck einer Testseite anstoßen.

29.4.2   Freigabe bis Windows 7: »Samba«

Bis Windows 7 sind die Client-Systeme leider noch nicht in der Lage, über *IPP* zu drucken. Damit die Windows-Clients in Ihrem Netzwerk trotzdem über den Druckserver arbeiten können, müssen Sie die Freigabe der Drucker via Samba einrichten. Bei Windows ist es üblich, dass die Treiber vom Druckserver mit angeboten werden. Seitdem Apple CUPS übernommen hat, ist die Installation leider nicht einfacher geworden, da benötigte Pakete von Apple einfach entfernt wurden. Daher müssen folgende Schritte durchlaufen werden:

1. **Samba-Installation**
   Zunächst muss der Samba-Dienst installiert werden, der später die Treiber zur Verfügung stellt und die Druckerfreigabe propagiert.

2. **Verzeichnisse anlegen und Rechte korrigieren**
   Damit die Druckertreiber von Samba angeboten werden können, muss ein entsprechendes Verzeichnis mit gesonderten Rechten angelegt werden.

3. **Samba-Konfiguration**
   Hier wird nicht nur der SMB-Dienst konfiguriert, sondern es werden auch Benutzer angelegt und konfiguriert, damit die Windows-Treiber hochgeladen werden können.

4. **Treiber hochladen (Windows-Client)**
   Da die Windows-Treiber nicht als Paket vorliegen, müssen sie von einem Windows-Client hochgeladen werden.

Samba-Installation

Installieren Sie zunächst das Meta-Paket *samba* mit `sudo apt-get install samba` auf dem Druckserver. Alle benötigten Abhängigkeiten werden direkt mitinstalliert.

Verzeichnisse anlegen und Rechte korrigieren

Die Treiber sollten in einem zentralen Verzeichnis abgelegt werden. Erstellen Sie dafür das Verzeichnis */user/share/cups/drivers*, und passen Sie die Rechte entsprechend an, wie in Listing 29.8 dargestellt:

```
daniel@print:~$ sudo mkdir -p /user/share/cups/drivers
daniel@print:~$ sudo chmod 777 /user/share/cups/drivers
```

Listing 29.8 Treiber-Verzeichnis erstellen und Rechte anpassen

Die Rechtevergabe mit allen Rechten ist leider notwendig, damit Treiber hinzugefügt werden können. Weshalb dies notwendig ist, erfahren Sie im vierten Schritt.

Samba-Konfiguration

Damit Samba die Drucker freigibt, müssen Sie lediglich die Konfigurationsdatei */etc/samba/smb.conf* anpassen. Öffnen Sie die Datei mit Root-Rechten, und passen Sie die Passagen aus Listing 29.9 entsprechend an:

```
[printers]
    comment = All Printers
    browseable = yes
    path = /var/spool/samba
```

```
    printable = yes
    guest ok = yes
    read only = yes
    create mask = 0700

[print$]
    comment = Printer Drivers
    path = /usr/share/cups/drivers
    browseable = yes
    read only = yes
    guest ok = no
    writeable = yes
```

Listing 29.9 Auszug aus der Samba-Konfigurationsdatei zur Druckerfreigabe »smb.conf«

Die Samba-Konfigurationsdatei ist in Sektionen unterteilt, die durch die Wörter in eckigen Klammern eingeleitet werden. In der Sektion [printers] müssen Sie sowohl den Parameter browseable als auch den Parameter guest ok auf yes setzen. Dies ist notwendig, damit die Clients die Drucker auflisten und hinzufügen können.

In der Sektion [print$] müssen Sie zum einen den Pfad von path auf */usr/share/cups/drivers* anpassen und zum anderen die Zeile writeable = yes hinzufügen. Diese beiden Konfigurationen sind notwendig, damit die Druckertreiber zentral abgelegt werden können und damit neue Treiber hochgeladen werden können. Anschließend muss die Konfigurationsdatei neu eingelesen werden. Starten Sie daher den Dienst mit sudo systemctl restart smbd.service neu. Zusätzlich muss jetzt nun noch ein Samba-Benutzer eingerichtet werden. Führen Sie dazu den Befehl aus Listing 29.10 aus:

```
daniel@print:~$ sudo smbpasswd -a root
New SMB password:
Retype new SMB password:
```

Listing 29.10 Samba-Benutzer anlegen

Über den Befehl *smbpasswd* werden Samba-Benutzer angelegt. Mit dem soeben angelegten Benutzer *root* (das ist nicht der Systembenutzer!), werden später die Treiber hinzugefügt. Selbstverständlich können Sie einen beliebigen Benutzernamen verwenden. Damit der Benutzer auch das Recht hat, neue Treiber hochzuladen, müssen Sie ihm das entsprechende Recht dafür einräumen. Setzen Sie daher den Befehl aus Listing 29.11 ab:

```
daniel@print:~$ net rpc rights grant root SePrintOperatorPrivilege -U root
Enter root's password: <PASSWORD>
Successfully granted rights.
```

Listing 29.11 Samba-Rechte anpassen

Achten Sie darauf, den Benutzer entsprechend Ihrer Umgebung anzupassen. Zu guter Letzt müssen die in CUPS eingerichteten Drucker noch zu Samba exportiert werden.

Hierfür ist aber keine müßige Kleinarbeit notwendig. Dies wird alles durch das praktische Programm *cupsaddsmb* erledigt. Setzen Sie den Befehl aus Listing 29.12 ab, um die eingerichteten Drucker zu exportieren:

```
daniel@print:~$ sudo cupsaddsmb -H localhost -U root -a -v
Kennwort für „root" wird benötigt für den Zugriff auf „localhost" über SAMBA: ******
Keine Windows-Druckertreiber installiert.
```

Listing 29.12 Die Drucker mit »cupsaddsmb« zu Samba exportieren

Bitte beachten Sie, dass als Passwort nun das Passwort des Samba-*root*-Benutzers abgefragt wird und nicht das des Systembenutzers. Abschließend sollten Sie den Samba-Dienst nochmals neu starten.

Treiber hochladen

Nun müssen Sie sich auf Ihren Windows-Client bewegen. Im Beispiel verwenden wir einen Windows-7-Client. Dieser dient als Lieferant der benötigten Treiber. Installieren Sie zunächst auf dem Windows-Client alle Druckertreiber, für die Sie Treiber automatisch durch Samba zur Verfügung stellen lassen wollen. Falls Sie nur Drucker einsetzen, deren Treiber bereits in den Windows-Bibliotheken vorhanden sind – bei denen also keine separate Treiberinstallation notwendig ist –, ist Ihre Arbeit schon getan.

Öffnen Sie nun den Explorer, und geben Sie in die Adresszeile \\\<SERVER> ein. Ersetzen Sie den Platzhalter <SERVER> durch die IP-Adresse oder den Namen des Druckservers. Nun wird Ihnen eine Liste der angebotenen Drucker gezeigt (siehe Abbildung 29.7).

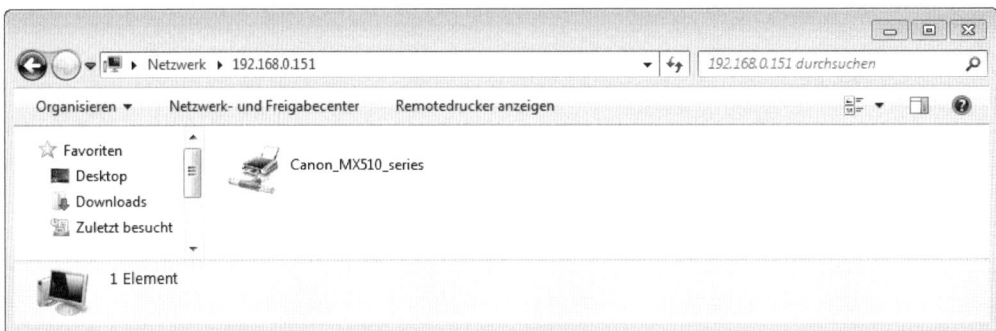

Abbildung 29.7 Windows-Client: »Druckerübersicht« öffnen

Wählen Sie dort in der oberen Leiste den Punkt REMOTEDRUCKER ANZEIGEN aus. Der Adresspfad wechselt nun auf \\\<SERVER>\Drucker. Klicken Sie dort mit der rechten Maustaste auf eine freie Stelle. Abbildung 29.8 zeigt das Kontextmenü, das nun erscheint.

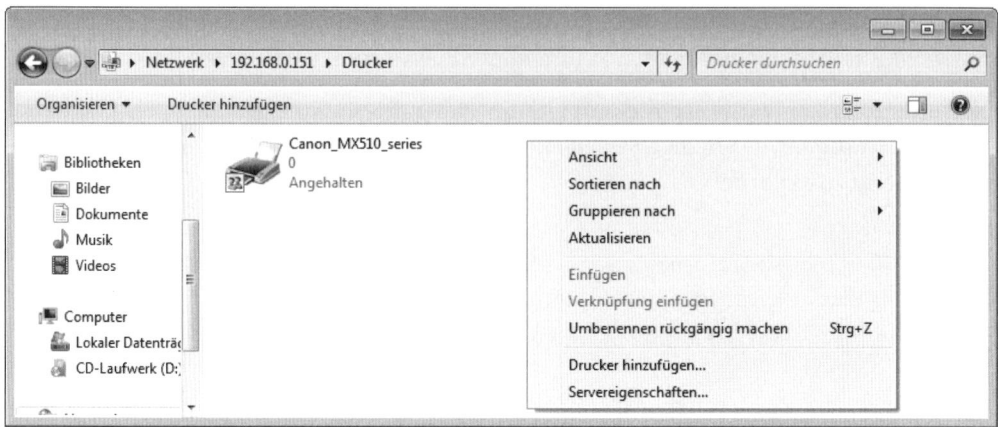

Abbildung 29.8 Windows-Client: »Servereigenschaften«

Wählen Sie dort den Punkt SERVEREIGENSCHAFTEN aus. Öffnen Sie den Reiter TREIBER, und klicken Sie dort auf den Button HINZUFÜGEN. In dem Dialog, der sich nun öffnet, wählen Sie zunächst WEITER an. Im folgenden Fenster werden Sie aufgefordert, die Architektur zu wählen, für die Sie Treiber hochladen möchten. Je nachdem, ob Sie 32- oder 64-Bit-Systeme einsetzen oder sogar beides, müssen Sie nun x64 und x86 anwählen, bevor Sie über den Button WEITER zur nächsten Seite gelangen. Nun öffnet sich der ASSISTENT FÜR DIE DRUCKER-TREIBERINSTALLATION, den Sie in Abbildung 29.9 sehen.

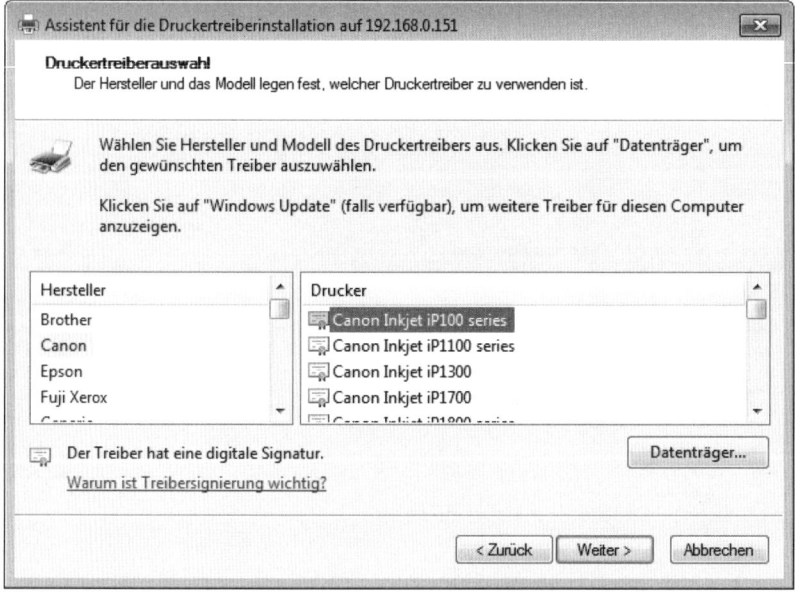

Abbildung 29.9 Windows-Client: »Druckertreiberauswahl«

Wählen Sie die entsprechenden Treiber aus, und klicken Sie auf WEITER. Anschließend müssen Sie den Dialog noch fertigstellen. Der Windows-Client kopiert nun alle benötigten Dateien auf Ihren Druckserver. Eventuell benötigte Verzeichnisse werden auch direkt von ihm angelegt. Ab jetzt werden die Druckertreiber bei der Installation auf Windows-Systemen direkt mit angeboten.

Architekturprobleme

Unter Umständen kommt es zu Fehlern, wenn Sie versuchen, 64-Bit-Treiber von einem 32-Bit-System hochzuladen – zum Beispiel, weil ältere Druckermodelle nur über 32-Bit-Treiber verfügen. Die Fehlermeldungen sind dabei leider nicht sehr informativ. Wiederholen Sie den Vorgang, und wählen Sie nur 32-Bit-Treiber an. Alternativ können Sie versuchen, den Vorgang auf einem 64-Bit-System durchzuführen.

29.4.3 Freigabe für Windows 8, 8.1 und 10

Ab Windows 8 hat Microsoft für das sogenannte *Point'n'Print*-Verfahren, bei dem der Treiber direkt mitgeliefert wird (wie im vorherigen Abschnitt mit Samba gezeigt), das Protokoll geändert. Bis Windows 7 wurde die Version 3 eingesetzt, ab Windows 8 die Version 4. Diese wird leider zurzeit von Samba noch nicht unterstützt. Selbstverständlich können Sie trotzdem über den CUPS drucken, nur leider nicht so komfortabel.

Im folgenden Beispiel zeigen wir Ihnen, wie Sie auf einem Windows-10-Client den durch CUPS bereitgestellten Drucker hinzufügen können. Praktischerweise sind Windows-Systeme nun wieder der Lage, über IPP zu drucken. Zum Einrichten des Druckers klicken Sie zunächst auf START und geben Sie *Geräte und Drucker* ein. Öffnen Sie die angebotene Systemsteuerung, und wählen Sie den Punkt DRUCKER HINZUFÜGEN, so wie in Abbildung 29.10 gezeigt.

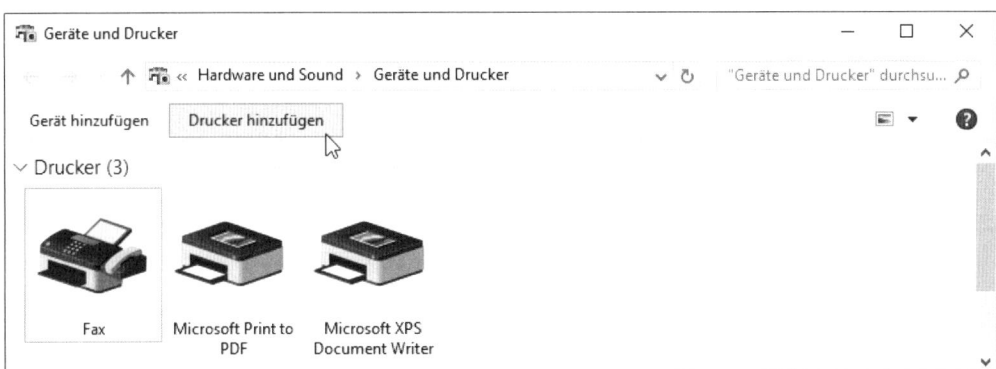

Abbildung 29.10 Windows 10: »Drucker hinzufügen«

Ihr System beginnt nun mit der Suche nach Druckern. Klicken Sie in dem Fenster, das sich nun öffnet, auf DER GEWÜNSCHTE DRUCKER IST NICHT IN DER LISTE ENTHALTEN. Im nächsten Dialog (siehe Abbildung 29.11) müssen Sie nun den Punkt FREIGEGEBENE DRUCKER ÜBER DEN NAMEN AUSWÄHLEN anwählen und im Eingabefeld nach der Syntax `http://<SERVER>:631/printers/<PRINTER>` Ihren Drucker angeben.

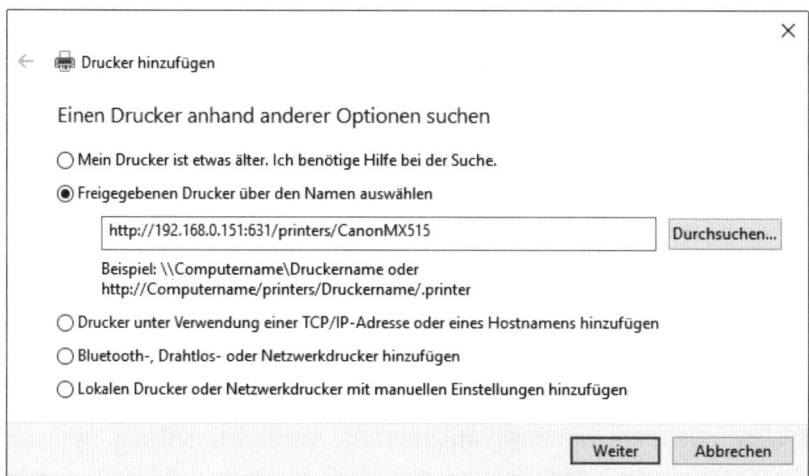

Abbildung 29.11 Windows 10: »Freigegebene Drucker über den Namen auswählen«

Wie Sie in Abbildung 29.11 sehen, müssen Sie bei der Syntax natürlich den Platzhalter `<SER-VER>` durch die IP-Adresse oder den Namen Ihres Druckservers ersetzen und den Platzhalter `<PRINTER>` durch den Namen, den Sie in CUPS für den Drucker vergeben haben. Wenn Sie nun auf WEITER klicken, wird die Verbindung zum Drucker aufgebaut, und Ihnen wird ein Dialog zur Auswahl des Treibers angezeigt – da ja der Treiber nicht von CUPS bereitgestellt werden kann. In Abbildung 29.12 sehen Sie den entsprechenden Dialog.

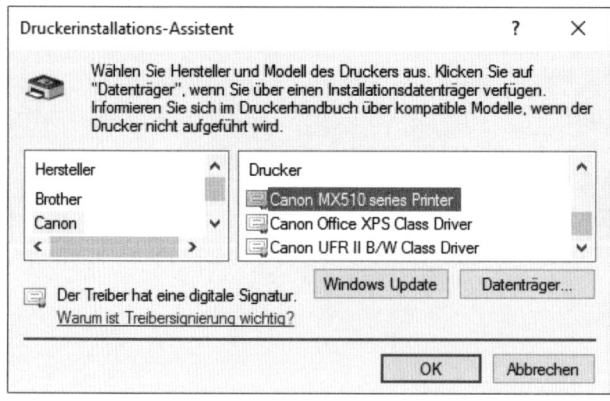

Abbildung 29.12 Windows 10: »Treiber auswählen«

Bestätigen Sie die Auswahl mit einem Klick auf OK. Anschließend wird Ihnen die Übersicht aus Abbildung 29.13 gezeigt. Dort können Sie den von Windows verwendeten Druckernamen anpassen.

Abbildung 29.13 Windows 10: »Übersicht«

Bestätigen Sie diesen Dialog mit einem Klick auf WEITER, wird der Drucker dem System hinzugefügt und Sie gelangen zum letzten Dialog. Dort wird der Erfolg des Hinzufügens ausgegeben und Sie bekommen die Möglichkeit, eine Testseite zu drucken. Mit einem Klick auf FERTIGSTELLEN beenden Sie die Einrichtung.

Kapitel 30
DNS mit »bind9«

DNS wird stets unterschätzt und doch immer gebraucht. In diesem Kapitel
zeigen wir Ihnen, wie Sie mit den Client-Tools richtig umgehen und Ihren eigenen
Nameserver aufsetzen und betreiben können: als Rekursive-DNS oder als eigenen
autoritativen DNS-Server, der selbst Zonen verwaltet.

Das *Domain Name System (DNS)* stellt ein Adressbuch dar, in dem IP-Adressen zu Namen und Namen zu IP-Adressen nachgeschlagen werden können. Zum Beginn der Netzwerkzeit wurde schnell deutlich, dass IP-Adressen nur schlecht zu merken sind und dass eine andere Lösung her musste. Sprechende Namen für Systeme sind leichter zu merken und reduzieren Fehler. In der heutigen Zeit ist, vor allem wenn man an IPv6 denkt, kaum noch vorstellbar, nur mit Adressen zu arbeiten. Viele Dienste sind sogar zwangsläufig von DNS abhängig – zum Beispiel Kerberos oder ein Windows Active Directory. In diesem Kapitel wollen wir Ihnen die Theorie hinter DNS erläutern und Sie Schritt für Schritt dabei begleiten, einen eigenen DNS-Server aufzusetzen.

30.1   Theorie – alles beginnt mit dem ».«

Das Konzept von DNS ist einfach und simpel zugleich. Zu Beginn wurden lokale Dateien gepflegt. Jeder Administrator hat darüber die Namensauflösung für seinen Bereich sichergestellt. Selbst zu den Zeiten, als nur wenige Universitäten miteinander verbunden waren, war dies bereits ein enormer Aufwand. In einfachen Text-Dateien wurde die Zuordnung von Adressen zu Namen vorgehalten und Änderungen mussten jedem Teilnehmer mitgeteilt werden – ein immenser Arbeitsaufwand und im heutigen Internetzeitalter kaum noch vorstellbar. Daher wurde nach einer anderen Lösung gesucht, die es erlaubte, Änderungen zu propagieren und diese nicht von Hand umsetzen zu müssen. Das Zeitalter des *Domain Name System* rückte näher.

Zur Verwaltung einzelner Abschnitte (Teilnehmer) wurden Zonen gebildet. Diese Zonen empfangen Änderungen von den ihnen untergeordneten Zonen und binden diese in ihre Konfiguration ein. Zusätzlich leiten sie ihre eigenen Änderungen an ihre übergeordneten Zonen weiter – das gute alte Schneeballprinzip. Der oberste Punkt dieser Kette ist die Root-Zone, auch als Punkt bekannt. In Abbildung 30.1 ist der Aufbau anhand des Namens *www.ubuntu.com* skizziert.

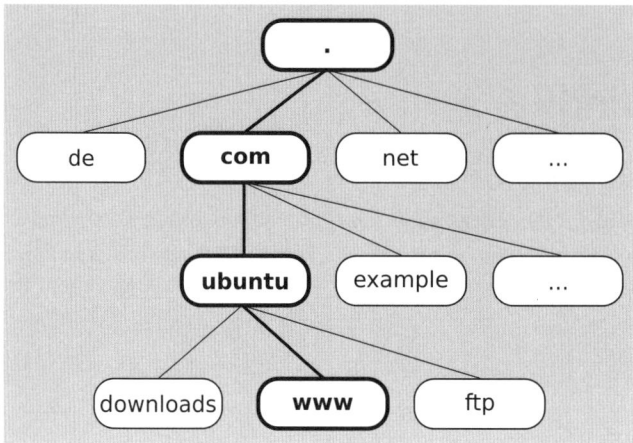

Abbildung 30.1 DNS-Hierarchie

Wie Sie der Abbildung entnehmen können, ist die Root-Zone, also der Punkt (.), der Beginn der Kette. Anschließend folgt die Ebene der *TLDs (Top Level Domains)*, wie *.de*, *.com* oder *.net*. Als nächste Ebene folgt bereits die Domänen-Ebene – im Beispiel *ubuntu*. Alle nachfolgenden Ebenen werden nur noch als *Labels* (engl. für *Bezeichnungen*) bezeichnet. Das letzte *Label* ist immer der Hostname *www*. Diese Kette kann natürlich noch weiter gehen. Ein Name wie *web.department.country.sub.domain.example.com* wäre im DNS auch denkbar – allerdings wird dabei der Vorteil von DNS (einfach und simpel) nicht wirklich deutlich. Abbildung 30.2 führt die unterschiedlichen Ebenen nochmals auf.

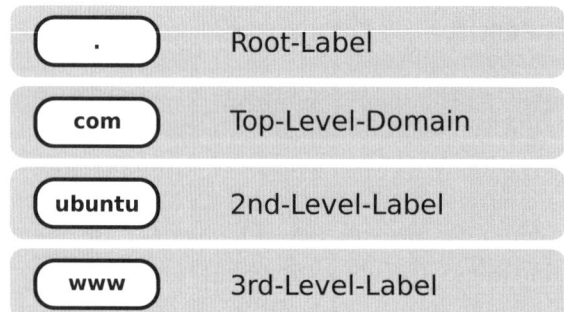

Abbildung 30.2 DNS-Hierarchie

30.1.1 Arbeitsweise von DNS

Während Ihrer Laufbahn haben Sie sicherlich schon Hunderte, Tausende oder sogar Millionen von DNS-Anfragen gestellt. Jeder *ping*, jedes *nslookup*, *host* oder *dig*, jedes *ssh* oder jeder Aufruf einer Webseite beinhaltet (meist) DNS-Abfragen. Nun wollen wir Ihnen zeigen, was dabei »unter der Motorhaube« passiert.

[+]

Abschluss mit: ».«

Der Name aus Abbildung 30.1 müsste eigentlich www.ubuntu.com. geschrieben werden – da alles mit dem Punkt beginnt beziehungsweise endet. Der abschließende Punkt kann zwar weggelassen werden, ist aber streng genommen Bestandteil des Namens. Auf diese Besonderheit kommen wir im weiteren Verlauf des Kapitels noch zurück.

Auf der Client-Ebene, also auf Ihrem Computer, werden bei einer DNS-Anfrage mehrere Stellen gefragt. Zunächst fragen Programme immer den lokalen *resolver* – dieser gibt die Arbeitsweise vor. Als erste Anlaufstelle dient immer die lokale *hosts*-Datei. Bei Linux-Systemen befindet sich diese unter */etc/hosts*. Dort wird der angefragte Eintrag zuerst gesucht – wie zu Beginn des Netzwerkzeitalters können Sie Ihre Namensauflösung also auch heute noch auf lokale Dateien auslagern. Ist diese Suche nicht erfolgreich, wird geprüft, ob ein Nameserver bekannt ist, der gefragt werden kann. Auf einem Linux-System steht dieser in der Datei */etc/resolv.conf*. Ist dort ein Eintrag vorhanden, wird die Anfrage an den Server gestellt.

Widmen wir uns nun der Serverseite. Hier kann eine DNS-Anfrage mit drei verschiedenen Verfahren beantwortet werden:

▶ **autoritativ**
Der gefragte Nameserver ist selbst für die Zone verantwortlich und holt die Daten aus einer lokalen Zonendatei.

▶ **nicht-autoritativ**
Der gefragte Nameserver ist nicht selbst für die Zone verantwortlich und muss die Daten ermitteln. Dabei wird zwischen den folgenden Abfragearten unterschieden:

– *rekursiv*
Der Server holt die Daten von einem anderen Nameserver, arbeitet also als Proxy (Stellvertreter) – Client-Server-Verfahren.

– *iterativ*
Der Server antwortet mit einem oder mehreren Verweisen oder einem Resource Record auf andere Nameserver, die den Namen auflösen können – Verfahren zwischen Nameservern.

Auf der Serverseite wird also zunächst die Betriebsart unterschieden. Anschließend wird zwischen einer rekursiven und iterativen Abfrage unterschieden. Dabei stellt bei rekursiven Anfragen der Nameserver eine Art Proxy-Server dar, da er Ihre Anfragen »nur« weiterleitet und in Ihrem Namen ausführt. Wird diese Anfrage an einen autoritativen DNS gestellt, der selbst DNS-Zonen vorhält, wird sie direkt beantwortet. Selbstverständlich können Sie beide Betriebsarten auch auf einem Server verwenden. Üblicherweise werden Client-Anfragen rekursiv gestellt. Daher beginnt der Ablauf also damit, zu prüfen, wer für eine Zone zuständig ist. Dabei wird das Pferd von hinten aufgezäumt. Falls der gefragte DNS-Server nicht für die

Zone selbst zuständig ist, fragt er die Root-Server aus der Punkt-Ebene, wer für die angefragte TLD zuständig ist. Ist diese Information bekannt, fragt er die Server der TLD-Ebene, wer für die Domäne verantwortlich ist. Anschließend wird der DNS-Server gefragt, wie der Name lautet, und die Antwort dem Client zurückgegeben.

Der Ablauf erfolgt also streng hierarchisch – von oben nach unten, vom Punkt zum Hostnamen. Dabei stellen Clients stets rekursive Anfragen. Im Hintergrund werden aber alle Verfahren genutzt, um eine Anfrage beantworten zu können, wie Sie in Abbildung 30.3 sehen.

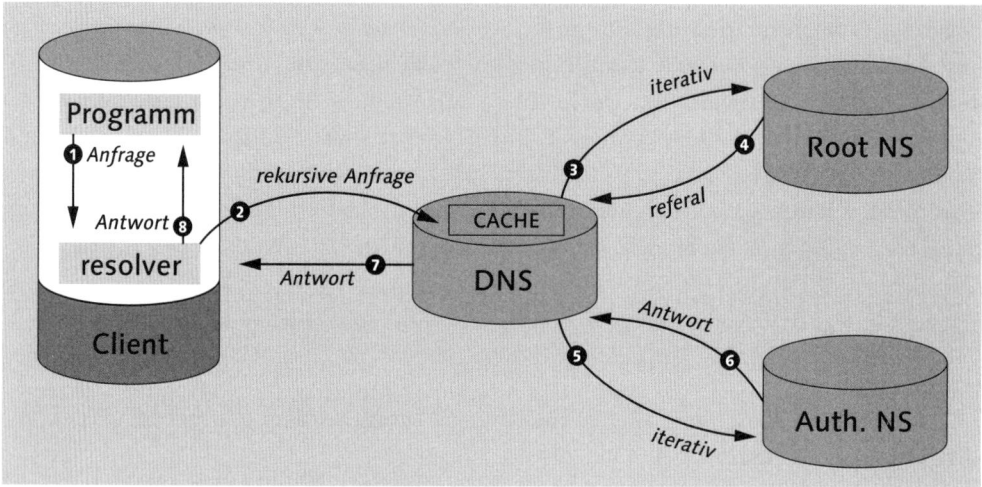

Abbildung 30.3 Ablauf einer Namensauflösung

30.1.2   Unterschied: rekursiv und autoritativ

Wie bereits erörtert wurde, unterscheidet man beim DNS-Server zwischen rekursiven und autoritativen Servern. Ein rekursiver DNS ist nur ein Proxy-Server (man könnte auch »Stellvertreter« sagen), der in Ihrem Namen die Informationen abfragt und Ihnen zur Verfügung stellt. Von einem rekursiven Server erhalten Sie stets sogenannte *non authoritative*, also nicht autorisierte Antworten, da er selbst nicht für die abgefragten Namen zuständig ist.

Ein autoritativer Server hingegen ist für eine (oder mehrere) Zonen zuständig und beantwortet nur Anfragen zu Zonen, für die er zuständig ist. Dafür ist die Rückmeldung aber autoritativ, also verbindlich.

30.1.3   Einträge im DNS: »Resource Records«

Namen sind nicht gleich Namen. Was auf den ersten Blick komisch anmutet, ist aber rein logisch zu verstehen. Damit die DNS-Server die Unterschiede zu den jeweiligen Anfragen ausmachen können, wurden die sogenannten *Resource Records* (oder kurz *Records*) geschaffen. Anhand dieser Records kann ein DNS-Server unterscheiden, welcher Natur die Anfrage ist und wie diese beantwortet werden muss. In der folgenden Auflistung haben wir Ihnen die gängigsten Record-Typen mit deren Bedeutung aufgelistet:

▶ A

liefert eine IPv4-Adresse zu einem Namen zurück. Typische Antwort: `192.168.0.20`

▶ AAAA

liefert eine IPv6-Adresse zu einem Namen zurück. Typische Antwort:
`fe80::a00:27ff:fee9:eb75`

▶ CNAME

stellt einen Verweis, eine Weiterleitung oder einen Alias dar.

Nicht auf Domänen-Ebene verweisen!

Beachten Sie, dass *CNAME*-Records nur auf Namen und nicht auf die Zone selbst verweisen dürfen. So darf der Name *www.example.com* als *CNAME* auf *example.com* verweisen, allerdings können Sie nicht *example.com* auf *www.example.com* verweisen lassen!

▶ PTR

liefert einen Namen zu einer IPv4/IPv6-Adresse zurück – auch als *Reverse Record* bezeichnet. Typische Antwort: `proxy.example.com.`

▶ MX

liefert den zuständigen Mailserver (*mail exchange*) für eine Zone zurück. Typische Antwort: `10 mail.example.com.`

▶ NS

liefert den zuständigen Nameserver für eine Zone zurück. Typische Antwort:
`dns.example.com.`

▶ SRV

liefert einen Server zurück, der einen Dienst anbietet, der meist in Windows Active Directory zu finden ist. Mögliche Antwort: `ldap.example.com.`

▶ TXT

liefert einen Text zurück. Mögliche Antwort: `"Hello World"`

▶ SOA

liefert einen Ansprechpartner und Parameter zur abgefragten Zone zurück (SOA: engl. für *Start of Authority*). Typische Antwort:
`dns.example.de. admin.example.com. 2016020801 28800 7200 604800 3600`

Dies sind bei Weitem nicht alle Record-Typen. Das Domain Name System hält noch viele Tiefen bereit, die ein normalsterblicher Nutzer selten wahrnimmt, die für den Betrieb von Diensten (wie MX-Records für Mail oder SRV-Records für ein Windows Active Directory) oder des Internets jedoch unerlässlich sind. Jeder Record-Typ hat eine unterschiedliche Anzahl an Werten, die er ausliefern kann. Liefern zum Beispiel A- oder PTR-Records nur die IP-Adressen oder Namen zurück, so wird bei MX-Records gleichzeitig noch eine Gewichtung in Form eines Zahlenwerts mit ausgeliefert. Bei SRV-Records wird sogar noch die Portnummer des angebotenen Dienstes mit ausgeliefert. Im Laufe der Zeit ist das ursprünglich als einfaches Adressbuch gedachte DNS-System immer weiter gewachsen.

30.1.4   Nachschlagewerk: Begriffe, Namen und Benennungen

Bevor wir zu den Client- und Server-Konfigurationen kommen, wollen wir noch einen kleinen Exkurs unternehmen. Die Sprache im DNS ist hier und da etwas eigen und kommt dem ungeübten Administrator schnell verwirrend vor. Sie haben bereits einige Begriffe kennengelernt. In diesem Abschnitt wollen wir Ihnen die wichtigsten Begriffe, Namen und Benennungen noch mal (beziehungsweise erstmals) vorstellen. Verstehen Sie diesen Abschnitt als Kompendium, in dem Sie nachschlagen können, was womit gemeint ist.

▶ **FQDN** (*Fully Qualified Domain Name*)
vollständiger Name eines Servers. Dieser ergibt sich aus:

`<x-Level-Label> . <2nd-Level-Label> . <Top-Level-Label> . <Root-Label>`

Untergeordnete Level (`<x-Level-Label`) kann es dabei beliebig viele geben. Der Name *www.ubuntu.com* würde entsprechend dieser Syntax wie folgt lauten:

`www         .         ubuntu         .         com         .`

Da das *Root-Label* stets leer ist (da alles mit dem ».« beginnt), wird es üblicherweise nicht mit angegeben – streng genommen gehört es aber zum *FQDN*.

▶ **rekursiv**
vollständige Auflösung eines angefragten Namens – im Stile eines Proxy-Servers löst der gefragte Nameserver die gesamte Kette auf und gibt das Ergebnis zurück.

▶ **iterativ**
Auflösung von Namen zwischen Nameservern – gibt lediglich einen *referal* (Verweis) zurück.

▶ **referal**
bezeichnet einen Verweis – Bestandteil einer Namensauflösung zwischen Nameservern.

▶ **Zone** (*Domäne*)
beschreibt eine DNS-Domäne, zum Beispiel *ubuntu.com*.

▶ **Zonendatei** (*Zone-File*)
Datei, in der Records für eine Domäne gespeichert werden.

▶ **Record** (*Resource Record*, *Record-Set* oder *RR*)
beschreibt einen DNS-Eintrag. Dieser besteht aus einem Wertepaar, zum Beispiel IP-Adresse und Namen, oder Name- oder Mailserver für eine Domäne.

▶ **Record-Klasse**
Jeder RR (Resource Record) verfügt über eine Klasse:

  – *IN = Internet* (Standardnamen, zum Beispiel: *www.ubuntu.com*)

  – *CH = CHOASnet* (historisch – nicht mehr relevant)

  – *HS = Hesiod* (historisch – nicht mehr relevant)

▶ **Record-Typ**
gibt die Art eines RR an. Mögliche Typen sind:

  – *A* = IPv4-Namen, *AAAA* = IPv6-Namen

  – *CNAME* = Alias-Name/Verweis

  – *NS* = Nameserver

  – *MX* = Mailserver (*mail exchange*)

  – *SOA* = Angaben zur Verwaltung einer Zone (engl. *Start of Authority*, für *Beginn der Zuständigkeit*)

  – *PTR* = Rückwärtsauflösung (IP-Adresse zu Namen), auch *Reverse* oder *Pointer* genannt

  – *TXT* = Text – gibt einen beliebigen Text zurück.

▶ **Forward-Zone**
beschreibt eine Zone für die Namensauflösung von Name zu IP-Adresse.

▶ **Reverse-Zone** (*Inverse-Zone*)
Rückwärtsauflösung (IP-Adresse zu Namen), auch *Reverse* oder *Pointer* genannt

▶ **Forwarder**
gibt einen Nameserver an, an den Anfragen weitergeleitet werden. Es findet keine eigene iterative Auflösung statt.

▶ **$TTL**
Time to live-Variable innerhalb einer Zonendatei, die die Gültigkeitzeit angibt

▶ **$ORIGIN**
Ursprungsvariable innerhalb einer Zonendatei, die das zu verwendende Suffix angibt (Default: Zonenname).

▶ **Ripe** (*RIPE NCC*)
Réseaux IP Européens Network Coordination Centre (RIPE NCC) ist die *Regional Internet Registry (RIR)* für Europa, den Nahen Osten und Zentralasien. Sie ist zuständig für die Vergabe von IP-Adressbereichen.

▶ **ICANN** (*Internet Corporation for Assigned Names and Numbers*)
Institution zur Überwachung und Betreuung von Standards (zum Beispiel der RFCs). Ko-ordiniert im DNS die Root-Server.

▶ **IANA** (*Internet Assigned Numbers Authority*)
Abteilung der *ICANN*, die für die Zuordnung von Namen und IP-Adressen zuständig ist

▶ **DENIC** (*DENIC eG* – kurz für *Deutsches Network Information Center*)
Betreiber der Top-Level-Domain *.de*

▶ **Root-Server** (*Root-Nameserver*, kurz *RS*)
Root-Server halten die Root-Zone (Punkt-Zone) und stellen die Namensauflösung für die *Top-Level-Domains (TLD)* bereit.

▶ **Registrar** (auch *Domain Name Registrar*)
bei der *ICANN* akkreditiertes Unternehmen, das die Registrierung von Internet-Domains durchführt

▶ **TLD** (*Top-Level-Domain*)
Die TLD ist der letzte Name in der durch Punkte getrennten Schreibweise für Namen (bei *www.ubuntu.com* wäre die TLD zum Beispiel *.com*). Dabei werden TLDs von der *IANA* in zwei Kategorien unterteilt:

– *generic TLD (gTLD)* = allgemeine TLDs – nochmals unterteilt in *sponsored TLDs (sTLDs)* und *unsponsored TLDs (uTLDs)*

– *country-code TLDs (ccTLDs)* = länderspezifische TLDs (*.de* = Deutschland)

▶ **IDN** (*Internationalized Domain Name*)
Abkürzung für *internationalisierte Domainnamen*, die auch als *Umlautdomains* oder *Sonderzeichendomains* bezeichnet werden. Das sind Domänennamen mit Umlauten, diakritischen Zeichen oder Buchstaben aus anderen Alphabeten als dem lateinischen (ursprünglich im DNS nicht vorgesehen).

30.2   Client-Tools: »nslookup«, »host« und »dig«

Beginnen wir unsere Reise in die wunderbare Welt des DNS mit den Client-Tools. Viele von ihnen haben Sie sicherlich schon benutzt, dennoch möchten wir Ihnen die Client-Tools noch etwas näherbringen.

30.2.1   Der Klassiker: »nslookup«

Der unangefochtene Klassiker unter den DNS-Client-Tools ist wohl *nslookup*. Mit dem Tool haben Sie sicherlich schon mal gearbeitet. Das Programm liefert schnell und ohne viel Schnickschnack Antworten auf einfache A- und PTR-Record-Abfragen, kann aber noch viel mehr.

Üblicher Einsatz: A- und PTR-Records

Beginnen wir mit der einfachsten Übung – der Auflösung eines Namens. Dazu rufen Sie einfach das Programm nslookup gefolgt vom aufzulösenden Namen auf (siehe Listing 30.1):

```
daniel@merkur:~$ nslookup www.rheinwerk-verlag.de
Server:         192.168.0.1
Address:        192.168.0.1#53

Non-authoritative answer:
Name:   www.rheinwerk-verlag.de
Address: 46.235.24.168
```

Listing 30.1 Auflösung eines Namens mit »nslookup«

Als Erstes gibt uns *nslookup* den Server, an den die Anfrage weitergeleitet wurde, und dessen Adresse aus. Anschließend teilt es uns mit, dass es für den angefragten Namen nur eine nicht autorisierte Antwort präsentieren kann, und listet dann sowohl den Namen als auch die zugehörige IP-Adresse auf. Nun wollen wir den Namen zu einer IP-Adresse herausfinden:

```
daniel@merkur:~$ nslookup 46.235.24.168
Server:         192.168.0.1
Address:        192.168.0.1#53

Non-authoritative answer:
168.24.235.46.in-addr.arpa      name = www.rheinwerk-verlag.de.
[…]
```

Listing 30.2 Auflösung einer IP-Adresse mit »nslookup«

Zunächst listet *nslookup* wieder den gefragten Nameserver und dessen Adresse auf. Anschließend weist es uns erneut darauf hin, dass für den angefragten Namen lediglich eine nicht autorisierte Antwort ermittelt wurde. Anschließend gibt es uns die IP-Adresse in der DNS-Schreibweise (in umgekehrter Reihenfolge mit dem Suffix *in-addr.arpa*) und den dazugehörigen Namen aus.

Hierbei ist im Übrigen keine 1:1-Zuordnung von Namen zu IP-Adresse erforderlich. Ansonsten wären Konzepte wie zum Beispiel mehrere Webseiten mit der gleichen IP-Adresse auf einem Webserver (*Virtual Hosts*) nicht möglich.

Weitere Funktionen

Damit ist das gute alte *nslookup* aber noch nicht am Ende seines Könnens angelangt. Sie können *nslookup* auch im Kommando-Modus starten. Führen Sie dafür einfach den Befehl ohne Parameter aus. Anschließend ändert sich der Prompt in ein Größer-als-Zeichen (>) und Sie können die Abfragen und Befehle einfach direkt eintippen.

Das Programm *nslookup* kann aber noch mehr, als A- und PTR-Records auflösen. Mit dem Kommando set type=<RR> können Sie *nslookup* anweisen, einen beliebigen Resource Record abzufragen. In Listing 30.3 haben wir die Kommandozeile von *nslookup* aufgerufen und unterschiedliche Records abgefragt:

```
daniel@merkur:~$ nslookup
> example.com
Server:          192.168.0.1
Address:         192.168.0.1#53

Non-authoritative answer:
Name:   example.com
Address: 93.184.216.34
> set type=MX
> rheinwerk-verlag.de
Server:          192.168.0.1
Address:         192.168.0.1#53

Non-authoritative answer:
rheinwerk-verlag.de      mail exchanger = 10 mail.rheinwerk-verlag.de.
[…]
> set type=SOA
> example.net
Server:          192.168.0.1
Address:         192.168.0.1#53

Non-authoritative answer:
example.net
        origin = sns.dns.icann.org
        mail addr = noc.dns.icann.org
        serial = 2015082611
        refresh = 7200
        retry = 3600
        expire = 1209600
        minimum = 3600
[…]
```

Listing 30.3 Interaktive Shell mit »nslookup«

Zunächst haben wir nach dem A-Record von example.com gefragt. Anschließend haben wir mit set type=MX den Record-Type auf MX eingestellt, um somit den zuständigen Mailserver für die Zone rheinwerk-verlag.de abfragen zu können. Abschließend haben wir den Record-Typ auf *SOA* gestellt, um Informationen zur Zone zu bekommen – zum Beispiel eine Mail-Adresse (mail addr), um Fehler zu melden.

In der Regel arbeitet *nslookup* mit nur einem Parameter. Falls Sie die DNS-Anfrage an einen anderen als Ihren Standard-DNS-Server aus der */etc/resolv.conf* stellen wollen, können Sie den DNS-Server, den Sie fragen wollen, einfach als zweiten Parameter hinter dem Namen angeben (siehe Listing 30.4):

```
daniel@merkur:~$ nslookup rheinwerk-verlag.de ns1.surfplanet.de
Server:          ns1.surfplanet.de
Address:         85.88.1.92#53

Name:    rheinwerk-verlag.de
Address: 46.235.24.168
```

Listing 30.4 Einen anderen Nameserver mit »nslookup« abfragen

Wie Sie Listing 30.4 entnehmen können, wurde für den Namen `rheinwerk-verlag.de` der Nameserver `ns1.surfplanet.de` abgefragt. Dieser ist gleichzeitig der autorisierte Nameserver für die Zone. Daher fehlt der sonst übliche Hinweis auf die nicht autorisierte Antwort.

30.2.2   Einfach, aber gut: »host«

Nahezu identisch zu *nslookup* ist die moderne Variante *host*, die explizit für den Gebrauch zum schnellen und einfachen Auflösen von A- und PTR-Records gedacht ist.

host arbeitet analog zu *nslookup* und erwartet als Parameter einen Namen oder eine IP-Adresse (siehe Listing 30.5):

```
daniel@merkur:~$ host www.example.com
www.example.com has address 93.184.216.34
www.example.com has IPv6 address 2606:2800:220:1:248:1893:25c8:1946
```

Listing 30.5 Auflösung eines Namens mit »host«

Im Gegensatz zu *nslookup* verfügt *host* nicht über eine interaktive Shell, gleicht diesen Makel aber mit einer gewissen Intelligenz aus. Wie Sie Listing 30.5 entnehmen können, wurde lediglich nach dem System `www.example.com` gefragt. Das Programm *host* ruft im Hintergrund alle Record-Typen des Namens ab und gibt für Sie relevante Typen aus – im Beispiel also die IPv4- und IPv6-Adressen. Deutlicher wird dies in Listing 30.6:

```
daniel@merkur:~$ host www.rheinwerk-verlag.de
www.rheinwerk-verlag.de has address 46.235.24.168
daniel@merkur:~$
daniel@merkur:~$ host rheinwerk-verlag.de
rheinwerk-verlag.de has address 46.235.24.168
rheinwerk-verlag.de mail is handled by 10 mail.rheinwerk-verlag.de.
```

Listing 30.6 Hier zeigt sich die Intelligenz von »host«.

Wie Sie in Listing 30.6 sehen, wird für die Abfrage von `www.rheinwerk-verlag.de` nicht nur die IPv4-Adresse, sondern auch direkt der MX-Record, also der zuständige Mailserver, mit ausgegeben. Aufgrund seiner verkürzten Ausgabe findet das Programm *host* oft in Skripten

Anwendung. Das Programm kann selbstverständlich auch mit Parametern umgehen. So können Sie zum Beispiel mit dem Parameter -t den Record-Typ angeben.

30.2.3 Der Alleskönner: »dig«

Neben diesem Programm sehen die bisher erläuterten Client-Tools fast lächerlich klein aus. Das Programm *dig* bietet Ihnen (fast) alle Möglichkeiten, DNS-Anfragen zu stellen. Sie können nicht nur einfache Auflösungen vornehmen, sondern das Programm auch zum Debuggen von Nameservern einsetzen. Es ist daher ein unverzichtbares Tool für DNS-Administratoren. Aber fangen wir klein an: *dig* beherrscht auch die Grundfunktionen:

```
daniel@merkur:~$ dig rheinwerk-verlag.de

; <<>> DiG 9.9.5-12.1ubuntu1-Ubuntu <<>> rheinwerk-verlag.de
;; global options: +cmd
;; Got answer:
;; ->>HEADER<<- opcode: QUERY, status: NOERROR, id: 44098
;; flags: qr rd ra; QUERY: 1, ANSWER: 1, AUTHORITY: 0, ADDITIONAL: 0

;; QUESTION SECTION:
;rheinwerk-verlag.de.            IN      A

;; ANSWER SECTION:
rheinwerk-verlag.de.    86142   IN      A       46.235.24.168

;; Query time: 4 msec
;; SERVER: 192.168.0.1#53(192.168.0.1)
;; WHEN: Mon Feb 08 14:03:13 CET 2016
;; MSG SIZE  rcvd: 53
```

Listing 30.7 Auflösung eines Namens mit »dig«

Allein am Umfang der Ausgabe können Sie erkennen, dass *dig* nichts für den Hausgebrauch ist. Im ersten Block listet *dig* auf, wie es aufgerufen wurde und welchen Status es zurückbekommen hat. Im zweiten Block (QUESTION SECTION) wird die Anfrage im Stile einer DNS-Zone aufgelistet – ohne Angabe weiterer Parameter löst auch *dig*, wie *nslookup* und *host*, den A-Record auf. Im dritten Block (ANSWER SECTION) wird die Antwort ebenfalls im Stile einer DNS-Zone ausgegeben. Im vierten und letzten Block werden die Dauer der Anfrage, der gefragte Nameserver, der Ausführungszeitpunkt und die Größe der Meldung ausgegeben.

Über den Parameter -t können Sie auch bei *dig* den Record-Typ angeben, den Sie abfragen wollen. Um einen anderen als den Standard-Nameserver zu fragen, wird der Nameserver mit vorangestelltem At-Zeichen (@) angegeben. Sehen wir uns die Veränderungen der Ausgabe am Beispiel von Listing 30.8 an:

```
daniel@merkur:~$ dig @ns1.surfplanet.de. -t MX rheinwerk-verlag.de

; <<>> DiG 9.10.3-P2-Ubuntu <<>> @ns1.surfplanet.de. -t MX rheinwerk-verlag.de
; (1 server found)
;; global options: +cmd
;; Got answer:
;; ->>HEADER<<- opcode: QUERY, status: NOERROR, id: 10232
;; flags: qr aa rd; QUERY: 1, ANSWER: 1, AUTHORITY: 0, ADDITIONAL: 1
;; WARNING: recursion requested but not available

;; QUESTION SECTION:
;rheinwerk-verlag.de.            IN      MX

;; ANSWER SECTION:
rheinwerk-verlag.de.    3600    IN      MX      10 mail.rheinwerk-verlag.de.

;; ADDITIONAL SECTION:
mail.rheinwerk-verlag.de. 3600  IN      A       194.8.219.19

;; Query time: 29 msec
;; SERVER: 85.88.1.92#53(85.88.1.92)
;; WHEN: Sun Feb 28 18:22:33 CET 2016
;; MSG SIZE  rcvd: 74
```

Listing 30.8 Auflösung eines MX-Records mit »dig -t MX«

In der ersten Zeile des ersten Blocks werden die übergebenen Parameter erneut ausgegeben. Anschließend folgt die Bestätigung, dass der angegebene Nameserver gefunden wurde (1 server found). Nach der Ausgabe des Status mit der Rückgabe NOERROR und den gesetzten Parametern folgt ein Warnhinweis, dass Rekursion angefragt wurde, aber nicht verfügbar ist (WARNING: recursion requested but not available). Dies ist darauf zurückzuführen, dass wir den autorisierten Nameserver direkt gefragt haben und ihn gebeten haben, im Stile eines rekursiven DNS für uns die Arbeit zu übernehmen. Die Warnung fällt im Beispiel nicht weiter ins Gewicht, da der gefragte Nameserver für die Zone selbst zuständig ist und daher keine Proxy-Aufgaben übernehmen muss. Dies ist daran zu erkennen, dass der Status der Abfrage mit NOERROR zurückgegeben wurde.

Im zweiten Block wird wieder die Abfrage im Stile einer DNS-Zone aufgeführt. Der dritte Block stellt die Antwort dar (ANSWER SECTION). Nun wird aber zusätzlich im vierten Block die Sektion ADDITIONAL dargestellt, in der die zugehörige IP-Adresse zum angefragten Mailserver aufgeführt wird. Dies ist eine Besonderheit vom DNS, die wir bereits in Ansätzen von dem Programm *host* her kennen. Im fünften Block werden wieder die Dauer, der Nameserver, der Ausführungszeitpunkt und die Größe der Meldung ausgegeben.

Die Debug-Funktionen von »dig«

Wie bereits erwähnt wurde, kann *dig* auch als Debugging-Tool eingesetzt werden. Beginnen wir aber zunächst mit ein paar Grundinformationen. Jede DNS-Abfrage erhält einen Status, der folgende Bedeutung hat:

▶ **NOERROR**
Dieser Status bedeutet, dass die abgefragte Domäne existiert und dass der autorisierte Nameserver Anfragen an diese Domäne korrekt beantwortet.

▶ **SERVFAIL**
Bei einem *SERVFAIL* existiert die Domäne ebenfalls, da die Root-Nameserver Informationen zu dieser Zone haben. Der oder die zuständigen autorisierten Nameserver antworten aber nicht auf Anfragen an diese Domäne. Dies kann zum Beispiel bei einem Ausfall oder einer Fehlkonfiguration der Fall sein.

▶ **NXDOMAIN**
Dies bedeutet, dass die Zone beziehungsweise der angefragte Wert nicht bekannt ist oder nicht existiert. Eine Namensauflösung ist also nicht möglich.

Eine Möglichkeit der Fehleranalyse besteht in der Rückverfolgung einer Namensauflösung von Hand. Dabei lösen Sie quasi wie ein DNS-Server einen Namen von der Root-Zone an mit iterativen Abfragen auf. Damit können Sie leicht feststellen, wo ein Fehler auftritt: bei Ihnen oder bei einem übergeordneten DNS. Hierfür können Sie die Funktion +norecurse verwenden, die auf den ersten Blick etwas verwirrend ist. Durch das Plus-Zeichen wird der Parameter initiiert. Das no gibt an, dass die nachfolgende Funktion deaktiviert werden soll. Das recurse gibt die Funktion (rekursive Abfragen) an. In Listing 30.9 können Sie die Funktionsweise nachvollziehen:

```
daniel@merkur:~$ dig +norecurse @a.root-servers.net www.google.de

; <<>> DiG 9.10.3-P2-Ubuntu <<>> +norecurse @a.root-servers.net www.google.de
[…]

;; AUTHORITY SECTION:
[…]
de.                     172800   IN       NS      a.nic.de.


;; ADDITIONAL SECTION:
[…]
a.nic.de.               172800   IN       A       194.0.0.53
[…]
;; Query time: 31 msec
;; SERVER: 198.41.0.4#53(198.41.0.4)
;; WHEN: Mon Feb 08 14:08:01 CET 2016
```

```
;; MSG SIZE   rcvd: 356

daniel@merkur:~$ dig +norecurse @a.nic.de. www.google.de

; <<>> DiG 9.10.3-P2-Ubuntu <<>> +norecurse @a.nic.de. www.google.de
[…]

;; AUTHORITY SECTION:
[…]
google.de.             86400    IN       NS       ns1.google.com.
[…]

;; Query time: 26 msec
;; SERVER: 194.0.0.53#53(194.0.0.53)
;; WHEN: Mon Feb 08 14:08:45 CET 2016
;; MSG SIZE   rcvd: 356

daniel@merkur:~$ dig +norec @ns3.google.com. www.google.de

; <<>> DiG 9.10.3-P2-Ubuntu <<>> +norec @ns3.google.com. www.google.de
[…]

;; ANSWER SECTION:
www.google.de.          300      IN       A        173.194.112.143
[…]
;; Query time: 25 msec
;; SERVER: 216.239.36.10#53(216.239.36.10)
;; WHEN: Mon Feb 08 14:09:16 CET 2016
;; MSG SIZE   rcvd: 47
```

Listing 30.9 Händische Rückverfolgung mit »dig +norecurse«

Aufgrund der umfangreichen Ausgaben von *dig* haben wir diese verkürzt ([…]) dargestellt. Für diese Art der Rückverfolgung können Sie auch den Schalter +trace verwenden. Dieser gibt das gleiche Ergebnis wie die Rückverfolgung von Hand zurück, führt aber alle Aktionen in einem durch und liefert eine Ausgabe wie in Listing 30.10:

```
daniel@merkur:~$ dig +trace rheinwerk-verlag.de

; <<>> DiG 9.10.3-P2-Ubuntu <<>> +trace rheinwerk-verlag.de
;; global options: +cmd
.                       51512    IN       NS       d.root-servers.net.
.                       51512    IN       NS       a.root-servers.net.
.                       51512    IN       NS       j.root-servers.net.
```

```
[…]
;; Received 239 bytes from 192.168.0.10#53(192.168.0.10) in 339 ms

de.                     172800  IN      NS      a.nic.de.
de.                     172800  IN      NS      f.nic.de.
de.                     172800  IN      NS      l.de.net.
[…]
;; Received 569 bytes from 199.7.83.42#53(l.root-servers.net) in 187 ms

rheinwerk-verlag.de.    86400   IN      NS      ns1.surfplanet.de.
rheinwerk-verlag.de.    86400   IN      NS      ns2.surfplanet.de.
[…]
;; Received 618 bytes from 194.146.107.6#53(n.de.net) in 59 ms

rheinwerk-verlag.de.    86400   IN      A       46.235.24.168
rheinwerk-verlag.de.    3600    IN      NS      ns2.surfplanet.de.
rheinwerk-verlag.de.    3600    IN      NS      ns1.surfplanet.de.
;; Received 143 bytes from 85.88.0.92#53(ns2.surfplanet.de) in 31 ms
```

Listing 30.10 Rückverfolgung mit »dig +trace«

Die einzelnen Schritte werden direkt von *dig* durchgeführt, sodass Ihnen in der Ausgabe nur noch die Ergebnisse präsentiert werden – angefangen von den Root-Servern im ersten Block über die zuständigen TLD-Server im zweiten Block, die autorisierten Nameserver im dritten Block bis schließlich zur Antwort im letzten Block.

Das Programm *dig* bietet Ihnen noch viele weitere nützliche Parameter und Schalter an. In den nächsten Listings haben wir Ihnen eine Auswahl der Funktionen in der Rubrik *Nützliches* zusammengestellt.

Nützliches

Für eine Skript-Verarbeitung bietet sich die Möglichkeit von *dig* an, mit dem Schalter +short eine stark verkürzte Ausgabe zu erhalten (siehe Listing 30.11):

```
daniel@merkur:~$ dig +short www.example.com
93.184.216.34
```

Listing 30.11 Verkürzte Ausgabe mit »dig +short«

Ebenso können Sie auch einzelne Records direkt abfragen (siehe Listing 30.12):

```
daniel@merkur:~$ dig SOA rheinwerk-verlag.de

; <<>> DiG 9.10.3-P2-Ubuntu <<>> +trace rheinwerk-verlag.de
;; global options: +cmd
```

```
;; Got answer:
;; ->>HEADER<<- opcode: QUERY, status: NOERROR, id: 28971
;; flags: qr rd ra; QUERY: 1, ANSWER: 1, AUTHORITY: 0, ADDITIONAL: 0

;; QUESTION SECTION:
;rheinwerk-verlag.de.            IN      SOA

;; ANSWER SECTION:
rheinwerk-verlag.de.    3600    IN      SOA     ns1.surfplanet.de. \
hostmaster.surfplanet.de. 2016011301 10800 3600 604800 3600

;; Query time: 42 msec
;; SERVER: 192.168.0.1#53(192.168.0.1)
;; WHEN: Mon Feb 08 14:17:43 CET 2016
;; MSG SIZE  rcvd: 99
```

Listing 30.12 Verkürzte Ausgabe eines Records mit »dig <NAME> <RR>«

Natürlich sind diese Dinge auch kombinierbar, wie Listing 30.13 zeigt:

```
daniel@merkur:~$ dig +short rheinwerk-verlag.de MX
10 mail.rheinwerk-verlag.de.
```

Listing 30.13 Verkürzte Ausgabe mit »dig +short <NAME> <RR>«

Ein Hauptbestandteil des DNS ist der Austausch von Zonen-Informationen zwischen Name-servern – der sogenannte Zonen-Transfer. Diesen können Sie auch mit *dig* testen (siehe Listing 30.14):

```
daniel@merkur:~$ dig @192.168.0.10 example.com axfr

; <<>> DiG 9.10.3-P2-Ubuntu <<>> +trace rheinwerk-verlag.de
; (1 server found)
;; global options: +cmd
example.com.            86400   IN      SOA     ns.example.com. mail.example.com. \
                                                12 43200 180 1209600 10800
example.com.            86400   IN      NS      dns.example.com.
dns.example.com.        86400   IN      A       192.168.0.10
merkur.example.com.     86400   IN      A       192.168.0.151
saturn.example.com.     86400   IN      A       192.168.0.148
example.com.            86400   IN      SOA     ns.example.com. mail.example.com. \
                                                12 43200 180 1209600 10800

;; Query time: 6 msec
;; SERVER: 192.168.0.10#53(192.168.0.10)
```

```
;; WHEN: Mon Feb 08 14:18:46 CET 2016
;; XFR size: 5 records (messages 1, bytes 248)
```

Listing 30.14 Zonen-Transfer testen mit »axfr«

Nicht mit jedem: Zonen-Transfer

Bitte beachten Sie, dass der Zonen-Transfer (zu Recht) nicht von jedem Nameserver beantwortet wird, da darüber alle Records einer Zone ausgegeben werden. Wie der Zonen-Transfer eingeschränkt und konfiguriert wird, zeigen wir Ihnen im weiteren Verlauf des Kapitels.

30.3   Der Server: »bind9«

Nun ist es an der Zeit, einen Nameserver aufzusetzen. Wir verwenden einen der meisteingesetzen Server weltweit, den *bind*. Dabei steht *bind* für *Berkeley Internet Name Domain Server*, da dieser Server in der Universität von Berkeley entwickelt wurde. Da der *bind* dafür bekannt ist, Änderungen an den DNS-RFCs zeitnah umzusetzen, gilt er seit Jahren als die Referenzsoftware für DNS. Heute wird *bind* durch das *Internet Systems Consortium (ISC)* weiterentwickelt.

Derzeit aktuell wäre eigentlich die Version 10. Aufgrund der weiten Verbreitung von Version 9 und neuer Möglichkeiten, die ursprünglichen Schwachstellen zu beheben (Auslastung von Servern mit mehr als 4 GB Hauptspeicher und mehr als 6 Prozessorkernen), wurde kurzerhand die Version 10 stillgelegt und die vermeintlich ältere Version 9 weitergepflegt.

Der Betrieb eines Nameservers ist komplexer, als die Einfachheit des Dienstes vermuten lässt. Daher werden wir die Konfiguration Schritt für Schritt aufbauen.

30.3.1   Vorwissen

Für diesen Abschnitt sollten Sie folgende Kenntnisse bereits erworben haben:

▶ **Die Bash** (siehe hierzu Abschnitt 8.1, »Hilfe, da blinkt was! Die Bash«)

▶ **Paket-Installation** (siehe hierzu Abschnitt 2.4.3, »Umgang mit Paketen«)

▶ **DNS-Grundlagen** (siehe Abschnitt 30.1, »Theorie – alles beginnt mit dem ›.‹«)

30.3.2   Installation

Der Standard-Nameserver *bind9* ist selbstverständlich Bestandteil der Paketquellen von Ubuntu. Daher können Sie ihn einfach aus den Paketquellen installieren. Neben dem eigentlichen Daemon aus dem Paket *bind9* sollten Sie direkt die Hilfsprogramme aus dem Paket *bind9utils* mitinstallieren (siehe Listing 30.15):

```
daniel@merkur:~$ sudo apt-get install bind9 bind9utils
Paketlisten werden gelesen... Fertig
Abhängigkeitsbaum wird aufgebaut.
Statusinformationen werden eingelesen.... Fertig
Vorgeschlagene Pakete:
  bind9-doc
Die folgenden NEUEN Pakete werden installiert:
  bind9 bind9utils
0 aktualisiert, 2 neu installiert, 0 zu entfernen und 0 nicht aktualisiert.
Es müssen 432 kB an Archiven heruntergeladen werden.
Nach dieser Operation werden 1.632 kB Plattenplatz zusätzlich benutzt.
[…]
```

Listing 30.15 Installation von »bind9«

In früheren Versionen wurde während der Installation der eingetragene Nameserver in der Datei */etc/resolv.conf* direkt auf *127.0.0.1* umgesetzt, da Ihr Server durch die Installation in der Lage ist, selbstständig Namen aufzulösen. Seit Systemd ist dies nicht mehr so. Nach der Installation können Sie mit `systemctl start bind9` den Dienst starten. Aufgrund der Vorkonfiguration arbeitet Ihr Server direkt als rekursiver Nameserver.

30.3.3   Übersicht

Die Konfiguration des *bind* findet in mehreren Dateien im Verzeichnis */etc/bind* statt. Sehen wir uns die Dateien nach der Installation einmal an:

▸ *bind.keys*

▸ *db.0, db.127, db.255, db.empty, db.local, db.root*

▸ *named.conf, named.conf.default-zones, named.conf.local, named.conf.options*

▸ *rndc.key*

▸ *zones.rfc1918*

Die Konfiguration erfolgt in der Datei *named.conf*, die aber nicht die vollständige Konfiguration des Nameservers enthält, sondern lediglich die weiteren Konfigurationsdateien inkludiert. Dadurch wird eine Verteilung der Konfigurationen anhand von Aufgaben vorgenommen, damit Sie stets den Überblick behalten können. In den Dateien, die mit dem Präfix *db* beginnen, sind bereits einige Zonen enthalten. Das gilt auch für die Datei *zones.rfc1918*, die die privaten Netze (RFC 1918) enthält. Die Dateien mit dem Suffix *key* enthalten zur Installation angelegte Schlüssel. Sie dienen zum einen zur Administration (*rndc.key*) und zum anderen zur Erzeugung von abgesicherten Zonen unter Verwendung des sogenannten *DNSSEC (Domain Name System Security Extensions)*, auf das wir im weiteren Verlauf dieses Abschnitts noch zu sprechen kommen.

30.3.4   Basiskonfiguration nach der Installation

Schauen wir uns zunächst einmal die bestehende Konfiguration näher an. Wie bereits angesprochen wurde, findet in der Hauptkonfigurationsdatei *named.conf* nicht die vollständige Konfiguration des Dienstes statt, sondern Sie finden hier lediglich Verweise auf Konfigurationsdateien:

```
include "/etc/bind/named.conf.options";
include "/etc/bind/named.conf.local";
include "/etc/bind/named.conf.default-zones";
```

Listing 30.16 Inhalt der »named.conf« (ohne Kommentare)

Entscheidend ist hier die Reihenfolge der Einbindungen. Da bei der Konfiguration des *bind* auch Variablen eingesetzt werden können, müssen Sie darauf achten, dass Sie diese zunächst mit Werten füllen, bevor Sie sie verwenden. Des Weiteren können Sie in Listing 30.16 bereits ein entscheidendes Merkmal der *bind*-Konfiguration sehen: Alle Zeilen müssen mit einem Semikolon abgeschlossen werden – anderenfalls verweigert der Dienst den Start. In der Datei *named.conf.options* (siehe Listing 30.17) sind, wie der Name bereits sagt, Optionen für den Dienst konfiguriert. Schauen wir uns diese Datei einmal an:

```
options {
        directory "/var/cache/bind";
        dnssec-validation auto;
        auth-nxdomain no;    # conform to RFC1035
        listen-on-v6 { any; };
};
```

Listing 30.17 Inhalt der »named.conf.options« (ohne Kommentare)

Aus Listing 30.17 geht ein weiterer Mechanismus der *bind*-Konfiguration hervor – die Bildung von Blöcken mit geschweiften Klammern. Zunächst wird in der Datei der Block options initialisiert. Anschließend werden für diesen Block gültige Konfigurationen gesetzt. Als Erstes wird das Arbeitsverzeichnis des *bind* mit dem Parameter directory auf */var/cache/bind* gesetzt. Wie der Name bereits impliziert, werden dort die Caches des *bind* vorgehalten. Des Weiteren wird die Prüfung von DNSSEC-Anfragen auf automatisch eingestellt. Anschließend wird über den Parameter auth-nxdomain eingestellt, dass Ihr Nameserver Anfragen, die mit dem Status *NXDOMAIN* beantwortet werden, **nicht** als autorisierte Antwort herausgibt.

[+] Dies ist eine wichtige Konfiguration, da sich das Standardverhalten seit dem *bind8* verändert hat. Ältere Software setzt zum Teil darauf, dass Anfragen, die mit *NXDOMAIN* beantwortet werden, autorisierte Antworten liefern müssen – behalten Sie dies im Hinterkopf für den Fall, dass Sie merkwürdige Phänomene beim Betrieb Ihres Nameservers feststellen sollten.

Abschließend wird noch das Lauschen des Dienstes auf IPv6 aktiviert. Hierbei können Sie einen weiteren Mechanismus der *bind*-Konfiguration kennenlernen. Die Angabe von mehreren Werten erfolgt stets in eigenen geschweiften Klammern und wird pro Element ebenfalls mit einem Semikolon abgeschlossen. Selbstverständlich müssen Sie auch die Auflistung mit einem eigenen Semikolon abschließen. Hierbei kommt es oft zu Flüchtigkeitsfehlern. Da dies zum Ausfall Ihres Nameservers führen kann, müssen Sie immer akribisch auf die Syntax achten!

Die Datei *named.conf.local* ist nach der Installation nur mit Kommentaren gefüllt, die aber durchaus hilfreich sein können, wie Sie in Listing 30.18 sehen:

```
//
// Do any local configuration here
//

// Consider adding the 1918 zones here, if they are not used in your
// organization
// include "/etc/bind/zones.rfc1918";
```

Listing 30.18 Inhalt der »named.conf.local«

Neben dem Hinweis, dass lokale Konfigurationen in dieser Datei erzeugt werden sollen, ist vor allem der letzte Punkt relevant. Falls Sie in Ihrem Netz keine privaten Netze nach dem RFC-Standard 1918 verwenden, sollten Sie die Datei *zones.rfc1918* hier einbinden. Die privaten Netze umfassen 10.0.0.0/8, 172.16.0.0/12 und 192.168.0.0/16, die nur lokal geroutet werden. Damit Ihr Nameserver für diese IP-Adressbereiche nicht unnötigerweise Anfragen ins Internet stellt, sollten Sie diese Datei inkludieren – also die Auskommentierung des Parameters include durch zwei aufeinanderfolgende Schrägstriche entfernen.

Sehen wir uns daher die Datei *zones.rfc1918* im Detail an (siehe Listing 30.19):

```
zone "10.in-addr.arpa"     { type master; file "/etc/bind/db.empty"; };

zone "16.172.in-addr.arpa" { type master; file "/etc/bind/db.empty"; };
zone "17.172.in-addr.arpa" { type master; file "/etc/bind/db.empty"; };
zone "18.172.in-addr.arpa" { type master; file "/etc/bind/db.empty"; };
zone "19.172.in-addr.arpa" { type master; file "/etc/bind/db.empty"; };
zone "20.172.in-addr.arpa" { type master; file "/etc/bind/db.empty"; };
zone "21.172.in-addr.arpa" { type master; file "/etc/bind/db.empty"; };
zone "22.172.in-addr.arpa" { type master; file "/etc/bind/db.empty"; };
zone "23.172.in-addr.arpa" { type master; file "/etc/bind/db.empty"; };
zone "24.172.in-addr.arpa" { type master; file "/etc/bind/db.empty"; };
zone "25.172.in-addr.arpa" { type master; file "/etc/bind/db.empty"; };
zone "26.172.in-addr.arpa" { type master; file "/etc/bind/db.empty"; };
zone "27.172.in-addr.arpa" { type master; file "/etc/bind/db.empty"; };
zone "28.172.in-addr.arpa" { type master; file "/etc/bind/db.empty"; };
zone "29.172.in-addr.arpa" { type master; file "/etc/bind/db.empty"; };
```

```
zone "30.172.in-addr.arpa"  { type master; file "/etc/bind/db.empty"; };
zone "31.172.in-addr.arpa"  { type master; file "/etc/bind/db.empty"; };

zone "168.192.in-addr.arpa" { type master; file "/etc/bind/db.empty"; };
```

Listing 30.19 Inhalt der »zones.rfc1918«

In der Datei werden Zonen definiert – besser gesagt Reverse-Zonen, also Zonen, die zur Auflösung von IP-Adressen in Namen verwendet werden. Den Aufbau und die Verarbeitungs-
weise von Reverse-Zonen behandeln wir in Abschnitt 30.3.9, »Reverse-Zonen: ›sträwkcüR‹«.
Entscheidend ist hier, dass die einzelnen Reverse-Zonen mit dem Typ *Master* erzeugt werden
und alle auf die Datei *db.empty* verweisen. Den Aufbau von Zonendateien erläutern wir in
Abschnitt 30.3.5, »Zonendateien«. Abgeschlossen wird die Grundkonfiguration mit der Datei
named.conf.default-zones:

```
// prime the server with knowledge of the root servers
zone "."{
        type hint;
        file "/etc/bind/db.root";
};


// be authoritative for the localhost forward and reverse zones, and for
// broadcast zones as per RFC 1912

zone "localhost"{
        type master;
        file "/etc/bind/db.local";
};
zone "127.in-addr.arpa"{
        type master;
        file "/etc/bind/db.127";
};

zone "0.in-addr.arpa"{
        type master;
        file "/etc/bind/db.0";
};

zone "255.in-addr.arpa"{
        type master;
        file "/etc/bind/db.255";
};
```

Listing 30.20 Inhalt der »named.conf.default-zones«

In dieser Datei wird zunächst ein Grundstein der Namensauflösung gelegt. Die Root-Zone wird definiert und als Typ *hint* initialisiert. In der Datei *db.root* befinden sich die Root-Server, die zur Namensauflösung verwendet werden. Ohne diesen Eintrag ist Ihr Nameserver nicht in der Lage, Namen aufzulösen, da er schlichtweg nicht weiß, wo er beginnen soll.

Im zweiten Teil der Konfigurationsdatei werden weiter Standards gesetzt. Dazu zählen die Reverse-Zonen für Localhost-Adressen (127.0.0.0/8) und die Internet-Broadcast- und Multicast-Reverse-Zonen (0.0.0.0/8 und 255.0.0.0/8). Über diese Konfiguration wird sichergestellt, dass Anfragen nicht ins Internet gestellt, sondern lokal beantwortet werden.

30.3.5   Zonendateien

Bevor wir beginnen, eigene Zonendateien zu erstellen, müssen Sie zunächst die Syntax und Funktionen näher kennenlernen. Die eigentliche Namensauflösung wird in Zonendateien vorgenommen. Diese enthalten aber neben der reinen Auflistung der Wertpaare (IP-Adressen in Namen) noch ein paar Besonderheiten, die wir nun näher betrachten.

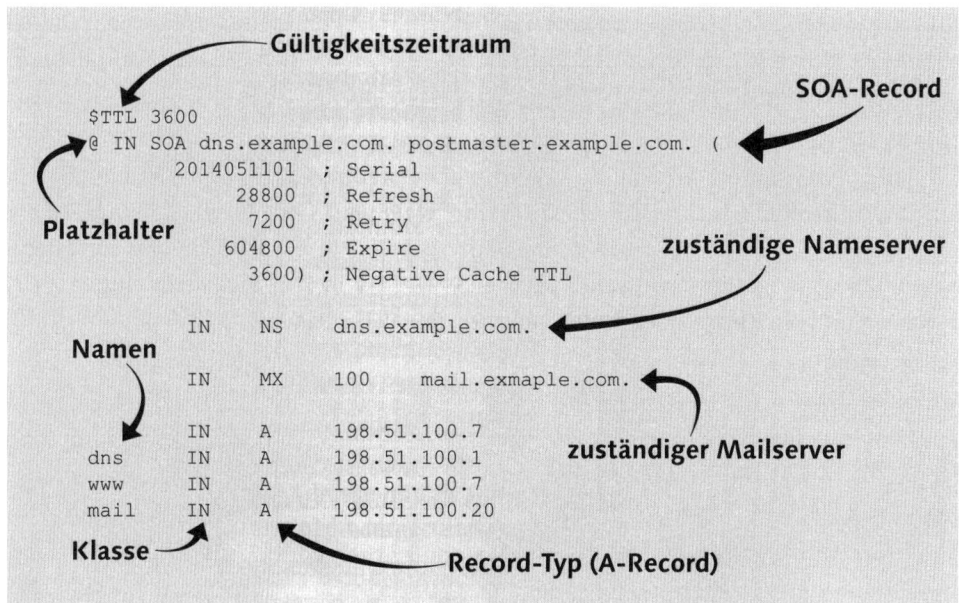

Abbildung 30.4 Aufbau einer Forward-Zone am Beispiel von »example.com«

Jede Zonendatei beginnt mit dem Setzen der TTL-Variablen – Sie erkennen sie am vorangestellten Dollar-Zeichen ($). Dies setzt den Standard-Gültigkeitszeitraum eines RR, im Beispiel auf 3.600 Sekunden. Alle Records, die über keine explizite TTL verfügen, erhalten automatisch eine TTL von 3.600 Sekunden. Anschließend folgt immer der SOA-Record, der nicht nur Zuständigkeiten angibt, sondern auch wichtige Parameter setzt.

Sehen wir uns den Aufbau dieses Records noch mal genau an. Vorher möchten wir allerdings noch auf zwei Besonderheiten hinwiesen: Zum einen werden in Zonendateien Blöcke mit runden Klammern zusammengefasst, und zum anderen schließt ein Semikolon eine Zeile ab. Alle Werte hinter einem Semikolon werden nicht verarbeitet – daher dient das Semikolon auch als Kommentarzeichen:

▶ **@** (Name)
Zunächst wird der Name der Zone in Form eines Platzhalters, des At-Zeichens (@), aufgeführt – in Zonendateien steht das At-Zeichen für die Zonennamen, also *example.com*.

▶ **IN** (Zonenklasse)
Anschließend wird die Klasse angegeben – als Klasse IN für *Internet Names*.

▶ **SOA** (RR-Typ)
Nun wird der Typ festgelegt – hier also *SOA (Start of Authority)*.

▶ **dns.example.com.** (Primary)
Als Nächstes wird der primäre Nameserver angegeben.

▶ **postmaster.example.com.** (E-Mail-Adresse)
Nun wird eine E-Mail-Adresse erwartet. Dabei wird stets der erste Punkt in ein At-Zeichen umgewandelt – im Beispiel würde die angegebene E-Mail-Adresse also *postmaster@exmaple.com* lauten.

▶ **2014051101** (Serial)
Als erster Wert im Block wird die Seriennummer der Zone erwartet. Dabei handelt es sich um einen Ganzzahlwert, der zur Verifizierung von Änderungen verwendet wird. Es hat sich etabliert, das Datum der Änderung in der Notation *YYYYMMDD*, gefolgt von einem zweistelligen Index-Wert, hierfür zu verwenden – Sie könnten aber auch einfach bei 1 beginnen und diesen Wert bei jeder Änderung um eins erhöhen.

▶ **28800** (Refresh)
Als zweiter Wert im Block steht die *Refresh*-Zeit. Diese Zeitangabe in Sekunden legt fest, in welchem Intervall die Zone aktualisiert werden muss, auch dann, wenn keine Änderung propagiert wurde. Die Empfehlung laut Ripe-203 ist *86.400* Sekunden (24 Stunden).

▶ **7200** (Retry)
Als dritter Wert im Block wird die *Retry*-Zeit erwartet. Diese Zeitangabe in Sekunden gibt an, wie lange ein Slave-Nameserver, der eine Kopie der Zone vorhält, versuchen soll, den primären Nameserver zu erreichen. Die Empfehlung laut Ripe-203 ist *7.200* Sekunden (2 Stunden).

▶ **604800** (Expire)
Als vierter Wert im Block wird die *Expire*-Zeit erwartet. Diese Zeitangabe in Sekunden gibt an, wie lange ein Slave-Nameserver bis zur Deaktivierung der Zone warten soll. Die Empfehlung laut Ripe-203 ist *3.600.000* Sekunden (1.000 Stunden).

▶ **3600** (Negativ Cache TTL)

Als fünfter und letzter Wert im Block wird die *neg-caching-ttl*-Zeit erwartet. Diese Zeitangabe in Sekunden gibt an, wie lange eine fehlerhafte Antwort (zum Beispiel *NXDOMAIN* oder *SERVFAIL*) maximal vorgehalten werden soll. Die Empfehlung laut Ripe-203 ist *172.800* Sekunden (2 Tage).

Wie Ihnen vielleicht aufgefallen ist, wurden im Beispiel aus Abbildung 30.4 nicht alle Empfehlungen der Ripe übernommen.

Wir haben dies aus gutem Grund getan, zielen doch die Ripe-Empfehlungen darauf ab, den DNS-Datenverkehr im Internet so gering wie möglich zu halten. Für uns als Nameserver-Administratoren ist dies aber nicht die oberste Priorität, sondern wir wollen vielmehr, dass unsere Zonen schnell ausgeliefert werden und Fehler nicht zu lange aufgrund konfigurierter Wartezeiten bestehen bleiben.

Nicht zu kleine Werte wählen

Achten Sie darauf, nicht zu kleine Werte zu wählen, da Ihr Nameserver sonst unter Umständen auf zu viele Anfragen reagieren muss und somit Gefahr läuft, unterzugehen. Wählen Sie die Werte mit gesundem Menschenverstand oder folgen Sie den Werten aus unserem Beispiel, damit Sie sich nicht selbst einen DoS-Angriff konfigurieren.

Nach dem SOA-Record wird die Nameserver-Konfiguration in einer Zonendatei vorgenommen. Dies geschieht mit dem Resrouce Record *NS*, gefolgt von dem Namen des Nameservers. Beachten Sie dabei, dass innerhalb einer Zonendatei vollständige Namen immer mit einem Punkt abgeschlossen werden müssen. Ansonsten würde der *bind* den Namen um den Zonen-Namen ergänzen.

Dieses Verhalten können wir uns auch zunutze machen, zum Beispiel bei der Angabe von A-Records. Dort kann zur Konfiguration von *www.example.com* entweder die Kurzform *www* oder der vollständige Name *www.example.com.* angegeben werden. Auch wenn der primäre Nameserver bereits im SOA-Record hinterlegt wurde, muss er über *IN NS* nochmals angegeben werden: zum einen, weil der Record-Typ *NS* für iterative Abfragen genutzt wird, und zum anderen, weil auch mehr als ein Nameserver für eine Zone zuständig sein kann – siehe Abschnitt 30.4, »Alle machen mit: ›Master-Slave‹«.

Anschließend würden, falls vorhanden, die zuständigen Mailserver der Domäne mit dem Resrouce Record *MX* aufgeführt werden. Bei den Records des Typs *MX* wird neben der Angabe des Names des Mailserver zusätzlich ein Zahlwert (0 bis 65.535) erwartet. Dieser wird dazu eingesetzt, eine Gewichtung vorzunehmen, wenn mehr als ein Mailserver angegeben wird. Dabei wird der Mailserver mit der kleinsten Zahl bevorzugt verwendet. Abschließend folgen die sonstigen Resource Records.

30.3.6   Zonendatei erstellen

Mit dem nun erworbenen Wissen können Sie die erste Zonendatei erstellen. Es hat sich bewährt, die Zonendateien in einem eigenen Verzeichnis abzulegen, was gerade bei einer großen Anzahl von Zonen sinnvoll ist. Legen Sie daher zunächst die Verzeichnisse *master* und *slave* unterhalb von */etc/bind/* an, wie Sie in Listing 30.21 sehen:

```
daniel@merkur:/etc/bind$ sudo mkdir master
daniel@merkur:/etc/bind$ sudo mkdir slave
```

Listing 30.21 Verzeichnisse für Zonen anlegen

Als Beispiel wollen wir die Zone *example.com* anlegen. Diese Zone wird von *Max Mustermann* (*mm@example.com*) administriert. Legen Sie dafür die Datei *example.com* mit dem Inhalt aus Listing 30.22 im Verzeichnis */etc/bind/master/* an.

```
$TTL    3600
@               SOA     dns.example.com. mm.example.com. (
                        2016020801          ; Serial
                            28800           ; Refresh
                             7200           ; Retry
                           604800           ; Expire
                             3600)          ; Negative Cache TTL


        IN      NS      dns.example.com.
        IN      MX      100     mail.example.com.


        IN      A       198.51.100.7
www     IN      A       198.51.100.7
dns     IN      A       198.51.100.1
mail.example.com.       IN      A       198.51.100.10
```

Listing 30.22 Master-Zonen: »example.com«

Wie Sie dem *SOA*-Record entnehmen können, ist der Nameserver `dns.example.com.` (beachten Sie den abschließenden Punkt!) für die Zone zuständig. Der Administrator wurde ebenfalls mit seiner Mail-Adresse hinterlegt: `mm.example.com.`

[+]   An dieser Stelle möchten wir darauf hinweisen, dass es sinnvoll ist, für einen Zonen-Administrator eine E-Mail-Adresse zu verwenden, die auf jeden Fall gelesen wird! Geben Sie daher am bestene die Adresse einer Person an oder eine Funktionsadresse, die auf mehrere Mitarbeiter verteilt wird.

Des Weiteren ist in den letzten vier Zeilen beachtenswert, dass für die Namen `example.com`, `www.example.com` und `dns.example.com` die Kurzform gewählt wurde, für `mail.example.com` aber die Langform – hier muss erneut der abschließende Punkt angegeben werden!

30.3.7   Zonendatei einbinden

Damit Ihr Nameserver sich auch für die Zonen verantwortlich fühlt und auf entsprechende Anfragen reagiert, müssen Sie diese in der *named.conf* einbinden. Wie wir bereits erörtert haben, sollte dies nicht direkt in der *named.conf* passieren, sondern inkludiert werden. Passen Sie daher zunächst die *named.conf* so wie in Listing 30.23 an:

```
include "/etc/bind/named.conf.options";
include "/etc/bind/named.conf.local";
include "/etc/bind/named.conf.default-zones";
include "/etc/bind/named.conf.zones";
```

Listing 30.23 Anpassungen an »named.conf«

Im Vergleich zur ursprünglichen Datei wurde die letzte Zeile neu hinzugefügt. Diese Datei legen wir nun an. Erstellen Sie die Datei *named.conf.zones* mit dem Inhalt aus Listing 30.24:

```
zone "example.com" {
        type master;
        file "/etc/bind/master/example.com";
};
```

Listing 30.24 Inhalt von »named.conf.zones«

Nun müssen Sie nur noch den Dienst wie gewohnt mit einem `sudo systemctl reload bind` neu starten, damit Ihr Nameserver Anfragen an *example.com* beantwortet.

30.3.8   Zonendatei erweitern

In diesem Abschnitt wollen wir die neu erstellte Zonendatei erweitern. Fügen Sie daher den Inhalt aus Listing 30.25 zur Zonendatei *example.com* hinzu:

```
news     IN      CNAME   dns.example.com.
$ORIGIN entw.example.com.
web      IN      A       198.51.100.11
ftp      IN      A       198.51.100.12
```

Listing 30.25 Zonendatei erweitern: »/etc/bind/master/example.com«

In Listing 30.25 wurde zunächst ein Alias gesetzt. Für eine Auflösung von `news.example.com` wird auf die IP-Adresse von `dns.example.com.` verwiesen. Anschließend wurde über die Variable `$ORIGIN` der Ursprungspunkt auf `entw.example.com.` gesetzt. Somit wird bei allen folgenden Kurzformen das Suffix nicht um den Domänennamen (*example.com*) erweitert, sondern um `entw.example.com`. Die folgenden A-Records für `web` und `ftp` werden somit zu `web.entw.example.com` und `ftp.entw.example.com`. Dies ist vor allem bei vielen Einträgen aus der gleichen Sub-Zone hilfreich.

Wenn Sie nun den Nameserver neu starten, werden Ihre Änderungen nicht wirksam. Dies ist darauf zurückzuführen, dass Sie zwar die Datei verändert haben, aber nicht die *Serial*-Nummer angepasst (respektive erhöht) haben. Erhöhen Sie daher den Wert der dritten Zeile, zum Beispiel auf 2016020802. Hier wurde die Seriennummer um eins auf den Wert 02 erhöht. Nach einem `sudo systemctl reload bind9` werden nun die Änderungen geladen und aktiviert.

30.3.9   Reverse-Zonen: »sträwkcüR«

Nachdem wir erfolgreich eine Forward-Zone angelegt haben, wollen wir uns nun darum kümmern, dass auch die IP-Adressauflösung für den fiktiven Adressbereich *198.51.100.0/24* vorgenommen wird. Dazu müssen wir eine Reverse-Zone anlegen. Da dies oft für Verwirrung sorgt, wollen wir uns noch schnell die Theorie dahinter ansehen.

Da ein Nameserver bekanntlich Namen auflöst, werden auch IP-Adressen als Namen behandelt. Um zu unterscheiden, ob eine IP- oder Namensauflösung angefordert wird, wurde die Zone *in-addr.arpa* geschaffen – wie Sie vom Namen *ARPA* ableiten können, wurde dieses Konzept bereits in den Urzeiten des Internets (als es noch ARPA-Netz hieß) eingeführt.

Damit nicht unnötig Ressourcen bei der Inverssuche verwendet werden müssen, wurde ein Baum geschaffen, in dem die Netzsegmente in umgekehrter Reihenfolge in der Zone *in-addr.arpa* abgelegt werden. Somit kann sehr schnell festgestellt werden, in welcher Zone sich eine IP-Adresse befindet. Daraus ergibt sich, dass die Syntax für eine *in-addr.arpa*-Zone so wie in Abbildung 30.5 aussieht:

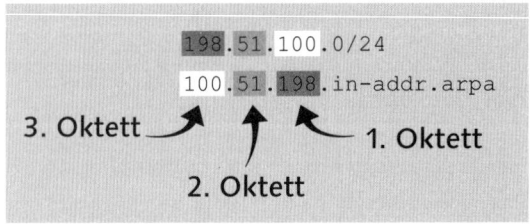

Abbildung 30.5 Syntax für die Reverse-Zone: »100.51.198.IN-ADDR.ARPA«

Zur Verdeutlichung haben wir nicht nur die Wertigkeiten an den Zonen-Namen geschrieben, sondern die jeweiligen Oktette mit unterschiedlichen Farben hinterlegt. Erstellen wir nun die dazu passende Reverse-Zone. Legen Sie hierfür die Datei *100.51.198.in-addr.arpa* unter */etc/bind/master/* mit dem Inhalt aus Listing 30.26 an:

```
$TTL    3600
@               SOA    dns.example.com. mm.example.com. (
                       2016020802        ; Serial
                          28800          ; Refresh
```

```
                    7200          ; Retry
                  604800          ; Expire
                    3600)         ; Negative Cache TTL

@        IN     NS      dns.example.com.

1        IN     PTR     dns.example.com.
7        IN     PTR     www.example.com.
10       IN     PTR     mail.example.com.
11       IN     PTR     web.entw.example.com.
12       IN     PTR     ftp.entw.example.com.
```

Listing 30.26 Die Zonendatei »/etc/bind/master/100.51.198.in-addr.arpa«

Wie Sie Listing 30.26 entnehmen können, gleicht eine Reverse-Zone exakt einer Forward-Zone – bis auf die Record-Typen. Dies ist, wie bereits erläutert wurde, darauf zurückzuführen, dass es für den Nameserver keinen Unterschied gibt: Alles sind Namen.

30.3.10   Reverse-Zonen einbinden

Damit Ihr Nameserver die Rolle rückwärts auch beherrscht, müssen Sie analog zu den Forward-Zonen auch die Reverse-Zone bekannt machen.

Fügen Sie dafür einfach die Zeilen aus Listing 30.27 zur Datei *named.conf.zones* hinzu:

```
zone "100.51.198.in-addr.arpa" {
        type master;
        file "/etc/bind/master/100.51.198.in-addr.arpa";
};
```

Listing 30.27 Reverse-Zonen-Konfiguration in »/etc/bind/named.conf.zones«

Äquivalent zu den Forward-Zonen wird auch die Reverse-Zone einfach definiert und mit dem Typ *master* unter Angabe der Zonendatei sowie mit dem Parameter *file* konfiguriert.

Nach einem `sudo service bind9 reload` ist Ihr Nameserver nun auch in der Lage, IP-Adressen in Namen aufzulösen.

30.4   Alle machen mit: »Master-Slave«

Bisher haben wir nur Zonen konfiguriert, für die wir allein verantwortlich sind. Dies ist für private Adressbereiche auch vollkommen legitim. Wenn Sie aber Zonen, wie die Beispiel-domäne *example.com* mit dem Adressbereich *198.51.100.0/24*, im Internet verfügbar machen möchten, müssen Sie ihre Namen und alle Änderungen propagieren.

Ihr Internet-Provider kann Ihnen dabei behilflich sein. Er wird Ihnen sogenannte *Slave*-Nameserver nennen, an die Sie Ihre Zonen propagieren müssen. Dies ist aber noch nicht alles. Auf dem Weg zum Internet-Nameserver müssen Sie folgende Punkte beachten:

▶ **Provider/Ripe**
Damit Sie einen eigenen Nameserver im Internet betreiben können, müssen Sie zunächst über offizielle IP-Adressen verfügen. Diese können Sie bei einem Provider erwerben oder bei der zuständigen Vergabestelle (zum Beispiel bei der *Ripe*).

▶ **Registrar**
Bei der Beantragung der Zone muss bereits Ihr DNS-Server lauffähig und konfiguriert sein, da Sie diesen dort hinterlegen müssen. Der Registrar (*Telekom* oder *United Domains* oder *DENIC*) prüft dann, ob der angegebene Nameserver auf die Zone reagiert, und nimmt ihn anschließend in seine Konfiguration mit auf. Da der Registrar in der Ebene der <1st-Level-Domain> (vergleiche Abbildung 30.2, dort »Top-Level-Domain«) auftritt, wird der Name somit im gesamten Internet verfügbar.

Sind diese Hürden genommen, können Sie mit der Konfiguration beginnen. Da Ihr Nameserver der Herr im Hause sein soll – also alle Änderungen nur gültig sind, wenn sie von ihm kommen –, wird er der *Master* (auch *Primary*). Die Nameserver Ihres Providers hingegen sollen nur Ihre Änderungen propagieren und Ihre Zonen auflösen, daher werden sie zu *Slaves* (auch *Secondarys*).

Nameserver tauschen Ihre Änderungen über das Verfahren *AXFR (Asynchronous Full Transfer Zone* oder *Asynchronous Xfer Full Range)* aus. Dies wird auch als *Zonen-Transfer* oder kurz *Transfer* bezeichnet. Damit der Transfer angestoßen wird, sendet der Master/Primary-Nameserver ein *Notify* an die Slave/Secondary-Nameserver. Diese stoßen dann den Zonen-Transfer mittels AXFR gegen den Primary/Master-Nameserver an.

Slave-Nameserver dienen nicht nur als Sprachrohr in Richtung Internet, sondern erhöhen auch ganz von allein die Verfügbarkeit: Da sie den gesamten Inhalt der Zone vorhalten, können sie auch autorisierte Antworten für die Zone ausgeben.

In den folgenden Abschnitten werden wir für die Zone *example.com* neben dem Master *dns.example.com* mit der IP-Adresse *198.51.100.1* zusätzlich den Slave *ns01.test.example.net* mit der IP-Adresse 203.0.113.17 und den Slave *ns02.test.example.net* mit der IP-Adresse 203.0.113.205 einrichten.

30.4.1 Zonen-Transfer erlauben

Damit ein Slave-Nameserver überhaupt einen Zonen-Transfer anstoßen darf, müssen Sie ihm dies erlauben. Da wir mehr als einen Slave einsetzen wollen, bietet es sich an, dafür eine Variable einzurichten. Ergänzen Sie daher in der Datei *named.conf.local* die Zeilen aus Listing 30.28, um die Variable *slaves* verfügbar zu machen.

```
acl slaves {
        203.0.113.17;
        203.0.113.205;
        };
```
Listing 30.28 Variable in »/etc/bind/named.conf.local« definieren

Anschließend muss der Zonen-Transfer noch erlaubt werden. Dafür muss der Parameter *allow-transfer* verwendet werden. Passen Sie daher die Datei *named.conf.options* an:

```
options {
        directory "/var/cache/bind";
        dnssec-validation auto;
        auth-nxdomain no;      # conform to RFC1035
        listen-on-v6 { any; };
        allow-transfer { slaves; };
};
```
Listing 30.29 Zonen-Transfer in »/etc/bind/named.conf.options« zulassen

Wie Sie Listing 30.29 entnehmen können, wurde der Parameter allow-transfer mit der Variablen slaves hinzugefügt.

30.4.2   Konfiguration in der Zone

Abschließend muss die Zone selbst auch noch die Slave-Konfiguration erhalten. Dafür müssen einfach weitere NS-Records erstellt werden. Erweitern Sie also die Datei *example.com* um die Zeilen aus Listing 30.30:

```
        IN      NS      dns.example.com.
        IN      NS      ns01.test.example.net.
        IN      NS      ns02.test.example.net.
```
Listing 30.30 Zusätzliche Nameserver in »/etc/bind/master/example.com« einrichten

Da die zusätzlichen Nameserver außerhalb der Zone *example.com* liegen, müssen Sie keine separaten A-Records anlegen. Nach einem sudo service bind9 reload wird Ihr Nameserver alle Änderungen der Zone *example.com* an die Slave-Nameserver weiterleiten.

30.5   Nützliches zum Dienst »bind9«

Bisher haben wir den Dienst lediglich über die Bordmittel bedient (systemctl). Der *bind* hat aber mehr zu bieten. In diesem Abschnitt wollen wir Ihnen hilfreiche Tools im täglichen Auflösungsgeschäft vorstellen.

30.5.1   Konfiguration prüfen: »named-checkconf«

Ein probates Mittel, um Änderungen vor dem Neustart des Dienstes zu prüfen, ist das Programm named-checkconf. Es spürt Tippfehler auf und prüft Ihre Eingaben auf Plausibilität. Das Programm erwartet lediglich die zu prüfende Konfigurationsdatei als Parameter. Um Ihre Konfiguration zu prüfen, führen Sie einfach den Befehl aus Listing 30.31 aus:

```
daniel@dns:/etc/bind$ named-checkconf named.conf
daniel@dns:/etc/bind$
```

Listing 30.31 Konfiguration mit »named-checkconf« prüfen

Wenn das Programm keinen Fehler findet, erhalten Sie auch keine Rückmeldung. Im Beispiel aus Listing 30.31 wäre die Konfiguration also in Ordnung. Selbstverständlich können Sie die Prüfung auch nur auf einem Teil der Konfiguration laufen lassen. Da die Konfiguration in einzelnen Dateien erfolgt, können Sie diese an named-checkconf als Parameter übergeben:

```
daniel@dns:/etc/bind$ named-checkconf named.conf.zones
named.conf.zones:8: missing ';' before 'file'
```

Listing 30.32 Einen Teil der Konfiguration mit »named-checkconf <FILENAME>« prüfen

Wie Sie Listing 30.32 entnehmen können, wurde die Prüfung gegen die Datei *named. conf.zones* durchgeführt. Dort wurde ein abschließendes Semikolon vergessen, was von named-checkconf entsprechend protokolliert wurde.

30.5.2   Zonendateien prüfen: »named-checkzone«

Ebenso hilfreich ist das Programm named-checkzone zur Prüfung von Zonendateien. Es erwartet allerdings zwei Parameter: zum einen den Zonen-Namen und zum anderen die Zonendatei. Listing 30.33 zeigt einen entsprechenden Aufruf:

```
daniel@dns:/etc/bind$ named-checkzone example.com master/example.com
zone example.com/IN: loaded serial 2016020803
OK
```

Listing 30.33 Zonendatei mit »named-checkzone <ZONENAME> <ZONEFILE>« prüfen

Im Gegensatz zu *named-checkconf* liefert das Programm *named-checkzone* auch positive Rückmeldungen. Negative Ergebnisse werden sehr präzise aufgelistet:

```
daniel@dns:/etc/bind/master$ named-checkzone example.com example.com
dns_rdata_fromtext: example.com:15: near '198.51.100.8.9': bad dotted quad
zone example.com/IN: loading from master file example.com failed: bad dotted quad
zone example.com/IN: not loaded due to errors.
```

Listing 30.34 Fehlerausgabe von »named-checkzone«

Wie Sie Listing 30.34 entnehmen können, wurde in der Zone example.com in Zeile 15 eine IP-Adresse falsch angegeben – mit einem Oktett zu viel.

30.5.3 Die rechte Hand: »rndc«

Sie können den gesamten *bind* vollständig mit dem Konfigurationstool *rndc* bedienen. Das Tool ist parametergesteuert und erwartet entsprechend mindestens einen Parameter beim Aufruf.

Dieses unglaublich mächtige Werkzeug bietet eine Vielzahl an Möglichkeiten. Leider können wir Ihnen nicht alle bis ins letzte Detail vorstellen, aber ein *Best of* möchten wir Ihnen trotzdem nicht verwehren.

30

Status

So können Sie zum Beispiel den aktuellen Status Ihres Nameservers über den Aufruf rndc status abfragen:

```
daniel@dns:~$ sudo rndc status
version: BIND 9.10.3-P2-Ubuntu <id:f9be8b2>
boot time: Sun, 28 Feb 2016 09:30:49 GMT
last configured: Sun, 28 Feb 2016 16:26:03 GMT
CPUs found: 1
worker threads: 1
UDP listeners per interface: 1
number of zones: 103
debug level: 0
xfers running: 0
xfers deferred: 0
soa queries in progress: 0
query logging is OFF
recursive clients: 0/0/1000
tcp clients: 0/100
server is up and running
```

Listing 30.35 Statusabfrage mit »rndc status«

Neuladen der Konfiguration

Auch das Neuladen der Konfiguration ist mit *rndc* möglich. Dafür wird der Parameter reload einfach an das Programm angefügt:

```
daniel@dns:~$ sudo rndc reload
server reload successful
```

Listing 30.36 Neuladen der Konfiguration mit »rndc reload«

Cache löschen

Auch das Löschen des Caches ist kein Problem. Hierfür müssen Sie lediglich das Schlagwort flush (englisch für *leeren*) verwenden: sudo rndc flush. Dieses Kommando wird leider nicht mit einem Rückgabewert quittiert – lediglich der *return code* gibt Ihnen Aufschluss darüber, ob das Leeren erfolgreich war.

Einzelne Namen aus dem Cache löschen

Sogar einzelne Namen können mit *rndc* aus dem Cache entfernt werden. Dafür existiert das Schlagwort flushname, das als Parameter den Namen erwartet, den Sie entfernen wollen: sudo rndc flushname www.rheinwerk-verlag.de. Dies wird ebenfalls nicht mit einem Rückgabewert quittiert – auch hier gibt der *return code* Aufschluss darüber, ob das Entfernen des Namens erfolgreich war.

30.5.4   Erweitertes Logging

Der Dienst selbst speichert seine Protokolle in verkürzter Form ins *syslog*. Dabei werden aber nur die Logs protokolliert, die den Dienst betreffen. Falls Sie mehr Informationen erhalten möchten, zum Beispiel welche Namen über Ihren rekursiven Nameserver abgefragt wurden oder ob ein Zonen-Transfer erfolgreich war, müssen Sie dies extra konfigurieren.

Das Logging des *bind* wird über eigene Kanäle geregelt, die sogenannten *channels*. Über Kategorien können Sie steuern, welcher Kanal welche Information erhält.

Die Kanäle müssen gesondert konfiguriert werden. Öffnen Sie dafür die Datei *named. conf.local*, und ergänzen Sie die Zeilen aus Listing 30.37:

```
logging {
        channel "my_syslog" { syslog daemon; severity info; };
        channel "my_file" { file "/var/log/bind/named.log" versions 3 size 10000k;
                severity dynamic;
                print-category yes;
                print-severity yes;
                print-time yes;
        };
        channel "query_file" { file "/var/log/bind/query.log" versions 3 size 10000k;
                severity dynamic;
                print-category yes;
                print-severity yes;
                print-time yes;
        };
        channel "my_stats" { file "/var/log/bind/named-stats.log" versions 3
                size 10000k;
                severity dynamic;
```

```
                print-category yes;
                print-severity yes;
                print-time yes;
        };
        channel "null" { null; };
        category "default" { "my_syslog"; "my_file"; "my_stats"; };
        category "general" { "my_file"; "my_stats"; };
        category "notify" { "my_file"; };
        category "queries" { "query_file"; };
        category "xfer-in" { "my_file"; };
        category "xfer-out" { "my_file"; };
        category "unmatched" { "null"; "my_stats"; };
};
```

Listing 30.37 Logging-Konfiguration in »/etc/bind/named.conf.local«

Wie Sie Listing 30.37 entnehmen können, wurden fünf Kanäle erzeugt: `my_syslog`, `my_file`, `query_file`, `my_stats` und `null`.

Über den Parameter `syslog daemon` wird der Kanal in das *syslog* geschrieben. Hingegen wird über den Parameter `file` der Kanal angewiesen, seine Meldungen in die als Parameter angegebene Datei zu schreiben. Über die weiteren Parameter `version` und `size` wird die Anzahl der vorgehaltenen Logdateien und deren maximale Größe angegeben – das Rotieren übernimmt der Dienst für uns. Über die weiteren Parameter innerhalb des Kanalblocks wird das Format näher spezifiziert – zum Beispiel, dass pro Eintrag die Kategorie, deren Schwere und die Uhrzeit protokolliert werden soll.

Über den Parameter `category` wird festgelegt, welcher Kanal welche Meldungen erhält. Wie Sie dem ersten `category`-Eintrag entnehmen können, ist es auch möglich, ein und denselben Eintrag in mehrere Dateien schreiben zu lassen – hier sei nochmals darauf hingewiesen, dass sowohl die Blöcke mit einem Semikolon als auch deren Werte mit einem eigenen Semikolon abgeschlossen werden müssen.

Vor dem Neustart des Dienstes ist es erforderlich, dass Sie das Verzeichnis anlegen, in dem die Logdateien abgelegt werden sollen (im Beispiel aus Listing 30.37 ist das */var/log/bind*), und dem Benutzer, unter dem der *bind* läuft, Schreibrechte darauf geben. In Listing 30.38 sind die notwendigen Schritte aufgeführt:

```
daniel@merkur:~$ sudo mkdir /var/log/bind/
daniel@merkur:~$ sudo chown bind:root /var/log/bind
```

Listing 30.38 Log-Verzeichnis anlegen und Rechte anpassen

Da die Datei *named.conf.local* bereits in der Hauptdatei inkludiert wird, genügt es, den Dienst neu zu starten, damit die Änderungen wirksam werden.

30.6   Besonderheit: »IDN«

Der *internationalisierte Domainname*, kurz *IDN*, stellt Domänen mit Umlauten, diakritischen Zeichen oder Buchstaben aus anderen Alphabeten dar. Sie werden auch häufig als *Umlautdomains*, *Sonderzeichendomains* oder *Punycodedomains* bezeichnet.

Da in der ursprünglichen Fassung von DNS keine Sonderzeichen oder Umlaute vorgesehen waren, musste ein Trick angewandt werden. Es wurde eine spezielle Kodierung für diese Zeichen erfunden, die es ermöglicht, diese Darstellung zu verwenden, aber im Hintergrund weiterhin mit den gültigen Zeichen zu arbeiten: *Punycode* nach *IDNA 2008*.

Bei diesem Konvertierungsverfahren werden die betroffenen Zeichen konvertiert. So wird aus der Domäne *meinschönerserver.de* die Punycode-Domäne *xn–meinschnerserver-swb.de*. Typisch für eine Punycode-Domäne ist das Präfix *xn–*. Aufgrund dieses Präfix wissen zum Beispiel Browser, dass ein kodiertes Sonderzeichen folgt, das sie entsprechend übersetzen müssen.

Für die Konvertierung finden Sie unter dem Suchbegriff »Online Punycode« viele Webseiten, die eine entsprechende Konvertierung anbieten. Aber auch auf der Konsole können Sie das Tool *idn2* dafür verwenden. Nach der Installation aus den Paketquellen können Sie beliebige Domänennamen konvertieren:

```
daniel@dns:~$ idn2 größerbässerschneller.de
xn--grerbsserschneller-wqb7h7r.de
```

Listing 30.39 Punycode-Konvertierung mit »idn2«

Selbstverständlich kann der *bind* auch mit Punycode-Domänen umgehen. Dafür müssen Sie die Zonendateien und die entsprechenden Records nur Punycode-kodiert eintragen.

30.7   Auf in die neue Welt: »IPv6«

Bisher haben wir lediglich die Verarbeitung von IPv4-Adressen erläutert. Selbstverständlich ist der *bind* auch in der Lage, IPv6-Adressen zu verarbeiten.

Die Verarbeitung findet wie gewohnt über RR-Typen statt. Für den Forward-Lookup kommen hierfür Records des Typs *AAAA* zum Einsatz und für den Reverse-Lookup wie bei IPv4 Records des Types *PTR* – lediglich die Schreibweise muss hier angepasst werden.

30.7.1   IPv6-Namensauflösung

Um IPv6-Adressen auflösen zu können, müssen Sie lediglich in einer Zonendatei Records des Types *AAAA* hinzufügen. In Listing 30.40 haben wir die bisher erarbeitete Beispielkonfiguration um IPv6-Adressen für den Web- und FTP-Server erweitert:

```
[...]
$ORIGIN entw.example.com.
web     IN      A       198.51.100.11
        IN      AAAA    2001:db8::11
ftp     IN      A       198.51.100.12
ftp     IN      AAAA    2001:db8::12
```

Listing 30.40 Erweiterung um IPv6-Adressen in »/etc/bind/master/example.com«

Wie Sie in Listing 30.40 sehen, versteht der *bind* auch die gekürzte Schreibweise von IPv6-Adressen, sodass Sie nicht unnötig viel Tipparbeit zu leisten haben.

Wie gewohnt müssen Sie nun nur noch die Serial-Nummer erhöhen und den Dienst neu laden, damit die Änderungen wirksam werden.

30

[+]

> **Besonderheit: »follow up«**
>
> Wie Ihnen vielleicht aufgefallen ist, unterscheiden sich die AAAA-Records für web und ftp. Bei web wurde die Funktion des *follow up* verwendet. Da in der Zeile davor der Name angegeben wurde, interpretiert der *bind* die nachfolgende Zeile als Erweiterung. Beim Record für ftp wurde dies nicht verwendet. Wir empfehlen Ihnen, diese Funktion nicht zu intensiv zu verwenden, da dies die Lesbarkeit Ihrer Zonendateien nicht gerade erhöht!

30.7.2   IPv6-Reverse-Zonen

Für die Rückwärtsauflösung wird es (leider) etwas komplexer, da der *bind*, analog zu IPv4, für die Auflösung von Adressen zu Namen die Rückwärtsschreibweise voraussetzt. Zusätzlich wurde im DNS definiert, dass nicht die sonst üblichen Adressblöcke von IPv6 verwendet werden müssen, die durch Doppelpunkte voneinander getrennt werden, sondern dass jede Ziffer einzeln mit einem Punkt getrennt angegeben werden muss (ebenfalls analog zu IPv4).

So wird aus der Adresse 2001:db8::12 die Rückwärtsauflösung von 2.1.0.0.0.0.0.0.0.0.0.0 .0.0.0.0.0.0.0.0.0.0.0.0.8.b.d.0.1.0.0.2.ip6.arpa. Im Gegensatz zu IPv4 (in-addr.arpa) endet die Rückwärtsauflösung für IPv6 mit ip6.arpa.

In Listing 30.41 zeigen wir Ihnen die Herleitung der Umrechnung:

```
2001:db8::12            # gekürzte Schreibweise mit ausgelassenen Null-Blöcken
2001:0db8::0012         # Schreibweise mit ausgelassenen Null-Blöcken
2001:0db8:0000:0000:0000:0000:0000:0012      # vollständige Adresse
2100:0000:0000:0000:0000:0000:8bd0:1002      # Umgekehrte Schreibweise (Block-Form)
2.1.0.0.0.0.0.0.0.0.0.0.0.0.0.0.0.0.0.0.0.0.0.0.0.8.b.d.0.1.0.0.2    # DNS-Schreibweise
```

Listing 30.41 Umrechnung einer IPv6-Adresse zur Rückwärtsauflösung

Falls Sie sich gerade von der Umrechnerei erschlagen fühlen: keine Sorge, es gibt dafür einen Helfer, der die Arbeit deutlich erleichtert. Das Tool *sipcalc* kann nicht nur zu Berechnung von IPv6-Adressen und Routen verwendet werden, sondern auch die korrekte DNS-Schreibweise ausgeben. Sie installieren das Programm mit `sudo apt-get install sipcalc`. In Listing 30.42 sehen Sie den entsprechenden Befehl:

```
daniel@ubuntu:~$ sipcalc -r 2001:db8::0/120
[…]
[IPV6 DNS]
Reverse DNS (ip6.arpa)  -
0.0.0.0.0.0.0.0.0.0.0.0.0.0.0.0.0.0.0.0.0.0.0.0.0.0.0.8.b.d.0.1.0.0.2.ip6.arpa.
```

Listing 30.42 Berechnung des Namens der IPv6-Reverse-Zone mit »sipcalc«

Wie Sie in Listing 30.42 sehen, wurde für das Subnetz `2001:db8::0/120` die Reverse-DNS-Zone berechnet. Gültige Adressen für dieses Subnetz liegen im Bereich von `2001:db8::0` bis `2001:db8::ff` – die Berechnung von `sipcalc` bezieht sich aber auf die vollständige Netzwerkadresse, daher müssen Sie für den korrekten Namen der Zonendatei den berechneten Wert um die Stellen der gültigen Adressen aus dem Bereich kürzen. Zum besseren Verständnis haben wir dies in Listing 30.43 verdeutlicht:

```
# Adressbereich:
2001:db8::0/120

# Gültige Adressen:
2001:db8::0
2001:db8::ff

# Ausgeschrieben gültige Adressen:
2001:0db8:0000:0000:0000:0000:0000:0000
2001:0db8:0000:0000:0000:0000:0000:00ff

# Umgekehrte Schreibweise:
0000:0000:0000:0000:0000:0000:8bd0:1002
ff00:0000:0000:0000:0000:0000:8bd0:1002

# Dateiname der IPv6-Reverse-Zone (berechneter Name, korrigierter Name):
0.0.0.0.0.0.0.0.0.0.0.0.0.0.0.0.0.0.0.0.0.0.0.0.0.0.0.8.b.d.0.1.0.0.2.ip6.arpa  # FALSCH
0.0.0.0.0.0.0.0.0.0.0.0.0.0.0.0.0.0.0.0.0.0.0.0.0.8.b.d.0.1.0.0.2.ip6.arpa      # Richtig
```

Listing 30.43 Verdeutlichung der Namensfindung

Die Kürzung ist notwendig, damit Sie in der Reverse-Zone »Platz« zur Adressvergabe haben. Beachten Sie, dass bei einem größeren Adressbereich eine entsprechend längere Kürzung vorgenommen werden muss.

Genug der Theorie! Legen Sie die Datei */etc/bind/master/0.0.0.0.0.0.0.0.0.0.0.0.0.0.0.0.0.0* *.0.0.0.8.b.d.0.1.0.0.2.ip6.arpa* mit dem Inhalt aus Listing 30.44 an:

```
$TTL     3600
@                    SOA       dns.example.com. mm.example.com. (
                               2016020806          ; Serial
                                   28800           ; Refresh
                                    7200           ; Retry
                                  604800           ; Expire
                                    3600)          ; Negative Cache TTL


@          IN        NS        dns.example.com.

1.0        IN        PTR       dns.example.com.  ; 2001:db8::1
7.0        IN        PTR       www.example.com.  ; 2001:db8::7
0.1        IN        PTR       mail.example.com. ; 2001:db8::10
```

Listing 30.44 Inhalt der Reverse-Zonendatei für »2001:db8::0/120«

Zum besseren Verständnis haben wir hinter den PTR-Records die jeweilige IPv6-Adresse als Kommentar hinzugefügt. Da der Adressbereich zweistellige Ziffern umfasst, müssen Sie bei einstelligen Zahlen eine .0 voranstellen.

Anschließend müssen Sie die neue Zone wie gewohnt in die Datei */etc/bind/named.conf.zones* hinzufügen. Listing 30.45 zeigt die benötigten Zeilen:

```
zone "0.0.0.0.0.0.0.0.0.0.0.0.0.0.0.0.0.0.0.0.0.0.0.0.0.8.b.d.0.1.0.0.2.ip6.arpa" {
        type master;
        file "/etc/bind/master/0.0.0.0.0.0.0.0.0.0.0.0.0.0.0.0.0.0.0.0.0.0.0.0.0.0.8.b.d.0\
        .1.0.0.2.ip6.arpa";
};
```

Listing 30.45 Erweiterung der Reverse-Zonendatei in »/etc/bind/named.conf.zones«

Beachten Sie, dass die Zeile file aufgrund ihrer Länge umbrochen wurde – in Ihrer Konfiguration sollte dies in einer Zeile stehen.

30.7.3   Übersicht behalten mit »$ORIGIN«

Falls Sie für mehrere IPv6-Netze Reverse-Zonen anlegen und verwalten müssen, empfehlen wir Ihnen zur Steigerung der Lesbarkeit einen kleinen Trick.

Wie wir bereits erörtert haben, kann in Zonendateien der Ursprungspunkt mit dem Parameter $ORIGIN gesetzt werden. Für den bereits angelegten Adressbereich 2001:db8::0/120 würde die Zonendatei wie folgt aussehen:

```
$TTL    3600
$ORIGIN 0.0.0.0.0.0.0.0.0.0.0.0.0.0.0.0.0.0.0.0.0.0.0.8.b.d.0.1.0.0.2.ip6.arpa.
@               SOA     dns.example.com. mm.example.com. (
[…]
```

Listing 30.46 Auszug aus der mit »$ORIGIN« angepassten Reverse-Zonendatei

Dadurch, dass der Ursprung direkt zu Beginn der Datei gesetzt wurde, entfällt der Zwang, die Datei mit dem Wert zu benennen. Somit könnten Sie die Reverse-Zone z. B. unter dem Namen *00..db8.2001.ip6.arpa* speichern. Hierbei wurde die IPv4-Schreibweise auf den IPv6-Kontext angewandt, wobei der doppelte Punkt die Auslassung darstellt und die führenden Nullen bedeuten, dass in der Datei der Adressbereich von 0000 bis 00ff behandelt wird.

Dementsprechend könnten Sie die Datei *named.conf.zones* ebenfalls so kürzen, wie Sie es in Listing 30.47 sehen:

```
zone "0.0.0.0.0.0.0.0.0.0.0.0.0.0.0.0.0.0.0.0.0.0.0.8.b.d.0.1.0.0.2.ip6.arpa" {
        type master;
        file "/etc/bind/master/00..db8.2001.ip6.arpa";
};
```

Listing 30.47 Gekürzte Reverse-Zonendatei in »/etc/bind/named.conf.zones«

Mit dieser Methode können Sie die Übersichtlichkeit deutlich steigern: Weder im Dateisystem noch in der *named.conf.zones* müssen »unendlich« lange Dateinamen vorhanden seien.

30.8   Vertrauen schaffen mit »DNSSEC«

Mit den *Domain Name System Security Extensions (DNSSEC)* wird das offene und nicht gerade vor Sicherheit strotzende DNS abgesichert. Dafür wird eine Vertrauenskette (beginnend bei der Root-Zone ».«) bis zum abgefragten Record erstellt. Darüber kann geprüft werden, ob eine Antwort auch wirklich vom zuständigen Nameserver beantwortet wurde und auf dem Transportweg nicht verändert wurde.

In diesem Abschnitt wollen wir Ihnen zeigen, wie DNSSEC arbeitet und wie Sie Ihre Zonen signieren, um sicher Auskunft geben zu können.

30.8.1   Die Theorie: Wie arbeitet »DNSSEC«?

Damit DNS-Abfragen überprüft werden können, wurden mehrere neue Record-Typen eingeführt. Über diese kann sichergestellt werden, dass eine Anfrage wirklich korrekt ist und vom zuständigen autoritativen Nameserver stammt. Ähnlich wie bei HTTPS werden hierfür Signaturen verwendet (allerdings wird beim DNS die Kommunikation nicht verschlüsselt).

Sehen wir uns zunächst den Ablauf genauer an. Abbildung 30.6 zeigt, was im Hintergrund geschieht, um eine Abfrage zu überprüfen.

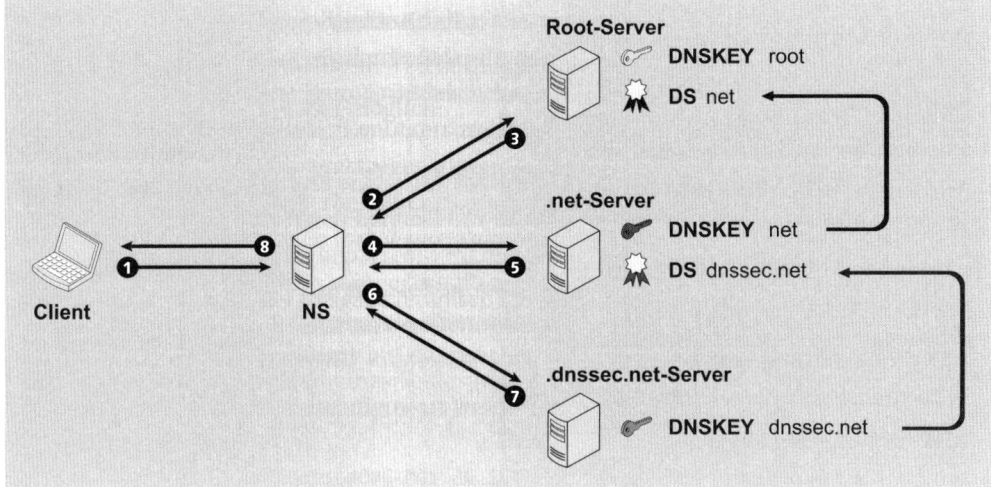

Abbildung 30.6 Ablauf einer DNSSEC-Prüfung

Im ersten Schritt (1) fragt ein Client den lokalen Nameserver (NS) nach dem A-Record von *www.dnssec.net*. Der Nameserver beginnt nun mit der iterativen Namensauflösung. Dazu befragt er zunächst die Root-Zone (2). Da der Record mit DNSSEC abgesichert ist, liefert der Root-Server (3) bereits die dazugehörigen Records *DNSKEY* und *DS* mit. Nun fragt der Nameserver den für die Zone *.net* zuständigen Nameserver (4) und erhält erneut die Records *DNSKEY* und *DS* (5). Den Record *DNSKEY* kann der Nameserver nun mit dem vorherigen *DS* Record abgleichen, um sicherzustellen, dass die Antwort valide ist. Dieser Prozess setzt sich nun fort (6 und 7), nämlich bei der Abfrage des autoritativen Nameservers von *dnssec.net*. Wenn alle Antworten valide waren, gibt der Nameserver die Antwort (8) an den Client weiter.

Wie Sie sehen, ist das Vertrauensverhältnis hierarchisch. Man spricht hier auch von einer *chain of trust* (zu Deutsch *Vertrauenskette*).

Neben den bereits gezeigten Records *DNSKEY* und *DS* gibt es noch weitere Records, die für DNSSEC notwendig sind. Diese schauen wir uns nun genauer an:

- **RRSIG (Resource Record Signature)**
  enthält die kryptografische Signatur.

- **DNSKEY (DNS Public Key)**
  enthält den öffentlichen Schlüssel.

- **DS (Delegation Signer)**
  eEnthält den Hash zu einem *DNSKEY*.

▶ **NSEC** und **NSEC3** (Next Secure)

wird zu eindeutigen Verneinung (engl. *denial of existence*) von einem Record verwendet – beim *NSEC3* kommen Hash-Werte statt Klartext zum Einsatz.

▶ **CDNSKEY** und **CDS**

wird zu Aktualisierung des *DS* Records einer Kindzone (engl. *child zone*) in der Elternzone verwendet.

Die Signierung von Records findet gebündelt statt. Diese Bündelung nennt man *RRsets (Resource Record Sets)*. Dabei werden alle Records des gleichen Typs einer Zone zusammengefasst und signiert.

Für die eigentliche Signierung kommen Schlüssel zum Einsatz (wie bei HTTPS). Beim DNS werden zwei Arten von Schlüsseln unterschieden:

▶ **ZSK (Zone-Signing Keys)**

wird zur Signierung von RRsets (Zonen) verwendet.

▶ **KSK (Key-Signing Keys)**

wird zur Signierung des ZSK verwendet.

Weshalb werden zwei Schlüssel verwendet? Dies hat den charmanten Vorteil, nicht unnötig viele Daten austauschen zu müssen. Der KSK ist eher statisch, da er nicht nur lokal, sondern auch beim übergeordneten Nameserver hinterlegt wird – ein Austausch ist relativ komplex. Der ZSK hingegen wird bei jeder Veränderung neu erstellt, der Austausch muss also zeitnah und einfach erfolgen. Daher wird der ZSK lokal verwendet und durch den KSK signiert. Durch die Vertrauensverkettung kann den ZSKs vertraut werden, wenn diese vom unveränderten KSK erzeugt wurden (was wiederum vom übergeordneten Nameserver abgefragt werden kann).

Dem aufmerksamen Leser wird nicht entgangen seien, dass die Vertrauenskette an einem Punkt endet: der Root-Zone. Weshalb sollten wir also der Root-Zone vertrauen? Hier kommt die *Root Singing Ceremony* ins Spiel. Bei dieser öffentlichen, überwachten und streng kontrollierten Zeremonie wird der Schlüssel erzeugt und in den Root-DNS-Servern eingespielt. Dieser Prozess wird alle paar Monate wiederholt.

30.8.2 Anpassungen am Server

Damit Ihre Zone ebenfalls geprüft werden kann, müssen Sie ein paar Vorbereitungen treffen. Zunächst einmal müssen Sie den *bind* anweisen, DNSSEC für Ihre Zonen zu verwenden. Bei der Abfrage über den Server wird dies bereits durchgeführt, wie wir in diesem Kapitel bereits erläutert haben (Konfiguration: `dnssec-validation yes;`). Erweitern Sie daher die Datei */etc/bind/named.conf.options* um die benötigten Direktiven. Diese sollten dann so aussehen wie in Listing 30.48:

```
options {
        directory "/var/cache/bind";
        dnssec-validation auto;

        // enable DNSSEC
        dnssec-enable yes;
        dnssec-lookaside auto;

        auth-nxdomain no;    # conform to RFC1035
        listen-on-v6 { any; };
};
```

Listing 30.48 DNSSEC in »/etc/bind/named.conf.options« aktivieren

30.8.3   Schlüssel erzeugen

Anschließend müssen Sie die benötigten Schlüssel erzeugen. Dafür verwenden wir das Programm dnssec-keygen. Um einen ZSK zu erzeugen, führen Sie den Befehl aus Listing 30.49 in einer Zeile aus:

```
daniel@dns:/etc/bind/master$ sudo dnssec-keygen -a NSEC3RSASHA1 -b 2048 -n ZONE \
example.com

Generating key pair...............................................+++ ....+++
Kexample.com.+007+60512
```

Listing 30.49 Einen ZSK erzeugen mit »dnssec-keygen«

Mit dem Parameter -a NSEC3RSASHA1 wurde der Verschlüsselungsalgorithmus definiert. Der Parameter -b 2048 sorgt dafür, dass ein 2048-Bit-Schlüssel erzeugt wird. Über den letzten Parameter, -n ZONE example.com, wird der Typ (Zone) angegeben und festgelegt, für welche der Schlüssel erzeugt werden soll (example.com).

Der Befehl erzeugt zwei Dateien, das sogenannte *key pair* (zu Deutsch *Schlüsselpaar*). Da das Programm im Verzeichnis */etc/bind/master* ausgeführt wurde, finden Sie dort nun die Dateien *Kexample.com.+007+60512.key* (öffentlicher Schlüssel) und *Kexample.com.+007+60512.private* (privater Schlüssel). Die Benennung der Dateien folgt dieser Syntax:

```
K <ZONEN-NAME> + <ALGORITHMUS> + <IDENTIFIER> . <TYP>
```

Listing 30.50 Syntax der Benennung von Schlüsselpaaren bei DNSSEC

Alle Schlüssel fangen mit einem K an, gefolgt vom Zonenname. Anschließend wird, durch ein Pluszeichen getrennt, der Algorithmus als vierstelliger Dezimalwert angegeben. Des Weiteren folgt (erneut durch ein Pluszeichen getrennt) eine Ziffer, die den Schlüssel identifiziert.

Als Dateiendung wird stets der Typ verwendet, also .key für den öffentlichen Schlüssel und .private für den privaten Schlüssel.

Anschließend können Sie mit dem gleichen Tool den KSK erzeugen, so wie in Listing 30.51 dargestellt:

```
$ sudo dnssec-keygen -f KSK -a NSEC3RSASHA1 -b 4096 -n ZONE example.com
Generating key pair...............++ ...........................................++
Kexample.com.+007+16770
```

Listing 30.51 Einen KSK mit »dnssec-keygen« erzeugen

Die Befehle sind fast identisch. Für den KSK wurde lediglich der Parameter -f KSK hinzugefügt. Und da der KSK statischer ist, wurde er mit 4.096 Bit erzeugt. Auch er erzeugt wieder den öffentlichen (.key) und den privaten (.private) Schlüssel.

30.8.4   Schlüssel der Zone hinzufügen und die Zone signieren

Den soeben erzeugten öffentlichen Schlüssel (.key) müssen Sie nun noch der bestehenden Zonendatei (*example.com*) hinzufügen. Dafür können Sie den Inhalt der Dateien einfach der Datei */etc/bind/master/example.com* anhängen oder mit der Direktive $INCLUDE diese einbinden. In Listing 30.52 haben wir die zweite Methode eingesetzt:

```
sudo sh -c 'echo "\$INCLUDE Kexample.com.+007+16770.key" >> example.com'
sudo sh -c 'echo "\$INCLUDE Kexample.com.+007+60512.key" >> example.com'
```

Listing 30.52 Schlüssel der Zone anhängen

Damit ist die Zone *example.com* zum Signieren vorbereitet. Das Signieren wird mit dem Programm dnssec-signzone vorgenommen. Das Programm erwartet einige Parameter und Werte. Sehen wir uns daher zunächst die Syntax des Programms an:

```
dnssec-signzone -A -3 <SALT> -N INCREMENT -o <ORIGIN> -t <ZONE FILE>
```

Listing 30.53 Die Syntax von »dnssec-signzone«

Sehen wir uns die einzelnen Parameter und deren Werte etwas genauer an:

▶   -A

verhindert, dass bei der Erzeugung mit dem Verfahren *NSEC3* unsichere Delegationen ebenfalls signiert werden.

▶   -3 <SALT>

Hierüber wird der beim Verfahren *NSEC3* benötigte *SALT* (engl. für *Salz*) als Hash-Wert angegeben. Ein *Salt* dient dazu, kryptografisch bessere Ergebnisse zu erzielen, da es bei der Erzeugung von Schlüsseln »eingestreut« wird.

▶ `-N INCREMENT`

Mit dieser Direktive weisen Sie `dnssec-signzone` an, die Serial Number der Zone beim Signieren direkt zu erhöhen, sodass Sie sie nicht nachträglich von Hand anpassen müssen.

▶ `-o <ORIGIN>`

gibt den Origin der Zone an. Wenn keiner angegeben wird, wird der Dateiname als Ursprung verwendet (wie sonst beim DNS auch).

▶ `-t`

gibt am Ende des Verarbeitungsvorgangs eine Zusammenfassung aus.

▶ `<ZONE FILE>`

gibt die Zonendatei an, die Sie signieren wollen.

> **Tipp: »Salt«**
>
> Um einen guten *Salt*-Wert zu erzeugen, können Sie einfach für den Platzhalter <SALT> aus Listing 30.54 das nachstehende Kommando verwenden:
>
> `$(head -c 1000 /dev/random | sha1sum | cut -b 1-16)`
>
> Dieses liest 1.000 Zeilen aus dem Zufallsgenerator *random*, berechnet den Hash-Wert und gibt eine 16-stellige Hash-Zahl aus.

In Listing 30.54 sehen Sie den Befehl passend zum bisherigen Beispiel:

```
$ sudo dnssec-signzone -A -3 <SALT> -N INCREMENT -o example.com -t example.com
Verifying the zone using the following algorithms: NSEC3RSASHA1.
Zone fully signed:
Algorithm: NSEC3RSASHA1: KSKs: 1 active, 0 stand-by, 0 revoked
                         ZSKs: 1 active, 0 stand-by, 0 revoked
example.com.signed
Signatures generated:                   24
Signatures retained:                     0
Signatures dropped:                      0
Signatures successfully verified:        0
Signatures unsuccessfully verified:      0
Signing time in seconds:             0.037
Signatures per second:             639.641
Runtime in seconds:                  0.049
```

Listing 30.54 Zone mit »dnssec-signzone« signieren

Der Befehl aus Listing 30.54 erzeugt die Datei *dsset-example.com.* (die im weiteren Verlauf relevant wird) und die Datei *example.com.signed*. Öffnen Sie die Datei *example.com.signed* im Editor Ihrer Wahl, um sich das Arbeitsergebnis bis hier hin ansehen zu können. Die signierte Zonendatei ist immens gewachsen. Hatte die Ausgangsdatei 26 Zeilen, so verfügt die signierte Zone über 376 Zeilen. Ohne die Hilfsprogramme ist ein Umgang mit DNSSEC kaum zu bewältigen.

30.8.5   Signierte Zone aktivieren

Damit Ihr DNS-Server die signierte Zone auch verwendet, müssen Sie ihm dies in der Datei *named.conf.zones* auch mitteilen. Passen Sie die Zonen-Definition so an wie in Listing 30.55:

```
zone "example.com" {
        type master;
        file "/etc/bind/master/example.com.signed";
};
```

Listing 30.55 Aktivieren der signierten Zone in »named.conf.zones«

Zu guter Letzt müssen Sie die eingangs geänderten Direktiven des *bind* noch aktivieren. Führen Sie dafür wie gewohnt das Kommando `sudo systemctl reload bind` aus.

Ab jetzt ist Ihr DNS-Server in der Lage, für die Zone *example.com* mit DNSSEC zu antworten.

30.8.6   Signierung prüfen

Prüfen können Sie dies mit dem Alleskönner `dig`, und zwar so, wie in Listing 30.56 dargestellt:

```
daniel@dns:~$ dig DNSKEY example.com. @localhost +multiline

; <<>> DiG 9.10.3-P2-Ubuntu <<>> DNSKEY example.com. @localhost +multiline
;; global options: +cmd
;; Got answer:
;; ->>HEADER<<- opcode: QUERY, status: NOERROR, id: 1940
;; flags: qr aa rd ra; QUERY: 1, ANSWER: 2, AUTHORITY: 0, ADDITIONAL: 1

;; OPT PSEUDOSECTION:
; EDNS: version: 0, flags:; udp: 4096
;; QUESTION SECTION:
;example.com.            IN DNSKEY

;; ANSWER SECTION:
example.com.            3600 IN DNSKEY 256 3 7 (
                        AwEAAbixJz/DBs9mWjPwyc/SJLCRlviCPSA8Z3UGfT5Q
                        OMnoOVbxU5v1gUhfpcnYXQLNe4s1OMzeNxNGCr921vqI
                        ycS9ppyE3s2hVvPowrSWvOPbLTmtoky4ze18dGbPHQt5
```

```
                              +1TnrhPtfuqONMMCJ6FlurKuckEKhtkCvtv8JJKKgXrp
                              8kTXq4K9GtVztTJqDg/zUZjm7gqBsqSsgx68SjQMrR/k
                              uzYdvpb+tCcQWgaOe1lhLSN5OwuV9TESCJJ/CsBEbiCu
                              h8Iu7W353maAxTNLUay94G/9rkzItD+nBwcJQZPOtTZj
                              mkocrEvmqeA9HtwhIGKuscmpkDaIj9OVP4CwSP8=
                              ) ; ZSK; alg = NSEC3RSASHA1; key id = 60512
example.com.           3600 IN DNSKEY 257 3 7 (
                              AwEAAa6MTG1UvmJ99T6OhvK2xcmujOYvFQBwlBMb5Wxx
                              F25WzoESMb36fPnzpf1zkZU+uxOHcp4cgBagTNbjQsAW
                              rgAiWwBVkXkqQNSNDtOFR3vwRsE4u/yTtNNywXG+8iRx
                              LK4VBc9E6fkJg9LIx+5U4cJzCYhUqVWcrEzbMep+y6sj
                              BG+4fN5I56M4yvIFngoDVr9WaVkOOjAgSaITUypHrfHO
                              Sfbp9XmlOLoOgPjbq1LhgP27OHHKhQiXkNYIxWZFNUak
                              xRoqHN3PDQC2+qKMExc7f6l+Ky4eykMgZiFMOMTZoHEa
                              3wZytkyny7zJQORKrRt7T2kLZs3WNOD4LH3ifdKNT7sz
                              CoTXhYnqMpLmd+uBx4pBk7d5grZ28OBY3VmXFMo1911y
                              ZUj4WNvJVBkxrFow4oi6c7saMQkoBKzmbFeP7nJH4lk5
                              sz2jJKpysdBi75cXXQ/O+rUjA6fVVHOl1ul6sDHdIzvs
                              Y4IIcWPbbjUoRx6MVEcf0Ob5/4tfexzNgLmCOk7D++KK
                              aXAPYhuSgLa4mDEEBjK4oKuYwxyuJW97IekLwrJrwqiU
                              mScC1ivE1Jj8IQi+zmVzLvQQi/DHId/A18+U+5FN7HWK
                              FeJWSHEl3zBjS4gNQOZCrsNc9Y6YCTXn+rzcNgg2ZMUD
                              z4UjweFWeWDW27+jqVjDrBOYvcyr
                              ) ; KSK; alg = NSEC3RSASHA1; key id = 16770

;; Query time: 0 msec
;; SERVER: ::1#53(::1)
;; WHEN: Sun Feb 28 17:26:28 CET 2016
;; MSG SIZE  rcvd: 848
```

Listing 30.56 Prüfung von DNSSEC mit »dig«

Wie Sie in Listing 30.56 sehen, gibt der lokale DNS-Server den angefragten DNSSEC-Record korrekt aus. Dies ist aber nur die halbe Miete. Um zu prüfen, ob der DNS-Server wirklich DNSSEC spricht, müssen Sie das dig-Kommando so ausführen, wie in Listing 30.57 dargestellt:

```
daniel@dns:~$ dig A example.com. @localhost +noadditional +dnssec +multiline

; <<>> DiG 9.10.3-P2-Ubuntu <<>> A example.com. @localhost +noadditional +dnssec \
+multiline
;; global options: +cmd
;; Got answer:
;; ->>HEADER<<- opcode: QUERY, status: NOERROR, id: 13611
;; flags: qr aa rd ra; QUERY: 1, ANSWER: 2, AUTHORITY: 2, ADDITIONAL: 5
```

```
;; OPT PSEUDOSECTION:
; EDNS: version: 0, flags: do; udp: 4096
;; QUESTION SECTION:
;example.com.            IN A

;; ANSWER SECTION:
example.com.            3600 IN A 198.51.100.7
example.com.            3600 IN RRSIG A 7 2 3600 (
                        20160329144309 20160228144309 60512 example.com.
                        l/O/MGuAaonpR+NL8d4oOSQdp6RrOj+wsSgHuPPcPJ/b
                        vpL5BLW2a/xFp2EFRJnJKd9A1oASz/VtUw6yTcf5lrXB
                        ZxXWh8e1R+z36hloJXvqkcMU+jw2aZ4ba+shHSKJ+GYX
                        /zDGBFMsufEWKTo/I41uAwYMOgsFsWJVgGiX7+EhVbOJ
                        ugVbTXL8IgHr+fwgVXJx6YSYPdo1IwqqTVs53hI5XMf+
                        eK7Dyb9whDclWPq6Ixc9VMKQsByiPaQXZiZc6AuO3cwA
                        mbEMHp5Ly/1fe6HyzUHKlbAQ/kLsUndOxlMk/MZFSF3F
                        KVyopcz51HfyOVE+KqnRpd8TtqdZtUiOkg== )

;; AUTHORITY SECTION:
example.com.            3600 IN NS dns.example.com.
example.com.            3600 IN RRSIG NS 7 2 3600 (
                        20160329144309 20160228144309 60512 example.com.
                        Af3i1uUMR8/vdSvRvbEOb7GzBLIlyPahTY7t/WXPpZyv
                        xkGiQMUstUlWOrKOxaDglvrjQthejapOyx/oPJY/eNxB
                        fNGhAHCzNnFnuHvOCsSO8UbNl12vtpra8ZkSu4M8fkBs
                        x2LRHkJzg2c+vQ6OOjdo6Dcqk8IHmguQ3hbLoLzmPfwm
                        ircHVKrCHAsH3LMMX8dS5GhWX/6mjimprOLXZcFdcdKQ
                        8lPsIneoxa5Gk4hpATAuvZnn2V6WA95GCpQrSQmrOmOa
                        BRjd+3UbIRnKiZZoezEePvDgSWIWpd3S1gYCkmkiMVWy
                        CkPGw83dU9EOFDp3POGMMD/XOQEklg3aNw== )

;; Query time: 0 msec
;; SERVER: ::1#53(::1)
;; WHEN: Sun Feb 28 17:34:35 CET 2016
;; MSG SIZE  rcvd: 1314
```

Listing 30.57 Prüfung der Signierung mit »dig«

30.8.7   Die Signierung veröffentlichen

Fertig? Noch nicht ganz. Damit auch die große weite Welt Ihren signierten Zonen vertraut, müssen Sie die *DS*-Records Ihrem Domänen-Registrar melden. Diese Records stehen in der ebenfalls von dnssec-signzone erzeugten Datei *dsset-example.com.* (siehe Listing 30.58):

```
daniel@saturn:/etc/bind/master$ cat dsset-example.com.
example.com.            IN DS 16770 7 1 A988309DE3E5215ACBC44765A0ADABCA343FE634
example.com.            IN DS 16770 7 2 77893BD44D46684A1E0D680AA8DDCB58C8095EF7\
53CA22365C5FF413 2D66BABF
```

Listing 30.58 Ausgabe der Datei »dsset-example.com.«

Wie Sie sehen, war `dnssec-signzone` so freundlich, die benötigten Records direkt in DNS-Schreibweise aufzubereiten und abzulegen. Der Record-Typ DS verfügt über mehrere Werte, nämlich über den Identifier, den verwendeten Algorithmus, den *Digest*-Typ (jeweils als Dezimalwert) und den *Digest* selbst (ähnlich wie die Dateibenennung der Schlüsselpaare).

Nachdem Sie die DS-Records in Ihrem Domänen-Registrar eingespielt haben und auch der Registrar die Records aktiviert hat, haben Sie es geschafft. Mithilfe von `dig` können Sie dies selbstverständlich kontrollieren. Führen Sie dafür einfach das Kommando aus Listing 30.59 aus:

```
daniel@saturn:~$ dig +trace +noadditional DS example.com. @8.8.8.8 | grep DS
```

Listing 30.59 Prüfung der DS-Records mit »dig«

Der Befehl fragt den Google-DNS (8.8.8.8) nach dem Record-Typ DS und limitiert die Ausgabe auf den Inhalt der DS-Records. Beachten Sie, dass Sie die Zone entsprechend anpassen müssen.

30.8.8   Fazit

DNSSEC bläht die Zonendateien immens auf. Wenn Sie kein konkretes Ziel verfolgen, z.B. die Absicherung Ihrer Mailserver mit DNSSEC, bringt DNSSEC Ihnen kaum Vorteile. Aufgrund der Komplexitätvon DNSSEC empfehlen wir Ihnen dringend, über eine Managementlösung nachzudenken. Vielleicht können Sie Webmin gebrauchen, das wir in Kapitel 16, »Webmin«, vorstellen. Rein über die Konsole ist DNSSEC relativ zäh zu konfigurieren, zumindest wenn mehr als eine Zone verwaltet werden soll.

Kapitel 31
Ubuntu-Mirror: Pakete nur einmal laden

In diesem Kapitel widmen wir uns dem Sparen: In diesem Fall dem Sparen von Bandbreite. Speichern Sie einmal geladene Pakete zwischen, oder spiegeln Sie direkt alle angebotenen Pakete, damit die Server in Ihrem Netz nicht ständig Ihre Internetbandbreite verschlingen.

Bandbreite ist Zeit, und Zeit ist kostbar. Es ist ärgerlich, wenn ein und dasselbe Update von zehn (oder mehr) Ihrer Server Ihre Internetleitung minutenlang bis zum Anschlag füllt – vor allem, wenn es doch ausreichen würde, das Update einmal aus dem Internet zu laden.

31.1 Die Basis

Es gibt zwei Lösungsansätze, die Ihnen helfen, Ihre Bandbreite zu schonen:

► **Cache**: mit *approx* oder *apt-cacher-ng*
► **Mirror**: mit *deb-mirror*

Beim *Mirror* (engl. für *Spiegel*) wird das gesamte Repository auf Ihr System kopiert. Damit können Sie eine vollständige Installation in Ihrem Netz durchführen, ohne auch nur ein Paket aus dem Internet zu laden.

Der *Cache* hingegen speichert angeforderte Pakete zwischen, sodass diese, und nur diese, nicht erneut geladen werden müssen.

Für welchen Weg Sie sich entscheiden, hängt von der Anzahl an Systemen und Installationen in Ihrem Netz ab. Bei einem Netz mit drei Servern wäre ein Spiegel überdimensioniert. Der Cache hingegen ist stets sinnvoll und entlastet Ihren Bandbreitenbedarf auch schon bei wenigen Systemen.

31.1.1 Welches Vorwissen wird benötigt?

Für dieses Kapitel sollten Sie folgende Kenntnisse bereits erworben haben:

► **Die Bash** (siehe hierzu Abschnitt 8.1, »Hilfe, da blinkt was! Die Bash«)
► **Paket-Installation** (siehe hierzu Abschnitt 2.4.3, »Umgang mit Paketen«)

31.2   Der Cache: »approx« und »apt-cacher-ng«

Als Proxy oder auch Cache können mehrere Programme eingesetzt werden, wie schon in der Einleitung gesagt wurde. Wir konzentrieren uns auf zwei Programme dieser Gattung: *approx* und *apt-cacher-ng*. Beide haben ihre Vor- und Nachteile, die wir nun genauer betrachten werden. Falls Sie sich nun fragen:

> *Proxy? Moment mal, da gibt es doch ein eigenes Kapitel! Als Proxy benutzt man doch »squid«!*

Da haben Sie recht. Allerdings ist der *squid* ein Web-Proxy. Die Programme *approx* und *apt-cacher-ng* hingegen sind auf die Pakete aus den *apt*-Repositorys spezialisiert. Sie regeln deren Größe und wie Pakete abgerufen werden und wie lange sie vorgehalten werden. Versuchen Sie also nicht, den *squid* aufzubohren und als *apt*-Proxy zu verwenden. Weshalb ein Monster erschaffen, wenn es schon eine Kreatur gibt, die die Aufgabe für uns perfekt erledigt?

31.3   Klein, aber fein: »approx«

Der *approx* ist eine gute Alternative bei kleineren Installationen (<= 10 Server). Sie finden ihn häufig in kleineren Unternehmen oder im Heimbereich. Vor allem besticht er durch eine kleine Konfigurationsdatei, die nach der Installation fast direkt einsatzbereit ist. Sie müssen lediglich das sogenannte *Remapping* einrichten (dazu gleich mehr).

31.3.1   Benötigtes Paket: »approx«

Installieren Sie folgendes Paket:

▶ approx

Die benötigten Abhängigkeiten werden automatisch mitinstalliert.

31.3.2   Konfiguration

Die Standardkonfiguration ist fast direkt funktionsbereit. Es fehlt nur noch das *Remapping*. Dabei wird dem *approx* mitgeteilt, für welchen Zweig er zuständig ist und wie er diesen bei Anfragen von Clients übersetzen soll. In der Standardkonfiguration sind alle Zeilen aus-kommentiert, wie Sie in Listing 31.1 sehen. Die Standardwerte sind in den meisten Fällen ausreichend, sodass Sie diese nicht verändern müssen.

```
1: # Here are some examples of remote repository mappings.
2: # See http://www.debian.org/mirror/list for mirror sites.
3:
4: #debian          http://ftp.debian.org/debian
```

```
 5: #security        http://security.debian.org/debian-security
 6:
 7: # The following are the default parameter values, so there is
 8: # no need to uncomment them unless you want a different value.
 9: # See approx.conf(5) for details.
10:
11: #$cache          /var/cache/approx
12: #$interval       60
13: #$max_rate       unlimited
14: #$max_redirects  5
15: #$user           approx
16: #$group          approx
17: #$syslog         daemon
18: #$pdiffs         true
19: #$offline        false
20: #$max_wait       10
21: #$verbose        false
22: #$debug          false
```

Listing 31.1 Standardkonfiguration in »/etc/approx/approx.conf«

Für das *Remapping* einer Ubuntu-Umgebung fügen Sie einfach die Zeile aus Listing 31.2 hinzu. An welcher Stelle der Konfigurationsdatei das geschieht, ist prinzipiell egal. Um die Übersicht zu wahren, würden wir die Zeile aber nach den Beispielen für *debian* und *security*, also unter Zeile 5, hinzufügen.

```
ubuntu             http://de.archive.ubuntu.com/ubuntu
```

Listing 31.2 Ubuntu-Umgebung in der »approx.conf«

Da der *approx* über den *inetd* gestartet wird und nicht als eigener Dienst läuft, müssen wir die Konfigurationsänderung nicht mit einem *reload* oder *restart* bekannt machen.

»inetd«?

Der *inetd* (auch *Internet-Superserver* genannt) nimmt Verbindungen für Dienste entgegen. Erst wenn eine Verbindung aufgebaut wird, startet *inetd* den notwendigen Dienst und übergibt die Verbindung. Dadurch werden Ressourcen gespart, da der Dienst nicht ständig läuft.

31.3.3   Client-Konfiguration

Damit Ihre Clients – in diesem Fall die Server, die über Ihren Proxy Updates beziehen sollen – auch den neuen Proxy benutzen, müssen Sie diesen konfigurieren. Passen Sie dafür die

Konfigurationsdatei */etc/apt/apt.conf.d/01proxy* an. Ändern Sie diese oder erstellen Sie sie, wie in Listing 31.3 dargestellt:

```
Acquire::http::Proxy "http://<HOSTNAME oder IP des APPROX>:9999";
```

Listing 31.3 Client-Konfiguration in »01proxy«

Damit teilen Sie *apt* mit, dass nur über diesen Proxy-Server Updates bezogen werden können. Wenn Sie z. B. ein Notebook so einrichten und versuchen, Pakete zu installieren, während Sie gerade in einem anderen Netzwerk sind, wird *apt* mit einer Fehlermeldung abbrechen, die besagt, dass der Proxy-Server nicht erreicht werden konnte.

[!] **Stolperfalle Zeilenabschluss**
Beachten Sie, dass die Zeilen in der *apt*-Konfigurationsdatei mit einem Semikolon abgeschlossen werden müssen!

31.3.4 Zusammenfassung

Nach der Installation haben wir das *Remapping* eingerichtet. Anschließend wurden die Server konfiguriert, die über den *approx* Updates laden sollen. Hierfür haben wir die Datei */etc/apt/apt.conf.d/01proxy* editiert.

Leider verfügt der *approx* nicht über ein eigenes Log. Fehler werden im *syslog* protokolliert. Ein Blick in die Größe des Cache-Verzeichnisses */var/cache/approx* verrät Ihnen aber, dass der *approx* verwendet wird.

31.4 Für Fortgeschrittene: »apt-cacher-ng«

Der große Vorteil des *apt-cacher-ng* besteht darin, dass er als einziges Programm multiple Zugriffe zulässt. Die Konfiguration ist zwar umfangreicher, aber dafür erhalten Sie einen enormen Mehrwert – vor allem dann, wenn Sie viele Server in einem Netzwerk betreiben. Zusätzlich protokolliert der *apt-cache-ng* in eigene Logdateien, sodass Sie immer alle Details im Blick haben. Darüber hinaus wird eine Report-HTML-Seite zur Verfügung gestellt, in der Sie alle Informationen über einen Browser abrufen können.

31.4.1 Pakete für »apt-cacher-ng«

Installieren Sie das folgende Paket:

▶ apt-cacher-ng

Die benötigten Abhängigkeiten werden automatisch mitinstalliert.

31.4.2 Konfiguration

Nach der Installation finden Sie unter */etc/apt-cacher-ng* die gut dokumentierte Konfigurationsdatei *acng.conf*. Listing 31.4 zeigt die Standardkonfiguration ohne Kommentare:

```
CacheDir: /var/cache/apt-cacher-ng
LogDir: /var/log/apt-cacher-ng
SupportDir: /usr/lib/apt-cacher-ng
Remap-debrep: file:deb_mirror*.gz /debian ; file:backends_debian # Debian Archives
Remap-uburep: file:ubuntu_mirrors /ubuntu ; file:backends_ubuntu # Ubuntu Archives
Remap-cygwin: file:cygwin_mirrors /cygwin # ; file:backends_cygwin # incomplete, \
 please create this file or specify preferred mirrors here
Remap-sfnet:  file:sfnet_mirrors # ; file:backends_sfnet # incomplete, please \
 create this file or specify preferred mirrors here
Remap-alxrep: file:archlx_mirrors /archlinux # ; file:backend_archlx # Arch Linux
Remap-fedora: file:fedora_mirrors # Fedora Linux
Remap-epel:   file:epel_mirrors # Fedora EPEL
Remap-slrep:  file:sl_mirrors # Scientific Linux
Remap-gentoo: file:gentoo_mirrors.gz /gentoo ; file:backends_gentoo # Gentoo Archives
ReportPage: acng-report.html
ExTreshold: 4
LocalDirs: acng-doc /usr/share/doc/apt-cacher-ng
```

Listing 31.4 Standardwerte der »acng.conf«

Dabei sind folgende dienstspezifische Parameter konfiguriert:

▸ **CacheDir**
   Verzeichnis, in dem der Cache abgelegt wird

▸ **LogDir**
   Verzeichnis, in dem die Logdateien abgelegt werden

▸ **Port**
   Definition des TCP-Ports, auf dem der Dienst lauscht (im Standard 3142)

▸ **ExTreshold**
   Angabe in Tagen, ab wann ein nicht referenziertes Paket als abgelaufen betrachtet wird

Neben diesen dienstspezifischen Konfigurationen findet das *Remapping* über den Parameter Remap- statt. In jeder Zeile wird definiert, für welche Anfragen eine entsprechende Datei (Angabe nach dem Parameter file) geladen werden soll. In diesem Zusammenhang spricht man auch von *Backends*.

Wie Sie Listing 31.4 entnehmen können, sind neben den Ubuntu-Quellen auch direkt Debian, cygwin, Arch Linux, Fedora und weitere Quellen definiert. Zu der reinen Konfiguration des *Remappings* gehört aber noch jeweils eine Datei, in der das eigentliche Mapping stattfindet.

Standardmäßig finden Sie bereits für Debian und Ubuntu entsprechende *Backends* unter */etc/apt-cacher-ng*. Schauen wir uns diese für Ubuntu mal genauer an (siehe Listing 31.5):

```
http://de.archive.ubuntu.com/ubuntu/
```

Listing 31.5 Standardwerte: »backends_ubuntu«

Ähnlich wie beim *approx* wird über die Zeile in der *acng.conf* und über den Eintrag in der Datei *backends_ubuntu* definiert, wie die Anfragen der Clients übersetzt werden sollen. Genau wie beim *approx* ist die Standardkonfiguration direkt einsatzbereit. Falls Sie Veränderungen vorgenommen haben, müssen Sie diese dem *apt-cacher-ng* über ein *reload* bekannt machen. Das Neuladen können Sie wie gewohnt über das Programm *service* durchführen.

31.4.3   Client-Konfiguration

Genau wie beim *approx* genügt es, den Clients den *apt-cacher-ng* als Proxy-Server bekannt zu machen. Passen Sie dafür die Konfigurationsdatei */etc/apt/apt.conf.d/01proxy* an. Ändern Sie diese, oder erstellen Sie sie, wie in Listing 31.6 dargestellt, damit alle zukünftigen Downloads über Ihren *apt-cacher-ng* geladen werden.

```
Acquire::http::Proxy "http://<HOSTNAME oder IP des APPROX>:3142";
```

Listing 31.6 Client-Konfiguration: »01proxy«

31.4.4   Details: »Report-HTML«

Wenn der Dienst gestartet ist, können Sie über die URL *http://<IP>:3142/acng-report.html* Statusinformationen abrufen, wie Sie in Abbildung 31.1 sehen.

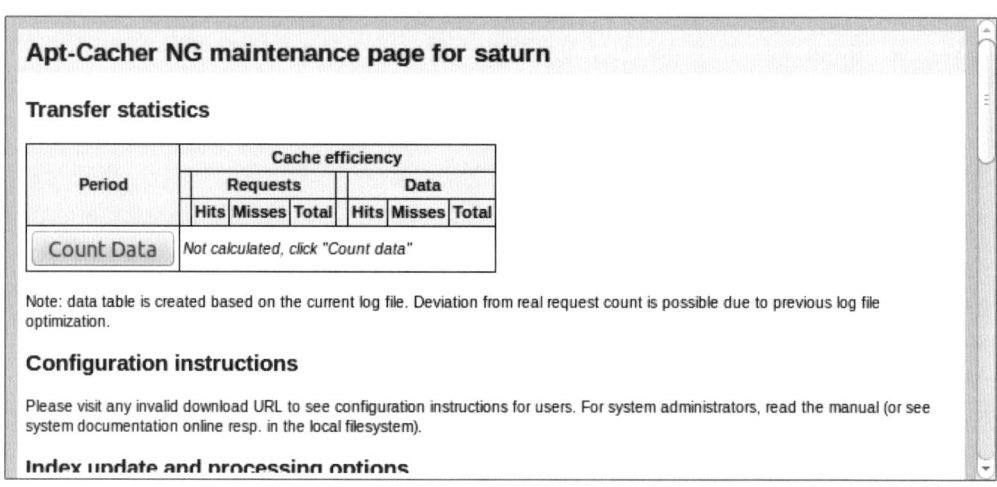

Abbildung 31.1 Report-HTML: »apt-cache-ng«

Beachten Sie, dass Sie in der oben genannten URL `<IP>` durch die IP-Adresse Ihres Servers ersetzen müssen. Selbst kleine Konfigurationen können Sie auf der Webseite vornehmen.

31.4.5   Zusammenfassung

Nach der Installation ist der *apt-cacher-ng* direkt einsatzbereit. Nachdem die Clients so wie in Listing 31.6 konfiguriert wurden, werden alle Downloads über den Proxy durchgeführt. Für Detailinformationen können Sie die URL *http://<IP>:3142/acng-report.html* aufrufen. Zusätzliche Informationen können Sie über die Logdateien unter */var/log/apt-cacher-ng* einsehen.

31.5   Der Mirror: »debmirror«

Anders als bei einem Proxy oder Cache wird bei einem Mirror das gesamte Repository gespiegelt. Dadurch können Sie ein vollständiges System installieren, ohne auch nur ein Paket aus dem Internet zu laden. Allerdings benötigt ein vollständiger Spiegel auch sehr viel Plattenplatz. Pro Sektion können schon mal 20 GB zusammenkommen. Achten Sie also darauf, dass Ihr System genügend Platz zur Verfügung hat.

31.5.1   Pakete für »debmirror«

Installieren Sie folgende Pakete:

- debmirror
- ubuntu-keyring
- apache2

Die benötigten Abhängigkeiten werden automatisch mitinstalliert.

31.5.2   Welches Vorwissen wird benötigt?

Für diesen Abschnitt sollten Sie folgende Kenntnisse bereits erworben haben:

- **Die Bash** (siehe hierzu Abschnitt 8.1, »Hilfe, da blinkt was! Die Bash«)
- **Paket-Installation** (siehe hierzu Abschnitt 2.4.3, »Umgang mit Paketen«)
- **Webserver** (siehe hierzu Kapitel 12, »Webserver: ›Apache‹ und ›Nginx‹«)

31.5.3   Konfiguration

Da *debmirror* kein eigener Dienst ist, sondern nur ein Programm zur Verfügung stellt, müssen Sie die Struktur selbst aufbauen. Dazu gehören folgende Arbeitsschritte:

1. Benutzer und Gruppe anlegen

2. Verzeichnisstruktur anlegen

3. Mirror-Skript erstellen

4. Cron-Jobs einrichten

5. Schlüssel importieren

6. Mirror erzeugen

7. Mirror verfügbar machen – Webdienst konfigurieren

8. Clients konfigurieren

Diese Schritte werden wir nun einzeln abarbeiten.

Benutzer und Gruppe anlegen

Erstellen Sie zunächst einen eigenen Benutzer, der für den Spiegel zuständig ist. Das hat den Vorteil, dass die Erzeugung des Spiegels nicht mit Root-Rechten durchgeführt werden muss.

```
root@server:/# groupadd mirror
root@server:/# useradd -g mirror -d /var/www/mirror -m -c "Ubuntu Mirror" mirror
```

Listing 31.7 Benutzer und Gruppe »mirror« anlegen

In Listing 31.7 wird zunächst die Gruppe mirror angelegt. Anschließend wird der gleichnamige Benutzer mirror erzeugt. Dabei haben die Parameter folgenden Zweck:

▶ -g

weist den Benutzer einer Gruppe zu, hier *mirror*.

▶ -d

Das Home-Verzeichnis des Benutzers wird auf die nachstehende Pfadangabe geändert, hier */var/www/mirror*. Da der Benutzer nur als Dienstgeber fungiert, sollte der Spiegel auch unter */var/* liegen und nicht unter */home/*.

▶ -m

Falls das angegebene Home-Verzeichnis nicht existiert, wird es mit angelegt.

▶ -c

Der Benutzer wird mit einem Kommentar versehen, hier *Ubuntu Mirror*.

▶ mirror

gibt den Benutzernamen an, der erzeugt wird.

Verzeichnisstruktur anlegen

Nun können wir die Verzeichnisstruktur anlegen. Dazu wechseln wir mit *su* zum neu angelegten Benutzer und erstellen die benötigten Verzeichnisse unter seinem Namen, wie in Listing 31.8 dargestellt:

```
daniel@server:/# sudo su - mirror
mirror@server:/# mkdir -p ~/bin ~/ubuntu ~/ubuntu-security \
~/ubuntu-updates ~/ubuntu-backports
```

Listing 31.8 Verzeichnisse anlegen

Da die Verzeichnisse direkt als Benutzer *mirror* erzeugt wurden, sind die Rechte bereits korrekt gesetzt.

Mirror-Skript erstellen

Damit der Spiegel erzeugt und regelmäßig aktualisiert wird, empfiehlt sich der Einsatz eines Skripts, das über den *cron* regelmäßig gestartet wird.

Dazu erstellen wir ein zentrales Skript, das mit einem Parameter gestartet wird. Der Parameter gibt das zu spiegelnde Repository an. Speichern Sie also den Inhalt aus Listing 31.9 in die Datei */var/www/mirror/bin/mirror-ubuntu.sh*, und geben Sie dem Skript mit chmod +x mirror-ubuntu.sh Ausführungsrechte.

```
 1: #!/bin/bash
 2: #
 3: # Mirror Ubuntu-Repostiories
 4: #
 5: # VARS
 6: #  $1 sets the repository name
 7:
 8: REPO=$1
 9: if [ -z $REPO ] ; then
10:  logger -t mirror-$REPO[$$] ERROR no repository name given!
11:  exit 1
12: fi
13:
14: logger -t mirror-$REPO[$$] Updating $REPO
15:
16: debmirror \
17:  --passive \
18:  --progress \
19:  --nosource \
20:  --host=de.archive.ubuntu.com \
21:  --root=ubuntu \
22:  --dist=trusty,xenial \
23:  --section=multiverse,universe,restricted,main \
24:  --arch=i386,amd64 \
25:  -e http \
26:  --verbose \
```

```
27:   /var/www/mirror/$REPO
28:
29: logger -t mirror-$REPO[$$] Finished Updating Ubuntu
```

Listing 31.9 Skript zum Laden der Spiegel: »mirror-ubuntu.sh«

Die einzelnen Zeilen haben dabei folgende Bedeutung:

▶ **Zeile 1**

Die Shebang-Zeile des Skripts gibt an, mit welcher Sprache es interpretiert werden soll.

▶ **Zeile 2–7**

Kommentare, die das Skript und dessen Variablen beschreiben

▶ **Zeile 8**

weist der Variablen REPO den ersten übergebenen Parameter ($1) zu.

▶ **Zeile 9–12**

prüft, ob ein Repository-Name übergeben wurde. Wenn nicht, wird mit einer Fehlermeldung abgebrochen.

▶ **Zeile 14**

protokolliert im *syslog*, dass das Update begonnen hat.

▶ **Zeile 16–27**

führt das Update aus. Die Details erläutern wir im Anschluss.

▶ **Zeile 29**

Protokolliert im *syslog*, dass das Update beendet wurde.

Der in den Zeilen 16–27 des Listings 31.9 dargestellte Aufruf von debmirror enthält viele Parameter, die wir uns nun genauer ansehen:

▶ --passive

setzt den Download-Modus von FTP auf passiv.

▶ --progress

stellt einen Fortschrittsbalken beim Download dar. Dies ist nur relevant, wenn Sie das Skript von Hand auf einer Konsole ausführen.

▶ --nosource

gibt an, dass keine Quellen geladen werden sollen, sondern nur Binär-Pakete.

▶ --host

gibt den Server an, von dem der Spiegel geladen werden soll. Wählen Sie einen Server, der in Ihrer Nähe ist. Im Beispiel wurde *de.archive.ubuntu.com* verwendet, was eine gute Wahl ist, da sich dahinter mehrere verfügbare und vollständige Repositorys verbergen.

▶ --root

setzt das Wurzelverzeichnis auf den Quellserver, auf dem die Ubuntu-Archive liegen. Wenn nicht anders angegeben, wird standardmäßig ubuntu verwendet.

- ▶ `--dist`

  spezifiziert, durch Kommas getrennt, welche Distributionen geladen werden sollen. Das Beispielskript in Listing 31.9 lädt die LTS-Versionen *Trusty* und *Xenial*. Falls Sie ausschließlich die Version 16.04 einsetzen, können Sie den Parameter entsprechend anpassen.

- ▶ `--section`

  gibt die Sektionen an, die geladen werden sollen.

- ▶ `--arch`

  spezifiziert, durch Kommas getrennt, die Architektur. Falls Sie nur 64-Bit-Systeme betreiben, genügt es, auch nur diese Pakete zu spiegeln.

- ▶ `-e`

  gibt das Übertragungsprotokoll an. Im Beispiel *HTTP*.

- ▶ `--verbose`

  erweitert die Ausgabe.

- ▶ `/var/www/mirror/$REPO`

  Gibt den lokalen Speicherort des jeweiligen Spiegels an. Über den Parameter $REPO wird also auch das Verzeichnis angegeben. Soll zum Beispiel das *ubuntu-security*-Repository gespiegelt werden, dann finden Sie die Daten unter */var/www/mirror/ubuntu-security*.

31

☑

Bei wenig Plattenplatz: »precleanup«

Falls Ihr Spiegel-System nicht genügend Festplattenplatz hat, können Sie dem Programm debmirror den Parameter `--precleanup` hinzufügen. Dieser sorgt dafür, dass vor dem Download Ihr lokaler Spiegel aufgeräumt wird.

Die Entwickler warnen aber davor, dass dies zu einem inkonsistenten Spiegel führen kann. Setzen Sie diesen Parameter also nur im Notfall ein!

Cron-Jobs einrichten

Damit Sie nicht ständig alle Updates von Hand anstoßen müssen, können Sie mehrere Cron-Jobs einrichten, die das für Sie erledigen.

Vorzugsweise sollte der Spiegel in der Nacht erzeugt werden, da in der Regel dann niemand Ihre Internetleitung benötigt.

[+]

Erzeugen Sie also für den Benutzer *mirror* die notwendigen Cron-Jobs. Dazu benutzen wir das Tool crontab, wie in Listing 31.10 dargestellt:

```
daniel@server:/# sudo crontab -e -u mirror
```

Listing 31.10 Cron-Jobs des Benutzers »mirror« öffnen

Fügen Sie anschließend die Zeilen aus Listing 31.11 in den Editor ein, der sich nun öffnet.

```
0 1 * * * bash -l -c "/var/www/mirror/bin/mirror-ubuntu.sh ubuntu"
0 2 * * * bash -l -c "/var/www/mirror/bin/mirror-ubuntu.sh ubuntu-security"
0 3 * * * bash -l -c "/var/www/mirror/bin/mirror-ubuntu.sh ubuntu-updates"
0 4 * * * bash -l -c "/var/www/mirror/bin/mirror-ubuntu.sh ubuntu-backports"
```

Listing 31.11 Cron-Konfiguration

Damit geben Sie an, dass jede Nacht ab 01:00 Uhr stündlich die Updates laufen sollen. Über die Parameter nach dem Skript mirror-ubuntu.sh definieren Sie, welche Repositorys geladen werden sollen. Falls Sie also keine Pakete aus den *Backports* benötigen, können Sie die entsprechende Zeile einfach entfernen.

Schlüssel importieren

Damit der angelegte Benutzer *mirror* den Spiegel erstellen und aktualisieren kann, benötigt er die GPG-Schlüssel der Repositorys. Diese können wir einfach aus dem System importieren, wie Sie in Listing 31.12 sehen:

```
mirror@server:~$ gpg --no-default-keyring --keyring trustedkeys.gpg \
--import /usr/share/keyrings/ubuntu-archive-keyring.gpg
```

```
gpg: Schlüsselbund `/var/www/mirror/.gnupg/trustedkeys.gpg' erstellt
gpg: /var/www/mirror/.gnupg/trustdb.gpg: trust-db erzeugt
gpg: Schlüssel 437D05B5: Öffentlicher Schlüssel "Ubuntu Archive Automatic \
    Signing Key <ftpmaster@ubuntu.com>" importiert
gpg: Schlüssel FBB75451: Öffentlicher Schlüssel "Ubuntu CD Image Automatic \
    Signing Key <cdimage@ubuntu.com>" importiert
gpg: Schlüssel C0B21F32: Öffentlicher Schlüssel "Ubuntu Archive Automatic \
    Signing Key (2012) <ftpmaster@ubuntu.com>" importiert
gpg: Schlüssel EFE21092: Öffentlicher Schlüssel "Ubuntu CD Image Automatic \
    Signing Key (2012) <cdimage@ubuntu.com>" importiert
gpg: Anzahl insgesamt bearbeiteter Schlüssel: 4
gpg:                 importiert: 4  (RSA: 2)
gpg: Keine uneingeschränkt vertrauenswürdigen Schlüssel gefunden
```

Listing 31.12 GPG-Schlüssel für »mirror« importieren

[!]

Stolperfalle: Richtiger Benutzer

Achten Sie darauf, dass der Import als Benutzer *mirror* durchgeführt wird!

Mirror erzeugen

Um zu prüfen, ob unser Skript auch funktionstüchtig ist, können wir es einfach ausführen. Fehler werden entsprechend in der Bash ausgegeben. Falls Sie nicht direkt den Download starten wollen, können Sie temporär dem Befehl debmirror den zusätzlichen Parameter --dry-run mitgeben. Damit läuft das gesamte Update, aber ohne Pakete herunterzuladen.

Mirror verfügbar machen – Webdienst konfigurieren

Damit Ihr Spiegel auch von Ihren Clients benutzt werden kann, müssen Sie diese verfügbar machen. In der Regel wird hierfür als Übertragungsprotokoll HTTP eingesetzt.

Falls Sie bereits einen Apache auf dem System betreiben, müssen Sie lediglich einen weiteren virtuellen Host anlegen und diesen so wie in Listing 31.13 einrichten:

```
NameVirtualHost mirror.example.com:80
<VirtualHost mirror.example.com:80>
  DocumentRoot /var/www/mirror/
  ServerName mirror.example.com

  Alias /mirror/ "/var/www/mirror/"
  <Directory "/var/www/mirror/">
    Options Indexes FollowSymLinks
    AllowOverride None
    Order allow,deny
    allow from all
  </Directory>
</VirtualHost>
```

Listing 31.13 Apache-Konfiguration des Spiegels in »/etc/apache2/sites-available/mirror.conf«

Abschließend müssen Sie den neuen virtuellen Host noch aktivieren und den Apache neu starten (siehe Listing 31.14):

```
daniel@server:/# sudo a2ensite mirror
Enabling site mirror.
To activate the new configuration, you need to run:
  service apache2 reload

daniel@server:/# sudo systemctl reload apache2
```

Listing 31.14 Host aktivieren und Apache neu laden

Client-Konfiguration

Damit Ihre Server von nun an über Ihren eigenen Spiegel Updates laden, müssen Sie ihnen dies mitteilen. Dafür müssen Sie die lokale Datei */etc/apt/sources.list* anpassen.

Speichern Sie die aktuelle Version dieser Datei unter einem anderen Namen, und legen Sie eine neue Datei mit dem Inhalt aus Listing 31.15 an:

31

```
deb http://<IP>/mirror/ubuntu xenial universe multiverse main restricted
deb http://<IP>/mirror/ubuntu-security xenial-security universe main \
 restricted multiverse
deb http://<IP>/mirror/ubuntu-updates xenial-updates main restricted \
 universe multiverse
deb http://<IP>/mirror/ubuntu-backports xenial-backports main restricted \
 universe multiverse
```

Listing 31.15 Client-Konfiguration in der »soruces.list«

Beachten Sie dabei, dass Sie das für das System zutreffende Release eintragen, also trusty für Ubuntu 14.04 oder xenial für Ubuntu 16.04. Ersetzen Sie <IP> durch die IP-Adresse oder den Hostnamen des Systems, auf dem Sie den Spiegel betreiben.

31.5.4   Zusammenfassung

Nach der Installation der benötigten Pakete haben wir einen neuen Benutzer mirror mit gleichnamiger Gruppe angelegt. Das Heimat-Verzeichnis des Benutzers haben wir auf */var/www/mirror* gesetzt.

Anschließend haben wir die benötigte Verzeichnisstruktur erstellt. Für das automatisierte Neuladen haben wir das Skript *mirror-ubuntu.sh* erstellt. Diesem wird über einen Parameter mitgeteilt, welches Repository verarbeitet werden soll.

Im nächsten Schritt haben wir das Skript in den Cron-Jobs des Benutzers *mirror* hinterlegt. Damit die Server in unserem Netz den Spiegel-Server auch nutzen können, haben wir einen virtuellen Host im Apache angelegt.

Abschließend haben wir den Servern in unserem Netz den neuen Spiegel-Server über die entsprechenden Änderungen an der *sources.list* bekannt gemacht.

Kapitel 32
Web-Proxy für Zuhause

In diesem Kapitel zeigen wir Ihnen, wie Sie alle Internetzugriffe über ein System bündeln und zentrale Regeln etablieren, die sowohl den Zugriff als auch den Inhalt regulieren. Außerdem erfahren Sie, wie Sie eine zentrale Anonymisierung einrichten, die alle Webzugriffe aus Ihrem Heimnetz absichert – egal ob es sich um die Zugriffe von Computern oder Smartphones bzw. Tablets handelt.

Ein Web-Proxy ist ein Stellvertreter, der in Ihrem Auftrag Anfragen verarbeitet. Diese werden meist im Businessbereich eingesetzt. Wie Sie dies am besten mit dem De-facto-Standard-Proxy *squid* erreichen, zeigen wir Ihnen in Kapitel 20, »Web-Proxy mit ›squid‹«. Dort haben wir auch viele Hintergründe näher erläutert. Werfen Sie ruhig einen Blick in dieses Kapitel, um einen vollständigen Einblick in die Thematik zu bekommen.

In diesem Abschnitt wollen wir Ihnen kleine Alternativen für den Heimbereich vorstellen. Dabei schauen wir uns zwei Kandidaten an: Zum einen den schlanken *tinyproxy* und den auf Privatsphäre ausgelegten *privoxy*. Beide ermöglichen es Ihnen, die Internetzugriffe in Ihrem Netzwerk über ein System laufen zu lassen und viele Einstellungen zentral vorzunehmen.

Zu guter Letzt zeigen wir Ihnen, wie Sie mit einem Software-Cocktail, der aus *tor*, dem *privoxy* und dem *squid* besteht, einen zentralen anonymisierten Internetzugang aufbauen können. Dafür werden wir tief in die Trickkiste greifen. Aber keine Sorge: Alle Schritte werden strukturiert und im Detail vorgestellt.

32.1   Der Kleine: »tinyproxy«

Der *tinyproxy* in kleinen Umgebungen nicht nur aufgrund seines geringen Ressourcenbedarfs beliebt, sondern auch, weil er schlank und funktional zugleich ist.

32.1.1   Welches Vorwissen wird benötigt?

Für diesen Abschnitt sollten Sie folgende Kenntnisse bereits erworben haben:

▶ **Die Bash** (siehe hierzu Abschnitt 8.1, »Hilfe, da blinkt was! Die Bash«)
▶ **Paket-Installation** (siehe hierzu Abschnitt 2.4.3, »Umgang mit Paketen«)

32.1.2   Installation

Der *tinyproxy* gehört zum Standard und kann dementsprechend über die Paketquellen installiert werden. Führen Sie den Befehl aus Listing 32.1 aus, um den *tinyproxy* zu installieren:

```
daniel@venus:~$ sudo apt-get install tinyproxy
[…]
Die folgenden NEUEN Pakete werden installiert:
  tinyproxy
0 aktualisiert, 1 neu installiert, 0 zu entfernen und 5 nicht aktualisiert.
[…]
```

Listing 32.1 Installation aus den Paketquellen

Nach der Installation findet sich die zentrale und gut dokumentierte Konfigurationsdatei unter */etc/tinyproxy.conf*.

32.1.3   Client-Konfiguration

Damit die Clients in Ihrem Netz den Proxy-Server auch benutzen, müssen Sie ihn konfigurieren. Öffnen Sie dazu den Browser Ihrer Wahl (wir verwenden den Firefox), und begeben Sie sich in die Netzwerkkonfiguration. Im Firefox müssten Sie hierfür über das Menü BEARBEITEN (bei Windows unter EXTRAS) den Punkt EINSTELLUNGEN öffnen, dort den Punkt ERWEITERT auswählen und in den Tab NETZWERK wechseln (BEARBEITEN • ERWEITERT • NETZWERK). Wechseln Sie anschließend in die Verbindungseinstellungen.

Im Firefox klicken Sie dazu im Abschnitt VERBINDUNGEN auf den Button EINSTELLUNGEN. Dort können Sie nun eine MANUELLE PROXY-KONFIGURATION auswählen, wie in Abbildung 32.1 dargestellt.

Unter HTTP-PROXY geben Sie den Namen oder die IP-Adresse Ihres Proxy-Servers an (saturn.example.com). Falls Sie einen Namen angeben, müssen Ihre Clients selbstverständlich in der Lage sein, diesen auch aufzulösen. Da wir den Standard-Port des *tinyproxy* verwenden, müssen Sie unter PORT den Wert 8888 angeben. Achten Sie darauf, diese Einstellung anzupassen, falls Sie den Standard-Port verändern. Ebenso sollten Sie den Haken bei FÜR ALLE PROTOKOLLE DIESEN PROXY-SERVER VERWENDEN setzen.

[+]   **Proxy-Ausnahmen**

Die Angabe von Proxy-Ausnahmen (im Firefox die Auflistung unter KEIN PROXY FÜR) veranlasst den Browser, Inhalte dieser URLs direkt abzurufen und nicht den Proxy-Server danach zu fragen. Beachten Sie diese Besonderheit, wenn es darum geht, Fehler zu finden oder lokale Inhalte direkt abzurufen.

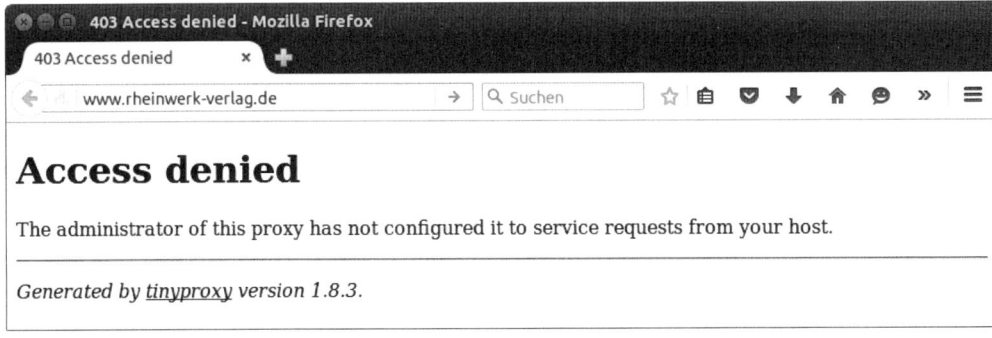

Abbildung 32.1 Proxy-Konfiguration im Firefox

32.1.4   Grundkonfiguration

Nach der Installation ist der *tinyproxy* fast direkt einsatzbereit. Wenn Sie versuchen, über ihn Webinhalte abzurufen, erhalten Sie aber den Fehler aus Abbildung 32.2.

Abbildung 32.2 Zugriff verweigert

Um dies zu beheben, müssen Sie lediglich eine Konfigurationszeile bearbeiten: Allow. Über sie wird geregelt, wer über Ihren Web-Proxy Internetinhalte abrufen darf. Nach der Installation ist lediglich Ihr Server selbst erlaubt (127.0.0.1), wie Sie in Listing 32.2 sehen:

```
# Allow: Customization of authorization controls. If there are any
# access control keywords then the default action is to DENY. Otherwise,
# the default action is ALLOW.
#
# The order of the controls are important. All incoming connections are
# tested against the controls based on order.
#
Allow 127.0.0.1
#Allow 192.168.0.0/16
#Allow 172.16.0.0/12
#Allow 10.0.0.0/8
```

Listing 32.2 Freigabe nach der Installation

Ergänzen Sie Ihr Netzwerk, damit der *tinyproxy* Verbindungen daraus annimmt – im Beispiel verwenden wir das Netzwerk 192.168.0.0/24. Dafür würde die Freigabe wie folgt aussehen:

```
Allow 192.168.0.0/24
```

Listing 32.3 Freigabe des lokalen Netzwerks

Nachdem der Dienst mit `sudo systemctl reload tinyproxy` neu geladen wurde, dürfen die Systeme aus Ihrem Netzwerk auch Inhalte über den Server abrufen. Falls Sie »nur« einen zentralen Internetzugang in Ihrem Heimnetzwerk bereitstellen wollen, sind Sie an diesem Punkt fertig. Herzlichen Glückwunsch. Selbstverständlich verfügt die Konfigurationsdatei noch über weitere Einstellungsmöglichkeiten. Die wichtigsten stellen wir Ihnen nun vor.

32.1.5   Weitere Konfigurationen

Zu den gängigsten Einstellungen zählen selbstverständlich die verschiedenen Dienstparameter und die Informationen, auf welcher IP-Adresse der Dienst läuft und auf welchen Port er lauscht. Folgende Einstellungen gibt es:

▶ User und Group
  Hierüber wird angegeben, unter welchem Benutzer und welcher Gruppe der *tinyproxy* laufen soll. Standardmäßig sind das nobody und nogroup.

▶ Port
  gibt den Port an, auf dem der Dienst läuft. Standardmäßig ist der Port auf 8888 eingestellt. Diesen Port müssen Sie bei der Proxy-Konfiguration Ihrer Clients angeben, damit sie Inhalte über Ihren *tinyproxy* abrufen können.

▶ Listen
Hiermit können Sie festlegen, auf welcher IP-Adresse der *tinyproxy* arbeiten soll. Standardmäßig nicht gesetzt, daher läuft er auf allen gefundenen Netzwerkschnittstellen.

▶ Bind
Falls Ihr Proxy-Server über mehrere Netzwerkschnittstellen in unterschiedlichen Netzwerken verfügt (ein sogenanntes *Multi-Home*), dann können Sie über diesen Parameter definieren, von welcher IP-Adresse er Webinhalte abrufen soll.

▶ Timeout
Mit diesem Parameter können Sie angeben, wie lange der *tinyproxy* versuchen soll, Webinhalte abzurufen, bevor er aufgibt und eine Fehlermeldung präsentiert. Standardmäßig ist dieser Wert auf akzeptable 600 Sekunden eingestellt. Falls Sie aber über eine langsame Internetanbindung verfügen, sollten Sie diesen Wert erhöhen.

▶ StatHost
Mit diesem Parameter geben Sie an, auf welchen Namen oder welche IP-Adresse der *tinyproxy* lauschen soll, um statistische Werte auszuliefern.

▶ StatFile
gibt die Datei an, die für die Ausgabe von Statistiken verwendet werden soll. Standardmäßig liegt diese unter */usr/share/tinyproxy/stats.html*.

▶ Logfile
Per Default schreibt der *tinyproxy* sein Protokoll in die Datei *tinyproxy.log* im Verzeichnis */var/log/tinyproxy*. Wir empfehlen Ihnen, dies so zu lassen, da dafür bereits während der Installation eine Logrotation angelegt wurde.

▶ LogLevel
Hierüber können Sie definieren, wie »geschwätzig« der *tinyproxy* in seinem Protokoll ist. Standardmäßig steht dieser Parameter auf Info, was ein sehr umfangreiches Protokoll erzeugt. Weitere mögliche Werte sind in absteigender Reihenfolge ihres Umfangs:

   – Connect

   – Notice

   – Warning

   – Error

   – Critical

Passen Sie diesen Parameter Ihren Bedürfnissen an. Wir empfehlen, ihn bei der Ersteinrichtung auf Info zu belassen, um etwaige Fehler schnell identifizieren zu können. Im Regelbetrieb können Sie aber ruhig auf Notice oder Warning herunterschalten.

▶ upstream
Falls Sie noch einen vorgeschalteten Proxy-Server in Ihrem Netzwerk haben, können Sie *tinyproxy* anweisen, Webinhalte über diesen zu beziehen: upstream 192.168.0.17:3128.

32

Ebenso können Sie damit nur einzelne Domänen über einen vorgelagerten Proxy-Server beziehen: `upstream 192.168.17:3128 ".some.domain.tld"`. Achten Sie dabei darauf, dass der führende Punkt bei der Angabe der Domäne alle darunter befindlichen inkludiert (im Beispiel also auch `web.some.domain.tld` oder `int.web.domain.tld`).

▶ `no upstream`

Dieser Parameter bildet den Gegenpart zum vorherigen – mit ihm definieren Sie also Domänen, die exklusiv nicht über einen vorgelagerten Proxy abgerufen werden sollen.

▶ `MaxClients`

definiert, wie viele Clients maximal gleichzeitig über Ihren *tinyproxy* arbeiten dürfen. Standardmäßig steht dieser Wert auf `100`, was für den Heimbereich ein ganz guter Wert ist. Als Faustformel können Sie sich Folgendes merken: »Pro Client mindestens 10« – was nach Adam Riese für den Standardwert etwa 10 Clients entspricht ($10 \times 10 = 100$).

▶ `MinSpareServers` und `MaxSpareServers`

Beim Betrieb startet und stoppt der *tinyproxy* selbstständig Prozesse. Über diese Werte können Sie angeben, wie viele Prozesse mindestens und maximal auf Ihrem Server laufen sollen (per Default sind es 5 und 20). Passen Sie diese Werte äquivalent zu `MaxClients` an – sprich: doppelte Anzahl Clients = doppelte Werte.

▶ `StartServers`

Mit diesem Parameter definieren Sie, wie viele Prozesse beim Start des *tinyproxy* gestartet werden sollen. Standardmäßig steht dieser auf `10` – auch diesen Wert sollten Sie äquivalent zu `MaxClients` setzen.

▶ `MaxRequestsPerChild`

gibt an, wie viele Anfragen pro Prozess abgewickelt werden sollen, bevor er beendet wird. Standardmäßig steht dieser Wert auf `0`, was gleichbedeutend mit unendlich ist. Falls Sie den *tinyproxy* auf einer schwachen Hardware mit wenig Hauptspeicher betreiben und Sie Fehler feststellen, könnte es helfen, diesen Wert zu setzen, zum Beispiel auf `1000`.

▶ `Allow`

Mit diesem Parameter definieren Sie, wer über Ihren *tinyproxy* zugreifen darf. Sie können beliebig viele `Allow`-Zeilen hinzufügen und so einzelne IP-Adressen (192.168.0.19) oder ganze Netzwerke (192.168.10.0/24) freigeben.

▶ `ViaProxyName`

Laut RFC müssen Anfragen, die von einem Proxy-Server verarbeitet werden, der Anfrage einen zusätzlichen Header hinzufügen – den *Via*-Header. Dieser steht per Default auf `tinyproxy`. Bitte geben Sie hier nicht den Host-Namen des Systems an, da dies ein Sicherheitsrisiko darstellen würde.

▶ `Filter`, `FilterURLs` und `FilterExtended`

Der *tinyproxy* ermöglicht es Ihnen auch, Filter einzusetzen, um Regeln durchzusetzen. Auf die Details gehen wir in Abschnitt, 32.1.6 »Filtern«, näher ein.

▶ Anonymous

Mit dieser Direktive können Sie *tinyproxy* anweisen, Ihre Internetanfragen zu anonymisieren. Dies erhöht zwar die Sicherheit, kann aber auch zu falschen Darstellungen von Webseiten führen oder sogar die Nutzung einer Webseite komplett unterbinden. In Abschnitt 32.1.7 zeigen wir Ihnen, wie Sie Webzugriffe richtig anonymisieren.

▶ ConnectPort

Mit dieser Direktive wird festgelegt, über welche Ports eine mit HTTPS geschützte Webseite abgefragt werden darf. Falls Sie auf exotische Konfigurationen zugreifen müssen, die nicht auf dem Standard-Port 443 laufen, müssen Sie die jeweiligen Ports mit dieser Direktive freigeben. Standardmäßig sind die Ports 443 und 563 freigegeben.

32.1.6   Filtern

Der *tinyproxy* bringt eine einfache Filtermethode mit. Über eine Textdatei lassen sich Filterregeln implementieren. Zunächst müssen Sie aber eine Grundsatzentscheidung treffen: Schwarz oder Weiß? Der *tinyproxy* unterscheidet zwei Betriebsarten.: zum einen das sogenannte *Blacklisting*, also die Nutzung einer Liste mit Inhalten, die explizit nicht abgerufen werden dürfen, und das sogenannte *Whitelisting*. Dabei werden die Inhalte angegeben, die explizit erreicht werden dürfen (alle anderen Zugriffe werden unterbunden). Eine Mischung oder mehrere Listen sind leider nicht möglich.

Tipp: »squid« kann's!

Falls Regelwerke für Sie eine zwingende Voraussetzung sind, schauen Sie sich Kapitel 20, »Web-Proxy mit ›squid‹«, an! Dort beschreiben wir genau dieses Szenario und zeigen Ihnen, wie Sie auch komplexe Regelwerke aufbauen können.

Ob Sie eine Blacklist oder eine Whitelist nutzen wollen, legen Sie über den Parameter `Filter-DefaultDeny` fest. Setzen Sie diesen auf `yes`, um eine Whitelist zu betreiben – per Default (oder ohne Angabe) steht dieser Wert auf `no`. Im Beispiel verwenden wir eine Blacklist (ohne gesetzten Parameter `FilterDefaultDeny`).

Welche Datei als Filter geladen wird, wird über den Parameter `Filter "<DATEI>"` angegeben. Standardmäßig ist dieser auskommentiert und zeigt auf die Datei */etc/filter*. Entfernen Sie zunächst die Kommentierung, und legen Sie die Datei mit dem Inhalt aus Listing 32.4 an:

```
rheinwerk-verlag.de
images.google.de
news.google.de
```

Listing 32.4 Inhalt der Datei »/etc/filter«

Wie Sie Listing 32.4 entnehmen können, wird pro Zeile eine Domäne angegeben. Nach einem obligatorischen `sudo systemctl tinyproxy reload` werden die Änderungen aktiv, und der Aufruf der Webseiten wird unterbunden.

 Beachten Sie dabei, dass dadurch auch der Aufruf aller Subdomänen unterbunden wird! Im Beispiel wäre somit der Aufruf von `www.rheinwerk-verlag.de` nicht möglich, der Aufruf von `www.google.de` aber schon, da hier nur die beiden Subdomänen `images` und `news` geblockt angegeben wurden.

Das ist aber noch nicht alles: Der *tinyproxy* beherrscht noch weitere Filtermethoden. Mit dem Parameter `FilterURLs On` können Sie noch feiner angeben, welche Inhalte unterbunden werden sollen.

Wenn Sie die Filterdatei mit dem Inhalt aus Listing 32.5 füllen, können die Google-Bildersuche (über den Kurzlink) und die Google-Karten nicht mehr geladen werden.

```
google.de/imghp
google.de/maps
```

Listing 32.5 Erweiterung um URLs in »/etc/filter«

Auch hierbei werden darunter befindliche Elemente ebenfalls geblockt. Beachten Sie aber, dass zum Beispiel die Google-Bildersuche auch über andere Aufrufe erreicht werden kann. Mit der Einschränkung auf URL-Ebene können Sie zwar feiner granulieren, lassen aber unter Umständen Hintertüren offen.

Damit ist aber immer noch nicht Schluss, denn der *tinyproxy* beherrscht noch reguläre Ausdrücke! Falls Ihnen nach noch feineren Filterregeln zumute ist, können Sie mit dem Parameter `FilterExtended On` die Verarbeitung von regulären Ausdrücken aktivieren.

> **Reguläre Ausdrücke von A–Z**
>
> Falls Sie mehr zu regulären Ausdrücken erfahren wollen: In Abschnitt 37.2, »Reguläre Ausdrücke verstehen und anwenden«, haben wir diese ausführlich erläutert!

Anschließend können Sie mit Filtern wie dem aus Listing 32.6 arbeiten. Mit diesem Ausdruck würden die Aufrufe von `www.squid-cache.org` und *wiki.squid-cache.org* unterbunden werden. Ein Aufruf von *bugs.squid-cache.org* würde aber zugelassen werden.

```
(www|wiki).squid-cache.org/
```

Listing 32.6 Erweiterung um reguläre Ausdrücke in »/etc/filter«

Wie Sie sehen, bietet der *tinyproxy*, obwohl er so schlank ist, viel Potenzial. Probieren Sie die verschiedene Filtermethoden aus, und prüfen Sie, was die besten Resultate liefert.

32.1.7   Anonymisierung

Sicherheit und Privatsphäre sind zurzeit aktueller denn je. Auch der *tinyproxy* bietet Ihnen Möglichkeiten, diese zu steigern.

Ein Wort der Warnung müssen wir Ihnen dennoch mit auf den Weg geben: Allen Sicherheitsaspekten zum Trotz können solche Maßnahmen auch dazu führen, dass Webseiten nur teilweise oder gar nicht mehr verwendet werden können. Behalten Sie also im Hinterkopf, dass gegebenenfalls die Anonymisierung schuld daran ist, dass Webseiten nicht mehr korrekt arbeiten. In Abbildung 32.3 sehen Sie, welche Informationen Sie mit jeder Anfrage ins Internet senden. **[!]**

HEADERS

Header	Value
Host	merkur.example.com
Connection	close
Via	1.1 tinyproxy (tinyproxy/1.8.3)
Accept	text/html,application/xhtml+xml,application/xml;q=0.9,*/*;q=0.8
Accept-Language	en-US,en;q=0.5
User-Agent	Mozilla/5.0 (X11; Ubuntu; Linux x86_64; rv:44.0) Gecko/20100101 Firefox/44.0
Cache-Control	max-age=0
Accept-Encoding	gzip, deflate

Abbildung 32.3 HTTP-Header ohne Anonymisierung

Einige dieser Daten haben durchaus ihre Berechtigung, andere sind wiederum nicht zwingend erforderlich. Auch wenn diese Daten auf den ersten Blick nichts Verwerfliches beinhalten, können darüber doch Angriffsszenarien kreiert werden.

Der *tinyproxy* bietet Ihnen die Möglichkeit, mit der Direktive Anonymous, auf die ein Wert folgt, gesendete Informationen zu entfernen. Dabei können Sie zum einen explizit angeben, welche Header-Werte nicht übertragen werden sollen, oder ganze Bereiche ausklammern. Als Bereiche bietet der *tinyproxy* folgende an:

▶ Host
  beinhaltet alle Header mit Informationen zum Client.

▶ Authorization
  beinhaltet alle Header mit Informationen zu einer Anmeldung – Achtung: Ohne diese Header können Sie sich an keiner Webseite mehr anmelden!

▶ Cookie
  beinhaltet alle Daten, die Webseiten lokal auf Ihrem Client speichern wollen – Achtung: Ohne Cookies können zum Beispiel Webshops nicht arbeiten!

Mit aktiviertem Anonymous "Host" sieht es deutlich übersichtlicher aus, wie Sie in Abbildung 32.4 sehen.

HEADERS	
Header	**Value**
Host	merkur.example.com
Connection	close
Via	1.1 tinyproxy (tinyproxy/1.8.3)

Abbildung 32.4 HTTP-Header mit aktiver »host«-Anonymisierung

Mit der Direktive Anonymous haben Sie an einer zentralen Stelle volle Kontrolle darüber, welche Daten ins Internet gesendet werden. Wir möchten aber nochmals darauf hinweisen, dass damit einige Webseiten nicht klarkommen.

32.1.8   Statistiken

Richtig gehört: Der *tinyproxy*, so schlank er auch sein mag, liefert Ihnen auch statistische Werte, damit Sie immer wissen, was gerade auf Ihrem Web-Proxy los ist.

Die Statistik wird vom *tinyproxy* als Webseite angeboten. Damit Sie diese aufrufen können, müssen Sie ihm lediglich mitteilen, auf welchen Namen er lauschen soll. Setzen Sie dafür den Parameter StatHost auf einen Namen, der aufgelöst werden kann, oder auf die IP-Adresse Ihres Servers. Anschließend kann, nach einem Neuladen der Konfiguration, über die Webseite *http://<NAME ODER IP>:8888* die Statistik abgefragt werden.

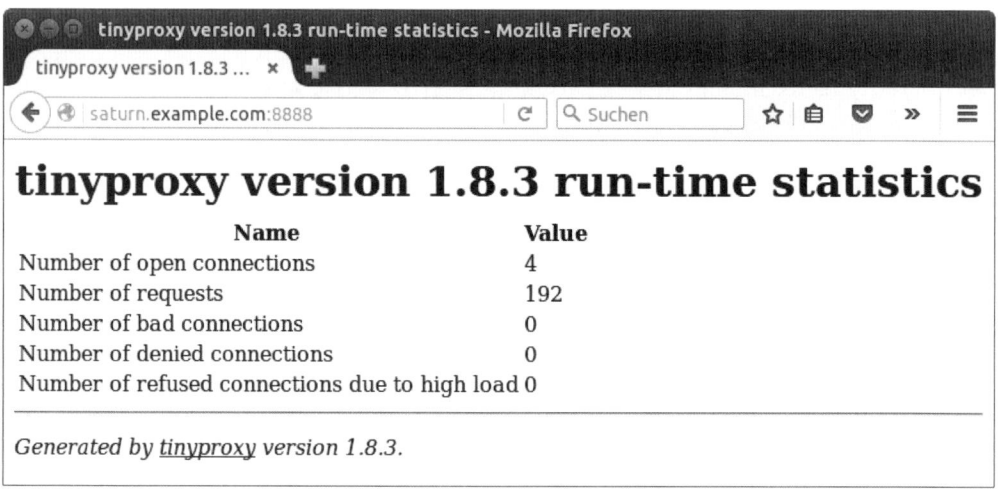

Abbildung 32.5 Statistik des tinyproxy

Wie Sie Abbildung 32.5 entnehmen können, haben wir im Beispiel den Server-Namen angegeben und die Direktive daher auf StatHost "saturn.example.com" gesetzt. Falls Sie den Port, auf dem der *tinyproxy* läuft, angepasst haben, müssen Sie ihn selbstverständlich auch anpassen. Die einzelnen angezeigten Werte haben dabei folgende Bedeutung:

- Number of open connections
  Anzahl der zurzeit offenen Verbindungen

- Number of requests
  Anzahl der Anfragen seit dem letzten Neustart

- Number of bad connections
  Anzahl der unzulässigen oder fehlgeschlagenen Verbindungen

- Number of denied connections
  Anzahl der abgewiesenen Verbindungen

- Number of refused connections due to high load
  Anzahl der Verbindungen, die aufgrund zu hoher Last auf dem System abgewiesenen wurden

Gerade den letzten Wert sollten Sie im Auge behalten. Wenn Ihre Nutzer sich lauthals beschweren, dass dies oder jenes nicht funktioniert, hilft vor dem Durchsuchen des Logs ein kurzer Blick auf die Statistik.

32.1.9   Fazit

Der *tinyproxy* besticht durch seine schlanke Art. Für den Hausgebrauch durchaus brauchbar, stößt er aber in größeren Umgebungen schnell an seine Grenzen. Da er lediglich die Zugriffe zentral übernimmt und nicht zusätzlich einen Cache bereitstellt, können Sie über ihn keinen Geschwindigkeitszuwachs erreichen. Auch die Filtermöglichkeiten sind zwar verhältnismäßig umfangreich, aber bei komplexeren Anforderungen ebenfalls schnell an ihren Grenzen. Die Anonymisierung hingegen ist ein nettes Feature, das Sie schnell für das gesamte Netz einrichten können, ohne jeden einzelnen Browser mit einem Plug-in oder einer Spezialkonfiguration versehen zu müssen.

32.2   Rein Privat: »privoxy«

Ein weiterer kleiner, aber feiner Web-Proxy ist der *privoxy*, was für *Privacy Enhancing Proxy* (zu Deutsch »die Privatsphäre erhöhender Proxy«) steht. Das Hauptaugenmerk wurde bei ihm, wie der Name bereits verrät, auf Privatsphäre gelegt. Der *privoxy* hilft Ihnen dabei, anonym im Internet unterwegs zu sein. Dafür bietet er umfangreiche Filtermöglichkeiten an und ermöglicht es so, lästige Werbebanner automatisch aus Internetseiten zu entfernen oder die Verfolgung des Nutzerverhaltens durch Cookies zu verhindern. Zu guter Letzt können Sie mit ihm auch einen zentralen Zugang zum Tor-Netzwerk aufbauen.

32.2.1   Installation

Auch der *privoxy* ist Bestandteil der Paketquellen und kann daher bequem so, wie in Listing 32.7 dargestellt, installiert werden:

```
daniel@saturn:~$ sudo apt-get install privoxy
[…]
Vorgeschlagene Pakete:
  dhelp | dwww | doc-central | yelp | khelpcenter4 rarian-compat
Die folgenden NEUEN Pakete werden installiert:
  doc-base libuuid-perl libyaml-tiny-perl privoxy
0 aktualisiert, 4 neu installiert, 0 zu entfernen und 0 nicht aktualisiert.
Es müssen 574 kB an Archiven heruntergeladen werden.
Nach dieser Operation werden 2.518 kB Plattenplatz zusätzlich benutzt.
Möchten Sie fortfahren? [J/n] J
```

Listing 32.7 Installation aus den Paketquellen

Nach der Installation nimmt *privoxy* sofort den Dienst auf. Das zentrale Konfigurationsverzeichnis finden Sie unter */etc/privoxy/*.

32.2.2   Client-Konfiguration

Wie wir bereits beim *tinyproxy* erläutert haben, müssen Sie den Clients auch mitteilen, dass sie den Proxy-Server benutzen sollen.

Öffnen Sie dazu den Browser Ihrer Wahl (wir verwenden den Firefox), und begeben Sie sich in die Netzwerkkonfiguration. Im Firefox müssen Sie hierfür über das Menü Bearbeiten (bei Windows unter Extras) den Punkt Einstellungen öffnen, dort den Punkt Erweitert auswählen und in den Tab Netzwerk wechseln (Bearbeiten • Erweitert • Netzwerk). Im Abschnitt Verbindungen gelangen Sie über einen Klick auf den Button Einstellungen in die eigentliche Konfiguration. Dort können Sie nun eine Manuelle Proxy-Konfiguration auswählen. Geben Sie den Namen oder die IP-Adresse Ihres Servers unter HTTP-Proxy an (im Beispiel *saturn.example.com*) und unter Port den Standard-Port des *privoxy*: 8118.

[+]   **Proxy-Ausnahmen**

Die Angabe von Proxy-Ausnahmen (im Firefox die Auflistung unter Kein Proxy für) veranlasst den Browser, Inhalte dieser URLs direkt abzurufen und nicht den Proxy-Server danach zu fragen. Beachten Sie diese Besonderheit, wenn es darum geht, Fehler zu finden.

32.2.3   Konfiguration

Der Dienst selbst wird über die Datei */etc/privoxy/config* konfiguriert. Diese ist äußerst gut dokumentiert, was durch die 2.104 Zeilen deutlich wird – wobei lediglich 24 Zeilen nicht auskommentiert sind.

Zusätzlich gibt es weitere Dateien mit der Endung *.action* und *.filter*, über die alles Weitere gesteuert wird – diese sehen wir uns später genauer an.

Standardmäßig lässt der *privoxy* nur lokale Verbindungen auf *localhost* zu. Damit die Clients in Ihrem Netz ebenfalls über den *privoxy* Inhalte abrufen dürfen, müssen Sie den Parameter listen-address anpassen. Öffnen Sie daher zunächst die Datei */etc/privoxy/config* mit Root-Rechten, und passen Sie den Parameter so an, wie in Listing 32.8 dargestellt:

```
[…]
#        listen-address [::1]:8118
#
listen-address   <IP des SERVERS>:8118
```

Listing 32.8 Allen Clients im Netz zulassen »/etc/privoxy/config«

Passen Sie den Platzhalter <IP des SERVERS> an die IP-Adresse Ihres Servers an. Per Default ist der Port auf 8118 eingestellt – diesen müssen Sie bei der Proxy-Konfiguration Ihrer Clients entsprechend angeben.

Nach einem obligatorischen sudo systemctl restart privoxy wird die Änderung aktiv. Ab jetzt können alle Clients in Ihrem Netzwerk über den *privoxy* Webinhalte abrufen. Damit könnte die Konfiguration bereits abgeschlossen sein.

Bereits in der Standardkonfiguration werden viele Werbeseiten und -banner vom *privoxy* geblockt. Falls Sie keine weiteren Anforderungen an Ihren Proxy haben, ist der Abschnitt für Sie an dieser Stelle bereits zu Ende. Wir wollen Ihnen aber die vielen Möglichkeiten des *privoxy* nicht vorenthalten.

32.2.4   Webinterface

In der Grundeinstellung können Sie bereits viele nützliche Informationen und sogar eine umfangreiche Anleitung über die integrierte Webschnittstelle des *privoxy* abrufen. Öffnen Sie dafür einfach auf einem Client, der den *privoxy* als Proxy-Server eingestellt hat, die Webseite *http://config.privoxy.org*. Anschließend werden Sie mit der Webseite aus Abbildung 32.6 begrüßt.

Hier gibt es viel zu entdecken. Der *privoxy* stellt Ihnen hier nicht nur viele nützliche Informationen zur Verfügung, sondern kann über diese Webseite auch konfiguriert werden. Ebenso werden einige praktische Tools angeboten, ein »Best of« wollen wir Ihnen nun vorstellen.

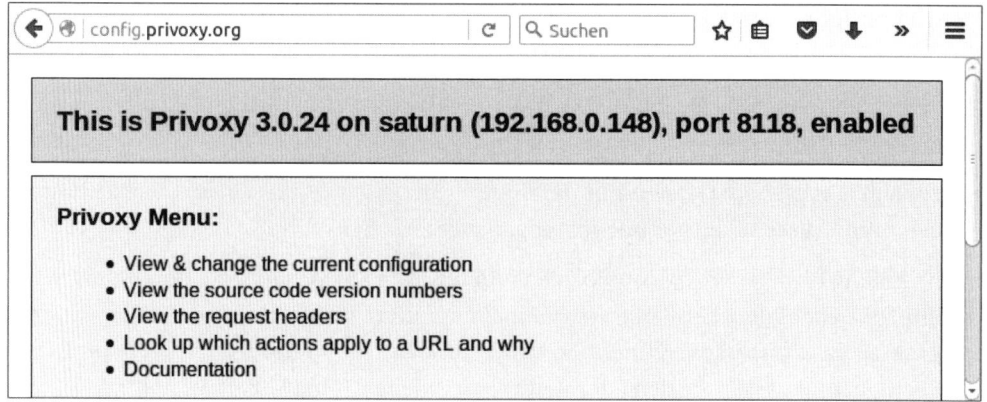

Abbildung 32.6 Webinterface des privoxy: »http://config.privoxy.org«

Über den Menüpunkt VIEW & CHANGE THE CURRENT CONFIGURATION können Sie standard-mäßig die aktuelle Konfiguration nur einsehen. Falls Sie diese direkt über das Webinterface bearbeiten wollen, müssen Sie zudem in der Datei *etc/privoxy/config* den Wert der Direktive enable-edit-actions von 0 auf 1 ändern.

[!] Wenn Sie die Administration über das Webinterface aktivieren, können alle Clients in Ih-rem Netzwerk die Konfiguration anpassen! Leider lassen sich an dieser Stelle keine weiteren Schutzmaßnahmen einrichten. Beachten Sie dies, bevor Sie diese Möglichkeit nutzen.

Unter dem Punkt BLOCKING STATISTICS finden Sie die aktuelle Statistik darüber, wie viele Zugriffe vom *privoxy* unterbunden werden. Dies ist nicht nur informativ, sondern kann auch bei der Fehlersuche hilfreich sein. Behalten Sie den Wert im Auge. Er wird im Übrigen durch ein Neuladen der Seite aktualisiert. Wenn Sie beim Aufruf einer Webseite Schwierigkeiten haben, sollten Sie auf Folgendes achten: Erhöht sich der Wert der geblockten Aufrufe, rührt der Fehler vielleicht von einer zu scharfen *privoxy*-Konfiguration her.

Um Fehler exakt lokalisieren zu können, wird Ihnen im Menüpunkt LOOK UP WHICH ACTI-ONS APPLY TO A URL AND WHY ein Kontrollmechanismus angeboten. Darin können Sie eine beliebige URL angeben und mit einem Klick auf GO anzeigen lassen, was vom *privoxy* beim Aufruf dieser Seite für Aktionen ausgeführt werden würden. Dabei werden die Aktionen als Links dargestellt. Klicken Sie auf diese, um direkt zu einer Anleitung und ausführlichen Erklärungen dazu zu gelangen. Dies ist äußerst hilfreich, um zu verstehen, was genau im Hintergrund passiert. Falls Sie direkt einen Blick in die interaktive Anleitung werfen wollen, können Sie diese über einen Aufruf der URL *http://config.privoxy.org/user-manual* erreichen.

32.2.5   (K)Ein Blick hinter die Kulissen: ».action« und ».filter«

Wie wir bereits erörtert haben, stellt der *privoxy* bereits eine umfangreiche Sammlung von Filtern und Aktionen zur Verfügung. Diese werden in den Dateien *default.filter* und *default.action* definiert. Diese Dateien sind ebenfalls äußerst umfangreich dokumentiert. Leider sind die Syntax und der Aufbau von Filtern und Aktionen, zumindest im Vergleich zum *tinyproxy*, äußert komplex. Daher verzichten wir an dieser Stelle auf eine ausführliche Erläuterung. Mutige Leser sollten trotzdem einen Blick in diese Dateien werfen, um einen Eindruck davon zu bekommen, wie der *privoxy* intern arbeitet. (Tipp: Größtenteils arbeitet er mit regulären Ausdrücken.) Diese Dateien *default.filter* und *default.action* werden durch Updates aktualisiert. Daher sollten Ihre Änderungen in den dafür vorgesehenen Dateien *user.filter* und *user.action* vornehmen, damit Ihre mühsam erarbeiteten Ergebnisse nicht beim nächsten Update blind überschrieben werden.

32.3   Das Anonymisierungs-Dreigestirn: »squid«, »privoxy« und »tor«

In einer Zeit, in der Anonymität so selten ist wie ein richtig gesetzter Genitiv im Ruhrpott, wird nach Alternativen gesucht. Hier kommt *Tor* ins Spiel, denn darüber kann ein Stück weit das realisiert werden, was längst verloren geglaubt war: anonymes Surfen im Internet. Aber wie funktioniert das? Vereinfacht ausgedrückt: Man nehme viele Teilnehmer, ein vermaschtes Netzwerk, schüttele alles kräftig durch, und schon hat man eine Anonymisierung.

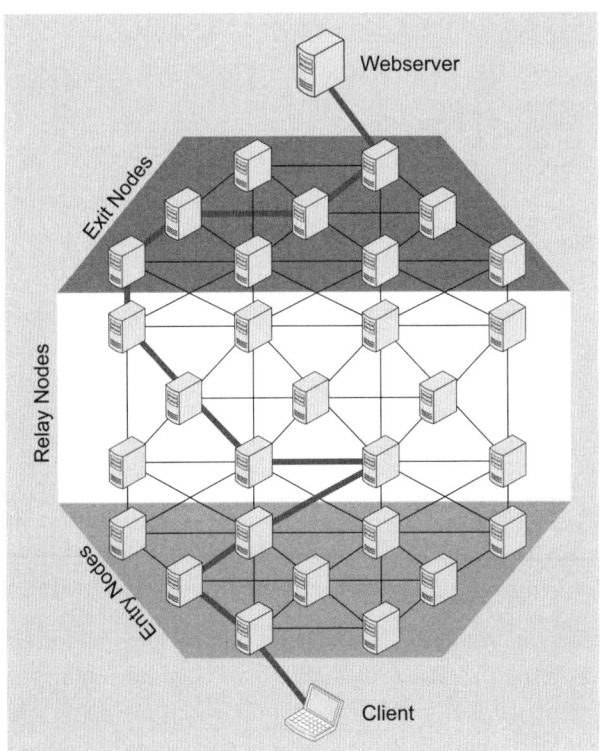

Abbildung 32.7 Aufbau des Tor-Netzwerks

Basierend auf dem *Onion-Routing*, sprich dem Routen von Anfragen über ständig wechselnde Router in einem verteilten Netz, werden Anfragen in einem vermaschten Netz über immer wechselnde Knoten geschickt (siehe Abbildung 32.7). Der Einstiegspunkt weiß nicht, wo sie herauskommt, und der Ausstiegspunkt weiß nicht, von wem die Anfrage gestellt wurde.

Sie haben Tor bereits benutzt? Sie haben auf Ihrem PC/Mac/Endgerät XY den Tor-Client installiert? Sehr gut, aber was ist mit Ihren übrigen Endgeräten? Was ist mit Ihrem Smartphone, Ihrem Fernseher oder Ihrem Toaster? Wenn Sie ambitioniert sind und Wert auf Ihre Anonymität legen, dann lesen Sie weiter. Im Folgenden zeigen wir Ihnen, wie Sie ein Rundumsorglos-Paket erstellen. Dabei setzen wir auf einen Software-Cocktail von *squid* (als Proxy-Server), *privoxy* als Filter und *tor* als Anonymisierungsdienst. Den Aufbau des fertigen Konstrukts haben wir Ihnen in Abbildung 32.8 dargestellt.

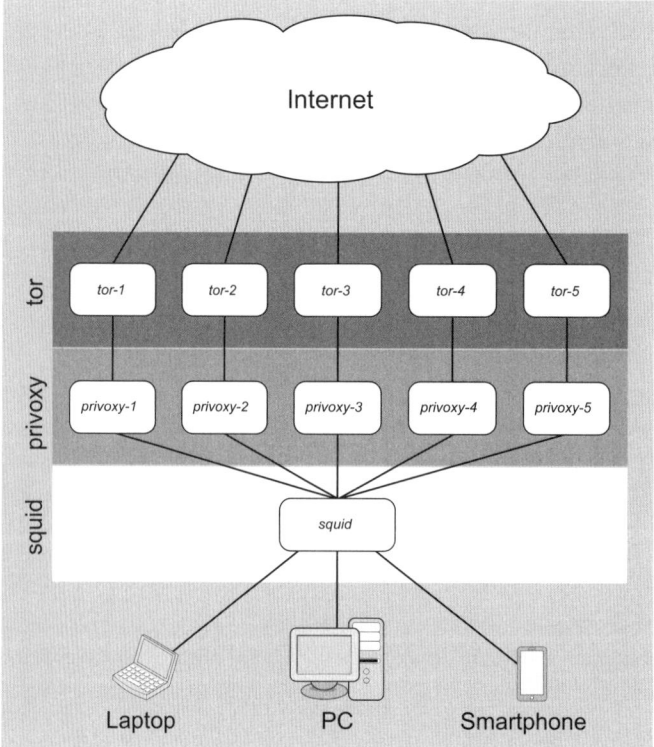

Abbildung 32.8 Fertiges Konstrukt

Wie Sie in Abbildung 32.8 sehen können, werden jeweils fünf Tor- und *privoxy*-Instanzen gestartet, die von einem Squid genutzt werden. Dies ist deshalb notwendig, da ansonsten die Clients nur der Reihe nach und nicht parallel arbeiten können. Passen Sie daher die Anzahl der Instanzen Ihrer Umgebung an. Dabei gilt die einfache Regel: »Mehr Clients = mehr Instanzen«.

32.3.1   Installation

Falls noch nicht vorhanden, installieren Sie zunächst über die Paketverwaltung squid, privoxy und tor so, wie in Listing 32.9 dargestellt:

```
daniel@venus:~$ sudo apt-get install squid3 privoxy tor
[…]
0 aktualisiert, 15 neu installiert, 0 zu entfernen und 0 nicht aktualisiert.
Es müssen 4.223 kB an Archiven heruntergeladen werden.
Nach dieser Operation werden 19,1 MB Plattenplatz zusätzlich benutzt.
Möchten Sie fortfahren? [J/n] J
```

Listing 32.9 Installation der benötigten Pakete

Alle Dienste nehmen nach der Installation direkt ihren Dienst auf. Da wir sie aber noch anpassen müssen, sollten Sie zunächst alle Dienste beenden, wie in Listing 32.10 dargestellt:

```
daniel@venus:~$ sudo systemctl stop squid3 privoxy tor
```

Listing 32.10 Dienste beenden

Bevor wir mit der Konfiguration und Einrichtung der Dienste beginnen, müssen Sie das System selbst vorbereiten. Ergänzen Sie die Datei */etc/hosts* um die Einträge aus Listing 32.11. Diese benötigen wir im weiteren Verlauf des Abschnitts.

```
127.0.0.1        localhost1
127.0.0.1        localhost2
127.0.0.1        localhost3
127.0.0.1        localhost4
127.0.0.1        localhost5
```

Listing 32.11 Vorbereitungen auf dem System: »/etc/hosts«

32.3.2   Tor

Über den Tor-Daemon kann Ihr System Anfragen in das Tor-Netzwerk stellen. Standardmäßig läuft aber nur eine Instanz. Damit wir fünf Instanzen gleichzeitig starten können, müssen wir je eine eigene Konfigurationsdatei anlegen. Speichern Sie dafür die Texte aus 32.12 in die Datei */etc/tor/template.torrc*:

```
SocksPort 9%VAR%50
ControlPort 9%VAR%51
DataDirectory /var/lib/tor%VAR%
PidFile /var/run/tor%VAR%/tor%VAR%.pid
ControlSocket /var/run/tor%VAR%/control
ControlSocketsGroupWritable 1
```

Listing 32.12 Template-Datei: »template.torrc«

Führen Sie anschließend das nachstehende kleine Bash-Konstrukt aus:

```
root@venus:/etc/tor# for i in {1..5} ; do sed "s/%VAR%/${i}/g" template.torrc >> \
/etc/tor/torrc${i} ; done
```

Listing 32.13 Erstellen der RC-Dateien für »tor« als Root-Benutzer

Diese for-Schleife erzeugt fünf Konfigurationsdateien und ersetzt die Variable VAR durch den jeweiligen Schleifenwert. Dadurch werden sowohl die Direktiven SocketPorts und Control Ports als auch PID aus der Template-Datei stets angepasst. Sie finden nun unter */etc/tor* die Dateien *torrc1* bis *torrc5*. Achten Sie darauf, dass der Befehl als Root-Benutzer ausgeführt werden muss!

Nun müssen Sie noch die Verzeichnisse für die Daten (DataDirectory) anlegen und die Rechte anpassen, damit die Prozesse auch hineinschreiben können. Dafür nutzen wir erneut die Fähigkeiten der Bash aus:

```
root@venus:~# install -Z -m 02700 -o debian-tor -g debian-tor -d /var/lib/tor${i}
```

Listing 32.14 Erzeugen der benötigten Verzeichnisse: »DataDirectory«

Auch dieser Befehl muss als Root-Benutzer ausgeführt werden. Dem Befehl install werden dabei der Benutzer, die Gruppe und die Rechte übergeben. Nach dem Parameter -d folgt das Verzeichnis, das Sie erstellen wollen, und durch die Bash-Substitution ({1..5} wird der Befehl fünfmal ausgeführt.

Bash-Substitution

Falls Sie mehr zu den Fähigkeiten der Bash erfahren möchten: In Abschnitt 37.3.1, »Befehle: ›command substitution‹«, haben wir diese erläutert!

Damit die fünf Instanzen mit dem Systemd gesteuert werden können, müssen Sie entsprechende *service*-Dateien anlegen. Praktischerweise liefert Systemd direkt eine Instanziierungsmöglichkeit frei Haus. Solche Service-Dateien sind an einem At-Zeichen (@) im Dateinamen zu erkennen. Dabei stellen die Zeichen vor dem At-Zeichen den Dienstnamen und die Zeichen nach dem At (bis zum *.service*) den Instanznamen dar.

Als Vorbereitung kopieren wir zunächst den Standard-Tor-Service entsprechend um:

```
root@venus:~# cd /lib/systemd/system
root@venus:/lib/systemd/system# # cp tor.service multi-tor@.service
```

Listing 32.15 Kopieren des Systemd-Service für mehrere Instanzen

Öffnen Sie nun die soeben kopierte Datei, und passen Sie diese an. In Listing 32.16 haben wir Ihnen die angepassten Auszüge abgedruckt und die Änderungen fett dargestellt:

```
 1: [Unit]
 2: Description=Anonymizing overlay network for TCP (muti-instance: %i)
[…]
 5: [Service]
[…]
 8: PIDFile=/var/run/tor%i/tor%i.pid
 9: PermissionsStartOnly=yes
10: ExecStartPre=/usr/bin/install -Z -m 02750 -o debian-tor -g debian-tor -d \
    /var/run/tor%i
11: ExecStartPre=/usr/bin/tor --defaults-torrc /usr/share/tor/tor-service-\
    defaults-torrc -f /etc/tor/torrc%i --RunAsDaemon 0 --verify-config
12: ExecStart=/usr/bin/tor --defaults-torrc /usr/share/tor/tor-\
    service-defaults-torrc -f /etc/tor/torrc%i --RunAsDaemon 0
[…]
19: # Hardening
20: #PrivateTmp=yes
21: #PrivateDevices=yes
22: #ProtectHome=yes
23: #ProtectSystem=full
24: #ReadOnlyDirectories=/
25: #ReadWriteDirectories=-/var/lib/tor%i
26: #ReadWriteDirectories=-/var/log/tor
27: #ReadWriteDirectories=-/var/run
28: #CapabilityBoundingSet=CAP_SETUID CAP_SETGID CAP_NET_BIND_SERVICE \
    CAP_DAC_OVERRIDE CAP_CHOWN CAP_FOWNER
[…]
```

Listing 32.16 Auszug des Multi-Instanz-Service »multi-tor@.service«

Der Platzhalter %i wird vom Systemd bei der Verarbeitung durch den Teil ersetzt, der nach dem At-Zeichen im Dateinamen steht. Auf diese Weise werden die für jede Instanz eindeutigen Verzeichnisse und Dateien (z. B. die Konfigurationsdatei – siehe Zeile 11–12) definiert.

Bug zur Drucklegung in »systemd«

Leider bestand bis zur Drucklegung des Buches ein Bug im Systemd. Dieser verhindert, dass die Ersetzung des Platzhalters %i im Parameter ReadWriteDirectories stattfindet (siehe dazu auch *https://bugs.freedesktop.org/show_bug.cgi?id=89875*). Wir hoffen, dass dieser Bug bald korrigiert wird, sodass Sie die Optionen zur Härtung der Tor-Instanz einkommentieren können.

Für die geplanten fünf Instanzen müssen jetzt noch eigene Dateien im Verzeichnis */etc/systemd/system/multi-user.target.wants* angelegt werden. Dies hat nicht nur den Vorteil, dass sie anschließend mit dem Programm systemctl über die Autovervollständigung aufgerufen werden können, sondern auch, dass die Instanzen direkt zum Systemstart ausgeführt werden. Führen Sie dafür den Befehl aus Listing 32.17 aus:

```
root@venus:~# for i in {1..5} ; do ln -s /lib/systemd/system/multi-tor.service \
/etc/systemd/system/multi-user.target.wants/multi-tor@${i}.service ; done
root@venus:~#
root@venus:~# ls -l /etc/systemd/system/multi-user.target.wants | grep tor
lrwxrwxrwx [...] multi-tor@1.service -> /lib/systemd/system/multi-tor@.service
lrwxrwxrwx [...] multi-tor@2.service -> /lib/systemd/system/multi-tor@.service
lrwxrwxrwx [...] multi-tor@3.service -> /lib/systemd/system/multi-tor@.service
lrwxrwxrwx [...] multi-tor@4.service -> /lib/systemd/system/multi-tor@.service
lrwxrwxrwx [...] multi-tor@5.service -> /lib/systemd/system/multi-tor@.service
lrwxrwxrwx [...] tor.service -> /lib/systemd/system/tor.service
```

Listing 32.17 Links für die Instanzen erzeugen

In Listing 32.17 wurden über eine Schleife mit dem Befehl ln fünf symbolische Links erzeugt, die jeweils auf die erstellte Datei *multi-tor@.service* zeigen. Als Instanzname wurde einfach eine fortlaufende Nummerierung gewählt. Anschließend wurde der Befehl mit ls kontrolliert. Wie Sie sehen, wurden die Links korrekt erzeugt.

Nun können Sie die Instanzen mit systemctl starten. Selbstverständlich müssen Sie den Befehl nicht fünfmal ausführen. Auch hier können wir uns der Substitutionsfähigkeiten der Bash bedienen:

```
root@venus:~# systemctl start multi-tor@*
```

Listing 32.18 Alle Instanzen auf einmal starten

Durch das Sternchen werden alle erstellten Dateien nacheinander verarbeitet. Analog dazu können Sie auch den Status abfragen, die Instanzen neu starten oder diese beenden. Dieser Teil wäre somit abgeschlossen.

32.3.3   Privoxy

Parallel zum Tor sollen auch fünf Instanzen des *privoxy* gestartet werden (siehe Abbildung 32.8). Dazu müssen erneut fünf Kopien der Konfigurationsdatei erzeugt werden. Damit Sie nicht unnötig viel Tipparbeit leisten müssen, nehmen wir als Basis die vorhandene Standardkonfigurationsdatei des *privoxy*:

```
root@venus:/etc/privoxy# sed -e '/\s*#.*$/d' -e '/^\s*$/d' config >> template.config
```

Listing 32.19 Die Standardkonfigurationsdatei um Kommentare und Leerzeilen erleichtern

Mit diesem Befehl werden die Kommentare und Leerzeilen aus der Datei *config* entfernt und in die Datei *template.config* gespeichert. Öffnen Sie anschließend die neu erstellte Datei *template.config*, und passen Sie diese so an, wie in Listing 32.20 dargestellt. Die Änderungen wurden erneut in Fettschrift hervorgehoben:

```
confdir /etc/privoxy
logdir /var/log/privoxy
filterfile default.filter
logfile logfile%VAR%
listen-address  localhost:81%VAR%8
forward-socks5 / 127.0.0.1:9%VAR%50 .
toggle  1
enable-remote-toggle  0
enable-remote-http-toggle  0
enable-edit-actions 0
enforce-blocks 0
buffer-limit 4096
enable-proxy-authentication-forwarding 0
forwarded-connect-retries  0
accept-intercepted-requests 0
allow-cgi-request-crunching 0
split-large-forms 0
keep-alive-timeout 5
tolerate-pipelining 1
socket-timeout 300
```

Listing 32.20 Die Template-Datei »template.privoxy«

Aus dieser Vorlage erzeugen wir nun die benötigten fünf Konfigurationsdateien. Setzen Sie dafür den Befehl aus Listing 32.21 ab:

```
root@venus:/etc/tor# for i in 1..5 ; do sed "s/%VAR%/${i}/g" template.config \
>> config${i} ; done
```

Listing 32.21 Konfigurationsdateien aus der Vorlage erstellen

Die Schleife aus Listing 32.21 erstellt nicht nur die fünf benötigten Kopien, sondern ersetzt auch den Platzhalter %VAR% durch die Nummer der jeweiligen Instanz.

Um auch den *privoxy* über Systemd steuern zu können, muss erneut eine Template-Service-Datei erzeugt werden und für jede Instanz ein Link erstellt werden. Auch hier verwendet wir die Standard-Service-Datei als Basis, von der wir zunächst eine Kopie erzeugen:

```
root@venus:/lib/systemd/system# cp privoxy.service multi-privoxy@.service
```

Listing 32.22 Service-Datei erstellen

Öffnen Sie nun die soeben erzeugte Datei *multi-privoxy@.service*, und passen Sie diese wie in Listing 32.23 an – die Änderungen wurden wieder in Fettschrift dargestellt.

```
[Unit]
Description=Privacy enhancing HTTP Proxy (multi-instance: %i)

[Service]
Environment=PIDFILE=/var/run/privoxy%i.pid
Environment=OWNER=privoxy
Environment=CONFIGFILE=/etc/privoxy/config%i
Type=forking
PIDFile=/var/run/privoxy%i.pid
[…]
```

Listing 32.23 Auszug aus der Template-Service-Datei »multi-privoxy@.service«

Auch hier wird der Platzhalter %i verwendet, um die Instanzen voneinander abzugrenzen. Mit dem Befehl aus Listing 32.24 werden noch die benötigten Links erstellt:

```
root@venus:~# for i in {1..5}; do ln -s /lib/systemd/system/multi-privoxy@.service \
/etc/systemd/system/multi-user.target.wants/multi-privoxy@${i}.service ; done
```

Listing 32.24 Erzeugen der symbolischen Links für die »privoxy«-Instanzen

Achten Sie darauf, diesen Befehl als Root-Benutzer abzusetzen. Über die Schleife aus Listing 32.24 werden fünf symbolische Links der erstellten Datei *multi-privoxy@.service* aus dem Verzeichnis */lib/systemd/system/* unterhalb von */etc/systemd/system/multi-user.target.wants/* erzeugt. Als Instanzname, also als Teil hinter dem At-Zeichen, wird erneut eine fortlaufende Nummer verwendet.

Nun können Sie die fünf *privoxy*-Instanzen mit `systemctl start multi-privoxy@*` starten. Damit wäre auch dieser Teil abgeschlossen.

32.3.4   Squid

Um die Instanzen von *privoxy* und Tor abzufragen, werden wir den Squid einsetzen. Dieser stellt den De-facto-Standard für Web-Proxys dar. Zunächst befreien wir die Konfigurationsdatei des Squid (*/etc/squid3/squid.conf*) von unnötigen Kommentaren und Leerzeilen. Setzen Sie dafür die Befehle aus Listing 32.25 ab:

```
root@venus:/etc/squid3# cp squid.conf squid.conf.BAK
root@venus:/etc/squid3# sed '/^$/d;/^#/d' -i squid.conf
```

Listing 32.25 Backup und Aufräumen der »squid.conf«

Mit diesen Befehlen wird ein Backup (*squid.conf.BAK*) der Konfigurationsdatei angelegt, damit Sie ein Nachschlagewerk der gut dokumentieren Konfigurationsdatei behalten, falls Sie die Funktion des einen oder anderen Parameters noch mal nachlesen wollen. Anschließend werden mit dem Kommando `sed` die Kommentare und Leerzeilen entfernt.

Damit die Clients auf Ihrem Netz auch über den Squid Inhalte abrufen dürfen, müssen wir dies zunächst freigeben. Fügen Sie dazu ein Objekt, in Squid-Sprache *acl*, am Anfang der Datei hinzu:

```
acl myNetwork src 192.168.0.0/24
```

Listing 32.26 Lokales Netzwerk in »squid.conf« definieren

Im Beispiel haben wir das Objekt myNetwork mit dem Class-C Netz 192.168.0.0 angelegt. Passen Sie das Netz entsprechend Ihrer Umgebung an. Das war aber nur die halbe Miete. Das Entscheidende, die Zugriffsregel *http_access*, fehlt noch. Fügen Sie dafür vor der Zeile http_access deny all die nachstehende Zeile ein:

```
http_access allow myNetwork
```

Listing 32.27 Freigabe des Objekts »myNetwork«

Zu guter Letzt müssen wir dem Squid auch mitteilen, dass er die Internetinhalte doch bitte über den *privoxy* abrufen soll, der die Inhalte wiederum über Tor abruft. Fügen Sie dafür die Zeilen aus Listing 32.28 am Ende der Datei *squid.conf* hinzu:

```
cache_peer localhost1 parent 8118 0 round-robin no-query
cache_peer localhost2 parent 8128 0 round-robin no-query
cache_peer localhost3 parent 8138 0 round-robin no-query
cache_peer localhost4 parent 8148 0 round-robin no-query
cache_peer localhost5 parent 8158 0 round-robin no-query
```

Listing 32.28 Mit dieser Anweisung werden Inhalte über privoxy abgerufen.

Mit der Direktive cache_peer wird der Squid angewiesen, den angegebenen Proxy (im Beispiel localhost1 bis localhost5) über den spezifizierten Port abzufragen, um Inhalte abzurufen. Mit der Methode round-robin wird festgelegt, dass die Anfragen der Reihe nach verteilt werden sollen. Der Squid erwartet für jede cache_peer-Zeile einen eindeutigen Namen. Daher wurde zu Beginn des Abschnitts die lokale *hosts*-Datei um die Einträge für localhost1 bis localhost5 erweitert. Abschließend müssen Sie dem Squid die neue Konfiguration mitteilen indem Sie den Befehl systemctl restart squid3 absetzen.

32.3.5   Clients

Nun müssen Sie Ihren Clients noch beibringen, dass Sie den eingerichteten anonymisierenden Proxy-Server verwenden. Öffnen Sie dazu den Browser Ihrer Wahl (wir verwenden den Firefox), und begeben Sie sich in die Netzwerkkonfiguration. Im Firefox müssen Sie hierfür über das Menü BEARBEITEN (bei Windows unter EXTRAS) den Punkt EINSTELLUNGEN öffnen, dort den Punkt ERWEITERT auswählen und in den Tab NETZWERK wechseln (BEARBEITEN • ERWEITERT • NETZWERK). Wechseln Sie anschließend in die Verbindungseinstellungen.

Im Firefox können Sie dies im Abschnitt VERBINDUNGEN über einen Klick auf den Button EINSTELLUNGEN erreichen. Im folgenden Dialog können Sie nun eine MANUELLE PROXY-KON-FIGURATION angeben, wie in Abbildung 32.9 dargestellt.

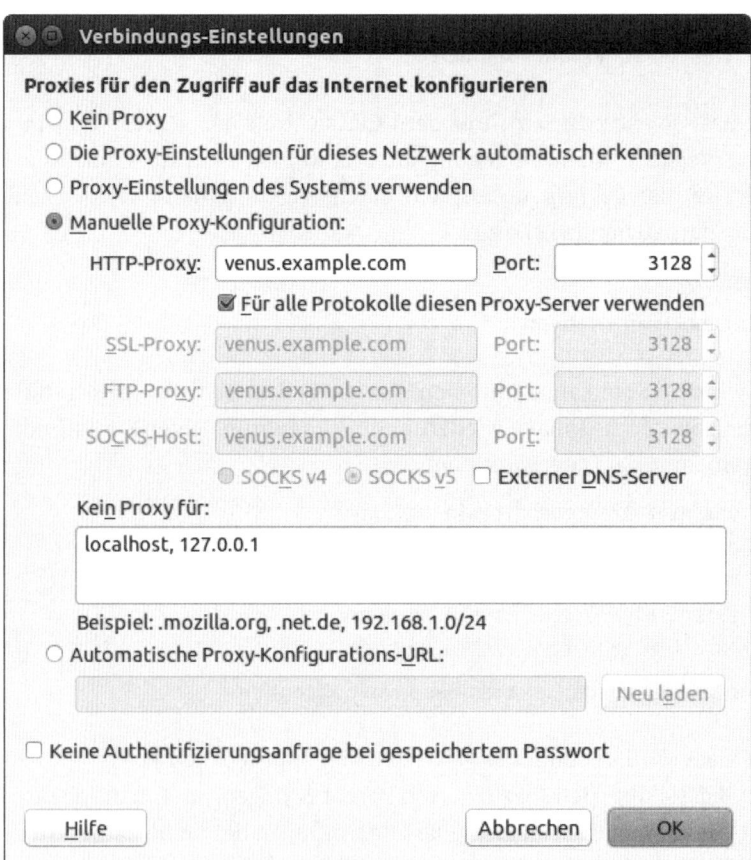

Abbildung 32.9 Proxy-Konfiguration im Firefox

Geben Sie unter HTTP-PROXY den Namen oder die IP-Adresse Ihres Servers an (im Beispiel venus.example.com). Unter PORT geben Sie den Standard-Port des Squid an: 3128.

[!] **ACHTUNG: Proxy-Ausnahmen!**
Die Angabe von Proxy-Ausnahmen (im Firefox die Auflistung unter KEIN PROXY FÜR) veran-lasst den Browser, Inhalte dieser URLs direkt abzurufen und nicht den Proxy-Server danach zu fragen. Falls Ihre Clients einen direkten Internetzugang besitzen (wie es im heimischen WLAN üblich ist), können diese mit Proxy-Ausnahmen Ihre mühsam aufgebaute Anonymisierung leicht umgehen!

32.3.6   Nachbesserungen

Auch wenn wir bereits eine funktionsfähige Umgebung aufgebaut haben, können wir diese noch weiter verbessern.

Zunächst sollten Sie sicherstellen, dass Ihr Proxy-Server die Internetzugriffe nicht protokolliert. Was nützt die ganze Anonymisierung, wenn Ihr eigenes System trotzdem wieder alles mitschreibt? Darüber hinaus sollten Sie sicherstellen, dass Squid nicht Ihre interne IP-Adresse nach außen mitsendet, denn darüber können Sie (mit ein paar Kniffen) dann doch wieder erkannt werden. Fügen Sie daher die Zeilen aus Listing 32.29 zur Datei */etc/squid3/squid.conf* hinzu:

```
access_log none
forwarded_for off
cache deny all
```

Listing 32.29 Nachbesserungen in »/etc/squid3/squid.conf«

Mit der Direktive `access_log` weisen Sie den Squid an, kein Protokoll über die Zugriffe zu erstellen – standardmäßig schreibt er ein Protokoll unter */var/log/squid3/access.log*. Die Direktive `forward_for` unterbindet, dass der Proxy seine Existenz in den Datenstrom schreibt. Über die letzte Direktive, `cache_deny` wird der lokale Cache des Squid abgeschaltet, sodass auch darüber keine Rückschlüsse auf Ihre Internetaufrufe gezogen werden können.

Nach einem obligatorischen `systemctl reload squid3` werden die Änderungen aktiv, und Ihre Internetzugriffe sind nun optimal geschützt.

32.3.7   Debugging

Da in der so bestehenden Konfiguration alle Logs deaktiviert sind, kann das Finden eines Fehlers zur Qual werden. Um Ihre Umgebung zu kontrollieren und etwaige Fehler aufzuspüren, müssen Sie das Logging entsprechend aktivieren.

Für den Squid können Sie zunächst Ihre Konfigurationsdatei prüfen. Der Squid stellt dafür einen eigenen Aufruf bereit. Mit `squid3 -k parse` prüft der Squid seine Konfiguration und zeigt etwaige Fehler an. Ist sie fehlerfrei, können Sie das Logging aktivieren. Ändern Sie hierfür die Zeile `access_log none` auf `access_log /var/log/squid3/access.log`. Nach einem Neustart schreibt der Squid alle Zugriffe in die angegebene Datei.

Um das Logging des *privoxy* zu aktivieren, müssen Sie in allen Konfigurationsdateien den Parameter `debug` mit einem Wert >1 setzen. Ab dem Wert 1 werden alle Zugriffe in der entsprechenden Datei protokolliert – also für Zugriffe über die erste Instanz zum Beispiel in */var/log/privoxy/logfile1.log* wie in `config1` eingestellt.

Vergessen Sie nicht, das Logging nach dem Debug wieder zu deaktivieren, da die Anonymisierung ansonsten bereits bei Ihrem eigenen System aufhört.

32.3.8   Nachteile und Risiken

Durch den Einsatz von Tor und dessen vermaschtem Netz werden die Antwortzeiten immens höher – bedenken Sie dies beim Einsatz. Eine zu geringe Anzahl von Instanzen kann ebenfalls die Geschwindigkeit verringern. Darüber hinaus müssen Sie auch noch Ihre Browser Plug-ins im Auge behalten. Zum Beispiel lässt sich trotz korrekter Konfiguration über das Shockwave-Flash-Plug-in Ihre »echte« Adresse herausfinden. Testen Sie also am besten, was Ihr Browser an Informationen so preisgibt. Am besten eignet sich dafür eine Cloackfish Webseite, wie z. B. *proxy-check.squabbel.com*.

Auch wenn Sie mit Tor Ihre Vorliebe für die Königspudelzucht verschleiern können, bietet es trotzdem leider keine hundertprozentige Anonymisierung. Ihr Browser-Cache, der Cache Ihres Squid und vor allem Cookies können all die gewonnenen Maßnahmen wieder zunichte machen. Die Arbeit hört also nicht beim Proxy-Server auf.

Kapitel 33

Ubuntu als Medienserver für Musik, Bilder und Videos

Vor dem heimischen Fernseher sitzen und einen Film anschauen, der auf dem Ubuntu-Medienserver lagert – das geht, und es ist einfacher einzurichten, als Sie vielleicht denken.

Die Abkürzung DLNA steht für *Digital Living Network Alliance*. Es handelt sich um einen Standard, mit dem sich Geräte im Heimnetz automatisch erkennen und der das Streaming von Medien zwischen diesen Geräten ermöglicht. Diese Medien können Audio-Dateien sein (Musik und Hörbücher), Videos und Bilder. Kompatible Geräte sind etwa Unterhaltungselektronik wie Fernseher, netzwerkfähige HiFi-Komponenten und WLAN-Radios, aber auch PCs, Mobiltelefone, Tablets und einiges mehr. Befindet sich ein Medienserver im Netz, können alle Clients im gleichen Netz von ihm Medien per Streaming empfangen und wiedergeben. Im nächsten Abschnitt lernen Sie, wie Sie einen Ubuntu-Server mit der Software *MiniDLNA* zum Medienserver machen.

33.1 MiniDLNA

MiniDLNA gehört schon seit geraumer Zeit zur Ausstattung von Ubuntu. Inzwischen heißt die Software offiziell *Readymedia*, aber die meisten Benutzer und Admins benutzen nach wie vor den alten Namen, und auch in Ubuntus Paketliste heißt sie nach vor `minidlna`.

33.1.1 Installation und grundlegende Konfiguration

Sie installieren MiniDLNA mit dem Kommando aus Listing 33.1. MiniDLNA installiert eine ganze Reihe von abhängigen Paketen. Wundern Sie sich also nicht, wenn es einen Moment dauert.

```
daniel@media:~$ sudo apt-get install minidlna
```

Listing 33.1 MiniDLNA installieren

Nach der Installation finden Sie unter */etc* die zentrale Konfigurationsdatei *minidlna.conf*. Sie können diese Datei nach Ihren Wünschen ändern, oder Sie kopieren sie an einen sicheren

Ort und schreiben die Datei von Grund auf neu. Eine funktionierende Konfigurationsdatei benötigt nur wenige Zeilen, wie Sie gleich sehen werden.

Es geht los mit der Festlegung, wo im Dateisystem unsere Medien liegen. Im folgenden Beispiel benutzen wir dazu drei Verzeichnisse unter */opt/media*, die *bilder*, *video* und *musik* heißen. In der Konfigurationsdatei sieht das so aus:

```
#Bilder
media_dir=P,/opt/media/bilder

#Video
media_dir=V,/opt/media/video

#Musik
media_dir=A,/opt/media/musik
```
Listing 33.2 Speicherorte für Medien festlegen

Die Großbuchstaben hinter dem Gleichheitszeichen stehen dabei für **P**ictures, **V**ideo und **A**udio. MiniDLNA signalisiert damit im Betrieb den Clients, um welche Art von Medien es sich bei der Quelle handelt.

Als Nächstes geben Sie Ihrem DLNA-Server einen Namen. Dieser Name wird auf Clients angezeigt, die sich mit dem DLNA-Server verbinden. Geben Sie ihm einen eindeutigen Namen, denn in Heimnetzen gibt es nicht selten mehrere DLNA-Server. Der Name darf Leerzeichen enthalten, aber seien Sie vorsichtig mit Umlauten und Sonderzeichen, denn nicht jeder Client kann damit umgehen.

```
friendly_name=Ubuntu DLNA Server
```
Listing 33.3 Einen Namen für den Server festlegen

Mit der nächsten Konfigurationszeile schalten Sie die Inotify-Funktion ein. Sie überwacht die Medienverzeichnisse, die Sie in Listing 33.2 angegeben haben, auf Veränderungen. So erfährt MiniDLNA sehr schnell, wenn Sie Medien hinzugefügt oder entfernt haben.

```
inotify=yes
```
Listing 33.4 Die Inotify-Funktion aktivieren

In Listing 33.5 finden Sie der Übersichtlichkeit halber noch einmal die vollständige Konfigurationsdatei:

```
#Bilder
media_dir=P,/opt/media/bilder

#Video
media_dir=V,/opt/media/video
```

```
#Musik
media_dir=A,/opt/media/musik

friendly_name=Ubuntu DLNA Server
inotify=yes
```

Listing 33.5 Die vollständige Konfigurationsdatei

Damit die neuen Einstellungen wirksam werden, müssen Sie MiniDLNA einmal mit dem Kommando `sudo systemctl restart minidlna` neu starten.

33.1.2   Mediendaten hinzufügen

Ihr Server ist nun eigentlich betriebsbereit, aber Sie müssen ihn noch mit Daten füttern, die er an seine Clients streamen kann. Kopieren Sie dazu etwa einige Videos in das Verzeichnis *opt/media/video* – im Übrigen können Sie auch Verzeichnisse mit Unterverzeichnissen dort hineinkopieren, MiniDLNA erkennt die Dateien trotzdem.

Da Sie Inotify aktiviert haben, erkennt MiniDLNA die neuen Daten automatisch und stellt sie sofort zur Verfügung. Sie können das kontrollieren, indem Sie mit einem Browser eine Statusseite aufrufen, die MiniDLNA automatisch generiert.

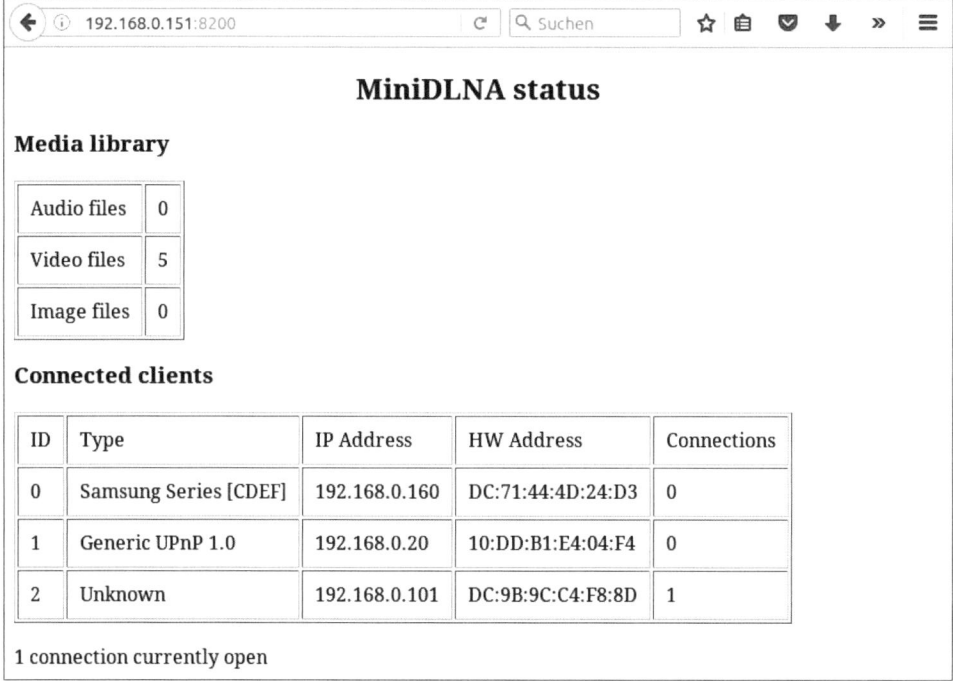

Abbildung 33.1 Die Statusseite von MiniDLNA

Schreiben dazu die IP-Adresse Ihres MiniDLNA-Servers, gefolgt von »:8200«, in die URL-Zeile Ihres Browsers. Die Ausgabe wird ähnlich aussehen wie in Abbildung 33.1.

Sie sehen in der oberen Tabelle, dass fünf Video-Dateien zur Verfügung stehen, während noch keine Bild- und Audiodateien abspielbar sind. In der Tabelle darunter sehen Sie eine Liste potenzieller Clients, die MiniDLNA bereits im Netz gefunden hat – beziehungsweise die sich bereits mit Ihrem DLNA-Server verbunden haben.

33.1.3   Weiteres

In diesem Abschnitt wollen wir Ihnen noch ein paar kleine Tipps und Tricks verraten und Ihnen MiniDLNA noch etwas näher vorstellen.

Protokollierung

Falls es mal klemmt oder Sie einige Dinge nicht ganz nachvollziehen können, hilft, wie so oft, ein Blick ins Log: */var/log/minidlna.log*. Dieses enthält standardmäßig alle Meldungen mit der Stufe *Warn*, wie im Beschreibungstext der Konfigurationsdatei erläutert wird:

```
[…]
# The types are comma-separated, followed by an equal sign ("="), followed by a
# level that applies to the preceding types. This can be repeated, separating
# each of these constructs with a comma.
#
# The default is to log all types of messages at the "warn" level.
#log_level=general,artwork,database,inotify,scanner,metadata,http,ssdp,tivo=warn
[…]
```
Listing 33.6 Auszug zum Thema Log aus der »minidlna.conf«

Wie Sie in Listing 33.6 sehen, können Sie viele verschiedene Typen von Logeinträgen erzeugen lassen. Diese können wiederum in ihrer Intensität angegeben werden. Im Beispiel der Konfigurationsdatei ist für Logs des Typs tivo gleich warn gesetzt – andere Level wären zum Beispiel: off, fatal, error, info oder debug.

Erhöhen Sie bei Bedarf die Intensität, und werfen Sie einen Blick in die Logdatei. Dort werden Sie vielleicht auf des Rätsels Lösung stoßen.

Inotify

Da MiniDLNA in Ubuntu mit Benutzerrechten ausgeführt wird, kann der Dienst selbst keine Kernel-Parameter ändern. Standardmäßig ist die Anzahl der durch Inotify überwachten Dateien für einen Benutzer limitiert. Daher finden Sie im Log von MiniDLNA auch den Hinweis aus Listing 33.7:

```
[…] inotify.c:198: warn: WARNING: Inotify max_user_watches [8192] is low or close to
the number of used watches [6] and I do not have permission to increase this limit.
Please do so manually by writing a higher value into
/proc/sys/fs/inotify/max_user_watches.
```

Listing 33.7 Warnung in »minidlna.log"

Wie Sie sehen, werden Sie auf diesen Missstand hingewiesen. Damit Sie bei größeren Media-theken nicht auf den Komfort verzichten müssen, sollten Sie den Kernel-Parameter anpassen. In Listing 33.8 sehen Sie den Befehl, um dies zur Laufzeit zu erreichen:

```
daniel@media:~$ sudo sysctl fs.inotify.max_user_watches=100000
fs.inotify.max_user_watches = 100000
```

Listing 33.8 Erhöhung der »inotify«-Werte

Damit diese Änderung auch einen Neustart des Systems überdauert, müssen Sie die Direktive fs.inotify.max_user_watches = 100000 zur Datei */etc/sysctl.conf* hinzufügen.

Artwork

Damit zum Beispiel für Videos auf den DLNA-Clients ein Vorschaubild angezeigt wird, stellt MiniDLNA die Direktive album_art_names zur Verfügung. In der Standardkonfigurationsdatei ist dies wie folgt beschrieben:

```
[…]
# List of file names to look for when searching for album art.
# Names should be delimited with a forward slash ("/").
# This option can be specified more than once.
album_art_names=Cover.jpg/cover.jpg/AlbumArtSmall.jpg/albumartsmall.jpg
album_art_names=AlbumArt.jpg/albumart.jpg/Album.jpg/album.jpg
album_art_names=Folder.jpg/folder.jpg/Thumb.jpg/thumb.jpg
[…]
```

Listing 33.9 Auszug zu Artwork in »minidlna.conf«

Die Zeilen aus Listing 33.9 stellen den Standard dar – sie gelten also auch, wenn Sie sie in dieser Form nicht explizit in die Konfigurationsdatei aufnehmen. Im Übrigen gilt auch immer die Voreinstellung, dass ein Vorschaubild mit dem gleichen Namen wie die Filmdatei (bis auf die Dateiendung selbstverständlich) verwendet wird. So würde für die Video-Datei *test.mp4*, wenn vorhanden, das Vorschaubild aus *test.jpg* verwendet werden. Darüber hinaus kann MiniDLNA auch Vorschaubilder aus MP4-Containerdateien verwenden.

Falls Sie selbst Vorschaubilder erzeugen wollen, müssen diese im JPEG-Format mit einer Größe von (maximal) 160 × 160 Pixeln gespeichert werden – in der Regel verwenden DLNA-fähige Geräte aber die Dimensionen 160 px Breite und 90 px Höhe.

Mehr als ein Server: »serial«

Falls Sie in Ihrem Netzwerk mehr als einen DLNA-Server betreiben wollen, sollten Sie Mini-DLNA eine Seriennummer spendieren. Standardmäßig wird diese zur Konfiguration gesetzt:

```
# Serial number the server reports to clients.
# Defaults to 00000000.
serial=681019810597110
```

Listing 33.10 Seriennummer in »minidlna.conf«

Wie Sie in Listing 33.10 sehen, wird die Seriennummer standardmäßig auf 00000000 gesetzt – wenn nun mehrere DLNA-Server mit derselben Seriennummer im Netzwerk laufen, kann es zu Problemen kommen! Setzen Sie in solch einem Fall unbedingt die Seriennummer in der Konfigurationsdatei.

33.2   VLC: Ubuntu als DLNA-Client

VLC (*Video LAN Client*) ist eine populäre Software zum Abspielen verschiedenster Audio- und Video-Formate. Sie installieren VLC mit dem Kommando `sudo apt-get install vlc`. Öffnen Sie VLC, und klicken Sie in der Menüzeile auf VIEW und dann auf PLAYLIST. Die Ansicht sieht nun so ähnlich aus wie in Abbildung 33.2.

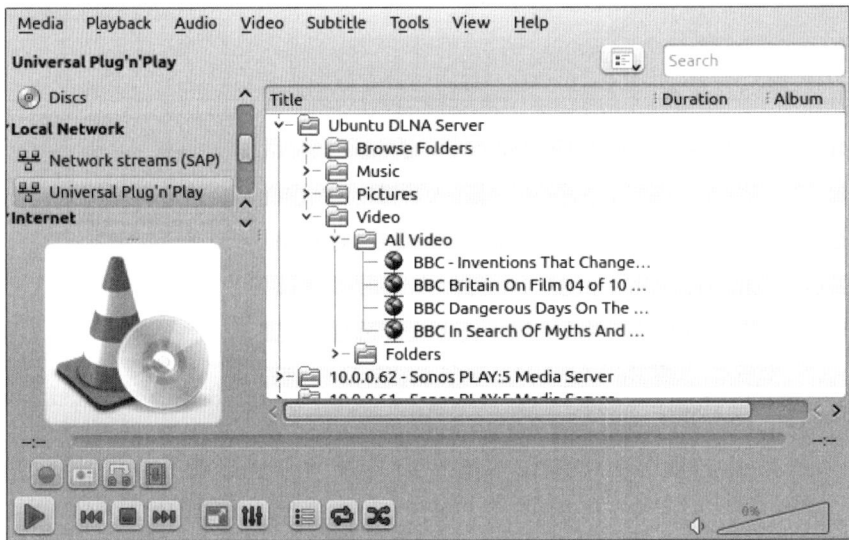

Abbildung 33.2 VLC zeigt die Liste abspielbarer Streams an.

Oben links im VLC-Fenster sehen Sie eine Liste verschiedenster Medienquellen. Sie kann recht lang sein. Möglicherweise müssen Sie ein wenig nach unten scrollen, bis Sie den Eintrag Universal Plug'and'Play finden. Klicken Sie darauf, dann erhalten Sie eine Liste aller erreichbaren Medienserver. Auch der Ubuntu DLNA Server aus unserem Beipiel steht in der Liste, wie Sie in Abbildung 33.2 sehen.

Klicken Sie auf den kleinen Pfeil vor dem Namen, damit sich die Verzeichnisstruktur aufblättert. Hier finden Sie die Medienklassen Music, Pictures und Video wieder. Klicken Sie auf Video und dann auf All Video.

Hier finden Sie endlich die Liste der Filme, die Sie abspielen können. Klicken Sie doppelt auf einen Film, so startet die Wiedergabe (sehe Abbildung 33.3).

Abbildung 33.3 VLC spielt ein Video ab.

Kapitel 34

ownCloud – die Dropbox für den eigenen Server

Einen eigenen Cloud-Server betreiben, Daten zentral ablegen, teilen und mit mehreren Personen bearbeiten – all das ist mit »ownCloud« möglich. Wie Sie Ihre eigene Cloud einrichten, zeigen wir Ihnen in diesem Kapitel.

Dienste wie Dropbox oder Google Drive sind beliebt, denn sie bieten die Möglichkeit, Dateien so abzulegen und zu teilen, dass sie jederzeit dort zur Verfügung stehen, wo es einen Internet-Zugang gibt. In diesem Kapitel lernen Sie, wie Sie einen solchen Dienst auf Ihrem eigenen Ubuntu-Server betreiben.

34.1 Installation

Ein fertiges Paket für den ownCloud-Serverdienst liefert Ubuntu 16.04 nicht mit (wohl aber den ownCloud-Client, zu dem wir später kommen). Es gibt aber ein Repository, das Sie nutzen können, um ownCloud nicht komplett »zu Fuß« installieren zu müssen. So binden Sie das Repository samt Schlüssel ein:

```
#Schluessel hinzufuegen
$ wget -nv https://download.owncloud.org/download/repositories/\
stable/Ubuntu_16.04/Release.key -O Release.key
$ sudo apt-key add - < Release.key

#Repository hinzufuegen
$ sudo sh -c "echo 'deb  http://download.owncloud.org/download/repositories/\
stable/Ubuntu_16.04/ /' >> /etc/apt/sources.list.d/owncloud.list"
```
Listing 34.1 Hinzufügen des Repositorys für ownCloud

Jetzt können Sie den ownCloud-Server wie jedes andere Paket auch mit den gewohnten Kommandos installieren:

```
$ sudo apt get update
$ sudo apt get install owncloud ssl-cert
```
Listing 34.2 Installieren der benötigten Pakete

Bei der Installation wird serienmäßig auch der Webserver *Apache* installiert. Außerdem kommt als Datenbank-Backend *SQLite* zum Einsatz. Sie können selbstverständlich auch ein anderes Datenbanksystem nutzen, etwa *PostgreSQL*, *MySQL* oder *MariaDB*, was sich bei der intensiven Nutzung im Geschäftsumfeld empfiehlt. Das müssen Sie allerdings im Vorfeld installieren. Wie Sie einen Datenbankserver installieren und konfigurieren, haben wir Ihnen in Kapitel 13, »Datenbanken: ›SQLite, MySQL, MariaDB und PostgreSQL‹«, gezeigt.

34.1.1   Webserver-Konfiguration

Beim ersten Aufruf der Web-Oberfläche von ownCloud können Sie wählen, welche Datenbank benutzt werden soll. Damit die Web-Oberfläche überhaupt erscheint, müssen wir einige Handgriffe in der Apache-Konfiguration erledigen. Aus Sicherheitsgründen möchten wir ownCloud zunächst nur per HTTPS verfügbar machen. Dazu editieren wir die Datei */etc/apache2/sites-available/default-ssl.conf*. Hier passen wir die ersten wenigen Zeilen wie im folgenden Beispiel an; der Rest der Datei bleibt zunächst unverändert:

```
<IfModule mod_ssl.c>
        <VirtualHost *:443>
                ServerAdmin  <MAILADDR>
                Alias /owncloud /var/www/owncloud
                DocumentRoot /var/www/owncloud

[… Rest unverändert …]
```

Listing 34.3 Anpassungen für ownCloud in »default-ssl.conf«

Bitte ersetzen Sie den Platzhalter <MAILADDR> durch eine gültige E-Mail-Adresse.

Jetzt wird das SSL-Modul aktiviert und der Webserver neu gestartet:

```
$ sudo a2enmod ssl
$ sudo a2ensite default-ssl.conf
$ sudo systemctl restart apache2
```

Listing 34.4 Aktivieren von SSL und Neustarten des Webservers

Im letzten Schritt der Vorbereitung erhöhen Sie das Upload-Limit, denn aktuell können Sie keine Dateien hochladen, die größer als 2 MB sind. Öffnen Sie dafür die Datei */etc/php/7.0/apache2/php.ini*. Die maximale Größe für Uploads steht in dieser Zeile:

```
upload_max_filesize = 2M
```

Listing 34.5 Upload-Limit in »php.ini«

Ändern Sie den Wert auf eine Größe, die Ihnen praxistauglich erscheint, zum Beispiel auf 20 MB. Falls Sie über genügend Plattenplatz verfügen, können Sie auch 2 GB einstellen.

34.1.2 Der erste Login

Wenn Sie mit einer grafischen Oberfläche auf Ihrem ownCloud-Server arbeiten, können Sie die Instanz nun im Browser unter der Adresse *https://127.0.0.1/owncloud* aufrufen. Andernfalls ersetzen Sie *127.0.0.1* durch die IP-Adresse oder den Namen des Servers. Sie sehen eine Konfigurationsseite, auf der Sie den Namen und das Passwort des ownCloud-Administrators festlegen (siehe Abbildung 34.1). Wählen Sie nicht das gleiche Passwort wie für den Root-Benutzer des Servers. Auf der gleichen Seite können Sie auch, sofern vorhanden, ein anderes Datenbanksystem als SQLite auswählen. Für Test- oder Hobbyzwecke ist SQLite allerdings ausreichend. Mit einem Klick auf Installation abschliessen beenden Sie die Installation.

Abbildung 34.1 Das Administrator-Konto anlegen

Wenn Sie das Popup-Fenster mit den Hinweisen auf ownCloud-Apps für diverse Mobilgeräte schließen, haben Sie die Administrationsoberfläche vor sich. Ihr erster Schritt als frisch gebackener ownCloud-Administrator sollte nun darin bestehen, einen oder mehrere Benutzer anzulegen. In der rechten oberen Ecke neben dem Suchen-Symbol finden Sie das Administrationsmenü (siehe Abbildung 34.2).

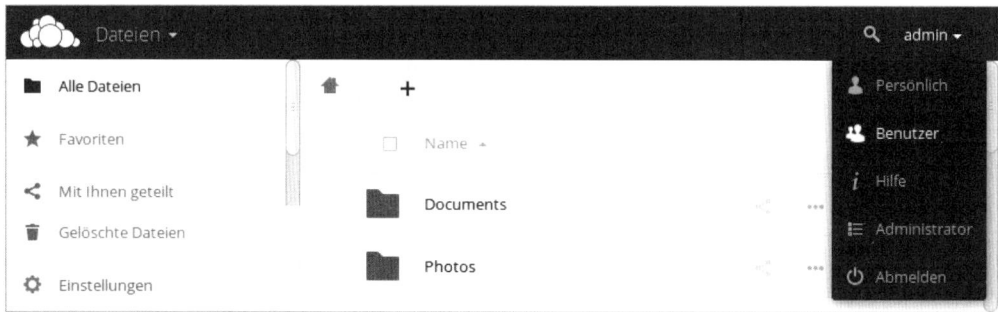

Abbildung 34.2 Das Admin-Menü

Hier können Sie unter dem Punkt Benutzer etwa das Passwort des Administratorkontos und die Sprache ändern (die per Default auf die Systemsprache eingestellt wird), Hilfeseiten aufrufen, und hier finden Sie auch den Punkt BENUTZER. Klicken Sie darauf. Für die Benutzer legen Sie nun zunächst eine neue Gruppe an, denn zurzeit existiert nur die Gruppe *admins* (siehe Abbildung 34.3).

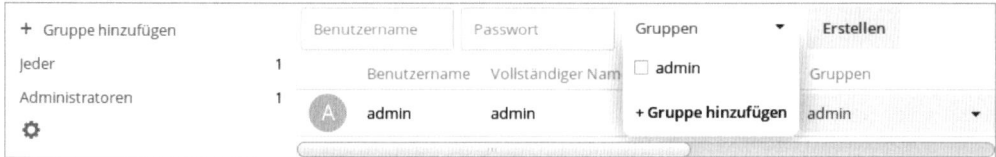

Abbildung 34.3 Eine neue Gruppe anlegen

Legen Sie eine Gruppe *users* an, und fügen Sie ihr den ersten Benutzer hinzu. Wir haben ihn für unser Beispiel *testuser* gennant (siehe Abbildung 34.4). Mit ihm wollen wir einige Möglichkeiten von ownCloud durchspielen.

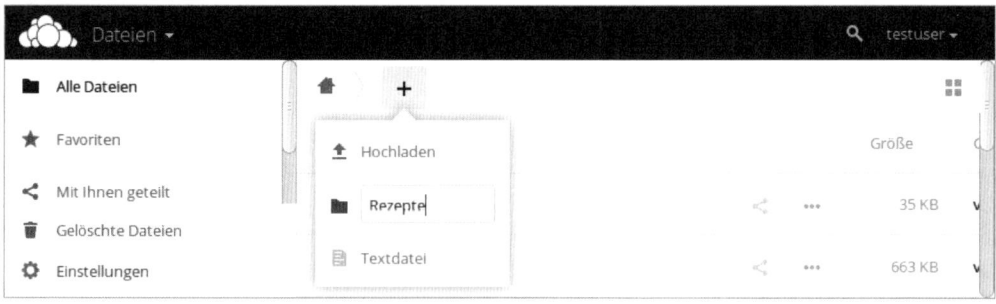

Abbildung 34.4 Wir haben den Benutzer »testuser« in der Gruppe »users« angelegt

34.2   Dateien hochladen und teilen

Loggen Sie sich aus dem Administratorkonto aus, und melden Sie sich als *testuser* an. Ihre ownCloud ist noch leer, lediglich die beiden Ordner *Documents* und *Photos* existieren bereits. Klicken Sie auf das Pluszeichen am oberen Bildschirmrand, und erstellen Sie einen neuen Ordner. Wir nennen ihn für unser Beispiel *Rezepte*, weil wir Bilder von Kochrezepten in ihm hochladen werden.

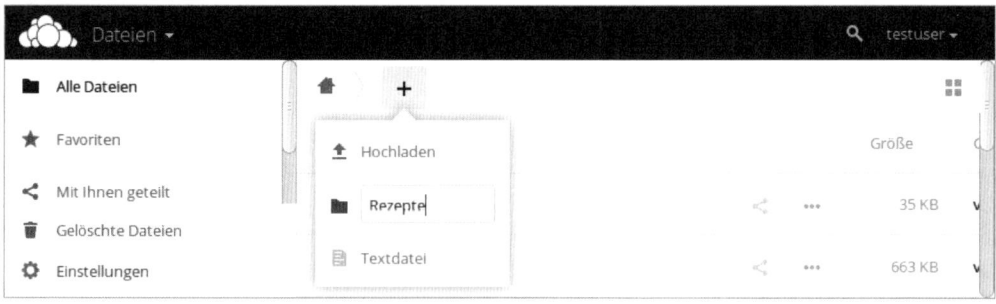

Abbildung 34.5 Wir erstellen den Ordner »Rezepte«.

Öffnen Sie nun den Ordner *Rezepte* (dazu müssen Sie auf den Namen klicken, nicht auf das Ordnersymbol). Natürlich ist er noch leer, aber das ist schnell geändert. Sie können einfach mit der Maus Dateien in den Ordner hineinziehen. Diese werden sofort hochgeladen.

	Name ▲			Größe	Geändert
	eierkuechlein-4 jpg		•••	299 KB	vor einer Minute
	filoteig_champignons-6 jpg		•••	258 KB	vor einer Minute
	miesmuscheln_unter_tomatenkruste jpg		•••	1.3 MB	vor einer Minute
	seelachs_tomaten_parmesan jpg		•••	1.7 MB	vor einer Minute
	spargel_hoehlenkaese_bacon jpg		•••	1.1 MB	vor einer Minute
	tomatentarte_ziegenkaese_rucola jpg		•••	4.5 MB	vor einer Minute
	vogelnest-3 jpg		•••	356 KB	vor einer Minute
	7 Dateien			9.5 MB	

Abbildung 34.6 Wir haben einige Bilder hochgeladen.

Wie Sie in Abbildung 34.6 sehen, hat ownCloud die Dateien gleich mit Mini-Bildchen versehen (*Thumbnails*). Viel erkennen kann man darauf nicht, aber achten Sie einmal auf die vier kleinen Vierecke in der Ecke ganz oben rechts. Dieses Symbol führt Sie in die Galerieansicht. Hier präsentiert ownCloud Ihnen große Vorschaubilder (siehe Abbildung 34.7). Ein Klick auf ein Bild vergrößert es nochmals, bis zur maximalen Größe des Browserfensters.

Abbildung 34.7 Die Galerieansicht

Verlassen Sie die Galerie und kehren Sie in die Dateiübersicht zurück (die Ansicht mit den Mini-Vorschaubildchen), denn wir wollen nun ausprobieren, eines unserer Bilder zu teilen. Sie können Dateien beliebiger Art entweder mit anderen ownCloud-Benutzern, ganzen own-Cloud-Gruppen und sogar mit Leuten teilen, die gar keine ownCloud-Benutzer sind. Klicken Sie dazu einmal auf das Teilen-Symbol. Das sind die drei miteinander vebundenen Punkte rechts neben dem Dateinamen in Abbildung 34.8.

Abbildung 34.8 Die Drei vebundenen Punkte sind das Teilen-Symbol.

Es öffnet sich ein Fenster, das so aussieht wie dieses:

Abbildung 34.9 Die »Teilen«-Optionen

In das Feld unterhalb von VERSIONEN können Sie den Namen von ownCloud-Benutzern oder -Gruppen eintragen, mit denen die Datei geteilt werden soll. Möchten Sie die Datei einer anderen Person zur Verfügung stellen, klicken Sie auf LINK TEILEN. ownCloud erstellt dann einen Link, den Sie dieser Person zukommen lassen können.

Zusätzlich können Sie, wenn gewünscht, ein Passwort für den Zugriff vergeben und ein Ablaufdatum setzen (siehe Abbildung 34.10).

Abbildung 34.10 Dateien per Link teilen

Der Link wird ungültig, sobald das Ablaufdatum erreicht ist. Falls Sie den Haken bei PASS-WORTSCHUTZ entfernen, ist der Link auch ohne vorherige Authentifizierung erreichbar.

34.3   Dateien über den ownCloud-Client synchronisieren

Installieren Sie auf Ihrem Client-System zunächst den ownCloud-Client. Das geht mit diesem Kommando: `sudo apt get install owncloud-client`

Danach können Sie ihn aus dem Menü oder von der Kommandozeile mit dem Kommando `owncloud` starten. Sie werden zunächst aufgefordert, die Adresse des ownCloud-Servers anzugeben:

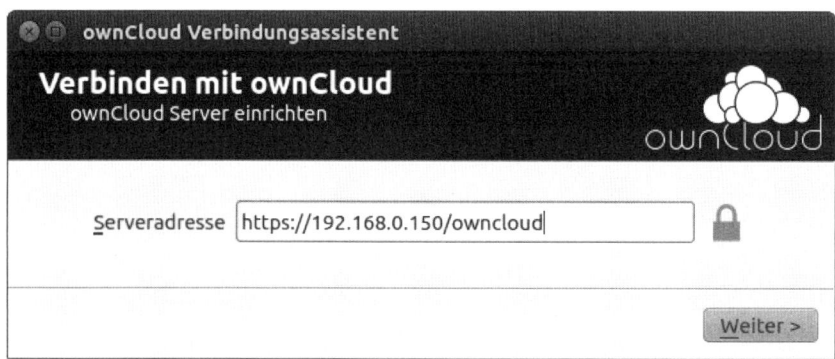

Abbildung 34.11 Der Client muss wissen, wie der Server heißt.

Wenn Sie selbst signierte Zertifikate für HTTPS benutzen, müssen Sie noch einmal bestätigen, dass Sie diesen Zertifikaten vertrauen. Danach können Sie sich mit dem Benutzernamen und Passwort einloggen. Sie werden nun gefragt, was Sie vom Server zum Client synchronisieren möchten (Standard: alles) und welches lokale Verzeichnis Sie vom Client zum Server synchronisieren möchten (Standard: */home/<USERNAME>/owncloud*; siehe Abbildung 34.12). Beide Standardauswahlen können Sie hier bestätigen oder ändern.

Abbildung 34.12 Die Standardeinstellungen für die Synchronisierung

Wir haben die Standardauswahl beibehalten. Alle Dateien, die wir nun auf dem Client in das Verzeichnis *owncloud* schieben, werden zum ownCloud-Server synchronisiert. Umgekehrt finden wir auch unseren Ordner *Rezepte*, den wir auf dem Server angelegt und befüllt haben, jetzt unter */home/<USERNAME>/owncloud/rezepte* wieder (siehe Abbildung 34.13).

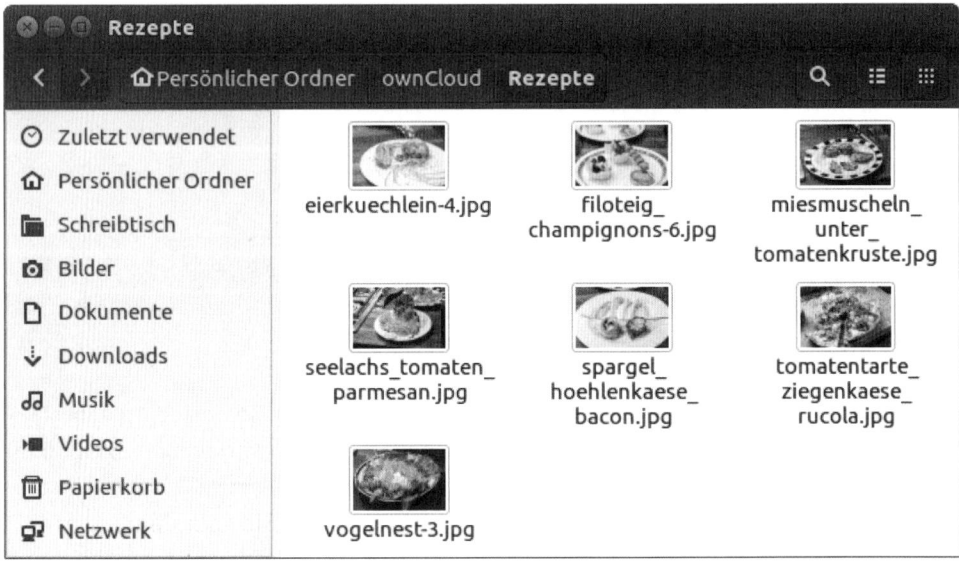

Abbildung 34.13 Unsere Bilder wurden auf den Client synchronisiert.

34.3.1   Mobile Endgeräte

Den ownCloud-Client gibt es nicht nur für Linux, sondern auch für Windows und OS X. Zudem werden die Mobilsysteme Android, iOS und Blackberry unterstützt. Wenn Sie die App starten, die auf allen Mobil-Betriebssystemen ungefähr gleich aussieht, erwartet sie die gleichen Daten wie der ownCloud-Client für Desktop-Systeme: den Pfad zum ownCloud-Server, den Benutzernamen und das Kennwort. Auch die Inhalte sind ähnlich: Dateien, die mit Ihrer ownCloud bereits synchronisiert wurden, finden Sie auch hier wieder. Unsere Bildergalerie etwa ist schon wenige Sekunden nach dem Einloggen in die App verfügbar:

Abbildung 34.14 Die Bildergalerie in der Android-App

Wenn Sie der App Zugriff auf die Bilder und Videos geben, die auf Ihrem Mobilgerät gespeichert sind, können Sie diese ebenfalls mit Ihrer ownCloud synchronisieren. Diese Funktion müssen Sie in den Einstellungen der App explizit aktivieren (siehe Abbildung 34.15).

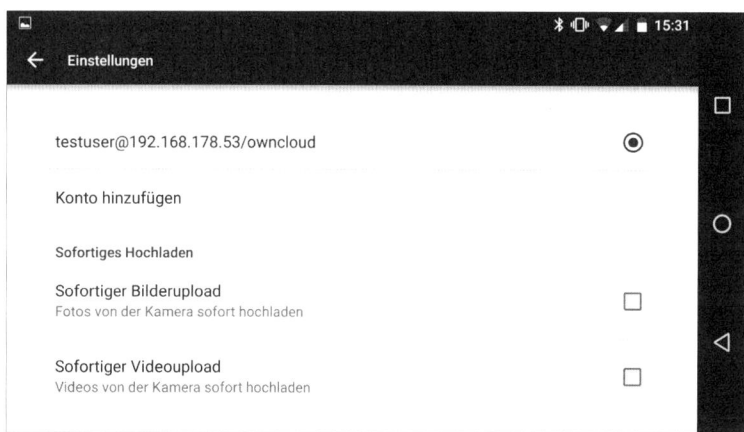

Abbildung 34.15 Upload von Bildern und Videos über die App

Wenn Sie eine der Optionen aktivieren, können Sie noch festlegen, ob die Daten nur hochgeladen werden, wenn eine WLAN-Verbindung besteht. Insbesondere bei Videos schont diese Einstellung das verfügbare Datenvolumen sehr.

Kapitel 35

Backup heterogener Umgebungen mit »Bareos«

Niemand will sichern, aber jeder will wiederherstellen. Um der natürlichen Faulheit von Benutzern und Admins vorzubeugen, ist eine ausgeklügelte Backup-Strategie das A und O. In diesem Kapitel zeigen wir Ihnen, wie Sie erfolgreich und nachhaltig alle Ihre Systeme – egal ob sie unter Windows, Mac oder Linux laufen – mit nur einer Programm-Suite sichern können: »Bareos«.

Datenverluste können sehr schnell teuer werden, nicht nur, weil Daten verloren gehen, sondern auch, weil die Wiederherstellung von Systemen viel Zeit in Anspruch nehmen kann. In diesem Kapitel wollen wir Ihnen ein äußerst komplexes und mächtiges Tool vorstellen: *Bareos*. Diese modular aufgebaute Software ermöglicht es Ihnen, Backups zeitgesteuert, kontinuierlich und betriebssystemübergreifend zu erstellen.

35.1 Basiswissen

Bevor wir einen Blick in die Wunderkiste namens *Bareos* wagen, möchten wir zunächst ein paar Grundkenntnisse aufbauen. Kaum eine Thematik ist wichtiger als die Sicherung (engl. *Backup*) Ihrer Daten. Das Backup geht immer Hand in Hand mit dem *Restore* – der Wiederherstellung von gesicherten Daten. Eine reine Sicherung von Nutzdaten zum Beispiel lässt sich leicht wiederherstellen. Kopieren Sie die Dateien einfach wieder an ihren Ursprungsort, und alles läuft wie bisher. Wollen Sie aber nicht nur Daten, sondern ein ganzes System wiederherstellen, dann wird es bereits schwieriger. In diesem Zusammenhang spricht man auch von *Disaster Recovery* (zu Deutsch *Katastrophen-* oder *Notfallwiederherstellung*). Dies bezeichnet eine vollwertige Wiederherstellung nach einem Unglücksfall. Generell werden drei Sicherungsarten bei Bareos unterschieden:

▶ **Full** (engl. für *vollständig*)
Dabei werden alle Daten vollständig gesichert.

▶ **Differential** (engl. für *unterschieden* oder *differenziell*)
Hierbei werden alle Daten gesichert, die sich seit der letzten vollständigen Sicherung geändert haben.

▶ **Incremental** (engl. für *schrittweise* oder *inkrementell*)
Damit werden alle Änderungen gesichert, die seit der letzten vollständigen oder differenziellen Sicherung vorgenommen wurden.

Alle Arten haben ihre Vor- und Nachteile. Eine vollständige Sicherung benötigt viel Speicherplatz, kann aber bei einer Wiederherstellung direkt genutzt werden. Bei inkrementellen Sicherungen muss zunächst die letzte vollständige Sicherung eingespielt werden. Anschließend muss die letzte differenzielle Sicherung wiederhergestellt werden, und dannach folgen alle inkrementellen Sicherungen nacheinander – dies ist also deutlich zeitintensiver. Eine differenzielle Sicherung benötigt mehr Speicherplatz als eine inkrementelle Sicherung, kann aber wiederum deutliche Zeitersparnisse beim Wiederherstellen bringen.

Die Arten existieren aber nicht strikt getrennt voneinander, sondern werden meist parallel beziehungsweise sequenziell betrieben. Zum Beispiel legt man jeden ersten Sonntag eine vollständige und jeden Samstag eine differenzielle Sicherung an und sichert unter der Woche nur die Veränderungsdaten, führt also eine inkrementelle Sicherung durch.

35.1.1 Planung

Eine gute Planung ist nicht nur bei der Anschaffung eines Servers immens wichtig, sondern auch bei der Kalkulation und Einrichtung Ihrer Sicherungen. Oftmals wird unterschätzt, wie viel Speicherbedarf ein Backup-Konzept im Betrieb benötigt. Das Erstellen eines Backup-Konzepts ist die Grundvoraussetzung für eine erfolgreiche Sicherung auch über einen längeren Zeitraum. Das Konzept sollte alle Systeme beinhalten, die gesichert werden müssen, deren derzeitiges Datenvolumen (also den Speicherbedarf) sowie die Häufigkeit und die Sicherungsart (vollständig, differenziell oder inkrementell), mit der diese Systeme gesichert werden sollen. Dabei darf nicht außer Acht gelassen werden, dass der Speicherbedarf sich unter Umständen auch erhöht. Planen Sie also immer mit einer Reserve!

Folgende Punkte sollten Sie in der Planung berücksichtigen:

▶ Art der Datensicherung

▶ Zuständigkeit (Wer führt die Datensicherung durch und überwacht sie?)

▶ Zeitplan (Wann wird die Datensicherung durchgeführt?)

▶ Auswahl der Daten

▶ Speichermedium

▶ Aufbewahrungsort (Archiv)

▶ Schutz vor Diebstahl (zum Beispiel durch Verschlüsselung)

▶ Aufbewahrungszeiten

▶ Prüfung der Wiederherstellbarkeit

In welcher Tiefe Sie das Konzept erstellen, hängt selbstverständlich von dem Umfeld, den zu sichernden Daten und deren Wert ab. So wäre eine Tape-Library mit Aufbewahrung in einem Zweitstandort für eine Softwareentwicklungsfirma durchaus denkbar. Denselben Aufwand für die Sicherung der privaten Fotosammlung zu betreiben, wäre aber offensichtlich übertrieben. Wie so oft gilt es, den richtigen Mittelweg zwischen Aufwand, Kosten und Nutzen zu finden. Neben der reinen Berechnung des Speicherbedarfs kommt noch ein zweiter wichtiger Punkt zum Tragen: die Zeitplanung. Eine Sicherung (vor allem eine vollständige) benötigt Zeit. Wenn Ihre Systeme zu Arbeitsbeginn noch mit der Sicherung beschäftigt sind, ist der Zorn der Kollegen vorprogrammiert. Verteilen Sie Sicherungsaufträge daher großzügig, und bedenken Sie, dass gegebenenfalls auch eine Aufteilung der Bareos-Module möglich ist!

35.1.2   Alles in einem: »Bareos«

Bareos ist ein komplexes modular aufgebautes System. Da es für verteilte heterogene Umgebungen geschaffen wurde, können Sie die einzelnen Bestandteile auch auf mehrere Server auslagern und müssen nicht alles auf einem System betreiben. Dies ist vor allem dann von Vorteil, wenn Sie Bareos in einem Unternehmen mit mehreren Standorten einsetzen. Mit einer Verteilung auf mehrere Server können Sie sowohl die Last verteilen als auch die Ausfallsicherheit erhöhen. Abbildung 35.1 zeigt den generellen Aufbau von Bareos.

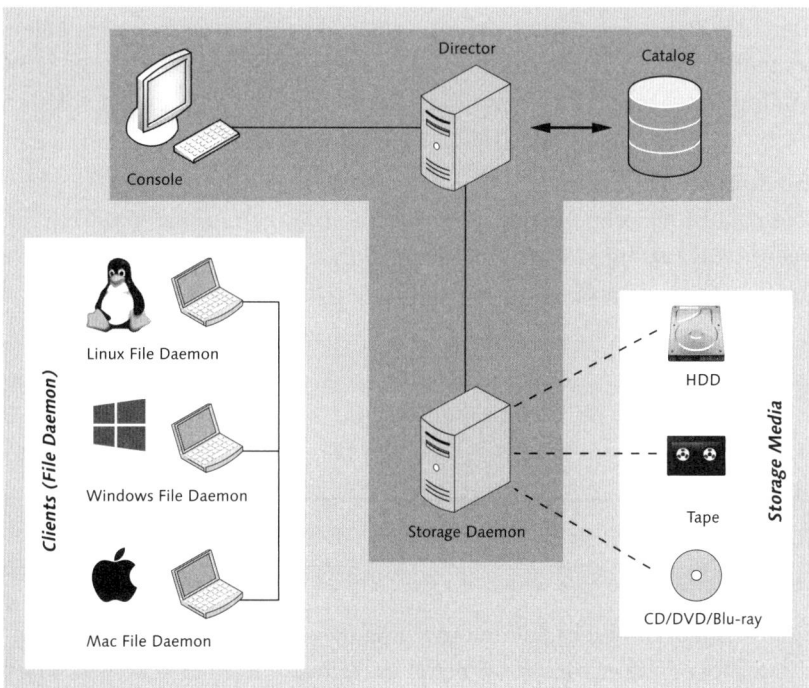

Abbildung 35.1 Aufbau von »Bareos«

Wie Sie Abbildung 35.1 entnehmen können, besteht Bareos aus mehreren Teilen:

▶ *Catalog* (engl. für *Katalog* oder *Verzeichnis*)
Der Katalog stellt die Logik dar. Dort werden zum Beispiel der Dateiindex der gesicherten Daten und die Sicherungs-Volumes in einer Datenbank abgelegt. Zurzeit werden *MySQL*, *PostgreSQL* und *SQLite* unterstützt. Standardmäßig verwendet Ubuntu PostgreSQL.

▶ *Director* (engl. für *Leiter* oder *Dirigent*)
Dieser Dienst bildet die Schaltzentrale. Darüber werden alle Vorgänge gesteuert, etwa die Sicherungen, die Wiederherstellung, die Überprüfung der Daten und die zeitgesteuerte Ausführung. Zusätzlich verwaltet der Director die Medienpools und steuert die *File* und *Storage Daemons*.

▶ *Storage Daemon* (engl. für *Speicherdienst*)
Der *Storage Daemon* läuft auf dem Sicherungsserver und ist für das Lesen und für das Schreiben der Daten auf dem Sicherungsdatenträger verantwortlich. Dabei unterstützt Bareos die Sicherung auf Festplatten, Wechselmedien (wie USB-Sticks und USB-Festplatten, CDs/DVDs/Blu-rays), Bandlaufwerken und sogar auf professionelle Tape-Librarys (auch Tape-Roboter, Bandroboter oder Jukebox genannt). Die Daten erhält der *Storage Daemon* von den jeweiligen *File Daemons*. Dieser Dienst kann auf mehreren Servern betrieben werden, um so die Last zu verteilen.

▶ *File Daemon* (engl. für *Dateidienst*)
Auf jedem System, das Daten mit Bareos sichern soll, muss ein *File Daemon* installiert sein. Derzeit werden Linux, Unix-Derivate (zum Beispiel FreeBSD, OpenBSD, NetBSD, AIX und Solaris), Windows und Mac OS X unterstützt. Der Dienst liest die Dateien von den Clients und übermittelt die zu sichernden Daten an den *Storage Daemon*.

▶ *Console* (engl. für *Konsole*)
Über die Konsole kommunizieren Sie mit dem *Director*. Dies kann über eine CLI, eine GUI oder ein Webinterface erfolgen. Mit der Konsole kann nicht nur der Status abgefragt werden, sondern es können auch administrative Kommandos abgesetzt werden.

Alle Komponenten kommunizieren miteinander und ermöglichen es so, dass jedes Modul auf einem eigenen Server betrieben werden kann. Dies ist aber kein Muss. In Abbildung 35.1 haben wir den Hintergrund um die *Console*, den *Director*, den *Catalog* und den *Storage Daemon* daher eingefärbt, um zu symbolisieren, dass diese Komponenten auch auf einem System laufen können.

35.1.3 Struktur der Datenablage

Wie wir bereits erörtert haben, ist Bareos äußerst mächtig. Da es ursprünglich für die Sicherung mit Bändern (engl. *tapes*) erstellt wurde, arbeitet es bis heute mit den dazugehörigen Begriffen. Dies ist für Einsteiger oft schwer nachvollziehbar und führt zu Verwirrung – gerade dann, wenn Sie bisher Ihre Daten mit Programmen wie *tar* oder *backup2l* gesichert haben, die wir in Kapitel 14, »Archivierung und Backup«, vorstellen. Die Verwirrung wollen wir in diesem Abschnitt auflösen.

Die Ablage von Sicherungen erfolgt in *Volumes*. Diese stellen ein Band oder eine Datei dar. Ein *Pool* fasst diese Volumes zusammen – dies ist vor allem bei Bändern wichtig, da so eine Sicherung nicht auf die Größe eines Bandes beschränkt ist. Die Pools werden im Katalog verwaltet, genauso wie die Volumes. Damit Bareos sicherstellen kann, dass das richtige Volume (früher Bänder) verwendet wird, muss dem Volume eine Bezeichnung hinzugefügt werden: ein sogenanntes *Label*.

Auch wenn Sie mit Bareos nur auf Festplatten und somit in Dateien sichern wollen, müssen Sie trotzdem Pools erzeugen, darin Volumes anlegen und diese mit Labels versehen. Viel Flexibilität steigert (leider) auch die Komplexität.

35.1.4 Aufträge und Auftragsplanung

Zwei weitere Punkte, die Sie verstehen müssen, sind die Arbeitsaufträge (engl. *Jobs*) und der Auftragsplaner (engl. *Scheduler*). Zunächst werden die Jobs definiert. Diese bestehen im Wesentlichen aus einer Auflistung der zu sichernden Dateien (*FileSet*), der Client-Konfiguration (wem dieser Auftrag gilt), einer Zeitplanung (wann die Sicherung durchzuführen ist), einem Pool (wo und wie die Daten gesichert werden sollen) und weiteren Anweisungen.

Oftmals hat die Kombination von Client und Dateiauflistung (*FileSet*) einen dazugehörigen Arbeitsauftrag (*Job*). Dies ist aber nicht zwingend so. Sie können alle Definitionen mischen, also zum Beispiel zwei Server mit gleichem Betriebssystem und gleicher Funktion über eine Dateiliste (*FileSet*) und über einen Auftrag (*Job*) sichern lassen. Es ist Ihnen überlassen, wie generisch oder speziell Sie die Konfiguration erstellen.

Wir empfehlen Ihnen aber zur Wahrung der Übersichtlichkeit dringend, die Vermischung nicht zu weit zu treiben! Erstellen Sie lieber mehrere Definitionen, anstatt später nicht mehr zu durchschauen, welches System wann, wie oft und weshalb gesichert wird. Wir erstellen in unseren Beispielen nur einen Pool für alle Sicherungen. Dies funktioniert selbstverständlich, ist aber bei größeren Umgebungen nicht gerade effektiv. Strukturieren Sie Ihre Pools logisch, und erzeugen Sie lieber einen Pool zu viel als einen zu wenig. In dem Beispiel in diesem Buch werden wir mehrere Systeme zur Sicherung anlegen und Ihnen die relevanten Punkte vorstellen.

35.1.5 Vorhalte- und Verfallszeiten

Neben der regelmäßigen Erstellung von Sicherungen sind ebenso die Vorhalte- und Verfallszeiten von essenzieller Wichtigkeit. Werden diese Werte zu klein gewählt, so kann es vorkommen, dass eine Sicherung nicht wiederhergestellt werden kann, da die benötigten Dateien bereits verfallen sind und somit gelöscht wurden. Andersherum ist es auch möglich, dass bei zu groß gewählten Werten unnötig viel Speicherplatz mit Daten belegt wird, die eigentlich nicht mehr gebraucht werden und unter Umständen Ihre Platten zum Überlaufen bringen.

35.1.6   Den Überblick behalten

Da Bareos, wie Ihnen sicherlich bereits bewusst geworden ist, äußerst komplex ist, wollen wir in diesem Abschnitt zeigen, in welchen Schritten das System konfiguriert wird. Dabei werden wir folgende Punkte abarbeiten:

▶ Installation des Backup-Servers

▶ Basis-Konfiguration des Backup-Servers

▶ Konfiguration des ersten Clients – der Backup-Server selbst

▶ Erstellung einer Sicherung des Backup-Servers

▶ Sicherung eines Linux-Clients

▶ Sicherung eines Windows-Clients

▶ Zeitplan einführen

▶ Dienst sichern: *MySQL*

▶ Wiederherstellung von Dateien

▶ Admintools (*bareos-bat* und *bareos-webui*)

Genug der grauen Theorie. Es ist an der Zeit, mit der Sicherung zu beginnen.

35.2   Installation des Backup-Servers

Die Programm-Suite Bareos ist Bestandteil der Paketquellen von Ubuntu. Zusätzlich zu den eigentlichen Paketen existiert ein Meta-Paket, das alle Abhängigkeiten enthält und in der richtigen Reihenfolge installiert (zum Beispiel PostgreSQL als Datenbanksystem und Postfix zum Versand von E-Mails). Dies machen wir uns zunutze.

35.2.1   Vorwissen

Für diesen Abschnitt sollten Sie folgende Kenntnisse bereits erworben haben:

▶ **Die Bash** (siehe hierzu Abschnitt 8.1, »Hilfe, da blinkt was! Die Bash«)

▶ **Paket-Installation** (siehe hierzu Abschnitt 2.4.3, »Umgang mit Paketen«)

▶ **Webserver** (siehe hierzu Kapitel 12, »Webserver: ›Apache‹ und ›Nginx‹«)

▶ **[Optional] Mailserver** (siehe hierzu Kapitel 10, »Mailserver mit Postfix und Dovecot«)

35.2.2   Installation von »Bareos«

Standardmäßig wird *Bareos* mit der Datenbank *PostgreSQL* ausgeliefert – was für größere Installation optimal ist. Sie können Bareos auch mit *SQLite* betreiben. Allerdings kann mit SQLite nicht die zusätzliche Weboberfläche *bareos-webui* betrieben werden. Daher empfehlen wir Ihnen, bei der Standardeinstellung zu bleiben, damit Ihnen alle Möglichkeiten offen stehen. Für den Betrieb mit Sqlite installieren Sie das Meta-Paket `bareos-database-sqlite3`. Für den Betrieb mit PostgreSQL müssen noch ein paar Vorbereitungen getroffen werden.

Datenbankserver von A–Z

Wie Sie einen PostgreSQL-Server installieren und konfigurieren, haben wir Ihnen in Kapitel 13, »Datenbanken: ›SQLite, MySQL, MariaDB und PostgreSQL‹«, ausführlich erläutert.

[+]

Installieren Sie zunächst den PostgreSQL-Server mit `sudo apt-get install postgresql`. Die Installationsroutine von Bareos setzt ein gesetztes Passwort für den Root-Benutzer von PostgreSQL voraus – was standardmäßig nicht der Fall ist. Verbinden Sie sich daher mit dem PostgreSQL-Datenbankserver und setzen Sie das Passwort so, wie in Listing 35.1 dargestellt:

35

```
daniel@backup:~$ sudo -u postgres psql
psql (9.5.2)
Type "help" for help.

postgres=# \password postgres
Enter new password: <PASSWORD>
Enter it again: <PASSWORD>
postgres=# \q
```

Listing 35.1 Das Datenbank-Passwort für »bareos« setzen

Das Datenbanksystem PostgreSQL ist sehr streng, was Zugriffe angeht – so wird sogar der Root-Benutzer ausgesperrt. Damit der Systembenutzer *root* Datenbankzugriffe im Namen von Bareos durchführen kann, müssen Sie die Datei */etc/postgresql/9.5/main/pg_hba.conf* durch den Inhalt aus Listing 35.2 ersetzen:

```
# Database administrative login by Unix domain socket
local   all             postgres                                peer

# TYPE  DATABASE        USER            ADDRESS                 METHOD

# "local" is for Unix domain socket connections only
local   all             all                                     peer        map=adminmap
# IPv4 local connections:
host    all             all             127.0.0.1/32            md5
```

```
# IPv6 local connections:
host    all             all             ::1/128                 md5
```
Listing 35.2 Aktivieren des Mappings in »pg_hba.conf«

Entscheidend ist die Änderung in Fettschrift: `map=adminmap`. Damit weisen Sie PostgreSQL an, eine Abbildung (englisch *mapping*) zu verwenden. Diese müssen wir noch in der Datei */etc/postgresql/9.5/main/pg_ident.conf* einrichten. Fügen Sie daher den Inhalt aus Listing 35.3 in diese Datei ein:

```
# MAPNAME         SYSTEM-USERNAME         PG-USERNAME
  adminmap        bareos                  bareos
  adminmap        root                    bareos
```
Listing 35.3 Einrichten des Mappings in »pg_ident.conf«

Mit dieser Konfiguration setzen Sie Zugriffe des Systembenutzers Root auf den PostgreSQL-Benutzer *bareos* um. Damit die Änderungen wirksam werden, müssen Sie zum Abschluss `sudo systemctl reload postgresql` ausführen.

Nun können Sie die das Meta-Paket für Bareos so installieren, wie in Listing 35.4 dargestellt:

```
daniel@backup:~$ sudo apt-get install bareos
[…]
```
Listing 35.4 Installation des Bareos-Servers

Während des Installationsvorgangs werden Ihnen einige Fragen zu den zu installierenden Paketen gestellt, die wir nun der Reihe nach betrachten.

Mailserver: »postfix«

Zunächst wird das Paket *postfix* (Mailserver) konfiguriert. Falls Sie bereits über eine lauffähige Installation verfügen, wird dieser Schritt übergangen.

[+]   **Mailserver**

Wie Sie einen eigenen Mailserver aufsetzen, erfahren Sie in Kapitel 10, »Mailserver mit Postfix und Dovecot«.

Datenbankserver: »postgresql«

Anschließend wird die benötigte Datenbank installiert. Bareos kann mit MySQL, PostgreSQL und SQLite umgehen. Wir setzen standardmäßig PostgreSQL ein, daher werden Sie während der Installation gefragt, ob die Datenbankinstallation ausgeführt werden soll (siehe Abbildung 35.2).

```
┌──────────────────┤ Konfiguriere bareos-database-common ├──────────────────┐
│                                                                            │
│  Für das Paket bareos-database-common muss eine Datenbank installiert und  │
│  konfiguriert sein, bevor es benutzt werden kann. Dies kann optional mit Hilfe │
│  von dbconfig-common geschehen.                                            │
│                                                                            │
│  Falls Sie ein erfahrener Datenbankadministrator sind und wissen, dass Sie │
│  diese Konfiguration manuell durchführen möchten oder, falls Ihre Datenbank │
│  bereits installiert und konfiguriert ist, verwerfen Sie diese Option. Details │
│  zur manuellen Installation sind üblicherweise in                          │
│  /usr/share/doc/bareos-database-common zu finden.                          │
│                                                                            │
│  Andernfalls sollte diese Option wahrscheinlich gewählt werden.            │
│                                                                            │
│  Konfigurieren der Datenbank für bareos-database-common mit dbconfig-common? │
│                                                                            │
│           <Ja>                              <Nein>                         │
│                                                                            │
└────────────────────────────────────────────────────────────────────────────┘
```

Abbildung 35.2 Rückfrage zur Datenbank-Installation

Wählen Sie <JA> aus, damit das Konfigurationstool die notwendigen Arbeiten verrichtet. Anderenfalls müssen Sie später selbst die benötigten Benutzer, Rechte, Datenbanken und Tabellen anlegen.

Anschließend werden Sie aufgefordert, anzugeben, auf welchem System die PostgreSQL-Datenbank läuft. Da wir die lokale Installation verwenden wollen, wählen Sie wie in Abbildung 35.3 localhost aus.

```
┌──────────────────┤ Konfiguriere bareos-database-common ├──────────────────┐
│  Bitte wählen Sie den Namen des zu verwendenden anderen Rechners aus oder  │
│  wählen Sie »new host«, um einen neuen Rechner einzugeben.                  │
│                                                                            │
│  Rechnername des PostgreSQL-Datenbankservers für bareos-database-common:   │
│                                                                            │
│                          new host                                          │
│                          localhost                                         │
│                                                                            │
│           <Ok>                              <Abbrechen>                     │
│                                                                            │
└────────────────────────────────────────────────────────────────────────────┘
```

Abbildung 35.3 Angabe des Datenbankservers

Im nächsten Schritt wird der Datenbankbenutzer für Bareos angelegt, und Sie werden aufgefordert, für diesen ein Passwort anzugeben. Verwenden Sie hier ein komplexes Passwort mit entsprechender Länge, oder folgen Sie dem Hinweis und lassen Sie eines generieren (siehe Abbildung 35.4).

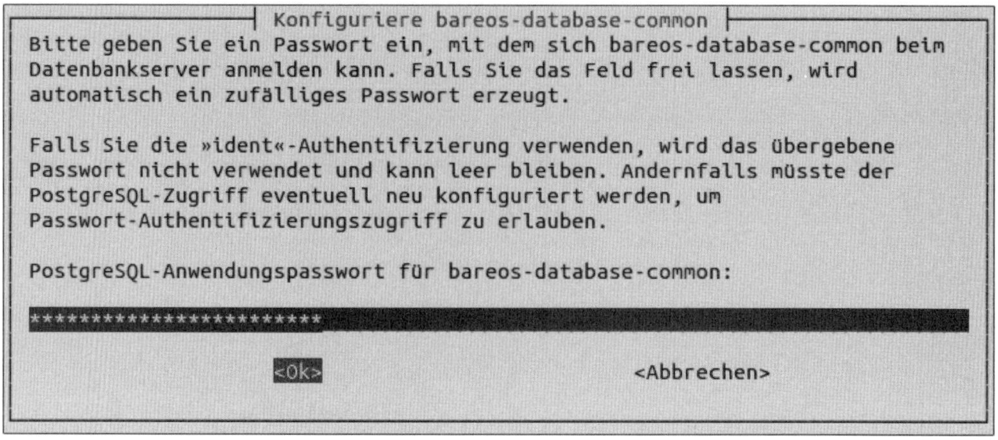

```
┌──────────────────────┤ Konfiguriere bareos-database-common ├──────────────────────┐
│ Bitte geben Sie ein Passwort ein, mit dem sich bareos-database-common beim         │
│ Datenbankserver anmelden kann. Falls Sie das Feld frei lassen, wird                │
│ automatisch ein zufälliges Passwort erzeugt.                                       │
│                                                                                    │
│ Falls Sie die »ident«-Authentifizierung verwenden, wird das übergebene             │
│ Passwort nicht verwendet und kann leer bleiben. Andernfalls müsste der             │
│ PostgreSQL-Zugriff eventuell neu konfiguriert werden, um                           │
│ Passwort-Authentifizierungszugriff zu erlauben.                                    │
│                                                                                    │
│ PostgreSQL-Anwendungspasswort für bareos-database-common:                          │
│                                                                                    │
│ ***********************                                                            │
│                                                                                    │
│              <Ok>                                      <Abbrechen>                  │
│                                                                                    │
└────────────────────────────────────────────────────────────────────────────────────┘
```

Abbildung 35.4 Passwortvergabe für den Datenbankbenutzer »bareos-director-mysql«

Abschließend werden Sie aufgefordert, das soeben vergebene Passwort zur Bestätigung erneut anzugeben. Der Installationsprozess wird nun abgeschlossen. Wie wir bereits erörtert haben, werden dabei direkt die benötigten Datenbankstrukturen angelegt, der Datenbankbenutzer erzeugt, die Passwörter generiert und die Konfigurationsdateien erstellt. Damit verfügen Sie unmittelbar nach der Installation über einen vorkonfigurierten und beinahe lauffähigen Backup-Server. Standardmäßig wird aber nur die Client-Komponente gestartet.

35.3   Basiskonfiguration des Backup-Servers

Die Konfiguration von Bareos wird unter */etc/bareos* in mehreren Dateien vorgenommen. Für diesen Abschnitt sind vorerst die folgenden Dateien relevant:

▶ *bareos-dir.conf*

▶ *bareos-sd.conf*

▶ *bconsole.conf*

In den Konfigurationsdateien werden Sektionen definiert (Bereiche, die von geschweiften Klammern umschlossen sind). Da zur Installation das Meta-Paket verwendet wurde, sind bereits viele Konfigurationen vorgenommen worden. In diesem Abschnitt ergänzen wir die bestehende Konfiguration und stellen die bisher gesetzten Direktiven näher vor.

35.3.1   Konfiguration des »Director«

In der Datei *bareos-dir.conf* wird der Katalog, der auch als *Verzeichnis* bezeichnet wird, konfiguriert. Darüber hinaus steuert dieser Dienst auch alle weiteren Dienste und ist somit der Chef im Ring. In der Datei sind folgende Sektionen enthalten:

- ▶ Director – Konfiguration des Dienstes
- ▶ JobDefs – Standarddefinition der Aufträge
- ▶ Job – Definition von Arbeitsaufträgen (Sicherungen oder Wiederherstellungen)
- ▶ FileSet – Beschreibung, wie und welche Dateien gesichert werden sollen
- ▶ Schedule – spezifiziert, wann und mit welche Art gesichert werden soll
- ▶ Client – Angaben zum *File-Daemon* der Clients
- ▶ Storage – Angaben zum *Storage-Daemon*
- ▶ Catalog – Angaben zum Katalog (Datenbank-Benutzername und Passwort)
- ▶ Messages – Konfiguration der Meldungen (zum Beispiel E-Mails)
- ▶ Pool – Steuerung der Volumes

Director

Nach der Installation finden Sie in der Sektion Director die in Listing 35.5 dargestellte Konfiguration:

```
Director {                              # define myself
  Name = backup-dir
  QueryFile = "/usr/lib/bareos/scripts/query.sql"
  Maximum Concurrent Jobs = 10
  Password = "<CONSOLE PASSWORD>"         # Console password
  Messages = Daemon
  Auditing = yes
}
```

Listing 35.5 Die Sektion »Director« in »bareos-dir.conf«

Alle Sektionen verfügen über die Direktive Name. Darüber wird die Sektion identifiziert. Während der Installation wird allen *Name*-Direktiven der Hostname des Systems vorangestellt, was aber nicht zwingend erforderlich ist. Das System, das wir verwendet haben, heißt daher *backup.example.com*. Dementsprechend wurde der Direktive Name in der Sektion Director der sprechende Name backup-dir zugewiesen.

Keine Namensänderungen!

Verändern Sie den Namen der Hauptkomponenten nicht! Während der Installation werden neben den Konfigurationsdateien auch Datenbanken und Tabellen erzeugt. Verändern Sie den Namen, müssen Sie ihn an vielen Stellen anpassen – wir raten Ihnen daher, dies nicht zu tun.

[!]

Da Bareos über Meta-Pakete installiert wurde, wurde bereits ein Passwort für den Director generiert. Im Beispiel aus Listing 35.5 haben wir als Platzhalter <CONSOLE PASSWORD> verwendet.

Wenn Sie dies ändern, müssen Sie die Änderung auch an anderen Stellen vornehmen. Wir weisen Sie im weiteren Verlauf des Abschnitts entsprechend darauf hin und verwenden stets die gleichen Platzhalter.

Da die Standardkonfiguration unseren Anforderungen vorerst genügt, müssen Sie in dieser Sektion keine Änderungen vornehmen.

JobDefs

Die Sektion JobDefs spezifiziert die Standardwerte von Sicherungsaufträgen, die Sie in die jeweiligen Aufträge laden können. Falls dort in den Aufträgen keine Werte für die Direktiven angegeben werden, verwendet Bareos die hier gesetzten Direktiven.

Sie können diese Sektion auch mehrfach erstellen, müssen den neu erstellten Sektionen dann aber mit der Direktive Name unterschiedliche Namen zuweisen. Darüber können Sie zum Beispiel Standards für Server und Clients vorab definieren. Im Beispiel belassen wir die Definition auf der Standardeinstellung, wie in Listing 35.6 dargestellt, und passen lediglich die Direktive Storage an:

```
JobDefs {
  Name = "DefaultJob"
  Type = Backup
  Level = Incremental
  Client = backup-fd
  FileSet = "SelfTest"
  Schedule = "WeeklyCycle"
  Storage = File
  Messages = Standard
  Pool = Incremental
  Priority = 10
  Write Bootstrap = "/var/lib/bareos/%c.bsr"
  Full Backup Pool = Full
  Differential Backup Pool = Differential
  Incremental Backup Pool = Incremental
}
```

Listing 35.6 Die Sektion »JobDefs« in »bareos-dir.conf«

Sehen wir uns diese etwas genauer an:

▶ Name – der Name der Standarddefinition

▶ Type – Art des Auftrags (mögliche Werte: Backup = Sicherung, Restore = Wiederherstellung, Verify = Prüfung, Admin = administrative Aufgaben, Migrate = Migration von einem Pool zu einem anderen oder Copy = kopieren von einem Pool zu einem anderen)

▸ Level – Art der Sicherung (mögliche Werte für Backup sind: Full, Incremental oder Differential)

▸ Client – der Client, für den der Auftrag gilt (Die Sektion wird noch definiert.)

▸ FileSet – Definition der zu sichernden Daten (Die Sektion wird noch definiert.)

▸ Schedule – Zeitsteuerung (Die Sektion wird noch definiert.)

▸ Storage – Speichergerät (Die Sektion wird noch definiert.)

▸ Messages – Meldungen, die erzeugt werden sollen (Die Sektion wird noch definiert.)

▸ Pool – Gruppenzugehörigkeit (Die Sektion wird noch definiert.)

▸ Priority – Priorität des Auftrags, kleiner Wert = höhere Priorität (per Default auf 10)

▸ Write Bootstrap – Speicherort der *Bootstrap*-Datei. Diese enthält Informationen zu den gesicherten Daten. Bei vollständigen Sicherungen wird die Bootstrap-Datei neu geschrieben, bei inkrementellen wird sie um die jeweiligen Daten erweitert.

▸ Full Backup Pool – gibt den Pool an, der für ein vollständiges Backup verwendet werden soll.

▸ Differential Backup Pool – gibt den Pool an, der für ein differenzielles Backup verwendet werden soll.

▸ Incremental Backup Pool – gibt den Pool an, der für ein inkrementelles Backup verwendet werden soll.

Job

In der Sektion Job werden die eigentlichen Aufgaben definiert. Nach der Installation sind bereits drei Aufträge definiert. Die ersten beiden sind in Listing 35.7 dargestellt:

```
# Define the main nightly save backup job
#   By default, this job will back up to disk in /var/lib/bareos/storage
Job {
  Name = "BackupClient1"
  JobDefs = "DefaultJob"
}


# Backup the catalog database (after the nightly save)
Job {
  Name = "BackupCatalog"
  JobDefs = "DefaultJob"
  Level = Full
  FileSet="Catalog"
  Schedule = "WeeklyCycleAfterBackup"

  # This creates an ASCII copy of the catalog
```

```
# Arguments to make_catalog_backup.pl are:
#  make_catalog_backup.pl <catalog-name>
RunBeforeJob = "/usr/lib/bareos/scripts/make_catalog_backup.pl MyCatalog"

# This deletes the copy of the catalog
RunAfterJob  = "/usr/lib/bareos/scripts/delete_catalog_backup"

# This sends the bootstrap via mail for disaster recovery.
# Should be sent to another system, please change recipient accordingly
Write Bootstrap = "|/usr/bin/bsmtp -h localhost -f \"\(Bareos\) \" -s \"Bootstrap
                   for Job %j\" root@localhost" # (#01)
Priority = 11                                   # run after main backup
}
```

Listing 35.7 Die »Job«-Sektionen in »bareos-dir.conf«

Der erste Arbeitsauftrag (BackupClient1) besteht nur aus den Direktiven Name und JobDefs. Dies ist vollkommen legitim, da alle notwendigen Direktiven in der Standarddefinition vorhanden sind. Der zweite Arbeitsauftrag verfügt über deutlich mehr Direktiven, die wir uns nun genauer ansehen:

▶ Name – der Name des Auftrags

▶ Jobdefs – Standardwerte, die geladen werden

▶ Level – Art der Sicherung (mögliche Werte: Full, Incremental oder Differential)

▶ FileSet – Definition der zu sichernden Daten (Die Sektion wird noch definiert.)

▶ Schedule – Zeitsteuerung (Die Sektion wird noch definiert.)

▶ RunBeforeJob – Skript, das auf dem Client vor der Sicherung gestartet wird

▶ RunAfterJob – Skript, das auf dem Client nach der Sicherung gestartet wird

▶ Write Bootstrap – Speicherort der *Bootstrap*-Datei. Beginnt der Wert mit einer Pipe, wird der Inhalt der Datei an das angegebene Programm übergeben – hier an bsmtp, wodurch die Datei an die E-Mail-Adresse root@localhost gesandt wird.

▶ Priority – Priorität des Auftrags (kleiner Wert = höhere Priorität)

Im Arbeitsauftrag BackupCatalog werden ebenfalls die Standardwerte DefaultJob aus der Sektion JobDefs geladen. Allerdings werden hier einige Direktiven mit Werten überschrieben. Dieser Arbeitsauftrag sichert den Inhalt des Katalogs. Dafür wird vor der Sicherung das Skript make_catalog_backup.pl ausgeführt, das in der Direktive RunBeforeJob angegeben ist.

Der dritte standardmäßig angelegte Job ist ein Restore-Job. Dieser dient als Pseudo-Job dazu, Dateien wiederherstellen zu können. Dabei wird der Job aber nicht zeitgesteuert ausgeführt, sondern wird manuell angepasst, um Dateien wiederherzustellen. Listing 35.8 zeigt die Konfiguration nach der Installation:

```
# Standard Restore template, to be changed by Console program
#  Only one such job is needed for all Jobs/Clients/Storage ...
Job {
  Name = "RestoreFiles"
  Type = Restore
  Client=backup-fd
  FileSet = "Linux All"
  Storage = File
  Pool = Incremental
  Messages = Standard
  Where = /tmp/bareos-restores
}
```

Listing 35.8 Die »Job«-Sektion »RestoreFiles« in »bareos-dir.conf«

Da der Job zur Ausführung manuell über die Konsole angepasst wird, ist nur eine Direktive interessant: Where. Diese gibt an, in welches Verzeichnis die wiederhergestellten Dateien abgelegt werden, und zeigt standardmäßig auf /tmp/bareos-restores.

FileSet

In der Konfigurationsdatei folgt auf die Auftragsdefinition die Definition der *FileSets*. Diese spezifiziert, welche Dateien gesichert werden. Nach der Installation sind bereits vier *FileSets* definiert: Windows All Drives, Linux All, SelfTest und Catalog. Die letzten beiden wurden in JobDefs und Jobs bereits verwendet.

Das *FileSet* Linux All wollen wir zur Veranschaulichung näher unter die Lupe nehmen (siehe Listing 35.9):

```
FileSet {
  Name = "Linux All"
  Include {
    Options {
      Signature = MD5 # calculate md5 checksum per file
      One FS = No     # change into other filessytems
      FS Type = ext2  # filesystems of given types will be backed up
      FS Type = ext3  # others will be ignored
      FS Type = ext4
      FS Type = xfs
      FS Type = reiserfs
      FS Type = jfs
      FS Type = btrfs
    }
    File = /
  }
```

```
# Things that usually have to be excluded
# You have to exclude /var/lib/bareos/storage
# on your bareos server
Exclude {
  File = /var/lib/bareos
  File = /var/lib/bareos/storage
  File = /proc
  File = /tmp
  File = /.journal
  File = /.fsck
  }
}
```

Listing 35.9 Die Sektion »FileSet« für »Linux All« in »bareos-dir.conf«

Dieses *FileSet* besteht im Wesentlichen aus drei Elementen. Zur besseren Lesbarkeit wurden die einzelnen Untersektionen der Optionen eingerückt. Zunächst wird mit der Direktive Name der Name festgelegt – dieser muss den Angaben aus der Client-Sektion entsprechen.

Anschließend werden mit der Direktive Include Optionen gesetzt, wie zum Beispiel die Prüfung der Sicherung mittels MD5. Mit der Direktive File wird definiert, welche Dateien gesichert werden sollen – im Beispiel also alles unterhalb von / (also faktisch alle Dateien auf einem Linux-System). Beachten Sie, dass Bareos zwischen Partitionen unterscheidet. Verfügen Ihre Server über mehrere Laufwerke, die unterschiedlich eingehängt sind (zum Beispiel eine eigene Festplatte für */var* oder */home*), müssen diese Laufwerke gesondert über die Direktive File angegeben werden! Ansonsten würde Bareos nur die Daten der Hauptpartition sichern. Mit der Direktive Exclude werden Verzeichnisse angegeben, die explizit aus der Sicherung ausgeschlossen werden sollen. Wie Sie Listing 35.9 entnehmen können, wurden hier Pseudo-Dateisysteme wie /proc ebenso ausgeschlossen wie Verzeichnisse, die temporäre Dateien enthalten, z. B. /tmp. Dies ist sinnvoll, da diese Dateien bei einer Wiederherstellung nicht benötigt werden und zum Teil bei einer Sicherung Fehler erzeugen würden. Die Definition von SelfTest ist dagegen nahezu winzig klein:

```
# fileset just to backup some files for selftest
FileSet {
  Name = "SelfTest"
  Include {
    Options {
      Signature = MD5 # calculate md5 checksum per file
    }
    File = "/usr/sbin"
  }
}
```

Listing 35.10 Die Sektion »FileSet« für »SelfTest« in »bareos-dir.conf«

Da es sich dabei, wie der Name schon sagt, um einen Selbsttest handelt, wird, wie Sie Listing 35.10 entnehmen können, darüber lediglich ein Verzeichnis gesichert: /usr/sbin.

Das FileSet zur Sicherung des Katalogs Catalog ist ebenfalls eher schlanker Natur:

```
# This is the backup of the catalog
FileSet {
  Name = "Catalog"
  Include {
    Options {
      signature = MD5
    }
    File = "/var/lib/bareos/bareos.sql" # database dump
    File = "/etc/bareos"                # configuration
  }
}
```

Listing 35.11 Die Sektion »FileSet« für »Catalog« in »bareos-dir.conf«

Wie Sie in Listing 35.11 sehen, werden darüber lediglich der Datenbank-Dump des Katalogs und das Konfigurationsverzeichnis von Bareos gesichert.

Die Erstellung des korrekten *FileSet* entscheidet über den Erfolg einer Sicherung und – was noch wichtiger ist – über den Erfolg einer Wiederherstellung! Daher werden wir diese Sektion mit all ihren Möglichkeiten in Abschnitt 35.6, »Nichts vergessen: ›FileSet‹«, im Detail vorstellen.

Schedule

Wie wir bereits erörtert haben, ist die Planung der Zeitsteuerung nicht nur für die Wiederherstellung relevant, sondern auch für die störungsfreie Durchführung und die Systembelastung. Nach der Installation sind bereits zwei Schedule-Sektionen vorhanden, wie Sie in Listing 35.12 sehen:

```
Schedule {
  Name = "WeeklyCycle"
  Run = Full 1st sat at 21:00              # (#04)
  Run = Differential 2nd-5th sat at 21:00  # (#07)
  Run = Incremental mon-fri at 21:00       # (#10)
}

Schedule {
  Name = "WeeklyCycleAfterBackup"
  Run = Full mon-fri at 21:10
}
```

Listing 35.12 »Schedule«-Sektionen in »bareos-dir.conf«

Ein Arbeitsplan besteht im Wesentlichen aus zwei Elementen. Zunächst wird der Name mit der Direktive `Name` definiert. Clients, die diesen Zeitplan verwenden wollen, müssen ihn in ihrer `Schedule`-Direktive angeben. Anschließend werden die Laufzeiten und zudem die Art der Sicherung über die Direktive `Run` definiert.

Die Direktive enthält dabei mehrere Werte. Zum einen das `Level`, das angibt, ob eine vollständige (`Full`), eine differenzielle (`Differential`) oder eine inkrementelle (`Incremental`) Sicherung durchgeführt werden soll, und zum anderen wird der `Pool` definiert. Dieser verweist auf eine weitere Sektion, in der festgelegt wird, wie lange die Sicherungen vorgehalten werden. Diese werden wir im weiteren Verlauf detailliert betrachten.

Anschließend werden die Laufzeiten definiert. Dabei versteht Bareos eine für Menschen lesbare Syntax. So bedeutet die Zeile `mon-fri at 21:10` etwa »montags bis freitags um 21:10 Uhr«. Ebenso wird die Zeile `2nd-5th sat at 21:00` von Bareos als »jeden 2. bis 5. Samstag um 21:00 Uhr« verstanden. Wie Sie diesen Beispielen entnehmen können, können so leicht die komplexesten Zeitpläne abgebildet werden – vor allem, da die `Run`-Zeile mehrfach angegeben werden kann.

Client

In der Sektion `Client` definieren Sie die Angaben zu den Systemen, die Sie sichern wollen. Nach der Installation ist bereits ein Client definiert (*backup-fd* zur Sicherung des *File Daemons* auf dem Server selbst), den wir uns nun genauer ansehen werden (siehe Listing 35.13).

```
# Client (File Services) to backup
Client {
  Name = backup-fd
  Address = backup
  Password = "<BACKUP-FD PASSWORD>"    # password for FileDaemon
  File Retention = 30 days             # 30 days
  Job Retention = 6 months             # six months
  AutoPrune = no                       # Prune expired Jobs/Files
}
```

Listing 35.13 Die »Client«-Sektion in »bareos-dir.conf«

Die einzelnen Direktiven haben dabei folgende Bedeutung:

► `Name` – der Name des Clients (muss auf Server und Client identisch sein)

► `Address` – IP-Adresse oder Name des Clients

► `FDPort` – Port des *File Daemons* auf dem Client

► `Catalog` – gibt an, in welchem Katalog die Sicherung abgelegt wird.

► `Password` – Passwort des Clients

► `File Retention` – gibt an, wie lange Dateien in der Sicherung vorgehalten werden.

▶ `Job Retention` – gibt an, wie lange der Auftrag in der Sicherung vorgehalten werden soll.

▶ `AutoPrune` – gibt an, ob die Daten des Clients automatisch gesäubert werden sollen.

In der Regel sollten Sie in der Direktive `Address` den Hostnamen oder die IP-Adresse des Clients setzen. Da der Client `backup-fd` aber auf dem gleichen System läuft, ist die Angabe von `localhost` ebenfalls gültig (aber nur hier!).

Storage

In der `Storage`-Sektion wird die Anbindung zum *Storage Daemon* definiert. Nach der Installation ist bereits eine Konfiguration vorhanden, wie Sie in Listing 35.14 sehen:

```
Storage {
  Name = File
# Do not use "localhost" here
  Address = <IP oder FQDN des Storage Daemon>
  SDPort = 9103
  Password = "<STORAGE DAEMON PW>"
  Device = FileStorage
  Media Type = File
}
```

Listing 35.14 Die »Storage«-Sektion in »bareos-dir.conf«

Hier müssen Sie die Direktive `Address` anpassen. Nach der Installation ist dort der Hostname des Backup-Servers eingetragen (im Beispiel `backup`). Diesen sollten Sie ändern! Tragen Sie hier die IP-Adresse oder den FQDN des Backup-Servers ein.

`[!]`

Das Passwort in der Direktive `Password` wurde während der Installation bereits generiert und muss nicht zwingend angepasst werden. Bedenken Sie, dass eventuelle Änderungen auch in weiteren Konfigurationsdateien vorgenommen werden müssen. Über die Direktive `Device` wird der Speicherbereich definiert. Diesen werden wir später noch definieren.

Catalog

Die Sektion `Catalog` enthält die Daten zum Katalog. Diese Sektion wird während der Installation automatisch generiert und muss nicht angepasst werden (siehe Listing 35.15):

```
Catalog {
  Name = MyCatalog
  dbdriver = "postgresql"
  dbname = "bareos"
  dbuser = "bareos"
  dbpassword = "<DB PW>"
}
```

Listing 35.15 Die »Catalog«-Sektion in »bareos-dir.conf«

> **[!]** **Keine Namensänderungen!**
> Verändern Sie den Namen des Katalogs nicht! Analog zur Namensgebung der Direktiven wurde auch der Katalog während der Installation erzeugt und in allen Paketen durchgängig mit dem Namen MyCatalog eingerichtet. Verändern Sie diesen Namen, müssen Sie ihn an vielen Stellen anpassen – wir raten Ihnen, dies nicht zu tun.

Messages

Meldungen und Logs werden in der Sektion Messages definiert. Nach der Installation finden Sie zwei Sektionen: Standard und Daemon.

Listing 35.16 zeigt die Konfiguration von Standard:

```
Messages {
  Name = Standard
  mailcommand = "/usr/bin/bsmtp -h localhost -f \"\(Bareos\) \<%r\>\" -s
              \"Bareos: %t %e of %c %l\" %r"
  operatorcommand = "/usr/bin/bsmtp -h localhost -f \"\(Bareos\) \<%r\>\" -s
                \"Bareos: Intervention needed for %j\" %r"
  mail = root@localhost = all, !skipped, !audit    # (#02)
  operator = root@localhost = mount                # (#03)
  console = all, !skipped, !saved, !audit
  append = "/var/log/bareos/bareos.log" = all, !skipped, !audit
  catalog = all, !audit
}
```

Listing 35.16 Gekürzt: Die »Messages«-Sektion für »Standard« in »bareos-dir.conf«

Über diese Sektion werden Meldungen zu Aufträgen und sonstigen Ereignissen erzeugt. So kann zum Beispiel in der Job-Sektion über die Direktive Messages = Standard darauf verwiesen werden.

Neben dem Versand von E-Mails (mailcommand und operatorcommand) wird auch eine Logdatei unter /var/log/bareos/bareos.log erstellt. Diese enthält ebenso alle Meldungen. Mit dieser Konfiguration erhält der Root-Benutzer alle E-Mails, die von Bareos erzeugt werden.

Damit diese an einen anderen Benutzer oder an eine E-Mail-Adresse zugestellt werden, müssen Sie die Zeile mail so wie in Listing 35.17 dargestellt anpassen:

```
mail = <EMAIL-ADDRESS> = all, !skipped, !audit
```

Listing 35.17 Meldungen an eine E-Mail-Adresse senden

Zusätzlich werden die Dienst-Meldungen separat behandelt. Diese werden in Daemon definiert, wie Sie in Listing 35.18 sehen:

```
# Message delivery for daemon messages (no job).
Messages {
  Name = Daemon
  mailcommand = "/usr/bin/bsmtp -h localhost -f \"\(Bareos\) \<%r\>\" -s
                \"Bareos daemon message\" %r"
  mail = root@localhost = all, !skipped, !audit # (#02)
  console = all, !skipped, !saved, !audit
  append = "/var/log/bareos/bareos.log" = all, !skipped, !audit
  append = "/var/log/bareos/bareos-audit.log" = audit
}
```

Listing 35.18 Die »Messages«-Sektion für »Daemon« in »bareos-dir.conf«

Mit der Daemon-Konfiguration wird definiert, wie die Dienstmeldungen behandelt werden, wie E-Mails versandt werden (Direktive mailcommand), welche Meldungen wie behandelt werden (Direktive mail und console) und dass die Logdateien bareos.log und bareos-audit.log unter /var/log/bareos und erzeugt werden sollen.

Pool

Wie bereits erläutert wurde, stammen *Pools* aus den Anfangstagen der Backup-Systeme, als noch überwiegend auf Bändern gesichert wurde. Auch wenn wir im Beispiel auf Festplatten sichern, müssen diese konfiguriert werden. Nach der Installation sind bereits vier *Pools* vorhanden: Full, Differential, Incremental und Scratch. Diese Konfiguration nehmen wir nun genauer unter die Lupe. Beginnen wollen wir mit dem letzten, dem Scratch-Pool:

```
# Scratch pool definition
Pool {
  Name = Scratch
  Pool Type = Backup
}
```

Listing 35.19 Die »Scratch«-Pool-Definition

Dieser Pool ist ein Pseudo-Pool und darf nicht verändert werden. Wenn Bareos ein neues Volume benötigt und keins findet, schaut es im Scratch-Pool nach und erzeugt dort ein Volume, um es anschließend in den eigentlichen Pool zu verschieben. Lassen Sie diese Konfiguration also unangetastet.

Der Full-Pool ist standardmäßig so konfiguriert wie in Listing 35.20:

```
# Full Pool definition
Pool {
  Name = Full
  Pool Type = Backup
```

```
    Recycle = yes                  # Bareos can automatically recycle Volumes
    AutoPrune = yes                # Prune expired volumes
    Volume Retention = 365 days    # How long should the Full Backups be kept? (#06)
    Maximum Volume Bytes = 50G     # Limit Volume size to something reasonable
    Maximum Volumes = 100          # Limit number of Volumes in Pool
    Label Format = "Full-"         # Volumes will be labeled "Full-<volume-id>"
}
```

Listing 35.20 Der »Full«-Pool

Die einzelnen Direktiven haben dabei folgende Bedeutung:

▶ Name

gibt den Namen des Pools an (muss mit der Client-Konfiguration übereinstimmen).

▶ Pool Type

gibt die Art des Pools an. Neben Backup sind weitere Arten möglich. (In der aktuellen Version ist nur Backup implementiert.)

▶ Recycle

gibt an, ob die Volumes dieses Pools wiederverwendet werden dürfen (standardmäßig aktiviert).

▶ AutoPrune

gibt an, ob abgelaufene Sicherungsdateien automatisch gelöscht werden sollen (standardmäßig aktiviert).

▶ Volume Retention

Vorhaltezeit für Daten in dem Volume dieses Pools, die im Katalog vorgehalten werden.

▶ Maximum Volume Bytes

gibt an, wie groß ein Volume sein darf. Wird die Größe überschritten, öffnet Bareos das nächste Volume dieses Pools. Ist diese Direktive nicht gesetzt, gibt es keine Größenbeschränkung (beim File-Pool auf 50 Gigabyte).

▶ Maximum Volumes

spezifiziert, wie viele Volumes in diesem Pool gespeichert werden können. In Kombination mit der Direktive Recycle = yes werden die ältesten Volumes überschrieben, wenn die maximale Anzahl erreicht ist.

▶ Label Format

ist eine Art Template, mit dem die Labels benannt werden. Gültige Zeichen sind die alphanumerischen, Bindestriche, Unterstriche, Doppelpunkte und Punkte. Zuzüglich können Variablen verwendet werden. Werden keine Variablen angegeben, wird das *Label Format* vorangestellt und um eine fortlaufende vierstellige Zahl erweitert.

Die übrigen Pools unterscheiden sich nur in der Vorhaltezeit, der maximalen Größe und in der Bezeichnung.

Was die Einstellungen der Direktive Maximum Volume Bytes betrifft, gibt es unterschiedliche Auffassungen. Generell gilt, dass diese Direktive aus den Zeiten der Bandsicherung stammt und dort notwendig war.

Zum einen wird argumentiert, dass die Volumes einer Sicherung so klein wie möglich gehalten werden sollen, damit eine Dateisuche zur Wiederherstellung nicht unendlich lange dauert. Zum anderen erhöhen viele Dateien nicht gerade die Übersichtlichkeit. Entscheidend ist bei dieser Sektion vor allem die Direktive Volume Retention, da diese angibt, wie lange die Sicherung vorgehalten werden soll.

Console

Die letzte Sektion in der Konfigurationsdatei *bareos-dir.conf* ist die Konsolenkonfiguration (backup-mon). Da wir das Meta-Paket installiert haben, ist diese Sektion bereits lauffähig und muss nicht angepasst werden. Durch diese Konfiguration kann das Programm bareos-tray-monitor den aktuellen Status der Sicherung über den *Director* abfragen.

35.3.2   Konfiguration des »Storage Daemon«

Die Konfiguration des *Storage Daemon* findet in der Datei *bareos-sd.conf* statt. Auch diese Datei besteht wieder aus mehreren Sektionen, die wir uns im Detail ansehen werden:

▸ Storage – Dienstkonfiguration

▸ Director – Anbindung an den *Director*

▸ Autochanger – Wechselgerät

▸ Device – Medien (Festplatten, Bänder etc.)

▸ Messages – Benachrichtigungen

Storage

In der Sektion Storage wird der Dienst an sich konfiguriert. Nach der Installation finden Sie dort die Zeilen aus Listing 35.21 vor:

```
Storage {                          # definition of myself
  Name = backup-sd
  Maximum Concurrent Jobs = 20
}
```

Listing 35.21 Die »Storage«-Sektion in »bareos-sd.conf«

Wie bei fast allen Sektionen wird auch hier zunächst mit der Direktive Name der Name spezifiziert. Anschließend wird nur noch die Direktive Maximum Concurrent Jobs auf 20 gesetzt. Darüber wird festgelegt, wie viele parallele Aufgaben vom Storage Daemon verarbeitet werden dürfen – für den Anfang ist der Wert vollkommen in Ordnung.

Director

Standardmäßig sind zwei Director-Sektionen vorhanden. Aufgrund der Installation mit Meta-Paketen muss in diesen Sektionen keine Veränderung vorgenommen werden.

[!] Das gilt aber nicht, wenn Sie das Passwort des Directors geändert haben (<STORAGE DAEMON PW> aus Listing 35.14)! Dieses müssten Sie ebenso hier anpassen.

Device

In der Sektion Device werden die Sicherungsmedien definiert. Nach der Installation finden Sie bereits einige angelegte Geräte (siehe Listing 35.22):

```
# Devices supported by this Storage daemon
# To connect, the Director's bareos-dir.conf must have the same Name and MediaType.
Device {
  Name = FileStorage
  Media Type = File
  Archive Device = /var/lib/bareos/storage
  LabelMedia = yes;                # lets Bareos label unlabeled media
  Random Access = yes;
  AutomaticMount = yes;            # when device opened, read it
  RemovableMedia = no;
  AlwaysOpen = no;
}
```

Listing 35.22 »Device«-Sektion in »bareos-sd.conf«

Auch hier wollen wir auf die einzelnen Direktiven genauer eingehen. Zunächst wird erneut der Name mit der Direktive Name definiert – dieser muss mit der Konfiguration aus der Datei *bareos-dir.conf* übereinstimmen.

Anschließend wird die Medienart mit der Direktive Media Type auf File gesetzt – was erneut mit der Konfiguration auf *bareos-dir.conf* übereinstimmen muss. Damit wird definiert, dass die Sicherung in Dateien ausgeführt werden soll. Die Direktive ArchiveDevice gibt den Pfad an, unter dem die Sicherungen abgelegt werden sollen. Wie Sie Listing 35.21 entnehmen können, zeigt der Pfad nach der Installation auf /var/lib/bareos/storage.

[!] **Berechtigung für den »Sicherungspfad« anpassen!**
Beachten Sie, dass Sie die Berechtigung für den in der Direktive Archive Device angegebenen Pfad anpassen müssen, falls Sie diesen verändern. Bareos arbeitet standardmäßig als Benutzer *bareos* in der Gruppe *tape*. Stellen Sie sicher, dass der Dienst lesenden und schreibenden Zugriff auf das angegebene Verzeichnis besitzt – ansonsten schlagen alle Sicherungen fehl!

Messages

Zu guter Letzt wird die Sektion Messages definiert. Nach der Installation finden Sie die Konfiguration aus Listing 35.23 vor:

```
Messages {
  Name = Standard
  director = backup-dir = all
}
```

Listing 35.23 Die »Messages«-Sektion in »bareos-sd.conf«

Darüber wird dem *Storage Daemon* mitgeteilt, dass alle Meldungen an den *Director* (backup-dir) gesendet werden sollen. Entsprechend der dortigen Konfiguration in der Sektion Messages werden auch die Benachrichtigungen der *Storage Daemons* behandelt.

35.3.3   Konfiguration des ersten Clients – »File Daemon« auf dem Backup-Server

Auch auf dem Sicherungsserver selbst läuft ein *File Daemon*. Mit seiner Hilfe können Sie den Server auf sich selbst sichern lassen.

Nach der Installation sind zwei Sicherungsaufträge angelegt: einer für den Katalog und einer als Beispiel zur regulären Datensicherung. Die Beispielsicherung umfasst lediglich den Inhalt von */usr/sbin*, genügt aber zum Testen der vorgenommenen Konfigurationen voll und ganz.

Daher wollen wir nun den dazugehörigen *File Daemon* konfigurieren, um die bisherige Konfiguration testen zu können. In der Datei *bareos-fd.conf* werden die notwendigen Konfigurationen vorgenommen. Darin finden Sie nach der Installation die Zeilen (ohne Kommentare) aus Listing 35.24:

```
Director {
  Name = backup-dir
  Password = "<CLIENT PW>"
}

Director {
  Name = backup-mon
  Password = "<MONITOR PW>"
  Monitor = yes
}

FileDaemon {                       # this is me
  Name = backup-fd
  Maximum Concurrent Jobs = 20
}
```

```
Messages {
  Name = Standard
  director = backup-dir = all, !skipped, !restored
}
```

Listing 35.24 Die »File Daemon«-Konfiguration auf dem Server in »bareos-fd.conf«

Zunächst werden hier zwei Director-Sektionen definiert: eine für das Backup selbst (backup-dir) und eine für die Abfragen des Programms bareos-traymonitor.

Beachten Sie, dass das Passwort des backup-dir dem Passwort der Client-Direktive in der Datei *bareos-dir.conf* entsprechen muss. Das Meta-Paket hat dies für uns bereits abgeglichen, sodass hier keine Konfigurationen notwendig sind.

Anschließend wird der Dienst in der Sektion FileDaemon konfiguriert. Neben dem obligatorischen Namen – der wieder identisch mit der Client-Konfiguration in der Datei *bareos-dir.conf* sein muss – wird die maximale Anzahl der gleichzeitig laufenden Sicherungsprozesse mit Maximum Concurrent Jobs auf 20 limitiert.

Zu guter Letzt wird in der Sektion Messages definiert, dass alle Meldungen, außer übersprungene und wiederhergestellte Dateien, an den *Director* backup-dir gesendet werden sollen.

35.3.4   Die Konfiguration fertigstellen, Fehler beseitigen und die erste Sicherung durchführen

Bisher haben wir uns lediglich in den Eingeweiden von Bareos bewegt. Die Konfiguration ist damit aber nicht ganz abgeschlossen. Zunächst müssen die Dienste gestartet werden, da nach der Installation lediglich die Client-Komponente (der *FileDaemon*) gestartet wurde.

Bevor Sie nun die Dienste neu starten, um etwaige Konfigurationsänderungen einzuspielen, sollten Sie diese prüfen. Hierfür gibt Bareos Ihnen Commandline-Tools an die Hand. Führen Sie die Befehle aus Listing 35.25 aus, um die Konfiguration prüfen zu lassen:

```
daniel@backup:~$ sudo bareos-dir -tc /etc/bareos/bareos-dir.conf
daniel@backup:~$
daniel@backup:~$ sudo bareos-sd -tc /etc/bareos/bareos-sd.conf
11-Mai 17:26 bareos-sd: ERROR TERMINATION at parse_conf.c:280
Config error: Keyword "Director" not permitted in this resource.
Perhaps you left the trailing brace off of the previous resource.
            : line 28, col 9 of file /etc/bareos/bareos-sd.conf
Director {

daniel@backup:~$ sudo bareos-fd -tc /etc/bareos/bareos-fd.conf
daniel@backup:~$
```

Listing 35.25 Konfiguration mit »bareos-dir« und »bareos-sd« prüfen

In Listing 35.25 wurde zunächst mit bareos-dir die Konfiguration des Directors geprüft. Da keine Ausgabe erfolgt ist, hat Bareos nichts zu beanstanden. Ganz anders bei der Prüfung des *Storage Daemons* mit bareos-sd: Dort werden Sie ziemlich präzise darauf hingewiesen, dass eine schließende geschweifte Klammer fehlt. Abschließend wurde mit bareos-fd auch noch die Client-Konfiguration geprüft.

Nach der Korrektur etwaiger Fehler können Sie fortfahren und die Dienste neu starten. Dies können Sie wie gewohnt mit dem Kommando systemctl durchführen. Starten Sie die Dienste so, wie in Listing 35.26 dargestellt, neu:

```
daniel@backup:~$ sudo systemctl restart bareos-dir
daniel@backup:~$ sudo systemctl restart bareos-sd
daniel@backup:~$ sudo systemctl restart bareos-fd
```

Listing 35.26 Dienste neu starten

Eventuelle Fehler werden hier leider nicht direkt moniert. Listing 35.27 zeigt zum Beispiel einen typischen Konfigurationsfehler, der erst sichtbar wird, wenn Sie den Status des Dienstes abfragen:

```
daniel@backup:~$ sudo systemctl status bareos-dir
• bareos-dir.service - LSB: Bareos Director
   Loaded: loaded (/etc/init.d/bareos-dir; bad; vendor preset: enabled)
   Active: active (exited) since Mi 2016-05-11 17:29:57 CEST; 1s ago
     Docs: man:systemd-sysv-generator(8)
  Process: 970 ExecStop=/etc/init.d/bareos-dir stop (code=exited, status=0/SUCCESS)
  Process: 985 ExecStart=/etc/init.d/bareos-dir start (code=exited, status=0/SUCCESS)

[…] Checking Configuration and Database connection ...
[…] 11-Mai 17:29 bareos-dir: ERROR TERMINATION at parse_conf.c:280
[…] Config error: Keyword "JobDefs" not permitted in this resource.
[…] Perhaps you left the trailing brace off of the previous resource.
[…]             : line 69, col 8 of file /etc/bareos/bareos-dir.conf
[…] JobDefs {
…
```

Listing 35.27 Fehlerhinweis beim Neustarten des »Director«

Wie Sie in den letzten Zeile von Listing 35.27 sehen, wurde in Zeile 69 der Konfigurationsdatei ein Fehler gefunden. Freundlicherweise teilt Bareos uns sofort mit, dass wahrscheinlich eine schließende geschweifte Klammer vergessen wurde – was in der Tat der Fall war. Nachdem die Dienste bareos-dir, bareos-sd und bareos-fd ohne Fehlermeldung starten, setzen wir die Tests fort.

Die Administration von Bareos erfolgt mit dem Programm *bconsole*. Damit können Sie Bareos vollständig administrieren. Daher muss das Programm auch als Root oder zumindest mit sudo gestartet werden. Aufgrund der Installation über das Meta-Paket sind keine Konfigurationen für *bconsole* notwendig.

Nach dem Aufruf werden Sie mit der Verbindungsübersicht aus Listing 35.28 begrüßt:

```
daniel@backup:~$ sudo bconsole
Connecting to Director backup:9101
1000 OK: backup-dir Version: 14.2.6 (16 Nov 2015)
Enter a period to cancel a command.
*
```

Listing 35.28 Starten von »bconsole«

Der Prompt wird bei *bconsole* als Sternchen dargestellt. *bconsole* wartet also nun auf eine Eingabe.

[+]

Zum Abbruch ».«, nicht »Strg + C«!

Wie Sie Listing 35.28 entnehmen können, weist das Programm *bconsole* Sie darauf hin, dass zum Abbruch eines Befehls (oder auch zum Aussteigen aus einer Frage) der Punkt (.) verwendet werden muss. Falls Sie das Programm mit der sonst üblichen Tastenkombination ⌷Strg⌷ + ⌷C⌷ beenden, werden Sie zwar auch auf die Konsole zurückgeworfen, allerdings verhält sich diese dann äußerst merkwürdig – so werden zum Beispiel Eingaben nicht korrekt dargestellt. Um wieder eine bedienbare Konsole zu bekommen, müssen Sie (blind) das Kommando reset absetzen.

Prüfen Sie zunächst, ob die vorgenommenen Client-Konfigurationen korrekt erkannt wurden. Dies prüfen Sie, indem Sie *bconsole* starten und das Kommando show clients absetzen. Die Ausgabe sollte den Zeilen von Listing 35.29 entsprechen:

```
*show clients
Client {
  Name = "backup-fd"
  Address = "backup"
  Password = "[md5]1bbd561dd3fb27c67e9733600423eb04"
  Catalog = "MyCatalog"
  FileRetention = 1 months
}
```

Listing 35.29 Übersicht über die konfigurierten Clients im »Director«

Das Programm *bconsole* gibt Ihnen eine Übersicht der konfigurierten Clients aus. Da nach der Installation lediglich ein Client (der Server selbst: backup-fd) definiert ist, wird auch nur dieser ausgegeben. Die Ausgabe bedeutet nicht, dass die *File Daemons* mit dem *Director* verbunden sind, sondern lediglich, dass diese im *Director* konfiguriert wurden.

Um zu prüfen, ob der Client sich mit dem *Director* verbunden hat, können Sie den Befehl status verwenden. Listing 35.30 zeigt die Ausgabe des Befehls:

```
*status
Status available for:
     1: Director
     2: Storage
     3: Client
     4: Scheduler
     5: All
Select daemon type for status (1-5): 3
Automatically selected Client: backup-fd
Connecting to Client backup-fd at backup:9102

backup-fd Version: 14.2.6 (16 Nov 2015)  x86_64-pc-linux-gnu ubuntu Ubuntu […]
Daemon started 11-Mai-16 17:28. Jobs: run=0 running=0.
 Heap: heap=135,168 smbytes=26,139 max_bytes=26,528 bufs=58 max_bufs=61
 Sizeof: boffset_t=8 size_t=8 debug=0 trace=0 bwlimit=0kB/s

Running Jobs:
Director connected at: 11-Mai-16 17:35
No Jobs running.
====

Terminated Jobs:
=====
*
```

Listing 35.30 Den Client-Status mit »status« abfragen

Nach dem Aufruf wird abgefragt, welchen Status Sie einsehen möchten. Wählen Sie hier 3 aus, um sich den Status der Clients anzeigen zu lassen. Anschließend würde die Abfrage kommen, welchen Client Sie angezeigt bekommen möchten. Da wir derzeit nur einen Client definiert haben, zeigt *bconsole* Ihnen direkt den Status dieses Clients an (Automatically selected Client: backup-fd). Dafür verbindet sich der *Director* mit dem Client (Connecting to Client backup-fd at localhost:9102) und gibt anschließend den Status aus.

Testen wir nun eine Sicherung. Diese können wir in der *bconsole* mit dem Befehl run starten. Listing 35.31 zeigt den Dialog:

```
*run
Automatically selected Catalog: MyCatalog
Using Catalog "MyCatalog"
A job name must be specified.
The defined Job resources are:
```

```
     1: BackupClient1
     2: BackupCatalog
     3: RestoreFiles
Select Job resource (1-3): 2
Run Backup job
JobName:  BackupCatalog
Level:    Full
Client:   backup-fd
Format:   Native
FileSet:  Catalog
Pool:     Full (From Job FullPool override)
Storage:  File (From Job resource)
When:     2016-05-11 17:38:19
Priority: 11
OK to run? (yes/mod/no): yes
Job queued. JobId=3
```

Listing 35.31 Sicherung mit »run« starten

Nach dem Aufruf von run werden Sie zunächst gefragt, welcher Auftrag ausgeführt werden
soll. Wählen Sie hier 2, um den Katalog zu sichern. Anschließend wird Ihnen eine Übersicht
zum Auftrag ausgegeben und gefragt, ob die Ausführung gestartet werden soll. Mit dem Befehl no wird die Verarbeitung abgebrochen. Mit mod können Sie Direktiven manuell anpassen.
Geben Sie yes ein, damit die Sicherung startet.

 In einigen Fällen bekommen Sie direkt den Hinweis Job not run., leider ohne weitere Hinweise. Damit Sie den Befehl trotzdem benutzen können, müssen Sie den Dialog umgehen
und einfach alle Werte in eine Zeile schreiben. Listing 35.32 zeigt den angepassten Befehl:

```
*run job=BackupCatalog yes
Job queued. JobId=1
*
You have messages.
```

Listing 35.32 Sicherung in einer Zeile starten

Kurze Zeit nach dem Ausführen erhalten Sie auf der *bconsole* die Ausgabe You have messages., zu Deutsch *Sie haben Nachrichten*. Diese können Sie mit dem Befehl messages ausgeben
lassen. Listing 35.33 zeigt einen Teil der Ausgabe:

```
11-Mai 17:38 backup-dir JobId 1: shell command: run BeforeJob \
  "/usr/lib/bareos/scripts/make_catalog_backup.pl MyCatalog"
11-Mai 17:38 backup-dir JobId 1: Start Backup JobId 1, \
  Job=BackupCatalog.2016-05-11_17.38.23_04
11-Mai 17:38 backup-dir JobId 1: Created new Volume "Full-0001" in catalog.
11-Mai 17:38 backup-dir JobId 1: Using Device "FileStorage" to write.
```

```
11-Mai 17:38 backup-sd JobId 1: Labeled new Volume "Full-0001" on device \
  "FileStorage" (/var/lib/bareos/storage).
11-Mai 17:38 backup-sd JobId 1: Wrote label to prelabeled Volume "Full-0001" on \
  device "FileStorage" (/var/lib/bareos/storage)
11-Mai 17:38 backup-sd JobId 1: Elapsed time=00:00:01, \
  Transfer rate=66.15 K Bytes/second
```

Listing 35.33 Nachrichten mit »messages« anzeigen lassen

Wie Sie sehen, protokolliert Bareos ziemlich genau, was vor sich geht. Ebenso präzise ist er in der Benennung der Aufträge (im Beispiel BackupCatalog.2016-05-11_17.38.23_04). Wie bereits erörtert wurde, benötigt jedes Volume ein Label. Dieses wird von Bareos mit dem Namen Full-0001 automatisch erzeugt. Um alle Pools und deren Labels ausgeben zu lassen, können Sie einfach den Befehl list pools absetzen. Listing 35.34 zeigt die entsprechende Ausgabe:

```
*list pools
Automatically selected Catalog: MyCatalog
Using Catalog "MyCatalog"
+--------+--------------+---------+---------+----------+---------------+
| poolid | name         | numvols | maxvols | pooltype | labelformat   |
+--------+--------------+---------+---------+----------+---------------+
|      1 | Full         |       1 |     100 | Backup   | Full-         |
|      2 | Differential |       0 |     100 | Backup   | Differential- |
|      3 | Incremental  |       0 |     100 | Backup   | Incremental-  |
|      4 | Scratch      |       0 |       0 | Backup   | *             |
+--------+--------------+---------+---------+----------+---------------+
```

Listing 35.34 Alle konfigurierten Pools anzeigen lassen

Um den Status eines Clients abzufragen, können Sie den Befehl status absetzen und dann den Client auswählen – Sie können auch direkt den Befehl status client=backup-fd absetzen, um ohne weitere Rückfragen direkt den Status des Clients backup-fd abzufragen. Wie Sie Listing 35.35 entnehmen können (unterhalb von Terminated Jobs), wurde der Auftrag erfolgreich beendet (Status OK) und es wurden 65.13 Kilobyte an Daten gesichert.

```
*status client=backup-fd
[…]
Terminated Jobs:
 JobId  Level    Files      Bytes   Status   Finished            Name
=====================================================================
     1  Full        10   65.13 K   OK        11-Mai-16 17:38 BackupCatalog
====

*
```

Listing 35.35 Erneut den Client-Status mit »status client=backup-fd« abfragen

Prüfen Sie zusätzlich den Status des *Director* mit status director:

```
*status director
backup-dir Version: 14.2.6 (16 Nov 2015) x86_64-pc-linux-gnu ubuntu Ubuntu […]
Terminated Jobs:
 JobId  Level    Files      Bytes   Status   Finished         Name
==================================================================
     1  Full         10   65.13 K   OK       11-Mai-16 17:38  BackupCatalog
====
```

Listing 35.36 Den Status mit »status director« abfragen

Wie Sie in Listing 35.36 sehen, wurde aus Sicht des *Directors* die Sicherung ebenfalls ohne Fehler beendet. Diese Abfrage ist enorm wichtig, da der Auftrag zwar auf der Clientseite erfolgreich verlaufen sein kann, aber nicht zwingend auch auf dem Director. Nun testen wir noch den zweiten Sicherungsauftrag, der bereits definiert ist: BackupClient1. Führen Sie dafür auf der *bconsole* den Befehl aus Listing 35.37 aus:

```
*run job=BackupClient1 yes
Using Catalog "MyCatalog"
Job queued. JobId=2
```

Listing 35.37 Sicherung von »BackupClient1«

Überprüfen Sie, ob die Sicherung erfolgreich war, indem Sie sowohl den Status des Clients als auch den Status des Directors abfragen:

```
*status client=backup-fd
Connecting to Client backup-fd at localhost:9102
[…]
Terminated Jobs:
 JobId  Level    Files      Bytes   Status   Finished         Name
==================================================================
     1  Full         10   84.24 K   OK       11-Mai-16 17:38  BackupCatalog
     2  Full        156   10.16 M   OK       11-Mai-16 17:55  BackupClient1
====
*status director
backup-dir Version: 14.2.6 (16 Nov 2015) x86_64-pc-linux-gnu ubuntu Ubuntu […]
Terminated Jobs:
 JobId  Level    Files      Bytes   Status   Finished         Name
==================================================================
     1  Full         10   84.24 K   OK       11-Mai-16 17:38  BackupCatalog
     2  Full        156   10.16 M   OK       11-Mai-16 17:55  BackupClient1
====
```

Listing 35.38 Status der Sicherung von »BackupClient1«

Wie Sie Listing 35.38 entnehmen können, wurde die Sicherung mit der Job-ID 2 erfolgreich durchgeführt. Dem aufmerksamen Leser wird aufgefallen sein, dass eigentlich ein Fehler hätte erzeugt werden müssen. Der Job BackupClient1 hat als Sicherungsart die Definition von JobDefs geerbt: Incremental (siehe Listing 35.6). Da inkrementelle Sicherungen immer eine vollständige Sicherung voraussetzen, auf die sie aufbauen, hätte Bareos eigentlich mit einem Fehler abbrechen müssen. Hier kommt uns Bareos aber entgegen, indem es erkennt, dass keine vollständige Sicherung existiert, und daher kurzerhand die Sicherungsart auf Full ändert. Dies wird selbstverständlich protokolliert. Der Aufruf von messages zeigt, was wir bereits wissen:

```
*messages
11-Mai 17:55 backup-dir JobId 2: No prior Full backup Job record found.
11-Mai 17:55 backup-dir JobId 2: No prior or suitable Full backup found in \
  catalog. Doing FULL backup.
11-Mai 17:57 backup-dir JobId 2: Start Backup JobId 2, Job=BackupClient1.2016-05-[…]
```

Listing 35.39 Ausgabe der letzten Meldungen

35.3.5   Zusammenfassung

Zunächst haben wir den Bareos-Server konfiguriert. Dies erfolgt in diesen Dateien:

- ▶ */etc/bareos/bareos-dir.conf*
- ▶ */etc/bareos/bareos-sd.conf*
- ▶ */etc/bareos/bareos-fd.conf*

Die in Sektionen (geschweifte Klammern) unterteilten Dateien verfügen über Direktiven. Jede Sektion verfügt über die Direktive Name, die sie identifiziert und über die diese Konfiguration angesprochen werden kann. Passwörter werden wechselseitig in den Konfigurationsdateien über die Direktive Password gesetzt. Einige Namen von Sektionen sind fest im System verankert und dürfen nicht geändert werden. Bei der Konfiguration können Werte auch vererbt werden (zum Beispiel JobDefs). Anschließend haben wir die Konfiguration mit bareos-<DIENST> -tc <KONFIGURATION> überprüft und die Dienste neu gestartet.

Dabei haben Sie das Administrationsprogramm *bconsole* kennengelernt, das als Root gestartet werden muss. Einige Befehle haben wir mehrfach eingesetzt, um Sicherungen zu starten (run), den Status abzufragen (status) oder die letzten Meldungen von Bareos auszugeben (messages). Dabei haben wir erörtert, dass die Befehle in der *bconsole* auch in eine Zeile geschrieben werden können – dass die Befehle also parametrisierbar sind. Besonders haben wir darauf hingewiesen, dass zum Abbrechen von Befehlen in *bconsole* nicht die Tastenkombination ⌨Strg + ⌨C verwendet wird, sondern einfach der Punkt (.).

Bei der Überprüfung von Sicherungen haben wir verdeutlicht, dass nicht nur der Status des Clients abgefragt werden muss, sondern auch der des *Directors*.

35.4   Sicherung eines Linux-Clients

Nachdem wir nun erfolgreich von dem Backup-Server auf ihn selbst gesichert haben, ist es an der Zeit, weitere Clients hinzuzufügen. Beginnen wir mit einem Linux-Client. Im Beispiel werden wir den Webserver *web.example.com* sichern.

35.4.1   Installation auf dem Client

Installieren Sie das Paket *bareos-client* aus den Paketquellen, wie in Listing 35.40 dargestellt. Auch auf dem Client werden alle Abhängigkeiten direkt mitinstalliert. Während der Installation werden aber keine Rückfragen gestellt. Nach Abschluss der Installation finden Sie, analog zum Server, die Konfiguration unter */etc/bareos*.

```
daniel@web:~$ sudo apt-get install bareos-client
```

Listing 35.40 Installation von »bareos-client«

35.4.2   Konfiguration auf dem Client

Da der Client nicht über einen eigenen *Director* oder einen *Storage Daemon* verfügt, müssen wir lediglich die Datei */etc/bareos/bareos-fd.conf* anpassen. Sehen wir uns zunächst die Konfigurationsdatei nach der Installation an:

```
Director {
  Name = web-dir
  Password = "<WEB-FD PASSWORD>"
}

Director {
  Name = web-mon
  Password = "<WEB-MON PASSWORD>"
  Monitor = yes
}

FileDaemon {
  Name = web-fd
  Maximum Concurrent Jobs = 20
}

Messages {
  Name = Standard
  director = web-dir = all, !skipped, !restored
}
```

Listing 35.41 Konfiguration des »File Daemon« auf dem Client in »bareos-fd.conf«

Director

Zunächst wird der *Director* definiert, der auf diesen *FileDaemon* zugreifen darf. Ändern Sie hier die Direktive Name auf den Namen Ihres Backup-Servers – im Beispiel bis hierher also auf backup-dir. Das Passwort im Platzhalter <WEB-FD PASSWORD> wurde während der Installation generiert. Es muss später in der Client-Sektion des Servers hinterlegt werden. Sie können das generierte Passwort verwenden oder ein eigenes vergeben.

Anschließend wird der *Monitor-Director* definiert. Über diese Konfiguration kann das Programm *bareos-traymonitor* den aktuellen Status der Sicherung über den *Director* abfragen. Da wir einen Server verwenden und das Programm *bareos-traymonitor* eine GUI voraussetzt, erübrigt sich die Konfiguration.

File Daemon

In dieser Sektion wird der *File Daemon* auf dem Client konfiguriert. Der Wert der Direktive Name (im Beispiel web-fd) muss mit dem Namen der Client-Sektion auf dem Server übereinstimmen. Hier müssen Sie keine weitere Konfiguration vornehmen.

Messages

Da der Client Meldungen produziert, können wir diese konfigurieren. Damit der *File Daemon* des Clients seine Meldungen an den *Director* des Servers sendet, muss die Direktive direcor angepasst werden. Ersetzen Sie den ersten Wert (im Beispiel web-dir) wie bei der ersten Director-Direktive durch den Namen Ihres *Directors* (im Beispiel backup-dir).

Dienst neu starten

Nachdem Sie alle Änderungen vorgenommen haben, müssen Sie den Dienst *bareos-fd* neu starten, damit die Änderungen auch wirksam werden. Führen Sie dafür die beiden Befehle aus Listing 35.42 aus:

```
daniel@web:~$ sudo systemctl restart bareos-fd
daniel@web:~$ sudo systemctl status bareos-fd
• bareos-fd.service - LSB: Bareos File Daemon
   Loaded: loaded (/etc/init.d/bareos-fd; bad; vendor preset: enabled)
   Active: active (running) since Mi 2016-05-11 18:30:59 CEST; 6s ago
     Docs: man:systemd-sysv-generator(8)
  Process: 3072 ExecStop=/etc/init.d/bareos-fd stop (code=exited, status=0/SUCCESS)
  Process: 3085 ExecStart=/etc/init.d/bareos-fd start (code=exited, status=0/SUCCESS)
    Tasks: 3 (limit: 512)
   Memory: 664.0K
      CPU: 34ms
   CGroup: /system.slice/bareos-fd.service
           └─3094 /usr/sbin/bareos-fd
```

35

```
Mai 11 18:30:58 web systemd[1]: Starting LSB: Bareos File Daemon...
Mai 11 18:30:59 web systemd[1]: Started LSB: Bareos File Daemon.
```

Listing 35.42 Den »File Daemon« auf dem Client neu starten

Wie Sie in Listing 35.42 sehen, wurde nach dem Neustart der Status mit `sudo systemctl status bareos-fd` kontrolliert, da auch hier Fehler nicht direkt beim Neustarten angezeigt werden. Hier könnten Sie ebenfalls zur Kontrolle den Befehl `sudo bareos-fd -tc /etc/bareos/bareos-fd.conf` verwenden.

Damit ist die Konfiguration aber noch nicht abgeschlossen. Nun müssen Sie das Pendant auf dem Server konfigurieren, damit eine Sicherung durchgeführt werden kann.

35.4.3   Konfiguration des Clients auf dem Server

Damit der Server auch weiß, dass er den soeben installierten Client sichern soll, müssen wir ihm dies mitteilen. Um die Übersichtlichkeit zu wahren, werden wir diese Konfiguration in separaten Dateien unterhalb von */etc/bareos/bareos-dir.d* vornehmen und diese dann in die Hauptkonfiguration importieren. Insgesamt werden dafür die folgenden drei Sektionen in zwei Dateien erstellt:

▶ *Client*
▶ *Job*
▶ *FileSet*

Client

Wir werden die Client-Konfiguration in der Datei *clients.conf* vornehmen. Fügen Sie daher die Zeilen aus Listing 35.43 in der Datei hinzu:

```
Client {
  Name = web-fd
  Address = <WEB IP-ADDRESS>
  Password = "<WEB-FD PASSWORD>"        # password for FileDaemon
  File Retention = 30 days              # 30 days
  Job Retention = 6 months              # six months
  AutoPrune = yes                       # Prune expired Jobs/Files
}
```

Listing 35.43 Die »Client«-Konfiguration auf dem Server in »bareos-dir./clients.conf«

Passen Sie die Direktive `Name` entsprechend Ihrer Umgebung an. Ebenso müssen Sie den Platzhalter `<WEB IP-ADDRESS>` durch die IP-Adresse des zu sichernden Clients ersetzen. Wie bereits erwähnt wurde, muss der Platzhalter `<WEB-FD PASSWORD>` durch das Passwort aus der Direktive `Director` aus der Datei *bareos-fd.conf* des Clients ersetzt werden.

Das war aber nur der erste Schritt. Nun müssen wir noch einen Auftrag definieren, und zwar ebenfalls in der Datei *clients.conf*.

Job

Nachdem wir den Client erstellt haben, müssen wir noch einen Auftrag für ihn definieren. Fügen Sie dafür die Zeilen aus Listing 35.44 unterhalb der bestehenden Job-Sektionen ein:

```
Job {
  Name = "BackupWeb"
  Client = web-fd
  JobDefs = "DefaultJob"
  FileSet="webserver"
}
```

Listing 35.44 »Job«-Konfiguration auf dem Server in »bareos-dir.d/clients.conf«

Analog zu den bisherigen Auftragsdefinitionen wurde dem Sicherungsauftrag für den Webserver über die Direktive Name der Name BackupWeb zugewiesen. Zusätzlich zum Namen wurden die Standardwerte von DefaultJob über die Direktive *JobDefs* dem Auftrag hinzugefügt. Über die Direktive FileSet wird die Dateiliste webserver zum Auftrag hinzugefügt (diese Liste werden wir im nächsten Schritt erstellen).

FileSet

Zuletzt müssen Sie Bareos noch mitteilen, welche Dateien von dem Client gesichert werden sollen. Da diese auch auf unterschiedlichen Systemen eingesetzt werden können, speichern wir sie global in der Datei */etc/bareos/bareos-dir.d/filesets.conf*.

Da wir einen Webserver sichern, ist vor allem das Verzeichnis */var/www* relevant, da dort die Webseiten gespeichert werden. Zusätzlich soll die Konfigurationsdatei des Webservers gesichert werden. Diese liegt unter */etc/apache2*.

Fügen Sie die Zeilen aus Listing 35.45 hinzu:

```
FileSet {
  Name = "webserver"
  Include {
    Options {
      signature = MD5
    }
    File = "/var/www"
    File = "/etc/apache2"
  }
}
```

Listing 35.45 »FileSet«-Konfiguration auf dem Server in »bareos-dir.d/filesets.conf«

Entscheidend ist hier erneut, dass Sie den gleichen Namen in der Direktive Name verwenden, den Sie auch unterhalb der Sektion Job in der Direktive FileSets verwendet haben. Über die Direktive Include wird zunächst festgelegt, dass die Dateien mit MD5 in der Direktive signature geprüft werden sollen. Anschließend werden über die Direktive File die Verzeichnisse auf dem Webserver angegeben, die gesichert werden sollen.

Nun ist die Konfiguration des Clients vollständig. Damit Bareos diese auch verwendet, müssen wir die neu angelegten Dateien in die Hauptkonfiguration importieren.

Importieren

Öffnen Sie die Datei *etc/bareos/bareos-dir.conf*, und fügen Sie die Zeilen aus Listing 35.46 am Ende der Datei hinzu:

```
@/etc/bareos/bareos-dir.d/filesets.conf
@/etc/bareos/bareos-dir.d/clients.conf
```

Listing 35.46 Importieren der neuen Konfiguration in »bareos-dir.conf«

Durch die Einleitung der Zeile mit einem At-Zeichen wird Bareos angewiesen, den Inhalt der nachfolgenden Datei zu importieren. Damit die zusätzliche Konfiguration auch aktiv wird, müssen Sie nun den *Director* mit sudo systemctl reload bareos-dir anweisen, seine Konfiguration neu zu laden.

35.4.4   Sicherung erstellen

Bevor wir anfangen zu sichern, prüfen wir zunächst, ob die Konfiguration korrekt vorgenommen wurde. Starten Sie dazu die *bconsole*, und setzen Sie den Befehl show clients ab. Die Ausgabe sollte so aussehen wie in Listing 35.47:

```
*show clients
Client {
  Name = "backup-fd"
  [...]
}

Client {
  Name = "web-fd"
  Address = "<WEB IP-Adresse>"
  Password = "[md5]da3e568aabbd919933d34fc82a73a337"
  Catalog = "MyCatalog"
  FileRetention = 1 months
  AutoPrune = yes
}
```

Listing 35.47 Client-Übersicht in der »bconsole« aufrufen

Nun sieht der *Director* neben dem *File Daemon* auf sich selbst (backup-fd) auch den neu eingerichteten Client web-fd. Prüfen Sie anschließend, ob der Client sich mit dem *Director* verbunden hat. Setzen Sie hierfür den Befehl status client=web-fd ab (siehe Listing 35.48):

```
*status client=web-fd
Connecting to Client web-fd at 192.168.0.159:9102

web-fd Version: 14.2.6 (16 Nov 2015)  x86_64-pc-linux-gnu ubuntu Ubuntu Xenial Xerus
Daemon started 11-Mai-16 18:30. Jobs: run=0 running=0.
[…]
Director connected at: 11-Mai-16 19:07
[…]
*
```

Listing 35.48 Client-Status in der »bconsole« abfragen

Die Verbindung wurde erfolgreich hergestellt. Der Director konnte sich mit dem Client web-fd über die IP-Adresse 192.168.0.159 verbinden. Nun können wir eine Sicherung anstoßen. Setzen Sie dazu den run-Befehl aus Listing 35.49 ab:

```
*run job=BackupWeb yes
Using Catalog "MyCatalog"
Job queued. JobId=6
```

Listing 35.49 So starten Sie eine Sicherung des »web-fd«-Clients.

Nun prüfen wir, ob die Sicherung funktioniert hat. Kontrollieren Sie dafür zunächst den Status des Clients mit dem Befehl status client=web-fd in der *bconsole*:

```
*status client=web-fd
Connecting to Client web-fd at 192.168.0.159:9102
[…]
Running Jobs:
JobId 6 Job BackupWeb.2016-05-11_19.08.16_04 is running.
[…]
```

Listing 35.50 Kontrolle der Sicherung »BackupWeb«

Wie Sie Listing 35.50 entnehmen können, wurde die Sicherung gestartet und läuft derzeit noch. Führen Sie den Befehl etwas später erneut aus, könnte die Ausgabe so aussehen wie in Listing 35.51:

```
*status client=web-fd
Connecting to Client web-fd at 192.168.0.159:9102
[…]
Terminated Jobs:
```

35

869

```
JobId  Level    Files      Bytes   Status   Finished          Name
================================================================
    6  Full       194     20.9 M   OK       11-Mai-16 19:32 BackupWeb
====
```

Listing 35.51 Abschluss der Sicherung »BackupWeb«

Dabei wurden 194 Dateien und 20,9 MB gesichert. Anschließend prüfen wir, ob die Sicherung auch für den *Director* erfolgreich war. Wie Sie in Listing 35.52 sehen, wurde die Sicherung auch aus Sicht des *Directors* ohne Fehler durchgeführt.

```
*status director
[…]
Terminated Jobs:
 JobId  Level    Files      Bytes   Status   Finished          Name
================================================================
     1  Full        10    84.24 K   OK       11-Mai-16 17:38 BackupCatalog
     2  Full       156    10.16 M   OK       11-Mai-16 17:55 BackupClient1
[…]
     6  Full       194     20.9 M   OK       11-Mai-16 19:32 BackupWeb
====
```

Listing 35.52 Kontrolle der Sicherung »BackupWeb« für den »Director«

35.5   Sicherung von Windows-Clients

Nachdem wir erfolgreich einen Linux-Client gesichert haben, wenden wir uns nun der Konfiguration eines Windows-Clients zu. Wie bereits erörtert wurde, wird Bareos für alle gängigen Betriebssysteme bereitgestellt. Im Beispiel sichern wir einen Windows-10-Client mit dem Namen *w10entw.example.com*.

Laden Sie daher zunächst auf dem Windows-Client die Bareos-Software von der Seite *http://download.bareos.org/bareos/release/14.2/windows/* herunter. Es ist sinnvoll, die eingesetzte Client-Server-Software auf allen Komponenten in der gleichen Version zu betreiben. Da bei Ubuntu 16.04 Bareos in der Version 14.2.6 enthalten ist, sollten Sie diese Version auch auf den Windows-Clients verwenden.

[!]   **Architektur beachten!**

Bareos ist leider äußerst empfindlich, was die Architektur angeht. Wenn Sie versuchen, auf einem 64-Bit-Windows-Client die Bareos-Software in der 32-Bit-Version zu verwenden, werden alle Sicherungen ohne Angabe von Gründen fehlschlagen! Achten Sie also darauf, stets die korrekte Version zu verwenden.

35.5.1   Installation auf dem Client

Starten Sie das soeben heruntergeladene Installationsprogramm. Zunächst werden Sie mit dem Startbildschirm aus Abbildung 35.5 begrüßt.

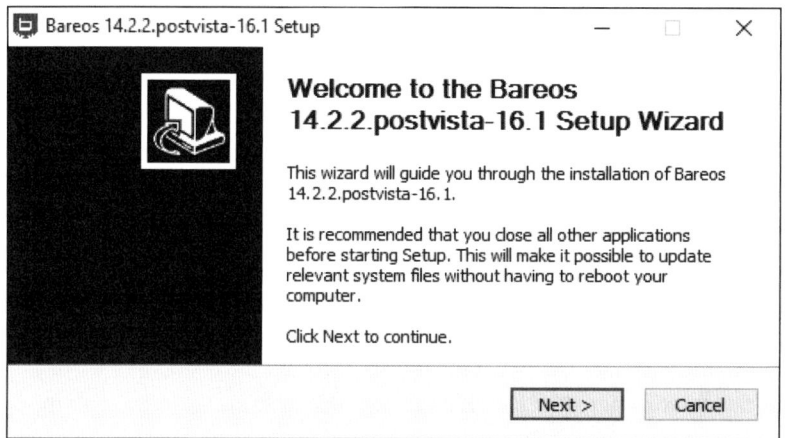

Abbildung 35.5 Begrüßungsbildschirm der Bareos-Installation

Fahren Sie im Installationsdialog mit einem Klick auf NEXT > fort. Im nächsten Fenster (siehe Abbildung 35.6) werden Sie gebeten, die Lizenzbestimmungen anzunehmen.

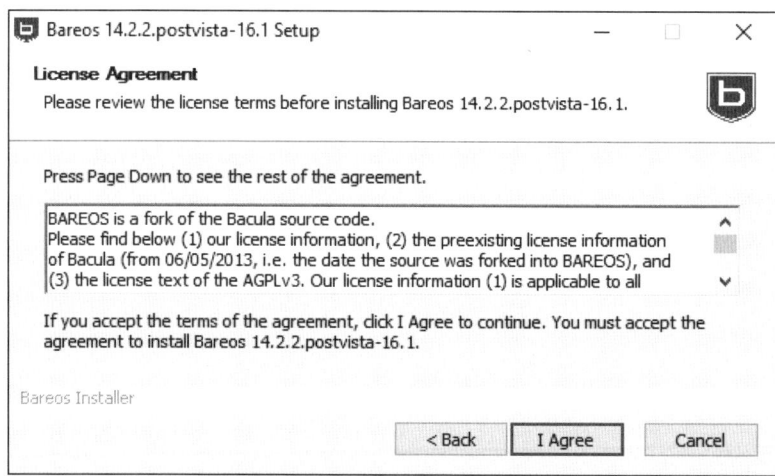

Abbildung 35.6 Abfrage der Lizenzbestimmungen

Klicken Sie auf I AGREE, um die Lizenzbestimmungen zu akzeptieren. Im nächsten Fenster können Sie den Installationsort wählen. Behalten Sie die Vorauswahl bei, und fahren Sie mit einem Klick auf NEXT > fort (siehe Abbildung 35.7).

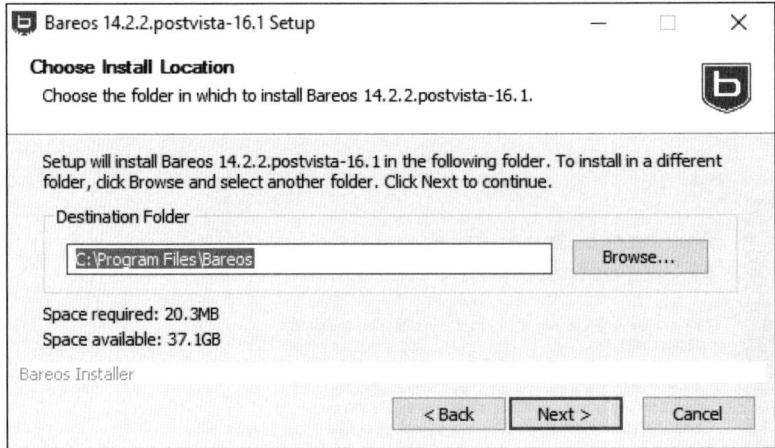

Abbildung 35.7 Auswahl des Installationsorts

Anschließend können Sie sowohl den Typ der Installation als auch die einzelnen Komponenten wählen (siehe Abbildung 35.8).

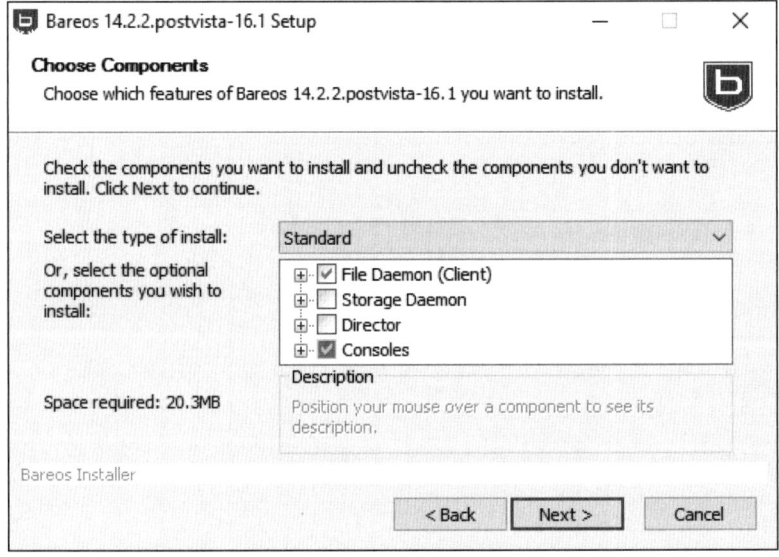

Abbildung 35.8 Auswahl des Installationstyps und der Komponenten

Durch die Auswahl des Installationstyps werden automatisch die dazugehörigen Komponenten gewählt. Standardmäßig steht der Wert auf Standard, was einer Client-Installation gleichkommt – also genau das, was wir wollen. Fahren Sie daher einfach mit einem Klick auf NEXT > fort.

In dem Dialog, der sich nun öffnet, wird die Konfiguration abgefragt (siehe Abbildung 35.9). Tragen Sie unter DIRECTOR NAME den Namen Ihres Bareos-Directors ein (im Beispiel also backup-dir). Ebenso sollten Sie den Kurznamen aus NETWORK ADDRESS durch den FQDN ersetzen (im Beispiel w10entw.example.com).

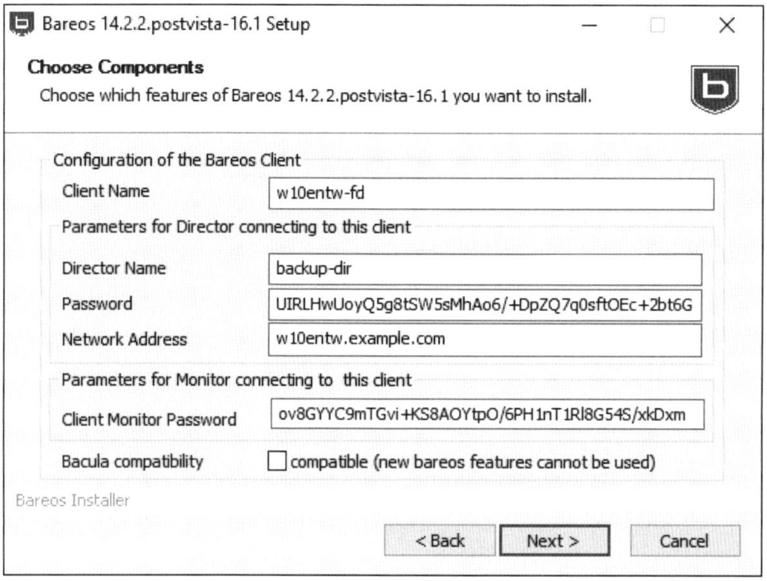

Abbildung 35.9 Konfiguration der Anbindung zum Backup-Server

Nachdem Sie Ihre Angaben durch einen Klick auf NEXT > bestätigt haben, werden Sie aufgefordert, Datenbankparameter anzugeben. Da wir auf dem Windows-System aber lediglich einen Client betreiben, sind hier keine Konfigurationen notwendig. Fahren Sie daher einfach mit einem Klick auf NEXT > fort, um die Installation zu starten (siehe Abbildung 35.10).

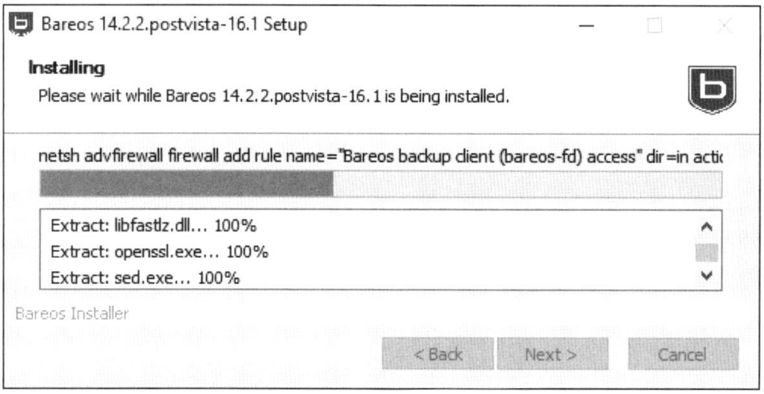

Abbildung 35.10 Installation

873

Auch auf Windows-Systemen werden während der Installation Passwörter und Konfigurationsdateien generiert. In Kombination mit Ihren Konfigurationsangaben können daraus direkt lauffähige Konfigurationsdateien erstellt werden. Daher wird Ihnen vor Abschluss der Installation die erzeugte Konfigurationsdatei für den Backup-Server angezeigt (siehe Abbildung 35.11). Kopieren Sie den angezeigten Inhalt und sichern Sie ihn, da wir (zumindest) das Passwort für die Serverkonfiguration benötigen.

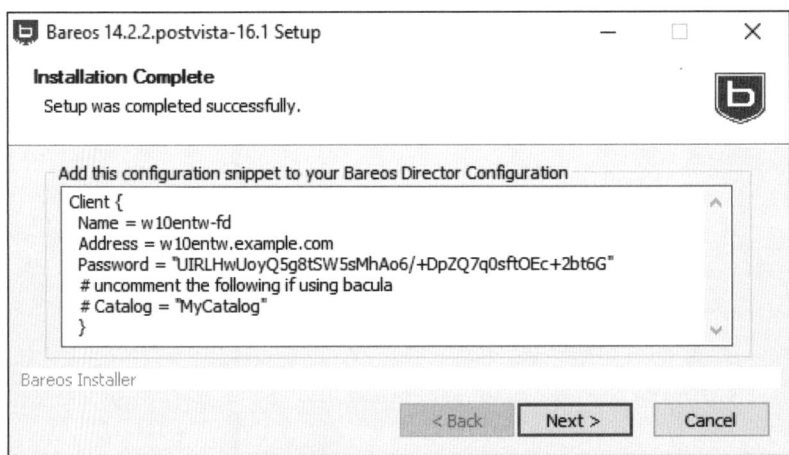

Abbildung 35.11 Server-Template-Konfigurationsdatei

Mit einem Klick auf NEXT > wird die Installation abgeschlossen (siehe Abbildung 35.12). Mit einem Klick auf FINISH wird der Installationsprozess beendet und die URL *www.bareos.com* geöffnet, in der Informationen zu Bareos enthalten sind. Falls Sie die URL nicht öffnen wollen, entfernen Sie den Haken bei OPEN WWW.BAREOS.COM. Damit ist die Installation abgeschlossen und der *File Daemon* auf dem Windows-System bereits konfiguriert.

Abbildung 35.12 Installationsabschluss

35.5.2   Konfiguration auf dem Client

Da der Installationsprozess bereits eine Konfigurationsdatei erzeugt und mit den Angaben gefüllt hat, müssen dort eigentlich keine Arbeiten vorgenommen werden. Die Konfigurationsdateien befinden sich bei Windows unter *C:\Windows\Programme\Bareos*. Öffnen Sie dort die Datei *bareos-fd.conf*, in der die *File-Daemon*-Konfiguration des Windows-Clients von der Installationsroutine gespeichert wurde. Am einfachsten können Sie dies über die Suchfunktion der Startleiste erreichen. Geben Sie in der Suche einfach bareos ein – Windows 10 bietet Ihnen dann bereits den Menüpunkt Edit **bareos**-fd.conf zur Auswahl an. Um die Datei öffnen zu können, müssen Sie dort aber mit einem Rechtsklick in ALS ADMINISTRATOR STARTEN auswählen. Der Inhalt der Datei ist in Listing 35.53 dargestellt (ohne Kommentare):

```
Windows @DISTVER@

Director {
  Name = backup-dir
  Password = "<W10-CLIENT PASSWORD>"
}
Director {
  Name = w10entw-mon
  Password = "<CLIENT-MON PASSWORD>"
  Monitor = yes
}

FileDaemon {
  Name = w10entw-fd
  Maximum Concurrent Jobs = 20
}
Messages {
  Name = Standard
  director = backup-dir = all, !skipped, !restored
}
```

Listing 35.53 Erzeugte Client-Konfiguration »bareos-fd« auf dem Windows-System

Alle notwendigen Direktiven wurden vom Installationsprozess bereits korrekt vorgenommen, daher sind hier keine Änderungen notwendig. Merken Sie sich aber das erzeugte Client-Password (Platzhalter <W10-CLIENT PASSWORD>).

Bei Veränderungen Dienst neu starten!

Beachten Sie, dass der *File Daemon* auch auf Windows-Systemen neu gestartet werden muss, wenn Sie Veränderungen an den Konfigurationsdateien vorgenommen haben.

35

[!]

35.5.3   Konfiguration des Windows-Clients auf dem Server

Auch für den Windows-Client müssen auf dem Server in der Datei *clients.conf* die Sektionen Client und Job hinzugefügt werden. Fügen Sie die Zeilen aus Listing 35.54 ans Ende der Datei an.

```
Client {
  Name = w10entw-fd
  Address = w10entw.example.com
  Password = "<W10-CLIENT PASSWORD>"
  File Retention = 30 days
  Job Retention = 6 months
  AutoPrune = no
}

Job {
  Name = "BackupW10entw"
  JobDefs = "DefaultJob"
  Client = w10entw-fd
  FileSet = "windows-users"
}
```

Listing 35.54 Konfiguration des Windows-Clients auf dem Server in »clients.conf«

Diese Konfiguration entspricht der des Linux-Servers. Lediglich die Namen und die Adresse wurden angepasst. Ebenso wurde ein anders FileSet angegeben: windows-users.

Das FileSet werden wir nun erstellen. Fügen Sie dafür die Zeilen aus Listing 35.55 unterhalb der bestehenden FileSet-Sektionen in der Datei */etc/bareos/bareos-dir.d/filesets.conf* hinzu:

```
FileSet {
  Name = "windows-client"
  Include {
    Options {
      signature = MD5
      compression = GZIP
    }
    File = "C:/Users"
  }
}
```

Listing 35.55 »FileSet«-Konfiguration für den Windows-Client auf dem Server in »filesets.conf«

Das *FileSet* für Windows-Clients enthält die gleichen Elemente wie das *FileSet* für die Linux-Server. Lediglich der Umfang ist geringer. Mit der Direktive compression wurde noch die Option hinzugefügt, die Dateien bei Bedarf zu mit *gzip* zu komprimieren.

In diesem *FileSet* werden alle Benutzerdaten gesichert. Falls Sie weitere Verzeichnisse sichern wollen, müssen Sie sie hier mit der Direktive `File` angeben.

> **Der Schrägstrich anstelle des Backslashs ist kein Fehler!**
>
> Beachten Sie, dass die Angabe von Windows-Pfaden auf einem Linux-Bareos-Server mit Schrägstrichen erfolgt und nicht mit rückwärtsgerichteten Schrägstrichen (Backslashes)!

[!]

35.5.4 Sicherung erstellen

Bevor wir die Sicherung des Windows-Clients erstellen, prüfen wir erneut, ob unsere Konfigurationen korrekt erkannt wurden. Starten Sie dafür auf dem Backup-Server die *bconsole*, und setzen Sie die Befehle `list clients` und `status client=w10entw-fd` ab. Voraussichtlich erhalten Sie die Ausgabe aus Listing 35.56:

```
*list clients
Automatically selected Catalog: MyCatalog
Using Catalog "MyCatalog"
+----------+------------+---------------+--------------+
| clientid | name       | fileretention | jobretention |
+----------+------------+---------------+--------------+
|        1 | backup-fd  |     2,592,000 |   15,552,000 |
|        2 | web-fd     |     2,592,000 |   15,552,000 |
|        3 | w10entw-fd |             0 |            0 |
+----------+------------+---------------+--------------+
*
*status client=w10entw-fd
Connecting to Client w10entw-fd at w10entw.example.com:9102
Failed to connect to Client w10entw-fd.
====
*
```

Listing 35.56 »FileSet«-Konfiguration für den Windows-Client auf dem Server in »bareos-dir.conf«

Wie Sie Listing 35.56 entnehmen können, wurde die Konfiguration zwar erkannt, der *Director* konnte sich allerdings nicht mit dem *File Daemon* verbinden. Dies kann drei Ursachen haben:

1. **Passwörter**

   Kontrollieren Sie, ob die Passwörter identisch sind. Zum einen prüfen Sie auf dem Client in *C:\Programme\Bareos\bareos-fd.conf* in der Sektion `Director` das Passwort der Direktive `Password`, zum anderen auf dem Backup-Server in der Datei */etc/bareos/bareos-dir.conf* in der Sektion `Client` des *w10entw-fd* die Direktive `Password`.

35

2. **Dienst**

   Prüfen Sie, ob der Dienst nach Änderungen neu gestartet wurde oder ob er überhaupt läuft. Nach der Installation sollten Sie dies immer kontrollieren.

3. **Windows-Firewall**

   Leider arbeitet die Windows-Firewall meist gegen den Administrator. Prüfen Sie, ob der Bareos-Client eingerichtet wurde, oder deaktivieren Sie die Windows-Firewall einfach vollständig.

Selbstverständlich wird der Fehler von Bareos protokolliert. Sehen wir uns die Benachrichtigungen mit dem Befehl messages einmal an:

```
*messages
11-Mai 20:35 backup-dir JobId 0: Error: bsock_tcp.c:187 bnet_host2ipaddrs() for \
  host "w10entw.example.com" failed: ERR=Der Name oder der Dienst ist nicht bekannt
11-Mai 20:41 backup-dir JobId 0: Fatal error: Unable to authenticate with File \
  daemon at "w10entw.example.com:9102". Possible causes:
Passwords or names not the same or
Maximum Concurrent Jobs exceeded on the FD or
FD networking messed up (restart daemon).
Please see http://doc.bareos.org/master/html/bareos-manual-ma\
in-reference.html#AuthorizationErrors for help.
```

Listing 35.57 Benachrichtigungen des Bareos anzeigen

Wie Sie Listing 35.57 entnehmen können, stellt Bareos ähnliche Vermutungen an. Zusätzlich wird Ihnen eine URL ausgegeben, unter der Sie viele hilfreiche Tipps bei Fehlern finden.

Nachdem der Fehler beseitigt wurde, sollte der *Director* sich mit dem *File Daemon* verbinden können. Starten Sie anschließend einen Sicherungsvorgang mit dem Befehl run job=BackupW10entw yes, und kontrollieren Sie anschließend den Status. Wie Sie Listing 35.58 entnehmen können, wird die Sicherung nun durchgeführt:

```
*status client=w10entw-fd
[...]
Running Jobs:
JobId 11 Job BackupW10entw.2016-05-11_20.43.24_04 is running.
    VSS Full Backup Job started: 11-May-16 20:43
    Files=526 Bytes=28,793,563 Bytes/sec=992,881 Errors=0
    Bwlimit=0
    Files Examined=526
    Processing file: C:/Users/daniel/AppData/Local/Microsoft/Windows/[...]
    SDReadSeqNo=5 fd=1172
[...]
```

Listing 35.58 Status der laufenden Sicherung

35.6 Nichts vergessen: »FileSet«

Die Auswahl der zu sichernden Dateien ist ein wichtiger Punkt im Backup-Konzept. Bareos bietet Ihnen über die Direktive *FileSet* eine Vielzahl an Möglichkeiten an, um Dateien auszuwählen oder auszuschließen. Die gängigsten wollen wir Ihnen nun vorstellen.

35.6.1 Grundlegendes

Bei der Erstellung von *FileSets* müssen Sie einige Eigenarten von Bareos beachten. Dazu zählt zum Beispiel, dass Sie Dateien und Verzeichnisse, die Leerzeichen enthalten, immer in Anführungszeichen einschließen müssen. Die Leerzeichen mit einem Backslash zu schützen (wie zum Beispiel in der Bash) gelingt hier nicht.

Generell ist die Rekursion bei Bareos stets aktiv. Wenn Sie ihm ein Verzeichnis angeben, durchläuft er es bis in den letzten Winkel. Gestoppt wird die Rekursion entweder durch das Ende des Verzeichnisses oder durch eine Partitionsgrenze.

Apropos Partitionsgrenzen: Wenn Sie zum Beispiel über einen Linux-Server mit mehreren Festplatten verfügen, auf dem die Verzeichnisse /, /home und /var auf eigenen Partitionen liegen, dann müssen Sie Bareos dies mitteilen. Geben Sie nur / an, werden die Daten unterhalb von /home und /var von Bareos nicht gesichert.

Falls Sie die einzelnen Partitionen nun konfiguriert haben und das so angelegte *FileSet* auch für einen anderen Server verwenden, der zum Beispiel nur eine Festplatte verwendet, würden Sie sehr schnell eine weitere Besonderheit von Bareos kennenlernen. In diesem Fall würden die Dateien unterhalb von /home und /var nämlich doppelt gesichert werden (einmal beim Durchlaufen von / und noch mal beim Durchlaufen der jeweiligen Verzeichnisse). Achten Sie also stets darauf, alle Festplatten oder Partitionen korrekt anzugeben.

Wenn Sie mit Ausschlüssen arbeiten (also Dateien und Verzeichnisse explizit von der Sicherung ausschließen), müssen Sie beachten, dass Bareos keine Dateien oder Unterverzeichnisse einer Ausnahme sichert. Genau wie Datei- und Verzeichnisnamen müssen Sie Wildcards und reguläre Ausdrücke in Anführungszeichen setzen. Beachten Sie dies nicht, kann Bareos den Start verweigern und meldet dann vermeintliche Fehlkonfigurationen.

Im Übrigen sollten Sie ausschweifende Regex-Orgien unterlassen. Nicht nur, dass Ihre Konfiguration dann kaum noch lesbar (geschweige denn nachvollziehbar) ist, sondern auch die CPU wird stark belastet. Vereinfachen Sie reguläre Ausdrücke daher besser, oder wandeln Sie sie in *Wildcard*-Statements um (diese können deutlich schneller verarbeitet werden).

Zu guter Letzt noch ein Hinweis für Windows-Systeme: Standardmäßig ist *VSS (Volume Shadow Copy Service)* bei Bareos aktiviert, und das ist auch gut so. Mittels *VSS* wird dort nämlich sichergestellt, dass konsistente Kopien von geöffneten Dateien erzeugt werden können – anderenfalls verweigert Windows den Zugriff und die Sicherung schlägt fehl.

35

35.6.2   Klassische Auswahl mit »File«

Wie Sie bereits in den Beispielen gesehen haben, werden Dateien und Verzeichnisse in Bareos mit der Direktive File angegeben. Wir haben auch bereits erörtert, dass Partitionen mit je einer eigenen File-Direktive versehen werden müssen.

Um ein Linux-System mit drei Partitionen (/, /home und /var) zu sichern, müsste das entsprechende *FileSet* so wie in Listing 35.59 aussehen:

```
FileSet {
  Name = "linux-servers"
  Include {
    Options {
      signature = MD5
    }
    File = "/"
    File = "/home"
    File = "/var"
  }
}
```

Listing 35.59 »FileSet« für einen Linux-Server mit drei Partitionen

Gerade bei Linux-Servern sollten Sie Ausnahmen definieren. Als Ausnahme bieten sich die Pseudo-Dateisysteme (wie */proc* oder */dev*) an, weil diese bei einer Wiederherstellung nicht benötigt werden, da sie während des Startvorgangs dynamisch erzeugt werden. Darüber hinaus ist es ebenfalls sinnvoll, temporäre Verzeichnisse von einer Sicherung auszuschließen – dort finden zum einen viele Veränderungen statt, die stets gesichert werden müssten, und zum anderen werden die dort aufbewahrten Dateien bei einer Wiederherstellung nicht benötigt. Daher erweitern wir das soeben angelegte FileSet um sinnvolle Ausnahmen.

Listing 35.60 zeigt das nun vollständige *FileSet*:

```
FileSet {
  Name = "linux-servers"
  Include {
    Options {
      signature = MD5
    }
    File = "/"
    File = "/home"
    File = "/var"
  }
  Exclude {
    File = "/dev"
    File = "/proc"
```

```
    File = "/sys"
    File = "/mnt"
    File = "/mnt"
    File = "/media"
    File = "/tmp"
    File = "/var/cache/apt"
    File = "/var/tmp"
  }
}
```

Listing 35.60 »FileSet« für einen Linux-Server mit Ausnahmen

Dieses *FileSet* kann natürlich um dienstspezifische Verzeichnisse erweitert werden (zum Beispiel auf einem Squid-Webproxy um das Verzeichnis */var/cache/squid*).

35.6.3   Wildcards und reguläre Ausdrücke

Das Hinzufügen oder Ausnehmen von Dateien und Verzeichnissen bietet bereits viele Möglichkeiten, um Dateilisten zu erstellen. Für komplexere Aufgaben wurde in Bareos die Möglichkeit zur Nutzung von Wildcards und regulären Ausdrücken geschaffen. Diese geben Ihnen viel weiter reichende Möglichkeiten, wirklich nur das zu sichern, was Sie tatsächlich brauchen.

Bevor wir uns um die Erstellung von *FileSets* mit Wildcards und regulären Ausdrücken kümmern, müssen wir zunächst noch eine Besonderheit von Bareos erläutern. Wir haben bereits mehrfach mit der Direktive Options in *FileSets* gearbeitet. Das Besondere an dieser Direktive ist aber, dass die Optionen pro gefundenem *Include*-Eintrag ausgewertet werden. Somit können verschachtelte Abfragen erzeugt werden. Dies ist notwendig, da die stets aktivierte Rekursion von Bareos ansonsten trotzdem alle Dateien sichern würde.

Nehmen wir an, Sie wollen von einem System nur die Home-Verzeichnisse von Benutzern sichern, deren Namen mit *a* oder *b* beginnen. Ein solches *FileSet* haben wir in Listing 35.61 dargestellt:

```
FileSet {
  Name = "Einige-Homes"
  Include {
    Options {
      wilddir = "/home/a*"
      wilddir = "/home/b*"
    }
    Options {
      RegexDir = ".*"
      exclude = yes
```

```
      }
      File = "/home"
    }
  }
}
```

Listing 35.61 »FileSet« für eine Sicherung mit Wildcards und regulären Ausdrücken

In Listing 35.61 werden innerhalb von `Include` alle Dateien von /home zur Sicherung ausgewählt (`File = "/home"`). Über den ersten Optionsblock wird die Auswahl mit den Direktiven `wilddir` auf die Home-Verzeichnisse beschränkt, die mit a und b beginnen – das Sternchen symbolisiert hier beliebig viele Zeichen jeder Art.

Im zweiten Optionsblock werden alle übrigen Dateien und Verzeichnisse durch den regulären Ausdruck `.*` in der Direktive `RegexDir` ausgewählt. Durch die Angabe der Direktive `exclude = yes` werden diese jedoch von der Sicherung ausgeschlossen. Mit diesem Trick ist es möglich, ohne eigentlichen `Exclude`-Block Ausnahmen zu definieren.

Bareos unterscheidet Wildcards und reguläre Ausdrücke. Dabei wird als Wildcard lediglich das Sternchen verwendet. Die dazugehörigen Direktiven unterscheiden sich für Verzeichnisse, Dateien und beides. Für Verzeichnisse wird `wilddir` verwendet, für Dateien `WildFile` und für beides `Wild`. Analog dazu werden reguläre Ausdrücke auch mit drei Direktiven beschrieben: mit `RegexDir` für Verzeichnisse, `RegexFile` für Dateien und `Regex` für beides. Die Verarbeitung von regulären Ausdrücken findet nach dem Posix-Standard statt.

[+] Windows-Dateisysteme werden von Bareos ebenfalls besonders behandelt. Beachten Sie daher die folgenden Regeln:

▸ Verzeichnisangaben werden mit Schrägstrichen anstelle von rückwärtsgerichteten Schrägstrichen (Backslashes) angegeben – also als *C:/Windows* anstelle von *C:\Windows*.

▸ Bei Datei- und Verzeichnisnamen wird Groß- und Kleinschreibung unterschieden. Geben Sie also immer die korrekte Schreibweise an, oder setzen Sie `IgnoreCase = yes`.

▸ Bei Ausnahmen (*exclude*) darf kein abschließender Schrägstrich angefügt sein.

▸ Datei- und Verzeichnisnamen mit Leerzeichen müssen mit doppelten Anführungszeichen umschlossen sein – eine Maskierung mit einem Backslash ist nicht möglich.

▸ Zur Sicherung aller Laufwerke müssen diese explizit angegeben werden.

[+] **Windows-Verzeichnisnamen in Englisch verwenden!**

Windows verwendet ein sogenanntes *Overlay*. Dabei sieht der Benutzer (zum Beispiel im Windows Explorer) die Verzeichnisnamen in der auf dem System gewählten Sprache. In Deutschland sehen Sie zum Beispiel das Verzeichnis *C:\Programme*. In Wirklichkeit heißt es aber auf allen Systemen *C:\Program Files*. Die deutsche Bezeichnung wird nur eingeblendet. Beachten Sie dies, wenn Sie Sicherungsaufträge für Windows-Systeme erstellen.

Um von Windows-Systemen zum Beispiel alle Dateien der Benutzer zu sichern, die unter *Eigene Dateien\Bilder* abgelegt wurden, müssten Sie das FileSet aus Listing 35.62 verwenden:

```
FileSet {
  Name = "Eigene Bilder"
  Include {
    File  = "C:/Documents and Settings"
    Options {
      signature = MD5
      IgnoreCase = yes
      RegexDir = "^C:/Documents and Settings/[^/]+$"
      wilddir = "C:/Documents and Settings/*/My Documents"
      wilddir = "C:/Documents and Settings/*/My Documents/My Pictures"
      Wild = "C:/Documents and Settings/*/My Documents/My Pictures/*"
    }
    Options {
      exclude = yes
      IgnoreCase = yes
      Wild = "C:/Documents and Settings/*"
    }
  }
}
```

Listing 35.62 »FileSet« zur Sicherung von »Eigene Bilder«

Auch im Beispiel aus Listing 35.62 werden über die Verschachtelung von Optionsblöcken einzelne Elemente ausgewählt.

Testen von »FileSets«

Damit Sie nicht abwarten müssen, bis die Sicherung abgeschlossen wurde, um prüfen zu können, ob Ihr *FileSet* korrekt arbeitet, wurde ein Befehl für die *bconsole* geschrieben: estimate. Führen Sie auf der *bconsole* den Befehl aus Listing 35.63 aus, um zu prüfen, welche Dateien durch den Sicherungsauftrag BackupHomes gesichert werden würden:

```
*estimate job=BackupHomes listing
Using Catalog "MyCatalog"
Connecting to Client web-fd at 192.168.0.167:9102
[…]
drwxr-xr-x   3 moritz    moritz         4096 2016-05-17 16:31:42  /home/moritz
[…]
drwxr-xr-x   4 mmusterm Administ        4096 2016-03-03 08:58:54  /home/mmusterman
[…]
drwxr-xr-x   3 max       max            4096 2016-01-25 14:35:50  /home/max
[…]
```

```
drwxr-xr-x    7 daniel    daniel         4096 2015-07-07 17:21:18  /home/daniel
[…]
drwxr-xr-x    3 dvs       Entwickl       4096 2016-04-12 17:41:49  /home/dvs
drwxr-xr-x    9 root      root           4096 2016-04-23 16:40:33  /home
2000 OK estimate files=78 bytes=725,299,205
*
```

Listing 35.63 »FileSet« mit »estimate« prüfen

Nach dem Aufruf von estimate zeigt Bareos alle Dateien des *File Daemons* an, die er sichern würde. In der gekürzten Ausgabe sehen Sie, dass nur Home-Verzeichnisse gesichert werden würden, deren Name mit *d* oder *m* beginnt. Dies entspricht dem eingerichteten FileSet.

35.7   Zeitplanung: »Schedule«

Bisher haben wir die Sicherungen stets manuell angestoßen. Dies ist natürlich für eine kontinuierliche Sicherung nicht sinnvoll. Hier muss ein Automatismus her, der uns Administratoren das zyklische Ausführen erspart.

Selbstverständlich verfügt Bareos über ein ausgeklügeltes System, um auch den abstrusesten Zeitplan einrichten zu können. Die Zeitplanung wird in den Sektionen Schedule vorgenommen. Nach der Installation haben wir bereits zwei definierte Zeitpläne. Listing 35.64 zeigt die Standardzeitpläne von Bareos.

```
Schedule {
  Name = "WeeklyCycle"
  Run = Full 1st sat at 21:00
  Run = Differential 2nd-5th sat at 21:00
  Run = Incremental mon-fri at 21:00
}

Schedule {
  Name = "WeeklyCycleAfterBackup"
  Run = Full mon-fri at 21:10
}
```

Listing 35.64 Standard-»Schedule«-Sektionen in der »bareos-dir.conf«

Wie Sie Listing 35.64 entnehmen können, besteht eine Zeitplanung im Wesentlichen aus zwei Direktiven: Name und Run. Über die Name-Direktive wird der Zeitplan identifiziert. Die Direktive Run besteht aus mehreren Elementen, die wir uns nun näher ansehen werden.

Als ersten Wert erwartet die Direktive Run die Art der Sicherung. Anschließend wird definiert, wann der Auftrag durchgeführt werden soll. Der Zeitplan WeeklyCycle verfügt über drei Run-Direktiven. Dies ist vollkommen legitim, Sie können beliebig viele Run-Direktiven einrichten. Die erste Run-Direktive führt eine vollständige Sicherung an jedem ersten Samstag um 21:00 Uhr durch. Die zweite legt differenzielle Sicherungen an, diese aber nur von jedem 2. bis 5. Samstag um 21:00 Uhr. Die letzte Direktive erstellt montags bis freitags eine inkrementelle Sicherung, ebenfalls um 21:00 Uhr.

Wie Sie sehen, verwendet Bareos zur Angabe von Daten und Uhrzeiten eine natürliche Sprache. Dies macht es uns einfach, auch komplexe Zeitpläne zu erstellen. Die Direktive Run kann aber noch mehr. Mit ihr können Sie nämlich auch steuern, welcher Pool verwendet werden soll.

[!]

Werte vollständig angeben: Datum und Uhrzeit!

Wenn Sie zum Beispiel nur einen Tag der Woche angeben (sagen wir, Dienstag), wird Bareos den Auftrag zu jeder Stunde, an jedem Dienstag in jedem Monat ausführen. Dies geschieht, da Bareos fehlende Werte mit dem Standard vervollständigt. Und der steht auf *any* (engl. für *alles*, also jeder gültige Wert)!

35

Nehmen wir an, Sie möchten einen Zeitplan für Server einrichten. Diese sollen an jedem ersten Sonntag des Monats um 01:00 Uhr eine vollständige Sicherung erstellen. Zusätzlich soll an den übrigen Sonntagen im Monat um 02:00 Uhr eine differenzielle Sicherung angelegt werden. Damit auch unter der Woche keine Daten verloren gehen können, sollen darüber hinaus von montags bis samstags um 03:00 Uhr die Veränderungsdaten gesichert werden. Damit ein besserer Überblick behalten werden kann, sollen die einzelnen Sicherungen daher in eigene Pools laufen. Listing 35.65 zeigt den dafür notwendigen Zeitplan:

```
Schedule {
  Name = "server-schedule"
  Run = Level=Incremental Pool=server-pool-inc mon-sat at 3:00
  Run = Level=Differential Pool=server-pool-diff 2nd-5th sun at 2:00
  Run = Level=Full Pool=server-pool-full 1st sun at 1:00
}
```
Listing 35.65 Zeitplan für Server

Wie Sie Listing 35.65 entnehmen können, wurde, um die Anforderungen abdecken zu können, neben der Angabe der Sicherungsart (Level) zusätzlich der Pool mit der gleichnamigen Direktive Pool gesetzt.

Beachten Sie, dass Sie natürlich für diesen Zeitplan die entsprechenden Pools anlegen müssen und dafür selbstverständlich auch Labels erzeugen müssen!

[+]

Neben der reinen Angabe von Tagen oder Zählern (wie 2nd-5th) können Sie auch mit Schlagwörtern wie daily oder weekly arbeiten.

Nun sollen Sie einen Zeitplan für die Sicherung eines Entwickler-Clients erstellen. Da bei Entwicklungen immer die letzten Änderungen relevant sind, müssen diese auch zeitnah gesichert werden. Daher wurde ein deutlich engerer Zeitplan (siehe Listing 35.66) erzeugt.

```
Schedule {
  Name = "client-schedule"
  Run = Level=Incremental Pool=client-pool-inc hourly at 0:05
  Run = Level=Differential Pool=client-pool-diff daily at 10:20
  Run = Level=Full Pool=client-pool-full weekly at 12:00
}
```

Listing 35.66 Zeitplan für Entwickler-Clients

Auch hier wird die Sicherung anhand ihrer Art in unterschiedliche Pools eingeteilt. Anders als bei dem Zeitplan für Server wird hier aber die Sicherung stündlich (hourly), täglich (daily) und wöchentlich (weekly) angestoßen.

[!] **Laufzeiten von Sicherungen einplanen!**

An dieser Stelle weisen wir noch mal darauf hin, dass Sie die Laufzeit der Sicherungsaufträge im Auge behalten müssen. Da eine Sicherung ein System mitunter für einen längeren Zeitraum stark belasten kann, sollten Sie Sicherungen nie (oder nur in Ausnahmefällen) während der regulären Arbeitszeit ausführen lassen! Darüber hinaus verändert sich unter Umständen auch der Sicherungsumfang. Prüfen Sie daher nicht nur, ob die Sicherungen erfolgreich gelaufen sind, sondern auch, wie lange der Vorgang benötigt hat, und passen Sie gegebenenfalls die Zeitpläne an!

Damit Aufträge nach einem Zeitplan bearbeitet werden, müssen Sie diesen in der jeweiligen Job-Sektion mit der Direktive Schedule angeben. Um die Ausführung kümmert sich Bareos dann automatisch (ein Neustart des Dienstes vorausgesetzt).

35.8   Dienste sichern: »MySQL«

Bis jetzt haben wir lediglich Dateien oder Verzeichnisse gesichert. Dies reicht aber bei Datenbanken (wie MySQL) nicht immer aus. Teilweise befinden sich Daten im Hauptspeicher oder werden zum Zeitpunkt der Sicherung gerade geschrieben oder gelesen, was eine Sicherung unmöglich macht.

Um dies zu verhindern, sollten Sie immer vor der Sicherung den aktuellen Stand speichern, damit diese Datei dann regulär gesichert werden kann. Das hilft Ihnen nicht nur bei der Wiederherstellung, sondern schützt Sie auch vor defekten Datenbanken, inkonsistenten Einträgen und Fehlern bei der Sicherung.

Wie wir bereits erörtert haben, ist Bareos in der Lage, vor und nach einer Sicherung Skripte auszuführen. Dies kann es aber nicht nur lokal auf dem *Director*, sondern auch auf dem (entfernten) *File Daemon*. Dafür werden die Direktiven ClientRunBeforeJob und ClientRunAfterJob verwendet.

Auf dem Webserver *web.example.com* soll die neu erzeugte MySQL-Datenbank mitgesichert werden. Diese enthält die drei Datenbanken *kunden*, *data* und *webdev*.

Um die Anforderung umzusetzen, wird zunächst auf dem Webserver ein Datenbankbenutzer für Bareos benötigt. Führen Sie dafür die MySQL-Befehle aus Listing 35.67 auf dem Webserver aus:

```
daniel@web:~$ mysql -u root -p
Enter password:
[…]
mysql> CREATE USER 'bareos'@'localhost' IDENTIFIED BY '<BACULA DB PW>';
Query OK, 0 rows affected (0.00 sec)

mysql> GRANT SELECT, LOCK TABLES, SHOW VIEW, EVENT, TRIGGER ON *.* TO
    > 'bareos'@'localhost' IDENTIFIED BY '<BACULA DB PW>';
Query OK, 0 rows affected (0.00 sec)
```
Listing 35.67 Datenbank-Benutzer »bareos« erstellen

Ersetzen Sie dabei den Platzhalter <BACULA DB PW> durch ein Passwort für den Datenbankbenutzer. Anschließend muss auf dem Webserver ein Skript erstellt werden, das die Datenbanken in eine Datei sichert. Erstellen Sie dafür die Datei *mysql_create_dump.sh* im Verzeichnis */usr/local/bin/* mit dem Inhalt aus Listing 35.68:

```
#!/bin/bash
DBLIST="kunden data webdev"    # Zu sichernde Datenbanken
DBDIR="/var/local-backups"
PARAM=" --user=$1 --password=$2"

[ -d $DBDIR ] || mkdir $DBDIR

for DATABASE in $DBLIST ; do
  mysqldump $PARAM $DATABASE >> ${DBDIR}/$DATABASE
done
```
Listing 35.68 MySQL-Dump-Skript

Dieses Skript speichert die Datenbanken, die in der Variablen DBLIST durch Leerzeichen getrennt angegeben sind, mit dem Programm mysqldump im lokalen Verzeichnis */var/local-backups*. Zur Anmeldung am Datenbankserver verwendet das Skript die ihm übergebenen Parameter.

[+]   Neugierig geworden?

Mehr zum Thema Skripting erfahren Sie in Kapitel 8, »Erste Schritte«, und Kapitel 37, »Zuhause: ›bash‹«.

Damit Bareos die Sicherung durchführen kann, werden zwei weitere Sektionen in der Bareos-Konfiguration auf dem Backup-Server benötigt. Fügen Sie zunächst das *FileSet* zur Sicherung der MySQL-Datenbank unterhalb der bestehenden *FileSets* in der Datei */etc/bareos/bareos-dir.d/filesets.conf* hinzu. Seinen Inhalt sehen Sie in Listing 35.69:

```
FileSet {
Name = "webserver-mysql"
  Include {
    Options {
      signature = MD5
    }
    File = "/var/local-backups"
  }
}
```

Listing 35.69 »FileSet« für die Datenbanksicherung des Webservers

Anschließend müssen Sie einen weiteren Job für den Webserver definieren. Erstellen Sie ihn mit dem Inhalt aus Listing 35.70 in der Datei */etc/bareos/bareos-dir.d/clients.conf*:

```
Job {
  Name = "BackupMySQL"
  Client = web-fd
  JobDefs = "DefaultJob"
  Level = Full
  FileSet = "webserver-mysql"
  ClientRunBeforeJob = "/usr/local/bin/mysql_create_dump.sh bareos <BACULA DB PW>"
  ClientRunAfterJob = "/usr/bin/find /var/local-backups/ -type f -exec rm {} \;"
}
```

Listing 35.70 »Job« für die Datenbanksicherung des Webservers

[+]   Warum »find« und nicht direkt »rm«?

Leider führt Bareos vor dem Senden des Befehls an den Client selbst eine Substitution durch. Daher kann bei ClientRunAfterJob nicht das sonst übliche rm -rf /var/local-backups/* verwendet werden – das Sternchen würde nämlich lokal (also auf dem Server) substituiert werden und nicht auf dem Client. Aus diesem Grund sind wir den Umweg mit find gegangen.

Entscheidend bei diesem Auftrag sind die Direktiven ClientRunBeforeJob und ClientRun-AfterJob. Über sie wird vor Ausführung der Sicherung das von uns erstellte Skript mit den Parametern bareos und <BACULA DB PW> gestartet – ersetzen Sie den Platzhalter durch das Datenbank-Passwort des Benutzers *bareos*, den Sie in Listing 35.67 angelegt haben. Nach der Sicherung wird kein Skript, sondern direkt der Befehl find zum Löschen der erzeugten MySQL-Dumps auf dem Client ausgeführt.

Nach einem Neustart des *Directors* mit sudo systemctl restart bareos-dir kann die Sicherung getestet werden. Nachdem Sie den Job auf der *bconsole* mit run job=BackupMySQL yes gestartet haben, können Sie sich nach Beendigung der Sicherung mit dem Befehl messages den Verlauf anzeigen lassen:

```
[…]
13-Mai 15:09 web-fd JobId 17: shell command: run ClientBeforeJob
            "/usr/local/bin/mysql_create_dump.sh bareos <DB PASSWORD>"
[…]
13-Mai 15:09 web-fd JobId 17: shell command: run ClientAfterJob
            "find /var/local-backups/ -type f -exec rm {} ;"
[…]
  Job:                    BackupMySQL.2016-05-13_15.09.18_06
  Backup Level:           Full (upgraded from Incremental)
  Client:                 "web-fd" 14.2.6 (16Nov15) x86_64-pc-linux-gnu,ubuntu […]
  FileSet:                "webserver-mysql" 2016-05-11 19:08:16
[…]
  FD termination status:  OK
  SD termination status:  OK
  Termination:            Backup OK
```

Listing 35.71 Kontrolle der Datenbanksicherung mit »messages«

Wie Sie der Ausgabe in Listing 35.71 entnehmen können, wurde vor der Sicherung ordnungsgemäß das Skript ausgeführt. Ebenso wurde nach der Sicherung der auf dem Webserver erstellte Dump wieder entfernt. Bareos konnte die Sicherung erfolgreich durchführen.

Mit dieser Methode können Sie nahezu jeden Serverdienst einfach sichern, ohne sich Gedanken über Inkonsistenzen machen zu müssen.

35.8.1   Und noch mal bitte: »Plug-ins«

Bareos stellt Administratoren eine mächtige Waffe zur Verfügung: *Plug-ins*. Neben der bisher vorgestellten Methode, vor und nach einer Sicherung Befehle, beziehungsweise Skripte, von Bareos ausführen zu lassen, können diese Funktionen auch von Plug-ins übernommen werden.

Der Vorteil dieser Sicherungsmethode besteht darin, dass auf dem Client kein zusätzlicher Plattenplatz benötigt wird, da die Sicherung durch das Plug-in die Datenbank-Dumps direkt auf dem Backup-Server ablegt, ohne sie vorher lokal zu erzeugen, zu übertragen und anschließend zu entfernen. Dies ist gerade bei großen Datenbanksystemen, die rappelvoll sind, ein erheblicher Vorteil.

Plug-ins werden von Bareos auf dem Client ausgeführt und erleichtern einige Sicherungsaufträge erheblich. Damit die bereits bekannte MySQL-Datenbank über Plug-ins gesichert werden kann, müssen Sie zunächst auf dem Client das Paket `bareos-filedaemon-python-plugin` installieren und zusätzliche Plug-ins so aus dem Bareos-Git-Repository laden und kopieren, wie in Listing 35.72 gezeigt:

```
daniel@web:~$ sudo apt-get install bareos-filedaemon-python-plugin
[…]
daniel@web:~$ git clone https://github.com/bareos/bareos-contrib
Klone nach 'bareos-contrib' ...
[…]
daniel@web:~$ cd bareos-contrib/fd-plugins/mysql-python/
daniel@web:./mysql-python$ sudo cp * /usr/lib/bareos/plugins/
[…]
```
Listing 35.72 Installation der Plug-ins

Damit der lokale *FileDaemon* die Plug-ins verwenden kann, müssen Sie Bareos dies in der Konfigurationsdatei */etc/bareos/bareos-fd.conf* mitteilen. Passen Sie die Konfiguration dafür so an wie in Listing 35.73:

```
FileDaemon {
  Name = web-fd
  Maximum Concurrent Jobs = 20

  Plugin Directory = /usr/lib/bareos/plugins
  Plugin Names = "python"
  compatible = no
}
```
Listing 35.73 Konfiguration des »FileDaemon« auf »web.example.com«

Da Plug-ins eine neue Funktion von Bareos darstellen – beziehungsweise wie Plug-ins in Bareos funktionieren –, wird damit die Kompatibilität zu Bacula gebrochen. Daher muss zwingend in der Konfiguration die Direktive `compatible` auf `no` gesetzt werden.

Damit ist die Client-Konfiguration abgeschlossen, und wir können auf dem Backup-Server fortfahren. Öffnen Sie die Datei *filesets.conf*, und erstellen Sie ein neues *FileSet* mit dem Inhalt aus Listing 35.74:

```
FileSet {
    Name = "mysql"
    Include {
      Options {
        signature = MD5
      }
      Plugin = "python:module_path=/usr/lib/bareos/plugins:module_name=\
      bareos-fd-mysql:db=kunden,data,webdev:mysqluser=bareos:mysqlpassword=<DB PW>"
    }
}
```

Listing 35.74 Konfiguration des »FileSets« in »filesets.conf«

Wie Sie in Listing 35.74 sehen, wurde die sonst stets vorhandene Direktive `File` durch `Plug-in` ersetzt. Die anschließende Konfigurationszeile definiert zunächst die Sprache, dann den Plug-in-Pfad, schließlich das Modul und dessen Parameter. Dabei erfolgt die Trennung der einzelnen Angaben mit einem Doppelpunkt. Fügen Sie hier anstelle des Platzhalters `<DB PW>`, das Passwort für den Bareos-Datenbankbenutzer ein, das Sie zuvor vergeben haben.

Wie üblich muss jetzt noch ein Auftrag für die Sicherung eingerichtet werden. Fügen Sie dafür die Zeilen aus Listing 35.75 der Datei *clients.conf* hinzu:

```
Job {
  Name = "BackupMySQL"
  JobDefs = "DefaultJob"
  Client = web-fd
  FileSet = "mysql"
}
```

Listing 35.75 Anpassungen des »Job« in »clients.conf«

Nach einem Neustart des *Directors* mit `sudo systemctl restart bareos-dir` kann auch die Sicherung über das Plug-in getestet werden. Nachdem Sie den Job auf der *bconsole* mit `run job=BackupMySQL yes` gestartet haben, können Sie sich, nachdem die Sicherung abgeschlossen wurde, mit dem Befehl `messages` den Verlauf anzeigen lassen:

```
[...]
13-Mai 16:53 web-fd JobId 34: Starting backup of /_mysqlbackups_/webdev.sql
13-Mai 16:53 web-fd JobId 34: Starting backup of /_mysqlbackups_/data.sql
13-Mai 16:53 web-fd JobId 34: Starting backup of /_mysqlbackups_/kunden.sql
[...]
  FD termination status:  OK
  SD termination status:  OK
  Termination:            Backup OK
```

Listing 35.76 Kontrolle der Plug-in-Datenbanksicherung mit »messages«

Wie in Listing 35.76 zu sehen ist, werden die Datenbank-Dumps durch die Sicherung mit dem Plug-in im Pseudo-Verzeichnis /_mysqlbackups_ abgelegt. Bei einer Wiederherstellung müssen Sie also danach Ausschau halten.

35.9   Dateien wiederherstellen

Was nützen unzählige Sicherungen, wenn die Daten nicht auch wiederhergestellt werden können? In diesem Abschnitt zeigen wir Ihnen, wie Sie Ihre wertvollen Daten wieder zum Leben erwecken.

Damit Bareos Dateien oder Verzeichnisse wiederherstellen kann, benötigt es, analog zur Sicherung, einen Auftrag. Dieser ist bereits nach der Installation vorhanden und wurde von uns auch schon konfiguriert. Nichtsdestotrotz werfen wir noch mal einen Blick auf die Konfiguration. Listing 35.77 zeigt den Wiederherstellungsjob RestoreFiles:

```
Job {
  Name = "RestoreFiles"
  Type = Restore
  Client=backup-fd
  FileSet="Linux All"
  Storage = File
  Pool = Incremental
  Messages = Standard
  Where = /tmp/bareos-restores
}
```

Listing 35.77 Kontrolle der Datenbanksicherung mit »messages«

Generell sind die Werte in diesem Auftrag aber nicht fix, sondern werden je nach Wiederherstellung angepasst. Die Wertigkeiten in der Konfiguration spielen also keine allzu große Rolle.

Die Wiederherstellung findet ebenfalls wieder über die *bconsole* statt. Dort können Sie über den Befehl run den Wiederherstellungsauftrag absetzen. Listing 35.78 zeigt den ersten Schritt im Dialog zur Wiederherstellung:

```
*run
Automatically selected Catalog: MyCatalog
Using Catalog "MyCatalog"
A job name must be specified.
The defined Job resources are:
     1: BackupClient1
     2: BackupCatalog
     3: RestoreFiles
```

```
      4: BackupWeb
      5: BackupMySQL
      6: BackupW10entw
Select Job resource (1-6): 3
Please enter a JobId for restore: 34
Run Restore job
JobName:      RestoreFiles
Bootstrap:    *None*
Where:        /tmp/bareos-restores
Replace:      Always
Client:       backup-fd
Format:       Native
Storage:      File
JobId:        34
When:         2016-05-13 16:59:40
Catalog:      MyCatalog
Priority:     10
Plugin Options: *None*
```

Listing 35.78 Wiederherstellung in der »bconsole«

Nach dem Aufruf von run werden Sie aufgefordert, einen Auftrag auszuwählen. Da wir Dateien wiederherstellen wollen, wählen wir 3. Anschließend werden wir nach einer Job-ID gefragt. Falls Sie nicht sicher sind, von welchem Auftrag Sie die Wiederherstellung durchführen wollen, können Sie sich mit list jobs einfach alle bisherigen Aufträge anzeigen lassen. Nach der Eingabe der Job-ID wird Ihnen der Sicherungsauftrag präsentiert. Dabei werden die Daten aus dem angegebenen Auftrag und der vorher getroffenen Konfiguration gebildet. Anschließend können Sie den Auftrag mit yes ausführen, mit mod verändern oder mit no abbrechen.

Der Auftrag aus Listing 35.78 würde im Übrigen fehlschlagen, da keine *Bootstrap*-Datei angegeben ist – was durch *None* dargestellt wird. Diese Datei müssen Sie also ergänzen. Geben Sie daher mod ein. Listing 35.79 zeigt den weiteren Verlauf:

```
OK to run? (yes/mod/no): mod
Parameters to modify:
     1: Level
     2: Storage
     3: Job
     4: FileSet
     5: Restore Client
     6: Backup Format
     7: When
     8: Priority
```

```
 9: Bootstrap
10: Where
11: File Relocation
12: Replace
13: JobId
14: Plugin Options
Select parameter to modify (1-14): 9
Please enter the Bootstrap file name: /var/lib/bareos/web-fd.bsr
Run Restore job
JobName:    RestoreFiles
Bootstrap:  /var/lib/bareos/web-fd.bsr
Where:      /tmp/bareos-restores
Replace:    Always
Client:     backup-fd
Format:     Native
Storage:    File
JobId:      34
When:       2016-05-13 17:04:34
Catalog:    MyCatalog
Priority:   10
Plugin Options: *None*
OK to run? (yes/mod/no): yes
```

Listing 35.79 Die Wiederherstellung mit »mod« bearbeiten

Wie Sie in Listing 35.79 sehen, wird Ihnen nach Angabe von mod ein weiteres Menü präsentiert. Da wir die Bootstrap-Datei verändern wollen, haben wir 9 gewählt. Danach haben wir die Datei mit Pfad angegeben (/var/lib/bareos/web-fd.bsr). Anschließend wird erneut die Konfiguration des Jobs dargestellt. Da nun alle Parameter korrekt sind, können Sie den Auftrag durch Eingabe von yes starten.

Über den Befehl messages können Sie nach Beendigung des Auftrags alle Informationen dazu einsehen. Listing 35.80 zeigt (gekürzt) die Ausgabe:

```
[…]
 Job:                RestoreFiles.2016-05-13_17.05.40_17
  Restore Client:    backup-fd
  Start time:        13-Mai-2016 17:05:42
  End time:          13-Mai-2016 17:05:42
  Elapsed time:      0 secs
  Files Expected:    0
  Files Restored:    6
  Bytes Restored:    7,716,133
  Rate:              0.0 KB/s
  FD Errors:         0
```

```
   FD termination status:  OK
   SD termination status:  OK
   Termination:            Restore OK
[…]
```

Listing 35.80 Meldungen zur Wiederherstellung

Wie Sie in Listing 35.80 sehen, wurde die Wiederherstellung erfolgreich durchgeführt und dabei 6 Dateien wiederhergestellt. Diese befinden sich nun im angegebenen Wiederherstellungsverzeichnis unter */tmp/bareos-restores* auf dem Backup-Server.

Dies ist aber nur eine Möglichkeit, eine Wiederherstellung anzustoßen. Bequemer können Sie dies mit dem Kommando restore erreichen. Auch von ihm werden Sie mit einem Dialog ans Ziel geleitet. Listing 35.81 zeigt einen möglichen Ablauf:

```
*restore
Using Catalog "MyCatalog"

First you select one or more JobIds that contain files
to be restored. You will be presented several methods
of specifying the JobIds. Then you will be allowed to
select which files from those JobIds are to be restored.

To select the JobIds, you have the following choices:
     1: List last 20 Jobs run
     2: List Jobs where a given File is saved
     3: Enter list of comma separated JobIds to select
     4: Enter SQL list command
     5: Select the most recent backup for a client
     6: Select backup for a client before a specified time
     7: Enter a list of files to restore
     8: Enter a list of files to restore before a specified time
     9: Find the JobIds of the most recent backup for a client
    10: Find the JobIds for a backup for a client before a specified time
    11: Enter a list of directories to restore for found JobIds
    12: Select full restore to a specified Job date
    13: Cancel
Select item:  (1-13): 5
Defined Clients:
     1: backup-fd
     2: w10entw-fd
     3: web-fd
Select the Client (1-3): 3
```

Listing 35.81 »restore« starten und Client auswählen

Nach diesem Aufruf können Sie zwischen unterschiedlichen Methoden wählen, um an einen Sicherungsauftrag zu gelangen. Wir haben 5 gewählt, um die aktuellste Sicherung des Clients zu erhalten. Anschließend stellt Bareos uns vor die Wahl, von welchem Client wir Dateien wiederherstellen möchten.

Listing 35.82 zeigt den weiteren Verlauf:

```
The defined FileSet resources are:
     1: mysql
     2: webserver
Select FileSet resource (1-2): 2
+-------+-------+----------+-------------+---------------------+------------------+
| jobid | level | jobfiles | jobbytes    | starttime           | volumename       |
+-------+-------+----------+-------------+---------------------+------------------+
|    17 | F     |      223 | 257,848,915 | 2016-05-13 15:09:20 | Full-0001        |
|    36 | I     |        7 |  11,597,598 | 2016-05-13 17:14:04 | Incremental-0002 |
+-------+-------+----------+-------------+---------------------+------------------+
You have selected the following JobIds: 17,36

Building directory tree for JobId(s) 17,36 ...   ++++++++++++++++++++++++++++++++++++
212 files inserted into the tree.

You are now entering file selection mode where you add (mark) and
remove (unmark) files to be restored. No files are initially added, unless
you used the "all" keyword on the command line.
Enter "done" to leave this mode.
```
Listing 35.82 »restore«: Auswahl des Jobs

Bareos hat uns zunächst vor die Wahl des *FileSets* gestellt – falls nur eines vorhanden ist, wird es automatisch gewählt. Da wir nicht die Datenbanken, sondern die Webdaten wiederherstellen wollen, haben wir 2 ausgewählt. Daraufhin hat Bareos das *FileSet* geladen und die Sicherungen zusammengestellt – den Auftrag 17 als letzte vollständige Sicherung und den Auftrag 36 als letzte inkrementelle Sicherung. Daraus erstellt Bareos nun eine Dateiliste.

Nun werden Sie auf eine Shell geleitet, in der Sie sich wie auf einem Filesystem bewegen können – zum Beispiel mit ls zum Anzeigen der Dateien im aktuellen Verzeichnis oder mit cd zum Wechseln in ein anderes Verzeichnis (sogar die Vervollständigung mit der Tabulaturtaste funktioniert hier).

In dieser Shell müssen Sie Verzeichnisse oder Dateien, die Sie wiederherstellen möchten, mit dem Befehl mark markieren. Falls Sie einmal übers Ziel hinaus geschossen sind, ist das kein Problem: Mit unmark können Sie die Auswahl auch wieder aufheben. Sie beenden die Auswahl mit dem Befehl done. Listing 35.83 zeigt den Ablauf der Dateiauswahl:

```
cwd is: /
$ cd /etc/apache2
cwd is: /etc/apache2/
$ dir
-rw-r--r--  1 root  root    7115 2016-03-25 14:29:00  /etc/apache2/apache2.conf
drwxr-xr-x  2 root  root    4096 2016-05-11 18:10:27  /etc/apache2/conf-available/
drwxr-xr-x  2 root  root    4096 2016-03-25 14:29:04  /etc/apache2/conf-enabled/
-rw-r--r--  1 root  root    1782 2016-03-25 14:29:00  /etc/apache2/envvars
-rw-r--r--  1 root  root   31063 2016-03-25 14:29:00  /etc/apache2/magic
drwxr-xr-x  2 root  root   12288 2016-05-11 18:10:27  /etc/apache2/mods-available/
drwxr-xr-x  2 root  root    4096 2016-03-25 15:15:52  /etc/apache2/mods-enabled/
-rw-r--r--  1 root  root     320 2016-03-25 14:29:03  /etc/apache2/ports.conf
drwxr-xr-x  2 root  root    4096 2016-05-11 18:10:27  /etc/apache2/sites-available/
drwxr-xr-x  2 root  root    4096 2016-03-25 15:16:07  /etc/apache2/sites-enabled/
$ mark apache2.conf
1 file marked.
$ mark magic
1 file marked.
$ mark *.conf
2 files marked.
$ done
```

Listing 35.83 Auswahl der wiederherzustellenden Dateien mit »mark«

Wie Sie Listing 35.83 entnehmen können, müssen Sie nicht jede Datei einzeln auswählen, auch das Arbeiten mit Wildcards ist möglich (im Beispiel verwenden wir das Sternchen für alle Dateien mit der Endung conf). Nach Beendigung der Auswahl mit done wird Ihnen eine Zusammenfassung des Auftrags ausgegeben, wie in Listing 35.84 dargestellt:

```
Bootstrap records written to /var/lib/bareos/backup-dir.restore.1.bsr

The job will require the following
   Volume(s)                 Storage(s)               SD Device(s)
===========================================================================
   Full-0001                 File                     FileStorage

Volumes marked with "*" are online.



3 files selected to be restored.

Run Restore job
JobName:       RestoreFiles
Bootstrap:     /var/lib/bareos/backup-dir.restore.1.bsr
```

```
Where:              /tmp/bareos-restores
Replace:            Always
FileSet:            Linux All
Backup Client:      web-fd
Restore Client:     web-fd
Format:             Native
Storage:            File
When:               2016-05-13 17:16:15
Catalog:            MyCatalog
Priority:           10
Plugin Options:     *None*
OK to run? (yes/mod/no): mod
```

Listing 35.84 Übersicht der Auswahl und des Auftrags

Wie Sie Listing 35.84 entnehmen können, hat Bareos die Auswahl korrekt erkannt und den Auftrag entsprechend angepasst. Des Weiteren können Sie dem Listing entnehmen, dass die Wiederherstellung auf dem Client durchgeführt werden soll. Falls Sie die Dateien auf Ihrem *Director* wiederhergestellt bekommen möchten, müssen Sie mod eingeben und den Auftrag so anpassen wie in Listing 35.85 dargestellt:

```
Parameters to modify:
     1: Level
     2: Storage
     3: Job
     4: FileSet
     5: Restore Client
     6: Backup Format
     7: When
     8: Priority
     9: Bootstrap
    10: Where
    11: File Relocation
    12: Replace
    13: JobId
    14: Plugin Options
Select parameter to modify (1-14): 5
The defined Client resources are:
     1: backup-fd
     2: web-fd
     3: w10entw-fd
Select Client (File daemon) resource (1-3): 1
Run Restore job
JobName:            RestoreFiles
```

```
Bootstrap:        /var/lib/bareos/backup-dir.restore.1.bsr
Where:            /tmp/bareos-restores
Replace:          Always
FileSet:          Linux All
Backup Client:    web-fd
Restore Client:   backup-fd
Format:           Native
Storage:          File
When:             2016-05-13 17:16:15
Catalog:          MyCatalog
Priority:         10
Plugin Options:   *None*
OK to run? (yes/mod/no): yes
```

Listing 35.85 Wiederherstellung auf dem »Director« ausführen

Nach Auswahl von Punkt 5, um den Wiederherstellungs-Client zu verändern, werden Sie gefragt, auf welchem Client Sie die Wiederherstellung ausführen lassen wollen. Wir haben den *Director* gewählt (*backup-fd*). Anschließend wird Ihnen nochmals die Auftragsübersicht präsentiert, die wir nun durch Eingabe von yes akzeptieren. Die ausgewählten Dateien werden nun auf dem Backup-Server in das Verzeichnis /tmp/bareos-restore zurückgesichert.

Noch einfacher gelingt die Wiederherstellung mit einer GUI. Die Möglichkeiten dazu sehen wir uns in den kommenden Abschnitten genauer an.

35.10   Das Bareos-Admin-Tool »bat«

Falls Sie über einen Ubuntu-Desktop verfügen, könnte *bat* das Administrationstool Ihrer Wahl werden. Mit dem Programm ist es möglich, sich mit einem *Director* zu verbinden und alle Befehle, die Sie sonst mühsam in der *bconsole* eingeben müssten, bequem über eine GUI abzusetzen.

35.10.1   Installation

Das Programm *bat* wird mit dem Paket *bareos-bat* installiert, das Bestandteil der Paketquellen von Ubuntu ist. Daher kann es, wie in Listing 35.86 dargestellt, direkt installiert werden. Anschließend müssen Sie nur noch eine Konfigurationsdatei anlegen, und schon ist *bat* einsatzbereit.

```
daniel@ubuntu:~$ sudo apt-get install bareos-bat
[...]
```

Listing 35.86 Installation von »bat«

35.10.2   Konfiguration

Die Konfiguration erfolgt in der Datei */etc/bareos/bat.conf*. Nach der Installation ist diese Datei bereits vorhanden. Passen Sie die Direktiven so an wie in Listing 35.87: Neben dem Name (im Beispiel backup-dir) müssen Sie noch die Platzhalter korrigieren. Ersetzen Sie den Platzhalter <BACKUP-SERVER> durch die IP-Adresse oder den Namen Ihres Backup-Servers und den Platzhalter <DIRECTOR PW> durch das Passwort aus der Sektion *Director* der Datei *bareos-dir.conf* von Ihrem Backup-Server.

```
Director {
  Name = backup-dir
  DIRport = 9101
  address = <BACKUP-SERVER>
  Password = "<DIRECTOR PW>"
}
```

Listing 35.87 Konfiguration des »bat« in »/etc/bareos/bat.conf«

35.10.3   Ausführen von »bat«

Da die Konfigurationsdatei eingeschränkte Rechte hat, müssen Sie zunächst Ihren Benutzer (im Beispiel daniel) zur Gruppe bareos hinzufügen. Führen Sie dafür das Kommando aus Listing 35.88 aus:

```
daniel@milkyway:~$ sudo usermod daniel -G bareos
```

Listing 35.88 So fügen Sie den Benutzer »daniel« zur Gruppe »bareos« hinzu.

Damit die Änderungen wirksam werden, müssen Sie sich zunächst einmal ab- und wieder anmelden. Nun können Sie über die *Dash-Startseite* nach bat suchen und das Programm starten. Anschließend öffnet sich *bat* mit den Startfenster aus Abbildung 35.13.

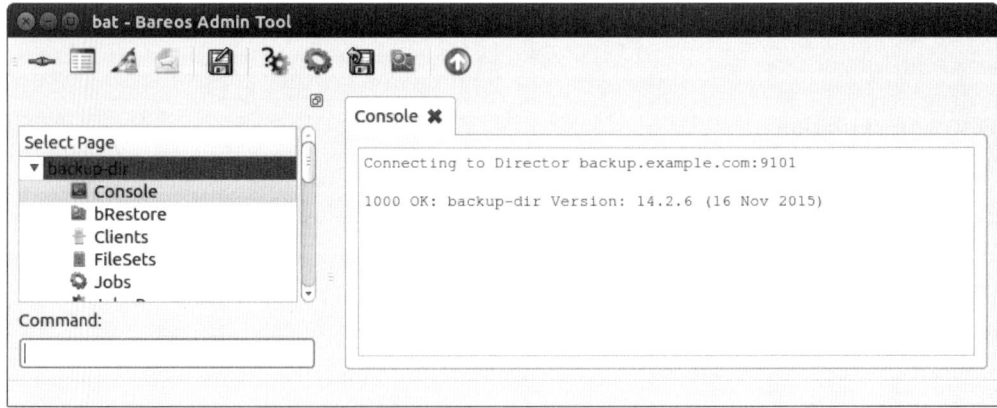

Abbildung 35.13 Startbildschirm von »bat«

Im linken Teil des Fensters finden Sie das Menü, in dem Sie die unterschiedlichen Bereiche öffnen können. Darunter befindet sich das Eingabefeld COMMAND. Dort können Sie beliebig *bconsole*-Befehle absetzen. Die Ausgabe sowie der Befehl selbst werden nach dem Absetzen des Befehls im rechten Fensterbereich dargestellt.

Wenn Sie im linken Menü den Punkt CLIENTS anklicken, wird Ihnen eine übersichtliche Zusammenfassung der eingerichteten Clients angezeigt (siehe Abbildung 35.14).

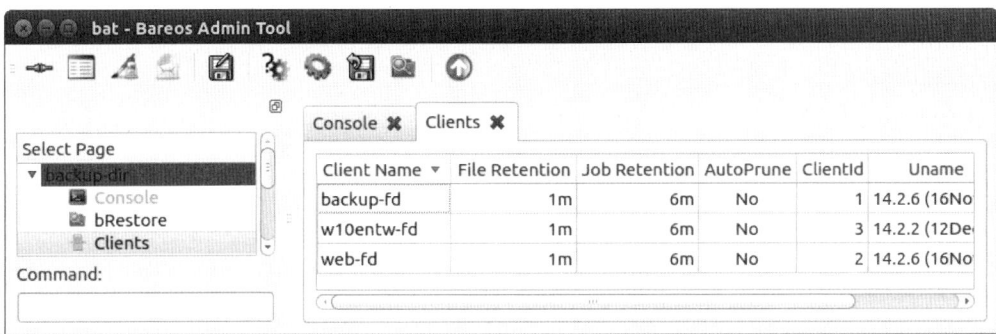

Abbildung 35.14 Client-Übersicht in »bat«

Über den Punkt BRESTORE können Sie eine Wiederherstellung anstoßen. Wenn Sie darauf klicken, öffnet sich das Fenster aus Abbildung 35.15.

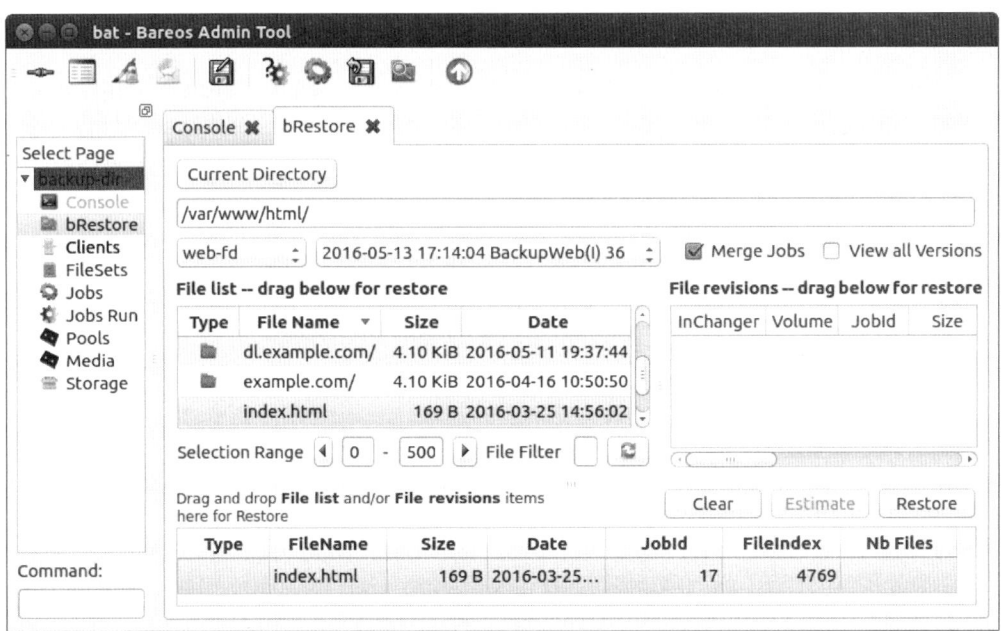

Abbildung 35.15 Dateiauswahl zur Wiederherstellung in »bat«

Dort können Sie einfach einen Client, die entsprechende Sicherung und letztendlich über eine Dateinavigation die Verzeichnisse und Dateien für eine Wiederherstellung auswählen.

Möchten Sie Dateien oder Verzeichnisse wiederherstellen, ziehen Sie diese einfach aus dem Bereich FILE LIST mit der Maus in das Feld darunter. Über einen Klick auf den Button RESTORE können Sie den Wiederherstellungsdialog aus Abbildung 35.16 öffnen.

Abbildung 35.16 Wiederherstellung in »bat«

Dort können Sie den Client wählen, auf dem die Dateien wiederhergestellt werden, und bestimmen, in welchem Verzeichnis diese abgelegt werden. Nach einem Klick auf den Button COMPUTE WITH DIRECTORIES beginnt die Wiederherstellung. Das Programm *bat* kann im täglichen Umgang mit Bareos ein wahrer Segen sein. Es erleichtert nicht nur die Navigation durch die Sicherungen und Clients, sondern es bietet auch gleichzeitig eine äußerst bequeme Möglichkeit, einzelne Dateien für eine Wiederherstellung auszuwählen.

35.11   Komfortabel: »bareos-webui«

Schnell prüfen, ob die letzten Sicherungen erfolgreich gelaufen sind, oder nachschlagen, ob der Kollege für den neuen Server bereits ein Backup eingerichtet hat – mit *bareos-webui* ist das kein Problem. Das kleine nützliche Tool bereitet die sonst eher trockenen Bareos-Daten in einem hübschen Webkleid auf und stellt sie (auch für das Management tauglich) übersichtlich dar. Leider ist *bareos-webui* aber dem Motto »nur gucken, nicht anfassen« treu. Daher ist es damit nicht möglich, Befehle abzusetzen oder Konfigurationen zu verändern. Dafür ist es aber sehr leicht zu installieren und sieht verdammt gut aus.

Da die Bareos-Webui über einige Abhängigkeiten verfügt und leider derzeit noch nicht als Paket für Ubuntu 16.04 bereitgestellt wird, müssen wir vor der Installation aus den Quellen einige Vorbereitungen treffen.

Vorbereitung: »apache2« und »php«

Installieren Sie zunächst den Webserver Apache für Bareos-Webui mit dem üblichen Befehl `sudo apt-get install apache2`.

Leider setzt die Bareos-Webui in der Version 14.2 auf PHP in der Version 5.6, was in Ubuntu 16.04 nicht mehr enthalten ist. Daher müssen Sie das inoffizielle PPA-Repository von *Ondřej Surý* verwenden. Führen Sie die Befehle aus, Listing 35.89 aus um das Repository hinzuzufügen und PHP-5.6 zu installieren:

```
daniel@backup:~$ sudo add-apt-repository ppa:ondrej/php
[…]
daniel@backup:~$ sudo apt-get update
[…]
daniel@backup:~$ sudo apt-get install php5.6 libapache2-mod-php5.6 php5.6-zip \
 php5.6-mbstring php5.6-pgsql
[…]
```

Listing 35.89 Installation von PHP-5.6

Anschließend müssen Sie noch ein benötigtes Apache-Modul aktivieren. Setzen Sie dafür den Befehl aus Listing 35.90 ab:

```
daniel@backup:~$ sudo a2enmod rewrite
Enabling module rewrite.
To activate the new configuration, you need to run:
  service apache2 restart
```

Listing 35.90 Aktivieren des Apache-Moduls: »mod_rewrite«

An dieser Stelle müssen Sie der Empfehlung aus Listing 35.90, den Webserver neu zu starten, noch nicht folgen. Vorab sind noch ein paar weitere Konfigurationen notwendig.

Installation von »bareos-webui«

Auch wenn die eigentliche Installation hiernach noch nicht lauffähig ist, benötigen wir bereits jetzt Dateien von der Bareos-Webui. Laden Sie daher das *bareos-webui*-Archiv mittels `git` herunter, so wie in Listing 35.91 dargestellt:

```
daniel@backup:~$ git clone --branch bareos-14.2 http://github.com/bareos/bareos-webui
Klone nach 'bareos-webui' ...
[…]
```

Listing 35.91 Herunterladen von »bareos-webui«

Der Aufruf aus Listing 35.91 speichert alle benötigten Dateien im Home-Verzeichnis des angemeldeten Benutzers (*/home/<USER>/bareos-webui*) ab. Beachten Sie, dass Sie explizit die Version 14.2 angeben müssen, da ansonsten der Hauptzweig geladen wird (15.2).

Anschließend müssen noch die benötigten Verzeichnisse erstellt werden. Dafür genügen die Kommandos aus Listing 35.92:

```
daniel@backup:~$ sudo mkdir -p /usr/share/bareos-webui
daniel@backup:~$ sudo mkdir -p /etc/bareos-webui/
```

Listing 35.92 Verzeichnisse für »bareos-webui« erstellen

Nun können Sie die Dateien an ihren Bestimmungsort bringen. Führen Sie dafür die Befehle aus Listing 35.93 aus. Achten Sie darauf, dass die Befehle stets in einer Zeile geschrieben werden müssen:

```
daniel@backup:~$ cd bareos-webui
daniel@backup:~/bareos-webui$ sudo cp -pr init_autoloader.php config/ data/ \
 module/ public/ vendor/ composer.* /usr/share/bareos-webui
daniel@backup:~/bareos-webui$ sudo cp -p install/directors.ini \
 /etc/bareos-webui/directors.ini
daniel@backup:~/bareos-webui$ sudo install -c -m 0644 \
 install/bareos/bareos-webui.conf /etc/bareos/bareos-dir.d/
daniel@backup:~/bareos-webui$ sudo install -c -m 0640 \
 install/apache/bareos-webui.conf /etc/apache2/conf-available/
```

Listing 35.93 Dateien für »bareos-webui« verteilen

Vorbereitung: »Zend-Framework«

Die Weboberfläche von Bareos setzt auf das *Zend-Framework 2* auf. Daher müssen Sie dieses zunächst installieren. Leider ist in den Paketquellen von Ubuntu 16.04 nur die Version 1.11 enthalten. Keine Sorge, Sie müssen die mühsame Installation nicht von Hand durchführen – dafür verwenden wir den PHP-Abhängigkeitsverwalter *composer*.

Diesen können Sie einfach über den Aufruf aus Listing 35.94 installieren. Dabei wird die Programm-Suite mit curl heruntergeladen und mit php installiert:

```
daniel@backup:~$ curl -sS https://getcomposer.org/installer | sudo \
 php -- --install-dir=/usr/local/bin --filename=composer
```

Listing 35.94 Installation von »composer«

Nun können Sie die Installation des Zend-Framework 2 bequem mit dem Aufruf aus Listing 35.95 durchführen lassen. Achten Sie aber darauf, dass Sie sich im Verzeichnis der bereits heruntergeladenen Quellen von Bareos-Webui befinden müssen. Die zweifache Angabe der doppelten Bindestriche ist im übrigen kein Fehler, sondern muss so erfolgen.

```
daniel@backup:~$ cd /usr/share/bareos-webui/
daniel@backup:/usr/share/bareos-webui$ ./composer.phar install

Warning: This development build of composer is over 60 days old. It is
recommended to update it by running "./composer.phar self-update" to get the
latest version.
Loading composer repositories with package information
Installing dependencies (including require-dev)
  - Installing zendframework/zend-i18n (2.4.10)
    Downloading: 100%

  - Installing zendframework/zend-servicemanager (2.4.10)
    Downloading: 100%
[...]
Writing lock file
Generating autoload files
```

Listing 35.95 Installation des »zend-framework 2«

35.11.1 Vorbereitung: Anmeldedaten

Da nun alle benötigten Komponenten vorhanden sind, können wir die Installation abschließen. Zu guter Letzt müssen Sie noch die Anmeldedaten für Benutzer einrichten, die mit der Bareos-Webui arbeiten sollen.

Während der Installation haben wir bereits die dazu benötigte Konfigurationsdatei angelegt: *bareos-webui.conf*. In dieser Datei werden die Anmeldedaten und die Berechtigungen festgelegt. Nach der Installation enthält die Datei */etc/bareos/bareos-dir.d/bareos-webui.conf* die Zeilen aus Listing 35.96 (ohne Kommentare):

```
Profile {
  Name = user1
  Password = "CHANGEME"
  CommandACL = cancel, messages, rerun, restore, run, show, status, version
  Job ACL = *all*
  Schedule ACL = *all*
  Catalog ACL = *all*
  Pool ACL = *all*
  Storage ACL = *all*
  Client ACL = *all*
  FileSet ACL = *all*
  #Where ACL = *all*
}
```

Listing 35.96 Inhalt von »webui-profiles.conf«

Passen Sie hier die Direktive Name an den Benutzernamen an, mit dem Sie sich anmelden möchten. Ebenso müssen Sie hier die Direktive Password anpassen. Falls Sie direkt mehrere Benutzer anlegen möchten, kopieren Sie einfach den gesamten Block und passen die Direktiven an.

Wollen Sie Benutzer mit eingeschränkten Rechten anlegen, können Sie dies tun, indem Sie das vorhandene Profil kopieren und die Direktiven entsprechend anpassen. Der Platzhalter *all* wird von der Bareos-Webui im Übrigen, wie Sie sich wahrscheinlich schon gedacht haben, durch alle Rechte ersetzt.

35.11.2 Anpassungen: Datenbank

Die Bareos-Webui verwendet einen eigenen Datenbankbenutzer. Damit dieser sich mit dem lokalen Datenbank-Server verbinden kann, müssen Sie diesen anlegen und ihm die benötigten Rechte einräumen. Auch hierzu stellt uns die Bareos-Webui ein nützliches Skript zur Verfügung. Führen Sie einfach die Befehle aus, Listing 35.97 aus um den Datenbankbenutzer einzurichten:

```
daniel@backup:~$ DB_USER=bareos_webui
daniel@backup:~$ DB_PASS=<DB PASSWORD>
daniel@backup:~$ sudo /usr/lib/bareos/scripts/bareos-config \
 get_database_grant_privileges postgresql $DB_USER $DB_PASS readonly > \
 /tmp/database_grant_privileges.sql
daniel@backup:~$ sudo su - postgres
postgres@backup:/home/daniel$ psql -d bareos -f /tmp/database_grant_privileges.sql
postgres@backup:/home/daniel$ exit
daniel@backup:~$ sudo rm /tmp/database_grant_privileges.sql
```

Listing 35.97 Den Datenbankbenutzer »bareos_webui« einrichten

In Listing 35.97 werden zunächst zwei Variablen definiert. Ersetzen Sie den Platzhalter <DB PASSWORD> durch ein beliebiges Passwort für den Bareos-Webui-Datenbankbenutzer. Anschließend werden mit dem Skript bareos-config die benötigten SQL-Statements in eine Datei geschrieben. Diese Datei wird danach als Benutzer postgres eingespielt. Zum Abschluss wird die temporäre Datei gelöscht.

Da PostgreSQL bekanntlich sehr streng ist, müssen Sie noch den Zugriff des Datenbankbenutzers auf den Datenbankdienst selbst erlauben. Öffnen Sie dafür die Datei */etc/postgresql/9.5/main/pg_hba.conf*, und ergänzen Sie sie so, dass sie die Zeilen aus Listing 35.98 enthält:

```
[...]
# Database administrative login by Unix domain socket
local   all             postgres                                peer
```

```
# TYPE   DATABASE        USER            ADDRESS           METHOD
host     bareos          bareos_webui    127.0.0.1/32      md5
host     bareos          bareos_webui    ::1/128           md5

# "local" is for Unix domain socket connections only
local    all             all                               peer      map=adminmap
[…]
```

Listing 35.98 Zugriffsrechte für »bareos_webui« einrichten

Damit diese Änderungen wirksam werden, müssen Sie den Datenbankserver noch mit sudo systemctl restart postgresql neu starten.

35.11.3   Abschluss der Installation

Damit Bareos die Benutzerkonfiguration verarbeiten kann, müssen wir diese in die Hauptkonfiguration des Directors importieren – wie bereits die Dateien *clients.conf* und *filesets.conf*. Das Ende der Datei */etc/bareos/bareos-dir.conf* sollte danach so aussehen wie in Listing 35.99:

```
# imports:
@/etc/bareos/bareos-dir.d/filesets.conf
@/etc/bareos/bareos-dir.d/clients.conf
@/etc/bareos/bareos-dir.d/bareos-webui.conf
```

Listing 35.99 Auszug der Datei »bareos-dir.conf«

Damit ist die Konfiguration nun endgültig abgeschlossen. Listing 35.100 zeigt die Befehle, die Sie benötigen, um die erstellte Konfiguration zu aktivieren und die beteiligten Dienste neu zu starten:

```
daniel@backup:~$ sudo a2enconf bareos-webui
Enabling conf bareos-webui.
To activate the new configuration, you need to run:
  service apache2 reload
daniel@backup:~$ sudo systemctl restart apache2
daniel@backup:~$ sudo systemctl restart bareos-dir.service
```

Listing 35.100 Aktivieren von »bareos-webui«

35.11.4   Der erste Aufruf: »Ein Test«

Öffnen Sie nun im Browser die URL *http://<IP-ADDRESS>/bareos-webui/install/test*. Diese URL prüft, ob die Installation und Konfiguration erfolgreich war. In Abbildung 35.17 sehen Sie die Ausgabe:

35

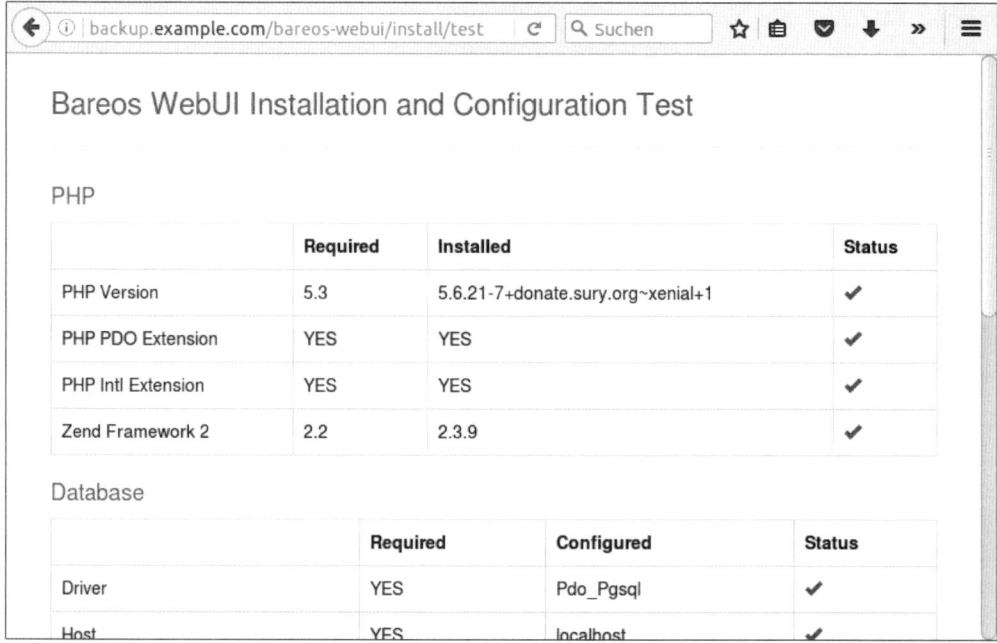

Abbildung 35.17 Testseite von »bareos-webui«

Wie Sie sehen, prüft Bareos-Webui, ob alle benötigten Komponenten vorhanden sind und ob diese auch korrekt konfiguriert wurden.

Sind alle Felder okay, können Sie die Anmeldeseite unter *http://<IP-ADDRESS>/bareos-webui* öffnen (siehe Abbildung 35.18).

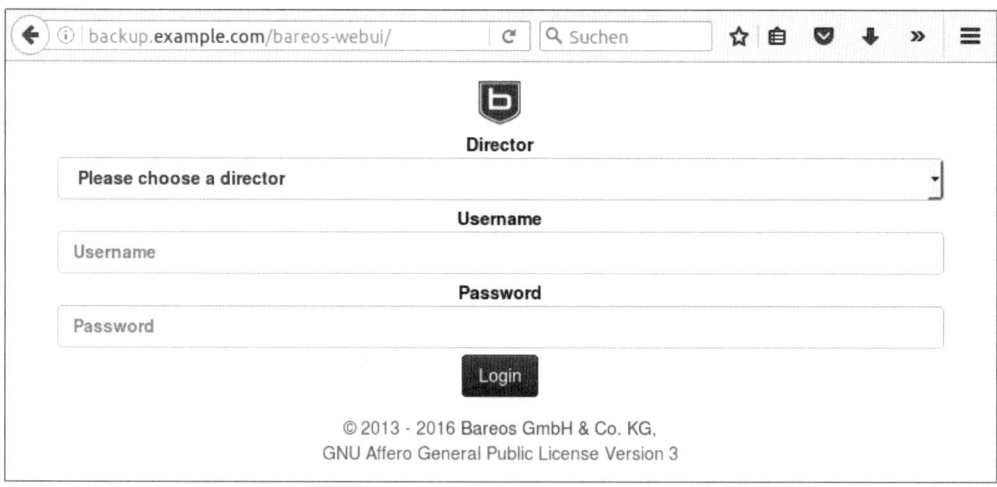

Abbildung 35.18 Testseite von »bareos-webui«

Wie Sie Abbildung 35.18 entnehmen können, müssen Sie zunächst den Director auswählen, an dem Sie sich anmelden möchten. Da wir keine gesonderte Konfiguration vorgenommen haben, steht Ihnen dort lediglich der lokale Director (local-dir) zur Verfügung. Nach der Eingabe der Anmeldedaten, die wir in *bareos-webui.conf* gesetzt haben, können Sie sich mit einem Klick auf LOGIN anmelden.

Anschließend öffnet sich das *Dashboard* (siehe Abbildung 35.19). Dort finden Sie bereits eine umfangreiche Übersicht zum aktuellen Status Ihres Bareos.

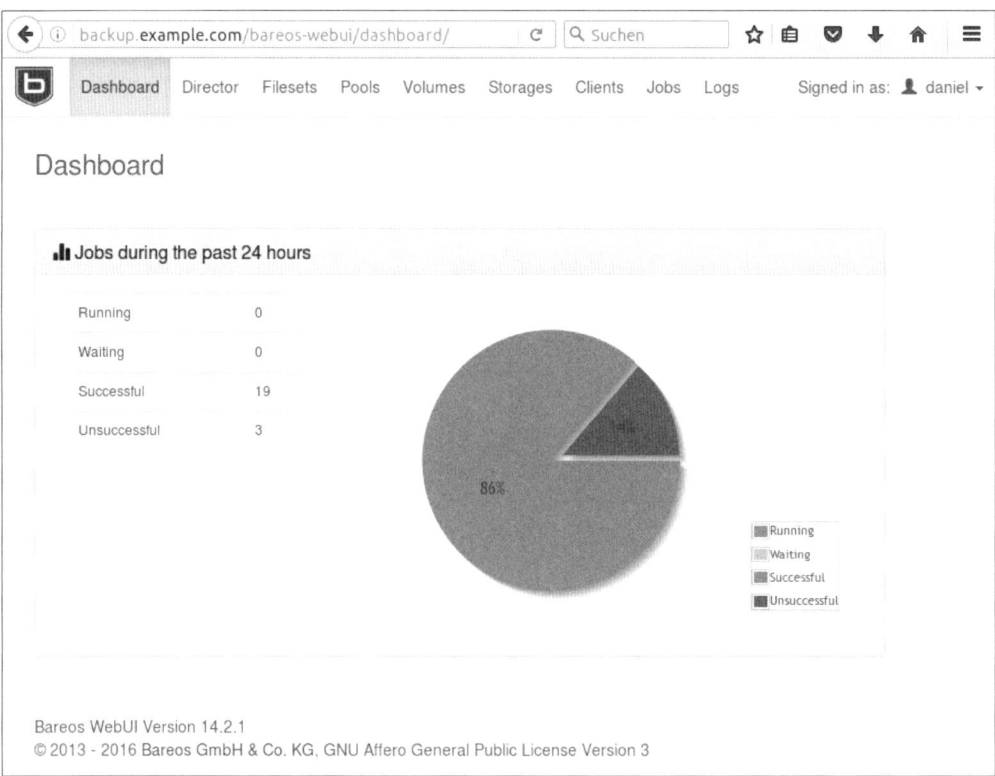

Abbildung 35.19 Das »Dashboard« der »bareos-webui«

Viele der Elemente sind anwählbar. Im oberen Bereich des Dashboards finden Sie zum Beispiel den Punkt CLIENTS, über den Sie Informationen zu den konfigurierten Client-Systemen erhalten können. Ebenso können Sie sich den Status der Jobs anzeigen lassen und die Ansicht sogar über Filter noch einschränken. Das Programm *bareos-webui* liefert Ihnen übersichtlich und schnell wichtige Informationen zu Ihren Sicherungen. Es ist ein hilfreiches Tool, um alles stets im Blick zu behalten.

Kapitel 36

Mehr Strom, Igor! Verbrauchsmessung mit Ubuntu

Das Thema »Heimautomation« ist ein sehr weites Feld und erfordert oft den Einsatz teurer Mess-, Steuer- und Regelkomponenten. Dieses Kapitel soll als Einstieg dienen und demonstriert, wie Sie mit überschaubarem Aufwand den Stromverbrauch Ihres Haushalts messen können.

Nicht nur beim Blick auf die Stromrechnung möchte man manchmal mehr Details wissen. Wäre es nicht spannend zu wissen, wie viel Strom in Ihrem Haushalt jetzt gerade verbraucht wird und zu welchen Uhrzeiten es Lastspitzen oder -täler gibt? In diesem Kapitel lernen Sie eine Möglichkeit kennen, genau das herauszufinden.

36.1   Den Stromzähler auslesen

Schauen Sie sich zunächst einmal Ihren Stromzähler an. Ist es noch ein altes Gerät mit der klassischen, sich drehenden Zählerscheibe? Dann haben Sie leider Pech – solche Zähler automatisiert auszulesen ist nur mit hohem bastlerischen Aufwand möglich.[1] Haben Sie dagegen einen der neuen Stromzähler, die kurz »eHZ« (elektronischer Heimzähler) genannt werden, dann ist die Sache deutlich einfacher. Diese Zähler besitzen an der Vorderseite eine Infrarotdiode, die die aktuellen Zählerstände alle paar Sekunden ungefragt in die Umgebung pulst.

Mit einem optischen Lesekopf, den man selbst bauen oder käuflich erwerben kann, werden die Daten ausgelesen. Sie stehen als serielles Signal zur Verfügung und können z.B. mit *minicom* dargestellt und gespeichert werden. Der Zähler sendet die Daten in der Regel mit 9600 Baud, 8 Bit ohne Parität. Wer es noch bequemer haben möchte, kann einen zusätzlichen Wandler wie den aus Abbildung 36.1 einsetzen. Er nimmt das serielle Signal vom optischen Lesekopf auf (das ist das obere Kabel) und stellt die Messdaten per HTTP zur Verfügung. Sie können sie dann einfach mit einem Browser oder dem Kommando wget auslesen.

---

1 Ein beliebter Ansatz ist, eine Webcam vor dem Zähler zu montieren, die zyklisch den Zählerstand abfotografiert, und die Zahlen dann mit einer OCR-Software aus dem Foto auszulesen. Leider funktioniert diese Methode nur bei sehr gleichmäßiger Ausleuchtung und hoher Bildqualität, sprich: in der Praxis eher selten.

Abbildung 36.1 Das schwarze Kästchen stellt die Zählerdaten per HTTP zur Verfügung.

36.1.1   Telegramme vom Smart Meter

Leider sind Sie, wenn Sie die Daten erhalten haben, noch nicht am Ziel. Sie bekommen einen Datenblock aus lauter Hexadezimalwerten, etwa so:

```
SML(1B1B1B1B0101010101760700120003CB6736200620072630101760101070012001130D
109080C2AEC2D4C5886010163CFC50076070012003CB674620062007263070177010908
0C2AEC2D4C5886017262016500117A0E7977078181C78203FF0101010104454D4801770
70100000009FF0101010109080C2AEC2D4C58860177070100010800FF63018201621E52F
F56000014FDEF0177070100020800FF63018201621E52FF5600003ED1F601770701000108
01FF0101621E52FF56000014FDEF0177070100020801FF0101621E52FF5600003ED1F6017
7070100010802FF0101621E52FF56000000000000001770701000F0700FF0101621B52FF5500
001DB60177078181C78205FF010101018302CE76D79A808753C7F4B0A5799BEA8B017D
95DCC2D4E8A2F25FB5998D20AA5C69754C8001FA564EDA8E532CA0BAD4BC850101016
37ADD0076070012003CB67762006200726302017101632391000000001B1B1B1B1A03D
ED0)
```

Listing 36.1 Ein SML-Datenblock

Auch wenn der Datenwust zunächst eher unsortiert wirkt, hat das Chaos doch Methode, denn das Datenformat ist standardisiert. Es heißt SML (*Smart Message Language*) und ist entfernt mit XML verwandt. Einen einzelnen Datenblock wie den aus Listing 36.1 nennt man ein SML-Telegramm. Die gute Nachricht ist, dass die für Sie interessanten Daten – der Zählerstand Ihres Verbrauchszählers – innerhalb des SML-Telegramms immer an der gleichen Stelle stehen. Um sie zu finden, werfen Sie noch einmal einen Blick auf die Anzeige Ihres Stromzählers. Wenn dort der aktuelle Zählerstand angezeigt wird, sehen Sie im Display auch die dazugehörige OBIS[2]-Kennzahl. In der Regel lautet sie »1.8.0«, das bedeutet »Wirkarbeit Bezug« in der OBIS-Sprache. Die Kennzahl finden Sie als »010800« im SML-Telegramm wieder. Damit beginnt eine Sequenz von Bytes, die die für uns relevanten Informationen enthält: 010800FF63018201621E52FF56000014FDEF01. Das lässt sich wie folgt aufdröseln:

```
01 08 00           die OBIS-Kennzahl
63 01 82 01        nicht relevant
62 1E              die Einheit, in der die Ausgabe erfolgt (1E = Wattstunden)
52 FF              bedeutet, dass der Wert eine Nachkommastelle hat
56                 ab dem nächsten Byte kommt der Zählerstand
00 00 14 FD EF     Da ist er!
01                 schließt den Zählerstand ab
```

Listing 36.2 So gelangen Sie an die Zählerdaten.

Der Zählerstand lautet in hexadezimaler Schreibweise also 14fdef, in dezimaler Schreibung entspricht das 1375727. Da wir wissen, dass der Wert in Wattstunden (Wh) mit einer Nachkommastelle ausgewiesen wird, lautet der aktuelle Zählerstand also 137.572,7 Wattstunden.

36.1.2 Zählerdaten sammeln und visualisieren

Sie haben nun die Möglichkeit, die Zählerdaten zyklisch (etwa alle 60 Sekunden) zu lesen, und möchten daraus vielleicht eine aussagekräftige Verlaufsgrafik generieren lassen. Listing 36.3 zeigt einen Ansatz, wie Sie das mit einem einfachen Bash-Skript bewerkstelligen können. Dieses Skript ist recht rudimentär und soll Ihnen nur als Ideensteinbruch dienen, denn je nach Modell Ihres Stromzählers und anderen Gegebenheiten werden Sie es sicherlich an Ihre eigenen Bedürfnisse anpassen müssen. Das Skript enthält auch keinerlei Fehlerbehandlung, damit es nicht zu komplex wird.

Das Beispielskript geht davon aus, dass das jeweils aktuelle SML-Telegramm in der Datei *sml.txt* vorliegt. Es verlässt sich außerdem darauf, dass rrdtool installiert ist. rrdtool stellt

---

2 Unter *http://de.wikipedia.org/wiki/OBIS-Kennzahlen* finden Sie einen Link zur aktuellen Liste der OBIS-Kennzahlen.

konsolidierende Datenbanken (RRDs, *Round-Robin Databases*) zur Verfügung. Sie speichern Datensätze in zunehmend konsolidierter Form, je älter die Daten sind. rrdtool übernimmt auch das Erstellen der Verlaufsgraphen.

Im ersten Teil des Skripts werden die relevanten Bytes aus der *sml.txt* ausgeschnitten, von der hexadezimalen Schreibweise in dezimale umgewandelt und in die richtige Einheit (Wattstunden) gebracht. Danach wird die RRD angelegt und gefüllt (rrdtool update […]), und zum Schluss werden mehrere Bilder generiert, die den Verlauf der Datenreihe in bestimmten Abständen von den letzten vier Stunden bis über das letzte Jahr zeigen (rrdtool graph […]).

```
#! /bin/bash

WDIR=/usr/local/shellscripts/verbrauch
RRDDIR=$WDIR/rrd
IMGDIR=$WDIR/bilder

#Zaehlerstand extrahieren (Der Zaehlerstand steht in den
#Bytes 285 bis 294 und muss je nach Zaehlermodell angepasst werden.)
BEZUGZAEHLERSTAND=$(cat $WDIR/sml.txt|cut -b285-294);

#in Dezimalzahlen umrechnen
BZZDEZIMAL=$(echo "ibase=16;obase=A;$BEZUGZAEHLERSTAND"|bc);

#Ergebnis in Wh
BZZWH=$(echo "scale=4;$BZZDEZIMAL/10"|bc -l);

echo "Der aktuelle Bezugszaehlerstand ist $BZZKWH Wh."

#RRD anlegen, falls sie noch nicht existiert

if [ -e $RRDDIR/verbrauch.rrd ]; then
    echo "OK, verbauch.rrd exists.";

else
    rrdtool create $RRDDIR/verbrauch.rrd --step 60  \
    DS:data1:GAUGE:180:0:U \
    DS:data2:GAUGE:180:0:U \
    DS:data3:GAUGE:180:0:U \
    DS:data4:GAUGE:180:0:U \
    RRA:AVERAGE:0.5:1:600 \
    RRA:AVERAGE:0.5:6:700 \
    RRA:AVERAGE:0.5:24:775 \
    RRA:AVERAGE:0.5:288:797 \
```

```
    RRA:MAX:0.5:1:600 \
    RRA:MAX:0.5:6:700 \
    RRA:MAX:0.5:24:775 \
    RRA:MAX:0.5:288:797;

    echo "RRD created";
fi

#Mit dem folgenden Kommando werden die Daten in die RRD geschrieben
rrdtool update $RRDDIR/energiebilanz.rrd N:$BZZWH:U:U:U;

#Ab hier werden die Auswertungsgrafiken generiert
for i in -4h -8h -24h -7d -30d -90d -180d -360d; do

rrdtool graph $IMGDIR/verbrauch-$i.gif  -c GRID#ffffff00 -c BACK#ffffff \
  -c SHADEA#ffffff -c SHADEB#ffffff --lazy --slope-mode --start $i --title \
  "Verbrauch ($i)" --vertical-label "Watt" -w 750  -h 150 \
  DEF:data1=$RRDDIR/verbrauch.rrd:data1:AVERGAGE;

done
```

Listing 36.3 So verarbeiten Sie die Zählerdaten in einem Skript.

Jede RRD kann eine oder mehrere Datenreihen aufnehmen. In unserem Beispiel sind es vier; im Listing heißen sie data1 bis data4. Natürlich brauchen Sie zunächst nur eine Datenreihe (für den Stromverbrauch), aber vielleicht wollen Sie später noch weitere Messdaten hinzufügen, etwa die Einspeiseleistung einer Fotovoltaikanlage. Die Bilder, die rrdtool aus den Daten generiert, sehen dann etwa so aus wie in Abbildung 36.2, die den Verlauf von drei Datenreihen über die letzten 24 Stunden zeigt.

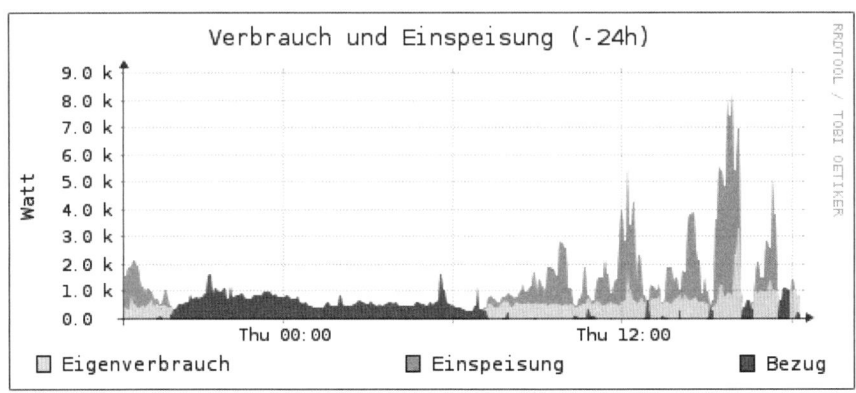

Abbildung 36.2 Von »rrdtool« erzeugter Verlaufsgraph über drei Datenreihen

TEIL IV
Werkzeugkiste

Kapitel 37
Zuhause: »bash«

Was dem Maurer die Kelle und dem Zimmermann der Hammer, ist dem Linux-Administrator die Shell. In diesem Kapitel wollen wir Ihnen das ultimative Werkzeug noch näher vorstellen – die »bash«. Wir zeigen Ihnen, welch mächtiger Verbündeter die Konsole im Kampf mit der alltäglichen Arbeit ist.

Ganz zu Anfang dieses Buches haben wir bereits einen Exkurs auf die Konsole gewagt: in Kapitel 8, »Erste Schritte«. Dass wir gegen Ende des Buches nochmals auf sie zu sprechen kommen, sollte Ihnen verdeutlichen, wie wichtig es ist, Ihr Handwerkszeug gut zu kennen.

Die Konsole hilft Ihnen nicht nur dabei, Verzeichnisinhalte anzeigen zu lassen, Dienste zu starten oder zu stoppen, sondern kann noch viel mehr. In diesem Kapitel wollen wir Ihnen die puren Fähigkeiten der Konsole zeigen. Es ist immer wieder verblüffend, wie mächtig, umfangreich und imposant die Bash bereits mit ihren Bordmitteln ist.

37.1 Vergangenheit: »history«

Die Bash merkt sich alle abgesetzten Befehle, damit Sie leicht auf diese zurückgreifen können, ohne sie erneut vollständig eingeben zu müssen. Standardmäßig ist die Historie aktiviert und speichert eintausend Einträge (HISTSIZE) während einer Sitzung und bis zu zweitausend Einträge (HISTFILESIZE) in der jeweiligen Datei im Homeverzeichnis *.bash_history*. Die Variablen werden für jeden Benutzer separat in seinem Homeverzeichnis in der Datei *.bashrc* gesetzt.

37.1.1 Nicht jeden!

Befehle, die mit führenden Leerzeichen abgesetzt werden, werden nicht in die Historie mit aufgenommen! Um dieses Verhalten zu ändern, müssen Sie die Variable HISTIGNORE anpassen. In der jeweiligen *.bashrc* der Benutzer steht dazu Folgendes:

```
# don't put duplicate lines or lines starting with space in the history.
# See bash(1) for more options
HISTCONTROL=ignoreboth
```

Listing 37.1 Auszug aus der »/home/<USER>/.bashrc«

Um auch Befehle mit führendem Leerzeichen mit in die Historie aufzunehmen, muss die Variable auf den Wert ignoredups gesetzt werden.

37.1.2   Wieder hervorbringen: »Pfeiltasten« und »Suche«

Über die Pfeiltasten ⬆ und ⬇ können Sie durch die Historie blättern.

Nachdem Sie Befehl nach Befehl abgesetzt haben, wird das Blättern über die Pfeiltasten schnell lästig. Um schnell ans Ziel zu kommen, bietet sich die Tastenkombination [Strg] + [R] an. Diese öffnet eine interaktive Suche, wie in Listing 37.2 dargestellt:

```
daniel@ubuntu:~$
(reverse-i-search)`':
```
Listing 37.2 Historie durchsuchen mit »Strg + R«

Darin können Sie durch Eingabe von Zeichen die Historie durchsuchen. Durch einer erneute Eingabe der Tastenkombination können Sie weiter zurück suchen. Haben Sie den gesuchten Befehl gefunden, können Sie ihn einfach durch Betätigung der [Enter]-Taste ausführen oder durch das Drücken einer Pfeiltaste die Suche beenden und den Befehl editieren.

37.1.3   Das Programm »history«

Zusätzlich können Sie die Historie mit dem Programm *history* ausgeben lassen. Dieses listet Ihnen alle abgesetzten Befehle Zeile für Zeile auf. Bei der Ausgabe wird vor dem jeweiligen Befehl die Zeilennummer mit ausgegeben, wie Sie in Listing 37.3 sehen:

```
daniel@ubuntu:~$ history
    1  ip address show
    2  top
    3  cat /etc/issue
    4  uname -a
```
Listing 37.3 Die Historie mit »history« ausgeben

Dank der Ausgabe der Zeilennummer können Sie Befehle einfach erneut ausführen, indem Sie auf der Bash den Befehl !<ZEILENNUMMER> ausführen. Um die Datei *issue* erneut auszugeben, müssen Sie, da es sich um den Befehl in der dritten Zeile der Historie handelt, lediglich !3 absetzen, wie in Listing 37.4 zu sehen ist:

```
daniel@ubuntu:~$ !3
cat /etc/issue
Ubuntu 16.04 LTS \n \l
daniel@ubuntu:~$
```
Listing 37.4 Einen Befehl aus der Historie erneut mit »!<ZEILENNUMMER>« ausführen

Dabei gibt die Bash als erste Zeile den Befehl aus, der ausgeführt wurde, und anschließend die Ausgabe dieses Befehls – beachten Sie dies, wenn Sie die Befehlsausgaben weiterverarbeiten möchten.

Da das Programm *history* die Historie auf der Konsole ausgibt, können Sie diese selbstverständlich auch weiterverarbeiten. Zum Beispiel können Sie in der Ausgabe mit grep nach einem bestimmten Wert suchen:

```
daniel@ubuntu:~$ history | grep "checkzone"
  156  named-checkzone /etc/bind/master/example.com
daniel@ubuntu:~$
```

Listing 37.5 Die Ausgabe von »history« durchsuchen

Sie können auch einzelne Befehle aus der Historie löschen. Dafür müssen Sie *history* lediglich mit dem Schalter -d aufrufen und die Zeilennummer angeben:

```
daniel@ubuntu:~$ history -d 126
```

Listing 37.6 Einzelne Einträge aus der Historie löschen Sie mit »history -d <NUM>«.

Falls Sie die Historie vollständig leeren möchten, müssen Sie das Programm lediglich mit dem Schalter -c aufrufen:

```
daniel@ubuntu:~$ history -c
```

Listing 37.7 Historie mit »history -c« löschen

Die Anweisungen zum Löschen sind unwiderruflich – vergewissern Sie sich daher doppelt und dreifach, ob Sie nicht noch Informationen aus der Historie benötigen, bevor Sie diese löschen.

37.1.4 Die Historie synchronisieren

Wenn Sie mit mehreren Konsolen gleichzeitig auf einem System arbeiten, werden Sie feststellen, dass alle Konsolen ihre eigene Historie vorhalten. Diese wird erst beim Beenden der Sitzung in die Datei geschrieben.

Um die Historie aller Konsolen auf dem gleichen Stand zu halten, müssen Sie die Zeile aus Listing 37.8 zur globalen Konfigurationsdatei */etc/bashrc* hinzufügen:

```
export PROMPT_COMMAND="history -a; history -n"
```

Listing 37.8 Historie von allen Terminals in »/etc/bashrc« synchronisieren

Über die Systemvariable PROMPT_COMMAND veranlassen Sie, dass die als Parameter übergebene Werte nach jedem Befehl abgesetzt werden. Der Parameter -a weist *history* an, die Historie, die sich derzeit im Speicher befindet, in die Datei */home/<USER>/.bash_history* zu schreiben, und der Parameter -n sorgt dafür, dass die Historie aktualisiert wird. Somit wird die Historie permanent gespeichert und aktualisiert und ist dadurch auf allen Konsolen gleichermaßen verfügbar.

37.2   Reguläre Ausdrücke verstehen und anwenden

Für viele sind reguläre Ausdrücke ein Buch mit sieben Siegeln. Es gibt kaum ein anderes Thema, das Administratoren mehr schaudern lässt. Dabei sind reguläre Ausdrücke eines der besten Werkzeuge, um effiziente Skripte zu erstellen. Selbst die Bash verfügt über eine Implementierung, die Sie auch ohne eigenes Programm benutzen können.

Bei regulären Ausdrücken, die oft auch als *RegEx*[1] bezeichnet werden, handelt es sich um Regeln zur Beschreibung von Mengen oder Untermengen einer Zeichenkette. Mit diesen Regeln können einzelne Teile extrahiert werden (Mustersuche oder *Pattern Matching*[2]), auch wenn deren genaue Abfolge oder Position nicht bekannt ist. Ein weiterer Anwendungszweck ist das Suchen und Ersetzen, das mit regulären Ausdrücken vereinfacht werden kann.

37.2.1   Implementierungen

Viele Programme verwenden eigene Implementierungen von regulären Ausdrücken, die sich in Umfang und Syntax unterscheiden. Es werden dabei drei große Implementierungen unterschieden:

▶ **Basic Regular Expressions (BRE)**
Dies sind nach dem *POSIX*-Standard definierte reguläre Ausdrücke – sie finden zum Beispiel beim Editor *vim* Anwendung.

▶ **Extended Regular Expressions (ERE)**
Das sind ebenfalls nach dem *POSIX*-Standard definierte reguläre Ausdrücke mit erweitertem Funktionsumfang – sie finden zum Beispiel bei *egrep* Anwendung.

▶ **Perl Compatible Regular Expressions (PCRE)**
Reguläre Ausdrücke nach dem *PCRE*-Standard orientieren sich an der Implementierung von *RegEx* in der Programmiersprache *Perl*.

Eine dieser Implementierungen findet sich in fast allen Programmen wieder, die mit regulären Ausdrücken arbeiten können. Die Bash setzt dabei auf den *ERE*-Standard auf.

Falls Sie bereits Erfahrungen mit regulären Ausrücken gesammelt haben, haben wir Ihnen zum Vergleich der unterschiedlichen Standards eine Gegenüberstellung in Tabelle 37.1 aufgestellt.

---

1   *regular expression*, engl. für *regulärer Ausdruck*
2   *to match*, engl. für *mit etwas übereinstimmen*

BRE	ERE	PCRE	Bedeutung
ab	ab	ab	die Zeichenkette »ab« in genau dieser Reihenfolge
.	.	.	ein beliebiges Zeichen (bei Dateinamenexpansion das »?«)
z*	z*	z*	beliebig oft »z«, auch kein Vorkommen
x\+	x+	x+	mindestens einmal »x«
a\{6\}	a{6}	a{6}	genau sechsmal »a«
a\{3,\}	a{3,}	a{3,}	mindestens dreimal »a«
a\{2,4\}	a{2,4}	a{2,4}	zwei- bis viermal »a«
[abc]	[abc]	[abc]	ein einzelnes »a«, »b« oder »c«
[a-z]	[a-z]	[a-z]	ein beliebiges Zeichen zwischen »a« und »z«
[^ab]	[^ab]	[^ab]	ein beliebiges Zeichen, ohne »a« und ohne »b«
y\?	y?	y?	einmal oder keinmal »y«
\(...\)	(...)	(...)	Mit Klammern werden Ausdrücke für Rückbezüge gruppiert.
a|b	a|b	a|b	entweder »a« oder »b«
^	^	^	Zeilenanfang
$	$	$	Zeilenende
ab	ab	ab	die Zeichenkette »ab« in genau dieser Reihenfolge
\<	\<	\<	Anfang eines Wortes
\>	\>	\>	Wortende
\w	\<	\<	alphanumerische Zeichen und der Unterstrich (Wortzeichen)
\W	\W	\W	kein Wortzeichen
\d	\d	\d	eine Ziffer
\D	\D	\D	keine Ziffer
\s	\s	\s	Leerzeichen (*Whitespace*)
\S	\S	\S	kein Leerzeichen

Tabelle 37.1 Syntax der regulären Ausdrücke

Wenn mit regulären Ausdrücken nach Sonderzeichen gesucht werden soll, muss deren Sonderfunktion mit einem Backslash (\) aufgehoben werden. Dies darf allerdings nicht mit der Dateinamensexpansion (*Globbing*) verwechselt werden, da hier eine andere Syntax angewandt wird. Rückbezüge sind ein elementarer Bestandteil von regulären Ausdrücken. Diese werden meist gebildet, indem man die Elemente in runden Klammern setzt. Listing 37.9 zeigt ein kleines Beispiel für einen Bash-Regex:

```
#!/bin/bash
FILENAME=4d5-20140425-live-oberhausen.mp3
REGEX='^4d5-([0-9]{4})([0-9]{2})([0-9]{2})-live-([a-z]*).mp3$'

if [[ $FILENAME =~ $REGEX ]]
then
        jahr=${BASH_REMATCH[1]}
        monat=${BASH_REMATCH[2]}
        tag=${BASH_REMATCH[3]}
        ort=${BASH_REMATCH[4]}
fi
echo "Jahr: $jahr, Monat: $monat, Tag: $tag, Ort: $ort"
```

Listing 37.9 Beispiel-»RegEx« in einem »bash«-Skript

Hier wird über einen regulären Ausdruck, der in der Variablen REGEX gespeichert ist, angegeben, aus welchen Teilen die Variable FILENAME besteht. Die *if*-Abfrage wendet den regulären Ausdruck aufgrund des Vergleichsoperators =~ an. Die Variablen werden dann über das Bash-interne Array BASH_REMATCH den einzelnen Rückbezügen zugewiesen, also den Elementen des Ausdrucks, die in runden Klammern stehen. Am Ende werden die zugewiesenen Variablen mit einem echo ausgegeben.

37.3   Für Fortgeschrittene: »Expansion«

Ein weiteres mächtiges Werkzeug der Shells – und entsprechend auch der Bash – ist die Expansion. Diese haben die meisten Administratoren bei der täglichen Arbeit bereits durch die Dateinamen- oder Kommandoexpansion mittels Eingabe von ⇆ kennen und schätzen gelernt.

37.3.1   Expansionsschemata

Die Expansion spielt auch für die Erstellung von Skripten eine große Rolle. Sie folgt nämlich einem festgelegten Schema. Brechen Sie dieses, ist Ihr Skript nicht lauffähig. Die Reihenfolge der Expansion entspricht folgendem Ablauf:

- Klammern: *brace expansion*
- Tilde: *tilde expansion*
- Parameter und Variablen: *parameter and variable expansion*
- Berechnungen: *arithmetic expansion*
- Befehle: *command substitution*
- Worttrennung: *word splitting*
- Pfadnamen: *pathname expansion*

Diese wollen wir uns nun der Reihe nach genauer ansehen.

Klammern: »brace expansion«

Dies ist die Expansion der Inhalte, die von geschweiften Klammern umschlossen sind. Eine Übersicht der Funktionen haben wir in Tabelle 37.2 zusammengestellt.

Syntax	Expansion	Bedeutung
{a,b}	Oder	Wird als »a b« expandiert.
x{a,b}y	Oder	Wird als »xay xby« expandiert.
{1..5}	Von–bis	Wird als »1 2 3 4 5« expandiert.
{1..7..2}	Von–bis (mit Schrittweite)	Wird als »1 3 5 7« expandiert, Syntax: {<<START>>..<<END>>..<<INKREMENT>>}
{a..d}	Von–bis	Wird als »a b c d« expandiert.
M{a,e}{i,y}er	Oder (doppelt)	Wird als »Maier Mayer Meier Meyer« expandiert.

Tabelle 37.2 Klammernexpansion – »brace expansion«

Die Expansion funktioniert ähnlich wie bei Pfaden und Dateien, nur dass diese nicht existieren müssen. Die Auswertung erfolgt von links nach rechts. Dabei dürfen sowohl vor als auch hinter den Klammern Inhalte stehen.

In Listing 37.10 finden Sie ein Paradebeispiel zur Benutzung von Klammernexpansionen – die Erstellung von inkrementierten Verzeichnissen:

```
daniel@ubuntu:~/Musik/4d5/$ mkdir CD0{1..9}
daniel@ubuntu:~/Musik/4d5/$
```

Listing 37.10 Beispiel für die Klammernexpansion: »mkdir«

Dieser Befehl legt die Verzeichnisse CD01 bis CD09 an.

Tilde: »tilde expansion«

Die Tilde hat auf Linux-Systemen eine Sonderfunktion. Mit ihr können die in Tabelle 37.3 aufgeführten Verzeichnisse direkt angesprochen werden.

Art	Bedeutung
~loginname	Enthält das Homeverzeichnis des angegebenen Benutzers. Ist loginname nicht gesetzt, wird das Homeverzeichnis des aktuellen Benutzers expandiert.
~+	Enthält das aktuelle Arbeitsverzeichnis.
~-	Enthält das vorherige Arbeitsverzeichnis.

Tabelle 37.3 Tildenexpansion

In Listing 37.11 haben wir Ihnen die Funktion anhand des echo-Befehls dargestellt:

```
daniel@ubuntu:/etc/bind$ echo ~
/home/daniel
daniel@ubuntu:/etc/bind$ echo ~+
/etc/bind
daniel@ubuntu:/etc/bind$ echo ~-
/usr/local
```

Listing 37.11 Funktion der Tildenexpansion

Parameter und Variablen: »parameter and variable expansion«

Diese Art der Expansion dient zur Entwicklung von Parametern und Variablen. Das Dollar-Zeichen ($) leitet eine Parameterexpansion, eine Kommandoersetzung oder die Auswertung von arithmetischen Ausdrücken ein. Dazu zählt auch die String-Verarbeitung. Tabelle 37.4 zeigt einen Auszug der möglichen Expansionen.

Art	Bedeutung
${parameter}	Enthält den Inhalt der Variablen parameter.
${parameter:-word}	Enthält den Inhalt der Variablen parameter. Wenn parameter nicht gesetzt oder null ist, wird word eingesetzt.

Tabelle 37.4 Parameter- und Variablenexpansion

Gerade die Variablenexpansion kann in Skripten hilfreich sein. Zur Verdeutlichung haben wir Ihnen in Listing 37.12 ein Beispiel erstellt:

```
daniel@ubuntu:~$ VAR_A="Hello"
daniel@ubuntu:~$ VAR_B=
daniel@ubuntu:~$ echo ${VAR_A:-"ERSATZ"}
Hello
daniel@ubuntu:~$ echo ${VAR_B:-"ERSATZ"}
ERSATZ
```

Listing 37.12 Funktion der Variablenexpansion

Da die Variable VAR_B nicht gefüllt ist, wird der in der Variablenexpansion angegebene Wert (ERSATZ) ausgegeben.

Tabelle 37.4 zeigt zwei Beispiele für die Parameterentwicklung. Weitere Beispiele finden Sie im Abschnitt 37.5.2, »String-Verarbeitung«.

Berechnungen: »arithmetic expansion«

Sie können auch direkt auf der Bash Berechnungen mit natürlichen Zahlen durchführen. Die Rechenoperationen innerhalb der Shell werden dabei durch doppelte runde Klammern eingeleitet, zum Beispiel $((2 + 2)).

Dabei können die Operationen durchgeführt werden, die in Tabelle 37.5 aufgelistet sind.

Operator	Bedeutung
id++, id-	Post-Inkrement und Post-Dekrement der Variablen id
++id, -id	Pre-Inkrement und Pre-Dekrement der Variablen id
+, -	ganzzahlige Addition und Subtraktion
*, /, %	Multiplikation, Division und Rest
**	Potenzieren
-, +	unäres Minus und Plus
!, ~	logische und bitweise Negation
<<, >>	bitweise Verschiebung nach links und rechts
==, !=	gleich und ungleich
<=, >=, <, >	Vergleichsoperatoren
&	bitweise UND-Verknüpfung

Tabelle 37.5 Operationen

37

927

Operator	Bedeutung
^	bitweise Verschiebung nach links und rechts
|	bitweise ODER-Verknüpfung
&&	logische UND-Verknüpfung
||	logische ODER-Verknüpfung
expr ? expr : expr	Zustandsoperator
=, *=, /=, %=, +=, -=, <<=, >>=, &=, ^=, |=	Zuweisungen

Tabelle 37.5 Operationen (Forts.)

Damit können Sie schnell einfache Berechnungen durchführen:

```
daniel@ubuntu:/etc/bind$ echo $(( 2 + 2 ))
4
daniel@ubuntu:/etc/bind$ echo $(( 2 * 6 ))
12
daniel@ubuntu:/etc/bind$ echo $(( 10 / 5))
2
daniel@ubuntu:/etc/bind$ echo $(( 5 / 2 ))
2
```

Listing 37.13 Einfache Berechnungen auf der Bash

[!]

Nur natürliche Zahlen!

Wie Sie Listing 37.13 entnehmen können, kann die Bash nur mit Ganzzahlen umgehen und nicht mit Kommazahlen! Daher rundet die Bash stets ab, egal ob der Restwert ,5 oder ,75 enthält. Beachten Sie dies, oder verwenden Sie zum Beispiel das Programm *bc*!

Befehle: »command substitution«

Die Kommandosubstitution erfolgt von links nach rechts. Bei ihr werden zwei Arten unterschieden:

▶ **new-style**
Hier wird die Substitution mit einem vorangestellten Dollarzeichen ($) versehen und in Klammern gesetzt:
$(<COMMAND>)

▶ old-style: »backticks«

Hier wird die Substitution durch sogenannte *backticks* (`) umschlossen: `` `<COMMAND>` ``

Wir empfehlen Ihnen, den Klammerausdruck für die Kommandosubstitution zu verwenden. Für *backticks* gelten Sonderregeln, die vor allem beim Verketten von Ausdrücken zum Tragen kommen.

Worttrennung: »word splitting«

Eine Worttrennung wird nur auf expandierten Werten durchgeführt, die nicht von einfachen oder doppelten Anführungszeichen umschlossen sind. Dabei werden Wörter in Zeilen getrennt, wenn diese durch ein *space*, *tab* oder *newline* getrennt sind. Anhand welcher Zeichen diese Trennung vorgenommen wird, definiert der *IFS*[3].

Pfadnamen: »pathname expansion«

Abschließend werden Datei- und Verzeichnisnamen expandiert (*Globbing*). In eckigen Klammern können die Zeichenklassen angegeben werden, die wir in Abbildung 37.1 zusammengefasst haben.

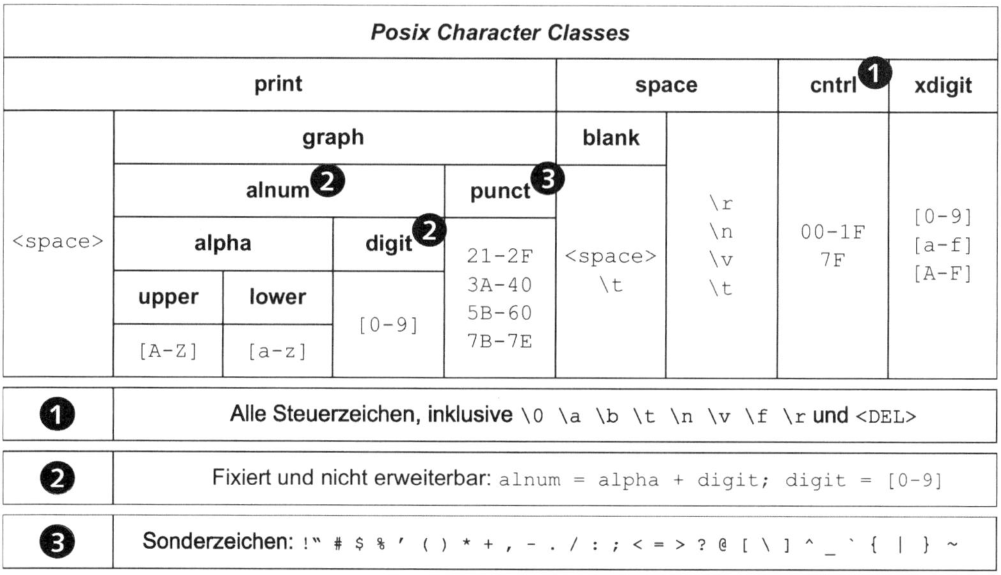

Posix Character Classes									
print					space		cntrl ❶	xdigit		
	graph				blank					
		alnum ❷		punct ❸						
`<space>`	alpha		digit ❷	`21-2F` `3A-40` `5B-60` `7B-7E`	`<space>`	`\r` `\n` `\v` `\t`	`00-1F` `7F`	`[0-9]` `[a-f]` `[A-F]`		
	upper	lower	`[0-9]`							
	`[A-Z]`	`[a-z]`								
❶	Alle Steuerzeichen, inklusive `\0 \a \b \t \n \v \f \r` und `<DEL>`								
❷	Fixiert und nicht erweiterbar: `alnum = alpha + digit; digit = [0-9]`								
❸	Sonderzeichen: `!" # $ % ' ( ) * + , - . / : ; < = > ? @ [ \ ] ^ _ ` ` ` {	} ~`								

Abbildung 37.1 Posix-Zeichenklassen

Die Sonderzeichen aus Tabelle 37.6 können ebenfalls eingesetzt werden.

---

3 *Internal Field Separator*, engl. für *internes Feldtrennzeichen*

Sonderzeichen	Bedeutung
*	jede beliebige Zeichenfolge
?	ein beliebiges Zeichen
[...]	jedes der eingeschlossenen Zeichen

Tabelle 37.6 Datei- und Verzeichnisnamenexpansion

Als letzter Expansionsschritt werden noch alle Anführungszeichen und Backslashes entfernt, die nicht das Ergebnis einer Expansion waren.

37.4   Umgebungsvariablen

Wie in jeder Programmiersprache stehen Ihnen in einer Shell auch Variablen zur Verfügung. Diese haben einen definierten Gültigkeitsbereich, in dem sie verwendet werden können. Programme, die Sie innerhalb einer Shell oder eines Shell-Skripts starten, werden in einer sogenannten Sub-Shell gestartet. Diese bekommt das *Environment* der ursprünglichen Shell vererbt. Das Environment können Sie mit dem Befehl env auf der Konsole anzeigen lassen.

Die im Environment definierten Variablen können Sie direkt über die Shell verarbeiten. So erhalten Sie beim Ausführen des Befehls echo $USERNAME den Inhaber der Shell als Ausgabe. Damit Programme auf selbst definierte Variablen zugreifen können, müssen diese im Environment definiert sein. Ansonsten ist den Programmen in der Sub-Shell die Variable nicht bekannt. Abbildung 37.2 zeigt das Verhalten vor und nach dem Programmaufruf.

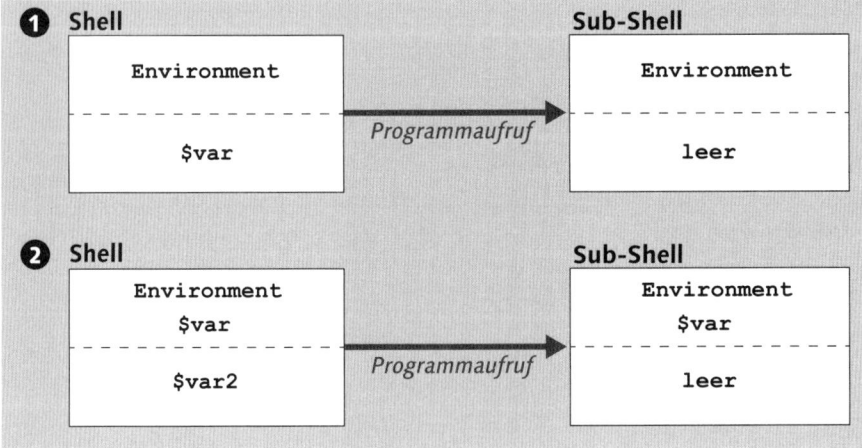

Abbildung 37.2 Variablenvererbung

Im ersten Beispiel von Abbildung 37.2 besitzt die Variable $var nur eine lokale Gültigkeit und ist somit nur in der ursprünglichen Shell verfügbar. Im zweiten Beispiel hingegen wurde die Variable $var dem Environment hinzugefügt und ist somit auch in der Sub-Shell verfügbar.

Um die Variable $var dem Environment hinzuzufügen, können Sie folgende Methoden anwenden:

- **export**
  Über den Befehl export VAR werden Variablen dem Environment hinzugefügt.

- **source**
  Der Befehl source <FILENAME> exportiert Variablenzuweisungen aus einer Datei. Dies können Sie auch über die Syntax . <FILENAME> erreichen.

Zusätzlich gibt es noch einen Spezialfall. Wenn Sie die Variablenzuweisung und das Kommando innerhalb einer Zeile ausführen, ist die Variable für das Kommando verfügbar.

37.5   Da ist noch mehr

Die Standard-Shell Bash verfügt über eine Vielzahl von Möglichkeiten, die vielen Benutzern gar nicht bekannt sind. Auch dem routinierten Admin wird die Bash immer wieder kleine Geheimnisse offenbaren.

37.5.1   Spezialparameter

Die Bash hält viele Informationen über Spezialparameter bereit. Tabelle 37.7 enthält die Spezialparameter der Bash.

Parameter	Bedeutung
$*	alle übergebenen Parameter in einem Wort, durch einen Feldseparator getrennt
$@	alle übergebenen Parameter jeweils in einem Wort
$#	Anzahl der Parameter
$?	Rückgabewert (Status) des zuletzt ausgeführten Kommandos
$-	Steht für die Optionsflags (von *set* oder aus der Kommandozeile).
$$	Prozessnummer der Shell
$!	Prozessnummer des zuletzt im Hintergrund aufgerufenen Kommandos

Tabelle 37.7 »bash«-Spezialparameter

Parameter	Bedeutung
$0	Name des Shell-Skripts
${1}	erster übergebener Parameter
${10}	zehnter übergebener Parameter
$_	letztes Argument des zuletzt ausgeführten Kommandos

Tabelle 37.7 »bash«-Spezialparameter (Forts.)

37.5.2 String-Verarbeitung

Das Durchsuchen und Extrahieren von Informationen aus Logdaten ist eine der häufigsten Aufgaben im Alltag eines Administrators. Dazu ist es oft notwendig, die Daten weiterzubearbeiten, damit sie entweder besser dargestellt werden können oder um sie in ein anderes Format zu konvertieren. Für diesen Anwendungszweck stellt uns die Bash eine Vielzahl von Verarbeitungsmöglichkeiten für Strings zur Verfügung. Tabelle 37.8 zeigt die Möglichkeiten der String-Verarbeitung in der Shell.

Variable	Bedeutung
${#}str	Länge von str
${str:pos}	Extrahiert von str ab Position pos.
${str:pos:len}	Extrahiert mit der Länge von len ab Position pos von str.
${str#sub}	Löscht den kürzesten Treffer von sub am Beginn von str.
${str##sub}	Löscht den längsten Treffer von sub am Beginn von str.
${str%sub}	Löscht den kürzesten Treffer von sub am Ende von str.
${str%%sub}	Löscht den längsten Treffer von sub am Ende von str.
${str/sub/rep}	Ersetzt den ersten Treffer von sub durch rep in str.
${str//sub/rep}	Ersetzt alle Treffer von sub durch rep in str.
${str/#sub/rep}	Wenn sub am Anfang von str ist, sub durch rep ersetzen.
${str/%sub/rep}	Wenn sub am Ende von str ist, sub durch rep ersetzen.

Tabelle 37.8 String-Verarbeitung in der »bash«

37.5.3 Lokale Variablen

Der korrekte Umgang mit Variablen ist ein wichtiger Punkt, den Sie beherrschen sollten. Aufgrund der automatischen Typzuweisung der Bash ist eine Deklaration von Variablen, wie sie in anderen Sprachen üblich ist, nicht zwingend erforderlich. Jede Variable ist für die Bash zunächst ein String, und je nach Kontext wird die Variable auch als Integer interpretiert. Zusätzlich haben Variablen, wie bereits in Abschnitt 37.4, »Umgebungsvariablen«, erörtert wurde, einen Gültigkeitsbereich. Dieser Gültigkeitsbereich gilt nicht nur für *Sub-Shells*, sondern auch für Funktionen. Generell sind Variablen innerhalb eines Skripts zunächst überall verfügbar. Damit Variablen nur innerhalb einer Funktion gültig sind, müssen sie explizit als lokale Variablen mittels local definiert werden:

```
local -i VAR
```

Listing 37.14 Lokale Definition der Variablen »VAR« als Integer mit »local«

Das Kommando local kann dabei die nachstehenden Parameter verarbeiten:

▶ -a
  Variablen werden als Arrays behandelt.

▶ -f
  gibt Funktionsnamen an.

▶ -i
  Variablen werden als Integer behandelt.

▶ -r
  Variablen sind *readonly* (Konstanten).

▶ -t
  Namen bekommen das *Trace*-Attribut – das Attribut der aufrufenden Shell wird übernommen (nur für Funktionen).

▶ -x
  markiert Namen für den Export.

Mit der Deklaration können Sie nicht nur den Typ definieren, sondern auch Variablennamen innerhalb einer Funktion benutzen, die Sie bereits im Skript verwendet haben, ohne dass diese überschrieben werden.

Keine gute Idee!

Wir empfehlen Ihnen, auf lokale Variablen zu verzichten – nicht nur, um eine unnötige Komplexität zu vermeiden, sondern vor allem, damit Ihr Code lesbar bleibt. Nichts ist schlimmer als eine Variable mit acht Zuständen je nach Kontext – die Verwirrung und Fehler sind quasi schon vorprogrammiert!

37.5.4   Typdefinition von Variablen

Trotz der automatischen Typzuweisung kann eine feste Definition des Variablentyps unter Umständen notwendig sein, zum Beispiel, wenn der Inhalt einer Datei in ein *Array* eingelesen werden soll. Dafür können Sie das Kommando declare verwenden. Sie können damit vorab definieren, welchem Typ die Variable entsprechen soll. Dabei verfügt declare über die gleichen Parameter wie local.

Wenn Sie declare innerhalb einer Funktion verwenden, agiert es wie das Kommando local und definiert den Gültigkeitsbereich der Variablen nur innerhalb dieser Funktion. Rufen Sie declare ohne Parameter auf, erhalten Sie eine Ausgabe aller deklarierten Variablen (inklusive des *Environments*) – dies können Sie auch auf der Konsole absetzen (siehe Listing 37.15).

```
daniel@dns:~$ declare
BASH=/bin/bash
BASH_ALIASES=()
BASH_ARGC=()
BASH_ARGV=()
[…]
```
Listing 37.15 Aufruf von der Konsole: »declare«

Um eine Variable zu löschen, verwenden Sie den Befehl unset. Das Programm löscht die Variable und deren Inhalt. Mit dem Parameter -f können Sie auch Funktionen löschen. Um explizit eine Variable zu entfernen, können Sie den Parameter -v verwenden. Dieser erwartet eine Variable. Ohne Parameter wird davon ausgegangen, dass Sie eine Variable entladen wollen. Allerdings können Sie mit dem Befehl unset keine Konstanten (*readonly*-Variablen) löschen.

37.5.5   Funktionen

Auch in Shell-Skripten können Sie selbst erstellte Funktionen definieren. Beachten Sie dabei aber, dass Shell-Skripten sequenziell abgearbeitet werden. Daher müssen Sie die Funktion erst definieren, bevor Sie sie verwenden können. Gewöhnen Sie sich daher an, zuerst alle Funktionen zu definieren, bevor Sie das eigentliche Skript beginnen. Eine Funktion definieren Sie wie folgt:

```
<NAME>([VAR1, VAR2, VAR...]) {
  <CODE>
}
```
Listing 37.16 Syntax für eine Funktionsdefinition

Wie Sie Listing 37.16 entnehmen können, wird eine Funktion, analog zu Variablen, einfach mit ihrem Namen begonnen. In den runden Klammern können Sie mögliche Übergabewerte definieren – falls Sie keine Übergabewerte benötigen (also eigentlich eine Methode schreiben wollen), lassen Sie den Raum zwischen den Klammern einfach leer. Der Inhalt der Funktion, also der Code, wird durch geschweifte Klammern umschlossen. Der Rückgabewert der Funktion ist immer der Rückgabewert des letzten Kommandos. Falls Sie den Rückgabewert selbst bestimmen möchten, können Sie hierfür den Befehl `return <VALUE>` verwenden. Um eine Funktion vorzeitig zu verlassen, können Sie ebenfalls `return` verwenden, indem Sie den Befehl ohne Parameter aufrufen.

Eine einfache Funktionsdefinition kann so wie in Listing 37.17 aussehen:

```
function Ausgabe () {
 echo "Ich bin eine Funktion"
}
```

Listing 37.17 Funktionsdefinition mit der Einleitung »function«

[!]

Rückgabewert != Ausgabe

Nur weil der Rückgabewert einer Funktion immer der Wert des letzten Kommandos ist, heißt dies nicht, dass Funktionen keine Ausgaben verursachen! Alle Ausgaben während eines Funktionsaufrufs werden auf der Konsole ausgegeben, und zwar unabhängig vom Rückgabewert.

37

37.5.6   Abfragen im Griff mit »test«

Eine der Kernkomponenten bei der Programmierung sind Entscheidungen. Diese können zum Beispiel mit *if*-Abfragen realisiert werden. In Shell-Skripten werden sie mit eckigen Klammern umschlossen. Das interne Kommando `test` wird über zwei eckige Klammern referenziert – ohne dass Sie dies explizit angeben müssen. Darüber ist es möglich, viele Prüfungen direkt vorzunehmen, ohne weitere Programme aufrufen zu müssen. In Tabelle 37.9 haben wir die gängigsten Prüfungen aufgeführt, die `test` beherrscht.

Aufruf	Bedeutung
expr	Gibt *true* zurück, wenn expr *true* ist.
! expr	Gibt *true* zurück, wenn expr1 *false* ist.
expr1 -a expr2	Gibt *true* zurück, wenn expr1 und expr2 *true* sind.
expr1 -o expr2	Gibt *true* zurück, wenn expr1 oder expr2 *true* sind.
-d file	Gibt *true* zurück, wenn file ein Verzeichnis ist.

Tabelle 37.9 Auszug der möglichen Prüfungen mit »test«

Aufruf	Bedeutung
-e file	Gibt *true* zurück, wenn file existiert.
-f file	Gibt *true* zurück, wenn file eine Datei ist.
-s file	Gibt *true* zurück, wenn die Größe der Datei file größer als 0 ist.
-x file	Gibt *true* zurück, wenn die Datei file ausführbar ist.
file1 -nt file2	Gibt *true* zurück, wenn file1 neuer ist als file2.
file1 -ot file2	Gibt *true* zurück, wenn file1 älter ist als file2.
-z string	Gibt *true* zurück, wenn die Länge von string gleich 0 ist.
-n string	Gibt *true* zurück, wenn die Länge von string nicht gleich 0 ist.

Tabelle 37.9 Auszug der möglichen Prüfungen mit »test« (Forts.)

[+] Die Bash kann auch Vergleiche mit regulären Ausdrücken (=~, siehe Listing 37.9) durchführen. Das Kommando test ist dazu nicht in der Lage.

37.6   Tipps und Tricks aus der Praxis

Oft stößt der ambitionierte Administrator an Grenzen, die er für unüberwindbar hält. Oder er entwickelt unnötig viel Code, um eine eigentlich einfache Problemstellung zu lösen. In diesem Abschnitt zeigen wir Ihnen eine Auswahl von Tipps und Tricks, die Ihnen sicherlich in der einen oder anderen Situation helfen werden.

37.6.1   Aufräumkommando

Ein sauberer Arbeitsplatz gehört für jeden Handwerker zum guten Ton, so auch für den Administrator. Hier wird allerdings nicht der Schreibtisch angesprochen, sondern vielmehr die Festplatte. Schnell laufen automatisiert erstellte Logdateien, Reports oder Backups über. Daher sollten Sie diese periodisch entfernen und nur die letzten (relevanten) Daten aufbewahren. Dafür eignet sich folgender Einzeiler aus Listing 37.18 hervorragend:

```
find $PFAD -type f -mtime +$ALTER -exec rm -f {} \;
```

Listing 37.18 Alte Daten entfernen

Dieser *find*-Befehl findet alle Dateien in dem Verzeichnis, das in der Variablen $PFAD hinterlegt ist, und löscht die Dateien, die älter sind als die Angabe in Tagen aus der Variablen $ALTER.

Nach dem Parameter -exec folgt der Befehl, der durch *find* ausgeführt werden soll, wenn eine Datei den Suchkriterien entspricht. Die jeweilige Datei wird dann anstatt der geschweiften Klammern eingesetzt.

37.6.2 Richtig trennen: »IFS«

Einer der großen Spielverderber ist der *Internal Field Separator (IFS)*. In dieser Variablen sind die Trennzeichen spezifiziert, anhand derer die Bash eine Trennung vornimmt. Diese Trennungen werden zum Beispiel vorgenommen, wenn Sie innerhalb einer For-Schleife eine Datei ausgeben lassen. Da zu den Trennzeichen Leerzeichen und auch das Newline (\n) gehören, wird beim Durchlaufen der For-Schleife nicht jede Zeile der Variablen zugeordnet, sondern jedes Wort. Um dies zu verhindern, können Sie die Variable *IFS* einfach umdefinieren.

Erstellen Sie eine Textdatei *text.txt* mit mehreren Zeilen und beliebigem Inhalt. Erstellen Sie anschließend das Skript *ifs_changer.sh* mit dem Inhalt aus Listing 37.19:

```
#!/bin/bash

IFS=%
for var in $(< text.txt); do
 echo $var
done
```

Listing 37.19 »ifs_changer.sh«

In der dritten Zeile des Skripts wird die Variable *IFS* auf den Wert % gesetzt. Dadurch gibt das Skript den Inhalt der Datei *text.txt* zeilenweise aus, da als Trennzeichen nun das Prozentzeichen verwendet wird. Wenn Sie die Zeile IFS=% entfernen, so wird jedes Wort der Datei in einer eigenen Zeile ausgegeben.

37.6.3 Datumsmagie

Die Berechnung von Daten kann eine mathematische Herausforderung werden. Wenn es nur darum geht, einen festen Termin, zum Beispiel »vor zwei Tagen« oder »in drei Monaten«, zu ermitteln, muss zum Glück kein mathematisches Konstrukt aufgebaut werden.

Das Programm *date* kann mit dem Parameter -d Datumsangaben über relative Angaben berechnen (siehe Listing 37.20):

```
daniel@ubuntu:~$ date
Mo 8. Feb 17:04:17 CET 2016

daniel@ubuntu:~$ date -d '2 days ago'
Sa 6. Feb 17:04:24 CET 2016
```

```
daniel@ubuntu:~$ date -d '1 month 2 days ago'
So 6. Mär 17:04:32 CET 2016

daniel@ubuntu:~$ date -d '1 year ago 2 month ago 3 days ago'
Fr 5. Dez 17:06:01 CET 2014

daniel@ubuntu:~$ date -d '10 minutes 5 seconds'
Mo 8. Feb 17:16:36 CET 2016
```

Listing 37.20 Daten relativ berechnen mit »date -d«

Durch die Angabe der Werte wird das Datum entweder für die Zukunft oder mit der Option ago für die Vergangenheit (vom Moment der Ausführung an) berechnet.

☑ Diese Werte können auch vermischt werden, wie im dritten Beispiel gezeigt. Dort wird die Zeit einen Monat in die Zukunft und von dort zwei Tage in die Vergangenheit berechnet. Dabei versteht *date* die Begriffe *second(s)*, *minute(s)*, *hour(s)*, *day(s)*, *month(s)* und *year(s)*.

Des Weiteren können Sie auch Zeitabstände, wie zum Beispiel die Laufzeit einer Berechnung, mit *date* ermitteln. Da *date* mit Unix-Timestamps (alle Sekunden ab dem 01.01.1970) umgehen kann, können Sie darüber einfach eine Zeitspanne ermitteln, wie Listing 37.21 zeigt:

```
$ A=$(date +%s) ; sleep 2 ; B=$(date +%s); echo "Zeitspanne: $(( $B - $A ))"
Zeitspanne: 2
```

Listing 37.21 Zeitspanne berechnen mit »date +%s«

Die Zeile aus Listing 37.21 hält in der Variablen A den Unix-Timestamp zu Beginn fest, wartet anschließend zwei Sekunden (sleep 2) und hält anschließend den Unix-Timestamp in der Variablen B fest. Abschließend wird die Differenz dieser Werte mit echo ausgegeben.

37.6.4   Laufzeitbestimmung

Noch einfacher und genauer als die eigene Berechnung der Laufzeit mit date ist die Verwendung des Programms time.

Wenn Sie dieses vor einen beliebigen Befehl stellen, wird Ihnen nach Beendigung die exakte Laufzeit angezeigt, wie Sie an der Ausgabe in Listing 37.22 sehen:

```
daniel@ubuntu:~$ time sudo systemctl restart apache2

real    0m2.241s
user    0m0.008s
sys     0m0.008s
```

Listing 37.22 Laufzeitbestimmung mit »time <COMMAND>«

Wie Sie Listing 37.22 entnehmen können, gibt time nach Beendigung des Befehls drei Werte aus: real, user und sys. Diese haben dabei folgende Bedeutung:

▶ real

Dieser Wert gibt die sogenannte *wall clock time* an. Dabei handelt es sich um die Zeit, die vom Start bis zum Ende der Verarbeitung benötigt wurde.

▶ user

Gibt die Zeit an, die die Verarbeitung im User-Space (außerhalb des Kernels) der CPU benötigt hat. Dieser Wert gibt nur die reine Rechenzeit an. Die Zeit, die der Befehl eventuell auf andere Prozesse oder Geräte (zum Beispiel I/O) warten musste, wird nicht mit eingerechnet.

▶ sys

Hier wird die Rechenzeit der CPU im System-Space (also im Kernel) angegeben.

Zur Laufzeitermittlung müssen Sie also lediglich den Wert real betrachten.

37.6.5   Testdateien erstellen

Oft müssen zur Ermittlung von Laufzeiten oder bei der Fehleranalyse Testdaten erzeugt werden. Hierfür kann das Programm dd hilfreich sein. Das Programm konvertiert und kopiert Daten von einem beliebigen Gerät zum anderen – und da unter Linux alles eine Datei ist, können hier also auch Geräte zum Kopieren verwendet werden.

Um eine binäre Testdatei mit 100 MB Größe zu erzeugen, müssen Sie den Befehl aus Listing 37.23 absetzen:

```
daniel@ubuntu:~$ dd if=/dev/urandom of=datei01.dat bs=512 count=204800
204800+0 Datensätze ein
204800+0 Datensätze aus
104857600 Bytes (105 MB) kopiert, 7,68934 s, 13,6 MB/s
```

Listing 37.23 Testdateien erzeugen mit »dd«

Das Programm erwartet eine Eingabequelle (*input file*, if), von der die Daten gelesen werden sollen. Durch die Angabe von */dev/urandom* wird kontinuierlich aus dem Zufallsgenerator gelesen. Mit dem Parameter of wird das *output file*, also die Datei, in die geschrieben werden soll, angegeben (im Beispiel *datei01.dat*). Über die Parameter bs und count wird die Größe der Blöcke (*block size*) und die Anzahl festgelegt. Daraus ergibt sich (512 × 204.800) = 104.857.600 Byte, also 102.400 Kilobyte bzw. 100 Megabyte an Daten, die von dd geschrieben werden.

Durch die Verwendung von *urandom* als Eingabequelle wird gleichzeitig sichergestellt, dass die Daten unterschiedlich sind – dies ist gerade beim Testen von Dateitransfers enorm wichtig, damit nicht Kompressionsmethoden die Messergebnisse verfälschen.

37.6.6 Veränderungen beobachten

Manchmal ist es nützlich, Veränderungen im Auge zu behalten – ob dies nun die Größe einer Datei ist oder die Änderung eines Rückgabewertes. Hierfür können Sie das Programm watch einsetzen.

Dieses führt einen als Parameter angegebenen Befehl wiederholt aus – in der Standardeinstellung alle zwei Sekunden. Über den Befehl aus Listing 37.24 können Sie zum Beispiel Veränderungen in einem Verzeichnis beobachten:

```
daniel@ubuntu:~$ watch "ls -lha"
```

Listing 37.24 Befehle überwachen mit »watch«

Es ist auch möglich, Befehle mit Parametern an watch zu übergeben. Dazu müssen Sie die Parameter in doppelte Anführungszeichen setzen. Wenn Sie längere (oder kürzere) Zeitabstände benötigen, können Sie dies mit dem Parameter -n <X> steuern – ersetzen Sie dabei den Platzhalter <X> durch eine Ganzzahl, die den Abstand in Sekunden ausdrückt.

Zusätzlich können Sie watch mit dem Parameter -d anweisen, Veränderungen hervorzuheben, was sehr praktisch ist, wenn Sie watch in einer separaten Konsole laufen lassen und nicht wie gebannt vor der Ausgabe sitzen wollen.

37.6.7 Dateien aus dem Internet laden

Wer kennt es nicht: Man will schnell den neusten Patch oder das Programm XY aus dem Internet laden. Auf einem Server ohne Browser ist das im ersten Moment eine schwierige Aufgabe. Aber selbstverständlich existiert für diese Aufgabe auch ein Programm – oder besser gesagt sogar mehrere.

Zum einen können Sie hierfür den Klassiker einsetzen: wget. Dieses kleine Programm erwartet als Parameter lediglich eine URL und speichert Ihnen die angeforderte Seite direkt in das Verzeichnis, in dem Sie es ausführen. Das Programm beherrscht die Protokolle HTTP, HTTPS und FTP.

Eine Alternative ist curl – vor allem in Skripten, da es viel flexibler und mächtiger ist. Dieses Programm ruft ebenfalls eine übergebene URL ab, stellt diese aber ohne weitere Parameter nur auf der Konsole dar. Mit dem Parameter -O (beachten Sie, dass der Parameter großgeschrieben wird!) können Sie die Speicherung in eine Datei veranlassen. Mit -o <FILENAME> können Sie die Datei auch unter einem anderen Namen speichern.

Das Programm *curl* kann auch mit Expansionen umgehen. So können auch URLs, wie zum Beispiel ftp://ftp.example.com/datei{a,b,c}.txt, verarbeitet werden. Auch mit Sequenzen kommt *curl* zurecht, sodass auch die Angabe von http://www.example.com/datei[1-10].txt möglich ist. Dies ist gerade im Skriptingbereich sehr nützlich.

37.6.8   E-Mails versenden

Über Ergebnisse aus Reports oder anderen Verarbeitungen möchten Sie sicherlich umgehend informiert werden. Dazu eignet sich der Versand der Daten in einer E-Mail. Dafür können Sie das Tool *mail* verwenden. In Ubuntu ist dieses Tool nicht direkt installiert, aber Bestandteil der Paketquellen. Installieren Sie das Paket *mailutils*, um mit mail arbeiten zu können.

Anschließend können Sie mit folgender Zeile E-Mails aus einem Shell-Skript versenden:

```
mail <RECIPIENT> -s "Betreff Zeile" < EMAILTEXT.txt
```

Listing 37.25 E-Mail-Versand mit »mail«

Der Empfänger wird direkt (ohne Parameter) als Option angegeben (Platzhalter <RECIPIENT>). Die Betreffzeile wird über den Parameter -s angegeben. Über das Kleiner-als-Zeichen (<) wird der Inhalt einer Datei als E-Mail-Text dem Programm mail übergeben.

E-Mail-Konfiguration   [+]

Für den Einsatz von mail muss das System über eine E-Mail-Konfiguration verfügen (*postfix*, *exim* oder ein anderer MTA).

37.6.9   Interaktive Programme steuern

Leider lassen sich nicht alle Programme vollständig über Parameter steuern. Meist ist dies nicht mehr möglich, wenn eine Anmeldung vorausgesetzt wird – wie zum Beispiel bei *telnet* oder ssh. Durch die sequenzielle Verarbeitung sind Skripte eigentlich nicht in der Lage, interaktive Programme zu steuern. Dafür wurde das Programm *expect* geschaffen, das Rückgabewerte interpretieren und entsprechend reagieren kann.

Der Einsatz von *expect* ist aber nicht immer notwendig. Kleinere Konstrukte kann die Shell auch selbst verarbeiten.

Das Skript aus Listing 37.26 verbindet sich mit *telnet* auf den *localhost* mit dem TCP-Port 1234, setzt zwei Befehle ab und speichert die Ausgabe in der temporären Datei */tmp/ausgabe.txt*:

```
#!/bin/bash
(
echo "get info"
sleep 3
echo "quit"
) | telnet 127.0.0.1 1234 > /tmp/ausgabe.txt
```

Listing 37.26 Steuerung interaktiver Programme

Durch die Klammerverarbeitung der Shell wird dem Programm telnet nur die Ausgabe der Befehle übergeben. Selbst das Kommando sleep wird befolgt, bevor die Verbindung mit quit beendet wird.

[!] **Verarbeitungszeiten beachten!**

Beachten Sie dabei, dass die Verarbeitungszeit nicht immer gleich ist. Daher müssen Sie bei solchen Konstrukten stets großzügige Pausen (zum Beispiel mit dem Programm sleep) einbauen, damit Ihr Skript nicht die tatsächliche Verarbeitung überholt und somit falsche Ergebnisse zurückgibt!

Kapitel 38
Suchen, Finden und Ersetzen

In diesem Kapitel lernen Sie, die Stecknadel im Heuhaufen zu finden.

38.1 Suchen und Finden im Dateisystem

Auf einem Ubuntu-Server haben sich schnell Zehntausende Dateien angesammelt, und jeder Sysadmin kommt einmal in die Situation, eine bestimmte davon finden zu müssen. Ubuntu hat zum Glück passende Hilfsmittel an Bord.

38.1.1 »locate«

Am schnellsten kommt man meist mit dem locate-Kommando ans Ziel. Es gehört zum Paket mlocate und ist in der Regel vorinstalliert – falls nicht, ist das schnell mit sudo apt-get install mlocate nachgeholt.

locate ist sehr einfach zu bedienen. Geben Sie einfach locate, gefolgt von dem gesuchten Dateinamen, ein, und Sie erhalten den Pfad, in dem Sie die Datei finden.

Im Beispiel aus Listing 38.1 suchen wir nach der Datei *master.cf*, einer Konfigurationsdatei des Mailservers *Postfix*.

```
daniel@venus:~$ locate master.cf
/etc/postfix/master.cf
/usr/lib/postfix/master.cf
/usr/share/postfix/master.cf.dist
/var/backups/amavisd-new-postfix/master.cf-backup
[…]
```
Listing 38.1 Suche nach der Datei »master.cf«

locate hat die gesuchte Datei gleich an mehreren Stellen im Dateisystem gefunden, und zwar in extrem kurzer Zeit. Das liegt daran, dass *locate* tatsächlich gar nicht im Dateisystem sucht, sondern in einer speziellen Datenbank. Diese Datenbank legt das Programm updatedb an. Sie wird einmal pro Tag aktualisiert.

Wollen Sie in einem Datenbestand suchen, der erst kürzlich aktualisiert wurde und den die Datenbank noch nicht kennt, so können Sie jederzeit mit dem Kommando aus Listing 38.2 eine Aktualisierung erzwingen:

```
daniel@venus:~$ sudo updatedb
```
Listing 38.2 Die »locate«-Datenbank sofort aktualisieren

Wenn Sie neugierig sind, wo sich die Datenbank befindet und wie viele Einträge sie hat, geben Sie einmal locate -S ein:

```
daniel@venus:~$ locate -S
Database /var/lib/mlocate/mlocate.db:
        43,776 directories
        395,540 files
        23,557,490 bytes in file names
        9,213,342 bytes used to store database
```
Listing 38.3 Statistiken über die »locate«-Datenbank abrufen

38.1.2 »find«

find benutzt im Gegensatz zu *locate* keine Datenbank, sondern durchsucht das Dateisystem tatsächlich in Echtzeit nach den angegebenen Kriterien. Es ist dadurch langsamer als *locate*, spielt seine Stärken aber an anderer Stelle aus.

Zum Beispiel kann man gezielt nach Dateien suchen, die bestimmte Eigenschaften aufweisen. Listing 38.4 zeigt ein einfaches Beispiel:

```
daniel@venus:~$ find . -name *.txt -print
./loremipsum.txt
./notiz.txt
./Documents/overview.txt
[…]
```
Listing 38.4 Eine Datei anhand ihres Namens finden

Hier wurde im aktuellen Verzeichnis (».«) nach Dateien gesucht, auf die das Muster *.txt* passt (-name *.txt). Die Namen der gefundenen Dateien werden sofort in der Konsole ausgegeben (-print). Beachten Sie, dass *find* nicht nur das angegebene Verzeichnis durchsucht, sondern rekursiv auch alle Unterverzeichnisse, sofern welche vorhanden sind.

Im nächsten Beispiel wollen wir alle Dateien im aktuellen Verzeichnis anzeigen lassen, die dem Benutzer *charly* gehören:

```
daniel@venus:~$ find . -user charly -print
./loremipsum.txt
./notiz.txt
./Documents/slides.odp
[…]
```
Listing 38.5 Eine Datei anhand ihres Besitzers finden

Natürlich können Sie die Suche nach Dateinamen mit der Suche nach einem bestimmten Benutzernamen kombinieren. Wollen Sie also alle *txt*-Dokumente sehen, die dem Benutzer *charly* gehören, gehen Sie so wie in Listing 38.6 vor. Der Parameter -a bedeutet, dass die beiden Suchkriterien durch ein logisches Und (»*and*«, deshalb -a) verknüpft sind. Wünschen Sie eine Oder-Verknüpfung, geben Sie -o an.

```
daniel@venus:~$ find . -name *.txt -a -user charly -print
./loremipsum.txt
./notiz.txt
```

Listing 38.6 Eine Datei anhand ihres Namens und ihres Besitzers finden

Für den Systemadministrator ist die Möglichkeit interessant, nach Dateien mit bestimmten Zugriffsrechten zu suchen. Mit dem Kommando aus Listing 38.7 finden Sie alle Dateien im aktuellen Verzeichnis, auf die das Rechteschema »0600« zutrifft.

```
daniel@venus:~$ find . -perm 0600 -print
./loremipsum.txt
```

Listing 38.7 Eine Datei anhand ihrer Zugriffsrechte finden

38.2   Suchen und Finden in Dateien

Wenn es darum geht, eine Datei nach einem bestimmten Begriff oder einem Muster zu durchsuchen, schlägt die Stunde von *grep*. Der Name bedeutet *Global search for a Regular Expression and Print out matched lines* (»Globale Suche nach regulären Ausdrücken und Ausgabe zutreffender Zeilen«).

38.2.1   Dateien durchsuchen mit »grep«

Die häufigste Anwendung von *grep* besteht darin, ein bestimmtes Wort in einer Datei zu finden (meist ein Schlüsselwort in einer Konfigurationsdatei). Die Syntax lautet dabei einfach grep <Suchbegriff> <Pfad/Dateiname>. Mit dem Kommando aus Listing 38.8 lassen Sie sich alle Zeilen der Datei */etc/passwd* ausgeben, in denen der Begriff *syslog* vorkommt (es ist nur eine Zeile).

```
daniel@venus:~$ grep syslog /etc/passwd
syslog:x:101:104::/home/syslog:/bin/false
```

Listing 38.8 Das Wort »syslog« in der Datei »/etc/passwd« finden

grep akzeptiert eine Reihe von Parametern, mit denen Sie die Suche modifizieren können. Es sind etwa zwei Dutzend, aber besonders häufig werden Sie drei von ihnen benötigen. Da ist zunächst der Parameter -v: Er kehrt die Suche um und liefert Ihnen alle Zeilen der Datei,

38

in denen der angegebene Suchbegriff *nicht* vorkommt. Ergänzen Sie das Beispiel aus Listing 38.8 um -v, so erhalten Sie in Listing 38.9 alle Zeilen der Datei */etc/passwd*, in denen *syslog* nicht vorkommt:

```
daniel@venus:~$ grep -v syslog /etc/passwd
root:x:0:0:root:/root:/bin/bash
daemon:x:1:1:daemon:/usr/sbin:/usr/sbin/nologin
bin:x:2:2:bin:/bin:/usr/sbin/nologin
sys:x:3:3:sys:/dev:/usr/sbin/nologin
sync:x:4:65534:sync:/bin:/bin/sync
games:x:5:60:games:/usr/games:/usr/sbin/nologin
man:x:6:12:man:/var/cache/man:/usr/sbin/nologin
lp:x:7:7:lp:/var/spool/lpd:/usr/sbin/nologin
mail:x:8:8:mail:/var/mail:/usr/sbin/nologin
news:x:9:9:news:/var/spool/news:/usr/sbin/nologin
uucp:x:10:10:uucp:/var/spool/uucp:/usr/sbin/nologin
proxy:x:13:13:proxy:/bin:/usr/sbin/nologin
[…]
```

Listing 38.9 Eine Suche invertieren

Der zweite häufig benötigte Parameter ist -i. Er eliminiert die Unterscheidung zwischen Groß- und Kleinschreibung. Wenn Sie -i weglassen, behandelt *grep* die Begriffe *syslog* und *Syslog* als unterschiedliche Wörter.

Zum Dritten wird schließlich -r sehr häufig benötigt. Mit ihm bezieht grep bei der Suche auch Dateien ein, die sich in Unterverzeichnissen befinden. Im Beispiel aus Listing 38.10 wird der Begriff *syslog* in allen Dateien gesucht, die sich in */etc/* oder einem seiner Unterverzeichnisse befinden. Da unter */etc/* viele Dateien residieren, die nur von root gelesen werden dürfen, rufen wir das Kommando diesmal mit sudo auf.

```
daniel@venus:~$ sudo grep -r syslog /etc
/etc/logrotate.d/rsyslog:/var/log/syslog
/etc/logrotate.d/rsyslog: reload rsyslog >/dev/null 2>&1 || true
/etc/logrotate.d/rsyslog: reload rsyslog >/dev/null 2>&1 || true
/etc/logrotate.d/ufw: invoke-rc.d rsyslog reload >/dev/null 2>&1 || true
/etc/default/rsyslog:# Options for rsyslogd
/etc/default/rsyslog:# See rsyslogd(8) for more details
/etc/dbus-1/system.conf:  <!-- Enable logging to syslog -->
/etc/dbus-1/system.conf:  <syslog/>
/etc/services:syslog              514/udp
/etc/shadow-:syslog:*:16095:0:99999:7:::
/etc/gshadow:adm:*::syslog,daniel
[…]
```

Listing 38.10 Das Wort »syslog« im Pfad »/etc/« samt Unterverzeichnissen finden

38.2.2   Unscharfes Suchen mit »tre-agrep«

tre-agrep bietet eine Funktion, die *grep* nicht beherrscht, nämlich unscharfe Suchen. Sie installieren *tre-agrep* einfach mit `sudo apt-get install tre-agrep`. Ein einfacher Aufruf sieht so aus wie in Listing 38.11. Der Parameter `-2` bewirkt, dass *tre-agrep* auch alle Zeilen ausgibt, bei denen der Suchbegriff mit bis zu zwei Zeichen Abweichung vorkommt.

```
tre-agrep -2 example.com /var/log/mail.log
```
Listing 38.11   Suche nach »example.com« mit zwei Zeichen Abweichung

Auf diese Weise finden Sie schnell Buchstabendreher. Wenn Sie mit dem klassischen *grep* in einer Logdatei nach »example.com« suchen und nichts finden, versuchen Sie es mit *tre-agrep* noch einmal – Buchstabendreher wie »exampel.com« sind nicht selten, und *tre-agrep* findet sie zuverlässig.

38.3   Ersetzungen in Dateien

In diesem Abschnitt lernen Sie, Ersetzungen im Text vorzunehmen. Diese Ersetzungen können auf einzelnen Zeichen, Zeichengruppen und Zeichenklassen (Sonderzeichen, Numerale) beruhen. Als Werkzeuge benutzen Sie dazu `sed` und `tr`.

38.3.1   Zeichenbasiertes Ersetzen mit »sed«

Oft wird *sed* (der Name ist die Verkürzung von »**s**tream **ed**itor«) nur dazu benötigt, ein einzelnes Wort zu ersetzen, so wie in Listing 38.12, in dem das Wort »Vorher« durch »Nachher« ersetzt wird:

```
daniel@venus:~$ echo "Vorher sieht es so aus." | sed s/Vorher/Nachher/
Nachher sieht es so aus.
```
Listing 38.12   Ein ganzes Wort ersetzen

Das `s` vor dem Ersetzungsausdruck steht für »substitute«, also »ersetzen«. Das Such- und Ersetzungsmuster steht danach jeweils zwischen Schrägstrichen. In dieser Form findet *sed* aber nur das erste Vorkommen des Suchbegriffs in einer Zeile:

```
daniel@venus:~$ echo "eins, zwei, eins, zwei" | sed s/eins/drei/
drei, zwei, eins, zwei
```
Listing 38.13   Nur das erste Vorkommen wird ersetzt.

Sie sehen, dass das zweite Vorkommen von »eins« nicht ersetzt wurde. Das passiert erst, wenn Sie *sed* anweisen, *global* zu arbeiten. Dazu hängen Sie einfach ein `g` an den Ersetzungsausdruck an:

```
daniel@venus:~$ echo "eins, zwei, eins, zwei" | sed s/eins/drei/g
drei, zwei, drei, zwei
```

Listing 38.14 Alle Vorkommen des Suchmusters werden ersetzt.

Wollen Sie, dass Ihr Suchmuster sowohl »Eins« als auch »eins« findet, formulieren Sie die Suche so wie in Listing 38.15:

```
daniel@venus:~$ echo "eins, zwei, eins, zwei" | sed s/[Ee]ins/drei/g
drei, zwei, drei, zwei
```

Listing 38.15 Suchmuster auf Groß- und Kleinschreibung ausweiten

sed arbeitet nicht nur auf der Kommandozeile, sondern kann auch direkt Dateien manipulieren, ohne dass Sie sie mit Konstrukten wie cat datei.txt | sed s/vorher/nachher/g > neuedatei.txt behandeln müssen. Dazu dient der Parameter -i (»in-line«).

Nehmen wir an, Sie haben eine Datei mit dem Namen *vorher.txt*, in der nur das Wort »Hallo« steht. Sie möchten es durch »Auf Wiedersehen« ersetzen. Das lösen Sie mit *sed* schnell und elegant, so wie in Listing 38.16:

```
daniel@venus:~$ sed s/Hallo/Auf Wiedersehen/ -i datei.txt
```

Listing 38.16 Suchen und Ersetzen in einer Datei

In der Praxis benötigen Sie diesen Handgriff häufig, etwa wenn Sie in einer Konfigurationsdatei den Hostnamen eines Servers ersetzen möchten, der dort an mehreren Stellen vorkommt (g nicht vergessen!).

38.3.2 Zeichenklassen ersetzen und formatieren mit »tr«

Um einige der Fähigkeiten von *tr* (von **tr**anslate, »übersetzen«) kennenzulernen, bearbeiten wir die Ausgabe des Kommandos ip a sh enp0s3.

Das Kommando zeigt die Konfiguration der Netzwerkschnittstelle *enp0s3* an, ausgeschrieben lautet es ip address show enp0s3. Die Ausgabe sieht so aus wie in Listing 38.17:

```
daniel@venus:~$ ip a sh enp0s3
2: enp0s3: <BROADCAST,MULTICAST,UP,LOWER_UP> mtu 1500 qdisc pfifo_fast \
state UP group default qlen 1000
    link/ether 08:00:27:a9:39:4f brd ff:ff:ff:ff:ff:ff
    inet 192.168.0.155/24 brd 192.168.0.255 scope global enp0s3
       valid_lft forever preferred_lft forever
    inet6 fe80::a00:27ff:fea9:394f/64 scope link
       valid_lft forever preferred_lft forever
```

Listing 38.17 Ausgabe von »ip a sh enp0s3«

Sie sehen, dass die Zeilen unregelmäßig eingerückt sind. Wenn Sie diese Ausgabe jetzt in einem Skript weiterverarbeiten möchten, ist das schwierig. Mithilfe von *tr* können Sie bestimmen, dass mehrfach vorkommende Leerzeilen zusammengefasst werden sollen. *tr* hält dafür die Zeichenklasse [:blank:] bereit, in der jede Art von horizontalen Leerzeichen (darunter fallen auch Tabs) zusammengefasst sind. Listing 38.18 zeigt, wie Sie mit tr -s [:blank:] mehrere Leerzeichen zu einem einzigen zusammenfassen:

```
daniel@venus:~$ ip a sh enp0s3 | tr -s [:blank:]
2: enp0s3: <BROADCAST,MULTICAST,UP,LOWER_UP> mtu 1500 qdisc pfifo_fast\
state UP group default qlen 1000
 link/ether 08:00:27:a9:39:4f brd ff:ff:ff:ff:ff:ff
 inet 192.168.0.155/24 brd 192.168.0.255 scope global enp0s3
 valid_lft forever preferred_lft forever
 inet6 fe80::a00:27ff:fea9:394f/64 scope link
 valid_lft forever preferred_lft forever
```

Listing 38.18 Multiple Leerstellen wurden zusammengefasst.

Mit einem weiteren tr-Eingriff wandeln wir jetzt noch alle Groß- in Kleinbuchstaben um. Dazu benutzen wir im Beispiel aus Listing 38.19 die Zeichenklassen [:upper:] und [:lower:] und wandeln damit die Großbuchstaben ind Kleinbuchstaben um:

```
daniel@venus:~$ ip a sh enp0s3 | tr -s [:blank:] | tr -s [:upper:] [:lower:]
2: enp0s3: <broadcast,multicast,up,lower_up> mtu 1500 qdisc pfifo_fast \
state up group default qlen 1000
 link/ether 08:00:27:a9:39:4f brd f:f:f:f:f:f
 inet 192.168.0.155/24 brd 192.168.0.255 scope global enp0s3
 valid_lft forever prefered_lft forever
 inet6 fe80::a00:27f:fea9:394f/64 scope link
 valid_lft forever prefered_lft forever
```

Listing 38.19 Die Großbuchstaben wurden umgewandelt.

38.3.3 Bitte nur eins – Feldsuche

Eine weitere Aufgabe, die einem Administrator oft begegnet, besteht darin, »mal schnell eben« einen Teil aus einer Datei zu extrahieren – zum Beispiel nur ein Feld. Wie so oft führen mehrere Wege ans Ziel. Zwei besondere möchten wir Ihnen nun in Teilen näherbringen.

Abgeschnitten: »cut«

Schauen wir uns zunächst cut an. Dieses Programm schneidet Teile aus einer Datei aus. Wollen Sie zum Beispiel alle auf Ihrem System bereits vergebenen UIDs ermitteln, können Sie diese aus der Datei */etc/passwd* herausholen. In Listing 38.20 sehen Sie einen Auszug der Datei:

```
[…]
sshd:x:107:65534::/var/run/sshd:/usr/sbin/nologin
daniel:x:1000:1000:Daniel van Soest,,,:/home/daniel:/bin/bash
_apt:x:108:65534::/nonexistent:/bin/false
openldap:x:109:116:OpenLDAP Server Account,,,:/var/lib/ldap:/bin/false
epmd:x:110:117::/var/run/epmd:/bin/false
ejabberd:x:111:118::/var/lib/ejabberd:/bin/sh
```

Listing 38.20 Die Originaldatei »/etc/passwd«

Wie Sie sehen, sind die Elemente durch Doppelpunkte voneinander getrennt. Im dritten Feld steht die gesuchte UID. Um diese zu extrahieren, setzen wir nun cut ein, dem wir mitteilen, dass die Felder mit Doppelpunkten getrennt sind und dass wir nur am dritten Feld interessiert sind:

```
daniel@venus:~$ cut -d : -f 3 /etc/passwd
[…]
106
107
1000
108
109
110
111
```

Listing 38.21 Die angepasste Ausgabe mit »cut«

Falls Sie zur Weiterverarbeitung mehr als nur ein Feld benötigen, hilft cut Ihnen auch weiter. Geben Sie die Feldnummern einfach durch Kommata getrennt an – in Listing 38.22 zum Beispiel Feld 1 und 3 für den Benutzernamen und die passende UID:

```
daniel@venus:~$ cut -d : -f 1,3 /etc/passwd
[…]
uuidd:106
sshd:107
daniel:1000
_apt:108
openldap:109
epmd:110
ejabberd:111
```

Listing 38.22 Die noch Weiter angepasste Ausgabe mit »cut«

Wollen Sie nun noch die letzten beiden Felder ebenfalls mit ausgeben oder sogar alle Felder ab einer gewissen Stelle, können Sie auch das mit cut erreichen. In Listing 38.23 werden die Felder 1, 3 und ab 6 ausgegeben – was durch den folgenden Bindestrich (6-) erreicht wird:

```
daniel@venus:~$ cut -d : -f 1,3,6- /etc/passwd
sshd:107:/var/run/sshd:/usr/sbin/nologin
daniel:1000:/home/daniel:/bin/bash
_apt:108:/nonexistent:/bin/false
openldap:109:/var/lib/ldap:/bin/false
epmd:110:/var/run/epmd:/bin/false
ejabberd:111:/var/lib/ejabberd:/bin/sh
```

Listing 38.23 Weiter angepasste Ausgabe mit »cut«

Anderes Trennzeichen

Falls Sie bei der durch cut bearbeiteten Ausgabe ein anderes Trennzeichen ausgegeben bekommen möchten, verwenden Sie dafür den Parameter --output-delimiter, gefolgt von dem Trennzeichen, das Sie nutzen wollen.

Aufmerksam: »awk«

Falls die Trennung von Feldern mal nicht gleichbleibend ist, wie zum Beispiel in Logdateien, hilft awk Ihnen aus der Patsche. Dieses äußerst mächtige und umfangreiche Programm kann deutlich mehr, wird von uns für diesen Zweck aber gern missbraucht.

Sehen wir uns zunächst die Originaldatei an:

```
daniel@venus:~$ cat datei.txt
daniel     admin     0      20151229
charly     admin     1      20160102
tom        user      27     20160202
```

Listing 38.24 Die Originaldatei »datei.txt«

Wie Sie sehen, hilft cut uns hier nicht weiter, da die einzelnen Werte in einer festen Breite ausgegeben werden und nicht ein zutreffendes Trennzeichen existiert. Hier kommt awk ins Spiel, da es Felder selbstständig erkennt und uns somit die gezielte Ausgabe ermöglicht. Um nur das dritte Feld auszugeben, verwenden Sie den Befehl aus Listing 38.25:

```
daniel@venus:~$ awk '{print $3}' datei.txt
0
1
27
```

Listing 38.25 Ausgabe des dritten Feldes mit »awk«

Im Befehl aus Listing 38.25 wurde das Programm über den Befehl print angewiesen, das dritte Feld ($3 auszugeben. Achten Sie darauf, dass Sie den Befehl mit geschweiften Klammern und einfachen Anführungszeichen umschließen müssen, da ansonsten die Bash-Substitution zuschlagen würde.

Auch mit awk können Sie wieder mehrere Felder ausgeben lassen – diesmal können Sie sogar die Reihenfolge anpassen. Dabei müssen Sie nun aber immer ein Trennzeichen mit angeben. Verwenden Sie den Befehl aus Listing 38.26, um erst das vierte Feld, gefolgt von einem Leerzeichen, und anschließend das dritte Feld ausgeben zu lassen.

```
daniel@venus:~$ awk '{print $4" "$3}' datei.txt
20151229 0
20160102 1
20160202 27
```

Listing 38.26 Ausgabe des vierten und dritten Feldes mit »awk«

Selbstverständlich können Sie ein beliebiges Trennzeichen verwenden – achten Sie nur darauf, dieses Trennzeichen (oder auch eine Zeichenkette) stets mit umgebenden Anführungszeichen zu versehen.

Falls awk mal Felder nicht korrekt erkennt, dann können Sie ihm auch vorgeben, worauf er zu achten hat. Übergeben Sie awk einfach den Parameter -F '<FIELDS>', wobei Sie den Platzhalter <FIELDS> durch die Trennzeichen, auf die awk achten soll, ersetzen müssen.

38.4   Fazit

Wie Sie sehen, existieren viele nützliche Programme zum Suchen und Finden – und, wie so oft führen viele Wege nach Rom. Einige dieser Programmen haben wir im Verlauf des Buches bereits mehrfach verwendet und einige auch noch näher beschreieben, zum Beispiel im Kapitel 37, »Zuhause: ›bash‹«.

Kapitel 39

Netzwerkdiagnose

Bei Netzwerkfehlern ist guter Rat teuer. In diesem Kapitel zeigen wir Ihnen viele Tipps und Tricks, damit Sie dem Fehlerteufel schnell auf die Schliche kommen: von der Erreichbarkeit über die Routenverfolgung bis zum Port-Scan. Darüber hinaus zeigen wir Ihnen, wie Sie effektiv Netzwerkstatistiken ermitteln und sich mit dem einen oder anderen Tool das Leben erleichtern können.

Netzwerkfehler sind meist schwer zu lokalisieren. Damit Sie trotzdem ans Ziel gelangen, haben wir in diesem Kapitel viele kleine Helferlein zusammengetragen. Mit den hier vorgestellten Tools werden Sie Fehler in Ihrem Netzwerk schnell finden.

39.1   Erreichbarkeit

In diesem Abschnitt wollen wir Ihnen eines der bekanntesten Netzwerkanalyseprogramme der Welt vorstellen: *ping*. Dieses kleine, aber mächtige Tool werden Sie sicherlich schon häufig eingesetzt haben, um zu prüfen, ob ein System erreichbar ist. Der kleine Helfer hat aber mehr auf dem Kasten, als er auf den ersten Blick vermuten lässt.

Das Programm setzt auf das *ICMP*[1] auf. Ihm wurde die IP-Protokollnummer 1 zugeteilt (IPv4 ist zum Beispiel Nummer 4, TCP Nummer 6 und UDP Nummer 17). Es ist unterteilt in *Typ* und *Code*, um unterschiedliche Arten und Meldungen zu unterscheiden. Ping setzt zum Beispiel Anfragen (*echo-request*) mit dem Typ 8 Code 0 ab und erwartet Antworten (*echo-reply*) mit dem Typ 0 Code 0. Kann die Anfrage nicht beantwortet werden, antworten das System oder umliegende Router mit anderen ICMP-Statuscodes. Außer für diese Aufgabe wird das ICMP-Protokoll hauptsächlich zum Austausch von Informationen und Fehlern zwischen Systemen (hauptsächlich Netzwerkkomponenten) verwendet.

39.1.1   Ein Wort der Warnung

Bevor wir auf die Möglichkeiten von Ping eingehen, möchten wir zunächst einige Irrtümer klären. Der Lieblingssatz eines Netzwerkers ist: »Ping geht! Das Netzwerk ist okay!«

---

1   *Internet Control Message Protocol*, Internetprotokoll zum Austausch von Informations- und Fehlermeldungen

[!] Auch wenn ein System auf das ICMP-Protokoll reagiert, heißt dies noch lange nicht, dass im Netzwerk alles in Ordnung ist. Ping ist nützlich, da es schnell eine Antwort liefert und überall verfügbar ist, aber dennoch ist es nicht die verlässlichste aller Informationsquellen: zum einen, da es nur ein Protokoll prüft, und zum anderen, da es im Standardaufruf auch nur kleine Pakete verwendet – viel Aussagekraft wohnt ihm also nicht inne. Verlassen Sie sich daher nicht nur auf Ping, sondern führen Sie immer auch weitere Prüfungen durch.

Darüber hinaus muss erwähnt werden, dass viele Administratoren die Antwortzeiten von Ping gleichzeitig als Referenz für das Antwortzeitverhalten Ihres Netzwerks und damit aller weiteren Dienste verwenden. Dies ist ebenfalls gewagt, da Ping, wie bereits erörtert, nur einen Ausschnitt abfragt. Selbstverständlich können Sie die mit Ping ermittelten Werte als Indikator verwenden – wir möchten Sie nur darauf hinweisen, die Werte nicht als global gültig zu betrachten.

39.1.2   Der Klassiker: »Ping«

Das Programm Ping gehört zur Basisausstattung und ist auf (fast) jedem netzwerkfähigen Gerät zu finden. Auf der Konsole können Sie die Erreichbarkeit eines Systems einfach mit dem passenden Befehl `ping <IP/HOSTNAME>` prüfen, wie in Listing 39.1 dargestellt:

```
daniel@ubuntu:~$ ping www.rheinwerk-verlag.de
PING www.rheinwerk-verlag.de (46.235.24.168) 56(84) bytes of data.
64 bytes from www.rheinwerk-verlag.de (46.235.24.168): icmp_seq=1 ttl=57 time=29.5 ms
64 bytes from www.rheinwerk-verlag.de (46.235.24.168): icmp_seq=2 ttl=57 time=30.0 ms
64 bytes from www.rheinwerk-verlag.de (46.235.24.168): icmp_seq=3 ttl=57 time=28.7 ms
64 bytes from www.rheinwerk-verlag.de (46.235.24.168): icmp_seq=4 ttl=57 time=28.7 ms
^C
--- www.rheinwerk-verlag.de ping statistics ---
4 packets transmitted, 4 received, 0% packet loss, time 3004ms
rtt min/avg/max/mdev = 28.703/29.242/30.008/0.574 ms
```

Listing 39.1 Ausgabe von »ping <HOSTNAME>«

Zunächst gibt Ping die Zusammenfassung des abgesetzten Befehls aus. Im Beispiel aus Listing 39.1 sind das der Hostname und dessen aufgelöste IP-Adresse (www.rheinwerk-verlag.de (46.235.24.168)), die Größe des Datenteils und dahinter in Klammern die Gesamtgröße des Pakets (56(84)).

Ohne weitere Parameter setzt Ping jede Sekunde ein *echo-request* an das übergebene System ab. Die Antworten enthalten dabei folgende Informationen:

▶ `64 bytes from`
Größe des Antwortpakets (*echo-reply* – dieser Wert sollte immer 8 Byte größer sein als die Anfrage, im Beispiel also 56 + 8 = 64).

▶ www.rheinwerk-verlag.de (46.235.24.168):
Ping löst den Hostnamen auf und anschließend, um die Antwort ausgeben zu können, erneut die IP-Adresse – Achtung: Hier können sich Abweichungen ergeben! Wenn zum Beispiel der DNS-Administrator einen anderen Reverse-Lookup hinterlegt hat, wird ein anderer DNS-Name ausgegeben!

▶ icmp_seq=1
Jede Anfrage erhält eine eindeutige Sequenznummer, die pro Anfrage um eins erhöht wird – darüber kann Ping feststellen, auf welche Anfrage eine Antwort eingetroffen ist.

▶ ttl=57
Dieser Wert wird vom Zielsystem gesetzt und gibt die maximale Anzahl an Routing-Hops an, die es beantworten würde.

▶ time=29.5 ms
Die Paketumlaufzeit, auch als *round trip time* (kurz *rtt*) bezeichnet, ist die Zeit in Millisekunden, die das Paket von der Anfrage bis zur Antwort benötigt hat.

Anhand der Antworten können wir bereits viele Informationen gewinnen. Nach Beendigung durch die Tastenkombination [Strg] + [C] gibt Ping noch eine Zusammenfassung aus. Dabei werden zunächst die Anzahl der übertragenen und empfangenen Pakete und die Gesamtzeit ausgegeben. In der letzten Zeile wird die Paketumlaufzeit in vier Werten angegeben:

▶ min
gibt die schnellste Zeit an.

▶ avg
gibt die durchschnittliche Zeit an.

▶ max
gibt die längste Zeit an.

▶ mdev
gibt die mittlere Abweichung an (engl. *mean deviation*) – auch als *jitter* bezeichnet.

Das Programm ping ist parametergesteuert. Neben der Angabe eines Namens oder einer IP-Adresse kann es noch viele weitere Parameter verarbeiten.

Einige nützliche Parameter möchten wir Ihnen nun vorstellen:

▶ -a
gibt für jeden erfolgreichen Ping einen Ton aus.

▶ -c <COUNT>
Mit diesem Parameter kann die Anzahl der Pings angegeben werden.

▶ -i <TIME>
gibt das Intervall an, in dem Ping neue Anfragen stellt – standardmäßig beträgt es eine Sekunde.

- ▶ `-I <IF>`

  ermöglicht das Versenden der Anfragen über die angegebene Netzwerkschnittstelle – standardmäßig schaut Ping in die Routingtabelle und wählt die passende Schnittstelle selbst.

- ▶ `-n`

  unterdrückt die Namensauflösung.

- ▶ `-D`

  gibt vor jeder Zeile den Unix-Timestamp aus, der während des Aufrufs aktuell war.

- ▶ `-q`

  unterdrückt die Ausgabe pro Anfrage – erst nach Beendigung wird die Zusammenfassung ausgegeben.

- ▶ `-s <SIZE>`

  Mit diesem Parameter kann die Größe der mitgesendeten Daten bestimmt werden.

- ▶ `-t <TTL>`

  Hier kann die Gültigkeitsdauer (*time to live*) der Anfrage gesetzt werden.

- ▶ `-W <TIMEOUT>`

  gibt die Zeit in Sekunden an, die Ping auf Antwort warten soll, bevor die nächste Anfrage gesendet wird.

Bevor wir im Detail auf einige dieser Schalter eingehen, möchten wir noch aufzeigen, wie Ping sich bei nicht erfolgreichen Antworten verhält.

Nichterreichbarkeit

Generell verhält sich Ping auf Linux-Systemen anders als auf Windows-Systemen. Ein Windows-Ping gibt Ihnen immer sofort eine Rückmeldung, bei einem Linux-Ping hingegen werden nur eindeutige Fehler ausgegeben.

Versuchen Sie zum Beispiel unter Linux, eine Adresse in Ihrem Netzwerk zu erreichen, die nicht vorhanden ist, gibt Ping Ihnen folgende Rückmeldung:

```
daniel@ubuntu:~$ ping 192.168.0.3
PING 192.168.0.3 (192.168.0.3) 56(84) bytes of data.
From 192.168.0.148 icmp_seq=1 Destination Host Unreachable
From 192.168.0.148 icmp_seq=2 Destination Host Unreachable
From 192.168.0.148 icmp_seq=3 Destination Host Unreachable
```

Listing 39.2 Nichterreichbarkeit im eigenen Netz

Wie Sie Listing 39.2 entnehmen können, stammt die Antwort, dass das angefragte Zielsystem `192.168.0.3` nicht erreichbar ist, von der Adresse `192.168.0.148`. Diese Adresse ist in diesem Fall die Adresse des Systems, von dem der Ping gestartet wurde. Da Ping keine Rückmeldung auf seine ARP-Anfrage erhält, gibt es sich selbst die Antwort.

Alternativ kann diese Meldung auch von Routern aus Ihrer Umgebung erzeugt werden – im Internet werden Sie diese Meldung meist nicht zu sehen bekommen, da dort zum größten Teil nur die *echo-requests* und *echo-replys* zugelassen sind.

Analog dazu verhält sich Ping, wenn Sie versuchen, ein Netzwerk direkt anzusprechen, das nicht direkt erreichbar ist:

```
daniel@ubuntu:~$ ping -r 8.8.8.8
PING 8.8.8.8 (8.8.8.8) 56(84) bytes of data.
ping: sendmsg: Network is unreachable
ping: sendmsg: Network is unreachable
ping: sendmsg: Network is unreachable
```

Listing 39.3 Keine direkte Erreichbarkeit von Netzwerken

Einige Firewall-Systeme, vor allem im LAN, senden aber auch Rückmeldungen an nicht erfolgreiche Anfragen. Dies wird von Ping mit der Meldung aus Listing 39.4 quittiert:

```
daniel@ubuntu:~$ ping 10.1.0.20
PING 10.1.0.20 (10.1.0.20) 56(84) bytes of data.
From 172.31.253.10 icmp_seq=1 Packet filtered
From 172.31.253.10 icmp_seq=2 Packet filtered
From 172.31.253.10 icmp_seq=3 Packet filtered
```

Listing 39.4 Nichterreichbarkeit durch Firewalls

Dabei wird die ICMP-Rückmeldung des Typs 3 Code 9 (*network host administratively prohibited*) oder die Meldung des Typs 2 Code 10 (*host administratively prohibited*) ausgewertet.

In einigen Fällen – meist dann, wenn Ihre Netzwerker zu kreativ gewesen sind – kann es auch vorkommen, dass Ping eine Antwort doppelt erhält. Dies wird dann mit dem Hinweis *DUP!* dargestellt:

```
daniel@ubuntu:~$ping 192.168.0.101
PING 192.168.0.101 (192.168.0.101) 56(84) bytes of data.
64 bytes from 192.168.0.101: icmp_seq=1 ttl=255 time=54.1 ms
64 bytes from 192.168.0.101: icmp_seq=1 ttl=255 time=54.1 ms (DUP!)
64 bytes from 192.168.0.101: icmp_seq=2 ttl=255 time=54.0 ms
64 bytes from 192.168.0.101: icmp_seq=2 ttl=255 time=54.0 ms (DUP!)
```

Listing 39.5 Doppelte Antworten führen zu »DUP!«.

Sofort einschreiten!

In solchen Fällen sollten Sie umgehend Kontakt mit Ihrer Netzwerkabteilung aufnehmen. Da Pakete doppelt durch Ihr Netzwerk geroutet werden, lässt dies auf einen Loop oder auf eine noch schlimmere Fehlkonfiguration schließen!

39.1.3   Weitere Funktionen

Wie bereits angekündigt, wollen wir nun noch einige Parameter näher betrachten, die Ping verarbeiten kann. Einige von ihnen können ziemlich nützlich sein, um Fehler im Netzwerk zu identifizieren.

Zunächst schauen wir uns die Angabe der Paketgröße mit -s <SIZE> genauer an. Im Internet gilt der Grundsatz, dass Pakete mit einer Größe von 1500 Byte versendet werden können. Dieser Wert wird als *MTU*[2] bezeichnet – wobei dies die Gesamtgröße des Pakets bezeichnet. Gerade auf Weitverkehrsstrecken oder bei Tunneln (wie VPNs) muss dieser Wert aber durch den erzeugten Überbau kleiner gesetzt werden.

Um dies mit Ping ermitteln zu können, muss neben dem Parameter -s der Parameter -M do gesetzt werden. Dieser veranlasst Ping dazu, bei den gesendeten Paketen das *DF-bit (don't fragment bit)* zu setzen. Somit werden Router, die nicht in der Lage sind, Pakete der angegebenen Größe zu verarbeiten, das Paket verwerfen. In Listing 39.6 zeigen wir Ihnen die Ausgabe von Ping zunächst mit zu großen und anschließend mit maximal großen Paketen:

```
daniel@ubuntu:~$ sudo ping -M do -s 1500 rheinwerk-verlag.de -c 2
PING rheinwerk-verlag.de (46.235.24.168) 1500(1528) bytes of data.
ping: local error: Message too long, mtu=1500
ping: local error: Message too long, mtu=1500

--- rheinwerk-verlag.de ping statistics ---
2 packets transmitted, 0 received, +2 errors, 100% packet loss, time 1007ms

daniel@ubuntu:~$
daniel@ubuntu:~$ sudo ping -M do -s 1472 rheinwerk-verlag.de -c 2
PING rheinwerk-verlag.de (46.235.24.168) 1472(1500) bytes of data.
1480 bytes from rheinwerk-verlag.de (46.235.24.168): icmp_seq=1 ttl=57 time=31.1 ms
1480 bytes from rheinwerk-verlag.de (46.235.24.168): icmp_seq=2 ttl=57 time=30.9 ms

--- rheinwerk-verlag.de ping statistics ---
2 packets transmitted, 2 received, 0% packet loss, time 1002ms
rtt min/avg/max/mdev = 30.917/31.043/31.170/0.216 ms
```

Listing 39.6 Zu große Pakete: »Message too long«

Wie Sie Listing 39.6 entnehmen können, wurde beim ersten Ping ein Paket mit 1500 Byte Daten verwendet. Da dies zu einem Gesamtpaket mit einer Größe von 1528 Byte führt, kann die Zustellung nicht mehr erfolgen. Entsprechend wurden von der Größe 28 Byte abgezogen (= 1472 Byte) und der Befehl erneut abgesetzt. Da nun das Gesamtpaket 1500 Byte groß ist, kann der Ping erfolgreich ausgeführt werden.

---

2 *Maximum Transfer Unit*, engl. für *Maximale Übertragungsgröße*

> **Nicht jeder nimmt große ICMP-Pakete an!** [!]
>
> Nicht jedes System lässt übergroße ICMP-Pakete zu! Standardmäßig sind diese Pakete zwischen 32 und 56 Byte groß. Beachten Sie dies, wenn Sie mit Ping die maximale Paketgröße bestimmen möchten.

Eine weitere Funktion von Ping, die wenig bekannt ist, ist die Ausgabe einer Zwischenstatistik zur Laufzeit. Darüber können Sie eine Statistikausgabe erzeugen, die Ihnen einen Überblick über die bisher versendeten Pakete, deren Erfolg und Misserfolg sowie über die Paketumlaufzeiten verschafft. Mit der Tastenkombination (Strg) + (|), wobei die Pipe mit der Tastenkombination (Alt) + (<) erzeugt wird, können Sie eine Zwischenstatistik ausgeben lassen:

```
3/3 packets, 0% loss, min/avg/ewma/max = 0.458/0.565/0.495/0.620 ms
64 bytes from 192.168.0.1: icmp_seq=4 ttl=255 time=0.622 ms
64 bytes from 192.168.0.1: icmp_seq=5 ttl=255 time=0.700 ms
5/5 packets, 0% loss, min/avg/ewma/max = 0.458/0.603/0.535/0.700 ms
```

Listing 39.7 Statistikausgabe zur Laufzeit: »Strg + Alt + <«

Im Beispiel aus Listing 39.7 wurde die Statistik sowohl nach dem dritten als auch nach dem fünften Paket abgefragt.

39.1.4 Verwandte Programme

Neben dem bisher vorgestellten Programm ping gibt es unzählige weitere Implementierungen. Diese haben meist den einen oder anderen Vorteil gegenüber ihrem Verwandten. Einige davon möchten wir Ihnen nicht vorenthalten.

39.1.5 Nur im LAN: »arping«

Das Programm stellt einen Ping für Layer 2 zur Verfügung. Dabei wird anders als bei Ping kein IP-Paket (Layer 3) erzeugt, sondern ein ARP-Paket. Das Programm ist standardmäßig nicht installiert, aber Bestandteil der Paketquellen. Installieren Sie es daher wie gewohnt mit sudo apt-get install iputils-arping. Das Programm erwartet als Parameter zunächst nur die Netzwerkschnittstelle und eine IP-Adresse aus Ihrem Netz:

```
daniel@ubuntu:~$ arping -I enp0s3 192.168.0.1
ARPING 192.168.0.1 from 192.168.0.148 enp0s3
Unicast reply from 192.168.0.1 [20:C9:D0:13:0D:72]  1.114ms
Unicast reply from 192.168.0.1 [20:C9:D0:13:0D:72]  1.042ms
Unicast reply from 192.168.0.1 [20:C9:D0:13:0D:72]  1.200ms
```

Listing 39.8 Ausgabe von »arping«

39

Als Antwort auf *arping*-Anfragen wird neben der IP-Adresse auch die MAC-Adresse des angefragten Systems ausgegeben. Analog zu Ping wird auch hier die Antwortzeit mitprotokolliert. *arping* versteht viele Parameter, die auch Ping anbietet (z. B. -c <COUNT> oder -I <IF>).

[+]

Netzwerkschnittstelle angeben!

Seit der Einführung der *Predictable Network Interface Names* müssen Sie die Schnittstelle angeben, die Sie verwenden wollen – da *arping* standardmäßig nur nach Schnittstellen in der alten Notation Ausschau hält (z. B. eth0).

Mit mehreren gleichzeitig: »fping«

Das Programm *fping* gibt Ihnen die Möglichkeit, mehrere Systeme gleichzeitig abzufragen. Dafür erwartet es lediglich die zu prüfenden Systeme (durch Leerzeichen getrennt) als Parameter. Das Programm ist standardmäßig nicht installiert, aber Bestandteil der Paketquellen. Installieren Sie das Paket *fping* mit sudo apt-get install fping. Listing 39.9 zeigt die Ausgabe von *fping* mit drei angegebenen Zielen:

```
daniel@ubuntu:~$ fping 192.168.0.1 192.168.0.2 192.168.0.20
192.168.0.1 is alive
192.168.0.2 is alive
192.168.0.20 is alive
```

Listing 39.9 Mehrere Systeme gleichzeitig abfragen mit »fping«

Ohne weitere Parameter sendet *fping* nur eine Anfrage. Damit es wie sein großer Bruder *ping* auch kontinuierliche Anfragen sendet, müssen Sie den Schalter -l angeben. Bei mehreren Zielen ändert sich die Ausgabe, wie Sie in Listing 39.10 sehen:.

```
daniel@ubuntu:~$ fping -l 192.168.0.1 192.168.0.2 192.168.0.20
192.168.0.1  : [0], 84 bytes, 0.62 ms (0.62 avg, 0% loss)
192.168.0.2  : [0], 84 bytes, 0.93 ms (0.93 avg, 0% loss)
192.168.0.20 : [0], 84 bytes, 0.34 ms (0.34 avg, 0% loss)
192.168.0.1  : [1], 84 bytes, 0.85 ms (0.73 avg, 0% loss)
192.168.0.2  : [1], 84 bytes, 0.99 ms (0.96 avg, 0% loss)
192.168.0.20 : [1], 84 bytes, 0.47 ms (0.40 avg, 0% loss)
192.168.0.1  : [2], 84 bytes, 0.83 ms (0.76 avg, 0% loss)
192.168.0.2  : [2], 84 bytes, 1.00 ms (0.97 avg, 0% loss)
192.168.0.20 : [2], 84 bytes, 0.77 ms (0.52 avg, 0% loss)
```

Listing 39.10 Kontinuierliche Abfragen mit »fping -l«

Pro Abfrage wird Ihnen für jedes abgefragte System direkt eine Statistik mit ausgegeben. Dies ist äußerst hilfreich, wenn Sie die Erreichbarkeit mehrerer Systeme gleichzeitig überwachen wollen, ohne unzählige Konsolen zu öffnen.

Für Experten: »hping3«

Das Programm *hping3* ist ein Programm, mit dem sich Unheil anrichten lässt. Verwenden Sie die Parameter und Funktionen mit Bedacht, da es mit *hping3* durchaus möglich ist, Ihr lokales Netzwerk in die Knie zu zwingen. Dennoch bietet es Möglichkeiten, die uns bei der Analyse helfen können.

Das Programm ist standardmäßig nicht installiert. Installieren Sie daher das Paket *hping3* mit `sudo apt-get install hping3`. Das Programm setzt Root-Rechte zum Betrieb voraus – allein dies sollte Ihnen schon zeigen, wie gefährlich dieses Programm bei falscher Anwendung sein kann.

Mit *hping3* können Sie *ping*-ähnliche Anfragen senden. Das geschieht entweder ganz normal via ICMP, wie in Listing 39.11 dargestellt, oder als Anfrage an TCP-Ports.

```
daniel@ubuntu:~$ sudo hping3 -1 192.168.0.1
HPING 192.168.0.1 (enpOs3 192.168.0.1): icmp mode set, 28 headers + 0 data bytes
len=46 ip=192.168.0.1 ttl=255 id=1622 icmp_seq=0 rtt=2.0 ms
len=46 ip=192.168.0.1 ttl=255 id=1623 icmp_seq=1 rtt=1.8 ms
^C
--- 192.168.0.1 hping statistic ---
2 packets transmitted, 2 packets received, 0% packet loss
round-trip min/avg/max = 1.8/1.9/2.0 ms
```

Listing 39.11 ICMP-Anfragen mit »hping3«

Wie Sie Listing 39.11 entnehmen können, verhält sich das Programm, wenn Sie es mit dem Parameter `-1` aufrufen, exakt so wie Ping. Sogar die Ausgabe ist 1:1 nachempfunden.

Mit *hping3* können Sie aber auch Anfragen an TCP-Ports senden. Darüber können Sie prüfen, ob ein Dienst antwortet. In Listing 39.12 wird ein Ping auf HTTPS (TCP-Port 443) durchgeführt:

```
daniel@ubuntu:~$ sudo hping3 -S -p 443 -c 3 192.168.0.10
HPING 192.168.0.10 (enpOs3 192.168.0.10): S set, 40 headers + 0 data bytes
len=46 ip=192.168.0.10 ttl=64 DF id=0 sport=443 flags=SA seq=0 win=5840 rtt=3.9 ms
len=46 ip=192.168.0.10 ttl=64 DF id=0 sport=443 flags=SA seq=1 win=5840 rtt=3.6 ms
len=46 ip=192.168.0.10 ttl=64 DF id=0 sport=443 flags=SA seq=2 win=5840 rtt=3.4 ms

--- 192.168.0.10 hping statistic ---
3 packets transmitted, 3 packets received, 0% packet loss
round-trip min/avg/max = 3.4/3.6/3.9 ms
```

Listing 39.12 TCP-Anfragen mit »hping3«

Aus Listing 39.12 wird deutlich, wie *hping3* vorgeht: Mit dem Schalter `-S` wird das Tool angewiesen, das SYN-Flag zu setzen, also einen Verbindungsaufbau zu initiieren. Mit dem Parameter `-p 443` wird der Ziel-Port angegeben. Über `-c 3` wird das Programm angewiesen, drei

39

Wiederholungen durchzuführen und nicht, wie standardmäßig vorgesehen, kontinuierlich jede Sekunde eine Anfrage zu stellen.

Als Antwort wird die Verbindungsannahme des Servers protokolliert – zu erkennen am SYN-ACK-Flag (flags=SA). Wie bei *ping* werden auch hier die Sequenznummer und die Paketumlaufzeit mit ausgegeben.

[+]   Noch viel mehr!

Das Programm bietet noch viele weitere Möglichkeiten, die wir leider nicht alle vorstellen können. Zum Beispiel bietet es Adress-Spoofing, womit Sie im Namen Dritter Pakete versenden können – dies kann für die fortgeschrittene Fehleranalyse hilfreich sein. Falls Ihr Interesse geweckt ist, darf an dieser Stelle auf die Projektseite *www.hping.org* verwiesen werden.

39.2   Der richtige Weg – Routenverfolgung

Neben der reinen Erreichbarkeit ist die Routenverfolgung ein weiteres wichtiges Mittel bei der Fehleranalyse. In diesem Abschnitt zeigen wir Ihnen die Möglichkeiten, auf einem Ubuntu-Server den richtigen Weg zu finden.

39.2.1   Der Klassiker: »traceroute«

Der unbestrittene Klassiker unter den Programmen zur Routenverfolgung ist eindeutig *traceroute*. Dieses Programm sendet Pakete mit einer verkürzten *TTL*, wertet die Rückmeldungen aus und erhöht die *TTL* beim nächsten Durchlauf um 1. Auf diese Weise ist es *traceroute* möglich, den Weg zu einem Ziel nachzuverfolgen.

Das Programm ist standardmäßig nur für IPv6 installiert. Damit Sie auch Routen zu IPv4-Adressen verfolgen können, müssen Sie das Paket *inetutils-traceroute* so installieren, wie in Listing 39.13 dargestellt:

```
daniel@exmaple:~$ sudo apt-get install inetutils-traceroute
Paketlisten werden gelesen... Fertig
Abhängigkeitsbaum wird aufgebaut.
Statusinformationen werden eingelesen.... Fertig
Die folgenden NEUEN Pakete werden installiert:
  inetutils-traceroute
```

Listing 39.13 Installation von »traceroute«

Das Programm erwartet beim Aufruf lediglich eine IP-Adresse oder einen Hostnamen als Parameter:

```
daniel@ubuntu:~$ traceroute www.rheinwerk-verlag.de
traceroute to www.rheinwerk-verlag.de (46.235.24.168), 64 hops max
  1   192.168.0.1   0,317ms   0,212ms   0,222ms
  2   10.131.64.1   6,827ms   5,557ms   5,488ms
  3   80.69.105.5   7,797ms   5,062ms   5,770ms
  4   80.69.107.230   14,379ms   13,448ms   15,696ms
  5   81.210.129.238   19,050ms   19,068ms   18,366ms
  6   194.146.118.3   200,066ms   203,094ms   208,121ms
  7   87.79.16.253   20,682ms   24,311ms   19,362ms
  8   87.79.16.213   19,503ms   19,286ms   19,472ms
  9   87.79.17.166   21,435ms   23,072ms   20,164ms
 10   85.88.20.62   21,913ms   21,909ms   21,765ms
 11   *   *   *
 12   *   *   *
 13   *   *   *
 14   *  ^C
```

Listing 39.14 Routenverfolgung mit »traceroute«

Nach dem Aufruf wird zunächst, genau wie von *ping*, eine Zusammenfassung der Anfrage ausgegeben. Im Beispiel aus Listing 39.14 ist das die Routenverfolgung zu www.rheinwerk-verlag.de mit der IP-Adresse 46.235.24.168 über die Standardanzahl von 64 Hops. Anschließend stellt das Programm pro Zeile einen Hop dar. Diesem werden immer drei Pakete gesendet, um bestimmen zu können, dass der Weg gleich bleibt. Liefert ein System keine Rückmeldung auf die Anfrage, wird dies als Sternchen (*) dargestellt. Im Beispiel aus Listing 39.14 konnte die Routenverfolgung nach dem zehnten Hop nicht weitergeführt werden, da die nachfolgenden Systeme keine Rückmeldung mehr gegeben haben. Ohne weitere Parameter sendet *traceroute* UDP-Pakete auf einen beliebigen High-Port (einen Port größer 1024). Da UDP aber nicht überall zugelassen ist (zum Beispiel wird es durch Firewalls unterbunden), kommt es zum Teil zu unvollständigen Rückmeldungen (wie in Listing 39.14).

Alternativ kann *traceroute* auch mit ICMP arbeiten. Setzen Sie dafür den Schalter -I. In Listing 39.15 ist die gleiche Routenverfolgung erneut angestoßen worden, aber dieses Mal mit ICMP-Paketen.

```
daniel@ubuntu:~$ traceroute -I www.rheinwerk-verlag.de
traceroute to www.rheinwerk-verlag.de (46.235.24.168), 64 hops max
  1   192.168.0.1   0,353ms   0,293ms   0,203ms
  2   10.131.64.1   8,591ms   7,217ms   6,796ms
  3   80.69.105.5   9,775ms   6,607ms   5,658ms
  4   80.69.107.230   12,338ms   13,264ms   13,636ms
  5   81.210.129.238   19,558ms   19,465ms   20,012ms
  6   194.146.118.3   21,127ms   19,004ms   19,579ms
  7   87.79.16.253   19,440ms   20,291ms   19,068ms
```

39

```
 8    87.79.16.213   19,377ms   20,036ms   19,329ms
 9    87.79.17.166   21,646ms   19,635ms   24,100ms
10    85.88.20.62    29,682ms   20,869ms   21,201ms
11    46.235.24.155  21,550ms   21,285ms   19,583ms
```

Listing 39.15 Routenverfolgung mit ICMP: »traceroute -I«

Nun wird die Routenverfolgung bis zum Ziel durchgeführt, da die Komponente ab Hop zehn auf ICMP antwortet.

[+]

Methode ändern!

Falls eine Routenverfolgung fehlschlägt, sollten Sie versuchen, die Methode zu wechseln. Oft führt dies zum Erfolg. Einige Systeme antworten nicht auf UDP und andere nicht auf ICMP, daher empfiehlt es sich, stets beide auszuprobieren.

Ein weiterer nützlicher Schalter ist -n. Er unterdrückt die Namensauflösung. Dies kann zu deutlich schnelleren Ergebnissen führen.

39.2.2   Alternativ: »tracepath«

Als Alternative befindet sich auch direkt nach der Installation des Betriebssystems das Programm *tracepath* auf dem Server. Im Gegensatz zu *traceroute* arbeitet *tracepath* nur mit UDP. Dafür wird aber stets eine *MTU*-Ermittlung durchgeführt, wodurch Sie sehen können, welche Paketgrößen an welcher Stelle zulässig sind. Wir empfehlen Ihnen den Gebrauch von *traceroute*. Da *tracepath* aber auf allen Ubuntu-Systemen zu finden ist, möchten wir Ihnen dieses Programm nicht vorenthalten.

Analog zu *traceroute* erwartet auch *tracepath* die Angabe einer IP-Adresse oder eines Hostnamens:

```
daniel@ubuntu:~$ tracepath www.rheinwerk-verlag.de
 1?: [LOCALHOST]                                      pmtu 1500
 1:  192.168.0.1                                         0.507ms
 1:  192.168.0.1                                         0.614ms
 2:  10.131.64.1                                         7.531ms
 3:  1413g-mx960-01-ae10-1310.dui.unity-media.net        7.088ms asymm  4
 4:  de-fra01b-rc1.fra.unity-media.net                  13.925ms
 5:  1411g-mx960-01-ae3.nss.unity-media.net             20.578ms asymm 10
 6:  rtint3-po1.netcologne.de                           30.308ms asymm 11
 7:  core-pg2-po5.netcologne.de                         22.120ms asymm 12
 8:  core-sto2-vl503.netcologne.de                      22.221ms asymm 13
 9:  rtkds-sto-po2.netcologne.de                        24.737ms asymm 14
```

```
10:  backbone-nc-cgn.surfplanet.de                          21.547ms asymm 15
11:  no reply
12:  no reply
^C
```

Listing 39.16 Routenverfolgung mit »tracepath«

Auch bei tracepath kann die Namensauflösung mit dem Schalter -n deaktiviert werden.

39.2.3   Kontinuierlich mit »My traceroute«

Das Programm *mtr (my traceroute)* ist ein wahrer Segen. Mit ihm ist es möglich, nicht nur die Erreichbarkeit von Systemen zu prüfen, sondern gleichzeitig auch den Routenverlauf zu verfolgen. Dieses Programm sollte zum Standardrepertoire gehören, da es so ungemein praktisch ist. Leider ist es standardmäßig nicht installiert, aber dafür in den Paketquellen enthalten. Installieren Sie das Paket *mtr* mit sudo apt-get install mtr.

Das Programm erwartet als Parameter, analog zu *traceroute*, einen Namen oder eine IP-Adresse. Rufen Sie es zum Beispiel mit mtr 8.8.8.8 auf, dann erhalten Sie die Ausgabe aus Listing 39.17:

```
                      My traceroute  [v0.86]
example (0.0.0.0)                                Mon Feb 22 21:45:51 2016
Keys:  Help   Display mode   Restart statistics   Order of fields   quit
                            Packets                Pings
Host                        Loss%   Snt    Last   Avg  Best  Wrst StDev
 1. 192.168.0.1             0.0%     4     0.4    0.4   0.4   0.5   0.0
 2. 10.131.64.1             0.0%     4     9.6    7.4   6.5   9.6   1.4
 3. 1413g-mx960-01-ae10-1310.dui.uni  0.0%  4   8.4    8.5   6.5  10.9   1.7
 4. de-fra01b-rc1.fra.unity-media.ne  0.0%  4  12.9   13.7  12.8  14.7   0.6
 5. 1411g-mx960-01-ae3.nss.unity-med  0.0%  3  19.4   19.6  19.3  19.9   0.0
 6. google.dus.ecix.net    0.0%     3    19.0   20.2  19.0  22.1   1.6
 7. 209.85.253.244         0.0%     3    19.2   19.4  18.8  20.1   0.0
 8. 72.14.236.19           0.0%     3    20.1   19.9  19.4  20.2   0.0
 9. 209.85.254.114         0.0%     3    20.6   23.6  19.2  30.9   6.4
10. google-public-dns-a.google.com  0.0%  3  18.9   19.1  18.9  19.5   0.0
```

Listing 39.17 Ausgabe von »mtr 8.8.8.8«

Die Ausgabe aus Listing 39.17 wird pro Durchlauf aktualisiert. Neben dem Routenverlauf werden pro Hop die dazugehörigen Statistiken angezeigt. Verändert sich der Routenverlauf, wird dies durch Fettschrift gekennzeichnet.

Mit *mtr* haben Sie alle notwendigen Prüfungen im Blick: sowohl die Erreichbarkeit als auch das Routing – ein wunderbares Stück Software.

39

39.3   Ganz genau – Bit für Bit: »sniffer«

Ab einem gewissen Punkt kommen Sie auch mit den besten Hilfsmitteln nicht weiter. Dann muss ein Netzwerktracer (auch *Sniffer* genannt) her. Ein Sniffer extrahiert jedes Paket direkt von der Netzwerkkarte und gibt es aus. Neben dem wohl bekanntesten Paketsniffer, dem *Wireshark*, der nicht nur dank seiner GUI äußerst beliebt ist, gibt es selbstverständlich auch ein Pendant auf der Konsole.

[!]

Nicht zu 100 % genau!

Die Netzwerkanalyse auf einem Server vorzunehmen, ist zwar ein probates Mittel, allerdings nicht vollständig genau. Auf diese Weise finden Sie keine Fehler, die auf der Netzwerkkarte entstehen. In professionellen Netzwerken sollten Sie daher immer den Switchport des Servers spiegeln und Ihre Analyse über die dort gewonnenen Daten vornehmen!

Da die Analyse von aufgezeichneten Paketen äußerst komplex ist, möchten wir in diesem Abschnitt nur ein paar kleine Tipps und Tricks aufführen: wie Sie zum Beispiel Filter setzen, den Eingang von Ping-Paketen überwachen oder wie Sie in einer Cisco-Umgebung den Switchport Ihres Servers ermitteln können.

39.3.1   Der Klassiker: »tcpdump«

Als erstes Analysetool möchten wir Ihnen den Klassiker vorstellen, das gute alte *tcpdump*. Dieses Paket ist auf fast allen Linux-Distributionen Bestandteil der Installation und erfreut sich daher trotz seines hohen Alters nach wie vor großer Beliebtheit. Das Programm benötigt zum Start Root-Rechte und beginnt nach dem Aufruf sofort seinen Dienst. Ohne Angabe weiterer Parameter öffnet *tcpdump* die Schnittstelle *eth0* und gibt eine Zusammenfassung jedes einzelnen Pakets auf der Konsole wieder. Dabei werden die relevanten TCP/IP-Daten, wie Datum und Uhrzeit des Eintreffens, Quell- und Zieladresse und -Port, gesetzte Flags, die Sequenznummern und Optionen dargestellt.

Über den Parameter -i <IF> können Sie *tcpdump* eine andere Netzwerkschnittstelle angeben. Ein weiterer hilfreicher Parameter ist -n, der die Namensauflösung unterbindet. Mit dem Parameter -w <FILENAME> können Sie die Ausgabe auch in eine Datei umleiten. Diese Datei können Sie dann zum Beispiel mit dem Wireshark öffnen und auswerten.

Auf ein System hören

Damit Sie nicht von der Flut an Informationen überrollt werden, müssen Sie Filter setzen. Über diese Filter können Sie *tcpdump* anweisen, nur die Pakete auszugeben, die Sie sehen möchten. Zunächst soll nur der Datenverkehr eines Systems angezeigt werden. Hierfür können wir das Schlagwort *host* verwenden:

```
daniel@ubuntu:~$ sudo tcpdump -n -i enp0s3 host 192.168.0.10
tcpdump: verbose output suppressed, use -v or -vv for full protocol decode
listening on enp0s3, link-type EN10MB (Ethernet), capture size 262144 bytes
22:02:10.560908 IP 192.168.0.148 > 192.168.0.10: ICMP echo request, id 5028, seq 1,\
             length 64
22:02:10.567343 ARP, Request who-has 192.168.0.148 tell 192.168.0.10, length 46
22:02:10.567377 ARP, Reply 192.168.0.148 is-at 08:00:27:22:4e:00, length 28
22:02:10.567712 IP 192.168.0.10 > 192.168.0.148: ICMP echo reply, id 5028, seq 1,\
             length 64
22:02:11.563518 IP 192.168.0.148 > 192.168.0.10: ICMP echo request, id 5028, seq 2,\
             length 64
22:02:11.564021 IP 192.168.0.10 > 192.168.0.148: ICMP echo reply, id 5028, seq 2,\
             length 64
^C
6 packets captured
6 packets received by filter
0 packets dropped by kernel
```

Listing 39.18 Die Ausgabe mit »host« auf ein System beschränken

In Listing 39.18 wurde *tcpdump* angewiesen, auf enp0s3 zu lauschen. Die Ausgabe wurde mit host auf die IP-Adresse 192.168.0.10 eingeschränkt. Nach dem Aufruf wurde zunächst eine Übersicht der gesetzten Parameter ausgegeben. Anschließend wurden alle empfangenen Pakete (pro Zeile) aufgeführt.

Im Beispiel wurden sowohl Ping-Anfragen als auch ARP-Anfragen mitgeschnitten. Als erstes Paket wurde die Anfrage (echo request) aufgezeichnet. Im zweiten und dritten Paket sehen Sie die ARP-Anfrage des Systems und die entsprechende Antwort. Anschließend wurde die ICMP-Anfrage und eine weitere Anfrage mit echo reply beantwortet.

Über die Tastenkombination ⏎Strg⏎ + ⏎C⏎ wurde das Programm beendet. Abschließend wurde eine Zusammenfassung ausgegeben. Demnach wurden sechs Pakete mitgeschnitten (captured). Davon wurden sechs Pakete durch den Filter empfangen (received by filter), und kein Paket wurde vom Kernel verworfen (dropped by kernel).

Verworfene Pakete beachten!

Diese Ausgabe ist enorm wichtig. Falls Pakete verworfen werden, wird dies hier festgehalten. Ist die Anzahl der verworfenen Pakete ungewöhnlich hoch, lässt dies auf Netzwerkfehler oder eine Überlastsituation schließen.

Dies ist ein weiterer Grund dafür, eine belastbare Analyse am Switchport und nicht am Server selbst vorzunehmen. Achten Sie daher auf diese Ausgabe!

Auf ein Netz hören

Unter Umständen ist es nützlich, nicht nur auf ein einzelnes System, sondern auf Pakete aus einem gesamten Netzwerk zu lauschen. Dafür können Sie die Filtermethode net verwenden. Analog zu host erwartet dieses Schlagwort ein Netzwerksegment:

```
daniel@ubuntu:~$ sudo tcpdump -n -i enp0s3 net 192.168.0.0/24
tcpdump: verbose output suppressed, use -v or -vv for full protocol decode
listening on enp0s3, link-type EN10MB (Ethernet), capture size 262144 bytes
22:12:10.041921 IP 192.168.0.126.56590 > 192.168.0.105.22: Flags [P.], \
              seq 2724075685:2724075721, ack 845091967, win 319, \
              options [nop,nop,TS val 5090171 ecr 5074768], length 36
22:12:10.042285 IP 192.168.0.105.22 > 192.168.0.126.56590: Flags [P.], seq 1:69, \
              ack 36, win 303, options [nop,nop,TS val 5092766 ecr 5090171], \
              length 68
22:12:10.042596 IP 192.168.0.126.56590 > 192.168.0.105.22: Flags [.], ack 69, \
              win 319, options [nop,nop,TS val 5090172 ecr 5092766], length 0
22:12:14.331402 IP 192.168.0.167 > 192.168.0.105: ICMP echo request, id 1763, \
              seq 1, length 64
22:12:14.331438 IP 192.168.0.105 > 192.168.0.167: ICMP echo reply, id 1763, \
              seq 1, length 64
22:12:15.049843 ARP, Request who-has 192.168.0.105 tell 192.168.0.126, length 46
22:12:15.049891 ARP, Reply 192.168.0.105 is-at 08:00:27:eb:fb:b3, length 28
22:12:15.332497 IP 192.168.0.167 > 192.168.0.105: ICMP echo request, id 1763, \
              seq 2, length 64
^C
9 packets captured
9 packets received by filter
0 packets dropped by kernel
```

Listing 39.19 Die Ausgabe mit »net« auf ein Netzwerk beschränken

Wie Sie Listing 39.19 entnehmen können, wurde durch die Angabe des Parameters net die Ausgabe auf alle Pakete aus dem Netzwerk 192.168.0.0/24 beschränkt (im Beispiel sehen Sie eine SSH-Sitzung und ICMP-Anfragen).

Auf ein Protokoll hören

Des Weiteren ist es hilfreich, die Ausgabe auf nur ein Protokoll zu beschränken. Hierfür kommt der Parameter proto zum Einsatz. Im Beispiel aus Listing 39.20 haben wir die Ausgabe auf das ICMP-Protokoll beschränkt:

```
daniel@ubuntu:~$ sudo tcpdump -n -i enp0s3 proto ICMP
tcpdump: verbose output suppressed, use -v or -vv for full protocol decode
listening on enp0s3, link-type EN10MB (Ethernet), capture size 262144 bytes
22:23:39.659731 IP 192.168.0.126 > 192.168.0.105: ICMP echo request, id 3723, \
```

```
                seq 14, length 64
22:23:39.659773 IP 192.168.0.105 > 192.168.0.126: ICMP echo reply, id 3723, \
                seq 14, length 64
22:23:39.875494 IP 192.168.0.167 > 192.168.0.105: ICMP echo request, id 1794, \
                seq 8, length 64
22:23:39.875582 IP 192.168.0.105 > 192.168.0.167: ICMP echo reply, id 1794, \
                seq 8, length 64
^C
4 packets captured
8 packets received by filter
0 packets dropped by kernel
```

Listing 39.20 Die Ausgabe mit »proto« auf ein Protokoll beschränken

Beachten Sie, dass das Protokoll in Großbuchstaben angegeben werden muss! Ansonsten gibt Ihnen *tcpdump* einen Syntax-Fehler zurück.

[+]

Filter kombinieren

Filter können auch kombiniert werden. In Listing 39.21 wird die Ausgabe von *tcpdump* sowohl auf ein System (host 192.168.0.126) als auch auf das Protokoll ICMP (proto ICMP) eingeschränkt. Die beiden Filter werden über den Befehl and als Und-Verknüpfung verarbeitet.

```
daniel@ubuntu:~$ sudo tcpdump -n -i enp0s3 proto ICMP and host 192.168.0.126
tcpdump: verbose output suppressed, use -v or -vv for full protocol decode
listening on enp0s3, link-type EN10MB (Ethernet), capture size 65535 bytes
22:29:04.496121 IP 192.168.0.126 > 192.168.0.105: ICMP echo request, id 3757, \
                seq 1, length 64
22:29:04.496179 IP 192.168.0.105 > 192.168.0.126: ICMP echo reply, id 3757, \
                seq 1, length 64
^C
4 packets captured
4 packets received by filter
0 packets dropped by kernel
```

Listing 39.21 Filter kombinieren – per Und-Verknüpfung mit »and«

Ausschließen mit Ausnahmen

Ein weiteres nützliches Mittel, um die Ausgabe auf die wesentlichen Daten zu beschränken, sind die Ausnahmen oder auch Negierungen. Mit dem Schlagwort not können Sie *tcpdump* anweisen, einen Filter zu negieren.

Im Beispiel aus Listing 39.22 haben wir uns von dem System 192.168.0.20 aus via SSH mit dem System 192.168.0.105 verbunden. Dort soll ein Netzwerktrace erzeugt werden, der alles zum Netzwerk 192.168.0.0/24 beinhaltet.

39

Aber selbstverständlich soll nicht die SSH-Verbindung mitgeschnitten werden, über die der Netzwerktrace gestartet wurde.

```
dvs@example:~$ sudo tcpdump -n -i enp0s3 net 192.168.0.0/24 and not host 192.168.0.20
tcpdump: verbose output suppressed, use -v or -vv for full protocol decode
listening on enp0s3, link-type EN10MB (Ethernet), capture size 65535 bytes
22:37:00.922959 IP 192.168.0.167 > 192.168.0.105: ICMP echo request, id 1794, \
                seq 619, length 64
22:37:00.923023 IP 192.168.0.105 > 192.168.0.167: ICMP echo reply, id 1794, \
                seq 619, length 64
22:37:01.923290 IP 192.168.0.126 > 192.168.0.105: ICMP echo request, id 1794, \
                seq 620, length 64
22:37:01.923328 IP 192.168.0.105 > 192.168.0.126: ICMP echo reply, id 1794, \
                seq 620, length 64
^C
4 packets captured
4 packets received by filter
0 packets dropped by kernel
```

Listing 39.22 Filter kombinieren und negieren

Wie Sie der Ausgabe von *tcpdump* in Listing 39.22 entnehmen können, wurden keine Pakete von dem ausgeschlossenen System 192.168.0.20 protokolliert.

Den eigenen Switchport ermitteln (Cisco)

In Cisco-Netzwerken ist es üblich, dass die Systeme das *CDP (Cisco Discovery Protocol)* nutzen. Darüber ist es möglich, den Verbindungspunkt herauszufinden. Die Switche propagieren standardmäßig alle 60 Sekunden die jeweilige Information mit *CDP* an die angeschlossenen Systeme.

Mit *tcpdump* ist es möglich, diese Pakete abzufangen und auszugeben:

```
example:~# sudo tcpdump -v -s 1500 -c 1 '(ether[12:2]=0x88cc or ether[20:2]=0x2000)'
tcpdump: listening on enp0s3, link-type EN10MB (Ethernet), capture size 1500 bytes
15:01:13.719978 CDPv2, ttl: 180s, checksum: 692 (unverified), length 453
        Device-ID (0x01), length: 16 bytes: 'sw01.int.example.com'
        [...]
        Port-ID (0x03), length: 19 bytes: 'GigabitEthernet0/1'
        [...]
```

Listing 39.23 Den eigenen Switchport in Cisco-Umgebungen herausfiltern

Über den Filter aus Listing 39.23 wurde das CDP-Paket des Cisco-Switchs empfangen und ausgegeben. In der (gekürzten) Ausgabe ist sowohl der Switchname sw01.int.example.com als auch der Port GigabitEthernet0/1 dargestellt, an den der Server angeschlossen ist.

[+]

Noch einfacher mit »cdpr«

Noch einfacher als über das Mitschneiden des CDP-Pakets können Sie diese Informationen mithilfe des Programms *cdpr* erlangen. Das Programm ist nach der Installation aus den Paketquellen, die Sie mit sudo apt-get install cdpr durchführen, sofort einsatzbereit. Es erwartet lediglich die Netzwerkschnittstelle als Parameter für den Schalter -d und gibt die Informationen übersichtlich aus:

```
daniel@ubuntu:~# sudo cdpr -d enp0s3
cdpr - Cisco Discovery Protocol Reporter
Version 2.4
Copyright (c) 2002-2010 - MonkeyMental.com

Using Device: enp0s3
Waiting for CDP advertisement:
(default config is to transmit CDP packets every 60 seconds)
Device ID
  value:  sw01.int.example.com
Addresses
  value:  192.168.40.1
Port ID
  value:  GigabitEthernet0/1
```

39.3.2   Moderner: »tshark«

39

Wie bereits erwähnt wurde, ist *Wireshark* der De-facto-Standard im Bereich der Netzwerkanalyse. Die Konsolenversion davon hört auf den Namen *tshark*. Sie beherrscht die gleiche Filter-Syntax wie *tcpdump* und verfügt auch über eine Vielzahl von Schaltern, die in *tcpdump* vorkommen. Das Paket ist Bestandteil der Paketquellen und kann daher mit sudo apt-get install tshark installiert werden.

Da *tshark* über die modernere Implementierung verfügt und darüber hinaus auch noch eine Vielzahl an Möglichkeiten anbietet, empfehlen wir Ihnen, möglichst dieses Tool zu verwenden – vor allem, da es mit geringeren Rechten auskommt.

39.4   Wissen, was läuft

Nachdem wir bisher den Blick meist nach außen gerichtet haben, ist es nun an der Zeit, auch mal nach innen zu sehen. In diesem Abschnitt wollen wir Ihnen Tools vorstellen, mit denen Sie die Netzwerkdienste auf Ihrem System im Blick behalten können. Darüber hinaus zeigen wir Ihnen einige Tools, die Sie mit reichlich Statistiken versorgen, damit Sie nachvollziehen können, was auf Ihrem Server netzwerkseitig gerade vor sich geht.

39.4.1   Auf dem Server: »netstat«

Das Programm *netstat* ist Bestandteil der Installation. Dieser parametergesteuerte Alleskönner liefert Ihnen viele hilfreiche Informationen rund um den Netzwerkbereich.

Um schnell herauszufinden, welcher Dienst auf welchem Port arbeitet, können Sie eine der bekanntesten Parameterformen von *netstat* einsetzen: -tulpen. Nicht nur, weil sich diese Parameterverkettung aussprechen und somit gut merken lässt, findet sie zu Recht oft Verwendung, sondern auch, weil sie viele nützliche Ausgaben vereint:

```
daniel@ubuntu:~$ sudo netstat -tulpen
Aktive Internetverbindungen (Nur Server)
Proto R-Q S-Q Local Address      Foreign Address    State    User   Inode  PID/Program
tcp    0   0   192.168.0.105:53   0.0.0.0:*          LISTEN   105    15474  4074/named
tcp    0   0   127.0.0.1:53       0.0.0.0:*          LISTEN   105    15472  4074/named
tcp    0   0   0.0.0.0:22         0.0.0.0:*          LISTEN   0      8821   769/sshd
tcp    0   0   127.0.0.1:953      0.0.0.0:*          LISTEN   105    15477  4074/named
tcp6   0   0   :::53              :::*               LISTEN   105    15467  4074/named
tcp6   0   0   :::22              :::*               LISTEN   0      8825   769/sshd
tcp6   0   0   ::1:953            :::*               LISTEN   105    15478  4074/named
udp    0   0   0.0.0.0:44486      0.0.0.0:*                   0      7779   592/dhclient
udp    0   0   192.168.0.105:53   0.0.0.0:*                   105    15473  4074/named
udp    0   0   127.0.0.1:53       0.0.0.0:*                   105    15471  4074/named
udp    0   0   0.0.0.0:68         0.0.0.0:*                   0      7947   592/dhclient
udp6   0   0   :::2835            :::*                        0      7780   592/dhclient
udp6   0   0   :::53
```

Listing 39.24 Ausgabe von »netstat -tulpen«

Wie Sie Listing 39.24 entnehmen können, hat die Ausgabe alle derzeit gestarteten Netzwerkprozesse aufgelistet. Neben den verwendeten Protokollen (TCP, TCPv6, UPD und UDPv6) werden auch die Empfangs- und Sende-Queues, die lokale Adresse, der aktuelle Status und Informationen zu den Prozessen aufgeführt.

Sehen wir uns die Parameterverkettung etwas genauer an:

▶ -t (--tcp)
    aktiviert die Ausgabe des TCP-Protokolls.

▶ -u (--udp)
    aktiviert die Ausgabe des UDP-Protokolls.

▶ -l (--listening)
    zeigt nur die Ports an, auf denen aktuell gelauscht wird.

▶ -p (--programs)
    zeigt die Programme zu den Ports an.

▶ -e (--extend)

aktiviert die erweiterte Ausgabe.

▶ -n (--numeric)

aktiviert die numerische Ausgabe – keine Namensauflösung.

Die Parameterverkettung, um derzeit aktive Verbindungen anzeigen zu lassen, lautet -tupn. In Listing 39.25 haben wir Ihnen eine typische Ausgabe aufgelistet:

```
daniel@ubuntu:~$ sudo netstat -tupn
Aktive Internetverbindungen (ohne Server)
Proto R-Q S-Q Local Address          Foreign Address      State      PID/Program name
tcp    0   0   192.168.0.126:42040    1.2.3.4:22           TIME_WAIT  -
tcp    0   0   192.168.0.126:80       10.1.14.1:63365      FIN_WAIT2  -
tcp    0   17  192.168.0.126:22       2.3.4.5:37922        VERBUNDEN  15506/sshd: daniel
tcp    0   0   192.168.0.126:80       10.1.14.1:63356      TIME_WAIT  -
tcp    0   0   192.168.0.126:80       10.1.14.1:63366      FIN_WAIT2  -
tcp    0   0   192.168.0.126:80       10.1.14.1:63355      TIME_WAIT  -
```

Listing 39.25 Ausgabe von: »netstat -tupn«

Aus Listing 39.25 geht hervor, dass derzeit der Benutzer daniel von der IP-Adresse 2.3.4.5 via SSH verbunden ist. Darüber hinaus sind noch weitere Verbindungen aufgelistet, die derzeit abgebaut werden.

39.4.2   Im Netzwerk: »nmap«

Um herauszufinden, welcher Server im Netzwerk welchen Dienst anbietet, können Sie auf *nmap* zurückgreifen. Dieses Tool sendet Anfragen an beliebige Systeme, wertet die Rückmeldungen aus und stellt sie Ihnen übersichtlich dar.

Das Programm ist standardmäßig nicht installiert und muss zunächst mit sudo apt-get install nmap nachinstalliert werden. Anschließend ist es sofort funktionsbereit. Als Parameter erwartet *nmap* lediglich einen Namen, eine IP-Adresse, einen IP-Bereich oder ein Netz.

In Listing 39.26 haben wir Ihnen die Ausgabe eines Port-Scans auf ein System mit *nmap* dargestellt.

```
daniel@ubuntu:~$ nmap 192.168.0.150

Starting Nmap 6.47 ( http://nmap.org ) at 2016-02-22 22:17 CET
Nmap scan report for 192.168.0.150
Host is up (0.0014s latency).
Not shown: 994 closed ports
PORT     STATE SERVICE
22/tcp   open  ssh
```

39

```
53/tcp      open   domain
80/tcp      open   http
389/tcp     open   ldap
636/tcp     open   ldapssl
10000/tcp open   snet-sensor-mgmt

Nmap done: 1 IP address (1 host up) scanned in 35.89 seconds
```
Listing 39.26 Ausgabe von »nmap <IP>«

Alle offenen Ports werden von *nmap* erkannt und aufgeführt. Lassen Sie sich nicht durch die Angabe des SERVICE verwirren. Dort gibt *nmap* lediglich die Zuordnung aus der Datei */etc/services* wieder. Im Beispiel aus Listing 39.26 läuft auf dem abgefragten System 192.168.0.150 auf TCP-Port 10.000 nämlich eine *Webmin*-Instanz und nicht wie dargestellt ein Management eines *SecureNet Pro Sensor*.

Wie bereits erörtert wurde, kann *nmap* nicht nur einzelne Systeme abfragen, sondern auch Adressbereiche oder ganze Netzwerke. Das Programm versteht für die Angabe von Adressen nachstehende Syntax:

▶ 192.168.0.126
  Abfrage eines Systems

▶ 192.168.0.10-20
  Abfrage eines Teilbereichs eines Netzwerks

▶ 192.168.0.0/24
  Abfrage eines gesamten Netzwerks

Wenn Sie keine weiteren Parameter angeben, führt *nmap* den Scan auf alle angegebenen Adressen nacheinander durch. Dies kann ziemlich viel Zeit in Anspruch nehmen. In Listing 39.27 wurden die IP-Adressen 192.168.0.1 bis 192.168.0.10 durch *nmap* analysiert:

```
daniel@ubuntu:~# sudo nmap 192.168.0.1-10

Starting Nmap 6.47 ( http://nmap.org ) at 2016-02-22 22:21 CET
[…]
Nmap done: 10 IP addresses (3 hosts up) scanned in 184.65 seconds
```
Listing 39.27 Netzwerkbereich mit »nmap <IP>-<END>« untersuchen

Dieser Vorgang hat bereits 184.65 Sekunden gedauert – und das, obwohl nur drei Systeme in dem Bereich aktiv sind.

Um schnell die aktiven Systeme in einem Netzwerk zu ermitteln, sollten Sie daher weitere Parameter angeben. In Listing 39.28 haben wir ein ganzes Netzwerk analysiert. Dies nennt man auch *host discovery*, also das Auffinden von Systemen im Netzwerk.

```
daniel@ubuntu:~$ sudo nmap -sP -PI -n 192.168.0.0/24
[…]
Nmap done: 256 IP addresses (8 hosts up) scanned in 2.10 seconds
```
Listing 39.28 Schneller Netzwerkscan mit »nmap -sP -PI -n <NET>«

Dieser Vorgang war in 2.10 Sekunden abgeschlossen, was auf die übergebenen Parameter zurückzuführen ist. Sehen wir uns diese genauer an:

▶ -sP (short ping)
Dieser Parameter veranlasst *nmap*, nur eine Ping-Anfrage zu senden und nicht alle Ports des Systems zu prüfen.

▶ -PI (ICMP echo request)
Mit diesem Parameter legen Sie fest, dass die Anfrage als ICMP gesendet wird.

▶ -n (nameresolution)
Hiermit wird die Namensauflösung unterbunden.

Weitere Funktionen   [+]

Das Programm *nmap* unterstützt noch viele weitere Parameter, zum Beispiel -p <PORT>, mit dem Sie den Scan auf nur einen Port veranlassen können. Sowohl die Manpage als auch die Projektseite *http://nmap.org* warten mit vielen weiteren nützlichen Informationen auf.

39

39.5   Übersicht behalten: »ethstatus«, »iptraf« und »nmon«

In diesem Abschnitt wollen wir Ihnen zeigen, welche Statistiken Sie aus Ihrem Server herauskitzeln können. Hierfür werden wir mehrere Programme einsetzen und Ihnen die Unterschiede erläutern.

39.5.1   Einfach und gut: »ethstatus«

Mit einer einfachen Übersicht kann *ethstatus* Ihnen dienen. Das Programm ist Bestandteil der Paketquellen von Ubuntu und kann wie gewohnt mit sudo apt-get install ethstatus installiert werden. Das Programm lauscht nach dem Aufruf von ethstatus standardmäßig auf der Netzwerkschnittstelle *eth0*. Mit dem Parameter -i <INTERFACE> können Sie auch eine andere Schnittstelle auswählen. In der Ausgabe aus Abbildung 39.1 finden Sie alle relevanten Informationen: von der Anzahl der empfangenen Pakete (Received Packets) und der gesendeten Pakete (Transmitted Packets) über den Top-Speed, die Anzahl an Fehlern bis hin zum Datenvolumen der insgesamt übertragenen und empfangenen Pakete. Es ist ein einfaches Tool, um schnell an Informationen zu gelangen.

Bug zur Drucklegung!

Das Tool war zu der Zeit, als dieses Buch in den Druck ging, in Ubuntu 16.04 LTS fehlerhaft. Es war noch nicht auf *systemd/networkd* umgestellt, sodass keine Ausgabe erfolgt und die Angabe von Netzwerkschnittstellen nach dem neuen *Predictable Network Interface Names*-Benennungsschema zu einem Fehler führte. Wenn Sie die Schnittstellen manuell wieder auf den alten Standard umstellen, so wie in Abschnitt 7.9.4, »Richtig zugeordnet mit ›udev‹«, beschrieben, verrichtet *ethstatus* wie gewohnt seinen Dienst. Wir hoffen, dass dieser Fehler bald behoben wird.

```
.EthStatus v0.4a.


     #      #     #  ###    ## #### ######    ## ###  ##########  #### ##
    ##    # ##    #  ###    ## #### #######   ## ###  ########### ##### ##
    ##   ## ##    ####### ## #### #######   ########################## ##
    ##  ## ##   ####### ## #### #######   ########################## ##
    ### ## ####  ####### ############### ########################## ##
   #### ### ####  ####### ############### ##########################
###############################################################################

    ###                      ## ##
   ON/OFF                    RX TX
               6.98 MB/s    8912 Packets/s


  IP Address:          192.168.0.105
  Interface name:      eth0          Graphic Using Speed:   9.77 MB/s
  Top Speed:           7.07 MB/s     Top Packets/s:         9711
  Received Packets:    5625859       Transmited Packets:    2029932
  Received:            6.32 GB       Transmitted:           194.44 MB
  Errors on Receiving: 0             Errors on Transmission: 0
```

Abbildung 39.1 Ausgabe von »ethstatus«

39.5.2   Komplex und umfangreich: »iptraf«

Im Gegensatz zu *ethstatus* liefert *iptraf* Ihnen viele detaillierte Informationen. Ebenfalls mit einem ASCII-Modus ausgestattet, stellt es viele übersichtlich aufbereitete Informationen zur Verfügung. Das Programm ist Bestandteil der Paketquellen und muss nachträglich installiert werden. Nach der Installation mit `sudo apt-get install iptraf` können Sie das Programm sofort einsetzen. Im Gegensatz zu *ethstatus* verlangt es aber Root-Rechte, um seinen Dienst aufnehmen zu können. Nach dem Start begrüßt *iptraf* Sie zunächst mit einer Willkommensmeldung. Diese können Sie durch Drücken einer beliebigen Taste schließen, wodurch Sie gleichzeitig das Hauptmenü öffnen, das Sie in Abbildung 39.2 sehen.

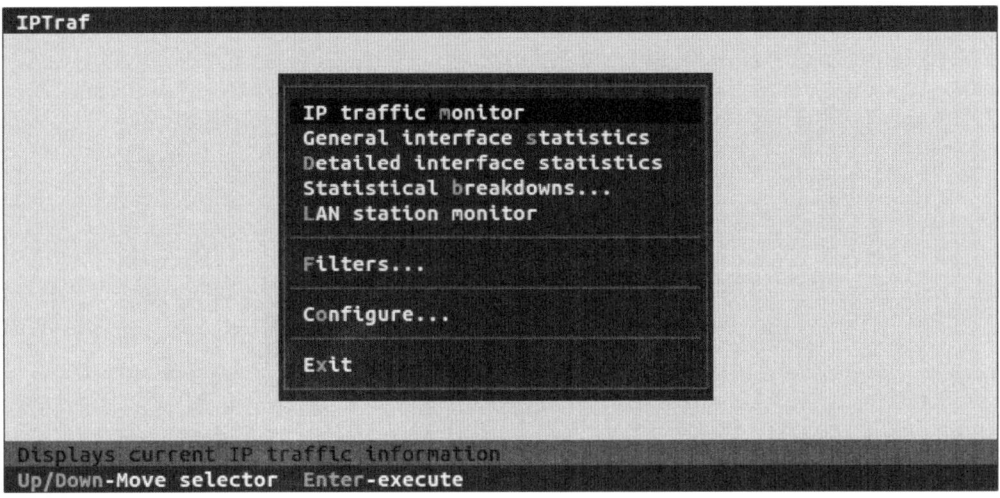

Abbildung 39.2 Hauptmenü von »iptraf«

Im Hauptmenü können Sie die einzelnen Statistiken aufrufen. Über die Pfeiltasten können Sie die Auswahl verändern und durch Drücken von [Enter] den ausgewählten Menüpunkt öffnen. Auch eine Direktwahl ist möglich. Die Tastenkürzel sind als jeweiliger Buchstabe andersfarbig dargestellt. Über die Eingabe von [M] gelangen Sie zum Beispiel in den IP TRAFFIC MONITOR. Dort öffnet sich zunächst ein Untermenü, in dem Sie die Netzwerkschnittstelle auswählen können, zu der Sie die Statistiken sehen wollen. Die Statistik sieht so aus wie in Abbildung 39.3.

> **Bug zur Drucklegung: »Predictable Network Interface Names«!**
> Leider war auch dieses Tool zur Zeit der Drucklegung in Ubuntu 16.04 LTS fehlerhaft. Nach einer manuellen Umstellung auf das alte Benennungsschema der Netzwerkschnittstellen, so wie in Abschnitt 7.9.4, »Richtig zugeordnet mit ›udev‹«, beschrieben, verrichtet *iptraf* wie gewohnt seinen Dienst. Wir hoffen, dass auch dieser Bug bald repariert wird.

Im oberen Segment werden die Kommunikationspartner aufgelistet. In den Spalten werden sowohl die Kommunikationsrichtung (symbolisiert durch >, < und =) als auch die Anzahl der übertragenen Pakete und Bytes, die gesetzten Flags und die Netzwerkschnittstelle aufgeführt. Im unteren Fenster werden die Multicast- und Broadcast-Pakete angezeigt. Darunter befindet sich die Statusleiste. Diese enthält eine generelle Übersicht über die Anzahl der mitgeschnittenen Pakete und die Übertragungsgeschwindigkeit. Unterhalb davon wird die Menü-Leiste dargestellt. Auch hier werden Tastenkürzel zur Direktwahl farblich hervorgehoben. Über die Tabulator-Taste ([⇆]) können Sie zwischen dem oberen und dem unteren Bereich wechseln. Im unteren Bereich können Sie dann über die Pfeiltasten in der Historie zurückblättern. Durch Eingabe von ⊠ oder Drücken der Esc-Taste können Sie die Ansicht schließen und zurück zum Hauptmenü gelangen.

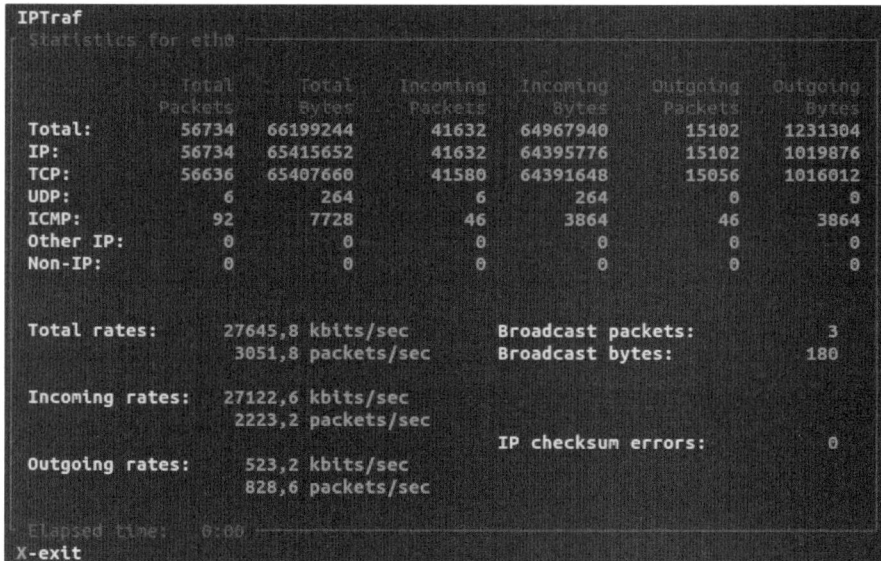

Abbildung 39.3 Verkehrsübersicht in »IP traffic monitor«

Eine detaillierte Schnittstellenstatistik können Sie durch Auswahl von DETAILED INTERFACE STATISTICS öffnen (siehe Abbildung 39.4).

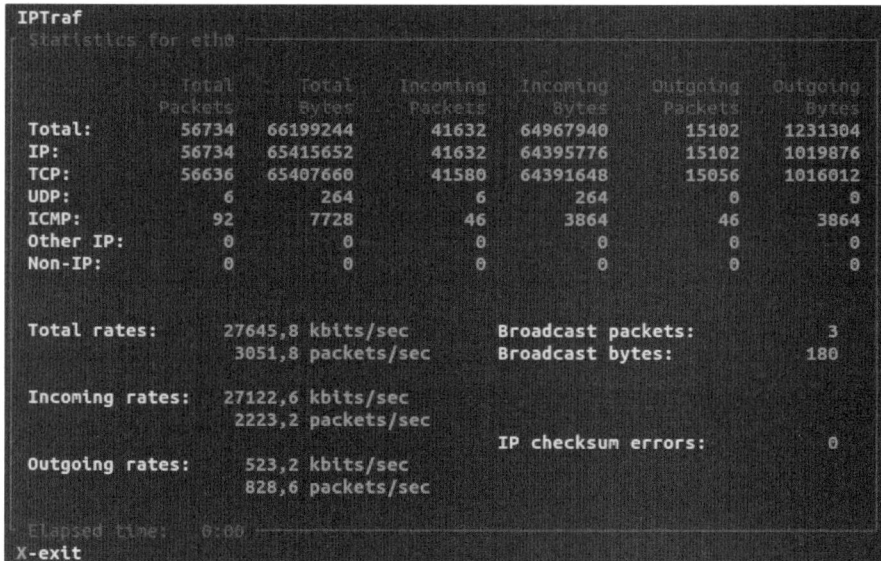

Abbildung 39.4 Details erhalten Sie in »Detailed interface statistics«.

Darin sind alle Informationen von erhaltenen und gesendeten Paketen aufgeführt, und Sie sehen sowohl deren Datenvolumen als auch die Protokollverteilung.

Eine weitere interessante Statistik finden Sie unter dem Menüpunkt STATISTICAL BREAK-
DOWN • BY PACKET SIZE. Auch dort muss zunächst die Schnittstelle ausgewählt werden. Anschließend erhalten Sie eine Übersicht über die Paketgrößenverteilung. Die Einteilung erfolgt in Schrittweiten von 75 Byte. Darüber lässt sich sehr schnell feststellen, ob eventuelle
Paketfragmentierungen zu einem schlechten Antwortzeitverhalten führen. Abbildung 39.5
zeigt eine entsprechende Ausgabe der Statistik.

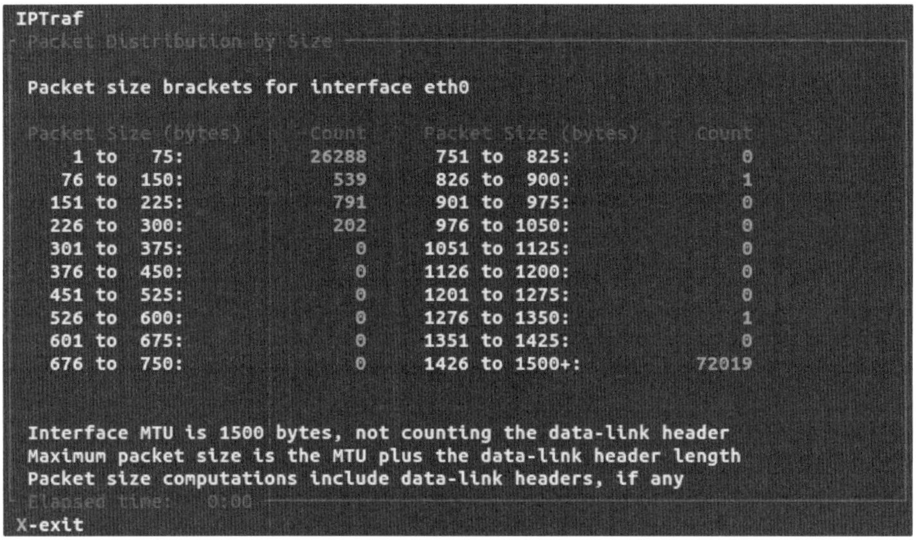

Abbildung 39.5 Paketgrößenverteilung: »Statistical breakdown – By packet size«

Als letzte Statistik möchten wir Ihnen noch den LAN STATION MONITOR vorstellen. Dieser
stellt die empfangenen und gesendeten Pakete im Layer 2 dar. Abbildung 39.6 zeigt eine
entsprechende Ausgabe.

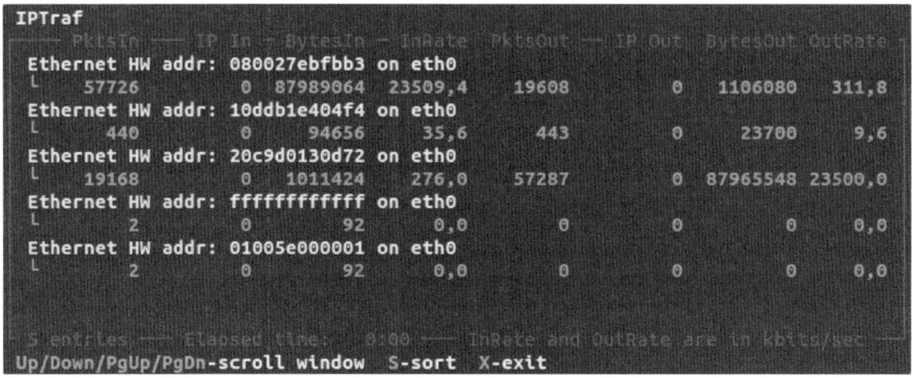

Abbildung 39.6 Lokale Teilnehmer: »LAN station monitor«

Da der *iptraf* ausschließlich über das ASCII-Menü gesteuert wird, können Sie dort auch die Konfiguration des Programmverhaltens anpassen. Über den Menüpunkt CONFIGURE... wird die Konfiguration geöffnet. Abbildung 39.7 zeigt die Konfigurationsoptionen.

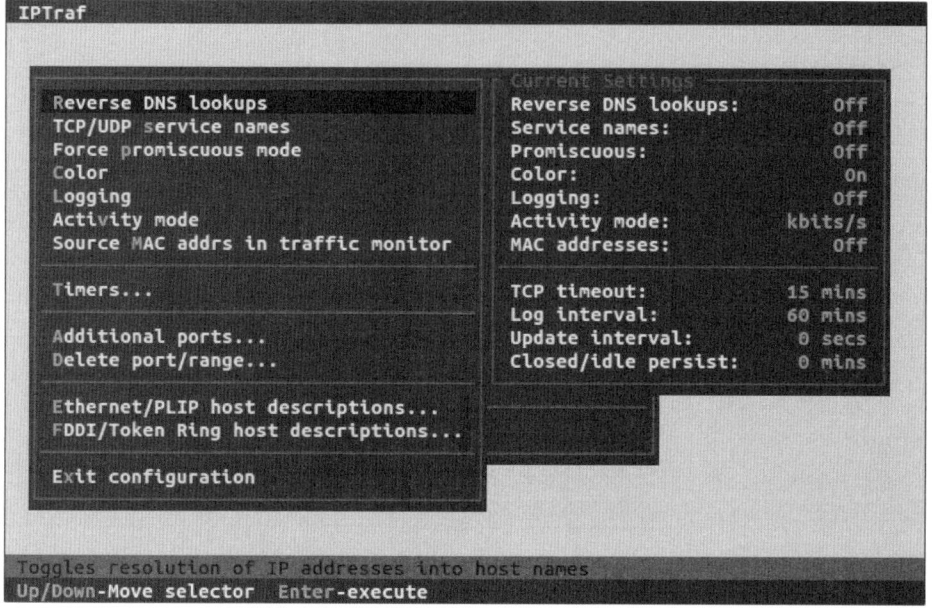

Abbildung 39.7 Konfiguration von »iptraf«

Dort können Sie zum Beispiel die Namensauflösung, die Auflösung von Dienstnamen oder das Logging aktivieren oder deaktivieren. Über die Pfeiltasten können Sie die einzelnen Konfigurationspunkte auswählen und über die ⌈Enter⌉-Taste die Werte verändern. Alle Änderungen werden sofort gespeichert. Über die ⌈X⌉-Taste können Sie das Menü schließen.

39.5.3   Der Alleskönner: »nmon«

Der große Bruder von *ethstatus* ist eindeutig *nmon*. Dieses Tool kann Ihnen neben der Netzwerklast auch gleich noch eine Reihe weiterer Statistiken ausgeben. Auch dieses Programm müssen Sie aus den Paketquellen installieren, wie in Listing 39.29 dargestellt:

```
daniel@ubuntu:~$ sudo apt-get install nmon
Paketlisten werden gelesen... Fertig
Abhängigkeitsbaum wird aufgebaut.
Statusinformationen werden eingelesen.... Fertig
Die folgenden NEUEN Pakete werden installiert:
  nmon
```

Listing 39.29 Installation von »nmon«

Nach dem Aufruf von nmon auf der Konsole werden Sie zunächst mit dem Begrüßungsbildschirm aus Abbildung 39.8 willkommen geheißen.

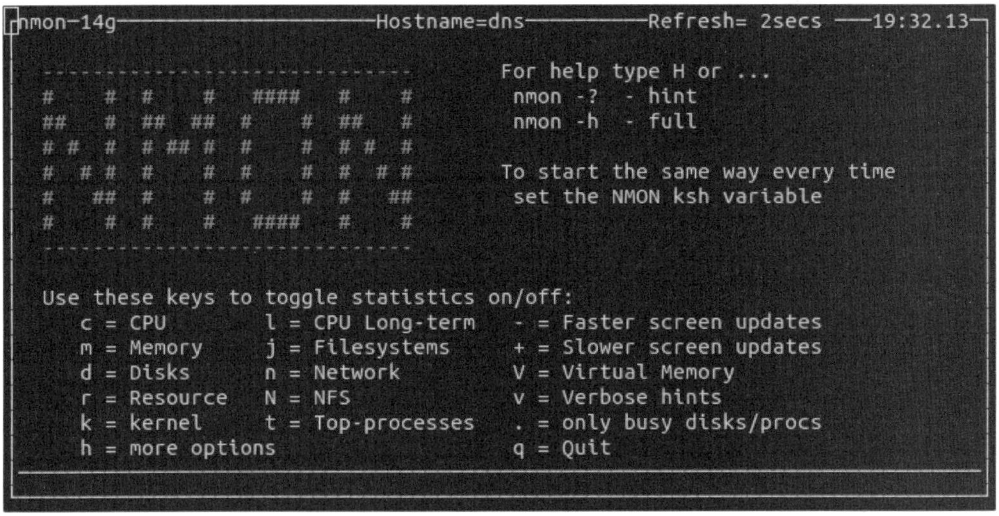

```
┌nmon─14g────────────────────Hostname=dns────────Refresh= 2secs ───19:32.13┐
│                                                                          │
│   ----------------------------      For help type H or ...               │
│   #   # #   #   ####   #   #         nmon -?  - hint                      │
│   ##  # ## ##  #   #   ##  #         nmon -h  - full                      │
│   # # # # ## #  #   #   # # #                                            │
│   # # # #   #   #   #   # # # #      To start the same way every time     │
│   #  ## #   # #    #   #   ##        set the NMON ksh variable            │
│   #   # #   #   ####   #   #                                             │
│   ----------------------------                                          │
│                                                                          │
│   Use these keys to toggle statistics on/off:                            │
│      c = CPU         l = CPU Long-term    - = Faster screen updates       │
│      m = Memory      j = Filesystems      + = Slower screen updates       │
│      d = Disks       n = Network          V = Virtual Memory              │
│      r = Resource    N = NFS              v = Verbose hints               │
│      k = kernel      t = Top-processes    . = only busy disks/procs       │
│      h = more options                     q = Quit                       │
│                                                                          │
└──────────────────────────────────────────────────────────────────────────┘
```

Abbildung 39.8 Begrüßungsbildschirm mit Hilfe: »nmon«

Zunächst zeigt *nmon* Ihnen nur eine Hilfeseite an. Über die eingeblendeten Tastenkürzel können Sie einzelne Auswertungen ab- und anwählen.

Abbildung 39.9 zeigt zum Beispiel die Ausgabe der Netzwerkstatistik durch Eingabe von N̄: **39**

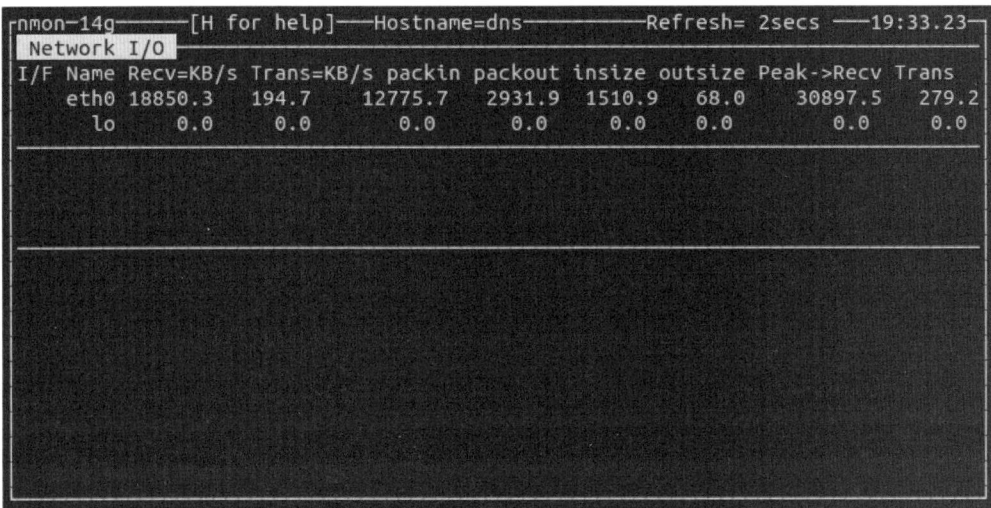

Abbildung 39.9 Netzwerkstatistik mit »n« aufrufen

Alternativ können Sie z. B. auch die CPU-Statistik mit [C], die Hauptspeicherstatistik mit [M] und die Festplattenstatistik mit [D] hinzuschalten. Die Statistiken werden von *nmon* entsprechend ausgerichtet und so wie in Abbildung 39.10 dargestellt.

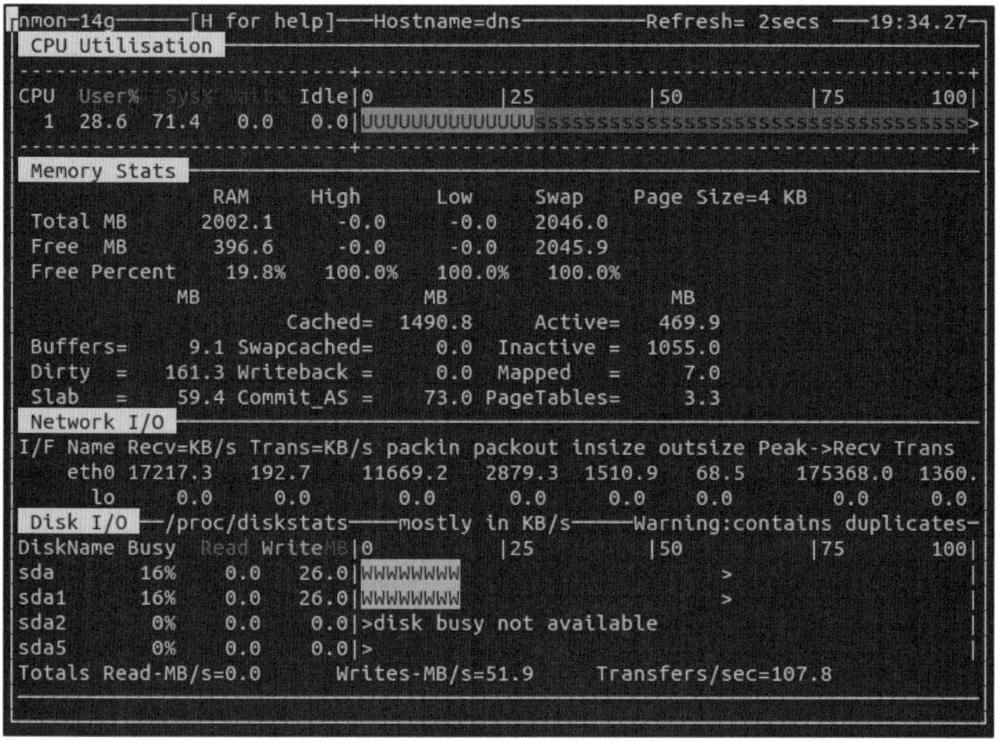

```
┌nmon─14g────────[H for help]────Hostname=dns──────────Refresh= 2secs ──19:34.27─┐
│ CPU Utilisation                                                                │
│ - - - - - - - - - - - - - - +- - - - - - - - - - - - - - - - - - - - - - - - -+│
│CPU  User% Sys% Wait   Idle|0         |25         |50         |75        100|    │
│  1  28.6  71.4   0.0   0.0|UUUUUUUUUUUUUUUssssssssssssssssssssssssssssssssssss> │
│ - - - - - - - - - - - - - - +- - - - - - - - - - - - - - - - - - - - - - - - -+│
│ Memory Stats                                                                   │
│                RAM      High      Low      Swap    Page Size=4 KB               │
│ Total MB     2002.1     -0.0     -0.0    2046.0                                 │
│ Free  MB      396.6     -0.0     -0.0    2045.9                                 │
│ Free Percent  19.8%   100.0%   100.0%   100.0%                                 │
│              MB                  MB                  MB                         │
│                  Cached= 1490.8      Active=   469.9                            │
│ Buffers=    9.1 Swapcached=    0.0  Inactive = 1055.0                           │
│ Dirty  =  161.3 Writeback =    0.0  Mapped    =   7.0                           │
│ Slab   =   59.4 Commit_AS =   73.0 PageTables=    3.3                           │
│ Network I/O                                                                     │
│I/F Name Recv=KB/s Trans=KB/s packin packout insize outsize Peak->Recv Trans    │
│    eth0 17217.3    192.7    11669.2  2879.3 1510.9   68.5   175368.0  1360.     │
│      lo     0.0      0.0        0.0     0.0    0.0    0.0        0.0     0.0     │
│ Disk I/O ──/proc/diskstats───mostly in KB/s───Warning:contains duplicates─     │
│DiskName Busy  Read Write MB|0         |25         |50         |75        100|   │
│sda        16%  0.0  26.0|WWWWWWWW                     >                    |    │
│sda1       16%  0.0  26.0|WWWWWWWW                     >                    |    │
│sda2        0%  0.0   0.0|>disk busy not available                         |    │
│sda5        0%  0.0   0.0|>                                                 |    │
│Totals Read-MB/s=0.0      Writes-MB/s=51.9      Transfers/sec=107.8              │
└────────────────────────────────────────────────────────────────────────────────┘
```

Abbildung 39.10 Mehrere Statistiken mit »c,m,d,n«

Nicht nur die grafische Aufbereitung, sondern auch die kompakte und gleichzeitig informative Darstellung macht *nmon* zu einem nützlichen Helfer.

39.6   Weitere Tools

In diesem Abschnitt wollen wir Ihnen Tools vorstellen, die nur entfernt mit der Netzwerkdiagnose zu tun haben, aber dennoch hilfreich sein können.

39.6.1   Subnetzberechnung mit »ipcalc«

Die Berechnung von Subnetzen und Netzwerkmasken stellt auch einen geübten Administrator schon mal vor eine große Herausforderung.

Hier springt *ipcalc* in die Bresche. Dieses kleine findige Tool nimmt Ihnen die komplexe Berechnung ab. Das Programm ist Bestandteil der Paketquellen und kann so wie in Listing 39.30 installiert werden:

```
daniel@ubuntu:~$ sudo apt-get install ipcalc
Paketlisten werden gelesen... Fertig
Abhängigkeitsbaum wird aufgebaut.
Statusinformationen werden eingelesen.... Fertig
Die folgenden NEUEN Pakete werden installiert:
  ipcalc
```

Listing 39.30 Installation von »ipcalc«

Zum Aufruf erwartet *ipcalc* nur die Angabe eines Netzes in CIDR-Schreibweise mit ausgeschriebener Netzwerkmaske oder einem Adressbereich. In Listing 39.31 haben wir Ihnen die Ausgabe von *ipcalc* anhand des Netzes `172.31.253.0/21` dargestellt:

```
daniel@ubuntu:~$ ipcalc 172.31.253.0/21
Address:   172.31.253.0         10101100.00011111.11111 101.00000000
Netmask:   255.255.248.0 = 21   11111111.11111111.11111 000.00000000
Wildcard:  0.0.7.255            00000000.00000000.00000 111.11111111
=>
Network:   172.31.248.0/21      10101100.00011111.11111 000.00000000
HostMin:   172.31.248.1         10101100.00011111.11111 000.00000001
HostMax:   172.31.255.254       10101100.00011111.11111 111.11111110
Broadcast: 172.31.255.255       10101100.00011111.11111 111.11111111
Hosts/Net: 2046                     Class B, Private Internet

daniel@ubuntu:~$
```

Listing 39.31 Ausgabe von »ipcalc«

Anhand des übergebenen Netzwerks rechnet *ipcalc* alle notwendigen Informationen aus. Im oberen Teil (vor der Trennung durch =>) werden Informationen zur Netzmaske ausgegeben. Im unteren Teil sehen Sie Informationen wie die Netzwerkadresse (Network), die erste und letzte Client-Adresse (HostMin und HostMax), die Broadcast-Adresse und die maximale Anzahl an Clients im Netz (Hosts/Net).

Dabei agiert *ipcalc* äußerst intelligent. Auch wenn Sie nicht die Netzwerkadresse (also die erste gültige Adresse im Netzwerk) angeben oder Ihnen die Netzwerkmaske nicht im CIDR-Format, sondern im Dezimalpunkt-Format vorliegt, gibt *ipcalc* Ihnen eine vernünftige Ausgabe zurück.

In Listing 39.32 haben wir *ipcalc* eine IP-Adresse und, durch ein Leerzeichen getrennt, eine Subnetzmaske im Dezimalpunkt-Format übergeben. Dies bringt *ipcalc* nicht aus dem Tritt: Es liefert Ihnen trotzdem korrekte Werte zurück.

```
daniel@ubuntu:~$ ipcalc 192.168.100.17 255.255.255.248
Address:    192.168.100.17        11000000.10101000.01100100.00010 001
Netmask:    255.255.255.248 = 29  11111111.11111111.11111111.11111 000
Wildcard:   0.0.0.7               00000000.00000000.00000000.00000 111
=>
Network:    192.168.100.16/29     11000000.10101000.01100100.00010 000
HostMin:    192.168.100.17        11000000.10101000.01100100.00010 001
HostMax:    192.168.100.22        11000000.10101000.01100100.00010 110
Broadcast:  192.168.100.23        11000000.10101000.01100100.00010 111
Hosts/Net:  6                     Class C, Private Internet

daniel@ubuntu:~$
```

Listing 39.32 Hier zeigen sich die Vielfältigkeit und Intelligenz von »ipcalc«.

Falls Sie nicht wissen, wie Sie einen Netzbereich am besten in Subnetze verpacken können, hilft der Parameter -r Ihnen dabei:

```
daniel@ubuntu:~$ ipcalc -r 172.31.0.0 172.31.17.0
deaggregate 172.31.0.0 - 172.31.17.0
172.31.0.0/20
172.31.16.0/24
172.31.17.0/32
```

Listing 39.33 Berechnung von optimalen Subnetzen mit »ipcalc -r <START> <END>«

Wie Sie Listing 39.33 entnehmen können, berechnet *ipcalc* anhand der übergebenen Netze die optimale Verteilung der Subnetze – dies kann ein wahrer Segen sein.

39.6.2   Informationen zu einem Internetsystem abfragen: »whois«

Wenn Sie über eines der Tools aus diesem Abschnitt festgestellt haben, dass Ihr Server mit einem System im Internet kommuniziert, hilft *whois* Ihnen dabei, Informationen zu dem System zu erlangen. Das Programm nutzt das gleichnamige Protokoll, um Informationen zu einer Domäne oder IP-Adresse und deren Eigentümer abzufragen. Das Programm ist in den Paketquellen enthalten und kann mit sudo apt-get install whois nachinstalliert werden. Zum Programmaufruf erwartet es lediglich eine IP-Adresse oder einen Domänennamen (keinen Hostnamen!). Listing 39.34 zeigt die Ausgabe zu einer Domänenabfrage:

```
daniel@ubuntu:~$ whois galileo-press.de
% Copyright (c) 2010 by DENIC
% Version: 2.0
[…]
Domain: rheinwerk-verlag.de
Nserver: ns1.surfplanet.de
```

```
Nserver: ns2.surfplanet.de
Status: connect
Changed: 2015-06-16T14:51:30+02:00

[Tech-C]
Type: PERSON
Name: Rheinwerk Verlag GmbH
Address: Rheinwerkallee 4
PostalCode: 53227
City: Bonn
CountryCode: DE
Phone: +49 228421500
Fax: +49 2284215077
Email: hostmaster@rheinwerk-verlag.de
Changed: 2015-06-16T14:34:10+02:00

[Zone-C]
Type: PERSON
Name: Rheinwerk Verlag GmbH
Address: Rheinwerkallee 4
PostalCode: 53227
City: Bonn
CountryCode: DE
Phone: +49 228421500
Fax: +49 2284215077
Email: hostmaster@rheinwerk-verlag.de
Changed: 2015-06-16T14:34:10+02:00
```

Listing 39.34 Domänenabfrage mit »whois«

Nach dem Aufruf zeigt *whois* Ihnen zunächst die Geschäftsbedingungen der jeweiligen Domänenverwaltung an (diese haben wir aufgrund ihrer Länge gekürzt). Wie Sie Listing 39.34 entnehmen können, wurde eine de-Domäne abgefragt, dementsprechend wurden zunächst die Geschäftsbedingungen der DENIC ausgegeben (hier weggekürzt). Anschließend zeigt das Programm alle zur Domäne gehörenden Informationen an. Darunter fallen die eingetragenen Nameserver, der technische Ansprechpartner Tech-C und der Zonenverwalter Zone-C.

Unterschiedliche Ausgabe

Je nach Domänenverwalter ist die Ausgabe unterschiedlich, da nicht alle Verwalter die gleichen Bedingungen für eine Domänenbeantragung stellen.

985

Wird *whois* eine IP-Adresse übergeben, verändert sich die Ausgabe. Dabei wird kein Domänenverwalter abgefragt, sondern eine *Regional Internet Registry* (kurz *RIR*). In Listing 39.35
ist die veränderte Ausgabe dargestellt:

```
daniel@ubuntu:~$ whois 46.235.24.168
% This is the RIPE Database query service.
% The objects are in RPSL format.
%
% The RIPE Database is subject to Terms and Conditions.
% See http://www.ripe.net/db/support/db-terms-conditions.pdf

% Note: this output has been filtered.
%       To receive output for a database update, use the "-B" flag.

% Information related to '46.235.24.0 - 46.235.31.255'

% Abuse contact for '46.235.24.0 - 46.235.31.255' is 'surfplanet@surfplanet.de'

inetnum:        46.235.24.0 - 46.235.31.255
org:            ORG-SG15-RIPE
netname:        DE-SURFPLANET-20110209
descr:          Surfplanet GmbH
country:        DE
admin-c:        EA859-RIPE
tech-c:         EA859-RIPE
status:         ALLOCATED PA
mnt-by:         RIPE-NCC-HM-MNT
mnt-lower:      Surfplanet-MNT
mnt-routes:     Surfplanet-MNT
created:        2011-02-09T08:02:32Z
last-modified:  2011-02-09T08:02:32Z
source:         RIPE # Filtered

organisation:   ORG-SG15-RIPE
org-name:       Surfplanet GmbH
org-type:       LIR
address:        Surfplanet GmbH Elmar Altmeyer Am Springborn 1 51063 Cologne Germany
phone:          +49 22196390595
fax-no:         +49 22196390594
abuse-c:        AR14740-RIPE
admin-c:        EA859-RIPE
mnt-ref:        RIPE-NCC-HM-MNT
mnt-ref:        Surfplanet-MNT
```

```
mnt-by:            RIPE-NCC-HM-MNT
created:           2004-09-16T11:26:55Z
last-modified:     2013-12-18T14:29:41Z
source:            RIPE # Filtered

person:            Elmar Altmeyer
address:           Surfplanet GmbH
address:           Am Springborn 1 Gebaeude 16
address:           51063 Cologne
address:           Germany
phone:             +49.22196390595
nic-hdl:           EA859-RIPE
mnt-by:            Surfplanet-MNT
abuse-mailbox:     abuse@surfplanet.de
created:           2004-08-10T09:33:03Z
last-modified:     2013-02-04T14:08:43Z
source:            RIPE

% Information related to '46.235.24.0/21AS33984'

route:             46.235.24.0/21
descr:             Surfplanet GmbH PA-Block
origin:            AS33984
mnt-by:            SURFPLANET-MNT
created:           2011-02-14T11:51:24Z
last-modified:     2011-02-14T11:51:24Z
source:            RIPE

% This query was served by the RIPE Database Query Service version 1.85.1 (DB-2)
```

Listing 39.35 Abfrage einer IP-Adresse mit »whois«

Wie Sie Listing 39.35 entnehmen können, werden nun die Daten zum Internetprovider angezeigt und nicht die zum Domäneninhaber.

Mit dem Programm *whois* können Sie schnell einen Ansprechpartner herausfinden, um etwaige Fehlkonfigurationen oder einen Missbrauch an die richtige Stelle melden zu können.

Kapitel 40

Versionskontrolle mit »git«

Morgen war gestern schon heute! Wie Sie Versionen von Dateien erzeugen, vergleichen und verwalten, zeigen wir Ihnen in diesem Abschnitt mit dem populären Versionsverwaltungssystem »git«

Versionskontrollsysteme oder auch Versionsverwaltungssysteme (englisch *Version Control Systems (VCS)*) dienen, wer hätte es gedacht, zur Verwaltung und Kontrolle von Versionen. Damit können Sie quasi einen Blick in die Vergangenheit werfen und verschiedene Versionen ein und derselben Datei verwalten und vergleichen.

Versionskontrollsysteme werden überwiegend in der Softwareentwicklung eingesetzt, vor allem dann wenn mehr als ein Entwickler an einem Programm arbeitet. Zur Verwaltung von Quelltexten ist dies die beste Möglichkeit, aber auch in der Systemadministration kann ein Versionsverwaltungssystem effektiv und sinnvoll eingesetzt werden, zum Beispiel um Konfigurationsdateien zu verwalten. So kann hervorragend protokolliert werden, wer wann welche Änderungen vorgenommen hat oder welche Konfigurationen in einer neuen Programmversion nicht mehr gültig sind.

In diesem Kapitel werden wir Versionskontrollsysteme genau für diesen Zweck einsetzen – aber keine Sorge: Falls Sie ein ambitionierter Softwareentwickler sind, können Sie die hier gezeigten Konfigurationen und Vorgehensweisen 1:1 auf Ihr Projekt abbilden. Ein Versionskontrollsystem erfüllt dabei folgende Aufgaben:

▶ **Archivierung**
Dateien werden archiviert. Somit können Sie nachvollziehen, wie sich Konfigurationen im Laufe der Zeit entwickelt haben, und können bei Bedarf alte Stände wiederherstellen.

▶ **Protokollierung**
Es kann jederzeit geprüft werden, wer was wann verändert hat und warum.

▶ **Wiederverwendbarkeit**
Einmal erarbeitetes Wissen kann so weiterverwendet werden. Auch wenn gealterte Konfigurationsdateien nicht mehr lauffähig sind, müssen Sie die notwendigen Anpassungen nur einmal durchführen und können sich anschließend im Handumdrehen die Unterschiede anzeigen lassen.

Im Großen und Ganzen lassen sich drei verschiedene Philosophien von Versionskontrollsystemen unterscheiden: lokal, zentral und dezentral.

Bei der lokalen Arbeitsweise verwenden Sie die Versionskontrolle nur für sich selbst – auf Ihrem lokalen System. Bei der zentralen Arbeitsweise arbeiten alle mit einem Server und halten lokal nur die aktuellste Arbeitskopie auf dem eigenen Rechner. Dieses Verfahren wird zum Beispiel von *Subversion (SVN)* eingesetzt. Bei der dezentralen Arbeitsweise halten alle Teilnehmer ein vollständiges lokales Repository vor und gleichen es mit dem Repository auf einem Server ab. Dadurch können auch ohne Netzanbindung oder dann, wenn der Server einmal ausfällt oder nicht erreichbar ist, alle Möglichkeiten eines Versionskontrollsystems genutzt werden. Diese Arbeitsweise wird von Git eingesetzt.

40.1   Das »Einmaleins« der Versionskontrolle

Ihnen werden bei allen Versionskontroll- oder Versionsverwaltungssystemen immer wieder die gleichen Begriffe begegnen. Bevor Sie den Wald vor lauter *branches* nicht mehr sehen, wollen wir Ihnen die gängigsten nun vorstellen:

▶ **Repository**
Analog zur Paketverwaltung stellt ein Repository einen zentralen Ablageort dar. Daten werden dort gespeichert und verwaltet.

▶ **Local copy / Working copy / Arbeitskopie / Arbeitsbereich**
Die Arbeitskopie (oder wie immer sie sonst genannt wird) stellt ihre lokale Kopie der Daten aus einem Repository dar. Dort nehmen Sie Ihre Änderungen vor.

▶ **Commit**
Ein *Commit* übermittelt Änderungen an Ihr lokales Repository und stellt den ersten Schritt zur Veröffentlichung dar.

▶ **Push**
Der *Push* übermittelt die Änderungen des lokalen Repositorys an ein entferntes Repository – ein Push kann dabei auch mehrere Commits verarbeiten.

▶ **Pull**
Damit bringen Sie Ihre Arbeitskopie auf den neusten Stand. Ein Pull holt die geänderten Daten vom entfernten Repository.

▶ **Origin**
Der *Origin* (englisch für *Ursprung*) gibt an, wo etwas herkommt. Dabei kann es sich um einen Hauptzweig (*Master*) oder um einen Unterzweig (*Branch*) handeln.

▶ **Master**
Stellt den Hauptzweig eines Repositorys dar.

▶ **Branch**
Stellt einen Unterzweig eines Repositorys dar – darüber können Sie Kopien einzelner Bereiche eines Repositorys erstellen und separat verarbeiten.

▶ **Conflict**

Arbeiten mehrere Personen parallel an den gleichen Inhalten, kann es zu Konflikten kommen. Git weist Sie entsprechend darauf hin und bietet auch Möglichkeiten, um Konflikte aufzulösen.

▶ **Add**

Damit Git eine Datei überwachen kann, muss diese der Versionsverwaltung hinzugefügt werden. Es genügt also nicht, die Datei einfach im Projekt-Verzeichnis abzulegen.

▶ **Revert**

Damit können Änderungen zurückgezogen werden – solange sie nicht bereits weiter bearbeitet wurden.

40.1.1 Arbeitsweise

Da wir nun schon einige Begriffe geklärt haben, wollen wir Ihnen noch schnell die Arbeitsweise von Git näher vorstellen. Bevor wir uns also an die Arbeit machen, folgt noch ein kleiner Theorie-Exkurs.

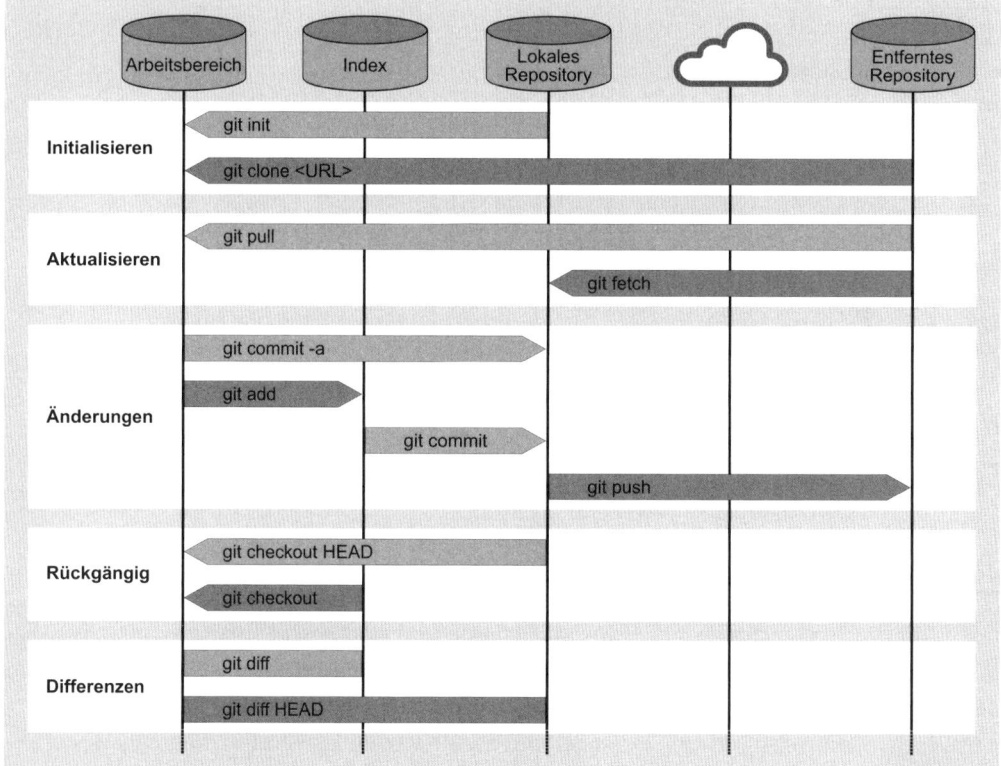

Abbildung 40.1 Übersicht der Umgebungen und Befehle

In Abbildung 40.1 haben wir Ihnen die gängigsten Git-Kommandos dargestellt. Sie sehen auch, auf welcher Ebene diese Kommandos arbeiten.

Entscheidend bei Git ist, dass nicht alles auf einem zentralen Server umgesetzt wird, sondern dass verschiedene Abläufe auf verschiedenen Ebenen erfolgen. Dabei haben die unterschiedliche Ebene folgende Bewandtnis:

- **Arbeitsbereich**
  Der Arbeitsbereich ist Ihre lokale Kopie des Repositorys, in dem Sie Änderungen direkt durchführen.

- **Index**
  Der Index dient als Zwischenebene, bevor Daten an das lokale Repository übertragen werden.

- **Lokales Repository**
  Das lokale Repository stellt die eigentliche Versionskontrolle dar. Daten werden hierüber verwaltet und gespeichert. Wenn Sie nur lokal arbeiten, ist dies bereits die letzte Ebene.

- **»Wolke«**
  Die Wolke soll eventuell genutzte Übertragungsprotokolle darstellen. Git ist in der Lage, über HTTP/HTTPS, FTP, SSH/RSYNC und das eigene Git-Protokoll Daten zu übertragen.

- **Entferntes Repository**
  Wenn Sie mit anderen kollaborieren, macht ein zentrales System Sinn, auf dem die Daten abgelegt werden. Dieses System kann aber auch von einem Dienstleister, wie zum Beispiel *GitHub*, gestellt werden.

40.1.2   Welches Vorwissen wird benötigt?

Für diese Abschnitte sollten Sie folgende Kenntnisse bereits erworben haben:

- **Die Bash** (siehe hierzu Abschnitt 8.1, »Hilfe, da blinkt was! Die Bash«)
- **Paket-Installation** (siehe hierzu Abschnitt 2.4.3, »Umgang mit Paketen«)
- **SSH** (siehe hierzu Kapitel 9, »Fernwartung mit ›OpenSSH‹«)

40.2   Das Populärste: »Git«

Das wohl mit Abstand am schnellsten wachsende und populärste Versionskontrollsystem ist *Git*, das im Jahr 2005 vom Linux Erfinder *Linus Torvald* entwickelt wurde. Git ist ein dezentrales Versionsverwaltungssystem und wurde als Ersatz für das proprietäre *BitKeeper* entwickelt, das durch eine Lizenzverschärfung vielen Kernel-Entwicklern den Zugang zu den Quellen verwehrte. Seit dem Beginn seiner Entwicklungs hat Git sich mit einer rasenden Geschwindigkeit entwickelt und genauso schnell verbreitet.

Dabei unterscheidet es sich von traditionellen Programmen, wie zum Beispiel *Subversion*, zum Teil elementar. Die wichtigsten Eigenschaften von Git sind:

▶ die Arbeitsweise nach dem *KISS*-Prinzip (**K**eep **I**t **S**hort and **S**imple) – einfach und effizient

▶ Git benötigt keinen zentralen Server (er wird aber dennoch häufig eingesetzt).

▶ Git ermöglicht viele Übertragungsprotokolle (*HTTP/HTTPS, FTP, SSH/rsync*).

40.2.1 Grundkonfiguration

Falls Sie sich fragen, wo der Abschnitt zur Installation ist – den haben wir nicht vergessen. Eine Installation ist schlichtweg nicht notwendig, da Git bei Ubuntu 16.04 LTS zum Standard gehört und daher bereits installiert ist. Falls Sie auf einer älteren Version arbeiten, genügt das Kommando `sudo apt-get install git`, um alle benötigten Komponenten installieren zu lassen.

Um mit Git arbeiten zu können, sind für jeden Benutzer nur zwei Befehle notwendig. In Listing 40.1 sehen Sie diese:

```
max@pluto:~$ git config --global user.name "Max Mustermann"
max@pluto:~$ git config --global user.email "max@example.com"
```

Listing 40.1 Basis-Konfiguration

Das Programm `git` arbeitet mit Kommandos (im Beispiel `config`) und kann mit Parametern gesteuert werden. Die Befehle aus Listing 40.1 setzen die für den Benutzer `max` auf dem System `pluto` globalen Werte. »Global« heißt in diesem Zusammenhang »für alle Git-Repositorys die der Benutzer verwenden wird« und nicht »für das gesamte System«.

Welche Konfiguration bereits vorgenommen wurde, kann mit dem Parameter `--list` so abgefragt werden, wie in Listing 40.2 dargestellt:

```
max@venus:~$ git config --list
user.name=Max Mustermann
user.email=max@myexample.com
```

Listing 40.2 Die aktuelle Konfiguration anzeigen

Die Konfigurationen werden im Übrigen im Home-Verzeichnis des jeweiligen Benutzers in der Datei *.gitconfig* abgelegt. Diese Datei enthält entsprechend auch alle gesetzten Konfigurationen, wie Sie in Listing 40.3 sehen können. Die Datei ist im *Ini*-Format aufgebaut.

```
max@pluto:~$ cat .gitconfig
[user]
        name = Max Mustermann
        email = max@myexample.com
```

Listing 40.3 Den Inhalt der Datei ».gitconfig« ausgeben

40

Falls Sie versuchen, Git zu benutzen, ohne diese Basiskonfiguration vorzunehmen, beschwert sich Git so wie in Listing 40.4:

```
*** Please tell me who you are.

Run

  git config --global user.email "you@example.com"
  git config --global user.name "Your Name"

to set your account's default identity.
Omit --global to set the identity only in this repository.

fatal: unable to auto-detect email address (got 'max@venus.(none)')
```

Listing 40.4 Fehlermeldung ohne Konfigurationen

Weitere nützliche Konfigurationen

Neben der bereits vorgestellten Basiskonfiguration gibt es noch zwei weitere Konfigurationen, die wir Ihnen zeigen möchten. Zum einen ist es, da Git sehr geschwätzig ist, äußerst sinnvoll, die Ausgabe von Git einfärben zu lassen. Auf diese Weise können Sie schnell erkennen, was Git Ihnen mitteilen möchte. Um dies zu aktivieren, müssen Sie den Befehl aus Listing 40.5 absetzen:

```
max@pluto:~$ git config --global color.ui always
```

Listing 40.5 Ausgabe kolorieren

In der Vergangenheit wurde die Standardmethode zum Hochladen von Daten geändert. Darauf weist Git Sie bei der Arbeit auch ständig und umfangreich hin. Daher müssen Sie nun (wieder pro Benutzer) festlegen, welche Methode verwendet werden soll. Wir raten Ihnen, die neuere Methode simple zu verwenden. Um die Fehlerausgabe direkt zu vermeiden, sollten Sie den Befehl aus Listing 40.6 absetzen:

```
max@pluto:~$ git config --global push.default simple
```

Listing 40.6 Die Standardmethode zum Hochladen ändern

Damit wäre die Grundkonfiguration abgeschlossen und wir können mit der Versionierung loslegen.

40.3   Rein lokal

Auch ohne entferntes Repository können Sie mit Git arbeiten. Auch wenn eine Versionskontrolle ihr wahres Potenzial erst bei der Arbeit im Team entfaltet, ist ein lokales Repository durchaus hilfreich. In diesem Abschnitt zeigen wir Ihnen, wie Sie mit Git ein lokales Repository erstellen und dieses mit Leben füllen.

40.3.1 Erstellen des ersten Repositorys

Nachdem die Grundkonfiguration abgeschlossen ist, können wir nun das erste Repository erstellen. Dafür verwenden wir das Kommando `init` und übergeben ihm den Namen des Repositorys, dass wir anlegen wollen. In Listing 40.7 sehen Sie den Befehl zum Erstellen des Repositorys `meinprojekt.git`. Es hat sich eingebürgert, Repository-Verzeichnisse mit der Endung `.git` zu erstellen.

```
daniel@pluto:~$ git init meinprojekt.git
Initialisierte leeres Git-Repository in /home/daniel/meinprojekt.git/.git/
```

Listing 40.7 Erstellen des Repositorys »meinprojekt.git«

Nun finden Sie, wie in der Ausgabe bereits dargestellt, das Verzeichnis *meinprojekt.git* im Home-Verzeichnis des Benutzers. Darin befindet sich das versteckte Verzeichnis *.git*. Darin findet die eigentliche Verwaltung statt. In der Regel sollten Sie nicht in dieses Verzeichnis wechseln und dort Änderungen vornehmen, da alle Operationen über das Kommando `git` erfolgen sollten.

40.3.2 Dateien versionieren

Wechseln Sie nun in das von Git neu erstellte Verzeichnis, und legen Sie die Datei *README.txt* mit dem Inhalt aus Listing 40.8 an:

```
Dies ist eine einfache Textdatei,
die den Inhalt dieser Verzeichnisse
erläutern soll.
```

Listing 40.8 Inhalt der Datei »README.txt«

Damit Git die Dateien versionieren kann, müssen Sie diese mit `add` so hinzufügen, wie in Listing 40.9 gezeigt:

```
daniel@pluto:~/meinprojekt.git$ git add README.txt
```

Listing 40.9 Verzeichnisse und Dateien mit »git add« hinzufügen

Die Änderung (beziehungsweise das Hinzufügen) der Datei müssen Sie jetzt noch mit dem Kommando `commit` in das lokale Repository hochladen. Listing 40.10 zeigt den vollständigen Aufruf:

```
daniel@pluto:~/meinprojekt.git$ git commit -m "README.txt erstellt"
[master (Basis-Commit) 1a91d20] Verzeichnisse und Dateien erstellt
```

```
1 file changed, 3 insertions(+)
create mode 100644 README.txt
```

Listing 40.10 Änderungen bzw. Datei an das lokale Repository melden

Wie Sie sehen, wurde dem commit mit dem Parameter -m ein Kommentar übergeben. Dies ist nicht nur sinnvoll, um Änderungen nachvollziehen zu können, sondern auch Usus, wenn Sie mit mehreren Personen gemeinsam arbeiten.

40.3.3   Dateien überprüfen

Nun können Sie die Datei *README.txt* verändern. Um zu erfahren, ob es Änderungen zur gespeicherten Version gibt, können Sie dem Befehl status so verwenden, wie in Listing 40.11 gezeigt:

```
daniel@pluto:~/meinprojekt.git$ git status
Auf Branch master
Änderungen, die nicht zum Commit vorgemerkt sind:
  (benutzen Sie "git add <Datei>...", um die Änderungen zum Commit vorzumerken)
  (benutzen Sie "git checkout -- <Datei>...", um die Änderungen im Arbeitsverzeichnis
  zu verwerfen)

        geändert:        README.txt

keine Änderungen zum Commit vorgemerkt (benutzen Sie "git add" und/oder
"git commit -a")
```

Listing 40.11 Den Status mit »git status« ausgeben

Git erkennt, dass es Veränderungen in der Datei gibt, und weist Sie darauf hin, dass Sie diese Änderungen noch nicht zum Hochladen ins Repository vorgemerkt haben. Dabei gibt es Ihnen direkt den Hinweis, dass hierfür mit git commit -a gearbeitet werden muss. Der Empfehlung müssen Sie im Übrigen folgen, da Git ansonsten das Hochladen verweigert.

40.3.4   Unterschiede anzeigen

Um zu sehen, was sich verändert hat, können Sie das Kommando diff verwenden. Die Ausgabe erfolgt dann wie beim Konsolenbefehl diff (siehe Listing 40.12):

```
daniel@pluto:~/meinprojekt.git$ git diff README.txt
diff --git a/README.txt b/README.txt
index 0fe59f4..b8c4ccb 100644
--- a/README.txt
+++ b/README.txt
```

```
@@ -1,3 +1,4 @@
-Dies ist eine einfache Textdatei,
+Dies ist eine SEHR einfache Textdatei,
 die den Inhalt dieser Verzeichnisse
 erläutern soll.
+Und das macht sie richtig gut!
```

Listing 40.12 Änderungen mit »git diff <FILE>« darstellen

Wie Sie in Listing 40.12 sehen, wurden zwei Zeilen verändert. Auch wenn in der ersten Zeile »nur« ein Wort hinzufügt wurde, würde Git diese Zeile entfernen und die neue hinzufügen.

Falls Sie die Kolorierung in Git aktiviert haben, sieht die Ausgabe im Übrigen so aus wie in Abbildung 40.2.

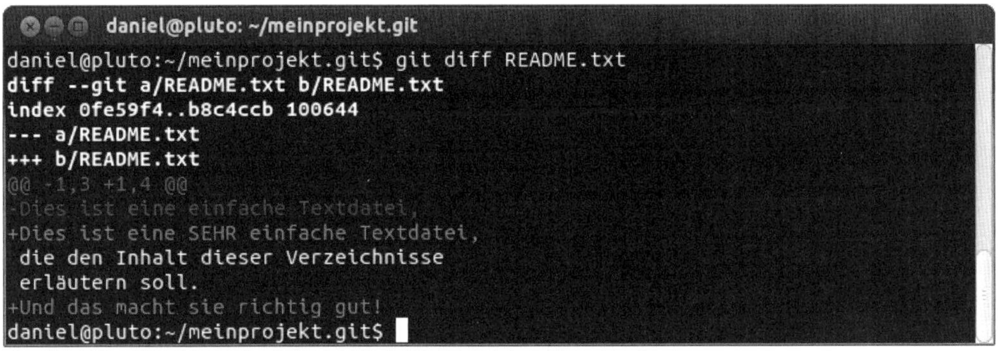

Abbildung 40.2 Ausgabe mit Einfärbung von »git diff«

Wie Sie in Abbildung 40.2 sehen, ist die Ausgabe durch die Einfärbung deutlich lesbarer und Änderungen stechen sofort ins Auge.

40.3.5   Änderungen aufnehmen

Um die Änderungen in das Repository zu schreiben, müssen Sie, wie bereits von git status korrekt angemerkt wurde, erneut das Kommando commit verwenden.

Dieses Mal verwenden wir aber den zusätzlichen Parameter -a, da wir nun nicht nur »neue« Dateien hinzufügen, sondern Änderungen übertragen wollen. Listing 40.13 zeigt den entsprechenden Befehl und dessen Ausgabe.

```
daniel@pluto:~/meinprojekt.git$ git commit -am "Erweiterung von README.txt"
[master 5d12183] Erweiterung von README.txt
 1 file changed, 2 insertions(+), 1 deletion(-)
```

Listing 40.13 Die Änderungen ins lokale Repository übertragen

40.3.6   Dateien aus der Versionierung entfernen

Um Dateien aus Ihrem lokalen Arbeitsbereich zu entfernen, sollten Sie das Git-Kommando `git rm <FILE>` verwenden. Falls Sie eine versionierte Datei einfach so aus dem Dateisystem entfernen, ist Git aber so schlau und merkt diese Datei für das Löschen aus dem Repository vor. Dies wäre also auch kein Beinbruch, ganz im Gegenteil zu sonstigen Versionskontrollsystemen.

40.4   Dezentraler Server mit »SSH«

Anders als bei anderen Serverdiensten arbeitet Git ohne Daemon im Hintergrund. Eine beliebte Methode, um ein dezentrales Git-Repository zu betreiben, besteht darin, die Datenübermittlung mit SSH vorzunehmen. Da auf jedem Linux-Server in der Regel bereits ein SSH-Dienst läuft, kann dieser einfach dafür verwendet werden. Wie Sie dies bewerkstelligen und wie auch die Sicherheit nicht zu kurz kommt, zeigen wir Ihnen in diesem Abschnitt.

40.4.1   Vorbereitungen: »Clients«

Zur Absicherung verwenden wir SSH-Schlüssel, sodass nur Benutzer mit passendem Schlüssel Daten mit dem Repository austauschen können. Dafür müssen alle Beteiligten einen entsprechenden Schlüssel erzeugen und den öffentlichen Teil des Schlüssels an den Serveradministrator übertragen.

Zum Erzeugen der Schlüssel verwenden wir das Programm ssh-keygen, das uns durch die Erstellung leitet und die benötigten Dateien anlegt. Listing 40.14 zeigt eine typische Erstellung eines SSH-Schlüssel:

```
max@venus:~$ ssh-keygen
Generating public/private rsa key pair.
Enter file in which to save the key (/home/max/.ssh/id_rsa):
Enter passphrase (empty for no passphrase):
Enter same passphrase again:
Your identification has been saved in /home/max/.ssh/id_rsa.
Your public key has been saved in /home/max/.ssh/id_rsa.pub.
The key fingerprint is:
SHA256:l265tAi6URPz894fMlhYFvQa58i3RY1x7qGwRnnUeAA max@venus
The key's randomart image is:
+---[RSA 2048]----+
|          E+o= .|
|          o+ B.|
|      o   ++.=.+|
```

```
|      o S +o=.o o|
|      . . =.+ . o |
|      . .   B o o  |
|      o . = + o .  |
|      o.   . + ... |
+----[SHA256]-----+
```

Listing 40.14 Erstellung eines SSH-Schlüssels mit »ssh-keygen«

In Listing 40.14 sehen Sie, wie der Benutzer max einen SSH-Schlüssel erzeugt. Bei dem Vorgang werden einige Rückfragen gestellt. Zunächst wird gefragt, in welcher Datei der Schlüssel erstellt werden soll. Standardmäßig heißt die Datei stets /home/<USER>/.ssh/id_rsa. Achtung: Verfügen Sie bereits über einen SSH-Schlüssel, müssen Sie hier unbedingt einen anderen Namen vergeben, da der vorhandene ansonsten überschrieben wird! Im Übrigen ist der Schlüssel nicht zweckgebunden. Das heißt Sie können einen Schlüssel für alles verwenden (Git und SSH) oder für jeden Zweck einen eigenen erstellen, je nach Ihren Sicherheitsanforderungen. Der Dateiname ist dabei auch nur Schall und Rauch – entscheidend ist, dass das Pärchen übereinstimmt, also der öffentliche Schlüssel (Dateiendung .pub) und der eigentliche Schlüssel. Anschließend wird nach einem Passwort gefragt. Diese Zeile können Sie leer lassen, um passwortlos arbeiten zu können, oder Sie vergeben ein Passwort, um das Sicherheitsniveau noch weiter zu steigern (im Beispiel haben wir keins vergeben). Anschließend wird das Schlüssel-Paar erstellt und gespeichert.

Damit der Git-Serveradministrator den Benutzer Max berechtigen kann, muss Max ihm den öffentlichen Schlüssel (id_rsa.pub) zur Verfügung stellen. Die Datei kann entweder via Mail oder Ähnlichem übertragen werden oder mit ssh-copy-id, wobei dazu eine Anmeldung mit dem Git-Benutzer auf dem Server möglich seien muss – dazu später mehr. Diese Prozedur muss von jedem Teilnehmer durchgeführt werden.

40.4.2   Vorbereitungen: »Server«

Zum sicheren Betrieb eines Git-Servers empfiehlt es sich, einen eigenen Benutzer anzulegen. In Listing 40.15 sehen Sie den entsprechenden Befehl:

```
daniel@merkur:~$ sudo adduser git
Lege Benutzer »git« an ...
Lege neue Gruppe »git« (1001) an ...
Lege neuen Benutzer »git« (1001) mit Gruppe »git« an ...
Erstelle Home-Verzeichnis »/home/git« ...
Kopiere Dateien aus »/etc/skel« ...
Geben Sie ein neues UNIX-Passwort ein: <PASSWORD>
Geben Sie das neue UNIX-Passwort erneut ein: <PASSWORD>
passwd: password updated successfully
```

```
Changing the user information for git
Enter the new value, or press ENTER for the default
        Full Name []: Git-User
        Room Number []:
        Work Phone []:
        Home Phone []:
        Other []:
Sind diese Informationen korrekt? [J/n] J
```

Listing 40.15 So erstellen Sie den Benutzer »git« auf dem Server.

Wie Sie sehen, wurde in Listing 40.15 der Benutzer git mittels adduser angelegt. Das Programm übernimmt alle Schritte: vom Anlegen des Benutzers und der dazugehörigen Gruppe (wie bei Ubuntu üblich) über das Kopieren der Standarddatei (/etc/skel) bis hin zur Passwortvergabe und zum Abfragen der Kommentare. Nun können Sie mit su git zu dem neu erstellten Benutzer wechseln. Dies ist notwendig, da die weiteren Arbeiten dadurch direkt mit den korrekten Rechten umgesetzt werden.

40.4.3   SSH-Schlüssel importieren

Falls Ihnen die SSH-Schlüssel als Datei zur Verfügung gestellt wurden, müssen Sie sie nun in die Datei */home/git/.ssh/authorized_keys* ablegen. Im Folgenden gehen wir davon aus, dass die entsprechenden Schlüssel direkt im Home-Verzeichnis des Benutzers git liegen. Listing 40.16 zeigt den entsprechenden Befehl, um diese freizugeben.

```
git@merkur:~$ cat *.pub >> .ssh/authorized_keys
```

Listing 40.16 Die SSH-Schlüssel der Benutzer hinzufügen

Die Datei authorized_keys wird von SSH ausgewertet, wenn sich ein Client mit einem Schlüssel authentifizieren möchte – auch für Git und nicht nur für den passwortlosen SSH-Zugriff.

Alternativ können Sie auch, wenn es sich zum Beispiel nur um interne Kollegen handelt, das vorher vergebene Passwort des git-Benutzers weitergeben. Die Kollegen können dann einfach mit ssh-copy-id ihren erzeugten Schlüssel auf dem Server hinzufügen:

```
max@venus:~$ ssh-copy-id git@merkur.example.com
/usr/bin/ssh-copy-id: INFO: Source of key(s) to be installed: \
                      "/home/max/.ssh/id_rsa.pub"
/usr/bin/ssh-copy-id: INFO: attempting to log in with the new key(s), to filter \
                      out any that are already installed
/usr/bin/ssh-copy-id: INFO: 1 key(s) remain to be installed -- if you are prompted \
                      now it is to install the new keys
git@merkur.example.com's password: <PASSWORD>
```

Listing 40.17 Hier haben wir den SSH-Schlüssel vom Client aus mit »ssh-copy-id« hinzugefügt.

Wie Sie in Listing 40.17 sehen, hat der Benutzer max vom System venus seinen Standard-SSH-Schlüssel auf den Server merkur.example.com kopiert. Falls Sie einen zusätzlichen Schlüssel erzeugt haben, können Sie diesen mit dem Parameter -i <KEY> angeben – wobei Sie den Platzhalter <KEY> durch den vollständigen Pfad zum Schlüssel ersetzen müssen.

40.4.4   Repository erstellen

Nun können Sie auf dem Server ein Repository (oder mehrere) erstellen. Dazu verwenden Sie, wie bereits beim lokalen Betrieb gezeigt, das Kommando git init:

```
git@merkur:~$ mkdir projekte.git
git@merkur:~$ cd projekte.git/
git@merkur:~/projekte.git$ git --bare init
Initialisierte leeres Git-Repository in /home/git/projekte.git/
```

Listing 40.18 Repository auf dem Server erzeugen

Wie Sie sehen, haben wir als Benutzer git auf dem Server im Home-Verzeichnis des Benutzers das Verzeichnis projekte.git angelegt. Anschließend sind wir in das neu erstellte Verzeichnis gewechselt und haben mit git --bare init ein neues leeres Git-Repository erstellt. Der Parameter --bare ist deshalb notwendig, weil dieses Repository keine Arbeitskopie ist, sondern nur zur Verwaltung dient. Im Übrigen hätten Sie auch mit git --bare init <DIR> das Verzeichnis direkt durch Git erstellen lassen können.

40.4.5   Repository laden: »Clients«

Um ein Repository von einem Server zu laden – man spricht dabei auch vom Klonen (englisch *clone*) –, setzen Sie das Kommando clone ein.

In Listing 40.19 sehen Sie den entsprechenden Befehl für unser Beispiel. Dabei lädt der Benutzer max auf dem System venus das Repository des Benutzers git vom System merkur.example.com in das lokale Verzeichnis projekte.git:

```
max@venus:~$ git clone ssh://git@merkur.example.com/~/projekte.git projekte.git
Klone nach 'projekte.git' ...
remote: Zähle Objekte: 3, Fertig.
remote: Total 3 (delta 0), reused 0 (delta 0)
Empfange Objekte: 100% (3/3), Fertig.
Prüfe Konnektivität ... Fertig.
```

Listing 40.19 Repository auf einem Client laden

Entscheidend ist hier die Angabe des Protokolls (ssh://), den entfernten Benutzer git, des Systems und des Pfades der, wie bei SSH üblich, durch ein At-Zeichen vom Benutzer getrennt wird. Achten Sie darauf, dass der Pfad mit einer Tilde (~) beginnt – was dem Home-Verzeichnis des angegebenen Benutzers entspricht. Die Langform wäre also `ssh://git@merkur.example.com/home/git/projekte.git`.

Es ist im Übrigen nicht erforderlich, das lokale Verzeichnis genau so zu benennen wie das entfernte – es hat sich aber eingebürgert und ist auf jeden Fall der korrekten Zuordnung zuträglich.

Mit dem Klonen wurde auch gleichzeitig die lokale Konfiguration für das Repository erstellt. Wenn Sie in dem Verzeichnis das Kommando `config --list` absetzen, finden Sie das entfernte Repository dort wieder (siehe Listing 40.20):

```
max@venus:~/projekte.git$ git config --list
user.name=Max Mustermann
user.email=max@myexample.com
push.default=simple
color.ui=always
core.repositoryformatversion=0
core.filemode=true
core.bare=false
core.logallrefupdates=true
remote.origin.url=ssh://git@merkur.example.com/~/projekte.git
remote.origin.fetch=+refs/heads/*:refs/remotes/origin/*
branch.master.remote=origin
branch.master.merge=refs/heads/master
```

Listing 40.20 Anzeigen der lokalen Konfiguration mit »git config –list«

Die in Fettschrift dargestellte Zeile zeigt uns, dass dieses Repository entfernt verwaltet wird. Gleichzeitig sorgt es dafür, dass wir das Ziel zum Hochladen nicht jedes Mal angeben müssen.

40.4.6   Mit dem Repository arbeiten: »Clients«

Werden nun Änderungen vorgenommen oder neue Dateien hinzugefügt, müssen diese nicht nur mit einem `git commit -am <MSG>` dem lokalen Repository hinzugefügt werden, sondern ebenfalls mit einem `git push` dem entfernten. In Listing 40.21 haben wir dies dargestellt:

```
max@venus:~/projekte.git$ vim README.txt
max@venus:~/projekte.git$
max@venus:~/projekte.git$ git commit -am "README.txt aktualisiert"
[master 5f79035] README.txt aktualisiert
 7 files changed, 1 insertion(+), 284 deletions(-)
max@venus:~/projekte.git$
max@venus:~/projekte.git$ git push
```

```
Zähle Objekte: 3, Fertig.
Komprimiere Objekte: 100% (3/3), Fertig.
Schreibe Objekte: 100% (3/3), 329 bytes | 0 bytes/s, Fertig.
Total 3 (delta 2), reused 0 (delta 0)
To ssh://git@merkur.example.com/~/projekte.git
   5f79035..89ccc01  master -> master
```

Listing 40.21 Änderungen dem entfernten Repository hinzufügen

Um Ihre lokale Kopie auf den aktuellen Stand zu bringen, verwenden Sie den Befehl pull (analog zum push). Listing 40.22 zeigt die entsprechende Ausgabe:

```
max@venus:~/projekte.git$ git pull
remote: Zähle Objekte: 3, Fertig.
remote: Komprimiere Objekte: 100% (3/3), Fertig.
remote: Total 3 (delta 2), reused 0 (delta 0)
Entpacke Objekte: 100% (3/3), Fertig.
Von ssh://merkur.example.com/~/projekte
   b6949f0..96ff9ac  master      -> origin/master
Aktualisiere b6949f0..96ff9ac
Fast-forward
 README.txt | 3 ++-
 1 file changed, 2 insertions(+), 1 deletion(-)
```

Listing 40.22 Lokale Kopie mit »git pull« aktualisieren

Wie Sie sehen, werden damit alle Änderungen übertragen. Git zeigt Ihnen dabei sogar die Anzahl der Änderungen. Im Beispiel sind zwei Zeilen hinzugekommen und eine wurde entfernt. Änderungen gab es an einer Datei (README.txt).

40.4.7   Sicherheit steigern

Wie wir bereits erörtert haben, läuft das Git-Repository mit eingeschränkten Rechten im Benutzerkontext des Benutzers git. Da die Übertragung in unserem Beispiel mit SSH-Schlüsseln abgesichert wurde, ist eine eigene Shell für den Benutzer nicht mehr erforderlich.

Um die Sicherheit zu erhöhen, sollten Sie daher die Shell des Benutzers git auf dem Server gegen die dafür vorgesehene Shell git-shell austauschen – diese lässt nur Git-Verbindungen zu und bietet keine Login-Shell an.

Am einfachsten ändern Sie dies mit dem Befehl chsh, so wie in Listing 40.23 gezeigt:

```
daniel@merkur:~$ sudo chsh -s /usr/bin/git-shell git
daniel@merkur:~$ grep git /etc/passwd
git:x:1001:1001:Git-Repo User,,,:/home/git:/usr/bin/git-shell
```

Listing 40.23 Die Shell des Benutzers »git« ändern

Wie Sie sehen, wurde dem Befehl chsh mit dem Parameter -s die Git-Shell übergeben. Zuletzt wurde dem Befehl der Benutzer mitgeteilt (im Beispiel git). Anschließend wurde mit einem grep auf den Benutzernamen in der Datei /etc/passwd kontrolliert, ob die Shell korrekt angepasst wurde.

Jetzt sollten Sie noch die Befehle aus Listing 40.24 absetzen, um nur eine angepasste Ausgabe zu erzeugen und keine weiteren Informationen zum System:

```
daniel@merkur:/home/git$ sudo mkdir git-shell-commands
daniel@merkur:/home/git$ cat << EOF > git-shell-commands/no-interactive-login
> #!/bin/sh
> printf '\n%s\n\n' "fatal: What do you think I am? A shell?"
> exit 128
EOF
daniel@merkur:/home/git$ touch .hushlogin
```

Listing 40.24 Weitere Anpassungen beim Login-Versuch mit SSH

In Listing 40.24 haben wir zunächst das Verzeichnis git-shell-commands angelegt – dort abgelegte Programme und Skripte können auch mit der git-shell ausgeführt werden. Anschließend haben wir mit cat die folgenden Zeilen in die Datei no-interactive-login geschrieben. Das Skript gibt nur eine Fehlermeldung aus und beendet sich anschließend. Mit dem letzten Befehl wurde die leere Datei .hushlogin angelegt. Darüber werden sämtliche sonstigen Ausgaben unterbunden, z.B. die Ubuntu-Version, zu aktualisierende Pakete etc.

Versucht nun jemand, sich via SSH mit Ihrem Git-Server zu verbinden, wird er dezent auf sein Fehlverhalten hingewiesen:

```
user@ubuntu:~$ ssh git@merkur.example.com
git@merkur.example.com's password:

fatal: What do you think I am? A shell?

Connection to merkur.example.com closed.
```

Listing 40.25 Fehlermeldung beim Login-Versuch mit SSH

Auch mit dem gültigen Passwort ist nun keine Anmeldung via SSH mehr möglich – im Übrigen auch nicht das Hinzufügen von SSH-Schlüsseln!

40.5   Nur lesend mit »git«

Bisher haben wir Ihnen nur Protokolle mit Authentifizierung vorgestellt. Um jedoch ein Repository für jedermann zur Verfügung zu stellen (z.B. im Internet), können Sie das eigene Git-Protokoll verwenden: *git://.*

40.5.1   Installation

Dieses Protokoll wird durch den *git-daemon* zur Verfügung gestellt. Daher müssen Sie auch zunächst das Paket `git-daemon-sysvinit` so installieren, wie in Listing 40.26 dargestellt:

```
daniel@merkur:~$ sudo apt-get install git-daemon-sysvinit
[…]
Die folgenden NEUEN Pakete werden installiert:
  git-daemon-sysvinit
0 aktualisiert, 1 neu installiert, 0 zu entfernen und 10 nicht aktualisiert.
Es müssen 8.900 B an Archiven heruntergeladen werden.
Nach dieser Operation werden 663 kB Plattenplatz zusätzlich benutzt.
```

Listing 40.26 Installation des »git-daemon«

40.5.2   Vorbereitungen

Bevor wir uns nun um den Dienst kümmern, legen wir zunächst ein eigenes Repository für ihn an. In Listing 40.27 finden Sie die benötigten Befehle.

```
root@merkur:~# mkdir /srv/git
root@merkur:~# cd /srv/git
root@merkur:/srv/git# git init meinprojekt.git
Initialisierte leeres Git-Repository in /srv/git/meinprojekt.git/.git/
```

Listing 40.27 Repository für den Daemon anlegen

Wie Sie in Listing 40.27 sehen, haben wir ein neues Verzeichnis `/srv/git` angelegt und dort das lokale Repository `meinprojekt.git` initialisiert.

Nun sollten Sie zunächst das Repository (lokal) bevölkern. Fügen Sie dafür Dateien und Verzeichnisse mit `git add` hinzu.

40.5.3   Dienstkonfiguration

Jetzt ist es an der Zeit, dem *git-daemon* etwas Futter zu geben. Der Dienst selbst verfügt über keine separate Konfigurationsdatei, sondern nur über die Standardkonfiguration in */etc/default/git-daemon*.

Passen Sie die Datei */etc/default/git-daemon* so an, wie in Listing 40.28 dargestellt – Änderungen wurden von uns fett hervorgehoben.

```
GIT_DAEMON_ENABLE=true
GIT_DAEMON_USER=gitdaemon
GIT_DAEMON_BASE_PATH=/srv/git
GIT_DAEMON_DIRECTORY=/srv/git
```

```
# Additional options that are passed to the Daemon.
GIT_DAEMON_OPTIONS="--syslog --export-all"
```

Listing 40.28 Dienstkonfiguration in »/etc/default/git-daemon«

Über die erste Zeile steuern Sie, ob der Dienst aktiviert wird oder nicht (im Standard `false`). Mit der dritten und vierten Zeile legen Sie die Standardverzeichnisse fest – da wir unsere Repositorys unterhalb von /srv/git betreiben, haben wir dies entsprechend angepasst. Zu guter Letzt weisen Sie den Dienst mit dem Parameter --syslog an, sein Protokoll ins Syslog zu schreiben und mit --export-all alle Repositorys unterhalb von /srv/git zu veröffentlichen. Nach einem `sudo systemctl restart git-daemon` nimmt der Dienst seine Arbeit auf.

40.5.4   Clients

Da Ihr Server nun einsatzbereit ist und bereits ein Repository vorhanden ist (*meinprojekt.git*), können Clients sich mit dem Git-Protokoll an Ihren Server wenden. Listing 40.29 zeigt das Klonen von einem Client:

```
user@ubuntu:~$ git clone git://merkur.example.com/meinprojekt.git meinprojekt.git
Cloning into 'meinprojekt.git'...
remote: Zähle Objekte: 3, Fertig.
remote: Total 3 (delta 0), reused 0 (delta 0)
Receiving objects: 100% (3/3), done.
```

Listing 40.29 Klonen eines Repositorys von einem Client aus

Wie Sie in Listing 40.29 sehen, wurde als Protokoll git:// verwendet, um den Klon zu erstellen. Vielleicht ist Ihnen aufgefallen, dass der Pfad relativ und nicht absolut angegeben wurde: /meinprojekt.git. Standardmäßig exportiert der git-daemon alle Repositorys relativ – also ohne dass der Speicherort exakt angegeben werden muss.

Wie wir bereits erörtert haben, handelt es sich beim Git-Protokoll um ein Read-Only-Protokoll. Versucht ein Client, Änderungen zu übertragen, funktioniert dies zwar noch lokal, er wird aber vom entfernten Server abgewiesen (siehe Listing 40.30).

```
user@ubuntu:~/meinprojekt.git$ git commit -am "liesmich.txt vom Client aus"
[master 0c5345e] liesmich.txt vom Client aus
 1 file changed, 1 insertion(+)
user@ubuntu:~/meinprojekt.git$ git push
fatal: remote error: access denied or repository not exported: /meinprojekt.git
```

Listing 40.30 Fehlermeldung bei Änderungen vom Client

Selbstverständlich können Clients aber Aktualisierungen von Ihrem zentralen Repository laden. Wie üblich geschieht das mit git pull, so wie in Listing 40.31 gezeigt:

```
user@ubuntu:~/meinprojekt.git$ git pull
remote: Zähle Objekte: 3, Fertig.
remote: Komprimiere Objekte: 100% (2/2), Fertig.
remote: Total 3 (delta 1), reused 0 (delta 0)
Unpacking objects: 100% (3/3), done.
From git://merkur.example.com/neuesprojekt
   5b2dfc1..92629a5  master      -> origin/master
Updating 5b2dfc1..92629a5
Fast-forward
 liesmich.txt |    2 +-
 1 file changed, 1 insertion(+), 1 deletion(-)
```

Listing 40.31 Aktualisierungen auf dem Client laden

40.5.5   Fazit

Falls Sie Ihr Repository selbst für jedermann veröffentlichen wollen und nicht auf Dienste wie *SourceForge* oder *GitHub* zurückgreifen möchten, ist die Methode mit dem des *git-Daemon* die erste Wahl. Auch wenn die Möglichkeit besteht, den anonymen Schreibzugriff zuzulassen, möchten wir Sie eindringlich davor warnen! Schreibende Zugriffe sollten nur nach vorheriger Authentifizierung zugelassen werden – verwenden Sie dafür die gezeigte Veröffentlichungsmethode mit *SSH*.

40.6   Nützliches

Die Basis von Git haben wir Ihnen bereits vorgestellt. In diesem Abschnitt wollen wir Ihnen nun ein paar Möglichkeiten vorstellen, wie Sie noch effizienter mit Git arbeiten können. Ebenso ist der ein oder andere Kniff dabei, den auch erfahrene Repository-Betreiber/Nutzer vielleicht noch nicht kennen.

40.6.1   Den Standard-Texteditor anpassen: »core.editor«

Git wertet den Standard-Editor des Systems aus, um Dateien zur Bearbeitung zu öffnen. Diesen Editor können Sie im Übrigen mit `sudo update-alternatives -config editor` anpassen.

Falls Sie für Git aber einen anderen als den Standard-Texteditor verwenden wollen oder sicherstellen wollen, dass für Git immer der gleiche verwendet wird, auch wenn sich der Standard einmal ändert, können Sie dies individuell konfigurieren. Um den Texteditor auf `vim` zu setzen, müssen Sie einfach den Befehl aus Listing 40.32 absetzen:

```
max@venus:~/projekte.git$ git config --global core.editor vim
```

Listing 40.32 Den Standard-Texteditor festlegen

Ab jetzt wird Git immer vim starten, um Texte zu editieren, unabhängig davon, welcher Standard-Editor auf dem System gesetzt ist (bei Ubuntu im Übrigen nano).

40.6.2   Vorgabe für Nachrichten: »commit.template«

Über die Nachricht zu einem Commit sollte auf einen Blick ersichtlich werden, was und warum etwas geändert wurde. Da es hierfür unterschiedliche Philosophien und auch persönliche Vorlieben gibt, entstehen in aller Regel diesbezüglich Irritationen, Konfusionen oder ganz einfach Ärger.

Dies können Sie verhindern, indem Sie ein Template bereitstellen, das bei jedem Commit ausgefüllt werden muss – damit ist zwar immer noch nicht die Qualität sichergestellt, aber immerhin die Struktur.

Um ein Template verwenden zu können, müssen Sie es zunächst anlegen. Speichern Sie den Inhalt aus Listing 40.33 in die Datei *.gitmessage.txt*:

```
<BETREFF>
--
[Ticket: <TICKET-NO>]
--
<TEXT>
```

Listing 40.33 Inhalt der Datei ».gitmessage.txt«

Damit Git diese Datei als Standard verwendet und sie im Editor beim Commit öffnet, muss die Option commit.template <FILE> gesetzt werden, so wie in Listing 40.34 dargestellt:

```
max@venus:~/projekte.git$ git config --global commit.template .gitmessage.txt
```

Listing 40.34 Git anweisen, das Template zu verwenden

Beim nächsten Commit wird die Datei im Editor geöffnet, und erst nach dem Speichern wird der Commit mit dieser Nachricht durchgeführt.

```
<BETREFF>
--
[Ticket: <TICKET-NO>]
--
<TEXT>

# Bitte geben Sie eine Commit-Beschreibung für Ihre Änderungen ein. Zeilen,
# die mit '#' beginnen, werden ignoriert, und eine leere Beschreibung
# bricht den Commit ab.
# Auf Branch master
# Ihr Branch ist auf dem selben Stand wie 'origin/master'.
```

```
#
# zum Commit vorgemerkte Änderungen:
#       geändert:       README.txt
#
# Unversionierte Dateien:
#       .gitmessage.txt
#
~
~
"~/projekte.git/.git/COMMIT_EDITMSG" 21L, 461C              1,1          Alles
```

Listing 40.35 Die Aufforderung, das Template auszufüllen, erscheint bei »git commit -a« (Editor: »vim«).

Wie Sie sehen, wird die Datei im Editor geöffnet und dem Benutzer eine Kurzanleitung dazu gegeben. Falls Sie beabsichtigen, darüber eine Art Regelung einzuführen, sollen Sie das Template natürlich mit in die Versionskontrolle aufnehmen (im Beispiel ist das noch nicht geschehen). Dies erhöht die Chance, dass Ihre Regelung auch angewandt wird. Im gleichen Zug sollten Sie Ihre Installationsanleitung anpassen, damit die benötigte Konfiguration auch von allen Anwendern umgesetzt wird. Im Übrigen ist Git so schlau, dass es den Commit abbricht wenn ein Benutzer keine Änderungen an dem Template vornimmt. Der Benutzer erhält dann eine Fehlermeldung wie die aus Listing 40.36:

```
max@venus:~/projekte.git$ git commit -a
Commit abgebrochen; Sie haben die Beschreibung nicht editiert.
```

Listing 40.36 Fehlermeldung bei einem Commit ohne Änderungen am Template

40.6.3 Autokorrektur: »help.autocorrect«

Bereits ohne weiteres Zutun gibt Git Benutzern Hinweise, falls ein Befehl nicht gefunden wurde. Listing 40.37 zeigt den Hinweis, der erscheint, falls anstelle von commit versehentlich commti eingegeben wird:

```
max@venus:~/projekte.git$ git commti -a
git: 'commti' ist kein Git-Kommando. Siehe 'git --help'.

Haben Sie das gemeint?
      commit
```

Listing 40.37 Hinweis bei Vertippern

Falls wie im gezeigten Beispiel nur eine Alternative angeboten wird, kann Git auch angewiesen werden, diese einfach zu verwenden. Dafür muss der Parameter help.autocorrect auf 1 gesetzt werden, so wie in Listing 40.38 dargestellt:

```
max@venus:~/projekte.git$ git config --global help.autocorrect 1
```
Listing 40.38 Die automatische Korrektur aktivieren

Setzen Sie nun den Befehl aus Listing 40.38 ab, interpretiert Git das Kommando als `commit` und fährt mit der Verarbeitung fort. Wenn allerdings mehr als eine Alternative angeboten wird, erscheint erneut ein Hinweistext – damit nicht versehentlich Befehle abgesetzt werden, die »so« nicht gemeint waren.

40.6.4   Exportieren: »git archive«

Um den Inhalt eines Repositorys zu exportieren – also alle Inhalte ohne die Versionen und Konfiguration von Git selbst –, können Sie das Kommando `git archive` verwenden. In Listing 40.39 sehen Sie den Aufruf zum Erstellen der mit Zip gepackten Datei `export-20160417.zip`:

```
max@venus:~/projekte.git$ git archive --output export-20160417.zip master
```
Listing 40.39 Inhalt des Repositorys mit »git archive« exportieren

Wie Sie sehen, verlangt der Befehl nur zwei Werte: zum einen den Speicherort, der mit `--output <FILE>` angegeben wird (hier können Sie auch einen vollständigen Pfad angeben) und zum anderen den Zweig (in der Regel `master`). Auch bei diesem Befehl glänzt Git erneut, da Sie nicht explizit angeben müssen, in welchem Format Sie das Archiv erstellen wollen. Durch die Dateiendung (im Beispiel `.zip`) erkennt Git, dass ein Zip-Archiv erstellt werden soll – alternativ könnten Sie auch `.tgz` für ein gepacktes Tar-Archiv verwenden oder `.tar` für ein ungepacktes Tar-Archiv. Letzteres wird im Übrigen auch verwendet, wenn die Dateiendung nicht vorhanden oder unbekannt ist. Falls Sie eine Methode festlegen wollen, können Sie dies mit dem Parameter `--format <TYPE>` tun.

40.6.5   Dateien ignorieren

Gerade bei der Softwareentwicklung sammeln sich viele Dateien im Arbeitsbereich an, die nicht versioniert werden müssen. Damit diese Dateien nicht ständig die Ausgabe von Git verstopfen, können sie per se außen vor gelassen werden.

Genau für diesen Zweck können Sie die Datei *.gitignore* anlegen, die reguläre Ausdrücke beheimatet. Diese werden von Git bei jedem Kommando ausgewertet. Trifft der reguläre Ausdruck auf eine Datei oder ein Verzeichnis zu, wird diese Datei oder dieses Verzeichnis von der Verarbeitung ausgeschlossen. In Listing 40.40 sehen Sie den Inhalt einer einfachen *.gitignore*-Datei:

```
# Diese nicht:
readme.txt
liesmich.txt
```

```
#
# keine temporären Dateien:
*~
*.swap
```

Listing 40.40 Inhalt der Datei ».gitignore«

Wie Sie in Listing 40.40 sehen, sind auch Kommentare möglich (sie beginnen mit dem Gatterkreuz). Im ersten Teil wurden zwei Dateien explizit ausgeschlossen: *readme.txt* und *liesmich.txt*. Im zweiten Teil wurden Dateien ausgeschlossen, die mit einer Tilde oder der Dateiendung .swap enden. Folgende Regeln gelten für Einträge in der *.gitignore*-Datei:

▶ Leere Zeilen oder Zeilen, die mit einem Gatterkreuz (#) beginnen, gelten als Kommentar und werden nicht verarbeitet.

▶ Reguläre Ausdrücke arbeiten wie auf der Shell (z. B. beliebig viele Zeichen mit »*«, genau ein Zeichen mit »?« oder Zeichenketten mit umschließenden eckigen Klammern »[abc]«).

▶ Ein Muster kann mit einem Schrägstrich (/) abgeschlossen werden, um es nur auf Verzeichnisse anwenden zu lassen.

▶ Negierungen werden durch ein vorangestelltes Ausrufezeichen (!) eingeleitet.

Mehr zum Thema »reguläre Ausdrücke«

Das Thema »reguläre Ausdrücke« haben wir Ihnen in Abschnitt 37.2, »Reguläre Ausdrücke verstehen und anwenden«, ausgiebig vorgestellt.

Hier ist ein erweitertes Beispiel für eine *.gitignore*-Datei:

```
# Dieser Kommentar wird nicht verarbeitet - genau so wie Leerzeilen
# ignoriert alle Dateien, die mit ".swp" enden
*.swap

# nicht aber "lib.swap" Dateien (obwohl obige Zeile "*.swap" ignoriert)
!lib.swp

# ignoriert die Datei "TODO" nur im Wurzelverzeichnis (vorangestelltes "/")
/TODO

# ignoriert das Verzeichnis "build/" (nachgestelltes "/")
build/

# ignoriert "doc/notes.txt", aber nicht "doc/server/arch.txt" (aufgrund des "/")
doc/*.txt
```

```
# ignoriert alle ".txt" Dateien unterhalb des "doc/" Verzeichnis (doppeltes Asterisk)
doc/**/*.txt
```
Listing 40.41 Inhalt der erweiterten Datei ».gitignore«

Wie Sie in Listing 40.41 sehen, haben Sie damit schier unendliche Möglichkeiten. Selbstverständlich macht es durchaus Sinn, die Datei selbst auch mit in das Repository aufzunehmen – so können alle Teilnehmer davon profitieren.

Falls Sie im Übrigen versuchen, eine Datei, die ignoriert werden soll, trotzdem dem Repository hinzuzufügen, weist Git Sie entsprechend darauf hin:

```
max@venus:~/projekte.git$ git add neues-skript.sh
Die folgenden Pfade werden durch eine Ihrer ".gitignore" Dateien ignoriert:
neues-skript.sh
Verwenden Sie -f wenn Sie diese wirklich hinzufügen möchten.
```
Listing 40.42 Fehlermeldung bei ignorierten Dateien

Jetzt könnten Sie der Empfehlung aus Listing 40.42 folgen und das Hinzufügen mit dem Schalter -f erzwingen. Dies funktioniert zwar prinzipiell, ist aber nicht die beste Möglichkeit.

Erstellen Sie lieber eine Ausnahme (zum Beispiel durch das Negieren dieser Datei) in der *.gitignore* – dadurch muss keine gesonderte Ausnahme geschaffen werden und Sie behalten besser den Überblick, was im Repository vorhanden ist und was nicht.

40.6.6   Versionen vergleichen / Änderungen nachvollziehen

Um schnell herauszufinden, wie viele Versionen einer Datei es gibt und was damit geschehen ist, gibt es das Kommando log. Diesem Kommando kann als Parameter ein Dateiname übergeben werden, sodass nur die Änderungen an dieser Datei ausgegeben werden. In Listing 40.43 sehen Sie die Ausgabe für die Datei *Arbeitsdatei.txt*:

```
max@venus:~/projekte.git$ git log Arbeitsdatei.txt
commit 15a8760cc4b2f5e52833cb2a04730190d3515549
Author: Daniel van Soest <daniel@exmaple.com>
Date:   Sun Apr 17 14:48:04 2016 +0200

    Arbeitsdatei.txt korrigiert

commit 308dc1ca902040e421cd534358712a99e94eaa0d
Author: Max Mustermann <max@myexample.com>
Date:   Sun Apr 17 13:26:27 2016 +0200

    Arbeitsdatei.txt - Zeilen hinzugefügt
```

```
commit 87d4fc508123d4f82898205de43e70a145d51cc6
Author: Max Mustermann <max@myexample.com>
Date:    Sun Apr 17 12:13:44 2016 +0200

    Arbeitsdatei.txt erstellt
```

Listing 40.43 Ausgabe der Änderungen für die Datei »Arbeitsdatei.txt«

Wie Sie sehen, erfolgt die Ausgabe von den neusten Werten hin zu den ältesten. Jeweils eingerückt ist der entsprechende Kommentar zum Commit – falls dieser über mehrere Zeilen geht, werden diese Zeilen selbstverständlich auch dargestellt.

Um nun zwei Versionen einer Datei zu vergleichen, müssen Sie die Revisionsnummer kennen. Im Beispiel aus Listing 40.43 hat die erste Revision die Nummer 87d4fc508123d4f828982-05de43e70a145d51cc6 und die letzte Änderung an der Datei die Nummer 15a8760cc4b2f5e5283-3cb2a04730190d3515549. Diese können Sie nun dem Kommando diff übergeben, das Ihnen die Unterschiede darstellt (siehe Listing 40.44):

```
max@venus:~/projekte.git$ git diff 15a[…]549 87d[…]cc6
diff --git a/Arbeitsdatei.txt b/Arbeitsdatei.txt
index 95479aa..b1e6722 100644
--- a/Arbeitsdatei.txt
+++ b/Arbeitsdatei.txt
@@ -1,5 +1,2 @@
 A
-A-1
 B
-B-1
 C
```

Listing 40.44 Vergleich zweier Versionen mit »git diff«

Wie Sie in Listing 40.44 sehen, haben wir die Revisionsnummer aus Platzgründen gekürzt – Sie müssen diese natürlich vollständig angeben. Zum Vergleich der Versionen wird das altbekannte Programm diff zu Hilfe genommen. Entsprechend erfolgt die Aufgabe in diesem Format. Falls Sie im Übrigen dem Kommando diff nur eine Revisionsnummer übergeben, wird der Vergleich von dieser Revision zur aktuellen (lokalen) Version vorgenommen – und das sogar ohne ein lokales Commit!

Bitte beachten Sie, dass die Reihenfolge der übergebenen Revisionsnummer auch mit verarbeitet wird. Würden Sie im Beispiel aus Listing 40.44 die Nummern in der umgekehrten Reihenfolge angeben, würde diff dies berücksichtigen und entsprechend eigentlich entfernte Zeilen als neu hinzugekommen bewerten und andersherum. Dies ist kein Fehler, sondern extrem praktisch. So können Sie leicht Patches erzeugen, um Änderungen rückgängig zu machen.

40.6.7   Wer hat's verbockt: »blame«

Falls mal wieder ein Schuldiger gesucht wird, kann Git Sie be- oder entlasten. Mit dem Befehl `git blame <FILE>` können Sie jede Änderung von Git auflisten lassen – dabei gibt Git aus, mit welchem Commit welcher Benutzer die Zeile zuletzt geändert hat. Listing 40.45 zeigt eine exemplarische Ausgabe:

```
daniel@venus:~/projekte$ git blame Farben.txt
fd245a57 (Daniel van Soest 2016-04-17 15:14:38 +0200 1) rot
fd245a57 (Daniel van Soest 2016-04-17 15:14:38 +0200 2) blau
44065a20 (Max Mustermann   2016-04-17 15:15:48 +0200 3) hell-blau
fd245a57 (Daniel van Soest 2016-04-17 15:14:38 +0200 4) grün
c97f069a (Max Mustermann   2016-04-17 15:18:02 +0200 5) weiss
```

Listing 40.45 Anzeigen, wer die letzte Änderung vorgenommen hat: »git blame«

Wie so oft können Sie auch `blame` beliebig viele Parameter mitgeben, um die Ausgabe an Ihre Bedürfnisse anzupassen. Zum Beispiel können Sie mit dem Parameter `--since` festlegen, in welchem Zeitraum gesucht werden soll. Listing 40.46 zeigt den entsprechend angepassten Befehl und die geänderte Ausgabe:

```
daniel@venus:~/projekte$ git blame --since=10.minutes -- Farben.txt
^68b3470 (Daniel van Soest 2016-04-17 15:16:52 +0200 1) rot
^68b3470 (Daniel van Soest 2016-04-17 15:16:52 +0200 2) blau
^68b3470 (Daniel van Soest 2016-04-17 15:16:52 +0200 3) hell-blau
^68b3470 (Daniel van Soest 2016-04-17 15:16:52 +0200 4) grün
c97f069a (Max Mustermann   2016-04-17 15:18:02 +0200 5) weiss
```

Listing 40.46 Anzeigen, wer innerhalb der letzten 10 Minuten Änderungen vorgenommen hat

Wie Sie sehen, verändert sich die Ausgabe, da jetzt nur nach den letzten Änderungen gesucht wird und nicht nach dem gesamten Verlauf.

40.6.8   Und wenn es doch passiert: »Konflikte«

Und falls es doch mal vorkommt, dass ein und dieselbe Datei von zwei Personen gleichzeitig bearbeitet wurde, müssen Sie keine Schweißperlen auf der Stirn befürchten. In Listing 40.47 sehen Sie den Hinweis, den Git anzeigt, falls versucht wird, eine bereits aktualisierte Datei zu überschreiben:

```
max@venus:~/projekte.git$ git push
To ssh://git@merkur.example.com/~/projekte.git
 ! [rejected]        master -> master (fetch first)
error: Fehler beim Versenden einiger Referenzen nach
        'ssh://git@merkur.example.com/~/projekte.git'
```

```
Hinweis: Aktualisierungen wurden zurückgewiesen, weil das Remote-Repository
Hinweis: Commits enthält, die lokal nicht vorhanden sind. Das wird üblicherweise
Hinweis: durch einen "push" von Commits auf dieselbe Referenz von einem anderen
Hinweis: Repository aus verursacht.
Hinweis: Vielleicht müssen Sie die externen Änderungen zusammenzuführen (z.B.
Hinweis: 'git pull ...') bevor Sie erneut "push" ausführen.
Hinweis: Siehe auch die Sektion 'Note about fast-forwards' in 'git push --help'
Hinweis: für weitere Details.
```

Listing 40.47 Fehlermeldung bei Konflikten

Wie Sie sehen, erkennt Git genau, dass etwas schiefgelaufen ist. Leider gibt es kein Patentrezept zur Lösung von Konflikten. Die wohl einfachste Lösung besteht darin, dass derjenige, der zuletzt versucht hat, Änderungen hochzuladen, eine lokale Kopie von seinen Änderungen erstellt, die Datei aus dem Repository wiederherstellt und abgleicht.

In Listing 40.48 sehen Sie, wie Sie die Datei aus dem Repository wiederherstellen – Achtung: Falls Sie ein Backup Ihrer Änderungen vornehmen wollen, muss dies vor dem Absetzen der Befehle erfolgen.

```
max@venus:~/projekte.git$ git fetch origin
[...]
max@venus:~/projekte.git$ git reset --hard origin
HEAD ist jetzt bei 268402c README.txt weitere Korrekturen
```

Listing 40.48 Eine Datei aus dem Repository wiederherstellen

40

Die Autoren

Charly Kühnast (charly@kuehnast.com)
Charly Kühnast, Jahrgang 1973, veröffentlicht bereits seit dem vierzehnten Lebensjahr Fachartikel, Kolumnen und Glossen zu IT-Themen. Anfang der 90er-Jahre lernte er auf einer Veranstaltung des Chaos Computer Club, dem er seit vielen Jahren angehört, das Betriebssystem Linux kennen. Seit dem Abschluss des Studiums arbeitet er beim Kommunalen Rechenzentrum Niederrhein in Kamp-Lintfort. Dort ist er für die Verfügbarkeit und Sicherheit der Internetinfrastruktur verantwortlich. Daneben gibt er sein Wissen als Lehrbeauftragter an verschiedenen Hochschulen weiter. Er wohnt mit seiner Familie in der Nähe von Kevelaer am Niederrhein.

Daniel van Soest (daniel@vansoest.org)
Daniel van Soest, Jahrgang 1981, hat bereits einige Fachartikel und Bücher zu IT-Themen veröffentlicht. Während seiner Ausbildung zum Informatikkaufmann kam er zu Beginn des neuen Jahrtausends erstmals mit dem Betriebssystem Linux in Kontakt. Seit seiner Ausbildung arbeitet er im Kommunalen Rechenzentrum Niederrhein in Kamp-Lintfort. Der Schwerpunkt seiner Tätigkeit liegt auf der Betreuung der zentralen Internetinfrastruktur und der Administration der Sicherheitssysteme. Überschüssige Kreativität lebt er in seiner Band »4Dirty5« an der E-Gitarre aus. Er wohnt mit seiner Frau in Moers an der Schwelle vom Niederrhein zum Ruhrgebiet.

Index

M

R

Z

- Linux-Server distributions-unabhängig einrichten und administrieren

- Backup, Sicherheit, Samba, LDAP, Web-, Mail- und FTP-Server

- Datenbanken, IPv6, NFSv4, Kerberos-Authentifizierung; inkl. sofort einsetzbarer Praxislösungen

Deimeke, Kania, van Soest, Heinlein, Seitz

Linux-Server

Das umfassende Handbuch

Das Schweizer Messer für den fortgeschrittenen Linux-Administrator: Dieses Buch dient Ihnen als Anleitung, Praxishilfe und Nachschlagewerk für alle wichtigen Themen der modernen Administration von Linux-Servern. Von Hochverfügbarkeit über Sicherheit bis hin zu Skripting und Virtualisierung – so lernen Sie Linux-Server distributionsunabhängig intensiv kennen.

1.200 Seiten, gebunden, 49,90 Euro
ISBN 978-3-8362-4274-5
4. Auflage, November 2016
www.rheinwerk-verlag.de/4203

- Einführung, Praxis, Übungs-
aufgaben, Kommandoreferenz

- Für Bourne-, Korn- und Bourne-
Again-Shell (bash)

- Inkl. grep, sed, awk und GUIs mit
dialog, Xdialog und gnuplot

Jürgen Wolf, Stefan Kania

Shell-Programmierung
Das umfassende Handbuch

Die Shell-Programmierung ist das Grundwissen jedes System-Administrators und
auch für den versierten Anwender von größter Bedeutung. Dieses umfassende
Handbuch bietet alles, was Sie zur Shell-Programmierung wissen müssen. Eine
umfangreiche Linux-UNIX-Referenz liefert alle grundlegenden Kommandos. Das
Werk arbeitet mit Praxisbeispielen und ist hervorragend als Nachschlagewerk
geeignet.

821 Seiten, gebunden, 39,90 Euro
ISBN 978-3-8362-4087-1
5. Auflage 2016
www.rheinwerk-verlag.de/4093

Stefan Kania

Samba 4

Das Praxisbuch für Administratoren

Samba 4 ist erwachsen geworden und erfüllt nun alle Anforderungen der Unternehmens-IT. Dieses Buch zeigt Ihnen, wie Sie Benutzer und Gruppen anlegen, Drucker verwalten und Freigaben einrichten. Neben diesen Grundlagen, die in einem Praxisszenario für Sie aufbereitet werden, finden Sie auch die technischen Hintergründe verständlich erklärt. Das Bereitstellen eines Fileserverclusters mit CTDB, komplexe Vertrauensstellungen und die Installation auf allen wichtigen Distributionen sind nur einige der Themen, die behandelt werden.

469 Seiten, gebunden, 49,90 Euro
ISBN 978-3-8362-4246-2
2. Auflage 2016
www.rheinwerk-verlag.de/4186

- Weit über 400 wichtige Linux-Befehle immer griffbereit

- Schnell thematisch oder alphabetische nachschlagen

- Viele Praxisbeispiele und spezifische Raspberry-Pi-Kommandos

Michael Kofler

Linux Kommandoreferenz

Shell-Befehle von A bis Z

Mit dieser Kommandoreferenz nutzen Sie die die Effizienz der Shell voll aus! Sie eignet sich nicht nur zum Nachschlagen aller wichtigen Linux-Befehle, sondern erläutert eingehend deren Verwendung. Die Praxisbeispiele decken häufige Anwendungsfälle ab. Damit sparen Sie Zeit und gelangen schnell zu guten Ergebnissen. Fortgeschrittene Linux-Anwender profitieren außerdem von Hinweisen zu distributionsspezifischen Abweichungen. Kurz: Weit über 400 Befehle inkl. Raspberry-Pi-spezifischen Kommandos, sofort einsetzbare Praxisbeispiele – einfach eine runde Sache!

467 Seiten, gebunden, mit CD, 19,90 Euro
ISBN 978-3-8362-3778-9
2. Auflage 2016
www.rheinwerk-verlag.de/3856

- Für Desktops, Server und mobile Geräte: Grundlagen, Anwendung, Administration

- Mit über 350 Praxistipps für Einsteiger und fortgeschrittene User

- Office, Bildbearbeitung, Multimedia-Streaming, Sicherheit, Monitoring u. v. m.

Marcus Fischer

Ubuntu 16.04 LTS

Das umfassende Handbuch

Kompetent und leicht verständlich vermittelt Ihnen das Handbuch Version 16.04 LTS »Xenial Xerus«. Von der Installation und Konfiguration über Paketverwaltung und Shell bis hin zu Kernelkompilierung, Virtualisierung und Serverbetrieb: Alle wichtigen Themen sind optimal aufbereitet. Mit über 350 Praxistipps!

1.145 Seiten, gebunden, mit DVD, 49,90 Euro
ISBN 978-3-8362-4299-8
9. Auflage 2016
www.rheinwerk-verlag.de/4214

Wie hat Ihnen dieses Buch gefallen?
Bitte teilen Sie uns mit, ob Sie zufrieden waren,
und bewerten Sie das Buch auf:
www.rheinwerk-verlag.de/feedback

Ausführliche Informationen zu unserem aktuellen
Programm samt Leseproben finden Sie ebenfalls
auf unserer Website. Besuchen Sie uns!

www.rheinwerk-verlag.de